W0061779

Illustrirtes Kochbuch.

Neue vollständige theoretisch-praktische Anweisung in der feinern Kochkunst

mit besonderer Berücksichtigung der herrschaftlichen und bürgerlichen Küche

von

J. Rottenhöfer,

Königl. Haushofmeister und vorher erstem Mundkoche weil. Sr. Maj. des Königs Maximilian II. von Bayern.

München bei Braun u. Schneider.

Sechste Auflage.

Vorwort.

Von vielen Seiten durch Freunde und Bekannte, wie auch von mehreren Köchen selbst, dazu aufgefordert, übergebe ich hiermit ein Werk der Oeffentlichkeit, welches trotz des schon mannigfach bearbeiteten Feldes der gastronomischen Literatur, dennoch sowohl durch Inhalt und Behandlung des vermehrten Materials, wie auch durch dessen entsprechende Ausstattung und allgemein faßlichen Vortrag, als eine neue Erscheinung im Gebiete der höheren Kochkunst erkannt werden dürfte. Die ganze Lebensstellung des Verfassers, verbunden mit einem längeren Aufenthalte in Malta, Griechenland, Sicilien, Italien und Paris, möge dem betheiligten Publikum Bürge sein, daß es ein auf langjährige praktische Erfahrungen gestütztes Werk erhalte, welches, wo immer zu Rathe gezogen, schwerlich unbefriedigt aus der Hand gelegt werden wird. Denn nicht nur der höheren Kochkunst, auch der bürgerlichen Küche ist volle Rechnung getragen und der angehende Koch, der Gastwirth, wie die Hausfrau werden unter den mannigfaltigen Behandlungsarten desselben Gegenstandes auch diejenige finden, welche sie ihren Verhältnissen angemessen erachten. Durch die gewählte Eintheilung soll sowohl der reichhaltige Stoff mehr systematisch geordnet und die leichtere Auffindung der verschiedenen Rezepte erzweckt, als auch zeitraubende Wiederholungen vermieden werden.

Es wird hiedurch anschaulich gemacht, auf welch' mannigfaltige Arten man jeden der Kochkunst zu Gebote stehenden Gegenstand in feinster oder minderer Weise behandeln und zu einer schmackhaften und gesunden

Speise zubereiten kann, während im Gegensatze bei fehlerhafter Ver=
wendung auch der besten Materialien und feinsten Ingredienzen, nur
ein degoutirendes, selbst der Gesundheit schadendes Gericht erzeugt wird.

Um aber die unbedingt nothwendige Beurtheilung und Auswahl
vorzüglichen Materials zu ermöglichen, sind bei den meisten Gegen=
ständen die nöthigen Andeutungen vorausgeschickt, welche die besonderen
Merkmale und Kennzeichen hervorheben, so daß jede Täuschung leicht
vermieden werden kann.

Somit glaubt der Unterzeichnete das weite Gebiet der modernen
Kochkunst nach allen Seiten hin möglichst erschöpfend, und neben Ge=
sundheit und Wohlgeschmack dennoch zweckmäßige Ersparung in's Auge
gefaßt zu haben, so daß, ohne in weitere Details einzugehen, die
Beurtheilung des Werkes getrost dem sachverständigen Publikum an=
heimgibt

der Verfasser.

Von der Gaſtronomie (Feinſchmeckerei).

~~~~~~~

Die Gaſtronomie iſt die wiſſenſchaftliche Kenntniß alles deſſen, was zum Menſchen, inſoweit es deſſen Ernährung betrifft, in Beziehung ſteht. Ihr Zweck iſt: über die Erhaltung des Menſchen zu wachen und ihm die möglichſt beſte Nahrung zu verſchaffen.

Sie erreicht dieſen Zweck, indem ſie nach feſtgeſetzten Grundſätzen diejenigen leitet, welche die Dinge aufſuchen, liefern und zubereiten, die in Nahrungsmittel verwandelt werden können.

In Wahrheit ſetzt alſo dieſe Wiſſenſchaft alle Ackerbauer, Weinbauer, Fiſcher, Jäger, ſowie die zahlreichen Köche in Bewegung, mit welchem Namen ſie auch das Amt oder den Stand bezeichnen, durch welchen ſie zur Bereitung der Nahrungsmittel in Beziehung ſtehen.

Die Gaſtronomie hat daher Beziehungen

1) zur Naturgeſchichte,
2) zum Handel,
3) zur Chemie und
4) zur Staatswirthſchaft,

wie ſelbſt zur Küche durch die Kunſt, die Speiſen zu bereiten und dem Geſchmacke angenehm zu machen.

Die Gaſtronomie beherrſcht das ganze Leben, denn die Thränen der Neugebornen verlangen die Bruſt der Mutter, und der Sterbende ſchlürft noch hoffnungsvoll den letzten Trank, den er leider nicht mehr verdauen ſoll. Sie beſchäftigt ſich auch mit allen Ständen der Geſellſchaft, und wie ſie die Feſte der Könige bei ihren Verſammlungen leitet, ebenſo hat ſie auch die Zahl der Minuten berechnet, welche nöthig ſind, ein Ei zu ſieden. Die Gaſtronomie berückſichtigt Menſchen und Dinge, um alles Kennenswerthe von einem Lande zum andern zu bringen, ſo daß ein kunſtreich geordnetes Mahl gleichſam ein Abriß der ganzen Welt iſt, wo jedes Land in vortheilhafteſter Weiſe repräſentirt wird.

Die gastronomischen Kenntnisse sind allen Menschen nöthig, insofern alle die Summe des Vergnügens, die ihnen bestimmt ist, zu vermehren streben. Die Nützlichkeit dieser Kenntnisse nimmt zu im Verhältniß zum Range, den man in der Gesellschaft behauptet, und sie sind unumgänglich nothwendig für diejenigen Reichen, welche viele Gäste bei sich empfangen, welchen sie nun entweder ihrer Stellung wegen, oder ihrer Neigung folgend, oder der Mode gehorchend unbedingt repräsentiren müssen. Diese haben noch den besonderen Vortheil, daß bei der Haltung ihres Tisches ein persön= liches Element hinzukommt, welches bis zu einem gewissen Punkte die Männer des Zutrauens überwacht und bei vielen Gelegenheiten ihnen nützliche Winke gibt.

Die Gastronomie hat auch einen großen Einfluß auf die Geschäfte. Diese Beobachtung ist denen nicht entgangen, welche häufig die größten Interessen zu behandeln haben. Man fand, daß der satte Mensch nicht der gleiche Mensch sei wie der hungrige; daß die Tafel ein gewisses Band um den Wirth und die Bewirtheten webt! daß das Essen die Gäste für gewisse Einflüsse zugänglicher und empfänglicher macht. Daraus entstand die politische Gastronomie. Mahlzeiten sind ein Regierungs= mittel geworden; das Loos der Völker wird oft bei einem Festessen ge= worfen, dafür sprechen in neuester Zeit auch Thatsachen.

Dieß ist, einem flüchtigen Ueberblick zufolge, das Gebiet der Gastro= nomie, ein Gebiet reich an Erfolgen jeder Art, das nur noch durch die Arbeiten und Entdeckungen der Gelehrten vergrößert werden kann; denn ich glaube sicher, daß die Zeit nicht mehr fern liegt, wo die Gastronomie ohne Zweifel ihre Akademiker, Vorlesungen, Professoren und Preisver= theilungen haben wird.

Vorbemerkungen.

———

I.

Erklärung verschiedener technischer Ausdrücke, welche in der Koch-kunst vorkommen.

Sautiren, — Fleischstückchen in klarer Butter einrichten und kurz vor dem Anrichten und zwar in einer bis zwei Minuten auf starkem Feuer gar machen.

Mijotiren. — Alle Fleisch- und Fischstücke, welche in der Braise zubereitet werden, so langsam kochen lassen, daß diese, gut zugedeckt, nur merkbar auf Kohlenfeuer kochen können.

Braisiren, — Fleisch und Geflügel in einer Fettbrühe (Braise) einrichten und langsam kochen lassen.

Mariniren. — Fleisch, Geflügel, Fische mit einer würzreichen Marinade begießen und über Nacht oder mehrere Stunden darin zuge-deckt stehen lassen.

Flambiren, Flammiren. — Alles Geflügel muß über hell-brennendes Kohlenfeuer, damit die feinen Härchen sich absengen, gehalten werden, welches man sonach flammiren heißt.

. Dressiren. — Allem Fleisch und Geflügel, überhaupt Allem eine gefällige Form und besseres Aeußere zu geben, heißt dressiren.

Blanchiren. — Alles was in kochendem Wasser abgekocht wird, z. B. Gemüse, Obst 2c., heißt man blanchiren.

Degraissiren. — Entfetten, Fett und Schaum während des Kochens der Saucen rein abnehmen.

Passiren — hat in der Küche zweierlei Bedeutung, nämlich Fleisch, Geflügel, Obst, überhaupt Alles, was man durch Siebe oder Haartücher treibt oder streicht, heißt Passiren; bedeutet aber auch Zwiebeln, Schalotten, Speck 2c. 2c. in Butter rösten.

Bardiren. — Geflügel, welche am Spieß oder in der Braise gar gemacht, wird über der Brust mit Speckscheiben belegt, was man bardiren heißt.

Desossiren. — Entbeinen. Alles Geflügel oder auch sonstige Fleisch= stücke ganz und unbeschädigt aus seinen Rippen und Beinen lösen.

Degorgiren. — Kalbsbrießen, Kalbshirn, überhaupt alle Fleisch= theile, welche viel Blut in sich enthalten, werden, daß sich dasselbe aus= zieht und die Stücke weiß werden, in lauwarmem Wasser gewässert, was man degorgiren heißt.

Abschmecken — heißt eine Speise solange kosten bis die Ingre= dienzen gehörig beigegeben sind, oder bis diese zusammen harmoniren, und die Speise den richtigen Geschmack hat. Derjenige, der die Speisen nicht mit Aufmerksamkeit versucht, oder es nicht versteht, oder dessen Gaumen nicht gut ist, wird niemals ein gutes Essen bereiten.

Angehen oder Anbraten, Attachiren, attacher — heißt über Kohlenfeuer Fleisch, welches zum Anbraten bestimmt ist, so anbraten lassen, bis der Saft des Fleisches gänzlich eingedünstet, das Fleisch helle oder dunkelbraune Farbe, jedoch ohne den geringsten Brandgeschmack an= genommen hat.

Marienbad, Wasserbad, bain-marie. — Unter dieser Be= nennung versteht man insbesondere alle jene Speisen, welche im Dunst= bade, au bain-marie, fertig oder gar gemacht werden. Man füllt nämlich ein Kupfer= oder Blechgefäß zwei Finger dick hoch mit Wasser, stellt einen hölzernen Rost hinein und setzt auf diesen die Speisen, so daß das Wasser den Boden der Form berührt, worauf man das Geschirr zudeckt, etwas glühende Kohlen über den Deckel legt und so die Speisen langsam sieden läßt. Die Zeit des Siedens wird im Laufe dieses Buches jedesmal be= zeichnet werden.

Zuthaten, Ingredienzen irgend einer Speise, appareil, — wird im Französischen alles genannt, was zu den Speisen erforderlich ist.

Würzen, assaisonner, assaisonnement. — Den Speisen durch Gewürz einen angenehmen Geschmack zu geben.

Klarificiren, Klären, clarifier. — Fleischbrühe zu klären wird auf folgende Weise ausgeführt: Es ist bekannt, daß jede Fleisch= brühe durch das Sieden, besonders wenn Knochen bei dem Fleische, mehr oder weniger trübe wird. Da es aber bei jedem Consommé die erste Bedingung ist, daß dasselbe einen kräftigen Geschmack und schöne goldgelbe Farbe habe, als auch hell wie Wein sein soll, so läßt man selbiges heinahe ganz kalt werden und entfettet es sehr rein. Unterdessen werden 840 Gramm ganz mageres Ochsenfleisch fein gewiegt und dann mit dem Weißen von drei Eiern im Mörser fein gestoßen. Dieses Fleischmuß wird nun nach und nach mit der Fleischbrühe genau untermengt, dann bis zum Sieden über dem Feuer gerührt und darnach durch eine aufgespannte Serviette laufen gelassen.

Paniren, paner, — heißt, wenn man irgend eine Sache, seien es Côtelettes, Filets ꝛc., in Butter eintaucht und in geriebenem Mundbrod umkehrt; überhaupt wenn man durch geriebenes Brod den Sachen eine Rinde oder Einhüllung gibt.

Legiren, lier. — Saucen mittelst Eiergelb oder Blut verdicken oder binden, wird mit dem technischen Ausdrucke legiren bezeichnet.

Eindicken, Einkochen, réduire. — Saucen unter beständigem Kochen über dem Feuer einrühren, oder einkochen lassen, heißt réduire, ebenso bis zur gehörigen Dicke, réduire à pain.

Glaciren, glacer. — Gedämpftes Fleisch beim Anrichten mit eingekochter Fleischessenz bestreichen, heißt glaciren. Backwerke werden, ehe sie völlig ausgebacken, reichlich mit fein gestoßenem Zucker bestäubt und mit einer stark glühenden eisernen Schaufel bestrichen bis der Zucker schmilzt und das Ganze ein schön glänzendes Ansehen bekommen hat.

II.

Einiges über die verschiedenen Benennungen der Kochgeschirre und sonstige technische Ausdrücke.

Marmite ist ein Fleischtopf, den man von verschiedenen Größen hat.

Plafond ist eine runde Schüssel, 4' Centimeter tief, mit ausgebogenem Rande, ohne Stiel.

Plât à sauter ist ein ganz ebenes, mit gerade aufstehendem 4 Centimeter hohem Rande und mit langem Stiele versehenes Geräth. In jeder bessern Küche sind deren vom kleinsten bis zum größten vorhanden; sie dienen dazu, um die Coteletten, die verschiedensten Filets, schnell auf dem Feuer gar machen zu können.

Poissonnières sind schmale lange, 14½ Centimeter hohe und 12 Centimeter breite Geschirre, mit einem Einsatz mit Löchern, die auf beiden Seiten eine Handhebe haben und ganz verzinnt sind. Sie dienen, die Fische, nachdem sie gekocht sind, in ihrer ganzen Form auszuheben, daß sie schöner angerichtet werden können. In jeder bessern Küche müssen sie in verschiedener Größe vorhanden sein.

Turbotières sind Küchengeschirre von verschiedener Größe, welche die Form der Turbot haben, worin diese gekocht werden. Sie haben ebenfalls einen durchlöcherten Einsatz mit zwei Handheben.

Bain-marie-casserolles. Unter bain-marie versteht man ein langviereckiges vier Finger hohes Geschirr, in welches vor dem Anrichten heißes Wasser gegossen wird. Bain-marie-casserolles sind kleine hohe Casserollen von verschiedener Größe, sie sind innen und außen verzinnt, welche nur den Zweck haben, fertige Saucen, klein Ragout, salpicon, purées 2c. in sie zu thun, und in oben genanntem Geschirr bis zur Hälfte in's heiße Wasser zu stellen und heiß zu erhalten, daß diese nicht mehr kochen.

Pastenreif=Form. Moules pour le pâté dressé. Man hat diese Formen in verschiedener Größe sowohl rund als oval, wie auch in verschiedener Zeichnung. Sie dienen dazu, kalte und warme Pasteten darin zu formen und zu backen. Sie sind in drei gleiche Stücke getheilt und mit Scharnieren versehen, um diese beim Herausnehmen der Pasteten öffnen zu können.

Bordüre=Formen. Moules à bordure sind 5 Centimeter hohe, 12 Centimeter breite runde Formen, welche innen einen 8½ Centimeter breiten leeren Raum haben, in welchem, wenn die Formen gestürzt sind, Verschiedenes angerichtet werden kann. Sie dienen zu den verschiedensten Bordüren, sowohl für Reis, Nudeln, als auch Kartoffeln. Ebenso werden sie zu kalten Speisen gebraucht, in welche Aspic gefüllt wird, und nach dem Stürzen die Mayonnaisen, Salate 2c. anzurichten.

Charlottes, Chartreuses-, Timbales-Formen sind theils ganz runde, theils sechseckige, ovale, cannelirte Formen, von 10 Centimeter Höhe, 12 Centimeter Breite. Sie sind bestimmt für die verschiedenen Charlotten, zu den gestürzten Gemüsen und einfachen warmen Pasteten.

Moules pour le pain sind runde schleifsteinartige Formen, von 10 Centimeter Höhe, 11 Centimeter Breite, in der Mitte ist ein Rohr von 4 Centimeter.

III.
Von den in der Küche angewendeten Gewürzen.

In der Kochkunst gibt es viele Speisen, welche nicht ohne Gewürz bereitet werden können, allein diese sollen in der Art und Weise angewendet sein, daß sie nicht zu sehr dominiren, sondern nur den Speisen einen angenehmen Geschmack geben und vorzugsweise die Verdauung begünstigen.

Spanischer Pfeffer. — Cayenne.

Ist die kleine Beißbeere, in Indien wachsend, wovon ein Pulver bereitet wird; er ist sehr stark und darf nur in geringer Dosis angewendet werden, dabei erwärmt er aber den Magen und macht Appetit.

Indischer Safran. — Curcuma.

Derselbe wird in Indien, in England, in der Türkei und in Egypten stark gebraucht und besonders zu Reisspeisen angewendet; er gleicht unserm Safran, ist aber viel stärker im Geschmack und färbt viel mehr.

Zimmt. — Cannelle.

Ist die Rinde von den Aesten des Zimmtbaumes und besonders der Ceylon-Zimmt hat einen fein würzigen, zarten Geschmack, welcher sich besonders für Backwerke, Milchspeisen und zur Bereitung verschiedener Getränke eignet; er muß jedoch mäßig angewendet werden, sonst erhitzt er.

Vanille.

Wächst in Ost- und Westindien, wo sie sich um die Bäume schlingt, mit den Fasern ihres kletternden Stengels in dieselben einwurzelt und sie aussaugt. Die Blätter sind eirundlänglicht, dazu die Blüthen gelb. Die in den Schoten enthaltenen, sehr kleinen, glänzend schwarzen Samenkörnchen sind von überaus angenehmem balsamischem Geruche.

Ingwer. — Gingembre.

Er ist sehr magenstärkend, dabei von angenehmem Geschmack. In Ostindien werden die Wurzeln in Zucker eingemacht und als Confitüre nach allen Gegenden versendet.

Muskatnuß und Muskatblüthe. — Noix muscade — Macis.

Sind als Würze von angenehmem Geschmack, werden daher zu einem großen Theile der Suppen und Saucen angewandt. Die Muskatblüthe ist das Gewebe, das die Nuß in ihrer Schale umschließt; der Geschmack ist viel feiner und wird daher für verschiedene Backwerke angewendet.

Gewürznelke. — Girofle.

Die Gewürznelken sind von starkem, beißenden Geschmack und werden nur bei Backwerken, gestoßen, als Pulver angewendet. In der Küche selbst aber dienen sie nur zum Geruch, indem man sie in Zwiebeln eindrückt und so in die Saucen gibt.

Pfeffer. — Poivre.

Es sind deren zwei Gattungen, welche im Handel allgemein vor= kommen, nämlich weißer und schwarzer Pfeffer, der letztere ist die unreife Beere des Pfefferstrauches, daher sein starker Geruch und Schärfe; der weiße Pfeffer ist die völlig gereifte Beere desselben Baumes, daher viel milder und von angenehmerem Geschmack. Der weiße Pfeffer, welchen man dem Salat beimengt, wird grob gestoßen und enthält den technischen Namen Concassé.

Neu=Gewürz oder auch Englisch=Gewürz. — Poivre de la Jamaïque.

Dieses ist die Beere der Gewürz=Myrthe, in Jamaica einheimisch, deßhalb auch jamaischer Pfeffer genannt. Sie riecht und vereinigt in sich, gestoßen, den Geruch der Muskatnuß, der Nelke und des Zimmts, daher sie auch den Namen Allerhand=Gewürz hat.

Indisches Gewürzpulver. — Curry Powder.

Dieß besteht aus $52\frac{1}{2}$ Gramm Coriander=Samen, $52\frac{1}{2}$ Gramm Curcuma, $17\frac{1}{2}$ Gramm weißem Pfeffer, $17\frac{1}{2}$ Gramm Ingwer, $17\frac{1}{2}$ Gramm Cardamomen=Gewürz, $17\frac{1}{2}$ Gramm Kümmel, $4\frac{1}{5}$ Gramm spanischem Pfeffer. Dieß zusammen wird fein pulverisirt, und in Glas= fläschchen, gut zugepfropft, aufbewahrt und in geringer Dosis den Saucen beigemengt.

Englisch Kräuter=Pulver=Gewürz. — Soup-herb-Powder.

Besteht aus grüner Petersilie, Saturei, süßem Majoran, abgeschältem Citronengelb, Basilienkraut, von jedem 35 Gramm. Dieß Alles wird getrocknet, sehr fein gestoßen und durchpassirt, dann mit einem Theil Gewürzpulver genau untermengt und gut verpfropft aufbewahrt. Diese stark riechenden Gewürze werden nur in der englischen Küche angewendet, die deutsche Küche liebt dieselben nicht und die französische hält mehr auf das Materielle, nämlich auf gute Fleischessenzen.

IV.

Wohlriechende Küchengewächse.

Basilicum.   Salbei.

Basilicum.

Ist eine sehr wohlriechende, bis 36 Centimeter hohe und mit kleinen eirunden Blättern dicht besetzte buschige Pflanze. Die Blättchen von den Aesten oder das blätterige Haupt sind die Theile, die man gebraucht. Sie haben einen starken, Gewürznelken ähnlichen Geschmack und werden sehr oft zu Marinaden der Fische und des Wildprets angewendet.

Salbei.

Eine in Gärten kultivirte immergrünende Staude, hat grünlichgraue Blätter, die hell- oder dunkelrothe Striche haben. Sie haben einen starken Geruch und werden zu reizenden, kräftigen Speisen, besonders aber zum Mariniren der Aalfische angewendet.

Rosmarin.

Diese Pflanze gehört zu den harten Stauden und stammt aus Süd-Europa; sie ist immergrünend, wird 1½ bis 2 Meter hoch, die Blätter

sind dunkelgrün mit Linien durchzogen, sie ist von stark angenehmem
Geruch.   In der Küche werden die Blätter zum Einmariniren verschie=
dener Fische und Fleischstücke gebraucht.

Rosmarin.   Coriander.

Coriander.

Eine sehr aromatische Pflanze, die zuerst aus dem Morgenlande zu
uns gebracht wurde.   Die zarten Blätter werden häufig zum Mariniren
der Fische gebraucht.   Der Samen wird zum Backwerk verwendet.

Thymian.   Majoran.

Thymian.

Es gibt davon zwei Arten, nämlich den gemeinen und den Citronen-Thymian. Der gemeine Thymian ist ein niedriges, immergrünendes Busch-gewächs, besonders in Italien und Spanien einheimisch. Der Garten-Thymian oder kultivirte Thymian ist von besserem Geruche. Der Citronen-Thymian ist ein sehr niedriger, immergrünender Busch, der sich auf der Erde hinwindet; er unterscheidet sich von dem wilden oder Garten-Thymian durch seinen starken Citronen-Geruch. Man braucht den Thymian, wenn er jung ist, besonders für die Farce, auch für mehrere warme Speisen.

Majoran.

Es gibt davon drei Gattungen: der Kochmajoran, der wohlriechende Majoran und der Wintermajoran. Alle drei sind sehr aromatisch, von angenehmem Geschmack und werden bisweilen zur Farce verwendet. Man schneidet die jungen zarten Blätter ab, trocknet dieselben und pulverisirt sie für den Winter.

Kümmel.

Eine Pflanze, die aus England stammt; sie ist ½ Meter hoch, hat ausgebreitete Aeste und doppelt zusammengesetzte Blätter. Der Samen davon wird in der Küche für mehrere Backwerke angewendet.

Anis.

Aus dem Orient abstammend. Man benützt blos seinen Samen zu verschiedenen Backwerken.

Kümmel.

V.
Küchenkräuter, welche genossen werden und zugleich als Würze dienen.

Sellerie.   Zellerie.

Derselbe hat einen starken gewürzhaften Geruch und einen etwas bitteren Beigeschmack. Man genießt seine gekochten Wurzeln als Salat, und mäßig der Fleischbrühe beigegeben, verleiht er derselben einen guten Geruch, jedoch darf er nicht vorschmecken.

Zwiebel.   Knoblauch.
Zwiebel.

Diese Pflanze, welche seit den ältesten Zeiten gebaut wird, stammt aus Afrika und macht beinahe eine Hauptnahrung der Völker Egyptens aus. Alle Welt kennt ihre Anwendung; jedoch dienen sie mehr als Gewürz, als zu einer ganzen Speise, weil sie schwächliche Magen sehr belästigen und Beschwerden verursachen.

Von vorzüglicher Güte sind die großen spanischen und die kleinen Florentiner Zwiebeln, welche den meisten Zuckerstoff und den angenehmsten Geschmack haben.

Knoblauch.

Ist von sehr starkem Geruch. Derselbe wird benützt, um die Speisen zu würzen, und zwar auf die Weise, daß man ein Stückchen desselben ab= schält und, während die Speise kocht, beigibt; aber nach einiger Zeit, wenn sich der Geschmack derselben mitgetheilt hat, wieder wegnimmt.

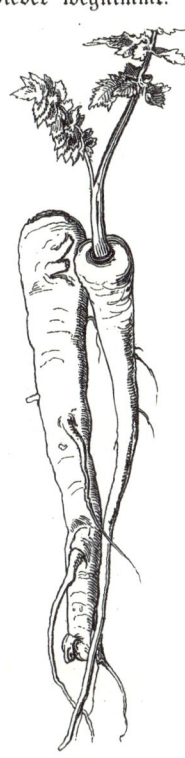

Estragon.   Pastinak.

Estragon.   Dragun.

Man bedient sich der jungen Triebe als Zuthat zum Salat, dem sie einen sehr guten Geschmack geben; auch setzt man davon einen sehr guten Essig an. Besonders aber gibt er den kleinen Essiggurken (Cornichons) einen äußerst wohlriechenden und guten Geschmack.

2*

Pastinak. Gartenpastinak.

Die dicke, milde, süße und gewürzhafte Wurzel dieser Pflanze wird hauptsächlich benützt, der Fleischbrühe einen guten Geschmack zu geben.

Bohnenkraut.   Meerrettig.

Bohnenkraut. Pfefferkraut. Saturei.

Wird in der Küche als Würze zu Bohnen, Erbsen 2c. gebraucht und gibt denselben einen aromatischen Geruch.

Meerrettig.

Diese perennirende Pflanze ist für den Handelsgärtner von großem Nutzen. Die Wurzel wird geschabt, dann auf dem Reibeisen gerieben und mit Fleischbrühe oder Milch gekocht; auch als Salat wird sie zubereitet und auch roh gespeist.

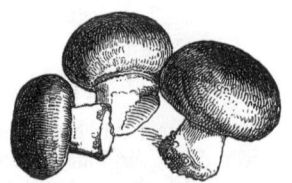

Trüffel.   Champignons.

Trüffel.

Die Trüffel ist eine Art von Schwamm und wächst unter der Erde; sie besteht aus einem unregelmäßig zugerundeten schwammigen Knollen mit rissiger und höckeriger Oberfläche, ohne Wurzeln, Stengel und Blätter; die Farbe ist außen schwarz, inwendig schwarzgrau, auch weiß marmorirt. Sie hat einen starken aromatischen, würzhaften Geruch und ist in jeder guten Küche unentbehrlich geworden. Den Vorzug vor allen haben die Perigordtrüffeln; die italienischen Trüffeln haben eine weißgraue Farbe und einen strengen, ich möchte sagen, knoblauchartigen Geruch. Man findet die Trüffeln immer in schwarzer, leichter Erde, 14 bis 20 Centimeter tief, am Fuße von Eichen oder Hagebuchen, überhaupt an Stellen, wo nichts wächst und welche immer mit geflügelten Insekten bedeckt sind. Man benutzt zu ihrer Auffindung Hunde und Schweine. Die Anwendung der Trüffel wird im Laufe dieses Werkes öfter vorkommen und besprochen werden.

Champignons.

Unter mehreren Arten genießbarer Schwämme steht der Champignon oben an; er wird künstlich gezogen, ist rund, oben etwas flach, sein Stiel kurz und dick, der Rand seines Hutes ist, wenn er aus der Erde hervor=keimt, an dem Stiel befestigt; reißt aber, wenn er größer wird und sich weiter entwickelt, los, wodurch er viel von seiner Güte verliert. Die untere Seite ist mit einer Menge dünner Blättchen besetzt, die weiß sind, so lange er noch jung und eigentlich für die Küche brauchbar ist. Auch seine An=wendung wird im Laufe dieses Werkes mehrmals besprochen werden.

Borretsch.   Gartenkresse.

Borretsch. Borrasch.

Der Blüthenstengel wird beinahe ¹/₂ Meter hoch und hat rauhe

Blätter, mit weißen borstigen Haaren besetzt.   Die jungen Blätter werden als Salat gespeist.

Gartenkresse.

Dieselbe wird ebenfalls als Zuthat zum Salat oder auch als Salat zum Rindfleisch genossen; sie hat einen piquant bitterlichen, jedoch ange= nehmen Geschmack und guten Geruch.

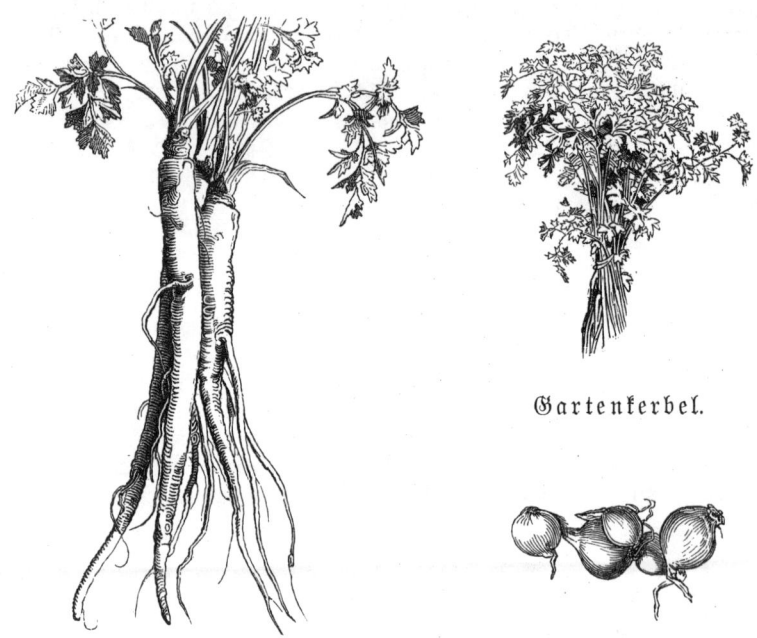

Gartenkerbel.

Petersilie.   Schalotte und Rocambole.

Petersilie.

Wird zu Suppen und Gemüsen verwendet und ist für die Küche eines der ersten Kräuter.   Die grünen Blättchen dienen insbesondere zu einer großen Zahl von Fleischspeisen und die Wurzeln für die Fleischbrühe. Es ist zu bemerken, daß es auch eine wild wachsende Petersilie gibt, die so= genannte Hunds=Petersilie, die zu den Giftpflanzen gehört. Sie sieht der andern sehr ähnlich, ist jedoch leicht an ihren dunkelgrünen Blättern zu erkennen, und wenn man diese reibt oder zerquetscht, so hat sie statt des Petersilien=Geruchs einen sehr unangenehmen fremdartigen Geruch.

Gartenkerbel.

Eine allgemein in Gärten gezogene Pflanze von $^1/_4 - ^1/_2$ Meter Höhe.   Die zarten Blätter derselben werden zu Suppen und zu Salat verwendet.

Schalotte und Rocambole.

Von der Schalotte benützt man in der Küche die Zehen, wie die Zwiebel, zu Saucen und Salaten; sie ist im Geschmack jedoch feiner als die Zwiebel.

Die Rocambole wird wie der Knoblauch und die Schalotte angewendet, ist jedoch im Geschmack feiner als der Knoblauch.

Fenchel.   Porri.

Fenchel.

Diese Pflanze ist sehr aromatisch; man benützt die Blätter zu Fisch=Saucen, zum Einmariniren der Fische, wie auch zu Früchten, die in Essig aufbewahrt werden.

Porri.

Gehört zu den lauchartigen Pflanzen, folglich zu dem Geschlechte der Zwiebel, und wird damit ebenfalls die Fleischbrühe gewürzt.

Pimpernelle.   Schnittlauch.

Pimpernelle.

Dieselbe wird blos als Zuthat zum Salat benützt; sie ist von gutem Geschmack und sehr wohlriechend.

Schnittlauch.

Dient ebenfalls als Würze zu Salat und für Suppen; er hat einen angenehm lauchartigen Geruch und Geschmack.

Brunnenkresse.

Auch diese wird in der Küche nur als Salat benützt und be= sonders den gebratenen Fasanen, mit etwas Salz und Essig an= gemacht, beigegeben.

Brunnenkresse.

Die Küche im Wittelsbacher Palaste zu München.

VI.
Aeber die Beschaffenheit einer guten Küche.

Nicht uninteressant dürfte es dem geneigten Leser erscheinen, wenn ich einiges über die Beschaffenheit einer guten Küche anführe, was das Wesentlichste jeder fürstlichen, herrschaftlichen, wie auch der bürgerlichen ist und was sich der angehende junge Koch, jeder ordnungsliebende Gast= wirth, wie auch jede reinliche Hausfrau zu eigen machen sollte.

Die erste und größte Bedingung ist Reinlichkeit, welche sich vom Chef der Küche bis zur Küchenmagd erstrecken soll; denn nichts ist für einen jeden Haushalt empfehlender, als eine gut geordnete Küche, welche sich in einem jeden Gerichte beurkundet oder erkennen läßt. Aus diesem Grunde soll eine jede Küche geräumig, hell, nur mit einem Luftzuge und hinlänglich, nicht knauserig, mit allen Küchengeräthen eingerichtet sein.

In fürstlichen oder herrschaftlichen Häusern soll an die große, helle Küche noch ein Bäckerei=Zimmer mit einem Backofen, und ein großes, helles Zimmer für kalte Arbeiten und an diesem ein mit gehörigem Luft= zuge versehener Keller als Speise=Gewölbe vorhanden sein.

In der Küche selbst soll an einem hellen Platze ein gut construirter Sparherd, nicht gemauert, sondern aus gebrannten, weißglasirten Steinen erbaut sein, welche heut zu Tage auf die eleganteste Art und bestens ein= gerichtet, gemacht werden, und die das Gute haben, daß man sie mit heißer Lauge auf das schönste abwaschen kann.

Ganz in der Nähe desselben soll ein eben solcher Herd mit drei bis vier eingemauerten Windofen angebracht sein, wie auch ein dritter, worin man die am Rost gebratenen Speisen bereiten kann.

Unmittelbar an die eigentliche Küche anstoßend, aber mit eigenem Eingange versehen, soll ein geräumiges Abspülzimmer angebracht sein, in welchem wo möglich laufendes Wasser und ein großer kupferner Abspül= kessel sich befinden und der Boden mit Steinen belegt ist.

In der Mitte der Küche soll ein langer freistehender, fester Tisch mit einer Tischplatte aus dickem Ahornholz stehen; ebenso an den Seiten= wänden mehrere andere Tische mit Schubladen, über welchen Stellagen sind, wo die Casserolle aufgestellt werden können. In einer Ecke der Küche muß ein großer Marmormörser (Reibstein) mit hölzernem Stößer, zur Bereitung der Farcen sich befinden, der stets bedeckt sein soll. Eben= so soll ein zweiter in dem Backzimmer sich befinden, worin man Mandeln und dergleichen sein reiben kann.

Ferner soll der Erleichterung der Arbeit, besonders aber der Er= sparung wegen, ein gewisser Vorrath von Casserollen vorhanden sein, so daß man bei großen Arbeiten nicht auf die lästigste Art genirt ist und auf jedes Casserolle so zu sagen, bis es wieder gereinigt ist, warten muß, welches die größte Stockung in der Arbeit selbst macht. Ferner hat ein solcher Vorrath noch den Vortheil, daß die gebrauchten Casserolle in dem Abwaschkessel so lange liegen können, bis sich die anklebende Kruste von selbst löst und nicht mit dem gröbsten Sande ausgerieben werden muß, sondern mit einem Tuche leicht gereinigt werden kann, wodurch viel an dem ohnehin theuren Verzinnen erspart werden kann.

Von großer Nothwendigkeit ist die gehörige Zahl kleiner, innen und außen verzinnter Casserolle; diese sind etwas höher, und die Deckel haben statt eines Handgriffes kleine messingene Köpfchen; zu diesen gehört auch eine kupferne Wanne, mit vier Finger hohen Wänden, in welche man heißes Wasser gießt und auf den Herd stellt, in welchen dann die kleinen Casserolle, mit den fertigen Saucen ꝛc. gefüllt, gestellt, warm gehalten werden, welches man im technischen Ausdrucke heißes Bad (bain-marie) nennt.

Ferner soll an der Seite des Herdes ein kleiner Kessel, halb mit Wasser gefüllt, stehen, worin sich eine gewisse Anzahl von gut verzinnten Anrichtlöffeln befinden sollte. Ebenso soll gleich in der Nähe des Herdes eine Vorrichtung mit einer blechernen Rinne angebracht sein, wo die Schöpflöffel aufgehängt werden können, damit nach dem Gebrauche der= selben das abtropfende Fett statt auf den Boden in die Rinne fließt, und diese jeden Abend wieder gereinigt werden kann.

Eine weitere Vorerinnerung, die ebenso zu dem Ganzen gehört und die für jede Küche von der größten Wichtigkeit, ist der Einkauf der verschiedenen Produkte, auf die jeder Haushofmeister, der kluge Gastwirth, wie auch jede Hausfrau ein besonderes Augenmerk richten soll, denn nichts ist für die Küche nachtheiliger als schlechte Viktualien; hier werden freilich an manchem Kilogramm einige Pfennige erspart, allein die Sache ist auch um einen großen Theil schlechter, und nur allein die Herrschaft ist dadurch im Nachtheile.

Aus diesem Grunde wäre es sehr zu wünschen, wenn in Herrschafts= häusern nur sachkundige, nicht knauserige Leute mit solchen Aufträgen betraut wären, was zwar heut zu Tage in den meisten Häusern nicht der Fall ist; denn hiezu werden größtentheils solche Individuen gewählt, die weder Kennt= niß von der Küche, noch viel weniger von der Sache selbst haben.

Ferner muß sehr darauf gesehen werden, daß keine Speisen oder Saucen über Nacht in Casserollen stehen bleiben; da in der Regel dieselben mehr oder weniger piquant zubereitet sind, so ist eine ganz kleine Stelle, welche in der Casserolle vielleicht vom Zinn getrennt ist und wo sich dann Grün= span ansetzt, hinreichend, der Gesundheit sehr nachtheilig zu werden. Zu diesem ist sehr darauf zu achten, daß man jede Woche einigemal sämmtliche Casserollen genau besehe, ob keine unverzinnten Stellen darin sind.

Schließlich erlaube ich mir noch, für jeden jungen Mann, der sich der Kochkunst widmet, den wohlmeinenden Rath anzuführen, sich gleich von Anfang an an strenge Ordnung, Pünktlichkeit und besonders an Sparsamkeit zu ge= wöhnen; denn die eigentliche Kunst liegt darin, auch aus dem Einfachsten eine schöne Speise zu Tisch zu bereiten. Ebenso muß sich der junge Koch nicht dahin ausbilden, nur in einer eleganten Küche seine Speisen bereiten zu kön= nen, sondern es muß ihm auch nach Umständen die Küche in einem Bauernhause, wie der Ort in einer Gebirgshütte, ja sogar der Herd auf freiem Felde ge= nügend sein, seine Speisen mit derselben Güte zu Tisch geben zu können.

1. Abschnitt. 1. Abtheilung.

Von der Fleischbrühe. Bouillon.

Da die Fleischbrühe der Hauptbestandtheil nicht nur allein einer großen Anzahl von Suppen, sondern auch Saucen ist, so erscheint deren Zubereitung gewiß sehr wichtig. Es ist denn hauptsächlich zu wissen nothwendig, daß das Fleisch aus fünf Bestandtheilen besteht, nämlich aus der Gallerte, aus dem Gallert-Extrakte, dem Eiweißstoffe, dem nervigen Theile und aus dem Fette. Von diesen fünf Theilen sind es nur zwei, die zur Bereitung einer guten Fleischbrühe beitragen, und diese sind die Gallerte, die den Nahrungsstoff enthält, und der Gallert-Extrakt, der den angenehmen Geschmack und guten Geruch gibt. Die drei übrigen Substanzen sind die unauflösbar nervigen, das sich mit der Brühe nicht verbindende Fett und der Eiweißstoff, der beim Sieden nach oben steigt und alle unreinen Theile mit sich nimmt.

Es geht nun daraus hervor, daß man nicht zu gleicher Zeit gute Fleischbrühe und ein gutes saftiges Tafelstück haben kann. Setzt man das Ochsenfleisch mit kaltem Wasser zum Feuer und bringt es allmählich zum Sieden, so wird man allerdings eine gute helle Fleischbrühe erhalten, weil sich der Eiweißstoff nicht zu schnell verdickt hat, und dadurch der Auflösung der Gallerte hinderlich war. Das Tafelstück aber wird den größten Theil seiner Gallerte und hiemit vieles von seinem guten Geschmack und Geruch verloren haben.

Setzt man dagegen das Tafelstück mit kochendem Wasser zu und läßt dieses sogleich sieden, so verdickt sich der Eiweißstoff augenblicklich, das Tafelstück wird all seine Gallerte und seinen Gallert-Extrakt in sich zurück= behalten, allein die Fleischbrühe wird einen großen Theil des Nahrungs= stoffes (Gallerte), sowie des allgemeinen Geschmacks und Geruchs (Gallert= Extrakt) entbehren und dabei trüb, weiß und ohne gutes Ansehen sein.

Aus diesem geht hervor, daß, wenn man nur die Absicht hat, eine gute natürliche Fleischbrühe zu bereiten, man das Fleisch in kleine Stücke zerschneiden muß, dieß mit kaltem Wasser übergießt und langsam zum Sieden bringt, damit sich die Gallerte und Gallert=Extrakt langsam auf= lösen und sich der Brühe mittheilen können.

Das frisch geschlachtete Ochsenfleisch, zu einem Tafelstück zwar nicht an= wendbar, ist hingegen zur Bereitung der Fleischbrühe unstreitig das beste. Nur aus dem Rindfleisch erhält man eine kräftige, gute Suppe. Das Hammelfleisch hat den Nachtheil, daß es bei Verwendung zu Fleischbrühe meistens nach Unschlitt riecht, während das Kalbfleisch nur eine schwache geruchlose Brühe gibt. Was das zahme Geflügel betrifft, so sind die alten Hühner ein sehr gutes Hilfsmittel bei Bereitung geschmackvoller Brühe; besonders aber geben die alten Feldhühner der Suppe einen köstlichen Geruch, wie auch die alten Tauben beinahe dieselbe Wirkung haben.

Aus diesen hier gegebenen Bemerkungen geht nun die Bereitungs= art einer guten Fleischbrühe hervor.

Vom Fleisch-Extrakt. De l'Osmazom.

Die Entdeckung oder vielmehr die Sicherstellung des Osmazoms ist der größte Dienst, welchen die Chemie in neuerer Zeit geleistet hat. Das Osmazom ist jener wesentliche schmackhafte Theil des Fleisches, der sich in kaltem Wasser löst und vor dem Extraktivstoff dadurch unterscheidet, daß letzterer nur in heißem Wasser löslich ist.

Das Osmazom ist das verdienstliche Element der guten Suppen. Es liefert beim Rösten das Braune des Fleisches, ihm verdankt man die Röstungsrinde der Braten, es gibt endlich den eigenthümlichen Wildgeruch der Jagdthiere.

Das Osmazom findet sich vorzugsweise in dem rothen und schwarzen Fleische erwachsener Thiere; gar nicht oder nur in sehr geringer Menge findet man es im Lamm, im Spanferkel, im Huhn und selbst im weißen Fleische des Indians, unsers größten Küchenvogels. Aus diesem Grunde ziehen auch die Kenner bei letzterem den Zwischenschenkel vor; der In= stinkt des Geschmacks war bei diesen der Wissenschaft vorausgeeilt.[1]

Die Nichtkenntniß des Osmazoms trägt Schuld an der Unzufrieden= heit mit so vielen Köchen, welche die erste Fleischbrühe anderweitig ver= brauchen. Den Ruf der Vorsuppen verdankt man ihm; seinetwegen be= trachtete man die Brodschnitten aus dem Suppentopfe als ein Stärkungs= mittel für Kranke in Bädern. Dem Osmazom zu Liebe erfand der Dom= herr Chévrier verschließbare Kochtöpfe.

Endlich ist zur Sparung dieser freilich noch sehr unbekannten Substanz der Grundsatz eingeführt worden, daß zur Herstellung einer guten Fleisch= brühe der Topf nur lächeln soll.

Die Fasern, welche das Fleischgewebe zusammenhalten, werden nach dem Kochen dem bloßen Auge sichtbar; obgleich eines Theiles ihrer Hüllen entblößt, widersteht doch die Muskelfaser dem kochenden Wasser und behält ihre Form bei. Wenn man das Fleisch schneidet, so muß man stets Sorge tragen, daß die Messerklinge mit der Faser einen rechten Winkel bildet, denn das so geschnittene Fleisch hat ein viel schöneres Ansehen, schmeckt besser und kaut sich leichter. — Die Knochen sind vorzugsweise aus Leim= stoff zusammengesetzt.

Der Eiweißstoff findet sich sowohl im Fleische als auch im Blute. Er gerinnt bei einer Hitze über 60 Grad und bildet dann im Kochtopfe den Schaum der Suppe. Der Leimstoff findet sich gleichmäßig in Knochen, Knorpel und weichen Theilen; er gerinnt bei gewöhnlicher Temperatur der Atmosphäre.

Der Leim ist die Grundlage aller Fleischsulzen.

Das Fett ist ein feines Oel, das sich in den Zwischentheilen des Zellengewebes bildet und sich in großer Menge bei solchen Thieren an= sammelt, welche von der Natur oder von der Kunst dazu bestimmt sind, wie Schweine, Kapaunen, Ortolanen. Bei einigen dieser Thiere verliert das Fett seine Geschmacklosigkeit und erhält ein leichtes sehr angenehmes Arom.

Das Blut besteht aus eiweißhaltigem Serum und Faserstoff, aus wenig Leim und Osmazom; es gerinnt in heißem Wasser und ist für den Menschen stets ein nährender Stoff.

1. Einfache Fleischbrühe. Bouillon.

Nachdem man ein Stück mageres Ochsenfleisch vom Schlegel ausge= beint hat, zerschneide man es in Stücke, zerhacke ebenfalls die Knochen klein, wasche alles schnell und rein aus, bringe es zusammen in einen mit kaltem Wasser (1 Liter auf 280 Gramm Fleisch) angefüllten Fleischtopf und setze denselben zum Feuer; nach Verlauf einiger Zeit wird sich auf der Oberfläche des Wassers Schaum zeigen, welcher nichts anderes ist, als der schon erwähnte Eiweißstoff, der, indem er nach der Oberfläche steigt, alle fremdartigen Theile, die im Wasser und im Fleische enthalten sind, mit sich nimmt. Diesen Schaum nehme man nun rein ab, unterhalte das Feuer gelinde, damit derselbe aufsteigen und sorgfältig abgenommen werden kann, und gieße einigemal einen Schöpflöffel voll kaltes Wasser nach, welches denselben noch befördert, denn je mehr Schaum abgenommen wird, desto reiner wird die Suppe und desto länger wird sie gut bleiben.

Wenn nun das Fleisch abgeschäumt ist, salze man die Brühe wenig, gebe Suppenkräuter hinzu, die aus gelben und weißen Rüben, Sellerie, Porri und Pastinak=Wurzeln bestehen, füge diesen noch einen halben Kopf

Wirſingkraut hinzu und einige gebratene Zwiebeln, die der Fleiſchbrühe
eine ſchöne Farbe geben.

Sollten vom Tage vorher noch Knochen in Reſt geblieben ſein, ſo gebe
man dieſe zur Suppe; woraus man aber ja nicht ſchließen darf, obſchon
dieſe lächerliche Meinung allenthalben beſteht, daß Knochen allein ſchon eine
gute Suppe geben, denn da dieſe gänzlich ohne Gallert-Extrakt ſind, ſo
erhält eine ſolche Suppe weder angenehmen Geſchmack, noch guten Geruch.

Nach Verlauf mehrerer Stunden wird nun der Topf zurückgehoben
und eine viertel Stunde ruhig ſtehen gelaſſen, das Fett wird ſich ſodann
auf der Oberfläche geſammelt haben und gut abgenommen werden können.
Iſt dieß erreicht, ſo ſeihe man die Brühe durch eine rein ausgewaſchene,
geruchloſe Serviette in ein irdenes Gefäß und ſtelle ſie bis zum Gebrauche
an einen kalten, luftigen Ort.

2. Kraftbrühe. Consommé.

Dieſe nach ihrer gehörigen Vollendung kräftige, der Geſundheit dien-
liche und für die höhere Kochkunſt faſt unentbehrliche Brühe wird zu
allen klaren Suppen und Saucen gebraucht.

Um alſo eine vollſtändige Kraftbrühe (Consommé) zu bereiten, belege
man den Boden einer Caſſerolle, welche ungefähr 11 Liter faßt, mit
Nierenfett und vier in fingerdicke Scheiben geſchnittenen großen ſpaniſchen
Zwiebeln; 3 Kilo 360 Gramm Ochſenfleiſch vom Schweifſtück, 2 Kilo
240 Gramm Kalbfleiſch vom Schlegel werden in Stücke geſchnitten, rein
gewaſchen und nebſt 280 Gramm magerem Schinken dazu gethan und
mit einem halben Schöpflöffel voll einfacher Fleiſchbrühe genäßt. Die
Caſſerolle ſetzt man ſodann auf einen ſchwachen Windofen oder ſonſtiges
Kohlenfeuer, und läßt das Ganze langſam dämpfen, bis die Brühe in
Glace gefallen und ſich am Boden eine hellbraune Farbe zeigt. Hierauf
füllt man die Caſſerolle eine Hand breit vom Rande mit einfacher Fleiſchbrühe auf und läßt es von der Seite langſam kochen, während man das
Conſommé ſehr rein abſchäumt, und zwar ſo lange bis keine Unreinigkeit
mehr aufſteigt. Während dem hat man zwei alte Hühner, drei alte Feldhühner oder in Ermangelung deren vier alte Tauben am Spieß halb gar
gebraten, welche man ſodann nebſt zwei gelben Rüben, zwei Peterſilien-
wurzeln, einem halben Kopf Sellerie und einigen Porriwurzeln dazu gibt.
Dieſe Kraftbrühe läßt man alsdann 5 bis 6 Stunden ſehr langſam,
hermetiſch verſchloſſen, kochen, fettet ſie ſodann rein ab, paſſirt ſie langſam
durch eine reine Serviette in einen irdenen Topf, und ſtellt ſie bis zum
weiteren Gebrauche kalt. Man wird ungefähr gegen 5½ Liter Consommé
erhalten, welches von goldgelber Farbe und dem kräftigſten und angenehmſten Geſchmack ſein wird.

3. Hühner-Brühe. Consommé de volaille.

Die Bereitungsart hat ſie mit der vorhergehenden inſofern gemein,
als das Fleiſch und das Geflügel, jedoch ohne Feldhühner, rein gewaſchen,

in Stücke zerschnitten, und ohne daß man sie in einer Casserolle hat an=
ziehen lassen mit einfacher Fleischbrühe aufgefüllt wird; im Uebrigen wird
sie ganz so vollendet. Dieses Geflügel=Consommé wird vorzüglich zu allen
Geflügelsuppen und dergleichen Saucen in höheren Küchen angewendet.
Zur Bereitung der Kraftbrühe von Wildgeflügel wird eben diese Methode
beibehalten, nur mit dem Unterschiede, daß das Wildgeflügel wieder halb
am Spieße gar gebraten wird.

4. Wurzelbrühe. Bouillon de racines.

Zwei Kilo 240 Gramm Ochsenfleisch, 1 Kilo 680 Gramm Kalb=
fleisch und die Abgänge von Geflügel werden mit Nierenfett und Zwiebeln
in einer Casserolle eingerichtet und der Kraftbrühe gleich anziehen gelassen;
dann wird die Casserolle mit einfacher Fleischbrühe aufgefüllt, in's Kochen
gebracht, sehr rein abgeschäumt, jedoch das Doppelte von Suppenkräutern
dazu gethan und der vorhergehenden gleich beendet. Diese Wurzelbrühe
muß von hellbrauner Farbe sein und einen starken jedoch angenehmen
Geschmack nach Kräutern haben. Sie dient zur Bereitung von Kräuter=
suppen und dergleichen Saucen.

5. Rindfleischjüs. Jus de boeuf.

Man bedient·sich hiezu in größeren Küchen einer eigenen Casserolle;
der Boden dieser Casserolle wird mit Nierenfett und mit in fingerdicke
Scheiben geschnittenen Zwiebeln ganz belegt; auf diese gibt man 2½
bis 3 Kilo in flache Stücke geschnittenes Ochsenfleisch von jarret (Häkse),
nebst einem Stück mageren rohen Schinken und näßt das Ganze mit einem
Schöpflöffel voll leichter Brühe, setzt die Casserolle auf Kohlenfeuer und
läßt die Jüs sehr langsam anbraten, bis sich das Fett, die Zwiebeln und
der untere Theil des Fleisches leicht gebräunt hat. Sobald man also diesen
Grad des Bräunens erreicht hat, füllt man es mit 4 bis 4½ Liter leichter
Brühe auf, würzt sie mit einigen gelben Rüben, einem Sellerie, zwei Porri,
zwei Petersilienwurzeln, einer kleinen weißen Rübe, einem Lorbeerblatt,
einigen Gewürznelken und Pfefferkörnern und läßt das Ganze vier Stunden
langsam kochen. Die Jüs wird sodann rein entfettet und durch eine Ser=
viette in einen irdenen Topf geseiht und zum ferneren Gebrauch aufbewahrt.
Daß die Bereitung dieser Brühe viel Aufmerksamkeit verlangt, unterliegt
wohl keinem Zweifel, denn sie muß von schwarzbrauner Farbe, hell und
ohne allen Brandgeschmack sein. Diese Jüs dient zum Färben der Suppen
und Saucen und ist daher in jeder besseren Küche unentbehrlich.

6. Wildpretjüs. Jus de gibier.

Diese unterliegt in ihrer Anfertigung derselben Methode, nur daß
hiezu Wildpret genommen wird; am besten eignet sich das Hirschfleisch
dazu, auch kann man in Rest gebliebene dergleichen Brat=Abgänge wie
auch Wildgeflügel=Reste mit dem besten Erfolge dazu verwenden. Die
Beigabe der Kräuter bleibt ebenfalls dieselbe, nur daß man ein Lorbeer=

blatt, Gewürznelken, Pfefferkörner mehr, nebst einem Sträußchen Basilicum dazu gibt. Diese Jüs dient zum Färben der Wildpret-Suppen und Saucen.

7. Blonde Kalbfleischjüs. Blond de veau.

Der Boden einer flachen Casserolle wird mit frischer Butter ausgestrichen, mit einigen Speckscheiben nebst Zwiebeln belegt. Auf dieses gibt man 2 Kilo 240 Gramm in Scheiben geschnittenes Kalbfleisch, nebst Abgängen von gebratenem oder sonstigem Geflügel, begießt es mit einer leichten Brühe und läßt dieß auf schwachem Feuer gelbbraun anziehen, gießt 1³/₄ Liter leichte Brühe dazu und läßt dieß eine Stunde langsam dämpfen. Man entfettet diese Brühe ganz rein, gießt sie durch eine Serviette in einen irdenen Topf und stellt sie an einen kühlen Ort. Sie dient zur Bereitung verschiedener Saucen, welche späterhin bezeichnet werden.

8. Fleisch-Essenz-Grund. Fond.

So nennt man den zurückgebliebenen Saft aller gedämpften oder in der Braise gesottenen Fleischgattungen, wie auch jeder Art von zahmem und wildem Geflügel. Dieser wird, nachdem man das Fleisch oder Geflügel herausgenommen hat, mit einigen Anrichtlöffeln voll leichter Brühe aufgekocht und sammt dem Fett durch ein Haarsieb geseiht. Wenn er kalt ist, hat sich das Fett von der Essenz getrennt, das man rein abnimmt und den Fond, wie später bemerkt werden wird, zu den Saucen anwendet.

9. Taschen-Bouillon. Glace. — Bouillon sec.

Auf 560 Gramm reine, kräftige und gut eingekochte Taschen-Bouillon nimmt man 6 Kilo 720 Gramm frischgeschlachtetes, altes Ochsenfleisch, eben so viel Kalbfleisch, zwei alte Hühner, zwei alte Feldhühner, oder in deren Ermangelung vier alte Tauben.

Die Bereitung hat sie ganz mit der Kraftbrühe (Consommé) gemein (siehe Kraftbrühe). Nachdem also diese Kraftbrühe sechs bis sieben Stunden ununterbrochen langsam und gut verschlossen gekocht hat, wird sie eine halbe Stunde bei Seite gestellt, womit man bezweckt, daß alle Fetttheile sich oben sammeln und diese dann um so leichter rein abgenommen werden können. Nach diesem wird sie durch eine reine Serviette in ein flaches Geschirr passirt und auf einem starken Windofen bis auf 4¹/₄ Liter schnell eingekocht, dann nochmals durch eine Serviette in eine gut verzinnte, passende Casserolle passirt und bis zum andern Tag an einem kühlen Orte aufbewahrt. Bis dahin ist sie gestockt und man kann dann ganz rein alle fetten und unreinen Theile mit einem Eßlöffel abnehmen. Sie wird abermals auf einem Windofen unter beständigem Rühren bis auf drei viertel Liter eingekocht und dann sogleich in ein anderes reines Geschirr oder in kleine blecherne Förmchen gegossen und kalt gestellt. Des andern Tags wird sie herausgenommen und an einem trockenen, kühlen Orte aufgehängt, damit sie etwas abtrocknet und zum ferneren Gebrauche nicht anläuft und um so leichter sich aufbewahren läßt. Sollte dieß dennoch der Fall sein, was bei der größten Sorgfalt öfters geschieht, so darf man sie nur mit einem feuchten Tuche abtrocknen. Diese Glace ist besonders auf größeren Reisen sehr zu empfehlen und wird in jeder höheren Küche als ein unentbehrliches Mittel betrachtet.

10. Fleischsulz. Aspic.

Drei Kilo 360 Gramm Ochsenfleisch, 2 Kilo 240 Gramm Kalbs= jarret (Häkse), ein halbes Huhn, die Hälfte eines Hasen, 560 Gramm magerer Schinken und 8 bis 10 Stück frisch gebrühte Kalbsfüße werden, nachdem alles rein gewaschen und die Füße klein zerhackt worden, zusammen in einen Kessel oder sonstiges Geschirr gethan, mit 8 bis 10 Liter leichter Brühe übergossen und in's Kochen gebracht, sehr rein abgeschäumt und mit sechs Zwiebeln, zwei gelben Rüben, einem Kopf Sellerie, drei Porri, einigen Petersilienwurzeln, einem kleinen Bouquet von einem Sträußchen Basilicum, Thymian und das doppelte Estragon, drei Lorbeerblättern, vier Nelken, zwölf Pfefferkörnern und etwas Salz gewürzt, gut zugedeckt und sechs bis sieben Stunden ununterbrochen langsam gekocht. Während dieser Zeit wird die Sulz bis auf zwei Dritt= theile eingekocht sein, sie wird sodann sehr rein entfettet und durch eine Serviette in ein gutes irdenes Geschirr passirt und bis zum andern Tag kalt gestellt. Bis dahin werden sich noch alle zurück gebliebenen Fett= theile oben gesammelt haben, über welche man sodann ¼ Liter kochend= heißes Wasser gießt, welches bezweckt, daß man alles Fett auf eine leichte Art abwäscht; denn nur durch die Entfernung aller Fetttheile ist man im Stande, eine krystallhelle Fleischsulz zu erhalten. Hierauf werden sechs bis acht Eierklar mit dem Saft von drei Citronen abgeschlagen und nebst ¼ Liter gutem Estragon=Essig, ¼ Liter Madeira und einer halben Bouteille weißem Wein dazu gethan. Das Ganze wird auf einen Wind= ofen gesetzt und unter immerwährendem Aufziehen mit einem kleinen Schöpflöffel in's Kochen gebracht. Sobald man zieht, daß sich das Eiweiß zusammenzieht, gießt man die Fleischsulz in eine reine Serviette, die auf den vier Füßen eines umgekehrten Stuhles oder besser noch auf einen eigens dazu eingerichteten Passirstuhl ausgespannt ist, worunter man zu= vor ein reines Gefäß gestellt hat. Das zuerst Durchgelaufene wird trüb sein, deshalb wird es wieder aufgegossen und so fortgefahren, bis es wasserklar durchläuft. Ueber die Serviette wird ein großer Deckel gethan, auf welchem man Gluth unterhält, um das Filtriren zu befördern. Diese Fleischsulz muß sich durch angenehmen Geschmack, schöne Weinfarbe und größte Helle auszeichnen. Sollte man sie, wie öfters der Fall ist, dunkler wünschen, so gibt man beim Klären einige Löffel voll Rindfleischjüs zu.

1. Abschnitt. 2. Abtheilung.

Von den Fleischsuppen. Potages.

11. Frühlingssuppe. Potage à la printanier.

Junge gelbe Rüben, junge weiße Rüben, von beiden gleiche Theile, werden in Form von Oliven oder in irgend eine beliebige Form ge= schnitten, rein gewaschen und mit 3¹/₄ Liter Kraftbrühe eine Stunde langsam gekocht. Dazu gibt man später eine Handvoll in Spitzweckchen geschnittene grüne Bohnen, ebensoviel Pflück = Erbsen und das Gleiche Spargel=Erbsen, dann eine halbe Stunde später werden zwei Stück schöner Blumenkohl, in kleine Röschen getheilt, dazu gethan. Man läßt diese Suppe noch so lange kochen, bis der Blumenkohl weich ist, und richtet sie sodann, nachdem sie gehörig gesalzen ist, über kleine, rund ausge= stochene und geröstete Brodkrusten an. Diese Suppe muß sehr klar und alles darin Enthaltene weich sein, jedoch schön ganz in seiner Form bleiben.

12. Sommersuppe. Potage à la julienne.

Vier bis fünf Stück gelbe Rüben, zwei Stück weiße Rüben, eine Selleriewurzel, drei Porri, zwei Pastinak, ein kleiner Kopf Wirsingkraut und zwei Stück Kopfsalat werden rein geputzt und in halbe fingerlange Fadenstückchen, den Nudeln ähnlich, geschnitten, sehr rein gewaschen und mit 140 Gramm Butter in einer Casserolle eine halbe Stunde ge= dämpft. Nachdem gießt man gegen 3¹/₄ Liter gute Fleischbrühe dazu und läßt dieß zusammen noch eine Stunde langsam kochen. Beim An= richten wird die Suppe gehörig gesalzen und über fein geschnittene und geröstete Brodscheibchen angegossen.

13. Gesundheitssuppe. Potage à la santé.

Ein kleines Körbchen oder einige Hände voll junger Sauerampfer, halb so viel Kerbelkraut, einige Häupter Kopfsalat und ein wenig Peter= silie wird rein durchlesen, öfters gewaschen, dann mit dem Wiegmesser etwas geschnitten, doch nicht zu fein, und mit 140 Gramm frischer Butter eine halbe Stunde langsam gedämpft; dann gießt man einige Liter gute kochende Kräuterbrühe, bouillon de racines (siehe Wurzel= brühe), darüber und läßt sie noch eine gute Weile langsam sieden; die aufsteigende Butter wird abgenommen; die Suppe gehörig gesalzen und über kleine, in Butter geröstete Brodkrusten angegossen.

14. Französische Gesundheitssuppe. Potage de santé à la Française.

Ist eine Wiederholung der vorhergehenden Suppe, nur daß beim An= richten kleine Geflügelknödel dazu kommen. (Siehe Geflügel=Farce, Abschn. 5.)

3*

15. Brünnersuppe.   Potage à la Brunnoise.

Man schneidet eine gleiche Quantität gelbe Rüben, weiße Rüben, Sellerie, Porri und Petersilienwurzeln, von jedem ungefähr eine Hand voll, ausgenommen nur die Hälfte vom Sellerie, zu ganz kleinen Würfeln, wäscht dieß alles und dünstet es sodann mit 140 Gramm frischer Butter eine viertel Stunde langsam. Sodann gießt man 3 Liter kräftige Fleischbrühe und ¼ Liter Rindfleischjüs darauf, gibt etwas Salz zu und läßt das Ganze noch eine halbe Stunde langsam kochen. Beim An= richten wird die Suppe gehörig gesalzen und in eine Terrine über würfelig geschnittene und geröstete Brodkrüstchen angegossen.

16. Spargelsuppe.   Potage aux pointes d'asperges.

Einige Bund dünner, grüner, frischer Spargel werden rein geputzt und, soweit sie zart sind, zu kleinen Erbsen geschnitten, in's frische Wasser gethan, abgeseiht, in eine passende Casserolle geschüttet, mit 2 Liter Geflügel=Consommé begossen (siehe Geflügel=Consommé), etwas Salz dazu gethan und eine halbe Stunde vor dem Anrichten langsam gekocht. Die Suppe wird sodann gehörig gesalzen, mit einer Liaison von fünf bis sechs Eiern nebst einem Stück frischer Schalen=Butter legirt (gebunden) und über klein würfelig geschnittene, in frischer Butter goldgelb geröstete Brodkrüstchen angegossen.

17. Blumenkohlsuppe.   Potage aux choux-fleurs.

Diese wird gleich der vorhergehenden Suppe bereitet; der Blumenkohl wird zu kleinen Röschen getheilt und im Uebrigen ganz der Spargelsuppe gleich beendet.

18. Kraftsuppe mit gebackenen Zwiebel-Ringelchen.
Potage à la Clermont.

Kleine weiße Zwiebelchen werden rein geschält, in messerrückendünne Ringchen geschnitten, diese in feinem Mehl leicht geschwungen und in frischer Backbutter, Schmalz, goldgelb gebacken, sodann auf ein reines Tuch gelegt, damit sie nicht fett bleiben, und in eine Suppen=Terrine gethan. Beim Anrichten wird das nöthige, gehörig gesalzene, kräftige Consommé kochendheiß darüber gegossen und rund ausgestochene geröstete Brodkrusten (Croutons) dazu gegeben.

19. Kraftsuppe mit gefülltem Kopfsalat.   Consommé aux
laitues farcies.

Zwölf Häupter schöner Kopfsalat werden mehrmals sehr rein ge= waschen, damit ja nichts Unreines zwischen den Blättern bleibt, und in viel Wasser mit einer Hand voll Salz einige Minuten abgekocht (blanchirt), sodann mit einem Schaumlöffel herausgehoben und in frisches Wasser gelegt, wo sie so lange bleiben, bis sie ganz ausgekühlt sind. Sodann wird der Salat herausgehoben, leicht ausgedrückt und auf einer Serviette, wo man zuvor die äußeren rauhen Blättchen abgenommen hat, behutsam jedes Häuptchen für sich auseinander gebreitet; das Innere eines jeden wird je nach seiner Größe mit einem Eßlöffel voll feiner Geflügel-Farce (siehe Ge-flügel-Farce, Abschn. 5) gefüllt. Die Blättchen werden wieder sorgsam von allen Seiten darüber gelegt, damit der Salat eine schöne Form habe und die Farce von allen Seiten gedeckt ist. Eine flache Casserolle wird mit frischer Butter ausgestrichen, die Salathäuptchen eines neben dem andern hineingelegt, gesalzen, mit einer ganzen Zwiebel, in welche man eine Nelke eingedrückt, nebst einem Stück rohen Schinken und einigen Speckscheiben belegt; dann wird ein viertel Liter fette Geflügelbrühe darauf gegossen, gut zugedeckt und eine Stunde auf schwachem Kohlenfeuer langsam ge-dämpft. Vor dem Anrichten wird der Salat behutsam herausgehoben, auf ein Tuch gelegt, damit alles Fett davon kömmt, sodann in die Suppen-Terrine gelegt, mit der nöthigen Kraftbrühe (Consommé) begossen und mit gerösteten Brodkrusten zur Tafel gegeben. Dieser gefüllte und ebenso bereitete Salat wird auch als Garnitur zu gedämpftem Ochsenfleisch und Kalbfleisch gegeben, was jedoch später bezeichnet werden wird.

20. Kaisersuppe. Potage à l'Imperial.

Man bereitet von dem Brustfleisch zweier alter Hühner eine Geflügel-Farce (siehe 5. Abschn.). Diese Farce wird in eine Casserolle gethan und nach und nach mit einem viertel Liter gutem süßen Doppelrahm fein ab-gerührt. Eine halbe Stunde vor dem Anrichten wird ein flaches Torten-blech, welches einen fingerdicken Rand hat, mit Butter ausgestrichen, die Masse hineingethan, dünn ausgestrichen und das Blech in einen schon aus-gekühlten Backofen oder Bratröhre gestellt, damit diese Masse, ohne daß sie zu viel Farbe annimmt, gar wird. Sie wird dann in kleine Car-reaux geschnitten, diese in die Suppen-Terrine gelegt, eine vorher bereitete Frühlingssuppe (siehe Nr. 11) darüber gegossen, und nachdem man noch einige Dutzend recht weiß blanchirte Hahnen-Nierchen (rognons de coqs) dazu gegeben hat, wird die Suppe recht heiß zu Tisch gegeben.

21. Kraftbrühe mit gefülltem Wirsingkraut. Consommé aux choux de Milan farcis.

Zwei bis drei Stück Wirsingkraut, je nach der Größe, werden in der Mitte durchgeschnitten, sehr rein gewaschen, in hinreichendem Wasser mit einer Hand voll Salz zur Hälfte weich gekocht, blanchirt, dann mit einem flachen Schaumlöffel herausgehoben und in frischem Wasser abgekühlt. Nach-dem das Kraut ganz kalt geworden ist, wird es ausgedrückt, die äußeren grünen Blätter abgelöst, von den übrigen alle größeren Rippen ausge-schnitten und auf eine Serviette Blatt für Blatt sorgsam nebeneinander gelegt. Nach diesem wird es leicht gesalzen und mit feiner Geflügel-Farce (siehe Geflügel=Farce, Abschn. 5) stark messerrückendick überstrichen, dann zusammengerollt und in einen Bogen starkes Schreibpapier, der mit Butter gut bestrichen worden ist, eingerollt, mit Bindfaden netzartig geschnürt, in einer Braise eine Stunde gekocht, sonach herausgehoben und zwischen zwei flachen Casserolle=Deckeln leicht beschwert. Vor dem Anrichten wird dieses gefüllte Wirsingkraut aufgebunden, alles Papier gut abgemacht und, in fingerdicke Scheibchen der Breite nach geschnitten, in die Suppen= Terrine gelegt, die nöthigen Brodkrusten dazu gegeben und $2^1/_{10}$ Liter gehörig gesalzenes, kräftiges Consommé darüber gegossen.

22. Gascogner-Suppe. Potage à la Gascogne.

Vier bis fünf Stück junges Wirsingkraut werden halbirt, sehr rein gewaschen und im siedenden gesalzenen Wasser einige Minuten blanchirt, dann in's kalte Wasser gelegt, leicht ausgedrückt und fein gewiegt. Das Kraut wird sodann mit etwas frischer Butter über dem Feuer gedünstet, dann werden einige Eßlöffel voll dicke Sauce Beschamel (siehe sauce bé- chamelle, Abschn. 2) darunter gerührt, gehörig gesalzen, mit etwas ge= riebener Muskatnuß und einer Messerspitze voll Zucker angenehm gewürzt, worauf man die Masse über dem Feuer dick einrührt. Ist dies erreicht, so werden zwei Eßlöffel voll geriebener Parmesankäse darunter gerührt und dann kalt gestellt. Ist die Masse nun völlig erkaltet, so werden aus der= selben kleine runde Klößchen geformt, welche dann wieder messerrückendick in recht weiße zarte Geflügel=Farce eingehüllt werden, so zwar, daß das Grüne an keiner Stelle vorsieht und dieselben von außen recht glatt sind. Sie werden dann in ein am Boden mit Butter ausgestrichenes Geschirr gelegt, einige Minuten vor dem Anrichten mit siedender Fleischbrühe über= gossen und, um das Aufspringen zu verhüten, sehr langsam gekocht. Ein sehr kräftiges, klares Consommé wird in die Terrine gegossen, die Klößchen mit einem Schaumlöffel ausgehoben, in das Consommé gelegt, und, nach= dem man noch rund ausgestochene Brodkrusten, welche gelb getrocknet worden sind, dazu gethan hat, wird sie kochendheiß zu Tisch gegeben.

23. Bürgerliche französische Suppe. Pot au feu.

2 Kilo 240 Gramm Ochsenfleisch mit einem kälbernen Knochen, Jarret, werden mit $4^3/_{10}$ Liter frischem Wasser zugesetzt, zum Kochen gebracht, sehr rein abgeschäumt und ein wenig Salz beigegeben. Vier Stück gelbe Rüben, einige Stück Petersilienwurzeln, ein Kopf Sellerie, drei Stück Porri und die Hälfte eines Wirsing=Häuptels werden rein ge= putzt, gewaschen, in Stücke zerschnitten und nebst zwei in Asche gebratenen Zwiebeln, von denen man zuvor die äußere Haut wieder abgenommen hat, in den Topf beigegeben und gut zugedeckt. Das Ganze läßt man nun bis zum völligen Weichwerden langsam von der Seite kochen. Beim Anrichten wird das Fleisch mit den Suppenkräutern über Brodkrusten angerichtet und die gehörig gesalzene Brühe mit dem Fette darüber ge=

gossen. Diese kräftige wohlschmeckende Suppe ist eine Nationalsuppe der Franzosen.

24. Durchgestrichene Salat-Suppe. Coulis de laitue.

Nachdem man zwölf bis fünfzehn Häuptchen schönen Kopfsalat rein gewaschen und in Wasser mit einer Hand voll Salz abgekocht hat, wird er im frischen Wasser abgekühlt, fest ausgedrückt und fein geschnitten. Hierauf läßt man 140 Gramm frische Butter in einer Casserolle heiß werden, gibt den geschnittenen Salat dazu, röstet ihn einige Minuten und läßt ihn sodann mit $^1/_2$ Liter guter Fleischbrühe nebst etwas Salz, Muskat= nuß und einer ganzen Zwiebel auf Kohlenfeuer weich dämpfen. Während dem werden zwei Mundbrode abgerieben, sodann fein geschnitten und in einer Röhre abgetrocknet, mit $2^1/_{10}$ Liter guter Fleischbrühe begossen und mit dem Salate noch eine halbe Stunde gekocht; die Zwiebel wird hierauf herausgenommen, die Suppe durch ein Haartuch gestrichen, in eine andere Casserolle gethan und au bain-marie warm gestellt. Vor dem Anrichten wird sie unter beständigem Rühren kochend heiß gemacht, gehörig gesalzen und mit einer Liaison von sechs Eiern nebst einem Stückchen Schalenbutter legirt und in einer Terrine über gerösteten Brodkrusten angegossen. Diese Suppe wird auch, anstatt mit Brod, mit einer weißen Coulis bereitet.

25. Durchgestrichene Endiviensalat-Suppe.
Potage coulis de chicorée.

Diese ist eine Wiederholung der vorhergehenden, nur daß hier Endivien= Salat genommen wird.

26. Durchgestrichene Erbsen-Suppe. Potage coulis de pois nouveaux.

$2^1/_{10}$ Liter grüne Pflückerbsen werden durchlesen, rein gewaschen und in einer Casserolle mit 140 Gramm frischer Butter, einem Bouquet Petersilie, einem Stückchen Zucker, einer ganzen Zwiebel, ferner einem Stückchen rohen, mageren Schinken, etwas Salz und einigen Löffeln voll Fleischbrühe weich gedünstet. Wenn dieß erreicht ist, wird der Schinken und die Zwiebel davon gethan, die Erbsen gut verrührt und durch ein Haartuch gestrichen. Dieses Erbsen=Puree wird sodann mit guter Fleisch= brühe zu einer dünnfließenden, jedoch gebundenen Coulis verdünnt und einige Zeit vor dem Anrichten unter beständigem Rühren kochendheiß ge= macht, sodann gehörig gesalzen, mit einer Messerspitze feinem, weißen Pfeffer und einem Stücke frischer Butter im Geschmacke gehoben und über gerösteten Brodkrusten in einer Terrine angegossen. Diese Suppe wird auch von dürren Erbsen bereitet, in welche man statt der Brodkrusten ganz feine Nudeln oder auch statt dieser kleine Fadenstückchen, Filets von gekochtem, mageren Schinken gibt, welches natürlich jedesmal in der Benenn= ung angezeigt werden müßte.

27. Durchgestrichene Erbsensuppe mit Salat. Une chiffonade.

Man bereitet von grünen Erbsen, ganz der vorhergehenden gleich, eine Erbsen=Coulis, welche mit vier Häupteln schönem Kopfsalat, den man von der Hand geschnitten, rein gewaschen und eine Stunde in Butter und guter Bouillon nebst einer ganzen Zwiebel, Salz und Muskatnuß weich gedämpft hat, untermengt und kochendheiß über geröstete Brodkrusten in einer Terrine angißt.

28. Durchgestrichene Wurzelsuppe. Une crécy.

Diese wohlschmeckende Suppe ist eine Zusammensetzung mehrerer Wurzeln. Man schneidet nämlich eine gleiche Quantität gelber Rüben, weißer Rüben, einige Zwiebeln, Porri, Sellerie und Petersilienwurzeln nebst einer Hand voll Sauerampfer und Kerbelkraut feinblätterig und, nachdem man alles dieß zusammen mehrmals gewaschen hat, werden die Kräuter mit 140 Gramm frischer Butter, ein wenig Salz und $1/4$ Liter guter Fleischbrühe sehr weich gedünstet; sollte die Bouillon nicht hinreichend sein, so gieße man von Zeit zu Zeit etwas nach. Wenn also die Wurzeln treffend weich sind, werden sie durch ein reines Haartuch gestrichen, mit guter Fleischbrühe zu einer dünnfließenden Coulis verrührt, wieder in's Kochen gebracht, das aufsteigende Fett sammt Schaum wird rein abgenommen, gehörig gesalzen, mit einem Stückchen Taschen=Bouillon=Glace nebst einer Messerspitze feinem, weißem Pfeffer im Geschmacke gehoben, und beim An= richten über einige Anrichtlöffel voll körnig gekochten Reis oder Brodkrusten angerichtet. Statt des Reis kann man auch Gerste nehmen.

29. Durchgestrichene Linsensuppe. Potage coulis de lentilles.

1 Liter Linsen werden durchlesen, rein gewaschen, mit frischem Wasser zugesetzt und weich gekocht, sonach das Wasser abgeseiht und die Linsen durch ein Haartuch gestrichen. Gleichzeitig hat man den vierten Theil einer Selleriewurzel, einer gelben Rübe, einige Zwiebeln nebst einigen Petersilienwurzeln und Porri rein geputzt und gewaschen und, nachdem man sie feinblätterig geschnitten und in 140 Gramm Butter eine viertel Stunde geröstet hat, werden sie mit $2^1/_{10}$ Liter kräftiger Fleischbrühe nebst $1/2$ Liter Rindfleischjüs begossen und eine halbe Stunde langsam gekocht. Diese Wurzelbrühe wird durch ein Haarsieb gegossen, rein ent= fettet und das Linsen=Püree damit zu einer dünnfließenden Coulis ange= rührt, wieder in's Kochen gebracht, das aufsteigende Fett sammt Schaum rein abgenommen, die Suppe gehörig gesalzen, mit einer Messerspitze feinem Pfeffer und wenig Muskatnuß im Geschmacke gehoben und über geröstete Brodkrusten kochendheiß angerichtet. Diese Suppe gibt man gewöhnlich mit geräucherten Bratwürsten, von welchen man, nachdem man sie zuvor in heißem Wasser hat durchaus warm werden lassen, die Haut abzieht und in Stückchen schneidet oder mit Fadenstücken, Filets, von ge=

räuchertem, gekochten Schinken, und statt deren, Fadenstückchen von den Brüstchen aller Art gebratenen Wildgeflügels.

30. Durchgestrichene Kastaniensuppe. Coulis de marrons.

Ein Kilo Kastanien werden geschält, in's kochende Wasser gethan, darin einige Zeit liegen gelassen, bis sich die zweite Schale mit einem Tuche leicht abstreifen läßt; sie werden sonach in's frische Wasser gethan, aus diesem auf ein Tuch gelegt und alles Schwarze oder Unreine ausgeschnitten. Die Kastanien werden hierauf in einer passenden Casserole mit 140 Gramm frischer Butter, einem Stück magern, rohen Schinken, einer Zwiebel, in welche man eine oder zwei Nelken eingedrückt hat, nebst dem gehörigen Salz und einem Stückchen Zucker, ferner mit ¹/₄ Liter Rindfleischjüs sehr weich gedämpft. Nach diesem wird die Zwiebel und der Schinken herausgenommen, die Kastanien gut verrührt, und durch ein Haartuch gestrichen, mit sehr kräftiger Fleischbrühe nebst einem Löffel voll Jüs zu einer dünnfließenden Coulis verdünnt und nochmals durch ein Siebchen in eine Casserole passirt. Vor dem Anrichten wird die Suppe kochendheiß gerührt, mit einem Stück Glace nebst dem nöthigen Salz im Geschmack gehoben und heiß über geröstetes Brod angegossen. Um diese Suppe noch wohlschmeckender zu machen, bratet man einen Kapaun am Spieß, löst dann, wenn er kalt geworden ist, alles Fleisch rein ab, schneidet dieses sehr fein und, nachdem man es im Mörser zart gestoßen hat, wird es mit den Kastanien durchgestrichen; die Abgänge werden mit der Fleischbrühe ausgekocht, die Suppe damit angerührt, und beim Anrichten zwei Anrichtlöffel voll körnig gekochten Reis dazu gethan.

31. Durchgestrichene gelbe Rübensuppe. Coulis de carottes.

Hiezu nimmt man 20 bis 24 Stück schöne hochrothe gelbe Rüben, von welchen das äußere Zarte bis auf den inneren harten Kern in feine Scheibchen abgeschnitten, sodann gewaschen und mit 140 Gramm frischer Butter, einem Stückchen rohen Schinken, einem Stückchen Zucker, etwas Salz und der nöthigen Fleischbrühe, sehr weich gedämpft wird. Wenn also dieß erreicht ist, wird der Schinken davon gethan, die Rüben gut verrührt und durch ein Haartuch gestrichen, sodann mit der nöthigen Kraftbrühe gut verrührt, ein Stückchen Zucker, das nöthige Salz dazu gethan und die Suppe noch eine halbe Stunde langsam gekocht, damit man Schaum und Fett rein abnehmen kann. Während dem kocht man 140 Gramm Karolinen-Reis mit guter Fleischbrühe körnig weich, der beim Anrichten in die Terrine gethan, und die klar gekochte, angenehm gewürzte Suppe darüber gegossen wird. Zur Veränderung gibt man diese Suppe auch statt des Reis, mit kleinen, sehr weich gekochten Kalbstendrons.

32. Durchgestrichene Sauerampfersuppe. Coulis d'oseille.

Nachdem man ein Körbchen voll jungen Garten-Sauerampfer und zwei Häuptchen Kopfsalat rein durchsucht, gewaschen und den Salat in

Blättchen geschnitten hat, wird dieß zusammen mit einer Hand voll Salz in hinreichendem Wasser 'abgesotten, blanchirt, sodann abgegossen, mit frischem Wasser abgekühlt, fest ausgedrückt und mit 140 Gramm frischer Butter, etwas guter Fleischbrühe nebst einer ganzen Zwiebel weich gedämpft. Während dem läßt man 140 Gramm Butter heiß werden, gibt zwei Kochlöffel voll Mehl hinzu, und röstet es einige Minuten blaßgelb, füllt es mit $2^1/_{10}$ Liter guter Fleischbrühe auf und läßt dieß von der Seite eine Stunde gut auskochen; der aufsteigende Schaum sammt Fett wird rein abgenommen und der Sauerampfer damit angerührt, sonach durch ein reines Haartuch gestrichen, in eine Casserole gethan und nochmals eine halbe Stunde klar gekocht. Beim Anrichten wird die Suppe gehörig gesalzen, mit einem Stückchen Glace im Geschmack gehoben und mit einem Bindungsmittel (Liaison) von sechs frischen Eiern nebst einem Stückchen Schalenbutter legirt und über geröstete Brodkrusten in eine Terrine angegossen.

33. Durchgestrichene Kartoffelsuppe. Coulis de pommes de terre.

Zehn Stück mittelgroße Kartoffeln werden gewaschen, roh geschält, in Scheiben geschnitten und in's frische Wasser gethan. Zwei Zwiebeln, ein Stück Sellerie, einige Petersilien= und eine Porriwurzel werden gereinigt, gewaschen, in Stückchen geschnitten, mit 140 Grammen Butter geröstet und mit $2^1/_{10}$ Liter guter Fleischbrühe nebst $^1/_4$ Liter Rindfleischjüs auf= gefüllt, die Kartoffeln dazu gethan und weich gekocht. Sodann wird die Suppe rein entfettet und durch ein Haartuch gestrichen, mit der noch nöthigen Fleischbrühe verdünnt und durch ein Sieb in eine Casserole passirt. Vor dem Anrichten läßt man die Suppe noch eine viertel Stunde kochen, nimmt allen Schaum rein ab und, nachdem sie gehörig gesalzen worden ist, wird sie über geröstete Brodkrusten angegossen.

34. Marschallsuppe. Potage à la maréchal.

Kerbelkraut, Sauerampfer, von jedem gleiche Theile, werden gereinigt, mehrmals rein gewaschen, fein geschnitten und mit 140 Gramm frischer Butter eine halbe Stunde gedämpft, sodann füllt man dieß mit $2^1/_{10}$ Liter Wurzelbrühe (bouillon de racines) auf, läßt die Suppe mit dem nöthigen Salz eine halbe Stunde langsam kochen, wobei man sie sehr rein entfettet. Unterdessen · bereitet man fünfzehn Stück gefüllten Kopf= salat (s. gefüllten Kopfsalat, 65. Abschn., 11. Abth.) den man nebst einem Anrichtlöffel voll im Salzwasser weich gekochter Spargelspitzen die gleiche Quantität, in etwas Butter, wenig Zucker und Fleischbrühe weich ge= dämpften Pflückerbsen in die Suppen=Terrine legt, und die gehörig ge= salzene, mit einem Bindungsmittel von sechs Eigelb legirte Suppe heiß darüber angießt.

35. Garbür von Salat. Garbure aux laitues.

Nachdem man von acht Stück schönem Kopfsalat die äußeren rauhen Blätter weggethan hat, wird er sehr rein gewaschen und mit einer Hand voll Salz einige Minuten lang abgekocht, sonach in's frische Wasser gethan, ausgedrückt und in einer flachen Casserolle mit fetter Brühe, Braise, etwas Salz und einem Stück rohen Schinken nebst einer ganzen Zwiebel sehr weich gedämpft. Unterdessen werden drei Mundbrode abgerieben, die Rinde fingerdick abgelöst, diese in ganz feine Scheibchen geschnitten und in einer Röhre gelb getrocknet, geröstet. Eine Silber-Casserolle oder ein anderes der Hitze widerstehendes Gefäß wird gut mit frischer Butter ausgestrichen, fingerdick mit dem geschnittenen Brod belegt, und mit sehr kräftigem Consommé oder Geflügel-Essenz begossen, angefeuchtet, dann der Salat einigemal jedes Häuptchen durchgeschnitten und in einer zweiten Lage über dem Brote gelegt und so fortgefahren, bis Salat und Brod aufgegangen ist, wobei jedoch zu bemerken ist, daß die obere Lage Brod sein muß. Das Ganze wird sodann mit dem von dem Salat zurückgebliebenen Safte begossen, mit geriebenem Parmesankäse bestreut, mit zerlassener, frischer Butter beträufelt, und in einem Backofen oder Bratröhre gelbbraun gebacken, gratinirt. Die nöthige kräftige, angenehm gewürzte Kraftbrühe wird in eine Terrine gegossen und die Garbür beim Serviren mit herumgereicht oder mit vorgelegt.

36. Garbür von Kohl. Garbure aux choux.

Zwei, auch drei Stücke Wirsing oder Weißkraut, auch die nöthige Quantität Rosenkohl werden von den ersteren die äußeren rauhen Blätter davongethan, in der Mitte durchgeschnitten, sehr rein gewaschen und im Wasser mit einer Hand voll Salz abblanchirt, abgekocht, sonach in's kalte Wasser gethan, darin abgekühlt, dann fest ausgedrückt, die großen Rippen ausgeschnitten und dem Salat gleich mit sehr guter Fleischbrühe, Speck, rohem Schinken, dem nöthigen Salz, nebst einer ganzen Zwiebel, in die man eine oder zwei Nelken eingedrückt hat, ganz weich und kurz gedünstet, dann mit dem getrockneten Brode, der vorhergehenden gleich, eingerichtet und gebacken. Einige Liter sehr kräftige, wohlschmeckende Kraftbrühe werden in die Terrine extra gegeben.

37. Garbür auf italienische Art. Garbure à l'Italienne.

Nachdem man zwei bis drei Stück Wirsingkraut gereinigt, gewaschen und eine viertel Stunde in Wasser mit einer Hand voll Salz abgekocht hat, wird es in's kalte Wasser gethan, darin abgekühlt, ausgedrückt und auf ein reines Tuch gelegt; alle großen Rippen werden ausgeschnitten und das Kraut in einer etwas flachen Casserolle mit einem am Spieß gebratenen Stück Ochsenfleisch, einem gebratenen Feldhuhn, einem Stück rohen Schinken, einer gelben Rübe, Zwiebel und etwas Salz, gut verschlossen, weich gedämpft. Hierauf wird das Kraut den vorhergehenden Garbüren gleich mit einer Lage Brod, dann einer Lage Kraut, auf welches man geriebenen Parmesankäse streut, dann wieder Brot, dann Kraut und so fort, bis alles aufgegangen ist; die oberste Lage muß Brod sein, auf welches man geriebenen Parmesankäse streut, mit kleinen Stückchen frischer Butter belegt und in einer Backröhre schön gelbbraun bäckt. Einige Liter angenehm gewürztes, sehr kräftiges Consommé werden extra beigegeben.

38. Garbür von Wurzeln.   Garbure à la Villeroy.

Man schneidet eine gleiche Quantität gelber Rüben, weißer Rüben, etwas weniger Zwiebel, einen Kopf Sellerie, Porri, zu kleinen Würfeln; von einigen Stücken Kopfsalat werden die äußeren Blätter abgelöst, der Salat rein gewaschen und nebst einer Hand voll Kerbelkraut abgekocht abgeseiht, mit frischem Wasser abgekühlt, fest ausgedrückt und etwas geschnitten. Sonach werden die gelben Rüben in frischer Butter einige Minuten geröstet; dann kommen die weißen Rüben dazu und wieder einige Minuten später Zwiebel, Porri und Sellerie. Wenn also diese Kräuter eine schöne Farbe haben, wird der Salat dazu gethan und mit ¼ Liter guter Fleischbrühe begossen, etwas Salz und ein Stückchen Zucker dazu gethan, und nebst einem Stück rohen Schinken auf Kohlenfeuer, gut verschlossen, weich gedünstet. Haben die Wurzeln ihre völlige Weiche erreicht, so werden sie mit feingeschnittenem geröstetem Brode in Schichten, den Vorhergehenden gleich, eingerichtet und beendet, und einige Liter sehr kräftiges Consommé werden extra beigegeben.

39. Garbür von Kastanien.   Garbure aux marrons.

Nachdem man 1 Kilo 120 Gramm Kastanien geschält hat, werden sie in's kochende Wasser gethan, einige Minuten darin gelassen, sonach mit einem Schaumlöffel ausgehoben und jeder zwischen einem Tuch die innere Haut abgestreift. Hierauf werden sie in einer flachen Casserolle mit einer ganzen Zwiebel, dem nöthigen Salz, einem Stück mageren, rohen Schinken nebst guter Fleischbrühe weich gedämpft; sodann in Schichten gelegt, nämlich eine Lage fein geschnittenes und geröstetes Brod, dann eine Lage Kastanien, dann wieder Brod und so fort, bis alles aufgegangen ist, wobei man jedoch darauf zu sehen hat, daß die oberste Lage Brod sein muß. Das Ganze wird sodann mit einigen Anrichtlöffeln voll gehörig gesalzener etwas fetter Geflügelbrühe begossen und ungefähr eine Stunde gelbbraun gebacken. Einige Liter sehr kräftiges Consommé werden in einer Terrine extra beigegeben.

40. Schwarzbrodsuppe mit Eiern.   Potage bain-bis aux oeufs.

Von einem Stück schwarzen guten Hausbrod wird die Rinde fingerdick abgeschnitten, diese in feine Scheibchen geschnitten und in der Röhre abgetrocknet, dann in eine Casserole gethan und mit $2^{1}/_{10}$ Liter guter Fleischbrühe, einem Löffel voll Rindfleischjüs begossen, mit etwas Salz, wenig gestoßenem, weißen Pfeffer und Muskatnuß gewürzt und eine halbe Stunde langsam gekocht. Während dem werden 12 bis 15 Eier poschirt (siehe poschirte Eier). Beim Anrichten wird die Suppe gehörig gesalzen, ein Stück frische Butter daruntergerührt und in einer Suppen=Terrine angerichtet. Die Eier werden gewöhnlich in eine Schale gelegt, in die man

zuvor nicht sehr heiße Fleischbrühe gegossen hat, und werden so der
Suppe eigens beigegeben.

41. Verkochte Weißbrodsuppe. Une panade.

Nachdem man die braune Rinde von drei frischen Mundbroden gut
abgerieben hat, wird es großwürfelig geschnitten und sodann in einem
Back= oder Bratrohr etwas abgetrocknet, sodann in eine passende Casserolle
gethan, mit der nöthigen Geflügelbrühe begossen, etwas Salz, Muskatnuß
und ein Stückchen frische Butter dazu gegeben und so eine halbe Stunde
langsam gekocht. Beim Anrichten wird sie rein entfettet, das noch
nöthige Salz dazu gegeben und mit einer Liaison von 5 bis 6 Eigelb
nebst $^{1}/_{10}$ Liter gutem Rahm legirt und so angerichtet. Diese Suppe
wird auch öfters mit kleinen Fadenstückchen, Filets, von gebratenem Ge=
flügel oder Kalbfleisch gegeben; sie wird und zwar mit Recht unter die
besseren Suppen gezählt.

42. Durchgestrichene Weißbrodsuppe. Une panade fine.

Diese Suppe wird behandelt wie die vorhergehende. Nachdem also die
Suppe gehörig verkocht ist, wird sie durch ein Haartuch gestrichen und so=
dann warm gestellt. Vor dem Anrichten wird sie kochendheiß gerührt, mit
der noch nöthigen heißen Fleischbrühe, im Falle diese noch zu dick sein sollte,
verdünnt und mit einer Liaison von sechs Eigelb legirt und so angerichtet.
Geröstete Brodkrüstchen können in die Suppe oder eigens beigegeben werden.

43. Weißbrodsuppe mit Kräutern. Panade aux herbes.

Es wird eine Hand voll junger, von den Stielen gereinigter Garten=
Sauerampfer, ebensoviel Kerbelkraut zusammen rein gewaschen, gut aus=
gedrückt und fein geschnitten; hierauf läßt man 140 Gramm frische
Butter in einer Casserolle heiß werden, gibt die feingeschnittenen Kräuter
dazu und röstet sie einige Minuten ab, gießt sodann einige Löffel voll
Fleischbrühe darauf und läßt die Kräuter, gut zugedeckt, langsam weich
dämpfen. Während dem hat man zwei bis drei Mundbrode abgerieben,
sodann feinblätterig geschnitten und in der Röhre getrocknet, welche hierauf
zu den Kräutern kommen; diese werden dann mit $2^{1}/_{10}$ Liter guter,
kräftiger Fleischbrühe angegossen und noch eine halbe Stunde langsam
gekocht. Beim Anrichten wird diese Suppe gehörig gesalzen und mit
einer Liaison von sechs Eigelb nebst drei bis vier Anrichtlöffeln voll
gutem, saueren Rahm und einem Stückchen sehr frischer Butter legirt und
kochendheiß angerichtet.

44. Kräutersuppe mit kleinen Leberknödeln. Potage aux herbes, aux petites quenelles de foies de volaille.

Man bereitet eine Kräutersuppe, jedoch ohne Zuthat des Brodes,
ganz der vorherbeschriebenen gleich, nur daß ein kleiner Schöpflöffel voll
Rindfleischjüs dazu kömmt.

Die Bereitung der Knödel ist folgende: 280 Gramm frische Butter oder auch frisches, gut ausgelassenes Ochsenmark wird schaumig gerührt, in der man nach und nach drei ganze und vier gelbe Eier einrührt; nach diesem werden 280 Gramm frische Kalbsleber oder besser noch Geflügelleber fein geschnitten und nebst 140 Gramm geriebenem Mund= brode, etwas fein geschnittener Petersilie und Zwiebeln, die man aber zuvor in frischer Butter geröstet hat, nebst dem nöthigen Salz und ein wenig geriebener Muskatnuß mit der Masse gut verrührt; von dieser werden, nachdem man zuvor eine Probe gemacht hat, kleine runde Knödelchen geformt, die man auf einen mit Butter bestrichenen flachen Casserolle= Deckel legt. Eine halbe Stunde vor dem Anrichten werden sie in der Kräutersuppe gar gekocht, diese sodann gehörig gesalzen und über rund ausgestochene, geröstete Brodkrusten in einer Terrine angerichtet.

45. Kräutersuppe mit Krebsbrödchen. Potage aux herbes aux petits pains d'écrevisses.

Es wird eine Kräutersuppe ganz der vorhergehenden gleich bereitet. Die kleinen Krebsbrödchen, die beim Anrichten in die Suppe kommen, werden auf folgende Art gemacht. Nachdem man dreißig Stück Krebse rein gewaschen, abgekocht und auf die bekannte Weise ausgebrochen hat, werden die Schalen mit 280 Gramm frischer Butter fein gestoßen, sonach in einer Casserolle auf dem Feuer gut abgeröstet und die Butter durch eine Serviette in's kalte Wasser gepreßt. Von dieser Butter gibt man die Hälfte in eine angemessene Casserolle, läßt diese heiß werden, gibt zwei Kochlöffel voll Mehl dazu und röstet dieses einige Minuten langsam mit einer ganzen Zwiebel, in die man eine Gewürznelke einge= drückt hat, ab; hierauf wird dieses Roux, Mehlschwitze, mit 1 Liter gutem, süßen Rahm angerührt und unter beständigem Rühren bis zur Hälfte eingekocht. Nachdem nun dieses Krebs=Bechamel ausgekühlt ist, wird das Gelbe von zehn Eiern darunter gerührt und, nachdem man die Zwiebel herausgenommen hat, rein durch ein Haartuch gestrichen. In diese so bereitete Masse werden nun die unterdeß klein würfelig geschnittenen Krebs= schweifchen gemengt, das Ganze in einen mit Krebsbutter gut ausge= strichenen, flachen Model gefüllt und au bain-marie gar gekocht, sodann herausgehoben und auf einen flachen Casserolle=Deckel umgestürzt. Vor dem Anrichten wird dieses Krebs=pain würfelig oder in verschobene Carreaux sauber geschnitten und in die Suppen=Terrine gethan, wo sodann die kochendheiße und mit der andern Hälfte der Krebsbutter im Geschmacke gehobene kräftige Kräutersuppe darüber gegossen wird. Nach Belieben können auch rund ausgestochene, geröstete Brodkrusten beigegeben werden.

46. Reissuppe mit jungen Hühnern. Potage au riz et aux poulets.

280 Gramm Karolinen=Reis werden rein belesen, mehrmals ge= waschen und mit 1 ½ Liter kräftiger Fleischbrühe, einem eigroßen Stückchen frischer Butter nebst etwas Salz weich gekocht. Während dem werden

drei junge Hühner flammirt, gut ausgenommen, rein gewaschen und in einer Geflügel-Braise gar gekocht, sodann herausgenommen und kalt ge= stellt. Nach diesem werden die Hühnchen schön zerschnitten, die Haut abgelöst, damit sie ganz weiß sind und in die Suppen=Terrine gelegt. Die Braise, worin die Hühnchen gar gemacht worden sind, wird durch ein feines Haarsieb passirt, rein entfettet und zu der Reissuppe gegossen und, nachdem sie gehörig gesalzen worden ist, gießt man sie kochendheiß über die Hühnchen an.

47. Reisschleim. Crême de riz.

560 Gramm Mailänder=Reis wird dem der vorhergehenden Suppe gleich gereinigt und mit $3^2/_{10}$ Liter kräftiger, weißer Fleischbrühe begossen und mit einem alten Huhn zugesetzt, sodann anderthalb Stunden langsam gekocht. Nach dieser Zeit wird die Suppe rein entfettet und durch ein feines Haarsieb geseiht; sollte der Schleim zu dick sein, so gießt man noch die nöthige Brühe über den Reis und läßt diese langsam durch= laufen. Er wird sodann gehörig gesalzen und größtentheils in Ober= tassen bei Abendgesellschaften oder Gabelfrühstücken servirt.

48. Reissuppe nach römischer Art. Potage au riz à la Romaine.

280 Gramm Karolinen=Reis werden rein belesen, gewaschen und in eine Casserolle gethan. Sodann wird so viel gute Geflügel=Braise darauf gegossen, daß diese zwei Finger hoch über dem Reis steht; ein Stück roher Schinken, eine Zwiebel, in die man zwei Gewürznelken ein= gedrückt hat, werden nebst dem nöthigen Salz dazu gethan und auf einen Windofen gestellt. Wenn sodann der Reis zu kochen anfängt, wird er auf Kohlenfeuer gesetzt und eine halbe Stunde langsam, jedoch daß die Körner ganz bleiben, weich gekocht. Während dem werden 280 Gramm italienische Maccaroni=Nudeln in gesalzenem, kochenden Wasser abgekocht, sodann abgeseiht, mit frischem Wasser abgekühlt und auf eine Serviette gelegt; hierauf in fingerbreite Stückchen geschnitten, wieder in eine Casserolle gethan, mit $^1/_4$ Liter Kalbfleischjüs begossen und ebenfalls langsam, jedoch nicht zu weich, gar gekocht. Eine Sturz=Casserolle wird dick mit Krebs= butter ausgestrichen, fingerdick mit Reis belegt, dann etwas geriebener Parmesankäse darauf gestreut, dann ebenfalls fingerhoch eine Lage von den Nudeln, dann wieder Käse, dann wieder Reis und so fort bis Reis und Nudeln aufgegangen sind. Oben darüber gießt man einige Eßlöffel voll fette Geflügel=Braise und bäckt dann das Ganze eine halbe Stunde lang in einem nicht sehr heißen Ofen. Beim Anrichten wird dieser Reis= Gateau auf eine Platte umgestürzt und das nöthige sehr kräftige klare Consommé wird in der Suppen=Terrine extra beigegeben.

49. Reisschleimsuppe nach französischer Art. Crême de riz veloutée à la Française.

Man bereitet nach der vorher schon angegeben Art einen sehr kräf=

tigen, weißen und etwas dicken Reisschleim, welcher beim Anrichten ge=
hörig gesalzen und mit $^3/_{10}$ Liter sehr dickem, süßen, unabgekochten Rahm
legirt wird. Man richtet diese Suppe kochendheiß über die von dem
Brustfleische eines alten Huhns bereiteten, runden oder mit zwei Kaffee=
löffelchen dressirten und in Fleischbrühe abgekochten Knödelchen an. (Siehe
Geflügel=Farce, Abschnitt 5.)

50. Suppe mit Reis und Kalbsschweif. Potage de queues de veau à l'Indienne.

Fünf bis sechs schöne Kalbsschweife werden rein gewaschen, in gleich
große Stücke geschnitten und dann einige Minuten abgekocht (blanchirt).
Nach diesem werden sie in guter kräftiger Fleischbrühe weich gekocht, mit
einem Schaumlöffel ausgehoben und in die Suppen=Terrine gelegt; die
Suppe selbst wird rein entfettet, gesalzen, mit einer Liaison von vier Eigelb
sorgfältig legirt, über die Schweifstücke geseiht und mit nachstehendem Reis
zu Tisch gegeben. 280 Gramm Reis werden rein belesen, gewaschen
und abblanchirt, dann mit frischem Wasser abgekühlt und auf ein Sieb
zum Abtropfen geschüttet. Dieser Reis wird nun in eine passende Casserolle
gethan, mit einer Messerspitze voll Kari (Curcumae), etwas wenig spanischem
Pfeffer und einer geschälten ganzen Zwiebel gewürzt, gesalzen, mit guter
siedender Fleischbrühe fingerdick übergossen und so über Kohlenfeuer oder
im heißen Bratrohre, gut zugedeckt, körnig weich gedünstet. Dieser Reis
wird nun erhaben in eine Schale angerichtet, muß körnig weich, dabei
aber etwas fest sein, und wird so extra der Suppe mit beigegeben.

51. Gerstenschleim. Crême d'orge.

Ein Kilo 120 Gramm Ochsenfleisch vom Schweifstück, 1 Kilo
120 Gramm Kalbfleisch vom Schlegel, nebst einem flammirten, rein
ausgenommenen, alten Huhn werden zusammen gewaschen und in einem
Kessel mit 5 Liter Wasser zugesetzt, in's Kochen gebracht und sehr rein
abgeschäumt; nach diesem gießt man die Brühe durch eine feine geruch=
lose Serviette und das Fleisch wird nochmals im Wasser rein abgewaschen
und, nachdem der Kessel wieder ausgetrocknet worden ist, kömmt die
Brühe mit dem Fleische wieder hinein und man bringt es wieder zum
Sieden; der immer noch aufsteigende Schaum wird rein abgenommen und
560 Gramm feine Perlgerste werden dazu gerührt. Eine gelbe Rübe,
der vierte Theil einer Sellerie=, zwei Petersilien= und zwei Porri=Wurzeln,
nebst einer Zwiebel werden rein gewaschen und alles zusammengebunden
dazu gethan. Das Ganze läßt man ungefähr drei Stunden sehr langsam
auf Kohlenfeuer kochen. Nach Verlauf dieser Zeit zieht man den Kessel
zurück, nimmt allen Schaum sammt Fett rein ab und passirt den Schleim
durch ein großes, gut ausgewaschenes Haartuch oder durch ein feines
Suppensieb, er wird sodann gehörig gesalzen und im Falle er noch zu dick
wäre, mit Geflügel=Bouillon verdünnt und ebenfalls in Tassen bei Abend=
gesellschaften servirt. Auf diese Art bereitet, wird man stets einen sehr

reinen, weißen und wohlschmeckenden Gerstenschleim erhalten. Sollte man
die Gerste als Suppe geben, so wird ein Theil der Gerste in dem Schleim
gelassen und das schön verschnittene und weiche, alte Huhn dazu gegeben.

52. Gerstenschleimsuppe nach französischer Art. Crême d'orge veloutée à la Française.

Der auf die vorher beschriebene Weise bereitete Gerstenschleim wird
ebenfalls etwas dicker gehalten und ganz so wie die Reisschleim-Suppe
nach französischer Art vollendet.

53. Gerstenschleimsuppe nach Beauharnais. Crême d'orge à la Beauharnais.

Es wird ein Gerstenschleim nach Angabe des Vorhergehenden bereitet.
Ferner wird eine Geflügel-Farce, jedoch mit Krebsbutter bereitet (siehe
Geflügel-Farce mit Krebsbutter), von dieser werden kleine runde
Knödelchen gemacht, welche eine viertel Stunde vor dem Anrichten in ein-
facher Bouillon mit Salz abgekocht und nebst Kerbel und den Krebs-
schweifchen in dem unterdeß kochendheiß gerührten und mit einem Stück
Krebsbutter legirten und gehörig gesalzenen Gerstenschleim angerichtet werden.

54. Durchgestrichene Brodsuppe à la maréchal. Panade fine à la maréchal.

Zwei weiße, frische Mundbrode werden abgerieben und eine Brodsuppe nach Angabe der durchgestrichenen Brodsuppe bereitet. In diese
kommen beim Anrichten kleine, runde Krebsklößchen, welche auf folgende
Weise gemacht werden.
140 Gramm gute Krebsbutter werden schaumig gerührt, in diese
kommen nach und nach drei Eigelb und zwei ganze Eier, ferner das nöthige
geriebene, weiße Mundbrod, dann die würfelig geschnittenen Krebsschweifchen,
nebst etwas Salz und Muskatnuß. Hievon werden kleine, runde Klößchen
gemacht und bei Seite gestellt. Ferner werden 24 bis 30 Stück schöne
Schwarzwurzeln gereinigt, gewaschen und weich gekocht, sodann herausgehoben und kalt gestellt. Sodann kocht man eine gleiche Anzahl schöner
Spargeln, die man zuvor zu Erbsen geschnitten hat, in Salzwasser ab
und stellt sie ebenfalls kalt. Hierauf werden zwei ganze Eier mit einer
Messerspitze Salz eine Weile gut abgeschlagen, in welche man die Spargeln
und die ebenso geschnittenen Schwarzwurzeln gibt, sie werden mit den Eiern
gut durchgeschwungen und in kleinen Partien, jedoch daß jedes Stückchen
für sich ist, mit geriebenem, weißem Brode und etwas geriebenem Parmesankäse untermengt, panirt und sodann lichtbraun aus dem Schmalze gebacken,
sodann auf ein Tuch gelegt und warm gestellt. Eine halbe Stunde vor
dem Anrichten werden die Klößchen in einfacher Fleischbrühe langsam gut
zugedeckt, gar gekocht; die unterdeß kochendheiß gerührte, mit einem Stückchen Glace, dem nöthigen Salze und einem Stücke ganz frischer Butter
im Geschmacke gehobene Suppe wird in die Terrine gegossen, die Klößchen

mit einem Schaumlöffel ausgehoben und nebst den gebackenen Spargeln und Schwarzwurzeln in die Suppe gegeben und servirt.

55. Haberschleimsuppe. Crême d'avoine.

Das gleiche Quantum des Fleisches, des alten Huhnes, sowie die fernere Bereitungsweise bleibt ganz so, wie sie bei dem Gerstenschleim angegeben worden sind.

56. Grünkernschleimsuppe mit Kaiser-Crême. Crême de blé vert aux oeufs à l'empereur.

Diese unterliegt in ihrer Anfertigung ganz der vorhergehenden, nur daß hier grüne Kerne genommen werden. Der Kaiser-Crême wird auf folgende Art bereitet.

$^3/_{10}$ Liter gute Geflügelbrühe (Braise) wird sehr rein entfettet und mit einem gleichen Theile Kalbfleischjüs untermengt. Das Gelbe von zehn sehr frischen Eiern wird gut abgerührt und mit der Braise mehrmal durch ein reines Suppensieb hin- und hergegossen, damit sich die Eier mit der Flüssigkeit gut meliren. Hierauf wird ein flacher, runder Model gut mit frischer Butter ausgestrichen, der Crême hineingefüllt und au bain-marie langsam gar gemacht, sodann herausgehoben und nachdem es halb kalt geworden ist, auf einen flachen Deckel umgestürzt. Eine halbe Stunde vor dem Anrichten wird der Schleim kochend gerührt, mit dem Gelben von sechs Eiern legirt, gehörig gesalzen, mit einem Stückchen sehr frischer Butter und etwas Taschen-Bouillon im Geschmack gehoben und über den unterdeß zu kleinen Carreaux geschnittenen Crême nebst kleinen Brod-krüstchen in der Suppen-Terrine angegossen.

57. Kraftsuppe mit Wachtelbrüstchen. Potage à la Capri.

Es werden zwölf Wachteln rein gerupft, flammirt, ausgenommen, die Brüstchen rein ausgelöst, mit dem Messerhefte etwas breit geschlagen, egal rund zugeschnitten, in einem mit klarer Butter bestrichenen plat à sauter eingerichtet, leicht gesalzen und mit einer mit Butter bestrichenen Papierscheibe gedeckt, bei Seite kalt gestellt. Nach diesem werden die Ge-rippe klein gehackt und in dem Consommé mit gekocht. Ferner werden zwei ganze Eier und zehn Eierdotter mit etwas Salz und ein wenig ge-riebener Muskatnuß gut verrührt, mit $^1/_2$ Liter guter kalter Fleischbrühe untermengt und einigemal durchgeseiht; dann wird diese Masse in kleine, mit Butter ausgestrichene Förmchen (moules à timbales) gefüllt und diese au bain-marie gar gemacht (stocken gelassen). Unterdessen werden runde Brodkrusten ausgestochen und in klarer Butter gelb geröstet, dann auf einer Seite mit Geflügel-Farce überstrichen, darüber wird nun geriebener Par-mesankäse gestreut und einige Minuten in eine Bratröhre gestellt. Kurz vor dem Anrichten werden nun die Wachtelbrüstchen (escalopes de cailles) sautirt, die kleinen unterdeß kalt gewordenen Crêmes in federkieldicke Scheiben geschnitten und diese nebst den Brüstchen und zwei Dutzend recht weiß gekochten Hahnenkämmen in die Suppen-Terrine gelegt, sodann das nöthig kochendheiße sehr kräftige Consommé langsam an der Seite der Terrine darüber gegossen. Die Croutons werden extra noch servirt.

58. Butternockensuppe. Potage noques au beurre.

In 280 Gramm frische flaumig abgetriebene Butter werden zehn Stück Eier nach und nach eingerührt, nebst 280 Gramm ganz feinem Mehle, etwas Salz und Muskatnuß; sodann wird die Masse auf einem flachen Deckel fingerdick auseinander gestrichen und ungefähr eine viertel Stunde auf Eis oder an einen kühlen Ort gestellt. Eine halbe Stunde vor dem Anrichten werden $2^1/_{10}$ Liter kräftige braune Brühe zum Sieden gebracht, und die Masse mit einem blechernen Eßlöffel, den man zuvor jedesmal in die kochende Brühe taucht, in kleine Nocken abgestochen, welche man acht bis zehn Minuten langsam kochen läßt. Die Suppe wird ge= hörig gesalzen und in einer Suppen-Terrine über geröstete Brodkrusten behutsam angerichtet. Um die Brühe recht klar und die Nocken in schöner Form zu erhalten, ist es besser, wenn man sie extra in einfacher gesalzener Brühe abkocht und sie hierauf mit einem kleinen Schaumlöffel in eine klare, gehörig gesalzene, braune, kräftige Brühe, die man schon in den Suppentopf gegossen hat, gibt.

59. Kraftsuppe mit Markknödeln. Consommé aux quenelles à la moelle de boeuf.

In 280 Gramm ausgelassenes und sodann flaumig abgetriebenes Ochsenmark werden nach und nach vier ganze und drei Eiergelbe gerührt, eine gute Hand voll fein geriebenes Mundbrod, etwas Salz und Muskat= nuß dazu gethan, gehörig verrührt, und von dieser Masse nun auf einem mit Butter bestrichenem flachen Casserolle=Deckel kleine runde Knödelchen gemacht. Eine viertel Stunde vor dem Anrichten wird der Deckel etwas erwärmt und die Knödelchen in die schon kochende einfach gesalzene Brühe eingelegt, zugedeckt und ungefähr zehn Minuten langsam gekocht. Hierauf werden $2^1/_{10}$ Liter gehörig gesalzene und kochendheiße Kraftsuppe in die Suppen-Terrine gegossen, die Knödelchen mit einem kleinen Schaumlöffel ausgehoben und hineingethan.

60. Kraftsuppe mit Schinkenknödeln. Consommé aux quenelles de jambon.

Man rührt 280 Gramm frische Butter schaumig, gibt nach und nach drei ganze und drei Eidotter dazu, nebst etwas Salz und Muskat= nuß, und zuletzt ein Stück mageren, sehr fein geschnittenen Schinken und eine gute Hand voll geriebenes Mundbrod und macht hievon mit einem Knödelchen eine Probe; sollte dieses beim Kochen auseinandergehen, so gibt man noch etwas geriebenes Brod dazu. Kurz vor dem Anrichten kocht man sie zehn Minuten langsam und zugedeckt, in gesalzenem Wasser oder leichter Fleischbrühe ab und hebt sie sodann mit einem Schaumlöffel in die kochendheiße und gehörig gesalzene Kraftsuppe, die man zuvor schon in die Suppen=Terrine gegossen hat.

61. Kraftsuppe mit Leberknödeln. Consommé aux quenelles de foie.

Vier große Mundbrode werden leicht abgeraspelt, der Boden davon= gethan, das Uebrige fein geschnitten und in einer irdenen Schüssel mit $^3/_{10}$ Liter Milch übergossen und weichen gelassen. Gleichzeitig schneidet man eine Kalbsleber, nachdem man alles Häutige und Nervige davon gethan hat, mit 280 Gramm körnigem Nierenfett fein und gibt dieses nebst dem gehörigen Salz, feinem Pfeffer und Muskatnuß, etwas fein geschnittenem Majoran und etwas wenig Knoblauch, nebst sechs ganzen Eiern zu dem Brode, macht alles gut durcheinander und läßt es zugedeckt bis zum Gebrauche stehen. Eine halbe Stunde vor dem Anrichten werden davon nach beliebiger Größe glatte runde Knödel gemacht, diese in ge= salzener, leichter Fleischbrühe abgekocht und in einer Suppen=Terrine mit gehörig gesalzener Kraftsuppe (Consommé) angerichtet.

62. Kraftbrühe mit Leberknödeln auf eine andere Art. Consommé aux quenelles de foie.

Nachdem man von 560 Gramm Kalbsleber alles Nervige und Häutige weggemacht hat, wird sie fein geschnitten und durch ein Drahtsieb ge= strichen. Hierauf werden 280 Gramm frische Butter flaumig abgetrieben und vier ganze und vier Eierdotter nach und nach dazu gerührt, nebst etwas Salz, Pfeffer und Muskatnuß und etwas feinem Majoran. Als= dann gibt man die Leber dazu, rührt alles gut durcheinander und macht davon Knödelchen in der Größe eines hart gekochten Eidotters, siedet sie eine viertel Stunde vor der Anrichtzeit in leichter Fleischbrühe ab, hebt sie aus dieser mit einem kleinen Schaumlöffel in eine Suppen=Terrine, und gießt die kochendheiße, gehörig gesalzene Kraftbrühe behutsam darüber. Diese Masse kann man auch anstatt runder Knödelchen mit einem Eßlöffel in der Form von Nocken, Spatzen, in die Suppe geben.

63. Kraftbrühe mit Kartoffelknödeln. Consommé aux quenelles de pommes de terre.

Hiezu nimmt man recht mehlige Kartoffeln, ungefähr zwölf Stück, siedet diese mit etwas Salz im Wasser ab und streicht sie, nachdem sie ge= schält sind, noch warm durch ein feines Sieb. Sonach wird ein Mundbrod in kleine Würfel geschnitten, diese in frischer Butter gelb geröstet und nebst einem Stück Butter, dem gehörigen Salz, Muskatnuß und sechs ganzen Eiern zu den Kartoffeln gegeben, alles gut durcheinander gerührt und hievon glatte runde Knödelchen nach beliebiger Größe gemacht. Eine halbe Stunde vor dem Anrichten werden sie im siedenden Wasser mit Salz zu= gedeckt, eine viertel Stunde abgekocht, sodann in eine Suppen=Terrine gethan und mit ganz heißer, gehörig gesalzener Kraftbrühe übergossen. Diese Knödel müssen in lockerer, aber haltbarer Eigenschaft erscheinen.

64. Kraftbrühe mit Geflügel-Knödeln. Consommé aux quenelles de volaille.

Man bereitet von einem alten Huhn oder besser von einem Kapaun eine gute Geflügel-Farce (siehe Geflügel-Farce), macht von dieser kleine Nocken in gesalzener, kochender Brühe und läßt sie sehr langsam sechs Minuten kochen. Beim Anrichten werden sie in eine Suppen-Terrine gethan und mit guter Kraftbrühe übergossen. Es darf wohl nicht erinnert werden, daß die Geflügelknödel nur kurz vor der Anrichtzeit erst abgekocht werden dürfen, und beim Anrichten ist hauptsächlich darauf zu sehen, daß sowohl die Knödel als das Consommé sehr rein erscheinen müssen.

65. Kraftbrühe mit Geflügelknödeln nach Harlequin-Art. Consommé aux quenelles de volaille à la harlequin.

Nachdem man eine gute Geflügel-Farce bereitet hat, wird sie in vier gleiche Theile geschieden und von jedem dieser Theile, nachdem man den einen davon mit Spinattropfen grün, den zweiten Theil mit Cochenille roth gefärbt, den dritten weiß gelassen hat und dem vierten die Knödelchen aus dem Schmalz bäckt, werden mit zwei Kaffeelöffeln gleich lange Knödelchen auf mit Butter bestrichenen Casserolledeckeln dressirt und kurz vor dem Anrichten werden die grünen und weißen zusammen in einfacher gesalzener Brühe vier Minuten langsam abgekocht. Der dritte Theil wird, bis sie eine schöne, gelbe Farbe haben, aus dem Schmalze gebacken, hierauf mit den übrigen in eine Suppen-Terrine gelegt und mit $2^{1}/_{10}$ Liter weißem, kräftigen Geflügel-Consommé übergossen.

66. Kraftbrühe mit Monacos. Consommé aux monacos.

Einige Mundbrode werden, nachdem man die braune Rinde abgeraspelt hat, in zwei messerrückendicke Scheiben geschnitten, diese mit einem runden Ausstecher in der Größe eines Fünfzig-Pfennigstückes ausgestochen; hierauf jedesmal zwei mit feiner Geflügel-Farce zusammengesetzt, in einem flachen Geschirre (plat à sauter) nebeneinander geordnet und mit $^{3}/_{10}$ Liter Milch, welche man mit vier ganzen Eiern abgeschlagen und durch ein Haarsieb über die Monacos gegossen hat, weichen gelassen. Eine halbe Stunde zuvor werden sie in goldgelber Farbe aus heißem Schmalze gebacken, aus diesem auf Fließpapier gethan, damit sie nicht fett werden, sodann in eine Suppen-Terrine gelegt und mit guter Kraftbrühe, die man zuvor zum Kochen gebracht und gehörig gesalzen hat, übergossen.

7. Kraftbrühe mit Raviolen. Consommé aux ravioles.

Von zwei ganzen und zwei Eidottern nebst dem nöthigen feinen Mundmehl wird ein fester Nudelteig gemacht, der, nachdem er ganz fein und ohne jede Beschädigung ausgerollt worden ist, zwischen zwei feucht

gemachte feine Servietten gelegt wird, damit er nicht so schnell trocknen
kann. Hierauf werden auf dem Teige der Länge nach kleine Häufchen
von feiner Geflügel=Farce in der Größe einer Haselnuß, fingerdick aus=
einandergelegt, herum mit abgeschlagenen Eiern bestrichen, mit dem nöthigen
Teige überbogen, rund herum mit einem umgekehrten Ausstecher nieder=
gedrückt, mit einem andern, etwas größeren Ausstecher halb rund ausge=
stochen, und auf einen leicht mit Mehl bestäubten, flachen Deckel, eines
neben dem andern gelegt. Eine viertel Stunde vor dem Speisen werden
sie ungefähr acht Minuten langsam in $2^1/_{10}$ Liter Kraftbrühe (Consommé),
welche gehörig gesalzen ist, abgekocht und sonach in einer Suppen=Terrine
angerichtet.

68. Pfannkuchensuppe. Consommé aux omelettes.

140 Gramm Mehl werden mit etwas Milch, einer Messerspitze
Salz zu einem glatten Teig angerührt; sechs ganze und vier Eierdotter
nebst $^4/_{10}$ Liter guter Milch dazu gethan, durcheinander gerührt und durch
ein Haarsieb passirt. Hierauf macht man eine Omelette=Pfanne heiß,
bestreicht sie mit frischer Butter, gibt zwei Anrichtlöffel voll von dem
Teige darauf und bäckt ihn auf beiden Seiten schön gelbbraun. Nachdem
der ganze Teig so aufgebacken ist, werden die Omeletten aufeinander gelegt
und mit einem runden Ausstecher in der Größe eines Fünfzig=Pfennig=
stücks nach einander ausgestochen, sodann in eine Suppen=Terrine gethan
und mit kochender, gehörig gesalzener Kraftbrühe übergossen.

69. Geflügel-Kraftsuppe mit Geflügel-Brödchen. Potage à la Sévigné.

Von zwei am Spieße gebratenen jungen Hühnern wird, nachdem sie
halb kalt geworden sind, das weiße Brustfleisch rein ausgelöst, auf einem
Brettchen fein gewiegt, dann im Mörser mit etwas süßem Rahm fein ge=
stoßen. Dieses wird sonach in eine Casserolle gethan, mit drei Obertassen
voll dick eingekochter sauce suprême (weiße Geflügel=Sauce) genau verrührt,
das Gelbe von acht bis zehn sehr frischen Eiern dazu geschlagen, gehörig
gesalzen, mit wenig Muskatnuß gewürzt, gut zusammen verrührt und dann
durch ein weißes Haartuch oder auch sehr feines Haarsieb passirt. Sonach
werden kleine, runde, glatte Förmchen mit Butter ausgestrichen, die Masse
eingefüllt und sonach im Dunste (au bain-marie) sehr langsam gar ge=
macht, welches eine Zeit von 8 bis 10 Minuten erfordert.
Das sehr kräftige klare Geflügel=Consommé wird in die Suppen=
Terrine gegossen, die Geflügel=Brödchen aus den Förmchen über ein
reines Tuch gestürzt, damit die Butter abfließt, diese in die Suppe ge=
legt und, nachdem man noch eine Obertasse voll grün abgekochte Spargel=
spitzen und eben so viel feine Pflückerbsen dazu gegeben hat, wird sie
recht heiß zu Tische gegeben. Diese sehr gute Suppe muß sich durch
einen kräftigen Geschmack und die Geflügel=Brödchen durch ihren zarten
feinen Geflügel=Geschmack auszeichnen.

70. Gebackene Erbsensuppe. Consommé aux pois frits.

Man läßt ³/₁₀ Liter Milch mit 70 Gramm frischer Butter, ein wenig Salz und Muskatnuß auf dem Feuer aufsieden, schüttet 210 Gramm gesiebtes, feines Mehl hinein, rührt dieses augenblicklich zu einem steifen, glatten Teig ab, welcher, wenn er sich von der Casserolle und dem Koch=löffel ganz abgelöst hat, in ein anderes Geschirr gethan und mit 3 ganzen und 3 Eiergelben gebunden wird. Sodann werden von dieser Masse ganz kleine, runde Kugeln in der Größe wie die Erbsen gemacht, diese aus dem Schmalze schön gelb gebacken, in eine Suppen=Terrine gethan und die kochende und gehörig gesalzene Kraftbrühe (Consommé) darüber gegossen.

71. Kraftbrühe mit Kaisereiern. Consommé aux oeufs à l'empereur.

Man rührt 14 Eigelb mit ½ Liter kräftigem Geflügel=Consommé gut ab, würzt es mit dem gehörigen Salz und Muskatnuß, passirt es mehrmal durch ein Haarsieb, bestreicht einen flachen, runden Model gut mit Butter, gießt die Masse hinein und läßt sie im Dunstbade (au bain-marie) stocken. Kurz vor dem Anrichten wird die heiße und gehörig ge=salzene Kraftbrühe in die Suppen=Terrine gegossen, die Masse mit einem Eßlöffel rein ausgestochen und nebst runden, gerösteten Brodkrusten in die Terrine gegeben.

72. Kraftbrühe mit Geflügel-Brödchen. Consommé aux pains de volaille.

Von zweien am Spieße gebratenen, schönen, jungen Hühnern oder einem Kapaune wird alles Fleisch abgelöst, sehr fein geschnitten, die Knochen mit 1¹/₁₀ Liter kräftiger Brühe ausgekocht und die Brühe sodann durch eine feine Serviette passirt. Hierauf läßt man ein Stück frische Butter in einer Casserolle heiß werden, gibt zwei Kochlöffel voll Mehl hinein, röstet es ein wenig ab, gießt die Geflügelbrühe dazu und kocht es bis zur Hälfte ein. Alsdann wird das fein geschnittene und gestoßene Geflügelfleisch dazu gegeben und zusammen durch ein Haartuch gestrichen; die Masse mit zwölf Eiergelben gebunden, mit Salz und etwas Muskat=nuß gewürzt in kleine, gut mit Butter ausgestrichene Förmchen dreiviertel voll angefüllt und im Dunstbade (au bain-marie) gar gemacht. Sie wird sodann herausgenommen und, nachdem sie etwas verkühlt ist, umgestürzt, in die Suppen=Terrine gelegt und 2¹/₁₀ Liter ganz heißes, gehörig ge=salzenes Consommé (Kraftbrühe) langsam darüber gegossen. Auf diese Art werden sowohl vom zahmen, als auch vom Wild=Geflügel alle diese Geflügel=Brode (pains de volaille) bereitet. Zu dem zahmen Geflügel kann man auch anstatt der Sauce gut eingekochtes Béchamel mit dem besten Erfolge anwenden.

73. Kraftsuppe mit Schnepfen-Bröbchen. Cousommé à la Mariguy.

Hiezu verwendet man die vom Tage vorher in Rest gebliebenen Braten der Schnepfen. Alles Fleisch von denselben wird rein abgelöst, sehr fein gewiegt, dann mit $^3/_{10}$ Liter dick eingekochter sauce espagnole, wozu man die Schnepfen=Essenz genommen hat, nebst zwei bis drei in Madeira gar gekochten Trüffeln, recht fein im Mörser gestoßen. Dieses Püree wird dann in eine Casserolle gethan, mit sechs bis acht Eierdottern gut verrührt, gesalzen, mit etwas Muskatnuß gewürzt und dann durch ein feines Haarsieb gestrichen. Mit diesem Schnepfen=Püree werden nun zwölf mit frischer Butter ausgestrichene, kleine, runde Förmchen nicht ganz voll angefüllt und dann diese Schnepfen=Bröbchen langsam im Dunste gar gemacht. Unterdessen bereitet man eine sehr egal geschnittene Julienne, ebenso wird das weiße Brustfleisch von einem gebratenen Huhn ganz der Julienne gleich geschnitten und dieses, zugedeckt, kalt gestellt. Die Julienne selbst aber wird in gutem, kräftigen Geflügel=Consommé weich gedünstet, mit den Schnepfen=Bröbchen in die Suppen=Terrine gethan, das geschnittene Hühnerfleisch, wie auch eine halbe Obertasse voll ebenso geschnittener Champignons darüber gestreut und zuletzt wird das sehr kräftige, klare Consommé langsam kochendheiß darüber gegossen.

74. Kraftbrühe mit Biscotten. Consommé aux biscottes.

In 280 Gramm frische, flaumig abgetriebene Butter werden nach und nach zwölf Eigelbe gerührt, 280 Gramm des feinsten Mehls nebst etwas Salz und Muskatnuß untergemengt und mit $^1/_{10}$ Liter lauwarmer Milch zu einer glatten Masse angerührt, die mit dem festgeschlagenen Schnee von 12 Eiweiß leicht untermengt, in eine glatte, gut mit Butter ausgestrichene Schleifstein=Form nicht ganz voll angefüllt und alsbann in einem mäßig heißen Ofen eine halbe Stunde gebacken, sodann behutsam auf ein Sieb umgestürzt und wenn die Biscotte ganz kalt geworden ist, wird sie in zwei messerrückendicke Scheibchen geschnitten. Beim Anrichten gießt man $2^1/_{10}$ Liter ganz heiße, gut gesalzene Kraftbrühe in die Suppen= Terrine und gibt die Biscotte extra auf einem Teller bei; sie wird ent= weder mit vorgelegt oder herumgegeben.

75. Lungenkrapfensuppe. Potage de mou de veau à l'Allemande.

Eine schöne, frische Kalbslunge wird rein gewaschen und in der Fleischbrühe gesotten; wenn dies erreicht und die Lunge wieder kalt ge= worden ist, wird sie fein gewiegt, hachirt. Unterdessen wird eine Zwiebel mit etwas grüner Petersilie und einigen Champignons fein geschnitten, dies zusammen mit einem Stück frischer Butter gedünstet; dazu gibt man die fein hachirte Lunge, etwas gestoßenen Pfeffer und geriebene Muskatnuß, nebst einer Obertasse voll guter, dick eingekochter, weißer Sauce, welche aber zuvor mit dem Gelben von vier Eiern legirt worden ist. Das

Ganze wird gut durcheinander gemacht und über ein flaches Geschirr zum Erkalten fingerdick aufgestrichen. Mit dieser Lunge bereitet man einige Dutzend Ravioden, Lungenkrapfen (siehe Kraftbrühe mit Ravioden Nr. 67), aber noch einmal so groß. Sie werden nebeneinander über ein mit Mehl bestäubtes Blech gelegt und eine viertel Stunde vor dem Anrichten in siedender, gesalzener, einfacher Fleischbrühe langsam gesotten. Man gießt nun das kräftige, klare Consommé in die Suppen-Terrine, hebt mit einem flachen Schaumlöffel die Lungenkrapfen heraus, legt diese in die Suppe und gibt sie sogleich zu Tisch.

76. Kraftbrühe mit Leberpfanzel. Consommé au pain de foie.

In 280 Gramm flaumig abgetriebene, frische Butter werden zehn Eier-Gelb nach und nach eingerührt, mit 560 Gramm geschabter und und durch ein Drahtsieb passirter Kalbsleber nebst dem gehörigen Salze, etwas feinem weißen Pfeffer und Muskatnuß melirt, sodann mit einer guten Hand voll feinen, weißen Semmelbröseln gut verrührt und zuletzt mit dem festgeschlagenen Schnee von acht Eiern gebunden. Sodann läßt man ein Stück Butter in einer flachen Casserolle oder plat à sauter heiß werden, gibt die Masse hinein und bäckt sie eine halbe Stunde lang aus einem mäßig heißen Ofen oder einer Röhre. Kurz vor dem An-richten wird das Pfanzel umgestürzt, langwürfelig geschnitten, in die Suppen-Terrine gelegt, und die kochende und gehörig gesalzene Kraftbrühe darüber gegossen.

77. Kraftsuppe mit Profitrollen. Consommé aux profiteroles.

Man bereitet aus 560 Gramm feinem Mundmehl, 210 Gramm Butter, zwei ganzen und zwei Eigelben, $^3/_{10}$ Liter Milch, einigen Löffeln voll guter Hefe, nebst etwas Salz einen Hefenteig; von diesem werden kleine, runde Bröbchen in der Größe einer großen, welschen Nuß auf ein mit Mehl bestäubtes Backblech dressirt, die, wenn sie an einem lau-warmen Orte gehörig gegangen sind, in einem mäßig heißen Ofen gelb-braun gebacken werden. Nachdem dies beendet und die Bröbchen erkaltet sind, werden sie auf einem feinen Reibeisen leicht abgeraspelt, oben ein kleiner Deckel abgeschnitten, ausgehöhlt und mit einem S a l p i c o n, welches jedoch ohne Zusatz von Wein oder Citronen-Saft bereitet wird, gefüllt; der abgeschnittene Deckel mit Eigelb bestrichen, wieder darauf gepaßt, die gefüllten Bröbchen in einer flachen Schüssel nebeneinander gelegt und $^3/_{10}$ Liter Milch, welche man mit fünf bis sechs ganzen Eiern gut abgerührt hat, darüber gegossen und eine halbe Stunde weichen ge-lassen. Einige Zeit vor dem Anrichten werden sie aus heißem Schmalze gebacken, in die Suppen-Terrine gelegt und mit kochender gehörig gesalzener Kraftbrühe übergossen.

78. Kraftsuppe nach Rohan. Consommé à la Rohan.

Aus weißen Mundbroden werden kleine runde Croutons ausgestochen und in klarer Butter gelb gebacken. Diese Croutons werden nun mit einer Feldhühner-Farce erhaben überstrichen und dann einige Minuten vor dem Anrichten gar gemacht. Ebenso werden mit einem Ausstecher von der Größe eines Zehnpfennigstücks runde Stückchen aus den grünen Blättern von drei bis vier Salatköpfen ausgestochen, rein gewaschen, blanchirt und dann im Consommé gekocht. Kurze Zeit vor dem An= richten werden zehn bis zwölf Kibitzeier hart gekocht, abgeschält, in die Terrine gelegt, der ausgestochene Salat dazu gethan und das kochend= heiße Consommé darüber gegossen. Die Brodcroutons werden extra mit beigegeben.

79. Durchgestrichene Geflügelsuppe (Königinsuppe). Potage à la reine.

Von zwei am Spieße gebratenen alten Hühnern oder besser noch Kapaunen werden die Brüste und alles übrige weiße Fleisch abgelöst, von aller Haut gereinigt, auf einem sehr reinen, weißen Schneidebrett fein geschnitten und mit dem Gelben von zehn hart gekochten Eiern sehr fein gestoßen; hierauf wird von zwei großen Mundbroden alles Braune ab= gerieben, die weiße Molle einigemal durchschnitten und in einem ausge= kühlten Backofen abgetrocknet, mit $2^1/10$ Liter guter Geflügelbrühe, worin man eine halbe Stunde lang die Geflügelreste ausgekocht hat, begossen und so läßt man das Ganze zusammen noch einige Zeit gut verkochen. Nach diesem wird das gestoßene Hühnerfleisch dazu gethan und durch ein ganz weißes Haartuch gestrichen, mit Geflügelbrühe zu einer etwas dickfließenden Suppe (Coulis) angerührt und nochmals durch ein Haar= sieb in eine Casserolle geseiht. Eine halbe Stunde vor der Speisezeit wird sie ganz heiß gerührt, mit Salz gehörig im Geschmacke gehoben und in einer Terrine über klein würfelig geschnittenes Brod angerichtet. Mehrere meiner Collegen bereiten diese Suppe anstatt des Brodes mit dickgekochtem Reis, allein ich fand sie nie so rein und zart im Geschmacke, sondern immer etwas rauh. Uebrigens ist hauptsächlich darauf zu sehen, daß die Suppe sehr weiß und nicht geronnen sei und einen lieblichen, kräftigen Geschmack habe.

80. Gestoßene Geflügelsuppe nach Wirzig. Potage à la Wirzig.

Diese ist in ihrer Bereitung eine Wiederholung der vorhergehenden, nur mit dem Unterschiede, daß anstatt des Brodes eine Hand voll ganz fein geschnittene Nudeln, welche man zuvor in weißer Fleischbrühe ab= gekocht hat, darunter kommt.

81. Durchgestrichene Suppe von Kalbs-Milchner. Purée de ris de veau à la reine.

Vier bis fünf Paar Kalbsmilchner, Brisen, werden einige Stunden laulich abgewässert, bis sie ganz weiß sind, dann einige Minuten abge= kocht, in's kalte Wasser gethan und aus diesem auf ein Tuch gelegt.

Nachdem läßt man ein Stück Butter in einer Casserolle heiß werden, gibt die gut abgetrockneten und grob würfelig geschnittenen Brisen dazu, läßt sie eine viertel Stunde lang, bis aller Saft eingedämpft ist, röſten und stößt sie alsdann mit dem Gelben von zehn hart gekochten Eiern und einigen abgezogenen Mandeln recht fein. Hierauf wird von zwei Mund=broden alle braune Rinde abgelöst, die Molle einige Mal durchſchnitten, im Ofen etwas getrocknet und mit $2^1/{10}$ Liter guter, weißer Fleiſchbrühe gut verkocht, die gestoßenen Brisen dazu gethan, zusammen durch ein reines Haartuch gestrichen, mit der nöthigen, weißen Geflügelbrühe ver=dünnt und nochmals durch ein Haarsieb in eine Casserolle passirt. Eine halbe Stunde vor dem Anrichten wird sie auf einem Windofen heiß gerührt, gehörig gesalzen und in einer Terrine über klein würfelig ge=schnittene Kalbsbrisen, die man zuvor schon bereitet hat, nebst ebenso ge=schnittenen Semmeln angerichtet und aufgetragen.

82. Durchgestrichene Wildpretsuppe. Purée de gibier.

Zwei Kilo 240 Gramm Wildpret, welches noch nicht im Essig gelegen war, wird in Stücke geschnitten, rein gewaschen, abgetrocknet und in einer Casserolle mit einigen Speckscheiben, zwei Zwiebeln, einer gelben Rübe, einem Lorbeerblatt, einigen ganzen Pfefferkörnern und dem nöthigen Salz nebst etwas fetter Brühe ganz weich gedämpft; wenn es heraus=genommen und kalt geworden, wird alles Fleisch von den Knochen gelöst, fein geschnitten und gestoßen. Unterdessen läßt man 140 Gramm Butter in einer Casserolle heiß werden, gibt drei bis vier Kochlöffel voll Mehl hinzu, röstet dies sehr langsam bis es gelb geworden und füllt es mit guter, brauner Fleischbrühe, dem durchpassirten und entfetteten Fond (Essenz), worin das Wildpret gedämpft wurde, nebst einem Schöpflöffel voll womöglich Wildpretjüs auf und läßt sie eine Stunde von der Seite langsam kochen. Der aufsteigende Schaum und das Fett wird unter=dessen abgenommen, das gestoßene Wildpret gut mit Suppe verrührt und durch ein feines Haartuch gestrichen. Vor dem Anrichten wird die Suppe bis zum Kochen heiß gerührt, im Falle sie noch zu dick wäre, mit der nöthigen heißen Jüs verdünnt, gehörig mit Salz im Geschmacke gehoben und über kleine, rund ausgestochene Brodkrusten in einer Suppen=Terrine angegossen.

83. Wildpretsuppe mit Linsen. Purée de gibier à la Condé.

560 Gramm gute Linsen werden rein gelesen, gewaschen und mit einfacher Fleischbrühe und den schon öfters angeführten Suppenkräutern, die man zuvor feinblätterig geschnitten und in Butter etwas geröstet hat, weich gekocht. Unterdessen werden 1 Kilo 680 Gramm Wildpret dem vorhergehenden gleich weich gedämpft, fein geschnitten und gestoßen, und mit dem entfetteten Wildpret=Fond zu den Linsen gethan, gut ver=rührt, durch ein Haartuch gestrichen, mit guter Fleischbrühe und einem Löffel voll Jüs zu einer dickflüssigen Suppe (Coulis) angerührt und

nochmals durch ein Haarsieb in eine passende Casserolle geseiht. Beim Anrichten wird die Suppe gehörig gesalzen und über rund ausgestochene geröstete Brodkrusten kochendheiß angegossen.

84. Ochsengaumensuppe. Potage de palais de boeuf à la Dunan.

Man bereitet sechs Stück schöne Ochsengaumen; diese werden in einer Braise gut weich gekocht, dann ausgehoben und bis zum völligen Erkalten zwischen zwei Brettchen leicht beschwert. Nach diesem werden sie sauber zugeschnitten, mit einem runden Ausstecher in der Größe eines Zehn-Pfennigstückes ausgestochen und diese wieder in kleine Blättchen ge= schnitten, welche man mit etwas Glace und Madeira=Wein in eine bain-marie=Casserolle gibt und bis zum Gebrauch kalt stellt. Gleichzeitig werden zwei Kalbshirn abgehäutet, recht weiß gekocht und dann, wenn sie kalt sind, in kleine egale Stückchen geschnitten und mit etwas weißer Fleischbrühe in eine Casserolle gethan. Ebenso werden eine Obertasse voll recht weiß gekochter Hahnennierchen, eben so viel Krebsschweifchen und kleine Geflügel=Knödelchen in eine Suppen=Terrine gethan, wie auch die nochmals aufgekochten Ochsengaumenstückchen. Unterdessen werden fünf Eßlöffel voll Kartoffelmehl mit kalter Fleischbrühe fein abgerührt, diese mit gutem Geflügel=Consommé aufgefüllt, unter beständigem Rühren in's Kochen gebracht, worauf man die Suppe von der Seite langsam fort= kochen läßt, sehr rein abschäumt und entfettet. Eine viertel Stunde vor dem Anrichten gibt man noch eine halbe Bouteille Rheinwein, welche man mit zwölf weißen Pfefferkörnern bis zur Hälfte reduirt hat, dazu, läßt sie noch einige Minuten kochen, salzt die Suppe gehörig und gießt sie kochendheiß durch ein feines Haarsieb über die bezeichneten Ingre= dienzen, wo man aber zuletzt, nachdem die Suppe nochmals langsam aufgerührt worden ist, das Kalbshirn erst dazu gibt.

85. Durchgestrichene Schnepfensuppe. Purée de bécasses.

Hiezu verwendet man gewöhnlich stark verschossene oder magere Schnepfen, welche zum Braten oder zu andern Speisen mit keinem guten Erfolge gegeben werden können; nachdem also vier dergleichen Schnepfen rein geputzt, flammirt und ausgenommen sind, werden sie am Spieße ge= braten; das Eingeweide wird nach Absonderung des Magens fein gehackt, mit etwas feiner Petersilie und Schalotten nebst Salz und Muskatnuß geröstet und, nachdem von den Schnepfen alles Fleisch abgelöst und fein geschnitten ist, wird es nebst dem Eingeweide fein gestoßen; die Knochen von den Schnepfen werden indeß mit $2^{1}/_{10}$ Liter guter brauner Fleisch= brühe ausgekocht, über klein geschnittene und lichtbraun in der Butter geröstete Semmeln gegossen, gut verkocht, sonach mit dem gestoßenen Schnepfen=Fleische vermengt, durch ein Haartuch gestrichen, mit der noch nöthigen guten Fleischbrühe, im Falle sie zu dick sein sollte, zu einer dünnen, jedoch gebundenen Suppe (Coulis) angerührt, mit Salz, Mus= katnuß und einem Stückchen Glace im Geschmack gehoben und über klein=

würfelig geschnittene, gebratene Schnepfenfilets=Brüstchen, nebst runden gerösteten Brodkrusten in einer Suppen=Terrine heiß angerichtet. Mit den Bekassinen, Krammetsvögeln, Wachteln und Lerchen wird stets so verfahren, nur daß ein größeres Quantum erforderlich ist. Zu der= gleichen, wie auch zu allen Wildgeflügel=Suppen verwendet man auch die unberührt gebliebenen Tafelreste von dergleichen Braten.

86. Durchgestrichene Feldhühnersuppe. Purée de perdrix.

Nachdem drei bis vier alte Feldhühner rein geputzt, flammirt und ausgewaschen sind, werden sie am Spieße gar gebraten; wenn sie kalt sind, alles Fleisch abgelöst, fein geschnitten und sodann gestoßen; die Knochen werden etwas fein gehackt und mit kräftiger brauner Brühe gut ausgekocht, die durchgeseihte Brühe über hellbraun und aus der Butter geröstete Brode gegossen und zusammen gut verkocht, das gestoßene Fleisch dazu gerührt, durch ein Haartuch gestrichen, mit brauner Fleischbrühe gehörig verdünnt und nochmals durch ein Haarsieb in eine passende Cas= serolle passirt. Vor dem Anrichten wird die Suppe kochendheiß gerührt, gehörig mit Salz und einem Stück Glace im Geschmacke gehoben und über langfäbig oder würfelig geschnittene gebratene Feldhühner=Brüstchen, und kleinen runden gerösteten Brodkrusten (Croutons) in eine Terrine ange= gossen. Mit den Fasanen, Haselhühnern, Wildenten, Birk= und Auerhähnen wird ebenso verfahren. Besonders aber müssen sich alle die Wildgeflügel= Suppen (Coulis) durch einen kräftigen, wohlschmeckenden Geruch, licht= braune Farbe und durch das richtige Maß ihrer Flüssigkeit auszeichnen.

87. Jagdsuppe von wilden Tauben. Purée de pigeons sauvages à la chasse.

Nachdem man sechs Stück Wildtauben gut gereinigt, flammirt, aus= genommen und rein ausgewaschen hat, werden die Brüstchen herausgelöst, die Haut davon gemacht, durchschabt und von diesen eine feine aber haltbare Farce (siehe Geflügel=Farce) gemacht; das Gerippe von den Tauben wird etwas gehackt und mit 1 Kilo 120 Gramm in Stücken geschnittenem Rind=, 1 Kilo 120 Gramm Kalb= und 560 Gramm magerem Hammelfleisch, ferner mit zwei ganzen Zwiebeln, in welche man zwei Gewürznelken eingedrückt, einer gelben Rübe, einer halben Sellerie, einer Porri, einigen Petersilienwurzeln, einem Stückchen Lorbeerblatt und mit dem nöthigen guten Fett oder einem Stück Butter eine halbe Stunde auf Kohlenfeuer alles gut braun abgeröstet, sonach mit einfacher Fleischbrühe aufgefüllt, in's Kochen gebracht, sehr rein abgeschäumt und drei Stunden langsam von der Seite kochen gelassen. Die Brühe wird sodann rein abgefettet und durch eine feine Serviette über zwei Mundbrode, die man, in vier Theile geschnitten, aus frischem Schmalze lichtbraun gebacken hat, passirt und zusammen gut verkochen gelassen, durch ein feines Haartuch gestrichen, mit der noch nöthigen braunen Fleischbrühe und einem Löffel voll Jüs gehörig verdünnt und nochmals in eine passende Casserolle durch ein Haarsieb passirt. Eine viertel Stunde vor dem Anrichten werden die Knödelchen, die man zuvor schon von der Wildtauben=Farce mit zwei Kaffeelöffeln dressirt hat, in einfacher Brühe einige Minuten abgekocht, sonach mit einem Schaumlöffel ausgehoben, in die Suppen=Terrine gelegt, und die kochendheiße und gehörig gesalzene Suppe darüber angegossen.

88. Durchgestrichene Rindfleischsuppe. Coulis de boeuf.

Wenn ein Ochsen=Filet, Lendenbraten, am Spieße gebraten und kalt geworden ist, wird es in Stücke getheilt, sehr fein geschnitten und sodann gestoßen. Ein Stück Butter läßt man in einer Casserolle heiß werden, gibt vier Kochlöffel voll Mehl dazu und röstet dieses auf schwachem Kohlenfeuer gelb, rührt dieses mit $2^1/_{10}$ Liter kräftiger Fleischbrühe an und läßt es zwei Stunden langsam von der Seite kochen, wo man öfters die schaumigen und fetten Theile abnimmt. Unterdessen wird das Fleisch fein geschnitten und gestoßen, sodann mit der Suppe gut verrührt, durch ein Haartuch gestrichen, mit einem Löffel voll Jüs und etwas Fleischessenz bis zu ihrer völligen Flüssigkeit angerührt, mit Salz, feinem weißen Pfeffer im Geschmacke gehoben und ganz heiß über kleine rund ausge= stochene, in Butter geröstete Brodkrusten (Croutons) angerichtet. Eine dunkelbraune Farbe, der kräftige Geschmack und reines Ansehen bezeichnen die richtige Behandlung dieser Suppe.

89. Durchgestrichene Krebssuppe. Bisque d'écrevisses.

Nachdem man vierzig Stück Krebse rein gewaschen und mit etwas Salz, ein wenig Essig und einer Zwiebel abgekocht hat, werden sie aus= gebrochen, die Schweifchen auf einen Teller gethan, die rothen Schalen fein gestoßen, mit 280 Gramm Butter einige Zeit geröstet, die Butter sodann durch ein Tuch in's frische Wasser gepreßt und die Krebsschalen in einer Casserolle mit $2^1/_{10}$ Liter guter weißer Fleischbrühe ausgekocht; von zwei großen Mundbroden wird alle braune Rinde abgelöst, einigemal durchschnitten, im Ofen etwas abgetrocknet, die Krebsbrühe durch ein Sieb darüber gegossen, gut verkocht, dann durch ein Haartuch gestrichen, mit der Krebsbutter gebunden und durch ein Sieb passirt, mit der noch nöthigen weißen Fleischbrühe zu einer dünnfließenden jedoch gebundenen Suppe ange= rührt, gehörig gesalzen und beim Anrichten über die würfelig geschnittenen Krebsschweife und ebenso geschnittenen und aus frischer Butter gelbgebackenen Brode ganz heiß angegossen. Diese Suppe muß gebunden sein, eine schöne, rothe Farbe und einen lieblichen, aber dennoch kräftigen Geschmack haben.

90. Falsche Schildkrötensuppe. Potage fausse tortue à la Française.

Ein schöner Kalbskopf wird, nachdem er sauber gebrüht und geputzt worden, über hellbrennendem Kohlenfeuer flammirt, damit sich alle die feinen Haare noch abbrennen; es wird sonach der unteren Länge nach ein Einschnitt gemacht und das Fleisch dicht an den Kinnbackenknochen, der

Schnauze und über der Stirn abgelöst, so zwar, daß die Haut mit dem Fleische ganz von den Knochen getrennt ist; die Kinnbackenknochen werden durchgehauen, die Zunge herausgeschnitten, die Hirnschale von einander getrennt, das Gehirn herausgenommen und in's frische Wasser gelegt; die ganze Kopfhaut rein gewaschen, ihrer Länge nach in der Mitte auseinander geschnitten, mit der Zunge eine viertel Stunde lang abblanchirt, aus diesem in's kalte Wasser gethan, nochmals rein abgewaschen und auf ein Tuch gelegt. Hierauf wird der Kopf oder vielmehr die Kopfhaut von innen rein von dem schwarzen Fleisch geschieden, die äußere Seite gut mit Citronensaft eingerieben und in einer Braise mit der Zunge weich gekocht, sodann mit einem flachen Schaumlöffel herausgehoben und jede Hälfte zwischen zwei Casserolle=Deckeln beschwert. Nachdem die Kalbskopf= haut flach gepreßt und kalt geworden ist, wird sie rund in der Größe eines Zehn=Pfennigstückes ausgestochen oder in drei Centimeter große, vier= eckige Stücke geschnitten, in eine Casserolle gelegt, mit etwas Salz, einer Zwiebel, einer Messerspitze Cayennepfeffer, 280 Gramm geschälten und feinblätterig geschnittenen Trüffeln, nebst $^3/_{10}$ Liter Madeira gewürzt und auf einem Windofen zusammen kurz eingedämpft. Unterdessen läßt man 140 Gramm Butter in einer Casserolle heiß werden, gibt vier Kochlöffel voll Mehl hinzu und röstet es sehr langsam gelbbraun, rührt dieses mit $2^1/_{10}$ Liter guter Kraftbrühe und $^3/_{10}$ Liter Rindfleischjüs an, läßt es eine Stunde langsam von der Seite kochen, der aufsteigende Schaum und das Fett werden sauber abgenommen und die Coulis durch ein feines Haartuch in eine passende Casserolle passirt. Ferner werden von Geflügel= Farce kleine, runde Knödelchen gemacht; dann das Gelbe von sechs hart gekochten und drei rohen Eiern mit dem gehörigen Salz und ein wenig Muskatnuß verrührt, und davon die nämliche Quantität Knödelchen be= reitet. Hierauf werden beide Sorten Knödelchen, wenn sie in einfacher Brühe mit Salz einige Minuten sehr langsam abgekocht worden sind, zu dem in der Suppen=Terrine indessen warm gestellten Kalbskopf gegeben. Die Suppe wird zum Sieden gebracht, mit einer halben Bouteille Ma= deira, dem nöthigen Salz, noch etwas wenig Cayennepfeffer nebst einem Stück Glace gewürzt und noch eine viertel Stunde kochen gelassen; der noch aufsteigende Schaum wird nochmals rein abgenommen, und die Suppe kochend über den Kalbskopf und die Knödelchen angerichtet. Diese Suppe muß sich durch braune Farbe, reines Aussehen, gehörige Flüssigkeit und durch einen angenehmen und kräftigen Geschmack auszeichnen.

91. Echte Schildkrötensuppe. Potage de tortue à l'Anglaise. — Turtle-soup.

Ich hatte Gelegenheit, diese Suppe zum ersten Male in Athen geben zu können, wo eine solche Seeschildkröte, gegen 112 Kilo schwer, in die Hofküche geliefert wurde. Unter den wenigen Amphibienarten, die in Deutschland in der höheren Kochkunst benützt werden und in der That zu schmackhaften Gerichten bereitet werden können, steht unstreitig die See=

schildkröte oben an. Die Landschildkröten indessen, stehen sie auch den ersteren
nach, werden doch häufig von Gourmands in Gärten gehalten und gefüttert.
Doch, zum Eigentlichen zu kommen. Um also eine große Seeschildkröte zu
schlachten, wird diese an den Hinterfüßen aufgehängt, und sowie sie den
Kopf herausstreckt, wird dieser mittelst einer gemachten Schleife aus einem
Stricke ganz herausgezogen, fest gehalten und sogleich abgeschnitten; das
Blut läßt man in ein irdenes Gefäß laufen und das Thier so zwei
Stunden hängen, damit es rein ausbluten kann. Nach Verlauf dieser
Zeit wird die Schildkröte auf den Rücken gelegt und mit der größten Vor=
sicht, damit die Galle nicht verletzt werde, der untere Theil, Bauchschild,
mit einem starken, spitzen Messer abgenommen, alle Eingeweide vorsichtig
herausgenommen, Leber, Milchner, sowie alle übrigen Fleischtheile gut
herausgelöst und ins frische Wasser gelegt, ebenso die Füße an den Ge=
lenken abgehauen, gebrüht und gereinigt. Die zarteren Fleischtheile werden
zu der Suppe verwendet, die derberen Fleischtheile dagegen werden gespickt,
marinirt, sodann in einer Braise mit Madeira=Sec weich gekocht und als
Fricandeau gegeben, die übrigen Theile nebst den Pfoten werden rein ge=
waschen und in einer sehr kräftigen Braise, die man von hinlänglichem
Rind= und Kalbfleisch nebst den gehörigen Suppenkräutern bereitet hat,
mit einer Bouteille Madeira sehr weich gekocht. Wenn dies erreicht ist,
wird das nöthige Fleisch, sowie die nöthige Braise zu der Suppe davon
genommen, das übrige in einen irdenen oder steinernen Topf gethan, die
Braise, nachdem sie zuvor die nöthige Einkochung erlangt hat, durch ein
Suppensieb sammt dem Fett darauf gegossen, mit dem noch nöthigen
Schwein= und Hammelfett untermengt, gedeckt und an einem kalten Orte
aufbewahrt. Das Fleisch, welches zur Suppe nöthig ist, wird in kleine,
viereckige Stückchen geschnitten, mit etwas Madeira begossen und warm ge=
setzt. Von einem Stück Schildkrötenfleisch wird, dem Kalbfleische gleich,
eine Farce bereitet und davon kleine, runde Klößchen gemacht. Ebenso
kocht man fünf Eier hart, passirt das Gelbe davon durch ein Haarsieb und
rührt es mit dem Gelben von drei andern frischen Eiern nebst etwas Salz
und Muskatnuß ab und macht hievon ebenfalls kleine, runde Klößchen.
Hierauf läßt man 140 Gramm frische Butter heiß werden, gibt einige
Kochlöffel voll Mehl dazu, röstet es einige Minuten und rührt es hierauf
mit gutem Consommé, Rindfleischjüs und der Schildkröten=Brühe an und
kocht diese nebst noch einer halben Bouteille Madeira=Sec und einer Messer=
spitze Cayenne=Pfeffer unter öfterm Abschäumen zu einer klaren, bündigen
Suppe, welche, wenn alle Schaum= und Fetttheile rein abgenommen sind,
mit einem Anrichtlöffel voll Sauerampfer=Püree untermengt und durch=
gegossen wird. Eine halbe Stunde vor dem Anrichten werden die bemerkten
Klößchen zusammen langsam abgekocht, das Schildkrötenfleisch nebst den
Klößchen in die Terrine gethan und die kochendheiße, gehörig assaisonnirte
und mit etwas Schildkrötenblut legirte, kräftige Suppe darüber angegossen.
Lebendige Schildkröten kommen selten zu uns, dagegen versieht uns England
mit einmarinirtem See=Schildkrötenfleisch, welches nach allen Weltgegenden

in blechernen Büchsen versendet wird. Wenn man also eine solche Suppe bereiten will, so wird eine sehr kräftige Espagnole mit Madeira bereitet und das Schildkrötenfleisch aus der Büchse genommen, ebenso der vorhergehenden gleich in Stückchen geschnitten und blos einmal damit aufgekocht und angerichtet.

92. Oilli. Une oille.

Man schneidet 4 bis 4½ Kilo Ochsenfleisch vom Schweifstück, 3 Kilo 360 Gramm Kalbfleisch vom Schlegel in Stücke, belegt den Boden eines angemessenen Fleischtopfes (Marmite) mit halbfingerdick in flache Scheiben geschnittenem Nierenfett und vier großen ebenso geschnittenen Zwiebeln, gibt das Fleisch dazu, näßt es mit $^3/_{10}$ Liter einfacher Brühe, läßt es auf einem schwachen Windofen der Kraftbrühe (Consommé) gleich anziehen, füllt dieses sodann mit einfacher Fleischbrühe oder kaltem Wasser bis über die Hälfte auf, schäumt es sehr rein ab und läßt es langsam kochen. Unterdessen hat man die Hälfte eines Hammelschlegels, die Hälfte eines alten frischen Hasen, zwei alte Hühner, zwei alte Feldhühner am Spieße halb gar gebraten, welches man sodann nebst einem Sellerie, vier Porri, vier Petersilienwurzeln, einem halben Kopf Wirsingkraut, zwei weißen Rüben, vier gelben Rüben, alles rein geputzt, gewaschen und in Stücke zerschnitten dazu gibt; füllt das Geschirr, im Falle es nicht voll wäre, mit kochender Fleischbrühe auf und läßt das Ganze, gut zugedeckt, von der Seite fünf Stunden langsam kochen. Hierauf wird das Geschirr langsam zurückgezogen und eine viertel Stunde ruhig stehen gelassen, das Fett wird sodann auf der Oberfläche eine Decke gebildet haben, welches man mit einem Anrichtlöffel rein und bequem abnehmen kann; die Oilli wird sodann durch eine gut ausgewässerte feine Serviette passirt und bis zum Gebrauche, ungesalzen, warm gestellt. Eine viertel Stunde zuvor wird sie gehörig gesalzen und in oberen Kaffeetassen heiß servirt. Diese sehr kräftige und wohlschmeckende Brühe wird ausschließlich nur nach größeren Abendunterhaltungen gegeben.

93. Englische Fischsuppe nach Lady Morgan.
Potage anglaise de poissons à la Lady Morgan.

Nachdem man von zwei Lotten oder Barben, einem Aal, einem Stückchen Huchen oder Hecht das Fleisch abgelöst hat, werden die Gräten und die äußere Haut abgelöst, in Stückchen geschnitten und in Butter sautirt. Die Abgänge von sämmtlichen Fischen werden in eine Casserolle gethan, mit dem Saft von einer Citrone, einer Bouteille Champagner, den Abgängen von einigen Trüffeln, zwei Zwiebeln, einer gelben Rübe, einem Stücke Sellerie, zwei Porri, ein wenig Thymian, Basilicum, Majoran, ein wenig Muskatnuß und Cayenne-Pfeffer, zwei Gewürznelken, zwei Sardellen und ein wenig Salz gewürzt und das Ganze, gut verschlossen, eine Stunde langsam gedämpft. Sodann wird diese Essenz durch eine reine Serviette passirt, mit einem sehr kräftigen Consommé versetzt und mit vier Eiweiß clarificirt. Die sautirten Fischfilets kommen beim Anrichten in die Suppen-Terrine mit ungefähr dreißig Stück kleinen, länglichen, von Hechtenfleisch bereiteten Krebsknödelchen (siehe Fisch-Farce mit Krebsbutter), sechs Stück sehr schwarzen, in sehr schöner Form geschnittenen Trüffeln, 30 Stück schönen, kleinen, weißen Champignons nebst 30 Stück abgekochten Austern und der Essenz davon, und das kochendheiße und gehörig affaisonnirte Consommé wird darüber gegossen.

94. Englische Störsuppe.   Potage d'Esturgeon à l'Anglaise. Sturgeon-Soup.

Man bereitet eine trockene Braise (Mirepoix) nach Nr. 256. In dieser werden 2 Kilo Stör, nachdem derselbe gut gereinigt und ausgewaschen ist, weich gedünstet. Ist derselbe nun in seiner Marinade kalt geworden, so werden aus dem Fleisch desselben kleine regelmäßige Carreaux geschnitten. Unterdessen bereitet man eine gute Fischbouillon, wozu man ebenfalls nebst den andern Fischen 1 Kilo 120 Gramm Stör mitkocht (siehe Fastenbouillon, Nr. 106), nebst einem Glas Portwein und einer Messerspitze Cayenne. Beim Anrichten wird ein wenig Sardellen-Butter unter die Suppe gerührt und diese über die Störstückchen, zwei Dutzend Fischknödelchen und ebenso viel feingeblätterte recht weiße Champignons angerichtet.

95. Geflügelsuppe mit Kartoffeln.   Potage à la reine Margot.

Vier junge Hühner werden am Spieße gebraten; nachdem sie kalt sind, wird das Brustfleisch ausgelöst, dieses sehr fein geschnitten und gestoßen; die Abfälle derselben kommen in eine Casserolle, worüber man die nöthige Geflügel-Bouillon gießt und kochen läßt. Sodann läßt man ein Stück Butter in einer Casserolle heiß werden, gibt das nöthige Mehl dazu und röstet es zusammen blaßgelb, dann wird das Geflügel-Consommé rein entfettet, durchgeseiht, das Mehl damit angerührt und die Suppe auf dem Feuer unter beständigem Rühren in's Kochen gebracht. Diese läßt man nun von der Seite langsam kochen und schäumt sie dabei rein ab. Unterdessen werden acht Stück gute Kartoffeln in der Asche gebraten, abgeschält, durch ein Sieb passirt, mit dem gestoßenen Geflügel unter die Suppe gerührt, dann durch ein Haarsieb passirt und an bain-marie warm gestellt. Kurz vor dem Anrichten wird dieselbe bis zum Kochen heiß gerührt, gehörig gesalzen und mit $^1/_2$ Liter süßem Doppel-Rahm und einem Stückchen ganz frischer Schalenbutter in genaue Verbindung gebracht.

96. Kraftsuppe nach Monglas.   Consommé à la Monglas.

Man bratet einen zarten Kapaun und ein oder zwei Feldhühner, mit Speck bewickelt, in ihrem Saft am Spieße gar und stellt diese kalt. Unterdessen bereitet man von einem alten Huhn eine zarte Geflügel-Farce und kocht diese, in ein länglichbreites Stück geformt, in Fleischbrühe gar, und stellt diese ebenfalls kalt. Ferner wird eine schöne Gänseleber in guter Braise gar gemacht. Dreißig Stück schöne weiße Champignons werden rein geschält und mit Citronensaft, Butter und etwas Fleischbrühe einigemal überkocht. Ebenso werden acht Stück schöne Trüffeln geschält und in Madeirawein abgekocht. Nachdem dies beendet ist, werden aus Allem kleine längliche Spitzweckchen sehr egal rein geschnitten, zusammen mit einem Stück zerlassener Glace über dem Windofen geschwungen, und sodann in die Suppen-Terrine gethan. $2^1/_{10}$ Liter kochendheißes, krystall= helles und kräftiges Consommé werden langsam darüber gegossen. Von dem Kapaun und den Feldhühnern werden nur die Filets dazu geschnitten, die Abgänge aber zu dem Consommé genommen.

97. Windsor-Suppe. Potage à la Windsor.

Ein Kilo 120 Gramm Ochsenfleisch vom Schlegel, 1 Kilo 680 Gramm Kalbfleisch, ebenfalls vom Schlegel, werden in Stückchen geschnitten, und nebst 280 Gramm magerem Schinken, einigen Zwiebeln, einer gelben Rübe, zwei Porri und einer halben Selleriewurzel in einer Casserolle mit 280 Gramm Butter braun geröstet, sodann wird die Casserolle mit guter Fleischbrühe aufgefüllt und vier Stunden langsam gekocht. Zwei alte Hühner werden flammirt, ausgenommen, das Brustfleisch ausgelöst; die Reste werden zerhackt und zu der Suppe gethan; von den Hühnerfilets wird eine feine zarte Geflügel=Farce bereitet und davon auf zwei Casserolle= Deckeln in gleicher Anzahl kleine runde Klößchen gemacht und mit Papier zugedeckt an einem kalten Ort aufbewahrt. Unterdeß läßt man 140 Gramm Butter heiß werden, gibt drei Kochlöffel voll Mehl dazu und röstet dies auf Kohlenfeuer langsam lichtbraun, welches man sodann, nachdem man es mit einfacher Fleischbrühe angerührt hat, zu der Suppe gießt und mit derselben gut verkochen läßt. Nachdem dies erreicht ist, wird die Coulis sehr rein entfettet und durch ein Haartuch geseiht und warm gestellt. Unterdessen hat man 280 Gramm italienische Maccaroninudeln mit frischem Wasser einmal aufgekocht, die man in einen Durchschlag schüttet, mit frischem Wasser abschwämmt und sodann auf ein Tuch legt. Diese Nudeln werden nun in $^1/_2$ Centimeter lange gleiche Stückchen geschnitten, in eine flache Casserolle gethan und mit einem Glas Madeira, einer Messerspitze Cayennepfeffer und einem Stückchen Glace nebst etwas Salz vollends gar gekocht. Die eine Hälfte der Klößchen wird in leichter Fleischbrühe mit etwas Salz abblanchirt, die andere Hälfte davon aus dem Schmalz lichtbraun gebacken und nebst den Maccaroninudeln in die Suppen=Terrine gethan. Währenddem hat man die Suppe mit einer halben Bouteille Madeira=Sec eine halbe Stunde noch langsam gekocht und alles Fett und Schaum nochmals rein abgenommen, welche sodann, mit einer Prise Cayenne=Pfeffer und dem nöthigen Salz im Geschmack gehoben, über den Klößchen und Nudeln angegossen wird. Diese Suppe muß sich durch ihre Reinheit, kräftigen und angenehmen Geschmack und durch ihre richtige Bündigkeit auszeichnen.

98. Jägersuppe.   Potage chasseur à la Gentilhomme.

Man bereitet ein sehr kräftiges Consommé, worin man zwei Feld=
hühner und den Rücken eines Hasen langsam weich kochen läßt. Diese
werden dann ausgehoben und kalt gestellt. Gleichzeitig hat man 560
Gramm Schinken, 280 Gramm Dörrfleisch gekocht, wie auch sechs Stück
gute Bratwürstchen gebraten. Ebenso kocht man drei Hände voll gute
Linsen weich, welche man sonach in einen Durchschlag schüttet. Das
Consommé wird nun geseiht und mit vier Eßlöffeln voll Mehl, welches
mit einem Stück frischer Butter lichtbraun langsam geröstet wurde, nach
und nach verbunden und dann über dem Feuer bei beständigem Rühren
zum Sieden gebracht, worauf man die Suppe von der Seite langsam eine
halbe Stunde kochen läßt und man das aufsteigende Fett und den Schaum
rein abnehmen kann. Während des Kochens gibt man ein bouquet garni,
welches aus Petersilie, Thymian, Zwiebeln, einem Lorbeerblatt, gut mit
Zwirn zusammengebunden besteht, nebst einem Glas Madeira=Sec in die
Suppe und läßt dieses noch eine viertel Stunde mit durchkochen, welches
dem ohnehin schon kräftigen Consommé noch mehr Geschmack und Kraft gibt.

Sämmtliche Fleischtheile, nämlich der Hasenrücken, die Feldhühner=
brüstchen, die Bratwürstchen, der Schinken und das Dörrfleisch werden in
kleine saubere Stücke getheilt und nebst zwölf Champignons, welche fein
geblättert geschnitten werden, in eine passende Casserolle gethan, die nöthigen
Linsen dazu gegeben und die Suppe darüber geseiht, mit welcher man alles
nochmals aufkochen läßt und sie dann nach wiederholtem Entfetten und
Abschäumen sogleich anrichtet.

99. Weiße Coulis-Suppe auf englische Art.   Coulis à l'Anglaise.

Man bereitet von einem Theil guter Fleischbrühe und einem Theil
Geflügel=Consommé, mit 140 Gramm frischer Butter und dem nöthigen
Mehl eine Coulis, und kocht diese eine Stunde lang aus Schaum und
Fetttheilen rein aus; diese wird mit 280 Gramm rein gewaschenem, und
in Geflügelbrühe mit einem Stück rohen Schinken und einer Zwiebel, in
die man zwei Gewürznelken eingedrückt hat, körnig gekochtem Karolinen=
Reis, Curry-Powder, und $^3/_{10}$ Liter gutem Madeira=Sec gehörig assai=
sonnirt, angerichtet. Ebenso gehört die braune Coulis=Suppe mit Reis,
Geflügel=Filets nebst etwas Cayenne=Pfeffer und Madeira zu den Lieblings=
suppen der Engländer.

100. Weiße Coulis-Suppe mit Zwiebeln.   Coulis à la Soubise.

Der eben beschriebenen Suppe gleich, jedoch ohne Pfeffer und Ma=
deira, wird eine reine Coulis bereitet und au bain-marie warm gestellt.
Unterdeß werden acht bis zehn Stück schöne weiße Zwiebeln geschält und
in feine Scheiben geschnitten, die in 140 Gramm frischer Butter weich
gedünstet und mit einigen Anrichtlöffeln voll Bechamel (siehe Bechamel)
durch ein Haartuch gestrichen werden. Ferner bereitet man eine etwas feste

Geflügel-Farce, die aber mit einem Theile von diesem Zwiebel-Puree gut abgerührt werden muß, und aus der kleine runde Klößchen gemacht werden. Wenn also alles dies treffend ausgeführt ist, werden eine halbe Stunde vor dem Anrichten die Klößchen langsam abgekocht, die Coulis mit dem Zwiebel-Puree untermengt, kochendheiß gerührt, gehörig ge= salzen und mit den Klößchen nebst Brodkrusten (Croutons) in die Suppen= Terrine angerichtet.

101. Batavia-Suppe von indianischen Vogelnestern.
Nids d'hirondelles.

Der Werth, welchen man auf dieses Produkt zu legen pflegt, gründet sich wohl meistens auf den sehr hohen Preis desselben. Sonst behaupte ich, daß diese Nester in der Beschaffenheit, wie sie zu uns kommen, für Zunge und Magen gar keinen Werth mehr haben, indem ihre beste Eigen= schaft dann die ist, daß sie nach gar nichts schmecken und daß man ihnen nur mit äußerst substantiöser Bouillon Geschmack geben kann. Von dieser äußerst kostspieligen Zubereitung muß man auch die außerordentlich starken Wirkungen herleiten, welche der Genuß derselben gewährt, nicht aber von den Vogelnestern selbst. Wäre es nicht bekannt und entschieden, daß die zähen, knorpeligen, nestartigen Hülsen wirklich von kleinen Vögeln zusammen= gefügt werden, so würde man sie für getrocknete Schwämme halten, da sie in Hinsicht ihres faserigen Wesens die Natur derselben zu haben scheinen. Und wie viele Betrügereien mögen auch damit wirklich vorgehen! Diese Vogelnester sind nun, wenn sie zu uns kommen, der langen Reise wegen, schon immer alt, und doch darf man mit Sicherheit voraussetzen, daß sie wegen ihres hohen Preises wohl manches Jahr liegen, bis sie zur Con= sumtion gebraucht werden. Daher mag es auch kommen, daß sie ein schmutzig gelbgraues Ansehen haben, da sie doch eigentlich weiß und reinlich sein sollten, und die Kaufleute den Werth derselben um so höher anschlagen, je trockener und weißer sie sind. Nach der gemeinen Meinung bestehen die indianischen Schwalbennester oder baut die indianische Schwalbe ihr Nest aus gallertartigen gewürzhaften Seegewächsen. Was nun aber ein Produkt, welches vier bis fünf Jahre alt ist, für die Zunge und den Magen Gutes haben kann, das mag Jeder selbst beurtheilen.

Die Bereitung dieser Suppe ist folgende: Den Abend vorher werden 140 Gramm solcher Nester in kalter Bouillon über Nacht eingeweicht, des andern Tags mit der Spicknadel alle die kleinen Federchen, die schwarzen Punkten gleichen, herausgenommen, die Nestchen, welche ge= hörig aufgeweicht sind, werden en filet geschnitten, in eine Casserolle gethan und mit Madeira, etwas Cayenne und einem Stück Glace langsam gekocht. Ferner hat man ein sehr kräftiges Consommé bereitet, welches mit einer halben Bouteille Madeira=Sec, etwas Cayenne und den Vogel= nestern vollends weich gekocht wird. Beim Anrichten wird sie nochmals rein abgeschäumt, gehörig gesalzen und in die Terrine gegossen. Diese Suppe muß sich durch einen kräftigen Geschmack auszeichnen.

102. Ochsenschweiffuppe auf englische Art. Ox-Tail-Soup.

Ein oder zwei schöne Ochsenschweife, je nach Bedarf, werden rein gewaschen, in Stücke getheilt, einige Minuten in kochender Fleischbrühe abgekocht, dann mit frischem Wasser abgekühlt; sodann werden sie in eine tiefe Casserolle mit Speckscheiben, etwas rohem Schinken, einigen Zwiebeln, gelben Rüben, Porri und Selleriewurzel, Lorbeerblatt, zwei Gewürznelken und mehreren Pfefferkörnern nebst etwas Salz eingerichtet. Sodann gießt man eine Bouteille weißen Wein und eben so viel Bouillon darüber, deckt sie zu, bringt sie auf dem Feuer in's Kochen und läßt sie auf Kohlenfeuer weich dämpfen. Wenn sie nun ziemlich weich sind, werden sie mit der Gabel ausgehoben, die Essenz durch ein Haarsieb geseiht und entfettet, dann mit dem nöthigen, kräftigen Consommé und ebenso viel Espagnole untermengt, die Schweifstücke dazu gethan und mit einer Bouteille Madeira noch vollends weich gekocht; die Suppe wird immer rein abgeschäumt und entfettet. Beim Anrichten wird der Ochsenschweif in die Suppen = Terrine gelegt, einige Anrichtlöffel voll weich gedünstete Julienne (würfelig geschnittene Wurzeln) dazu gegeben, und nach= dem die Suppe noch mit dem nöthigen Salz und Cayenne im Geschmack gehoben ist, wird diese darüber angegossen und zu Tisch gegeben.

103. Jagdsuppe nach Löwenstein. Potage chasseur à la Löwenstein.

Ein Kilo 120 Gramm Schinken, 560 Gramm geräucherte Schweins= brust werden zusammen blanchirt, abgekühlt, in schöne Stückchen rein zugeschnitten, in eine Casserolle gelegt, mit klein würfelig geschnittenen gelben und weißen Rüben, von jeden eine Obertasse voll, überstreut, gesalzen, mit guter Bouillon, 1/2 Liter Rindfleischjüs und einer halben Bouteille Madeira übergossen und zugedeckt, langsam weich gekocht. Unter= dessen siedet man eine Obertasse voll Linsen weich, welche man abschüttet und der Suppe beigibt. Ebenso werden zwei junge Feldhühner am Spieß, wie auch zwölf kleine Bratwürstchen in der Pfanne gebraten, die man, sowohl die Feldhühner wie die Würstchen, in gehörige Stücke schneidet, zu der Suppe gibt und mit dieser noch eine viertel Stunde kochen läßt. Beim Anrichten wird die Suppe gehörig gesalzen, mit etwas Piment (Jamaica = Pfeffer) im Geschmacke gehoben und recht heiß zu Tisch gegeben. Geröstete Brodkrüstchen werden extra noch servirt.

104. Polnische Suppe. Potage à la Polonaise. — Rosol.

Man gibt in einen Fleischtopf 560 Gramm rohen Schinken, eine halbe schöne Kalbsbrust und zwei junge Hühner; diese Fleischstücke werden nun mit 4 3/10 Liter frischem Wasser überfüllt, etwas gesalzen und dann zum Sieden gebracht. Ist nun diese Fleischbrühe gehörig abgeschäumt, so gibt man einige gelbe Rüben, zwei Porri, einen Kopf Sellerie, einige Petersilienwurzeln sammt dem Grünen, eine Zwiebel, in welche man zwei Gewürznelken eingedrückt hat, dazu, und läßt die Bouillon so lange langsam sieden bis die Fleischstücke weich geworden sind. Hierauf wird die Fleischbrühe durch eine Serviette in eine andere Casserolle geseiht, sehr rein entfettet und dann, wenn dieselbe wieder siedet, das nöthige Quantum türkischer Weizen-Gries eingekocht. Nach einer halben Stunde wird nun die Suppe gehörig gesalzen, angerichtet, die in schöne Stückchen geschnittenen Fleischstücke dazu gethan und so zu Tisch gegeben.

---

1. Abschnitt. 3. Abtheilung.

Von den Fastensuppen. Potages maigres.

105. Fastenwurzelbrühe. Bouillon maigre de racines.

In eine passende tiefe Casserolle schneidet man in Scheibchen vier Stück gelbe Rüben, sechs Zwiebeln, drei Porri, zwei Köpfe Sellerie, zuvor alles gereinigt und gewaschen und röstet sie mit einem Stück frischer Butter einige Zeit, bis sie eine goldgelbe Farbe haben, ab. Hierauf gibt man fünf bis sechs Hände voll dürre Erbsen, nebst einem Bouquet von Petersilie, Sauerampfer und Kerbelkraut dazu, füllt das Geschirr mit frischem Wasser auf, bringt es zum Kochen, schäumt es rein ab und läßt diese Wurzelbrühe einige Stunden langsam kochen. Nach Verlauf dieser Zeit wird das Geschirr vom Feuer gethan, wo man es eine halbe Stunde ruhig stehen läßt; bis dahin werden sich die Wurzeln und die Erbsen gesetzt haben und die Brühe wird klar sein, man seihet sie hierauf durch eine feine Serviette in einen irdenen Topf und stellt sie bis zum weiteren Gebrauch kalt. Diese Wurzelbrühe dient zur Bereitung aller Art Fastenkräutersuppen und dergleichen Saucen.

106. Fastenkraftsuppe. Consommé maigre.

Zur gehörigen Bereitung dieses Consommé sind verschiedene Arten von Fischen nöthig, und man nimmt gewöhnlich, wenn es in örtlicher Beziehung die Umstände gestatten, Karpfen, Hechte, Barsche, besonders Schleien und Froschschenkel, auch kann man mit dem besten Erfolge, wenn es die allenthalben strenge Oekonomie zuläßt, einen kleinen Aal dazu nehmen. In Gegenden, wo gänzlicher Mangel an Süßwasserfischen ist, wie z. B. in Griechenland, bereitete ich dieses Consommé aus Seefischen. Zu $4^3/_{10}$ Liter guter Fastenconsommé sind 1 Kilo 120 Gramm Karpfen, 1 Kilo 120 Gramm Schleien, 560 Gramm Hecht und Barsche, nebst einem Schock Froschschenkel nöthig. Nachdem also sämmtliche Fische nach ihrer bekannten Weise geschuppt, ausgenommen und gewaschen worden sind, werden sie in Stücke geschnitten und in einer mit einem dicken Boden versehenen Casserolle mit 280 Gramm Butter, einigen in dicke Scheiben geschnittenen Zwiebeln, einigen gelben Rüben, Porri, und einem Stück Sellerie schichtenweise eingerichtet, wobei jedoch bemerkt wird, daß die Zwiebeln mit der Butter die unterste Lage sein müssen. Sodann setzt man die Casserolle auf Kohlenfeuer, gibt einige Anrichtlöffel voll Wasser dazu und läßt das Ganze langsam dämpfen bis die Zwiebeln am Boden eine braune Farbe haben. Sodann wird die Casserolle mit frischem Wasser angefüllt, in's Kochen gebracht, rein abgeschäumt und so gut verschlossen, zwei Stunden langsam von der Seite gekocht. Hiernach wird dieses Fischconsommé rein entfettet, dann durch eine feine Serviette passirt und in einem irdenen Gefäß kalt gestellt. Sollte dieses Consommé nicht ganz hell sein, kann man es mit einigem Eierweiß klären. Denn es muß sehr hell, von lichtbrauner Farbe und kräftigem Geschmack sein.

107. Polnische Suppe auf eine andere Art. Potage nationale à la Polonaise. — Barszcze.

Hiezu muß man einen schon einige Wochen vorher bereiteten säuerlichen Rotherüben=Saft haben. Man nimmt nämlich ein kleines Fäßchen, füllt dieses bis über die Hälfte mit geschälten, in vier Theile geschnittenen, recht schönen, gesunden Rotherüben, dann bis zum Rand mit frischem Wasser, hierauf wird dasselbe mit einem reinen Tuch überdeckt und an einen warmen Ort zum Gähren gestellt. Nach acht bis zehn Tagen wird das Fäßchen in den Keller gestellt und den darauf folgenden Tag diese Rotherüben= Brühe langsam geseiht. Die Gährung kann jedoch noch dadurch gefördert werden, wenn man einige Stückchen Semmelkrume zu den Rüben gibt.

Die Suppe wird nun auf folgende Weise bereitet. Man gibt in einen passenden irdenen Fleischtopf eine Kalbshaxe, Hosse (jarret de veau), 1 Kilo 120 Gramm Ochsenfleisch von der Brust (Brustkern), eine schöne fette junge Ente, eine Poularde, 560 Gramm geräucherte, zuvor abblanchirte Schweinsbrust, acht Stück gute Schweinsbratwürste, ferner zwei gelbe Rüben, zwei Zwiebeln, zwei Porri, einige Petersilienwurzeln und vier Gewürznelken. Die Fleischstücke werden nun mit der säuerlichen Rotherüben=Jüs aufgestellt, in's Kochen gebracht, sehr rein abgeschäumt und je nach Bedarf der nöthigen Zeit gehörig weich gekocht, doch nicht zu weich. Ist nun dies erreicht, so wird die Bouillon geseiht und, wenn sie beinahe kalt ist, mit fein gestoßenem mageren, rohen Ochsen= fleisch und etwas Eiklar clarificirt. Unterdessen werden die Fleischstücke sauber zugeschnitten, und zwar das Brustfleisch von der Ente und der Poularde wird emincirt (blätterig geschnitten), die Schweinsbrust in kleine viereckige Stücken, ebenso das Ochsenfleisch, wie auch die Bratwürste. Diese Fleischstückchen werden nun in den Suppentopf gethan, mit weich gekochten, nudelartig geschnittenen Rotherüben überstreut und zuletzt die äußerst angenehm schmeckende kräftige Bouillon darüber geseiht.

Diese Bouillon wird auch in Polen ganz für sich allein bei Soupers, Bällen 2c. in Tassen servirt.

108. Fastenkräutersuppe. Une panade maigre aux herbes.

Vier Eßlöffel voll fein geschnittener Gartensauerampfer, drei Eß=

löffel voll feines Kerbelkraut, etwas fein geschnittene Zwiebeln und Peter=
silie werden in 140 Gramm heißer, frischer Butter einige Zeit gedünstet,
sodann mit ½ Liter Wurzelbrühe begossen und mit etwas Salz weich
gekocht. Gleichzeitig werden zwei frische Mundbrode abgerieben, der Boden
abgeschnitten, die Brode sodann in Scheibchen geschnitten und auf einem
Plafond in einem nicht heißen Backofen getrocknet. Sodann kömmt das
Brod in eine Casserolle, die Kräuter werden dazu gethan, mit noch 2¹⁄₁₀
Liter Wurzelbrühe begossen und so zusammen mit etwas Salz gut ver=
kocht. Beim Anrichten wird die Suppe gehörig gesalzen und mit dem
Gelben von sechs Eiern und ¹⁄₁₀ Liter gutem, süßem Rahm legirt und
angerichtet.

109. Geröstete Semmelsuppe. Potage maigre à l'Orléans.

Drei Obertassen voll weißes, geriebenes Mundbrod wird in 280
Gramm frischer Butter lichtbraun geröstet, sodann mit 2¹⁄₁₀ Liter Fasten=
brühe begossen und eine halbe Stunde gekocht. Beim Anrichten wird die
Suppe rein entfettet, gehörig gesalzen, gut durchgerührt, und mit dem
Gelben von sechs Eiern legirt und angerichtet. Würfelig geschnittene und
in frischer Butter goldgelb geröstete Zwiebel kommen oben darüber.

110. Fasten-Krebssuppe. Bisque d'écrevisses maigre.

Dreißig Stück Krebse werden rein gewaschen, mit etwas Salz und
Wasser schnell abgekocht, sodann die Schweifchen ausgelöst und bei Seite
gestellt. Von den gereinigten Rümpfen, Scheeren wird mit 280 Gramm
Butter eine Krebsbutter (siehe Krebsbutter) bereitet, die Schalen werden
sodann in 2¹⁄₁₀ Liter Fastenbrühe nochmals gut ausgekocht, die Brühe
sodann durch eine feine Serviette in eine Casserolle passirt und mit zwei
fein geschnittenen, abgetrockneten Mundbroden nebst etwas Salz zu einer
Suppe angekocht. Hierauf wird die Suppe durch ein Haartuch gestrichen,
mit der noch nöthigen heißen Fastenbrühe verdünnt, mit der Krebsbutter
gebunden, gehörig gesalzen und über die Krebsschweifchen, Hechtenklößchen
(siehe Hechten=Farce) und gerösteten Brodkrusten angerichtet.

111. Fasten-Consommé mit Hechtenknödeln. Consommé maigre aux quenelles de brochets.

Man bereitet von dem Fleische eines Hechtes, 1 Kilo 120 Gramm
schwer, eine körnige Farce (siehe Abschn. von den Farcen), von welcher
man mit zwei Kaffeelöffeln auf einem mit frischer Butter bestrichenen
flachen Casserolle=Deckel auf die bekannte Weise kleine Klößchen formt,
die man eine viertel Stunde vor dem Anrichten in einfacher Fastenbrühe
abkocht. Beim Anrichten wird das nöthige kräftige Fasten=Consommé in
die Terrine gegossen, die Klößchen mit einem Schaumlöffel ausgehoben,
und nebst einer Hand voll kleiner runder Brodkrusten (Croutons) dazu
gethan und servirt.

112. Faſten-Conſommé mit Forellen-Schnitten. Consommé
maigre aux filets de truites.

Sechs Stück schöne Forellen werden ausgenommen, rein gewaschen,
jede Forelle der Länge nach in der Mitte durchgeschnitten, die Haut nebſt
den Gräten abgelöſt, jede Hälfte wieder in vier bis fünf gleiche Stückchen
geſchnitten, leicht geſalzen und in klarer friſcher Butter auf einem Wind=
ofen geſchwungen, ſautirt, dann auf einen Teller gethan und warm ge=
ſtellt. Zu gleicher Zeit werden zwei Mundbrode abgerieben, die Rinde
abgelöſt und von dieſer runde Croutons ausgeſtochen; dieſe werden ſodann
mit feiner Fiſch=Farce beſtrichen, auf einen Plafond neben einander gelegt,
mit Butter beträufelt, geriebener Parmeſankäſe darauf geſtreut und im
Ofen goldgelb gebacken. Beim Anrichten werden die Forellen=Schnittchen
nebſt den Brodkrüſtchen in die Terrine gethan und das gehörig geſalzene,
kräftige, klare Faſten=Conſommé kochendheiß darüber gegoſſen. Es braucht
nicht erwähnt zu werden, daß die Abgänge von den Forellen zur Be=
reitung des Conſommé mit verwendet werden.

113. Faſten-Conſommé mit Monacos. Consommé maigre
à la monacos.

Dieſe unterliegt in ihrer Behandlung ganz der ſchon beſchriebenen
Kraftbrühe von Fleiſch und weicht nur inſofern ab, als beim Füllen der
Brodſcheibchen anſtatt der Geflügel=Farce hier Fiſch=Farce, und ſtatt des
Fleiſch=Conſommé hier Faſten=Conſommé genommen wird.

114. Faſten-Conſommé mit Semmelklößchen.
Consommé maigre aux quenelles de pain.

115. Faſten-Conſommé mit Butternocken.
Consommé maigre aux noques au beurre.

116. Faſten-Conſommé mit Pfannenkuchen.
Consommé maigre aux omelettes.

117. Faſten-Conſommé mit gebackenen Erbſen.
Consommé maigre aux pois frits.

118. Faſten-Conſommé mit verlorenen Eiern.
Consommé maigre aux oeufs pochés.

Alle dieſe hier auf einander folgenden Suppen bleiben nur Wieder=
holungen, und werden ebenſo bereitet, wie ich es ſchon bei den Fleiſch=
ſuppen beſchrieb; nur natürlicher Weiſe mit dem Unterſchiede, daß hier
Faſten=Conſommé genommen wird. Ein ſehr klares, goldgelbes, kräftiges
Faſten=Conſommé iſt die erſte Bedingung bei allen dieſen hier angeführten
Suppen.

119. Fastensuppe mit gefüllten Eiern. Potage maigre à la Vénard.

Acht bis zehn Stück frische Eier werden hart gesotten; man wähle hiezu kleine Eier, diese werden geschält, halbirt, der Dotter noch herausgenommen, und dann werden diese mit einer Fisch=Farce (siehe Fisch=Farce), unter welche man fein geschnittene Champignons gerührt hat, erhaben gefüllt. Diese Eier werden in ein mit frischer Butter ausgestrichenes Geschirr gesetzt, oben mit Butter bestrichen und mit geriebenem Parmesankäse bestreut, worauf man dieselben in ein Bratrohr stellt und langsam gar macht. Ebenso wird von zwei schönen Schollen die Haut abgezogen, die Filets ausgelöst, diese in Butter sautirt, dann in egale Stückchen geschnitten und nebst den Eiern in die Suppen=Terrine gelegt. Dazu gibt man noch zwei bis drei Dutzend abgekochte und sauber zugeputzte Austern und gießt zuletzt das kräftige Fasten=Consommé, nach Nr. 106 bereitet, darüber.

120. Fasten-Consommé mit geräucherten Rhein-Salm-Klößchen. Consommé maigre aux quenelles de saumon du Rhin fumé.

Von zwei großen oder drei kleineren frischen Mundbroden wird die braune Rinde abgerieben, der Boden abgeschnitten und das Brod klein würfelig geschnitten und in eine irdene Schüssel gethan. Eine Zwiebel wird mit etwas Petersilie fein geschnitten und mit einem Stück Butter weich gedünstet, drei ganze und vier Eiergelbe werden mit $^3/_{10}$ Liter Rahm abgerührt, etwas Salz und Muskatnuß dazu gethan und mit fines herbes (feinen Kräutern) über das Brod gegossen, zugedeckt und so eine halbe Stunde stehen gelassen. Unterdessen werden 420 Gramm geräucherter Rhein=Salm aus Haut und Gräten gelöst und sodann in gleiche feine Würfel geschnitten, die man sodann unter das geweichte Brod melirt. Von dieser Masse werden nun, nachdem man zuvor eine Probe gemacht hat, Klößchen nach beliebiger Größe gemacht, die man in kochendem Wasser mit dem nöthigen Salz eine halbe Stunde vor der Tafelstunde abkocht. Das angenehm gewürzte und helle Fasten=Consommé wird in die Suppen=Terrine gegossen und die mit einem Schaumlöffel herausgehobenen Klößchen werden in dasselbe gethan und servirt.

121. Fischsuppe auf russische Art. Potage à la Severin.

Man bereitet nach Nr. 106 ein kräftiges Fasten=Consommé, in welchem man eine halbe Bouteille Sauternewein mitkocht. Ebenso bereitet man eine Macédoine von Gemüsen, welche aus gelben Rüben, Sellerie= und Petersilienwurzeln besteht, diese werden mit einem Erbsenbohrer ausgebohrt, so daß man von jeder Sorte eine Obertasse voll bekommt; dieses wird blanchirt und mit Fastenbouillon, etwas Zucker und einem Stückchen Butter weich gedünstet. Unterdessen werden dreißig Stück Stinten gereinigt und die Filets ausgelöst, diese in Salzwasser abgekocht, auf ein Tuch zum Abtropfen gelegt und nebst den nöthigen ungefähr zwei Dutzend

Krebsknödelchen (f. von den Farcen) und die Macédoine in die Terrine gelegt. Kurz vor dem Anrichten wird das Consommé geseiht, mit dem Gelben von acht Eiern, welche mit einer Obertasse voll gutem sauern Rahm verrührt worden sind, legirt, nochmals durch ein Sieb in die Terrine geseiht und dann zu Tisch gegeben.

In Ermangelung der Stinten können auch Forellen genommen werden.

122. Französische Fastenkräutersuppe. Une julienne maigre.

Einige gelbe Rüben, vier Stück Porri, eine Selleriewurzel, drei Stück Kopfsalat, zwei Zwiebeln und ein Stück Wirsingkraut werden gereinigt, gewaschen und in feine Fadenstückchen, en filets, geschnitten. Hierauf läßt man 140 Gramm frische Butter in einer Casserolle heiß werden, gibt die geschnittenen Kräuter dazu und läßt diese mit ein wenig Salz weich dünsten. Sodann gießt man die nöthige Fastenkräuterbrühe dazu und läßt diese noch einige Zeit kochen, während man die Suppe rein entfettet. Vor dem Anrichten wird die Suppe gehörig gesalzen und mit gerösteten runden Brodkrusten angerichtet.

123. Braune Coulis-Suppe mit Klößchen. Coulis de poissons aux quenelles.

Der Boden einer Casserolle wird mit frischer Butter ausgestrichen und mit vier Stück in fingerdicke Scheiben geschnittenen Zwiebeln belegt. 1 Kilo 680 Gramm Karpfen, 1 Kilo 680 Gramm Hecht, vierzig Stück Froschschenkel und sonstige Abgänge von Fischen werden, nachdem man die Fische geschuppt, gewaschen und in Stücke geschnitten hat, in Schichten darauf gelegt und die Casserolle auf Kohlenfeuer gestellt. Nach Verlauf einer Stunde wird alle Flüssigkeit verdampft sein und die Zwiebeln werden sich gebräunt haben. Sodann füllt man die Casserolle mit Wurzelbrühe auf, läßt diese von der Seite langsam kochen und schäumt sie sehr rein ab. Unterdessen werden zwei Mundbrode jedes in vier Theile geschnitten und sodann lichtbraun aus dem Schmalze gebacken, in eine Casserolle gethan, die Fischbrühe rein entfettet und durch eine feine Serviette auf das Brod passirt, das Fleisch von den Fischen wird abgelöst dazugethan und zusammen gut verkocht. Hierauf wird sie durch ein Haartuch gestrichen und nochmals von der Seite eines Windofens langsam gekocht, der aufsteigende Schaum sammt Fett wird rein abgenommen, die Suppe dann gehörig gesalzen, mit dem noch nöthigen Fisch-Consommé, im Falle sie zu dick sein sollte, verdünnt und über vorher im Wasser abgekochte Hechtenklößchen und Brodkrusten angerichtet. Diese Suppe muß von lichtbrauner Farbe und kräftigem Geschmacke sein.

124. Weiße, durchgestrichene Fastensuppe. Coulis maigre à la reine.

Ein Hecht oder Schellfisch zu 1 Kilo 680 Gramm wird geschuppt, ausgenommen und gewaschen, sodann der Länge nach durchgeschnitten, aus Haut und Gräten gelöst, in Stückchen zertheilt, gesalzen und nebst fünfzig Stück Froschschenkeln in frischer, klarer Butter geschwungen, sautirt,

hierauf mit dem Gelben von zehn hartgekochten Eiern zu einem Brei zer=
stoßen und auf einem Teller bei Seite gestellt. Sodann wird von zwei
Mundbroden die braune Rinde gut abgerieben, der Boden abgeschnitten,
sodann in Scheiben geschnitten, in einer Röhre getrocknet und mit guter,
weißer Fleischbrühe verkocht. Wenn dies erreicht ist, wird das Gestoßene
dazu gerührt und zusammen durch ein feines Haartuch gestrichen, sodann
in eine Casserole gethan und au bain-marie (Dunstbad) warm gestellt.
Beim Anrichten wird die Suppe bis zum Kochen heiß gerührt, gehörig
gesalzen und mit kleinen, würfelig geschnittenen und gerösteten Broden
angerichtet. Diese Suppe kann auch anstatt mit Brod, mit schönem, gut
gekochten Reis, Nudeln oder kleinen Fischklößchen gegeben werden, welches
sodann die Benennung der Suppe auf folgende Art ändern würde, z. B.:

125. Weiße, durchgestrichene Fastensuppe mit Reis.
Coulis maigre au riz à la reine.

126. Weiße, durchgestrichene Fastensuppe mit Nudeln.
Coulis à la reine aux nouillis.

127. Weiße, durchgestrichene Fastensuppe mit Hechtenklößchen.
Coulis à la reine aux quenelles de brochet.

128. Durchgestrichene Froschsuppe. Coulis de grenouilles.

Zwei Schock von den schönsten, weißen Froschschenkeln werden, nach=
dem man die Zehen abgeschnitten hat, gewaschen, auf einem Tuche abge=
trocknet und mit einem Stück frischer Butter nebst einer Zwiebel abgeröstet,
mit dem Safte einer halben Citrone und ein wenig weißem Wein gar
gedünstet und hierauf mit dem Gelben von acht hartgesottenen Eiern fein
gestoßen. Dann läßt man 140 Gramm Butter heiß werden, gibt so viel
Mehl dazu, als die Butter in sich faßt und röstet dieses etwas ab, rührt
es sodann mit $2^{1}/_{10}$ Liter gutem Fisch=Consommé auf dem Feuer an und
läßt es eine Stunde langsam kochen, wo unterdessen Schaum= und Fett=
theile rein abgenommen werden. Nach Verlauf dieser Zeit werden die
gestoßenen Froschschenkel dazu gegeben, durch ein feines Haarsieb gestrichen
und hierauf in eine passende Casserole gethan. Vor dem Anrichten wird
die Suppe bis zum Siedegrade heiß gerührt, gehörig gesalzen und mit
gerösteten Brodkrusten angerichtet. Die Suppe kann ebenso wie die vor=
hergehende anstatt mit Brod, mit Nudeln, Reis und Fischklößchen gegeben
werden.

129. Peischelsuppe. Potage aux laitances de cardes.

Ein halber Liter Milchner, ein halber Liter Rogener werden ge=
waschen und in einer Casserolle mit $^{1}/_{10}$ Liter gutem Weinessig, einer
Zwiebel, in die man zwei Gewürznelken eingedrückt hat, dem nöthigen
Salz und einem Stück frischer Butter, eine halbe Stunde zugedeckt,

langsam gekocht. Während dem läßt man 140 Gramm Butter heiß werden, gibt drei kleine Kochlöffel voll Mehl daran und röstet dieses langsam mit ein wenig Zucker hellbraun. Sodann wird es mit $2^1/_{10}$ Liter guter Fleischbrühe und etwas Jüs zu einer Suppe angekocht, die man mit den nöthigen Suppenkräutern gut auskochen läßt. Sodann wird das Fett und der Schaum rein abgenommen und die Suppe durch ein Haartuch in eine Casserolle geseiht und warm gesetzt. Beim Anrichten wird der Rogner und Milchner, im Wiener Ausdruck Peischel genannt, würfelig geschnitten, in die Suppen = Terrine gethan, die Suppe wird kochendheiß gerührt, gehörig gesalzen, mit ein wenig Pfeffer im Geschmacke gehoben und darüber angegossen. Diese Suppe wird in der Regel, mit etwas gutem Weinessig säuerlich gemacht, gegeben. Jedoch dies bleibt stets Geschmacks= sache des Tischherrn, nach der sich der Verfertiger zu richten hat.

130. Weiße Fasten-Coulis mit Austern. Coulis maigre aux huîtres.

140 Gramm frische Butter werden in einer Casserolle gut heiß ge= macht, das nöthige Mehl, ungefähr zwei gute Kochlöffel voll, dazu ge= rührt und etwas geröstet, sodann wird dieses Roux mit $2^1/_{10}$ Liter guter, weißer Fischbrühe angerührt, in's Kochen gebracht und eine Stunde lang von allem Fett und Schaum sehr rein ausgekocht; sodann durch ein Haar= tuch in eine Casserolle geseiht und warm gestellt. Hundert auch hundert= fünfzig Stück Austern werden aus den Schalen genommen und sammt ihrem Wasser in eine Casserolle gethan und hierauf mit einem Gläschen weißen Wein und dem Safte einer halben Citrone schnell abgekocht. Sie werden sodann auf ein Sieb gegossen, die Essenz davon wird zu der Suppe geseiht und von den Austern werden die schwarzen Bärte rein abgeschnitten und diese nebst rund ausgestochenen gerösteten Brodkrusten in die Terrine gelegt. Die Coulis wird vor dem Anrichten in's Kochen gebracht, gehörig gesalzen, mit dem Gelben von acht frischen Eiern nebst einem Stückchen sehr frischer Butter legirt (gebunden), und über die Austern in der Terrine angerichtet.

131. Domherrn-Fastensuppe. Potage maigre Chanoine.

Es werden drei Dutzend frische Austern aus den Schalen genommen, blanchirt, der schwarze Bart rein abgenommen und sammt ihrem Safte in eine kleine Casserolle gethan. Nach diesem werden drei Rutten (lottes) gut gereinigt, in Salzwasser abgekocht und dann nebst ihren Lebern in gleiche kleine Stückchen getheilt; ebenso werden zwei Dutzend Krebse abge= kocht, die Schweischen ausgebrochen. Ferner werden zwölf Stück schöne, feste Champignons weiß abgekocht und diese in kleine Filets geschnitten, alle diese Ingredienzen werden in die Suppen=Terrine gethan. Unterdessen hat man eine sehr gute Fasten=Coulis nach Nr. 130 bereitet, der man die Essenz von den Austern wie auch die von den Champignons beigibt, und läßt die Suppe mit einer halben Bouteille guten Rheinwein eine gute Stunde rein auskochen. Kurz vor dem Anrichten wird dieselbe mit etwas Krebsbutter im Geschmacke gehoben, kochendheiß durch ein Siebchen über die Ingredienzen geseiht und zu Tisch gegeben.

132. Fasten-Champignons-Suppe. Potage maigre aux champignons.

Von 140 Gramm frischer Butter und drei Kochlöffeln voll Mehl wird eine Roux (Mehlschwitze) gemacht, diese etwas geröstet und mit 2¹⁰ Liter Fastenkräuterbrühe angerührt, wieder in's Kochen gebracht und eine Stunde lang langsam von der Seite gekocht; der aufsteigende Schaum sammt der Butter wird währenddem rein abgenommen. 1 Liter Champignons werden rein gewaschen, das unterste schwarze an den Stielen abgeschnitten, sofort die Champignons geschält und in frischer Butter, dem Safte einer Citrone und etwas leichter Brühe geschwungen und, nachdem alle geschält worden sind, auf dem Feuer zusammen einigemal überkocht. Die Schalen der Champignons werden in der Suppe mitgekocht, die Champignons selbst aber werden in feine Scheibchen geschnitten (emincirt) und in die Suppen-Terrine gethan, von der Essenz der Champignons wird die Butter abgehoben und ebenfalls zu der Coulis gethan, diese sofort durch ein Haartuch geseiht, gehörig gesalzen, mit einer Liaison (Bindungsmittel) von sechs Eigelb nebst einem Stück frischer Schalenbutter legirt und über die in der Suppen-Terrinne befindlichen Champignons und würfelig geschnittenen gerösteten Brodkrusten angerichtet.

133. Fasten-Garbür auf italienische Art. Garbure maigre à l'Italienne.

Zwei Stück Mailänderkohl (Wirsingkraut) werden rein gewaschen, in der Mitte durchgeschnitten, mit Salz und vielem Wasser einigemal überkocht, sodann in frisches Wasser gethan, abgekühlt, dann fest ausgedrückt, von den großen Rippen befreit, einigemal durchgeschnitten und mit einem Stück Butter, etwas Salz und Muskatnuß, nebst ¹⁄₂ Liter Kräuterbrühe, gut zugedeckt, weich gedämpft. Zwei Mundbrode werden abgerieben, die Brode dann feinblätterig geschnitten und im lauwarmen Ofen abgetrocknet. Ferner wird von einem Schellfische zu 1 Kilo 120 Gramm das Fleisch aus Haut und Gräten geschnitten, dieses sodann in Butter sautirt, und, nachdem es kalt geworden ist, gezupft. Hierauf wird eine silberne Casserolle oder sonst eine tiefe, hiezu geeignete Porzellan-Schale dick mit Butter ausgestrichen, eine Lage fingerdick von dem Kraute hineingethan, mit einer Lage von dem Brode belegt, dann die Fisch-Filets darauf gethan, dann wieder Kraut, Brod und Fische, dann zuletzt Brod, oben darauf werden einige Anrichtlöffel voll Fisch-Consommé gegossen, sodann mit geriebenem Parmesankäse bestreut und mit zerlassener frischer Butter begossen. Die Schale wird sodann auf ein Blech gestellt und eine halbe Stunde im Ofen oder Bratrohr gebacken. Beim Anrichten werden 2¹⁰ Liter kräftiges, gehörig assaisonnirtes Fasten-Consommé in die Terrine gegossen und die Garbüre extra mit servirt.

134. Zwiebelsuppe.   Potage à l'oignon.

Acht bis zwölf Stück Zwiebeln werden geschält, in der Mitte durch=
geschnitten, in messerrückendicke Scheibchen geschnitten und in 140 Gramm
frischer Butter mit zwei Kochlöffeln voll Mehl gelb geröstet, sodann mit
einigen Liter Fastenbrühe angerührt und eine Stunde langsam gekocht.
Beim Anrichten wird die Hälfte der Butter davon gethan, die Suppe
mit dem nöthigen Salz, einer Messerspitze gestoßenem weißen Pfeffer nebst
etwas Muskatnuß gewürzt und über goldgelb geröstete Semmelschnitten
angerichtet.

135. Milchsuppe.   Soupe au lait.

Ein Liter gute Milch, von welcher der Rahm noch nicht abgenommen
worden ist, wird auf starkem Feuer schnell abgekocht, mit einem Stück
Zucker und ein wenig Salz gewürzt und mit dem Gelben von sechs
frischen Eiern und ein wenig kalter Milch legirt und in die Suppen=
Terrine gegossen. Runde ausgestochene Brodkrusten werden auf einem
flachen Casserolle=Deckel aneinander gelegt, stark mit feinem Butter be=
stäubt, im heißen Ofen oder mit einer glühenden Schaufel glacirt und
kurz vor dem Weggeben in die Suppe oder besser noch auf einem Teller
beigegeben. Diese Suppe wird häufig mit irgend einem Geschmack ge=
geben, wie z. B. mit Vanille, Zimmt, Citrone, Orange, wie auch mit
einem schwachen Tropfen Rosenöl.

136. Milchsuppe mit Reis.   Potage riz au lait.

280 Gramm Karolinen=Reis werden belesen, sehr rein gewaschen
und mit kaltem Wasser sodann einmal aufgekocht, hierauf auf einen Durch=
schlag gegossen, mit kaltem Wasser abgekühlt und wenn alles Wasser ab=
gelaufen ist, in eine passende tiefe Casserolle gethan und mit $2^1/_{10}$ Liter
guter kochender Milch nebst 280 Gramm Zucker, einer Prise Salz eine
halbe Stunde langsam weich gekocht. Beim Anrichten wird die obere
Haut abgenommen, die Suppe mit einer Liaison von fünf Eiern ge=
bunden und noch ein Stückchen sehr frische Butter untergerührt und an=
gerichtet. Diese Suppe kann ebenfalls mit einem beliebigen Geschmacke
gegeben werden.

137. Milchsuppe mit Sago.   Potage sagou au lait.

140 Gramm weißer Sago werden sehr rein gewaschen und mit
$2^1/_{10}$ Liter guter Milch, dem nöthigen Zucker und einer Prise Salz sehr
weich gekocht. Beim Anrichten wird diese Suppe, im Falle sie zu dick
sein sollte, mit der noch nöthigen heißen Milch verdünnt, mit einer
Liaison von fünf Eigelb und einem Stück frischer Butter legirt und
kochendheiß angerichtet. Diese kann ebenfalls mit irgend einem beliebigen
Geschmack, wie die vorhergehenden, gegeben werden.

138. Milchsuppe mit Gries. Potage gruau au lait.

Man läßt 2¹/₁₀ Liter gute Milch aufkochen, läßt 140 Gramm schönen Gries, am besten neapolitanischen Gries, langsam bei immer=währendem Rühren einlaufen, gibt hernach 280 Gramm Zucker, eine Prise Salz dazu und läßt die Suppe eine halbe Stunde sehr langsam kochen. Beim Anrichten wird diese Suppe ebenfalls mit einem Stück frischer Butter und einer Liaison von sechs Eigelb legirt.

139. Milchsuppe mit Schneeklößchen. Potage au lait au quenelles à la neige.

Man schlägt sechs Eierklar zu einem festen Schnee, rührt 140 Gramm feinen Zucker und ein Körnchen Salz dazu, streicht diese Masse auf einen flachen Casserolle=Deckel fingerdick auf, läßt in einer flachen Casserole 1¹/₁₀ Liter gute Milch mit 140 Gramm Zucker und einem halben Stängel=chen Vanille aufkochen, sticht mit einem Eßlöffel von der Schneemasse runde Klößchen ab und gibt sie in die Milch, deckt die Casserole gut zu und stellt sie an die Seite des Windofens. Nach Verlauf von zwei Minuten werden die Klößchen mit einem kleinen Löffel umgedreht und dann läßt man sie ebenso in der kochendheißen Milch auf der andern Seite einige Minuten ausziehen; hierauf werden sie mit einem Schaum=löffel auf ein feines Haarsieb ausgehoben. Unterdessen hat man noch 1⁶/₁₀ Liter Milch mit dem nöthigen Zucker und der Vanille aufkochen lassen, welche man mit derjenigen, worin man die Klößchen gar gemacht, durch ein Haarsieb geseihet hat und wieder zum Feuer stellt. Die Klöß=chen werden sodann rein zugeschnitten und in die Suppen=Terrine gelegt, die Milch aber wird mit dem Gelben von sechs frischen Eiern und einem Stückchen Butter legirt und langsam über die Klößchen angegossen.

140. Chocoladensuppe. Soupe au chocolat.

280 Gramm zerriebene gute Chocolade läßt man mit 2¹/₁₀ Liter guter Milch, 280 Gramm Zucker und einem halben Stängelchen Vanille nebst einer Prise Salz eine halbe Stunde kochen und nimmt während dieser Zeit die Haut öfters ab. Beim Anrichten wird sie mit einer Liaison von fünf Eigelb legirt und über mit Zucker glacirten Brodkrusten angerichtet.

141. Sagosuppe mit Burgunder-Wein. Potage sagou au vin de Bourgogne.

Zwei Bouteillen Burgunder läßt man mit 140 Gramm sehr rein gewaschenem und abblanchirtem Sago, 560 Gramm Zucker, einem Stück=chen Zimmt und etwas Orangenschale, bis der Sago weich ist, kochen. Beim Anrichten wird diese Suppe mit dem noch fehlenden Zucker ange=

nehm gesüßt, mit noch heißem Wein, im Falle sie zu dick sein sollte, verdünnt und heiß angerichtet.

142. Weinsuppe.   Potage au vin.

Man rührt einen Kochlöffel voll Mehl mit frischem Wasser glatt, gibt das Gelbe von zehn bis zwölf Eiern nebst 560 Gramm Zucker, einem Stückchen Zimmt und Citronen=Schale dazu und rührt dieses auf schwachem Kohlenfeuer mit $2^1/_{10}$ Liter gutem weißen Wein bis zum Auf= kochen ab.   Sie wird beim Anrichten mit dem allenfalls noch fehlenden Zucker und einem eigroßen Stückchen ganz frischer Butter abgerührt und kochendheiß durch ein Haarsieb in die Suppen=Terrine geseiht.   Rund ausgestochene, mit feinem Zucker stark bestäubte, hierauf glacirte Croutons werden besonders beigesetzt.

143. Biersuppe.   Soupe à la bière.

Wird ganz so wie die vorhergehende Weinsuppe behandelt, nur daß hier gutes weißes Bier genommen wird.

144. Polnische Biersuppe.   Potage à la bière à la Polonaise.

$1^1/_{10}$ Liter gutes Weißbier wird mit 280 Gramm Zucker, einem Stückchen Zimmt und einer Citronen=Schale aufgekocht; dann gießt man eine halbe Bouteille guten weißen Wein und zwei Liqueur=Gläschen voll Marasquino di Zara dazu und läßt dieß zusammen bis zum Kochen, sehr gut zugedeckt, heiß werden.   Wenn sie servirt werden soll, wird sie mit einer Liaison von sechs Eigelb legirt und mit dem noch fehlenden ge= stoßenen, feinen Zucker und etwas Citronen=Zucker angenehm gewürzt und heiß in Tassen servirt.

1. Abschnitt. 4. Abtheilung.

Von den kalten Suppen, Kaltschalen. Des soupes froides.

Da die Kaltschalen allgemein und zwar mit Recht zu den Suppen gezählt werden, und diese auch bei vielen Höfen Deutschlands an heißen Sommertagen sehr häufig als zweite Suppe gegeben werden, so fand ich mich veranlaßt, diese Abtheilung gleich den Suppen anzuhängen und zu beschreiben.

Bei allen Kaltschalen, sowohl von Früchten als von Milch, ist und bleibt die erste Bedingung, eine reine, gut ausgewaschene, geruchlose feine Serviette, Haartuch oder Haarsieb, durch die man sie streicht, gießt oder preßt. Ferner ist zu den Kaltschalen von Früchten nur Rheinwein der geeignetste, drittens darf kein Mangel an Eis vorhanden sein, viertens müssen die Früchte von guter Gattung und völlig reif sein. Dieß wäre also das Wesentlichste dieser Abtheilung.

145. Kaltschale von Erdbeeren. Soupe froide aux fraises.

2^1/$_{10}$ Liter schöne trockene reife Walderdbeeren werden rein ge=
waschen und auf ein reines Tuch auseinander gelegt, hierauf der vierte
Theil davon, die schönsten mit einer Nadel ausgesucht und in einer
Porzellan=Schale auf's Eis gestellt. Die Uebrigen werden durch ein
Haarsieb in eine irdene Schüssel gepreßt, mit 840 Gramm gestoßenem
Zucker abgerührt und mit zwei Bouteillen Rheinwein, dem Safte einer Citrone
begossen und nochmals in die vorher schon im gestampften Eis mit Salz
gut eingegrabene porzellanene Suppen=Terrine durch ein Sieb geseiht,
zugedeckt und drei bis vier Stunden gut erkalten lassen. Die ganzen
Erdbeeren werden ebenfalls dazu gethan und, wenn die Kaltschale noch
nicht süß genug wäre, so wird geläuterter Zucker=Syrup nachgegossen.

146. Kaltschale von Himbeeren. Soupe froide aux framboises.

2^1/$_{10}$ Liter schöne reife Wald=Himbeeren werden mit vielem Wasser
begossen, rein gewaschen, auf ein Tuch auseinander gelegt, der vierte
Theil davon, nämlich die schönsten, werden ausgesucht, in eine Schale
gethan, mit Zucker bestäubt und auf's Eis gestellt. Sodann kocht man
840 Gramm Zucker mit ^{5}/$_{10}$ Liter Wasser zu einem Syrup, den man
heiß über die übrigen Himbeeren gießt, zudeckt und so einige Zeit stehen
läßt. Hierauf werden sie durch ein feines Haarsieb gepreßt, zwei
Bouteillen Rheinwein nebst dem Safte einer Citrone dazu gegossen, mit
Zucker=Syrup noch gehörig versüßt und in die Suppen=Terrine nochmals
geseiht, die ganzen Himbeeren dazu gethan und der vorhergehenden gleich
kalt werden gelassen.

147. Kaltschale von Weichseln. Soupe froide aux cerises aigres.

Zwei Kilo 240 Gramm schöne reife Weichseln werden von den
Stielen gemacht, von dem vierten Theile die Steine (Kerne) mit einem Holz=
speilchen herausgemacht und stark mit Zucker bestäubt, nebst etwas Citronen=
Schale und Wein weich gekocht und sodann auf's Eis kalt gestellt. Die
übrigen Weichseln werden im Messingmörser sammt ihren Kernen fein
gestoßen, mit kochendheißem Syrup von 1 Kilo 120 Gramm Zucker be=
gossen und einmal damit aufgekocht, der Schaum wird mit einem Fließ=
papier rein abgenommen und die Weichseln sodann durch ein reines Haar=
tuch gestrichen. Nach diesem werden zwei Bouteillen Rheinwein und der
noch fehlende Zucker dazu gegossen, gut durcheinander gerührt, die ganzen
Weichseln dazu gethan und wie die vorhergehenden erkalten gelassen.

148. Kaltschale von Aprikosen. Soupe froide aux abricots.

Vierundzwanzig schöne recht reife Aprikosen werden in der Mitte
durchgeschnitten und der dritte Theil davon, nachdem sie zuvor geschält
worden sind, in Scheibchen geschnitten, mit fein gestoßenem Zucker gut
bestäubt und auf's Eis gestellt. 840 Gramm Zucker werden geläutert

und zum Lappen gekocht; die Steine der Aprikosen werden entzwei ge=
schlagen und die Kerne zerstoßen, mit den übrigen Aprikosen in eine irdene
Schüssel gethan und der heiße Zucker darüber gegossen, wonach man
sie eine halbe Stunde zugedeckt stehen läßt. Sodann werden sie durch
ein reines Haartuch gestrichen, der Saft einer Citrone und eine Bouteille
guter Rheinwein dazu gegossen, mit dem allenfalls noch nöthigen feinen
Zucker angenehm versüßt und in einer Porzellan=Terrine, mit den Apri=
kosen=Scheibchen untermischt, vier Stunden auf's Eis gestellt.

149. Aepfel-Kaltschale. Soupe froide aux pommes.

Achtzehn Stück schöne Borstorfer=Aepfel werden rein geschält und
der dritte Theil davon in nette Scheibchen geschnitten, diese in eine flache
Casserolle gethan, mit einem Glas Rheinwein, 280 Gramm Zucker und
dem Saft einer Citrone gewürzt und sodann, daß sie schön ganz bleiben,
weich gedämpft und kalt gestellt. Die übrigen Aepfel werden ebenfalls
in feine Scheibchen geschnitten und mit dem Safte einer Citrone und
$5/10$ Liter Wasser gekocht; dieser Aepfelsud wird durch eine Serviette ge=
gossen und mit 560 Gramm gestoßenem Zucker, dem Safte einer Citrone
und einer Flasche gutem Rheinwein vermischt. Währenddem werden 210
Gramm Korinthen, 210 Gramm Sultan=Rosinen rein gewaschen, belesen,
mit frischem Wasser zugesetzt und einmal überkocht, sodann auf ein Sieb
gegossen und nebst den Apfelscheibchen in die Terrine gethan, wo die
Kaltschale dazu gegossen und in's Eis gegraben wird.

150. Pfirsich-Kaltschale. Soupe froide aux pêches.

Diese wird ganz der Aprikosen=Kaltschale gleich bereitet.

151. Kaltschale von Ananas und Pfirsichen. Soupe froide à l'ananas et aux pêches.

Eine Ananas wird geschält, in vier Theile geschnitten, von der
Hälfte derselben werden dünne Scheibchen geschnitten und mit Zucker be=
streut, zugedeckt auf's Eis gestellt. Die andere Hälfte der Ananas nebst
ihren Schalen wird fein zerrieben und mit $3/10$ Liter Zucker=Syrup über=
gossen und stark durch eine feine Serviette gepreßt. Das in der Ser=
viette Zurückgebliebene wird mit $3/10$ Liter Wasser und einem Stück Zucker
ausgekocht und neuerdings zu dem Ananas=Syrup gepreßt. Ferner werden
acht Stück schöne reife Pfirsiche von einander getheilt, rein geschält und
von zwei der besten feine Scheibchen geschnitten, welche man mit ge=
stoßenem Zucker vermengt, zu den Ananas=Scheibchen gibt; die übrigen
sechs Stücke werden zerdrückt und durch ein feines Haarsieb gestrichen.
Dieses Pfirsich=Mus wird nebst $1\frac{1}{2}$ Flaschen gutem Rheinwein, dem
Safte einer Citrone und 560 Gramm Zucker mit dem Ananas=Syrup
vermischt und nochmals durch eine feine Serviette in die Terrine gepreßt,
die Scheibchen dazu gethan und zusammen in's Eis gestellt.

152. Ananas-Kaltschale mit Champagner. Soupe froide à l'ananas au vin de Champagne.

Zwei Stück schöne, reife Ananas werden geschält und das Weichste und Beste derselben wird in feine Scheibchen geschnitten, stark mit feinem Zucker bestreut auf's Eis gestellt. Die Schalen und das Uebrige derselben werden fein zerrieben, mit $^3/_{10}$ Liter Zucker-Syrup vermischt und durch eine feine Serviette gepreßt; das in der Serviette Zurückgebliebene wird mit $^3/_{10}$ Liter Wasser begossen, damit aufgekocht und gleichfalls zu dem andern gepreßt, das Ganze hierauf mit einer Bouteille Champagner und einer halben Bouteille Rheinwein, 560 Gramm Zucker und dem Safte von einer bis zwei Citronen versetzt und durch ein Haarsieb nochmals in die dazu bestimmte Terrine geseiht; die unterdessen marinirten Ananas= Scheibchen werden dazu gethan und in's Eis gegraben.

153. Kaltschale von Johannisbeeren. Soupe froide aux groseilles.

$3^2/_{10}$ Liter schöne, reife Johannisbeeren werden von den Stielen gestreift, rein gewaschen und auf eine reine Serviette auseinandergelegt. Von dem vierten Theile derselben werden mittelst eines spitzen, hölzernen Speilchens die Kerne herausgemacht, stark mit Zucker bestäubt und, nach= dem man sie auf dem Feuer einmal hat aufkochen lassen, werden sie in einem irdenen Gefäße auf's Eis gestellt. Die übrigen läßt man eben= falls mit 560 Gramm gestoßenem Zucker nebst $^1/_{10}$ Liter Wasser einmal überkochen und streicht sie sodann durch ein reines Haartuch; wenn dies erreicht ist, werden sie mit $1^1/_2$ Bouteille Rheinwein, dem noch nöthigen, gestoßenen Zucker versetzt und, nachdem man die ausgekernten Johannis= beeren dazu gethan hat, wird die Terrine in's Eis gegraben.

154. Kaltschale von Milch mit Schneeklößchen. Soupe froide au lait aux quenelles à la neige.

Man schlägt das Weiße von sechs frischen Eiern zu einem festen Schnee, den man mit 140 Gramm Staubzucker leicht durchzieht. Hierauf setzt man $1^1/_{10}$ Liter gute Milch mit einem Stück Zucker in einer flachen Casserolle zum Feuer und wenn diese zu kochen anfängt, werden von der Schnee=Masse mit zwei Eßlöffeln kleine Klößchen dressirt und diese in die kochendheiße Milch gethan; wenn die Oberfläche voll ist, zieht man die Casserolle zurück und deckt sie zu; nach einer Minute werden die Klößchen behutsam auf die andere Seite gelegt und nochmals eine Minute zugedeckt stehen gelassen. Nach diesem werden sie auf ein Haarsieb mit einem Schaumlöffel ausgehoben; währenddem hat man $1^6/_{10}$ Liter gute Milch mit 280 Gramm Zucker und einer Stange in der Mitte durchgespaltener Vanille nebst einer Prise Salz aufkochen lassen, welche mit jener, worin die Klößchen gar gemacht worden sind, vermischt wird, das Ganze wird sodann mit einem Bindungsmittel von acht frischen Eigelb legirt und kalt gerührt und, nachdem sie ganz ausgekühlt hat, wird sie nochmals durch ein Haarsieb in die Terrine gegossen und in's Eis gegraben. Die Schneeklößchen werden rein geputzt und in die Milch gethan. Rund aus= gestochene und mit Zucker stark bestäubte, im Ofen oder mit einer glühenden Schaufel glacirte Brodkrusten kann man extra mit serviren.

155. Bier-Kaltschale. Soupe froide à la bière.

2^{1}/$_{10}$ Liter gutes Weißbier läßt man mit 560 Gramm Zucker, der fein abgeschälten Schale einer Citrone, einem Stückchen feinen Zimmt nebst einem Körnchen Salz bis zum Sieden kommen, legirt hierauf das Bier mit dem Gelben von acht Eiern, gießt es durch ein feines Haar= sieb und stellt es kalt. Ferner wird ein Stück schwarzes, trockenes Haus= brod zerrieben, dann mit vier Eßlöffeln voll feinem Zucker untermengt und in einer Röhre oder in einem Backofen hellbraun geröstet und noch= mals durch ein Drahtsieb oder einen Durchschlag gemacht, damit es nicht zusammengeballt oder großbröcklich bleibt. Ferner werden 280 Gramm kleine Cibeben, Korinthen, recht rein belesen, gewaschen und in 1^{1}/$_{10}$ Liter Wasser schnell einmal überkocht, sodann auf ein Haarsieb abgegossen und auf eine reine Serviette gelegt. Diese mit acht bis zehn Eßlöffeln voll von dem gerösteten Brode werden zu der Kaltschale gethan, gut unter= mengt und sodann in's Eis gegraben. Nach Belieben kann auch ein Glas Rheinwein dazu gegossen werden.

156. Kaltschale von Milch mit Reis. Soupe froide riz au lait.

140 Gramm Karolinen=Reis werden belesen, sehr rein gewaschen, mit frischem Wasser zugesetzt und einmal schnell überkocht, sodann wird er abgegossen, mit frischem Wasser abgeschwenkt, in eine flache Casserolle gethan, mit ^{8}/$_{10}$ Liter kochendheißer Milch begossen und mit 140 Gramm Zucker, etwas wenig Salz und einem Stückchen Vanille weich gekocht. Hierauf läßt man 1^{6}/$_{10}$ Liter gute Milch mit 280 bis 420 Gramm Zucker, ein wenig Salz und einem halben Stängelchen Vanille kochend= heiß werden, legirt diese sodann mit dem Gelben von acht frischen Eiern und gießt sie durch ein feines Haarsieb. Wenn diese kalt geworden ist, melirt man den Reis darunter und gräbt die Terrine drei Stunden lang in gestampftes Eis. Auf diese Art wird sie auch mit Sago bereitet.

2. Abschnitt. 1. Abtheilung.

Von den Saucen. Des Sauces.

Ich gehe jetzt zu einem der schwierigsten Theile der Kochkunst über; denn die Saucen sind es, die den guten und in seinem Fache ausgebildeten Koch zuerst bezeichnen, und ich rathe einem jeden jungen Manne, der sich mit Liebe seinem Geschäfte widmet, die größte Aufmerksamkeit ja ganz besonders diesem Theile zuzuwenden; denn die Bereitung einer guten Sauce ist nicht so leicht und unbedeutend, wie Mancher glaubt, ja sie erfordert, selbst mit allen und den besten Mitteln versehen, lange Uebung und Sachkenntniß. In allen besseren Küchen, wo nur noch einigermaßen auf einen guten Tisch gesehen wird, findet man von einem Tag zum andern eine einfache weiße und eine einfache braune Sauce fertig, aus denen zu den verschiedensten Ragouts, mit ihren eigenen Essenzen versetzt, alle kleinen Saucen vollendet werden.

157. Einfache weiße Sauce. Coulis blanc.

Um eine einfache weiße Sauce, Coulis blanc, zu bereiten, bestreiche man den Boden einer tiefen Casserolle halbfingerdick mit frischer Butter, gebe einige in Scheiben zerschnittene Zwiebeln, gelbe Rüben, Porri und Pastinake, einige Schnitze mageren, rohen Schinken, den untern Theil eines Kalbschlegels, den man in Stücke zertheilt, eine Kalbsnuß (noix de veau) und ein altes Huhn dazu, gieße ½ Liter einfache Fleischbrühe darauf und stelle die Casserolle zugedeckt auf einen schwachen Windofen; dies läßt man so lange langsam einkochen, bis der Saft auf Glace gefallen und sich auf dem Boden eine lichtgelbe Farbe zeigt. Man füllt sodann die Casserolle bis auf zwei fingerdick vom Rande mit einfacher Fleischbrühe auf und bringt sie zum Sieden, wo hierauf die Bouillon sehr rein abgeschäumt wird. Unterdessen läßt man 280 Gramm frische Butter heiß werden, gibt so viel feines, gesiebtes Mehl dazu, als die Butter in sich aufnimmt und röstet dieses auf schwachem Kohlenfeuer eine halbe Stunde lang ganz blaßgelb. Wenn dies erreicht ist, wird dieses Roux (Mehlschwitze) mit einfacher, kalter, weißer Fleischbrühe glatt angerührt und unter die kochende Bouillon eingerührt und wieder zum Kochen gebracht. Sodann setzt man die Casserolle an die Ecke des Windofens, schäumt die Coulis von Zeit zu Zeit rein ab und läßt sie zwei Stunden lang langsam kochen. Nach Verlauf dieser Zeit zieht man die Casserolle zurück, nimmt alles Fett sammt Schaum rein ab und passirt die Sauce durch ein weißes Haartuch in einen irdenen Topf, wo sie bis zum Erkalten, damit sich auf der Oberfläche keine Haut bilde, kalt gerührt werden muß.

158. Einfache braune Sauce. Sauce brune.

Man bestreicht den Boden einer tiefen Casserolle halbfingerdick mit frischer Butter, gibt 560 Gramm mageren, rohen Schinken in Scheiben geschnitten darauf, dann drei bis vier Stück große, spanische, in Scheiben geschnittene Zwiebeln, ferner eine Kalbsnuß (noix de veau), zwei alte Feldhühner oder zwei alte Tauben, ein altes Huhn und sonstige Abgänge von rohem oder gebratenem Geflügel. Das Ganze wird mit 1 Liter Fleisch= brühe begossen und die Casserolle auf einen schwachen Windofen gestellt, wo man es langsam einkochen und lichtbraun, jedoch ohne den mindesten Brandgeschmack, anziehen läßt. Hierauf wird es mit einfacher Fleischbrühe aufgefüllt, in's Kochen gebracht, sehr rein abgeschäumt, einige gelbe Rüben, Porri und Pastinake dazu gethan und von der Seite langsam gekocht. Währenddem hat man von 280 Gramm frischer Butter und dem nöthigen Mehl eine Roux gemacht, welche eine Stunde lang langsam auf Kohlen= feuer lichtbraun geröstet wird. Diese wird hierauf mit Fleischbrühe glatt und dünnfließend angerührt und sodann unter das Consommé eingerührt. Das Ganze läßt man sodann zwei Stunden lang ununterbrochen an der Ecke des Windofens langsam kochen und nimmt öfters den Schaum und das Fett rein ab. Sodann passirt man die Sauce durch ein Haartuch

und rührt sie, der vorhergehenden gleich, kalt. Abgänge von Cham=
pignons kann man in der Sauce mit auskochen lassen.

159. Spanische Sauce.   Sauce Espagnole.

Nach Verhältniß des Bedarfs läßt man die nöthige braune, mit
Malaga oder Madeira, nebst der von dem Fleische oder Geflügel ge=
zogenen Essenz, zu welcher die Espagnole gegeben werden soll, mittelst
starkem Rühren auf dem Windofen bis sich eine klare, dickflüssige Sauce
gebildet hat, einkochen, welche noch mit dem Saft von einer Citrone im
Geschmacke gehoben wird. Die Speisen, wo sie unter dieser Benennung
angewendet wird, sollen später bezeichnet werden.

160. Sauce veloutée.   Sauce veloutée.

Das nöthige Bedarfsquantum der weißen Sauce wird mit nochmal so
viel Geflügel=Essenz untermischt und an der Seite des Windofens langsam
gekocht, damit aller Schaum und das Fett, welches in der Sauce zurück
ist, auf die Oberfläche steigt und von Zeit zu Zeit rein abgenommen
werden kann. Wenn also dieselbe ganz rein ist, wird sie unter beständigem
Rühren bis zur Hälfte eingekocht, sodann durch ein Haartuch in eine
passende bain-marie-Casserolle passirt, oben mit weißer Geflügel=Glace be=
strichen und, halb zugedeckt, kalt gestellt. Vor dem Anrichten wird sie im
heißen Bade (bain-marie) heiß gemacht, mit dem allenfalls noch fehlenden
Salz und nach Wunsch mit einem Eßlöffel Champignons=Essenz im Ge=
schmacke gehoben und über die späterhin bezeichneten Ragouts angerichtet.
Die gehörige Dicke, kräftiger Geschmack und eine gelblich weiße Farbe
bezeichnen die richtige Bereitung dieser angenehmen Sauce.

161. Legirte Sauce.   Sauce Allemande.

Diese ist eine Wiederholung der vorhergehenden, nur mit dem Unter=
schiede, daß sie mit einer Liaison von sechs Eigelb legirt und mit Citronen=
saft im Geschmacke gehoben wird.

162. Beschamel.   Une béchamel.

1¹/₁₀ Liter weiße Sauce wird mit ⁵/₁₀ Liter weißer kräftiger Ge=
flügelbrühe rein ausgekocht und dann auf einem Windofen bis zur Hälfte
eingerührt. Währenddem hat man 1¹/₁₀ Liter guten süßen Rahm bis
zur Hälfte einsieden lassen, den man nach und nach unter die Sauce
rührt und mit derselben unter immerwährendem Rühren mit einem unten
breit geschnittenen Kochlöffel auf einem etwas starken Windofen schnell
bis auf ⁸/₁₀ Liter kurz einkocht; sie wird hierauf durch ein feines weißes
Haartuch in eine passende Sauce=Casserolle gepreßt, mit zerlassener Ge=
flügel=Glace messerrückendick begossen, damit sie oben keine Haut zieht,
und, mit dem Deckel halb zugedeckt, kalt gestellt. Eine halbe Stunde
vor dem Anrichten wird sie au bain-marie warm gemacht, und später

noch ein Stückchen sehr frische Butter nebst zwei Eßlöffeln voll Doppel=
Rahm und ein wenig geriebene Muskatnuß untergerührt, welches den
Geschmack dieser ohnehin schon sehr lieblich schmeckenden Sauce um
Vieles erhöht.

163. Fasten-Beschamel. Béchamel maigre.

Man läßt 140 Gramm frische Butter in einer mit einem dicken
Boden versehenen Casserolle heiß werden, gibt eine schöne weiße Zwiebel,
in die man drei Gewürznelken eingedrückt hat, eine gelbe Rübe, ein
halbes Lorbeerblatt und zwei Eßlöffel feines Mehl dazu, röstet dieses
zusammen einige Minuten und rührt es sodann mit $2^1/_{10}$ Liter kochendem
Rahm nach und nach an. Wenn dies geschehen ist, wird diese Beschamel
über dem Windofen bei vorsichtigem Rühren, damit sie ja nicht im ge=
ringsten am Boden anliegt, bis auf $^8/_{10}$ Liter eingekocht, sodann durch
ein feines weißes Haartuch in eine Sauce=Casserolle gepreßt, oben mit
etwas Rahm begossen und, halbzugedeckt, kalt gestellt. Sie wird zu ihrem
Gebrauche im bain-marie warm gemacht, beim Anrichten mit dem nöthigen
Salz, etwas wenig geriebener Muskatnuß und einem eigroßen Stück
frischer Butter im Geschmack gehoben und ganz heiß zu den späterhin
bezeichneten Gerichten gegeben.

164. Italienische Sauce. Sauce Italienne.

Ein Eßlöffel voll fein geschnittene Petersilie, ein halber Eßlöffel voll
Schalotten, ein Eßlöffel voll feine Champignons, ebenso viel feine Trüffeln
werden mit einem Stück frischer Butter und einem Glas weißen Wein
weich und kurz gedämpft; sodann mit $^5/_{10}$ Liter spanischer Sauce be=
gossen und zusammen noch eine viertel Stunde gekocht. Nach diesem
wird die Sauce rein entfettet, gehörig gesalzen, in eine Sauce=Casserolle
gethan und au bain-marie bis zu ihrem Gebrauche warm gestellt.

---

2. Abschnitt. 2. Abtheilung.

Von den kleinen Saucen. Des petites sauces.

165. Holländische Sauce. Sauce Hollandaise.

Ein kleiner Kochlöffel voll feines Mehl wird mit ein wenig frischem
Wasser ganz glatt und flüssig angerührt; dazu schlägt man das Gelbe
von zehn bis zwölf sehr frischen Eiern, eine Messerspitze ganz groben
weißen Pfeffer und 140 Gramm frische Butter. Eine viertel Stunde,
ehe sie gebraucht wird, gießt man $^5/_{10}$ Liter Fischbrühe, nämlich von der
Brühe, worin die Fische abgekocht wurden und zu denen diese Sauce
gegeben werden soll, nach und nach dazu, und rührt diese vorsichtig auf

einem etwas ſchwachen Windofen, bis ſie aufſtoßen will, ab; ſodann
nimmt man ſie vom Feuer, nimmt noch 140 Gramm friſche Butter,
den Saft einer Citrone und ein wenig Eſtragon = Eſſig unter immer=
während dem Aufziehen darunter, paſſirt ſie durch ein feines Haartuch in
eine Saucen=Caſſerolle, ſtellt ſie ſodann au bain-marie und läßt ſie bis
auf die letzte Minute langſam fortrühren.

166. Holländiſche Sauce auf eine andere Art. Sauce Hollandaise.

Man gibt vier friſche gelbe Eier in eine paſſende Caſſerolle und
ſtellt dieſelbe in einen plat à sauté mit heißem Waſſer, gibt ein Stück
friſche Butter dazu, nebſt etwas Salz und Concaſſé (geſtoßener Pfeffer)
und rührt dies zuſammen ſchaumig. Wenn es anfängt, ſich zu verdicken,
gibt man wieder etwas Butter dazu und rührt wieder bis dieſelbe zer=
gangen und ſich mit der andern verbunden hat und ſo wird fortgefahren
bis 420 Gramm ſehr friſche Butter eingerührt worden ſind. Sonach
preßt man den Saft einer Citrone hinzu nebſt etwas gutem Eſtragon=
Eſſig und paſſirt ſie durch ein feines weißes Haartuch. Dieſe iſt im
Geſchmack der vorhergehenden vorzuziehen, nur muß ſie mit Vorſicht
ausgeführt und ja nicht geronnen ſein. Beide Saucen werden öfters
mit Kapern, Auſtern oder auch mit würfelig geſchnittenen Sardellen und
Krebsſchweifchen untermengt gegeben.

167. Engliſche Butter-Sauce. Sauce au beurre à l'Anglaise.

280 Gramm ganz ſüße Butter werden mit zwei bis drei Eßlöffeln
voll Mehl gut verarbeitet, mit Salz, etwas grobem weißen Pfeffer und
Muskatnuß gewürzt und mit guter, weißer Fleiſchbrühe zu einer ge=
bundenen ſchmackhaften Sauce angekocht, hierauf durch ein Haartuch ge=
preßt und au bain-marie warm geſtellt. Dieſe Sauce wird bei den
Engländern zu ihren in Waſſer abgekochten Gemüſen gegeben.

168. Piquante Sauce. Sauce piquante.

Zwölf Stück Schalotten, ein Stück würfelig geſchnittener, roher,
magerer Schinken, ein Lorbeerblatt, läßt man mit $^3/_{10}$ Liter gutem Wein=
eſſig bis auf zwei Eßlöffel voll einkochen, gibt ſodann $^3/_{10}$ Liter braune
Sauce und etwas jus de boeuf dazu und läßt dies zuſammen eine
viertel Stunde langſam kochen, fettet ſie alsdann rein ab, paſſirt ſie
durch ein Haartuch und ſtellt ſie bis zu ihrem Gebrauche warm.

169. Gehäckelte Sauce. Sauce hachée.

Ein Eßlöffel voll fein geſchnittene Eſſiggurken, dann ebenſo viel
feine Kapern, ein Eßlöffel feine Champignons und die Hälfte ſo viel
reine Peterſilie werden mit 70 Gramm Butter einige Minuten abge=
ſchwitzt, ſodann mit $^1/_{10}$ Liter Rindfleiſchjüs begoſſen und weich ge=
dünſtet. Sodann gibt man die nöthige braune Sauce und ein Glas

Rheinwein dazu und kocht sie noch eine halbe Stunde langsam, fettet sie rein ab, würzt sie mit dem noch nöthigen Salz und einer Messerspitze voll feinem weißen Pfeffer, und stellt sie bis zu ihrem Gebrauche warm.

170. Pfeffer-Sauce. Sauce poivrade.

Zwölf Schalotten, jede in vier Theile geschnitten, ein Kaffeelöffel voll ganze weiße Pfefferkörner nebst 140 Gramm würfelig geschnittener roher magerer Schinken, werden mit $^3/_{10}$ Liter gutem Essig ganz kurz eingedämpft; hierauf werden $^5/_{10}$ Liter einfache braune Sauce, ein Glas guter rother Wein und ein Löffel voll Rindfleischjüs dazu gegossen und zusammen von der Seite des Windofens langsam gekocht, wo man von Zeit zu Zeit alles Fett sammt Schaum rein abnimmt. Ist die Sauce bis auf zwei Dritttheile eingekocht, wird sie gehörig gesalzen, der Saft einer halben Citrone dazu gedrückt und durch ein Haartuch in eine passende Saucen-Casserolle gepreßt und warm gestellt. Diese Sauce muß sich durch eine klare braune Farbe, angenehmen Pfeffergeschmack und liebliche Säure auszeichnen und wird zu Wildpret-Ragouts, auch zu gesottenem Ochsenfleisch stets mit bestem Erfolge gegeben. Im ersteren Falle jedoch muß die Wildpretjüs statt der Rindfleischjüs dazu gegeben werden.

171. Sardellen-Sauce. Sauce aux anchois.

Acht Stück schöne Sardellen werden gewaschen und bis alle Schuppen weg sind, gereinigt, dann von den Gräten gelöst, mit 70 Gramm frischer Butter im Mörser fein gestoßen und sodann diese Sardellenbutter durch ein feines Haarsieb gestrichen, wo man sie sodann bis zu ihrem Gebrauche kalt stellt. Unterdessen hat man $^5/_{10}$ Liter braune Sauce mit einem Löffel voll Rindfleischjüs rein aus Schaum und Fett gekocht, welche sodann durch ein Haartuch gepreßt und warm gestellt wird. Beim Anrichten erst kömmt die Sardellenbutter zu der kochendheißen Sauce, welche mit derselben bei immerwährendem Aufziehen mit dieser in genaue Verbindung gebracht wird. Diese Sauce wird auch häufig statt der Butter mit den würfelig geschnittenen Sardellenfilets gegeben.

172. Knoblauch-Sauce. Sauce au beurre à l'ail.

$^5/_{10}$ Liter rein ausgekochte kräftige braune Sauce werden beim Anrichten mit einem kleinen Kaffeelöffel voll Knoblauchbutter (siehe Abschnitt von den Buttern) durch Aufziehen in genaue Verbindung gebracht und zu den späterhin bezeichneten Gerichten gegeben.

173. Krebs-Sauce. Sauce au beure d'écrevisses.

$^5/_{10}$ Liter gut bereitete und kochendheiße sauce veloutée werden beim Anrichten mit drei Eßlöffeln voll Krebsbutter (siehe Abschnitt von den kalten Saucen und Buttern), nebst den würfelig geschnittenen Schweifchen von vierzig Krebsen in genaue Verbindung gebracht, wo darauf gesehen werden muß, daß die Sauce ja nicht mehr kocht, sodann mit dem Safte

einer halben Citrone nebst einer Prise feinem weißen Pfeffer im Ge=
schmacke gehoben und zu den späterhin bezeichneten Gerichten gegeben.
Auf dieselbe Art wird Hummer= (Seekrebs) Sauce bereitet, nur daß hier die
Butter nicht von Krebsen, sondern von Seekrebsen, und ebenso ihr Fleisch,
würfelig geschnitten, dazu genommen wird.   Sollte jedoch die Schale
dieser Homards, wie es öfter der Fall ist, nicht mehr frisch genug sein,
so müßte man freilich statt dieser die Butter von Krebsen bereiten.

174. Sauce suprême.   Sauce au suprême.

$1^1/_{10}$ Liter weiße Sauce wird mit den Trüffelabgängen, einigen
Champignons und $^5/_{10}$ Liter Geflügel=Essenz an der Seite des Wind=
ofens eine halbe Stunde lang rein aus allem Fett gekocht, sodann durch
ein Haarsieb geseiht und auf einem Windofen bis auf $^5/_{10}$ Liter schnell
und vorsichtig, daß sie sich nicht anlegt, eingekocht.   Hierauf wird sie
mit dem Gelben von sechs Eiern legirt und durch ein feines Haartuch
in eine passende Sauce=Casserolle gepreßt, oben mit fließender Geflügel=
Glace begossen, damit sie keine Haut ziehen kann, und au bain-marie
warm gestellt.   Beim Anrichten wird sie mit etwas Citronensaft und
einem Stückchen Schalenbutter im Geschmack gehoben, und die späterhin
bezeichneten sauté de volaille au suprême damit masquirt.

175. Sauce von Paradies-Aepfeln.   Sauce tomate.

Zwölf Stück reife Paradiesäpfel werden in der Mitte durchgeschnitten,
der Same nebst den wässerigen Theilen mit einem Löffel herausgenommen,
das Uebrige mit einem Stück frischer Butter nebst einer Zwiebel und einem
Stückchen mageren, rohen Schinken langsam weich gedünstet und sodann
durch ein feines Haartuch gestrichen.   Zu gleicher Zeit läßt man einige
Schalotten, einige weiße Pfefferkörner und etwas würfelig geschnittenen
rohen, mageren Schinken mit einem Glase weißen Wein kurz einkochen,
gibt $^5/_{10}$ Liter weiße Sauce und etwas Kalbfleischfond dazu, und läßt
dies zusammen noch eine Zeit lang kochen, wo unterdessen alles Fett
rein abgenommen wird; sodann preßt man sie durch ein feines Haartuch,
rührt das Paradies=Aepfelpüree dazu und stellt sie au bain-marie warm.
Beim Anrichten wird sie gehörig gesalzen, mit einem Stück sehr frischer
Butter, bis diese zergangen ist, aufgezogen und kochendheiß über die dazu
später bestimmten Gerichte angegossen.   Diese Sauce muß sich durch schöne
rothe Farbe und angenehmen piquanten Geschmack auszeichnen.

176. Portugieser-Sauce.   Sauce à la Portugaise.

Es werden $^5/_{10}$ Liter sauce veloutée und $^3/_{10}$ Liter Geflügel=
Consommé über dem Windofen dickfließend eingerührt.   Dazu gibt man
den Saft einer guten Orange, wie auch die in Filets geschnittene und
vorher abblanchirte Schale von der Orange, welche aber ohne alles Weiße
von derselben abgelöst sein muß.   Diese Sauce wird häufig zu Wildpret,
Wildenten (sarcelles) und Feldhühnern gegeben.

177. Sauce à l'Orléans.   Sauce à l'Orleans.

Vier Stück Perigord-Trüffeln in Madeira gar gemacht, zwölf Stück schöne in Butter und Citronensaft eingeschwitzte Champignons, das Weiße von zwei hart gekochten Eiern, ein Stückchen rothe gekochte Ochsenzunge, zwei weich gekochte, hochrothe gelbe Rüben und zwei kleine Essiggurken werden in gleicher Quantität in ganz kleine regelmäßige Würfel geschnitten und mit einem Stückchen Geflügel-Glace auf dem Feuer einige Minuten geschwungen. Während dem werden $^5/_{10}$ Liter lichte braune Sauce mit $^3/_{10}$ Liter Kalbfleischfond rein und klar gekocht, die man, nachdem sie wieder zu ihrem ersten Volumen eingekocht ist, gehörig assaisonnirt und durch ein Haartuch über die bezeichneten Ingredienzen preßt, und au bain-marie bis zu ihrem Gebrauche warm gestellt. Eine lichtbraune Farbe, klares Aeußere, damit alle Ingredienzen in ihrer Farbe deutlich hervortreten, und kräftiger Fleischgeschmack bezeichnen die richtige und geschickte Bereitung dieser angenehmen Sauce.

178. Trüffel-Sauce.   Sauce aux truffes à la Périqueux.

$^5/_{10}$ Liter rein gekochte und mit Madeira-Sec bis zum haut goût bereitete spanische Sauce (sauce espagnole) wird über 280 Gramm Perigord-Trüffeln, die man rundirt, zu gleichen Blättchen geschnitten und mit etwas frischer Butter und einem Stückchen Glace geschwungen hat, durch ein Haartuch gepreßt, und sodann in einer Sauce-Casserolle au bain-marie warm gestellt. Beim Anrichten wird die Butter von der Sauce oben rein abgenommen, und diese zu den verschiedensten Entrées, die später in ihrem Abschnitt vorkommen, als größte Delikatesse, besonders für Gourmands willkommen, gegeben.

179. Matrosen-Sauce.   Sauce matelote.

Man gibt in eine Casserolle 140 Gramm in kleine Stückchen geschnittenen rohen, magern Schinken, eine in Scheiben geschnittene Zwiebel, ein Sträußchen Thymian, ein Lorbeerblatt, etwas Petersilie, Abfälle von Champignons, vier Nelken und zwölf Pfefferkörner. Dazu gießt man ein halbe Bouteille weißen Wein, ein Glas Burgunder oder Bordeaux, und $^5/_{10}$ Liter Fisch-Essenz, deckt die Casserolle gut zu, und läßt alles zusammen bis zur Hälfte einkochen. Nach diesem wird die Essenz geseiht, rein entfettet, und mit $^5/_{10}$ Liter sauce espagnole und $^3/_{10}$ Liter guter Rind- oder Kalbfleischjüs unter beständigem Rühren eingekocht, so daß man eine kräftige dickfließende Sauce erhält. Sie wird sonach in eine andere Casserolle geseiht und warm gestellt. Ehe man die Sauce braucht, werden noch zuletzt zwei Eßlöffel voll Sardellenbutter und der Saft einer halben Citrone darunter gerührt, worauf aber die Sauce nicht mehr kochen darf.

180. Sauerrahm-Sauce.   Sauce à la crême aigre.

$^8/_{10}$ Liter weiße Sauce werden mit $^5/_{10}$ Liter gutem sauren Rahm,

³/₁₀ Liter Kalbfleisch=, Wildpret= oder Rindfleisch=Jüs, je nachdem, wozu
die Sauce bestimmt ist, nebst einem halben Lorbeerblatt, einer ganz weißen
Zwiebel und einem Stückchen rohen Schinken, über dem Windofen bis
auf ⁸/₁₀ Liter vorsichtig eingekocht. Nach diesem preßt man die Sauce
durch ein Haartuch, bestreicht sie oben mit etwas Glace und stellt sie
au bain-marie warm. Nach Belieben können zwei Eßlöffel voll feine
Kapern untermengt werden.

181. Haushofmeister-Sauce. Sauce à la maître d'hôtel.

Zwei Kaffeelöffel voll fein geschnittene Petersilie, eben so viel feiner
Estragon und Kerbelkraut schüttet man zusammen in kochendes Wasser und
läßt es einmal überkochen, dann gießt man die Kräuter auf ein Haarsieb,
kühlt sie mit frischem Wasser ab, mischt sie hierauf unter ein kleines
Stückchen frische Butter und stellt sie zur Seite. Während dem hat man
⁸/₁₀ Liter weiße Sauce mit ³/₁₀ Liter Kalbfleischfond eine halbe Stunde
rein aus Fett und Schaum, und bis auf ⁵/₁₀ Liter eingekocht, welche
man hierauf durch ein Haartuch in eine Saucen=Casserole preßt, oben
mit etwas Glace bestreicht und au bain-marie warm stellt. Bei ihrem
Gebrauche wird sie kochendheiß gerührt, mit einer Liaison von fünf Ei=
gelb gebunden, gehörig gesalzen, mit dem Safte einer halben Citrone,
einem Kaffeelöffel voll Sardellenbutter, den feinen Kräutern und einem
Stückchen frischer Butter untermischt, und so bis zum angenehmsten Ge=
schmacke gesteigert. Diese Sauce gibt man zu Fischen, Geflügel, wie
auch zu vielen Gemüsen.

182. Sauce mit gezupfter Petersilie. Sauce peluche.

In die vorhergehende, jedoch mit Citronensaft gesäuerte Sauce wird
beim Anrichten ein Eßlöffel voll abgezupfter, kleiner und einen Augen=
blick in kochendem Wasser abgekochter Petersilienblättchen gemischt.

183. Sauce rémolade. Sauce rémolade au Tartare.

Einen Eßlöffel voll feine Kräuter passirt man mit einem Stückchen
frischer Butter, gießt ⁸/₁₀ Liter braune Sauce und einen Eßlöffel voll
Rindfleischjüs dazu und kocht dieß zusammen bis auf ⁵/₁₀ Liter ein.
Unterdessen streicht man das Gelbe von vier hartgekochten Eiern durch
ein feines Haarsieb, welches beim Anrichten mit drei Eßlöffeln voll gutem
französischen Senf und dem Safte einer halben Citrone unter die Sauce
gemischt wird.

184. Sauce financière. Sauce financière.

Man röstet mit einem Stückchen Butter eine Zwiebel, ein Stück
rohen Schinken einige Minuten, dazu gibt man Abfälle von Champignons
und rohen Trüffeln, ein bouquet garni, welches aus einer gelben Rübe,
etwas Porri, Sellerie und Petersilie besteht, nebst einigen Sträußchen
Thymian, Basilikum und zwölf ganze Pfefferkörner. Dazu gießt man eine

halbe Bouteille Rheinwein, und ebenso eine halbe Bouteille Champagner, deckt die Casserolle gut zu, und läßt das Ganze bis zur Hälfte einkochen. Nach diesem wird diese Essenz geseiht, rein entfettet und 5/10 Liter sauce espagnole dazu gethan, und zusammen zu einer dickfließenden Sauce eingekocht, welches aber bei beständigem Rühren geschehen muß. Sonach wird die Sauce durch ein Haartuch passirt. Unterdessen werden vier bis sechs Trüffeln in runde Scheiben geschnitten, mit einem Stückchen Glace und etwas Champagner gedünstet, und dann zur Sauce gethan.

185. Robert-Sauce. Sauce Robert.

Sechs Stück schöne Zwiebeln werden fein würfelig geschnitten, dann in 140 Gramm klarer frischer Butter goldgelb geröstet und auf ein Haarsieb gethan, damit die Butter abtropft. Zu dieser gibt man noch ein Stück frische Butter, läßt sie heiß werden, und röstet darin vier Eßlöffel voll Mehl lichtgelb, gießt 3/10 Liter Rindfleischjüs, 3/10 Liter guten Rheinwein und zwei Eßlöffel voll guten Weinessig dazu und kocht dies nebst etwas großem, weißen Pfeffer, einem Stückchen Zucker und etwas Citronenschale zu einer etwas dickflüssigen Sauce. Diese wird sodann durch ein Haartuch gepreßt, mit den Zwiebeln nochmals aufgekocht, dann vom Feuer genommen, mit einem Eßlöffel voll Sardellenbutter, zwei Eßlöffeln voll gutem Senf und dem Saft einer halben Citrone vermischt und au bain-marie warm gestellt.

186. Weiße Zwiebel-Sauce. Sauce à la Soubise.

Acht Stück schöne weiße Zwiebeln werden geschält, feinblätterig geschnitten und in 140 Gramm frischer Butter sehr weich gedünstet. Hierauf läßt man ein Stück frische Butter heiß werden, gibt drei Eßlöffel voll Mehl dazu und röstet dies nebst einem Stückchen rohem, mageren Schinken blaßgelb; rührt dies sodann nach und nach mit 1 1/10 Liter gutem, süßen Rahm und 5/10 Liter Geflügelbrühe an und kocht dieses Beschamel nebst den Zwiebeln auf einem nicht sehr starken Kohlenfeuer und bei sehr vorsichtigem Rühren bis über die Hälfte zu einer dickflüssigen Sauce ein und, nachdem man den Schinken herausgenommen hat, streicht man sie durch ein feines weißes Haartuch und stellt sie in einer passenden Saucen-Casserolle, oben mit zerlassener Geflügel-Glace begossen, damit selbe keine Haut ziehen kann, au bain-marie warm. Kurz vor dem Anrichten wird sie kochendheiß gerührt, mit dem nöthigen Salz und einer Prise feinem weißen Pfeffer nebst noch einem Stückchen Geflügel-Glace im Geschmacke gehoben und zu den später bezeichneten Gerichten gegeben. Schöne weiße Farbe, verbunden mit einem angenehmen kräftigen Zwiebelgeschmacke, bezeichnet die sorgfältige Bereitung dieser den Gaumen stets angenehm befriedigenden Sauce.

187. Pomeranzen-Sauce. Sauce bigarade.

Einige Schalotten, sechs bis acht weiße Pfefferkörner, 140 Gramm würfelig geschnittener, roher magerer Schinken, nebst dem sehr dünn abgeschälten Gelben von zwei gelben Pomeranzen, läßt man mit $^3/_{10}$ Liter Medoc, gut zugedeckt, kurz einbämpfen. Hierauf gießt man $^8/_{10}$ Liter gute braune Sauce nebst der Essenz, zu der die Sauce bestimmt ist, und noch $^3/_{10}$ Liter Medoc hinzu, und kocht diese Sauce rein aus Fett und Schaum bis auf $^5/_{10}$ Liter langsam ein, preßt sie sodann durch ein feines Haartuch und stellt sie au bain-marie warm. Beim Anrichten wird sie gehörig gesalzen und mit dem Saft von zwei Pomeranzen noch im Geschmack gehoben.

188. Austern-Sauce. Sauce aux huîtres.

Die nöthige weiße Sauce wird mit einem Glase Rheinwein und guter Geflügel-Essenz gut verkocht, und wenn sie die gehörige Dicke erreicht hat, wird sie mit einer Liaison von sechs Eigelb gebunden und mit den abblanchirten, rein geputzten Austern nebst ihrem nochmals eingekochten Wasser, Essenz, untermischt und au bain-marie bis zum Gebrauche warm gestellt.

189. Diplomaten-Sauce. Sauce diplomate.

Hiezu nimmt man die nöthige Sauce Beschamel, nach Nr. 162 bereitet. Wenn diese nun ihre gehörige Dicke hat und passirt ist, werden darunter zwei Eßlöffel voll kalte Krebsbutter und ein Eßlöffel voll Sardellenbutter gerührt.

190. Herzogin-Sauce. Sauce duchesse.

Es werden $^3/_{10}$ Liter sauce béchamel, ebenso $^3/_{10}$ Liter sauce suprême, ein Glas Rheinwein, Abfälle von Champignons, 140 Gramm roher Schinken zusammen in eine Casserolle gethan und gekocht bis die Sauce wieder die gehörige Dicke hat. Nach diesem wird sie durch ein Haartuch gepreßt und au bain-marie warm gestellt. Kurz vor dem Gebrauche werden 105 Gramm sehr frische Butter darunter gerührt, die Sauce gehörig gesalzen und zuletzt noch drei Eßlöffel voll recht rother, gekochter, ganz klein würfelig geschnittener Schinken darunter gethan.

191. Lyoneser-Sauce. Sauce à la Lyonaise.

$^8/_{10}$ Liter weiße Sauce werden mit einer halben Bouteille Rheinwein und drei Eßlöffeln voll Estragonessig nebst einem Löffel voll Kalbfleischjüs bis auf $^5/_{10}$ Liter langsam eingekocht, währenddem alles Fett sammt Schaum rein abgenommen wird; sodann wird sie mit dem Gelben von sechs hartgesottenen Eiern untermischt und durch ein feines Haartuch gestrichen. Beim Anrichten wird sie mit einem Eßlöffel voll fein geschnittenem und abblanchirtem Estragon und Peterfilie, nebst einem Eßlöffel voll Sardellenbutter, dem Saft einer halben Citrone und einer Prise feinem, weißen Pfeffer untermischt, und bis alles in genaue Verbindung gebracht ist, über dem Feuer aufgezogen.

192. Wachholderbeer-Sauce.   Sauce de genièvres.

Würfelig geschnittener, roher magerer Schinken, Schalotten, fein geschälte Orangenschale und ein Eßlöffel voll Wachholderbeeren werden mit 8/10 Liter brauner Sauce, etwas gutem Fond von Krammetsvögeln, nebst 3/10 Liter gutem Rothwein zusammen gut verkocht, wobei man von Zeit zu Zeit die Sauce rein abschänmt; sie wird sodann durch ein Haartuch gepreßt, gehörig gesalzen, der Saft einer halben Citrone dazu gedrückt und an bain-marie warm gestellt. Diese Sauce wird zu Krammetsvögeln, Lerchen, auch zu Rehwild gegeben.

193. Kapern-Sauce.   Sauce aux capres.

5/10 Liter braune Sauce werden mit 3/10 Liter Rindfleischjüs, einem Lorbeerblatt, einigen Schalotten und zwei Löffeln voll Estragonessig vermischt und eine halbe Stunde langsam gekocht, sodann alles Fett sammt Schaum rein abgenommen und durch ein Haartuch in eine Casserolle über drei Eßlöffel voll feine Kapern gepreßt und warm gestellt. Sollte diese Kapernsauce zu Wildpret gegeben werden, so muß die Wildpret-Essenz mit der Sauce verkocht werden.

194. Schalotten-Sauce.   Sauce aux échalottes.

Eine Hand voll gereinigter Schalotten werden in Scheibchen geschnitten und mit 140 Gramm klarer frischer Butter goldgelb geröstet und auf ein Sieb abgegossen. Die von der Butter geschiedenen Schalotten werden mit vier Eßlöffeln voll gutem Essig, einem Stückchen Zucker und einem Stückchen Glace kurz eingedämpft und sodann mit 5/10 Liter guter brauner Sauce noch eine Weile gekocht, hierauf rein abgeschäumt, gehörig gesalzen, der Saft einer Citrone dazu gepreßt und bis zu ihrem Gebrauche warm gestellt.

195. Zwiebel-Sauce.   Sauce aux oignons.

Zu der eben beschriebenen Sauce werden statt Schalotten Zwiebeln genommen.

196. Provencer-Sauce.   Sauce Provençale.

Zu der nöthigen rein ausgekochten und kräftigen braunen Sauce werden farcirte Oliven, Kapern, Krebsschweifchen und Sardellen-Filets gemischt, und diese noch mit einer Prise Cayenne-Pfeffer im Geschmack gehoben.

197. Königin-Sauce.   Sauce à la reine.

Das weiße Fleisch von zwei am Spieß gebratenen, jungen Hühnern wird sehr fein geschnitten und mit acht Stück abgezogenen Mandeln gestoßen. Währenddessen hat man 8/10 Liter weiße Sauce mit einem Löffel voll guter Geflügel-Brühe und 3/10 Liter gutem süßen Rahm bis auf 5/10 Liter schnell eingekocht, womit man dann das gestoßene Hühnerfleisch vermischt und durch ein feines, weißes Haartuch streicht. Vor dem Anrichten wird diese Sauce heiß gerührt, gehörig gesalzen und mit noch einem Stückchen Geflügel=Glace und etwas frischer Butter bis zum lieblichsten Geschmacke gehoben.

198. Stockfisch-Sauce.   Sauce à la bonne morue.

Sechs Stück schöne, weiße Zwiebeln werden würfelig geschnitten und mit 140 Gramm frischer Butter sehr weiß, aber weich gedünstet, dann mit drei Kochlöffeln Mehl vermischt und noch einige Minuten weiß geröstet. Sodann rührt man dies mit $1^1/_{10}$ Liter gutem süßen Rahm, etwas Stockfischfasser zu einer dickflüssigen Sauce ein, welche man mit dem Gelben von acht Eiern legirt, mit einem Kaffeelöffel voll fein geschnittener und blanchirter Petersilie vermischt, und mit dem noch nöthigen Salz, etwas geriebener Muskatnuß und einem Stück frischer Butter im Geschmacke hebt.

199. Weiße italienische Sauce.   Sauce Italienne blanche.

Fein geschnittene Petersilie, Estragon, Schalotten, Kerbelkraut und Champignons, von jedem ein Kaffeelöffel voll, schwitzt man mit ganz feinem Oel und läßt sie sodann mit $^5/_{10}$ Liter weißer Sauce, einem Glase weißen Wein, etwas Salz, bis sie die gehörige Dicke erreicht hat, unter anhaltendem festen Rühren über dem Windofen einkochen; sodann legirt man dieselbe mit dem Gelben von fünf Eiern und rührt noch einen Kaffeelöffel voll Sardellen=Butter und das noch fehlende Salz darunter.

200. Toulouser-Sauce.   Sauce Toulouse.

Die nöthige sauce veloutée wird mit ebenso viel Geflügel=Consommé nochmals rein aus Schaum und Fetttheilen gekocht; während des Kochens gibt man zwei Eßlöffel voll Abfälle von rohen Trüffeln und ebenso viel Champignons=Schalen dazu und läßt alles zusammen bis die Sauce dickfließend ist, einkochen. Unterdessen werden drei bis vier schöne Trüffeln, wovon man die Abfälle zu der Sauce genommen hat, in dünne, runde Scheibchen geschnitten und mit ebenso viel und ebenso geschnittenen Champignons, beide Theile zuvor abgekocht, in eine Saucen=Casserolle gethan, die Sauce selbst gehörig gesalzen, und durch ein Haartuch darüber gepreßt.

201. Grüne Kräuter-Sauce.   Sauce ravigote verte.

Zwei Hände voll junges Kerbelkraut, etwas schöne Estragonblättchen werden sehr rein gewaschen und abblanchirt, sodann mit kaltem Wasser abgekühlt, fest ausgedrückt und über dem Schneidbrett mit der Rückseite eines starken Messers fein gehackt und durch ein feines Haarsieb gestrichen. Zu gleicher Zeit läßt man 140 Gramm würfelig geschnittenen, rohen, mageren Schinken, acht Stück in Viertel geschnittene Schalotten und acht Stück weiße Pfefferkörner mit $^3/_{10}$ Liter gutem Essig über dem Feuer ganz kurz eindämpfen, zu dem man $^8/_{10}$ Liter weiße Sauce und $^3/_{10}$ Liter Hühner=Braise gießt, welches man sodann eine halbe Stunde rein auskochen läßt. Man preßt hierauf die Sauce durch ein feines Haartuch und stellt sie warm. Vor dem Anrichten wird sie über dem Feuer heiß gerührt und nach und nach mit den Kräutern zu einer etwas dickflüssigen Sauce angerührt. Bei dieser Kräuter=Sauce ist zu beobachten, daß sie erst kurz vor ihrem Gebrauche mit den Kräutern vermischt wird, denn langes Stehen mit diesen nimmt ihr die schöne, grüne Farbe. Sie muß sich außerdem noch durch einen kräftigen, säuerlichen und angenehmen Kräuter=Geschmack empfehlen.

202. Cornichons-Sauce. Sauce aux cornichons.

Zwölf Stück kleine, in Essig eingemachte Gurken werden zu feinen Blättchen geschnitten, einige Minuten mit einem Stückchen Butter abgeschwitzt und mit $^5/_{10}$ Liter guter brauner Sauce, dem nöthigen Salz, etwas feinem Pfeffer und Weinessig noch eine Weile gekocht, sodann sehr rein entfettet und bis zum Gebrauche warm gehalten.

203. Frische Gurken-Sauce. Sauce aux concombres.

Einige Gurken werden geschält, die Kerne herausgenommen und die Gurken in 4 Centimeter lange Stückchen nett geschnitten, mit Salz gewürzt und eine Stunde so stehen gelassen. Sodann werden sie auf ein Tuch gelegt, abgetrocknet und in 280 Gramm frischer, klarer Butter goldgelb gebacken und nochmals auf einem Tuch entfettet. Diese werden sodann mit etwas Weinessig, einem Stückchen Zucker, etwas feinem Pfeffer und einem Stückchen Glace auf dem Feuer kurz eingeschmort, dann noch mit der nöthigen kräftigen und mit einem Glas weißen Wein gut verkochten braunen Sauce, eine viertel Stunde langsam gekocht. Diese Sauce gibt man zu gedämpften Hammelskeulen, dergleichen Enten und auch zu gedämpften Fricandeaux.

204. Sauce mit Morcheln. Sauce aux morilles.

Die frischen Morcheln werden mehrmals mit lauem Wasser sehr rein gewaschen, dann blanchirt und mit einer ganzen Zwiebel, einem Stück rohen Schinken und einem Stück frischer Butter und Salz weich gedünstet. Sodann kocht man sie mit brauner Sauce, einem Glas gutem, weißen Wein und kräftigem Fond zu einer bündigen Sauce, welche sodann rein entfettet und mit dem Saft einer Citrone angenehm gesäuert wird.

205. Klare Estragon-Sauce. Jus à l'estragon.

$^3/_{10}$ Liter kräftige Rindfleischjüs, $^3/_{10}$ Liter Kalbfleischfond werden mit $^3/_{10}$ Liter Geflügel=Braise, dem nöthigen Salz und einem Stückchen Glace und etwas geschlagenem Eiweiß clarificirt, dann durch eine Serviette

langsam gegossen und warm gestellt. Gleichzeitig werden frische Estragon=
Blättchen in kleine längliche Carreaux (Spitzweckchen) geschnitten und in
rasch kochendem Wasser mit Salz einigemal überkocht, sodann durch ein
Sieb gegossen und wieder mit frischem Wasser abgekühlt, welche kurze
Zeit vor dem Anrichten unter die klare Jüs kommen. Die angenehm
schmeckende Estragonjüs muß von sehr kräftigem Geschmack, heller, gold=
gelber Farbe sein und einen angenehmen lieblichen Geschmack nach dem
Estragon haben. Diese Jüs wird zu allem in der Braise weiß gekochten
Geflügel gegeben und wird von Gourmands stets würdig geachtet.

206. Königs-Sauce. Sauce royale.

Es werden $5/10$ Liter sauce voloutée mit $3/10$ Liter Fasanen=Essenz
und $3/10$ Liter gutem, alten Rheinwein dickfließend eingekocht. Unterdessen
werden 280 Gramm Trüffeln, die wie die Oliven geschnitten, gereinigt,
geschält, in eine Casserolle gegeben und, nachdem sie mit einem Stückchen
Glace und etwas Rheinwein von allen Seiten schön glacirt sind, ein=
gedämpft, worauf man nun diese äußerst angenehm schmeckende Sauce
darüber preßt, aber nicht mehr kochen läßt.

207. Geflügel-Püree-Sauce. Sauce amassadrice.

Man schneidet aus zwei jungen Hühnern oder einer Poularde die
Brüste heraus, dämpft diese in ihrem Safte mit einem Stückchen sehr
frischer Butter ab, worauf man dieselben im Mörser fein stößt. Sodann
werden $5/10$ Liter sauce suprême gut eingekocht, mit dem gestoßenen
Hühnerfleisch, vier Eßlöffeln voll Champignons=Essenz und etwas geriebener
Muskatnuß gut verrührt, zusammen einmal aufgekocht, und dann durch
ein sehr reines Haartuch gestrichen. Kurz vor dem Gebrauche wird diese
Sauce heiß gerührt, gehörig gesalzen, der Saft einer viertel Citrone und
etwas Schalenbutter darunter gerührt und so zu den später bezeichneten
Geflügel=Ragouts gegeben.

208. Bretonner-Sauce. Sauce Bretonne.

Sechs Stück Zwiebeln werden fein von der Hand geschnitten, emincirt,
dann mit 140 Gramm frischer Butter, einem Stück rohem Schinken weich
gedünstet und hierauf mit $5/10$ Liter guter, brauner Sauce und $3/10$ Liter
Rindfleischjüs gut verkocht; sodann wird diese Sauce, nachdem man den
Schinken herausgenommen hat, durch ein Haartuch gestrichen, das noch
fehlende Salz dazu gethan und warm gestellt. Diese Sauce wird später
mit weich gekochten weißen Bohnen melirt, zu gedämpften Hammelskeulen
nach Bretonner Art gegeben und ist ein Nationalgericht der Franzosen.

209. Champignons-Sauce. Sauce au haché de champignons.

Dreißig Stück Champignons werden gewaschen, geschält und mit
Butter und Citronensaft eingedämpft, sodann auf ein Sieb gegossen und

auf einem reinen Tuche mit einem Messer fein gehackt. Gleichzeitig werden $^5/_{10}$ Liter weiße Sauce mit den Champignons-Schalen und $^3/_{10}$ Liter Kalbfleischfond nebst der rein entfetteten Essenz, worin die Champignons gar gemacht worden sind, gut verkocht, sodann rein entfettet und durch ein Haartuch über die hachirten Champignons in eine Saucen-Casserolle gepreßt, dann mit dem Safte einer halben Citrone gesäuert, gehörig ge= salzen und bis zum Gebrauche au bain-marie warm gestellt.

210. Deutsche Sauce. Sauce à l'Allemande.

Einige Eßlöffel voll feines Mehl werden mit kaltem Wasser glatt gerührt, mit guter weißer Fleischbrühe, 140 Gramm sehr frischer Butter, etwas Salz und grobem, weißen Pfeffer untermengt, und eine viertel Stunde vor dem Gebrauche über Kohlenfeuer zu einer etwas dickfließenden glatten Sauce angerührt, die sodann durch ein Haartuch gepreßt, mit einem Kaffeelöffel voll fein geschnittener blanchirter Petersilie, einem Eß= löffel voll Kapern, einem Eßlöffel voll en filets geschnittenen Sardellen und einem Eßlöffel voll in vier Theile geschnittenen Krebsschweifchen ver= mengt und mit dem Safte einer halben Citrone bis zum lieblichen Ge= schmack angenehm gesäuert wird.

211. Schwarze Butter-Sauce. Sauce au beurre noir.

Eine kleine Hand voll frische Petersilie, Estragon und acht Stück in Scheibchen geschnittene Schalotten wirft man in 140 Gramm bis zum leichten Rauchen gebräunte Butter und röstet es mit dieser einige Minuten, sodann gießt man drei Eßlöffel voll Essig, $^1/_{10}$ Liter Wein, $^1/_{10}$ Liter Rindfleischjüs dazu und läßt dieses nebst einem Lorbeerblatt und einigen ganzen Pfefferkörnern eine halbe viertel Stunde kochen; hierauf gießt man sie durch ein Haarsieb, salzt sie gehörig, drückt den Saft einer Citrone dazu, und gibt sie sogleich zur Tafel. Sie wird meistens zu Fischen und zu panirtem Kalbshirn gegeben.

212. Sauce zu Stockfischen. Sauce au beurre à la morue.

Man gibt in eine Saucen-Casserolle ein Stückchen frische Butter, ein Gliedchen Knoblauch, einige Champignons und eine Zwiebel, alles in Scheibchen geschnitten, ferner einige Sträußchen Petersilie, ein Stückchen Lorbeerblatt, zwei Gewürznelken, einige gestoßene Pfefferkörner und etwas Muskatblume. Dies alles zusammen wird langsam geröstet, worauf man einen Eßlöffel voll Mehl dazu rührt; darnach gießt man $^3/_{10}$ Liter guten, süßen Rahm nach und nach dazu, wie auch etwas wenig Salz. Man rührt alsdann das Ganze über dem Feuer bis es kocht, worauf man die Sauce nach zehn Minuten durch ein feines Haartuch passirt. Beim An= richten werden ein wenig fein geschnittene Petersilie und Schalotten alles fein gewiegt und abblanchirt, und ein Stückchen frische Butter darunter gerührt, und diese Sauce zu Stockfischen servirt.

213. Meerrettig-Sauce.   Sauce au raifort.

Eine halbe Stunde vor dem Anrichten schält und reibt man eine Stange Meerrettig, zu diesem gibt man einen Kochlöffel voll Mehl, etwas Salz und geriebene Muskatnuß, ein Stück frische Butter und ein Stückchen Zucker, welches man hierauf mit der nöthigen weißen Fleischbrühe anrührt und bei beständigem Rühren über dem Kohlenfeuer zu einer etwas dicken Sauce ankocht, die aber, nachdem sie einigemale aufgekocht hat, sogleich vom Feuer genommen werden muß.

214. Sauce Kari.   Sauce Kari.

Man kocht $^8/_{10}$ Liter weiße, kräftige Sauce mit $^3/_{10}$ Liter blondem Kalbfleischfond, der Geflügel-Essenz, zu der die Sauce gegeben werden soll, bis auf $^5/_{10}$ Liter ein und legirt diese mit dem Gelben von sechs, wo möglich Enten-Eiern, gibt einen Eßlöffel voll Safran-Saft, eine Messerspitze Cayenne-Pfeffer nebst dem noch fehlenden Salz dazu und preßt diese durch ein feines Haartuch in eine passende Saucen-Casserolle, begießt sie oben mit etwas zerlassener Glace und stellt sie au bain-marie warm. Diese Sauce muß von hochgelber Farbe und der Safran- und Pfeffergeschmack der dominirende sein.

215. Civet-Sauce.   Sauce civet.

Man läßt 140 Gramm Butter über Kohlenfeuer heiß werden, gibt drei bis vier Kochlöffel voll Mehl dazu und röstet dies nebst einem Eßlöffel voll feinem Zucker auf schwachem Kohlenfeuer während einer Stunde sehr langsam und ganz dunkelbraun. Unterdeß hat man vier Zwiebeln, eine gelbe Rübe, einige Porri und Petersilienwurzeln sammt ihrem Grünen gewaschen und alles feinblätterig geschnitten, welches man hierauf zu dem nach Vorschrift gerösteten Mehl gibt und mit diesem noch eine Weile röstet; sodann füllt man dieses mit $2^1/_{10}$ Liter guter Fleischbrühe, dem Fond, zu der diese bestimmt ist, nebst $^5/_{10}$ Liter Rindfleischjüs auf und läßt sie eine Stunde lang an der Ecke des Windofens langsam kochen, wo man öfters das Fett sammt dem Schaum rein abnimmt. Nach Verlauf dieser Zeit seiht man die Sauce durch ein Haarsieb in eine andere Casserolle, gießt eine Bouteille französischen rothen Wein dazu und rührt diese über starkem Kohlenfeuer, bis sie sich etwas dickfließend vom Löffel spinnt, sorgfältig ein, preßt sie sodann durch ein Haartuch in eine Saucen-Casserolle, drückt den Saft einer Citrone dazu, salzt sie gehörig und stellt sie bis zum Gebrauche au bain-marie. Diese Sauce wird gegeben zu boeuf à la mode, zu Civet von Hasen, Reh und Hochwild, wie auch zu Matelotes von Karpfen u. a. m., wo natürlicher Weise jedesmal der eigene Fond mit der Sauce klar gekocht werden muß. Sie muß nebstbei von dunkelbrauner Farbe, einem sehr kräftigen und piquant süßlichem Geschmack sein.

216. Sauce tortue. Sauce tortue.

Man gibt in eine Casserolle eine in Scheiben geschnittene Zwiebel, 140 Gramm in kleine Stückchen geschnittenen rohen, mageren Schinken, etwas wenig Thymian, Majoran, ein Lorbeerblatt, grüne Petersilie, einige Gewürznelken, einen Kaffeelöffel voll weiße Pfefferkörner und die Abfälle von Champignons und Trüffeln, dazu gießt man eine halbe Bouteille Port= oder Marsalawein und dünstet es, gut zudeckt, bis zur Hälfte ein. In der Zwischenzeit werden $^5/_{10}$ Liter vorher bereitete sauce espagnole mit einer Obertasse voll sauce tomate, $^3/_{10}$ Liter Kalbfleisch= jüs bei immerwährendem Rühren zu einer dickfließenden Sauce nebst der vorher dazu geseihten Kräuter=Essenz eingekocht, dann etwas Cayenne= Pfeffer und ein Eßlöffel voll Sardellen=Püree dazu gethan und zuletzt durch ein Haartuch in eine passende Saucen=Casserolle geseiht.

217. Aufleg-Sauce. Sauce aux atelletes.

Die nöthige weiße, reine Sauce wird mit Geflügel=Essenz, einem Stück Glace ganz kurz eingekocht, dann mit dem Gelben von sechs Eiern legirt, der Saft einer Citrone dazu gedrückt und gehörig gesalzen. Sie wird gebraucht zu verschiedenen aus dem Schmalze gebackenen, wie auch auf dem Rost gebratenen Gerichten, welche später in ihren Abschnitten vorkommen werden. Sie muß von kräftigem Geschmacke sein und dabei die Eigenschaft haben, folglich so eingekocht sein, daß sie sich über die Fleischstückchen streichen läßt.

218. Regenten-Sauce. Sauce régence.

Man gibt in eine Casserolle sechs Stück in Scheibchen geschnittene Schalotten und röstet diese mit einem Stückchen Butter blaßgelb, dazu gießt man $^5/_{10}$ Liter gutes Consommé, fügt ferner ein Bouquet von Petersilie, etwas Thymian und die Abfälle von vier schönen Trüffeln hinzu, nebst einem Glas Tokayer=, Port= oder Marsalawein, deckt die Casserolle gut zu und läßt es bis zwei Drittel einkochen. Nach diesem wird die Essenz geseiht, rein entfettet, $^5/_{10}$ Liter sauce espagnole und $^3/_{10}$ Liter Geflügel=Essenz dazu gegeben und auf dem Windofen bis zur gehörigen Dicke eingekocht, worauf man sie durch ein Haartuch in eine passende Casserole preßt. Kurz vor dem Anrichten werden vier Stück schöne Trüffeln in egale, runde Scheibchen geschnitten, in eine Casserolle gethan und nebst einem Stückchen Glace und etwas Portwein kurz ge= dünstet und sodann unter die Sauce melirt.

219. Sauce nivernaise. Sauce nivernaise.

Gelbe Rüben, weiße Rüben werden in Form von Oliven geschnitten, abblanchirt, mit frischem Wasser abgekühlt und mit einem Stückchen Butter, etwas Zucker, Salz und Consommé weich und kurz gedünstet. Während=

dem kocht man $^8/_{10}$ Liter weiße Sauce mit $^3/_{10}$ Liter Kalbfleischfond rein und bis auf $^5/_{10}$ Liter ein, die man mit dem Gelben von fünf Eiern legirt und über die in eine Saucen-Casserolle gelegten weißen und gelben Rübchen preßt und au bain-marie warm stellt.

220. Neapolitanische Sauce.   Sauce à la Neapolitaine.

Man gibt in eine passende Casserolle einen Eßlöffel von geriebenen Meerrettig, ein Stückchen fein geschnittenen rohen, magern Schinken, ein Bouquet von Petersilie, Sellerie, Porri, von jedem ein Stückchen, wenig geriebene Muscatnuß und ein Glas Madeira-Sec. Die Casserolle wird gut zugedeckt und das Ganze über schwachem Feuer bis zur Hälfte eingekocht, sodann nimmt man das Bouqet heraus, gibt $^3/_{10}$ Liter sauce espagnole und ebensoviel gutes Consommé dazu und läßt die Sauce bis zur Hälfte einkochen. Sonach wird ein Glas Malaga und drei Eßlöffel voll Johannisbeer-Gelée dazu gethan, zusammen nochmals einige Minuten gekocht und dann durch ein Haartuch in eine Saucen-Casserolle gepreßt. Ehe man diese Sauce verwendet, wird noch etwas Glace und ein Stückchen Schalenbutter darunter gerührt.

221. Genfer Sauce.   Sauce Génévoise.

Diese Sauce wird gewöhnlich nur zu in Salzwasser oder Court-Bouillon abgekochten Fischen gegeben. Einige Zwiebeln und Schalotten, ein Lorbeerblatt, einige Champignons und ein kleines Stückchen Knoblauch läßt man mit einer Bouteille weißem Wein bis auf $^1/_{10}$ Liter einkochen, gießt $^5/_{10}$ Liter braune Sauce und $^3/_{10}$ Liter Fisch-Essenz dazu und kocht sie, rein von Fett und Schaum geschieden, bis auf $^5/_{10}$ Liter wieder ein, passirt sie sodann durch ein Haartuch über klein würfelig geschnittene Sardellen und gibt sie zu den später bezeichneten Gerichten.

222. Genueser Sauce.   Sauce Génoise.

Man läßt etwas feine Petersilie, Schalotten und zwei feingeschnittene Essiggurken, ferner etwas Pfeffer und Muskatnuß und ein Stück Glace mit $^3/_{10}$ Liter Weinessig kurz einkochen, gießt sodann die nöthige braune kräftige sauce espagnole dazu und kocht es noch eine viertel Stunde.

223. Spargel-Sauce.   Sauce aux asperges.

Drei Kochlöffel voll Mehl werden nebst etwas zerriebener Muskatnuß und Wasser fein abgerührt und zugedeckt bei Seite gestellt. Vor dem Anrichten gibt man 280 Gramm sehr frische Butter in Stückchen nebst dem gehörigen Spargel-Wasser, worin man diese abgekocht hat, dazu, und rührt es zu einer dickflüssigen Sauce über Kohlenfeuer, bis diese einmal aufkocht, ab, legirt sie sodann mit dem Gelben von acht frischen Eiern, drückt den Saft einer halben Citrone dazu, würzt sie noch

mit dem fehlenden Salz und einem Kaffeelöffel voll feinem Zucker und
preßt sie durch ein feines Haartuch in eine Saucen-Casserolle. Auf die
nämliche Weise bereitet man auch die Buttersauce zu Blumenkohl, nur
daß hier Blumenkohl-Wasser genommen werden muß.

224. Halbe Geflügel-Glace.   Demi-glace de volaille.

Ein Kilo 120 Gramm Ochsenfleisch, 1 Kilo 120 Gramm Kalbfleisch, zwei alte Hühner und sonstige Abfälle von gebratenem oder in
der Braise gekochtem Geflügel werden mit guter Fleischbrühe angefüllt,
zugesetzt, in's Kochen gebracht und sehr rein abgeschäumt; hiezu gibt
man zwei Zwiebeln, einige gelbe Rüben, drei Nelken, Porri, Pastinak, ein
Stückchen Sellerie und Schalen von Champignons und läßt es vier Stunden
langsam kochen. Hierauf wird dieses Consommé sehr rein entfettet und durch
eine Serviette passirt, und wenn es kalt geworden ist, mit dem Weißen von
drei Eiern clarificirt und nochmals langsam durch eine feine Serviette gegossen und sodann auf starkem Kohlenfeuer, bis es einem Syrup gleicht,
schnell eingekocht. Beim Gebrauche wird diese Demi-Glace au bain-marie
warm gemacht und zu den späterhin bezeichneten Gerichten gegeben.

225. Russische Sauce.   Sauce Russe.

$^5/_{10}$ Liter sauce veloutée werden mit Geflügel-Essenz und $^3/_{10}$ Liter
saurem Rahm eingekocht, dann mit fein geschnittenem Meerrettig und
Estragon-Essig im Geschmacke gehoben.

226. Normänner-Sauce.   Sauce Normande.

Man läßt die nöthige sauce veloutée mit Fisch-Essenz, rohem
Schinken, Champignons, Schalotten und Sauterne-Wein gut kochen, legirt
diese mit dem Gelben von vier Eiern, preßt sie durch ein Haartuch in
eine Saucen-Casserolle und gibt noch das nöthige Quantum abgekochte
Austern sammt ihrer Essenz dazu. Sie wird zu Fischen gegeben.

227. Sauce à la Saint Marsan.   Sauce à la Saint Marsan.

Man kocht die nöthige sauce espagnole mit Rhein- und Madeira-
Wein, mit Abgängen von Trüffeln und Champignons, nebst Geflügel-
Essenz gut aus, preßt sie durch ein Haartuch in eine andere Casserolle
und gibt in kleine Filets geschnittene Trüffeln dazu.

228. Johannisbeer-Sauce.   Sauce venaison.

Es wird eine Obertasse voll guter Weinessig und $^3/_{10}$ Liter Wildpret-Essenz bis zur Hälfte eingekocht, dazu gibt man $^4/_{10}$ Liter spanische
Sauce und rührt hernach das Ganze dickfließend über dem Feuer ein,
worauf man vier Eßlöffel voll Johannisbeeren darunter rührt und den
Saft einer Citrone dazu preßt.

229. Sauce zu Beefsteaks. Sauce béarnoise.

Man gibt in eine kleine Casserolle, welche bis zur Hälfte in's heiße Wasser gestellt wird, das Gelbe von vier rohen Eiern, dann ein Stückchen Butter dazu, und rührt fleißig, bis die Eier anfangen, sich zu verdicken, wo man aber nach und nach immer etwas Butter darunter rührt, bis ungefähr 140 Gramm eingerührt, und die Sauce ein feines zartes Ansehen hat. Ist dies erreicht, so gießt man nach und nach vier Eßlöffel voll gute Glace dazu, würzt die Sauce mit etwas gestoßenem Pfeffer und dem gehörigen Salz, preßt den Saft einer Citrone dazu und rührt zuletzt einen halben Eßlöffel voll fein geschnittene blanchirte Petersilie darunter. — Diese Sauce darf nicht lange stehen und verlangt bei ihrer Zubereitung einige Aufmerksamkeit.

230. Herzogin-Sauce. Sauce à la duchesse.

$^5/_{10}$ Liter sauce suprême werden mit $^3/_{10}$ Liter Beschamel, einem Glas Chablis dickfließend eingekocht, gesalzen und mit einer Obertasse voll gekochtem, klein würfelig geschnittenem, mageren Schinken und ebenso geschnittenen Champignons untermengt.

231. Englische Brod-Sauce. Sauce au pain à l'Anglaise. — Bread-Sauce.

Man läßt $^3/_{10}$ Liter einfachen süßen Rahm aufkochen, gibt dazu eine kleine Obertasse voll feines, weißes, geriebenes Mundbrod, eine kleine weiße, abgeschälte Zwiebel, eine Messerspitze Salz und ebenso viel gestoßenen Pfeffer. Sodann läßt man die Sauce einige Minuten kochen, nimmt die Zwiebel heraus und servirt sie sogleich. Diese Sauce soll nicht zu dick sein. In England servirt man dieselbe zu gebratenem Geflügel 2c.

2. Abschnitt. 3. Abtheilung.

Von den kalten Saucen und den verschiedenen Buttern.

Des sauces froides et des divers beurres.

232. Grüne Kräuter.　Vert de ravigote.

Man durchsucht und wäscht sehr rein eine gleiche Quantität Kerbelkraut, Pimpernell und Estragon, einige kleine Zwiebeln, Petersilie und
Kresse und blanchirt dieses zusammen in hinreichendem, kochenden Wasser
eine kleine viertel Stunde, sodann werden die Kräuter in ein Haarsieb
gegossen, mit frischem Wasser abgekühlt, fest ausgedrückt und entweder
sehr fein geschnitten oder zu welcher kalten Sauce sie bestimmt sind, auch
einem Puree gleich, durch ein feines Haarsieb gestrichen und bis zu ihrer
Anwendung zugedeckt an einem kühlen Orte aufbewahrt.

233. Kalte Senf-Sauce.　Sauce rémolade froide ou Tartare.

Das Gelbe von sechs hartgekochten, frischen Eiern wird durch ein feines
Haarsieb gestrichen und mit einem Eßlöffel voll von den grünen fein geschnittenen Kräutern nebst einem halben Eßlöffel voll fein geschnittenen
Kapern untermengt und mit 140 Gramm feinsten Provenceröls, zwei Eßlöffeln voll Sardellenbutter und drei bis vier Eßlöffeln voll gutem Senf

und einer Meſſerſpitze feinem, weißen Pfeffer und dem noch fehlenden Salz gut abgerührt. Sodann gibt man noch $^1/_{10}$ Liter Aſpic und einige Eßlöffel voll Eſtragoneſſig dazu und rührt es auf dem Eis zu einer ſalbigen, feinen Sauce ab, die in ihrer Zartheit und piquantem, ange= nehmen Geſchmacke für den Gourmand nichts zu wünſchen übrig läßt.

234. Grüne Remolade-Sauce. Rémolade verte.

Zwei Eßlöffel voll grüne Kräuter werden mit einer Obertaſſe gutem Senf, Salz und weißem Pfeffer abgerührt, dann gibt man nach und nach dazu ein halbes Glas voll gutes, feinſtes Provenceröl und einige Eßlöffel voll guten Eſſig und zuletzt das nöthige Spinatgrün, um die Sauce zart grün zu machen.

235. Spinatgrün. Vert d'épinards.

Einige Hände voll friſcher Spinat werden mit einer Hand voll Peter= ſilie abblanchirt, mit friſchem Waſſer abgekühlt, leicht ausgedrückt und durch ein feines Haarſieb geſtrichen, ſodann in eine Obertaſſe gethan und mit einem Eßlöffel voll friſchem Waſſer übergoſſen und bis zum Gebrauche kalt geſtellt. Dieſes Spinatgrün gehört zum Färben der kalten grünen Saucen und auch zu grünen Erbſen=Purees; das Spinatgrün zum Färben der Teige oder Zucker wird ſpäter vorkommen.

236. Gelbe Remolade-Sauce. Rémolade Indienne.

Das Gelbe von zehn hart gekochten Eiern wird fein geſtoßen und mit zehn Eßlöffeln voll des feinſten Oels nach und nach angerührt, während= dem man einen Eßlöffel voll aufgelöſten indiſchen Safran, eine Priſe ſpaniſchen Pfeffer, ein Glas Eſtragoneſſig, vier Eßlöffel voll Kräuter=Senf, einen Eßlöffel voll feinen Zucker und das nöthige Salz untermengt. Wenn das Ganze gut melirt iſt, wird es durch ein ſehr feines Haarſieb geſtrichen und auf's Eis geſtellt.

237. Kalte Oel-Sauce. Sauce mayonnaise.

Man gibt in eine Porzellan=Schale das Gelbe von zwei rohen Eiern ſo weiß wie möglich, eine Meſſerſpitze feines Salz, eine Meſſerſpitze feinen, weißen Pfeffer und den vierten Theil eines Eßlöffels Eſtragoneſſig; dieſes rührt man mit einem Holzlöffel auf dem Eiſe fleißig, und wenn es anfängt dick zu werden, ſo gibt man einen halben Eßlöffel feinſtes Oel dazu und, wenn es ſich wieder bindet, einen halben Eßlöffel voll Eſſig, dann etwas ſpäter wieder Oel; es muß aber immer ſehr fleißig gerührt werden. Nach einer viertel Stunde gießt man zwei Eßlöffel voll Oel und einen mit Eſtragoneſſig, wie auch einige Eßlöffel voll weiße Aſpic dazu, rührt es wieder eine viertel Stunde ſehr weiß und crêmeartig. Mit dieſem wird von zehn zu zehn Minuten ſo fortgefahren, bis 280 Gramm des feinſten

Provenceröls, ³/₁₀ Liter Aspic und der nöthige Essig, um die Mayonnaise angenehm sauer zu machen, eingerührt ist; zuletzt gibt man den Saft einer Citrone wie auch einen halben Eßlöffel frisches Wasser dazu, welches sie noch weißer und zarter macht, und salzt sie gehörig.

238. Kalte Oel-Sauce auf eine andere Art. Deuxième procédé pour faire la mayonnaise.

Man rührt in eine Schale auf dem Eise ³/₁₀ Liter sehr weiße Sauce mit feinem Salz, weißem Pfeffer und einigen Eßlöffeln Estragon=Essig gut ab. Hierauf gießt man von fünf zu fünf Minuten 280 Gramm feinstes Provenceröl, ¹/₁₀ Liter weiße Aspic dazu, wie auch das nöthige Salz und den Essig und zuletzt den Saft einer Citrone. Es wird bemerkt, daß nur jedesmal zwei Eßlöffel voll Oel und etwas Essig dazu kommen dürfen, damit die Mayonnaise recht zart und crêmeartig und ja nicht grieslich werde.

239. Grüne Oel-Sauce. Sauce mayonnaise à la ravigote.

Man rührt unter ⁵/₁₀ Liter nach Vorschrift bereitete Sauce=Mayonnaise drei Eßlöffel voll durch ein feines Haarsieb passirte vert de ravigote (siehe grüne Kräuter) und zuletzt das nöthige Spinatgrün, um die Sauce zu einer schönen grünen Farbe zu heben.

240. Weiße Oel-Sauce mit Senf. Sauce Provençale.

Unter die nach Vorschrift bereitete weiße Oel=Sauce rührt man vier Eßlöffel voll Kräutersenf, einen Eßlöffel voll Sardellenbutter nebst einem Eßlöffel voll feine Kapern.

241. Kalte Wildgeflügel-Sauce. Chaufroix.

Diese wird nur bei dem Wildgeflügel angewendet und ersetzt bei diesem, weil sein Fleisch dunkel ist, die Mayonnaise.

Die Carcasse und sonstigen Abgänge von am Spieß gebratenen Feldhühnern, Schnepfen, Wildenten, je nachdem diese zu etwas gehört, werden in einer passenden Casserolle mit ³/₁₀ Liter Rheinwein, einem Lorbeerblatt und einigen Schalotten gut ausgekocht, sodann seiht man diese Essenz durch eine feine Serviette, entfettet sie sehr rein und gießt ⁵/₁₀ Liter gute, reine, ausgekochte sauce espagnole dazu und kocht diese bis auf ⁴/₁₀ Liter gut ein, sodann gießt man ¹/₁₀ Liter gute Aspic dazu und kocht diese damit noch einige Minuten, preßt die Sauce durch ein feines, reines Haartuch in eine Porzellan=Schale, gibt den Saft einer Citrone, ein Stück zerlassener Glace und das noch fehlende Salz dazu, und rührt die Sauce crêmeartig und zart ab. Sie muß von lichtbrauner Farbe, kräftigem Geschmack und leicht piquant sein.

242. Kräuter-Butter.   Beurre de Montpellier.

Eine Hand voll Kerbelkraut, der vierte Theil Estragonblättchen, ebenso viel Pimpernell und sechs bis acht Schalotten werden zusammen sehr rein gewaschen und in kochendem Wasser mit einer Hand voll Salz eine viertel Stunde schnell abgekocht, sodann abgegossen, mit frischem Wasser abgekühlt und ausgedrückt. Diese Kräuter werden hierauf im Mörser mit zwölf Stück rein gewaschenen und aus den Gräten gelösten Sardellen, zwei Eß-löffeln voll feinen Kapern, vier Stück Essiggurken, dem Gelben von acht hartgekochten Eiern und ganz wenig Knoblauch sehr fein gestoßen. Wenn dies erreicht ist, gibt man 280 Gramm sehr frische Butter, eine Messer-spitze feinen Pfeffer, das nöthige Salz und etwas geriebene Muskatnuß dazu, nebst einem Glas voll gutem Provenceröl und etwas Estragonessig, welches das ganze mollös macht; sodann färbt man die Butter noch mit dem nöthigen Spinatgrün, bis diese eine mattgrüne Farbe hat und passirt das Ganze durch ein feines Haarsieb und stellt sie sodann in einer Por-zellan-Schale auf's Eis.

243. Englische Kräuter-Butter.   Beurre à l'Anglaise.

Zwei Eßlöffel voll fein geschnittene grüne Kräuter (siehe grüne Kräuter, vert de ravigote) werden mit 280 Gramm ganz frischer Butter, dem nöthigen Salze und dem Safte einer Citrone gut abgerührt und bis zum Gebrauche kalt gestellt. Diese wird zu gebratenen Hammelskeulen und Lamms-Vierteln gegeben.

244. Sardellen-Butter.   Beurre d'anchois.

140 Gramm rein gewaschene und aus den Gräten gelöste Sardellen werden mit 280 Gramm Butter fein gestoßen, dann durch ein feines Haarsieb gestrichen und in einer Schale bis zu ihrem Gebrauche zugedeckt, kalt gestellt.

245. Senf-Butter.   Beurre à la moutarde.

280 Gramm frische Butter werden mit dem Gelben von vier hartgekochten und durch ein feines Haarsieb gestrichenen Eiern nebst sechs Eßlöffeln voll gutem Senf vermischt, mit dem noch fehlenden Salz und etwas weißem Pfeffer gewürzt und bis zu ihrem Gebrauche kalt gestellt.

246. Kalte Butter von Seekrebsen.   Beurre de homards.

Die Eier, welche sich unter dem Schweife der abgekochten Seekrebse befinden, werden herausgenommen, mit etwas von dem Fleische fein ge-stoßen, 140 Gramm frische Butter untermengt, mit Salz im Geschmacke gehoben, durch ein feines Haarsieb gestrichen und kalt gestellt.

247. Krebs-Butter.   Beurre d'écrevisses.

Vierzig auch fünfzig Suppenkrebse werden rein gewaschen und mit Salz und Wasser schnell abgekocht, sodann ausgebrochen und die rothen Schalen nebst Scheeren im Mörser sehr fein gestoßen, mit 420 Gramm frischer Butter untermengt und langsam auf Kohlenfeuer eine Weile geröstet, sodann durch ein reines, starkes, gut ausgewässertes Tuch in einen Topf über kaltes Wasser gepreßt und so, bis dies gestockt ist, ruhig stehen gelassen; nach diesem wird sie herausgenommen, zu einem runden Ballen formirt und an einem kalten Orte aufbewahrt.

248. Trüffelbutter.   Beurre de truffes.

Vier bis fünf Stück schöne, recht schwarze Trüffeln werden recht fein gestoßen oder gerieben, wozu man von Zeit zu Zeit 140 Gramm frische Butter gibt, welche sodann durch ein feines Haarsieb gestrichen und bis zu dem Gebrauche kalt gestellt wird.

249. Champignons-Butter.   Beurre de champignons.

Zwanzig Stück schöne, weiße, eingeschwitzte Champignons werden auf einem reinen Schneidbrettchen sehr fein geschnitten, dann mit 140 Gramm Butter nochmals fein gestoßen, sodann durch ein Sieb gestrichen und an einem kalten Ort aufbewahrt.

350. Kalte Butter von Schnepfen.   Beurre froid de bécasses.

Von einer am Spieße im Safte gebratenen Schnepfe wird alles Fleisch gelöst und dieses im Mörser mit einem Stück frischer Butter recht fein gestoßen, dann durch ein feines Haarsieb gestrichen und kalt gestellt. Auf die nämliche Art wird sie sowohl von allen Gattungen wildem, wie zahmem Geflügel bereitet.

251. Butter auf Haushofmeisterart.   Beurre maître d'hôtel.

280 Gramm frische Butter werden mit zwei Eßlöffeln voll blanchirter Petersilie, dem Saft einer Citrone, Salz und Muskatnuß gut durcheinander gemacht und dann, wie später bezeichnet werden wird, angewendet.

––––––––––

3. Abschnitt.

Von den Marinaden. Des marinades.

252. Marinade. Marinade.

Einige Zwiebeln, zwei gelbe Rüben, grüne Petersilie in Stengeln, Estragon, einige Schalotten, Abgänge von Champignons, einige Pastinak=wurzeln, einige ganze Pfefferkörner und Gewürznelken nebst einem Lor=beerblatt werden, nachdem die Zwiebeln, gelben Rüben und der Pastinak in Scheiben geschnitten worden, in eine irdene Schüssel gethan, der Saft von zwei Citronen, einige Löffel voll ganz feines Oel und ein Glas weißer Wein dazu gegeben und das dazu bestimmte Fleischstück einige Tage darin marinirt, wo man es jedoch währenddem öfters umkehren muß. Zu Wildpret wird statt Wein guter Weinessig genommen.

253. Weiße Braise. Un blanc.

Ein Kilo 120 Gramm Kern=Nierenfett werden fein geschnitten und in eine Casserolle gethan. Sechs Zwiebeln, zwei gelbe Rüben, zwei Porri, zwei Pastinak= und eine Sellerie=Wurzel werden feinblätterig ge=schnitten und nebst zwei Lorbeerblättern, zwei Gewürznelken, einigen Pfefferkörnern und 280 Gramm würfelig geschnittenem, rohen Schinken dazu gethan, mit $1^1/_{10}$ Liter leichter Fleischbrühe genäßt und eine Stunde, gut geschlossen, langsam gedünstet. Nach Verlauf dieser Zeit wird die Braise durch ein grobes Küchentuch (Torchon) gepreßt und in einer irde=nen Schüssel aufbewahrt. Die jedesmalige Anwendung wird stets be=zeichnet werden. Zum zahmen Geflügel oder Kalbfleisch wird, wenn es in dieser Braise gar gemacht wird, der Saft von einigen Citronen dazu

gedrückt, bei Gänselebern eine Drittelbouteille Madeira-Sec, bei Wildpret
oder Wildgeflügel Burgunder, und bei Fischen weißer Wein. Eine un=
erläßliche Bedingung ist es, daß Alles, was in der Braise gar gemacht
wird, gut hermetisch geschlossen sein muß. Wenn das jedesmalige Fleisch=
stück oder das Geflügel darin gar gemacht worden ist, wird die Braise
rein entfettet, der Fond und die Essenz durch ein Haartuch geseiht, mit
der sodann die Sauce angefertigt wird.

254. Gekochte Marinade. Marinade cuite.

Die im vorhergehenden Rezepte angeführten Kräuter werden mit
280 Gramm Butter und drei Kochlöffeln Mehl lichtgelb geröstet, mit
³/₁₀ Liter gutem Essig, einer halben Bouteille weißem Wein und der
noch nöthigen Fleischbrühe angerührt und eine halbe Stunde gut ausge=
kocht. Diese Marinade wird, wie später bezeichnet, zu allen Gattungen
Fischen, die im Ofen gebraten werden, angewendet.

255. Feines Kräutchen zu Papilloten. Fines herbes pour les papillotes.

Zwei Eßlöffel voll fein gehackte Trüffeln, eben soviel fein geschnittene
Champignons, zwei Löffel fein geschnittene Schalotten, ein Löffel voll
grüne Petersilie und eine Messerspitze dürre Kräuter werden mit vier Eß=
löffeln voll feinstem Provencer-Oel, gut geschlossen, sehr langsam weich
und kurz eingedämpft, dann mit zwei bis drei Eßlöffeln voll Geflügel=
Farce und einem Stückchen Glace gut verrührt und zu Papilloten, die
später vorkommen werden, angewendet.

256. Trockene Braise. Une mirepoix.

Einige Zwiebeln, gelbe Rüben, Petersilienwurzeln, Schalotten, ein
Lorbeerblatt, einige Gewürznelken und Pfefferkörner werden, nachdem alles
in Scheibchen geschnitten worden ist, mit 280 Gramm in kleine Würfel
geschnittenem, rohen Schinken und ebensoviel weißem Luftspeck nebst
140 Gramm Butter langsam gelb geröstet und sodann kalt gestellt. Das
dressirte Geflügel wird mit dieser Braise auf allen Seiten belegt und in
doppeltes, mit Oel bestrichenes Papier gut eingebunden und am Spieß
im Safte gebraten.

257. Dürre, feine Kräuter. Herbes sèches en poudre, quatre épices.

35 Gramm Muskatnüsse, 35 Gramm Nelken, 17½ Gramm weißer
Pfeffer, 17½ Gramm Cayenne-Pfeffer, 17½ Gramm Muskatblumen,
17½ Gramm grüne Lorbeerblätter, 17½ Gramm Basilicum, 17½
Gramm Thymian, (letztere drei werden zuvor in einem lauwarmen Ofen
getrocknet), alles dies wird sehr fein gestoßen, durch ein feines Haarsieb
passirt und hierauf in einer blechernen Büchse, gut geschlossen, aufbewahrt.

8*

258. Kurze Brühe. Court-bouillon.

Sechs bis acht Stück große Zwiebel, einige gelbe Rüben, Peter=
silienwurzeln, einige Porri und eine Selleriewurzel werden rein geputzt,
feinblätterig geschnitten, mit 280 Gramm frischer Butter, 560 Gramm
klein würfelig geschnittenem Speck in eine Casserolle gethan und zugedeckt,
ohne daß die Kräuter Farbe nehmen, langsam gedünstet; dann werden
3 bis 4 Liter leichte Fleischbrühe oder Wasser, $^{5}/_{10}$ Liter Essig und eine
Bouteille weißer Wein dazu gegossen, mit etwas Thymian, Basilicum
und Pfefferkörner gewürzt und zugedeckt, gut ausgekocht, sodann durch
eine Serviette passirt und bis zum Gebrauche kalt gestellt. Diese court-
bouillon dient hauptsächlich zum Kochen großer Fische, welche noch später
bezeichnet werden.

259. Feine Kräuter. Fines herbes.

Trüffeln, Champignons, Petersilie, Schalotten, von jedem ein Eß=
löffel voll, werden in Butter gedünstet, in eine Porzellanschale gethan
und bis zum Gebrauche kalt gestellt.

260. Backteig oder Weinteig. Pâte à frire.

280 Gramm feines Mehl werden mit weißem Wein und sechs Eß=
löffeln voll feinstem Provencer=Oel dickflüssig abgerührt, etwas Salz bei=
gegeben und mit dem festgeschlagenen Schnee von drei Eierklar leicht
untermengt. Dieser Teig muß kurz vor dem Gebrauche angerührt werden.
Alle Gegenstände, die aus demselben gebacken werden, müssen croquant
und dadurch von angenehmem Geschmacke sein; wird der Teig nach dem
Backen weich, so ist anzunehmen, daß derselbe nicht gehörig bereitet wurde,
denn so einfach er zu machen scheint, so fordert er doch einige Uebung.

4. Abschnitt.

Von den Püreen. Des purées.

261. Püree von Champignons. Purée de champignons.

Ein Körbchen schöne, weiße Champignons werden rein geputzt, gewaschen und mit einem Stück frischer Butter, ein wenig Wasser und dem Saft einer Citrone einpassirt, dann auf ein reines Tuch gethan und fein gehackt. Während dessen läßt man $^3/_{10}$ Liter weiße Coulis mit der Champignon-Essenz und $^3/_{10}$ Liter Rahm unter beständigem Rühren zu einer ganz dicken Coulis einkochen, unter die man die feingehackten Champignons rührt; dies Püree wird alsdann durch ein sehr reines, weißes Haartuch gestrichen und in eine bain-marie-Casserolle gethan, oben mit etwas Geflügel-Glace begossen, damit das Püree keine Haut ziehen kann, und au bain-marie warm gestellt. Beim Anrichten wird es ganz heiß gerührt, mit dem noch nöthigen Salz und einem Stückchen ganz frischer Butter bis zum angenehmsten Geschmacke gehoben und als Unterlage zu den späterhin bezeichneten Entrées gegeben. Dieses Püree verlangt viel Aufmerksamkeit und eine schnelle Behandlung, und zeichnet sich durch den feinen Geschmack besonders aus.

262. Püree von Trüffeln.   Purée de truffes.

280 Gramm, wo möglich Perigord=Trüffeln, oder auch, wenn man viel Parures (Abschnitte) von denselben hat, werden fein geschnitten und mit einem Stück Butter, etwas Salz und Concassé einpassirt. $^5/_{10}$ Liter gute Espagnole werden sehr dick gekocht und mit den rein geschnittenen Trüffeln gut verrührt. Dies Püree wird sodann durch ein Haartuch gestrichen, in eine bain-marie=Casserolle gethan, oben mit Glace begossen und au bain-marie warm gestellt.

263. Püree von Geflügel.   Purée de volaille.

Zwei Kapaunen werden am Spieß gebraten und dann kalt gestellt. Nach diesem werden die Brüste ausgelöst, alle Haut davon genommen und auf einem sehr reinen Schneidbrett fein geschnitten. Alle Abgänge davon werden in Stückchen gehauen, mit $1^1/_{10}$ Liter guter, weißer Fleischbrühe begossen, ausgekocht und dann diese Geflügelbrühe durch eine Serviette passirt. Hierauf macht man von 140 Gramm Butter und zwei Koch= löffeln voll Mehl eine Roux (Mehlschwitze), welche man mit dieser Ge= flügelbrühe anrührt, und auf einem Windofen unter beständigem Rühren mit $^3/_{10}$ Liter vorher schon abgekochtem süßen Rahm zu einer dicken Coulis einkocht. Das fein geschnittene und nochmals gestoßene Kapaunen= fleisch wird mit dieser Coulis gut verrührt und heiß durch ein Haartuch gestrichen. Dies Püree wird hierauf in eine bain-marie=Casserolle gethan, oben mit Geflügel=Glace begossen und warm gestellt. Beim Anrichten wird es gehörig gesalzen, und mit einem Stückchen Schalen=Butter im Geschmack gehoben.

264. Püree von Fasanen.   Purée de faisans.

265. Püree von Feldhühnern.   Purée de perdrix.

266. Püree von Schnepfen.   Purée de bécasses.

267. Püree von Wildenten.   Purée de canards sauvages.

Alle diese werden dem Püree von Kapaunen gleich behandelt, nur ist zu beachten, daß sie mit brauner Glace und Concassé bis zum kräftigen haut-goût im Geschmacke gehoben werden müssen.

268. Püree von Krammetsvögeln.   Purée de grives.

269. Püree von Lerchen.   Purée d'alouettes.

270. Püree von Becassinen.   Purée de bécassines.

Diese nachstehenden drei weichen in ihrer Anfertigung von den vor= hergehenden dadurch ab, daß diese Vögel, wenn sie vom Spieße kommen, sammt den Knochen fein gestoßen werden. Die sauce espagnole wird dick eingekocht, mit dem Gestoßenen verrührt und ebenfalls durch ein Haartuch gestrichen, wobei man aber besonders Acht haben muß, daß kein Beinchen in's Püree komme. Das Vollenden schließt sich gleichfalls den vorhergehenden an.

271. Püree von Sauerampfer. Purée d'oseille.

Ein Körbchen voll grüner Gartensauerampfer wird mehrmals ge= waschen, damit ja kein Sand oder sonstiges Unreine dazwischen bleibe, fest ausgedrückt und mit einem Stück frischer Butter, bis keine Feuchtig= keit mehr da ist, abgedämpft, sodann werden zwei Kochlöffel voll Mehl daran gestäubt, mit guter Fleischbrühe angerührt und auf dem Feuer unter beständigem Rühren dick eingekocht. Hierauf wird das Püree in eine Saucen= Casserolle gethan, oben mit einem Löffel voll Glace begossen und kalt gestellt. Es wird sodann heiß gerührt, gehörig gesalzen und mit einer Liaison von fünf Eiern und einem Stückchen Schalen=Butter legirt.

272. Püree von Endivien. Purée de chicorée.

Sechs Stück schöne Häupter Endiviensalat werden von ihren gröberen Stengeln befreit, von der Hand geschnitten, sehr rein gewaschen und ab= blanchirt, sodann mit frischem Wasser abgekühlt, fest ausgedrückt und mit dem Schneidemesser fein geschnitten. Hierauf läßt man ein Stück Butter in einer Casserolle heiß werden, gibt die geschnittene Endivie dazu und passirt sie eine viertel Stunde langsam, gießt hierauf $^3/_{10}$ Liter weiße Coulis nebst $^3/_{10}$ Liter guten Rahm dazu und rührt das Ganze sorgsam, daß es sich am Boden nicht anlegt, dick ein. Dies Püree wird alsdann durch ein Haartuch gestrichen und in eine Saucen=Casserolle gethan, oben mit Glace begossen und au bain-marie warm gesetzt. Beim Anrichten wird es gehörig gesalzen und mit einem Stück Schalen=Butter und etwas Muskatnuß bis zum lieblichsten Geschmack gehoben.

273. Püree von Carden. Purée de cardons.

Die Carden werden, in Stücke geschnitten, abgebrüht, mit Salz ab= gerieben, in der Braise weich gesotten, sodann auf ein Tuch ausgehoben und fein geschnitten, hierauf mit $^5/_{10}$ Liter Beschamel gut verrührt, ge= hörig gesalzen und durch ein Haartuch gestrichen. Sodann wird es in eine Saucen=Casserolle gethan, oben mit Glace übergossen und eine halbe Stunde zuvor im bain-marie wieder erwärmt.

274. Püree von Erbsen. Purée de pois secs.

$1^1/_{10}$ Liter dürre Erbsen werden gewaschen, mit kaltem Wasser zu= gesetzt, darin weich gesotten und dann so lange zurückgestellt, bis sich die Erbsen gesetzt haben. Das Wasser wird sodann langsam abgegossen und die Erbsen durch ein Haarsieb oder Haartuch passirt. Hierauf wird eine Zwiebel fein geschnitten und mit 140 Gramm Butter gelb geröstet, dann wird ein halber Eßlöffel voll feine Petersilie hinzu gethan und noch ein wenig mit der Zwiebel geröstet. Die Erbsen werden nun nebst dem nöthigen Salz, einem Stück frischer Butter und etwas Concassé über dem Windofen mit einigen Anrichtlöffeln voll kräftiger Jüs ganz heiß gerührt.

275. Püree von Linsen. Purée de lentilles.

Dieses Püree wird ebenso wie das vorhergehende bereitet.

276. Püree von Kartoffeln. Purée de pommes de terres.

Man nimmt hiezu eine mehlige Gattung Kartoffeln, diese werden womöglich in Dampf gar gesotten, dann geschält und jede Kartoffel so= gleich durch ein Haarsieb passirt. Wenn alle Kartoffeln auf diese Art durch sind, werden sie in eine Casserolle gethan und mit dem nöthigen Salz, etwas geriebener Muskatnuß, 140 Gramm sehr frischer Butter und kochendheißem Rahm auf dem Windofen zu einem zarten, schneeweißen Püree angerührt und sogleich angerichtet. Dieses Püree kann man auch anstatt mit Rahm, mit Fleischbrühe anrühren, wozu man jedoch beim Anrichten oben darauf in Butter gelbbraun geröstete Zwiebeln gibt.

277. Zwiebel-Püree. Purée d'oignons.

Zehn bis zwölf Stück schöne, weiße Zwiebeln werden feinblätterig geschnitten und mit einem Stück frischer Butter, einem Stückchen rohen, mageren Schinken sehr weiß und weich gedünstet. Sodann werden $^{3}/_{10}$ Liter Beschamel nebst etwas Salz und einer Messerspitze voll weißer Pfeffer dazu gethan und durch ein Haartuch gestrichen. Es wird als= dann in eine bain-marie=Casserolle gethan, mit etwas Glace begossen und au bain-marie warm gestellt.

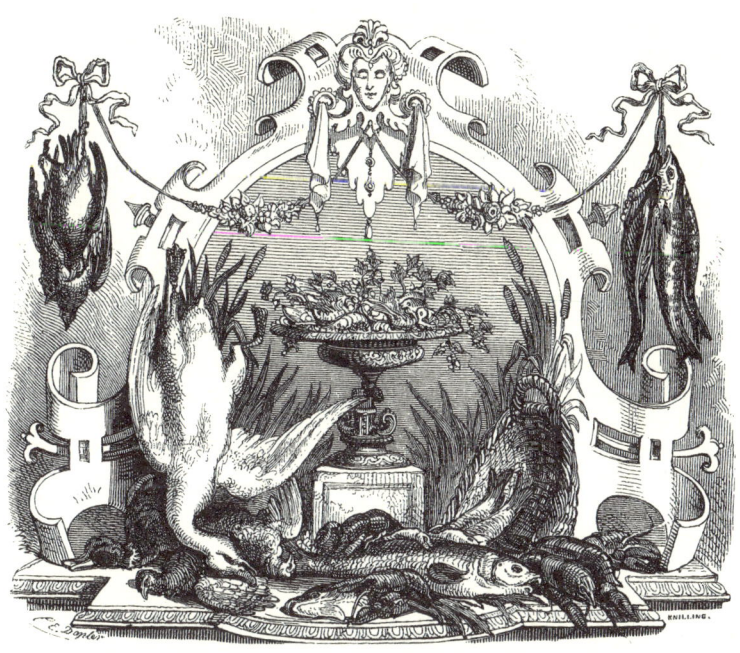

5. Abſchnitt.

Von den Farcen. Des farces.

Wir gehen jetzt zu einem Abſchnitt über, der einer der weſentlichſten und wichtigſten unſerer umfangreichen Kochkunſt iſt; daher rathe ich einem jeden jungen Anfänger, deſſen Intereſſe größtentheils dieſes Buch gewidmet ſein ſoll, bei dieſem länger zu verweilen und dieſen Gegenſtand ja nicht ſo gleichgiltig zu betrachten, denn bei einem großen Theile der Ragouts aber hauptſächlich bei den warmen und kalten Paſteten, iſt eine gut aſſaiſonnirte und gehörig zuſammengeſetzte Farce eine der erſten Bedingungen und bezeichnet eben ſo gut wie die Saucen das in der Kochkunſt ausgezeichnete Talent.

278. Semmel-Panade. Panade.

Drei Mundbrode werden gut abgerieben, jedes in vier Theile ge-ſchnitten in eine Caſſerolle gethan, mit drei Ragoutlöffel voll Conſommé, einem Löffel voll weißer Coulis, einem Eßlöffel voll feingeſchnittener Cham-pignons genäßt, und auf ſchwachem Kohlenfeuer ſo lange abgerührt, bis es ſich überall loslöst und einem feinen Teig gleich iſt, dann werden zwei Eigelb dazu gethan und noch eine Minute abgearbeitet. Hierauf wird dieſe

Panade auf einen Teller gethan, mit einem mit Butter bestrichenem Papier bedeckt und an einen kühlen Ort gestellt.

279. Kalbs-Euter. Tetines.

Zwei Kalbs=Euter werden von der Kalbsnuß (noix de veau) ge= schnitten, gewaschen, in einer Braise weich gesotten, durch ein Drahtsieb passirt und wie das vorhergehende auf einem Teller kalt gestellt.

280. Kapaunen-Farce. Farce de chapons.

Von einem Kapaun oder zwei schönen, jungen Hühnern werden die Brüste ausgelöst, das Fleisch von der Haut und den Nerven geschabt, ge= stoßen und durch ein Drahtsieb gestrichen. Nachdem also diese drei Theile so vorgerichtet sind, werden 105 Gramm Panade, 175 Gramm Kalbs= Euter und 315 Gramm Kapaunenfleisch genommen. Hierauf wird das Brod und das Kalbseuter zusammen im Reibstein eine viertel Stunde gerieben, dann kömmt das Fleisch dazu und wird nochmals acht Minuten gerieben, nebst etwas Salz, ein wenig geriebener Muskatnuß, dem Gelben von vier Eiern und noch zwei Eßlöffeln voll Beschamel. Es wird sodann aus dem Reibstein genommen, auf einen Teller gethan, mit einem mit Butter bestrichenen Papier überdeckt und an einem kühlen Ort, oder noch besser auf Eis bis zum Gebrauche aufbewahrt. Man macht gewöhnlich, ehe man die Farce aus dem Reibstein nimmt, eine kleine Probe; nämlich man nimmt ein wenig und formt davon ein Klößchen, welches man in siedender Fleischbrühe einige Minuten läßt, ohne es jedoch kochen zu lassen. Wenn man es von einander schneidet, muß es sehr mollös und zart sein und einen angenehmen Geschmack haben. Wäre die Probe jedoch zu fest, so müßte man noch etwas Beschamel und im entgegengesetzten Falle noch ein bis zwei Eigelb dazu thun.

281. Fasanen-Farce. Farce de faisans.

282. Feldhühner-Sauce. Farce de perdrix.

Diese werden ganz so wie die Kapaunenfarce bereitet, nur mit dem Unterschiede, daß statt des Beschamels, mit einem Stückchen Glace einge= kochte Espagnole und etwas Concassé genommen wird.

283. Kalbfleisch-Farce mit Nierenfett. Godiveau.

560 Gramm Kalbfleisch von der Nuß (noix de veau), oder besser die Filets, welche an dem Nierenbraten liegen (filets mignons), werden fein geschnitten, mit 840 Gramm extra fein geschnittenem Kern=Nierenfett untermengt und nochmals eine Zeit lang geschnitten. Hierauf kommt das Ganze in den Reibstein und wird mit dem nöthigen Salz und etwas geriebener Muskatnuß so lange gestoßen, bis man weder das Fleisch noch das Fett mehr unterscheiden kann, es wird sodann herausgenommen und

eine Stunde auf's Eis gestellt. Nach Verlauf dieser Zeit wird es noch=
mals in den Reibstein gethan, mit einem eigroßen Stückchen gewaschenes
Eis nebst etwas fein geschnittenen und in Butter passirten Schalotten
und vier ganzen Eiern so lange gestoßen, bis das Eis ganz zergangen
ist; hierauf wird es durch ein Drahtsieb passirt und an einem kühlen
Orte, gut zugedeckt, aufbewahrt. Diese Farce muß, wenn sie gekocht ist,
körnig, fein zitternd sein und einen eigenen sehr angenehmen Geschmack
haben.

284. Geflügel-Farce mit Nierenfett und Trüffeln. Godiveau de volaille aux truffes.

Bleibt in der Bereitung ganz wie die mit Kalbfleisch, nur daß hier
Geflügel genommen wird und statt der fein geschnittenen Schalotten werden
drei bis vier Eßlöffel voll fein geschnittene Trüffeln beigegeben. Statt
der Trüffeln kann man auch fein geschnittene Champignons beigeben und
statt des zahmen Geflügels das Brustfleisch von Feldhühnern nehmen.
Letztere drei entsprechen ganz dem feinen Gaumen und lassen nichts zu
wünschen übrig.

285. Kalbfleisch-Farce auf eine andere Art. Farce de veau d'une autre manière.

560 Gramm Kalbfleisch werden von allem Häutigen gelöst, sehr fein
geschnitten, alsdann recht zart gestoßen und durch ein Drahtsieb passirt.
Dazu kommen alsdann 350 Gramm Semmelpanade und 420 Gramm
sehr fein geschnittener und durch ein Drahtsieb passirter weißer Luftspeck,
das nöthige Salz, Muskatnuß, fein geschnittene Schalotten und Petersilie,
zusammen ein Eßlöffel voll, die aber zuvor schon einen Augenblick in
Wasser abgekocht worden sind. Hierauf wird das Ganze wie eine Farce
von Kapaunen eine viertel Stunde recht zart mit sechs Eierdottern ge=
stoßen und auf's Genaueste vermengt, sodann herausgenommen und in
einer Schale mit Papier bedeckt auf's Eis gestellt. Es versteht sich von
selbst, daß zuvor eine Probe gemacht werden muß.

286. Gratin-Farce von Wildgeflügel. Farce gratin de gibier.

Diese Farce wird gewöhnlich zu den feinen Gratins aus dem Brust=
fleisch von Feldhühnern, Fasanen, Krammetsvögeln, Schnepfen, Wachteln,
Hasen bereitet. Nämlich die Zusammensetzung ist folgende: 420 Gramm
Fleisch, 210 Gramm Panade, 140 Gramm rappirter, geschabter, weißer
Speck, 105 Gramm Trüffeln, vier Eierdotter, das nöthige Salz, etwas
geriebene Muskatnuß, eine Messerspitze voll fines herbes en poudre,
épices, vier Eßlöffel voll fines herbes, zwei Eßlöffel voll Glace und
vier Eßlöffel voll dick eingekochte Madeira=Sauce. Die Bereitung ist
folgende: das Fleisch wird in Scheibchen geschnitten, schnell in seinem
Safte sautirt, dann fein gestoßen, dazu stößt man die Panade, den Speck,
die Trüffeln, dann zuletzt die Eier, die fines herbes, die Glace und die

Sauce. Sind nun sämmtliche Ingredienzen auf die bestmöglichste Weise genau verrieben, so wird die zarte Farce durch ein feines Haarsieb gestrichen, in eine irdene Schüssel gethan, mit Papier genau zugedeckt und bis zum Gebrauche kalt gestellt. NB. Die Lebern von diesen Fleischgattungen können mit gutem Erfolg zu der Farce verwendet werden.

287. Gansleber-Farce zu Gratin. Farce gratin de foie gras.

Man schneidet 420 Gramm Gansleber in Scheiben, sautirt diese in Butter mit zwei Eßlöffeln voll fines herbes, welche aus fein geschnittenen Schalotten, Petersilie, Champignons und Trüffeln bestehen, und stellt sie kalt. Dann werden diese Lebern im Mörser mit 210 Gramm Panade (in Milch eingeweichte, fest ausgedrückte Semmeln), 140 Gramm fein geschnittenem Speck sehr zart gestoßen, und sonach sechs Eßlöffel voll Madeira-Sauce, welche dick eingekocht ist, nebst dem Gelben von vier Eiern, dem nöthigen Salz, etwas geriebener Muskatnuß und dürren Kräutern (fines herbes en poudre) darunter gerieben. Diese Farce wird dann durch ein feines Haarsieb passirt, in eine irdene Schüssel gethan, mit Papier überdeckt und bis zum Gebrauche kalt gestellt.

288. Deutsche Farce oder Koch-Farce. Farce cuite de volaille.

Von einigen jungen Hühnern oder einem Kapaun wird alles Fleisch losgelöst, grobwürfelig geschnitten, in eine Casserolle gethan und mit einem Stück Butter, Salz, Muskatnuß und ein wenig weißem Pfeffer auf schwachem Kohlenfeuer zehn Minuten geröstet. Hierauf wird das Fleisch herausgenommen und fein geschnitten, dann ein großes, frisches Mundbrod abgerieben, in Stücke geschnitten und in die nämliche Casserolle gethan nebst zwei Löffeln voll Bouillon und etwas fein geschnittener Petersilie, wo man es auf schwachem Kohlenfeuer langsam abtrocknet, bis es von dem Kochlöffel und der Casserolle sich loslöst. Dann wird ein gekochtes Kalbseuter genommen und nebst dem Hühnerfleische, der Panade und dem Gelben von fünf rohen Eiern im Reibstein sehr fein gerieben und nochmals durch ein Haarsieb gestrichen. Zu bemerken ist, daß vom Fleisch, von dem Kalbseuter und der Panade von jedem gleichviel sein muß. Die Farce wird sodann in eine Porzellan-Schale gethan, mit einem mit Butter bestrichenen Papier bedeckt und an einem kühlen Orte aufbewahrt. Diese angenehm schmeckende Farce wird stets zu Gratin gebraucht.

289. Gewöhnliche Koch-Farce. Farce cuite de veau.

Zwei Kalbsnieren sammt dem Fett, 280 Gramm Kalbfleisch nebst 140 Gramm weißem Luftspeck, alles würfelig geschnitten, werden in eine Casserolle gethan und mit zehn Schalotten, etwas ganzer Petersilie, zehn Champignons, einem kleinen Kaffeelöffel voll dürren Kräutern, einer abgeschälten Trüffel, dem nöthigen Salz und vier Ragoutlöffeln voll Fleischbrühe, gut zugedeckt, auf Kohlenfeuer weich und kurz eingedämpft, jedoch ohne daß es sich am Boden der Casserolle gefärbt hat. Das Fleisch wird

dann mit einem Schaumlöffel auf ein Schneidbrett gethan und fein ge=
schnitten. Ein Mundbrod wird abgerieben, in Milch oder kalter Fleisch=
brühe eingeweicht, fest ausgedrückt und in derselben Casserolle sammt dem
zurückgebliebenen Fett auf dem Feuer abgerührt; das unterdessen fein ge=
schnittene Fleisch wird nebst zwei ganzen Eiern dazu gethan und zusammen
im Reibstein fein gestoßen, mit dem etwa noch fehlenden Salz gehörig
assaisonnirt und durch ein Drahtsieb passirt. Die Farce wird hierauf
in einem irdenen Gefäß, gut zugedeckt, bis zum Gebrauche aufbewahrt.

290. Geflügel-Farce mit Krebsbutter. Farce de volaille au beurre d'écrevisses.

Das aus aller Haut gelöste Brustfleisch von zwei alten, fetten Hühnern
wird fein geschnitten, gestoßen und durch ein Haarsieb gestrichen. Hierauf
werden 350 Gramm von diesem Fleisch mit 140 Gramm Semmelpanade,
wobei jedoch keine Champignons sein dürfen, nebst 280 Gramm Krebs=
butter (siehe Krebsbutter, 3. Abth. 2. Abschnitt) im Reibstein mit dem
nöthigen Salz, etwas geriebener Muskatnuß und dem Gelben von drei
Eiern recht fein eine viertel Stunde gerieben und sodann ebenfalls eine
kleine Probe gemacht; diese Farce muß eine schöne, rothe Farbe, und
einen zarten, angenehmen Krebsgeschmack haben. Sie wird ebenfalls an
einem kühlen Orte aufbewahrt.

291. Hechten-Farce. Farce de brochets.

Einige Filets von Hechten werden zart gestoßen und durch ein Haar=
sieb gestrichen. Mundbrod wird abgerieben, in Stücke geschnitten, in Milch
einige Minuten eingeweicht und in einer Serviette fest ausgedrückt. Hierauf
werden 350 Gramm Hechtenfleisch, 210 Gramm Brod und 210 Gramm
sehr frische Butter genommen; das Fleisch und das Brod wird zehn Mi=
nuten gestoßen, dann kömmt die Butter dazu und wird noch einige Minuten
gestoßen, sodann wird das nöthige Salz, eine Messerspitze dürre Kräuter,
etwas geriebene Muskatnuß, ein Kaffeelöffel voll fein geschnittene und
abblanchirte Petersilie, das Gelbe von drei Eiern und zwei Eßlöffel voll
Beschamel dazu gethan, und einige Minuten gut durcheinander gerieben.
Es wird hierauf herausgenommen, in eine Terrine gethan, gut zugedeckt
und kalt gestellt. Auf die nämliche Weise werden die Farcen von Karpfen,
Forellen, Aalen und Schellfischen gemacht.

292. Farce von Karpfen-Milchner. Farce fine de laitances de carpes.

350 Gramm gut ausgewässerte und in Salzwasser abblanchirte
Karpfen=Milchner werden auf einem Tuche abgetrocknet und zehn Minuten
lang in 210 Gramm frischer Butter mit zwei Kaffeelöffeln voll fines
herbes, etwas Salz und Muskatnuß mijotirt und sodann kalt gestellt.
Zwei frische Mundbrode werden abgerieben, in Milch eine Minute lang
eingeweicht, im Tuche fest ausgedrückt und sodann die Karpfen=Milchner

mit 210 Gramm von diesem Brode nebst dem Gelben von vier Eiern und zwei Eßlöffeln voll Beschamel eine viertel Stunde im Reibstein recht fein gerieben. Diese Farce wird ebenso, wie die vorhergehenden, bis zum Gebrauche an einem kühlen Orte, mit Papier zugedeckt, aufbewahrt.

293. Sardellen-Farce.   Farce d'anchois.

140 Gramm ausgewässerte, rein geputzte und aus den Gräten ge= löste Sardellen werden mit 70 Gramm frischer Butter, zwei Kaffeelöffeln voll fines herbes, etwas geriebener Muskatnuß mijotirt und mit etwas Krebsbutter, 87½ Gramm Semmelpanade und dem Gelben von drei Eiern sehr fein und zart gerieben, sodann in eine Porzellan=Schale ge= than, mit einem mit Butter bestrichenem Papiere gedeckt und an einem kalten Orte aufbewahrt. Ebenso wird die Farce von Häringen, geräuchertem Lachs und Sardinen bereitet.

294. Feine Krebs-Farce.   Farce fine d'écrevisses.

Ein Mundbrod wird abgerieben, in vier Theile geschnitten und in kalter Milch einige Minuten geweicht, sodann in einem reinen Tuch fest ausgedrückt und auf einem Teller gethan.

Von zwanzig Krebsen werden 140 Gramm Krebsbutter bereitet, die Schweife nebst den Scheeren werden ausgelöst, gestoßen und durch ein Haarsieb gestrichen. Hierauf werden 210 Gramm Semmeln, das Krebs= fleisch und die Krebsbutter in den Mörser gethan und nebst etwas Salz, Muskatnuß, dem Gelben von vier Eiern und ein wenig Beschamel recht fein und zart gestoßen, und dem vorhergehenden gleich, an einem kühlen Orte aufbewahrt. Der nämlichen Zubereitung unterliegen die Farcen von Crevetten und Homards.

925. Feine Trüffel-Farce.   Farce fine aux truffes.

210 Gramm fein geschnittene und in Butter passirte (mijotirte) Trüffeln, 140 Gramm Butter, 140 Gramm Semmelpanade werden zu= sammen mit etwas Salz, einem halben Kaffeelöffelchen feine dürre Kräuter nebst dem Gelben von vier Eiern im Reibstein sehr fein und zart ge= rieben, dann durch ein Haarsieb gestrichen und gut zugedeckt, kalt gestellt.

Die Farcen zu allen Gattungen kalter Pasteten werden später bei diesen vorkommen, denn es ist nöthig, hievon einen eigenen Abschnitt zu machen.

6. Abschnitt.

Von den Ingredienzen zu den kleinen Ragouts.

Des ingrédiens pour les petits ragoûts.

296. Kalbs-Milchner. Ris de veau.

Die zu dem Ragout bestimmten, wo möglich sehr weißen Brieschen werden aus den Röhrchen gelöst, in eine flache Casserolle gethan hinreichend frisches Wasser darauf gegossen, an die Ecke des Windofens gestellt und langsam erwärmt, dann wieder abgegossen, nochmals frisches Wasser darauf gethan, und so muß es wenigstens vier- bis fünfmal geschehen; denn durch das öftere Abwässern zieht sich alles darin enthaltene Blut heraus, und die Brieschen erscheinen zuletzt ganz weiß. Wenn dies erreicht ist, wird nochmals frisches Wasser darauf gegossen und auf dem Windofen zwei Minuten lang schnell steif gekocht; sie werden nun aus diesem wieder in's frische Wasser gethan und darin abgekühlt. Hierauf werden sie auf ein Tuch gelegt und in zolldicke Stückchen rein geschnitten, dann in der weißen Braise vier Minuten weich gekocht. Man läßt sie nun in der Braise erkalten und gibt sie sodann zu den übrigen Ingredienzen.

297. Hahnenkämme. Crêtes de coqs.

Einige Dutzend Hahnenkämme, je nachdem man sie nöthig hat, werden unten, wo sie vom Kopf geschnitten sind, und an den Spitzen ihrer Zacken sauber abgestutzt, in eine Casserolle gethan, mit frischem Wasser an die Ecke des Windofens gestellt und mit einem Kochlöffel beständig darin umgerührt, bis das Wasser so heiß geworden ist, daß sich das feine Häutchen zwischen den Fingern leicht abstreifen läßt, wobei man besonders Acht haben muß, daß man diesen Grad der Hitze nicht übersieht, sonst sind die Kämme verbrüht, die Haut läßt sich nicht mehr abstreifen und das Blut, welches noch darin, ist gestockt, geht nie mehr heraus und die Kämme sind als mißrathen zu betrachten. Wenn von jedem einzelnen Kamm das Häutchen mit Salz abgestreift ist, werden sie in's frische Wasser geworfen und dann an einen warmen Ort gestellt, daß das Wasser immer langsam lauwarm wird; das Wasser wird hierauf fünf= bis sechsmal und zwar von Stunde zu Stunde frisch darauf gegeben, bis die Hahnenkämme ganz weiß geworden sind. Sie werden sodann in der Braise mit dem Saft einer halben Citrone langsam weich gekocht.

298. Hahnen-Nierchen.   Rognons de coqs.

Diese werden rein gewaschen und einige Stunden gut ausgewässert, dann einige Minuten in der Braise mit etwas Citronensaft weich gekocht.

299. Champignons.   Champignons.

Man wählt hiezu die kleinen festen Champignons, welche, nachdem der Stiel abgeschnitten worden, sehr rein.gewaschen, auf einem Tuch abgetrocknet und dann mit einem scharfen, kleinen Messer abgedreht werden. Zuvor aber hat man 140 Gramm frische Butter mit einem Ragout=Löffel voll weißer Fleischbrühe, ein wenig Salz und dem Safte einer Citrone auf= kochen lassen, wo sodann jeder Champignon sogleich hineingeworfen wird; wenn also alle Champignons geschält sind, läßt man sie auf dem Wind= ofen einige Minuten aufkochen, wo man sie einigemal überschwingt; sie werden sodann mit einem Schaumlöffel in eine Porzellan=Schale gethan, mit derselben Butter übergossen und mit einem rundgeschnittenen, weißen Papier, daß keine Luft eindringen kann, welche sie leicht bräunt, genau bedeckt.

300. Trüffeln.   Truffes.

Die besten Trüffeln sind unstreitig die, welche aus dem südlichen Frankreich kommen und die theils in Bouteillen, theils in blechernen Büchsen nach allen Ländern versendet werden. Die Trüffeln aus der Gegend von Perigord haben jedoch noch vor denen aus der Charente und der Dauphiné den Vorzug; diese ersteren haben eine glatte, dünne Schale und eine röthliche Erde; wenn man sie durchschneidet, so sind sie ganz schwarz und haben weiße Adern, auch der Geruch ist feiner und aro= matischer. Die deutschen Trüffeln stehen ihnen bei weitem nach, denn ihr Aroma ist nicht so gut. Die italienischen Trüffeln, vorzüglich die Pie= monteser, haben einen widerlichen dem Knoblauch ähnlichen Geruch und sind nicht sehr beliebt.

Die zu irgend einem Gerichte bestimmten Trüffeln werden in's kalte Wasser gelegt und mit einer steifen Bürste die daran hängende Erde ganz rein, bis die Trüffel ganz schwarz erscheint, abgebürstet und in's frische Wasser gethan. Sie werden hierauf auf ein Tuch gelegt und mit

einem scharfen Messer dünn abgeschält, sodann in irgend eine beliebige
Form geschnitten und in einer Casserolle mit einem Stückchen Butter und
etwas Salz sautirt, dann mit noch einem Stückchen Glace geschwungen
und ganz heiß zu den bestimmten Ragouts gethan, damit sie ihr Aroma
dem Ragout mittheilen.

301. Ochsengaumen.   Palais de boeuf.

Die oberen Gaumen werden rein gewaschen und dann mit frischem
Wasser auf das Feuer gestellt, bis dieses so heiß geworden ist, daß sich
das dünne Häutchen abstreifen läßt. Sie werden sodann wieder ins frische
Wasser gelegt, gewaschen, auf einem Tuch abgetrocknet, unten die blutigen
Theile abgeschnitten und dann in einer Braise sehr weich gekocht. Man
schneidet sie in beliebige Stückchen.

302. Morcheln.   Morilles.

Die beste Art derselben sind die sogenannten Spitzmorcheln. Man
schneidet diese unten rein ab und wässert sie sehr oft in warmem Wasser
aus, welches mit vieler Vorsicht geschehen muß, damit ja kein Sand
darin bleibt. Sie werden sodann abgetrocknet und mit guter Fleischbrühe, Citronensaft, Salz, einem Lorbeerblatt und einer Zwiebel, in die
man zwei Gewürznelken eingedrückt hat, weich gekocht.

303. Artischoken.   Artichauts.

Die frisch abgeschnittenen Artischocken werden aus ihren Blättern
gelöst, die Böden von allen Seiten rein zugeschnitten, mit Citronensaft
gut eingerieben, daß sie schön weiß werden, und dann in der Braise mit
einem Glas weißen Wein weich gekocht.

304. Oliven.   Olives.

$^5/_{10}$ Liter schöne grüne Oliven werden aus ihren Steinen gedreht,
so zwar, daß wenn dieser heraus ist, die Olive ihre natürliche Form
wieder hat. Sie werden in Wasser einige Minuten blanchirt und, nachdem man sie wieder gut abgetrocknet hat, zu den späterhin bezeichneten
Ragouts gegeben. Die Oliven kommen zu uns in Oel oder Salzwasser
in Gläsern eingemacht; hier sind jedoch die im Salzwasser schönen grünen
Oliven verstanden. Die in Oel eingemachten sind meistens mit Sardellen
und Kapern gefüllt und werden stets auch so genossen.

305. Glacirte Zwiebeln.   Oignons glacés.

Vierzig bis fünfzig Stück kleine weiße Zwiebeln werden rein geschält,
mit einigen Löffeln voll Kalbfleischjüs, 35 Gramm Zucker, etwas Salz
und 70 Gramm Butter weich und kurz gedämpft, bis die Zwiebeln schön
gelbbraun und glänzend erscheinen.

306. Geflügellebern.   Foies de volaille.

Die Lebern von jungen Hühnern, Kapaunen, wenn man deren hin=
reichend hat, werden von einander geschnitten, rein gewaschen, mit kaltem
Wasser zugesetzt und eine Minute abgekocht, dann mit frischem Wasser
abgekühlt, auf ein Tuch gelegt und von allen Seiten nett zugeschnitten,
dann auf einem Teller, gut zugedeckt, kalt gestellt.

307. Austern.   Huîtres.

Die Austern werden aufgemacht, aus ihren Schalen genommen, mit
ihrem eigenen Wasser und etwas Citronensaft abblanchirt, dann geseiht, der
Bart davon gethan, und bis zum Gebrauche zugedeckt bei Seite gestellt.

308. Kastanien.   Marrons.

Die Kastanien werden abgeschält, in kochendes Wasser gethan, zuge=
deckt, nach einigen Minuten herausgethan, mit einem Tuch die zweite
Schale abgestreift und in's kalte Wasser gelegt. Eine halbe Stunde vor
dem Gebrauch werden sie auf einem Tuche abgetrocknet, eine an die
andere in eine flache Casserolle gelegt, gesalzen, mit etwas gestoßenem
Zucker bestreut, etwas Butter und Rindfleischjüs dazu gethan und, gut
zugedeckt, auf Kohlenfeuer langsam weich und ganz schön lichtbraun ge=
dünstet.

7. Abschnitt.

Von den kleinen Ragouts.   Des petits ragoûts.

Unter kleinen Ragouts versteht man Gerichte, welche nie für sich allein gegeben, sondern nur als Unterlage dienen und zugleich das Gehaltvolle und Reiche bezeichnen. Deshalb wird auch stets ein wohlgelungenes Ragout als die höchste Vergleichungsstufe des guten und feinen Geschmackes angesehen, und man erkennt im ersten Augenblicke den in seinem Fache ausgebildeten Künstler. Sie erscheinen stets bei großen Fleischstücken, Fischen, bei zahmem und wildem Geflügel, wie auch in Butterteigpasteten, Brod- und Reiskrusten.

Eine zweite Art dieser kleinen Ragouts sind die Salpikons; diese sind zusammengesetzt, wie die vorhergehenden, nur mit dem Unterschiede, daß Alles klein würfelig geschnitten und die Sauce kräftiger und kürzer eingekocht wird. Sie dienen zum Füllen aller Gattungen kleiner Pastetchen, zu den verschiedensten Croquetten, zum Füllen kleiner silberner oder Meermuscheln, wie auch zu den verschiedensten farces timbales, sowohl von Fleisch, Fischen, zahmem oder wildem Geflügel.

309. Ragout Providence.   Ragoût à la providence.

Kleine Stückchen Bratwürste, ebenso viel würfelig geschnittenes Dürrfleisch, Champignons, kleine rundgedrehte Trüffeln, Hahnenkämme und

9*

Nierchen, ein Eßlöffel voll feine Kapern werden auf die im Abschn. 6 beschriebene Weise, von jedem eine Obertasse voll, bereitet, auf einem Tuche gut abgetrocknet und zusammen in eine Casserolle gethan. $^5/_{10}$ Liter guter Espagnole, die Essenz von dem Fleischstücke, wozu dieses Ragout gegeben werden soll, nebst einem Glas Bordeaux werden zusammen dickfließend eingekocht, mit dem Saft einer halben Citrone im Geschmack gehoben, und durch ein Haartuch über die bezeichneten Ingredienzen ge= preßt, oben mit fließender Glace dünn übergossen und au bain-marie warm gestellt. Dieses Fein=Ragout muß sich durch einen kräftigen, etwas piquanten Geschmack auszeichnen. Die Bratwürste werden wie zum Ragout Chipolata bereitet, das Dürrfleisch wird gesotten, kalt gestellt und dann zu Centimeter großen Carreaux geschnitten.

310. Ragout Chipolata.   Ragoût à la chipolata.

Weiße Rüben, gelbe Rüben, von jedem eine Obertasse voll, werden in Form von Oliven geschnitten, dann abblanchirt, mit frischem Wasser abgekühlt und mit Consommé, etwas Salz und einem Stückchen Zucker weich und ganz kurz gekocht. Zwei Dutzend schöne Kastanien werden ab= gebrüht und ganz weich gedünstet, und dreißig Stück kleine Zwiebeln schön glacirt. Zwei Paar Bratwürste werden noch roh fingerdick durchbunden, daß sie kleine, runde Klößchen geben, in Bouillon gar gemacht und rein abgeschält. Alle hier benannten Ingredienzen kommen nebst einer Ober= tasse voll kleiner Champignons (siehe Champignons, Nr. 299) in eine Saucen=Casserolle. Die nöthige Sauce Espagnole wird mit einem Stück Glace und etwas Fleisch=Essenz sehr rein und gebunden eingekocht, gut assai= sonnirt und durch ein Haartuch über die bezeichneten Ingredienzen gepreßt. Zwölf Stück kleine Artischockenböden können ebenfalls beigegeben werden.

311. Ragout Financier.   Une financière.

Zwei Paar schöne Kalbsmilchner, zwanzig Stück Hahnenkämme, eine Obertasse voll Hahnennierchen, desgleichen kleine feste Champignons und ebenso kleinrund geschnittene Trüffeln werden, jedes für sich, nach den Nummern im 6. Abschnitt bereitet, sodann auf ein Tuch gelegt und zu= sammen in eine Saucen=Casserolle gethan. Unterdessen wird mit dem dritten Theil einer Bouteille Madeira=Sec, der nöthigen Fleisch=Essenz und $^5/_{10}$ Liter brauner Coulis eine, rein von allem Fett und Schaum gekochte, kräftige spanische Sauce bereitet, die nach ihrer gehörigen Ein= kochung, bis sie sich etwas dickfließend vom Löffel spinnt, über die be= zeichneten Ingredienzen durch ein feines Haartuch gepreßt wird. Beim Anrichten werden gegen zwanzig Stück mit zwei Kaffeelöffeln dressirte und in Fleischbrühe abgekochte Geflügel=Klößchen zu dem Ragout gethan. Die Kalbsmilchner werden in 2 Centimeter große Würfel geschnitten.

312. Feines Ragout à la Toulouse.   Ragoût à la Toulouse.

Alle oben angeführten Ingredienzen werden auf die nämliche Art und in demselben Quantum bereitet. Dann werden $5/10$ Liter weiße Coulis mit einigen Löffeln voll Geflügel-Essenz rein und bis auf $4/10$ Liter eingekocht, mit einer Liaison von vier bis fünf Eiern gebunden, mit dem Safte einer halben Citrone und einem Stück weißer Geflügel-Glace noch bis zum Angenehmen im Geschmack gehoben und hierauf durch ein weißes, reines Haartuch darüber gepreßt und oben mit einem Eßlöffel voll weißer Fleischbrühe begossen. Die nämliche Anzahl Geflügel-Klößchen werden beim Anrichten dazu gegeben.

313. Ragout Godard. Une Godard.

Dieses Ragout wird gewöhnlich nur zu großen Stücken gegeben und aus diesem Grunde müssen alle Ingredienzen größer bleiben. Zwölf Stück schöne Artischockenböden, desgleichen zwölf Stück kleine Kalbsbrieschen (Milchner), die nämliche Anzahl mit zwei Eßlöffeln gemachter Geflügel-Klößchen, einem Ragout-Löffel voll Krebsschweifchen, desgleichen Hahnenkämme, nebst zwölf Stück in Scheiben geschnittenen Trüffeln, und eine Tasse voll Hahnennierchen wären also die Bestandtheile dieses Ragouts. Die Brieschen, Artischocken, überhaupt alle hier angeführten Ingredienzen werden den vorhergehenden gleich bereitet, und mit einer sehr kräftigen, gut mit Fleisch-Essenz und Madeira rein ausgekochten und mit dem Safte einer Citrone im Geschmacke gehobenen braunen Sauce, mit Rücksicht auf das Volumen der Bestandtheile, in Verbindung gebracht.

314. Ragout Monglas. Ragoût à la Monglas.

Ein Kapaun oder besser noch ein Fasan wird in seinem Saft am Spieß gebraten und sodann kalt gestellt. Eine schöne Gansleber wird in der Braise mit Madeira weich gekocht. Acht Stück große Champignons werden auf die schon bekannte Art bereitet, ebenso sechs Stück sehr schwarze Trüffeln mit Madeira und einem Stückchen Glace gar gedämpft. Wenn nun diese vier Bestandtheile erkaltet sind, werden sie, jedes für sich, in Centimeter lange Filets, in der Dicke eines Federkiels, rein und nett geschnitten. Währenddem wird die Braise von der Gänseleber rein entfettet und die Abgänge des Fasans oder Kapauns in Stückchen zerhauen und darin gut ausgekocht. Diese Essenz wird nun durch eine reine Serviette passirt, nochmals rein entfettet und mit einem kleinen Schöpflöffel voll brauner Coulis vermengt, die man an der Ecke des Windofens sehr rein aus Schaum und Fett kochen läßt. Wenn dies erreicht ist, wird sie nebst einer halben Flasche Champagner über einem starken Windofen schnell eingekocht, bis sie etwas dickfließend vom Löffel läuft. Sie wird sodann auch mit dem Safte einer halben Citrone angenehm gesäuert und durch ein Haartuch über die Ingredienzen gepreßt.

315. Ragout Chambord. Une Chambord.

Achtzehn Stück schöne Krebse werden in Wein gar gekocht und sodann die Scheeren und Schweife ausgebrochen, jedoch daß die Krebse in ihrer natürlichen Gestalt bleiben. Acht Stück Kalbsmilchner werden schön fein gespickt und glacirt, acht Stück schöne Trüffeln in Madeira=Sec und einem Stückchen Glace gedämpft und sodann in Scheiben geschnitten. Vierund= zwanzig Stück Champignons werden einpassirt, ebenso die gleiche Zahl Hahnenkämme. Zwölf Stück Geflügelklößchen werden in einem Löffel schön geformt und in einem mit Butter bestrichenen plat à sauté nebeneinander gelegt, dann mit fein ausgestochenen Trüffeln geschmackvoll garnirt und langsam zur gehörigen Zeit in kochender Fleischbrühe gar gemacht. Mit diesen Ingredienzien wird nun das dazu bestimmte Fleischstück oder Fisch geschmackvoll garnirt und mit einer sehr kräftig mit gutem Rheinwein bereiteten, braunen Sauce leicht maskirt. Dieses Gericht wird jedoch später noch in seinem Abschnitt genauer bezeichnet werden.

316. Weißes Ragout. Ragoût à la reine.

Zwanzig Stück schöne Hahnenkämme, ebenso viel Champignons, eine Obertasse voll Hahnen=Nierchen und zwei Paar schöne Kalbsmilchner werden, wie im Abschnitt von den Ingredienzien ausgeführt ist, bereitet. Während= dem läßt man $8/10$ Liter weiße Coulis mit $3/10$ Liter Geflügelbrühe an der Ecke des Windofens langsam kochen, bis keine Unreinigkeit und Fett mehr aufsteigt; diese wird sodann über einem starken Windofen bis auf $5/10$ Liter schnell eingekocht, eine Minute vom Feuer gestellt und dann mit einer Liaison von sechs Eidottern legirt, mit dem Safte einer Citrone und dem noch nöthigen Salz im Geschmacke gehoben und durch ein Haar= tuch in eine Saucen=Casserolle gepreßt; die hier angeführten Ingredienzien werden gut abgetrocknet, dazu gethan und unter leichtem Schwingen mit der Sauce vermengt. Oben darauf wird etwas weiße Geflügel=Glace gegossen.

317. Matrosen-Ragout. Ragoût à la matelote.

Dieses Ragout ist zusammengesetzt aus dreißig Stück schön glacirten Zwiebeln (siehe Abschnitt 6, von den Zwiebeln), ebenso viel Champignons, 560 Gramm geräuchertem, weich gesottenen und in kleine, 2 Centimeter lange Stückchen geschnittenem Dürrfleisch, womöglich von der Brust, und gegen vierundzwanzig Stück kleinen, in Centimeter große Würfel ge= schnittenen und in frischer Butter goldgelb gebackenen Weißbroden, welche jedoch erst beim Anrichten darauf kommen. $8/10$ Liter braune Coulis werden mit einer halben Bouteille Burgunder, einigen Löffeln voll Rind= fleischjüs, zuvor an der Ecke des Windofens rein ausgekocht, dann, wenn dies erreicht ist, über starkem Kohlenfeuer unter beständigem Rühren bis auf $5/10$ Liter eingekocht, dann mit dem Safte einer Citrone, einem halben Kaffeelöffel voll Zucker und dem etwa noch fehlenden Salz im Geschmacke erhöht und über die bezeichneten Ingredienzien in eine Saucen=Casserolle gepreßt. Dieses Ragout muß einen angenehmen, kräftigen und etwas piquanten Geschmack haben.

318. Ragout von geräucherter Ochsenzunge mit Zwiebel-Sauce. Ragoût de langue à l'écarlate à la Clermont.

Man schält vier weiße Zwiebeln ab, halbirt diese und schneidet aus denselben halbe Ringeln, diese werden sodann in sehr frischem Schmalz goldgelb gebacken und zum Abtropfen über ein Sieb gelegt. Sodann gießt man in eine Casserolle einige Löffel voll guten Fond, gibt die Zwiebeln dazu, nebst etwas gestoßenem, weißen Pfeffer und etwas Zucker, und dämpft die Zwiebeln beinahe kurz ein. Nach diesem gibt man $3/10$ Liter gute kräftige sauce espagnole nebst vier Eßlöffeln voll Glace dazu und kocht es zusammen einige Minuten. Unterdessen wird die dicke Hälfte einer vorher gekochten geräucherten Ochsenzunge abgeschält, der Länge nach in der Mitte durchgeschnitten und diese wieder in kleine ovale Stücke; diese werden in einen plat à sauté gelegt, etwas Consommé darüber gegossen und aufgekocht. Kurz vor dem Anrichten gießt man die sauce à la Clermont darüber, kocht es nochmals auf und richtet dies Kleinragout in einer tiefen Schüssel an.

319. Ragout Macédoine. Ragoût à la Macédoine.

Dieses Ragout besteht aus einer Zusammensetzung junger Gemüsearten, welche, womöglich die ersteren im Frühjahre, oder im Winter aus den Treibhäusern genommen werden sollen, denn nur dadurch gewinnt es sehr an materiellem Werthe, und das Erscheinen wird stets willkommen sein.

Junge gelbe Rübchen, weiße Rüben, grüne Bohnen, Blumenkohl, Spargel, abgezogene Saubohnen, ganz kleine, weiße Zwiebelchen und Artischockenböden wären also die Ingredienzen, welche dazu genommen werden. Die gelben Rüben, weißen Rüben und Artischockenböden werden in kleine Spitzweckchen geschnitten, im Wasser abblanchirt, mit einem Stückchen Butter, Zucker, Salz und etwas weißer Fleischbrühe weich gedünstet. Der Blumenkohl wird in kleine Röschen getheilt und im Wasser mit etwas Salz weich gekocht, ebenso die Spargel, die, soweit sie grün sind, in 8 Millimeter lange Stückchen geschnitten werden. Die Saubohnen werden mit Butter, ein wenig Salz und Zucker weich gedünstet, ebenso die kleinen Zwiebeln. Wenn nun alle hier angeführten Ingredienzen, von jedem eine Obertasse voll, so beendet und in schöner Form weich sind, werden sie auf ein Tuch zum Abtrocknen gelegt. Unterdessen hat man die nöthige Quantität weiße Sauce mit einem Theil Hühnerbrühe dickfließend eingekocht, welche man mit einer Liaison von sechs Eidottern legirt, mit dem Saft einer Citrone, dem noch fehlenden Salz und einem Stückchen Geflügel-Glace angenehm abschärft und sodann durch ein Haartuch in eine etwas flache Casserolle preßt. Sämmtliche Ingredienzen werden dann dazu gegeben und durch leichtes Schwingen vorsichtig untermengt. Oben darauf gibt man etwas Geflügel-Essenz und stellt es au bain-marie warm.

Das hier oben angeführte Ragout wird auch an Fasttagen gegeben, wo jedoch anstatt der weißen Coulis eine Beschamel (siehe Fasten-Beschamel, 2. Abschnitt, 1. Abtheilung) genommen wird.

320. Ragout von Geflügel-Klößchen mit grünen Bohnen. Ragoût de quenelles de volaille aux haricots verts.

Hiezu werden stets die Erstlinge der zarten, jungen Bohnen genommen. Diese werden in der Mitte durchgeschnitten, recht grün blanchirt und zum Abtropfen auf ein Tuch gelegt. Kurz vor dem Anrichten werden diese mit der nöthigen sauce veloutée oder sauce allemande sautirt, dazu gibt man etwas Geflügel=Glace, ein wenig sehr frische Butter, etwas geriebene Muskatnuß und etwas Citronensaft, nebst den kleinen Geflügel-Knödelchen, mit welchen man die Bohnen nochmals aufkochen läßt.

Ferner erscheint dieses kleine Ragout noch als

321. Ragout von Geflügel-Klößchen mit Erbsen. Ragoût de quenelles de volaille aux petits pois.

322. Ragout von Geflügel-Klößchen mit einer Macedoine von Gemüsen. Ragoût de quenelles de volaille à la Macédoine de légumes.

323. Ragout von Geflügel-Klößchen mit Spargelspitzen. Ragoût de quenelles de volaille aux points d'asperges.

Die Bereitungsart schließt sich ganz der vorhergehenden von grünen Bohnen an.

324. Fein Ragout Salpikon. Salpicon.

Diese Ragouts erscheinen stets in klein geschnittenem Zustande und werden, wie schon gesagt worden ist, nie als Unterlage gegeben, sondern bilden theils in Muscheln oder Pastetchen, theils gebacken ein eigenes Gericht. Kalbsmilchner, geräucherte und gekochte Ochsenzungen, Trüffeln, Champignons werden von jedem gleiche Theile bereitet, zu kleinen Würfeln geschnitten und mit Glace und einem Glas Madeira, kurz eingekochter, kräftiger, brauner Sauce, mit Rücksicht auf die Ingredienzen, behutsam untermengt, oben mit Glace begossen und au bain-marie warm gestellt.

325. Fein Ragout für Gourmands. Salpicon gourmand.

Zu diesem gehören 140 Gramm Perigord=Trüffeln, vier Stück Ruttenlebern (Aalraupen), vier bis sechs Stück Karpfen=Milchner, 70 Gramm gut ausgewässerte Sardellen, zwanzig Stück Champignons, der achte Theil einer gekochten geräucherten Ochsenzunge, dreißig bis vierzig Krebsschweifchen und fünfzig Stück Austern. Alle hier angeführten Ingredienzen werden auf die schon öfters gesagte Art und Weise, wie im Abschnitt 6 zu ersehen ist, gar gemacht; wenn sie kalt geworden sind, auf ein Tuch zum Abtrocknen gelegt, jedes für sich zu ganz kleinen, gleichen Würfeln geschnitten und zusammen in eine Casserolle gethan. Sodann werden $5/10$ Liter gute, weiße Sauce mit einem Stück weißer Geflügel=Glace und einer halben Bouteille Champagner auf starkem Feuer bis auf $^3/_{10}$ Liter gut eingekocht, dann eine Minute vom Feuer gestellt und hierauf mit einer Liaison von sechs Eierdottern gebunden, mit dem Safte einer Citrone im Geschmacke gehoben und durch ein Haartuch über die be= zeichneten Ingredienzen gepreßt, oben mit Glace begossen und au bain= marie bis zum Gebrauche warm gestellt.

326. Fein Austern-Ragout.   Ragoût fin aux huîtres.

Hundert Stück Austern werden sammt den Schalen rein gewaschen, dann aufgemacht, die Austern sammt ihrem Wasser in eine Casserolle gethan und mit etwas Citronensaft und weißem Wein schnell abgekocht. Sodann werden die Austern in ein feines Sieb gegossen und die Essenz mit $^5/_{10}$ Liter weißer Coulis auf Kohlenfeuer zu $^3/_{10}$ Liter dick einge= kocht und dann mit einer Liaison von fünf Eierdottern gebunden, mit dem noch nöthigen Salz, einer kleinen Prise Cayenne=Pfeffer und einem Stückchen Schalen=Butter angenehm gewürzt und durch ein Haartuch in eine Saucen=Casserolle gepreßt. Die Austern werden auf ein Tuch gelegt, der Bart oder das Schwarze abgelöst, mit der Sauce durch leichtes Schwingen untermengt, oben mit etwas Glace begossen und au bain= marie warm gestellt.

327. Kleines Fasten-Ragout von Karpfen-Milchner mit Austern. Ragoût maigre de laitance de carpes aux huîtres.

Sechs Karpfen=Milchner werden rein gewaschen und in eine Casserolle gethan. Dazu gibt man ein Stück Butter, ein wenig Salz, den Saft einer Citrone und das nöthige kochende Wasser, so daß dasselbe darüber geht, worauf man die Milchner einigemal aufkochen läßt. Unterdessen werden vier Dutzend frische Austern aus ihren Schalen genommen, und mit ihrem eigenen Safte nebst etwas weißem Wein einmal überkocht, und dann kalt gestellt. Ferner bereitet man eine sauce hollandaise (siehe Nr. 165 und 176), in diese gibt man den Saft von den Austern, zwei Eßlöffel voll Champignons=Essenz und einen Eßlöffel voll beurre maître d'hôtel (siehe Nr. 251). Die Karpfen=Milchner werden dann in schöne Stücke geschnitten, von den Austern der schwarze Rand (Bart) abgeschnitten und nebst ebenso viel kleinen weißen Champignons in die Sauce gethan und warm gestellt.

328. Kleines Fasten-Ragout von Seekrebsen.   Ragoût maigre de homards à la Normande.

Ein schöner Seekrebs wird in einer Kräuter=Marinade mit einer halben Bouteille Rheinwein, Chablis oder Sauterne gekocht, dann wenn derselbe in seiner Marinade kalt geworden ist, wird aus demselben das Fleisch ausgelöst, zu schönen Stückchen geschnitten, und diese in eine Casserolle gethan, dazu kommen zwei Dutzend feine Fischknödelchen mit Champignons=Püree bereitet, ebenso viel kleine runde Champignons, und ebenso viel Austern. Unterdessen hat man eine sauce normande nach Nr. 226 bereitet, zu welcher man einen Theil der Homard-Essenz angewendet hat; diese wird nun kochendheiß zu dem Klein-Ragout gethan, zusammen über dem Feuer heiß gemacht, und dann bis zum Gebrauche au bain-marie warm gestellt.

329. Gemischtes, weißes Ragout. Un ragoût melé.

Zwei Paar Kalbsmilchner, dreißig Stück schöne Champignons, vierundzwanzig Stück Hahnenkämme und ebenso viel Geflügel-Klößchen, werden jedes für sich bereitet und zusammen in eine Saucen-Casserolle gethan. Unterdessen läßt man $5/10$ Liter weiße Sauce mit $3/10$ Liter guter Geflügel-Essenz von der Seite des Windofens rein aus Schaum und Fett kochen und sodann bis sie dickfließend vom Löffel läuft über dem Windofen einrühren. Sie wird hierauf mit dem Gelben von vier Eiern und einem Stückchen Schalen-Butter legirt, mit dem Safte einer halben Citrone angenehm gesäuert, gehörig gesalzen und durch ein Haartuch über die Ingredienzen gepreßt, oben mit etwas Geflügel-Bouillon übergossen, damit sich auf der Oberfläche keine Haut bilden kann und bis zum Gebrauche au bain-marie warm gestellt.

330. Trüffel-Ragout. Ragoût aux truffes.

Sechs bis acht Stück schöne Perigord-Trüffeln werden gut gereinigt, geschält, rondirt, sodann in runde Scheiben geschnitten und mit Butter in einer Schwung-Casserolle eingerichtet. $5/10$ Liter sauce espagnole werden mit der Essenz, zu dem dieses Ragout bestimmt ist, sei es Geflügel, Wildpret oder Kalbfleisch, nebst den Trüffelschalen eine halbe Stunde rein ausgekocht, dann über dem Windofen unter beständigem Rühren mit einer halben Bouteille Madeira-Sec bis sich die Sauce dickfließend vom Löffel spinnt, bis zum kräftigen Geschmack eingekocht. Die Abgänge, die beim Rondiren der Trüffeln abfallen, werden fein gehackt, zu den Trüffeln gethan und über dem Windofen geschwungen, dann die Butter abgegossen, die Sauce darüber gegossen, nochmals aufgekocht und bis zum Gebrauche in einer Saucen-Casserolle au bain-marie warm gestellt. Dieses kostspielige feine Ragout dient als Ragout zu allen Filets von Geflügel, Grenadines, Escalopes, gespickten Kalbsbrieschen und Fricandeaux.

331. Champignons-Ragout. Ragoût aux chàmpignons.

Feste, weiße Champignons werden gewählt, die Stiele abgeschnitten, mehrmals gewaschen, geschält und mit einem Stück frischer Butter, dem Safte einer Citrone, etwas Wasser und Salz eine viertel Stunde gedünstet, bis dieselben gar und recht weiß geworden sind. Die nöthige braune, auch weiße Coulis, je nachdem, zu welcher Fleischgattung sie gegeben werden soll, wird über dem Windofen dickfließend eingekocht, gehörig gesalzen, mit Citronensaft ganz wenig gesäuert und durch ein Haartuch über die Champignons gepreßt und warm gestellt.

332. Pariser-Salpikon. Salpicon à la Parisienne.

Dieses wird mit klein würfelig geschnittenen, recht weißen Champignons, welche unter ein Champignons-Purée melirt werden, bereitet, in eine kleine Casserolle gethan, mit Glace von Geflügel übergossen und au bain-marie warm gestellt.

333. Salpikon von Wildpret. Salpicon chasseur.

Besteht aus gebratenem Rehwild, Feldhühnerlebern, Trüffeln, Champignons, geräucherter Zunge, alles klein würfelig geschnitten und von jedem ein gleicher Theil, darunter kömmt eine dick eingekochte Salmy-Sauce mit Bordeaux-Wein.

334. Italienisches Salpikon. Salpicon à l'Italienne.

Dieses wird aus Kalbshirn, Champignons, Ochsenmark, magerem gekochtem Schinken bereitet. Das Kalbshirn wird in der Braise abgekocht, nach dem Erkalten würfelig geschnitten, das Ochsenmark wird recht weiß abgewässert, dann gar gemacht, würfelig geschnitten und mit dem ebenso geschnittenen Schinken und mit einer mit Madeira-Wein dick und kräftig eingekochten braunen Sauce untermengt.

335. Salpikon à la Palerme. Salpicon à la Palerme.

Besteht aus gekochten klein geschnittenen Maccaronis, Filets von gebratenen Feldhühnern, Hahnenkämmen, Artischockenböden, gekochtem mageren Schinken, nebst einer kräftigen dicken Tomat-Sauce.

336. Salpikon à la Valencienne. Salpicon à la Valencienne.

Ist zusammengesetzt aus ganz körnig gekochtem Reis, Champignons, Artischockenböden, gebratenem Geflügel, gekochten gelben Rüben, Krebsschweifchen. Diese hier nacheinander folgenden Salpikons eignen sich vorzugsweise zum Füllen der kleinen vols au vent, wo diese aber jedesmal den Namen des Salpikons bei der Benennung beibehalten müssen. Ebenso eignen sie sich zum Füllen der verschiedenen kleinen Croustaden, der kleinen Chartreusen, der kleinen Silbermuscheln oder der Capisantis, wie auch zu den kleinen Casserollettes.

337. Königliches Salpikon. Salpicon royale.

Dieses besteht aus Gänseleber, gebratenem Geflügel, Champignons, Kalbs-Milchnern und Hahnenkämmen. Alles dieses wird jedes für sich gar gemacht, dann klein würfelig geschnitten, zusammen unter einer gut mit Krebsbutter bereiteten und dick eingekochten Sauce Beschamel untermengt, in eine Casserolle gethan, etwas Glace darüber gegeben und au bain-marie warm gestellt.

338. Trüffel-Salpikon.   Salpicon à la Périgueux.

Dieses besteht in recht schwarzen, würfelig geschnittenen Trüffeln, welche mit einem Trüffel=Püree, das mit recht dick gekochter sauce espagnole bereitet wurde, untermengt sind.

339. Salpikon Financier.   Salpicon à la financière.

Dieses besteht aus Trüffeln, gebratenem Geflügel, geräucherter Ochsen=zunge, Champignons, mit einer mit Madeira=Sec dick eingekochten sauce espagnole.

340. Salpikon à la tortue.   Salpicon à la tortue.

Ist zusammengesetzt aus weich gekochten Ochsengaumen, Trüffeln, Krebsschweifchen, kleinen runden Geflügel=Klößchen, Essiggurken, alles klein würfelig geschnitten und mit einer dick eingekochten sauce tortue untermengt.

341. Weißes Salpikon.   Salpicon à la Toulouse.

Besteht aus Geflügellebern, Champignons, Hahnenkämmen mit einer dick eingekochten sauce suprême.

8. Abschnitt. 1. Abtheilung.

Von den warmen außergewöhnlichen Gerichten.

Des hors-d'oeuvres chauds.

Unter hors-d'oeuvres versteht man Gerichte, die bei einer Tafel nie unter die Zahl der großen Schüsseln gezählt werden sollen, sondern die theils wegen ihrer Feinheit, theils wegen ihrer Reizbarkeit gleich nach der Suppe servirt werden; man gab ihnen deßhalb die Benennung „Außergewöhnliche Schüsseln." Bei einer größeren Tafel, die nur einigermaßen auf Güte Anspruch machen will, müssen immer deren zwei vorhanden sein, nämlich ein warmes und ein kaltes hors-d'oeuvres. Sollten vor oder nach der Suppe Austern gegeben werden, so muß dennoch nach derselben ein warmes hors-d'oeuvre folgen.

Die hors-d'oeuvres bilden daher einen wesentlichen ausgebreiteten Zweig in der Kochkunst, denn sie erscheinen in allen möglichen Arten und Formen. Sie bestehen aus den verschiedensten Sorten feiner Würstchen, sowohl von Fleisch, als von zahmen und Wildgeflügel, von Fischen und Krebsen; dann aus Pastetchen, Rissollen, Croquetten, Kromesquis und ge=

füllten Brödchen; ferner aus verschiedenen Eierspeisen, endlich aus ge=
räucherten und marinirten Fischen. Aus diesem Grunde habe ich die hors-
d'oeuvres in zwei Abtheilungen geschieden, nämlich in warme und kalte.

342. Frische gebratene Austern. Huîtres fraîches grillées.

Diese werden mit den frischen Austern den Gästen zur Auswahl
herumgereicht und man rechnet auf die Person zehn bis zwölf Stück. Es
wird also die nöthige Zahl Austern rein gewaschen, damit beim Aufmachen
nichts Unreines dazu kömmt, dann auf ein Tuch gelegt, behutsam aufge=
macht, damit kein von ihrem in der Muschel enthaltenen Wasser verloren
geht, sodann auf einem Roste eine neben die andere gestellt und jede
einzeln mit einem halben Kaffeelöffel voll warm gemachter Sardellenbutter
begossen. Hierauf gibt man eine Hand voll feines, gestoßenes, braunes
Mundbrod in ein Haarsieb und besäet die Austern oben leicht damit, und
beträufelt sie nochmals leicht mit etwas zerlassener Butter. Fünf Minuten
vor dem Anrichten werden sie auf Kohlenfeuer schnell gebraten und oben
darüber hält man eine glühende Schaufel, damit sie sich leicht färben.

343. Austern-Pastetchen. Petits vols au vent aux huîtres.

Von fünfmal geschlagenem Butterteig (siehe Butterteig) wird eine
große, messerrückendicke Platte ausgerollt und aus dieser sechsunddreißig
runde Stückchen von 5 Centimeter im Durchmesser mit einem Ausstecher
ausgestochen, achtzehn Stück davon in gleichmäßiger Entfernung auf ein
leicht naßgemachtes Blech gelegt und leicht mit geschlagenem Ei außen
herum bestrichen. Aus den andern achtzehn Stückchen werden mit einem
3 Centimeter im Durchmesser großen Ausstecher runde Stückchen heraus=
gestochen, welche die Deckel der Pastetchen geben und die Kränzchen sehr
egal auf die ersteren runden Blättchen gelegt, diese nebst den Deckeln
leicht mit Ei bestrichen und zusammen in einem ziemlich heißen Ofen in
schöner lichtbrauner Farbe gebacken. Wenn sie aus dem Ofen kommen,
wird der Deckel davongenommen, leicht ausgehöhlt und nochmals eine
Minute in den Ofen gestellt und dann mit einem feinen Ragout von
Austern (siehe Abschnitt 7, fein Ragout von Austern) gefüllt, der Deckel
darauf gelegt und warm servirt. Diese kleinen Pastetchen müssen wenigstens

um's zwölffache im Ofen höher werden. So erscheinen die Pastetchen (vols au vent) mit jeder beliebigen Füllung. Wie zum Beispiel mit jeder Art Salpikon, allen Gattungen Hachis, sowohl von zahmem als Wildgeflügel, ferner mit feinen Ragouts von Fischen aller Art, die sowohl mit holländischer als Beschamel-Sauce angefertigt sind.

344. Kleine natürliche Pastetchen. Petits pâtés au naturel.

Man rollt von Butterteig eine messerrückendicke Platte aus, sticht mit einem Ausstecher in der Größe eines Thalers runde Stückchen aus, legt die Hälfte davon auf ein naßgemachtes Blech, bestreicht sie leicht mit Eiern, legt in die Mitte ein Stückchen Koch-Farce (siehe Koch-Farce Abschnitt 5) und drückt das zweite Scheibchen leicht darauf, bestreicht die Pastetchen oben nochmals leicht mit Ei, bäckt sie den vorhergehenden gleich schön gelbbraun und gibt sie warm zur Tafel.

345. Kleine Krustaden mit Geflügel. Petites croustades de volaille à la béchamel.

Man hat hiezu eigens kleine Förmchen, die man die Krustade-Förmchen nennt; sie sind von Kupfer, 4 Centimeter hoch, haben 3½ Centimeter im Durchmesser und sind von innen gut verzinnt. Diese Formen werden mit klarer Butter ausgestrichen und dann mit mürbem Teig, pâte brisée (siehe mürber Teig), gut, jedoch ohne alle Falten mit Teig ausgelegt. Man hat hiezu ein eigens gedrehtes Holz, welches die Höhe der Förmchen hat und nur um zwei Messerrücken im Durchmesser kleiner ist. Wenn also der Teig gut messerrückendick ausgerollt ist, werden mit einem größeren, runden Ausstecher runde Stücke ausgestochen, das Holz in Mehl getaucht und das Teigstückchen darüber gebogen und zwar so, daß es nirgends Falten macht, sondern ganz glatt ist. Wenn nun dies erreicht ist, wird der Teig sammt dem Holz in den Model leicht eingedrückt, das Holz herausgezogen und der Teig nach der Höhe des Förmchens abgeschnitten. Wenn nun alle, ungefähr achtzehn Stück, auf diese Weise beendet sind, werden sie mit feingeschnittenem Nierenfett angefüllt und in einem ziemlich heißen Ofen blaßgelb gebacken. Das

Nierenfett wird sodann herausgemacht, die Krustaden gestürzt, von außen leicht mit geschlagenem Ei bestrichen und nochmals alle zusammen eine Minute in den Ofen gethan, damit sie von außen ein glänzendes, schönes Ansehen bekommen. Von den Abfällen des Butterteiges werden einige Millimeter größer als die Krustaden sind, runde Stückchen ausgestochen, oben ein Knopf von demselben Teig darauf gesetzt, leicht mit Ei bestrichen und ebenfalls in schöner Farbe gebacken und diese Deckel zu den Krustaden gethan. Währenddem schneidet man das Brustfleisch von einem am Spieß gebratenen und wieder kalt gewordenen Kapaun in kleine 8 Millimeter lange Stückchen von schöner, gleicher Form, ebenso das gleiche Quantum in Madeira gekochter Trüffeln und deßgleichen schöner, rother, gekochter Ochsenzunge. Diese drei Ingredienzen werden nun in eine Saucen=Casserolle gethan und mit $^3/_{10}$ Liter mit Geflügel-Essenz gut bereiteter Sauce Beschamel leicht untermengt, oben mit Geflügel-Glace ein wenig begossen und au bain-marie warm gestellt. Beim Anrichten werden die Krustaden nicht ganz voll mit diesen kleinen Ragouts angefüllt, mit etwas Beschamel begossen, der Deckel darauf gethan, schön auf der Schüssel angerichtet und ganz warm zur Tafel gegeben. Diese Krustaden werden ebenfalls wie die kleinen vols au vent mit jedem kleinen Ragout gefüllt, gegeben.

346. Kleine Krustaden von Nudeln auf schwedische Art.
Petites croustades de nouilles à la Suédoise.

Man macht von drei ganzen Eiern und drei Eigelben mit dem nöthigen Mehl feine Nudeln und kocht diese mit einem Eßlöffel voll Salz einige Minuten ab. Nach diesem werden sie in einen Durchschlag (Seiher) gegossen und mit frischem Wasser abgekühlt. Unterdessen läßt man 140 Gramm frische Butter in einer Casserolle heiß werden, gibt die gut abgetropften Nudeln dazu nebst etwas geriebener Muskatnuß und Salz und läßt sie wieder gut heiß werden, rösten. Sodann wird die nöthige Anzahl Krustade=Becher gut mit frischer Butter bestrichen und mit diesen Nudeln fest und ebenvoll eingedrückt; wenn alle so angefüllt und wieder erkaltet sind, wird das Förmchen in's heiße Wasser getaucht und behutsam umgestürzt, damit nichts darin hängen bleibt; sie werden hierauf in feinem, geriebenen, weißen Mundbrode umgekehrt und bei Seite gestellt. Sodann gibt man acht ganze Eier in eine irdene Schüssel und schlägt sie mit etwas Salz recht fein ab, die Krustaden werden dann wieder eins nach dem andern darin umgekehrt und nochmals in feinem Reibbrod panirt, sodann rollt man sie ganz leicht über die Tafel, damit sie eine glatte Form bekommen, stellt eine neben der andern auf einen mit Reibbrod besäten Plafond und sticht oben mit einem scharfen, runden Ausstecher einen 1 Centimeter großen Deckel messerrückendick ein. Diese Krustaden werden eine halbe Stunde vor dem Anrichten aus heißem Schmalz in schöner, lichtbrauner Farbe gebacken, der Deckel abgenommen, behutsam mit einem Kaffeelöffel ausgehöhlt und mit nachstehendem, kleinen Ragout ganz warm angefüllt.

Champignons, Krebsschweifchen, Karpfen-Milchner, Ruttenlebern und ein Stück vorher abgekochte Hechten-Farce wird alles, von jedem eine Obertasse voll, zu kleinen Würfeln geschnitten und mit $^3/_{10}$ Liter mit Krebsbutter angefertigter, kräftiger Beschamel leicht untermengt und au bainmarie warm gestellt. Die Krustaden werden damit nicht ganz voll gefüllt, oben mit etwas Krebs-Beschamel maskirt, das Deckchen darauf gethan und ganz warm servirt. Diese Krustaden dürfen nur kurz vor dem Speisen gefüllt werden, weil sie sonst weich und dadurch um Vieles an ihrer Güte verlieren würden. Ebenso muß das geriebene Brod sehr fein sein.

Auch diese Krustaden werden wie die vorhergehenden zur Abwechslung mit allen diesen Feinragouts gefüllt, gegeben, wo sie natürlicher Weise nach ihrem Inhalte auch verschiedene Namen bekommen.

347. Kleine Pastetchen von Maccaroni. Petites timbales de Macaronis à la Financière.

Um diese Pastetchen schön bereiten zu können, muß man die nöthige Anzahl kleiner blecherner Förmchen haben, welche oben rund sind (moules à dame). Zu diesen werden 280 Gramm dünne italienische Maccaroni-Nudeln, aber lang, nicht in Stückchen zerbrochen, in gesalzenem, siedenden Wasser mit einem Stückchen frischer Butter zehn Minuten lang gekocht, dann abgeseiht, mit warmem Wasser übergossen und dann auf ein reines Tuch gelegt. Die Förmchen werden mit Butter ausgestrichen und dann wie eine Schnecke mit den Maccaronis ausgelegt, wo man aber dieselben immer mit etwas abgeschlagenem Eiweiß bestreichen muß. Sind nun die Förmchen mit den Maccaronis ausgelegt, so werden sie von innen messerrückendick mit Geflügel-Farce ausgestrichen, so daß in der Mitte noch ein leerer Raum bleibt. Unterdessen bereitet man ein Salpikon nach 339, mit welchem man den leeren Raum ausfüllt und oben ganz mit Farce überstreicht.

Eine halbe Stunde vor dem Anrichten legt man ein Stück leinenes Tuch in eine flache Casserolle, ordnet die Förmchen darüber, daß sie alle gerade stehen, gießt bis zur Hälfte siedendes Wasser hinein, deckt die Casserolle mit einem Deckel zu, gibt etwas glühende Kohlen darauf und stellt sie in die heiße Bratröhre. Beim Anrichten werden sie behutsam aus den Förmchen in eine flache Schüssel gestürzt, etwas Demi = Glace darunter gegossen, schön glacirt und mit etwas sauce financière, welche in eine Saucière gegossen wird, zu Tisch gegeben.

348. Kleine Krustaden von Reis nach Monglas. Petites croustades de riz à la Monglas.

560 Gramm Mailänder = Reis werden belesen, mehrmals sehr rein gewaschen, in eine Casserolle gethan, mit zweimal so viel guter, kochender Geflügel=Braise als das Volumen des Reises beträgt, begossen und mit einer schönen, weißen Zwiebel, in die man zwei Gewürznelken eingedrückt hat, nebst dem nöthigen Salz und einem Stückchen rohen Schinken gewürzt und auf Kohlenfeuer, gut verschlossen, weich und kurz gedämpft. Dieser Reis wird mit einem Holzlöffel gut verrührt und in die mit frischer Butter gut ausgestrichenen Krustadenbecher ebenvoll fest eingedrückt; nach einigem Erkalten werden sie behutsam gestürzt, den vorhergehenden Nudel= krustaden gleich, zweimal mit feinem, weißem Reibbrod und Eiern panirt, oben ein Deckel, messerrückendick, eingestochen und eine halbe Stunde vor dem Anrichten schön goldgelb aus heißem Schmalz gebacken. Das Deckelchen wird herausgeschnitten, die Krustaden ausgehöhlt, sammt den Deckeln warm gestellt und mit nachstehendem Feinragout au moment gefüllt. Das Brustfleisch eines gebratenen Fasanen, Trüffeln, Gänselebern, Champignons und geräucherte Ochsenzunge werden von jedem eine Ober= tasse voll in ganz kleine, gleiche Würfel geschnitten und zusammen in eine Casserolle gethan. $^8/_{10}$ Liter gute, braune Sauce wird mit der ausgekochten Fasanen = Essenz und einem Glas Madeira = Sec auf dem Windofen bis auf $^3/_{10}$ Liter eingekocht und durch ein Haartuch über die Ingredienzen gepreßt, oben mit Glace begossen und au bain - marie warm gestellt. Diese Krustaden werden ebenfalls au moment recht heiß mit dem kleinen Ragout gefüllt, mit den Deckelchen gedeckt und sogleich zur Tafel gegeben.

349. Kleine Kartoffel-Pastetchen à la Toulouse. Petites pâtés de pommes de terre à la Toulouse.

Fünfzehn Stück große Kartoffeln werden im Dunst gar gemacht, sodann jede einzeln geschält und noch ganz warm sogleich durch ein Haar= sieb passirt; wenn nun alle Kartoffeln durchpassirt sind, werden sie zu= gedeckt und warm gestellt. Hierauf läßt man 140 Gramm Butter heiß werden, gibt einen halben Eßlöffel voll fein geschnittene Zwiebeln nebst ebenso viel feiner Petersilie dazu und röstet dies zusammen ein wenig. Sodann kommen die Kartoffeln nebst etwas Salz und geriebener Muskat= nuß dazu, man trocknet sie auf dem Feuer gut ab, schlägt das Gelbe von sechs bis acht Eiern dazu und verrührt sie recht fein. Hierauf wird diese

Masse auf einem flachen Deckel drei Finger hoch zu einem runden Kuchen geformt, aus dem man mit einem runden Ausstecher, der 4 Centimeter im Durchmesser hat, vierzehn egale Pastetchen aussticht. Diese werden sodann in geschlagene Eier getaucht, in feinem, weißen, geriebenem Brode umgekehrt, dann nochmals in Eiern umgekehrt und wieder mit Brod besäet. Wenn nun alle so vollendet sind, werden sie auf der Tafel leicht mit der flachen Hand gerollt, damit sie eine glatte und egale Form bekommen, dann wird oben mit einem kleineren Ausstecher messerrücken= dick das Deckelchen eingestochen und sodann bei Seite gestellt. Während= dem hat man zwei paar schöne, weiße Kalbs=Milchner, dreißig Stück Champignons und zwölf Geflügellebern klein würfelig geschnitten, welche mit ³/₁₀ Liter kurz eingekocht, mit vier Eierdottern legirter, kräftiger sauce allemande leicht untermengt und sodann in eine Saucen=Casserolle gethan und au bain-marie warm gestellt werden. Eine halbe Stunde vor dem Anrichten werden die Pastetchen aus heißem Schmalz schön goldgelb gebacken, auf ein Fließpapier zum Entfetten gelegt, der Deckel mit einem scharfen Messer behutsam herausgenommen, die Pastetchen mit einem Kaffeelöffel ausgehöhlt und sammt den Deckeln warm gestellt. Das Feinragout wird mit etwas feingeschnittener, abblanchirter grüner Peter= silie und dem Saft einer Citrone noch im Geschmacke gehoben und die Pastetchen kurz zuvor damit angefüllt, die Deckel darauf gelegt und sogleich servirt.

350. Kleine Pastetchen mit Sardellen.   Petits pâtés d'anchois.

Man reinigt soviel schöne Sardellen, als man Pastetchen nöthig hat, halbirt sie, macht die Gräten gut davon und rollt jede Hälfte der Sar= delle wie eine Schnecke zusammen. Dann werden von gutem Butterteig die nöthigen runden Pastetchen ausgestochen und auf ein Blech in gleich= mäßiger Entfernung gelegt, auf jedes Stückchen kömmt ein wenig feine Sardellen=Farce (siehe Abschnitt 5, von den Farcen), auf die man sodann zwei aufgerollte Hälften von einer Sardelle legt und dann mit ein wenig Farce fein deckt. Wenn nun die nöthige Anzahl solcher Pastetchen ange= fertigt ist, werden sie mit einem gleichen Stückchen Butterteig gedeckt, leicht mit Eiern bestrichen und in einem mäßig heißen Ofen in schöner Farbe gebacken und warm zur Tafel gegeben. Es ist zu bemerken, daß diese Art Pastetchen sogleich aus dem Ofen kommend servirt werden müssen, durch langes Stehen verlieren sie Vieles an ihrem Werthe.

351. Kleine Austern-Pastetchen.   Petits pâtés aux huîtres.

Man blanchirt soviel Austern in ihrem eigenen Wasser ab, daß auf jedes Pastetchen sechs Austern kommen, dieses wird sodann abgegossen, die Austern auf ein Tuch gelegt, die Bärte davon gethan, das Wasser eingekocht, welches sodann mit der zu den Pastetchen nöthigen Karpfen=Milchner= Farce (siehe Abschnitt 5, von den Farcen) verrührt wird. Wenn nun die bestimmte Anzahl kleiner Pastetchen ausgestochen ist, wird ein kleiner Kaffee=

löffel voll Farce auf jedes gethan, diese mit den Austern belegt, mit etwas Farce wieder gedeckt, außen herum mit Ei bestrichen und mit der zweiten Butterteighälfte belegt, nochmals mit Ei bestrichen, den Sardellen= Pastetchen gleich gebacken und sogleich zur Tafel gegeben.

Auf die nämliche Art bereitet man auch die kleinen Pastetchen von Krebsschweifchen, Trüffeln und Karpfen=Milchnern, nur daß zu jeder Gattung Pastetchen die eigene, feine Farce genommen werden muß, welche in dem Abschnitt 5 (von den Farcen) zu finden ist.

352. Kleine Pastetchen à la Joinville. Petits pâtés à la Joinville.

Man bestreicht hiezu die nöthige Anzahl kleiner Dariol=Förmchen mit frischer, klarer Butter, legt sie sodann mit mürbem Teig aus, füllt sie mit einer feinen, kalten Blanquette von Hühnern, welche mit Trüffeln, Champignons untermischt und mit Glace und etwas Citronensaft bis zum kräftigen, angenehmen Geschmack gehoben ist, an, legt oben von Butterteig ein feines Gitter darüber, bestreicht sie mit Ei und bäckt sie in schöner Farbe aus dem Ofen, gießt sodann etwas Demi=Glace hinein und gibt sie sogleich zur Tafel.

353. Römische Pastetchen. Petits pâtés à la Romaine.

280 Gramm feines Mehl werden mit kalter Milch, vier Eierdottern, etwas Salz und Muskatnuß und einem Eßlöffel voll feinstem Oel zu einer etwas dickflüssigen, dem Pfannenkuchenteig ähnlichen Masse angerührt und bei Seite gestellt.

Die Form zu diesen Pastetchen ist folgende:

Dieselbe ist von gegossenem Messing, 6 Centimeter hoch, 4 Centi= meter oben breit und unten um 2 Millimeter schmäler, damit die Pastetchen leicht herausgehen, dann zwei messerrückendick, das Innere hohl und die Außenseite fein gerippt. Diese Form ist an einen 30 Centi= meter langen, federkieldicken, eisernen Stiel angeschraubt, der am Ende von gedrehtem Holz eine Handhebe hat. Die Masse wird gut verrührt und in ein Glas nicht ganz voll gegossen; wenn die Form in Back= schmalz gut heiß gemacht worden ist, wird sie sogleich bis auf einige Millimeter vom Rande in die Masse getaucht, welche sich sogleich ansetzt und dann gleich wieder in das erwärmte Schmalz gehalten, worin sie goldgelb gebacken wird. Wenn dies erreicht ist, wird sie vom Model genommen und auf ein Fließpapier umgestürzt und so wird fortgefahren bis man die nöthige Anzahl Pastetchen gebacken hat.

Diese Pastetchen werden au moment mit einem Salpikon von Krebs-schweifchen, Hühnerlebern, Champignons und Hühner-Filets, Alles klein würfelig geschnitten und mit einer mit Krebsbutter gut zubereiteten, recht rothen Sauce Beschamel, mit Rücksicht des Volumens der Ingredienzien in genaue Verbindung gebracht, gefüllt und zierlich angerichtet.

354. Kleine Pastetchen nach Mazarin. Petits pâtés à la Mazarin.

Hiezu hat man von Blech runde Förmchen, welche 6 Centimeter breit, 4 Centimeter hoch und der Boden 3 Centimeter breit ist. Diese werden mit klarer Butter gut bestrichen, mit mürbem Teig zwei messer-

rückendick ausgelegt, mit einer zart bereiteten Godiveau-Farce (siehe Ab-schnitt 5, von den Farcen) angefüllt; sodann bestreicht man die obere Kante mit Ei, macht von demselben Teig oder Abfällen von Butterteig einen Deckel darüber, bestreicht diesen ebenfalls mit Ei, setzt in der Mitte ein kleines, rundes Knöpfchen darauf und, wenn man die bestimmte An-zahl solcher Pastetchen angefertigt hat, werden sie in einem mäßig heißen

Ofen eine halbe Stunde schön gelbbraun gebacken.   Wenn sie aus dem Ofen kommen, werden sie aus den Förmchen genommen, der Deckel sorg=fältig abgeschnitten, mit einem scharfen Löffel in der Mitte die Hälfte von der Farce herausgenommen und dann mit nachstehendem, feinen Ragout wieder gefüllt.

Das Brustfleisch von einem gebratenen Kapaun, sechs Stück in Madeira gekochte Trüffeln, vierundzwanzig Stück in Butter und Citronen=saft eingeschwitzte Champignons, alles dies wird klein würfelig geschnitten und zusammen in eine Casserolle gethan.   Die nöthige braune Sauce wird mit einem Stückchen Glace und einem Glas Madeira=Sec über dem Windofen dickfließend eingekocht, dann gehörig gesalzen und durch ein Haartuch über die Ingredienzen gepreßt, und sodann au bain-marie warm gestellt.   Diese Pastetchen werden nun im letzten Augenblick mit diesem Salpikon gefüllt, der Deckel darauf gethan und sogleich servirt.   Die Pastetchen dürfen nur kurze Zeit zuvor gebacken werden.

355. Kleine Pastetchen à la Dauphine.   Petits pâtés à la Dauphine.

Man bereitet von 560 Gramm feinem Mehl, 210 bis 280 Gramm frischer Butter, vier Eidottern, drei Eßlöffeln voll Hefe, der nöthigen lauwarmen Milch und Salz einen feinen Hefenteig.   Ebenso bereitet man nach Nr. 316 ein weißes Ragout, wozu aber sämmtliche Ingredienzen kleinwürfelig geschnitten werden, die Sauce aber etwas dick gehalten und kalt sein muß.   Die Hälfte des Hefenteiges wird nun federkieldick über dem Teigbrett ausgerollt, daraus runde Stücke in der Größe eines Wein=glases ausgestochen uud diese über ein mit Mehl bestäubtes Blech gelegt. Diese Teigplättchen werden nun außen herum mit abgeschlagenem Ei be=strichen und in deren Mitte ein Häufchen von dem kalten Klein=Ragout gethan.   Die andere Hälfte des Hefenteiges wird nun ebenso ausgerollt und ausgestochen, diese Plättchen über die andern gelegt und außen herum leicht angedrückt.   Wenn nun die nöthige Anzahl solcher Pastetchen fertig ist, werden dieselben mit einem Tuch zugedeckt und zum Gehen warm ge=stellt.   Sodann werden sie aus frischem Schmalz lichtbraun gebacken und und erhaben über eine gebrochene Serviette auf einer Schüssel angerichtet.

356. Nudel-Krustaden mit geräuchertem Rheinsalm.   Croustades de nouilles au saumon du Rhin fumé.

Man bereitet die nöthige Anzahl Nudel-Krustaden wie sie bei den schwedischen beschrieben sind.   Dann werden 560 Gramm geräucherter Rheinsalm aus Haut und Gräten gelöst, sodann in kleine gleiche Würfeln geschnitten, und diese in 70 Gramm Krebsbutter auf einem plat à sauté zwei Minuten über Kohlenfeuer geschwungen.   Wenn dies beendet ist, werden sie in eine Casserole gethan, und mit $^{3}/_{10}$ Liter guter kräftiger Beschamel (siehe 2. Abschnitt, 1. Abtheilung) leicht untermengt und au bain-marie warm gestellt.   Beim Anrichten wird noch etwas Citronen=

saft dazu gepreßt und ganz heiß in die Krustaden gefüllt, welche sogleich zur Tafel gegeben werden.

356. Lerchen-Pastetchen. Petits pâtés aux alouettes.

Es wird die nöthige Anzahl schöner Lerchen so=
viel man nämlich Pastetchen zu machen hat, vorsichtig
gerupft, rein über Kohlenfeuer flammirt, dann sorg=
fältig ausgebrochen, so zwar, daß die Haut nicht
beschädigt, und alles Fleisch von den Knochen mit
abgelöst ist. Wenn nun dies auf die bestmöglichste
Art beendet ist, werden die Lerchen auf einem Tuch auseinander gelegt, mit
Salz, welches mit ein wenig dürren Kräutern untermengt ist, gesalzen, dann
in eine Porzellanschale mit dem Saft einer Citrone, einem Eßlöffel voll
feinem Oel, einer in Scheiben geschnittenen Zwiebel und etwas ganzer Peter=
silie einige Stunden marinirt. Die Gerippe (Carcasses) werden, wenn
die Mägen von den Vögeln weggethan worden sind, mit einem Stück
Butter über Kohlenfeuer gelbbraun geröstet, mit $^3/_{10}$ Liter brauner Sauce
dick eingekocht sodann im Mörser fein gestoßen und wie ein Fleischpüree
durch ein feines Haarsieb gestrichen und dann in einer Schale kalt gestellt.
Zu gleicher Zeit hat man aus Kalbfleisch und weißem Luftspeck (nach
Angabe im Abschnitt 5) eine Koch=Farce bereitet, unter die man sodann
das Lerchen=Püree gut untermengt. Wenn nun diese Farce, gehörig assai=
sonnirt in der zartesten Eigenschaft bereitet, fein durchgestrichen worden
und zwar so, daß sie nichts zu wünschen übrig läßt, werden die Vögel aus
der Marinade genommen, auf ein Tuch auseinander gelegt, in jede Lerche
die nöthige Farce gethan, in die Mitte eine kleine rundirte, in Madeira
und einem Stückchen Glace gar gemachte Trüffel eingedrückt und denselben
ihre vorige Gestalt wieder gegeben. Währenddem hat man die nöthige
Anzahl kleiner Pastetchen mit mürbem Teig ausgelegt, innen mit derselben
Farce messerrückendick von allen Seiten bestrichen, in die man hierauf in
jede Krustade eine Lerche gibt, oben mit Farce überstreicht und mit einem

Stückchen Speckbarde deckt. Eine halbe Stunde vor dem Anrichten werden sie in einem mäßig heißen Ofen schön gebacken, dann aus dem Förmchen genommen, die Speckbarde weggethan, mit etwas Demi=Glace begossen und auf jede Krustade ein Lerchenköpfchen gelegt, welche eine kleine, hier nachstehende Vorrichtung erhalten.

Die Lerchenköpfchen werden rein geputzt, der Schnabel etwas abge= stutzt, die Augen ausgestochen, und dann zusammen mit einem Stückchen Butter, Salz und dürren Kräutern leicht über Kohlenfeuer gelb geröstet, in die Augenhöhlung wird etwas von der Farce gestrichen, zusammen auf einen Plafond gelegt und noch einige Minuten vor ihrem Gebrauche im Ofen warm gestellt, sodann wird jedes mit Glace bestrichen und auf die Krustaden gelegt.

358. Kleine Pastetchen von Trüffeln mit Ortolanen. Petits bouchées de prince.

Zwölf bis fünfzehn Stück schöne Ortolanen werden gereinigt, flammirt, ganz, ohne die Haut zu zerreißen, ausgebeint, dann mit einer farce gratin, nach Nr. 286, unter welche man zwei Eßlöffel voll würfelig geschnittene Trüffeln melirt hat, gefüllt, dann rund formirt, und um jeden Vogel ein schmaler Papierstreifen, welchen man mit einem Ei bestreicht, gemacht, damit der Vogel seine runde Form behält. Sodann wird der Boden eines passenden plat à sauté mit dünnen Speckscheiben belegt, die Ortolanen werden hineingeordnet, einige Eßlöffel voll guter Fond darunter gegossen, jeder oben mit einem Speckscheibchen zugedeckt, und zehn bis zwölf Minuten lang in ein Bratrohr gestellt. Sind nun die Vögel halb ausgekühlt, so wird der Papierstreifen abgenommen und die Vögel schön glacirt. Zu gleicher Zeit werden gleichgroße, schöne Trüffeln gut gereinigt und in Bor= deaux=Wein abgekocht; wenn sie kalt sind, werden sie ausgehöhlt, was aber mit Vorsicht geschehen muß. Das Ausgehöhlte wird fein hachirt, etwas Farce, wie auch zwei Eßlöffel voll dick eingekochte sauce espagnole dar= unter gerührt, und mit diesem die ausgehöhlten Trüffeln innen ausgestrichen. Ist dies nun vollendet, so werden die Ortolanen über die Trüffeln ge= legt, diese in einen plat à sauté gestellt, etwas von der Trüffel=Essenz darunter gegossen, zugedeckt, und im Bratofen wieder gut heiß gemacht. Beim Anrichten werden die Vögel wie die Trüffeln schön glacirt und auf eine Serviette angerichtet. NB. Statt der Ortolanen, können auch schöne Lerchen genommen werden.

359. Lerchen-Pastetchen auf römische Art. Bouchées de mauviettes à la Bohémienne.

Man bereitet von feinem Hefenteig (pâte à brioche) die nöthige An= zahl gleiche runde Brödchen, in der Größe von großen Trüffeln, diese werden lichtbraun gebacken; wenn sie halb ausgekühlt sind, wird oben eine Oeffnung eingeschnitten, um sie aushöhlen zu können. Nach diesem werden sie mit einer farce gratin nach Nr. 286 gut ausgestrichen und sonach warm ge=

stellt. Unterdessen werden die nöthige Anzahl Lerchen ganz den vorhergehenden Ortolanen gleich bereitet, diese beim Anrichten in die Brödchen gefüllt, etwas sauce espagnole mit Madeira-Sec bereitet, darüber gegossen, die Vögel schön glacirt, und heiß über eine schön gebrochene Serviette angerichtet.

360. Wachtel-Pastetchen. Petits pâtés aux cailles.

361. Krammetsvögel-Pastetchen. Petits pâtés aux grives.

362. Bekassinen-Pastetchen. Petits pâtés aux bécassines.

Bei diesen vorstehenden dreien ist die Verfahrungsmethode ganz nach Vorschrift der vorhergehenden Lerchenpastetchen auszuführen, nur daß sich die Größe der Pastetchen nach ihrem aufzunehmenden Inhalte richtet. Ebenso werden auch statt der Becherpastetchen kleine, dressirte Pastetchen nach bestimmter Größe angefertigt. Obgleich der Teig der letzteren nicht so angenehm zu essen ist, so verdienen sie jedoch ihrer schönen äußeren Form wegen den Vorzug und nehmen unter den warmen hors-d'oeuvres, besonders wenn deren eine Platte voll auf gebrochener Serviette schön angerichtet erscheint, stets den ersten Platz ein. Die Art und Weise wie letztere gemacht werden, richtet sich ganz nach den großen dressirten Pasteten, worüber später noch im Laufe dieses Buches gesprochen werden wird.

363. Schinken-Pastetchen, Wandeln, auf bürgerliche Art. Petits pâtés de jambon à la bourgeoise.

Man hat hiezu von weißem Blech gezackte Förmchen in runder oder ovaler Form, gewöhnlich Wandeln genannt. Eine bestimmte oder nöthige Anzahl deren wird mit Butter ausgestrichen und mit mürbem Teig dann ausgefüttert. Sodann werden 280 Gramm gekochter Schinken fein geschnitten und auf einem Teller zugedeckt bei Seite gestellt. $^5/_{10}$ Liter guter saurer Rahm werden mit sechs bis acht Eierdottern, etwas Salz und Muskatnuß gut verrührt und sodann durch ein Haarsieb gestrichen; in diesen sauren Rahm wird nun der Schinken untermengt und die Wandeln nicht ganz voll angefüllt, der Rand mit Ei bestrichen und ein Deckel von Butterteig darauf gemacht, oben nochmals mit Ei dünn bestrichen und in nicht sehr heißem Ofen eine halbe Stunde langsam gebacken. Sie werden sogleich warm zu Tisch gegeben.

364. Bürgerliche Pastetchen auf eine andere Art. Petits pâtés à la bourgeoise.

Die Pasteten oder Wandeln werden den vorhergehenden gleich mit Teig ausgelegt. Hierauf werden die besten Fleischstückchen von in Rest gebliebenem Braten, von welcher Gattung sie auch sein mögen, mit etwas gehackter und in Butter geschwitzter Petersilie nebst einigen Schalotten fein geschnitten, dann mit einer dick eingekochten, braunen Sauce nebst etwas

Sardellenbutter, dem nöthigen Salz und Muskatnuß gut verrührt und im kalten Zustande in die Wandeln gefüllt, oben ein Deckel darüber gemacht, und den vorhergehenden gleich gebacken und warm zu Tisch gegeben.

365. Kartoffel-Pastetchen mit Geflügel.   Petits pâtés de pommes de terre au soufflé de volaille.

Achtzehn bis zwanzig schöne Kartoffeln werden im Dunst gar gemacht, dann geschält und durch ein Haarsieb gestrichen. 140 Gramm Butter werden schaumig gerührt, das Gelbe von fünf bis sechs Eiern nach und nach dazu geschlagen, mit Salz und etwas Muskatnuß gehörig gewürzt und dann kalt gestellt. Vier junge Hühner werden am Spieß gebraten, und wenn diese erkaltet sind, die Brüste nebst dem Besseren von den Schlegeln rein ausgelöst, die Haut abgezogen und fein würfelig geschnitten. Die Carcasses werden in Stücke getheilt, in eine Casserolle gethan, mit einem Schöpflöffel voll Fleischbrühe begossen, gut ausgekocht, sodann durch ein Haartuch geseiht und rein entfettet. Hierauf läßt man ein Stückchen Butter, ohngefähr 105 Gramm, heiß werden, gibt zwei Kochlöffel voll Mehl dazu, röstet dies einige Minuten, füllt diese roux (Mehlschwitze) mit der Geflügelbrühe und $^3/_{10}$ Liter gutem Rahm auf, und kocht dies unter beständigem Rühren dick ein. Diese Sauce wird hierauf durchgepreßt, das Gelbe von zehn Eiern dazu geschlagen und eine halbe Stunde gerührt. Währenddem werden die nöthige Anzahl gezackter blecherner Wandeln mit Butter bestrichen und mit obiger Kartoffelmasse zwei messerrückendick ausgelegt und in gleicher Entfernung auf ein Blech gestellt. Das Weiße von sechs Eiern wird zu einem festen Schnee geschlagen und langsam unter die Hühnermasse gezogen, die Pastetchen mit dieser gefüllt und eine kleine halbe Stunde in einem nicht sehr heißen Ofen gebacken. Sie werden sodann aus den Förmchen genommen, schön angerichtet und sogleich zur Tafel gegeben.

366. Rissolen.   Rissoles.

Hiezu wird ein Teig wie zu den kleinen Becher-Pastetchen (Croustades) gemacht, welcher auf folgende Art bereitet wird.

560 Gramm feines Mehl wird auf den Backtisch gesiebt, zusammengemacht und in der Mitte eine Grube geformt, in die man 420 Gramm harte frische Butter stückweise, nebst sechs Eierdottern, einem Kaffeelöffel voll Salz und fünf Eßlöffeln voll frisches Wasser gibt. Dieser Teig wird mit beiden Händen schnell zusammengemacht und dann zweimal mit der geballten Hand in kleinen Partien nach der Länge des Tisches von sich geschoben, beim zweiten Mal muß der Teig schon beisammen sein, überhaupt muß diese Arbeit schnell vor sich gehen, damit der Teig nicht verbrennt (ein technischer Ausdruck, der so viel sagen will, daß durch das zu lange Arbeiten sich die Butter vom Mehl trennt und dadurch der Teig als unbrauchbar erscheint).

Wenn nun der Teig auf diese Weise gut vollendet ist, wird er in ein feuchtes Tuch geschlagen und eine Stunde zum Ruhen an einen kalten Ort gestellt. Nach dieser Zeit wird die Hälfte davon zu einer messer-rückendicken, egalen Platte ausgerollt, auf die man sodann von gut be-reiteter Koch-Farce (siehe Abschnitt 5, von den Farcen) in 4 Centimeter breiter Entfernung kleine welschnußgroße Häufchen setzt, von allen Seiten mit Ei bestreicht, den Teig darüber schlägt, mit einem umgekehrten Aus-stecher den Teig etwas andrückt, und dann mit einem gezackten Ausstecher noch 8 Millimeter größer aussticht, daß sie eine schöne, egale, halbrunde Form erhalten. Wenn nun die nöthige Anzahl, deren es immer für zwölf Couverts sechsunddreißig Stück sein müssen, auf die besagte Weise angefertigt ist, werden sie auf ein mit Mehl leicht bestäubtes Blech gelegt, mit einer reinen Serviette zugedeckt und an einem kühlen Orte aufbewahrt. Eine viertel Stunde vor dem Anrichten werden sie aus heißem Schmalz schön rothgelb gebacken, dann auf einige Bogen Fließpapier gelegt, damit sie nicht fett werden, und dann heiß noch mit einem Pinsel, den man in warme Krebsbutter eintaucht, leicht angestrichen, was ihnen ein schönes Ansehen gibt. Sie werden nun in schöner Form auf eine gebrochene Serviette angerichtet, oben ein Häufchen schön grün gebackene Petersilie darauf garnirt und sogleich zur Tafel gegeben.

Die Rissolen können mit jedem Salpikon und allen Sorten Hachis gefüllt werden, nur muß die Sauce dazu sehr kurz eingekocht und das Ganze ganz kalt sein, damit es sich wie jede Farce einfüllen läßt. Viele nehmen auch anstatt mürben Teiges Abgänge von Butterteig; allein letzterer hat die Eigenschaft, daß er fett bleibt. Auch kann man die Rissolen in geschlagene Eier tauchen und mit feinem Reibbrod paniren, welche aber sodann, wenn sie gebacken sind, nicht mit Krebsbutter angestrichen werden dürfen.

367. Rissolen auf russische Art. Rissoles à la Russe.

Ein Teller voll Sauerkraut wird einmal gewaschen, ausgedrückt, einige-mal durchschnitten, dann mit gerösteten Zwiebeln, einem Glase weißen Wein und mit etwas fetter Rindfleischjüs sehr weich, und bis alle Flüssigkeit verschwunden, kurz eingedämpft, dann mit einem Stückchen Glace verrührt und kalt gestellt. Unterdessen bereitet man von gebratenen Feldhühnern ein kräftiges, dickes Salpikon, klein Ragout, welches man ebenfalls kalt stellt. Hierauf macht man von 560 Gramm feinem Mehl, 210 Gramm Butter, vier Eierdottern, vier Eßlöffeln voll guter Hefe, $^{1}/_{10}$ Liter guter Milch und etwas Salz einen zarten Hefenteig, aus welchem man, wenn er zum zweiten Male gegangen ist, eine große, dünne Platte ausrollt. Auf dieser werden nun in gleichmäßiger Entfernung von 4 Centimeter kleine Häufchen von dem Sauerkraut gethan, leicht auseinander gedrückt, dann in die Mitte etwas von dem Feldhühner=Salpikon gethan und das Sauerkraut von allen Seiten darüber gegeben. Der Teig wird mit Ei bestrichen, darüber geschlagen, leicht angedrückt und dann mit einem größeren, runden gezackten Ausstecher ausgestochen, so daß die Rissolen 6 Centimeter groß werden. Wenn nun deren achtzehn bis zwanzig Stück fertig sind, werden sie auf ein mit Mehl bestäubtes Tuch gelegt, zugedeckt und zum Aufgehen warm gestellt. Diese Rissolen werden dann in heißem Schmalz schön rothgelb ausgebacken, hierauf auf eine gebrochene Ser= viette mit grün gebackener Petersilie erhaben angerichtet und warm zur Tafel gegeben.

368. Profiterolen. Profiteroles.

Man bereitet einen Hefenteig, dem vorhergehenden gleich, nur daß um die Hälfte weniger Butter genommen wird. Wenn dieser nun fein gearbeitet an einem warmen Orte gegangen ist, werden daraus eiergroße, ganz runde Bröchen geformt, in gleicher Entfernung auf ein Blech ge= setzt, mit einem leichten Tuch zugedeckt und an einen warmen Ort zum Aufgehen gestellt. Wenn nun diese Bröchen um einen Theil größer ge= worden sind, werden sie in einem nicht sehr heißen Ofen schön gelbbraun gebacken, sodann vom Blech genommen, und wenn sie kalt geworden sind, von allen Seiten leicht abgeraspelt. Wenn auf diese Art alle Bröchen fertig sind, wird oben mit einem scharfen, kleinen Messer in der Größe eines Markstücks eine Oeffnung gemacht, der Deckel weggenommen, die Bröchen ausgehöhlt und mit irgend einem beliebigen, kräftig bereiteten, feinen Ragout, Salpikon (siehe Abschnitt 7, von den kleinen Ragouts), oder mit einem guten Hachis von Fleisch oder Geflügel in kaltem Zustande gefüllt, der Deckel in Ei getaucht und darauf gelegt. Wenn alle auf diese Weise gefüllt worden sind, werden drei ganze Eier und vier Eier= dotter mit $^{3}/_{10}$ Liter guter Milch verrührt, durchpassirt und über die in einem Plafond geordneten Bröchen gegossen, wo man sie eine viertel Stunde weichen läßt. Kurz vor dem Anrichten werden sie aus heißer Backbutter schön gelbbraun gebacken, auf ein Tuch zum Entfetten gelegt, sodann schön angerichtet und warm zur Tafel gegeben. Eine gute kräftige Jüs wird extra mit herumservirt.

Diese Profiterolen werden auch häufig, wenn sie gefüllt sind, schnell in kalte Milch getaucht, dann auf ein Sieb gelegt, sodann in eingeschlagenen Eiern gewendet, mit feinem, weißen Reibbrod panirt und den vorhergehenden gleich gebacken.

369. Kannellons von Butterteig mit Bratwürsten.
Cannellons aux saucisses.

Vier Paar gut bereitete Bratwürste werden in ihrem Saft gebraten, dann die Haut abgezogen, in 6 Centimeter lange, gleiche Stücke geschnitten und in feinen Kräutern, welche aus fein geschnittenen Schalotten, Petersilie, Trüffeln und Champignons bestehen (siehe Abschnitt 3, von den Marinaden), auf nachstehende Weise gedämpft.

In ungefähr zwei Eßlöffel voll von diesen Kräutern werden die Bratwürstchen mit einem Stück Glace und zwei Löffeln voll Kalbfleischfond langsam mijotirt, und zwar so, bis der Fond kurz eingedämpft und die Würstchen ganz in der Glace liegen, worauf sie kalt gestellt werden. Hierauf wird ein Stück Butterteig, ungefähr von 280 Gramm Butter, messerrückendick ausgerollt, das man sodann in 9 Centimeter breite Streifen schneidet, diese werden dann leicht mit Eiern bestrichen, und ein Stückchen von der Wurst, das man von allen Seiten mit den Kräutern bestreicht, darauf gelegt, ganz in den Teig gewickelt, dann in der Breite abgeschnitten, an beiden Enden mit der Rückseite des Messers gut angedrückt und in gleicher Entfernung auf ein Blech gelegt, wobei jedoch darauf gesehen werden muß, daß der Abschnitt gerade in die Mitte unten am Blech zu liegen kommt, damit die Kannellons, wenn sie gebacken werden, nicht auseinander gehen und aller Saft herausfließt. Wenn nun alle auf diese Weise beendet sind, werden sie mit Ei bestrichen und eine kleine halbe Stunde schön braungelb gebacken und sogleich warm servirt.

370. Kannellons auf französische Art. Cannellons à la Française.

Man bereitet von vier Eßlöffeln voll Mehl, vier ganzen Eiern und vier Dottern, $^4/_{10}$ Liter Rahm, etwas Salz und Muskatnuß einen Eierkuchenteig und bäckt davon dünne Eierkuchen (pannequets), welche man nebeneinander auf ein reines Tuch legt. Während dem hat man zwei bis drei junge Hühner in Butter weiß und weich gedämpft, aus denen man, wenn sie erkaltet sind, das Brustfleisch rein auslöst, und dieses in kleine Filets schneidet. Die Carcasses von den Hühnern werden mit weißer, guter Fleischbrühe ausgekocht, die Essenz durch eine Serviette geseiht, rein entfettet und mit der nöthigen Sauce Beschamel gut eingekocht, dann über die Filets gepreßt und kalt gestellt. Die Eierkuchen werden nun in 9 Centimeter lange Streifen geschnitten, mit Ei bestrichen, ein halber Eßlöffel von dem kleinen Ragout darauf gethan, gehörig eingewickelt, an beiden Enden niedergedrückt, und, wenn alle so beendet sind, mit Eiern und feinem, weißen, geriebenem Brod gut panirt, dann kurz vor dem Anrichten aus dem Schmalz gebacken, mit grün gebackener Petersilie schön angerichtet und warm zur Tafel gegeben. Auch diese können wiederum mit jeder Gattung Hachis, feiner Farce oder jedem Salpikon gefüllt werden.

371. Croquetten von jungen Hühnern. Croquettes de volaille.

Alle Arten Croquetten, die nicht als Garnitur, sondern für sich eigene Schüssel bilden, weichen von diesen darin ab, daß sie etws größer gemacht werden müssen, und gewöhnlich 7 Centimeter lang und 3 Centimeter dick bereitet werden.

Drei bis vier junge Hühner, je nachdem sie groß sind, werden in Butter mit etwas Salz, einer Zwiebel und einem Stückchen gelber Rübe weich gedünstet und sodann kalt gestellt. Hierauf werden die Brüste und das Bessere von den Schlegeln rein ausgelöst, und entweder in kleine Würfel oder in Fadenstückchen (Filets) geschnitten. Alle Abgänge von den Hühnern werden wieder in die Casserolle gethan, mit einem Schöpflöffel voll Fleischbrühe begossen, gut ausgekocht, sodann durchpassirt und rein entfettet. Hierauf werden einige Löffel voll weiße Sauce mit der Hühner-Essenz über einem starken Windofen unter beständigem Rühren sehr dickfließend eingekocht, eine

Minute vom Feuer gestellt und dann mit einer Liaison (Bindungsmittel) von fünf Eierdottern legirt, gehörig gesalzen, der Saft einer Citrone dazu gedrückt und durch ein Haartuch über das Geflügel gepreßt, wo man sodann die Masse auf einen flachen Casserolle=Deckel 3 Centimeter dick in einem Vierecke aufstreicht und kalt stellt.   Wenn dies erreicht ist, wird das Ganze in 7 Centimeter lange gleiche Stückchen geschnitten, in fein geriebener Semmel umgekehrt und so über den Tisch mit flacher Hand leicht gerollt.   Wenn nun alle so beendet sind, werden sie in mit etwas Salz abgeschlagene Eier getaucht, nochmals mit Reibbrod garnirt und dann eine viertel Stunde vor dem Anrichten lichtbraun aus dem Schmalz (friture) gebacken, auf einer gebrochenen Serviette über eine Silberplatte mit grün= ausgebackener Petersilie sauber angerichtet und sogleich zu Tafel gegeben. Bei allen Croquetten muß hauptsächlich darauf gesehen werden, daß das Volumen der Sauce genau nach dem Quantum des Fleisches beigegeben werde, denn wenn zu viel Flüssigkeit dazu käme, würden sich erstens die Croquetten nicht schön formen lassen, und zweitens würden sie beim Backen leicht springen.   Im entgegengesetzten Falle, wenn zu wenig Sauce dazu käme, würden sie trocken erscheinen.   Ferner ist noch zu beachten, daß, wenn sie gebacken sind, sie gleich servirt werden müssen, denn durch langes Stehen verlieren sie sehr an ihrem eigentlichen Werthe.

372. Croquetten von Kalbfleisch auf bürgerliche Art. Croquettes de veau à la bourgeoise.

Hiezu werden die unberührten Reste von Kalbsbraten verwendet. Alles Fleisch wird von den Knochen sauber abgelöst, auf dem Schneidebrett fein geschnitten und sodann in eine Casserolle gethan.   Hierauf läßt man ein Stückchen Butter heiß werden, gibt zwei Kochlöffel voll Mehl dazu, nebst etwas fein geschnittenen Zwiebeln und Petersilie, und röstet dies zusammen einige Minuten, füllt es sodann mit guter Fleischbrühe, worin man zuvor die Kalbsbratenknochen ausgekocht hat, auf, und rührt sie über starkem Feuer ganz dickfließend ein, legirt diese Sauce mit dem Gelben von vier

Eiern, gibt den Saft einer Citrone dazu, nebst dem noch nöthigen Salz, und rührt dann mit dieser Sauce das unterdeß fein geschnittene Fleisch zu einem ganz dicken Hachis an, streicht es im Viereck stark fingerdick auf einen flachen Deckel und stellt es an einen kühlen Ort. Wenn diese Croquettenmasse kalt geworden ist, wird sie wie die vorhergehende in gleiche Stückchen getheilt und ebenso zweimal panirt, dann gebacken und mit grüngebackener Petersilie angerichtet.

Auf die nämliche Weise werden die Croquetten auf bürgerliche Art, von allen Sorten in Rest gebliebenen Braten bereitet, sei es Hammel= fleisch, Wildpret, Rindsbraten oder Geflügel; bei dem Wildpret kann man jedoch etwas mehr Citronensaft, und wenn es der Tischherr liebt, etwas Sardellenbutter beigeben.

373. Croquetten von Geflügel auf Königin-Art. Croquettes de volaille à la reine.

Vier junge Hühner werden in Butter mit etwas Salz, einer Zwiebel und einem Stückchen gelber Rübe weiß und weich gedämpft und sodann kalt gestellt. Wenn dies erreicht ist, wird alles weiße Fleisch von den= selben, nebst vierundzwanzig Stück schön weiß eingeschwitzter Champignons in ganz kleine gleiche Würfel geschnitten und zusammen in eine Casserolle gethan, zugedeckt und bei Seite gestellt. Alle Abgänge von den Hühnern werden wieder in die Casserolle gethan, mit $5/10$ Liter Geflügel=Braise begossen und eine viertel Stunde lang ausgekocht, sodann durch ein reines Haartuch geseiht und diese Essenz sehr rein entfettet. Dann läßt man ungefähr 105 Gramm frische Butter heiß werden, gibt zwei Kochlöffel voll Mehl dazu, röstet es einige Minuten, jedoch so, daß es ganz weiß bleibt, langsam, rührt es sodann mit dieser Geflügel=Brühe nebst $5/10$ Liter gutem, süßen, vorher schon abgekochten Rahm an, und kocht diese Sauce unter beständigem festen Rühren ganz dickfließend ein, welche man sodann, wenn sie gehörig gesalzen ist, über das geschnittene Geflügel durch ein Haartuch preßt. Dies wird ebenfalls auf einen flachen Deckel auf= gestrichen und kalt gestellt. Für das fernere Verfahren des Panirens, Ausbackens und des Anrichtens dieser Croquetten gilt die bekannte Weise. Diese Croquetten müssen einen feinen und doch kräftigen Geschmack haben und werden von den meisten Damen stets mit Wohlgefallen aufgenommen, weshalb man ihnen auch den Namen à la reine beigelegt hat. Auf die= selbe Art werden sie auch von Kapaunen und Indianen bereitet, nur daß dies Geflügel statt gedämpft, in der Braise gesotten und diese Braise dann zu der Sauce angewendet wird.

374. Croquetten von geräuchertem Rheinsalm mit Beschamel. Croquettes de saumon du Rhin fumé à la béchamel.

Man bereitet von einem Stück frischer Butter, zwei Kochlöffeln voll Mehl, $1 6/10$ Liter süßem Rahm, jedoch ohne Salz, eine dickeingekochte Sauce Beschamel. Währenddem werden 560 Gramm geräucherter Rhein=

salm aus Haut und Gräten gelöst, in ganz dünne Streifen geschnitten und diese in ganz kleine, egale Würfel; sie werden dann zwei Minuten in einem plat à sauté mit einem Stückchen Butter geschwungen und dann auf ein Tuch zum Entfetten gelegt. Sie werden dann in eine Casserolle gethan und mit der Sauce Beschamel leicht untermengt, auf einem Deckel aufgestrichen und den vorhergehenden gleich panirt, gebacken und angerichtet. Da der Rheinsalm im geräucherten Zustande meistens sehr gesalzen ist, so hat man sich in dieser Beziehung sehr in Acht zu nehmen, daß sie nicht zu scharf werden. Viele legen diesen Fisch einige Stunden in Milch, allein dadurch verliert er sehr an dem Geschmacke und seiner schönen Farbe.

375. Croquetten von Gänselebern. Croquettes aux foies d'oie.

Eine schöne große oder zwei kleine Gänselebern werden von einander getheilt, die Galle rein ausgeschnitten, gewaschen, in der Braise gar gemacht (siehe Abschnitt 3, von den Marinaden) und sodann kalt gestellt. Diese werden hierauf aus der Marinade genommen, auf einem Tuche abgetrocknet und nebst sechs Stück in derselben Braise gekochten Trüffeln fein würfelig geschnitten und zusammen in eine Casserolle gethan. Hierauf werden $^5/_{10}$ Liter braune Coulis mit einem Stückchen Glace, Bouillon-Sec, etwas von der passirten und rein entfetteten Marinade und einem Glas Madeira-Sec über Kohlenfeuer dickfließend eingekocht und dann über die Lebern gepreßt, langsam untermengt, auf einem Deckel aufgestrichen und kalt gestellt. Auch diesen Croquetten unterliegen der nämlichen Größe, Panirung, Ausbacken und Anrichten, wie die vorhergehenden. Auf die nämliche Art werden sie statt der braunen Coulis mit einer dickgekochten, mit Champagner bis zum angenehmsten Geschmack gehobenen und mit dem Gelben von sechs Eiern legirten sauce veloutée bereitet. Beide Arten müssen jedoch einen feinen und kräftigen Geschmack haben, denn sie werden von den Gourmands stets mit Vergnügen aufgenommen.

376. Croquetten nach Monglas. Croquettes à la Monglas.

Man bereitet auf die nämliche Art ein kleines Ragout, wie es im Abschnitt 7 unter dem Namen Ragout Montglas angegeben ist, nur mit dem Unterschiede, daß die Sauce ganz dick eingekocht und, wie schon öfters bemerkt wurde, genau zu dem Volumen der Ingredienzen beigegeben werden darf. Auch diese Masse wird im Carreau 2 Centimeter dick auf einem flachen Deckel aufgestrichen und ganz so wie die vorhergehenden Croquetten beendet.

377. Croquetten von Reis auf italienische Art. Croquettes de riz à l'Italienne.

280 Gramm Mailänder Reis werden gut belesen, mehrmals sehr rein gewaschen, in eine Casserolle gethan, mit einer ganzen Zwiebel, in die man zwei Gewürznelken eingedrückt hat, belegt und mit nochmals

so viel fetter Geflügel-Braise begossen, als das Volumen des Reises beträgt, nebst etwas Salz, gut zugedeckt, auf Kohlenfeuer weich und ganz kurz gedämpft. Wenn dies erreicht ist, werden sechs Löffel voll sauce veloutée dazu gethan, und nebst etwas geriebenem Parmesankäse und Muskatnuß gut verrührt, so zwar, daß sich der Reis zu jeder beliebigen Form bilden läßt. Hierauf wird der Reis in gleich große Theile getheilt, jeder einzeln auseinandergedrückt und mit einem kleinen Löffel voll irgend einer beliebigen, kräftig bereiteten Hachis sowohl von Geflügel als Fleisch, wie auch mit jedem Salpikon, wie es bei den vorhergehenden Croquetten angegeben ist, kalt gefüllt. Der Reis wird von allen Seiten darüber gethan, so zwar, daß das Ragout genau eingehüllt ist und 5 Centimeter lange, gut 2 Centimeter dicke, gleiche Croquetten geformt, welche dann erst wie die vorhergehenden auf die bekannte Weise zweimal panirt werden. Sie werden kurz zuvor aus dem Schmalz lichtbraun gebacken und ebenso mit grün ausgebackener Petersilie auf einer gebrochenen Serviette erhaben angerichtet.

378. Croquetten von Krebsen. Croquettes d'écrevisses.

Es werden sechzig Stück schöne Krebse rein gewaschen, mit etwas Salz und Wasser abgekocht, sodann ausgebrochen, die Schweifchen, sowie die Scheeren rein geputzt und nebst sechs Stück schönen Karpfen-Milchnern, die vorher abgekocht und wieder kalt geworden sind, klein würfelig geschnitten und dieß zusammen in eine Casserolle gethan. Die Hälfte der Krebsschalen werden mit 280 Gramm frischer Butter gestoßen und, wie im Abschnitt 2, Abtheilung 3 angegeben ist, eine Krebsbutter bereitet. Hierauf läßt man von dieser Butter ungefähr 105 Gramm heiß werden, gibt zwei Kochlöffel voll Mehl dazu und röstet dies nebst einer ganzen Zwiebel einige Minuten langsam, rührt es dann mit $1^1/_{10}$ Liter gutem Rahm an und kocht diese Fasten-Krebs-Beschamel ganz dickfließend ein; sie wird sodann gehörig gesalzen, die Zwiebel weggethan und das nöthige Quantum über die Krebsschweifchen gepreßt. Die im Rest gebliebene Butter wird aufgehoben und anderswo verwendet. Diese Krebscroquetten werden auch wie die vorhergehenden gleich geformt, panirt, ausgebacken und mit grün ausgebackener Petersilie schön angerichtet. Sie müssen einen angenehmen, zarten Geschmack haben, ebenso muß die Beschamel in schöner, rother Farbe angefertigt werden, wo es nöthig ist, daß man, wenn sie eingekocht ist, noch etwas Krebsbutter unterrührt.

379. Fisch-Croquetten. Croquettes de poissons.

Hiezu kann jede Gattung von Süßwasser-Fischen genommen werden, die ein weißes, körniges Fleisch haben, ebenso ist es mit den Seefischen.

Ein Kilo 680 Gramm solcher Fische werden, wenn sie zuvor gereinigt worden, in Salzwasser abgekocht, dann, wenn sie kalt geworden sind, behutsam in kleinen Stückchen aus Haut und Gräten gelöst und diese Filets in eine Casserolle gethan.

Sodann werden zwei Eßlöffel voll Mehl mit frischem Wasser fein abgerührt, das Gelbe von zehn Eiern nebst 105 Gramm frischer Butter, einigen ganzen Pfefferkörnern und zwei Eßlöffeln voll Essig dazu gethan, mit der nöthigen Fischbrühe aufgefüllt und auf Kohlenfeuer langsam zu einer dickfließenden Sauce abgerührt, welches jedoch mit einiger Sorgfalt geschehen muß, daß diese nicht gerinnt. Sie wird sodann durch ein Haartuch über den gezupften Fisch gepreßt, mit diesem leicht untermengt und auf einem Deckel im Viereck, 3 Centimeter dick, aufgestrichen und kalt gestellt.

Das Beenden dieser Croquetten schließt sich gleichfalls an die vorhergehenden an. Diese Art Fisch=Croquetten werden auch häufig mit einer gut bereiteten Sauce Bechamel angefertigt.

380. Croquetten von Kartoffeln. Croquettes de pommes de terre.

Man bereitet von Kalbsmilchnern, Champignons, geräucherter Ochsenzunge und Ochsengaumen mit der nöthigen, kurz eingekochten sauce allemande (siehe Abschnitt 2, Abth. 1 von den Saucen) ein kräftiges Salpikon, aus dem man, wenn es kalt geworden ist, 5 Centimeter lange, fingerdicke Würstchen macht. Diese werden sodann in die Kartoffelmasse, wie sie bei den Kartoffelpastetchen mit Geflügel angegeben worden ist, eingehüllt und zwar so, daß daraus 7 Centimeter lange Croquetten entstehen, die hierauf in geschlagenen Eiern gewendet, einmal panirt und den vorhergehenden gleich, nur etwas langsamer gebacken werden. Das Anrichten mit grün gebackener Petersilie ist ebenso das Nämliche.

381. Kromesquis. Cromesquis.

Man bereitet von Trüffeln, Champignons, Ochsengaumen, geräucherter Ochsenzunge und der nöthigen, ganz kurz eingekochten, braunen Sauce ein kräftiges Salpikon, aus dem man, wenn es erkaltet ist, 4½ Centimeter lange, fingerdicke Croquetten formt. Zwei gekochte und wieder erkaltete Kalbs=Euter (Tétines) werden in ganz dünne Streifen geschnitten und das Salpikon darin eingerollt, so zwar, daß es von allen Seiten eingeschlossen ist. Vor dem Anrichten werden die Kromesquis in einem Backteig eingetaucht (siehe Backteig Abschn. 3) und aus heißem Backschmalz (friture) in schöner, lichtbrauner Farbe gebacken, sogleich mit grün ausgebackener Petersilie angerichtet und warm zur Tafel gegeben.

382. Gebackene Hühner in der Marinade. Friture de poulets en marinade.

Vier junge Hühner werden mit Speck eingebunden, am Spieß ge=
braten und dann kalt gestellt. Zwei Zwiebeln, eine gelbe Rübe, ein Pori,
einige Champignons werden rein gewaschen, fein in Scheibchen geschnitten,
in Butter etwas geröstet, mit einem Glas weißen Wein sehr weich ge=
dünstet und mit drei Ragoutlöffeln voll guter, dick eingekochter sauce veloutée durch ein Haartuch gestrichen. Von den Hühnern werden dann die
Brüstchen und die Schlegel ausgelöst, alle Knochen herausgemacht, die
Haut abgelöst, leicht gesalzen und jedes Stückchen mit dieser Marinade
gut bestrichen und auf einen Teller gelegt. Vor dem Anrichten wird
jedes Stückchen in Backteig eingetaucht und langsam aus dem Schmalz
in lichtbrauner Farbe gebacken und wie die vorhergehenden mit grün
ausgebackener Petersilie angerichtet. Alle unberührten Bratenreste von
allen Gattungen zahmem wie auch Wildgeflügel können mit gutem Erfolge
verwendet werden.

**383. Gemischtes Ragout an kleinen Silber-Spießchen.
Altéreaux aux ragoûts mêlés.**

Vier Paar schöne, weiße Kalbsmilchner, sechs Stück schöne Trüffeln,
vierundzwanzig bis dreißig Stück gleich große Champignons und der dritte
Theil einer schönen, rothen und weichgekochten Ochsenzunge sind die Bestand=
theile dieses ausgezeichneten hors-d'oeuvre. Die Kalbsmilchner werden
nach öfterm Auswaschen, bis sie ganz weiß sind, in der Marinade gar

gemacht, ebenso die Trüffeln geschält und in Champagner gekocht, die Champignons werden schön geschält und in Butter und Citronensaft weich geschwitzt. Sämmtliche Ingredienzen werden nun in 2 Centimeter große, stark messerrückendicke, egale Stückchen geschnitten und jedes für sich auf einen Teller zugedeckt bei Seite gestellt. Hierauf werden $^5/_{10}$ Liter sauce veloutée mit einer halben Bouteille Champagner ganz dickfließend eingekocht, welche sodann mit einer Liaison von sechs Eigelben, dem Safte einer halben Citrone legirt und sodann noch eine Minute auf dem Feuer bis zum leichten Aufstoßen gerührt, gehörig gesalzen, in eine Schale durch ein Haartuch gepreßt und hierauf etwas kalt gerührt wird. Sodann schneidet man die nöthige Zahl kleiner Holzspeilchen, welche gut 10 Centimeter lang sein dürfen. An diese werden nun die bezeichneten Ingredienzen, nachdem jedes Stückchen zuvor durch die Sauce gezogen wurde, in Abwechslung bis zu 9 Centimeter Länge gesteckt, so zwar, daß von jeder Gattung zwei Stückchen dazu kommen. Wenn nun alle so bereitet sind, werden sie mit der noch zurückgebliebenen Sauce überall von außen glatt bestrichen, mit fein geriebenem weißen Mundbrode besäet, dann in etwas mit Salz geschlagenen ganzen Eiern gewendet, nochmals mit Brod panirt, zuletzt mit dem Messer an den vier Seiten schön geformt und auf einem flachen Deckel, der zuvor mit geriebenem Brode besäet wurde, an einen kühlen Ort gestellt. Vor dem Anrichten werden sie in schöner, goldbrauner Farbe aus dem Schmalze gebacken, das Holzspeilchen herausgezogen und an dessen Stelle ein silbernes gesteckt, die in jeder höheren Küche vorhanden sein müssen, dann schön erhaben angerichtet, oben ein Bouquet grün gebackene Petersilie darauf garnirt und sogleich zur Tafel gegeben. Diese Hatelets werden zur Abwechslung auch aus Gansleber mit Trüffeln, aus Kapaunenbrüsten mit Trüffeln, aus Ochsengaumen mit Champignons, aus abgekochter Fisch-Farce mit Austern, aus Krebsen mit Austern und Anderm mehr bereitet. Die Behandlung bleibt immer dieselbe.

384. Kleine gestürzte Farcespeise mit kleinem Ragout. Petites timbales de farce de volaille d'un ragoût.

Man bereitet von zwei alten Hühnern eine zarte, jedoch haltbare Geflügel-Farce. Ebenso wird von Kalbsmilchnern, Champignons und Ochsengaumen ein weißes, mit etwas Citronensaft geschärftes, kräftiges Feinragout gemacht und beides zur Seite gestellt. Hierauf wird die nöthige Anzahl kleiner Krustadenbecher mit klarer Butter ausgestrichen, der Boden derselben mit ausgestochenen Trüffeln und Ochsenzunge zierlich belegt, mit obiger Geflügel-Farce vorsichtig, damit die Verzierung nicht verrückt wird, zweimesserrückendick ausgefüttert, dann mit dem Salpikon bis auf einige Millimeter vom Rande angefüllt, der Rand mit Ei bestrichen, mit Farce gedeckt und, wenn alle auf diese Weise beendet sind, eine halbe Stunde vor dem Anrichten im Dunst langsam gar gemacht. Beim Anrichten werden diese Farce-Timbales aus den Förmchen auf ein reines Tuch gestürzt, damit die Butter ablaufen kann, und dann schön erhaben angerichtet,

oben mit weißer Geflügel=Glace leicht bestrichen, etwas klares Consommé darunter gethan und warm zur Tafel gegeben.   Diese kleinen Timbales können mit jedem Kleinragout, wie sie im Abschnitt 7 angegeben sind, gefüllt werden, nur mit dem Unterschiede, daß die Ingredienzen klein würfelig geschnitten werden müssen.

385. Kleine Pasteten à la Talleyrand.   Petites timbales à la Talleyrand.

Kleine, runde Förmchen werden mit Butter ausgestrichen und mit Trüffeln, recht rother, gekochter Ochsenzunge und Hühnerfleisch, welches in gleiche, nudelartig geschnittene Stückchen geschnitten und zusammen melirt wurde, ausgestreut (besäet).   Dann werden über diesem die Förmchen messerrückendick mit Geflügel=Farce ausgestrichen und der innere leere Raum mit einem Püree von Trüffeln, welches dick sein muß, gefüllt.   Oben werden sie nun mit Farce überstrichen und eine halbe Stunde vor dem Anrichten au bain-marie gar gemacht.   Beim Anrichten werden sie in eine flache Schüssel gestürzt und etwas Madeira=Sauce darunter gegossen.

386. Kleine Farcespeise von Fisch. Petites timbales de poissons.

Anstatt der Hühner=Farce wird von 1 Kilo 120 Gramm Schill oder Hecht eine zarte Farce bereitet, mit der diese Becher ausgefüttert werden. (Siehe Abschnitt von den Farcen.)   Das zum Füllen bestimmte Salpikon wird von Krebsschweifchen, Karpfenmilchnern, Ruttenlebern, Champignons, alles klein würfelig geschnitten, angefertigt und diese Ingredienzen mit einer gut bereiteten Sauce Beschamel gebunden.   Auch statt dieser kann eine kurz gekochte Krebssauce genommen werden.   Das Beenden und Gar= machen schließt sich ebenfalls der vorher bezeichneten Weise an.

387. Kleine Feldhühner-Pains.   Petits pains de perdrix.

Drei bis vier Stück Feldhühner werden am Spieße gebraten; wenn sie kalt sind, alles Fleisch rein ausgelöst und sehr fein geschnitten.   Alle Abgänge werden in eine Casserolle gethan, mit einem Schöpflöffel voll Consommé begossen, eine Zeit lang zusammengekocht, dann durch ein Haar=

tuch geseiht und sehr rein entfettet. Sodann werden $^5/_{10}$ Liter braune Sauce mit diesem Consommé dickfließend und zwar bis auf $^3/_{10}$ Liter eingekocht, mit der sodann das fein geschnittene Feldhühnerfleisch, nachdem es zuvor nochmals gestoßen worden ist, gut verrührt und durch ein Haarsieb gestrichen wird. In dieses Feldhühner-Püree werden acht rohe Eierdotter, durch ein Sieb passirt, gethan, mit diesem gut verrührt, gehörig gesalzen und davon eine kleine Probe in einem Becher au bain-marie gemacht. Wenn diese nun nach Wunsch haltbar und zart ausgefallen ist, werden die dazu bestimmten kleinen, kupfernen Becher mit klarer, frischer Butter ausgestrichen, mit der Feldhühner-Masse nicht ganz voll angefüllt und eine kleine halbe Stunde im bain-marie (Dunstbade) sehr langsam gar gemacht. Sie werden hierauf auf eine reine Serviette aus den Förmchen gestürzt, damit die Butter wieder abfließen kann, dann auf eine Platte angerichtet, oben leicht glacirt, etwas gute Jüs darunter gegossen und warm zur Tafel gegeben. In einer Saucière wird eine dünne sauce espagnole, die man mit Feldhühner-Essenz rein ausgekocht hat, eigens mit servirt. Alle von der Tafel zurückgekommenen, noch unberührten Bratenreste von allen Gattungen Wildgeflügel können mit gutem Erfolge zu diesem hors-d'oeuvre verwendet werden. Ihre Bereitung bleibt stets die nämliche.

388. Kleine Geflügel-Pains auf Königin-Art. Petits pains de volaille à la reine.

Von drei bis vier Stück jungen Hühnern, die man am Spieße gebraten oder gar gedämpft hat, werden die Brüstchen rein ausgelöst, dann sehr fein geschnitten und hierauf nochmals mit $^5/_{10}$ Liter dick eingekochter, sehr weißer Sauce Beschamel zart gestoßen. Dieses Geflügel-Püree wird hierauf durch ein reines, weißes Haartuch gestrichen und mit den Dottern von acht bis zehn rohen Eiern, die man durch ein Haartuch dazu preßt, in genaue Verbindung gebracht. Diese Masse wird hierauf gehörig gesalzen und die vorher schon ausgestrichenen Becher, deren es immer auf zwölf Gedecke sechzehn bis achtzehn sein dürfen und, nachdem die Probe gut ausgefallen ist, damit nicht ganz voll gefüllt. Sie werden sodann im Dunstbade langsam gar gemacht, den vorhergehenden gleich angerichtet und mit einer etwas fließenden und legirten Sauce Beschamel maskirt und sogleich zur Tafel gegeben. Auch hierzu können alle unberührten Bratenreste verwendet werden.

389. Kleine Krebs-Pains. Petits pains d'écrevisses.

Fünfzig bis sechzig Stück Krebse werden rein gewaschen, schnell abgekocht, die Scheeren und Schweifchen rein ausgebrochen und von der Hälfte der Schalen mit 280 Gramm Butter eine schöne, rothe Krebsbutter bereitet. Zwei Theile der Schweifchen werden würfelig geschnitten und die übrigen mit den Scheeren fein gestoßen. Währenddem wird von Krebsbutter und Rahm eine schöne, rothe Beschamel gemacht, die, wenn sie dick eingekocht ist, $^5/_{10}$ Liter sein darf. Mit dieser wird nun das

Krebsfleisch gut verrührt und durch ein Haartuch gestrichen, sodann mit dem Gelben von acht bis zehn Eiern in genaue Verbindung gebracht, die würfelig geschnittenen Schweifchen darunter melirt, gehörig gesalzen und in die mit Krebsbutter ausgestrichenen kleinen Becher=Förmchen, der vorhergehenden gleich, gefüllt, so auch an bain-marie gar gemacht, ebenso angerichtet und mit einer etwas dünnfließenden Krebs=Beschamel maskirt.

390. Kleine Leber. Petits pains à la Montagnard.

560 Gramm Kalbsleber wird abgehäutet, in würfelige Stücke geschnitten und in eine Casserolle gethan, dazu gibt man ein Stück Butter, 210 Gramm in kleine Würfel geschnittenen weißen Speck, einen Eßlöffel voll geschnittene Peterfilie, einen halben Eßlöffel voll geschnittene Schalotten, ein Gliedchen Knoblauch, die Abfälle von achtzehn Stück Champignons, ebenso die Abfälle von vier Trüffeln, etwas dürre Kräuter (fines herbes en poudre), 'gestoßenen Pfeffer und das nöthige Salz. Das Ganze wird zusammen über starkem Feuer, bis die Leber nicht mehr blutig ist, schnell abgeröstet, sodann fein gewiegt, mit 140 Gramm Semmelpanade, drei ganzen Eiern und vier Eierdottern im Mörser fein gestoßen, durch ein feines Haarsieb passirt und in eine irdene Schüssel gethan. Unterdessen hat man vorher abgekochtes Kalbseuter, schwarze Trüffeln, gekochte, geräucherte Ochsenzunge, abgekochte Champignons und abgedünstete Gansleber zu gleichgroßen Würfeln geschnitten, so zwar, daß man von jeder Sorte zwei Eßlöffel voll hat; dies alles wird nun mit einer Obertasse voll dickeingekochter, kräftiger Madeira=Sauce unter die Leber=Farce langsam eingerührt, und dann von dieser Masse eine kleine Probe, ihrer Haltbarkeit wegen, in einen kleinen Becher gethan. Sollte die Masse zu fest sein, so müßte man noch etwas Sauce unterrühren; sollte sie aber zu fein sein und demnach beim Stürzen nicht halten, so rühre man noch vier bis fünf Eidotter darunter. Nach diesem werden fünfzehn bis achtzehn Becherförmchen mit Butter ausgestrichen, mit der Masse angefüllt, über ein Tuch leicht gestoßen und dann das Ganze zwölf Minuten lang au bain-marie langsam gesotten. Beim Anrichten werden die Förmchen umgestürzt, schön angerichtet, mit einer dünnfließenden Madeira=Sauce übergossen und sogleich heiß zu Tisch gegeben.

Sollte man Geflügel=Lebern haben, was in größern Küchen jeden Tag der Fall ist, so können diese mit unter die Farce verwendet werden.

391. Weiße Geflügel-Würstchen. Boudins blancs de volaille.

Drei bis vier junge Hühner werden in Butter weich und weiß gedämpft und sodann kalt gestellt. Vier schöne, weiße Zwiebeln werden in feine Scheibchen geschnitten und mit 280 Gramm frischem, in Würfel geschnittenem Schweinefett nebst einer Messerspitze dürrer, feiner Kräuter und einigen Löffeln voll Fleischbrühe weich und kurz gedämpft. Zwei Mundbrode werden abgerieben, in vier Theile geschnitten und in kalter Milch geweicht, ausgedrückt und zu dem Fett und den Zwiebeln gethan. Währenddem wird alles Fleisch von den Hühnern abgelöst, sehr fein geschnitten und nochmals gestoßen, welches ebenfalls dazu kommt. Die ganze Masse wird hierauf in einem Reibstein zusammengerieben, durch ein feines Haar= sieb gestrichen, mit zwei Ragoutlöffeln voll dicker Beschamel, zwei ganzen Eiern und vier Eidottern in genaue Verbindung gebracht, gehörig ge= salzen, dann eine kleine Probe gemacht und, nachdem diese die beste Qualität Geflügelwürste erwiesen hat, wird diese Masse mittelst einer Spritze in die gut gereinigten Schweinsdärme gefüllt, jedes Würstchen 9 Centimeter lang unterbunden und abgeschnitten. Sobald nun alle Würstchen eingefüllt sind, werden sie in kochendem Wasser steif gemacht und dann mit Butter in einem plat à sauté oder auf einem mit feinem Oel bestrichenen Bogen Papier auf dem Roste sehr langsam gebraten. Wenn sie fertig sind, müssen sie einige Minuten stehen bleiben, dann werden sie auf ein reines Tuch gelegt, der Bindfaden abgeschnitten und auf einer mit einer Serviette zierlich belegten Schüssel angerichtet. Die Probe bei allen Würstchen muß von der Art sein, daß sie beim Auf= schneiden nicht auslaufen, sondern in ganz zarter Eigenschaft erscheinen. Sie dürfen aber auch nicht fest oder gar trocken sein; im ersten Falle müßte man mit noch einigen Eidottern und im zweiten mit etwas Be= schamel und bei den braunen Würstchen mit Espagnole nachhelfen.

392. Feldhühner-Würstchen. **Boudins de perdrix.**

Diese weichen in der Bereitung von den vorhergehenden nur dadurch ab, daß statt der Beschamel eine mit der Feldhühner=Essenz und mit einem Glas Madeira kurz eingekochte sauce espagnole angewendet wird. Beide Rezepte gelten für alle Geflügelwürstchen; das erste nämlich für alle Gattungen zahmen Geflügels, das zweite für alle Gattungen Wildgeflügel.

393. Krebs-Würstchen. **Boudins d'écrevisses.**

Ein Schock Krebse werden gewaschen, einmal überkocht, damit die Schweifchen nicht hart werden, sodann diese und die Scheeren ausgebrochen, erstere werden würfelig geschnitten und zugedeckt bei Seite gestellt. Die gut gereinigten Krebsschalen werden mit 560 Gramm frischer Butter fein gestoßen und davon eine Krebsbutter in schöner, hochrother Farbe bereitet. 1 Kilo 120 Gramm rein aus Haut und Gräten geschnittenes Hechten= oder Schellfisch=Fleisch werden fein geschnitten und mit Krebsbutter eine feine Farce gemacht (siehe Abschnitt 5, von den Farcen). Ebenso macht man von einem Stückchen Krebsbutter, einem Kochlöffel voll Mehl und $^{5}/_{10}$ Liter Rahm eine dickeingekochte Beschamel. Wenn nun alles, wie hier gesagt wurde, vollendet ist, wird die Fisch=Farce mit der Beschamel, dem nöthigen Salz, etwas geriebener Muskatnuß und dem Gelben von vier rohen Eiern in genaue Verbindung gebracht, die würfelig geschnittenen Krebsscheeren und Schweifchen dazu gethan und in die vorher schon gut gereinigten Därme mit einer Spritze eingefüllt, in kochendem Wasser steif gemacht und in einem mit Krebsbutter ausgestrichenen plat à sauté langsam gebraten. Auch von diesen muß vorher eine kleine Probe gemacht werden. Sie werden den vorhergehenden gleich angerichtet. Auch kann man jedes Würstchen für sich in kleinen, nach der Länge der Würstchen gemachten Papierkapseln, die mit Krebsbutter ausgestrichen sind, auf dem Roste braten.

394. Ragout-Würstchen. Boudins au ragoût.

Diese werden entweder von Geflügel= oder von Fisch=Farce bereitet. Zu denen, die man mit Geflügel=Farce macht, wird ein Salpikon von Trüffeln, Hahnenkämmen, Champignons und den Filets von Hühnern bereitet. Zu denen, die mit Fisch=Farce angefertigt werden, muß das Salpikon aus Krebsschweifchen, Ruttenlebern, Champignons, Karpfen=Milchnern und mit einer dick eingekochten Krebs=Beschamel bereitet sein. Beide Arten dieser Fein=Ragouts (Salpikon) müssen genau nach dem Volumen der In= gredienzen mit der Sauce in Verbindung gebracht werden, dabei kräftig und wohlschmeckend erscheinen. Es wird nun von der bezeichneten Farce auf einem leicht genäßten, flachen Casserolle=Deckel, gut messerrückendick, 9 Centimeter lang und etwas über 5 Centimeter breit aufgestrichen, von dem Salpikon ein langes, fingerdickes Würstchen darauf gelegt, die Farce außen herum leicht mit Eiern bestrichen, mit einem dünnen Messer, das man zuvor in's heiße Wasser getaucht hat, von allen Seiten darüber geschlagen, so zwar, daß das Salpikon genau eingehüllt und ein gleich langes, rundes Würstchen entstanden ist. Dieses wird nun auf einen mit Butter bestrichenen, flachen Casserolle=Deckel gelegt, und wenn man deren sechzehn bis achtzehn Stück gemacht hat, der Deckel leicht erwärmt, im kochenden Wasser eine Minute gekocht, steif gemacht und sodann auf eine Serviette ausgehoben. Hierauf wird ein plat à sauté mit Krebs= butter ausgestrichen, die Würstchen hineingeordnet und eine halbe Stunde vor dem Anrichten mit etwas guter Fleischbrühe, Salz und einem Glas weißen Wein langsam auf Kohlenfeuer gedünstet, bis sie sich in ihrem eigenen Fond glacirt haben. Sie werden sodann schön angerichtet, noch= mals leicht glacirt und zu denen, welche mit Geflügel=Farce gemacht sind, etwas Demi=Glace darunter gethan und zu denen von Fischen etwas Krebs=Sauce. Auf eine andere. Art erscheinen auch diese Würste im panirten Zustande; sie werden nämlich, wenn sie im kochenden Wasser steif gemacht worden und wieder erkaltet sind, in mit drei Eierdottern ver= bundener, klarer, frischer Butter gewendet und mit fein geriebenen, weißen Semmeln panirt und dann in klarer Butter auf beiden Seiten goldgelb geröstet. Auch zu diesen werden die schon bezeichneten Saucen gegeben.

395. Hirn-Würste. Boudins de cervelles de veau.

Vier bis fünf Paar Kalbshirn werden von einander getheilt, die Haut im lauwarmen Wasser abgezogen, die Hirne in frischem Wasser gut gewässert, bis sich das Blut ausgezogen und sie recht weiß geworden sind, sodann in einer weißen Braise eine halbe Stunde langsam gekocht und kalt gestellt. Zwei Mundbrode werden gut abgerieben, in Milch geweicht, ausgedrückt und auf einem Teller bei Seite gestellt. Schalotten,

Petersilie, Champignons werden fein geschnitten, mit 140 Gramm Butter weich gedünstet, das Brod dazu gethan, mit diesem etwas abgeröstet, mit ³/₁₀ Liter dick gekochter weißer Coulis, einem Eßlöffel voll Sardellenbutter, dem Gelben von sechs Eiern, etwas geriebener Muskatnuß und dem nöthigen Salz gut verrührt und zusammen durch ein Haarsieb gestrichen. Die Kalbshirne werden mit einem Schaumlöffel auf ein Tuch ausgehoben, abgetrocknet, in Würfel geschnitten, mit der Masse in gute Verbindung gebracht und in die schon früher gut gereinigten Schweinsdärme gefüllt, davon eine Probe gemacht, und wenn diese genügend ausgefallen ist, die Würstchen sodann in kochendem Wasser steif gemacht und mit frischer Butter langsam gebraten.

396. Andouillen von Kalbsgekröse mit Trüffeln. Andouilles de fraise de veau aux truffes.

Ein schönes Kalbsgekröse wird sehr rein gewaschen, dann in einer mit vielen Kräutern bereiteten Braise weich gesotten, und wenn dieses darin wieder kalt geworden ist, ausgehoben, abgetrocknet und in kleine, längliche Stücke (Filets) geschnitten. Unterdessen werden zwei Eßlöffel voll feine Kräuter, welche aus Champignons, Schalotten und Petersilie bestehen (siehe Abschnitt 3, bei Marinaden), mit ⁵/₁₀ Liter weißer Coulis sehr dick eingekocht, das Kalbsgekröse nebst vier bis fünf Stück blätterig geschnittenen und in Butter abgeschwitzten Trüffeln, Salz, etwas geriebener Muskatnuß und feinem, weißen Pfeffer nebst dem Gelben von sechs Eiern dazu gethan, alles in genaue Verbindung gebracht und in etwas dickere Därme gefüllt. Diese Würste werden in eine Casserolle gethan, die Braise, worin das Gekröse gesotten wurde, darüber gegossen, eine Viertelstunde sehr langsam gesotten, dann auf ein Tuch ausgehoben und mit frischer Butter langsam gelbbraun gebraten.

397. Wildschwein-Blutwürste. Boudins de sanglier au sang.

Das frisch geschossene Wildschwein wird, sobald es nur möglich ist, von dem Waidmann nochmals gestochen, welches mit einiger Vorsicht geschehen muß, damit der Stich die Galle nicht verletzt und dann das Blut (Schweiß) nicht mehr zu brauchen wäre; dieses wird in großen blechernen Büchsen aufgefangen und gleich nach der Jagd in die Küche abgegeben. Ferner ist noch zu bemerken, daß man bei größeren Schweinsjagden, wo man also eine Auswahl hat, nur das Blut von jüngeren Thieren nimmt, welches um Vieles feiner und wohlschmeckender ist.

Sechs bis acht Stück schöne große Zwiebeln werden rein geschält, feinblätterig geschnitten und in einer Casserolle mit 560 Gramm würfelig geschnittenem, frischem Schweinfett, einem Schöpflöffel voll Fleischbrühe weich und kurz gedünstet. Gleichzeitig wird von 140 Gramm Butter, zwei Kochlöffeln voll Mehl und 2¹/₁₀ Liter gutem, süßem Rahm ein Beschamel gemacht, welche bis zu ⁸/₁₀ Liter eingekocht, dann mit den Zwiebeln untermengt und zusammen durch ein Haartuch gestrichen wird.

Dieses wird sodann in eine größere Casserolle gethan, wieder warm gerührt und 2 1/10 Liter Wildschweinblut durch ein Haarsieb dazu gegossen, daß das Geronnene zurückbleibe, das nöthige Salz und ein Kaffeelöffel voll dürre feine Kräuter dazu gethan (siehe Abschnitt 3, bei den Marinaden), zusammen gut verrührt, und diese Masse sodann in Leberwurstdärme, die zuvor gut gereinigt und probirt, daß sie keine Oeffnung haben, gefüllt. Es wird jedesmal ein Paar solcher, zwei Finger lang, zusammengebunden. Wenn nun alle so beendet sind, werden sie in's heiße, gesalzene Wasser gethan, dieses sodann auf das Feuer gesetzt, mit einem Löffel die Würste langsam umgerührt, und zwar so lange bis sie steif geworden sind, welches jedoch mit einiger Vorsicht geschehen muß, daß das Wasser nicht kocht, wodurch die Würste leicht aufspringen würden. Sie werden hierauf auf ein Tuch ausgehoben, und in heißer Butter sehr langsam auf beiden Seiten gebraten.

398. Wildschwein-Blutwürstchen auf eine andere Art.
Boudins de sanglier au sang.

Einige große Zwiebeln werden würfelig geschnitten und mit etwas Schwarzwild-Fett gelbbraun geröstet. Dazu kommen noch 560 Gramm weich gekochter und klein würfelig geschnittener Wildschweinspeck. Diese Zuthaten kommen in die vorher beschriebene Masse, nur daß diese mit der Hälfte frischen Schweinfetts bereitet sein darf. Diese Art Würste eignen sich ganz besonders bei Gabelfrühstücken und werden von den Kennern stets wohlwollend aufgenommen.

399. Maccaronis in Capisantis auf italienische Art.
Macaronis en capisantis à l'Italienne.

280 Gramm von den besten italienischen Maccaronis werden eine halbe viertel Stunde im Wasser mit etwas Salz gekocht, sodann das Wasser abgegossen, mit frischem Wasser abgekühlt und auf einem reinen Tuch abgetrocknet. Sie werden hierauf in 15 Millimeter lange, gleiche Stückchen geschnitten, in eine Casserolle gethan, mit einigen Anrichtlöffeln voll Kalbfleischjüs begossen, etwas Salz und Muskatnuß dazu gerieben, und gut zugedeckt, vollends steif und kurz gekocht, so zwar, daß dieser Fond die Maccaronis schön glacirt. Währenddem hat man von weichgekochter, geräucherter Ochsenzunge, Champignons und Trüffeln mit der nöthigen, braunen Sauce ein kräftiges Salpikon bereitet, welches nebst 140 Gramm geriebenem Parmesankäse mit den Maccaronis leicht unterschwungen und in die Coquillenschalen, in der Mitte erhaben, gefüllt wird, wobei jedoch die Maccaronis nicht zu viel Sauce haben dürfen, sondern die Masse, ohne daß sie jedoch trocken wäre, erhaben in den Muscheln stehen bleibt. Sie werden dann mit braunem Brod und geriebenem Parmesankäse bestreut, mit heißer Butter beträufelt und ungefähr fünf Minuten in einen ziemlich heißen Ofen gestellt und sodann gleich zur Tafel gegeben.

400. Reis in Capisantis auf Mailänder Art. Capisantis à la Milanaise.

420 Gramm rein gewaschener Mailänder Reis werden mit guter Geflügel-Braise, einem Stück rohen, mageren Schinken, einer ganzen Zwiebel, in die man zwei Gewürznelken eingedrückt hat, nebst dem Salz weich und kurz gedämpft. Unterdeß bereitet man von einigen jungen Hühnern mit sauce veloutée (siehe Abschnitt von den Saucen) eine gute, feine Blanquette, welche man etwas erkalten läßt. Die Coquillenschalen werden nun am Boden dünn mit dem Reis belegt, etwas von der Blanquette hineingefüllt und dann mit dem Reis wieder gedeckt. Wenn alle so vollendet sind, werden sie mit geriebenem Parmesankäse bestreut, mit heißer Butter beträufelt, dann in den Ofen gestellt, wo man sie leicht Farbe nehmen läßt. Sie werden hierauf gleich warm servirt.

401. Kalbshirn in Capisantis. Cervelles de veau en capisantis.

Vier Paar Kalbshirn werden gut ausgewässert, die Haut abgezogen, das Hirn im Wasser mit Salz einmal aufgekocht und dann in einer Marinade gar gekocht. Unterdessen werden $5/10$ Liter weiße Coulis mit einem Theil der entfetteten Marinade und mit zwei Eßlöffeln voll fines herbes, die aus Schalotten, Petersilie und Champignons bestehen, und zusammen in Butter weich gedünstet waren, bis auf $3/10$ Liter dick eingekocht, die man sodann mit dem Saft einer halben Citrone und einem Eßlöffel voll Sardellen-Butter pikant macht. Die Coquillen oder Capisantis werden nun mit einem halben Eßlöffel voll von dieser Sauce gefüllt, die Hirne aus der Marinade auf ein Tuch gelegt, jedes in vier bis fünf Theile geschnitten, und davon einige Stückchen darauf gelegt, oben mit der Sauce überstrichen, geebnet, sodann mit braunem, geriebenem Brod besäet, mit Butter beträufelt, und in den Ofen eine Viertelstunde lang gestellt, bis sie ganz heiß geworden sind und oben eine lichtbraune Farbe haben. Sie werden ebenfalls dann sogleich servirt.

402. Champignons in Capisantis. Champignons en capisantis.

Hundert bis hundert fünfzig Stück Champignons, je nachdem diese groß sind, werden rein gewaschen, der Stiel abgeschnitten, sodann rein geschält, in Butter, Citronensaft und etwas wenig weißer Fleischbrühe einpassirt und kalt gestellt. Die Schalen von den Champignons werden mit etwas Petersilie, Schalotten und einer Trüffel fein geschnitten, die Champignons selbst auf ein Sieb geschüttet, und die Kräuter in derselben Butter weich und kurz gedünstet.   Währenddem werden die Champignons feinblätterig geschnitten, sodann mit den feinen Kräutern und etwas Salz noch einige Minuten gedünstet und zuletzt das Ganze mit zwei Ragoutlöffeln voll dick eingekochter und kräftiger sauce veloutée gebunden und in die Muscheln gefüllt, mit feinem, braunen Brod besäet, mit Butter beträufelt und fünf Minuten in einem ziemlich heißen Ofen wieder gut erwärmt.

403. Geräucherter Rheinlachs in Capisantis. Saumon du Rhin fumé en capisantis.

Man bereitet von etwas frischer Butter, zwei Kochlöffeln voll Mehl und $1^6/_{10}$ Liter süßem Rahm eine dicke, weiße Beschamel.   Ferner werden 560 Gramm geräucherter Rheinlachs aus Haut und Gräten gelöst und sodann in kleine, egale Würfel geschnitten, welche mit etwas frischer, heißer Butter auf dem Windofen einige Minuten geschwungen werden. Hierauf wird der Rheinlachs mit der nöthigen Beschamel in genaue Verbindung gebracht und sodann, nachdem man etwas Citronensaft beigegeben hat, in die Coquillenschalen bis auf einige Millimeter vom Rande erhaben gefüllt, oben mit braunem Brod besäet, mit etwas Krebsbutter beträufelt und fünf Minuten im heißen Ofen wieder erwärmt, dann sogleich servirt.

403. Eier mit Rheinlachs in Capisantis. Saumon fumé aux oeufs en capisantis.

560 Gramm geräucherter Rheinlachs, ebenso wie der vorhergehende geschnitten, wird einige Minuten mit Butter über dem Feuer geschwungen, dann in gleichen Theilen in mit Sardellenbutter ausgestrichene Capisantis gethan, darin etwas geebnet, ein frisches, ganzes Ei darauf geschlagen, jedoch daß der Dotter schön ganz bleibt, und dieses dann etwas gesalzen. Einige Minuten vor dem Anrichten werden die Muscheln in einen heißen Ofen gestellt, daß das Ei anzieht, jedoch nicht hart wird, und dann sogleich servirt.   Es ist wohl zu bemerken, daß diese Eier nicht lange stehen dürfen, sondern nur einige Minuten zuvor gar gemacht werden müssen.

Ganz auf die nämliche Weise werden sie von Bücklingen, Sardellen und Häringen bereitet.

405. Rührei mit Trüffeln und geräuchertem Lachs in Capisantis. Oeufs brouillés aux truffes et au saumon fumé en capisantis.

Es werden acht Stück Trüffeln rein geschält, gewaschen und nebst 280 Gramm geräuchertem Rheinlachs feinblätterig oder würfelig geschnitten und mit 140 Gramm frischer Butter über dem Windofen geschwungen, sautirt, die Butter abgegossen und zwei Eßlöffel voll zerlassene Glace darüber gegossen und damit noch etwas geschwungen.   Gleichzeitig werden zwölf ganze Eier und sechs Eidotter in eine Casserolle aufgeschlagen und mit 210 Gramm sehr frischer Butter, etwas Salz, und wenn es der Geschmack des Tischherrn erlaubt, etwas grob gestoßenem, weißen Pfeffer und vier Eßlöffeln voll süßem Rahm dazu gethan, und auf dem Feuer zu einem etwas dicken, aber keineswegs harten Rührei abgerührt, und wenn dies auf die bestmögliche Art erreicht ist, werden die Trüffeln und der Lachs darunter gemengt, sogleich etwas erhaben in Muscheln gefüllt, mit etwas Glace beträufelt und sogleich zur Tafel gegeben. Dies hors-d'oeuvre erfordert einige Aufmerksamkeit in seiner Bereitung, indem dasselbe nicht zu früh vor sich gehen darf, sondern genau nach der Tafelstunde vollendet werden muß; ja es wäre sogar nothwendig, daß, während die Eier gerührt werden, ein Zweiter die vorher schon marquirten Trüffeln und den Rheinlachs gar macht.

406. Fein Ragout von Krebsen in Capisantis. Ragoût fin d'écrevisses en capisantis.

Man bereitet von Krebsschweifchen, Karpfen=Milchnern, abgekochter Hechten=Farce und mit schöner, rother Krebs=Sauce ein gutes Salpikon, wie es im Abschnitt 7 angegeben ist, und füllt dieses ganz heiß erhaben in die Muscheln, bestreut diese sodann mit feinem, braunen Brode, beträufelt sie mit zerlassener, frischer Butter und stellt sie noch einige Minuten in den heißen Ofen oder halte eine glühende Schaufel darüber, daß es oben eine leichte Kruste bildet.

Auf die nämliche Weise kann jedes beliebige Salpikon, feine Blanquettes, Hachis sowohl von Geflügel wie von Fleisch, auch kleine gezupfte Fische mit holländischer Sauce zu einem kleinen Ragout gebildet, in die Coquillen oder Capisantis gefüllt werden, welche aber stets mit feinem braunen Brod besäet, mit frischer Butter oder Krebsbutter beträufelt und noch einige Minuten in den heißen Ofen gestellt werden müssen. Auch werden alle diese hier genannten Salpikons, Blanquettes, Hachis zur Abwechslung nicht nur in diesen Coquillen, sondern auch in kleinen Bechern von Porzellan, wie auch in kleinen silbernen Casserollen (Casserollets) gegeben, nur mit dem Unterschiede, daß diese mit etwas mehr Sauce angefertigt werden; das Besäen mit Brod und Beträufeln mit Butter haben sie ebenfalls mit den Capisantis gemein.

407. Lammscoteletten in Papilloten. Côtelettes d'agneau en papillottes.

Die nöthige Anzahl von zwei mürbe gelegenen Lamms=Carrés (Rippenstück) schön dressirter Coteletten wird mit feinem Salz und Pfeffer bestäubt, und mit einigen Eßlöffeln voll fines herbes, die aus Schalotten, Champignons, Petersilie und Trüffeln bestehen, gut weich eingedämpft. Wenn dies nun erreicht ist, werden die Coteletten auf einen Deckel gelegt, die Kräuter selbst aber mit einigen Eßlöffeln voll guter Koch=Farce (siehe Abschnitt 5, von den Farcen) und etwas Sardellen=Butter gut verarbeitet, und die Coteletten dann von beiden Seiten damit bestrichen. Sodann werden von zusammengelegtem, weißen Papier nach der Größe der Coteletten,

nur um einen starken Finger größer, Herzen geschnitten, diese mit feinem Oel bestrichen, dann die Coteletten, nachdem man zuvor noch auf jede Seite ein Stückchen ganz dünne Speckbarde gelegt hat, darein gelegt, die andere Hälfte des Papiers wird darüber geschlagen und beide Enden des Papiers mittelst geschickten Ueberbiegens in ganz kleine Fältchen gelegt und zwar so, daß diese so fest und geschlossen werden, daß beim Braten nicht der mindeste Saft heraus kann und die Papilloten die Form eines halben Herzens haben. Eine halbe Stunde vor dem Anrichten werden sie über einen mit Oel bestrichenen Bogen Papier, der auf dem Roste liegt, über schwachem Kohlenfeuer oder glühender Asche auf beiden Seiten langsam gebraten und dann rundlaufend, die Falten nach außen, zierlich angerichtet.

408. Kalbs-Coteletten in Papilloten. Côtelettes de veau en papillotes.

409. Schweins-Coteletten in Papilloten. Côtelettes de porc frais en papillotes.

410. Geflügel-Coteletten in Papilloten. Côtelettes de volaille en papillotes.

Alle diese werden ganz den vorhergehenden gleich bereitet und vollendet.

411. Häringe in Papilloten. Harengs en papillotes.

Drei bis vier Stück Häringe, womöglich Milchner, werden über Nacht in Milch gelegt, damit sich ein Theil der Schärfe wieder heraus= zieht, welches jedoch bei den frischen Häringen nicht nöthig ist.

Von diesen wird nun die Haut abgezogen, der Häring der Länge nach in zwei Theile geschnitten, dann das Rückgrat, sowie die Seitengräten herausgelöst und hierauf die zwei Häringshälften jede in vier gleiche Theile geschniten. Sodann werden zwei solche Stückchen mit fines herbes (siehe Papilloten=Kräutchen, Abschnitt 3 bei den Marinaden) zusammengelegt, außen auf beiden Seiten damit bestrichen, mit ganz dünnen Speckbarden belegt und ganz so, wie die Lamms=Coteletten eingewickelt und auf dem Roste gebraten. Auf die nämliche Weise werden die Papilloten mit geräuchertem Rheinsalm, Bücklingen und von allen Sorten Fischen bereitet, nur daß bei diesen etwas Sardellenbutter unter die Papilloten-Kräutchen vermengt wird.

412. Lerchen in Papier-Käſtchen. Alouettes en petites caisses.

Hiezu werden lange, ovale oder runde Käſtchen von ſteifem Papier gemacht, deren Art und Weiſe wie ſie angefertigt werden, in jeder guten Küche allenthalben bekannt iſt. Sie werden innen und außen mit Oel beſtrichen und einige Zeit in einen abgekühlten Ofen geſtellt, wo ſie dann ganz ſteif werden. Hinſichtlich der ferneren Bereitung der Lerchen ſelbſt, weiſe ich auf die Lerchen-Paſtetchen in dieſem Abſchnitte zurück, mit dem Unterſchiede, daß ſie dort in eine Teig- und hier in eine Papierhülle gefüllt und fertig gebraten werden. Ebenſo werden auch die Krammets-vögel in Papierkäſtchen gegeben, nur iſt zu bemerken, daß die Größe der Käſtchen ſich ſtets nach dem in ſich aufzunehmenden Gegenſtande richten muß.

413. Champignons in Käſtchen. Champignons en petites caisses.

Ein guter Teil der ſchönſten, feſten Champignons werden rein ge-ſchält und in Butter und Citronenſaft gar geſchwitzt, und wenn ſie kalt geworden ſind, in ein Haarſieb geſchüttet. In derſelben Butter werden zwei Eßlöffel voll fines herbes, welche aus Peterſilie, Schalotten, Trüffeln und den Champignons-Schalen beſtehen, weich gedünſtet. Gleichzeitig werden $^3/_{10}$ Liter weiße Sauce mit einem Stückchen Geflügel-Glace dick eingekocht und nebſt zwei Eßlöffeln voll Geflügel-Farce und mit dem Gelben von drei Eiern mit den Kräutern (fines herbes) gut verrührt und gehörig geſalzen. Sodann werden vierzehn kleine, runde Käſtchen, die zuvor mit Oel beſtrichen und getrocknet worden ſind, am Boden mit dieſer Maſſe halb fingerdick beſtrichen, in jedes vier bis fünf Champignons darauf gelegt und dann wieder mit derſelben Maſſe gedeckt, mit fein getriebenem Parmeſankäſe beſtreut, mit Krebs- oder auch anderer Butter beträufelt und eine viertel Stunde langſam im Ofen gebacken. Sie werden hierauf in ſchöner Ordnung auf einer mit einer zierlich gebrochenen Serviette belegten Schüſſel angerichtet und ſogleich zur Tafel gegeben.

414. Geräucherter Rheinlachs mit Trüffeln in Käſtchen. Saumon du Rhin fumé aux truffes en petites caisses.

560 Gramm geräucherter Rheinlachs werden aus Haut und Gräten gelöſt und ſodann in ſtark meſſerrückendicke und 3 Centimeter große, flache Stückchen geſchnitten, welche ſodann in Butter eine Minute über dem Feuer ſteif gemacht werden. Zu gleicher Zeit werden ſechs Stück ſchöne Trüffeln in Madeira gar gemacht und dann ebenfalls feinblätterig geſchnitten. Ferner werden von 280 Gramm Hechtenfleiſch mit Krebs-butter eine feine, aber die Probe nicht haltende Farce bereitet, welche noch mit einem Ragoutlöffel voll Beſchamel, dem Gelben von drei

Eiern, einem Eßlöffel voll fines herbes und dem nöthigen Salz gut ver=
arbeitet wird. Sodann werden lange oder runde Papierkästchen mit Oel
bestrichen, im Ofen gut getrocknet und dann mit der Farce am Boden
bestrichen, darauf wird nun der Rheinlachs und die Trüffeln schön ge=
ordnet und dann wieder mit Farce gedeckt. Wenn nun alle diese Kästchen
so gefüllt sind, deren es immer auf zwölf Gedecke vierzehn bis fünfzehn
sein dürfen, wird jedes oben mit einem Speckscheibchen belegt und eine
viertel Stunde vor dem Anrichten in den Ofen gestellt. Sie werden sodann
mit etwas Demi=Glace begossen und wie die vorhergehenden angerichtet.

415. Gänselebern mit Trüffeln in Kästchen.   Foies gras aux truffes en petites caisses.

Zwei schöne Gänselebern werden von einander getheilt, die Galle rein
ausgeschnitten, gewaschen und dann in der Marinade, wie im Abschnitt 6
angegeben ist, gar gekocht. Sechs Stück Trüffeln werden rein geschält in
Scheibchen geschnitten und mit Butter sautirt. Hierauf werden die Lebern
aus der Marinade genommen und wenn sie kalt geworden sind, in schöne
gleiche Stückchen geschnitten. Dann werden Schalotten, Petersilie, Cham=
pignons fein geschnitten und mit einem Stückchen Butter weich gedünstet,
mit welchem sodann alle Abgänge von den Lebern, die Hälfte so viel fein
rapirter, weißer Speck, etwas Semmelpanade nebst dem Gelben von drei
Eiern, eine Messerspitze feiner, dürrer Kräuter und etwas Salz fein ge=
stoßen werden. Die kleinen Papierkästchen werden nun, nachdem sie zuvor
mit Oel bestrichen und im Ofen getrocknet worden sind, mit dieser Farce am
Boden bestrichen, die Lebern und die Trüffeln abwechselnd mit Farce in
Schichten hineingelegt, oben wieder mit Farce überstrichen, mit Speck=
scheibchen gedeckt und so eine viertel Stunde vor dem Anrichten in einen
nicht heißen Ofen gestellt. Sie werden dann, wenn der Speck weggethan
worden ist, mit einer Demi=Glace, mit der man ein Gläschen Madeira ver=
kocht hat, begossen und wie die vorhergehenden auf einer Serviette angerichtet.

416. Kalbsbrieschen in Kästchen. Ris de veau en petites caisses.

Drei bis vier Paar schöne, weiß gewässerte und abblanchirte Kalbs-
milchner werden in messerrückendicke Stückchen geschnitten und mit zwei
Eßlöffeln voll fines herbes, einem Stückchen frischer Butter, Salz und einer
Messerspitze voll dürrer Kräuter weich gedünstet. Sodann werden die
Brieschen herausgelegt und die Kräuter mit etwas Geflügel-Farce, einem
Ragoutlöffel voll dick eingekochter, weißer Coulis, zwei Eierdottern und
dem noch nöthigen Salz gut verrührt und die Brieschen abwechselnd mit
Farce gedeckt in Kästchen gefüllt, oben mit Farce überstrichen, jedes mit
einem Speckscheibchen gedeckt und wie die vorhergehenden im Ofen leicht
gebraten. Beim Anrichten wird der Speck weggenommen und über jedes
ein halber Eßlöffel voll gut bereitete sauce fines herbes, welche mit
etwas Citronensaft angenehm gesäuert ist, darüber maskirt.

417. Forellen-Schnitten in Kästchen. Filets de truites en petites caisses.

1 Kilo 120 Gramm schöne Forellen werden rein ausgenommen
und ihrer Länge nach aus Haut und Gräten gelöst. Die Forellenhälften
werden in 3 Centimeter große Stückchen geschnitten, gesalzen und mit
zwei Eßlöffeln voll fines herbes, die aus fein geschnittener Petersilie,
Champignons, Schalotten und Trüffeln bestehen, mit Butter langsam
gedämpft. Ferner wird von 280 Gramm aus Haut und Gräten gelöstem Hechten- oder Forellenfleisch eine feine, aber die Probe nicht
haltende Farce bereitet, welche noch mit einem Eßlöffel voll Sardellenbutter, den von dem Fische zurückgebliebenen Kräutern sammt dem Fond
gut verrührt wird. Die zuvor mit Oel bestrichenen und im Ofen gut
getrockneten Papierkästchen werden nun von allen Seiten mit der Farce
bestrichen, die Forellen-Schnittchen hineingelegt, mit Farce wieder geebnet,
mit feingeriebenem Parmesankäse bestreut, mit Krebsbutter beträufelt und
so auf einem Plafond eine viertel Stunde vor dem Anrichten in den
Ofen gestellt. Sie werden dann wie die vorhergehenden angerichtet und
sogleich warm servirt.

Auf die nämliche Art werden sie von allen Gattungen Fischen bereitet.

418. Häringe mit Kartoffeln in Kästchen. Harengs aux pommes de terre en petites caisses.

Der Häringe, wo möglich Milchner, werden nach zwölfstündigem
Wässern der Länge nach aus Haut und Gräten gelöst und dann in Centi-
meter große Stückchen geschnitten. Sodann wird ein guter Teller voll kleine,
lange Kartoffeln im Dunst gar gemacht, hierauf geschält und zu dünnen
Scheibchen geschnitten; diese werden dann mit einem Ausstecher, der die
Größe eines Zehnpfennigstückes hat, ausgestochen und auf einem Teller bei
Seite gestellt. Hierauf läßt man in einer Casserolle 70 Gramm Butter
heiß werden, gibt eine fein geschnittene Zwiebel und einen Kochlöffel voll

Mehl dazu und röstet dies zusammen bis die Zwiebel gelb geworden ist,
dies wird sodann mit guter Kalbfleischjüs und süßem Rahm angerührt
und auf dem Feuer zu einer dicken, bündigen Sauce eingekocht, welche
sodann mit Häringsmilchnern durch ein Haartuch gestrichen wird. Wenn
dies nun Alles so vollendet ist, wird der Boden dieser Kästchen mit
Kartoffeln belegt, mit Sauce überstrichen, mit dem durch ein Sieb ge=
strichenen Gelben von hartgekochten Eiern bestreut, auf diese die Härings=
stückchen gelegt; dann nochmals Kartoffeln, Sauce und Häringsstücke.
Zuletzt werden diese mit Sauce überstrichen, mit geriebenem Parmesan=
käse bestreut, mit Krebsbutter beträufelt und eine viertel Stunde vor dem
Anrichten im Ofen gut erwärmt und wie die vorhergehenden angerichtet.

419. Kleine Brodkrusten mit Reis.   Petits croûtons de pain au riz.

Einige frische Mundbrode werden leicht abgerieben, in messerrücken=
dicke Scheiben geschnitten, mit einem Ausstecher rund ausgestochen und
dann schnell aus heißem Schmalz goldgelb gebacken. 280 Gramm Reis
werden rein gewaschen und mit guter Geflügel=Brühe, etwas Salz und einer
Zwiebel weich und dick gekocht, und wenn dies erreicht ist, die Zwiebel weg=
gethan und der Reis mit zwei Eierdottern gebunden. Von diesem Reis
wird nun ein dünner, Centimeter hoher Rand auf jede Brodkruste gesetzt
und in der Mitte ein beliebiges Salpikon, klein geschnittene Blanquette
oder auch ein kräftiges Hachis gefüllt, welches jedoch alles kalt sein muß.
Wenn nun deren auf zwölf Personen wenigstens zwanzig Stück so gemacht
worden sind, werden sie wieder mit Reis gedeckt, dann mit zerlassener
Butter bestrichen, mit geriebenem Parmesankäse bestreut, nochmals mit
Butter beträufelt und im Ofen wieder erwärmt. Beim Anrichten wird
eine glühende Schaufel darüber gehalten, damit sie eine lichtgelbe Farbe
bekommen, und werden sodann auf eine Schüssel, über die eine zierlich
gebrochene Serviette gelegt ist, erhaben angerichtet.

420. Brodkrusten mit Feldhühner-Salmi.   Croûtons du pain au salmi de perdrix.

Man schneidet aus frischem Mundbrod 7 Centimeter breite runde
Croutons, welche aus dem Schmalz schnell gebacken und auf ein Lösch=
papier gelegt werden. Hierauf wird eine feine Feldhühner=Farce gemacht,
wie auch von zwei gebratenen Feldhühnern die Brüste ausgelöst, in
Centimeter lange, gleiche Filets geschnitten und mit einer kräftigen, dicken
Salmi = Sauce, die aus den Knochen der Feldhühner bereitet wird, ein
Salmi angefertigt. Die Croutons werden nun mit Ei bestrichen, und
außen herum ein Centimeter hoher Rand gesetzt, in dessen Vertiefung
dann das Salmi gefüllt wird, oben werden sie wieder mit der Farce
gedeckt, dann mit zerlassener Butter bestrichen, mit geriebenem, braunen
Brod besäet und auf einem Plafond eine viertel Stunde vor dem An=
richten im Ofen gar gemacht und wie die vorhergehenden angerichtet.

Auf die nämliche Weise werden sie auch von zahmem Geflügel bereitet, wie auch von den Fischen, bei denen jedoch eine feine Fisch=Farce auf die Croutons gesetzt werden muß.

421. Brodkrusten mit Krebsschweifchen in Beschamel. Croûtons du pain aux queues d'écrevisses.

Es werden Brodkrusten wie die vorhergehenden bereitet, außen herum wird ein Centimeter hoher Rand von Fisch=Farce, der mit Krebsbutter ge= macht wurde, gesetzt. Ferner wird von würfelig geschnittenen Krebsschweif= chen mit Krebs=Beschamel ein kleines Ragout gemacht, welches, wenn es kalt geworden, in die Vertiefung gefüllt und oben wieder mit Farce gedeckt wird. Sie werden sodann mit Krebsbutter bestrichen, mit fein geriebenem, braunen Brod besäet und eine viertel Stunde vor dem Anrichten im Ofen gar gemacht, dann wie die vorhergehenden angerichtet und warm servirt.

422. Brodkrusten mit Sardellen. Croûtons aux anchois.

Frische Mundbrode werden abgerieben, in Scheiben geschnitten und von einer Seite in klarer Butter gelb gebacken. Hierauf wird auf die harte Seite Sardellenbutter gestrichen, Sardellen=Filets und ebenso geschnittene, ge= räucherte und gekochte Ochsenzunge abwechselnd darauf gelegt, so zwar, daß die Scheibchen ganz bedeckt sind, dann wird wieder Sardellenbutter darüber gestrichen, hierauf geriebener Parmesankäse darauf gestreut, und dies auf jedem Brödchen dreimal wiederholt. Oben werden sie dann nochmals mit Butter beträufelt, mit Parmesankäse bestreut und auf einem Plafond einige Minuten vor dem Anrichten in einem heißen Ofen hellbraun gebacken.

423. Brodkrusten mit Sardellen auf eine andere Art. Croûtons aux anchois.

Es werden von frischem Mundbrode runde Brödchen von 7 Centimer Breite ausgestochen und diese mit klarer Butter auf einer Seite gelb geröstet. Von drei gebratenen und wieder kalt gewordenen Tauben werden die Brüstchen ausgelöst und nebst 140 Gramm rein gewaschenen und aus den Gräten gelösten Sardellen und den Schweifchen von vierund= zwanzig Krebsen klein würfelig geschnitten. Hierauf wird ein Eßlöffel voll fines herbes mit vier Ragoutlöffeln voll brauner Sauce sehr dick eingekocht, welches sonach mit dem würfelig geschnittenen Fleisch in genaue Verbindung gebracht wird. Die Brödchen werden mit dieser Masse auf der harten Seite erhaben gefüllt und noch einige Minuten auf einem mit Butter bestrichenen Plafond in den Ofen gestellt, dann leicht glacirt und sogleich zu Tisch gegeben. Es braucht nicht gesagt zu werden, daß dieses Salpikon ganz dick bereitet sein muß.

424. Gebackene Brodkrustaden auf Jäger-Art. Petites croustades au chasseur royal.

Man schneidet aus weißem Mundbrode nach der folgenden Zeichnung

fünfzehn Stück gleich große, schöne Brodkrustaden, welche oben messerrücken= dick vom Rande eingeschnitten und lichtgelb aus heißer, frischer Backbutter gebacken und über Löschpapier auf ein Tuch gelegt werden. Ferner wer= den fünfzehn Wachteln, Krammetsvögel oder auch ebenso viel Bekassinen gut gereinigt, die Brüstchen ausgelöst, die Haut davon abgezogen, ge= salzen, in geklärte, frische Butter eingerichtet und mit einer mit Butter bestrichenen Papierscheibe gedeckt. Von den Gerippen (carcasses) der Vögel wird ein Püree bereitet (siehe Abschnitt 4 von den Püreen), welches in eine kleine Casserolle gethan, mit Glace übergossen, au bain-marie warm gestellt wird. Ebenso wird eine feine Koch=Farce bereitet, farce cuite (siehe bei den Farcen), mit welcher die Krustaden messerrückendick ausgestrichen und warm gestellt werden. Einige Minuten vor dem Anrichten werden die Filets schnell sautirt, die Krustaden mit heißen Püree gefüllt, über jede zwei Brüstchen mit einer in Madeira und Glace kurz gedünsteten Trüffel belegt, mit etwas Glace übergossen, und so pyramidenartig über eine zierlich zusammengelegte Serviette auf einer flachen Schüssel ange= richtet und recht warm zugedeckt zu Tisch gegeben.

425. Schnecken in ihren Häuschen. Escargots dans leurs coquilles.

Hundert Stück schöne Schnecken werden rein gewaschen und einige Minuten im Wasser blanchirt, sodann auf einen Durchschlag geschüttet und abgekühlt. Diese werden hierauf mit einer Spicknadel aus ihren Häuschen gehoben, in's frische Wasser gelegt, darin gut ausgewässert, dann auf ein Tuch ausgehoben und mit einem kleinen Messer der Stein und die schwarz= graue Haut vorne leicht abgestutzt, welches jedoch mit einiger Vorsicht geschehen muß, damit das Fett, welches sich an den Schnecken befindet, nicht mit weg= geschnitten wird. Diese werden sodann in Wasser mit einem Bouquet von Majoran, Thymian, Basilicum, einem Lorbeerblatt, einer in Scheibchen ge= schnittenen Zwiebel, einer gelben Rübe, einigen Gewürznelken und Pfeffer= körnern, nebst etwas Salz und Citronensaft und einem Stück Butter vier Stunden lang, gut zugedeckt, weich gekocht. Die Häuschen werden nun rein

gewaschen und umgestürzt an einen warmen Ort gestellt. Ferner werden Schalotten und Petersilie fein geschnitten und mit einem Stückchen Butter weich gedünstet. Die Schnecken werden nun in ein Sieb geschüttet, der dritte Theil davon fein geschnitten und nebst der Brühe mit den fines herbes eingekocht, welches sodann in einer in Milch geweichten Semmel, einem Eß= löffel voll Sardellenbutter und zwei bis drei Eßlöffeln voll dickes Erbsen=Püree, dem nöthigen Salz, etwas geriebener Muskatnuß und den Dottern von vier Eiern zusammen gut verrührt wird. Von dieser Masse wird nun etwas in die Häuschen gethan, jedesmal eine Schnecke darauf gedrückt, mit der Farce die Häuschen vollgefüllt, dann zusammen auf einen Plafond gestellt, oben mit feinem, braunen Brod besiebt, mit Krebsbutter beträufelt und eine viertel Stunde vor dem Anrichten im Ofen langsam gebacken.

426. Frische Häringe auf dem Rost gebraten. Harengs frais sur le gril.

Hiezu werden die ersten neuen Häringe, die zu uns kommen, ange= wendet. Diese werden auf einem Tuch abgetrocknet, auf beiden Seiten leicht eingeschnitten, dann in einem feinen Oel gewendet und schnell auf dem Rost gebraten, welches in sechs bis acht Minuten geschehen sein muß. Sie werden sodann mit grün gebackener Petersilie angerichtet und mit nachstehender kalter Sauce servirt.

Sechs bis acht Stück Schalotten werden rein geschält und mit etwas Pimpernelle, Estragon, Petersilie abblanchirt, dieses wird zusammen auf ein Sieb geschüttet, mit frischem Wasser abgekühlt, ausgedrückt und nebst einem Eßlöffel voll Kappern und einigen Stücken kleinen Essiggurken fein geschnitten. Gleichzeitig werden die Dotter von fünf hartgekochten Eiern durch ein Haar= sieb gestrichen, mit einem Eßlöffel voll Senf und den Kräutern in eine Schale gethan, dann mit einigen Eßlöffeln voll weißem Wein, etwas gestoße= nem Zucker, dem Saft einer Citrone und dem nöthigen Salz gut verrührt. Diese kalte, wohlschmeckende Sauce wird mit den Häringen herumpräsentirt.

Es ist zu bemerken, daß bei allen Gattungen Fischen, die auf dem Roste gebraten werden, der Rost zuvor recht heiß gemacht werden muß, damit die Haut der Fische beim Grilliren am Roste nicht hängen bleibt. Sollten statt der neuen Häringe noch Häringe vom vorhergehenden Jahre angewendet werden, so ist es nöthig, daß diese einen Tag vorher in Milch und Wasser ausgewässert werden.

427. Bratwürste mit rothem Wein.   Saucisses au vin rouge.

Vier Paar von Schweinefleisch gut bereitete Bratwürste werden mit frischer Butter gebraten, dann die Haut abgezogen, in 3 Centimeter lange Stückchen geschnitten und in eine Casserolle gethan. Hierauf werden vier bis fünf Eßlöffel voll weißes geriebenes Mundbrod mit einem Stück frischer Butter gelb geröstet, welches man nebst einem Stück Taschen=Bouillon, Glace, zu den Würstchen gibt. Eine viertel Stunde vor dem Anrichten wird eine halbe Bouteille Burgunder darüber gegossen, über starkem Feuer einige Minuten gut gekocht und sogleich angerichtet.

428. Bratwürste mit Champagner-Wein.   Saucisses au vin de Champagne.

Dies ist eine Wiederholung des vorhergehenden, nur daß hier eine halbe Bouteille Champagner=Wein dazu gethan wird. Beide Arten dieser Würstchen können auch anstatt mit Brod mit einer kräftigen, braunen Sauce, mit welcher bei ersterem der Burgunder und bei dem zweiten Rezept der Champagner mitverkocht wird, gegeben werden. Beide müssen jedoch mit Glace bis zum kräftigsten Geschmack gehoben werden.

Diese Art Bratwürste eignen sich ganz besonders zu Gabelfrühstücken.

429. Fondüs.   Fondus.

210 Gramm feines Mehl werden mit etwas Salz und einem Kaffeelöffel voll feinem Zucker und kalter Milch glatt angerührt, welches sodann mit einem Stück frischer Butter, dem Gelben von sechs Eiern und $5/10$ Liter süßem Rahm auf dem Feuer zu einer steifen Masse abgerührt wird. Hierauf werden 140 Gramm Parmesankäse und 70 Gramm Schweizerkäse fein gerieben, den man mit der Masse, nebst einer Messerspitze feinem, weißen Pfeffer gut verrührt; sodann werden noch vier Eiergelb dazu geschlagen und eine viertel Stunde schaumig

gerührt und zuletzt mit dem festgeschlagenen Schnee von sechs Eiweiß langsam untermengt. Diese Masse wird in lange Papierkästchen gefüllt, zusammen auf ein Blech genau aneinandergestellt und eine viertel Stunde vor dem Gebrauche in einem ziemlich heißen Ofen in schöner Farbe langsam gebacken. Diese Fondüs müssen sogleich aus dem Ofen zu Tisch gebracht werden.

430. Fondüs auf eine andere Art. Fondus.

140 Gramm Parmesankäse und 70 Gramm Schweizerkäse werden fein gerieben und mit 140 Gramm zerlassener frischer Butter, einer Messerspitze gestoßenem, weißen Pfeffer, etwas feinem Zucker und Salz nebst dem Gelben von acht bis zehn Eiern gut abgerührt, mit dem fest= geschlagenen Schnee von den weißen Eiern langsam durchzogen, in die Papierkästchen gefüllt und langsam wie die Bisquits gebacken. Diese Fondüs müssen augenblicklich aus dem Ofen zu Tisch gebracht werden.

431. Ramequins. Ramequins.

105 Gramm feines Mehl werden mit kaltem Rahm fein abgerührt, das Gelbe von vier Eiern dazugeschlagen, mit $^3/_{10}$ Liter süßem Rahm verdünnt und sodann auf dem Feuer zu einer steifen Masse abgerührt. Nach einigem Verkühlen wird noch das Gelbe von acht Eiern, etwas Salz und Zucker dazu gethan und gut abgerührt. Das Weiße von vier Eiern wird zu einem festen Schnee geschlagen und nebst 70 Gramm würfelig geschnittenem Parmesankäse und ebenso viel geschnittenem Schweizer= käse langsam unter die Masse gerührt.

Hierauf werden von Butterteig mit einem runden Ausstecher, der gut 9 Centimeter breit ist, die nöthige Anzahl runde, messerrückendicke Teigböden ausgestochen, welche in gleichmäßiger Entfernung auf ein leicht genäßtes Blech gelegt und jedes in der Mitte mit einem Eßlöffel voll von dieser Masse gefüllt wird. Die vier runden Kanten des Teiges werden nun oben leicht zusammengedrückt, daß das Ganze einem dreieckigen Hute ähnlich erscheint. Sie werden sodann mit Ei bestrichen und in ziemlich heißem Backofen in schöner, gelbbrauner Farbe gebacken. Auch diese Ramequins werden, wie sie aus dem Ofen kommen, auf einer mit einer zierlich zusammengelegten Serviette belegten Schüssel erhaben ange= richtet und sogleich zu Tisch gegeben.

432. Gefüllte Trüffeln oder Trüffeln als Krustaden. Des truffes-croustades.

Dieses ausgezeichnete hors-d'oeuvres dürfte wohl und zwar mit Recht den ersten Platz einnehmen, da die schönen Exemplare solcher Trüffeln wenig zu uns kommen und dieses daher bei uns selten erscheint.

Zwölf bis vierzehn Stück schöne, große Trüffeln werden mit lauwarmem Wasser sehr rein, daß nicht der geringste Sand daran bleibt, gebürstet und dann noch einigemal gewaschen. Sie werden hierauf in einen kleinen Kessel

gethan, mit einer Bouteille Champagner begossen und, gut zugedeckt, eine halbe Stunde gekocht. Wenn dies erreicht ist und die Trüffeln kalt gewor= den sind, werden sie auf ein Tuch gelegt, oben ein Blättchen abgeschnitten, welches den Deckel der Krustade bildet, und die Trüffeln sodann ausgehöhlt, welches jedoch mit Vorsicht geschehen muß, daß sie keine Oeffnung erhalten. Das durch das Aushöhlen erhaltene Trüffel=Mark wird nun fein geschnitten und davon ein Püree bereitet, unter welches die Trüffel=Essenz mit ver= wendet wird (siehe Abschnitt von den Püreen). Beim Anrichten werden nun die zuvor mit etwas Essenz warm gemachten Trüffeln ganz heiß mit dem Püree gefüllt, der Deckel darauf gelegt und auf einer mit einer zierlich gebrochenen, feinen Serviette belegten Schüssel erhaben angerichtet.

433. Gefüllte Champignons au gratin.   Champignons farcis au gratin.

Hiezu werden auf zwölf Gedecke wenigstens sechsunddreißig Stück von den schönsten, größten, jedoch festen Champignons genommen, rein geschält, mit einem kleinen Apfelbohrer ausgehöhlt und in Butter und Citronensaft recht weiß geschwitzt und sodann kalt gestellt. Die Abgänge von den Cham= pignos werden mit etwas wenig Petersilie und einigen Schalotten fein ge= schnitten und diese fines herbes sodann, nachdem man die Champignons zu= vor zwischen ein feuchtes Tuch herausgelegt hat, in derselben Butter weich gedünstet. Zu gleicher Zeit hat man von einem alten Huhn eine aber die Probe nicht haltende Farce bereitet, welche noch mit zwei Löffeln voll Beschamel, den Kräutern, dem nöthigen Salz und etwas geriebener Muskatnuß nebst dem Gelben von drei Eiern gut verrührt wird. Mit dieser Masse nun werden die Champignons gefüllt und der Rest der Farce auf eine Porzellan-Schale gethan, auseinander gestrichen und die Champignons darauf gesetzt, mit einem nach der Größe der Schale rund ausgeschnittenen und mit frischer Butter bestrichenen, weißen Papier gedeckt, die Schale selbst auf ein Salzbett gestellt und eine halbe Stunde vor dem Anrichten in einem nicht heißen Backofen langsam gebacken. Beim Anrichten wird die Butter rein herausgenommen und die Champignons mit einigen Eßlöffeln voll Demi-Glace begossen und sogleich servirt.

434. Gefüllte Eier.   Oeufs farcis.

Zwölf Stück frische, gleichgroße Eier werden hart gekocht, abgeschält, in's frische Wasser gelegt und dann auf ein Tuch ausgehoben. Sie werden hierauf der Länge nach in der Mitte von einander geschnitten, das Gelbe herausgenommen und das Weiße wieder ins frische Wasser gelegt. Hierauf wird von einem Mundbrod die braune Rinde abgeschnitten und das Weiße einige Minuten in kalter Milch geweicht, ausgedrückt und nebst 140 Gramm Butter zu dem Gelben gethan, welches hierauf im Reibstein mit dem nöthigen Salz und etwas Muskatnuß und dem Gelben von drei rohen Eiern recht fein gerieben wird. Die Eier werden nun aus dem Wasser genommen, umgekehrt, daß das Wasser ablaufen kann, auf ein Tuch gelegt und dann mit dieser Masse die Eier erhaben gefüllt, und, wenn dieses geschehen ist, wird geriebenes, braunes Brod darüber gesiebt. Der Rest der Masse wird auf eine Schale auseinander gestrichen, die Eier erhaben darüber gestellt, mit einem mit Butter bestrichenen Papier gedeckt und die Schale auf Salz eine kleine halbe Stunde zuvor in einen nicht heißen Backofen gestellt. Beim Anrichten werden einige Eßlöffel voll Kalbfleisch-Jüs darüber gegossen.

435. Gefüllte Eier auf eine andere Art.   Oeufs farcis.

Diese weichen von den vorhergehenden dadurch ab, daß, nachdem drei Eier wie die vorigen gefüllt wurden, in die zurückgebliebene Farce 3/10 Liter dicker, saurer Rahm, das Gelbe noch von vier rohen Eiern und etwas feingeschnittene, einige Minuten abblanchirte Petersilie und

Schnittlauch, zusammen ein Eßlöffel voll, gerührt wird. Diese Masse wird in eine flache Schale gethan, die Eier hingesetzt und wie die vorhergehenden langsam gebacken.

436. Gefüllte Eier mit Sardellen.   Oeufs farcis aux anchois.

Diese werden den ersteren gleich bereitet, nur daß beim Füllen der Eier acht Stück aus Haut und Gräten gelöste und würfelig geschnittene Sardellen unter die Farce gemengt werden; ebenso unter die Farce, die in die Schale kömmt, ein Eßlöffel voll Sardellenbutter.

437. Rissolen von Eiern.   Rissoles aux oeufs.

Man poschirt vierzehn bis fünfzehn Eier, wo möglich von der kleinsten Gattung und legt sie in's frische Wasser. Ferner bereitet man von Champignons, Trüffeln, geräucherter Ochsenzunge und Kalbsmilchner ein kräftiges, mit etwas Citronensaft angenehm gesäuertes, dickes Salpikon, welches man ebenfalls kalt stellt.

Sodann macht man von 280 Gramm Mehl, 140 Gramm Butter, drei Eierdottern, etwas Salz und drei bis vier Eßlöffeln voll frischem Wasser einen abgeriebenen Teig, pâte-brise, den man zu einer großen, dünnen, runden Platte ausrollt und aus dieser fünfzehn, 8¾ Centimeter breite, runde Böden aussticht, in deren Mitte jedesmal ein gut abgetrocknetes verlorenes Ei kömmt; außen um dieses herum wird ein schmales Kränzchen von dem Salpikon gelegt und der Rand der Teigböden, wenn alle beendet sind, mit Ei bestrichen. Der Teig wird dann wieder zusammengemacht und wieder ausgerollt und man sticht dann nochmals die gleiche Anzahl, nur etwas breiter, runde Stücke aus, die dann darüber gelegt, außen herum fest angedrückt und dann in geschlagenen ganzen Eiern gewendet und mit geriebenem Mundbrode und desgleichen Parmesankäse panirt werden. Kurze Zeit zuvor werden sie goldgelb und zwar mit der Vorsicht aus dem heißen Schmalz gebacken, daß die Eier durchaus warm, aber ja nicht hart geworden sind.

438. Eier mit Beschamel in Bechern.   Oeufs à la béchamel ou à l'aurore.

Sechszehn Stück frische Eier werden hart gekocht, geschält, in's frische Wasser gethan und sodann auf ein Tuch gelegt. Hierauf läßt man ein Stück frische Butter heiß werden, gibt eine ganze weiße Zwiebel, ein Stückchen rohen magern Schinken und zwei Kochlöffel voll Mehl dazu und röstet dies zusammen einige Minuten auf schwachem Kohlenfeuer. Dies wird mit 1¹⁄₁₀ Liter süßem Rahm angerührt und sodann auf dem Feuer bis zu einer dickfließenden Beschamel eingekocht. Die Eier werden nun halbirt, von vieren das Gelbe herausgenommen und dieses mit einem Stückchen Butter, etwas Salz und Muskatnuß zusammen verarbeitet und auf einem Teller bei Seite gestellt. Die zwölf halbirten Eier werden nun sammt dem Gelben in feine Scheibchen geschnitten, in eine Schüssel

gethan, die Beschamel gehörig gesalzen und über die Eier durch ein Haar=
tuch gepreßt, leicht überschwungen und dann in vierzehn kleine Porzellan=
Becher, sogenannte Crême=Becher, oder auch in Obertassen, nicht ganz voll,
angefüllt. Die Becher werden nun aneinander gestellt und dann die vier
mit Butter verarbeiteten Eidotter durch ein Drahtsieb oder feinen Seiher
darüber passirt und oben mit der Messerspitze auseinander über die Eier
gelegt, was den Eiern à la béchamel ein schönes Ansehen gibt. Eine
halbe Stunde vor dem Anrichten werden sie warm gestellt und dann, ehe
sie zu Tische kommen, durch Darüberhalten einer glühenden Schaufel den
Eiern oben eine lichtbraune Farbe gegeben, welche die Franzosen mit dem
Namen oeufs à l'aurore belegt haben. Diese Eier à la béchamel können
auch statt in die Becher in eine tiefe Schale auf die oben besagte Weise
gefüllt werden.

439. Verlorne Eier mit Käse auf italienische Art.
Oeufs pochés au fromage à l'Italienne.

Es werden zwölf bis vierzehn Eier poschirt und zwar ganz fein,
die man in's kalte Wasser legt. Ferner wird, wie das vorhergehende,
von $1^1/_{10}$ Liter Rahm eine dicke Beschamel gemacht; unter die man den
festgeschlagenen Schnee von sechs Eiern und 140 Gramm fein geriebenen
Parmesankäse mengt. Zu gleicher Zeit läßt man den dritten Theil und
zwar die Spitze einer weichgekochten geräucherten Ochsenzunge fein schneiden.
Man legt nun eine Serviette doppelt zusammen, hebt mit einem Schaum=
löffel behutsam die Eier aus dem Wasser und legt sie auf die Serviette.
Sodann wird auf einer flachen Schüssel von 280 Gramm mit Geflügel=
brühe weich= und kurzgekochtem Reis ein 6 Centimeter hoher, dünner
Rand aufgesetzt, in den man einen Theil der Masse füllt, auf diese die
Hälfte der geschnittenen Ochsenzunge streut, dann mit Vorsicht die Eier
darüber legt, dann wieder Zunge und zuletzt die Masse, welche oben
glatt gestrichen, mit Parmesankäse und geriebenem Brode bestreut, mit Krebs=
butter beträufelt und im Ofen hellgelb, nicht zu langsam, gebacken wird.

440. Kibitzen-Eier. Oeufs de vanneaux.

Die nöthige Anzahl guter Kibitzen=Eier wird zehn Minuten lang
gekocht, dann heiß in eine taschenartig gebrochene Serviette auf einer
Platte angerichtet und mit frischer Butter herum präsentirt.

8. Abschnitt. 2. Abtheilung.

Von den kalten außergewöhnlichen Gerichten.
Des hors-d'oeuvres froids.

441. Caviar. Caviar.

Der Caviar ist der Rogen von dem Stör, Hausen und Sterlet, welche sich größtentheils in allen europäischen Meeren aufhalten. Zur Laichzeit treten diese Fische wie viele andere aus dem Meere in die Wolga, Donau, Elbe und Weichsel, wo besonders bei dieser Gelegenheit an der Mündung des erstbenannten Flusses bei Astrachan eine große Menge derselben gefangen wird. Diesen wird sodann der Bauch aufgeschnitten, der Rogen herausgenommen, die feine Haut abgelöst, nach einigem Auswässern mit dem nöthigen Salz vermengt und dann, in kleine Fässer gefüllt, nach allen Gegenden versendet.

Der Caviar vom Hausen ist dem vom Stör vorzuziehen, und der vom Sterlett jenem vom Hausen; dieser erscheint in einer kleinkörnigen, schwarzgrauen und ziemlich dicken Substanz, und der gute davon muß sich durch einen etwas säuerlichen und nicht thranigen Geschmack auszeichnen.

Der Caviar wird aus den Fäßchen auf kleine hors-d'oeuvres-Schalen angerichtet und mit gerösteten Brodschnitten herum präsentirt. Halbe Citronen können eigens noch servirt werden, denn Viele lieben ihn mit Citronensaft beträufelt.

442. Caviar mit kleinen Pfannkuchen. Caviar aux plinces.

140 Gramm frische Butter wird schaumig gerührt, und nach und nach acht Eidotter und 140 Gramm feines Mehl dazu gethan; das Weiße von diesen Eiern wird zu einem festen Schnee geschlagen und nebst $3/10$ Liter dickem, sauern Rahm, etwas Salz und Muskatnuß unter die Masse gerührt. Kurz zuvor werden diese Pfannkuchen auf folgende Weise gebacken: Man hat hiezu vier Stück von Eisenblech gearbeitete Schüsseln, welche die Größe einer Untertasse und einen fingerhohen rund aufgebogenen Rand haben. Diese heiß gemachten Formen werden leicht mit Butter bestrichen, einige Löffel voll von der Masse darauf gethan und in einen stark erhitzten und die Gluth auf beiden Seiten rein auseinander gekehrten Backofen gestellt, wo sodann diese Kuchen in einigen Minuten eine braune Farbe haben; diese werden sodann herausgenommen und auf eine Schüssel gelegt, und dasselbe Verfahren mit der übrigen Masse wiederholt, bis man zwölf bis vierzehn solcher Kuchen hat. Es ist zu bemerken, daß man während des Backens von Zeit zu Zeit auf die Kohlen klein gehacktes Holz legen muß, denn die Kuchen müssen bei Flammenfeuer gebacken werden. Diese werden warm mit dem Caviar herum präsentirt.

443. Marinirter Thunfisch. Thon mariné.

Der in Oel marinirte Thunfisch wird mit einer Gabel aus den Gläsern genommen, in gleiche halbfingerdicke Stücke geschnitten und auf hors-d'oeuvres-Schalen angerichtet. Ein rohes Gelbei wird in eine Porzellan-Schale gethan, auf Eis gestellt und mit sechs Eßlöffeln voll des feinsten Oels nach und nach zu einer sehr weißen, feinsalbigen Masse gerührt, welche noch mit dem Saft einer halben Citrone, etwas Pfeffer und Salz, bis zum lieblichen Geschmack gehoben und über den schon angerichteten Thunfisch gegossen wird. Es wird bemerkt, daß diese Sauce kurze Zeit vor dem Anrichten erst bereitet werden darf.

444. Sardinen in Oel. Sardines à l'huile.

Diese kommen ebenfalls schon in Oel marinirt zu uns und zwar in hermetisch verschlossenen, viereckigen, blechernen Büchsen, in welchen sie nach allen Gegenden versendet werden. Nachdem die äußere Haut mit dem Messer leicht abgeschabt, werden die Sardinen zierlich auf eine hors-d'oeuvres-Schale angerichtet und mit etwas von ihrem eigenen Oel übergossen. Ganz frische Butter wird extra beigegeben.

455. Sardellen-Salat. Anchois en salade.

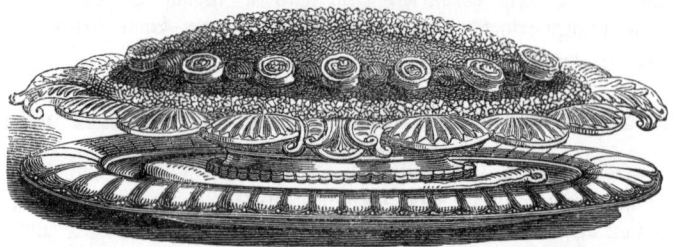

Zu einem Salat für zwölf Personen sind 280 Gramm Sardellen nöthig; diese werden rein gewaschen, mit einem Tuch auf beiden Seiten rein abgewischt, der Länge nach von einander gelöst, die Gräten abgesondert und dann jede Hälfte für sich wie eine Schnecke zusammengerollt, jedoch so, daß in der Mitte eine federkieldicke Oeffnung bleibt. Ferner wird geräucherter Rheinsalm, Neunaugen, Anguillotten und Braunschweiger Wurst, von jeder Sorte zwei Eßlöffel voll, zu kleinen Filets geschnitten, welches man zusammen in eine Schale thut und zugedeckt bei Seite stellt. Drei Eier werden hart gesotten, geschält, das Gelbe aus dem Weißen genommen und jedes für sich fein gehackt; ebenso werden einige Schalotten, Estragon und Pimpernelle fein geschnitten und zusammen eine Minute abblanchirt, welches man hierauf nebst zwei Eßlöffeln voll feinem Oel, einem Löffel voll gutem Essig zu den geschnittenen Filets gibt, mit diesen untermengt und auf die hors-d'oeuvres-Schale anrichtet. Auf dieser werden nun die Sardellen in rundlaufender Form schön angerichtet, in der Mitte dieser Sardellen werden abwechselnd Kapern, gehacktes weißes und gehacktes gelbes Ei gethan und das Ganze noch mit aus den Steinen geschnittenen und wieder in ihre natürliche Form gebrachten Oliven nebst Citronenscheibchen geschmackvoll ausgarnirt und zuletzt noch mit etwas Oel und Essig leicht übergossen.

446. Häringe mit kalter Senf-Sauce. Harengs à la sauce rémolade.

Vier Stück gut ausgewässerte Häringe werden gereinigt, der Länge nach von einander geschnitten und alle Gräten herausgelöst, die beiden Hälften wieder zusammengelegt, und dem Häringe mit Daranlegen des Kopfes und der Schweif-Flosse seine natürliche Gestalt wieder gegeben. Sie werden dann in fingerbreite Stücke geschnitten, und jedesmal zwei über eine gut bereitete Sauce Remolade auf einer Assiette angerichtet. (Siehe Sauce Remolade bei den kalten Saucen.)

447. Forellen-Schnitten mit kalter Senf-Sauce. Filets de truites en rémolade.

Die Forellen werden ausgenommen, rein gewaschen, der Länge nach von einander geschnitten, alle Gräten nebst der Haut rein abgelöst und die

Forellen-Filets sodann in zwei Finger breite, gleiche Stücke geschnitten, diese werden sodann leicht gesalzen und in Butter weich geschwitzt. Hierauf werden sie auf einem Tuche abgetrocknet und in einer Schale mit einigen Löffeln voll gutem Oel, Essig und etwas gestoßenem, weißen Pfeffer gewürzt und so einige Stunden marinirt. Sie werden sodann im Kranze, au miraton, auf einer gut bereiteten sauce remolade angerichtet und außen herum ein Kranz von fein gehackter Aspic gemacht. Auf dieselbe Weise können alle Gattungen, sowohl Süßwasser- wie auch Seefische angewendet und bereitet werden.

448. Forellen-Schnittchen mit kalter Oel-Sauce. Filets de truites en mayonnaise.

449. Forellen-Schnittchen mit grüner Oel-Sauce. Filets de truites à la ravigote verte.

450. Forellen-Schnittchen mit weißer Oel-Sauce mit Senf. Filets de truites à la Provençale.

Die Zubereitung der Forellen bleibt, wie oben gezeigt wurde, immer die nämliche, die kalten Saucen finden sich in Abschnitt 2, Abtheilung 3 dieses Buches auf's Genaueste beschrieben. Auf die hier bezeichnete Art werden alle Gattungen Fische bereitet. Ebenso bemerke ich, um den häufigen Wiederholungen entgegen zu kommen, daß alle Gattungen Fische nur natürlicher Weise in kleinere Schnittchen, Filets, geschnitten, wie auch als kleine Würfel mit diesen hier vorstehend bezeichneten Saucen untermengt, in Coquillen angerichtet werden können.

451. Hummer à la Provençale. Homard à la Provençale.

Den Hummer erhalten wir nie oder selten im lebendigen Zustande, sondern er wird an den Seeküsten, wo man ihn fängt, in Wasser und Salz abgekocht.

Wenn man ihn bereitet, werden die Scheeren abgeschnitten, der Hummer selbst seiner ganzen Länge nach voneinander gehauen, alles Fleisch rein herausgenommen und dieses dann in kleine Stückchen geschnitten. Die Abgänge von diesem Fleische werden fein gehackt und nebst etwas fein geschnittener Petersilie und einigen Schalotten, welche aber zuvor abblanchirt wurden, vermengt. Ferner wird das Gelbe von acht hart gekochten Eiern durch ein Sieb gestrichen und nebst dem feingeschnittenen Hummerfleische und Kräutern, in einer Schale mit drei Eßlöffeln voll gutem Senf, einem Kaffeelöffel voll gestoßenem Zucker, fünf Eßlöffeln voll des feinsten Provencer-Oels nebst etwas Salz und weißem, feinem Pfeffer gut verrührt und das Hummerfleisch dann unter diese Sauce gemengt, welches entweder auf einer Schale oder in die halbirten Krebsschweife gefüllt und angerichtet wird.

452. Krebsschweifchen à la Provençale. Queues d'écrevisses à la Provençale.

Die nöthige Anzahl Krebse wird mit einem Glas weißen Wein und Salz abgekocht, die Schweifchen sodann aus dem Krebse schön ganz ausgebrochen und mit etwas Oel und Essig marinirt. Sodann wird die nämliche Sauce bereitet, wie sie bei dem Hummer bezeichnet wurde, nur daß die Krebsbrühe dazu verwendet wird. Diese wird nun auf die Assiette gethan und die Krebsschweifchen darüber geschmackvoll garnirt.

453. Kleine Krustaden mit Krebsschweifchen. Petites croustades aux queues d'écrevisses.

Man hat hiezu fingerlange, spitzweckenartige Formen, welche von weißem Blech sind und einen 6 Millimeter hohen, rund aufgebogenen Rand haben. Diese werden mit Krebsbutter bestrichen, mit mürbem Teig dünn ausgelegt und mit Mehl angefüllt, blaßgelb gebacken. Wie sie aus dem Ofen kommen, wird das Mehl behutsam herausgemacht, die Krustaden mit heißer Krebsbutter außen bestrichen und zusammen noch eine Minute in den Ofen gestellt, damit die Butter eindringen kann, und sodann kalt gestellt.

Von den vorher schon ausgebrochenen und einmarinirten Krebsschweifen, wovon die Schalen zu Krebsbutter verwendet wurden, wird der dritte Theil würfelig geschnitten und unter die nöthige weiße Oel-Sauce mit Senf gerührt (siehe weiße Oel-Sauce mit Senf, 2. Abschnitt, 3. Abtheilung).

Mit dieser werden nun diese Krustaden gefüllt, oben nach der Form der Krusten glatt gestrichen und jede Krustade mit vier Krebsschweifchen belegt, in deren Mitte jedesmal etwas gehackte Aspic kömmt. Sie werden hierauf auf einer mit einer zierlich gebrochenen Serviette belegten Platte in schöner Ordnung erhaben angerichtet. Auf dieselbe Weise können sie auch von Seekrebsen gemacht werden. Dieses Gericht wird auch, statt in Krustaden, in Coquillen-Schalen angerichtet.

454. Sardellen in Muscheln mit Krebsschweifchen. Anchois en en capisantis aux queues d'écrevisses.

Dieses ist ebenfalls eine Wiederholung des Vorhergehenden, nur mit dem Unterschiede, daß die nöthige kalte Sauce-Provençale mit würfelig geschnittenen Sardellen und Krebsschweifchen melirt und in die Capisantis oder Coquillen gethan wird, sodann glatt gestrichen und oben jede Muschel mit Krebsschweifchen, zusammengerollten Sardellen, Filets, Kapern und feingehackten, hartgesottenen Gelbeiern zierlich belegt wird.

455. Gefüllte Eier mit Remoladen-Sauce. Oeufs farcis à la rémolade.

Zwölf gleich große, frische Eier werden acht Minuten lang gesotten, dann in's frische Wasser gethan, abgeschält, der Länge nach durchschnitten, die Dotter herausgenommen, und achtzehn Stück halbe weiße Eier mit etwas Oel, Essig, Pfeffer und Salz marinirt. Die Hälfte der Eierdotter wird nebst 140 Gramm gereinigten und von den Gräten befreiten Sardellen, zwölf in Essig eingemachten Champignons und Krebsschweifchen zu kleinen Würfeln geschnitten, in einer Schale, zugedeckt, bei Seite gestellt. Die andere Hälfte der Eier wird durch ein Sieb gestrichen und in einer Schüssel mit vier Eßlöffeln voll gutem Senf, vier Eßlöffeln voll gutem Oel und etwas grünen Kräutern (siehe Abschn. 2, Abth. 3, vert de ravigote) nebst dem nöthigen Salz, weißem Pfeffer und einem Kaffee-löffel voll feinem Zucker, gut verrührt, und einige Löffel voll von dieser unter die geschnittenen Ingredienzen gethan, daß diese gebunden werden. In die andere Sauce wird $1/10$ Liter gute Aspic gethan und mit dieser auf dem Eis kalt gerührt, bis eine etwas dicke und salbige Substanz entsteht. Hierauf werden die Eier auf ein Tuch gelegt und mit den Ingredienzen erhaben gefüllt. Eine flache Schale wird auf gestoßenes Eis gestellt, d. h. im Sommer, die Sauce darauf gethan, geebnet, sodann die Eier im Kranz darauf gesetzt, in der Mitte etwas gehackte Aspic garnirt und so zur Tafel gegeben.

456. Ganze gefüllte Eier mit einer Remolade. Oeufs entièrement farcis à la surprise.

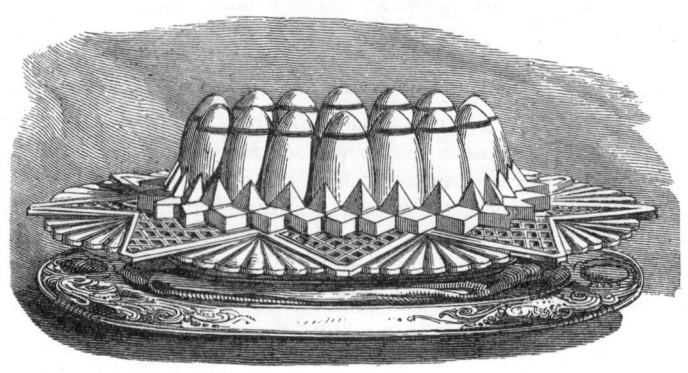

Zwölf bis vierzehn gleich große, frische Eier werden wie die vorhergehenden gesotten, sorgfältig geschält und in's frische Wasser gelegt. Sodann wird von dem dicken Theil des Eies ein Scheibchen abgeschnitten, daß diese stehen bleiben, und dann der Dotter behutsam, daß das Ei schön ganz bleibt, herausgenommen und diese ausgehöhlten Eier sodann in Oel, Essig, Salz und Pfeffer marinirt. Von den Eidottern wird mit einigen Löffeln voll Aspic eine gute Remolade-Sauce wie die vorhergehende bereitet. Hierauf werden zwölf Stück schöne Sardellen rein geputzt und nebst achtzehn Krebsschweifchen würfelig geschnitten, welche dann mit 140 Gramm Caviar vermengt und mit diesem sodann die Eier gefüllt werden. Die dick gerührte Sauce Remolade wird auf eine flache Schüssel gethan, oben etwas glatt gestrichen und die Eier im Kranze herumgestellt, der leere Raum in der Mitte wird mit Sardellen, Krebsschweifchen, Oliven, Kapern geschmackvoll belegt und außen herum die Platte mit Aspic-Croutons schön garnirt. Die Eier können auch mit einem runden, scharfen Aepfel-Bohrer noch etwas mehr ausgehöhlt werden, welches jedoch mit Vorsicht geschehen muß.

457. Kleine Geflügel-Pains mit Aspic auf deutsche Art. Petits pains de volaille à l'aspic à l'Allemande.

Man bereitet die nöthige Anzahl kleine, recht weiße Geflügel-Pains, wie sie in diesem Abschnitt, 1. Abtheilung angegeben sind. Diese werden, wenn sie im Dunste gar gemacht und etwas erkaltet sind, aus den Förmchen gestürzt und an einen Ort zum völligen Erkalten gestellt. Unterdessen werden sämmtliche Förmchen gereinigt, in's feingestoßene Eis gegraben, messerrückendick recht blasse Fleischsulz hineingegossen, und wenn dieselbe gestockt ist, in jedem Förmchen mit recht schwarzen Trüffeln eine schöne Garnitur eingelegt, welche dann nochmals mit etwas Aspic übergossen wird. Nach diesem werden die Geflügel-Pains von allen Seiten um einen

messerrückendick kleiner geschnitten oder mit einem runden Ausstecher um soviel kleiner ausgestochen, welche man sodann wieder in dieselben Förmchen auf die Aspic stellt und dann den leeren Raum mit Fleischsulz wieder anfüllt. Die zum Anrichten bestimmte Schüssel oder Teller füllt man die untere Tiefe bis an den inneren Rand mit Fleischsulz an, auf welche man hierauf, wenn sie gestockt ist, die kleinen Geflügel-Pains, nachdem man die Förmchen zuvor in's lauwarme Wasser getaucht hat, umstürzt und außen herum eine Bordüre von gehackter Fleischsulz macht. Es ist nöthig zu bemerken, daß die Masse zu diesen Geflügel-Pains mit einigen Eidottern weniger bereitet wird, weil dieselben kalt gegeben werden.

458. Geflügel-Pains mit Aspic auf französische Art. Pains de volaille à l'aspic à la Française.

Nachdem man von zwei sehr blaß gebratenen, jungen Hühnern oder einem Kapaune die Brüste ausgelöst, von aller Haut befreit, recht fein geschnitten und zart gestoßen hat, wird dieses Fleisch mit $5/10$ Liter Beschamel vermengt, auf dem Feuer warm gerührt und sodann durch ein feines Haartuch gestrichen. Wenn nun dieses Püree erkaltet ist, wird es mit vier Liqueurgläsern voll weißer, lauwarmer Fleischsulz, vier Eßlöffeln voll feinem Oel, zwei Eßlöffeln voll Estragon-Essig nebst etwas Pfeffer und dem nöthigen Salz vermengt, und diese Masse sodann in die bereits schon in Eis gestellten kleinen Becher-Förmchen gefüllt und darin stocken gelassen. Beim Anrichten werden die Becher in's lauwarme Wasser getaucht, die Pains auf kleinen Assietten angerichtet und mit fein gehackter Fleischsulz garnirt.

459. Feldhühner-Pains oder Brödchen mit Aspic. Pains de perdrix à l'aspic.

Auch diese werden wie die Feldhühner-Pains ganz so wie sie in diesem Abschnitt, 1. Abtheilung beschrieben sind, bereitet, nur mit dem Unterschiede, daß einige Eidotter weniger zu der Masse genommen werden. Auch kann man würfelig geschnittene Trüffeln und ebenso geschnittene, geräucherte Ochsenzunge in die Masse geben. Das Dekoriren, Einfüllen und Anrichten haben sie ganz mit den Geflügel=Pains gemein. Ebenso werden diese von allen Gattungen Wild=Geflügel bereitet.

460. Feldhühner-Pains mit Aspic auf französische Art. Pains de perdrix à l'aspic à la Française.

Von drei am Spieß gebratenen und wieder erkalteten Feldhühnern werden die Brüste ausgelöst, die Haut davon abgezogen, fein geschnitten, dann nochmals sehr zart gestoßen. Die Carcasses von den Feldhühnern werden klein gehackt, mit $^5/_{10}$ Liter Consommé begossen, und zusammen eine halbe Stunde langsam gekocht. Diese Feldhühner=Essenz wird sodann durch ein Haartuch geseiht, rein entfettet und mit einem kleinen Schöpf= löffel voll brauner Coulis, an der Seite des Windofens langsam aus Schaum und Fett gekocht. Wenn nun dies erreicht ist, wird diese Coulis über dem Windofen dickfließend eingekocht, sodann mit dem gestoßenen Feldhühnerfleisch gut verrührt, und dieses Pürée durch ein Haartuch ge= strichen. Es wird hierauf in eine Porzellan=Schale gethan, mit $^1/_{10}$ Liter guter Fleischsulz, drei Eßlöffeln voll gutem Oel, zwei Löffeln voll Estragon= Essig nebst Pfeffer und Salz gut verrührt, und wenn diese Masse anfängt, dick zu werden und gehörig assaisonnirt ist, wird dieselbe in die schon früher in's Eis gestellten kleinen Becher=Förmchen gefüllt. Kurz vor dem Anrichten werden diese in's lauwarme Wasser getaucht und die Feldhühner= Pains auf einem flachen Porzellan=Teller angerichtet und außen herum mit einem Kranze von gehackter Aspic garnirt. Auch dieses kalte hors-d'oeuvre kann von jeder Gattung Wildgeflügel auf diese Art bereitet werden.

461. Kleine kalte Pains oder Brödchen von geräucherter Ochsen- zunge mit Aspic. Petits pains froids à la langue de boeuf fumée à l'aspic.

Die Hälfte einer guten, geräucherten Ochsenzunge und zwar die dünne Hälfte davon wird rein geschält, fein geschnitten und gestoßen.

Sodann werden $^5/_{10}$ Liter dicke Sauce Beschamel mit der gestoßenen Zunge verrührt, und wenn dies zusammen wieder warm gerührt worden ist, durch ein feines Haartuch gestrichen. Dieses Pürée wird hierauf mit $^1/_{10}$ Liter lauwarmer Aspic, drei Eßlöffeln voll Oel, zwei mit Essig, nebst dem nöthigen Salz und einer Messerspitze feinem, weißem Pfeffer gut verrührt, und wenn die Masse anfängt zu stocken, wird sie in die schon früher in's Eis gestellten, kleinen Förmchen gefüllt, wo man sie dann völlig stocken läßt. Sie werden wie die Vorhergehenden gleich an= gerichtet und garnirt.

462. Gebackene Forellen marinirt. Truites frites et marinées.

Zwölf bis vierzehn Stück Forellen von je 140 Gramm werden ent= schuppt, rein ausgenommen, gewaschen, die Flossen mit der Scheere ab= geschnitten, auf beiden Seiten des Fisches kleine Einschnitte gemacht und leicht gesalzen, zugedeckt, an einen kalten Ort gestellt. Nach einer halben

Stunde werden die Forellen auf ein Tuch gelegt, abgetrocknet, in geschlagenen Eiern gewendet, mit einem Theil Mehl und einem Theil feingeriebenem weißen Mundbrod panirt, aus heißem Schmalz hellbraun gebacken, und dann kalt gestellt. Während dieser Zeit werden vier Stück weiße Zwiebeln geschält, halbirt, fein in Scheibchen geschnitten und in einer Casserolle mit ³/₁₀ Liter Essig, etwas Wasser und zwölf Stück ganzen, weißen Pfefferkörnern, gut zugedeckt, weich gekocht. Diese Zwiebeln werden sodann, wenn sie kalt geworden sind, mit vier bis fünf Eßlöffeln voll feinem Oel untermengt und über die schon gebackenen Fische geschüttet, welche von Zeit zu Zeit öfters geschwungen werden. Sie werden hierauf auf Assietten angerichtet und die Zwiebeln oben darauf gegeben. Zu diesem hors-d'oeuvre eignen sich alle besseren Gattungen Süßwasser-, wie auch Seefische. Große Fische müssen natürlich aus Haut und Gräten gelöst und in beliebige kleine Stückchen geschnitten werden.

463. Sardellenbrödchen auf Straßburger Art. Canapés ou tartines aux anchois à la Strasbourg.

Aus drei bis vier Stück frischen Mundbroden werden, nachdem die äußere braune Rinde leicht abgerieben worden ist, achtzehn Stück gut messerrückendicke Scheiben geschnitten, welche auf dem Roste auf beiden Seiten geröstet werden. 210 bis 280 Gramm schöne Sardellen werden gereinigt und sauber aus Haut und Gräten gelöst, die nun nach der Breite der Brode abgeschnitten, und dann jede Sardellenhälfte nochmals durchgeschnitten, in Oel und Citronensaft marinirt wird. Von den Abgängen der Sardellen wird mit einem Stück Butter eine Sardellen-Butter bereitet. Gleichzeitig wird aus sechs hartgekochten Gelbeiern, zwei Eßlöffeln voll Senf, etwas fein geschnittener und abblanchirter Peterfilie, Estragon und Schalotten nebst vier Eßlöffeln voll gutem, feinen Oel und Essig eine recht dicke Sauce Remolade bereitet. Die Brodscheiben werden nunmehr mit Sardellenbutter bestrichen, dann gut messerrückendick von der Sauce darauf gestrichen und zuletzt, wenn alle so vollendet sind, die Sardellenfilets in schöner Ordnung darüber gelegt. Sie werden auf langen Assietten angerichtet. Ebenso werden sie von Häringen bereitet.

464. Sardellenbutter-Brode. Tartines aux filets d'anchois.

Die gleiche Anzahl Brodschnitten wird mit Sardellenbutter bestrichen und auf jedes Brödchen ein Gitter von feinen Sardellen-Filets darüber gelegt, welche noch mit hartgekochten, gehackten Gelbeiern in der Mitte garnirt werden können.

465. Butterbrode mit Sardellen, Kapern und Krebsschweifchen. Tartines à la Macédoine.

Die gleiche Anzahl Mundbrodschnitten, wie sie im ersten Artikel angegeben sind, werden auf beiden Seiten grillirt, mit Krebsbutter bestrichen, dann oben mit Krebsschweifchen, Kapern, Sardellen-Filets und gehackten Eierdottern zierlich belegt und auf langen Assietten angerichtet.

466. Brödchen mit geräuchertem Rhein-Lachs. Canapés aux filets de saumon du Rhin fumé.

Achtzehn Stück Brodschnitten werden wie im vorhergehenden Artikel gemacht, mit Sardellenbutter bestrichen und mit feinen Scheibchen (Filets) von rohem, geräuchterten Rheinlachs ganz belegt.

467. Schnepfen-Butterbrode. Tartines aux filets de bécasses.

Hiezu werden gewöhnlich die unberührten Reste von diesem Braten verwendet. Die Brüstchen werden ausgelöst und die Carcasses mit einem Stück frischer Butter nebst etwas Salz fein gestoßen und dann die Butter durch ein feines Haarsieb passirt. Mit dieser werden nun die grillirten Brodschnitten gut bestrichen, die Schnepfenbrüstchen nach der Länge in feine Blättchen geschnitten, dieselben noch leicht mit der Messerklinge etwas breit geschlagen, und dann jedesmal zwei solche auf ein Brod gelegt. Wenn nun alle auf diese Weise beendet sind, werden sie mit etwas ganz fein gestoßenem, trockenen Salz leicht gesalzen, angerichtet, aber gut zugedeckt, an einem kühlen Orte aufbewahrt.

Auf dieselbe Art werden die Butterbrode von allen Gattungen wildem wie auch zahmem Geflügel bereitet.

468. Butterbrödchen mit hachirtem Geflügel. Tartines aux hachis de volaille.

Die nöthige Anzahl grillirter, frischer Mundbrodschnitten wird mit ganz frischer Butter gut bestrichen, dann leicht gesalzen und hierauf mit einem ganz fein geschnittenen Hachis aus gebratenen jungen Hühnern, Indian oder Kapaunen messerrückendick gedeckt und wie die vorhergehenden angerichtet und zugedeckt aufbewahrt.

469. Butterbrod mit gebratenem Kalbfleisch und Senf. Tartines aux filets de veau au beurre de moutarde.

Das im Saft gebratene Stück Fleisch einer Kalbsnuß (noix de veau) wird, nachdem es kalt geworden ist, in feine Scheiben geschnitten, mit dem Messerhefte noch etwas zart geklopft und zugedeckt bei Seite gestellt. 140 Gramm frische Butter werden mit drei Eßlöffeln voll gutem, französischem Senf genau untermengt und dann mit dieser die grillirten Brodschnitten gut bestrichen, dann von dem in Scheiben geschnittenen Kalbfleisch darauf gelegt, dieses nach der Größe der Brode nach allen Seiten sauber zugeschnitten und, wenn alle so beendet sind, noch etwas Senfbutter ganz dünn darüber gestrichen. Auf dieselbe Weise werden die Brode von Rostbeef, gebratenem Wildpret, Schweinsbraten, Schwarzwildpret, Hammelfleisch u. dgl. bereitet.

470. Butterbrode mit hachirtem Schinken oder Zunge. Tartines au jambon ou langue de boeuf râpée.

Die nöthige Anzahl der mit ganz frischer Butter bestrichenen grillirten Brodschnitten wird mit ganz fein geschnittenem Schinken oder Ochsenzunge messerrückendick belegt und auf langen hors d'oeuvres-Schalen angerichtet.

Alle diese hier angeführten Butterbrode eignen sich ganz besonders auf Reisen wie auch zu kalten Gabelfrühstücken.

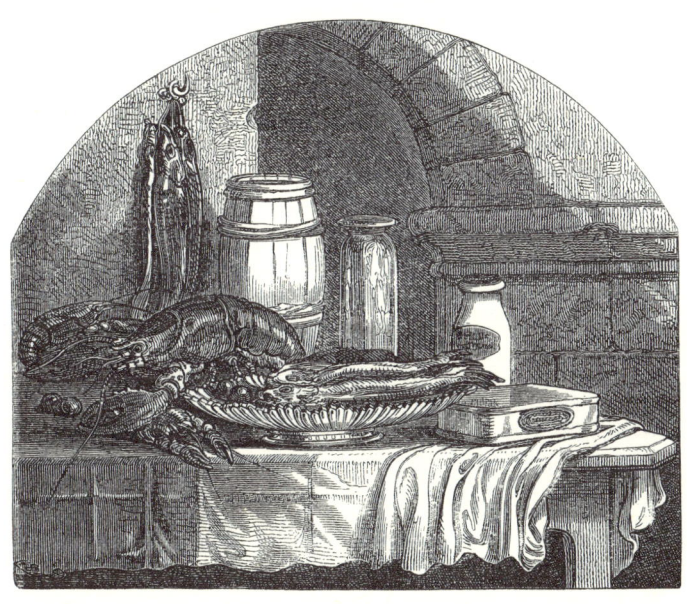

9. Abschnitt.

Vom Ochsenfleisch. Du boeuf.

Es ist gleich im Anfange dieses Buches und zwar bei der Fleisch=
brühe gesagt worden, daß man nicht zugleich vorzügliche Fleischbrühe und
ein gut gesottenes Tafelstück haben kann. Ich finde mich deßhalb veran=
laßt, auch in diesem Abschnitte wieder auf Einiges zurückzukommen, was
zur Bereitung eines guten Tafelstücks das Nothwendigste ist.

Ich habe bei der Fleischbrühe deutlich auseinandergesetzt, daß es
unbedingt nöthig ist, um ein saftiges und wohlriechendes Tafelstück zu
erhalten, dasselbe mit kochendem Wasser zum Feuer zu stellen; denn da=
durch wird bezweckt, daß sich die Poren augenblicklich schließen und folglich
auch der größte Theil des nahrhaften Saftes und des Wohlgeruches in
dem Tafelstück zurückbleibt; wird es aber mit kaltem Wasser zum Feuer
gestellt, so schließen sich die Poren nur langsam, der größte Theil des
nahrhaften Saftes zieht sich heraus und das Tafelstück wäre dann saftlos
und würde einen großen Theil seines Wohlgeruches entbehren.

Ferner ist noch sehr darauf zu sehen, daß das Ochsenfleisch gut
gemästet, von dunkelrother Farbe, nicht zu alt und das Tafelstück nicht
zu frisch, sondern gehörig mürbe (mortificirt) gelegen sein muß.

471. Natürlich gekochtes Ochsenfleisch. Boeuf bouilli ou au naturel.

Man rechnet in guten Küchen zu einer Tafel von zwölf Gedecken ein

Stück von 7 bis 8 Kilo, welches man gewöhnlich vom Schweifstück oder vom Rippenstück (côte de boeuf), wovon jedoch das Filet oder der Lenden= braten ausgelöst wird, nimmt. Beide Stücke werden, nachdem alle Knochen ausgelöst sind, gewaschen, zwischen ein Tuch gelegt und mit der Fläche eines Haumessers noch mürbe geschlagen, dann mit Bindfaden netzartig in schöner, langer Form gebunden, in ein passendes Geschirr gelegt, ¹/₂ bis 1 Kilo in Scheiben geschnittenes Nierenfett dazu gegeben, mit kochendem Wasser zwei Finger hoch über dem Fleische übergossen und zum Feuer gestellt. Der zwar auf diese Weise wenig aufsteigende Schaum wird während des Siedens rein abgenommen und dann einige Zwiebeln, Porri, gelbe Rüben, Pastinak und eine kleine Sellerie=Wurzel dazu ge= than, dann gut hermetisch verschlossen und gegen fünf Stunden langsam gekocht. Beim Anrichten wird das Tafelstück mit einem großen, flachen Schaumlöffel ausgehoben, der Bindfaden abgelöst, das Stück von allen Seiten rein zugeschnitten, mit feinem Salz bestäubt, auf einer langen Schüssel angerichtet und etwas klare Bouillon darunter gegeben. Kleine Essiggurken, rothe Rüben, warmer oder kalter Meerrettig, wie auch Zwiebel=, Kapern=, Sardellen= oder Senf=Saucen können extra beigesetzt werden.

472. Gedämpfter Rostbraten, Rippenstück. Côte de boeuf braisée.

Ein Rippenstück, welches mürbe gelegen und von einem gut ge= mästeten jungen Ochsen genommen ist, wird von allen Knochen ausgelöst, zwischen einem Tuch geklopft und dann seiner Länge nach wie eine lange Wurst netzartig geschnürt, dann in eine dazu passende lange Casserolle gelegt und mit Speck, Nierenfett, einem Stück rohen Schinken, einigen Zwiebeln, gelben Rüben, einem Lorbeerblatt und einigen Pfefferkörnern eingerichtet. Hierauf wird ein Schöpflöffel voll Fleischbrühe dazu ge= gossen, gut zugedeckt und auf einen schwachen Windofen gestellt, wo man es leicht, jedoch ohne den geringsten Brandgeschmack, anziehen läßt. Wenn dies auf die beste Weise erreicht ist, werden einige Schöpflöffel voll guter Braise dazu gegossen, worauf man es dann langsam auf Kohlenfeuer ganz weich dämpfen läßt. Vor dem Anrichten wird das Fleischstück ausgehoben, der Fond sammt dem Fett durch ein Sieb passirt, sodann rein entfettet und die Essenz nochmals durch ein Haartuch oder eine Serviette geseiht, welche hierauf mit zwei Ragoutlöffeln voll brauner Sauce auf einem starken Windofen zu einer wohlschmeckenden, der Demi= Glace ähnlichen Sauce eingekocht wird. Hierauf wird von dem mit dem Fett wieder warm gestellten Tafelstück der Bindfaden los gemacht, dieses sauber zugeschnitten, auf einer langen Schüssel angerichtet und schön glacirt. Dieses Fleischstück kann mit rund geschnittenen und gebratenen Kartoffeln, glacirten Zwiebeln, gefüllten gelben Rüben, gefüllten Artischockenböden, wie auch mit gefülltem Kopfsalat bekränzt werden. Die Sauce wird extra in einer Saucière beigegeben.

473. Gedämpftes Rippenstück auf Flamänder Art. Côte de boeuf braisée à la Flamande.

Eine Rippe oder auch ein Schweifstück wird rein gewaschen, alle Knochen ausgelöst, netzartig gebunden und wie das vorhergehende weich gedämpft. Währenddem werden gleich große fingerlange, hochrothe gelbe Rüben, ebenso viel weiße Rüben rein gewaschen, geschält und dann mit einem zerhackten Garnitur=Messer rein und egal geschnitten, welche zusammen abblanchirt und mit frischem Wasser abgekühlt werden. Gleichzeitig werden sechs Stück Wirsingkraut halbirt, rein gewaschen, abblanchirt, mit frischem Wasser abgekühlt, fest ausgedrückt und dann in eine Casserolle eingerichtet, mit einigen Löffeln voll guter Braise begossen, leicht gesalzen, ein Stück roher Schinken, nebst einer ganzen Zwiebel, in die zwei Gewürz= nelken eingedrückt sind, in die Mitte des Kohls gelegt, mit einigen Speck= barden oben belegt und mit einer rund geschnittenen weißen Papierscheibe gedeckt. Hierauf wird die Casserolle auf Kohlenfeuer gestellt, gut zugedeckt, oben ebenso Gluth darauf gethan und dann langsam weich gedünstet. Die Rüben werden in ein Sieb geschüttet, jede Sorte extra in eine passende Casserolle gethan, mit etwas Salz und Zucker gewürzt, ein Stückchen Butter und einige Löffel voll Bouillon dazu gethan und so weich und kurz eingedünstet, bis die Rüben in ihrer eigenen Essenz glacirt sind.

Alsdann wird die Essenz von dem Fleischstücke durch ein Sieb gegossen, das Fett wieder über dem Tafelstück zurückgethan und mit diesem warm gestellt, die Essenz dann nochmals durch ein reines Haartuch geseiht, mit einigen Ragout=Löffeln voll Sauce Espagnole untermengt und zusammen auf dem Windofen zu einer wohlschmeckenden, kräftigen, etwas gebundenen Sauce eingekocht, dann durch ein Haartuch in eine bain-marie-Casserolle gepreßt und ebenfalls warm gestellt. Beim Anrichten wird das Tafelstück auf ein Brett gelegt, der Bindfaden abgelöst, das Fleisch rein zugeschnitten und auf eine lange Schüssel angerichtet, um welches sodann geschmackvoll Wirsingkraut, nachdem es zuvor zwischen einem Tuch zu einer langen Wurst geformt, leicht gepreßt und in fingerbreite Stückchen geschnitten wurde, im Kranze gelegt wird und sodann noch in abwechselnder Schattirung mit den gelben und weißen Rüben schön zierlich belegt wird. Wenn dies nun auf die bestmöglichste und zierlichste Weise gemacht worden ist, wird das Tafel= stück und die Garnirung schön glacirt, etwas Rindfleischjüs darunter ge= geben und sogleich zu Tisch gebracht, die Sauce wird extra beigegeben.

474. Zwischenrippenstück mit Zwiebeln. Entre-côte de boeuf à la Provençale.

Zu diesem wird das Fleisch genommen, welches gleich nach den ersten zwei bis drei Rippen kömmt. Dieses wird rein aus den Rückgratknochen und den Rippen gelöst, in fingerdicke Scheiben geschnitten, mit dem Cotelettes= Messer etwas mürbe geklopft, mit Salz und feinem weißen Pfeffer bestäubt und dann einige Stunden in einer irdenen Schüssel mit in Scheiben geschnittenen

Zwiebeln, gelben Rüben, grüner Petersilie, Lorbeerblatt, dem Safte von zwei Citronen und vier bis fünf Eßlöffeln voll feinem Provencer=Oel (huile de Provence) marinirt. Unterdessen werden zwölf Stück große, weiße Zwiebeln geschält, in der Mitte der Länge nach von einander getheilt, dann wieder messerrückendick halbe Ringelchen von diesen geschnitten. Diese wer= den zusammen in eine irdene Schüssel gethan, gesalzen, leicht mit Mehl bestäubt, einigemal geschwungen, zuletzt in heißem, guten Oel einigemal goldgelb gebacken und dann auf Löschpapier gelegt. Sodann werden sie in eine Casserolle gethan und mit vier Eßlöffeln gutem Essig, einem Kaffeelöffel voll Zucker, einem Stück Glace und etwas Rindfleischjüs, nebst etwas Pfeffer und Salz aufgekocht. Währenddem hat man die Rostbraten auf starkem Kohlenfeuer schnell im Safte, jedoch ohne daß sie wie blutig erscheinen, ge= braten, welche man sogleich anrichtet, gut mit heißer Glace bestreicht und die Zwiebeln darüber anrichtet. Es wird wohl bemerkt, daß das Fleisch hiezu von bester Gattung, noch jung und besonders recht mortificirt sein muß.

475. Panirter Brustkern im Ofen. Poitrine de boeuf pannée à la St. Menehould.

Ein schönes, mürbe gelegenes Brustkernstück wird rein gewaschen, netz= artig gebunden und in einer guten Braise weich gedämpft und zwar so, daß sich die Rippen leicht herausdrehen lassen. Es wird hierauf zwischen zwei flachen, großen Deckeln gut beschwert und kalt gestellt. Unterdessen werden zwölf Champignons, acht Schalotten und grüne Petersilie zusammen fein geschnitten, mit einem Stück Butter ganz weich gedünstet und sodann mit $5/10$ Liter weißer Coulis dick eingekocht, dann gehörig gesalzen und der Saft einer Citrone dazu gedrückt. Das Brustkernstück wird nun von allen Seiten sauber zugeschnitten, mit feinem Salz bestäubt von den oberen Seiten mit dieser Sauce bestrichen und mit feinem Brod und etwas geriebenem Parmesankäse gut bestreut, auf einen Plafond gelegt, mit zerlassener Krebsbutter stark beträufelt, etwas fette Braise darunter gegossen und in einem halbheißen Ofen schön braungelb geröstet. Beim Anrichten wird die Brust behutsam mit einem flachen Casserolle=Deckel weggehoben, auf eine lange Schüssel gelegt, etwas Rindfleischjüs darunter gegossen, ein Kranz von recht grün aus dem Schmalz gebackener Peter= silie herumgelegt und sogleich zu Tisch gegeben. Eine kräftige Jüs wie auch warmer Meerrettig werden zur Wahl mit herum servirt.

476. Gedämpftes Tafelstück. Noix de boeuf à l'étouffade.

Hiezu nimmt man den inneren Theil des Schwanzstückes, welches recht mürbe geklopft, mit weißem Luftspeck und geräuchertem Schinken nach dem Faden gut durchspickt, mit Nierenfett, Speck, einigen Zwiebeln, gelben Rüben, Porri, Sellerie, Pastinak, einem Lorbeerblatt, einigen Pfefferkörnern und Gewürznelken und etwas Salz in ein passendes, gut schließendes Geschirr eingerichtet wird. Sodann gießt man $3/10$ Liter gute Fleischbrühe dazu und läßt es auf Kohlenfeuer eine halbe Stunde lang mit oben angebrachter

Gluth dämpfen, bis alle Flüssigkeit verdünstet und das Tafelstück eine lichtbraune Farbe hat, welches jedoch sehr langsam geschehen muß, damit es nicht den geringsten Brandgeschmack bekommt. Hierauf werden noch einige Stücke rohes Kalbfleisch und ein Stück roher Schinken dazu gelegt und das Fleischstück mit zwei Bouteillen Rheinwein und zwei Schöpflöffeln guter Braise begossen, zugedeckt und mit unten und oben angebrachter Kohlengluth oder auch im Backofen noch weitere vier bis fünf Stunden langsam sehr weich gedünstet. Wenn dies nun erreicht ist, wird das Tafel= stück in ein kleineres Geschirr gelegt, sämmtliches Fett, wie auch ein Theil der Essenz dazu gethan, mit einem Bogen weißem Papier überdeckt, der Deckel von dem Geschirr darauf gethan und warm gestellt. Die Essenz wird durch ein feines Haartuch geseiht, mit vier Ragoutlöffeln voll brauner Sauce untermischt und dann über dem Windofen zu einer etwas dünn= fließenden klaren Sauce eingekocht, welche dann gehörig gesalzen, mit dem Safte einer halben Citrone noch im Geschmacke gehoben und sodann warm gestellt wird. Beim Anrichten wird das Tafelstück sauber zuge= schnitten, schön glacirt und auf einer langen Schüssel angerichtet; darunter gießt man einige Löffel voll Rindfleischjüs. Die Sauce wird eigens bei= gegeben. Der Jahreszeit nach kann dieses Tafelstück mit gefüllten Gurken (siehe bei den Gemüsen), glacirten Zwiebeln, gefüllten gelben Rüben, wie auch mit gebratenen ganzen Kartoffeln bekränzt oder garnirt werden.

477. Gefülltes Tafelstück à la Cuillère. Noix de boeuf à la cuillère ou à la surprise.

Das gut abgelegene innere Schlegelstück, die Schale oder auch Nuß genannt, wird wie das vorhergehende, aber nicht gespickt, eingerichtet und recht weich gedünstet, sodann läßt man es in seiner Essenz ganz kalt werden. Hierauf wird es herausgenommen, von allen Seiten sauber panirt, auf der Oberfläche des Stückes eine 4 Millimeter dicke, gleiche Platte abgeschnitten, dann das Stück Fleisch selbst in seiner ganzen Runde bis auf 12 Milli= meter vom Rande und ebenso viel an der Seite in gerader Richtung ein= geschnitten, dann alles Fleisch in schönen Stücken herausgenommen, so zwar, daß die innere Oeffnung rein und die Seitenwände gleich dick sind. Dieses so ausgehöhlte Tafelstück wird von außen und innen mit feinem Salz be= stäubt und außen herum mit gekochten Speckbarden belegt, auf ein flaches Geschirr gethan, etwas fette Braise darunter gegossen und warm gestellt. Zu gleicher Zeit wird aus dem herausgenommenen Fleische nebst vorher in Wein abgekochten Trüffeln und Champignons eine Emincée geschnitten und dieses in eine Casserolle gethan. Der aufgekochte Fond von dem Fleisch= stück wird sehr rein entfettet, durchpassirt und dann mit zwei kleinen Schöpf= löffeln voll brauner Sauce auf dem Windofen schnell und dickfließend ein= gekocht, gehörig gesalzen und mit dem Emincée in genaue und richtige Verbindung gebracht. Mit dieser Masse wird hierauf im ganz heißen Zu= stande das Fleischstück angefüllt, der Deckel wieder darauf gelegt und zwar so genau, daß man nichts bemerkt. Beim Anrichten wird es von allen

Seiten mit heißer Glace schön bestrichen, etwas Jüs darunter gegeben und mit glacirten Zwiebeln und gebackenen Brodkrusten garnirt.

478. Gebeiztes Ochsenfleisch. Pièce de boeuf à la mode.

Dasselbe Tafelstück wird, wie das vorhergehende, recht mürbe geklopft, mit weißem Luftspeck, der in lange, federkieldicke Stückchen geschnitten, mit Salz und einer starken Messerspitze voll dürren Kräutern untermengt wurde, nach dem Faden von allen Seiten gut durchspickt und dann in ein irdenes Geschirr gelegt, mit in Scheibchen geschnittenen Zwiebeln, gelben Rüben, Pastinak, Porri, zwei Lorbeerblättern, einigen Gewürznelken und Pfeffer= körnern gewürzt, dann eine Bouteille guter Weinessig darüber gegossen, wie auch das nöthige Salz beigegeben, und so einige Tage an einem kühlen Orte gebeizt, wo man es öfters umkehren muß. Es wird hierauf gebunden in ein gut schließendes Geschirr mit Speck und Nierenfett eingerichtet, wie auch die Kräuter nebst dem Essig darüber gegossen und so gut zugedeckt auf einen Windofen gestellt, wo man es langsam lichtbraun anziehen läßt, welches jedoch mit Vorsicht geschehen muß, damit es ja keinen Brandgeschmack be= kömmt. Es wird hierauf mit einfacher Fleischbrühe aufgefüllt, jedoch daß die Brühe nicht über das Fleisch kömmt, gut zugedeckt und auf Kohlenfeuer mit oben darauf angebrachter Gluth langsam weich gedämpft, welches vier Stunden erfordert. Während dieser Zeit läßt man 280 Gramm Butter in einer Casserolle heiß werden, rührt so viel Mehl hinzu, als die Butter in sich aufnimmt, nebst einem Eßlöffel voll Zucker, und röstet dies zusammen auf Kohlenfeuer ganz dunkelbraun, welches aber recht langsam unter öfterem Umrühren geschehen muß. Wenn nun das Fleisch weich geworden ist, wird es in ein kleineres Geschirr gethan, sämmtliches Fett recht rein, wie auch etwas von der Essenz darüber gethan und warm gestellt. Mit der übrigen Essenz wird nun das Braunmehl angerührt, die noch nöthige Bouillon dazu gethan und auf dem Windofen kochend gerührt, sodann an die Ecke des Windofens gestellt und eine Stunde lang langsam gekocht, wo man von Zeit zu Zeit das Fett wie auch den Schaum rein abnehmen muß. Nach dieser Zeit seiht man die Sauce durch ein Haarsieb in eine andere Casserolle, gießt eine Bouteille rothen Wein dazu und rührt sie sodann auf einem starken Windofen, bis sich diese Sauce etwas dickfließend vom Löffel spinnt, ein, preßt sie hierauf durch ein Haartuch in eine Saucen=Casserolle, gibt das noch fehlende Salz wie auch den Saft von einer bis zwei Citronen dazu und stellt sie au bain-marie warm. Diese Sauce muß eine sehr dunkelbraune Farbe und einen sehr kräftigen und piquant süßlichen angenehmen Geschmack haben. Beim Anrichten wird das Fleisch rein zu= geschnitten, auf eine ovalrunde Schüssel gelegt, schön glacirt, etwas Jüs darunter gegeben und mit gebratenen Kartoffeln bekränzt. Die Sauce wird extra beigegeben. Sollte es der Geschmack des Tischherrn erlauben, so können dem Fleischstück beim Spicken einige Gliedchen Knoblauch bei= gegeben werden. In Bayern werden zum boeuf à la mode statt der Kartoffeln sehr häufig in Wasser abgekochte, etwas breit geschnittene und mit in Butter braun geröstetem Reibbrode aufgeschmalzene Nudeln, die sogenannten Wassernudeln, extra beigegeben; besonders aber spielen die Semmelknödel, wie auch gebackene Kartoffelknödel, eine Hauptrolle.

479. Zwischenrippenstück mit kalter Fleisch-Sulz. Entre-côte de boeuf braisée froide à l'aspic.

Ein recht mürbe gelegenes Rippenstück wird mit weißem Luftspeck, geräuchertem Schinken, Trüffeln wie auch mit kleinen Essiggurken gespickt, netzartig gebunden, gut mit Speck und Nierenfett eingerichtet; Zwiebeln, gelbe Rüben, Porri, Pastinak, einige Lorbeerblätter, Gewürznelken und weiße Pfefferkörner dazu gegeben, wie auch sechs Stück kleine zerhauene, frische Kalbsfüße, ein Stück roher Schinken und ein Kalbsjarret, sodann gehörig gesalzen, mit zwei Bouteillen weißem Wein, wie auch mit zwei Schöpflöffeln voll guter Fleischbrühe genäßt und auf Kohlenfeuer recht weich gedünstet, wo man es sodann in seiner Essenz kalt werden läßt. Des andern Tages wird es herausgenommen, der Bindfaden los gemacht, von allen Seiten sauber zugeschnitten und entweder ganz oder in einige Stücke zerschnitten in eine Porzellan-Terrine gelegt und zugedeckt kalt gestellt. Zur Essenz wird, wenn sie zu stark gesulzt sein sollte, noch etwas Rindfleischjüs gegossen, zusammen auf dem Feuer erwärmt, durch ein Sieb geseiht, sehr rein entfettet, mit etwas Weinessig und Citronensaft angenehm gesäuert, dann mit dem Weißen von vier Eiern clarifizirt, hierauf über das Fleisch gegossen und an einem kalten Orte aufbewahrt. Wenn man nun solches serviren will, wird es herausgenommen, in kleine egale Stückchen sauber geschnitten, rundlaufend im Kranze angerichtet, schön glacirt und in der Mitte wie auch außen herum mit Aspic garnirt. Eine kalte Remolade-Sauce kann extra beigegeben werden.

480. Gebratenes Ochsenfleisch auf englische Art. Roastbeef à l'Anglaise.

Es ist hauptsächlich nothwendig, hiezu ein Stück Ochsenfleisch von bester Gattung zu wählen; nämlich dasselbe muß wenigstens im Sommer sechs bis acht Tage und im Winter zwölf auch vierzehn Tage an einem kalten luftigen Orte aufgehängt und von einem gut gemästeten, nicht zu alten Ochsen sein, sonst ist man nicht im Stande, diesen Braten mit der ihm eigenen Güte in seinem vollsten Safte zu Tisch geben zu können. Dieses Rippenstück, wenigstens 12 Kilo schwer, wird nun, so lang als der innere Lendenbraten oder das ganze Filet ist, durchgehauen, das ganze Stück wird, ohne es zu waschen, mit einem reinen Tuche gut abgewischt, dann rein zugeschnitten, der dünne Theil vom Bauche wird nach innen aufgerollt und mit dünnen Spießchen an dem Stücke befestigt; dann wird das Stück an einen großen Bratspieß unter dem Filet und durch den Hüft- oder Kreuzknochen durchstochen, angesteckt, gut befestigt, gehörig gesalzen, mit fettem Papier ganz eingehüllt und so drei Stunden vor seinem Gebrauche bei hellem Feuer gebraten. Beim Anrichten wird dasselbe abgenommen, in eine

paſſende Schüſſel gelegt und mit rund geſchälten, in Butter gebratenen Kar=
toffeln ſogleich zu Tiſch gegeben. Hiezu wird noch extra mit ſervirt: eng=
liſcher Senf, geſchabter Meerrettig und Mixedpikles; ohne letztere genießt der
Engländer nie ein Roaſtbeef. Beim Tranchiren wird das Filet ausgelöst,
in ganz feine Tranchen geſchnitten und in ſeiner natürlichen Form wieder
an dieſelbe Stelle gelegt. Aus dieſem Stück muß ein röthlicher Saft fließen,
welchen man ſorgfältig wieder darüber gießt. Das Stück muß mit der
Sorgfalt gebraten ſein, daß das innere Fleiſch am Knochen beinahe noch
roh iſt. Iſt dies nicht der Fall und iſt das ganze Stück bis auf den Knochen
durchgebraten, ſo kann es ſicher als nicht gelungen betrachtet werden.

**481. Engliſcher Braten auf franzöſiſche Art. Rosbif d'aloyau
à la Française.**

Dieſer wird ganz dem vorhergehenden gleich zubereitet und ebenſo ge=
braten. Beim Anrichten wird er auf folgende Weiſe garnirt: 280 Gramm
Butter werden ſchaumig gerührt, dann werden acht Eidotter und zwei
ganze Eier dazu gethan, ebenſo viel abgekochte und durch ein feines Haar=
ſieb paſſirte Kartoffeln darunter gerührt, daß daraus ein feiner, zarter
Teig entſteht, dieſer wird gehörig geſalzen, mit Muskatnuß leicht gewürzt,
und hievon fingerlange und ebenſo dicke Croquetten gemacht, welche in ab=
geſchlagene Eier getaucht und mit feinem Reibbrod panirt werden. Eine
halbe Stunde vor dem Anrichten werden ſie aus heißem Schmalz lichtbraun
gebacken und warm geſtellt. Das Roaſtbeef wird nun auf einer paſſenden
Schüſſel angerichtet, auf beiden Seiten ſchön mit den Croquetten belegt
und an den beiden Enden der Schüſſel werden rund geſchälte und in
Salzwaſſer abgekochte Kartoffeln erhaben geordnet, etwas Jüs darunter
gegoſſen, mit Ateletten beſteckt und ſo zu Tiſch gegeben. Eine gute, kräftige
Jüs, wie auch eine sauce espagnole werden extra nachſervirt.

482. Gulaschfleisch auf ungarische Art.   Goulach (Gulas) à la Hongrie.

Ein großes, schönes, recht mürbe gelegenes Ochsenfilet wird rein abge=
häutet, mit dem Cotelettemesser etwas breitgeschlagen, dann seiner Länge
nach in drei gleiche Streifen und diese wieder quer in 6 Centimeter breite
gleiche Stücke geschnitten und mit kochendem Wasser begossen, einmal auf=
gekocht, dann mit frischem Wasser abgekühlt. Unterdessen werden 280
Gramm weißer Luftspeck zu kleinen, 6 Millimeter großen Würfeln ge=
schnitten und lichtbraun geröstet, dann auf ein Sieb geschüttet. In diesem
ausgebratenen Speckfett wird nun das gleiche Quantum ebenso geschnittener
Zwiebeln lichtbraun geröstet und ebenfalls abgegossen. Sodann wird
das Fleisch gut abgetrocknet und in eine passende, gut schließende Casserolle
mit dem Speck und den Zwiebeln eingerichtet, dann mit dem nöthigen
Salz, etwas fein gestoßenem, weißen Pfeffer und einem Eßlöffel voll ge=
stoßenem und gesiebten Kümmel gewürzt und mit einer Bouteille Ungar=
oder Rheinwein sehr weich gedünstet. Wenn dies nun erreicht ist, wird
das Fleisch mit einer Gabel in eine andere Casserolle gelegt, der Fond
oder die Essenz sehr rein entfettet, sechs Ragoutlöffel braune Sauce,
Cayenne=Pfeffer, wie auch etwas Rindfleischjüs dazu gethan und zusammen
eine Viertelstunde aus Schaum und Fett gekocht, dann wird die Sauce
mit dem Saft einer Citrone angenehm gesäuert, über das Fleisch gegossen
und mit diesem noch einige Minuten gedünstet. Beim Anrichten werden
Speckklöße, eigens angerichtet, mit herum präsentirt. Statt des Lenden=
bratens kann auch das aus Haut und Knochen geschnittene Fleisch von
dem Rippenstück genommen werden. Die Bereitung der Speckklöße wird
noch im Laufe dieses Buches vorkommen.

483. Lendenbraten-Schnitten am Rost gebraten.   Beefsteaks à l'Anglaise.

Ein schönes, gut mortifizirtes, durchwachsenes Ochsenfilet wird von aller
Haut und Nerven gelöst und dann in fingerdicke, schräge Stücke geschnitten,
welche mit dem Cotelettemesser etwas breit geschlagen, dann sauber in runder
Form zugeschnitten, auf beiden Seiten mit Salz bestäubt, in eine flache
irdene Schüssel geordnet, mit einigen Löffeln voll feinem Oel oder zerlassener
frischer Butter übergossen und mit einer rund geschnittenen Papierscheibe gedeckt,
mehrere Stunden marinirt werden. Eine viertel Stunde vor dem Anrichten
werden sie nebeneinander auf den Rost gelegt und über starkem Kohlenfeuer
schnell gebraten, welches längstens in fünf bis sechs Minuten vollendet sein
muß. Wenn sie nun in ihrem Saft, jedoch ohne daß noch Blut davon
läuft, gebraten sind, werden sie im Kranze auf eine Schüssel angerichtet,
mit heißer Glace bestrichen, etwas gute Jüs darunter gethan und sogleich
zu Tisch gegeben. Geröstete Kartoffeln, auch ein mit süßem Rahm be=
reitetes Kartoffel=Püree kann eigens mit servirt werden.

484. Lendenbraten-Schnitten à la Béarnaise. Beefsteaks à la Béarnaise.

Diese werden ganz den vorhergehenden gleich zubereitet, und am Rost gebraten; sie werden auf einer langen Schüssel angerichtet, mit einer sauce béarnaise (siehe Nr. 229), und mit kleinen, runden, in frischer Butter gebratenen Kartoffeln, welche extra angerichtet werden, sogleich zu Tisch gegeben.

485. Lendenbraten-Schnitten am Rost gebraten mit englischer Butter. Beefsteaks au beurre à l'Anglaise.

Die Beefsteaks werden ganz wie die vorhergehenden bereitet und gebraten. Beim Anrichten kömmt ein Stück englische Butter auf die Schüssel (siehe im Abschnitt bei den Buttern), über welche die Beefsteaks angerichtet und dann schön glacirt werden.

486. Lendenbraten-Schnitten am Rost gebraten mit Sardellenbutter. Beefsteaks à l'Anglaise au beurre d'anchois.

Dies ist ebenfalls nur eine Wiederholung; in die Mitte der Schüssel kömmt ein Stück gut bereitete Sardellenbutter, über welche die ganz heißen Beefsteaks angerichtet und mit Glace bestrichen werden. Der aus den Beefsteaks noch entquillende Saft verbindet sich mit der Sardellenbutter, welches bis zum angenehmsten haut goût eine liebliche, piquante Sauce bildet.

Die so bereiteten Beefsteaks werden ferner noch mit einer mit Citronensaft angenehm gesäuerten und mit Glace kräftig bereiteten feinen Kräuter-Sauce (siehe bei den kleinen Saucen), wie auch mit einer sauce tomate oder sauce poivrade (Pfeffer-Sauce) gegeben.

487. Gedämpfte Lungenbraten-Schnitten. Beefsteaks sautés dans leur glace.

Die ebenso bereiteten, mit Pfeffer und Salz gewürzten und mit zerlassener frischer Butter einige Stunden noch mürbe gestandenen Beefsteaks werden vor dem Anrichten über dem Windofen auf beiden Seiten in einem plat à sauter mit Butter schnell gebraten, dann die Butter abgeseiht, etwas Demi-Glace und der Saft einer Citrone dazu gepreßt und mit diesem noch eine Minute geschwungen. Sie werden mit ihrer Jus im Kranze schön angerichtet. Geröstete oder ganze gebratene Kartoffeln nebst Senf können extra mit herum gegeben werden.

488. Lendenbraten am Spieß. Filet de boeuf à la broche.

Der aus der Lende rein ausgelöste, lange Fleischtheil, Lenden- auch Lungenbraten genannt, wird einige Tage zum mürbe werden an einem luftigen Orte aufgehangen, dann die obere Haut wie auch an der Seite die nervigen Theile abgelöst, mit dem Cotelettemesser auf der abgehäuteten, oberen Seite etwas breit geschlagen, dann sauber zugeschnitten und ganz mit weißem Luftspeck fein gespickt. Hierauf wird er gehörig gesalzen, mit Pfeffer bestäubt, an einem kleinen Spieß der Länge nach in der Mitte durchstochen, mit diesem auf einen größeren gebunden, und nachdem er in einige mit Butter bestrichene Bogen weißes Papier eingehüllt und mit Bindfaden überbunden ist, eine Stunde langsam gebraten. Einige Zeit vorher wird der Papier-Ueberwurf abgenommen, die Flamme etwas vergrößert, damit das Filet eine schöne Farbe bekömmt und sich der Speck bräunt und in seiner Form erhaben vortritt. Vor dem Abnehmen wird er nochmals leicht mit Salz bestäubt, auf einer Schüssel angerichtet, mit Glace bestrichen und mit ganzen gebratenen Kartoffeln umlegt; eine piquante Sauce wird extra beigegeben. Da ein Ochsenfilet, selbst wenn es groß ist, nur höchstens auf zehn Personen reichen würde, weil beim Tranchiren der untere dünne Theil nicht servirt werden kann, da er beim Braten immer trocken wird, so ist unbedingt nöthig, daß man für zwölf bis achtzehn Personen zwei schöne Lendenbraten nehmen muß, von denen man sodann den dünnen Theil vorher abschneidet.

489. Gedämpfter Lungenbraten mit jungen Gemüsen. Filet de boeuf à la jardinière.

Da alle Rezepte, um ein richtiges Gewicht oder Maß angeben zu können, auf zwölf Personen gerichtet sind, so werden also, wie im vorhergehenden Artikel schon gesagt wurde, hier zwei Lendenbraten, von denen der untere dünne Theil abgeschnitten wurde, von aller Haut befreit, einer davon ganz gespickt und einer ungespickt, da Viele das Gespickte oder Fette nicht lieben, in eine lange, dazu passende Casserolle mit Speck, Nierenfett, Zwiebeln, gelben Rüben, einem Lorbeerblatt, zwei Gewürznelken und einigen Pfefferkörnern eingerichtet, mit etwas Salz bestreut und ein kleiner Schöpflöffel voll Consommé dazu gegossen, jedoch daß dieses das Gespickte nicht berührt, gut zugedeckt, auf unten und oben angebrachter Gluth langsam weich gedünstet. Während dieser Zeit werden junge, gelbe Rüben, weiße Rübchen, grüne Bohnen, Rosenkohl, Blumenkohl wie auch Spargel, von jedem gleiche Theile, die Rübchen nämlich in ihrer natürlichen Form, rein zugeschnitten und oben mit einem scharfen Messer rund abgedreht, dann die grünen Bohnen in Spitzweckchen, Rosenkohl in seiner natürlichen Form, der Blumenkohl in kleine Röschen getheilt, und die Spargel, so weit sie zart sind, in 12 Millimeter lange Stückchen geschnitten, und jedes, und zwar die Rübchen, nachdem sie zuvor blanchirt wurden, jede Sorte für sich mit etwas Butter, Salz, Zucker und etwas weißer Fleischbrühe weich gedämpft, ferner die grünen Bohnen, der Rosenkohl, Blumenkohl, wie auch die Spargeln weich blanchirt. Hierauf werden nun die Filets auf einen Plafond ausgehoben, alles Fett davon rein darüber gethan und mit einem Papier gedeckt und warm gestellt. Die Essenz wird durch ein feines Haartuch geseiht und mit sechs Anrichtlöffeln voll brauner Sauce langsam gekocht, damit man noch alles Fett sammt Schaum rein abnehmen kann; wenn nun diese ganz rein geworden ist, wird sie auf starkem Wind= ofen, bis sie etwas dickfließend vom Löffel läuft, eingekocht, gehörig ge= salzen, durch ein Haartuch in eine Saucen=Casserolle gepreßt und warm gestellt. Vor dem Anrichten werden die Lendenbraten einige Minuten in einen heißen Ofen gestellt, damit sich der Speck bräunt, dann heraus= genommen, sauber, etwas schräg, zu gleichen Portionen geschnitten, die Filets wieder zusammengeschoben, und in ihrer früheren Form auf eine oder zwei lange Schüsseln gelegt, die jungen Gemüse zierlich und zwar jede Sorte für sich, herumgarnirt, die Filets schön glacirt, etwas Jüs darunter gegossen und sodann zu Tisch gegeben. Die Sauce wird extra beigegeben.

490. Lendenbraten nach andalusischer Art. Filet de boeuf à l'Andalouse.

Ein gut mürbe gelegenes Ochsenfilet, Lendenbraten von bester Gattung, wird, nachdem dasselbe abgehäutet und mit Speck und Schinken gespickt worden, in eine passende, am Boden mit Speckscheiben belegte Casserolle gethan, bis zur Hälfte des Lendenbratens mit einer guten Marinade, welche aus gelben Rüben, Zwiebeln, etwas Sellerie, Porri und Petersilie bereitet wurde, angefüllt, mit noch einer halben Bouteille Portwein übergossen, mit einem Stückchen Lorbeerblatt, einigen ganzen Pfefferkörnern und Ge= würznelken und einem Gliedchen Knoblauch gewürzt. Sodann wird ein Bogen weißes Papier mit Olivenöl bestrichen, dieser über das Filet ge= legt, die Casserolle fest zugedeckt und so in ein Bratrohr gestellt, wo man das Filet während ein und einer halben bis zwei Stunden langsam unter öfterem Begießen weich dünsten läßt. Unterdessen werden zwei Stück schönes Wirsingkraut, zwölf Stück Kopfsalat, vierundzwanzig Stück schöne Kastanien, 280 Gramm spanische Erbsen (garbances), kleine Carotten, jedes für sich blanchirt, gut eingeweicht und dann mit gutem Fond weich gedünstet. Eine halbe Stunde vor dem Anrichten wird nun das Filet herausgenommen, in einen plat à sauter gelegt, die Essenz davon wird geseiht, das Fett davon rein abgenommen, über das Filet gegossen und damit in ein Bratrohr gestellt, wo man es eine schöne Farbe nehmen läßt. Die Essenz selbst aber wird mit einer Obertasse voll Tomat=Püree und etwas sauce espagnole untermengt, zusammen bis zu einer gebundenen Sauce eingekocht, und dann in eine Saucen=Casserolle geseiht. Kurz vor dem Anrichten wird nun das Filet in schöne Tranchen geschnitten, in seine natürliche Form zusammen geschoben, über eine 24 Millimeter hohe, gelb gebackene, passendlange Brodkruste gelegt und mit den früher bezeich= neten Gemüsesorten, jedes für sich, in kleine Häufchen herum geordnet, und zuletzt zwischen jedes derselben kleine Würstchen d'estramadune (chonisos) gelegt. Das Ganze wird nun nochmals schön glacirt, etwas guter Fond darunter gegossen, und mit der Tomate=Sauce, welche in einer Saucière nachservirt wird, zu Tisch gegeben.

491. Gespickter Lendenbraten mit jungen Gemüsen. Filet de boeuf piqué à la jardinière garni à la Française.

Zwei schöne, gut abgelegene Lendenbraten werden rein abgehäutet, sauber zugeschnitten und auf die bestmögliche Art schön gespickt, jedes mit einem eisernen Vogelspießchen durchstochen und diese dann an einem größeren Spieße festgebunden. Ferner werden aus sehr guten weißen Rüben in der Größe eines Weingläschens vierundzwanzig Stück runde, 3 Centimeter dicke Stücke ausgestochen, diese werden von außen rein zugeschnitten, fein gezackt und dann mit einem Apfelbohrer schön ausgebohrt, daß sie wie Körbchen aussehen; sie werden in gesalzenem, kochenden Wasser einige Minuten blanchirt und dann wieder in's kalte Wasser gelegt. Ebenso werden aus schönen, hochrothen, gelben Rüben erbsengroße, runde Stückchen ausgebohrt, dann abblanchirt und in's frische Wasser gethan. Die weißen Rüben werden dann in einen plat à sauter gelegt, mit guter, weißer Fleischbrühe begossen, ein Stückchen Butter, etwas Zucker und das nöthige Salz beigegeben und so auf Kohlenfeuer, jedoch daß sie schön ganz bleiben, weich gedünstet. Ebenso werden die gelben Rübchen, den vorhergehenden gleich, eingerichtet und weich und kurz gedünstet. Unterdessen werden zwei Teller voll fein geschnittene, grüne Bohnen, wie auch ein Teller voll feine, frisch-gepflückte Erbsen, jedes für sich in gesalzenem, kochenden Wasser recht grün blanchirt, abgeseiht und mit kaltem Wasser übergossen und ab= gekühlt. Dreiviertel Stunden vor dem Anrichten werden die Filets bei hellem Feuer in ihrem vollsten, nahrhaften Safte gebraten, gesalzen und in einer passenden, langen Schüssel über eine zwei Finger hohe Unterlage von gedämpftem, grünen Kohl (choux de Milan) schön angerichtet. Die Körbchen von den weißen Rüben werden dann mit den gelben Rübchen und den Pflückerbsen erhaben gefüllt, diese auf beiden Seiten der Länge nach herum garnirt und an beiden Enden der Schüssel werden auf der einen die in frischer Butter geschwungenen, grünen Bohnen und an der andern zwei schöne, in gesalzenem Wasser gekochte Blumenkohlrosen er=

haben gelegt. Ueber die Filets werden drei aus Rüben geschnittene Vasen halb weich gekocht, an silberne Ateletten gesteckt und in die Filets nach obiger Zeichnung eingesteckt. Die Filets selber werden schön glacirt, etwas Jüs darunter gegossen und das Ganze recht heiß zur Tafel gegeben. Eine gut bereitete, kräftige, braune Sauce wird extra beigegeben.

492. Ochsenfilet, kalt, auf Gärtner-Art. Filet de boeuf froid à la jardinière.

Hiezu ist eine Form von weißem Blech oder Kupfer, innen gut ver= zinnt, eine Hand breit, drei Finger hoch, 54 Centimeter lang, die beiden Enden ovalrund, nöthig. Ferner werden weiße und gelbe Rüben, von beiden gleiche Theile, 40 Millimeter lang und kleinfingerdick rund aus= gestochen, jede Sorte für sich abblanchirt, dann, aber daß die Rübchen ganz bleiben, weich gedünstet. Ebenso wird ein Teller voll grüne Bohnen ebenso lang wie die Rübchen geschnitten und in gesalzenem, kochenden Wasser blanchirt, dann auf ein Sieb gegossen und mit frischem Wasser abgekühlt. Die Form wird dann in gestoßenes Eis gestellt, fingerdick mit Aspic begossen und wenn diese fest geworden ist, werden die Bohnen und jedes Rübenstückchen in Aspic getaucht, genau nach obiger Zeichnung in die Form eingestellt und diese ganz ausgarnirt, welches mit einiger Mühe verbunden ist. Der innere leere Raum wird mit Schwarzwurzeln, Kartoffeln, Brüsseler Kohl, grünen Bohnen, alles weich blanchirt und mit fließender Aspic untermengt, ganz voll angefüllt, genau nach der Form eben gemacht und mit Aspic aufgegossen, so daß dieselbe in alle Fugen eindringt und beim Stürzen das Ganze zusammenhält. Dann wird ein großes Ochsenfilet rein abgehäutet, sauber zugeschnitten und der ganzen Länge nach schön gespickt, gesalzen, im Safte am Spieße gebraten und kalt gestellt. Unterdessen werden vierundzwanzig Stück nußgroße, weiße Florentiner Zwiebeln rein abgeschält, abblanchirt, dann sorgfältig ausgehöhlt und mit gut gereinigten, würfelig geschnittenen Sardellenfilets und Kapern gefüllt, dann in eine Assiette gestellt und mit Essig und Oel begossen. Ferner werden aus großen, weißen Rüben kleine Vasen nach obiger Zeichnung geschnitten und diese wie auch kleine Röschen aus rothen und gelben Rüb= chen, welche zusammen in gesalzenem, kochenden Wasser halb weich blanchirt und dann in kaltem Wasser abgekühlt werden. Eine halbe Stunde vor dem Anrichten wird die Form aus dem Eis genommen, in's warme Wasser schnell getaucht, abgetrocknet, eine passende, lange Schüssel darüber gelegt und die Form in die Schüssel umgestürzt. Das unterdessen kalt gewordene Ochsenfilet wird dann schön in Tranchen geschnitten wieder zu= sammengeschoben, schön glacirt und in seiner natürlichen Form über die Jardinière gelegt, dann werden die Zwiebeln unten herum und zwischen zwei jedesmal eine aus dem Kern gedrehte Olive gelegt, dann drei Vasen mit den Röschen, welche mit dünnen Holzspeilchen in dieselben gesteckt werden, garnirt, die Vasen selbst an silberne Atelette=Spießchen gesteckt und über das Ochsenfilet nnd der Jardinière bis auf den Boden einge= steckt und so das Ganze in seinem schönsten Ansehen zu Tisch gegeben.

493. Lendenbraten auf neapolitanische Art. Filet de boeuf à la Napolitaine.

Hiezu wählt man ein sehr schönes, großes Filet, dasselbe wird sauber zugeschnitten, abgehäutet und zwei Tage an einem kalten Ort in einer Kräuter=Marinade marinirt. Nach dieser Zeit wird dasselbe schön ge= spickt in zwei mit Butter bestrichene Bogen Papier eingehüllt und eine bis ein und eine halbe Stunde vor dem Anrichten bei hellem Feuer im vollsten Safte am Spieß gebraten, wo man aber eine viertel Stunde zuvor das Papier abnehmen muß, damit das Filet eine schöne Farbe bekömmt. Unterdessen bereitet man zehn Stück Popiettes de veau (siehe Abschnitt 10), eine schöne mit Trüffeln gespickte Gansleber (siehe Ab= schnitt 38), acht Stück Timbales nach Nr. 347, wie auch zwölf Stück Geflügel=Croquettes nach Nr. 373; ferner werden 280 Gramm Reis mit der nöthigen Fleischbrühe, einem Stück Butter und Salz weich und dick gekocht, aus welchem in eine lange Schüssel ein Sockel schön auf= dressirt und über welchen beim Anrichten das Filet gelegt wird. Dieser Reis wird nun mit abgeschlagenem Ei bestrichen und in dem Backrohr lichtgelb gebacken. Beim Anrichten selbst nun wird das Filet vom Spieß genommen, in stark messerrückendicke Tranchen geschnitten in seiner natür= lichen Form wieder zusammengeschoben, über den Reissockel gelegt und mit Glace schön glacirt. Die Croquetten, die in gleiche Stücke ge= schnittene Gansleber, die Popietten, wie auch die Timbales de macaronis werden nun in schönster Ordnung jedes für sich herum garnirt, so daß diese Speise eine elegante zierliche Schüssel bildet. Zuletzt werden einige

Löffel voll Demi=Glace kochendheiß darunter gegossen, wie auch eine sehr
kräftig bereitete sauce tomate extra beigegeben.

**494. Gedämpfter Lendenbraten mit Wurzeln. Filet de boeuf
aux racines.**

Zwei Lendenbraten werden ganz wie die vorhergehenden eingerichtet
und weich gedämpft. Ebenso wird die entfettete Essenz mit brauner Sauce
recht rein aus Schaum und Fett gekocht, dann über starkem Windofen,
bis sie etwas dick fließt, eingerührt, gehörig gesalzen und ebenfalls durch
ein Haartuch in eine Saucen=Casserolle gepreßt und warm gestellt. Junge
weiße Rüben, gelbe Rüben, Petersilie, wie auch junge Selleriewurzeln
werden rein geputzt und mit einem langen Ausstecher, der die Dicke eines
starken Federkiels hat, in 12 Millimeter lange egale Stückchen ausge=
stochen, dann abblanchirt, mit frischem Wasser abgekühlt und dann mit
weißer Fleischbrühe, einem Stück Butter, Salz und etwas Zucker weich
gedünstet. Die Filets werden nun schön tranchirt, in ihrer früheren
Form wieder auf langen Schüsseln angerichtet, schön glacirt, die Wurzeln
mit der Sauce noch einmal aufgekocht, abgeschäumt und um die Lenden=
braten herum garnirt; ein Theil der Sauce kann eigens in einer Saucière
mit herum gegeben werden. Auf dieselbe Weise werden die Lendenbraten
auch beim Anrichten mit einem Kranz von ganz gedämpften Häupteln
Kopfsalat, wo dazwischen jedesmal eine schöne hochgelbe, weich gedämpfte,
gelbe Rübe gelegt wird, schön garnirt, ferner auch mit einem Kranze
von gefülltem Kopfsalat und glacirten Zwiebeln.

**495. Gedämpfter Lendenbraten auf italienische Art. Filet de
boeuf aux macaronis à l'Italienne.**

Die recht weich gedämpften, schön glacirten und tranchirten Lenden=
braten werden auf einer Unterlage von italienischen Maccaroninudeln
angerichtet, welche auf nachstehende Weise bereitet werden. 280 bis 420
Gramm der besten italienischen Maccaroninudeln werden im Wasser mit
etwas Salz eine viertel Stunde gekocht, dann abgegossen, in die näm=
liche Casserolle zurückgethan, mit einem Stück frischer Butter, welche in
Stückchen zerpflückt wird, nebst 140 Gramm geriebenem Parmesankäse
und ebenso viel Schweizerkäse über dem Windofen geschwungen, das
nöthige Salz wie auch einige Ragoutlöffel voll Fond darunter gethan
und so angerichtet. Der rein entfettete Fond von dem Lendenbraten
wird mit etwas brauner Sauce zu einer klaren, bündigen, kräftigen
Sauce verkocht und in einer Saucière mit herum gereicht.

**496. Gedämpfter Lendenbraten mit Madeira-Wein. Filet de
boeuf au vin de Madère.**

Zwei Lendenbraten werden fein gespickt, gesalzen, mit Speck, Zwiebeln,
gelben Rüben, einem Kalbs=Jarret und einem Stück rohen Schinken in eine
passende Casserolle eingerichtet, mit zwei Ragoutlöffeln voll Consommé

genäßt und so eine halbe Stunde auf dem Kohlenfeuer gedämpft, bis sämmtlicher Saft auf Glace gefallen und sich am Boden eine lichtbraune Farbe zeigt. Hierauf wird eine halbe Bouteille Madeira=Sec und einige Ragoutlöffel voll Consommé dazu gegossen und so auf Kohlenfeuer weich gedünstet. Wenn dies nun erreicht ist, wird der Saft oder die Essenz abgeseiht, rein entfettet und mit einem Ragoutlöffel voll brauner Sauce bis auf einen Schöpflöffel voll eingekocht, die Sauce wird hierauf ge= salzen und durch ein Haartuch in eine Sauce=Casserolle gepreßt. Die Lendenbraten werden dann schön glacirt, angerichtet, etwas Jüs darunter gegossen und die Sauce extra beigegeben. Auf die nämliche Weise können sie auch anstatt mit Madeira mit Malaga bereitet werden, nur wird bemerkt, daß zu beiden keine Garnitur gegeben wird.

497. Lendenbraten mit Ragout Godard. Eilet de boeuf à la Godard.

Die Lendenbraten werden fein gespickt und wie die vorhergehenden eingerichtet und mit oben und unten angebrachter Gluth weich gedünstet. Die Essenz von den Lendenbraten wird sehr rein entfettet und mit der Sauce kurz eingekocht, die sodann über die Ingredienzen zu einem Klein= ragout à la Godard gepreßt wird. Die filets de boeuf werden nun schön glacirt, auf einer langen Schüssel angerichtet und das Kleinragout herum garnirt. Das Ragout à la Godard findet sich in Abschnitt 7.

498. Lendenbraten mit Ragout Chipolata. Filet de boeuf à la Chipolata.

499. Lendenbraten mit Ragout Providence. Filot do boeuf à la providence.

500. Lendenbraten mit Ragout Monglas. Filet de boeuf à la Monglas.

Dies sind Wiederholungen des vorhergehenden. Der Fond wird jedesmal zu dem bezeichneten Ragout verwendet. Auch diese Kleinragouts findet man im Abschnitt 7.

501. Gespickte Ochsenfilets oder Lendenbraten mit Gurkenragout. Filets de boeuf piqués aux concombres.

Zwei Ochsenfilets (Lendenbraten), die gut mürbe gelegen sind, werden fein gespickt, ebenso wie jene bei den vorhergehenden Recepten eingerichtet und in ihrem Safte weich gedünstet. Unterdessen werden sechs bis acht Stück Gurken geschält, der Länge nach in vier gleiche Theile, dann jeder Theil wieder in 3 Centimeter lange Stücke geschnitten und diese hierauf wieder sauber in ovaler Form zugeschnitten, eingesalzen und eine halbe Stunde zugedeckt bei Seite gestellt. Nach dieser Zeit werden sie auf ein Tuch gelegt, abgetrocknet, leicht mit Mehl bestäubt, aus heißer Backbutter lichtgelb ausgebacken und auf Löschpapier zum Entfetten gelegt. Die Essenz von den weich gedämpften Lendenbraten wird nun durch ein Sieb gegossen, das Fett davon rein abgenommen, wieder über die Fleischstücke gethan und so warm gestellt. Sodann läßt man die sehr rein entfettete Essenz mit vier Ragoutlöffeln voll brauner Sauce über dem Windofen zu einer etwas dickfließenden, kräftigen Sauce einkochen, die sodann, wenn sie noch mit einem Stückchen Glace, dem Saft einer Citrone und dem etwa noch fehlenden Salz bis zum Kräftigsten im Geschmack gehoben ist, über die gebackenen Gurken in eine Saucen-Casserolle durch ein Haartuch gepreßt und au bain-marie warm gestellt wird. Die Lendenbraten werden nun auf eine lange Schüssel gelegt, schön glacirt und mit dem Gurken=ragout im Kranze angerichtet.

502. Lendenbraten mit Püree. Filet de boeuf piquée, garni à la purée.

Die gut mürbe gelegenen, gespickten, sehr weich gedämpften und glacirten Lendenbraten werden über einem Püree von Krammetsvögeln, Feldhühnern oder auch über einem Püree, welches von gebratenem Ochsen=fleisch bereitet wurde, angerichtet und außen herum noch mit glacirten Zwiebeln, Artischockenböden und schön geschnittenen, ganzen und weich gedämpften gelben Rübchen geschmackvoll belegt. Die Essenz von den Lendenbraten wird zum Püree verwendet, auch ist es nöthig, daß die Lendenbraten schön tranchirt und wieder in ihre natürliche Form zurück=geschoben, über dem Püree angerichtet werden.

503. Lendenbraten auf Herzogin-Art. Filet de boeuf à la duchesse.

Ein schönes, gut abgelegenes Ochsenfilet wird rein zugeschnitten, ab=gehäutet und dann mit kleinen Nägeln, welche aus gutem, weißen Speck, rohen Schinken, schwarzen Trüffeln geschnitten werden, reichlich durchspickt. Das ganze Filet wird dann mit dünnen Speckbarden überdeckt und diese mit Spagat netzartig darüber gebunden. Man legt nun dieses Filet in eine passende Casserolle, gießt eine Bouteille Rheinwein und ebenso viel gutes Consommé darüber, gibt dann eine Zwiebel, eine große gelbe Rübe, etwas grüne Petersilie, einige Gewürznelken und Pfefferkörner dazu, deckt die Casserolle fest zu und läßt es auf starkem Feuer, bis der Saft an=fängt sich zu verdicken, schnell eindünsten. Ist dies erreicht, so gießt man noch etwas guten Fond und ein Glas Madeira dazu und stellt die Casserolle auf ein Kohlenfeuer, wo man ebenfalls über den Deckel glühende Kohlen gibt und läßt so das Ganze, bis das Filet gehörig weich ist, langsam unter öfterm Begießen mit seinem eigenen Safte weich dämpfen. Ist dasselbe nun in seinem gutem Safte völlig weich geworden, so wird es ausgehoben, der Spagat abgenommen, das Filet rein zugeschnitten und bis zum Anrichten in eine andere Casserolle gelegt. Der Fond wird nun mit etwas Consommé nochmals aufgekocht, geseiht, rein entfettet und

über das Filet gegossen, worauf man es in eine Bratröhre stellt und
bei öfterm Begießen eine schöne Farbe annehmen läßt, bis es schön glacirt
erscheint. Beim Anrichten wird es in egale dünne Tranchen geschnitten,
in seine natürliche Form wieder zusammengeschoben, in eine lange Schüssel
angerichtet und mit zwölf Stück gespickten Lamms = Milchnern, zwölf
Croquetten, welche aus Lammsfüßchen mit Trüffeln bearbeitet sind, vier=
undzwanzig Stück kleinen, farcirten und glacirten Zwiebeln, zwölf Stückchen
runden in der Braise gekochten Kalbshirn und ebenso viel schön glacirten
Carotten in der Weise geschmackvoll bekränzt, daß das Ganze eine elegante
Schüssel gibt. Das Filet wird dann wiederholt schön glacirt, der Fond
nochmals geseiht, rein entfettet, zu einer Demi = Glace eingekocht und
unter das Filet gegossen.

504. Lendenbraten auf Wildpret-Art. Filet de boeuf en façon de chevreuil.

Ein schönes großes Ochsenfilet wird rein abgehäutet, das an der
Seite sich befindende Nervige abgelöst, sodann in der Mitte von einander
getheilt, sauber zugeschnitten, seiner Länge nach schön gespickt und über
Nacht mit Essig, Zwiebeln, gelben Rüben, Lorbeerblatt und einigen Ge=
würzkörnern marinirt, hierauf wird es mit Speck und Nierenfett sammt
seiner Marinade in eine passende Casserolle eingerichtet und auf Kohlen=
feuer sehr weich in seinem Saft gedämpft. Beim Anrichten wird der
Lendenbraten auf eine lange Platte schön in halb fingerdicke, schräge
Scheiben geschnitten gelegt, mit glacirten Zwiebeln außenherum schön
garnirt, etwas von Jüs darunter gegeben und eine Pfeffer=Sauce, sauce
poivrade, extra in einer Saucière beigegeben. Die sehr rein entfettete
Essenz von dem Lendenbraten wird zur Pfeffer=Sauce angewendet. Diese
Sauce findet sich im 2. Abschnitt, 2. Abtheilung.

505. Lendenbraten auf Mailänder Art. Filet de boeuf à la Milanaise.

Die gespickten, mit Speck, Nierenfett, Zwiebeln, gelben Rüben, einem
Stück rohen Schinken und einem Kalbs=Jarret gut eingerichteten und mit
einer halben Bouteille Madeira und ebenso viel Consommé auf Kohlen=
feuer weich gedämpften Lendenbraten werden in schöne Stückchen geschnitten,
wieder zusammengeschoben und in ihrer natürlichen Form auf einer langen
Schüssel, auf der ein drei Finger hoher Reisrand aufgesetzt ist, über eine
Lage von Maccaroninudeln angerichtet, welche auf folgende Weise be=
reitet werden. 280 Gramm Maccaroninudeln werden in 6 Centimeter
lange, gleiche Stückchen gebrochen, einige Minuten in Wasser mit etwas
Salz abgekocht, dann abgegossen, mit frischem Wasser abgekühlt und auf
einem reinen Tuche abgetrocknet. Eine halbe Stunde vor dem Anrichten
werden sie in einer Casserolle mit der rein entfetteten und durch ein
Haartuch passirten Essenz von den Lendenbraten noch einige Minuten ge=
kocht und dann mit 280 Gramm geriebenem Parmesankäse, ebenso viel

frischer Butter nebst Salz und etwas gestoßenem, weißen Pfeffer geschwungen und sogleich angerichtet. In einer Saucière kann etwas Madeira-Sauce beigegeben werden.

506. Geblättertes Ochsenfilet (Lendenbraten). Emincée de filet de boeuf à la Rohan.

Nachdem man ein schönes Ochsenfilet ohne es zu spicken auf die vorher beschriebene Weise gut eingerichtet und mit einer halben Bouteille Chablis weich und in seinem vollsten Safte gedünstet hat, läßt man dieses in seinem eigenen Fond wieder kalt werden. Nach dieser Zeit wird dasselbe herausgenommen, von allen Seiten sauber zugeschnitten und dann in stark messerrückendicke Scheiben getheilt, welche man mit einem runden Ausstecher in der Größe eines Fünf-Markstückes aussticht. Die Essenz wird durchgeseiht, sehr rein entfettet, zu einer Demi-Glace eingekocht und dann über die in einem plat à sauter geordneten Fleischstückchen gegossen, die man zudeckt und bis zum Gebrauche warm stellt. Die Abfälle werden nun auf einem Fleischbrett fein gewiegt (geschnitten) und dann mit zwei Obertassen voll brauner, kräftiger, dickgekochter Sauce im Reibstein fein verrieben, dazu gibt man das Gelbe von acht rohen Eiern, etwas geriebene Muskatnuß und das nöthige Salz. Diese Fleischmasse wird nun durch ein feines Haarsieb passirt, dann in eine mit frischer Butter gut ausgestrichene, 6 Centimeter hohe Bordure-Form gefüllt und im Dunst (au bain-marie) gar gemacht. Unterdessen bereitet man von Champignons und einer italienischen Sauce (siehe dieselbe bei den kleinen Saucen) ein Klein-Ragout, welches man ebenfalls warm stellt. Beim Anrichten wird nun die Bordure in eine passende Schüssel gestürzt und langsam abgehoben, hiernach die Fleischstücke im Kranze erhaben zierlich angebracht. Das Klein-Ragout wird nun in die Mitte eingefüllt, die Demi-Glace wiederholt aufgekocht, über das Ganze gegossen und dasselbe als eine äußerst wohlschmeckende Speise sogleich zu Tisch gegeben.

507. Ochsengaumen mit Champagner-Wein. Palais de boeuf au vin de Champagne.

Zwölf Stück gut gereinigte Ochsengaumen werden in einer weißen Braise weich gesotten, und wenn sie wieder kalt geworden sind, auf ein Tuch ausgehoben, abgetrocknet, in 3 Centimeter große, viereckige Stückchen rein zugeschnitten und in eine Casserolle gethan. ³/₁₀ Liter gute, weiße Coulis wird mit einer halben Bouteille Champagner unter beständigem Rühren über einem starken Windofen dickfließend eingekocht, dann eine Minute vom Feuer gestellt und hierauf mit einer Liaison von sechs Eidottern legirt, dann nochmals eine halbe Minute über dem Feuer gerührt, bis die Eier angezogen haben, sodann gehörig gesalzen, der Saft einer halben Citrone hinzu gefügt, alsdann durch ein reines Haartuch über die Ochsengaumen gepreßt und au bain-marie warm gestellt. Diese Ochsengaumen werden nur als Ragout gegeben, wo sie kochendheiß in einer Butterpastete, vol au vent, einer Reiskruste oder auch in einer Brodkruste oder in einer silbernen oder porzellanenen Schale angerichtet werden. Im letzteren Falle werden aber gewöhnlich oben herum kleine Croutons, die aus weißem, frischen Mundbrode in irgend eine beliebige Form ge= schnitten und in klarer frischer Butter gebacken worden sind, garnirt.

508. Lendenbraten auf spanische Art.   Filet de boeuf à la Polonaise.

Ein schönes Ochsenfilet von bester Gattung wird abgehäutet, fein gespickt und ein bis zwei Tage marinirt (siehe Marinade cuite, Nr. 254). An dem Tage, an welchem dieser Braten gegeben werden soll, wird das Filet in seinem vollsten Safte am Spieß gebraten, wobei es fleißig mit saurem Rahm begossen werden muß.   Kurz vor dem Anrichten wird dasselbe vom Spieß genommen, in seine Tranchen geschnitten und wieder in seine natürliche Form zusammengeschoben; alsdann auf einer langen Schüssel angerichtet und der während des Tranchirens entquollene Saft wieder darüber gegossen.   Hierauf wird das Filet glacirt und mit farcirten Champignons bekränzt, noch etwas Demi=Glace dazu gegossen und mit extra beigegebenen Madeira=Sauce servirt.

509. Ochsengaumen mit feinen Kräutern.   Palais de boeuf au fines herbes ou à l'Italienne.

Die Ochsengaumen werden wie gewöhnlich geputzt, in der Marinade weich gekocht, dann in 3 Centimeter große, gleiche Stückchen sauber ge= schnitten und in eine Casserolle mit zwölf bis achtzehn Stück blätterig ge= schnittenen Champignons untermengt und zugedeckt bei Seite gestellt. Scha= lotten, Petersilie, Champignons, Trüffeln werden von jedem gleiche Theile fein geschnitten, daß sie zusammen zwei gute Eßlöffel voll ausmachen; diese werden mit einem Stück frischer Butter weich gedünstet und mit ⁵/₁₀ Liter brauner Coulis, einigen Anrichtlöffeln voll Kalbfleisch=Fond noch eine halbe Stunde an der Seite des Windofens langsam gekocht, daß man die aufsteigende Butter sammt dem Schaum rein abnehmen kann. Wenn dies nun vollkommen erreicht ist und die Sauce ihre gehörige Dicke hat, wird sie gehörig gesalzen, der Saft einer Citrone wie auch ein Stückchen Glace dazu gethan, über die Ochsengaumen gegossen und au bain-marie warm gesetzt. Sie werden vor dem Anrichten kochendheiß gemacht, in eine silberne oder porzellane Ragout=Schale angerichtet und mit gebackenen Brodkrusten (Croutons) außen herum garnirt.

510. Gratin von Ochsengaumen.   Palais de boeuf au gratin.

Zwölf Stück schöne Ochsengaumen werden in heißem Wasser gut ge= reinigt, in der Braise weich gekocht und wenn sie darin wieder etwas ver= kühlt sind, auf ein Tuch gelegt, abgetrocknet, dann jeder Ochsengaumen der Länge nach in der Mitte von einander und jede Hälfte wieder in zwei gleiche Theile getheilt, so zwar, daß man aus jedem Ochsengaumen vier

gleiche, flache Stückchen bekommt; diese werden nun auf einem Tuch aus=
einander gelegt, mit Salz und etwas feinen Kräutern (fines herbes sèches
en poudre) bestreut und in einer Casserolle lauwarm gestellt. Unterdessen
hat man eine gute Koch=Farce bereitet (siehe im Abschnitt 5, bei den Farcen)
mit welcher ein jedes Ochsengaumen=Stückchen stark messerrückendick gleich
bestrichen und zusammengerollt wird. Hierauf wird eine silberne oder eine
andere der Hitze widerstehende Schüssel am Boden fingerdick mit Farce be=
strichen, in die Mitte ein kleines Mundbrod gethan, um welches nun im
Kranze und erhaben die Ochsengaumen gelegt werden. Oben darüber wer=
den sie alsdann dünn mit Farce überstrichen, mit Speckbarden belegt, mit
einer rund geschnittenen Papierscheibe gedeckt und eine halbe Stunde vor dem
Anrichten in einem nicht mehr heißen Ofen langsam gebacken. Beim An=
richten wird der Speck abgenommen, das Brod herausgethan, das Gratin
rein entfettet in der Mitte eine gut bereitete sauce fines herbes gegossen.

511. Gratin von Ochsengaumen mit Beschamel. Palais de boeuf au gratin à la béchamel.

Die gut gereinigten, in der Braise weichgesottenen und darin ausge=
kühlten Ochsengaumen werden auf ein Tuch gelegt, abgetrocknet, alles
Schwarze rein abgelöst, dann feinblätterig geschnitten und mit der nöthigen
gut bereiteten Sauce Beschamel und einem Stück Glace in genaue Verbin=
dung gebracht, welches jedoch nach dem Volumen der Ingredienzien geschehen
muß, damit nicht zu viel Beschamel beigegeben wird. Diese Masse wird
nun ganz heiß in einer tiefen Schale erhaben angerichtet, oben glatt ge=
strichen und mit dem festgeschlagenen Schnee von zwei Eiern überstrichen,
mit fein geriebenem Brod und etwas geriebenem Parmesankäse bestreut,
gut mit zerlassener, frischer Butter beträufelt und einige Minuten in einen
warmen Ofen gestellt oder auch mittelst Darüberhalten einer glühenden
Schaufel dem Gratin eine lichtbraune Farce gegeben und sogleich servirt.
Gebackene Croutons können nach Belieben herum garnirt werden.

512. Popietten von Ochsengaumen. Popiettes de palais de boeuf.

Zwölf Stück der schönsten Ochsengaumen werden sehr rein von aller
Haut befreit, dann einige Stunden in lauwarmem Wasser gewässert, sodann
in einer gut gewürzten Braise weich gesotten und wenn sie darin halb aus=
gekühlt sind, auf ein Tuch zum Abtrocknen gelegt. Diese Ochsengaumen
werden nun in drei Finger breite und einen Finger lange, gleich große
Stücke sauber zugeschnitten, dann messerrückendick auf der innern Seite mit
einer gut bereiteten Kalbfleisch=Farce bestrichen, sodann aufgerollt, jede Po=
piette in der Mitte wie auch an den Enden mit einem starken Zwirn ge=
bunden, dann auf beiden Seiten glatt mit Farce bestrichen und oben in
jede Popiette in gleicher Entfernung sechs Einschnitte gemacht, in die man
ausgezackte Trüffelscheibchen, halbirte oder in vier Theile geschnittene Krebs=
schweifchen, wie auch ebenso geschnittene recht grüne Essiggurken=Stückchen in
abwechselnder Schattirung steckt. Wenn nun alle diese Popietten auf die

bestmögliche Weise recht rein und schön angefertigt worden sind, werden sie
in einer am Boden mit Speckscheiben ausgelegten, flachen Casserolle, ge=
drängt eingerichtet, jedoch daß sie die Form nicht verlieren, mit etwas
fetter Braise und einem Glas weißen Wein genäßt, leicht gesalzen, mit
einer Papierscheibe gedeckt und eine halbe Stunde vor dem Anrichten auf
Kohlenfeuer langsam gekocht. Beim Anrichten werden sie behutsam auf
ein reines Tuch ausgehoben, die Fäden losgeschnitten, die Popietten ganz
leicht glacirt und über einem auf einer runden Platte gestürzten Streif
von Reis oder Farce schön geordnet und in die Mitte eine sehr kräftig
bereitete und mit etwas Citronensaft angenehm gesäuerte, spanische Sauce
gegossen. Diese hier angeführten Speisen von Ochsengaumen werden
aber immer nur als Ragouts gegeben.

513. Ochsengaumen mit braunem Zwiebel-Püree. Palais de boeuf à la Lyonnaise.

Die gut gereinigten, ausgewässerten und in der Braise weich gesottenen
Ochsengaumen werden in ausgekühltem Zustande aus der Braise genommen,
abgetrocknet, in viereckige, 3 Centimeter große Stücke geschnitten und
unter ein sehr kräftig bereitetes, braunes Zwiebel=Püree geschwungen und
oben mit Glace beträufelt, au bain-marie warm gestellt. Sie werden
kochendheiß in eine Brodkruste, Kartoffelstreifen oder auch in einer silber=
nen Casserolle angerichtet, im letzten Falle aber werden sie mit kleinen,
gebackenen Brodkrusten garnirt.

514. Ochsenzunge mit Kräuter-Sauce. Langue de boeuf à la sauce hachée.

Zwei frische Ochsenzungen werden gut gewaschen, das Hintere, nämlich
der Schlund abgeschnitten, und in einer langen Casserolle mit zwei
Zwiebeln, zwei gelben Rüben, Porri, einem Stück Sellerie, einem Lor=
beerblatt, einigen Gewürzkörnern nebst einem Kalbs=Jarret, einigen Speck=
barden und dem nöthigen Salz eingerichtet, mit drei Schöpflöffeln voll
Fleischbrühe genäßt und auf Kohlenfeuer langsam weich gekocht. Sie
werden hierauf herausgenommen, die Haut abgezogen, wieder in eine
kleinere Casserolle gelegt, alles Fett darüber gethan und warm gestellt.
Die Essenz wird sodann durch ein Haartuch geseiht, mit $3/10$ Liter brauner
Sauce und einigen Ragoutlöffeln voll guter Rindfleischjüs untermengt
und von der Seite des Windofens zu einer dünnfließenden gebundenen
Sauce eingekocht, wo jedoch von Zeit zu Zeit alles aufsteigende Fett sammt
Schaum rein abgenommen werden muß. Unterdessen wird etwas Peter=
silie, Schalotten, einige Champignons, wie auch einige kleine Essiggurken
(Cornichons) zusammen sein geschnitten, welches man mit einem Stück
frischer Butter eine viertel Stunde langsam dämpft und sodann mit der
Sauce noch etwas kochen läßt. Sie wird hierauf nochmals rein entfettet,
gehörig gesalzen, der Saft einer Citrone dazu gedrückt und au bain-marie
warm gestellt. Beim Anrichten werden die Zungen auf ein Tuch gelegt,

gut abgetrocknet, ihrer Länge nach in der Mitte oder auch in fingerdicke Scheiben geschnitten, glacirt, auf einer langen Schüssel angerichtet und mit der bezeichneten sauce hachée maskirt.

515. Frische Ochsenzunge mit Pfeffer-Sauce. Langue de boeuf à la sauce poivrade.

Die Ochsenzungen werden ganz wie die vorhergehenden eingerichtet und weichgekocht. Beim Anrichten werden sie mit einer Pfeffer-Sauce angerichtet. (Siehe sauce poivrade im 2. Abschnitt, 2. Abtheilung.) Die Essenz von den Zungen wird sehr rein entfettet, gut eingekocht und mit der Sauce verkocht.

516. Frische Ochsenzunge mit Hochepot. Langue de boeuf en hochepot.

Die, wie in den vorhergehenden Artikeln, weich gekochten Ochsenzungen werden, wenn sie in der Braise wieder kalt geworden sind, in fingerdicke Scheiben von gleicher Größe in Form der Coteletten rein zugeschnitten und in einem Plafond mit zwei Ragoutlöffeln voll Kalbfleischfond nebeneinander eingerichtet. Die Essenz von den Zungen wird sehr rein entfettet und mit einigen Ragoutlöffeln voll brauner Sauce bis zur Hälfte eingekocht und warm gestellt. Währenddem hat man gelbe und weiße Rüben mit einem Apfelbohrer in der Größe einer Olive ausgestochen, daß man zusammen einen Teller voll erhält; diese werden nun blanchirt, mit frischem Wasser abgekühlt und jede Sorte für sich mit einem Stückchen Butter, Zucker, etwas Salz und weißer Fleischbrühe weich und kurz gedünstet. Ebenso werden dreißig Stück kleine Zwiebeln schön glacirt. Vor dem Anrichten wird die Zunge auf den Windofen gestellt und mit dem Fond schnell eingekocht und sodann die Scheiben auf einer runden Schüssel im Kranze (au miraton) gelegt. In der Mitte werden nun die schön glacirten Rübchen erhaben angerichtet, ebenso die schön glacirten Zwiebeln außen herum garnirt und zuletzt das Ganze mit etwas von der Sauce übergossen und sogleich zu Tisch gegeben. Ein Theil von der Sauce wird extra beigegeben.

517. Grillirte Ochsenzunge. Langue de boeuf panée grillée.

Die in der Braise weich gekochten Ochsenzungen werden, wenn sie erkaltet sind, in Scheiben sauber zugeschnitten, auf beiden Seiten mit Salz und Pfeffer bestäubt, in zerlassene, lauwarme, frische Butter getaucht, mit Reibbrod panirt und eine viertel Stunde vor dem Anrichten auf dem Roste wie die Coteletten gebraten. Als selbstständiges Gericht müssen sie auf einer runden Platte im Kranze angerichtet, mit Citronensaft beträufelt und mit einer warmen oder kalten Senf-Sauce gegeben werden. Sonst aber kann man sie als Beilage zu verschiedenen Gemüsen geben.

518. Ochsenzunge auf sächsische Art. Langue de boeuf à la Saxonne.

Eine schöne große oder zwei kleine, frische Ochsenzungen werden in einer

gut gewürzten Braise mit Wein weich gesotten, dann herausgenommen, die
Haut abgezogen, schön von allen Seiten zugeschnitten, ganz in eine passende
Casserolle gelegt, mit etwas Braise begossen und wieder warm gestellt.
280 Gramm Rosinen werden rein gewaschen, alle Kerne mit einem Holz=
speilchen herausgemacht und nebst 140 Gramm abgezogenen und in Filets
geschnittenen Mandeln in einer Casserolle bei Seite gestellt. Die Essenz
von der Zunge wird nun sehr rein entfettet, durch ein Haartuch geseiht
und mit fünf bis sechs Ragoutlöffeln voll brauner Sauce und einigen
Löffeln voll Rindfleischjüs von der Seite des Windofens recht langsam
aus Schaum und Fett gekocht. Wenn nun dieselbe recht rein ist, wird
sie über die Rosinen gepreßt und mit diesen nebst einem Stück Zucker,
etwas Citronenschale, ganzem Zimmt, beides zusammengebunden, und einer
viertel Bouteille gutem Rheinwein noch eine Weile, bis die Rosinen recht
rund geworden und das Ragout seine gehörige Dicke hat, gekocht. Beim
Anrichten wird die Zunge auf ein Tuch gelegt, abgetrocknet, schräg in halb=
fingerdicke Stückchen geschnitten, in ihrer natürlichen Form auf eine lange
Schüssel gelegt und das Rosinenragout darüber angerichtet. Dieses Ragout
muß sich im Aeußern durch eine dunkle Farbe und durch einen säuerlich
süßen und kräftigen Geschmack auszeichnen, wo es sogar nothwendig ist, daß
man mit einem Eßlöffel voll gutem Essig und etwas Citronensaft nachhilft.

519. Glacirter Ochsenschweif. Queue de boeuf glacée.

Der Ochsenschweif wird rein gewaschen, gliedweise geschnitten und
abblanchirt, dann mit frischem Wasser abgekühlt und auf einem Tuche
Stück für Stück gut abgetrocknet. Hierauf wird er in einer passenden
Braise=Casserole mit Speck, Zwiebeln, gelben Rüben, Porri, Pastinak,
einem Lorbeerblatt, einigen Gewürzkörnern und Salz gut eingerichtet mit
einigen Schöpflöffeln voll guter Fleischbrühe und einer halben Bouteille
Rheinwein genäßt und auf Kohlenfeuer weich gekocht, welches eine Zeit
von vier auch fünf Stunden erfordert. Er wird sodann auf einem Pla=
fond mit einem Schaumlöffel ausgehoben, etwas von der Braise darunter
gegossen und in einen heißen Backofen einige Minuten gestellt, wo man
ihn eine gelbbraune Farbe nehmen läßt; er wird hierauf von allen Seiten
schön mit Glace bestrichen und auf einer Schüssel erhaben angerichtet.
Eine kräftige sauce espagnole, zu welcher man den rein entfetteten und
durch ein Haartuch gegossenen Fond von dem Ochsenschweife mit verkocht
hat, wird extra beigegeben. So erscheinen die Ochsenschweife als

520. Ochsenschweif mit Hochepot. Queue de boeuf en hochepot.

521. Ochsenschweif mit Linsen. Queue de boeuf aux lentilles.

522. Ochsenschweif mit gedämpftem Weißkraut. Queue de boeuf aux choux blancs.

523. Ochsenschweif mit Zwiebel-Püree. Queue de boeuf à la purée d'oignons.

524. Ochsenschweif mit glacirten Zwiebeln. Queue de boeuf aux oignons glacés.

Die Behandlung oder vielmehr die Bereitung des Ochsenschweifes bleibt immer die nämliche. Der Ochsenschweif mit Hochepot wird auf einer langen Schüssel erhaben angerichtet, von allen Seiten schön glacirt und mit schön geschnittenen weißen und gelben Rüben und glacirten Zwiebeln geschmackvoll garnirt. Die Sauce wird extra beigegeben. Der Ochsenschweif mit Linsen wird ebenso bereitet; die Linsen werden im Wasser weich gesotten, auf einem Durchschlag gut abgetropft und mit einer braunen Sauce, unter die man einen Theil von der Essenz des Ochsenschweifes mit verkocht, gebunden, diese werden aber extra mit dem schön glacirten Ochsenschweife zu Tisch gegeben. Ebenso verhält es sich mit den andern.

525. Ochsenschweif im Ofen. Queue de boeuf à la St. Menehould.

Die wie in den vorhergehenden Artikeln in der Braise recht weich gedämpften Ochsenschweife werden, wenn sie darin erkaltet sind, auf ein Tuch ausgehoben, abgetrocknet, wie die Ochsenbrust à la St. Menehould panirt und im Ofen langsam gebraten. Er wird erhaben angerichtet und etwas gute Jüs darunter gegeben. Eine gut bereitete sauce tomate wird extra beigegeben.

10. Abschnitt.

Vom Kalbe. Du veau.

Das Kalb ist eines der Thiere, welches sich in der Kochkunst fast unentbehrlich gemacht hat, denn es ist an ihm vom Kopfe bis zu den Füßen kein Stückchen, was nicht in unserer umfangreichen Kochkunst zu den verschiedensten und geschmackvollsten Gerichten durch das erfinderische Talent eines geübten Koches gestaltet werden kann.

Leider aber wird dieses so nützliche Thier nicht nur oft den größten Qualen ausgesetzt, wodurch die Güte des Fleisches schon ohnehin um vieles verliert, sondern es wird ihm auch in vielen Gegenden Deutschlands nicht die gehörige Zeit gegönnt, daß sich sein Fleisch zu etwas vollkommen Gutem bilden kann, denn es wird häufig schon mit drei bis vier Wochen geschlachtet und wiegt oft kaum 28 Kilo. Dagegen werden sie im Holsteinischen, in Hamburg, den Niederlanden, besonders aber in Frankreich mit vieler Sorge genährt.

526. Kalbskopf auf Schildkröten-Art. Tête de veau à la tortue.

Ein schöner Kalbskopf wird einige Finger breit hinter den Ohren abgelöst, gebrüht, rein geputzt, gewässert und so ganz weiß in die Küche geliefert. Derselbe wird nun über einen hellbrennenden Windofen gehalten und die feinen Haare von allen Seiten abflammirt. Wenn er dann nochmals mit einem Tuche gut abgewischt worden ist, werden die beiden Ohren

abgeschnitten und die Kopfhaut sammt dem Fleische von demselben ab=
gelöst, ebenso wird die Zunge und das Hirn schön ganz herausgenommen
und alles zusammen einige Stunden lauwarm gewässert. Nach dieser Zeit
werden die Ohren, die Zunge und die Kopfhaut nochmals mit frischem
Wasser übergossen und eine halbe Stunde über dem Feuer abblanchirt,
dann wieder mit frischem Wasser abgekühlt. Von dem Hirn wird das
feine Häutchen abgelöst und dasselbe in einer Marinade gar gekocht. Der
Kalbskopf wird nun aus dem Wasser genommen und in 6 Centimeter
große, viereckige Stücke sauber zugeschnitten, dann in der Braise weich
gesotten. Unterdessen läßt man sechs Stück Schalotten mit $^3/_{10}$ Liter
weißem Wein eine halbe Stunde kochen, gießt dann die nöthige braune
Sauce (sauce espagnole) nebst einem Schöpflöffel voll Consommé dazu
und läßt dieses nebst den Abgängen von Trüffeln und Champignons an
der Ecke des Windofens langsam kochen, damit alles Fett und Unreine
aus der Sauce nach oben kömmt und abgenommen werden kann. Wenn
nun die Sauce eine Stunde langsam gekocht und recht klar geworden ist,
wird sie durchgeseiht, $^3/_{10}$ Liter Madeira=Sec dazu gegossen, über dem
Windofen unter beständigem Rühren bis sie sich vom Löffel spinnt, ein=
gekocht, dann eine kleine Messerspitze spanischer Pfeffer dazu gethan, ge=
hörig gesalzen und durch ein Haartuch in eine passende Casserolle geseiht.
In diese kommt nun ein Anrichtlöffel voll Champignons, ebenso viel
Hahnen=Nierchen und Hahnenkämme, ein Anrichtlöffel voll kleine, rund
geschälte, in Glace und etwas Madeirawein gedünstete Trüffeln, ein halber
Anrichtlöffel voll ebenso geschnittene, kleine Essiggurken und ein Anricht=
löffel voll kleine Eierdotter, wozu sechs hart gekochte Eierdotter durch ein
Sieb gestrichen, mit einem Stückchen Butter, zwei frischen Eigelb, etwas
Salz und Muskatnuß gut abgearbeitet und haselnußgroße, den Schildkröten=
eiern ähnliche Eier gemacht, dann ganz langsam abgekocht, abgetrocknet und
dazu gegeben werden. Dieses Ragout wird nun mit etwas Demi=Glace
übergossen und bis zum Anrichten au bain-marie warm gestellt. Kurz
vor dem Anrichten wird der Kalbskopf zum Entfetten auf ein Tuch gelegt,
leicht abgetrocknet und sammt dem Kleinragout auf einer runden Schüssel,
um welche eine Brodbordure zierlich aufgesetzt ist, sauber angerichtet; in der
Mitte wird ein schön gespicktes, glacirtes Kalbsbrieschen und außen herum
Geflügelklößchen, die mit fein ausgestochenen, recht schwarzen Trüffeln ge=
schmackvoll garnirt sind, gelegt und das Ganze sogleich zur Tafel gegeben.

527. Kalbskopf mit einer Sauce Robert. Tête de veau à la sauce Robert.

Der Kalbskopf wird wie der vorhergehende gereinigt, ausgelöst, ab=
blanchirt, in viereckige Stücke sauber zugeschnitten, dann in einer Braise
mit einer halben Bouteille Wein weich gekocht. Beim Anrichten wird
derselbe auf ein Tuch zum Entfetten gelegt, leicht abgetrocknet, in eine
Casserolle gethan und mit einer gut bereiteten Sauce Robert, wie diese
im 2. Abschnitt, 2. Abtheilung beschrieben ist, kochendheiß untermengt,

über dem Windofen noch einige Minuten geschwungen und ganz heiß in einer bordirten Schüssel oder in einer silbernen Casserolle angerichtet. Das Hirn wird, nachdem es zuvor in der Marinade gar gemacht und wieder erkaltet ist, in Stückchen geschnitten, panirt, aus dem Schmalz gebacken und in die Mitte gelegt, außen herum können noch Brodkrusten, die blaß= gelb in klarer Butter geröstet sind, garnirt werden.

528. Gefüllter Kalbskopf. Tête de veau farcie.

Ein schöner Kalbskopf, der sehr gut gereinigt und mit einem Tuch abgewischt, wird sehr vorsichtig, daß die Kopfhaut nirgends beschädigt wird, sammt dem Fleische ausgelöst; das Schwarze wird von den Augen innen rein ausgeschnitten, die Augenöffnung zugenäht, die Kopfhaut von innen gesalzen und zugedeckt bei Seite gestellt. Hierauf bereitet man von 1 Kilo 120 Gramm bis 1 Kilo 680 Gramm Kalbfleisch, je nach der Größe des Kopfes, eine feine Godiveau=Farce, nur mit etwas mehr fines herbes als es im Abschnitt 5 angegeben ist. Ferner wird von Kalbs= Milchnern, geräucherter Ochsenzunge, Champignons, Trüffeln nebst der weichgekochten Kalbszunge ein recht dickes, kräftiges Salpikon bereitet, welches man zum Erkalten auf's Eis stellt. Hierauf breitet man nun den Kalbskopf auf einer Serviette auseinander, bestreicht ihn von innen mit der Hälfte der Farce in gleichmäßiger Dicke, füllt auf diese das recht kalt gewordene Salpikon, welches man ebenfalls auseinander theilt und überzieht sodann das Ganze mit der zweiten Hälfte der Farce. Wenn dies nun auf die beste Weise ausgeführt, werden die beiden Enden zu= sammengenommen, zugenäht, auf den hintern Theil des Kopfes eine passende, rund geschnittene Speckschwarte gelegt, außen herum gut angenäht und so dem Kopfe seine natürliche Form wieder gegeben. Sodann wird derselbe, nachdem er zuvor mit Citronen gut eingerieben, mit Speckscheiben über= deckt und gesalzen ist, in eine rein ausgewaschene, geruchlose Serviette netzartig eingeschnürt, in ein dazu passendes Geschirr gelegt, mit einer guten Braise nebst einer Bouteille weißem Wein begossen und hermetisch verschlossen auf Kohlenfeuer langsam weich gekocht. Beim Anrichten wird der Kopf auf ein großes Sieb, die untere Seite nach oben, ausgehoben, die Serviette losgemacht, der Kopf auf eine lange Schüssel umgewendet, oben rein von allem Speck befreit, das gebackene Kalbshirn darüber gelegt, außen herum mit grün gebackener Petersilie garnirt und sogleich zu Tisch gegeben. Eine sehr kräftige mit Madeira gut und rein ausgekochte, etwas dickfließende sauce espagnole wird extra beigegeben.

529. Kalbskopf auf englische Art. Tête de veau à l'Anglaise.

Ein schöner, gut gereinigter Kalbskopf wird bis auf die Hirnschale ausgelöst, gut mit Citronensaft eingerieben, mit Speckscheiben bedeckt, in eine Serviette eingebunden, in ein passendes Geschirr gelegt und wie der vorhergehende in der Braise weich gesotten. Beim Anrichten wird er auf ein Sieb ausgehoben, der Speck rein abgenommen und in eine lange mit Brodkrusten besetzte Schüssel angerichtet; oben über dem Hirn wird ein Kreuzschnitt gemacht, die Hirnschale herausgenommen, die vorher schon weichgekochte, geschälte Zunge der Länge nach von einander geschnitten und darüber gelegt. Eine englische Butter=Sauce (siehe 2. Abschn., 2. Abth.), welche noch mit Citronensaft angenehm gesäuert ist, wird darüber maskirt und dann der Kopf mit einer Obertasse voll klein würfelig geschnittenen und aus klarer, frischer Butter goldgelb gerösteten Brodkrusten bestreut. Etwas von der Sauce wird in einer Saucière extra beigegeben.

530. Gebackener Kalbskopf. Tête de veau frite.

Dieser wird ganz so wie der auf Schildkröten=Art ausgelöst, blanchirt, geschnitten und in einer weißen Braise mit weißem Wein weich gekocht, dann wenn er halb verkühlt ist, wird er auf ein Tuch ausgehoben, abgetrocknet und in einer Schale mit nachstehender Sauce untermengt. Einige Zwiebeln, eine gelbe Rübe, Porri, Pastinak und ein Stück Sellerie werden rein gewaschen, feinblätterig geschnitten, und mit einem Stück Butter gelb geröstet, dann eine halbe Bouteille weißer Wein dazu gegossen und, gut zugedeckt, weich gedünstet. Unterdessen werden $5/10$ Liter weiße Coulis mit zwei Ragoutlöffeln voll Kalbfleischfond kurz eingekocht, dann mit den weich gedünsteten Kräutern untermengt und durch ein feines Haarsieb gestrichen. Diese Marinade wird hierauf über dem Feuer kochendheiß gerührt und mit dem Gelben von sechs Eiern legirt, dann gehörig gesalzen, der Saft einer Citrone dazu gepreßt und über den Kalbskopf gegossen, der sodann mit dieser Sauce von allen Seiten bestrichen wird. Vor dem Anrichten wird jedes Stückchen in einen Backteig getaucht (siehe Backteig im Abschnitt 3), aus heißer Backbutter goldgelb gebacken und auf einer runden Schüssel über einer zierlich zusammengelegten Serviette erhaben angerichtet und oben mit einer Hand voll grün gebackener Petersilie garnirt.

531. Eingemachter Kalbskopf.   Tête de veau en fricassée.

Der rein flammirte, ausgelöste und eine viertel Stunde im Salz=
wasser abgekochte Kalbskopf wird in zweifingerbreite Stücke sehr sauber und
rein zugeschnitten und in einer weißen Braise (siehe Abschnitt 3, von den
Marinaden) langsam weich gekocht, dann aus der Braise auf ein Tuch
zum Entfetten gelegt, leicht abgetrocknet und in einer Casserolle mit der
nöthigen sehr gut bereiteten sauce fricassée, die noch mit etwas Citronen=
saft und einem Stückchen Geflügel=Glace bis zum lieblichsten und kräftigsten
Geschmack gehoben wurde, übergossen, leicht unterschwungen und in eine
Butterteig=Pastete (vol au vent), auch in einer Nudelkruste oder auch in
einer silbernen Casserolle angerichtet, in diesem Falle aber wird dieser mit
Fleurons, Butterteigschnitten, außen herum garnirt.   Das in der Marinade
recht weiß abgekochte Kalbshirn wird jedesmal oben darauf garnirt.

532. Gebackene Kalbsohren.   Oreilles de veau frites.

Die nöthige Anzahl nicht zu großer Kalbsohren wird über einem hell=
brennenden Windofen leicht flammirt, mit einem Tuch abgewischt, dann
rein gewaschen und in einer Braise weich gesotten.   Sie werden hierauf
mit einem Schaumlöffel auf ein Tuch ausgehoben, dann unten zwischen
der Haut und dem Knorpel mit dem Finger eine Oeffnung gemacht und
diese sodann mit einem Eßlöffel voll zart bereiteter Geflügel= oder Kalb=
fleisch=Farce gefüllt.   Wenn nun alle auf diese Weise beendet sind, werden
sie leicht mit Salz und etwas gestoßenem Pfeffer bestreut, in geschlagene,
ganze Eier getaucht und mit recht weißem Reibbrode gut panirt.   Eine
viertel Stunde vor ihrem Gebrauche werden sie in heißer Backbutter,
Schmalz, in lichtbrauner Farbe ausgebacken.   Sie werden gewöhnlich als
Beilage zu Gemüsen gegeben.

Erscheinen diese gebackenen Kalbsohren als hors-d'oeuvre, so werden
sie statt der Farce mit einem in dickster Eigenschaft bereiteten, sehr kräftigen
Salpikon gefüllt und unterliegen dann einer doppelten Panirung.   Sie
werden auf einer mit einer Serviette zierlich belegten Schüssel im Kranze
angerichtet und oben mit einer Hand voll recht grün gebackener Petersilie
garnirt.

533. Kalbsohren mit Maccaroni auf italienische Art.   Oreilles de veau aux macaronis à l'Italienne.

Die Kalbsohren werden ganz so wie die vorhergehenden bereitet und
mit einem Salpikon gefüllt.   Zum Paniren nimmt man einen Theil ge=
riebenen Parmesankäse und einen Theil Brod.   Sie werden eine viertel
Stunde vor dem Anrichten lichtbraun gebacken und über eine Unterlage
von Maccaronis, welche auf nachstehende Weise bereitet werden, im Kranze
angerichtet.   280 Gramm gute italienische Maccaronis werden in finger=
lange Stückchen gebrochen und in kochendem Wasser mit etwas Salz zehn
Minuten gekocht, dann abgegossen und mit frischem Wasser abgekühlt.

Sodann läßt man 140 Gramm frische Butter heiß werden, gibt die gut abgetropften Maccaronis nebst dem nöthigen Salz, einer Prise feinem, weißen Pfeffer und 280 Gramm fein geriebenem Parmesankäse dazu und schwingt dies über dem Windofen, bis die Maccaronis ganz heiß sind. Beim Anrichten werden einige Löffel voll dicke Tomate-Sauce darüber gegossen.

534. Kalbsohren mit kleinem Ragout. Oreilles de veau à la financière.

Die gut gereinigten, flammirten und eine viertel Stunde im Wasser steif gekochten Kalbsohren werden in kaltem Wasser abgekühlt, dann auf ein Tuch gelegt, von allen Seiten rein zugeschnitten, mit Citronensaft eingerieben und in einer guten Braise mit einem Glas Madeira treffend weich gekocht. Beim Anrichten werden sie mit einem Schaumlöffel auf ein reines Tuch gelegt, damit alles Fett abfließt, die Ohrenläppchen mehrere Millimeter von einander in langen Streifen eingeschnitten, über sich selbst nach außen heruntergeschlagen, dann in der Mitte von jedem Ohr abwechselnd eine recht schwarze Trüffel und ein Champignon gelegt und so über ein recht reichhaltiges Ragoût financière, wie es im Abschnitt 7 angegeben ist, rundlaufend angerichtet.

535. Kalbsohren mit Paradies-Aepfel-Sauce. Oreilles de veau à la sauce tomate.

536. Kalbsohren mit grüner Kräuter-Sauce. Oreilles de veau à la ravigote verte chaudes.

537. Kalbsohren mit holländischer Sauce. Oreilles de veau à la Hollandaise.

538. Kalbsohren mit Pfeffer-Sauce. Oreilles de veau à la sauce poivrade.

539. Kalbsohren mit italienischer Sauce. Oreilles de veau à l'Italienne.

Zu allen diesen hier angeführten Gerichten werden die Ohren in der Braise gekocht, dann auf einer Serviette gut abgetropft, angerichtet und mit der jedesmal bezeichneten Sauce, wie man sie im 2. Abschnitt, 2. Abtheilung beschrieben findet, kochendheiß übergossen.

540. Kalbshirn. Cervelle de veau.

Für eine Schüssel zu zwölf Gedecken rechnet man immer die ganz ausgelösten und unbeschädigten Gehirne von sechs Köpfen. Diese werden in eine Casserolle mit kaltem Wasser gelegt und an der Seite des Windofens langsam erwärmt, bis sich das feine Häutchen mit den dazwischen

laufenden Aederchen aus den Vertiefungen leicht abziehen läßt. Sie werden
dann wieder in's frische Wasser gelegt und langsam erwärmt, bis aus
allen sich alles Blut herausgezogen und sie ganz weiß erscheinen. Sodann
werden sie in kochendem Wasser mit etwas Salz einige Minuten steif
gekocht und dann wieder in's kalte Wasser gelegt. Hierauf werden sie
auf ein reines Tuch gelegt und in einer passenden flachen Casserolle
nebeneinander eingerichtet, mit Speckscheiben gedeckt und mit einer gut
ausgekochten Kräuter-Marinade fingerhoch übergossen und dann eine halbe
Stunde lang langsam auf Kohlenfeuer weich gekocht. Dies wäre nun
die eigentliche Vorbereitung der Hirne, welche zu jedem hier nachstehenden
Gerichte erforderlich ist.

541. Kalbshirn mit weißer geklärter Coulis. Cervelle de veau au suprême.

Die in der Braise weich gekochten und auf einer Serviette gut abgetropften Kalbshirne werden im Kranze, au miraton, wo jedesmal
zwischen jedem nach der Form und Größe des Hirnes ein in klarer,
frischer Butter auf beiden Seiten gebackenes Brodscheibchen kömmt, angerichtet und die Hirne dann mit einer in bester Eigenschaft bereiteten
und kochendheißen sauce au suprême (siehe Nr. 174) maskirt; der Rest
der Sauce wird in einer Saucière extra beigegeben.

542. Kalbshirn mit holländischer Sauce. Cervelle de veau à la Hollandaise.

Die Hirne werden ganz so wie die vorhergehenden angerichtet und
mit einer holländischen Sauce übergossen.

543. Kalbshirn mit Paradies-Aepfel-Sauce. Cervelle de veau à la sauce tomate.

544. Kalbshirn mit gehäkelter Sauce. Cervelle de veau à la sauce hachée.

545. Kalbshirn mit Senf-Sauce. Cervelle de veau à la sauce moutarde.

546. Kalbshirn mit Haushofmeister-Sauce. Cervelle de veau à la maître-d'hôtel.

547. Kalbshirn mit Sauce Fricassée. Cervelle de veau à la sauce fricassée.

548. Kalbshirn mit grüner Kräuter-Sauce. Cervelle de veau à la ravigote verte.

549. Kalbshirn mit Sardellen-Sauce. Cervelle de veau, sauce aux anchois.

Alle diese werden den vorhergehenden gleich angerichtet, jedoch ohne Brodscheiben und mit der jedesmal bezeichneten Sauce, die alle im 2. Abschnitt, 2. Abtheilung vorkommen, übergossen. Die, welche mit legirter Sauce gegeben werden, können mit Butterteigschnitten, flourons, außen herum garnirt werden.

550. Kalbshirn mit Matrosen-Ragout. Cervelle de veau en matelote.

Sie werden auf einer Brodkruste im Kranze angerichtet, in die Mitte kömmt ein kleines Ragout à la matelote (siehe Abtheilung 7, von den kleinen Ragouts).

551. Kalbshirn mit Austern-Ragout. Cervelle de veau aux huîtres.

Diese werden gewöhnlich in einer Butterteigkruste, vol au vent, angerichtet und mit einem Austern-Ragout übergossen (siehe Austern-Ragout.)

552. Kalbshirn mit schwarzer Butter. Cervelle de veau au beurre noir.

Die in der Braise weich gekochten und auf einem Tuch gut abgetropften Kalbshirne werden in der breiten Mitte von einander geschnitten, in abgeschlagene, gesalzene Eier getaucht und mit fein geriebenem, weißen Brode besäet, panirt und eine halbe Stunde vor dem Anrichten auf einem plat à sauter in klarer, frischer Butter lichtbraun auf beiden Seiten gebacken. Sie werden rundlaufend auf einer Schüssel angerichtet und in der Mitte mit einer Hand voll recht grün gebackener Petersilie garnirt. Eine schwarze Butter wird in einer Saucière extra beigegeben.

553. Kalbshirn in Weinteig. Cervelle de veau en beignets.

Die Kalbshirne werden kalt aus der Marinade genommen und dann nochmals in einer irdenen Schüssel mit etwas Salz, dem Safte von zwei Citronen, einer in Scheiben geschnittenen Zwiebel und etwas ganzer Petersilie gewürzt und eine Stunde marinirt. Vor dem Anrichten wird jedes in einen Weinteig, pâte à frire, getaucht und lichtbraun aus heißem, reinen Backschmalz gebacken und auf Löschpapier gelegt. Sie werden erhaben auf einer mit einer zierlich gebrochenen Serviette belegten Schüssel angerichtet und oben mit einer Handvoll recht grün gebackener Petersilie garnirt.

554. Kalbshirn im Ofen. Cervelle de veau à la crême.

Die gut ausgewässerten, abgehäuteten, abblanchirten Hirne werden in einer guten Braise gesotten, dann auf einen Plafond gelegt und mit einer guten, mit einigen Eierdottern abgerührten Sauce Beschamel überzogen, mit geriebenem Brode bestreut, mit zerlassener Butter begossen und eine halbe Stunde vor dem Anrichten denselben im Backofen die nöthige Farbe gegeben. Sie werden ganz trocken angerichtet und eine kräftige Jüs extra beigegeben.

555. Kalbshirn im Dunst. Consommé de cervelle de veau.

Von drei Köpfen werden die Hirne gut weiß gewässert, abgehäutet, abblanchirt, dann in einer Marinade abgekocht. Unterdessen werden zwei fein geschnittene Zwiebeln, einige Champignons und grüne Petersilie mit einem Stück frischer Butter langsam gedünstet, dann mit einem in Milch geweichten und wieder fest ausgedrückten Mundbrode, $^3/_{10}$ Liter kurz gekochter Beschamel, der Hälfte der gut abgetropften Hirne nebst dem nöthigen Salz und etwas geriebener Muskatnuß zusammen abgerührt und hierauf durch ein feines Haarsieb gestrichen. Wenn dies geschehen ist, wird die Masse mit dem Gelben von acht frischen Eiern abgerührt, dann eine glatte Cylinder-Form gut mit klarer, frischer Butter ausgestrichen, ein Papier am Boden der Form eingeschnitten und fingerhoch von der Masse eingefüllt. Auf diese werden Stückchen von dem übrigen, gut abgetrockneten Kalbshirn gelegt, dann wieder von der Masse, dann wieder Hirn und so wird die Form bis fingerdick vom Rande angefüllt und eine Stunde langsam au bain-marie gekocht. Beim Anrichten wird das Consommé auf eine flache Schüssel gestürzt, oben schön glacirt und eine Sardellen-Sauce unten herum gegossen.

556. Gebackenes Kalbshirn. Friture de cervelle de veau.

Die Kalbshirne werden in der Braise weich gekocht und wenn sie darin erkaltet sind, auf ein Tuch ausgehoben, jedes in zwei gleiche Theile geschnitten und wie die vorhergehenden noch eine Stunde marinirt. Unterdessen werden zwölf Sardellen gereinigt, in zwei Theile getheilt und jede

Hälfte schneckenartig aufgerollt und auf einem Teller zugedeckt bei Seite gestellt. Zu gleicher Zeit werden achtzehn kleine Brodkrustchen nach beliebiger Form geschnitten und in Eier und etwas Milch eingeweicht. Ebenso werden zwölf recht frische Eier, jedes für sich, in einem Löffel aufgeschlagen, mit Salz und etwas Pfeffer bestreut, leicht mit Mehl bestäubt und aus heißem, guten Oel, und zwar, daß der Dotter des Eies weich bleibt, lichtbraun gebacken. Sodann werden auch die Hirne aus der Marinade genommen und nebst den Sardellen in abgeschlagene und gesalzene Eier getaucht und mit feinem, geriebenen Brode panirt. Vor dem Anrichten werden nun die Hirne, die Sardellen und das Brod aus heißem, reinen Backschmalz lichtbraun ausgebacken und mit den gebackenen Eiern melirt auf einer Schüssel erhaben angerichtet. Eine recht gut bereitete Pfeffer=Sauce, sauce poivrade (siehe 2. Abschnitt, 2. Abtheilung), wird extra in einer Saucière mit servirt.

557. Kalbshirn in kleinen Brodkrusten. Cervelle de veau en croustades.

Die in der Marinade abgekochten und halbirten Kalbshirne werden mit einem Stück frischer Butter, etwas Citronensaft und feinen Kräutern eine halbe Stunde, gut zugedeckt, langsam gedünstet und dann jede Hälfte mit etwas von den Kräutchen in eigens nach der Größe der Hirne geschnittene und aus heißem Schmalz lichtgelb gebackene und sodann ausgehöhlte Brodkrusten eingerichtet und ganz heiß auf einer mit einer Serviette zierlich belegten Schüssel erhaben angerichtet und ehe man sie zu Tisch gibt, jede mit noch etwas Demi=Glace und Citronensaft maskirt.

558. Aufläufe von Kalbshirn in Papier-Kästchen. Petits soufflets de cervelle de veau en petites caisses.

Die gut gereinigten und in kochendem Wasser eine viertel Stunde steif gekochten Kalbshirne werden auf einer Serviette gut abgetrocknet und mit einem Stück Butter noch eine halbe Stunde, bis alle Feuchtigkeit verschwunden ist, langsam gedünstet. Sodann werden sechs Anrichtlöffel voll mit einem Stück Geflügel=Glace recht kräftig bereiteter Sauce Beschamel mit dem Gelben von sechs Eiern eine halbe Stunde gerührt und dann mit dem festgeschlagenen Schnee und dem würfelig geschnittenen Kalbshirn genau amalgamirt, in die kleinen Papierkästchen gefüllt und eine viertel Stunde vor dem Gebrauche in einem nicht heißen Backofen oder Röhre langsam gebacken und sogleich servirt.

559. Kalbshirn mit grüner Kräuterbutter. Cervelle de veau au beurre de Montpellier.

Die in der Marinade weich gekochten und darin ausgekühlten Kalbshirne werden auf ein Tuch gelegt und in einer Salatschale mit zwei Eßlöffeln voll feinem Oel, zwei Löffeln voll Estragon=Essig, etwas Salz, weißem Pfeffer und Citronensaft übergossen und noch eine Stunde marinirt.

Unterdessen wird eine beurre de Montpellier bereitet, wie sie im 2. Abschnitt, 3. Abtheilung angegeben ist, und auf einer flachen Porzellan-Schüssel zwei Finger hoch erhaben aufgestrichen. Um diese Butter werden die Kalbs-hirne im Kranze herum gelegt, mit Krebsschweifchen und Sardellen-Filets geschmackvoll garnirt und außen herum eine Bordure von Aspic-Croutons schön aufgesetzt.

560. Salat von Kalbshirn. Cervelle de veau en salade.

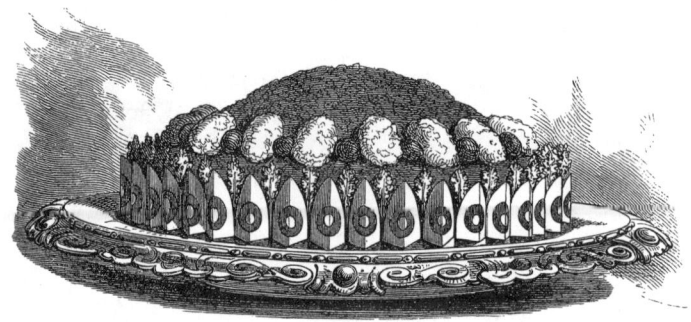

Die Kalbshirne werden ganz so wie die vorhergehenden bereitet und marinirt. Ferner werden von sechs Stück schönem Kopfsalat die äußeren rauhen Blätter abgelöst, die besseren aber bis zu Herzchen werden rein gewaschen, aufeinander gelegt, nudelartig fein geschnitten und in einer Salatschale mit einem Löffel voll Oel, einem Löffel voll Estragon-Essig, etwas Salz angemacht und der Boden einer flachen Porzellan-Schüssel damit belegt. Auf diesen werden nun die Hirne im schönen Kranze ge-legt. Außen herum wird eine Bordure von hartgekochten Eiern, welche geschält, zu vier Theilen geschnitten, aufgestellt und zwischen jedes Ei ein Sträußchen von den in Essig und Oel eingetauchten Salatherzchen ge-stellt. In die Mitte wird eine grüne Oel-Sauce (ravigote) gefüllt und die Hirne noch mit Krebsschweifchen, Sardellen-Filets, gefüllten Oliven und Kapern zierlich belegt, so zwar, daß das Ganze eine geschmackvolle Schüssel gibt.

561. Gesulztes Kalbshirn. Cervelle de veau en aspic.

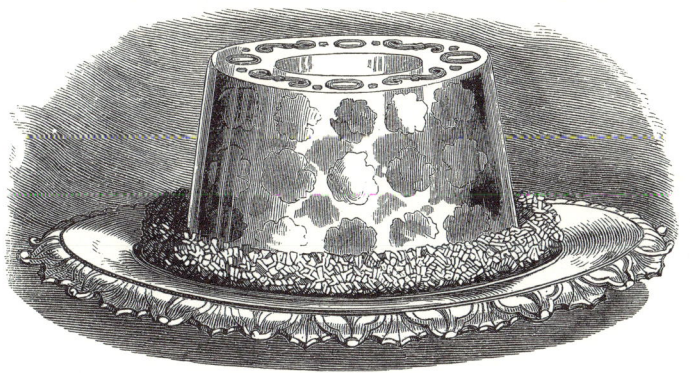

Die in der Marinade weich gekochten und darin wieder kalt gewor=
denen Kalbshirne werden auf ein Tuch zum Abtropfen gelegt und in einer
Salatschale mit Oel, Essig, Salz und weißem Pfeffer gewürzt und eine
Stunde marinirt. Unterdessen hat man eine hohe Cylinder=Form in's
gestampfte Eis gegraben, halbfingerhoch mit recht klarer Fleischsulz, Aspic,
angefüllt und wenn diese gestockt ist, eine schöne Verzierung von fein aus=
gestochenen, recht schwarzen Trüffeln, dem Weißen von hartgekochten Eiern,
Krebsschweifchen, Kapern, blanchirten Petersilienblättchen und recht fest abge=
trockneten, rothen Rübscheibchen hineingelegt, wobei zu bemerken ist, daß
jedes ausgestochene Stückchen, ehe man es hineinlegt, erst in die Fleischsulz
eingetaucht werden muß. Wenn nun diese Garnirung in schöner Zeichnung
eingelegt, welches zwar nur dem Talente oder gutem Geschmacke des Ver=
fertigers anheimfällt, so wird dieselbe mit einigen Eßlöffeln voll Aspic
begossen und bis zum gänzlichen Sulzen ruhig stehen gelassen. Sodann
werden die Kalbshirne aus der Marinade genommen, abgetrocknet, jedes
Hirn in zwei lange, schmale Theile geschnitten, die Hälfte davon in eine
recht weiß gerührte Sauce Mayonnaise und die andere Hälfte in eine
Mayonnaise à la ravigote (grüne Oelsauce) getaucht und dann eine Lage,
jedesmal ein grünes und ein weißes darauf hineingelegt und dann wieder
einige Eßlöffel voll Aspic hineingegossen, die man aber an der Seite des
Models und nicht oben darüber einlaufen läßt. Wenn nun auch die Hirne
angesulzt sind, so werden sie vollends mit Aspic mehrere Millimeter darüber
übergossen und dann stocken gelassen. Auf die hier angegebene Weise wird
nun der Model oder die Form in zwei bis drei Lagen voll angefüllt
und an einem kalten Orte bis zum Gebrauche kalt gestellt. Vor dem
Anrichten wird die Form aus dem Eise genommen, schnell in's warme
Wasser getaucht, abgetrocknet, die dazu bestimmte Schüssel verkehrt darüber
gehalten und mit der Schüssel umgestürzt, auf den Tisch gestellt und die
Form langsam abgehoben, welches alles in zwei Minuten geschehen sein muß.
Die innere Oeffnung wird nun mit einer grünen oder weißen Mayonnaise

bis auf mehrere Millimeter vom Rande angefüllt. Zu bemerken ist, daß
beim Hineinlegen der Hirne diese ja nicht die Seiten der Form berühren
dürfen, so zwar, daß sie in der Fleischsulz eingehüllt sind.

572. Kalbszungen am Rost gebraten. Langues de veau grillées.

Die Kalbszungen werden im lauwarmen Wasser gut gewässert, dann
in der Braise weich gekocht, die Haut abgezogen, der Länge nach von
einander geschnitten, leicht mit Salz und etwas Pfeffer gewürzt, in zer=
lassene Butter getaucht, gut mit geriebenem Brode besäet, panirt und eine
halbe Stunde vor dem Anrichten über Kohlengluth auf dem Roste ge=
braten und sogleich zu Tisch gegeben. Eine gut bereitete Zwiebel= oder
Pfeffer=Sauce, sauce poivrade, oder auch eine kalte Senf=Sauce, Sauce
Robert, wird extra beigegeben.

563. Geblätterte Kalbszungen mit Gurken. Emincée de langues de veau aux concombres.

Die in der Braise weich gekochten, darin ausgekühlten Kalbszungen
werden fein emincirt und in einer Casserolle zugedeckt bei Seite gestellt.
Währenddem werden sechs bis acht Stück Gurken geschält, in 3 Centi=
meter lange und 1 Centimeter breite Stücke sauber zugeschnitten, gesalzen
und zugedeckt ebenfalls bei Seite gestellt. Unterdessen werden $^5/_{10}$ Liter
sauce espagnole mit $^3/_{10}$ Liter gutem Kalbfleischfond, einem Glas Rhein=
wein rein aus Schaum und Fett und bis zur Hälfte eingekocht, welche
man durch ein Haartuch in eine Saucen=Casserolle preßt. Die Gurken
werden nun auf einem Tuch abgetrocknet, in klarer Butter lichtbraun ge=
backen, dann auf ein Tuch zum Entfetten gelegt und dann mit den ge=
blätterten Zungen und der Sauce leicht durchschwungen und in einer
Silber=Casserolle angerichtet und mit Fleurons garnirt. Zur Abwechslung
können sie auch in einer Reiskruste oder einem vol au vent (Butterteig=
pastete) angerichtet werden.

564. Kalbszungen auf französische Art. Langues de veau à la Française.

Die nöthige Anzahl Kalbszungen wird gut gewässert, dann in einer
guten Braise weich gekocht und mit dieser kalt gestellt. Gleichzeitig wird
eine gute Koch=Farce (Farce cuite), wie diese im Abschnitt 5 angegeben
ist, bereitet und von derselben ein Kranz auf einer flachen Schüssel dressirt,
in dessen mittleren Raum man ein ganz frisches Mundbrod legt. Die
Kalbszungen werden nun aus der Braise genommen, die Haut davon ab=
gezogen, diese von allen Seiten nett und sauber zugeschnitten und in jede
ihrer Länge nach, jedoch daß dieselben noch beisammen halten, ein Ein=
schnitt gemacht, welcher ebenfalls mit der bezeichneten Farce gefüllt und
die Zungen wieder leicht zusammengedrückt werden. Wenn nun diese alle
so beendet sind, werden sie in gleicher Entfernung, die Spitzen nach oben,
über die Farce herum aufgelegt, der etwa dazwischen noch leere Raum

mit Farce aufgefüllt, das Ganze mit Speckscheiben belegt und mit einer Papier-Scheibe, die mit Fett bestrichen worden, überdeckt und so bei Seite gestellt. Eine Stunde vor dem Anrichten wird die Platte in einen schön abgekühlten Ofen oder Bratrohr gestellt und langsam gebacken. Beim Anrichten selbst aber wird der Speck sammt allem Fett rein abgenommen, das Brod herausgethan, die Zungen schön glacirt und ein klein Ragoût financière (siehe Abschnitt 7, von den kleinen Ragoûts), welches in bester Eigenschaft bereitet, folglich von kräftig angenehmem Geschmack sein muß, und um die mögliche Ueberladung zu vermeiden, in der Mitte nur mäßig angerichtet wird.

565. Kalbszungen mit Pfeffer-Sauce. Langues de veau à la sauce poivrade.

Die in der Braise weichgekochten und darin abgekühlten Kalbszungen werden rein panirt und dann jede in vier oder sechs Theile oder auch über den Faden blätterig geschnitten; dann in eine Casserolle gethan, und eine kräftig bereitete sauce poivrade, wie diese im 2. Abschnitt, 2. Abtheilung beschrieben wurde, nach dem Volumen der Zungen darüber gegossen und au bain-marie bis zum Gebrauche warm gestellt.

566. Kalbsbrust-Stückchen, Knorpeln, auf deutsche Art. Tendrons de veau à l'Allemande ou à la poulette.

Eine schöne weiße, abgelegene, mortificirte Kalbsbrust wird rein gewaschen, und um das Weißwerden recht zu befördern, noch eine Stunde im lauwarmen Wasser, welches von Zeit zu Zeit öfters gewechselt werden muß, gewässert, dann eine viertel Stunde im Wasser abgekocht, blanchirt und wiederholt in kaltem Wasser abgekühlt. Wenn dies erreicht ist, wird sie rein abgetrocknet und der Länge nach, da wo die Brustbeine enden, und um viel Fleisch von der Brust zu bekommen, schräg durchgeschnitten. Dieses Stück mit den Knorpeln wird nun halb fingerdick überschnitten, daß man ungefähr zwölf bis fünfzehn gleiche Stückchen erhält, die dann noch von allen Seiten behutsam zugeschnitten werden, um sie möglichst rund zu erhalten. Diese Kalbstendrons werden nun in einer passenden, gut schließenden Casserolle geordnet, die nöthige gute Braise, Fettbrühe (siehe Abschnitt 3, bei den Marinaden) darüber gegossen und auf Kohlenfeuer langsam weichgekocht. Beim Anrichten werden sie mit einer Gabel herausgenommen und in einer Butterteig-Pastete oder auch in einer Ragout-Schale angerichtet und mit einer sauce allemande (siehe Abschnitt 2, von den Saucen) kochendheiß übergossen und sogleich zu Tisch gegeben.

567. Kalbsbrust-Knorpeln mit gemischtem Ragout. Tendrons de veau en ragoût mélé ou à la reine.

Sie werden den vorhergehenden gleich behandelt und in der Braise weich gekocht. Beim Gebrauche werden sie in einer Ragout-Schale, auch in einer Reiskruste, casserolle au riz, oder auch in einer Nudelkruste, croustade de nouilles, mit einem in bester Eigenschaft bereiteten, weißen, gemischten Ragout, ragoût à la reine, wie dieses im Abschnitt 7 beschrieben ist, angerichtet.

568. Matelote von Kalbsbrust-Knorpeln. Tendrons de veau en matelote.

Auch diese werden wie die vorhergehenden behandelt, aus der Braise auf ein reines Tuch zum Entfetten gelegt und mit einem Klein-Ragout à la matelote (siehe Abschnitt 7, kleine Ragouts) schön angerichtet.

569. Chipolata von Kalbsbrust-Knorpeln. Tendrons de veau à la chipolata.

Diese bleiben ebenso in ihrer Behandlung den vorhergehenden gleich und werden mit einem kleinen Ragout à la chipolata, welches im Abschnitt 7 beschrieben wurde, im Kranze, das Ragout in der Mitte, angerichtet. Zuletzt werden die Tendrons schön glacirt.

570. Kalbsbrust-Knorpeln auf Toulouser Art. Tendrons de veau à la Toulouse.

571. Kalbsbrust-Knorpeln mit Ragout Financière. Tendrons de veau à la financière.

Beide Arten unterliegen in ihrer Bereitung derselben Methode, wie die übrigen vorhergehenden, und die Abwechselung bezeichnet jedesmal das Klein-Ragout, welches als Unterlage dient und über welches die Tendrons, schön glacirt, im Kranze angerichtet werden. Beide Klein-Ragouts sind ebenso im Abschnitt 7 angegeben.

572. Kari von Kalbsbrust-Knorpeln. Kari de tendrons de veau à l'Indienne.

Auch diese werden ganz so wie die vorhergehenden behandelt und, möglichst sauber zugeschnitten, in nachstehender Braise weich gesotten. Einige Zwiebeln werden in Scheiben geschnitten und mit 280 Gramm frischer Butter, zwölf Stück weißen Pfefferkörnern, zwei Lorbeerblättern, einigen Nelken und einem halben Eßlöffel voll indischem Safran, nebst etwas Salz gewürzt und eine Weile geröstet, dann die Tendrons hineingethan, mit guter Fleischbrühe überfüllt und, gut zugedeckt, weich gekocht. Sodann werden $^8/_{10}$ Liter weiße Coulis mit einem Theil von der rein entfetteten Braise, worin die Tendrons gekocht wurden, bis auf $^5/_{10}$ Liter über starkem Feuer im Windofen eingekocht, hierauf in eine bain-marie-Casserolle über dreißig kleine, runde Champignons, ebenso viel kleine, weißgekochte Florentiner Zwiebelchen und achtzehn kleine Artischockenböden, welche Ingredienzien, alle wie sie im Abschnitt 6 angegeben sind, vorbereitet worden sind, passirt und mit etwas Glace übergossen, au bainmarie warm gestellt. Unterdessen werden 280 Gramm Reis rein belesen, gewaschen und abblanchirt, dann mit frischem Wasser abgekühlt und auf ein Sieb wieder abgetropft, sodann in eine Casserolle gethan, mit einem kleinen Kaffeelöffel voll indischem Safran, curcuma, und dem nöthigen Salz gewürzt, mit $^3/_{10}$ Liter guter, kochendheißer Fleischbrühe begossen und auf Kohlenfeuer körnig weich gekocht. Sodann wird eine Stürz=Casserolle dick mit Butter ausgestrichen, der Reis hineingethan und in einem heißen Ofen gebacken. Beim Anrichten werden die Kalbstendrons in einer Ragout=Schale mit dem kleinen Ragout angerichtet und mit dem Reiskuchen, der aus dem Ofen extra auf eine flache Schüssel umgestürzt wird, sogleich servirt.

573. Kalbsbrust-Knorpeln mit Gurken-Ragout. Tendrons de veau aux concombres.

Die in der Braise weichgekochten Kalbstendrons werden mit einer Gabel auf einem plat à sauter eine an die andere gelegt, mit einigen Anrichtlöffeln voll Kalbsfond begossen, mit Glace bestrichen und im Ofen glacirt, dann im Kranze auf eine Schüssel angerichtet, nochmals schön glacirt und in der Mitte ein Klein=Ragout von Gurken, welches auf nachstehende Art bereitet wird, gegeben.

Sechs, auch acht Stück frische Gurken werden geschält, in 24 Millimeter lange, 12 Millimeter breite Stückchen nett zugeschnitten, dann in eine irdene Schüssel gethan, mit Salz bestreut und zugedeckt bei Seite gestellt. Hierauf werden $^5/_{10}$ Liter Sauce=Espagnole mit $^3/_{10}$ Liter guter Rindfleischjüs auf dem Windofen schnell, bis die Sauce dickfließend vom Löffel läuft, eingekocht, dann gehörig gesalzen, mit dem Safte einer halben Citrone und einem Stückchen Glace bis zum Kräftigsten im Geschmacke gehoben, dann durch ein Haartuch in eine Saucen=Casserolle gepreßt. Die Gurken werden nun auf einem Tuche abgetrocknet und lichtbraun aus dem heißen Schmalz gebacken, auf Löschpapier zum Entfetten gelegt, dann unter die Sauce melirt und kochendheiß im Kranze der Tendrons erhaben angerichtet.

574. Kalbsbruft-Knorpeln auf Gärtner-Art. Tendrons de veau à la jardinière.

Die Tendrons werden wie alle vorhergehenden geschnitten und in der Braise langsam weich gesotten. Unterdessen wird eine Obertasse voll kleiner, rund ausgestochener weißer Rübchen, eben so viel gelber Rübchen, Spargelspitzen und Blumenkohl, jede Gattung, die Rübchen auf die bekannte Art weich gedämpft, der Blumenkohl und die Spargel blanchirt, dann gut abgetropft und zusammen in eine Saucen=Casserolle gethan, hiernach die nöthige, rein ausgekochte, mit vier Eigelb legirte, mit einem Stückchen Geflügel=Glace und dem Safte einer halben Citrone bis zum feinsten Wohlgeschmack gehobene, dickfließende Sauce Allemande durch ein Haartuch darüber gepreßt und au bain-marie warm gestellt. Beim Anrichten werden die Tendrons auf ein Tuch zum Entfetten gelegt, dann im Kranze (au miraton) in einer bordirten Schüssel angerichtet, leicht glacirt und das Klein=Ragout à la jardinière in der Mitte erhaben angerichtet und dann sogleich zu Tische gegeben.

575. Kalbstendrons auf Villeroy-Art. Tendrons de veau à la Villeroy.

Hiezu werden die Tendrons etwas kleiner geschnitten und wenn sie in der Braise weich gesotten sind, werden sie ausgehoben, die Brühe rein entfettet und durchgegossen und mit ihr und der nöthigen Mehlschwitze eine recht dickfließende Sauce bereitet, welche mit vier bis fünf Eigelb gebunden, mit Sardellenbutter und Citronensaft im Geschmacke gehoben und dann über die unterdessen kalt gewordenen Tendrons durch ein Haar=tuch gepreßt wird; sie werden dann von allen Seiten mit dieser Sauce gut glatt bestrichen, mit geriebener weißer Semmel bestreut, und wenn alle so beendet sind, in abgeschlagene Eier getaucht und wieder mit zer=riebenen Semmeln, unter welche man etwas geriebenen Parmesankäse ge=mengt hat, nochmals panirt. Vor dem Anrichten werden sie aus reinem Backschmalz goldgelb gebacken und schön angerichtet; eine gute, kräftige, klare Sauce mit Estragonblättchen wird extra beigegeben.

576. Kalbstendrons nach St. Menehould. Tendrons de veau à la St. Menehould.

Diese werden, wenn sie weich gesotten und abgekühlt sind, statt der Sauce mit einer recht gut bereiteten Kräuter=St.=Menehouldmasse glatt bestrichen, mit recht fein geriebenem, weißen Brode, unter welches man etwas geriebenen Parmesankäse gethan hat, bestreut, mit etwas Krebs=butter beträufelt, auf einem Plafond, in den man einige Löffel voll von der Braise gegossen hat, geordnet und acht bis zehn Minuten vor der Tafelzeit in einem ziemlich heißen Ofen goldgelb gebacken. Sie werden schön angerichtet und eine kräftige, etwas dünn fließende sauce espagnole eigens beigegeben.

577. Kalbstendrons mit Spargelspitzen. Tendrons de veau aux pointes d'asperges.

Die Kalbstendrons werden in der Braise treffend weich gesotten, beim Anrichten auf ein Tuch zum Entfetten gelegt, au miraton auf einer flachen Schüssel angerichtet, leicht glacirt und in der Mitte ein Klein=Ragout von Spargelspitzen erhaben angerichtet; außen herum werden von Butterteig Fleurons garnirt.

578. Glacirte Kalbstendrons mit Sauerampfer-Püree. Tendrons de veau à la pureé d'oseille.

Die Tendrons werden rein zugeschnitten, in der Braise weich ge=sotten, rein entfettet, auf einer bordirten Schüssel im Kranze angerichtet und schön glacirt. In die Mitte kömmt ein gut bereitetes Sauerampfer=Püree (siehe Abschnitt 4, von den Püreen).

579. Kalbstendrons mit italienischer Sauce. Tendrons de veau à l'Italienne.

Werden wie die vorhergehenden in einer guten Braise weich ge=
kocht, dann in einer Silber=Casserolle, Reiskruste, auch in einem vol au
vent angerichtet und mit einer gut bereiteten italienischen Sauce kochend=
heiß übergossen und sogleich zu Tisch gegeben (siehe Abschnitt 2, von
den Saucen).

580. Kalbstendrons am Rost. Tendrons de veau à la maréchal.

Die vorhergehenden, in einer Braise weichgekochten Kalbs=Tendrons
werden kalt aus der Braise genommen, abgetrocknet, leicht gesalzen und
mit einer Ausleg=Sauce, sauce aux attellettes, bestrichen, mit feinem
Reibbrode besäet, nochmals in zerlassene Butter getaucht und wieder mit
geriebenem Brode gut besäet, dann eine viertel Stunde zuvor auf dem
Roste grillirt. Sie werden au miraton angerichtet und in die Mitte
eine klare, kräftige Jüs gegossen.

581. Kalbstendrons mit Salat. Tendrons de veau à la laitue.

Die Kalbstendrons werden den vorhergehenden gleich bereitet auf
dem Roste gebraten und im Kranze angerichtet. In ihre Mitte kömmt
ganz gedämpfter Kopfsalat, der zuletzt mit einer gut bereiteten sauce
tomate übergossen wird.

582. Kalbstendrons mit Champignons-Püree. Tendrons de veau à la purée de champignons.

Die Bereitung der Tendrons bleibt dieselbe; in ihre Mitte kömmt
ein gut bereitetes Püree von Champignons (siehe Abschnitt 4, von den
Püreen).

583. Gefüllte Kalbstendrons à la Monglas. Tendrons de veau à la Monglas.

Eine gut ausgewässerte, recht weiße Kalbsbrust wird blanchirt und
dann in einer guten Braise weich gesotten. Sie wird sodann mit einem
flachen Schaumlöffel ausgehoben, die Rippen herausgenommen, leicht ge=
salzen und, zwischen zwei flachen Casserolle=Deckeln beschwert, gepreßt.
Nach dem völligen Erkalten werden die Tendrons herausgeschnitten und
ovalrund nett zugeschnitten. Unterdessen hat man eine gute Geflügel=
Farce nebst einem sehr kräftigen Salpicon à la Monglas bereitet. Von
der Geflügel=Farce wird auf jedes Tendron ein dünner Rand herumgesetzt
und in dem inneren Raum mit Salpikon gefüllt, dann mit der Farce
wieder gedeckt. Das Ganze muß sauber und nett gemacht werden, daß
nicht zu viel Farce dazu kömmt; wenn alle so beendet sind, werden sie
auf einem Plafond geordnet, einige Anrichtlöffel voll Kalbsjüs hinein=
gegossen, jedes Tendron mit zerlassener Butter bestrichen und mit fein ge=

riebenem, braunen Brode besäet und eine halbe Stunde vor der Speise=
zeit in einem nicht sehr heißen Ofen gut erwärmt. Beim Anrichten
werden die Tendrons erhaben auf einer flachen Schüssel angerichtet und
eine kräftige klare Jüs eigens mit servirt.

584. Kalbstendrons auf dem Rost. Tendrons de veau grillés.

Die Kalbsbrust wird ganz so wie die vorhergehende gekocht, gepreßt
und geschnitten, sodann die Tendrons leicht gesalzen und gepfeffert, in zer=
lassene frische Butter getaucht, mit fein geriebenem, weißen Brode besäet
und eine halbe Stunde zuvor auf dem Roste lichtbraun gebacken. Sie
werden im Kranze angerichtet und eine kräftige Jüs darunter gegeben.

585. Kalbs-Coteletten am Rost. Côtelettes de veau grillés.

Um eine Anzahl von vierzehn Stück schöner Coteletten zu erhalten,
ist es nöthig, zwei schöne Rippenstücke, carrés, zu nehmen, welche von
nicht zu schweren Kälbern, recht weiß und wenigstens einige Tage abge=
legen sein müssen. Von diesen Carrés wird nun der Rückgratknochen von
dem dicken Fleische der Länge nach losgeschnitten und mit einem Hau=
messer durchgehauen, dann die Rippen selbst auf der inneren Seite etwas
abgestutzt. Hierauf wird das auswendige lose, vom eigentlichen Rippen=
fleisch getrennte Fleisch abgelöst, das Carré ohne es zu waschen, mit einem
Tuch abgewischt, auf ein Schneidbrett gelegt, und die Coteletten fingerdick
abgeschnitten, so zwar, daß jede Rippe eine Cotelette gibt. Es braucht
nicht erwähnt zu werden, daß nur die ersteren vier bis fünf mit dem dicken
Fleische als die besseren betrachtet werden können, die übrigen gegen das
dünne Ende des Carrés zu, werden in ihrem Werthe immer geringer,
folglich saftloser. Wenn nun die Coteletten alle gleich abgeschnitten sind,
wird die dicke Haut an den Rippen fingerbreit durchgeschnitten, die Haut
abgelöst und die Rippen rein abgeschabt, welches dazu dient, daß man
die Coteletten, ohne das Fleisch zu berühren, halten kann. Die Coteletten
werden nun mit einem flachen Haumesser geklopft, welches von geübter Hand
nur mit einem Schlage geschieht; sie werden dann von allen Seiten rein
zugeschnitten, auseinander gelegt, mit feinem Salz, unter das man etwas
wenig fein gestoßenen, weißen Pfeffer gemischt hat, von beiden Seiten
leicht gesalzen, dann in zerlassene frische Butter getaucht, mit feinen, weißen
Semmelbröseln panirt, dann auf den Rost gelegt und über starker Gluth
auf beiden Seiten schnell abgebraten, bis sie sich nämlich unter dem Finger
fest fühlen lassen. Sie werden hierauf im Kranze, die Rippchen nach
oben, welche noch zur größeren Reinlichkeit mit einer Papiermanchette
besteckt sein können, angerichtet, einige Löffel voll guter Kalbsfond, welcher
aus den Abfällen der beiden Carrés gezogen worden ist, darunter gegossen
und sogleich zu Tisch gegeben. Die auf diese Weise bereiteten Coteletten
eignen sich besonders zu Gabelfrühstücken, wo man noch guten, französischen
Senf mit beigibt, ferner als Garnitur zu Gemüsen; für Mittagstafeln
werden sie jedoch als Entrée auf diese Weise niemals gegeben.

586. Kalbs-Coteletten auf deutsche Art. Côtelettes de veau panées à l'Allemande.

Die auf die vorhergehende Weise bereiteten Coteletten werden in klare Butter, welche mit dem Gelben von zwei bis drei Eiern abgerührt wurde, getaucht, mit fein geriebenem, weißen Mundbrode panirt, auf einem plat à sauter mit klarer Butter eingerichtet und eine halbe Stunde vor dem Gebrauche auf Kohlenfeuer in lichtbrauner Farbe gebraten, sodann im Kranze angerichtet, mit etwas Citronensaft beträufelt, eine gute Jüs darunter gegossen und sogleich zu Tisch gegeben.

587. Geschwungene Kalbs-Coteletten. Côtelettes de veau sautées.

Von zwei recht mürbe gelegenen, zarten Kalbs-Carrés werden auf die schon besagte Weise Coteletten geschnitten, diese leicht geklopft, rein panirt, mit feinem Salz und Concassé bestäubt, in eine mit klarer, frischer Butter bestrichene Schwung-Casserole gelegt und mit einer Papierscheibe, die mit Butter bestrichen wurde, gedeckt. Fünf Minuten vor dem Anrichten werden sie auf dem Windofen sautirt, geschwungen, sodann wird die Butter, nachdem sich die Coteletten mit dem Finger körnig anfühlen lassen, abgegossen, einige Eßlöffel voll zerlassener Glace darauf gegossen, nochmals überschwungen und rundlaufend im Kranze, die Rippchen nach oben, schön angerichtet, in die Mitte wird etwas Demi-Glace mit einem Stückchen ganz frischer Butter und etwas Citronensaft bis zum Kräftigsten im Geschmack gehobene Jüs gegossen und sogleich zu Tisch gegeben. Ferner erscheinen diese Coteletten auch als:

588. Glacirte Kalbs-Coteletten mit Champignons-Püree. Côtelettes de veau glacées à la purée de champignons.

589. Glacirte Kalbs-Coteletten mit einer Nivernaise. Côtelettes de veau glacées à la Nivernaise.

590. Glacirte Kalbs-Coteletten mit gemischten Gemüsen. Côtelettes de veau glacées à la Macedoine de legumes.

591. Glacirte Kalbs-Coteletten mit Sauerampfer-Püree. Côtelettes de veau glacées à la purée d'oseille.

592. Glacirte Kalbs-Coteletten mit fricassirten Gurken. Côtelettes de veau glacées aux concombres.

593. Glacirte Kalbs-Coteletten mit Trüffel-Püree. Côtelettes de veau à la purée de truffes.

Die Bereitung dieser hier angeführten Kalbs-Coteletten bleibt ganz der der glacirten Coteletten gleich; sie werden stets im Kranze, die Rippchen nach oben, angerichtet, und in ihre Mitte kömmt jedesmal das bezeichnete Püree oder Klein-Ragout, welche im Abschnitt 7 und 8 angegeben sind.

594. Kalbs-Coteletten nach Morland.　Côtelettes de veau à la Morland.

Die zum Glaciren bereiteten, recht mürbe gelegenen Kalbs-Coteletten werden in leicht geschlagenes Eiweiß getaucht, mit sehr fein geschnittenen recht schwarzen Trüffeln panirt und in einer Schwung-Casserolle, plat à sauter, die gut mit klarer, frischer Butter ausgestrichen ist, eingerichtet. Sie werden eine viertel Stunde vor der Anrichtzeit auf Kohlenfeuer gar gemacht, im Kranze angerichtet und in ihrer Mitte ein in bester Eigen- schaft bereitetes, recht weißes Champignons-Püree erhaben angerichtet, außen um die Coteletten herum werden kleine Fleurons garnirt. Dieses Gericht läßt für den Gourmand nichts mehr zu wünschen übrig.

595. Kalbs-Coteletten à la St. Cloud.　Côtelettes de veau à la St. Cloud.

Die zum Glaciren hergerichteten, im Fleische etwas dicker gehaltenen Kalbs-Coteletten werden mit recht schwarzen Trüffeln, aus welchen man Centimeter lange Stiftchen schneidet, in gleicher Entfernung recht sauber durchspickt und dann mit einem Stück Butter in einem plat à sauter eine viertel Stunde gedämpft, dann kalt gestellt. Wenn dieselben ganz kalt geworden sind, werden sie dann erst recht rein zugeschnitten und in eine passende gut schließende, am Boden mit dünnen Speckscheiben belegte Casserolle geordnet, oben wieder mit Speckscheiben gedeckt, einige Löffel voll gute, weiße Braise nebst einem Glas Madeira-Sec dazu gegossen und auf Kohlenfeuer, gut verschlossen, langsam weich gedünstet. Beim Anrichten werden dieselben auf ein reines Tuch ausgehoben, leicht abge- trocknet, glacirt und auf einer flachen Schüssel im Kranze angerichtet. In ihre Mitte kommt ein sauté von Trüffeln.

596. Kalbs-Coteletten à la Singarat.　Côtelettes de veau à la Singarat.

Die Coteletten werden statt mit Trüffeln hier mit recht rother Pökel- zunge gespickt, den vorhergehenden gleich panirt, und in einer guten Braise, jedoch ohne Madeira, weich gedünstet. Sie werden ebenfalls recht schön glacirt, im Kranze, au miraton, angerichtet und in die Mitte kömmt ein Püree von recht rother Pökelzunge, welches auf nachstehende Art bereitet wird. Die Spitze von einer gekochten, geräucherten Zunge wird recht fein geschnitten, gestoßen und mit einer weißen, piquanten, dick eingekochten Sauce genau verrührt, sodann durch ein Haartuch gestrichen und in einer Bain-marie-Casserolle bis zum Gebrauche warm gestellt.

597. Kalbs-Coteletten à la Dreux.　Côtelettes de veau à la Dreux.

Die Coteletten werden ebenfalls etwas dicker geschnitten, breit geklopft, doch nicht panirt. Hierauf werden dieselben mit Trüffeln, Pökelzunge, Cornichons und Speck durchspickt, eine viertel Stunde lang mit Butter gedünstet, steif gemacht, dann kalt gestellt. Hierauf werden sie recht rein und schön zugeschnitten, in eine mit Speckscheiben belegte, gut schließende Casserolle geordnet, mit Speckscheiben gedeckt, mit einem Glas Madeira, einer Zwiebel und gelben Rüben gewürzt, gesalzen und, gut verschlossen, langsam weich gedünstet. Beim Anrichten werden die Coteletten auf ein Tuch zum Entfetten gelegt, schön glacirt, im Kranze angerichtet und in die Mitte eine in bester Eigenschaft bereitete sauce fines herbes gegossen. Es versteht sich von selbst, daß der Fond von den Coteletten mit der Sauce klar gekocht werden muß. Die Bereitung der sauce fines herbes findet sich im Abschnitt 2.

598. Kalbs-Coteletten en Lorgnette. Côtelettes de veau en Lorgnette.

Die ebenfalls stark im Fleisch gelassenen Coteletten werden rein zugeschnitten, in eine mit Speck, Zwiebeln und Schinken belegte Casserolle geordnet, leicht gesalzen, mit einer Papierscheibe gedeckt, mit einem Glas weißen Wein genäßt und, gut geschlossen, langsam auf Kohlenfeuer weich gedünstet. Unterdessen hat man einige große, weiße Zwiebeln unten und oben abgeschnitten, so zwar, daß dadurch 6 Millimeter hohe Scheibchen entstehen. Diese werden mit einem runden Ausstecher nach der Größe der Coteletten ausgestochen, und diese Scheibchen nochmals mit einem kleineren, so daß eine den Augengläsern gleich große Oeffnung entsteht; diese wird jedoch mit Stücken gekochter, recht rother Pökelzunge, welche mit demselben Ausstecher ausgestochen worden sind, wieder ausgefüllt. Wenn man nun die gleiche Anzahl wie die Coteletten hat, so werden diese Zwiebelringe in einem mit Butter dick ausgestrichenen plat à sauter geordnet, leicht gesalzen, mit etwas Fleischbrühe genäßt und langsam weich gedünstet. Beim Anrichten wird auf jede Cotelette eine Zwiebelscheibe gelegt, diese wie die Zunge in der Mitte der Zwiebel schön glacirt, die Zwiebel jedoch bleibt ganz weiß und die Coteletten selbst, die Rippchen nach unten, der dicke Theil nach oben, im Kranze angerichtet. In die Mitte kömmt ein Püree von Zwiebeln.

599. Kalbs-Coteletten in Papier. Côtelettes de veau en papillotes.

Diese Coteletten werden in ihrer Bereitung etwas kleiner gehalten wie die vorhergehenden; dabei ist zu beachten, daß das Fleisch recht abgelegen, weiß und nicht zu stark sein darf. Ferner werden einige Schalotten, sechs Stück Champignons, zwei Trüffeln, nebst etwas frischer Petersilie zusammen recht fein geschnitten und mit den Coteletten nebst einem Stück frischer Butter in einer gut schließenden, flachen Casserolle eingerichtet und auf Kohlenfeuer langsam weich gedünstet, wo man von Zeit zu Zeit etwas guten Kalbsfond nachgießen muß, daß sich ja die Kräuter nicht anlegen oder gar anbrennen, denn dadurch wäre ein großer Theil des materiellen Werthes schon verloren. Wenn nun die Coteletten weich und ohne alle Flüssigkeit kurz eingedämpft sind, so zwar, daß sie in ihrer eigenen Glace liegen, werden sie zugedeckt kalt gestellt.

Unterdessen hat man von gutem, weißen Schreibpapier nach der
Größe des aufzunehmenden Volumens, jedoch um einen Daumen breit
größer, Herzen geschnitten, die auf beiden Seiten mit gutem Oel bestrichen
werden.   Die Coteletten werden nun herausgenommen und unter die in
der Casserolle zurückgebliebenen Kräuter einige Eßlöffel voll gute, feine
Kalbfleisch = oder Geflügel=Farce gerührt, mit welcher jede Cotelette auf
beiden Seiten bestrichen wird, und über die sodann auf beiden Seiten
jeder Cotelette noch ein dünnes Speckscheibchen gelegt wird, so zwar, daß
die Coteletten ganz eingehüllt sind.

Hierauf wird jedes so vorgerichtete Cotelettchen in die eine Hälfte
des Papierherzchens gelegt, der andere Theil darüber gebogen, beide Enden
gleich zusammengehalten, und an der hintern Seite angefangen, über sich
kleine Falten fest übergebogen, und so die Coteletten ganz in dieses Papier
fest eingehüllt, damit beim Braten auch nicht ein Tropfen des Saftes
entgehen kann.   Wenn nun die Coteletten auf diese Weise alle so beendet
sind, werden sie auf einen Bogen Papier, der gut mit Oel bestrichen
ist, über den Rost geordnet und eine halbe Stunde vor der Speisezeit
auf schwachem Kohlenfeuer langsam gebraten und sodann im Kranze, die
Spitzen nach oben schön angerichtet.   Diese Arten Coteletten eignen sich
ganz besonders zu Gabelfrühstücken und sind dem Feinschmecker stets
willkommen.

600. Gesulzte Kalbs-Coteletten. Côtelettes de veau à la belle vue ou à la gelée.

Um eine Anzahl von zwölf Stück schönen Coteletten zu erhalten, ist
es nöthig, von drei, einige Tage abgelegenen Kalbs=Carrés, das heißt, von
jedem die ersten vier schönsten Coteletten abzuschneiden, die übrigen können
dann als Beilage zu Gemüsen verwendet werden. Diese Coteletten werden
nun ganz so wie die à la Dreux gespickt, in einer guten Wein=Marinade
gar gemacht und, nachdem sie in derselben wieder halb erkaltet sind, werden
sie behutsam herausgenommen und zwischen zwei flachen Casserolle=Deckeln
bis zum völligen Erkalten gepreßt, damit sie eine recht flache Form er=
halten. Unterdessen wird ein Plafond, der so groß ist, daß die Coteletten
nebeneinander liegen können, stark messerrückendick mit zerlassener Aspic
ausgegossen und kalt gestellt.   Die ganz kalt gewordenen Coteletten werden
nun recht sauber und in ganz gleichmäßiger Größe zugeschnitten, daß das
Gespickte, jedes in seiner Farbe, genau hervortritt und dadurch einen guten
Effekt bekömmt.   Wenn nun alle Coteletten auf die eben gesagte Weise
vollendet sind, werden sie auf das unterdessen gestockte Aspic und zwar alle
auf die nämliche Seite gelegt, alsdann wieder mit Aspic stark messer=
rückendick übergossen und zum völligen Sulzen kalt gestellt.   Beim An=
richten werden die Coteletten mit einer dünnen Messerspitze, die man öfter
in's heiße Wasser taucht, nach ihrer vollkommenen Größe aus dem Aspic
geschnitten, der Plafond einen Augenblick über das Feuer gehalten und
auf einen flachen Casserolle=Deckel umgestürzt.   Sie werden nun behutsam

herausgenommen und über einen Kranz von gehacktem Aspic auf einer flachen Schüssel, au miraton, die Spitzen nach unten, angerichtet, in die Mitte wird etwas sauce mayonnaise gegossen und außen herum die Platte mit Aspic-Schnitten schön garnirt.

601. Kalbs-Coteletten auf Mailänder-Art. Côtelettes de veau piquées à la Milanaise.

Zwölf Stück Kalbs-Coteletten, die im Fleische etwas dicker gehalten und sauber zugeschnitten sind, werden fein gespickt, dann in eine gut schließende Casserolle mit einigen Speckscheiben, einem Stück rohen Schinken, einer Zwiebel, gelben Rüben, einem Lorbeerblatt, dem nöthigen Salz eingerichtet, mit einem Glas weißen Wein und etwas Consommé genäßt, mit einer Papierscheibe bedeckt, dann gut zugedeckt, auf Kohlenfeuer lang=sam weich und kurz gedünstet.

Unterdessen werden 280 Gramm Maccaroninudeln einige Minuten im Wasser abgekocht, dieses sodann abgegossen, mit frischem Wasser ab=gekühlt, dann in 12 Millimeter lange Stückchen geschnitten, in eine Casserolle gethan und mit $^3/_{10}$ Liter guter Fleisch-Essenz, dem nöthigen Salz, ein wenig weißem Pfeffer, nebst einem Stück frischer Butter lang=sam weich gekocht. Beim Anrichten werden die Coteletten, nachdem sie schön glacirt sind, auf einer runden Schüssel über einem Kranz von dick gekochtem Reis, die Beinchen nach oben, angerichtet, unter die Maccaroni=nudeln 140 Gramm geriebener Parmesankäse gemengt und diese in der Mitte der Coteletten erhaben angerichtet.

602. Gespickte Kalbs-Coteletten mit braunem Ragout. Côtelettes de veau piquées à la financière.

Die Coteletten werden wie die vorhergehenden fein gespickt, mit einigen Speckscheiben, einem Stückchen rohen Schinken, einer Zwiebel, einer gelben Rübe, dem nöthigen Salz und einigen Pfefferkörnern in einer gut schließen=den, flachen Casserolle eingerichtet, mit $^3/_{10}$ Liter Madeira-Sec und etwas

guter Jüs genäßt, zugedeckt und auf Kohlenfeuer weich und kurz, das
heißt, bis dieselben in ihrer eigenen Glace liegen, gedünstet. Sie werden
beim Anrichten schön glacirt, au miraton angerichtet und in ihrer Mitte
ein Klein=Ragout à la financière (siehe Abschn. 7 von den kleinen Ragouts)
erhaben angerichtet.

603. Düsseldorfer Coteletten. Côtelettes de veau à la Dusseldorf.

Von zwei mürbe gelegenen Kalbsrippenstücken (Carrés) wird die
obere dicke Fleischhaut abgelöst, das Fleisch von den Rippen seiner Länge
nach abgeschnitten, dieses von aller Haut und Sehnen befreit und sodann
mit 140 Gramm weißem Luftspeck, einer in Butter abgedämpften Trüffel,
einigen in Wasser abgekochten Schalotten nebst Petersilie und einigen Cham=
pignons zusammen recht fein gehackt. Sodann werden hievon Coteletten
geformt, in welche vorn die rein abgeschabten Rippchen gesteckt werden;
sie werden hierauf gehörig gesalzen und zugedeckt bei Seite gestellt.
280 Gramm frische Butter werden auf dem Feuer geklärt, ein Theil
davon in einen plat à sauter gegossen und kalt gestellt; unter die übrige
Butter wird das Gelbe von drei Eiern gerührt, die Coteletten auf einem
Tuch abgetrocknet, mit dieser Butter und Eiern auf beiden Seiten be=
strichen, mit feinem, weißen Reibbrode panirt und in dem plat à sauter
eingerichtet. Eine halbe Stunde vor dem Anrichten werden die Coteletten
auf Kohlenfeuer auf beiden Seiten schön lichtbraun gebraten, mit Citronen=
saft beträufelt, auf einer flachen Schüssel schön angerichtet und in die
Mitte eine gute Kalbfleischjüs, die aus den Abgängen der beiden Rippen=
stücke gezogen wurde, gegossen. Guter französischer Senf kann extra mit
servirt werden.

604. Kalbs-Coteletten im Netz. Côtelettes de veau en crépinettes.

Zwölf Stück schöne Kalbs=Coteletten werden wie die en papillotes
mit feinen Kräutern eingerichtet, auf Kohlenfeuer langsam, bis sie in ihrer
eigenen Glace liegen, weich gedünstet, wobei man öfters etwas gute Kalb=
fleischjüs nachgießen muß, und sodann kalt gestellt. Hierauf wird jede
Cotelette mit etwas Farce, unter welche man die Kräuter nebst dem
Fond von den Coteletten gerührt hat, bestrichen, hierauf in ein Schwein=
Netz eingehüllt und auf einem plat à sauter eingerichtet. Eine halbe
Stunde vor dem Anrichten werden sie in einen Ofen oder Bratrohr ge=
stellt und langsam gebraten, bis sie durchaus wieder warm geworden und
das Netz eine lichtbraune Farbe hat. Beim Anrichten werden sie auf ein
Tuch zum Entfetten gelegt, jede Cotelette mit einer Papier=Manchette
besteckt und sauber angerichtet. In ihre Mitte wird eine kräftige Jüs,
welche mit dem Safte einer Citrone im Geschmack gehoben ist, gegossen.

605. Kalbs-Coteletten mit feinen Kräutern. Côtelettes de veau aux fines herbes ou à l'Italienne.

Zwei Trüffel werden rein geschält, acht Stück schöne Champignons

gewaschen, mit Salz abgerieben und in Butter und Citronensaft einige
Minuten gedünstet; sechs Stück Schalotten werden geschält und einige
Minuten abgekocht, dann mit frischem Wasser abgekühlt, ebenso wird etwas
Petersilie rein gewaschen und nebst den Trüffeln, Champignons, Schalotten
und zwei kleinen Essiggurken recht fein geschnitten. Zwölf Stück schöne
Kalbs-Coteletten werden nun leicht gesalzen und mit den feingeschnittenen
Kräutern und vier Eßlöffeln voll feinstem Provencer-Oel in einem plat
à sauter eingerichtet und auf Kohlenfeuer langsam weich gedünstet, welches
jedoch mit besonderer Sorgfalt geschehen muß, damit ja die feinen Kräuter
sich nicht anlegen und dadurch einen Brandgeschmack erhalten. Beim Anrichten werden die Coteletten sehr rein entfettet, der Saft einer Citrone
und zwei Anrichtlöffel voll sauce espagnole dazu gethan, zusammen nochmals aufgekocht und dann in einer Ragout-Schale angerichtet.

606. Kalbs-Coteletten mit Sardellen. Côtelettes de veau
à la Cracovie.

Die nöthige Anzahl schön bereiteter Kalbs-Coteletten werden mit Sardellen, kleinen Essiggurken (cornichons) und geräuchertem, weichgekochten
Schinken gespickt, sodann mit Citronensaft, grüner Petersilie, Schalotten,
etwas feinen Kräutern und einem Eßlöffel voll feinsten Oeles einige Stunden
marinirt, hierauf weich gedünstet, schön glacirt und im Kranze mit in klarer
Butter hellgebackenen Brodscheiben, welche die Form und Größe der Coteletten haben, angerichtet. In ihre Mitte kömmt eine gut bereitete Sardellen-
Sauce (Siehe Abschnitt 2, Abtheilung 2, von den kleinen Saucen).

607. Gefüllte Kalbs-Coteletten. Côtelettes de veau farcies
en poires.

Von zwei mürbe gelegenen recht weißen Kalbs-Carrés werden schöne
Coteletten geschnitten, inwendig gespalten, sodann mit einer Geflügel-Farce,
unter die man feingehackte Trüffeln gemengt hat, gefüllt, mit Zwirn zugenäht und so ihnen die Form einer Birne gegeben. Sodann werden sie
in eine passende Casserolle geordnet, in der Braise weich gesotten, dann
schön mit blonder Glace, in welcher etwas Krebsbutter ist, glacirt, und

im Kranze aufrechtstehend angerichtet.   In der Mitte wird mit Geflügel=
brühe dick gekochter Reis erhaben angerichtet und dieses mit einer sauce
tomate maskirt.

608. Kalbs-Coteletten mit Beschamel auf Wiener Art.
Côtelettes de veau à la Viennaise.

Von zwei schönen, weißen und mürbe gelegenen Kalbs=Carrés
werden schöne Coteletten geformt und diese sodann mit guter frischer
Butter, fein geschnittenen Champignons, Schalotten und Petersilie nebst
dem nöthigen Salze weich und kurz gedünstet.   Hierauf gießt man auf
ein anderes, flaches Geschirr frische Butter, überzieht die Coteletten, nach=
dem sie zuvor kalt geworden und von allen Seiten mit den fines herbes
und ihrem Fond bestrichen wurden, mit dicker und mit einigen Gelbeiern
gebundener Beschamel auf beiden Seiten, bestreut sie mit feinen, weißen
Semmelbröseln und rangirt sie nebeneinander in dem mit Butter ausge=
strichenen Plafond, beträufelt sie mit etwas Krebsbutter und läßt sie im
Ofen eine schöne Farbe nehmen.   Sie werden hübsch im Kranze ange=
richtet, die Rippchen mit kleinen Papier=Manschettchen besteckt und eine
sehr kräftige, klare Jüs extra beigegeben.

609. Kalbs-Coteletten à la Dauphine.   Côtelettes de veau à la Dauphine.

Es werden zwölf Stück schöne Coteletten gemacht, diese werden gut
mit Butter und Speck eingerichtet, leicht gesalzen und sodann weich ge=
dünstet, worauf man dieselben in ihrem Fond kalt werden läßt.   Sodann
bereitet man aus Trüffeln, gekochter rother Ochsenzunge und Champignons,
alles klein würfelig geschnitten, mit einer dick eingekochten Madeira=Sauce,
wie zu Croquetten, ein Salpikon.   Die Coteletten werden nun aus der
Braise genommen, rein zugeschnitten und in der Mitte mit einem zweimark=
großen Ausstecher ausgestochen.   In diese Oeffnung wird nun das völlig
kalte Salpikon eingefüllt, von beiden Seiten glatt gestrichen und die Co=
teletten sodann ganz mit kalter, dicker Madeira=Sauce überstrichen.   Wenn
nun alle so beendet sind, werden sie in abgeschlagene Eier, welche mit
etwas lauwarmer, sehr frischer Butter verrührt wurden, eingetaucht, so=
dann mit geriebenem, weißen Mundbrod panirt und zuletzt mit dem Messer
schön egal formirt.   Sie werden hierauf in einem plat à sauter mit klarer,
frischer Butter eingerichtet, auf beiden Seiten lichtbraun gebraten, dann
au miraton angerichtet, an jedes Beinchen eine Papier=Manschette gesteckt,
in der Mitte eine kräftige, klare Jüs gegossen und sodann recht heiß zu
Tisch gegeben.

610. Gefüllte Kalbs-Coteletten. Côtelettes de veau à la Dauphine.

Je nach der Personenzahl werden Kalbs=Coteletten nach Nr. 585
bereitet, dann in einem plat à sauter eingerichtet, weich gedünstet und mit
ihrer Essenz kalt gestellt.   Unterdessen bereitet man aus Champignons,

Trüffeln und geräucherter Ochsenzunge, alles klein würfelig geschnitten, ein Salpikon, untermengt mit einer dickeingekochten Sauce Beschamel. Die Coteletten werden nun herausgenommen, in der Mitte mit einem Ausstecher von der Größe eines Zweimarkstückes ausgestochen und das Salpikon eingefüllt. Dieselben werden hierauf mit dicker Sauce Beschamel überstrichen, mit fein geriebenem, weißen Reibbrod bestreut, in gesalzene, gut abgeschlagene Eier getaucht und dann nochmals panirt. Hiernach werden die Coteletten mit dem Messer schön gleich geformt, in einem plat à sauter mit Butter eingerichtet und ebenfalls mit Butter begossen; sodann läßt man dieselben im Ofen eine schöne lichtbraune Farbe annehmen. Beim Anrichten werden an die Beinchen kleine Papier-Manschetten gesteckt, die Coteletten au miraton angerichtet und in ihre Mitte die eigene wohl entfettete Essenz gegossen.

611. Gebackene Kalbs-Coteletten mit Parmesankäse. Côtelettes de veau frites à la Parma.

Die Coteletten werden, wie die vorhergehenden, mit fines herbes und frischer Butter weich und kurz gedämpft, dann von allen Seiten mit derselben bestrichen und kalt gestellt. Ferner werden 280 Gramm Mailänder Reis rein belesen, gewaschen, dann mit guter Bouillon, etwas Muskatnuß, Salz und einem Stückchen rohen Schinken weich und dick gekocht; derselbe wird nun mit dem Gelben von drei Eiern und 100 Gramm geriebenem Parmesankäse gut verrührt und die Coteletten genau von allen Seiten, daß die Rippchen jedoch hervorstehen, damit eingehüllt. Hierauf werden einige Eier mit etwas Salz gut abgeschlagen, die Coteletten darin eingetaucht, abgetropft und gut mit fein geriebenem, weißen Mundbrode, unter welches man noch etwas geriebenen Parmesankäse gemengt hat, panirt. Eine viertel Stunde vor dem Anrichten werden sie schön lichtbraun aus heißer Backbutter ausgebacken, die Rippchen mit Papier-Manschetten besteckt, aufrechtstehend angerichtet und eine gute Jüs mit etwas Tomat-Püree gut verrührt extra beigegeben.

612. Kalbs-Coteletten à la maréchal. Côtelettes de veau à la maréchal.

Die nöthige Zahl schöner, zarter Kalbs-Coteletten wird gehörig gesalzen, dann mit klarer, frischer Butter, unter welche man einige rohe Eigelb gerührt hat, eingetaucht, mit geriebenem, weißen Mundbrode panirt und mit klarer Butter auf beiden Seiten lichtbraun gebraten. Sie werden im Kranze angerichtet, darüber kömmt eine in bester Eigenschaft bereitete, recht rein ausgekochte, klare Orangen-Sauce, wozu der aus den Abgängen von den Coteletten gezogene Fond verwendet wird.

613. Braun gedünstete Coteletten. Côtelettes de veau à l'Espagnole.

Sie werden im Fleische etwas dicker gehalten, leicht geklopft, gesalzen

und mit Butter, einigen Zwiebel=Scheiben, gelben Rüben, einem Lorbeer=
blatt und einem Stück rohen, mageren Schinken eingerichtet. Hierauf läßt
man sie auf beiden Seiten lichtbraun anbraten, gießt sodann 5/10 Liter
gutes Consommé und ein Glas weißen Wein dazu und läßt sie so auf
Kohlenfeuer weich dünsten. Wenn dies erreicht ist, werden die Coteletten
in ein anderes Geschirr gelegt, der zurückgebliebene Fond mit etwas Fleisch=
brühe aufgekocht, durchgeseiht, rein entfettet, mit 3/10 Liter sauce espagnole
zu den Coteletten gegossen und mit diesen nochmals aufgekocht. Vor dem
Anrichten kann der Saft einer Citrone dazu gepreßt werden.

614. Gespicktes Kalbsrippenstück mit Tomate-Sauce. Carré de veau piqué à la sauce tomate.

Von einem schönen Kalbsrippenstück wird alle Haut abgelöst, die
Rippen in der Länge gleich abgehackt, sodann mit weißem Luftspeck schön
gespickt, dann gehörig gesalzen, in eine irdene Schüssel gelegt und mit
dem Safte einer Citrone, einem Glas weißen Wein,. etwas ganzer Peter=
silie und einer in Scheiben geschnittenen Zwiebel einige Stunden marinirt.
Eine halbe Stunde vor dem Anrichten wird es an einen Vogelspieß ge=
steckt, dieser an einen großen festgebunden und bei schnellem Feuer gebraten.
Vor dem Abziehen wird es gut mit verdünnter Glace bestrichen und über
eine gut bereitete sauce tomate angerichtet. Ferner erscheint dieses ge=
spickte Kalbsrippenstück als:

615. Gespicktes Kalbsrippenstück mit Sauerampfer-Püree. Carré de veau piqué à la purée d'oseille.

616. Gespicktes Kalbsrippenstück mit eingemachten Gurken. Carré de veau piqué aux concombres.

617. Gespicktes Kalbsrippenstück mit saurer-Rahm-Sauce. Carré de veau piqué, sauce à la crême aigre.

Das Rippenstück wird jedesmal, gespickt, im Safte am Spieß ge=
braten, sodann schön glacirt, in Rippchen zertheilt und wieder in seiner
natürlichen Form über die bezeichnete Sauce, dem Ragout oder Püree
angerichtet.

618. Kalbslendenstücke mit braunem Ragout. Filets mignons de veau à la financière.

Dieser zarte Fleischtheil liegt unter der Niere gegen den Rückgrat=
knochen hin und ist bei größeren Kälbern gegen 18 Centimeter lang.
Derselbe wird behutsam ausgelöst, dann mit dem Cotelettemesser etwas
breit geschlagen, alles Faserige und die Haut davon abgelöst, nett zu=
geschnitten und sodann fein gespickt. Wenn nun die nöthige Anzahl dieser
zarten Fleischtheile so beendet sind, werden sie in einer Schwung=Casserolle,

plat à sauter, mit zerlassener, frischer Butter, nachdem sie zuvor gesalzen sind, eingerichtet und mit angebrachter Gluth von oben bis unten langsam gedünstet. Wenn dieselben nun weich sind und in ihrer eigenen Glace liegen, wird der Deckel davon abgenommen, die Filets werden schön glacirt und einige Minuten in eine Backröhre oder Backofen, damit sie die allenfalls noch nöthige Farbe annehmen, gestellt; hierauf nochmals glacirt und im Kranze auf einer runden Schüssel, die mit Brodcroutons schön garnirt ist, angerichtet. In ihre Mitte kommt ein in bester Eigenschaft bereitetes, geschmackvolles Klein-Ragout à la financière, welches im Abschnitt 7 bei den kleinen Ragouts zu finden ist.

619. Kalbslendenstücke mit Schnepfen-Püree. Filets mignons de veau à la purée de bécasses.

Diese werden den vorhergehenden gleich gespickt und eingerichtet, jedoch während des Dünstens ein Glas Madeira-Sec nach und nach dazu gegossen. Vor dem Anrichten werden sie nochmals schön glacirt, dann im Kranze auf eine Platte, die Spitzen nach unten, dressirt und in die Mitte ein Püree von Waldschnepfen gegeben; der Fond von den Filets wird mit etwas Fleischbrühe aufgekocht, durchgeseiht, sehr rein entfettet, dann zu einer Demi-Glace eingekocht und im letzten Augenblicke über das Püree gegossen.

620. Turban von Kalbslendenstücken. Grenade de filets mignons de veau.

Sechs Stück schöne Kalbslendenstücke werden in der Breite, der Länge nach, in ganz kleine Theile von einander geschnitten, diese dann leicht etwas flach geschlagen, alle in ganz gleiche recht egale Stücke zugeschnitten, dann vier Stücke davon recht schön fein gespickt, wieder vier mit recht schwarzen Trüffeln, die in dünne Scheibchen geschnitten worden sind, eingelegt, ebenso die letzten vier mit recht rother, weich gekochter, geräucherter Ochsenzunge bigarirt und dann zugedeckt bei Seite gestellt. Hierauf wird von feiner, jedoch haltbarer Geflügel-Farce ein 6 Centimeter hoher und fingerdicker Kranz auf eine flache Schüssel dressirt, um welchen, nachdem

er zuvor mit Ei angestrichen wurde, die Kalbslendenstücke abwechselnd,
die Spitzen nach oben, in schöner Ordnung herum leicht angedrückt werden.
In der Mitte wird ein abgeriebenes, ganzes Mundbrod eingelegt, alle
Lendenstücke mit dünnen Speckscheiben belegt, das Ganze mit einer runden
Papierscheibe, die mit Butter bestrichen wurde, überdeckt und eine halbe
Stunde vor dem Anrichten in einen Backofen oder eine Bratröhre gestellt
und langsam gar gemacht.   Sodann wird das Brod herausgenommen,
alles Fett rein hinweggethan, von außen mit verdünnter Glace schön glacirt
und in die Mitte ein kleines Ragout von Trüffeln, Kalbsbrieschen, Champignons und Hahnenkämmen gegeben.   Oben darüber kann ein schön ge=
spicktes, glacirtes Kalbsbrieschen gelegt werden.

621. Eine Provençale von Kalbslendenstücken. Une Provençale de filets mignons de veau.

Zehn bis zwölf Kalbslendenstücke werden rein zugeschnitten, alles
Häutige abgelöst, in jedem der Länge nach fingerbreit von einander schräge
Einschnitte gemacht, in jeden solchen eine Zwiebelscheibe gesteckt und sodann
mit feinstem Provenceröl in einer Schwung=Casserolle (plat à sauter) nebst
dem nöthigen Salze und etwas feinem, weißen Pfeffer eingerichtet. Hierauf
werden sie auf Kohlenfeuer gesetzt, wo man sie auf beiden Seiten leicht
Farbe nehmen läßt.   Sodann wird das Oel abgegossen, einige Löffel guter
Kalbs=Fond und ein Stück Glace dazu gethan und mit diesem auf Kohlenfeuer langsam weich gedünstet, wo man die Filets von Zeit zu Zeit öfters
mit ihrem Fond begießen muß.   Beim Anrichten werden sie im Kranze
auf eine Schüssel angerichtet, mit zerlassener Glace nochmals schön glacirt,
der zurückgebliebene Fond, im Falle er zu dick sein sollte, mit etwas guter
Fleischbrühe verdünnt, nochmals aufgekocht, der Saft einer Citrone dazu
gedrückt und in die Mitte der Kalbslendenstücke gegossen.

622. Kalbslendenstücke mit Malaga-Wein. Filets mignons de veau au vin de Malaga.

Für eine Schüssel für zwölf Personen werden zwölf Kalbslendenstücke
genommen, diese sauber zugeschnitten, dann schön fein gespickt, leicht ge=
salzen, in einem mit Butter bestrichenen plat à sauter eingerichtet, mit
einer halben Bouteille gutem Malaga begossen und über starker Kohlen=
gluth eingedämpft, wo man sie öfters begießen und die Gluth auf dem
Deckel gut unterhalten muß.   Wenn dieselben nun in ihrem Safte gar
geworden sind, werden sie mit zerlassener Glace bestrichen und einige
Minuten in eine Backröhre gestellt, damit sie abtrocknen und das Gespickte
kraus hervortritt; sie werden nochmals leicht glacirt, im Kranze angerichtet,
der zurückgebliebene Fond wird sehr rein entfettet, mit einem Glas Malaga=
Wein und $^1/_{10}$ Liter guter sauce espagnole aufgekocht, durch ein Haar=
tuch gepreßt und kochendheiß in die Mitte der Filets gegossen.

623. Kalbslendenstücke nach Pompadour. Filets mignons de veau à la Pompadour.

Zwölf kleine Kalbslendenstücke werden den vorhergehenden gleich von allem Häutigen und Faserigen befreit, sauber gespickt und über mit dünnen Speckscheiben belegt, becherartige geschnittene gelbe Rübenstücke gewunden; das Ende derselben wird mit einem hölzernen Speilchen festgesteckt, sodann in einer mit frischer Butter ausgestrichenen Schwung=Casserolle geordnet, gesalzen und oben mit Speckscheiben bedeckt; eine halbe Stunde vor ihrem Gebrauche werden sie in einen heißen Ofen gestellt, und so gar gemacht; sodann wird der Speck abgenommen, die Lendenstücke mit zerlassener Glace bestrichen und wieder einen Augenblick in den Ofen gestellt, damit die Glace trocknet, das Gespickte schön hervortritt, welches dem Ganzen ein schönes Ansehen gibt. Das Speilchen, wie auch die gelben Rüben, werden nun herausgezogen, dann auf einen andern Plafond gestellt und in jedes nach der Größe der inneren Runde ein ausgestochenes und in klarer Butter gelb gebackenes Brodscheibchen, welches ihnen als Boden dient, eingepaßt. Sie werden sodann mit einem kräftigen Fein=Ragout (Salpikon), welches aus würfelig geschnittenen Trüffeln und Gänselebern bereitet wurde, gefüllt, dann in der Mitte eines jeden noch ein schöner, rund gedrehter Champignon oder statt dieses schöne Krebsschweifchen gelegt und sodann im Kranze über ein recht weißes, mit Geflügel=Glace bis zum feinsten Wohlgeschmack gehobenes Champignon=Püree angerichtet. Es braucht nicht gesagt zu werden, daß dieses feine Gericht eine geübte Hand erfordert, denn es muß sehr rein, einladend und brillant aussehen, denn nur dadurch gewinnt es noch um Vieles an seinem materiellen Werthe.

624. Kalbslendenstücke mit Spinat. Filets mignons de veau aux épinards.

Diese werden ganz den vorhergehenden gleich vollendet, nur daß die= selben anstatt mit Salpikon mit recht grünem, etwas dickgehaltenem Spinat gefüllt und dann ebenso im Kranze über Spinat angerichtet werden.

625. Kalbslendenstücke mit Sauerampfer=Püree. Filets mignons de veau à la purée d'oseille.

Statt des Spinates wird hier Sauerampfer=Püree genommen.

626. Gespickte Kalbs-Popietten nach Gerard. Popiettes de veau à la Gérard.

Die nöthige Anzahl dieser Fleischstücke wird aus dem zartesten Theil eines mürbe gelegenen Kalbsschlegels zwei Finger lang und drei Finger breit geschnitten, mit einem flachen Haumesser leicht geschlagen, dann mit dem nöthigen Salz, dem Safte einer Citrone, etwas ganzer Petersilie, einigen Zwiebelscheiben und einem Lorbeerblatt in einem irdenen Gefäße eine Stunde marinirt. Nach dieser Zeit werden sie von all den Kräutern befreit, auf ein Tuch nebeneinander gelegt und messerrückendick mit feiner Geflügel=Farce bestrichen, dann zusammengerollt, die beiden Enden mit kleinen Holzspeilchen durchstochen und hierauf die obere Seite eines jeden fein gespickt. Sodann werden sie in eine passende, am Boden mit Speck= scheiben belegte Casserolle geordnet, mit einigen Löffeln voll guter Geflügel= Braise begossen und eine Stunde lang auf Kohlenfeuer weich gekocht. Hierauf werden die Popietten aus der Fettbrühe genommen, die Speil= chen herausgezogen, die beiden Enden egal zugeschnitten, diese dann mit recht kurz gekochter, brauner Sauce bestrichen und sodann eine Seite mit vorher gekochten und dann recht fein geschnittenen Trüffeln, die andere mit fein geschnittener, geräucherter Zunge, wozu man gewöhnlich die Spitze der Zunge anwendet, bestreut. Nach diesem werden sie schön glacirt und über ein recht kräftig bereitetes Kalbfleisch=Hachis sauber angerichtet. Außen herum werden Butterteigschnitten, fleurons, garnirt.

627. Kalbs-Popietten, bürgerlich. Popiettes de veau à la bourgeoise.

Diese werden, wie die vorhergehenden, geschnitten, jedoch nicht ge= spickt und marinirt, sondern sie werden dünn mit Kalbfleisch=Farce be= strichen, zusammengerollt, die Enden mit Holzspeilchen befestigt und an einen Vogelspieß gesteckt, dieser wird dann an einem größeren festgebunden und die Popietten eine halbe Stunde vor dem Anrichten schnell gebraten; wenn dieselben bald fertig sind, werden sie gehörig gesalzen und mit feinem, braunen Reibbrode besäet und noch einige Minuten gebraten. Sodann werden sie vom Spieße genommen, sauber angerichtet und eine kräftige Jüs darunter gegossen.

628. Rouladen von Kalbfleisch. Popiettes de filets mignons de veau à la Noailles.

Hiezu werden die Fleischstücke, welche innerhalb des Nierenbratens und zwar oberhalb der Niere liegen (Kalbslendenstücke), genommen. Von fünf bis sechs solchen zarten Stücken wird das etwa vorhandene feine Häutchen abgelöst und jedes Stück der Länge nach in zwei gleiche Theile getheilt; diese werden behutsam etwas breit geschlagen und daraus lange, eckige Stückchen geschnitten. Die Abfälle davon werden fein gewiegt und daraus eine Farce bereitet. Unter diese wird eine fines herbes, welche aus Champignons, Petersilie und zwei Ragoutlöffeln sehr dick eingekochter sauce espagnole besteht, gerührt. Mit dieser Farce werden nun die Fleischstückchen messerrückendick überstrichen, über sich aufgerollt, dann jedes derselben in Speckscheibchen eingehüllt und mit weißem Bindfaden in der Mitte und an den Enden überbunden. Hierauf werden sie in eine passende Casserolle eingerichtet, bis zur Hälfte mit einer Kräuter=Marinade (mire= poix) begossen, leicht gesalzen, ein Glas Madeira=Wein dazu gegeben und so während dreiviertel Stunden langsam und weich gedünstet. Hiernach werden sie herausgehoben, aufdressirt, aller Speck rein abgenommen oben und unten egal zugeschnitten, in einer flachen Schüssel aufrechtstehend im Kranze angerichtet und schön glacirt, sodann noch eine gut bereitete sauce financière von Madeira-Wein dazu gegossen.

629. Kalbs-Popietten nach Conti. Popiettes de veau à la Conti.

Diese Kalbs-Popietten werden, nachdem sie eine Stunde marinirt, abgetrocknet, mit guter Geflügel-Farce, unter welche man etwas fein haschirte Trüffeln gemengt hat, messerrückendick bestrichen, aufgerollt und dann die beiden Enden mit Holzspeilchen befestigt. Hierauf werden auf der oberen Seite eines jeden sechs schräge Einschnitte gemacht, in diese in abwechselnder Schattirung schön geschnittene, gezackte Trüffeln, dergleichen recht rothe, geräucherte Ochsenzungen und recht grüne Cornichonblättchen gesteckt, eine jede Popiette dann mit einer Speckscheibe bedeckt und dann wieder in ein mit Butter bestrichenes, weißes Papier eingehüllt, um welches noch ein Faden im Kreuze zusammengebunden wird. Wenn nun alle so beendet sind, werden sie in einer gut schließenden, flachen Casserolle geordnet, mit einer guten Geflügel-Braise (Fettbrühe) fingerdick übergossen, zugedeckt und auf Kohlenfeuer eine Stunde langsam gesotten. Eine viertel Stunde vor dem Anrichten werden sie herausgenommen, Papier und Speck abgelöst, auf einen Plafond gelegt, etwas Fettbrühe darunter ge= gossen und einige Minuten in eine Backröhre zum Abtrocknen gestellt, nachdem werden sie mit ganz blonder Glace dünn, damit die Farben nicht bedeckt werden, glacirt und in schöner Ordnung auf eine flache Schüssel angerichtet; in die Mitte wird ein Püree von Champignons, Trüffeln oder auch ein Wildgeflügel-Püree gegeben; außen um die Popietten herum werden fleurons garnirt.

360. Gespickte Kalbsbriesen (Milchner, Drüsen). Ris de veau piqués glacés.

Zwölf Stück der schönsten und besten Exemplare dieser drüsenartigen Fleischtheile werden einige Stunden lauwarm gewässert, dann mit frischem Wasser auf einen brennenden Windofen gestellt und einige Minuten bis sie etwas fest geworden, oder dem Drucke des Fingers leicht widerstehen, abgekocht (blanchirt); sodann wereen sie mit frischem Wasser abgekühlt, mit einem Tuche abgewischt, sehr rein zugeschnitten und recht schön fein gespickt. Hierauf werden sie in eine mit Butter bestrichene Casserolle nebeneinander eingerichtet, leicht gesalzen, mit $3/10$ Liter gutem Kalbs= fond begossen und eine halbe Stunde über starkem Kohlenfeuer schnell, bis der Fond auf Glace gefallen oder eingekocht, abgedämpft. Es ist zu bemerken, daß die Kalbsbriesen während des Abdämpfens öfters mit ihrem Fond begossen werden und die Gluth auf dem Deckel gut unterhalten werden muß, damit das Gespickte recht kraus hervortritt. Wenn nun dieselben eine lichtbraune Farbe und ein glänzendes Ansehen erhalten haben, werden sie im Kranze über nachfolgend bezeichneten Unterlagen angerichtet. So erscheinen dieselben als:

631. Gespickte Kalbsbriesen mit Spinat. Ris de veau piqués aux épinards.

632. Gespickte Kalbsbriesen mit Sauerampfer-Püree. Ris de veau piqués à la purée d'oseille.

633. Gespickte Kalbsbriesen mit Spargelspitzen. Ris de veau piqués aux pointes d'asperges.

634. Gespickte Kalbsbriesen mit Pflückerbsen. Ris de veau piqués aux petits-pois.

635. Gespickte Kalbsbriesen mit Champignons-Püree. Ris de veau piqués à la purée de champignons.

636. Gespickte Kalbsbriesen mit Endivien-Püree. Ris de veau piqués à la purée de chicorée.

637. Kalbsbriesen à la St. Cloud. Ris de veau à la St. Cloud.

Die nach der Zahl der Personen nöthigen, gut abgewässerten, hierauf steif gekochten Kalbsbriesen werden in frischem Wasser abgekühlt, sauber zugeschnitten und dann in der Oberfläche mit egal geschnittenen Nägeln, Stiften, aus recht schwarzen Trüffeln in der Runde sauber, daß dieselben etwas vorstehen, gespickt. Sie werden hierauf in eine dazu geeignete, flache Casserolle neben einander gelegt, mit einer guten Geflügel-Braise (Fettbrühe) übergossen, mit einer runden Papierscheibe gedeckt und sodann eine halbe Stunde vor dem Gebrauche auf Kohlenfeuer langsam gekocht. Beim Anrichten werden sie mit einem Schaumlöffel auf ein Tuch ausgehoben, abgetrocknet, dann leicht glacirt und über eine gut bereitete sauce tomate im Kranze abgerichtet. Zwischen jedes Brieschen kömmt ein aus weißem Brode geschnittener und in Krebsbutter rothgelb gebackener Hahnenkamm.

638. Kalbsbriesen nach Conti. Ris de veau à la Conti.

Die recht weiß gewässerten, sodann abblanchirten Kalbsbriesen werden oval rund zugeschnitten, dann mit recht schwarzen vorher abgekochten Trüffeln fein gespickt. Nach diesem werden sie, wie die vorhergehenden, in der Geflügel-Braise weich gesotten, beim Anrichten auf ein Tuch zum Entfetten gelegt, leicht mit zerlassener Glace bestrichen und im Kranze auf einer flachen Schüssel angerichtet. Die Abgänge der Trüffeln werden fein geschnitten, mit einem Stückchen Glace und etwas Madeira-Sec kurz gedünstet, die nöthige braune Sauce (sauce espagnole) dazu gegossen, zusammen nochmals aufgekocht, die Sauce gehörig gesalzen und kochendheiß in die Mitte der Kalbsbriesen gegossen.

639. Kalbsmilchner à la Condé. Ris de veau à la St. Vallier.

Zwölf Stück schöne weiße Kalbsmilchner werden sehr rein gewaschen, mehrmals in lauwarmem Wasser recht weiß gewässert, dann mit kaltem Wasser zum Feuer gestellt und in diesem einmal aufgekocht, damit sie steif werden. Dieselben werden dann wieder in's frische Wasser gebracht und, nachdem sie kalt geworden, zwischen ein reines trockenes Tuch gelegt und eine halbe Stunde leicht beschwert. Hienach werden sie egal rund zugeschnitten, mit Geflügel-Glace recht egal messerrückendick überstrichen, wobei man das Messer öfters in warme Fleischbrühe eintauchen muß. Ist dies geschehen, so wird die Oberfläche mit kleinen Figuren, welche aus schwarzen Trüffeln und gekochter rother Ochsenzunge mit kleinen Blechausstechern ausgestochen worden sind, geschmackvoll und zierlich-belegt und in die Farce leicht eingedrückt. Ist nun alles fertig, so setzt man die Milchner in eine flache, mit Butter ausgestrichene Casserolle, bestreut sie leicht mit feinem Salz, gießt etwas gute Geflügel-Braise darunter, überdeckt sie mit einer passenden, mit Butter überstrichenen Papierscheibe und läßt sie eine halbe Stunde vor dem Anrichten im Bratofen langsam gar werden; wo sie aber, damit sie oben keine Farbe bekommen, noch mit einem Deckel zugedeckt werden müssen. Unterdessen bereitet man von Krammetsvögeln ein gutes Püree, richtet dieses recht heiß und erhaben in einer flachen, mit einer Bordure versehenen Schüssel an, dressirt die Milchner in schönster Ordnung im Kranze herum an, bestreicht dieselben ganz leicht mit blonder Geflügel-Glace und gibt dieses schöne Entrée sogleich zugedeckt zur Tafel.

640. Kalbsmilchner à la Montpensier. Ris de veau à la Montpensier.

Hiezu wählt man zehn, auch zwölf Stück schöne, weiße Kalbsmilchner; diese werden nach Nr. 630 ausgewässert, leicht blanchirt und dann, bis sie völlig kalt geworden sind, zwischen ein reines Tuch gelegt, mit einem flachen Deckel überdeckt und leicht gepreßt. Sodann werden dieselben herausgenommen und mit einem scharfen Messer recht egal rund zugeschnitten; hierauf wird die eine Hälfte davon mit Speck zierlich gespickt, die andere Hälfte in der Runde mit kleinen Nägeln, welche aus gekochter, recht rother Ochsenzunge geschnitten wurden, durchsteckt, so daß die Zungenstückchen einen Kranz bilden; in die Mitte wird eine nagelförmig geschnittene Trüffel eingesteckt. Diese Milchner werden nun in eine passende, flache, mit Speckscheibchen ausgelegte Casserolle eingerichtet, einige Stücke roher Schinken, wie auch einige Zwiebelscheibchen und gelbe Rübchen dazu gethan, dann mit feinem Salz leicht gesalzen, mit einer mit Butter bestrichenen Papierscheibe gedeckt und kalt gestellt. Dann werden 280 Gramm guter Mailänder Reis rein gewaschen, in eine Casserolle gethan, gesalzen und mit guter Geflügel-Braise körnig weich gedünstet. Dieser Reis wird nun, nachdem er weich und dick eingekocht ist, mit einigen Eßlöffeln voll dicker weißer Sauce gut verrührt und warm gestellt. Sodann wird eine pyramidenartige blecherne Form mit Butter ausgestrichen, mit schwarzen Trüffeln in schöner Zeichnung ausgelegt und dann mit dem Reis kleinfingerdick ausgelegt, was aber mit Vorsicht geschehen muß, damit sich die Zeichnung nicht verschiebt. In die Mitte wird nun ein dickes, heißes Blanquette von Geflügel, mit Trüffelscheibchen untermengt, eingefüllt, wieder mit Reis überdeckt und so warm gestellt. Kurz vor dem Anrichten werden nun die Milchner bis zum Gespickten mit Geflügel=Braise begossen, gar gedünstet und mit Glace schön glacirt. Beim Anrichten wird Reis in eine flache Schüssel behutsam gestürzt, nach einigen Minuten die Form abgehoben, die Kalbsbrieschen werden unten herum garnirt, jedesmal ein gespicktes, dann eines mit etwas guter Jüs darunter gegossen und sogleich zur Tafel gegeben. Eine gute sauce fricassée wird extra in einer Saucière beigegeben.

641. Kalbsbriesen mit einem Ragout Toulouse. Ris de veau piqués à la Toulouse.

Die Kalbsbriesen werden den vorhergehenden gleich zubereitet, fein gespickt, weich gedämpft, schön glacirt und über einem in bester Eigenschaft bereiteten Klein=Ragout Toulouse (ragoût à la Toulouse), wie dieses im Abschnitt 7 dieses Buches angegeben ist, angerichtet.

642. Eingemachte Kalbsbriesen in einem Reisrand. Ris de veau à la poulette en bordure de riz.

Die gut abgewässerten, dann abblanchirten Kalbsbrieschen werden jedes in vier Theile geschnitten, dann nebst einem Stückchen frischer Butter, einer Zwiebel, einem Bouquetchen Petersilie und etwas Salz über dem Feuer geschwungen. Hierauf wird die nöthige weiße Sauce (coulis blanc) und etwas Geflügelbrühe dazu gegossen und über dem Windofen schnell gar gekocht. Sie werden dann mit einem Schaumlöffel aus der Sauce genommen, in eine andere Casserolle gelegt, die Sauce bis zur gehörigen Dicke eingekocht, sodann wird dieselbe mit einer Liaison (Bindungsmittel) von vier Eigelb legirt, mit dem Safte einer Citrone und einem Stückchen Glace nebst dem nöthigen Salz noch im Geschmacke gehoben, durch ein Haartuch über die Kalbsbriesen gepreßt und au bain-marie warm gestellt. Gleichzeitig hat man 280 Gramm Reis belesen, gewaschen und mit Fleisch=brühe, dem nöthigen Salz, Muskatnuß und einer ganzen Zwiebel, in die man eine Gewürznelke eingedrückt hat, weich und dick eingekocht; der Reis wird sodann, nachdem man die Zwiebel hinweggethan hat, mit zwei Eigelben gut verrührt und davon auf einer flachen Schüssel ein drei

Finger breiter Rand, Streif, dreſſirt, dem man von außen jede beliebige
ſchöne Form geben kann; hierauf wird derſelbe gut mit zerlaſſener Butter
beſtrichen und in einem heißen Ofen oder Backrohr lichtbraun gebacken.
Beim Anrichten wird dieſer Reisrand etwas ausgehöhlt und das Kalbs-
brieſen-Ragout recht heiß in die Mitte gefüllt; oben darauf können
Geflügelklößchen, die mit fein ausgeſtochenen Trüffeln ſchön garnirt ſind,
und recht weiß abgedämpfte Champignons garnirt werden.

643. Gratin von Kalbsbrieſen.   Gratin de ris de veau.

Sechs Stück ſchöne Kalbsbrieſen werden, nachdem dieſelben weiß
gewäſſert, abblanchirt und mit friſchem Waſſer wieder abgekühlt ſind,
in meſſerrückendicke Scheibchen geſchnitten und ſodann mit fein geſchnittenen
Trüffeln, Peterſilie, Champignons, Schalotten, von jedem ein kleiner
Eßlöffel voll, in einer Schwung-Caſſerolle mit einem Stück friſcher Butter
geordnet, geſalzen und auf Kohlenfeuer eine halbe Stunde langſam, damit
die Kräuter nicht braun werden, gedämpft. Ebenſo wird eine Koch-Farce
bereitet (ſiehe Abſchnitt 5, von den Farcen). Hierauf wird eine flache
Schüſſel mit Butter beſtrichen, ein Theil der Farce im Kranze darauf
geſtrichen, auf dieſen ein Theil der weichgedämpften Kalbsbrieſen mit
ihren Kräutern gethan, dann wieder mit Farce überſtrichen, dann wieder
Brieſen, und zuletzt wird Farce darüber geſtrichen, daß die Kalbsbrieſen
ganz mit dieſen eingehüllt und das Ganze auf der Schüſſel einen drei Finger
hohen Rand bildet. In die Mitte deſſelben wird ein abgeriebenes Mundbrod, welches nach der Größe des inneren leeren Raumes zugeſchnitten
wurde, gethan, die Kalbsbrieſen mit dünnen Barden von weißem Luftſpeck
belegt, und über das Ganze noch eine runde Papierſcheibe, die mit Butter
beſtrichen iſt, gedeckt. Eine halbe Stunde vor dem Anrichten wird die
Schüſſel in einen nicht heißen Backofen geſtellt und langſam gebraten.
Wenn man es zu Tiſch gibt, wird das Brod herausgenommen, das Gratin
rein von allem Fett geſchieden und in die Mitte ein Salpikon von Kalbsbrieſen, Champignons und geräucherter Zunge gefüllt.

644. Kalbsbrieſen in Papilloten.   Ris de veau en papillotes.

Die Kalbsbrieſen werden je nach ihrer Größe in drei oder vier
flache Theile geſchnitten und den vorhergehenden gleich mit den feinen
Kräutern weich gedünſtet. Wenn dieſe kalt ſind, werden unter die Kräuter
einige Löffel voll feine Geflügel-Farce oder Koch-Farce gerührt und wie
die Kalbs-Coteletten in Papierherzchen eingehüllt. Eine halbe Stunde
vor dem Anrichten werden ſie auf dem Roſte langſam gebraten und
ſogleich zu Tiſch gegeben.

645. Epigramm von Kalbsbrieſen.   Epigramm de ris de veau.

Die abgewäſſerten, blanchirten und in friſchem Waſſer abgekühlten
Brieſen werden, jedes in zwei Theile, ovalrund zugeſchnitten und dieſe in
drei gleiche Theile getheilt. Die ſchönſten davon werden fein geſpickt und

wie die vorhergehenden gespickten Briesen eingerichtet; der zweite Theil wird mit einer Geflügelfettbrühe (Braise) begossen; der dritte Theil wird mit Eiern und Butter und fein geriebenem weißen Reibbrode panirt und mit klarer Butter in einer Schwung-Casserolle (plat à sauter) eingerichtet; es ist zu bemerken, daß zu einer Schüssel für zwölf Couverts wenigstens achtzehn solcher Stücke erforderlich sind.   Eine halbe Stunde vor dem An-richten werden nun die Briesen, die gespickten, in ihrer Glace schön glacirt, gar gemacht, ebenso die in der Braise recht weich gekocht und endlich die panirten lichtbraun geröstet.   Sie werden nun abwechselnd im Kranze auf einer flachen Schüssel, die mit Brodkrusten (Croutons) besetzt ist, jedesmal ein gespicktes, dann ein weißes, welches aber durch eine legirte gelbe Sauce gezogen werden muß, dann ein panirtes und so fortlaufend angerichtet. In ihre Mitte kömmt ein Klein-Ragout von Champignons, Hahnen-kämmen und Geflügelklößchen oder auch ein Püree von Champignons.

546. Kalbsbriesen an Silberspießchen. Attellettes de ris de veau.

Die nöthige Anzahl gut gewässerter, abblanchirter Kalbsbriesen werden in einer Geflügelbrühe (Braise) treffend weich gekocht, dann wenn dieselben kalt sind, in 6 Millimeter dicke und 24 Millimeter große Carreaux ge-schnitten; ebenso in derselben Größe und Dicke werden die nöthigen Stücke aus einer weichgekochten, geräucherten Ochsenzunge geschnitten und sodann jedes für sich auf einem Teller zugedeckt bei Seite gestellt.   Hierauf wird eine kräftige Aufleg-Sauce, wie diese im Abschnitt 2, Abtheilung 2 an-gegeben ist, bereitet; mit dieser Sauce werden nun die Stückchen, jedes für sich geschwungen, so zwar, daß jedes mit derselben maskirt, jedoch ganz geblieben ist.   Sie werden sodann, jedesmal ein Brieschen, dann ein Stückchen Zunge, an silberne Spießchen gesteckt, so daß daraus 9 Centi-meter lange Würstchen entstehen; diese werden dann außen von allen Seiten mit der Sauce überstrichen und mit fein geriebenem, weißen Reibbrode besäet.   Wenn nun dieselben alle so vollendet sind, werden sie mit klarer Butter begossen und nochmals mit Brod bestreut, hierauf eine halbe Stunde vor dem Anrichten über stark mit Butter bestrichenen Bögen Papier auf dem Roste auf allen Seiten über schwachem Kohlenfeuer gebraten.   Es ist zu bemerken, daß ihre äußere Kruste nirgends beschädigt werde, damit die Sauce nicht durchdringen kann und daß die Attelletten auf allen vier Seiten eine lichtbraune Farbe haben.   Sie werden über einander schön angerichtet und eine sehr kräftige, klare Jüs eigens beigegeben.

647. Kalbsbriesen in Papierkästchen.   Ris de veau en petites caisses.

Die Kalbsbriesen werden in einer guten Braise (Fettbrühe) körnig weich gekocht, dann in Scheibchen geschnitten und mit drei Eßlöffeln voll feinen Kräutern (fines herbes) und einem Stück frischer Butter und Salz über dem Feuer geschwungen. Sodann werden sie mit einer feinen Kochfarce sammt ihren Kräutern in kleine papierene Kästchen eingefüllt, mit einem

Stückchen Speckscheibe gedeckt und auf einen Plafond gethan. Eine halbe Stunde ehe sie zu Tisch kommen, werden sie im Ofen langsam gebraten, der Speck dann abgenommen, und auf jeden ein Eßlöffel voll Demi-Glace gegossen und sogleich servirt. Ebenso werden sie auch in eine große Papier-Kapsel, wie auch in einen Teigrand gefüllt. Die Zeit des Backens muß jedoch verlängert werden.

648. Gebackene Kalbsbriesen auf deutsche Art. Ris de veau panés à l'Allemande.

Die einige Minuten steif gekochten Kalbsbriesen werden, nachdem sie in frischem Wasser abgekühlt sind, auf ein Tuch gelegt, in der Mitte durch-geschnitten, dann gesalzen und zugedeckt bei Seite gestellt. Sodann werden sie, wenn sie eine Stunde gestanden haben, auf ein reines Tuch gelegt und abgetrocknet: dann läßt man 140 Gramm frische Butter klar werden und gießt diese durch ein Haarsieb in eine andere Casserolle, rührt das Gelbe von zwei Eiern dazu, taucht jedes Bries ein, besäet es vor allem mit feinem, weißen Brode und ordnet sie in eine mit klarer Butter aus-gestrichene Schwung-Casserolle (plat à sauter). Eine halbe Stunde vor dem Anrichten werden sie auf Kohlenfeuer auf beiden Seiten lichtbraun gebacken und im Kranze über recht grün gekochtem Spinat, Püree von Sauerampfer, Pflückerbsen oder jungen, gelben Rüben angerichtet.

649. Kalbsbriesen in Muscheln. Ris de veau en capisantis.

Die Kalbsbriesen werden, nachdem sie weiß gewässert und abblanchirt sind, in einer guten Kräuter-Marinade mit einem Glas weißen Wein körnig weich gekocht, und nachdem sie in dieser wieder kalt geworden sind, werden sie feinblätterig geschnitten und mit einem Eßlöffel voll feinen Kräutern (fines herbes) und einem Stückchen frischer Butter nochmals einige Minuten über dem Feuer geschwungen. Sodann läßt man ein Stückchen frische Butter heiß werden, gibt zwei Kochlöffel voll Mehl dazu und passirt dies einige Minuten; es wird sodann mit der rein entfetteten und durch ein Haartuch geseihten Marinade, worin die Kalbsbriesen gekocht wurden, angerührt und über dem Feuer zu einer etwas dickfließenden Sauce ein-gekocht, welche mit dem Gelben von vier Eiern legirt, gehörig gesalzen, mit dem Safte einer Citrone und einem Stückchen Glace im Geschmack gehoben und durch ein Haartuch über die Kalbsbriesen gepreßt wird. Sodann werden diese Briesen in Muscheln gefüllt, mit fein gestoßenem, braunen Brode besäet, mit Krebsbutter beträufelt und über Salz auf ein flaches Geschirr gestellt. Eine halbe Stunde vor dem Anrichten werden sie in einen schön abgekühlten Ofen gestellt und langsam, ohne daß sie jedoch kochen dürfen, erwärmt.

650. Croquetten von Kalbsbriesen. Croquettes de ris de veau.

Sie werden den vorhergehenden gleich in der Marinade weich gesotten, dann, nachdem sie wieder kalt geworden sind, werden sie fein würfelig ge-

schnitten und mit der nöthigen, dick eingekochten, sodann mit dem Gelben
von vier Eiern legirten und mit etwas Citronensaft im Geschmack gehobenen
Sauce in genaue Verbindung gebracht.   Von dieser Masse werden nun
fingerlange und 24 Millimeter dicke Croquetten geformt, diese in feinem,
weißen, geriebenen Mundbrode gewendet, dann nochmals in mit etwas
Salz abgeschlagene, ganze Eier getaucht, abgetropft und nochmals gut
mit Brod besäet.   Sie werden kurz vor dem Anrichten aus heißer Back=
butter, Schmalz, lichtbraun gebacken und dienen als Beilage zu jedem
feinen Gemüse, wie auch als Garnitur über Hachis und Blanquettes.

651. Kalbsbriesen mit Maccaroni auf Mailänder Art.
Ris de veau aux macaronis à la Milanaise.

Die Kalbsbriesen werden fein gespickt und zum Dämpfen in eine
flache Casserolle eingerichtet.   Ferner wird von Karolinen=Reis, der mit
Geflügel=Bouillon weich und dick eingekocht wurde, auf einer flachen Schüssel
ein 6 Centimeter hoher und 4 Centimeter breiter Rand dressirt, in welchen
außen herum rund ausgestochene Stückchen von geräucherter, recht weich=
gekochter Ochsenzunge eingedrückt werden und der sodann zugedeckt warm
gestellt wird.   Die Kalbsbriesen werden nun mit Kalbsfond und einem
Stückchen Glace weich gedämpft, schön glacirt und über dem Reisrand
im Kranz angerichtet.   In ihre Mitte kommen Maccaroni, auf italienische
Art zubereitet, welche noch mit einem Püree tomate begossen werden. Es
ist zu bemerken, daß der Reisrand, die Maccaroni, wie auch das Ab=
dampfen der Briesen im Einklang mit der Tafelstunde erst ausgeführt
werden darf.

652. Gedämpfte Kalbsnuß auf bürgerliche Art. Noix de veau
à la bourgeoise.

Dieser zarte dicke Fleischtheil liegt an der inneren Seite des Schlegels
und nimmt den Raum vom Knieknochen bis zum Schlußbein ein.   Dieser
Theil, im technischen Ausdrucke die Nuß, wird nun sammt dem auf der
Oberfläche befindlichen Kalbseuter (tétine) bis zum Knochen hinab aus dem
Schlegel geschnitten, mit einem Tuch rein abgewischt und sodann mürbe
geklopft.   Hierauf wird die Kalbsnuß gehörig gesalzen, mit etwas wenig
feinem Pfeffer bestreut und in ein passendes Geschirr mit einem Stück Butter,
einigen Speckscheiben, zwei weißen Zwiebeln, einer gelben Rübe, einem
Lorbeerblatt, einigen Gewürznelken eingerichtet und mit angebrachter Gluth
von unten und oben, bis dieses Fleischstück in seiner eigenen Glace liegt
und von oben eine glänzende, lichtbraune Farbe hat, weich und kurz ge=
dämpft, wobei die Kalbsnuß während der Zeit öfters mit ihrem eigenen
Fond begossen und die Gluth auf dem Deckel fortwährend unterhalten
werden muß.   Sie wird hierauf auf eine Schüssel angerichtet, der zurück=
gebliebene Fond mit etwas Fleischbrühe verdünnt, während des Aufkochens
von den Seiten losgemacht, durchgeseiht, sodann rein entfettet und diese
Essenz heiß unter die noix de veau gegossen.

653. Gespickte Kalbsnuß. Noix de veau piquée glacée.

Eine sammt dem Euter (tétine) aus einem mürbe gelegenen Kalbs=
schlegel geschnittene Kalbsnuß wird auf der Oberfläche sehr rein und glatt
bis zum Euter hin abgehäutet, dann zwischen einem Tuch auf dem fleischi=
gen Theil mit einem Cotelettemesser etwas breit geschlagen, oval rund zu=
geschnitten und sodann fein und dick gespickt. Hierauf wird dieselbe leicht
gesalzen und in eine mit Butter bestrichene Casserolle, die noch mit einigen
Speckbarden, einem Stück rohen, mageren Schinken, einigen Scheiben
spanischer Zwiebeln, einer gelben Rübe, einem halben Lorbeerblatt, einigen
weißen Pfefferkörnern und zwei Gewürznelken belegt ist, eingerichtet und
so wie die vorhergehende mit angebrachter Gluth von unten und oben
eine viertel Stunde gebraten, dann mit einem Schöpflöffel Consommé
begossen und durch öfteres Begießen weich gedämpft. Hierauf wird die
Kalbsnuß noch eine viertel Stunde ohne Deckel in ein heißes Bratrohr
gestellt, damit sich der Speck färbt und durch das öftere Begießen mit
dem Fond diese eine glänzende lichtbraune Farbe erhält. Dieselbe wird
sodann auf einer passenden Schüssel angerichtet und mit der Essenz, die
man mit etwas Consommé verdünnt, nochmals aufgekocht, durchgegossen
und sodann rein entfettet hat, begossen und sogleich zu Tisch gegeben.

654. Gespickte Kalbsnuß mit einem Ragout Monglas. Noix de veau piquée glacée à la Monglas.

Die vorhergehende gespickte, weich gedämpfte und schön glacirte Kalbs=
nuß wird auf einer mit Brodkrusten besetzten Schüssel (bordure de croutons) über ein in bester Eigenschaft bereitetes Ragoût à la Monglas an=
gerichtet.

655. Gespickte Kalbsnuß mit einem Ragout Financier. Noix de veau piquée glacée à la financière.

Die schön gespickte, weichgedämpfte und glacirte Kalbsnuß wird
über ein Ragoût financière, wie dieses im Abschnitt 7 genau angegeben
ist, angerichtet; die Schüssel muß ebenfalls mit einer Bordüre von Brod
besetzt sein.

656. Gespickte Kalbsnuß auf Neapolitanische Art. Noix de veau piquée à la Napolitaine.

280 Gramm ächte italienische Maccaroni=Nudeln werden mit etwas
Salz und einem Stückchen frischer Butter in's kochende Wasser gethan
und langsam zwanzig Minuten gekocht. Sodann werden sie in einen
Durchschlag geschüttet und gut abgetropft und dann die Hälfte davon in
eine Casserolle gethan, über welche man 140 Gramm geriebenen Parmesan=
käse, etwas fein gestoßenen weißen Pfeffer, 140 Gramm sehr frische
Butter in kleinen Stückchen nebst zwei Ragoutlöffeln voll weißer Sauce
und eben so viel Rindfleischjüs gibt; darauf kommt die zweite Hälfte der

Maccaroni=Nudeln, wieder 140 Gramm geriebener Parmesankäse und die nämliche Quantität Butter, dann etwas Jüs und weiße Sauce. Hierauf werden sie über dem Windofen geschwungen und gut melirt, dann gehörig assaisonnirt und auf einer runden Schüssel erhaben angerichtet. Ueber diese legt man die schön gespickte, weich gedämpfte und glänzend lichtbraun glacirte Kalbsnuß, welche noch mit ihrer eigenen Essenz, welche rein ent= fettet wurde, übergossen wird.

657. Marinirte Kalbsnuß.   Noix de veau à la gensd'arme.

Die gut mürbe gelegene, dann gespickte Kalbsnuß wird in eine irdene Schüssel gelegt und mit einer in Scheiben geschnittenen Zwiebel, einigen Schalotten, etwas grüner Petersilie, dem Safte einer Citrone, einer Messerspitze voll feiner, dürrer Kräuter (herbes sèches en poudre), dem nöthigen Salz und drei Eßlöffeln voll feinsten Provencer=Oels gewürzt und vier und zwanzig Stunden unter öfterem Umwenden marinirt. Sie wird hierauf aus ihrer Marinade genommen und zum Dämpfen, wie die vorhergehenden, eingerichtet. Zwei Stunden vor dem Anrichten wird sie weich und in ihrem Fond kurz gedämpft, dann schön glacirt und ange= richtet. Eine gut bereitete sauce aux cornichons (2. Abschnitt, 2. Ab= theilung), wozu die Essenz von der Kalbsnuß verwendet wurde, wird kochendheiß darunter gegossen.

658. Kalbsnuß à la royale.   Noix de veau à la royale.

Eine schöne, mürbe gelegene Kalbsnuß wird, nachdem die Oberfläche abgehäutet ist, der Dicke nach in drei gleiche Theile geschnitten, diese dann mit dem Cotelettemesser leicht geschlagen, gesalzen, und dann jeder Theil fingerdick mit Geflügel=Farce, unter welchen einige Eßlöffel voll Champignons=Püree und 140 Gramm klein würfelig geschnittene Trüffeln gemengt wurden, bestrichen. Diese Theile werden nun wieder übereinan= der gelegt, so zwar, daß die noix de veau ihre natürliche Gestalt wieder beklömmt; hierauf wird sie auch an den Seiten herum mit Farce dünn überstrichen und die obere Seite mit kleinen Nägeln von recht schwarzen Trüffeln geschnitten, gespickt. Die Kalbsnuß wird nun in ein Schwein= netz (Crepine) eingeschlagen, in eine gut schließende, passende Casserolle gethan, mit einer halben Bouteille Madeira=Sec und der nöthigen, guten Braise begossen und sodann auf Kohlenfeuer langsam zwei Stunden weich gedünstet. Kurz vor dem Anrichten wird sie herausgehoben, auf der oberen Seite, wo sie mit Trüffeln gespickt ist, das Netz rein abgelöst, sodann einige Minuten in eine heiße Röhre zum Trocknen gestellt, dann schön glacirt und auf einer flachen Schüssel angerichtet. Außen herum wird ein in bester Eigenschaft bereitetes, geschmackvolles Ragout von Gänselebern und Trüffeln mit einer sauce suprême bereitet, gegeben.

659. Kalbsnuß à la Murat.   Noix de veau à la Murat.

Die Kalbsnuß wird in der Mitte nur einmal durchgeschnitten, dann

mit Kalbfleisch=Farce, unter die man eine fines herbes von Trüffeln, Cham=
pignons und Schalotten nebst etwas Beschamel gerührt hat, stark finger=
dick gefüllt, dann wieder in ihre natürliche Form zusammengemacht und
in ein Schweinnetz (Crepine) eingeschlagen und wie die vorhergehende in
einer guten Braise drei Stunden langsam weich gekocht. Beim Anrichten
wird dieselbe einige Minuten in einer heißen Röhre getrocknet, dann schön
glacirt und über ein Klein=Ragout von Geflügelklößchen, Champignons
und Hahnenkämmen angerichtet.

660. Kalbsnuß à la Cardinal. Noix de veau à la Cardinal.

Die Kalbsnuß wird, wie die vorhergehende, in der Mitte durch=
geschnitten, dann mit einer Geflügel=Farce, die mit Krebsbutter bereitet
wurde, gefüllt, außen ebenfalls mit derselben Farce überstrichen, sodann
in ein Schweinnetz eingehüllt und in einer Geflügel=Braise langsam weich
gedämpft. Beim Anrichten wird dieselbe einige Minuten in einer heißen
Röhre abgetrocknet, dann schön glacirt und über ein mit Krebsbutter be=
reitetes, hochrothes Klein=Ragout, wozu man Krebsschweifchen, Austern,
Geflügelklößchen und Hahnenkämme nimmt, angerichtet.

661. Kalbsnuß mit gefülltem Salat. Noix de veau à la laitue farcie.

Die schön gespickte, sodann gut weich gedämpfte und glacirte Kalbs=
nuß wird auf einer flachen Schüssel angerichtet und außen herum ein
Kranz von gefülltem Kopfsalat, wo man zwischen jedes Stück ein in klarer
Butter gebackenes, herzartig geschnittenes, weißes Brodscheibchen legt, an=
gerichtet. Der rein entfettete Fond von der Kalbsnuß wird geseiht, ein
Anrichtlöffel voll brauner Sauce dazu gethan, zusammen nochmals auf=
gekocht, rein abgeschäumt und in einer Saucière extra beigegeben.

662. Kalbsnuß auf Jäger-Art. Noix de veau au chasseur royal.

Eine mürbe gelegene, schöne Kalbsnuß wird, wie die vorhergehende
à la Cardinal, von einander geschnitten, mit einer Feldhühner=Farce finger=
dick gefüllt, wie auch mit derselben von außen ganz bestrichen und in ein
Schweinnetz eingeschlagen. Dieselbe wird ebenfalls in einer guten Braise
gar gedämpft, dann ausgehoben, einige Minuten in einer heißen Brat=
röhre getrocknet, schön glacirt und über ein Klein=Ragout von Feldhühner=
klößchen und Champignons mit Citronensaft abgeschärft, angerichtet.

663. Kalbsnuß mit westphälischem Schinken. Noix de veau à la Westphalie.

Die schön gespickte, weich gedämpfte und glacirte Kalbsnuß wird
über eine Unterlage von Westphäler=Schinken, der auf nachstehende Weise
bereitet ist, angerichtet.

Von 560 Gramm aus dem besten Theile eines rohen Westphäler=
Schinkens wird das Fett abgeschnitten, das Magere in ganz dünne Blättchen

geschnitten und diese mit etwas klarer Butter einige Minuten über dem Windofen geschwungen, bis sie warm sind, sodann wird die Butter abgegossen und einige Eßlöffel voll zerlassene Glace darüber gegeben, mit dieser überschwungen und sogleich unter die Kalbsnuß gegeben. Die Essenz von der Kalbsnuß wird losgekocht, durchgeseiht, rein entfettet, mit dem Safte einer halben Citrone im Geschmacke gehoben und extra beigegeben.

664. Gefüllte Kalbsnuß. Noix de veau à la cuiller, ou à la surprise.

Eine schöne Kalbsnuß wird in einer guten Braise langsam weich gedünstet und sammt dieser kalt gestellt. Hierauf wird dieselbe aus der Braise genommen, rein abgetrocknet, schön zugeschnitten, auf der Oberfläche ein oval runder Einschnitt gemacht, die ganze Decke abgenommen und die Kalbsnuß ausgehöhlt, so zwar, daß an den Wänden ein fingerdicker Rand bleibt. Das herausgenommene Fleisch wird nun nebst zehn bis zwölf Stück in Butter und Citronensaft abgedämpften Champignons, einigen Hahnenkämmen feinblätterig (emincirt) geschnitten und in eine Casserolle gethan. Die Essenz von der Kalbsnuß wird nun rein entfettet, durchgeseiht, ³/₁₀ Liter weiße Coulis dazu gethan, über dem Windofen dickfließend unter beständigem Rühren schnell eingekocht, mit dem Gelben von vier rohen Eiern legirt, mit Citronensaft und dem noch fehlenden Salz angenehm gewürzt, durch ein Haartuch über das Emincé gepreßt, mit welchem nun die Kalbsnuß angefüllt, der Deckel darauf gelegt und nebst etwas Braisenfett warm gestellt wird. Beim Anrichten wird die Kalbsnuß auf einer flachen Schüssel angerichtet, schön glacirt und etwas Demi-Glace darunter gegossen.

665. Kalbsnuß à la Trianon. Noix de veau à la Trianon.

Hiezu nimmt man drei halbe Kalbsnüsse; diese werden zwischen einem reinen Tuch mit einem Cotelettemesser etwas breit geschlagen, dann mit einem scharfen Messer egal und in oval langer Form zugeschnitten. Hierauf wird die eine mit kleinen, aus weißem Speck geschnittenen Nägeln, die zweite mit ebenso geschnittenen schwarzen Trüffeln und die dritte mit ge= kochter, recht rother Ochsenzunge zierlich durchspickt. Sodann wird der Boden einer passenden flachen Casserolle mit Speckscheiben ausgelegt, die Fleischstücke hineingelegt, leicht gesalzen, mit einer Zwiebel, einer gelben Rübe, zwei Gewürznelken und acht Pfefferkörnern gewürzt, und so eine und eine halbe Stunde in ihrem Safte, wo man immer etwas gute Braise nach= gießen muß, weich und kurz gedünstet. Unterdessen schneidet man aus einem großen Casserolle=Brod eine pyramidenartige und triangelförmige Brodkruste, welche die Höhe der Fleischstücke hat, bäckt diese lichtbraun aus heißem Schmalz und setzt sie, unten mit untermengtem Eiweiß und Mehl bestrichen, in die Mitte einer flachen, heißen Schüssel. Beim Anrichten werden nun die Fleischstücke aus der Braise genommen, etwas schief in egale Stücke geschnitten, wieder zusammengeschoben und dann an jeder Seite der Brod= kruste eines derselben aufgestellt. Zwischen jedes dieser Stücke wird nun ein besonderes Püree aufdressirt, nämlich ein braunes aus Kastanien, ein zweites aus gelben Rüben und ein drittes aus recht grünen Erbsen bereitetes. Zu bemerken ist, daß diese drei Pürees recht dick gehalten sein müssen; das Aufdressiren muß daher durch starke Papier=Stranitzen ausgeführt werden, damit diese elegante Speise auch ein zierliches und gefälliges An= sehen erhält. Ist nun das Ganze auf die beste Art ausgeführt, so werden die Fleischstücke schön glacirt, in die Mitte ein schönes, aus Rüben geschnittenes Atelette eingesteckt und so diese Speise recht heiß zu Tisch gegeben.

666. Gespickte Kalbsnuß mit Trüffeln. Noix de veau piquée aux truffes.

560 Gramm gute Trüffeln, wo möglich Perigord, werden rein ge= waschen, geschält, etwas abgerundet, die Abgänge fein hachirt, die Trüffeln selbst aber blätterig geschnitten und sodann mit 70 Gramm sehr frischer Butter auf einem plat à sauter nebst etwas Salz und Concassé einige Minuten über dem Windofen geschwungen, sodann $1/10$ Liter gute, ge= klärte, braune Sauce (sauce espagnole), ein Stückchen Glace und etwas Madeira=Sec dazu gegossen, zusammen nochmals eine Minute gekocht und sogleich auf einer flachen Schüssel, die mit einer Bordure von Brod= krusten versehen ist, angerichtet; darüber wird eine schön gespickte, weich gedämpfte und glacirte Kalbsnuß gelegt.

667. Gespickte Kalbsnuß mit Morcheln. Noix de veau aux morilles.

Die sehr rein ausgewässerten Morcheln werden auf einem Tuch ab= getrocknet, dann mit einem Stückchen frischer Butter, einem halben Lorbeer= blatt, einer ganzen Zwiebel, in die man zwei Gewürznelken eingedrückt hat, nebst etwas Salz eine viertel Stunde gedünstet, dann mit $3/10$ Liter Rindfleischjüs weich gekocht. Wenn nun dieselben weich und kurz einge= dämpft sind, werden $3/10$ Liter gute sauce espagnole darüber gegossen

und nebst einem Stückchen Glace nochmals aufgekocht, rein abgeschäumt,
der Saft einer halben Citrone dazu gepreßt, gehörig gesalzen und auf
einer Schüssel in eine Bordure von Brodkrusten gethan, darüber die
weich gedämpfte, glacirte Kalbsnuß.

668. Kalbsnuß im Papier. Noix de veau en papillote ou en cartouche.

Eine schöne Kalbsnuß, die einige Tage an einem kühlen Orte mürbe
gelegen, wird von ihrem Euter (Tétine) befreit, zwischen ein Tuch gelegt,
mürbe geklopft, mit Speck und gekochtem Schinken, welcher mit etwas feinen
Kräutern gewürzt ist, nach dem Faden durchzogen und so in einer guten
Geflügel-Braise treffend weich gekocht. Wenn nun dieselbe in der Braise
wieder kalt geworden ist, wird sie herausgenommen, schön in Scheiben ge=
schnitten und diese wieder mit fines herbes, welche aus Trüffeln, Cham=
pignons, Schalotten und Petersilie bestehen und die mit 140 Gramm
frischer Butter weich gedünstet wurden, wieder in ihrer natürlichen Form
zusammengesetzt. Sodann wird ein Bogen weißes Papier mit gutem
Oel bestrichen, die noix de veau mit ganz dünnen Speckscheiben belegt
und in das Papier eingeschlagen, so daß es die Form eines Kartouches
bekömmt; zu dem Umschlag werden nun noch andere drei Bögen mit
Oel bestrichen und die noix de veau mit denselben gut eingepackt, so
zwar, daß auch nicht ein Tropfen mehr des Saftes entquellen kann.
Wenn nun das Ganze vollendet ist, wird es mit Bindfaden im Kreuz
überbunden und eine Stunde vor dem Anrichten über dem Rost auf glühen=
der Asche an beiden Seiten gebraten. Ehe man sie zu Tisch gibt, wird
der äußere Bogen Papier weggenommen, oben ein Loch hineingemacht
und etwas Demi-Glace, mit Citronensaft abgeschärft, hineingegossen und
sammt dem Papier zur Tafel gegeben. Mehrere meiner werthen Collegen
pflegen die noix de veau im rohen Zustande in Papier einzuschlagen
und zwei Stunden über dem Roste zu braten; allein ich habe stets die
Beobachtung gemacht, daß sie niemals gut weich war und der Geschmack
der fines herbes sich dem Fleische nie ganz mittheilen konnte.

669. Gesulzte Kalbsnuß. Noix de veau à la gelée ou à l'aspic.

Eine schöne, mit einem großen Euter versehene Kalbsnuß wird zwischen
einem Tuche etwas mürbe geschlagen, mit einem sehr scharfen Messer
die obere Haut rein und glatt abgeschnitten, dann oben mit Stiften von
Trüffeln, rother, geräucherter Ochsenzunge oder Schinken, Speck und kleinen
Essiggurken symmetrisch nach dem Faden des Fleisches bespickt; das Euter
wird über die Mitte der Nuß zurückgeschoben und mit einigen Speilchen
befestigt. Sodann wird die Kalbsnuß in eine gut schließende, passende
Casserolle mit einigen Speckscheiben, einigen Schnitten rohem Schinken,
zwei Zwiebeln, einer gelben Rübe, Petersilienwurzeln, einem Lorbeerblatt,
zwei Gewürznelken und weißen Pfefferkörnern nebst dem nöthigen Salz ein=
gerichtet, mit einer Bouteille weißem Wein und einem Schöpflöffel voll

Geflügel-Braise begossen, gut zugedeckt, auf Kohlenfeuer langsam weich gekocht und sodann in einer irdenen Schüssel sammt der Braise kalt gestellt. Wenn nun dieselbe in ihrem Fond ganz kalt geworden ist, wo man sie in der Regel über Nacht stehen läßt, wird sie behutsam herausgenommen und mit einem sehr scharfen, dünnen Messer rein ovalrund zugeschnitten, wie auch das Euter recht rein und glatt, einer Walze ähnlich, das über der noix de veau liegt. Wenn nun dies recht rein und schön ausgeführt ist, wird die Kalbsnuß bis auf das Euter, welches recht weiß bleiben muß, mit blonder, klarer Glace bestrichen, was dem Ganzen, da das Gespickte genau hervortritt, ein gutes Ansehen gibt. Sodann wird dieselbe auf eine flache Schüssel auf eine fingerdicke Unterlage von gehackter Aspic gelegt und die Schüssel außen herum mit einer zweifarbigen Bordure von Aspic-Schnitten geschmackvoll garnirt, wo jedoch eine zu große Ueberladung bei dem Garniren zu vermeiden ist.

670. Kalbsnuß mit kalter Kräuterbutter. Noix de veau au beurre de Montpellier.

Eine sehr schöne Kalbsnuß wird ganz wie die vorhergehende bereitet, ebenso in der Marinade gedünstet, wenn sie ganz kalt ist, sauber panirt, mit blonder Glace schön glacirt und auf einer Unterlage von kalter Kräuterbutter (beurre de Montpellier) wie diese im 2. Abschnitt, 3. Abtheilung bei den kalten Buttern und Saucen genau angegeben ist, angerichtet. Der Rand der Schüssel wird geschmackvoll mit Aspic-Schnitten zu zweierlei Farben garnirt, wie auch der Rand der Unterlage. Dieses Gericht ist, wenn es von einer geübten Hand ausgeführt wird, von gutem und schönen Effect.

671. Geblätterte Kalbsnuß. Emincé de noix de veau.

Die mürbe gelegene, im Saft am Spieße gebratene Kalbsnuß wird, nachdem sie wieder kalt geworden, in fingerdicke Streifen geschnitten, und diese dann über dem Faden dünnblätterig geschnitten, sodann in eine Casserolle gethan und mit der nöthigen, sehr kräftig bereiteten sauce allemande überschwungen, mit etwas zerlassener Glace begossen und au bain-marie warm gestellt. Beim Anrichten wird dieselbe kochendheiß in einer Reiskruste angerichtet und oben mit noch etwas von derselben Sauce maskirt.

672. Mayonnaise von geblätterter Kalbsnuß. Eminc̟é de noix de veau en mayonnaise.

Eine schöne, mürbe gelegene Kalbsnuß wird in einer Braise mit einer halben Bouteille Rheinwein, gut verschlossen, langsam weichgekocht und dann sammt der Braise in einer irdenen Schüssel kalt gestellt. Nach dem völligen Erkalten wird sie heraus genommen, alles Häutige rein abgelöst und die Kalbsnuß in messerrückendicke, flache Scheiben geschnitten, welche dann mit einem runden Ausstecher in der Größe eines Markstückes ausgestochen, dann mit dem Safte einer Citrone, einem Eßlöffel voll feinsten Oels, etwas Salz und gestoßenem Pfeffer marinirt werden. Hierauf bereitet man eine recht gute Mayonnaise, wozu man etwas von der rein entfetteten und durch eine Serviette passirten Braise anwendet; mit dieser wird nun das geblätterte Fleisch überschwungen und dann erhaben in einem Streif von recht klarer Aspic angerichtet. Außen herum werden kleine, weiße mit Kapern und Sardellen gefüllte Zwiebelchen, Blumenkohl-Röschen und Krebsschweifchen in schöner Ordnung garnirt.

673. Gateau von Kalbfleisch im Dunste. Gâteau de veau au bain-marie.

Man bereitet von 560 Gramm magerem, von allen Sehnen und Haut befreiten Kalbfleisch, 560 Gramm übersottenem und mit frischem Wasser wieder abgekühlten Kernnierenfett, einem gleichen Theil in Milch eingeweichtem und wieder fest ausgedrücktem Mundbrode, zwei ganzen Eiern nebst etwas Muskatnuß und dem nöthigen Salz eine zarte, aber doch haltbare Farce. Ferner streicht man mit geklärter, frischer Butter eine Sturz-Casserolle gut aus, die man dann mit weißem Papier am Boden wie an der Seite recht glatt auslegt und nochmals mit Butter bestreicht. Hierauf wird nun die Sturz-Casserolle am Boden wie auch an den Seiten geschmackvoll mit recht rother, weich gekochter Ochsenzunge und recht schwarzen, mit rothem Wein abgekochten Trüffeln, geschmackvoll ausgelegt und dann fingerdick von allen Seiten mit der Farce ausgefüttert, welches mit Vorsicht geschehen muß, daß sich das Eingelegte nicht verschiebt. In den inneren leeren Raum füllt man nun ein in bester Eigenschaft bereitetes, geschmackvolles, mit einigen Eidottern fest legirtes Ragout, welches aus Kalbsbriesen, Champignons, Hahnenkämmen, Geflügellebern bestehen kann, ganz kalt, bis auf einen Finger dick vom Rand, bestreicht außen herum die Farce mit geschlagenem Ei und bedeckt sodann das Gateau wieder mit Farce. Eine Stunde vor dem Anrichten stellt man die Form in eine andere kupferne Casserolle, die mit Wasser bis an die Hälfte der eingesetzten Form angefüllt wird, und läßt den Kuchen langsam im Dunste kochen.

Beim Anrichten wird die Form auf eine flache Schüssel umgestürzt und nach einigen Minuten abgehoben, das Papier rein abgenommen und etwas klare Jüs darunter gegeben.

674. Gateau von Kalbfleisch mit Reis auf italienische Art. Gâteau de veau au riz à l'Italienne.

Die Sturz-Form wird hier blos fingerdick mit Kalbfleisch-Farce ausgelegt und in den inneren Raum kommt eine Lage mit Geflügelbrühe weich und steif gekochter Reis, der noch mit etwas geriebenem Parmesankäse bestreut ist; dann kommt auf den Reis eine fingerdicke Lage recht gut und kräftig bereitetes Hachis von Kalbfleisch, dann wieder Reis und wieder eine Schicht Hachis, zuletzt wird das Ganze mit Farce gedeckt und wie das vorhergehende eine Stunde vor dem Anrichten im Dunste gesotten. Dieses Gateau wird beim Gebrauche auf eine flache Schüssel gestürzt, der entquellende Saft weggenommen und das Ganze mit einer guten, hochrothen Krebs-Sauce, unter welcher sich die würfelig geschnittenen Krebsschweifchen befinden, maskirt und sogleich zu Tisch gegeben.

675. Hachis von Kalbfleisch. Hachis de veau.

Eine Kalbsnuß wird mit einigen mit Butter bestrichenen Bogen Papier eingewickelt, und im Saft am Spieß gebraten. Nach völligem Erkalten wird von derselben das Aeußere abgeschnitten und das weiße Fleisch mit einem Wiegmesser auf einem reinen Schneidbrette ganz fein geschnitten. Unterdessen wird die nöthige weiße Coulis mit einem Theil guter, rein entfetteter Geflügelbrühe auf dem Windofen dickfließend eingekocht, sodann mit dem Gelben von vier Eiern legirt, der Saft einer halben Citrone dazu gepreßt, gehörig gesalzen und durch ein Haartuch über das fein geschnittene Fleisch gepreßt, zusammen gut verrührt, oben mit etwas zerlassener Glace begossen und bis zum Gebrauche au bain-marie warm gestellt. Beim Anrichten wird das Hachis mit einem Stückchen ganz frischer Butter durchgerührt und erhaben angerichtet. Außen herum kann dieses Hachis mit poschirten oder gebackenen Eiern, mit gebackenem Kalbshirn, mit kleinen Croquetten von Kalbfleisch, mit gebackenen Semmeln (croutons), mit Butterteigschnitten (fleurons), mit gefüllten Artischockenböden, mit glacirten, gedämpften Kastanien, auch wohl mit geräucherter Ochsenzunge garnirt werden, wo jedoch jedesmal die bestimmte Garnitur mit angezeigt sein müßte.

676. Gedämpfter Kalbsschlegel auf deutsche Art. Cuissot de veau étouffé à l'Allemande.

Ein schöner, zarter Kalbsschlegel, der schon einige Tage mürbe gelegen, wird dem Rehschlegel gleich abgehäutet, die ganze Oberfläche schön mit weißem Luftspeck dicht gespickt, dann gesalzen, in ein irdenes Gefäß gelegt, mit vier großen, in Scheiben geschnittenen Zwiebeln, zwei gelben

Rüben, einer Pastinakwurzel, zwei Lorbeerblättern, zwei Gewürznelken, einigen Pfefferkörnern, dem Safte von zwei Citronen und einer halben Bouteille weißem Wein gewürzt und in dieser Marinade über Nacht, gut zugedeckt, stehen gelassen. Am andern Tag wird derselbe in ein passendes, gut schließendes Geschirr mit einigen Speckscheiben sammt der Marinade gethan und drei Stunden vor dem Gebrauche in einem Backofen oder Bratröhre langsam gar gedünstet, wobei er öfters mit seiner eigenen Essenz begossen werden muß. Wenn der Kalbsschlegel nun weich ist, eine schöne, lichtbraune Farbe hat und in seinem eigenen Fond schön glacirt ist, wird er auf einer langen Schüssel angerichtet, der Fond mit einigen Anrichtlöffeln voll Consommé losgekocht, durchgeseiht, rein entfettet und in einer Saucière eigens beigegeben. Ein Kartoffelsalat mit Häringen, gut bereitet, wird als Beigabe stets willkommen sein.

677. Kalbsschlegel, Keule, à la Provençale. Cuissot de veau à la Provençale.

Aus einer mürbe gelegenen, zarten Kalbskeule werden alle inneren Knochen und Sehnen ausgelöst und diese Stelle dann mit fein geschnittenen Kräutern, welche aus Champignons, Schalotten, Petersilie bestehen, nebst dem nöthigen Salz, Citronensaft und etwas feinstem Oel gut eingerieben und dann mit einer Dressirnadel und Bindfaden wieder zusammengenäht. Hierauf wird auch von der äußeren Seite die Haut abgelöst und die ganze Oberfläche mit weißem Luftspeck fein gespickt, sodann in einem irdenen Gefäß mit Citronensaft, weißem Wein, einigen Zwiebeln, gelben Rüben, einigen Nelken, Gewürzkörnern und einem Lorbeerblatt über Nacht marinirt. Am andern Tage wird die Keule sammt der Marinade und einigen Speck= scheiben in ein gut schließendes Geschirr eingerichtet und wie die vorher= gehende, lichtbraun schön glacirt, weich gedünstet. Eine italienische, beim Anrichten mit etwas Sardellenbutter aufgezogene, mit Eiern legirte und mit Citronensaft abgeschärfte Kräuter=Sauce, wozu der Fond von der Keule mit verkocht sein muß, wird extra mit servirt.

678. Kalbsschlegel mit einer Sauce Beschamel. Cuissot de veau à la béchamel.

Ein guter, gehörig mortificirter Kalbsschlegel wird rein abgehäutet, fein gespickt und über Nacht einmarinirt. Am andern Tag wird er gut an einen Spieß gesteckt und zwei bis dritthalb Stunden bei hellem Feuer gebraten, wobei derselbe öfters mit zerlassener, frischer Butter begossen werden muß. Nach dieser Zeit, wenn der Schlegel schön lichtbraun und im Saft gebraten, wird derselbe nochmals mit Salz besprengt und nach einigen Minuten vom Spieß genommen. Er wird hierauf auf ein Tranchir= brett gelegt, in feine Scheiben geschnitten und diese dann auf einer Schüssel in die ursprüngliche Form der Keule wieder schön zusammengelegt; sie werden dann mit geschmolzener Glace bestrichen, etwas Jüs darunter ge= geben und nachstehende Sauce extra mitservirt. Vier bis sechs Stück weiße,

große, in Scheiben geschnittene Zwiebeln werden mit 140 Gramm friſcher
Butter und mit einem Stück rohen, magern Schinken recht weiß und weich
gedünſtet, dann mit 1 Liter gutem, ſüßen Rahm, ⁵/₁₀ Liter rein ent=
fetteter Geflügelbrühe oder einer anderen kräftigen, weißen Bouillon, drei
Eßlöffeln voll Mehl, Salz und einigen ganzen Pfefferkörnern zuſammen
gut abgerührt und dann über dem Windofen zu einer etwas dickfließenden
Sauce eingekocht. Hierauf ſtreiche man dieſelbe durch ein feines Haar=
tuch, rühre ſie auf dem Feuer wieder gut heiß, ziehe ſie nochmals mit
einem Stückchen ganz friſcher Butter auf, ſalze ſie gehörig und gebe ſie
dann in einer Saucière zu obigem Braten.

679. Gebratener Kalbsſchlegel. Cuissot de veau rôti.

Ein zarter, weißer, mortificirter Kalbsſchlegel wird mit einem Tuche
rein abgewiſcht, der Knieknochen über der Knieſcheibe abgehauen, das Bein
drei Finger breit vom Fleiſche abgeſchabt, ſodann an einem großen Spieße,
zur größeren Vorſicht noch ein kleiner Spieß an der untern Seite darüber
gebunden, der ganze Schlegel mit einigen Bogen mit friſcher Butter be=
ſtrichenem, weißen Papier eingehüllt, mit Bindfaden überbunden und drei
Stunden am Spieß gebraten. Eine Stunde vor dem Anrichten wird das
Papier abgenommen, der Schlegel am Spieße während des Umdrehens
gehörig geſalzen, das Feuer etwas verſtärkt, daß der Braten eine ſchöne
lichtbraune Farbe bekömmt und ſodann, ehe er vom Spieße genommen
wird, nochmals leicht geſalzen, dann nach einigen Minuten abgezogen,
auf einer langen Schüſſel angerichtet und ſogleich zur Tafel gegeben. Eine
gute, kräftige Jüs wird extra beigegeben.

680. Kalbsmilch-Braten. Cuissot de veau rôti à la crême.

Der Kalbsſchlegel wird, nachdem er wie der vorhergehende zugerichtet,
in ein paſſendes, anderes Gefäß gelegt, mit kalter Milch übergoſſen und
zwölf Stunden an einen kühlen Ort geſtellt. Im Uebrigen unterliegt er
derſelben Behandlungsweiſe wie der vorhergehende.

681. Kalbsſchlegel auf engliſche Art. Rond de veau à l'Anglaise. Rolled round of veal.

Von einem ſchönen, großen Kalbsſchlegel von beſter Gattung, den
man mehrere Tage an einem kalten Orte hat mürbe werden laſſen, wird
das Rohrbein ganz ausgelöſt und ſtatt dieſes eine Farce Godiveau, nach
Nr. 273 bereitet, eingefüllt. Die Fleiſchtheile werden wieder zuſammen
genommen und über's Kreuz mit einigen Holzſpießchen durchſtochen. Der
Schlegel wird nun mit einem großen Vogelſpieß durchſtochen, ganz in
ſtarkes, mit Butter beſtrichenes Papier eingehüllt, netzartig mit Spagat
überbunden, dann über dem großen Bratſpieß aufgebunden und, je nach
ſeiner Größe, zwei bis zwei und eine halbe Stunde mit ſehr fleißigem
Begießen bei gutem Feuer in ſeinem vollſten Safte gebraten. Eine halbe
Stunde zuvor wird der Papierüberwurf abgenommen, das Feuer etwas

verstärkt, damit der Schlegel eine lichtbraune Farbe erhält. Sodann wird derselbe gehörig gesalzen, vom Spieß genommen, über eine lange passende Schüssel gelegt und die Oberfläche in schöne, dünne Tranchen geschnitten, was aber auf eine geschickte Weise geschehen muß, damit der Schlegel seine ganze Form behält. An das Schlegelbein wird eine Papier=Manschette gesteckt und auf der einen Seite des Schlegels werden Pflückerbsen, auf der andern grüne Bohnen, beides auf englische Art bereitet (siehe 69. Abschnitt, 17. und 23. Abtheilung), herum garnirt, und dann sogleich zu Tisch gegeben.

682. Kalbsnieren-Braten. Longe de veau à la broche.

Vom Schlußbeine bis eine, auch zwei Rippen über die Niere hinaus, wird die Lende abgehauen, und dieser Fleischtheil erhält sodann den Namen Nierenbraten. Die Rippen werden hierauf bis gut über die Hälfte aus=gelöst, das eigentliche Bauchfleisch, nachdem der Braten sehr rein auf beiden Seiten mit einem Tuche abgetrocknet ist, wird und zwar in der Art zu=sammengerollt, daß der Braten dadurch ein langes Viereck bildet. Der hervorstehende Rückgratknochen kann zuvor schon der Länge nach abgehauen, oder auch in bürgerlichen Häusern blos durchgehackt werden, welches man in der Küchensprache einpicken heißt; allein gerade durch dieses verliert dieser Fleischtheil beim Braten, sei es am Spieße oder in der Brat=röhre, viel von seinem Safte. Das Zusammengerollte wird nun mit drei Spießchen durchstochen, der Braten dann mit einem kleinen, eisernen Spieße der Länge nach durchstochen, dann über einem größeren festgebunden, mit einigen Bogen mit Butter bestrichenem, weißen Papier überbunden und wie der Kalbsschlegel zwei Stunden am Spieße gebraten. Beim Anrichten kommen einige Löffel voll Bratenjüs darunter.

683. Kalbsnieren-Braten mit kleinem Ragout. Longe de veau à la Gaston.

Hiezu wählt man einen schönen, weißen, fetten, gut abgelegenen Kalbsnieren=Braten. Von demselben werden der Länge nach die Knochen abgehauen, das Filet Mignon ausgelöst, ein Theil des Fettes von der Niere abgeschnitten und so der ganze Braten mit einem trockenen, reinen Tuch abgewischt. Das Filet Mignon wird nun unter die Niere gelegt und der dünne Theil, nämlich das Wammel, wird, nachdem derselbe auch sauber zugeschnitten und der Braten von innen gehörig gesalzen ist, über sich selbst aufgerollt, und dann mit drei kleinen Spießchen durch den Knochen gestochen, so daß der Nierenbraten ein langes, schönes Fleischstück bildet. Ist dies geschehen, so wird derselbe zwischen ein Tuch gelegt und mit dem Cotelettemesser etwas breit geschlagen; hierauf wird von dem dicken Fleischtheil die Haut abgelöst und dasselbe der Länge nach fein gespickt. Der Nierenbraten wird hiernach mit einem größern eisernen Spieß zwischen den kleinen Spießchen durchstochen, dann in einige mit Butter bestrichene Bogen weißes Papier ganz eingehüllt, mit Bindfaden netzartig umbunden und alsdann an den größern Bratspieß fest aufgebunden. Zwei Stunden vor dem Anrichten wird derselbe langsam bei öfterm Begießen in seinem vollsten Safte gebraten. Eine halbe Stunde vor dem Anrichten wird derselbe vom Spieß genommen, die Papierhülle abgenommen und der Braten in einen plat à sauter gelegt. Unterdessen hat man eine feine Kalbfleisch=Farce, unter welche man zwei Eßlöffel voll fines herbes gerührt hat, bereitet; mit dieser wird nun messerrückendick die ganze Oberfläche bis zu dem gespickten Fleischtheil recht egal und glatt überstrichen, das Gespickte aber wird mit Glace überstrichen, und nachdem man einige Eßlöffel voll gute Jüs darunter gegossen hat, wird der Braten in ein Bratrohr so lange gestellt, bis die Farce gar geworden und das Gespickte eine leichte braune Farbe angenommen hat. Der Braten wird nun nach der Regel schön tranchirt, über einer langen Schüssel in seiner natürlichen Form angerichtet und außen herum noch ein Klein=Ragout, welches aus Hahnenkämmen, Champignons, Hahnennierchen und einer Sauce Beschamel bereitet worden ist, beigefügt und recht heiß zu Tisch gegeben.

684. Kalbsnieren-Braten à la Jussieu. Longe de veau à la Jussieu.

Der Nierenbraten wird ganz den vorhergehenden gleich ausgewählt, ebenso dressirt, in seinem vollsten Safte in lichtbrauner Farbe am Spieß gebraten, hierauf gehörig gesalzen und vom Spieß auf einen Plafond gelegt. Das zarte untere Filet wird nun herausgelöst, feinblätterig geschnitten, mit ebenso viel blätterig geschnittenen Champignons, welche zuvor in Butter abgedämpft wurden, in eine Casserolle gethan und mit der nöthigen dick eingekochten Sauce Beschamel untermengt. Aus dem Nieren=braten wird nun der Länge nach das Fleisch zu einer langen Tranche herausgeschnitten, so zwar, daß der Nierenbraten eine Vertiefung bildet, in welche man das Emincé sehr heiß einfüllt und oben glatt streicht. Aus dem ausgelösten Fleischstücke werden nun schöne, stark messerrückendicke, egale Stücke geschnitten, diese in schönster Ordnung der Länge nach wieder darüber geordnet. Der Braten wird hierauf in eine passende lange Schüssel gelegt, die ganze Oberfläche desselben schön mit heißer Glace bestrichen und unten herum mit Pflückerbsen, auf englische Art bereitet (siehe 69. Abschnitt, 23. Abtheilung), garnirt. Eine gut bereitete Sauce Allemande wird extra in einer Saucière beigegeben.

625. Kalbsnieren-Braten mit Trüffeln. Longe de veau à la Montansier.

Ein mürbe gelegener, schöner, weißer Nierenbraten wird etwas kürzer abgehauen, ganz ausgebeint, die Hälfte des Fettes von der Niere abge=schnitten, die lange Haut abgelöst und dann von innen gut eingesalzen; hierauf der innere dünne Theil über die Niere aufgerollt und durch den dicken Fleischtheil mit drei Holzspießchen durchstochen, so daß der Braten ein länglich rundes Stück bildet. Es wird nun der Länge nach ein Vogelspieß durchstochen und dann der Braten über dem größern Bratspieß aufgebunden. Eine und eine halbe Stunde vor dem Anrichten wird derselbe bei öfterm Begießen mit frischer Butter in seinem vollsten Safte und in lichtbrauner Farbe gebraten. Während dieser Zeit werden 280 Gramm gute frische Trüffeln rein geschält, blätterig geschnitten, in eine gut schließende Casserolle gethan, mit einem Glas gutem Rheinwein oder Sauterne begossen und mit diesem langsam eingekocht. Ist dies geschehen, so gießt man etwas gute Glace und vier Eßlöffel voll sauce veloutée dazu, welche man mit den Trüffeln gut melirt und au bain-marie warm stellt. Vor dem Anrichten wird nun der Nierenbraten vom Spieß genommen, der Quere nach in egale dünne Tranchen geschnitten, diese über eine Unterlage von Farce, welche zuvor im Ofen auf der langen Platte gar gemacht wurde, in der Weise wieder angerichtet, daß man zwischen jede Tranche etwas von den Trüffeln gibt und der Braten seine natürliche Form wieder erhält. Ist dies nun auf die angegebene Weise geschehen, so wird der Braten mit dem Rest der Trüffeln und der Sauce übergossen, mit geriebenem Parmesankäse und geriebenem Brode übersäet, dann mit einer rothglühenden Glacirschaufel leicht krustirt, etwas gute Jüs darunter gegossen und, nachdem die Platte gut gereinigt ist, zu Tisch gegeben.

Statt der Trüffeln kann auch ein Emincé von Champignons angewendet werden.

686. Weiß eingemachtes Kalbsgekröse.   Fraise de veau en fricassé.

Das Gekröse muß ganz vorzüglich frisch, durch mehrere Wasser gut ausgewaschen, abblanchirt und sodann wieder mit frischem Wasser abgekühlt werden. Wenn dieses gehörig vollendet ist, wird das Gekröse in halbfingerlange Stücke geschnitten, dann mit einem Stück frischer Butter und fines herbes anpassirt, ein Schöpflöffel voll weiße Sauce und etwas gute Fleischbrühe dazu gegossen, wo man es sodann auf Kohlenfeuer weich und gehörig dick, fertig kochen läßt. Vor dem Anrichten wird das Gekröse gehörig gesalzen, mit dem Gelben von einigen Eiern legirt, der Saft einer halben Citrone dazu gedrückt und ganz heiß angerichtet.

687. Gedämpfte Kalbsleber.   Foie de veau étouffé.

Eine schöne, ganz frische, große Kalbsleber wird mit federkieldick geschnittenem, weißen Luftspeck, der aber mit fein gestoßenen, dürren Kräutern (herbes en poudre, siehe Abschn. 3), etwas Salz nebst fein geschnittenen Schalotten und Petersilie untermengt ist, reihenweise durchzogen, dann in eine mit Speckplatten belegte Casserolle gethan, mit einem Stück rohem Schinken, Zwiebeln, einer gelben Rübe, einem ganzen Lorbeerblatt belegt, ein Glas weißer Wein dazu gegossen und so langsam auf Kohlenfeuer zwei Stunden lang gedämpft. Der Fond wird dann mit etwas guter Fleischbrühe aufgekocht, durchgeseiht, nach einigem Stehen ganz rein entfettet, dann mit der nöthigen sauce poivrade über starkem Feuer eingekocht und wiederholt in eine Sauce=Casserolle passirt. Die Leber wird nun in dünne Scheiben geschnitten, jede schön glacirt, im Kranze angerichtet und die Sauce in die Mitte gegossen.

688. Gebackene Kalbsleber.   Foie de veau frit.

Aus einer frischen, schönen Kalbsleber werden dreifingerbreite, lang= runde, halbfingerdicke Stücke geschnitten und diese eine halbe Stunde ein= gesalzen bei Seite gestellt. Kurz vor dem Anrichten werden die Leber= stücke auf einem Tuche abgetrocknet, in abgeschlagene Eier getaucht, dann mit Mehl und Semmelbröseln panirt und aus heißer Backbutter lichtgelb gebacken. Auf diese Art zubereitet, wird die Leber meistens nur mit etwas guter Jüs gespeist oder sie dient auch größtentheils als Beleg zu Spinat, Kohl, gelben Rüben u. dgl.

689. Geschwungene Kalbsleber.   Foie de veau sauté.

Die Kalbsleber wird der vorhergehenden gleich geschnitten, leicht ge= salzen und in eine mit frischer Butter bestrichene Schwung=Casserolle ge= ordnet, dann mit einer rund geschnittenen, mit Butter bestrichenen Papier= scheibe gedeckt. Einige Minuten vor dem Gebrauche wird sie über starkem Feuer bis sie dem Drucke des Fingers leicht widersteht und kein Blut mehr entquillt, sautirt. Die Butter wird sodann abgegossen und einige Löffel voll pikante Sauce darüber gegossen, mit derselben nochmals auf= gekocht und rundlaufend zierlich angerichtet; die Sauce wird noch mit etwas Citronensaft und Glace gekräftigt und heiß darüber gegossen.

690. Saure Leber auf bürgerliche Art.   Foie de veau à la bourgeoise.

Eine ganz frische, schöne Kalbsleber wird rein abgehäutet, feinblätterig geschnitten, mit fein geschnittenen Zwiebeln und Petersilie nebst einem Stück Butter über dem Feuer abgeröstet, ein Kochlöffel voll Mehl darüber gestäubt, gute Fleischbrühe und etwas Essig daran gegossen, gesalzen und einigemale aufgekocht, dann noch etwas Citronensaft daran gedrückt, leicht gepfeffert und sogleich angerichtet.

691. Kalbsleber-Kuchen, Leber-Pflanzel.   Gâteau au foie de veau.

Eine frische, schöne Kalbsleber wird abgehäutet, dann von der Hand rein, daß alles Nervige zurückbleibt, geschabt; sodann wird dieselbe mit 560 Gramm Mark oder auch 560 Gramm übersottenem Kernfette, zwei in Milch eingeweichten und wieder ausgedrückten Mundbroden zusammen recht fein geschnitten. Unterdessen dünstet man eine fein geschnittene Zwiebel, einige Champignons, grüne Petersilie nebst einer Messerspitze Majoran in frischer Butter ab, gibt alles zusammen zu der Leber, würzt es noch mit etwas geriebener Muskatnuß und dem nöthigen Salz und verarbeitet das

Ganze mit vier Eiern gut. Hierauf wird eine passende Stürzform mit Butter ausgestrichen, ganz mit einem Schweinnetz ausgelegt, die Masse hineingehüllt, das Netz oben zusammengeschlagen und im Backofen fertig gebacken. Beim Anrichten wird der Leberkuchen auf einem flachen Casse= rolle=Deckel umgestürzt, daß das Fett rein ablaufen kann, dann auf einer flachen Schüssel angerichtet und etwas klare, kräftige Jüs darunter ge= geben. Eine kräftige sauce à la poivrade wird in einer Saucière extra beigegeben.

692. Gebratene Kalbsleber. Foie de veau à la broche.

Die Leber wird von unten, ohne die Oberfläche zu beschädigen, mit weißem Luftspeck, der in federkieldicke, 3 Centimeter lange Stückchen ge= schnitten, mit Salz, Pfeffer und Muskatnuß gewürzt ist, durchspickt, dann ebenfalls die Oberfläche fein und schön gespickt. Hierauf schneidet man einige Zwiebeln, eine gelbe Rübe, Porri und Pastinak in feine Scheibchen, gibt einige Gewürzkörner, ein Lorbeerblatt, ein Sträußchen Majoran und Thymian dazu, thut alles zusammen in eine Casserolle, gießt $^5/_{10}$ Liter Essig dazu und läßt das Ganze eine halbe Stunde langsam, gut zu= gedeckt, sieden. Nach dieser Zeit wird die Sauerbrühe in eine irdene Schüssel geseiht und wenn sie erkaltet ist, die Leber zwölf Stunden darin gebeizt, marinirt. Eine Stunde vor dem Anrichten wird sie herausge= nommen, der Länge nach mit einem hölzernen Spießchen durchstochen, dieses an einem eisernen festgebunden, sodann die Leber in ganz mit Butter bestrichenem Papier eingebunden und bei hellem Feuer gebraten; eine halbe Stunde zuvor wird das Papier abgenommen, das Feuer etwas stärker gemacht, wo man sie in schöner Farbe fertig braten läßt. Beim Anrichten wird die Leber schön glacirt und etwas starke Jüs darunter gegeben. Auch wird die Leber öfters, nachdem das Papier weggenommen, ist, mit saurem Rahm, der mit etwas von der Sauerbrühe verdünnt wird, begossen und so vollends gar gebraten. Die abgetropfte Sauce wird dann darunter gegeben.

693. Kalbslunge auf bürgerliche Art. Mou de veau à la bourgeoise.

Die Kalbslunge wird in ihrem ganzen Zustande sammt dem Herz rein gewaschen, in einer ordinären Fleischbrühe weich gesotten, dann aus= gekühlt und fein wie Nudeln geschnitten. Unterdessen läßt man ein Stück Butter oder Schmalz heiß werden, gibt das nöthige Mehl dazu und röstet dies mit einer fein geschnittenen Zwiebel, bis diese lichtgelb geworden ist, langsam auf dem Feuer, dann gibt man etwas fein geschnittene Petersilie dazu und rührt es mit guter Fleischbrühe ab, schüttet nun die Lunge, wie auch $^1/_{10}$ Liter Essig, etwas fein geschnittene Citronenschale und das nöthige Salz dazu und läßt sie noch eine halbe Stunde gut auskochen. Beim Anrichten wird die Lunge gehörig gesalzen, der Saft einer halben Citrone dazu gedrückt und sogleich zu Tisch gegeben.

694. Kalbslungen-Hachis. Hachis de mou de veau.

Wenn die Kalbslunge weich gesotten und ausgekühlt ist, wird sie zu einem Hachis fein zusammengeschnitten, mit fines herbes in Butter an=passirt, gesalzen und mit einer kräftigen, weißen Sauce und etwas gutem Kalbsfond dickfließend eingekocht, sodann mit dem Gelben von vier bis fünf Eiern legirt, mit Citronensaft angenehm gesäuert und sogleich ange=richtet. Man garnirt dieses Hachis mit Butterteigschnitten, Fleurons, mit kleinen Croquetten von Kalbfleisch, mit poschirten oder gebackenen Eiern, mit gespickten und glacirten Kalbsbriesen oder auch mit gebackenem Kalbshirn.

695. Kalbslungen-Hachis in Reisstreif. Hachis de mou de veau en bordure de riz.

Das vorhergehende, ebenso bereitete Kalbslungen=Hachis wird in einem Reif von trocken gedünstetem Reis angerichtet und oben herum mit gefüllten Artischockenböden schön garnirt.

696. Gebackene Kalbslunge. Mou de veau frit.

Das Kalbslungen=Hachis wird ganz wie das vorhergehende ange=fertigt, nur dicker eingekocht, dann auf einen flachen Casserolle=Deckel ge=gossen, stark fingerdick auseinander gestrichen und kalt gestellt. Sodann werden aus demselben 3 Centimeter breite und 6 Centimeter lange Stück=chen geschnitten, die in abgeschlagene Eier getaucht und mit feinem gerie=benen Mundbrode zweimal panirt werden. Kurz vor dem Anrichten werden sie lichtbraun aus heißem Schmalz gebacken und sogleich angerichtet.

697. Weiß eingemachte Kalbsschweife. Queues de veau à la poulette.

Die gut gereinigten, ganz frischen Kalbsschweife werden in finger=lange Stücke geschnitten, dann in gesalzenem Wasser einige Minuten blanchirt, mit frischem Wasser wieder abgekühlt, abgetrocknet und sodann mit einem Stück frischer Butter, einer ganzen Zwiebel, einer kleinen, gelben Rübe und einem Bouquetchen Petersilie nebst etwas Salz ein=passirt; hierauf mit der nöthigen weißen Sauce und etwas guter Fleisch=brühe begossen und auf Kohlenfeuer weich gekocht. Die Kalbsschweifstücke werden sodann mit einer Gabel in eine andere Casserolle gelegt, die Sauce, im Falle sie noch zu dünn sein sollte, über dem Windofen, bis sie sich vom Löffel spinnt, eingerührt, dann mit dem Gelben von einigen Eiern legirt, mit Citronensaft angenehm gesäuert, gehörig gesalzen und über die Kalbsschweifstücke durch ein Haartuch gepreßt. Beim Anrichten wird noch ein Kaffeelöffel voll fein geschnittene, recht grün blanchirte Petersilie untermengt und heiß in einer tiefen Schale angerichtet.

698. Kalbsschweif mit gemischtem Ragout. Queues de veau dans une terrine ou au ragoût mêlé.

Die Kalbsschweifstücke werden wie die vorhergehenden geschnitten, blanchirt, dann in eine Casserolle geordnet und in einer guter Fettbrühe (Braise) langsam weich gesotten.   Unterdessen wird die nöthige weiße Coulis mit einem Theil Geflügelbrühe über dem Windofen dickfließend eingekocht, während des Kochens sehr rein abgeschäumt, dann mit dem Gelben von vier Eiern legirt, · mit Citronensaft angenehm gesäuert, gehörig gesalzen und durch ein Haartuch in eine Saucen=Casserolle gepreßt und au bain-marie warm gestellt.   In diese Sauce kommen nun zwanzig Stück kleine, feste, weiße, einpassirte Champignons, ein gleiches Quantum abgekochter Geflügelklößchen, ein Anrichtlöffel voll in der Braise gar gemachter Hahnennierchen und ebenso viel Hahnenkämme (siehe Abschnitt 6 von den Ingredienzen zu den kleinen Ragouts) und zwei Anrichtlöffel voll abgedämpfter, würfelig geschnittener Kalbsbrieschen.   Das Ganze wird leicht durcheinander geschwungen, oben mit dünnfließender Glace übergossen, daß es keine Haut ziehen kann und bis zum Gebrauche au bain-marie warm gestellt.   Beim Anrichten werden die Schweifstücke aus der Braise auf ein Tuch zum Entfetten gelegt, sodann schön in einen Ragouttopf geordnet und das geschmackvoll bereitete Kleinragout darüber angerichtet und sogleich zu Tisch gegeben.

699. Kalbsschweife auf italienische Art. Queues de veau à l'Italienne.

Die Kalbsschweife werden, nachdem sie zuvor gut gereinigt und in gesalzenem Wasser abblanchirt sind, in Stücke geschnitten und dann in der Braise mit weißem Wein weich gekocht. Beim Anrichten werden sie ebenfalls auf ein Tuch herausgelegt, rein entfettet, in einer Vordüre von Reis angerichtet und darüber eine sauce Italienne, wie diese im 2. Abschnitt, 2. Abtheilung angegeben ist, angegossen.

700. Gebackene Kalbsschweife. Queues de veau marinées frites.

Die wie die vorhergehenden in der Braise weich gesottenen und ebenfalls darin ausgekühlten Kalbsschweifstücke werden mit Salz, Pfeffer, grüner Petersilie, Zwiebelscheibchen und Citronensaft noch eine Stunde marinirt, dann in einen Backteig (siehe Abschnitt 3, bei den Marinaden) eingetaucht und, nicht zu schnell, lichtbraun aus dem Schmalz gebacken. Sie werden erhaben angerichtet und darüber ein Bouquet grün gebackene Petersilie zierlich aufgesetzt.

701. Gratin von Kalbsschweifen. Queues de veau au gratin.

Die in der Marinade weich gekochten, halb darin ausgekühlten und sodann rein ausgebeinten, 6 Centimeter lang geschnittenen Kalbsschweifstücke werden innen mit einem recht kräftig bereiteten, dick eingekochten Salpikon, welches aus Kalbsbriesen, geräucherter Ochsenzunge, Champignons und Trüffeln besteht, gefüllt, und im Kranze in aufrechtstehender Ordnung über eine fingerdicke Unterlage von gut bereiteter Koch-Farce (siehe Abschnitt 5, bei den Farcen) gestellt, mit derselben Farce überstrichen, mit Speckscheiben und über diese noch eine rund geschnittene, mit Butter bestrichene Papierscheibe überdeckt und eine Stunde vor dem Anrichten in einem nicht mehr heißen Ofen langsam gebacken. Ehe man es zur Tafel gibt, wird alles Fett rein abgenommen und einige Anrichtlöffel voll kräftige Jus oder besser Demi-Glace darüber gegeben.

702. Gebackene Kalbsfüße. Pieds de veau frits.

Diese müssen von gut genährten, starken Kälbern im frischesten Zustande gewählt sein. Sie werden, nachdem sie zuvor in gesalzenem Wasser abblanchirt sind, in einer guten, mit vielen Kräutern zuvor schon ausgekochten Marinade, bis sie dem Drucke des Fingers, etwas spröde noch, weichen, gar gekocht, und bis sie halb kalt geworden sind, in der Marinade zurückgestellt. Hierauf werden sie aus der Marinade genommen, alle Knochen herausgelöst, sauber zugeschnitten, leicht mit Pfeffer und Salz bestäubt, in abgeschlagene Eier getaucht und gut mit weißem Reibbrod panirt. Eine halbe Stunde vor dem Gebrauche werden sie aus dem Schmalz gebacken und erhaben mit grün gebackener Petersilie angerichtet.

703. Grillirte Kalbsfüße. Pieds de veau grillés.

Diese werden, nachdem sie in einer Fettbrühe weich gekocht, ausgebeint, gesalzen und in einer sauce fines herbes gewendet sind, in zerlassene, frische Butter, oder auch reines Suppenfett getaucht, mit Brod

besäet und über dem Roste lichtbraun gebraten.   So zubereitet werden
sie meistens als Beilage zu Spinat, Winterkohl, Kohlrabi u. dgl. in
bürgerlichen Häusern gegeben.

704. Eingemachte Kalbsfüße.   Pieds de veau en fricassée.

Diese werden ganz so wie die eingemachten Kalbsschweife behandelt.

11. Abschnitt.

Vom Hammel (Schöps). Du mouton.

Auch dieses Thier ist für die Küche hinsichtlich des vortrefflichen Geschmacks seines Fleisches eine sehr nützliche und wichtige Erscheinung, denn von ihm werden, wenige Theile davon ausgenommen, die verschiedensten, nahrhaftesten und geschmackvollsten Gerichte durch eine richtige Behandlung bereitet. Frankreich, die Niederlande, besonders aber Englands kräuterreiche Triften liefern sehr gutes Hammelfleisch und diesen Ländern haben wir eine große Anzahl Bereitungsarten zu danken, die überall in besseren Häusern stets willkommen erscheinen. Das gute Hammelfleisch muß in einem Alter von zwei bis drei Jahren sein, aus Gebirgsgegenden kommen, gut genährt, von dunkelbrauner Farbe, dabei feinfädig und voll des nahrhaftesten Saftes sein. Die Keule muß kurz und fleischig, der Rücken mit Fett überzogen, stark im Fleische und die Nieren ganz in Fett eingehüllt sein. Die beste Zeit des Hammelfleisches ist der Spätsommer, und am fettesten sind diese Thiere im Spätherbste.

705. Gedämpfter Hammelsrücken. Selle de mouton braisée.

Vom Schlußbeine bis über die Nieren hinaus wird dieser saftreiche Fleischtheil des Hammels abgehauen, die Rippen über die Hälfte hinab ausgelöst, das Bauchfleisch nach innen zu aufgerollt und mit hölzernen Spießchen befestigt. Sodann wird der Rücken in eine gut schließende, passende Casserolle, welche am Boden mit Speckscheiben belegt ist, gethan, mit einigen Schnitten derbem Ochsenfleische, einem Kalbsjarret, einem Stück rohen Schinken, einigen in Scheiben geschnittenen Zwiebeln, gelben Rüben, Porri, Pastinak, Petersilienwurzeln, einem Lorbeerblatte, einigen Gewürzkörnern und Salz gewürzt und, gut zugedeckt, auf starkem Kohlen= feuer mit zwei Anrichtlöffeln voll Fleischbrühe gedünstet und zwar in der Art, bis sich der kurz gekochte Saft am Boden lichtbraun färbt. Sodann werden zwei kleine Schöpflöffel voll fette Fleischbrühe darüber gegossen, und drei Stunden lang, je nach der Größe und Schwere des Rückens, langsam gedämpft. Bei dem Anrichten wird der Rücken auf ein Küchen= tuch zum Entfetten gelegt, dann auf einen Plafond einige Minuten in eine heiße Bratröhre oder Backofen gestellt, damit die Oberfläche leicht trocknet und mit zerlassener Glace bestrichen, und auf einer langen Schüssel angerichtet. Garnirt wird dieses Fleischstück mit einem Kranze recht kräftig gedämpften Weißkohls, schön glacirten Zwiebeln und kleinen, glacirten gelben Rübchen. Die Essenz von dem Hammelsrücken wird ge= seiht, rein entfettet, bis auf $^{3}/_{10}$ Liter eingekocht und extra in einer Saucière beigegeben.

706. Hammelsrücken auf englische Art. Selle de mouton à l'Anglaise.

Der Hammelsrücken wird dem vorhergehenden gleich eingerichtet, ge= würzt und mit unten und oben angebrachter Kohlengluth langsam treffend weich gedünstet. Beim Anrichten wird derselbe auf einer langen Schüssel angerichtet und außen herum mit einer Einfassung von verschiedenen Ge= müsen, welche aus Rosenkohl, Blumenkohl, weißen Rüben, gelben Rüben, Zwiebeln, Kartoffeln besteht, welche alle in gesalzenem Wasser weich gekocht, sodann mit sehr frischer Butter geschwungen, in geschmackvoller Ordnung herum garnirt werden. Eine etwas dünnfließende, mit Citronen= saft angenehm gesäuerte, englische Buttersauce, wie diese im 2. Abschnitt, 2. Abtheilung angegeben ist, wird besonders beigesetzt. Die eingekochte, rein entfettete Essenz vom Fleischstücke wird beim Anrichten unter dasselbe gegossen.

707. Gedämpfter Hammelsrücken mit Bohnen-Püree.
Selle de mouton à la Bretonne.

Der Hammelsrücken wird ganz nach Nr. 705 dressirt, eingerichtet und ebenso gedämpft. Unterdessen bereitet man von weißen Bohnen ein dickes, kräftiges Püree. Kurz vor dem Anrichten wird der Hammelsrücken ausgehoben, von allen Seiten sauber zugeschnitten, in einen Plafond gelegt und einige Minuten in den Bratofen gestellt; dann werden die Filets ausgeschnitten, diese wieder in schöne, egale Tranchen geschnitten und in der früheren Form wieder darüber gelegt. Der Rücken wird nun in einer passenden langen Schüssel angerichtet und mit dem Bohnen-Püree auf folgende Weise umkränzt. Man macht nämlich aus starkem, weißen Papier eine Düte, füllt das heiße Püree hinein, schneidet unten an derselben eine ziemlich große Oeffnung und drückt durch diese das Püree und setzt so an dem ganzen Fleischstück herum kleine Häufchen, zwischen welche man kleine, aus weißem Brod und gekochter, recht rother Ochsenzunge geschnittene Hahnenkämme abwechselnd garnirt, wodurch dem Ganzen ein schönes Ansehen gegeben wird. Der sehr rein entfettete, kräftige Hammelfond wird in einer Saucière extra beigegeben.

708. Hammelsrücken im Ofen grillirt. Selle de mouton
panée grillée.

. Der Hammelsrücken wird wie die vorhergehenden dressirt, in der Braise gar gemacht, dann auf ein Tuch ausgehoben, abgetrocknet und mit Salz bestreut. Unterdessen bereitet man eine Auflegsauce (sauce aux attellettes), mit dieser wird der Hammelsrücken messerrückendick bestrichen, gut mit feinem Reibbrod besäet, mit zerlassener Butter begossen und nochmals mit Brod besäet; er wird hierauf auf einen Plafond gelegt, etwas von dem Braisenfett darunter gegeben und im Backofen, bis die Kruste eine lichtbraune Farbe hat, geröstet. Beim Anrichten wird der Hammelsrücken mit einem dünnen Messer losgemacht, mit zwei Gabeln auf ein Tuch zum Entfetten gelegt, und dann auf eine lange Schüssel übergelegt. Eine klare, kräftige Jüs wird darunter gegeben. Eine etwas dünnfließende, recht gut bereitete Paradies-Aepfel-Sauce (sauce tomate) kann extra beigegeben werden.

709. Hammelsrücken auf Herzogin-Art. Selle de mouton
à la Duchesse.

Ein gut abgelegener Hammelsrücken von bester Gattung wird ganz nach Nr. 705 dressirt, in mehrere mit gutem Braisenfett bestrichene Bogen Papier eingehüllt, dann über dem Bratspieß aufgebunden und zwei Stunden vor dem Anrichten bei hellem Feuer und öfterem Begießen gebraten. Eine halbe Stunde zuvor wird der Papier-Ueberwurf abgenommen, damit der Braten eine schöne lichtbraune Farbe bekömmt. Unterdessen bereitet man sechsunddreißig Stück Rissolen, in welche aber statt Fleischfülle eine Macé-

doine von würfelig geschnittenen Gemüsen, welche aus weißen Rüben,
gelben Rüben, grünen Bohnen und Sellerie bestehen und mit einer dicken
Sauce Beschamel bereitet sind, gefüllt wird (siehe Rissolen Nr. 366).
Ebenso bereitet man die gleiche Anzahl Kartoffel-Croquetten, welche kurz
vor dem Anrichten in lichtbrauner Farbe aus dem heißen Schmalz gebacken
und dann, über Fließpapier gelegt, warm gestellt werden. Der Hammelsrücken wird nun vor dem Gebrauche vom Spieß abgenommen und über
einen Plafond gelegt, nächstdem werden die beiden Fleischtheile, Filets,
schnell so tief als möglich der Länge nach herausgeschnitten. Hierauf wird
der Rücken in einer passenden langen Schüssel angerichtet, die beiden Filets
werden in schöne Tranchen geschnitten und in der früheren Gestalt wieder
über den Rücken gelegt. Das Ganze wird nun schön glacirt und, nachdem
die Croquetten und Rissolen zierlich herum garnirt sind, sogleich zu Tisch
gegeben. Eine gute Jüs wird in einer Saucière extra beigegeben.

710. Hammelshälse auf dem Roste. Cous de mouton grillés.

Ein oder zwei Hammelshälse, je nach dem Bedarf, werden von einander gespalten, die Knochen rein ausgelöst, dann in gesalzenem Wasser
abblanchirt, mit frischem Wasser abgekühlt, rein zugeschnitten, in einer
Fettbrühe mit Wurzelwerk weich gekocht und damit kalt gestellt. Sodann
werden sie aus dem Sude genommen, zwischen zwei flache Casserolle-Deckel
gelegt, gepreßt, nach dem gänzlichen Erkalten herausgenommen, mit Salz
und gestoßenem Pfeffer bestäubt, in zerlassener Butter gewendet und gut
mit geriebenem, weißen Brode besäet. Eine halbe Stunde vor dem Anrichten werden sie über dem Roste auf beiden Seiten lichtbraun gebraten,
sodann angerichtet und eine kräftige Jüs, die mit Citronensaft angenehm
gesäuert ist, darunter gegossen.

711. Hammelfleisch mit Rüben. Haricot de mouton.

Eine Hammelsschulter oder auch zwei Brüste werden abblanchirt,
mit frischem Wasser abgekühlt, dann zu zwei fingerbreiten Stücken sauber
zugeschnitten, diese dann in einer passenden Casserolle mit etwas fein geschnittenem Speck, zwei Zwiebeln, einer kleinen gelben Rübe und Salz
bis zum Braunwerden auf Kohlenfeuer gedünstet, dann mit zwei Kochlöffeln voll Mehl bestäubt, mit diesem noch etwas geröstet, dann mit etwas
Rindfleischjüs und Bouillon angerührt und über dem Feuer bis zum Kochen
gerührt. Wenn das Fleisch bis zur Hälfte weich geworden ist, wird dasselbe
mit einem Schaumlöffel herausgehoben, in eine andere Casserolle gethan,
zwei Anrichtlöffel voll olivenförmig geschnittene und in guter Backbutter
lichtbraun gebackene, weiße Rüben dazu gethan, die Sauce rein entfettet,
durch ein feines Haarsieb darüber gegossen und sodann zusammen vollends
weich gekocht. Beim Anrichten wird das Fleisch sammt den Rüben auf
einer Ragoutschale angerichtet, die Sauce gut assaisonnirt und nochmals
durch ein Haarsieb darüber gegossen. Diese muß sich durch schöne, braune
Farbe und kräftigen Geschmack auszeichnen.

712. Gedämpfte Hammels-Carbonaden. Carbonades de mouton braisées.

Der Fleischtheil von dem Schlegel bis an die erste Rippe wird abgehauen, dann der Länge nach gespalten, von der einen Hälfte der Rückgratknochen durchgehauen, beide Theile auf die Tafel gelegt, von dem dicken Fleisch die Haut mit einem scharfen Messer auf einen Zug abge=löst, dann von allen Seiten sauber zugeschnitten und zum Dämpfen ein=gerichtet. Nachdem es völlig weich geworden, werden beim Anrichten stark fingerdicke, schräge Stückchen abgeschnitten, diese gegen vorn etwas spitz zugeschnitten, schön glacirt und im Kranze (au miraton) angerichtet. In die Mitte kann ein Püree von Sauerampfer, von Linsen, Bohnen u. dgl. gegeben und mit dem zu einer Demi=Glace eingekochten Hammels=Fond das Püree maskirt werden.

713. Hammelsbrüste mit Reis. Poitrine de mouton aux riz.

Obschon die Hammelsbrüste nie bei vornehmen Tafeln als Wechsel=schüssel, Entrée, erscheinen, so verdienen dieselben doch auf eine gute Art zubereitet, bei guten bürgerlichen Tafeln aufgenommen zu werden. Die Hammelsbrüste werden sehr rein gewaschen, dann der kleine, untere Knochen von der Knorpellage abgeschnitten, eine viertel Stunde blanchirt, abgekühlt, von allen Seiten rein und sauber zugeschnitten und hierauf in einer guten Fettbrühe (Braise) langsam weich gekocht. Unterdessen werden 280 Gramm Karolinen=Reis gereinigt, mit $^3/_{10}$ Liter von der Braise der Hammels=brust und $^3/_{10}$ Liter brauner Jüs begossen, mit einer ganzen geschälten Zwiebel, in die man zwei Gewürznelken eingedrückt hat, und dem nöthigen Salz gewürzt und zugedeckt auf Kohlenfeuer langsam, ohne darin umzu=rühren, ganz dick eingedämpft, so zwar, daß der Reis ganz, weich und ohne alle Flüssigkeit ist. Vor dem Anrichten wird die Hammelsbrust aus der Braise genommen, diese der Breite durch in schöne Stücke ge=schnitten, über den Reis auf einer langen Schüssel angerichtet und mit etwas gutem Fond (Jüs) übergossen.

714. Gedämpfte Hammelszungen. Langues de mouton braisées.

Die nöthige Anzahl frischer Hammelszungen wird in lauwarmem Wasser eine Stunde gut gewässert, dann in eine gut schließende Casserolle geordnet, mit einer guten Fettbrühe (Braise) übergossen und auf Kohlen=feuer langsam weich gedünstet. Vor dem Anrichten werden dieselben mit einem Schaumlöffel auf ein Tuch zum Entfetten gelegt, die Haut noch warm abgezogen und auf nachstehende mannigfaltigste Weise zu Tisch gegeben. Es erscheinen nämlich dieselben als:

715. Hammelszungen mit gemischten Gemüsen. Langues de mouton à la macédoine de légumes.

Junge, gelbe Rübchen, weiße Rübchen, Pflückerbsen, grüne Bohnen,

kleine Röschen von Blumenkohl werden in netter Form geschnitten und
jedes für sich, nämlich die grünen Bohnen und Blumenkohl in gesalzenem
Wasser weich gesotten (blanchirt) und die Rübchen nach dem Blanchiren,
jede Sorte für sich, mit etwas Zucker, einem Stückchen frischer Butter
und weißer Fleischbrühe weich und kurz gedünstet. Während dieser Zeit
werden $^5/_{10}$ Liter weiße Coulis mit etwas Geflügelbrühe auf dem Feuer
kurz gerührt, diese dann mit dem Gelben von vier Eiern legirt, gehörig
gesalzen, mit dem Safte einer halben Citrone im Geschmack gehoben und
durch ein Haartuch in eine Saucen-Casserolle gepreßt, die gut abgetropften
Gemüse werden dazu gethan, leicht durch Umschwingen, ohne darin zu rühren,
mit der Sauce vermengt und au bain-marie warm gestellt. Beim Anrichten werden die Zungen, von denen die Haut vorher schon abgezogen
worden war, heiß aus der Braise auf ein Tuch gelegt, der Länge nach
in der Mitte durchgeschnitten, leicht gesalzen, schön mit Glace bestrichen,
die Macédoine auf einer tiefen Ragoutschale erhaben angerichtet und die
Hammelszungen au miraton (im Kranze) sauber herum gelegt. Es ist
nöthig zu bemerken, daß die Sauce genau in Verbindung mit dem Volumen
der Gemüse zu stehen hat, denn beim Anrichten darf die Macédoine nicht
auseinanderlaufen, sondern muß sich erhaben anrichten lassen.

716. Hammelszungen auf Provencer Art. Langues de mouton à la Provençale.

Die gut ausgewässerten Hammelszungen werden eine viertel Stunde
blanchirt, dann im frischen Wasser abgekühlt, sodann mit einem scharfen
Messer die Haut dünn abgelöst, jede der Länge nach in der Mitte durchgeschnitten, mit Salz bestreut und in eine Casserolle über einer 24 Millimeter dicken Lage von feinblätterig geschnittenen, weißen Zwiebeln, eine
neben der andern geordnet, etwas grob gestoßener, weißer Pfeffer (concassé)
darüber gestreut, mit 140 Gramm feinstem Provencer-Oel übergossen
und, gut zugedeckt, auf Kohlenfeuer langsam weich gedünstet. Das Dünsten
muß mit Aufmerksamkeit geschehen, damit die Zwiebeln ja nicht anbrennen,
sondern dieselben müssen mit den Zungen lichtbraun und ganz weich
werden. Beim Anrichten wird das Oel abgegossen, ein Anrichtlöffel voll
Demi-Glace nebst dem Safte einer Citrone dazu gethan und so die
Zungen sammt den Zwiebeln recht schön erhaben angerichtet.

717. Hammelszungen mit weißen Bohnen. Langues de mouton à la Bretonne.

Die nöthige Anzahl frischer Hammelszungen wird rein gewaschen und so lange blanchirt, bis sich die äußere Haut abziehen läßt, sodann werden sie in eine Casserolle geordnet, mit einer guten Braise übergossen und auf Kohlenfeuer vollends langsam weich gedünstet. Gleichzeitig werden 1 Liter weiße, dürre Bohnen im Wasser weich gekocht, und wenn dies erreicht ist, sammt dem Wasser bei Seite gestellt. Zwei große, weiße Zwiebeln werden feinblätterig geschnitten, mit einem Stück frischer Butter licht-braun geröstet, mit einigen Anrichtlöffeln voll guter Jüs kurz und weich gedämpft und dann mit der Hälfte der weißen Bohnen, die zuvor auf ein Sieb rein abgetropft worden sind, durch ein Haartuch gestrichen. Dieses Bohnen-Püree wird nun auf dem Feuer ganz heiß gerührt, ge-hörig gesalzen, noch eine Hand voll ganze Bohnen darunter gethan, oben etwas Demi-Glace darüber gegossen und au bain-marie warm gestellt. Vor dem Anrichten werden die Zungen aus der Braise auf ein Tuch zum Entfetten gelegt, der Länge nach in der Mitte durchschnitten, leicht ge-salzen, schön glacirt, das Bohnen-Püree auf einer Ragout-Schale ange-richtet, die halbirten Zungen im Kranze darüber angerichtet und das Ganze mit einigen Eßlöffeln voll gutem Fond übergossen.

718. Hammelszungen mit Parmesankäse. Langues de mouton à la Parmesan.

Die Hammelszungen werden, wie die vorhergehenden, in der Braise weich gedünstet und zum Erkalten bei Seite gestellt. Unterdessen werden $5/10$ Liter sauce espagnole mit $3/10$ Liter guter Jüs über dem Feuer bis zur Hälfte eingekocht und einige Löffel voll davon auf eine etwas tiefe Schüssel gethan. Die Zungen werden aus der Braise genommen, auf einem Tuche abgetrocknet, jede derselben in vier Theile geschnitten und ein Theil derselben auf die Sauce in der Schüssel geordnet, diese wieder mit Sauce überstrichen und mit Parmesankäse bestreut, dann wieder die zweite Hälfte der Zungenstückchen darüber gelegt und hierauf wieder von der Sauce und geriebenem Parmesankäse. Zuletzt wird das Ganze mit geriebenem Brode überstreut, mit frischer Butter beträufelt und eine halbe Stunde vor dem Anrichten in einen schon abgekühlten Backofen oder Bratröhre gestellt, wo man das Ganze eine schöne, lichtbraune Farbe nehmen läßt. Es wird bemerkt, daß die sauce espagnole wie auch die Zungen schwach gesalzen sein müssen, sonst würde dieses Gericht mit der Zuthat des Parmesankäses zu stark gesalzen erscheinen.

719. Hammelszungen auf Matrosen-Art. Langues de mouton à la matelote.

Die Hammelszungen werden in einer guten Braise (siehe Abschnitt 3, bei den Marinaden) mit einer halben Bouteille rothem Wein weich gekocht, herausgenommen, der Länge nach durchgeschnitten, in eine andere Casserolle gelegt, mit etwas von der Braise begossen und warm gestellt. Sodann wird ein kleines Ragout à la matelote, wie dieses genau im Abschnitt 7 beschrieben wurde, in bester Eigenschaft angefertigt, wozu man natürlicher Weise die sehr rein entfettete und durch eine feine Serviette passirte Braise zur sauce espagnole verwendet. Beim Anrichten wird das Klein=Ragout auf einer Ragout=Schale ganz heiß angerichtet und die schön glacirten Hammelszungen hübsch darüber geordnet.

720. Hammelszungen auf französische Art. Langues de mouton à la Erançaise.

Die in der Braise weich gedämpften Hammelszungen werden im kalten Zustande aus derselben genommen, von allen Seiten rein panirt, dann in den oberen dicken Theil ein Einschnitt gemacht, in denselben ein von gekochter, recht rother, geräucherter Ochsenzunge zierlich geschnittener Hahnenkamm hineingesteckt und sodann die Zungen in schönster Ordnung, die Spitzen nach oben, auf einen Kranz von feiner Kalbfleisch=Farce (siehe Abschnitt 5, von den Farcen) turbanähnlich auf einer flachen Schüssel aufgesetzt. In die Mitte wird ein kleines, abgeriebenes, frisches Mundbrod gethan, welches den Zweck hat, daß dieses einen Theil des Fettes in sich einzieht und zugleich, wenn dasselbe herausgenommen wird, ein leerer Raum bleibt. Die Zungen werden mit dünnen Speckscheiben ganz überlegt, dann nochmals mit einer rund geschnittenen, mit Butter bestrichenen Papierscheibe belegt und das Gratin eine halbe Stunde vor dem Anrichten in einen nicht sehr heißen Backofen auf ein Blech gestellt. Beim Anrichten selbst wird das Papier, der Speck, wie auch das Brod aus der Mitte gethan, alles Fett rein ab=genommen, die Zungen schön glacirt und in der Mitte ein recht gut be=reitetes Kleinragout, welches aus Kalbsbrieschen, Champignons und Trüffeln besteht, wie dieses im Abschnitt 7 dieses Buches genau angegeben ist, gefüllt und darüber ein schön gespicktes, lichtbraun gedämpftes Kalbs=bries gethan. Dieses Gericht erfordert in seiner Bereitung einige Auf=merksamkeit und Fleiß, welcher jedoch dadurch belohnt wird, daß dieses Gericht von Kennern stets willkommen aufgenommen wird.

721. Hammelszungen in Papier. Langues de mouton en papillotes.

Diese Zungen werden, wie die vorhergehenden, in der Braise gedämpft, dann halbirt, mit fines herbes, welche aus feingeschnittenen Trüffeln, Champignons, Petersilie und Schalotten bestehen, nebst einem Stück frischer Butter in einem plat à sauter eingerichtet, noch einige Minuten auf Kohlenfeuer gedünstet und ganz den Kalbs-Coteletten gleich sammt den Kräutern in Papier gewunden und eine halbe Stunde vor dem Anrichten auf dem Roste gebraten.

722. Hammelszungen mit kalter Senf-Sauce. Langues de mouton à la rémolade froide.

Acht bis zehn Hammelszungen werden rein gewaschen und in einer Braise, unter welche $^3/_{10}$ Liter guter Weinessig und eine Bouteille weißer Wein gegossen ist, weich gedünstet, worin man sie bis zu ihrem völligen Erkalten stehen läßt. Sie werden sodann herausgenommen, der Länge nach in der Mitte durchschnitten, leicht gesalzen, und zwischen zwei flachen Casserolle-Deckeln noch etwas flacher gepreßt; wenn dieses ungefähr nach einer Stunde erreicht ist, werden die Zungenstücke mit einem scharfen Messer sehr rein und in möglichst gleicher Form und Größe zugeschnitten, in eine Porzellan-Schale gethan, mit sechs Eßlöffeln voll feinstem Oel, zwei Eß-löffeln voll Estragon-Essig, Pfeffer und Salz noch ungefähr eine Stunde marinirt. Unterdessen wird eine kalte Senf-Sauce, sauce rémolade froide, wie dieselbe im 2. Abschnitt, 3. Abtheilung deutlich beschrieben wurde, bereitet. Eine flache Porzellan-Schüssel wird nun auf gestoßenes Eis ge-stellt, die Zungen au miraton, das heißt im Kranze über sich laufend, die Spitzen nach oben, schön darauf angerichtet, die rémolade froide in die Mitte gegossen, glatt gestrichen, und darüber aufrollirte, halbe Sar-dellenfilets und Krebsschweifchen schön garnirt; außen herum wird eine Bordure von gehackter Aspic und mit Kapern und Sardellen gefüllten, kleinen Zwiebeln in schöner Form geordnet, so daß dieses Gericht eine einladende Schüssel darstellt.

723. Geblätterte Hammelszungen mit Gurken. Emincé de langues de mouton aux concombres.

Die in der Braise weich gedämpften Zungen läßt man in ihrem Sude erkalten, nach diesem werden sie herausgenommen, abgetrocknet, in der Mitte der Länge nach durchgeschnitten und nun messerrückendick nach dem Faden blätterig geschnitten, sodann in eine bain-marie-Casserolle gethan, mit etwas Glace begossen und warm gestellt. Gleichzeitig werden fünf bis sechs Stück schöne, lange Gurken der Länge nach in vier gleiche Theile ge-spalten und dann diese in 6 Centimeter lange, ovale Stücke rein zuge-schnitten, wo man besonders Acht haben muß, daß die Kerne sorgfältig wegkommen. Die Gurkenstücke werden nun mit etwas Weinessig, Concassé

und Salz eine halbe Stunde marinirt, nach diesem auf einem Tuche abge=
trocknet, mit 140 Gramm geklärter, frischer Butter auf raschem Feuer
lichtbraun geröstet, auf ein Haarsieb zum Entfetten gelegt, hierauf in eine
Casserolle gethan und mit einigen Löffeln voll kräftiger Jüs auf dem
Windofen eingeschmort.   Wenn dies nun erreicht ist, werden $5/10$ Liter
braune Coulis mit $3/10$ Liter gutem Rheinwein und einigen Löffeln voll
guter Rindfleischjüs über dem Windofen unter beständigem Rühren, bis
diese Sauce dickfließend vom Löffel läuft, eingekocht, die geblätterten Zungen=
stückchen und Gurken werden zusammengethan, die Sauce durch ein Haar=
tuch darüber gepreßt und bis zum Gebrauche au bain-marie warm ge=
stellt.   Beim Anrichten wird dieses Ragout ganz heiß in einer Reis=
oder Nudelkruste oder statt dessen auch in einem gebackenen Teigrand,
bordure de pâte brisée, angerichtet.

724. Geblätterte Hammelszungen nach Pompadour.   Emincé de langues de mouton à la Pompadour.

Die Hammelszungen werden wie die vorhergehenden in der Braise
gedünstet, geblättert, mit etwas Demi=Glace in eine Saucen=Casserolle
gethan und warm gestellt.   Unterdessen werden zwölf Stück kleine Zwiebeln
zu messerrückendicken Ringelchen geschnitten, diese in recht hochrother Krebs=
butter geschwitzt, nebst ebenso viel geblätterten Champignons zu den Zungen=
stückchen gethan und sodann die nöthige braune, sehr kräftige Sauce, die
noch mit dem Safte einer halben Citrone im Geschmacke gehoben ist,
durch ein Haartuch darüber gepreßt.   Beim Anrichten wird dieses Emincé
ganz heiß auf einer Schüssel angerichtet und außen herum mit Fleurons
(Butterteigschnitten) garnirt.

725. Grillirte Hammelszungen.   Langues de mouton grillées.

Die in der Braise weich gekochten Hammelszungen werden noch warm
aus dem Sude genommen, der Länge nach in der Mitte durchgeschnitten,
leicht mit Salz und Pfeffer bestäubt, in frischer Butter umgekehrt, mit
fein geriebenem weißen Mundbrode besäet und bei Seite gestellt.   Eine
halbe Stunde vor dem Anrichten werden dieselben auf beiden Seiten licht=
braun auf dem Roste gebraten, sodann schön angerichtet, etwas braune
Jüs, mit Citronensaft angenehm gesäuert, darunter gegossen und eine
gut bereitete Sauce Robert, wie diese im 2. Abschnitt 2. Abtheilung
dieses Buches angegeben ist, in einer Saucière extra beigegeben.

726. Geschwungene Hammels-Coteletten.   Côtelettes de mouton sautées à la minute.

Von gut mortificirten Hammelsrippenstücken (Carrés), die zu ihrer
gelungenen Zubereitung von möglichst jungen Thieren genommen werden
müssen, werden Coteletten gemacht; diese mit Salz und Pfeffer bestreut,
in einen mit geklärter, frischer Butter gut ausgestrichenen plat à sauter
eingerichtet, mit einer runden, mit Butter bestrichenen Papierscheibe bedeckt

und so zubereitet bei Seite gestellt. Drei Minuten zuvor, ehe sie genossen werden, stellt man die Coteletten auf einen hellbrennenden Windofen, läßt sie eine Minute auf einer Seite braten, kehrt sie dann um und bratet sie wieder eine Minute auf der andern Seite, gießt sodann die Butter ab, gibt zwei Anrichtlöffel voll Demi-Glace darüber und läßt sie mit derselben nochmals aufkochen, richtet sie dann auf einer flachen Schüssel im Kranze übereinanderlaufend, die Rippchen nach oben, schön an und gießt die Essenz in ihre Mitte. Auf diese Art bereitet sind sie besonders bei Gabelfrühstücken sehr willkommen und es wird blos französischer Senf dazu servirt. Es muß nochmals bemerkt werden, daß das Fleisch ja gut abgelegen sein muß und die Coteletten sogleich genossen werden müssen, denn durch zu langes Stehen würden sie sehr an ihrem Werthe verlieren.

727. Hammels-Coteletten mit Gurken-Ragout. Côtelettes de mouton sautées aux concombres.

Die Hammels-Coteletten werden ganz den vorhergehenden gleich bereitet, mit klarer Butter in einem plat à sauter eingerichtet und mit einer Papierscheibe bedeckt, bei Seite gestellt. Unterdessen bereitet man von sechs frischen Gurken ein recht kräftiges, braunes Ragout, welches man bis zum Anrichten au bain-marie warm stellt. Einige Minuten vor dem Anrichten werden die Hammels-Coteletten auf dem Windofen schnell gar gemacht, die Butter abgegossen, statt dieser etwas Demi-Glace darüber gegossen und sodann im Kranze auf eine Schüssel geordnet, in deren Mitte man das Gurken-Ragout erhaben anrichtet.

728. Hammels-Coteletten à la jardinière. Côtelettes à la jardinière ou à la Macédoine.

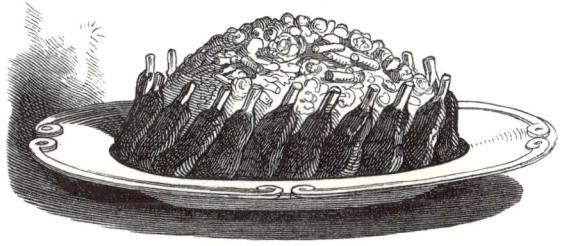

Die Bereitung der Hammels-Coteletten bleibt ganz so, wie sie bei den geschwungenen Hammels-Coteletten angegeben wurde. Sie werden schön glacirt und im Kranze (au miraton) angerichtet. In ihrer Mitte wird ein Kleinragout von schön geschnittenen, jungen, gelben Rübchen, weißen Rübchen, Champignons, grünen Bohnen, Spargelspitzen, Pflückerbsen, Artischockenböden (wie dieses genau im Abschnitt 7 als Kleinragout à la Macédoine bezeichnet ist) erhaben angerichtet.

729. Hammels-Coteletten à la Soubise. Côtelettes de mouton à la Soubise.

Man schneidet aus gut abgelegenen, mortificirten Hammelsrippen (Carrés) die nöthige Anzahl schöner Hammels=Coteletten; diese werden mit dem Cotelettemesser etwas breit geschlagen, sodann mit nagelförmig ge= schnittenem Speck und geräucherter Ochsenzunge abwechselnd durchzogen, leicht gesalzen und mit Speckscheiben, einem Stück rohen Schinken, Zwiebeln und den klein zerhackten Knochen von den Coteletten in einer flachen, gut schließenden Casserolle eingerichtet. Sodann werden die Coteletten mit etwas fetter Fleischbrühe übergossen und auf Kohlenfeuer mit oben ange= brachter Kohlengluth weich und kurz gedünstet. Hierauf werden dieselben herausgenommen und zwischen zwei flachen Casserolle=Deckeln bis zu ihrem völligen Erkalten gepreßt. Unterdessen wird die zurückgebliebene Hammels= Essenz mit etwas Fleischbrühe aufgekocht, durch ein Haarsieb passirt, sehr rein entfettet und bis zu einer Demi=Glace eingekocht. Die Hammels= Coteletten werden dann in schönster Form mit einem sehr scharfen Messer von allen Seiten sauber zugeschnitten, so zwar, daß der Speck und Schinken schön hervortritt; sie werden alsdann mit der Demi=Glace in einem plat à sauter eingerichtet und warm gestellt. Beim Anrichten werden die Coteletten auf beiden Seiten schön glacirt, im Kranze, die Rippchen nach oben, angerichtet und in ihrer Mitte ein Zwiebel=Püree, welches bei den Püreen im Abschnitt 4 bezeichnet ist, erhaben gegossen. Außen herum wird ein Kranz von schön glacirten, kleinen, weißen Zwiebeln und recht grün gebackenen Petersiliensträußchen garnirt.

730. Hammels-Coteletten à la Singarat. Côtelettes de mouton à la Singarat.

Die Hammels=Coteletten werden wie die à la Soubise mit Speck und geräucherter Ochsenzunge durchspickt, dann sehr weich gedämpft, hierauf bis zu ihrem völligen Erkalten gepreßt, dann sauber zugeschnitten und mit ihrem eigenen Fond, den man zuvor rein entfettet und zu einer Demi=Glace eingekocht hat, in einem plat à sauter eingerichtet und warm gestellt. Währenddem wird die Hälfte einer gekochten Ochsenzunge und zwar der untere spitze Theil recht fein geschnitten, dann im Mörser fein gestoßen, mit der nöthigen, kurz gekochten, weißen Coulis gut verrührt und ganz heiß durch ein Haartuch passirt. Dieses Zungen=Püree wird nun in eine Saucen=Casserolle gethan, mit etwas Glace übergossen und au bain-marie warm gestellt. Beim Anrichten werden die Coteletten auf einer flachen Schüssel in aufrechtliegender Ordnung, die Rippchen nach oben, angerichtet, schön glacirt, das gut bereitete, wohlschmeckende Zungen= Püree in schöner, rother Farbe in ihre Mitte gegeben und das Ganze noch mit einem Löffel voll guter Fleisch=Essenz übergossen.

731. Hammels-Coteletten à la Pompadour. Côtelettes de mouton à la Pompadour.

Zwölf Stück völlig weich gedämpfte Hammels-Coteletten werden, wenn sie kalt sind, aus ihrem Fond genommen, rein zugeschnitten, dann in eine dicke sauce à la Soubise (siehe Nr. 186) getaucht, mit geriebenem Brod besäet, dann in abgeschlagene Eier getaucht und nochmals panirt. Hierauf werden sie schön egal formirt, in klarer Butter eingerichtet und auf beiden Seiten schön lichtbraun gebraten. Beim Anrichten werden sie im Kranze, au miraton, aufdressirt und in denselben eine Macédoine von Gemüsen (siehe Nr. 319) gethan, worauf sie sogleich zu Tisch gegeben werden.

Ferner erscheinen diese Hammels-Coteletten als:

732. Hammels-Coteletten mit Sauerampfer-Püree. Côtelettes de mouton à la purée d'oseille.

733. Hammels-Coteletten mit Carden-Püree. Côtelettes de mouton à la purée de cardes.

734. Hammels-Coteletten mit Paradies-Aepfel-Püree. Côtelettes de mouton à la purée de tomates.

735. Hammels-Coteletten mit Endivien-Püree. Côtelettes de mouton à la purée de chicorée.

736. Hammels-Coteletten auf dem Roste gebraten. Côtelettes de mouton panées grillées.

Die Hammels-Coteletten werden wie jene zum Sautiren zubereitet, leicht mit Salz und etwas weißem Pfeffer bestreut; in zerlassene, frische Butter getaucht, aus dieser mit fein geriebenem, weißen Mundbrode besäet (panirt) und sodann auf dem Bratroste eines neben das andere geordnet. Das Garbraten fordert etwas weniger Zeit als die Kalbs-Coteletten, denn sie müssen in drei Minuten ausgebraten sein. Es wird deshalb bemerkt, daß sie nur wenige Minuten vor ihrem Gebrauche grillirt werden dürfen, welches mit einiger Vorsicht geschehen muß, damit sie nicht zu trocken werden, sondern in ihrem vollen Safte, ohne dabei blutend zu sein, auf der Tafel erscheinen. Auf diese Art zubereitet werden sie bei Gabelfrüh=stücken sehr willkommen aufgenommen, wo sie blos mit ihrem entquellen=den Safte und nach Geschmack auch mit feinem französischen Senf ge=nossen werden.

737. Hammels-Coteletten in Papilloten. Côtelettes de mouton en papillotes.

Diese unterliegen in ihrer Zubereitung ganz denen von Kalbfleisch und ich weise deshalb auf den Abschnitt 10 dieses Buches zurück.

738. Gedämpfter Hammelsschlegel (Keule). Gigot de mouton à la sept heures.

Die im Winter acht bis zehn Tage, im Sommer vier bis fünf Tage abgelegene (mortificirte) Hammelskeule wird rein gewaschen, zwischen ein Küchentuch gelegt und mürbe geklopft; nachdem wird das Rohrbein wie auch das Schlußbein ausgelöst, die Keule mit federkieldick geschnittenem weißen Luftspeck und ebenso geschnittenem, rohen, magern Schinken, beides zuvor mit Salz und Pfeffer bestreut, nach dem Faden durchzogen, sodann von allen Seiten gut gesalzen und netzartig zusammengeschnürt, so daß die Keule ihre frühere Form wieder erhält. Hierauf belegt man den Boden einer hermetisch schließenden Casserolle mit Scheiben von Nieren= fett, auf dieses ebenso geschnittene Zwiebeln, legt die Hammelskeule darauf, füllt den leeren Raum mit einigen Schnitten von Rind= oder Kalbfleisch wie auch mit dem klein zerhackten Rohr= und Schlüsselbein aus, würzt sodann das Ganze mit zwei gelben Rüben, einigen Petersilienwurzeln, zwei Lorbeerblättern, einer Zehe Knoblauch, einigen Nelken und Pfeffer= körnern, näßt die Keule mit einem Schöpflöffel voll fetter Fleischbrühe und dämpft nun den Schlegel auf Kohlenfeuer so lange, bis alle Flüssig= keit verschwunden und sich die Zwiebeln am Boden leicht gebräunt haben. Sodann gießt man noch die nöthige Fleischbrühe dazu und läßt nun die Keule ganz langsam auf Kohlenfeuer mit oben angebrachter Kohlengluth weitere fünf bis sechs Stunden dämpfen. Nach dieser Zeit wird die Keule sehr weich, ganz in ihrem eigenen Safte liegen und von diesem eine lichtbraune, glänzende Farbe erhalten haben. Die Keule wird hierauf behutsam ausgehoben, auf einer langen Schüssel angerichtet und mit einer Bordure von gebratenen Kartoffeln oder gedämpften Kastanien wie auch statt dieser mit einem recht kräftig bereiteten, frischen Gurkenragout be= kränzt. Eine von der eigenen Essenz bereitete dünnfließende, braune Sauce wird eigens beigegeben.

739. Bayonnaiser Hammelskeule. Gigot de mouton à la Bayonnaise.

Die Hammelskeule wird der vorhergehenden gleich ausgebrochen (aus= gebeint) und hierauf mit Sardellenstreifen, Cornichons, sauber eingemachten Champignonsstücken und Schalotten schön durchspickt, dann gut mit Salz und Pfeffer gewürzt und in einem irdenen Gefäße mit einem Gläschen feinstem Oele, Estragon=Essig, Citronenscheiben, Thymian, einigen Lorbeer= blättern, Gewürzkörnern, einigen Zwiebelscheiben und grüner Petersilie vier= undzwanzig Stunden, gut zugedeckt, marinirt. Nach dieser Zeit wird dieselbe von allen Ingredienzen geschieden, gut in entfettetes Papier eingehüllt und am Spieße saftig und in schönster, brauner Farbe gebraten. Vom Spieße genommen, wird der rein abgeputzte Knochen mit einer Papiermanschette besteckt, die Keule nochmals schön glacirt, auf einer langen Schüssel ange=

richtet, etwas Jüs darunter gegossen und eine recht kräftig bereitete, mit
Medoc und Citronensaft im Geschmack gehobene, dünnfließende, braune
Sauce in einer Saucière extra beigegeben.

740. Hammelskeule nach Wildpret-Art. Gigot de mouton en chevreuil.

Die gut mürbe gelegene Hammelskeule wird dem Rehschlegel gleich
abgehäutet, die ganze Oberfläche dicht mit weißem, gesalzenen Luftspeck
recht schön gespickt und noch zwei Tage in nachstehender Marinade gebeizt.
Einige große, spanische Zwiebeln, Porri, Pastinak, Schalotten, zwei Lorbeerblätter, einige Pfefferkörner, das Gelbe einer halben Citrone wird
zusammen in eine Casserolle gethan, mit 1 Liter gutem Essig begossen
und zusammen eine halbe Stunde gekocht. Die Hammelskeule wird nun
gesalzen, in einen irdenen Topf gelegt und die Marinade in noch warmem
Zustande darüber gegossen. Beim Gebrauche wird die Keule von allen
Ingredienzen gesondert und am Spieße schön im Safte gebraten. Dieselbe wird, ehe man sie vom Spieße abnimmt, nochmals leicht gesalzen,
schön glacirt, angerichtet und etwas gute Bratenjüs darunter gegossen.
Eine gut bereitete sauce poivrade, wie diese im Abschnitt 2, Abtheilung 2
genau angegeben ist, wird extra mit servirt.

741. Hammelskeule auf bürgerliche Art. Gigot de mouton à la bourgeoise.

Die gut abgelegene, mürbe geklopfte Hammelskeule wird gut auf
allen Seiten mit Knoblauch gespickt, dann mit Salz und Pfeffer eingerieben und in eine gut schließende Casserolle mit Nierenfett, Zwiebeln,
gelben Rüben und Lorbeerblatt eingerichtet, sodann etwas fette Fleischbrühe dazu gegossen und so vier bis fünf Stunden langsam gedünstet.
Beim Anrichten wird die Keule ausgehoben und sammt den gelben Rüben
und Zwiebeln auf eine Schüssel gelegt, der zurückgelassene Saft (Fond)
wird sehr rein entfettet und eigens beigegeben.

742. Hammelskeule auf englische Art. Gigot de mouton à l'Anglaise.

Eine recht schöne, gut mürbe gelegene Hammelskeule wird mit hinreichend kaltem Wasser auf einen hellbrennenden Windofen gesetzt, schnell
in's Kochen gebracht, gut abgeschäumt, gehörig gesalzen und gut zugedeckt
langsam kochen gelassen. Zu gleicher Zeit werden sechs Carotten, sechs
weiße Rüben, sechs Kohlrabi gut gereinigt, gewaschen, zu irgend einer beliebigen, netten Form zugeschnitten und mit der Hammelskeule nebst einigen
Zwiebeln weich gekocht. Ferner werden zwölf kleine Rosen Blumenkohl
gereinigt, nebst einem Stückchen frischer Butter und dem nöthigen Salz
in's kochende Wasser gethan und so, daß der Blumenkohl schön ganz

bleibt, weich gekocht und sodann bei Seite gestellt. Ebenso werden zwölf bis achtzehn Stück gleich große, gute Kartoffeln geschält, glatt zugeschnitten und ebenso im Wasser, besser noch im Dunste, gar gekocht. Beim An= richten wird nun die Hammelskeule auf eine ovale Schüssel gethan und sämmtliche Gemüse in ungezwungener Ordnung herum gelegt. Eine gut mit Citronensaft gesäuerte und mit recht frischer Butter bereitete Butter= Sauce wird eigens beigegeben.

743. Hammelskeule à la Dubouzet.   Gigot de mouton à la Dubouzet.

Die gut abgelegene Hammelskeule wird ganz nach Nr. 738 bereitet, angerichtet und gedünstet. Ferner kocht man fünfzehn Stück große egale Kartoffeln ab, welche, wenn sie halb ausgekühlt sind, geschält und, wenn sie völlig kalt sind, egal rund wie Billardkugeln geschnitten werden. Von diesen Kartoffeln wird nun oben ein Blättchen abgeschnitten und mit einem Aepfelbohrer ausgehöhlt. Hierauf bereitet man nach Nr. 259 eine gute fines herbes, welche nun mit Butter gedünstet und mit einigen Löffeln voll Kalbfleisch=Farce gut verrührt wird. Die Kartoffeln werden nun mit derselben gefüllt, dann mit etwas Kartoffel=Püree überstrichen und hiernach in eine flache, mit Speckscheibchen belegte Casserolle eingesetzt und zwar eine an die andere. Eine halbe Stunde zuvor werden sie mit gutem Fond genäßt und im Bratofen, zugedeckt, langsam gedünstet, wobei man sie öfters begießen muß.

Der Hammelschlegel wird nun, nachdem er völlig weich ist, aus= gehoben, schön tranchirt, in seine natürliche Form wieder zusammen ge= setzt, über einer langen Schüssel angerichtet, mit den Kartoffeln bekränzt und zugedeckt warm gestellt. Der Fond von der Hammelskeule wird nun geseiht, sehr rein entfettet, zu einer Demi=Glace eingekocht und über das Ganze gegossen. Eine gut bereitete sauce tomate (siehe Nr. 175) wird extra beigegeben.

744. Hammelskeule mit weißen Bohnen. Gigot de mouton à la Bretonne.

Die gut mortificirte und mürbe geklopfte Hammelskeule wird mit Salz und Pfeffer eingerieben, fest an einen Bratspieß gesteckt, in einige Bogen weißes Papier, welches gut mit Fett bestrichen wurde, eingebunden und bei hellem Feuer im Safte gebraten. Eine halbe Stunde zuvor ehe man dieselbe vom Spieße nimmt, wird die Papierhülle weggethan, das Feuer verstärkt, damit die Keule eine schöne lichtbraune Farbe erhalte und sodann diese im vollsten Safte und guten Ansehen über ein gut bereitetes, weißes Bohnenragout, wie dieses bei den vorhergehenden Hammelszungen mit weißen Bohnen angegeben wurde, gelegt. Eine recht gut bereitete Jüs wird eigens mit beigegeben. In vielen Küchen besteht die Gewohnheit, die Hammelskeule zu diesem Gerichte weich zu dämpfen, allein hierdurch geht der größte Theil des materiellen Werthes verloren und wird von Kennern stets unbeachtet bleiben.

745. Pain vom Hammel auf spanische Art. Pain de mouton à l'Espagnole.

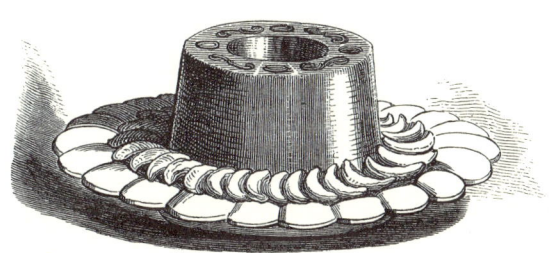

Aus einer ungefähr 3 Kilo 360 Gramm wiegenden Hammelskeule wird der innere Theil, nämlich die Nuß (noix de mouton) ausgeschnitten, von dieser alles Häutige geschieden, das reine Fleisch fein geschnitten und nebst dem vierten Theil fein geschnittenem, weißen Luftspeck, eben so viel Semmelpanade, zwei Eßlöffeln voll fines herbes, welche aus Trüffeln, Champignons, Schalotten, Petersilie bestehen, nebst dem nöthigen Salz und etwas Pfeffer eine zarte, geschmackvolle Farce bereitet. Der obere Theil der Hammelskeule wird unterdessen am Spieße gebraten oder auch mit gewürzten Ingredienzen weich gedünstet und sodann, wenn derselbe wieder ausgekühlt ist, das Fleisch davon sehr fein geschnitten und dieses mit der nöthigen, aus dem sehr rein entfetteten Hammels-Fond bereiteten, dick eingekochten, kräftigen, braunen Sauce untermengt und dieses Püree im heißen Zustande durch ein feines Haarsieb gestrichen. Dieses Püree wird nun mit der Farce gut verarbeitet und hievon eine Probe gemacht; wenn nun dieselbe ganz zur Genüge ist, wird eine glatte Cylinder- (Pain-) Form mit klarer Butter gut ausgestrichen und diese geschmackvoll mit recht schwarzen Trüffeln, grünen Cornichons, Krebsschweifchen ausgelegt und sodann die Pain=Masse mit Vorsicht eingefüllt, daß sich die Garnitur nicht verschiebt und auch die Masse selbst fest eingedrückt ist. Eine Stunde vor dem Anrichten wird das Pain an bain-marie gar gemacht, sodann vorsichtig auf eine flache Schüssel umgestürzt, das entquellende Fett rein abgenommen, das Ganze mit einer dünnen Glace schön glacirt, unten herum mit Fleurons (Butterteigschnitten) garnirt und eine mit Malaga und Fleisch=Essenz bis zum lieblichsten im Geschmack gehobene, etwas dünnfließende, braune, spanische Sauce extra beigegeben.

746. Geblättertes Hammelfleisch mit feinen Kräutern. Emincé de gigot de mouton aux fines herbes.

Man nimmt hiezu die unberührten Reste von gebratenen Hammelskeulen, von welchen alles Häutige und Nervige gesondert und das reine Fleisch auf dünne Blättchen über den Faden geschnitten wird. Ferner werden Champignons, Trüffeln, Schalotten und Petersilie fein geschnitten, mit Butter und einem Stückchen Glace weich gedünstet und unter eine recht kräftige, dickfließende, braune Sauce gemengt. Sodann wird der Boden einer flachen Ragout=Schale mit der Sauce bestrichen, auf dieser eine Lage von dem geblätterten Hammelfleische gethan, diese dann wieder mit Sauce überstrichen und so dreimal fortgefahren; oben muß das Ganze mit Sauce überzogen werden, welche dann mit geriebenem Parmesankäse und geriebenem braunen Brode bestreut und mit Krebsbutter beträufelt wird. Eine Stunde vor dem Anrichten wird das Emincé in einen schon abgekühlten Backofen gestellt, wo jedoch vermieden werden muß, daß es nicht kocht, sondern sich langsam durch und durch erwärmt. Beim Anrichten wird außen herum etwas Demi=Glace gegossen und sodann servirt.

747. Geblättertes Hammelfleisch mit Zwiebeln. Emincé de gigot de mouton aux oignons.

Das blätterig geschnittene Hammelfleisch wird mit kleinen in frischer Butter goldgelb gebackenen Zwiebelringeln untermengt, dann nochmals in etwas frischer Butter geröstet, sodann mit einer gut bereiteten, etwas dickgehaltenen Sauce Robert (siehe Sauce Robert 2. Abschnitt, 2. Abtheilung) durchschwungen und kochendheiß angerichtet. Außen herum werden in klarer Butter gelb gebackene und mit Glace bestrichene Brodkrusten gelegt.

748. Geblättertes Hammelfleisch mit Eiern. Emincé de mouton à l'Auguste.

Das Hammelfleisch wird dem vorhergehenden gleich blätterig geschnitten, mit einer recht kräftigen, mit Glace und Concassé im Geschmacke gehobenen, braunen Sauce untermengt, in einer Ragoutschale heiß angerichtet, oben glatt gestrichen und über die Oberfläche zehn bis zwölf frische Eier auf=

geschlagen, diese mit Salz und Pfeffer bestreut und zwei Minuten in einen heißen Ofen oder Bratrohr gestellt, damit die Eier von oben anziehen, jedoch von innen weich bleiben und sodann sogleich zu Tisch gegeben.

749. Hachis von Hammelfleisch mit Eiern. Hachis de mouton aux oeufs pochés.

Von den unberührten Resten einer gebratenen Hammelskeule wird das reine Fleisch abgelöst, dieses sehr fein geschnitten und sodann in einer Casserolle bei Seite gestellt. Die nöthige braune Sauce wird mit der Hälfte so viel guter Rindfleischjüs über einem hellbrennenden Windofen kurz gerührt, sodann gehörig gesalzen, mit Concassé und Citronensaft im Geschmack gehoben und die Sauce durch ein Haartuch über das Hachis gepreßt, zusammen gut verrührt, oben mit etwas Butter und Fond gedeckt und au bain-marie warm gesetzt. Beim Anrichten wird das Hachis kochend heiß gerührt, angerichtet und mit zehn bis zwölf Stück schön pochirten Eiern bekränzt und sogleich zu Tisch gegeben.

750. Hachis von Hammel à l'aurore. Hachis de mouton à l'aurore.

Das auf die vorher gezeigte Art angefertigte Hachis wird in einem mürben Teigrand (bordure de pâte brisée) ganz heiß, erhaben angerichtet und die ganze Oberfläche mit sechs Stück hartgesottenen Eiern, wovon das Gelbe herausgenommen und mit etwas Krebsbutter, Salz und Muskatnuß verarbeitet wurde, sodann durch ein Haarsieb gestrichen, bestreut, hierauf mit etwas zerlassener Krebsbutter bespritzt, einige Minuten eine glühende Schaufel darüber gehalten und sogleich servirt.

751. Hachis von Hammel nach Pompadour. Hachis de mouton à la Pompadour.

Die gut zum Dämpfen eingerichtete Hammelskeule wird in ihrem Safte weich und kurz gedünstet, sodann zum Auskühlen kalt gestellt. Der zurückgebliebene Fond (Satz) wird mit guter Fleischbrühe aufgekocht, durch ein Haarsieb geseiht, sehr rein entfettet und die Essenz davon mit $^8/_{10}$ Liter guter, brauner Sauce auf dem Windofen zu einer dickfließenden, kräftigen Sauce unter beständigem Rühren eingekocht. Von der Hammelskeule wird das Fleisch abgelöst, alles Häutige und Nervige weggethan und dieses mit dreißig Stück vorher mit Citronensaft und Butter abgeschwitzten Champignons und sechs Trüffeln recht fein geschnitten, so zwar bis es sich zwischen den Fingern zerdrücken läßt. Dieses Hachis wird nun mit der kochendheißen Sauce gut verrührt, gehörig gesalzen, mit der Champignonsbutter und zerlassener Glace gedeckt und au bain-marie warm gestellt. Vor dem Anrichten wird das Hachis heiß gerührt, auf einer Ragout-Schale erhaben angerichtet, außen herum ein Kranz von glacirten Artischockenböden gelegt (siehe Artischockenböden zum Ragout Abschnitt 6) und das Hachis selbst mit etwas heißer Glace beträufelt.

752. Hammelsnieren mit Champagner-Wein. Rognons de mouton au vin de Champagne.

Zwölf Stück Hammelsnieren werden der Länge nach von einander geschnitten, das feine Häutchen abgezogen, dann die Nieren selbst blätterig geschnitten und in einem mit frischer Butter bestrichenen plat à sauter auseinander gelegt, mit einer passenden mit Butter bestrichenen Papierscheibe bedeckt und an einem kühlen Orte bis zum Gebrauche aufbewahrt. Unterdessen wird die nöthige sauce espagnole mit der Hälfte soviel guter Fleisch-Essenz und einer halben Bouteille Champagner-Wein auf einem hellbrennenden Windofen bei beständigem Rühren, bis die Sauce dickfließend vom Löffel läuft, eingekocht, diese dann in eine Saucen-Casserolle durch ein Haartuch gepreßt, oben mit etwas Glace begossen und au bainmarie warm gestellt. Einige Minuten vor dem Anrichten werden die Nieren auf dem Windofen schnell geschwungen (sautirt), die Butter abgegossen, und nach dem richtigen Volumen der Nieren die Sauce darüber gegossen, mit dieser einmal aufgekocht, sogleich angerichtet und zu Tisch gegeben. In Butter gelbgebackene Brodkrusten können im Kranze darüber gelegt werden.

753. Hammelsschnitten nach Biron. Filets mignons de mouton à la Biron.

Hiezu muß man zwölf bis fünfzehn Stück zarte, oberhalb der Niere gegen den Rückgratsknochen hin liegende Filets auslösen lassen. Dieselben werden ein wenig breit geschlagen, die feine Haut davon abgezogen, diese halbrund dressirt, mit einer dicken sauce à la Soubise (siehe Nr. 186) bestrichen; dann werden sie mit Brod besäet, nochmals in geschlagene Eier getaucht und abermals panirt, worauf man denselben mit dem Messer eine gefällige, egale, halbrunde Form gibt. Von sechs Hammelsnierchen wird ein Emincé geschnitten und dieses in Butter sautirt, wozu man ebenso viel blätterig geschnittene, gedünstete Champignons, die Hälfte so viel sautirte Trüffeln und eine Obertasse voll gute Madeira-Sauce gibt. Die filets mignons werden nun aus heißem Schmalz in ihrem vollsten Safte gebacken, das Klein-Ragout wird über dem Feuer heiß gemacht, die Filets werden im Kranze herum gelegt und das Ragout der Nierchen in ihrer Mitte angerichtet.

754. Hammelsnieren mit feinen Kräutern. Rognons de mouton aux fines herbes.

Einige Trüffeln, Champignons, Petersilie und Schalotten werden zusammen fein geschnitten, in frischer Butter passirt und diese sodann nebst den blätterig geschnittenen Hammelsnieren und zerlassener Butter in einen plat à sauter gethan, mit einer Papierscheibe gedeckt und kalt gestellt.

Vor dem Anrichten werden die Nierchen über einem hellbrennenden Wind=
ofen einige Minuten geschwungen, etwas braune Sauce darüber gegossen,
einmal zusammen aufgekocht, etwas Glace und der Saft einer Citrone
dazu gethan, gehörig gesalzen und in einer Kruste heiß angerichtet sogleich
zu Tisch gegeben. Es ist nöthig zu bemerken, daß die Bereitung dieser
Nierchen nur im letzten Augenblicke ausgeführt werden darf, auch dieselben
mit der Sauce nur einmal aufkochen dürfen, damit sie in ihrem Safte
bleiben und nicht hart und trocken werden. Ebenso würde ein langes
Stehen ihnen viel an ihrem materiellen Werthe nehmen und sie fast un=
genießbar machen.

12. Abschnitt.

Vom Lamme. De l'agneau.

Das Lamm ist am besten vom Dezember bis April. Die Milch=
lämmer sind die vorzüglichsten. Um diese recht schmackhaft zu erhalten,
ist es nöthig, dieselben nur mit der Milch ihrer Mutter und mit in
Milch geweichten Semmeln zu nähren. Die besten zeichnen sich durch
ein weißes Fleisch aus und die Nierchen müssen mit Fett bedeckt sein.
Da uns dieses fromme Thierchen manch' delikates Gericht gibt, so will
ich auch demselben gehörige Würdigung schenken und in richtiger Reihen=
folge die besseren dieser Speisen anführen.

755. Eingemachte Lammsköpfchen. Têtes d'agneaux à la poulette.

Zwei Lammsköpfchen werden sammt der Haut gebrüht, rein geputzt,
bis zur Hirnschale ausgebrochen (ausgebeint), die Zunge ausgeschnitten,
sammt den Köpfchen abblanchirt und aus diesem in's kalte Wasser gelegt.
Die Köpfchen werden abgetrocknet, mit Citronensaft eingerieben, zusammen
in eine reine Serviette gebunden und in einer Braise langsam weich ge=
sotten, welches jedoch mit Vorsicht geschehen muß, damit sie nicht zu weich
werden. Zu gleicher Zeit wird das Geschlinge, die Milchner, die Füßchen,
wie auch die Zungen rein geputzt, abblanchirt, mit frischem Wasser ab=
gekühlt und nach Verhältniß der nöthigen Zeit mit den Köpfen weich
gesotten. Vor dem Anrichten wird Alles zum Entfetten auf ein Tuch
ausgelegt, das Geschlinge, die Milchner, Füßchen und Zunge sauber in
passende Stückchen geschnitten, nebst ungefähr zwanzig bereiteten Cham=
pignons auf eine Ragout=Schale angerichtet, dieses dann mit einer kräftig
bereiteten, mit Glace und Citronensaft im Geschmacke gehobenen, legirten
Sauce übergossen und sodann die aus der Serviette genommenen, rein
entfetteten Köpfchen, aus welchen zuvor die Hirnschale nebst dem Hirn

genommen wurde, wird letzteres noch von den Adern und Häutigem geschieden, mit den Köpfchen darüber angerichtet und das Ganze noch mit etwas der obenerwähnten Sauce maskirt.

756. Lammsköpfchen auf französische Art. Têtes d'agneaux à la Française.

Die Lammsköpfchen werden sammt der Haut gebrüht, flammirt, gereinigt, ganz ausgebeint, auf ein Tuch gelegt und von innen gesalzen. Ferner bereitet man eine gute Kalbfleisch=Farce (siehe Abschnitt 5, von den Farcen), mit welcher das Innere der Köpfchen überall gleich fingerdick überstrichen wird. Ebenso wird von Lammsbrieschen, der Zunge, dem Herzen, der Leber mit guter, kurzgekochter, weißer Coulis ein recht kräftiges, dickes Salpikon bereitet, welches im kalten Zustande in die Mitte der Köpfchen kömmt. Die Haut wird nun auf beiden Seiten zusammengenommen und der Länge nach der Kopf wieder zusammengenäht, so zwar, daß nichts heraus kann. Hierauf werden sie von außen mit Citronensaft eingerieben, gesalzen, mit dünnen Speckscheiben belegt, in ein Tuch eingemacht und in einer guten Braise (Fettbrühe) sehr langsam weich gesotten. Vor dem Anrichten werden sie mit einem flachen Schaumlöffel ausgehoben, von allen Seiten rein entfettet und auf eine lange, flache Schüssel, in deren Mitte eine zierlich geschnittene Brodkrustade befestigt wird, angerichtet. Um die Köpfchen herum werden Trüffeln, Champignons und dekorirte Geflügelklößchen garnirt, die Kruste ebenso überlegt und in der Mitte in Attellettes gesteckt; eine recht kräftig bereitete Trüffel=Hachis=Sauce (siehe Abschnitt 2, von den Saucen) wird darüber gegossen.

757. Gebackene Lammsköpfe. Têtes d'agneaux frites.

Die Köpfchen werden wie die vorhergehenden ausgebrochen (entbeint), das Hirn ganz herausgelöst, ebenso die Zunge, rein gewaschen, in gesalzenem Wasser einmal überkocht, sodann in's kalte Wasser gelegt und hierauf in einer Fettbrühe langsam weich gesotten, worin man sie erkalten läßt.

Unterdessen werden einige Zwiebeln, eine gelbe Rübe, ein Porri und ein Stückchen Sellerie gereinigt, gewaschen, von der Hand geschnitten, mit Butter und Fleisch recht weich gedünstet und sodann mit einigen Löffeln voll dick eingekochter, weißer Sauce durch ein feines Haarsieb gestrichen. Dieses Püree wird nun gehörig gesalzen und lauwarm gestellt. Die unterdeß kalt gewordenen Köpfchen werden herausgenommen, abgetrocknet, in schöne Stücke zerschnitten, ebenso auch die Zunge und das Hirn und jedes der-selben mit dem lauwarmen Püree bestrichen, mit geriebenem, weißem Brode besäet, dann nochmals in geklopfte, ganze Eier getaucht und wieder mit Reibbrod besäet. Kurz vor dem Anrichten werden dieselben aus reinem heißen Backschmalz lichtbraun gebacken, dann auf eine gebrochene Serviette schön angerichtet und oben darauf ein Häufchen recht grün gebackener Petersilie gethan und sogleich servirt.

758. Gebackene Lammsohren. Oreilles d'agneaux farcies et frites.

Die nöthige Anzahl dieser Ohren wird flammirt, sodann blanchirt und hierauf in einer Braise weich gekocht. Sodann werden dieselben lauwarm aus der Braise genommen, untergriffen, das heißt die Haut von der Knor-pellage getrennt und diese Oeffnung mit einer guten Koch-Farce, farce cuite (siehe Abschnitt 5, von den Farcen), gefüllt. Nun gibt man den Ohren eine schöne Form, salzt dieselben, bestreut sie von allen Seiten mit geriebenem Mundbrode, taucht sie sodann nochmals in aufgeschlagene, gut zerklopfte, ganze Eier, bestreut sie nochmals mit Brod und legt dann eins neben dem andern auf einen Casserolle-Deckel. Eine viertel Stunde vor dem An-richten werden dieselben lichtbraun aus heißem Schmalz gebacken, zum Entfetten auf ein reines Tuch gelegt, dann schön angerichtet, in ihre Mitte ein Häufchen recht grün gebackener Petersilie gegeben und sogleich servirt.

759. Gebackene Lammsohren mit Salpikon. Oreilles d'agneaux au salpicon.

Man bereitet von Lammszungen, Brieschen, Champignons und einigen Trüffeln ein recht kräftiges, dick gehaltenes Salpikon, wie dieses im Abschnitt 7 dieses Buches angegeben ist. Mit diesem werden die Lammsohren statt der Farce gefüllt, sodann, den vorhergehenden gleich, panirt, ebenso eine viertel Stunde vor dem Anrichten aus heißem Schmalz gebacken und sogleich zu Tisch gegeben. Die Lammsohren auf diese Art bereitet geben ein sehr gutes Gericht und werden in der Regel als hors-d'oeuvre gegeben, jedoch können sie auch zu andern feinen Gerichten als Garnitur angewendet werden.

760. Lammsohren mit gemischtem Ragout. Oreilles d'agneaux au ragoût mêlé.

Die nöthige Anzahl recht rein geputzter, flammirter Lammsohren wird blanchirt, in frischem Wasser abgekühlt, dann in einer guten Braise langsam weich gesotten und sodann zur Seite gestellt. Unterdessen bereitet man von Kalbsbrieschen, Hahnenkämmen, Geflügelklößchen, Champignons ein recht kräftiges, weißes Ragout, wie dieses im Abschnitt 7 dieses Buches angegeben ist. Vor dem Anrichten werden die Lammsohren auf ein Tuch ausgehoben, der obere, dünne Theil derselben in gleiche Streifchen eingeschnitten, diese dann über sich herabgebogen, in die Mitte jedes Ohres eine rundgeschälte, schön glacirte Trüffel oder auch in Ermanglung dieser, ebenso geschnittene, recht grüne Cornichons gelegt und so recht heiß außen herum über das in einer flachen Entré-Schüssel angerichtete Ragout in schönster Ordnung gelegt.

761. Lammsohren mit einer Ravigote. Oreilles d'agneaux à la ravigote.

Die Lammsohren werden, wie die vorhergehenden, in der Braise weich gesotten, beim Anrichten zum Entfetten auf ein Tuch ausgehoben, schön in einer Ragout-Schale angerichtet und mit einer gut bereiteten, grünen Kräutersauce (siehe Abschnitt 2) heiß übergossen und sogleich servirt.

762. Lammszungen. Langues d'agneaux.

Die Lammszungen unterliegen derselben Bereitungsart, wie sie bei den Hammelszungen angegeben wurde, und ich weise deshalb ganz auf den vorhergehenden Abschnitt zurück. Nur bemerke ich, daß die Lammszungen ihrer Zartheit wegen stets den Vorzug haben.

763. Lammsviertel auf englische Art. Quartier d'agneau à l'Anglaise.

Ein einige Tage mürbe gelegenes, vorderes Lammsviertel wird rein gewaschen, abgetrocknet, mit Salz und Concassé bestreut, an einen kleinen Vogelspieß gesteckt, dieser an einem größern festgebunden, zwei mit Butter bestrichene Bogen Papier darüber gebunden und dreiviertel Stunden vor dem Anrichten bei hellem Feuer gebraten. Eine viertel Stunde zuvor wird die Papierhülle abgenommen, das Feuer verstärkt, damit das Lammsviertel eine schöne, hellbraune Farbe bekömmt. Vor dem Anrichten nämlich, ehe man das Fleischstück vom Spieße nimmt, wird dasselbe nochmals mit Salz besprengt, auf einer passenden Schüssel angerichtet, zwischen dem Bug und der Schulter eine Oeffnung gemacht und in diese die nöthige englische Kräuterbutter, beurre à l'Anglaise (siehe 2. Abschnitt, 3. Abtheilung) gethan und sogleich zu Tisch gegeben. Der aus der Lammsschulter entquellende Saft verbindet sich mit der Kräuterbutter, was dem Ganzen einen vortrefflichen Geschmack gibt.

764. Gefüllte Lammsschulter-Galantine. Epaule d'agneau en galantine.

Eine recht schöne, gut abgelegene, möglichst groß abgeschnittene Lammsschulter (Bug) wird von innen der Länge nach eingeschnitten, das Schaufel-

wie auch das Rohrbein, ohne aber die äußere Seite zu beschädigen, behutsam ausgelöst, die Schulter mit dem Cotelettemesser etwas flach geschlagen, auf ein reines Tuch gelegt und gesalzen. Unterdessen bereitet man eine gute Kalbfleisch=Farce (siehe Abschnitt 5, von den Farcen), mit dieser wird nun die Schulter von Innen gleich dick überstrichen, mit Streifen von gekochter, geräucherter Ochsenzunge, weißem Luftspeck, einigen Trüffeln und recht grünen Cornichons, alles federkieldick geschnitten, überlegt, in die Farce leicht eingedrückt, mit dieser leicht überstrichen, die beiden Enden der Schulter wieder zusammengenommen, gut mit Bindfaden zugenäht, so zwar, daß die Schulter einigermaßen ihre Gestalt wieder bekömmt und zwar in der Art, daß dieselbe einem Ball ähnlich wird. Sie wird nun mit Speckscheiben, Zwiebeln und gelben Rüben zum Dämpfen gut ein= gerichtet, sodann weich gedünstet und hierauf zwischen zwei flachen Deckeln bis zum völligen Erkalten leicht beschwert. Nachdem dies erfolgt ist, wird die Schulter rein zugeschnitten, der Bindfaden herausgezogen, von allen Seiten schön glacirt, oben mit zierlich geschnittener Aspic hübsch garnirt und über einer Lage von fein gehackter Aspic auf einer flachen Schüssel angerichtet.

765. Lammsschulter als Ballon mit Sauerampfer. Epaule d'agneau en ballon à la purée d'oseille.

Die Lammsschulter wird, wie die vorhergehende ausgebeint, jedoch daß der untere Knochen daran bleibt. Sie wird hierauf von innen ge= salzen, mit Bindfaden ballonartig zusammengezogen, dann leicht blanchirt, die ganze obere Seite rein und sauber gespickt und zum Dämpfen einge= richtet. Eine Stunde vor dem Anrichten wird die Schulter auf Kohlen= feuer weich gedünstet, so zwar, daß sich der Speck lichtbraun färbt und glacirt, welches dadurch erreicht wird, daß man von oben immer helle Gluth erhält und die Schulter sehr oft mit ihrer eigenen Essenz begießt. Beim Anrichten wird die Schulter mit zwei Gabeln ausgehoben, der Bindfaden herausgezogen, oben dünn mit warmer Glace bestrichen und über ein in bester Eigenschaft bereitetes Sauerampfer=Püree angerichtet. (Siehe Abschnitt 4, Sauerampfer=Püree.)

Ferner erscheinen diese Lammsschultern als:

766. Lammsschulter als Ballon mit Püree von Endivien. Epaule d'agneau en ballon à la purée de chicorée.

767. Lammsschulter als Ballon mit Püree von Karden. Epaule d'agneau en ballon à la purée de cardes.

768. Lammsschulter als Ballon mit Püree von Kartoffeln. Epaule d'agneau en ballon à la purée de pommes de terre.

Die Lammsschultern werden ganz den vorhergehenden gleich ausge= beint, gespickt, gedämpft, schön glacirt und über die bezeichneten Pürees, welche ebenfalls im Abschnitt 4 angegeben sind, angerichtet.

769. Lammsschultern en musette. Epaules d'agneau en musette.

Zwei Lammsschultern werden breit von der Brust abgelöst, damit recht viel Haut daran bleibt, hierauf ganz bis auf den untern Knochen ausgebrochen, dann von innen leicht gesalzen, mit feinen Kräutern gewürzt, mit einem Salpikon gefüllt, (siehe Abschnitt 7, bei den kleinen Ragouts) und, damit beim Dämpfen nichts von dem Salpikon heraus kann, gut zugenäht und zwar in der Art, daß die Lammsschulter eine runde Form erhält. Auf der obern Seite wird in die Mitte eine Rosette gespickt und außen herum mit zierlich geschnittenen Trüffeln-Scheibchen, welche durch einen leichten Einschnitt in das dicke Fleisch eingesteckt werden, garnirt. Die Lammsschultern werden nun mit Speck, Schneidschinken, Zwiebeln, gelben Rüben, Petersilie und dem nöthigen Salz in einer gutschließenden Casserolle eingerichtet, mit einem Löffel voll guter Braise begossen, mit einer Papierscheibe, die mit Butter bestrichen wurde, überdeckt und so zwischen Kohlenfeuer eine und eine halbe Stunde langsam weich gedünstet. Beim Anrichten werden die Lammsschultern egoutirt, schön glacirt, auf einer flachen Ragoutschale angerichtet und eine recht kräftig bereitete sauce espagnole darunter gegeben.

770. Eingemachtes Lammfleisch mit Spargelspitzen. Ragoût d'agneau aux pointes d'asperges.

Ein vorderes Lammsviertel wird rein gewaschen, blanchirt, in frischem Wasser abgekühlt, dann in gleich große, saubere Stückchen zugeschnitten. Sodann läßt man in einer flachen Casserolle ein Stück frische Butter heiß werden, gibt die Fleischstückchen dazu, würzt diese mit einer Zwiebel, einer gelben Rübe, Petersilie und dem nöthigen Salz, dünstet sie eine viertel Stunde lang auf Kohlenfeuer, gießt hierauf $^5/_{10}$ Liter weiße Sauce und etwas Geflügelbrühe dazu und kocht die Fleischstücke, unter öfterem Abschäumen der Sauce gehörig weich. Währenddem wird ein großer Bund Spargel gereinigt, soweit dieser weich und zart ist in 1 Centimeter lange Stückchen geschnitten, diese dann in Wasser mit Salz weich blanchirt, dann auf ein Haarsieb gegossen, mit frischem Wasser abgekühlt und zwischen zwei Tellern kalt gestellt. Die Fleischstückchen werden nun mit einem Schaumlöffel aus der Sauce genommen, in eine andere Casserolle gethan, die Sauce selbst aber, bis sie die gehörige Dicke hat, über dem Windofen bei beständigem Rühren eingekocht, sodann mit dem Gelben von vier Eiern legirt, gehörig gesalzen, mit dem Safte einer halben Citrone angenehm gesäuert, durch ein Sieb über die Fleischstückchen passirt und au bain-marie warm gestellt. Beim Anrichten werden die Spargelspitzen unter das Ragout melirt und auf einer Ragout-Schale sauber und heiß angerichtet.

771. Eingemachtes Lammfleisch mit Blumenkohl. Ragoût d'agneau aux choux-fleurs.

Dieses ist eine Wiederholung des Vorhergehenden, nur daß statt der

Spargelspitzen vier Stück schöner Blumenkohl, in kleine Röschen zertheilt und weich blanchirt, dazu kommen.

772. Eingemachtes Lammfleisch mit Hopfensprossen. Ragoût d'agneau aux houblons.

Auch dieses wird gleich jenem mit Spargel bereitet, nur daß hier statt der Spargel Hopfensprossen genommen werden.

773. Epigramm vom Lamm. Epigramme d'agneau.

Hiezu wird ein schönes, vorderes Lammsviertel genommen, die Schulter (épaule) wird rein abgelöst und mit Speck, Zwiebel, gelber Rübe und den Abgängen von dem Lammsviertel weich gedünstet. Das Brüstchen wird blanchirt, in einer Braise weich gesotten, aus derselben genommen, leicht gesalzen und zwischen zwei flachen Casserolle-Deckeln bis zum völligen Erkalten leicht gepreßt. Von dem Rippenstücke werden Coteletten gemacht, diese gesalzen, in klare Butter, welche mit dem Gelben von zwei Eiern verrührt wurde, warm getaucht, dann mit feinem, weißem, geriebenem Brode panirt, mit klarer Butter in einen plat à sauter eingerichtet und mit einer Papierscheibe gedeckt, bei Seite gestellt. Das unterdeß kalt gewordene Brüstchen wird in eben so viele gleiche Stückchen als man Coteletten hat, geschnitten, diese dann sauber zugeschnitten, in klare Butter getaucht, mit Brod besäet und auf einem Teller ebenfalls zugedeckt bei Seite gestellt. Das reine Fleisch von der kalt gewordenen Schulter wird abgelöst, in feine Blättchen geschnitten (emincirt) und hievon ein recht kräftiges, mit Citronensaft angenehm gesäuertes Blanquette gemacht, welches man oben mit Glace beträufelt und au bain-marie warm gestellt. Eine viertel Stunde vor dem Anrichten werden die Coteletten auf Kohlenfeuer auf beiden Seiten schön lichtbraun gebraten, ebenso die Brüstchen auf dem Roste grillirt. Das Blanquette wird nun ganz heiß auf einer flachen Schüssel erhaben angerichtet und oben darüber im Kranze in abwechselnder Ordnung jedesmal eine Cotelette, dann ein Stückchen Brust, schön herum gelegt und sogleich zu Tisch gegeben. Unter das Blanquette können blätterig geschnittene Champignons genommen werden.

774. Lamms-Coteletten auf Toulouser Art. Côtelettes d'agneau à la Toulouse.

Die nöthige Anzahl schön gemachter, leicht gesalzener Lamms-

Coteletten werden mit Aufleg-Sauce bestrichen, mit geriebenem und nochmals fein geschnittenem, weißen Brod besäet, dann in klare Butter getaucht, nochmals gut mit Brod bestreut und auf einem mit Butter gut
bestrichenen Bogen Papier auf den Rost gelegt. Von Lammsbrieschen,
Champignons, Geflügelklößchen, Hahnennierchen und einigen Trüffeln wird
ein in bester Eigenschaft bereitetes, weißes Ragout angefertigt, welches
au bain-marie warm gestellt wird. (Siehe Abschnitt 7, Ragout à la
Toulouse.) Beim Anrichten wird die Hälfte desselben auf einer Ragout-
Schale heiß angerichtet, die vorher auf mittelstarkem Kohlenfeuer lichtbraun
gebratenen Coteletten au miraton herum gelegt und die Mitte des hiedurch entstandenen inneren Raumes mit der zweiten Hälfte des Ragout
angefüllt. In die Mitte wird noch eine Rosette von länglich gemachten
und zierlich mit schwarzen Perigord-Trüffeln belegten Geflügelklößchen
gelegt, welches dem Ganzen ein gutes Ansehen gibt.

775. Lamms-Coteletten à la maréchal. Côtelettes d'agneau à la maréchal.

Fünfzehn Lamms-Coteletten werden gemacht, in Butter schnell sautirt,
damit sie steif, aber nicht gar werden, und dann kalt gestellt. Sodann
werden 280 Gramm Trüffeln gereinigt, fein abgeschält und egal rund
geschnitten. Aus den Abfällen wird ein dickes Püree bereitet. Die runden
Trüffeln werden mit einem Stückchen Glace und etwas Madeira-Wein
gedünstet, dann mit guter Madeira-Sauce gekocht und au bain-marie warm
gestellt. Die Lamms-Coteletten werden der Breite nach in der Mitte eingeschnitten, aber nicht durchgeschnitten; in diese Oeffnung wird ein Kaffeelöffel voll von dem Trüffel-Püree gefüllt und dann dieselben messerrückendick mit Farce überstrichen. Wenn nun alle Coteletten so fertig sind,
werden sie in geriebenem Brode gewendet, dann nochmals in geschlagene
Eier getaucht, wiederholt mit geriebenem Brode besäet und zuletzt mit
dem Messer in schöne egale Form dressirt. Kurz vor dem Anrichten
werden dieselben in einem plat à sauter in klarer, frischer Butter lichtgelb gebraten, au miraton über eine Bordure von Reis angerichtet und
nachdem man das Trüffel-Ragout in der Mitte angebracht hat, sofort zu
Tisch gegeben.

776. Lamms-Coteletten auf französische Art. Côtelettes d'agneau à la Française.

Die Lamms-Coteletten werden gesalzen, mit klarer Butter eingerichtet
und eine Minute über starkem Feuer geschwungen, dann kalt gestellt.
Hierauf werden Champignons, Geflügelbrüstchen, Trüffeln und ein Stückchen
gekochte Ochsenzunge klein würfelig geschnitten und zusammen in eine
Casserolle gethan. $^5/_{10}$ Liter weiße Coulis werden in $^3/_{10}$ Liter Madeira-
Sec und 70 Gramm Geflügel-Glace über dem Windofen zu einer dickfließenden Sauce eingerührt, sodann mit dem Gelben von vier Eiern
legirt und durch ein Haartuch über die würfelig geschnittenen Ingredienzen

gepreßt, das heißt aber in der Art, daß die Sauce gehörig mit dem Volumen der Ingredienzen im Verhältniß steht, damit daraus ein compaktes, nicht auseinander fließendes Salpikon entsteht. Dieses wird nun gehörig gesalzen und jede Lamms-Cotelette von allen Seiten damit umstrichen (eingehüllt), so zwar, daß nur das Beinchen heraussieht. Wenn alle Coteletten beendet sind, werden sie im kalten Zustande mit fein geriebenem, weißen Mundbrode bestreut, hierauf in gut abgeschlagenen, leicht gesalzenen, ganzen Eiern gewendet und wiederholt gut mit Brod besäet, sodann auf einer flachen Schüssel geordnet, mit Brod überstreut und bis zum Gebrauche an einen kühlen Ort gestellt. Kurze Zeit vor dem Anrichten werden dieselben aus heißem Schmalz lichtbraun gebacken, dann schön angerichtet und eine kräftige, klare Jüs in einer Saucière extra beigegeben.

777. Lamms-Coteletten mit Parmesankäse. Côtelettes d'agneau à la Parma.

Die nöthige Anzahl schön gemachter Lamms-Coteletten werden mit einer Aufleg-Sauce oder sauce Villeroy, unter welche etwas geriebener Parmesankäse gerührt wurde, von allen Seiten bestrichen, mit geriebenem Brode besäet, dann in klare, lauwarme Butter getaucht und nochmals mit geriebenem Brode, unter welches ein Theil geriebener Parmesankäse gemengt wurde, gut bestreut, und zugedeckt kalt gestellt. Eine halbe Stunde vor dem Anrichten werden sie, wie jene à la Toulouse, auf dem Roste behutsam lichtbraun gebraten und über eine Unterlage von Reis angerichtet. Der Reis wird auf nachfolgende Weise bereitet. 280 Gramm Mailänder Reis werden gut gereinigt und in einer flachen Casserolle mit dem nöthigen Salz, einem Stück rohen, mageren Schinken, einem Stück weißen Luftspeck, einer ganzen Zwiebel und der nöthigen Geflügelbrühe langsam auf Kohlenfeuer, ohne darin zu rühren, weich und kurz gedünstet. Derselbe wird nun, nachdem man den Schinken und Speck herausgethan hat, mit 140 Gramm geriebenem Parmesankäse untermengt, auf einer Schüssel ganz heiß angerichtet, oben glatt gestrichen, mit Butter leicht übergossen und bis sich auf der Oberfläche eine leichte Kruste bildet, in dem Backofen gebacken. Ehe man es zur Tafel gibt, wird etwas Demi-Glace darüber gegossen und eine kräftig bereitete sauce tomate extra mit servirt. (Siehe sauce tomate, Abschnitt 2.)

778. Lamms-Coteletten in Papier. Côtelettes d'agneau en papillotes.

Diese werden ganz wie jene von Kalbfleisch bereitet und ich weise deßhalb auf den Abschnitt 10 dieses Buches zurück.

779. Lamms-Coteletten im Ofen. Côtelettes d'agneau au four.

Die Lamms-Coteletten werden mit klarer Butter in einen plat à sauter eingerichtet, über dem Windofen geschwungen (sautirt) und kalt gestellt.

Unterdessen läßt man 70 Gramm frische Butter heiß werden, gibt zwei Eßlöffel voll Mehl nebst einer Zwiebel dazu, röstet dieses einige Minuten, jedoch daß das Mehl keine Farbe bekömmt, rührt dann $^{5}/_{10}$ Liter guten, süßen Rahm nach und nach hinein und kocht dieses über dem Windofen zu einer dickfließenden Beschamel. Wenn dies erreicht ist, wird es mit dem Gelben von vier Eiern legirt, dann durch ein Haartuch gepreßt und mit diesem die Lamms-Coteletten überzogen, hierauf mit fein geriebenem Parmesankäse bestreut und eins neben dem andern in einem mit Butter bestrichenen plat à sauter geordnet. Vor dem Anrichten werden sie in einen nicht heißen Backofen gestellt, wo man sie eine lichtbraune Farbe nehmen läßt. Sie werden im Kranze (au miraton) angerichtet und in ihre Mitte eine klare, kräftige Jüs gegossen.

780. Lamms-Coteletten à la Bordeaux. Côtelettes d'agneau à la Bordeaux.

Die Lamms-Coteletten werden in klarer Butter eingerichtet, sautirt, mit etwas Consommé und Bordeaux begossen und kurz gedünstet. Unterdessen wird von Kalbsbrieschen, Champignons, Trüffeln und der nöthigen sauce espagnole, die mit einem Glas Bordeaux recht dick eingekocht wurde, ein Salpikon bereitet und dieses kalt auf die Lamms-Coteletten gefüllt; diese werden nun von allen Seiten mit fein geriebenem Brode besäet, dann nochmals in abgeschlagene Eier getaucht, wiederholt mit Brod besäet, dann schön geformt und zugedeckt kalt gestellt. Vor dem Anrichten werden sie lichtbraun aus dem Schmalz gebacken, die vorstehenden Rippchen mit kleinen Papiermanschetten besteckt und sodann schön angerichtet zu Tisch gegeben.

781. Epigramm von Lamm. Epigramme d'agneau.

Von zwei vorderen Lammsvierteln werden die Schultern herausgelöst, diese in ihrem Safte am Spieße gebraten und kalt gestellt. Von den Rippenstücken, Carrés, werden schöne Coteletten gemacht und mit klarer Butter in einem plat à sauter eingerichtet. Die Brüste werden blanchirt, mit frischem Wasser abgekühlt, sodann in einer Braise weich gesotten, ausgehoben, die Rippchen herausgenommen, leicht gesalzen und zwischen zwei flachen Casserole-Deckeln leicht, bis sie ganz kalt sind, gepreßt. Hierauf wird das Fleisch von den Schultern abgelöst, von diesem ein Emincé geschnitten und nebst blätterig geschnittenen Champignons in eine Saucen-Casserole gethan. Von den Brüsten werden zwei fingerbreite Stückchen in Herzform geschnitten, leicht gesalzen, in klare Butter getaucht, mit weißem Reibbrode besäet und auf den Rost gelegt. Unterdessen bereitet man aus weißer Coulis und Geflügel-Essenz eine gute sauce velouée, die man über das Emincé durch ein Haartuch preßt. Vor dem Anrichten wird nun das Emincé au bain-marie warm gestellt, die Bruchstücke über schwachem Kohlenfeuer grillirt, ebenso die Coteletten schnell sautirt, mit Glace begossen und auf einer Seite der Schüssel au miraton angerichtet, ebenso die Bruststückchen auf der andern. In der Mitte wird das Emincé ganz heiß erhaben angerichtet.

782. Gespickte Lamms-Coteletten mit Endivien. Côtelettes d'agneau piquées à la chicorée.

Hiezu müssen recht schöne, fleischige Lammsrippenstücke (Carrés) genommen werden; von diesen macht man schöne Coteletten, spickt die ganze Oberfläche recht fein und richtet sie mit klarer Butter, Zwiebeln, gelben Rüben, einem Stückchen rohen Schinken und dem nöthigen Salz in einer flachen Casserolle ein. Aus den Abgängen wird eine Essenz gezogen, welche man durch ein Sieb passirt und bei Seite stellt. Eine halbe Stunde vor dem Anrichten läßt man die Coteletten auf beiden Seiten Farbe nehmen, gießt sodann die Essenz nebst etwas gutem Kalb-fleisch=Fond dazu, stellt sie auf Kohlenfeuer, gibt oben auf den Deckel ebenfalls Kohlengluth und dämpft dieselben unter öfterm Begießen licht-braun und kurz ein, so zwar, daß sie in ihrem eigenen Safte schön glacirt erscheinen. Ein Püree von Endivien (siehe Abschnitt 4, von den Püreen) wird in einer flachen Schale angerichtet und die Coteletten im Kranze darüber gelegt. Zum besseren Ansehen werden dieselben nochmals leicht mit Glace bestrichen.

Ferner erscheinen die gespickten Lamms=Coteletten als:

783. Lamms-Coteletten mit Sauerampfer-Püree. Côtelettes d'agneau piquées à la purée d'oseille.

784. Lamms-Coteletten mit Zwiebel-Püree. Côtelettes d'agneau à la Soubise.

785. Lamms-Coteletten mit Püree von grünen Erbsen. Côtelettes d'agneau piquées à la purée de pois verts.

Bei allen diesen hier angeführten werden die Lamms=Coteletten den vorhergehenden gleich gespickt, gedämpft, glacirt und jedesmal im Kranze über dem bezeichneten Püree in schönster Ordnung gelegt. Die Bereitung dieser Pürees ist genau im Abschnitt 4 angegeben.

786. Lamms-Coteletten mit Trüffeln. Côtelettes d'agneau à la Morland.

Die Lamms=Coteletten werden leicht gesalzen, in gut abgeschlagenes Eiweiß getaucht, von beiden Seiten gut mit fein geschnittenen Perigord=Trüffeln besäet, dann in einem plat à sauter mit klarer Butter einge-richtet. Eine viertel Stunde vor dem Anrichten werden die Coteletten auf Kohlenfeuer langsam sautirt, jedoch so, daß die Trüffeln nicht brennen, weil sie dadurch vieles an ihrem materiellen Werthe verlieren würden. Sie werden im Kranze über ein in bester Eigenschaft bereitetes Champig-nons=Püree (siehe Abschnitt 4, purée de champignons) angerichtet.

787. Lamms-Coteletten mit feiner Financière. Côtelettes d'agneau à la financière.

Die Lamms=Coteletten werden fein gespickt und jenen mit Endivien gleich beendet. Sie werden über einen 6 Centimeter hohen Farce=Rand au miraton angerichtet, schön glacirt und in ihre Mitte ein ragoût à la financière gegeben. (Siehe Abschnitt 7, ragoût à la financière.)

788. Lamms-Coteletten mit Pflückerbsen auf englische Art. Côtelettes d'agneau aux petits pois à l'Anglaise.

Die Lamms=Coteletten werden mit klarer Butter eingerichtet und mit einer mit Butter bestrichenen Papierscheibe zugedeckt. Die Pflück= erbsen werden rein durchsucht, alle großen herausgenommen, rein gewaschen und im kochenden Wasser mit Salz und einem Bouquet Petersilie schnell weich gesotten. Sie werden dann in ein Sieb gegossen, in eine Casserolle gethan, ein Kaffeelöffel voll fein gestoßener Zucker und 140 Gramm ganz frische süße Butter dazu gegeben, zusammen über dem Windofen geschwungen und gleich angerichtet. Die Coteletten werden ebenfalls schnell über dem Windofen sautirt, schön glacirt und im Kranze über die Erbsen angerichtet. Es ist nöthig zu bemerken, daß, um diese Speise gehörig und gelungen zu bereiten, die Bereitung der Erbsen sowohl wie der Coteletten in spätester Zeit ausgeführt werden muß, denn langes Stehen würde denselben sehr nachtheilig sein.

789. Lamms-Coteletten à la Singarat. Côtelettes d'agneau à la Singarat.

Eine geräucherte, gekochte Ochsenzunge wird abgeschält, in zwei Theile getheilt und der spitzige davon recht fein geschnitten und zugedeckt kalt gestellt. Die Lamms=Coteletten werden schön gemacht, das heißt von allen Seiten gleich zugeschnitten, gesalzen, in geschlagenes Eiweiß getaucht, gut mit der fein geschnittenen Ochsenzunge bestreut, mit klarer Butter in einem plat à sauter eingerichtet und, mit einer Papierscheibe gedeckt bis zum Gebrauche kalt gestellt. Unterdessen bereitet man von 1 Liter süßem Rahm eine gute ausgekochte, dicke Beschamel, welche man ganz heiß mit dem Rest der fein geschnittenen Ochsenzunge in genaue Verbindung bringt und durch ein feines Haarsieb oder Haartuch streicht. Diese wird gehörig gesalzen, in eine passende Casserolle gethan, oben mit etwas blonder Glace übergossen und au bain-marie warm gestellt. Kurz vor dem Anrichten werden die Coteletten auf Kohlenfeuer gar ge= macht, was für jede Seite ungefähr eine Minute braucht. Das Püree wird nun auf einer flachen Schüssel angerichtet, die Coteletten im Kranze herum gelegt und außen herum mit klein ausgestochenen, schön gebackenen Fleurons (Butterteigschnitten) garnirt und sogleich servirt.

790. Lamms-Coteletten auf neapolitanische Art. Côtelettes d'agneau à la Napolitaine.

Die nöthige Anzahl recht schöner Lamms-Coteletten wird weich ge=
dünstet, zwischen zwei flachen Casserolle=Deckeln bis zum völligen Erkalten
gepreßt, schön panirt und jedes messerrückendick recht glatt mit Geflügel=
Farce überstrichen. Unterdessen hat man 140 Gramm Maccaroninudeln
in einer guten Geflügel=Braise langsam weich gekocht, aus welchen man,
nachdem sie zuvor auf einem Sieb gut abgelaufen sind, 6 Millimeter
lange Stückchen schneidet; mit diesen werden nun die Lamms=Coteletten
in aufrechtstehender Ordnung besteckt, so zwar, daß jedes Stückchen in
die Farce eingedrückt wird, und noch etwas hervorragt. Wenn nun
alle Coteletten auf diese Weise beendet sind, werden die innern Oeffnungen
mit rund ausgestochenen, zuvor aber gekochten Trüffeln, welche genau in
die Oeffnung passen müssen, garnirt, welches denselben ein gutes Ansehen
gibt. Sie werden hierauf in einem plat à sauter eins neben dem andern
eingerichtet, mit einigen Löffeln voll guter Geflügelbrühe begossen und
eine halbe Stunde vor dem Anrichten auf Kohlenfeuer langsam gehen
lassen, bis die Geflügel=Farce gar geworden ist. Unter dieser Zeit hat
man ungefähr für zehn Personen noch 280 Gramm Maccaroninudeln in
gesalzenem Wasser eine viertel Stunde gekocht, welche dann abgeseiht und
hierauf mit 140 Gramm geriebenem Parmesan= und eben so viel gutem
Schweizerkäse nebst 140 Gramm sehr frischer Butter, zwei Anrichtlöffeln
voll guter Jüs nebst dem nöthigen Salz über dem Windofen geschwungen
werden, bis sich der Käse mit den Maccaroninudeln gebunden hat und
sich lange Fäden zeigen. Sie werden nun sogleich auf einer flachen
Schüssel angerichtet und die Coteletten in schöner Ordnung im Kranze
darüber gelegt. Ueber die Maccaroninudel können noch einige Eßlöffel
voll Tomate=Sauce, wenn es der Geschmack des Tischherrn erlaubt, ge=
gossen werden.

791. Rosbif vom Lamm. Rosbif d'agneau.

Der hintere Theil eines gut abgelegenen, recht schönen Lammes wird
bis über die drei ersten Rippen, noch über der Niere hinaus, abgehauen,
gewaschen, gut abgetrocknet, sodann die Rippen abgebrochen, das Bauch=
fleisch nach innen aufgerollt und mit einem Holzspeilchen durchstochen,
daß das Ganze eine runde, schöne Form erhält. Die Beine an den
Schlegeln werden über den Knieen abgehauen, das Fleisch rund zwei=
fingerbreit abgelöst, die Knochen abgeschabt und mit Bindfaden zusammen=
gebunden. Das Schlußbein wird zwischen den Schlegeln gespalten, die
Schlegel breit auseinander gebogen und ebenfalls ein Holzspeilchen
durchgesteckt. Hierauf wird der Braten gesalzen, mit etwas weißem
Pfeffer bestäubt, an den Bratspieß der Länge nach gut befestigt, mit
einem doppelt zusammengelegten und mit Butter bestrichenen Papierüber=
wurf umbunden und eine und eine halbe Stunde bei mittelstarkem Feuer

gebraten. Eine halbe Stunde zuvor wird das Papier abgenommen, das Feuer verstärkt, damit der Braten eine überall gleich schöne lichtbraune Farbe bekömmt. Beim Anrichten wird derselbe glacirt und eine gute, kräftige Jüs mit servirt.

792. Gebackenes Lammfleisch. Agneau frit.

Hiezu werden stets die Hälse und Schultern verwendet. Diese werden in schöne, gleich große Stücke getheilt, mit Salz und Concassé gewürzt, sodann in gut abgeschlagene ganze Eier getaucht, gut mit geriebenem, feinen Mundbrode, unter welches ein Theil Mehl gemengt wurde, bestreut, und langsam aus heißem Schmalz gebacken. Beim Anrichten kömmt recht grün gebackene Petersilie dazu.

793. Gebackenes Lammfleisch auf französische Art. Tendrons d'agneau à la Villeroy.

Hiezu werden die Brüste von dem Lamme genommen, diese blan= chirt, im frischen Wasser abgekühlt, abgetrocknet, in der Braise weich= gesotten und dann zwischen zwei Deckeln, bis sie kalt sind, gepreßt. Unterdessen wird eine Zwiebel, eine gelbe Rübe, eine Pastinak= und eine Porriwurzel gereinigt, feinblätterig geschnitten, in Butter etwas passirt, dann mit guter Fleischbrühe weich und kurz gedünstet. Diese Kräuter werden nun mit einer dickfließenden, mit Citronensaft angenehm gesäuerten und mit dem Gelben von vier Eiern legirten Sauce gut verrührt und durch ein Haartuch gestrichen. Die Brüste werden in zweifingerbreite Stücke getheilt, sauber zugeschnitten, gesalzen und jedes gut mit der Sauce überstrichen, so zwar, daß sie ganz eingehüllt sind. Sie werden sodann mit feinem, geriebenen Brod bestreut, in gut abgeschlagene, ganze Eier getaucht und nochmals mit Brod panirt. Eine viertel Stunde vor dem Anrichten werden diese Bruststücke aus heißem Schmalz lichtbraun ge= backen, schön angerichtet und sogleich zu Tisch gegeben. In ihre Mitte kömmt recht grün gebackene Petersilie.

794. Eingemachte Lammsfüße. Pieds d'agneau à la poulette.

Diese müssen von dem Metzger gebrüht, gereinigt und so ganz rein in die Küche geliefert werden. Sie werden nun an einen Vogelspieß gesteckt und über einem hellbrennenden Windofen, daß alle feinen Haare weggehen, gesengt. Hierauf werden sie mit kaltem Wasser zum Feuer gesetzt und so lange darin gerührt, bis dieselben zu kochen anfangen. Sodann wird das Rohrbein, ohne daß die Haut beschädigt wird, her= ausgedreht. Sie werden hierauf in einer flachen Casserolle neben einander eingerichtet, mit einer guten Braise begossen, mit einer Papierscheibe über=

deckt und auf Kohlenfeuer langsam weich gekocht. Unter dieser Zeit
werden 5/10 Liter weiße Coulis mit 3/10 Liter guter Geflügelbrühe über
dem Windofen unter beständigem Rühren eingekocht, dann gehörig ge=
salzen, mit einem Stückchen Glace und dem Safte einer halben Citrone
im Geschmacke gehoben und durch ein Haartuch über vier Eßlöffel voll
Champignons in eine Saucen=Casserolle gepreßt und au bain-marie warm
gestellt. Vor dem Anrichten werden die Füße mit einem Schaumlöffel
ausgehoben, zum Entfetten auf ein Tuch gelegt, dann in einer Reis=
oder Nudelkruste angerichtet und die ganz heiße, mit etwas sehr fein
geschnittener, abgekochter, grüner Petersilie noch gewürzte Sauce darüber
gegossen.

795. Gebackene Lammsfüße.   Pieds d'agneau en marinade.

Sie werden wie die vorhergehenden bereitet, das heißt, wenn die=
selben in der Braise weich gesotten sind, hebt man sie mit einem Schaum=
löffel auf ein Tuch, legt sie dann auf eine flache Schüssel, marinirt sie
mit einigen Eßlöffeln voll feinstem Oliven=Oel, Estragon=Essig, abgezupfter
Petersilie, einer in Scheiben geschnittenen Zwiebel nebst gestoßenem,
weißen Pfeffer. Vor dem Anrichten werden sie genau abgetrocknet und
in einen Backteig (pâte à frire, siehe Abschnitt 3) getaucht und aus
heißer Backbutter lichtbraun gebacken, angerichtet und sogleich zu Tisch
gegeben.

796. Gebackene Lammsfüße auf französische Art.   Pieds d'agneau farcis à la Villeroy.

Nachdem die Lammsfüße in einer guten Marinade weich gesotten
sind, werden sie auf ein Tuch gelegt, alles Unreine herausgenommen und
ein Salpikon eingefüllt. Man gibt denselben, so viel wie möglich, ihre
natürliche Form wieder, taucht sie dann in eine recht dick gekochte und
geschmackvolle sauce allemande, panirt sie zweimal und bäckt sie kurz
vor dem Anrichten aus heißer Backbutter lichtbraun. Sie werden erhaben
angerichtet und in ihre Mitte grün gebackene Petersilie gegeben.

797. Grillirte Lammsfüße mit Kartoffeln.   Pieds d'agneau grillés aux pommes de terre.

Die Lammsfüße werden in der Braise weich gekocht, dann aus=
gehoben, kalt gestellt, an den beiden Enden sauber zugeschnitten, gesalzen,
in Butter getaucht, mit Brod besäet und zugedeckt bei Seite gestellt. Gute
Kartoffeln werden gesotten, abgeschält, in Scheiben geschnitten und im
Kranze auf einer Schüssel mit guter Sauce Beschamel zweifingerhoch
angerichtet. Dieser Kranz wird nun ganz mit Beschamel überstrichen,
mit fein geriebenem Parmesankäse bestreut, mit Butter beträufelt und

im Ofen lichtgelb gebacken. Unterdessen werden die Lammsfüße auf dem Roste gebraten, im Kranze erhaben angerichtet und eine gute, kräftige Jüs, welche mit Citronensaft angenehm gesäuert ist, über die Füße gegossen.

13. Abschnitt.

Vom Schweine.   Du cochon.

Obschon der größte Theil des Schweines in der feineren Küche nicht besonders geachtet wird und viele Speisen hievon wegen der schweren Verdaulichkeit des Fleisches nicht den ersten Rang einnehmen, so ist es doch unter allen Thieren dasjenige, welches uns in ökonomischer Hinsicht den größten Nutzen verschafft. Kein anderes Thier ist so ganz in seinem Fette eingehüllt, als ein gemästetes Schwein. Bei dem Ochsen, Hammel ꝛc. ist das Fett mit dem Fleische gemischt, bei dem Schweine hingegen ist es mit einer dicken Lage Speck umgeben, der für die höhere Küche unent= behrlich geworden ist.   Von noch größerem, ja unberechenbarem Vortheil ist das geräucherte und eingesalzene Fleisch des Thieres für die Marine. Das Schweinefleisch frisch, wie z. B. gebratener Schlegel, für Coteletten ꝛc. muß stets von gemästeten, einjährigen Schweinen gewählt werden, wovon der Speck recht weiß ist und das Fleisch sich durch eine blaßrothe Fleisch= farbe auszeichnet.   Die besten Schinken beziehen wir aus Westphalen, Pommern, Bayonne, Mainz, denn diese zeichnen sich durch Zartheit ihres Fleisches und durch einen vortrefflichen Geschmack aus.

798. Gefüllter Schweinskopf.   Tête de cochon farcie.

Von dem gut gereinigten Schweine wird der Kopf bis zur Hälfte der Schultern abgelöst, durchgehauen, der Kopf über einem hellbrennenden Windofen, damit alle feinen Haare wegbrennen, flammirt, dann nochmals rein gewaschen, die untere Seite der Länge nach aufgeschnitten und der Kopf nun mit großer Sorgfalt, damit die Haut kein Loch bekömmt, aus= gebrochen, ausgelöst.   Wenn dies erreicht ist, wird nun das Fleisch von den Knochen geschnitten, wie auch jenes von den beiden Schultern, welches man nun gleichmäßig in den Kopf legt. Unterdessen läßt man 560 Gramm Salz in 2¹/₁₀ Liter Wasser aufkochen und gießt dieses, wenn es kalt geworden, über den, unterdeß in einen irdenen Topf gelegten Kopf, würzt nun denselben noch mit einigen Wachholderbeeren, einigen weißen Pfefferkörnern, Gewürznelken, vier Lorbeerblättern, einer Zehe Knoblauch, 17 Gramm pulverisirtem Salpeter, Thymian und Basilicum, überdeckt denselben mit einem reinen Tuch, beschwert ihn und läßt ihn an einem kalten Orte acht bis zehn Tage mariniren. Nach dieser Zeit wird nun der Kopf ausgehoben, alle Gewürze weggethan, die schönern Stücke des Fleisches in lange fingerdicke Streifen geschnitten und das Uebrige mit 1 Kilo 120 Gramm gesalzenem Luftspeck fein geschnitten in einen Mörser gethan, mit einem Kaffeelöffel voll feinen Kräutern (herbes en poudre) gewürzt und gestoßen. Der Kopf wird nun in seiner ganzen Breite auseinander auf ein reines Tuch gelegt, abgetrocknet, mit der gestoßenen Farce belegt, geebnet, dann auf diese die Streifen von dem Fleische, dazwischen in Streifen geschnittene Trüffeln, ebenso geschnittene und gewürzte Streifen von Speck, geräucherte und abgeschälte Ochsenzunge, abgeschälte Pistazien, dann darüber wieder eine Lage von der Farce und so fort bis alles aufgegangen und der Kopf gehörig voll werden kann. Die beiden Enden werden nun zusammengenommen, gut mit Bindfaden zusammengenäht, ebenso an dem hintern Theil die abgelöste Haut eines Schlegels, welche nach der Form des Kopfes rund geschnitten wurde, fest angenäht und so dem Kopfe seine natürliche Form wieder gegeben. Derselbe wird nun in ein reines Tuch fest netzartig eingeschnürt, in ein passendes Geschirr gethan, mit Knochen von dem Schweine, auch Kalbs- und Rindsknochen umlegt, mit Zwiebeln, gelben Rüben, einigen Lorbeerblättern, Petersilie, Schalotten, einigen Gewürznelken, ganzen Pfefferkörnern und Wachholderbeeren gewürzt, mit einfacher Fleischbrühe und 3²/₁₀ bis 4³/₁₀ Liter rothem Wein, daß die Flüssigkeit darüber geht, begossen, genau zugedeckt und fünf bis sechs Stunden sehr langsam gekocht. Nach dieser Zeit wird der Kopf in seiner Brühe nach oben schwimmen, welches ein Zeichen ist, daß er ausgekocht ist; zur Fürsorge kann man denselben jedoch mit einer Spicknadel probiren, wenn man diese durch den Kopf sticht, muß sie leicht, ohne daß man den Kopf mit in die Höhe zieht, herausgehen. Man stellt nun den Kopf zurück und läßt ihn, eingebunden ganz wie er ist, in seiner Brühe über Nacht kalt werden. Am andern Tag wird der Kopf aufgeschnürt, herausgenommen, von allen Seiten gereinigt, der Bindfaden herausgezogen, an dem Ende des Halses fingerdick durchgeschnitten, der Kopf schön von allen Seiten glacirt, auf einer langen Schüssel, worauf eine Serviette zierlich zusammengelegt ist, angerichtet, außen herum grüne Petersilien-Sträußchen garnirt und so zu Tisch gegeben. Eine grüne Kräuter-Sauce kalt oder auch eine sauce moutarde kann in einer Sauciere extra mitservirt werden. Die Marinade, in welcher der Kopf gekocht wurde, wird rein entfettet und kann, zu einer Fleischsulz bereitet, mit dem Kopf servirt werden.

799. Bereitungsart der Schinken.   Manière de faire le jambon.

Der Werth eines guten Schinkens hängt meistens von dem Fleische selbst ab, denn nur eine gute Fütterung, die aus Gerste, Eicheln oder Buchmast bestehen sollte, übt den größten Einfluß auf einen guten Schinken und festen Speck aus.   Die Schlegel von solch gemästeten Schweinen werden nun in ihrer ganzen Größe vollständig abgehauen, wie auch das Bein unter dem Knie.   Hierauf werden die Schweinskeulen mit fein gestoßenem Salz und etwas Salpeter vermischt gut eingerieben, das heißt auf je 560 Gramm Salz, 52 Gramm Salpeter und mit diesem jedesmal 8 Kilo 400 Gramm Fleisch, in ein gut ausgebrühtes Gefäß von Buchenholz eingerichtet und kleinere Stücke von dem Schweine, die man mit einpökeln will, zum Ausfüllen dazwischen gelegt.   Einige Tage vorher muß jedoch folgende Marinade bereitet werden.   Basilicum, Thymian, Lorbeerblätter, etwas Salbei, Wachholderbeeren, Pfefferkörner und einige Gewürznelken werden in ein gut schließendes, irdenes Gefäß gethan, mit zwei Bouteillen Wein begossen, gut zugedeckt und so einige Tage stehen gelassen.   Die Marinade läßt man nun durch ein Haarsieb über das eingesalzene Fleisch laufen, gießt noch einmal etwas Wasser an die Kräuter, preßt sie und gießt auch dieses noch zu ersterem.   Das Fleisch wird nun, ohne es zu pressen, zugedeckt und drei bis vier Wochen an einen kalten Ort gestellt.   Unter dieser Zeit werden die Fleischstücke öfters umgekehrt und im Fall die Marinade nicht mehr das Fleisch bedecken sollte, so müßte abgekochtes und wieder erkaltetes Salzwasser nachgegossen werden. Nach dieser Zeit werden nun die Fleischstücke herausgenommen und so lange geräuchert bis sie gut trocken und wohl geräuchert sind.   Sodann werden die Schinken mit etwas Wein und gutem Essig angestrichen und wenn sie wieder trocken geworden sind, werden sie an einem trocknen, kühlen Orte aufbewahrt.   Ganz auf dieselbe Weise werden auch Ochsen- und Schweinszungen behandelt.

800. Westphälischer Schinken mit Madeira-Wein.   Jambon de Westphalie au vin de Madeira-Sec.

Ein Westphälischer, Bayonner, Mainzer oder auch der auf die angegebene Weise geräucherte Schinken wird über Nacht in Milch und Wasser geweicht, dann das Schluß- und das ganze Rohrbein durch ein geschicktes Losschneiden mit einem dünnen, scharfen Messer herausgelöst, an dem untern Knochen abgedreht, dann das Fleisch wieder sorgfältig zusammengemacht, der Schinken netzartig mit Bindfaden gebunden, in ein passendes, gut schließendes Geschirr gelegt, mit einigen Stücken derbem Ochsenfleisch und einem Kalbsjarret belegt, mit einigen Zwiebeln, gelben Rüben, einer Sellerie-, mehreren Petersilienwurzeln, Lorbeerblättern, Gewürznelken und ganzen Pfefferkörnern gewürzt, mit zwei Bouteillen gutem Madeira-Sec und eben so viel gutem Consommé begossen, zugedeckt, der Deckel mit gebrühtem Mehlteig gut verpappt, das Geschirr auf einen brennenden Wind-

ofen gestellt, und wenn der Schinken zu kochen anfängt, das Geschirr
in einen abgekühlten Backofen gestellt und vier bis fünf Stunden, je
nach seiner Größe, recht langsam gedämpft. Nach dieser Zeit wird der
Schinken weich und in seinem vollsten Safte sein; derselbe wird nun
behutsam mit einem großen, flachen Schaumlöffel herausgenommen, auf=
gebunden, die Haut abgezogen, von allen Seiten sauber zugeschnitten,
schön glacirt, unten an den Knochen eine Papier=Manschette gesteckt, an=
gerichtet und warm gestellt. Die Schinkenessenz wird durchpassirt, sehr
rein entfettet, mit einem Löffel voll sauce espagnole eine halbe Stunde
rein ausgekocht und in einer Saucière extra beigegeben.

801. Russischer Schinken. Jambon à la Russe.

Ein großer, einen Tag zuvor in Milch geweichter Schinken wird
dem vorhergehenden gleich ausgebeint, an die Stelle, wo das Bein war,
wird geriebener Meerrettig gethan, der Schinken ebenso zusammengeschnürt,
mit Kräutern in einem Braisier eingerichtet, mit Bordeaux=Wein begossen,
genau zugedeckt, gut verpappt und ebenso im Ofen weich gedämpft. Man
läßt ihn in seiner Marinade kalt werden, schneidet aus demselben, wenn
er zu Tisch gegeben wird, ganz dünne Tranchen, die man auf Assietten
von Porzellan schön anrichtet. Aus der Marinade selbst wird eine
Fleischsulz bereitet, mit welcher der Schinken garnirt wird.

802. Westphälischer Schinken mit einem Ragout Godard. Jambon de Westphalie à la Godard.

Der westphälische Schinken wird jenem mit Madeira=Wein gleich
bereitet, recht rein von allen Seiten zugeschnitten, damit derselbe eine
schöne Form erhält, einigemal glacirt und so in seinem schönsten Ansehen
über ein geschmackvolles, reichhaltiges Ragout Godard angerichtet. Es
muß bemerkt werden, daß ein Theil der Schinken=Essenz zu dem Ragout
angewendet wird. (Siehe Ragout Godard, Abschnitt 7.)

803. Schinken mit Spinat.   Jambon aux épinards.

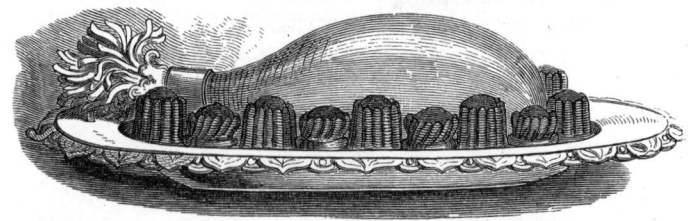

Hiezu kann jeder gut bereitete Schinken genommen und in einer Wurzel-Bouillon sehr langsam weich gekocht werden. Dieser wird, nachdem er halb verkühlt ist, ausgehoben, die Haut abgezogen, rein und in schöner Form zugeschnitten, in ein passendes Geschirr gelegt, mit etwas guter Rindfleischjüs begossen und so in einer Bratröhre oder Backofen bei recht oftmaligem Begießen recht schön glacirt. Unter dieser Zeit hat man den Spinat auf folgende Weise bereitet: Von ganz jungem Spinat werden alle Stiele sorgfältig abgeschnitten, dieser sehr rein gewaschen, blanchirt, mit kaltem Wasser übergossen, ausgedrückt, geschnitten und durch ein feines Haarsieb gestrichen, dann mit einem Theil ganz frischer Butter in eine Casserolle gethan, etwas geriebene Muskatnuß und Salz darauf gestreut und zugedeckt bei Seite gestellt. Vor dem Anrichten wird der Spinat über einen hellbrennenden Windofen bei beständigem Rühren bis zum Kochen heiß gemacht, zwei bis drei Anrichtlöffel voll sauce veloutée und noch ein Stück frische Butter darunter gerührt, gehörig gesalzen, auf einer langen Schüssel erhaben angerichtet, in die Mitte der schön glacirte Schinken gelegt und der Spinat außen herum mit von weißem Mundbrode geschnittenen und in klarer, frischer Butter gelb gebackenen Brod-Croutons belegt und sogleich zu Tisch gegeben. Der zarte, feine Geschmack des Spinats mit dem kräftigen, guten Geschmacke des Schinkens ist eine willkommene Schüssel und wird von dem Kenner stets gern aufgenommen.

804. Westphälischer Schinken mit Fleischsulz verziert.   Jambon de Westphalie sur socle.

Ein schöner, großer westphälischer Schinken wird einige Tage im Wasser geweicht (aus seinen Salztheilen gewässert), dann gut gereinigt, das Bein ausgelöst, der Schinken in ein leinenes Tuch eingebunden und in einer Wurzel-Bouillon sehr langsam weich gekocht. Am andern Tag wird derselbe herausgenommen, aufgebunden, von der ganzen Oberfläche bis auf den untern Theil über dem Knochen die Haut herabgezogen, der Knochen selbst schön abgeschabt, dieser mit einer Papier-Manschette besteckt und die Oberfläche des Schinkens wie auch die untere Seite desselben in schönster, runder Form zugeschnitten. Hierauf legt man ihn auf ein reines Brettchen und garnirt den Schinken mit ganz weißer, rother und

brauner Fleischsulz, wie z. B. in der Mitte eine schöne Rosette, einen Stern 2c., außen herum wird eine zierliche Bordure garnirt. Wenn nun der Schinken auf das schönste und geschmackvollste geziert ist, wird derselbe über eine Unterlage von gehackter Fleischsulz auf eine lange Schüssel gelegt und auf den innern Rand derselben ebenfalls eine schöne, zierliche Bordure von Aspic-Croutons in abwechselnder Farbe aufgestellt, welches dem Ganzen noch ein schöneres Ansehen gibt. Bei Bällen, wo Buffets aufgerichtet sind, werden die Gäste mit diesem nebst kalten Speisen bedient; bei solchen Gelegenheiten werden nun auch, der größeren Zierde wegen, diese Schinken auf Fettsockeln angerichtet, wodurch natürlich eine noch größere Eleganz erzielt wird. Die Bereitung dieser Fettsockel folgt im 68. Abschnitte.

805. Westphälischer Schinken mit grüner Sauce. Jambon de Westphalie à la sauce ravigote verte.

Aus einem guten, weichgekochten westphälischen Schinken werden 9 Centimeter lange dünne Tranchen (Schnitten) herausgeschnitten, diese über sich zierlich aufgerollt und so recht geschmackvoll, die Speckseite nach außen, im Kranze auf eine flache Schüssel aufdressirt. In die Mitte wird eine in bester Eigenschaft bereitete grüne Oel-Sauce (siehe 2. Abschnitt, 3. Abtheilung) erhaben gegossen.

806. Schweinsohren en menu de roi.   Oreilles de cochon en menu de roi.

Fünf bis sechs Schweinsohren werden gereinigt, über dem hell-brennenden Windofen flammirt, mehrmals gewaschen, blanchirt, in einer Braise weich gekocht, dann darin erkalten lassen. Ferner wird das Innere von sechs bis acht großen weißen Zwiebeln feinblätterig geschnitten, mit einem Stück frischer Butter blaßgelb geröstet, dann mit ³/₁₀ Liter guter sauce espagnole und einigen Löffeln voll Rindfleischjüs langsam weich gekocht. Die Schweinsohren werden aus der Braise genommen, in gleich-mäßige lange Streifen geschnitten, in eine Casserolle gethan, die Sauce sehr rein entfettet, gehörig gesalzen, ein wenig guter Essig und franzö-sischer Senf dazu gethan, über die geschnittenen Ohren gegossen und sehr heiß angerichtet.

807. Schweins-Coteletten nach Robert.   Côtelettes de cochon à la Robert.

Aus dem recht gut abgelegenen Schweins-Carré werden schöne Cote-letten gemacht, diese mit Pfeffer und Salz bestreut und auf dem Roste oder auch mit klarer Butter in dem plat à sauter im Safte gebraten. Die Coteletten werden au miraton angerichtet und in ihre Mitte eine Sauce Robert gegeben, die man auf folgende Weise bereitet: Sechs große, weiße Zwiebeln werden würfelig geschnitten, in klarer, frischer Butter lichtbraun geröstet, die Butter abgegossen, die nöthige sauce es-pagnole darauf gegossen, gut zusammen verkocht, gehörig gesalzen, drei Eßlöffel voll französischer Senf darunter gerührt und mit dem Safte einer Citrone angenehm gesäuert.

808. Schweins-Coteletten auf dem Roste gebraten.   Côtelettes de cochon panées grillées.

Diese werden, wie die vorhergehenden, mit Salz und Pfeffer bestreut, in Butter getaucht, mit geriebenem Brod besäet und im Safte auf dem Roste gebraten. Sie werden im Kranze angerichtet, mit Citronensaft be-träufelt und in deren Mitte eine gute, kräftige Coteletten-Jüs gegossen.

809. Gebratener Schweinsschlegel auf bürgerliche Art.   Cuissot de cochon à la bourgeoise.

Der Schweinsschlegel wird rein gewaschen, mit Salz und Pfeffer eingerieben, mit Zwiebeln in einem Geschirr eingerichtet, mit ³/₁₀ Liter gutem Weinessig und etwas Fettbrühe genäßt, mit zwei Lorbeerblättern und Gewürznelken gewürzt und in der Bratröhre recht schön gebraten. Der Schlegel wird nun angerichtet, mit gebratenen Kartoffeln bekränzt, der zurückgebliebene Fond entfettet und in einer Saucière extra beige-geben.

810. Gebratenes Spanferkel. Milchschwein. Cochon de lait à la broche.

Nachdem das einen Tag zuvor abgestochene, drei bis vier Wochen alte Milchschwein rein geputzt und gewaschen ist, wird es mit Pfeffer und Salz von innen eingerieben, auf die allgemein bekannte Weise dressirt, gut an dem Bratspieß befestigt, das heißt seiner ganzen Länge nach mit demselben durchstochen, und so bei mittlerem Feuer, recht oft mit dem feinsten Provenceröl überstrichen, gebraten, welches jedoch mit einiger Vorsicht geschehen muß, damit die Haut keine Blasen bekömmt und das Schwein durchaus eine gleiche lichtbraune, croquante Kruste erhält. Die Zeit des Bratens muß genau nach der Anrichtezeit berechnet sein, so zwar, daß dasselbe in anderthalb Stunden vollendet sein muß. Gleich nach dem Abziehen vom Spieße wird die Hälfte des Kopfes nach unten durchschnitten, welches zum Zweck hat, daß der Dampf aus dem Schwein heraus kann und die Kruste recht croquant bleibt, worauf besonders gesehen werden muß. Ganz feiner französischer Senf wird mit servirt.

811. Gefülltes Milchschwein. Cochon de lait en galantine.

Das Schwein wird dem vorhergehenden gleich sehr rein geputzt, über dem hellbrennenden Windofen flammirt, abgetrocknet und mit vieler Vorsicht ausgebeint (desossirt), so zwar, daß die Haut kein Loch und der Kopf und die Füße unbeschädigt an dieser bleiben. Sodann bereitet man eine gute Koch-Farce (farce cuite, siehe Abschnitt 5, von den Farcen). Das Milchschwein wird nun auf einem reinen Tuche auseinander gelegt, von

innen gesalzen, mit der Farce überstrichen, mit Streifen von weißem
Speck, gekochtem Schinken, Trüffeln, Pistazien, mit dem Gelben von hart=
gekochten Eiern, jedes in acht Theile geschnitten, der Länge nach in ab=
wechselnden Streifen belegt, wieder mit Farce überstrichen, dann wieder
Speck, Schinken, Trüffeln 2c., zuletzt wird Farce darüber gestrichen.   Das
Schwein wird nun gut zusammengenäht, damit dasselbe seine Form wieder
bekömmt, von außen mit Citronensaft eingerieben, mit dünnen Speckscheiben
belegt und in eine Serviette eingebunden.   Dasselbe wird nun in ein
passendes Geschirr gethan, die Knochen von dem Schweine, wie auch
einige Kalbs=Jarrets klein zerhauen, herumgelegt, mit einigen Lorbeer=
blättern, einer Zehe Knoblauch, einigen gelben Rüben, Zwieben, Schalotten,
einem Bouquet Petersilie und Lauch gewürzt, mit einer Bouteille Rhein=
wein und der nöthigen, guten Bouillon übergossen, gesalzen und sehr
langsam gehörig weich gekocht.   Wenn dann dasselbe in seinem Sude
kalt geworden ist, wird es aufgelöst, von allen Seiten rein abgewischt,
schön glacirt und auf einer langen, passenden Schüssel angerichtet.   Der
Fond wird aufgekocht, passirt, sehr rein entfettet und zu einer Aspic mit=
verwendet, mit welcher das Schwein schön geziert wird.

812. Spanferkel auf polnische Art. Cochon de lait à la Polonaise.

Aus dem gut gereinigten Spanferkel wird der Rückgratknochen und
die Rippen ausgelöst und sodann mit sehr weich und kräftig gedämpftem
Sauerkraut, unter welches man Filets von gekochtem Schinken und sau=
tirten Fischfilets melirt hat, voll angefüllt.   Es wird nun zusammenge=
näht, schön, als wenn es liegen würde, dressirt, dann auf eine Bratmulde
gelegt und im Backofen oder Bratröhre recht croquant und lichtbraun
gebraten, dann sogleich zu Tisch gegeben und eine recht kräftige Jüs in
der Saucière mitservirt.

813. Blutwürste. Boudins noirs.

Sechs bis acht Stück schöne Zwiebeln werden geschält, in der Mitte durch- und dann von der Hand feinblätterig geschnitten und mit ausgelassenem, frischen Schweinefett weich gedünstet. Ferner werden 1 Kilo 120 Gramm Schweinefleisch vom Bauche kernig weich gekocht und wenn dieses erkaltet ist, klein würfelig geschnitten. Ebenso läßt man ein Stück frische Butter heiß werden, gibt zwei bis drei Eßlöffel voll Mehl dazu, röstet dies einige Minuten, rührt es mit $2^{1}/_{10}$ Liter gutem, süßen Rahm an und kocht hievon eine etwas dicke Beschamel; diese wird nun mit den Zwiebeln durch ein feines Haarsieb gestrichen, dann in eine Casserolle gethan, heiß gerührt, das geschnittene Fleisch dazu gethan, $3^{2}/_{10}$ Liter frisches Schweineblut dazu gerührt, gehörig gesalzen, mit feinen Kräutern, welche aus Pfeffer, Muskatnuß, Gewürznelken, Thymian und Lorbeerblättern bestehen, angenehm gewürzt und dann in gut gereinigte Schweinsdärme gefüllt, fingerlang unterbunden und zehn bis fünfzehn Minuten in kochendes Salzwasser gelegt, sodann aus dem Sude genommen, auf ein flaches Geschirr gelegt, mit einem fetten Bogen Papier bedeckt und an einem kühlen Orte aufbewahrt. Beim Gebrauche werden die Würste auf dem Roste oder in einem plat à sauter mit heißer Butter langsam gebraten und sogleich zu Tisch gegeben.

814. Bratwürste. Saucisses.

Aus 1 Kilo 120 Gramm magerem Schweinefleisch werden alle Fasern genommen und dieses mit ebensoviel frischem Speck fein geschnitten, dann gehörig gesalzen, mit etwas feinem weißen Pfeffer und fein geschnittener Citronenschale gewürzt, mit etwas weißem Wein befeuchtet, die Masse in Bratwurstdärme gefüllt und fingerlang unterbunden. Sie werden in frischer Butter gebraten, und sogleich angerichtet und mit gutem Senf gespeist.

815. Bratwürste mit Trüffeln. Saucisses truffées.

Diese unterliegen derselben Anfertigung wie die vorhergehenden, nur mit dem Unterschiede, daß die Citrone wegbleibt und 280 Gramm in Madeira-Wein und Glace kurz gekochte und dann feingeschnittene Trüffeln dazu kommen.

816. Bratwürste mit Bordeaux-Wein. Saucisses au vin de Bordeaux.

Die Bratwürste werden blaß gebraten, in halbfingerlange Stücke geschnitten, die Haut abgezogen und in eine Casserolle gethan. Einige Schalotten und Champignons werden fein geschnitten, mit Butter gedünstet und nebst einigen Eßlöffeln voll in Butter goldgelb geröstetem feinen Mundbrode dazu gethan, mit einer Bouteille Bordeaux-Wein begossen und nebst einem Stück Glace eine viertel Stunde gekocht, sodann angerichtet und sogleich zu Tisch gegeben.

817. Bratwürste auf Matrosen-Art. Saucisses en matelote.

Einige Zwiebeln werden würfelig geschnitten, in Butter gelb ge=
röstet, mit rothem Wein kurz gedünstet, dies über die rohen Bratwürste
gethan, diese dann mit Pfeffer und Salz, gehackten Kapern und Sardellen
gewürzt, etwas geröstetes Mundbrod dazu gegeben und mit dem nöthigen
rothen Wein noch eine viertel Stunde gekocht, dann entfettet und sogleich
zu Tisch gegeben.

818. Bratwürste mit Senf-Sauce. Saucisses à la sauce rémolade.

Die Bratwürste werden gebraten, in fingerlange Stücke geschnitten,
die Haut davon abgezogen, dann in eine Casserolle gethan, mit einigen
Löffeln voll gutem Fond und einem Stückchen Glace aufgekocht, ange=
richtet und eine sehr kräftig bereitete sauce rémolade kochendheiß darüber
gegossen. Die Bereitung dieser sauce rémolade oder à la moutarde ist
wie folgt: Einige Zwiebeln werden würfelig geschnitten, in frischer Butter
gelb geröstet, die Butter abgegossen, mit der nöthigen sauce espagnole
gut verkocht, durch ein Haartuch gestrichen, sodann wieder bis zum Kochen
heiß gerührt, gehörig gesalzen, drei Eßlöffel voll guter, französischer Senf
dazu gethan, mit dem Safte einer Citrone angenehm gesäuert und über
die obigen Bratwürste gegossen.

819. Bratwürste mit Champagner-Wein. Saucisses au vin de Champagne.

Die nöthige Zahl gut bereiteter Bratwürste wird mit frischer Butter
blaß gebraten, die Haut heiß davon abgezogen, dann in 3 Centimeter
lange Stücke geschnitten und in eine gut schließende, flache Casserolle ge=
than. 280 Gramm Trüffeln werden geschält, rondirt, in Scheibchen ge=
schnitten und nebst eben so viel geschnittenen Champignons über die Würste
gestreut. Ferner läßt man ein Stück Glace mit $^1/_{10}$ Liter guter Kalb=
fleischjüs aufkochen und gießt dieses mit einer halben Bouteille Cham=
pagner dazu, läßt es gut zugedeckt, bis zur Hälfte einkochen, damit die
Würste ganz im vollsten Safte sind und sich durch einen sehr kräftigen,
angenehmen Geschmack auszeichnen. Alle diese hier beschriebenen Gerichte
von Bratwürsten werden ihres guten Geschmackes wegen hochgeschätzt und
erscheinen mit Auszeichnung bei Gabelfrühstücken wie auch als Beigerichte,
hors-d'oeuvres, bei Tafeln.

820. Französische Schweinsdarmwürste. Andouilles.

Die fettesten Därme des Schweines werden sehr rein geputzt, recht
oft gewaschen, dann nochmals über Nacht gut ausgewässert. Des andern
Tages werden sie auf einem reinen Tuch gut abgetrocknet, in ein irdenes
Gefäß gethan, mit etwas Thymian, Pfeffer, Gewürznelken, Neugewürz,
Petersilie und Schalotten nebst dem nöthigen Salz gewürzt und so, gut
zugedeckt, bei öfterem Umkehren wiederholt zwei Stunden gedämpft. Sodann

werden diese Därme in andere sehr gut gereinigte eingefüllt und nach beliebiger Größe unterbunden. Unterdessen hat man Zwiebeln, gelbe Rüben, Porri, Sellerie und Pastinak in einer fetten Brühe gut ausgekocht, in welcher die Würste einige Stunden sehr langsam gekocht werden. Wenn sie in ihrem Sude kalt geworden sind, werden sie ausgehoben, auf beiden Seiten leicht eingeschnitten, auf dem Roste gebraten und mit gutem französischen Senf gespeist. Diese Würste eignen sich besonders zu Gabelfrühstücken und nach der Suppe als hors-d'oeuvres.

821. Gefüllte Schweinsfüße mit Trüffeln. Pieds de cochon farcis aux truffes.

Es werden die nöthige Zahl Schweinsfüße recht rein über dem Feuer flammirt, damit alle feinen Haare wegkommen, hierauf werden sie rein gewaschen und in einer Kräuter-Marinade sechs bis acht Stunden sehr langsam weich gekocht. Nach diesem werden sie behutsam ausgehoben, wenn sie halb ausgekühlt sind, die Knochen herausgenommen, leicht gesalzen und noch im warmen Zustande mit nachstehender Farce gefüllt. 1 Kilo 120 Gramm frisches Schweinefleisch von den Rippen wird sammt dem Speck in Stücke geschnitten, in eine gut schließende Casserolle gethan, mit zwölf Schalotten, etwas Petersilie, den Abfällen von Champignons und Trüffeln belegt, mit gestoßenem Pfeffer, Muscatnuß und dem nöthigen Salz angenehm gewürzt, $^3/_{10}$ Liter weißer Wein darüber gegossen und auf Kohlenfeuer sehr langsam eine Stunde gedünstet. Nach dieser Zeit wird das Fleisch recht fein geschnitten, mit einer in Milch geweichten, ausgedrückten Semmel oder Mundbrode und einem ganzen Ei fein gestoßen, die Farce durch ein Drahtsieb passirt und bei Seite gestellt. Die ausgebeinten Schweinsfüße werden im warmen Zustande auf ein reines Tuch ausgebreitet, leicht gesalzen, mit etwas von der Farce bestrichen, auf diese in jeden Fuß einige Scheiben Trüffeln gelegt, mit der Farce überstrichen, und die Füße dann wieder in ihre natürliche Form gebracht. Nach diesem werden die Füße in gesalzener lauwarmer Butter umgekehrt, mit geriebenem Mundbrode gut übersäet (panirt) und eine halbe Stunde vor dem Anrichten langsam auf dem Roste gebraten und sogleich zu Tisch gegeben; eine recht kräftige Jüs kann extra mit servirt werden.

822. Schweinsfüße auf französische Art. Pieds de cochon frais à la St. Menehould.

Die Schweinsfüße werden den vorhergehenden gleich gut gereinigt und in einer Braise weich gesotten. Sie werden in halb verkühltem Zustand ausgehoben, die Knochen ausgelöst, dann die Hälfte von jedem Fuße innen mit etwas Kräuter-Farce dünn überstrichen, zusammengelegt, leicht gesalzen, in zerlassene Butter getaucht, mit Brod besäet und auf dem Roste gebraten. Sie werden sogleich angerichtet und ohne alle Flüssigkeit zu Tisch gegeben.

823. Gebratene Schweinslende. Echine de porc à la broche.

Die Schweinslende, was beim Kalb der Nierenbraten heißt, wird gut mit Pfeffer und Salz eingerieben, die äußere Haut bis zum Speck klein würfelig eingeschnitten, schön wie der Nierenbraten dressirt und eine und eine halbe Stunde im vollsten Safte am Spieße gebraten, so zwar, daß die äußere Haut ganz croquant wird. Vom Spieß genommen, wird die Schweinslende über gut gedämpftes Sauerkraut oder gedünstete weiße Rüben wie auch über ein Püree von Kartoffeln angerichtet.

824. Schweinsleber-Käse. Foie de cochon en fromage.

1 Kilo 680 Gramm Schweinsleber, 1 Kilo 120 Gramm frischer Speck, 280 Gramm vom Bauchfett wird zusammen mit Petersilie, Schalotten, Salz, geriebener Muskatnuß und gestoßenem, weißen Pfeffer recht fein geschnitten. Sodann wird eine Casserolle mit Schweinefett ausgestrichen, von ganz dünnen Speckbarden eine Garnitur hineingelegt, die Casserolle mit der Schweinsleber angefüllt, oben mit Speckbarden überdeckt und drei Stunden langsam gebacken. Man läßt nun diesen Leberkäs in der Casserolle ganz kalt werden. Beim Stürzen wird die Casserolle erwärmt, der Leberkäse gestürzt, auf einer Schüssel angerichtet, schön glacirt und geschmackvoll mit Aspic garnirt.

825. Schweinsnieren mit Champagner-Wein. Rognons de cochon au vin de Champagne.

Zehn bis zwölf Stück Schweinsnieren werden rein gewaschen, abgetrocknet, ganz dünnblätterig aufgeschnitten und in einer flachen Casserolle oder plat à sauter mit frischer Butter, feingeschnittenen Schalotten und Petersilie eingerichtet. Fünf Minuten zuvor, ehe sie zu Tisch kommen, werden sie über starkem Feuer schnell sautirt, ein Eßlöffel voll Mehl darüber gestäubt, mit einem Glas Champagner-Wein übergossen, gehörig gesalzen und, wenn sie einmal aufgekocht haben, sogleich angerichtet. Sie eignen sich nur zu Gabelfrühstücken.

826. Manier, guten Speck aufzubewahren, ohne denselben zu räuchern. Manière de préparer le lard.

Die ganzen Speckseiten werden vom Schweine abgelöst, ohne irgend Fleisch daran zu lassen, mit ganz fein gestoßenem Salz stark eingerieben, sodann auf die Speckseite gelegt, in ein großes, leinenes Tuch eingeschlagen und zwischen zwei Brettern in einem kühlen, trockenen Keller einen Monat aufbewahrt. Nach dieser Zeit werden die Speckseiten an einem luftigen, trocknen Ort getrocknet. Wenn derselbe nun ganz fest und trocken geworden ist, kann er zum Spicken gebraucht werden. Der auf diese Art aufbewahrte Speck ist dem geräucherten bei Weitem vorzuziehen.

827. Lyoneser Schweinszungen. Langues de cochon à la Lyonnaise.

Die Schweinszungen werden gereinigt und in einer Kräuter=Marinade weich gekocht. Sie werden sodann herausgenommen, der Länge nach in der Mitte aufgeschnitten und eine feine Kräuter=Farce hineingefüllt. Sie werden hierauf mit einer dicken sauce suprême, unter welche man etwas geriebenen Parmesankäse gerührt hat, von allen Seiten bestrichen, dann in Stückchen Schweinsnetz eingewickelt und nach sofortiger Panirung in mit Eiern gebundener, geklärter Butter und geriebener Semmel, nach der Speisezeit geregelt, auf dem Roste gebraten.

Vom Wildpret.

Unter Wildpret versteht man alle im Zustande der natürlichen Frei=
heit in Wald und Feld lebenden Thiere, die, wenn erlegt und zweckent=
sprechend zubereitet, gut zu essen sind.

Wir theilen das Wildpret in drei Klassen. Die erste beginnt bei
dem Krammetsvogel und enthält nach abwärts alle kleineren Vögel.

Die zweite beginnt mit dem Wachtelkönig und steigt aufwärts durch
die Schnepfe, das Rebhuhn, den Fasan, das wilde Kaninchen und den
Hasen. Dies ist das Kleinwild, das Wild der kleinen Jagd, das Feder=
und Haarwild.

Die dritte Klasse ist bekannt unter dem Namen Edelwild. Sie um=
faßt den Hirsch, das Reh, das Wildschwein und Thiere mit gespaltenem Huf.

Das Wildpret bildet den Hochgenuß unserer Tafeln; es ist eine
gesunde, sehr schmackhafte Nahrung, die leicht verdaulich ist. Aber diese
Eigenschaften hängen in vieler Hinsicht von dem Koche ab, der das Wild=
pret zubereitet. Man gebe in einen Topf ein Stück Ochsenfleisch, Wasser
und Salz und man würde Suppe und Suppenfleisch bekommen: man
lege statt des Ochsenfleisches ein Stück Wildpret oder Reh hinein und
es würde nichts Gutes geben. Das Fleisch der Metzgerei ist in dieser
Beziehung gänzlich im Vortheil. Aber unter den Augen eines kenntniß=
reichen Koches geht das Wildpret eine Unzahl von Veränderungen und
Umwandlungen ein und liefert die meisten Hochgeschmacksschüsseln, welche
die höhere Küche zusammensetzen.

Unter den kleinen Vögeln ist ohne Zweifel der vorzüglichste die Baum=
zipper; sie und der Ortolan mästen sich sehr leicht, und die Natur hat
ihnen außerdem eine leichte Bitterkeit und einen so ausgezeichneten Duft
gegeben, daß alle schmackhaften Kräfte dadurch angelockt, erfüllt und be=
seligt werden.

Nur wenige Leute verstehen die kleinen Vögel zu essen: man ergreife
nämlich ein fettes gebratenes Vögelein beim Schnabel, bestreue es mit
etwas Salz, nehme Kropf und Magen weg, stecke es mit einer geschickten
Wendung ganz in den Mund, beiße nahe an den Fingern ab und kaue
nun lebhaft. Es entsteht ein reichlicher Saft, der das ganze Organ mit
einem Wohlgeschmack erfüllt, der noch vielseitig ungekannt ist.

Die Wachtel ist unter dem kleinen Federwild das artigste und lieb=
lichste. Eine fette Wachtel gefällt gleichermaßen durch ihren Geschmack,
ihre Gestalt und ihre Farbe. Es würde eine große Unwissenheit verrathen,
wenn man sie anders als gebraten oder in Papilloten auftrüge, da ihr
Duft rasch verfliegt: denn jedes Mal, wenn der Vogel mit Flüssigkeit in
Berührung kömmt, löst er sich auf und verduftet.

14. Abschnitt.

Vom Wildschweine (Schwarzwild).　Du sanglier.

Das wilde Schwein unterscheidet sich von dem zahmen Schweine durch einen längeren Kopf, kürzere aufrechtstehende Ohren, stärkeren Rüssel und stärkere Beine. Das Männchen heißt man Keuler oder Hauer, das Weibchen die Bache; die Jungen nennt man Frischlinge. Das wilde Schwein erreicht, wenn es ausgewachsen ist, eine Höhe von 1 Meter 50 Centimeter und eine Höhe gegen 90 Centimeter. Es ist gewöhnlich schwarz oder schwarzbraun, daher der Name Schwarzwild. Die beiden Hauzähne, die bei den Männchen immer größer und stärker werden, krümmen sich zuletzt nach den Augen zu, dem Weibchen fehlt jedoch diese Waffe und es ist nur mit kurzen Hacken versehen.

Das Fleisch des Wildschweins wird allgemein hochgeachtet und deßhalb auch mit großem Aufwande zubereitet. Besonders aber geschieht dem Wildschweinskopfe viele Ehre, denn dieser wird zu einem der luxuriösesten Gerichte umgewandelt und prangt als eines der schönsten Schaustücke auf Buffets.

Besonders aber delikat ist das Fleisch von den Frischlingen (Marcassins), denn es eignet sich zu einer Auswahl von kalten und warmen Zwischenspeisen.

Die Wildschweinsjagden sind meistens in den Monaten November und Dezember. Die besten Wildschweine in Bayern kommen aus dem schönen Spessart-Walde.

828. Gefüllter Schweinskopf. Hure de sanglier.

Nachdem ein schöner Keuler ganz abgesengt und gut gereinigt ist, wird der Kopf sammt Hals bis drei Finger breit über die Schulterblätter rundum abgeschnitten. Nachdem wird der Kopf ganz so, wie es bei dem zahmen Schweine angegeben ist, mit größter Sorgfalt ausgelöst. Der ausgebeinte Kopf wird auf dem Tische ausgebreitet, alles drüsenartige herausgeschnitten, das reine gute Fleisch wird jedoch fingerdick daran gelassen und sodann der Kopf von innen mit Salz und 40 bis 50 Gramm pulverisirtem Salpeter gut eingerieben. Gleichzeitig wird eine Keule (Schlegel von demselben Wildschweine genommen, die Haut von dieser sorgfältig, damit kein Loch eingeschnitten wird, abgelöst und das Fleisch von der Keule, wie auch jenes von dem Halse und dem Kopfe rein abgelöst, welches sodann ebenfalls mit 70 Gramm Salpeter und dem nöthigen Salze gut eingerieben, in den Kopf hineingelegt, dieser dann in ein irdenes Geschirr gethan, leicht beschwert und so bei öfterem Umkehren an einem kalten Orte sechs bis acht Tage, bis das Fleisch durch und durch roth geworden ist, aufbewahrt wird.

Wenn nun dies erreicht ist, werden zwei Theile von dem Fleisch und zwar das bessere, in 6 Centimeter große, viereckige Stücke geschnitten, diese dann mit 1 Kilo 120 Gramm kleinwürfelig geschnittenem Speck, 140 Gramm abgeschälten Pistazien, 1 Kilo 680 Gramm abgeschälten und in vier Theile geschnittenen Perigord-Trüffeln, zwei halbweich gekochten und in große Würfel geschnittenen, geräucherten Ochsenzungen zusammen untermengt, mit feinen Kräutern angenehm gewürzt und in einer Schüssel zugedeckt bei Seite gestellt. Das zurückgebliebene Wildschweinfleisch wird nun mit eben so viel weißem Luftspeck mit dem Schneidmesser fein zusammengeschnitten, dann ebenso mit feinen Kräutern gewürzt und sodann gut unter das Fleisch gemengt, damit das Ganze gleichmäßig melirt ist.

Die Kopfhaut wird nun der ganzen Länge nach zusammengenäht, ebenso auch die Augen; von der Haut des Schlegels wird nach der Größe des Halses eine runde Scheibe geschnitten und diese bis zur Hälfte gut darauf genäht, so daß noch eine Oeffnung bleibt. Sodann muß eine zweite Person den Kopf halten und man stopft mit der bereiteten Fülle den Kopf ganz fest und voll an, näht alsdann auch diese Oeffnung zu und der Kopf wird seine natürliche Form wieder erhalten haben. Er wird zur größeren Vorsicht, damit er beim Sieden nicht aufreißt, in ein großes, leinenes Tuch netzartig eingeschnürt, in ein passendes Geschirr gelegt, mit Knochen von dem Wildschweine wie auch mit Kalbs- und Rindsknochen und achtzehn bis zwanzig Kalbsfüßen umlegt, mit Zwiebeln, gelben Rüben, Porri, Selleriewurzeln, Petersilie, einigen Gewürznelken, Pfefferkörner und einigen Händevoll Wachholderbeeren gewürzt und mit einfacher Fleischbrühe und $8\frac{1}{2}$ bis $10\frac{1}{2}$ Liter ordinärem, rothen Wein angefüllt, gehörig gesalzen, in's Kochen gebracht, sorgfältig abgeschäumt, gut zugedeckt und langsam kochen gelassen.

Nach Verlauf von fünf bis sechs Stunden wird der Kopf schwimmen, ein Zeichen, daß er weich und durchgekocht ist, wo man jedoch denselben der größeren Vorsicht wegen mit einer langen Nadel durchsticht und wenn sich diese leicht herausziehen läßt, ohne den Kopf mit in die Höhe zu ziehen, so hat er seinen sicheren Grad des Weichseins erreicht. Nach Verlauf einer Stunde wird er ausgehoben, auf eine Mulde gelegt und nochmals fest nachgeschnürt, damit er sich ganz fest schließt und keine hohlen Zwischenräume bleiben, welches dem Kopf beim Aufschneiden sehr schaden würde. Er wird nun bis zum andern Tag wieder in seinen Sud gethan, wo er ganz kalt sein wird. Nach dieser Zeit wird der Kopf herausgenommen, das Tuch weggethan und derselbe in ein nach der Form des Kopfes passendes, gut ausgewässertes, hölzernes Gefäß gelegt. Der zurückgebliebene Sud wird durch ein Haarsieb geseiht, rein entfettet und soweit eingekocht, bis er gerade über dem Kopfe steht. Der Kopf wird nun an einen kalten Ort gestellt und am andern Tag fingerdick mit ausgelassenem Schweinefett übergossen und gut zugedeckt. Auf diese Art bereitet, wird sich der gefüllte Wildschweinskopf an einem kalten trockenen Orte einige Monate gut erhalten und wird noch ebenso gut sein, als wenn derselbe erst vor wenigen Tagen bereitet worden wäre.

Bei besondern Gelegenheit, z. B. bei Buffets, wird der Wildschweinskopf in seiner natürlichen Größe, wie es die Zeichnung gibt, über einem Fettsokel angerichtet und recht geschmackvoll mit frischen Zweigen von der Stechpalme bekränzt.   Darüber werden drei mit großen in Bordeaux gekochten Trüffeln bestecke Atteletten gesteckt.

829. Wildschweinskeule mit Burgunder-Wein.   Cuisse de sanglier au vin de Bourgogne.

Von der Wildschweinskeule wird die äußere schwarze Haut abgeschabt, mit einem nassen Tuche rein abgewischt, gehörig gesalzen und in eine passende, lange Casserolle gelegt, mit vier Zwiebeln, vier gelben Rüben, einigen Petersilienwurzeln, einem Selleriekopf, sechs Lorbeerblättern, etwas Thymian, einem Eßlöffel voll Wachholderbeeren, einigen ganzen Pfefferkörnern und Gewürznelken gewürzt, mit einigen Schöpflöffeln voll Braise von Ochsenfleisch und zwei Bouteillen Burgunder-Wein übergossen, gut zugedeckt und bis zum völligen Weichwerden auf Kohlenfeuer oder in einem Bratofen weich gedünstet.   Einige Zeit vor dem Anrichten wird der Schlegel behutsam herausgehoben, von allen Seiten rein zugeschnitten, schön glacirt und zugedeckt warm gestellt.   Der Fond wird durch ein Haarsieb geseiht, sehr rein entfettet und bis zu einer Demi-Glace über dem Windofen schnell eingekocht und in einer Saucière extra beigegeben.

830. Wildschweinsk. a. deutsche Art. Cuisse de sangl. à l'Allemande.

Der Wildschweinsschlegel wird dem vorhergehenden gleich zubereitet und weich gedünstet, dann ausgehoben und kalt gestellt.   Unterdessen werden 280 Gramm frische Butter mit fünf ganzen Eiern schaumig gerührt, mit einem Kaffeelöffel voll feingestoßenem Zimmt und drei Eßlöffeln voll Zucker gewürzt und sodann das nöthige, geriebene Schwarzbrod darunter gethan. Von dem Wildschweinsschlegel wird die schwarze Haut abgezogen, dieser von allen Seiten rein zugeschnitten, mit der Schwarzbrodkruste die obere Seite des Schlegels ganz überzogen und nachdem man mit dem Messer irgend eine Verzierung eingedrückt hat, wird das Ganze nochmals mit Zucker und Zimmt bestreut, etwas von dem Fond darunter gegossen und in einer nicht sehr heißen Bratröhre warm gestellt.   Der zurückgebliebene Fond wird rein entfettet und mit 280 Gramm Hagebutten-Marmelade zu einer gebundenen Sauce gekocht, welche man mit dem Wildschweinsschlegel extra zu Tisch gibt.

831. Braun eingemachter Wildschweinsschlegel. Cuisse de sanglier en civet.

Der Wildschweinsschlegel wird, gleich jenem mit Burgunder=Wein, weich gedünstet und sodann kalt gestellt. Der Fond wird durchgeseiht, sehr rein entfettet und mit zwei Schöpflöffeln voll brauner Sauce (sauce espagnole) untermengt und von der Seite des Windofens nochmals sehr rein aus= gekocht. Unterdessen wird die kalt gewordene Wildschweinskeule zu finger= dicken, ovalen Stücken sauber zugeschnitten, diese in eine passende Cafserolle gelegt, mit etwas rothem Wein übergossen und zugedeckt warm gestellt. Ebenso werden vierundzwanzig Stück kleine weiße Florentiner Zwiebeln geschält, zum Glaciren eingerichtet und weich gedünstet. Ferner werden aus frischem Mundbrode kleine Herzchen geschnitten und diese in geklärter, frischer Butter gelb gebacken. Die unterdeß klar gekochte Sauce wird rein entfettet und über dem Windofen, bis sie sich dickfließend vom Löffel spinnt, zu einer kräftigen, dunkelbraunen eingekocht, welche sodann durch ein Haar= tuch über die Wildschweinsstücke gepreßt und warm gestellt wird. Kurz vor dem Anrichten läßt man das Civet nochmals aufkochen und richtet es erhaben auf einer schön bordirten Schüssel an; in die Mitte kommen die schön glacirten Zwiebeln und unten herum die gerösteten Brodherzchen.

832. Geschwungene Wildschweins-Cotel. Côt. de sanglier sautées.

Von zwei Wildschwein=Carrés, jedoch von einem guten Thiere, werden Coteletten bereitet und diese mit klarer Butter in einem plat à sauter ein= gerichtet und mit einer mit Butter bestrichenen Papierscheibe zugedeckt bei Seite gestellt. Fünf Minuten vor dem Anrichten werden sie über einem hellbrennenden Windofen, bis sie dem Drucke des Fingers leicht widerstehen, auf beiden Seiten geröstet, sodann die Butter abgegossen, einige Löffel voll Demi=Glace darüber gegossen, mit dieser geschwungen und im Kranze (au miraton) die Rippchen nach oben, auf einer schön bordirten Schüssel angerich= tet; in ihrer Mitte wird eine Demi=Glace, mit Madeira kurz gekocht, gegossen. Ebenso erscheinen in der feineren Küche diese Wildschweins=Coteletten als:

833. Geschwungene Schwarzwild-Coteletten mit Sauce Robert. Côtelettes de sanglier sautées à la sauce Robert.

834. Geschwungene Schwarzwild-Coteletten mit Pfeffer-Sauce. Côtelettes de sanglier sautées à la sauce poivrade.

835. Wildschweins-Cotel. nach Kaunitz. Côt. de sanglier à la Kaunitz.

Die Wildschweins=Coteletten werden in einer Braise mit Burgunder= Wein weich gedünstet, ausgehoben, sauber zugeschnitten, mit klarer, frischer Butter, unter welche einige rohe Gelbeier gerührt worden, von einer Seite übergossen, mit geriebenem, schwarzen Brode übersäet, daß es eine leichte Kruste bildet und über diese etwas gestoßener Zucker und Zimmt gestreut. Sie werden auf einem Plafond eins an das andere geordnet, etwas Effenz darunter gethan und eine viertel Stunde vor dem Anrichten in einen mäßig heißen Ofen gestellt, wo sie durch und durch erwärmt und oben eine licht=

braune Farbe haben müſſen. Sie werden im Kranze, die Rippchen nach oben, ſauber angerichtet und in ihrer Mitte eine mit gutem Rheinwein und Aprikoſen=Mark gut zubereitete ſüßſäuerliche gebundene Sauce gegeben.

836. Wildſchweinswürſte. Blutwürſte. Boudins noirs de sanglier.

Dieſe werden, jenen vom zahmen Schweine gleich, bereitet, nur mit dem Unterſchiede, daß hier das Blut von Wildſchweinen genommen wird. Dieſe Würſte werden ihres feinen Geſchmackes wegen beſonders geachtet und erſcheinen bei Gabelfrühſtücken oder auch als hors-d'oeuvre bei Tafeln.

15. Abschnitt. 1. Abtheilung.

Vom Hirsche. Du cerf.

Das Fleisch dieses edlen Thieres ist schmackhaft und schätzbar und besonders delikat dasjenige der Hirschkälber (faons) und das der Spießer, Spießhirsche oder Jährlinge (broquarts). Im Frühlinge und Sommer ist das Hirschfleisch der besseren Nahrung wegen besser, als in den Wintermonaten; doch zur Brunftzeit, Ende August und September, nicht besonders zu empfehlen. Der nächste Verwandte des Edelhirsches ist der Dammhirsch, auch Tannenhirsch genannt (daim). Er ist kleiner und unterscheidet sich durch das glatte, mit vielen Enden versehene, nach innen gekrümmte Geweih, welches sich oben schaufelartig endigt. Sie verändern ihre Farbe, man sieht deren röthliche, weiße und gefleckte. Das Fleisch der Dammhirsche ist feiner und besser im Geschmacke als jenes der Edelhirsche, unterliegt aber gleicher Bereitung.

837. Hirschziemer mit Pfeffer-Sauce. Cimier de cerf à la poivrade.

Der Ziemer ist der obere Theil des Schlegels, was beim Ochsen das Schwanzstück ist. Dieser wird, dem Tafelstück gleich, mit Wasser

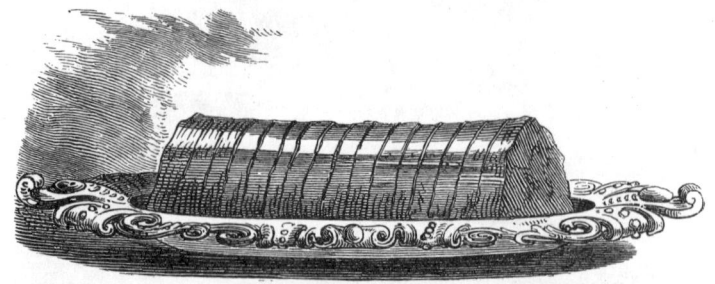

zugesetzt, mit Lorbeerblättern, Thymian, Salz, Zwiebeln, Gewürznelken, gelben Rüben, Porri, Sellerie und Petersilienwurzeln gewürzt. 2¹/₁₀ Liter ordinärer Wein noch dazu gethan und langsam weich gekocht. Beim Anrichten wird der Ziemer auf eine lange Schüssel gelegt, sauber zuge=schnitten und eine Senf=, Kapern= und Schalotten=Sauce extra beigegeben.

838. Gedämpfter Hirschschlegel.   Cuisse de cerf à l'étouffade.

Ein schöner Hirschschlegel wird mit fingerlangen Streifen von weißem Luftspeck, die mit etwas feinen Kräutern bestäubt worden sind, nach dem Faden des Fleisches reichlich durchspickt und dann mit gutem Braisenfett und allen gewürzhaften Ingredienzen in ein gut schließendes, passendes Geschirr eingerichtet, gehörig gesalzen, 1¹/₁₀ Liter rother Wein darüber gegossen und in seinem Safte kurz und weich gedünstet. Beim Anrichten wird die Hirschkeule ausgehoben, von allen Seiten rein zugeschnitten, auf einer langen Schüssel angerichtet, schön glacirt und warm gestellt. Der zurückgebliebene Fond wird mit der noch nöthigen Fleischbrühe auf=gekocht, durchgeseiht, sehr rein entfettet und als Beiguß extra beigegeben. Gebratene Kartoffeln oder auch ein gut bereitetes Kartoffel=Püree wird extra mit beigegeben.

839. Hirschrückenfilet, marinirt.   Filet de cerf mariné.

Hierzu wird in der Regel nur von stärkeren Hirschen der Rücken, da sich dieser wegen seines Alters nicht als Spießbraten mit gutem Erfolg mehr benützen läßt, verwendet. Aus dem Hirschrücken werden die beiden Filets ihrer Länge nach rein ausgeschnitten, zwischen einem Tuch etwas breit geschlagen, dann rein abgehäutet, der ganzen Länge nach schön ge=spickt, in ein irdenes Gefäß gelegt und auf folgende Weise zwei Tage marinirt. Vier große spanische Zwiebeln werden in Scheiben geschnitten, ebenso auch einige gelbe Rüben, Porri, Selleri, Petersilie und Pastinak; diese Kräuter werden über die Filets gethan und noch der Saft von drei Citronen, 280 Gramm feinstes Provenceröl und das nöthige Salz dazu gethan, wie auch einige Lorbeerblätter, Thymian, einige Gewürznelken und Pfefferkörner. Auf diese Weise läßt man bei öfterem Umwenden diese Hirschfilets mariniren; sie werden hiedurch mürbe und nehmen einen guten Geschmack an. Nach Verlauf dieser Zeit werden sie sammt ihren

Kräutern ganz in Papier eingewickelt, netzartig mit Bindfaden gebunden, auf eine Bratenmulde gelegt, mit fetter Brühe übergossen und einige Stunden langsam gebraten, so zwar bis sie ganz in ihrer Hülle weich geworden sind. Kurze Zeit vorher werden sie aus der Papierhülle genommen, alle Kräuter weggethan und wiederholt in den Bratofen gestellt, bis sich der Speck lichtbraun gebräunt und die Filets eine schöne Farbe haben, welches durch öfteres Begießen mit ihrem eigenen Fond erreicht wird. Sie werden nun auf einer langen Schüssel angerichtet, mit kleinen, runden, gebratenen Kartoffeln bekränzt und eine recht gut bereitete Pfeffer-Sauce (siehe 2. Abschnitt, 2. Abtheilung, von den Saucen) extra beigegeben.

840. Braun eingemachtes Hirschwild, bürgerlich.
Ragoût de cerf à la bourgeoise.

Zu diesem werden gewöhnlich der Hals, die Brüste und das Blatt verwendet. Nachdem diese Stücke rein gewaschen sind, werden sie in Stücke gehauen und in einem Geschirre mit Zwiebeln, gelben Rüben, Porri, Sellerie, Lorbeerblatt, einigen Nelken und Pfeffer eingerichtet, gehörig gesalzen, etwas Citronengelb dazu gethan, mit einem Schöpflöffel voll Fleischbrühe und dem nöthigen Weinessig begossen und sodann weich gekocht. Unterdessen läßt man ein Stück Butter heiß werden, gibt das nöthige Mehl und ein Stückchen Zucker dazu und röstet dies auf Kohlenfeuer ganz dunkelbraun. Wenn das Hirschfleisch weich geworden, wird es in ein anderes Geschirr gelegt, die zurückgebliebene Brühe wird durchgeseiht, entfettet, das geröstete Mehl mit angerührt, diese Sauce gut ausgekocht, rein abgeschäumt und entfettet, mit Citronensaft und einem Glas Wein im Geschmack gehoben, gehörig gesalzen, über das Hirschwild geseiht, mit diesem noch eine Weile gekocht und sodann angerichtet. Dies Ragout von Hirschwild muß sich durch eine dunkelbraune Farbe und kräftigen, angenehm säuerlichen Geschmack auszeichnen und dabei die Sauce nicht fett und nicht dünn sein. In Bayern wird ein solches Hirsch-Ragout stets in Begleitung mit gut bereiteten Leber- oder Schinkenknödeln aufgetischt und allenthalben mit gutem Appetit gespeist.

841. Hachis von Rothwild. Hachis de cerf.

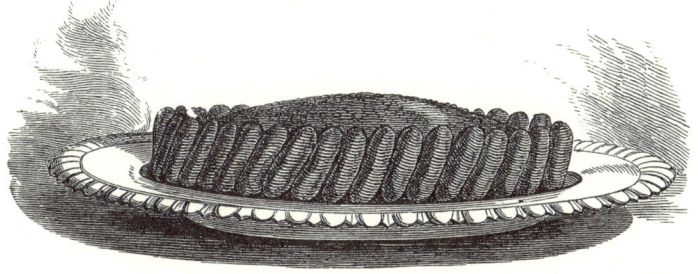

Hierzu werden gewöhnlich nur die unberührten Tafelreste von Hirsch-

braten verwendet. Nachdem zwei Schöpflöffel voll braune Sauce mit der
nöthigen Wildpret=Essenz zu einer dicken Sauce eingekocht sind, wird das
ganz fein geschnittene Hirschfleisch darunter gerührt, oben mit etwas Essenz
übergossen und au bain-marie warm gestellt. Vor dem Anrichten wird
das Hachis kochend heiß gerührt, gehörig gesalzen, ein Stück ganz frische
Butter untergerührt und erhaben auf einer tiefen Schüssel angerichtet.
Außen herum können Butterteigschnitten, geröstete Brodkrusten, pochirte
Eier, auch kleine Croquetten von Rothwild gelegt werden.

---

15. Abschnitt. 2. Abtheilung.

Vom Spießhirsche, Spießer, du broquart, und vom Hirschkalbe, du faon.

Die hier bezeichneten Wildpret=Arten eignen sich besonders für Braten
und es wäre wirklich schade, einen nicht verschlossenen Rücken von einem
Hirschkalbe oder Spießer für etwas anderes zu verwenden, und ich be=
schränke mich daher darauf, dieselben als Braten zubereitet anzuführen.

842. Hirschkalb- oder Spießhirschrücken als Braten.
Filet de faon ou de broquart à la broche.

Nachdem der Rücken eines Hirschkalbes oder Spießers einige Tage
an einem luftigen kalten Orte aufgehangen, mürbe geworden ist, wird
die Haut mit einem scharfen Messer abgelöst, dann nach der Regel fein
und dicht mit gutem, weißen Luftspeck gespickt, gehörig gesalzen, in eine
irdene Bratpfanne gelegt und mit 280 Gramm feinstem Provencer=Oel
zwölf Stunden marinirt. Des andern Tages wird das Filet auf einen
Bratspieß gebunden und bei hellem Feuer eine Stunde gebraten. Man
erhält auf diese Weise einen Braten, der beim Anschneiden voll des nahr=
haftesten Saftes ist, verbunden mit dem dieser Wildpret=Art eigenen, sehr
delikaten Geschmacke, der nichts zu wünschen übrig läßt.

Es besteht allenthalben der üble Gebrauch, das Rothwild mehrere
Tage in eine Essig=Beize, mit aromatischen Kräutern vermengt, zu legen,
um demselben, wie sich Viele ausdrücken, einen Wildgeschmack und eine
gewisse Mürbe zu geben; allein damit ist die richtige Behandlung eines
guten Wildbraten gänzlich verfehlt und man hat durch eine solche Beize,
noch dazu mit schlechtem Essig, nicht nur allein dem Braten seinen
eigenthümlichen Wildgeschmack, sei er von einem jungen Hirsch, Reh, Gems
oder Hasen, genommen, sondern entnimmt ihm auch noch den dem Fleisch
eigenen nahrhaften Saft. Ich rathe daher jedem jungen Anfänger, dem
dieses Buch hauptsächlich gewidmet und der sein Geschäft gründlich be=
treibt, von dieser üblen Gewohnheit abzulassen und alle seine Wildbraten
auf die eben bezeichnete Weise zu bereiten. Es versteht sich von selbst,
daß hiezu nur die beste Gattung des Oeles genommen werden muß und

hierin kein Sparen oder Knauſern beſtehen darf, denn durch die An=
wendung eines minder guten Oels würde man den Braten gänzlich als
nicht tafelfähig betrachten können.

843. Hirſchkalbſchlegel mit ſauerem Rahm. Cuiſſot de faon à la crême aigre.

Der ſchön geſpickte Hirſchkalbſchlegel wird mit Butter, Zwiebeln,
gelben Rüben, einem Lorbeerblatt, einigen Pfefferkörnern und Gewürz=
nelken in einer gut ſchließenden Caſſerolle eingerichtet, gehörig geſalzen, mit
$1^1/_{10}$ Liter gutem, ſauern Rahm und einer halben Bouteille gutem, weißen
Wein übergoſſen, gut zugedeckt und in einem Bratrohr oder mit unten
und oben angebrachter Kohlengluth, bei öfterem Begießen, weich gedünſtet.
Vor dem Anrichten wird derſelbe ausgehoben, auf einer langen Schüſſel
angerichtet, die zurückgebliebene Sauce durchgeſeiht, rein entfettet, noch mit
etwas Citronenſaft und Glace im Geſchmack gehoben und extra beigegeben.

844. Braun eingemachtes Hirſchkalbfleiſch. Fricot de faon.

Hiezu wird der Hals, die Bruſt und das Blatt verwendet. Die Zu=
bereitung iſt dieſelbe wie beim Hirſch, und ich weiſe daher auf jene zurück.

845. Pain vom Hirſchkalb auf ſpaniſche Art. Pain de faon ou de broquart à l'Eſpagnole.

Dazu wird der Schlegel oder der beſchädigte Rücken von dieſem
Wildpret verwendet. Nachdem ungefähr die zwölf beſten Stücke aus einem
ſolchen Fleiſchſtück ausgeſchnitten, zu kleinen runden Escalopes zubereitet
und in klarer Butter eingerichtet ſind, wird das in Reſt gebliebene Fleiſch
mit den nöthigen Ingredienzen, die aus Zwiebeln, gelben Rüben, Lorbeer=
blatt nebſt Butter und Salz beſtehen, recht weich gedünſtet und kalt geſtellt;
der zurückgebliebene Fond oder die Eſſenz wird paſſirt und ſehr rein ent=
fettet. Das Fleiſch wird nun aus ſeinen Knochen gelöſt und zu einem ganz

feinen Hachis geschnitten. Unterdessen werden zwei Schöpflöffel voll braune
Sauce (sauce espagnole) mit der Wildpret=Essenz kurz gekocht, mit welcher
dann das fein geschnittene Fleisch gut verrührt und durch ein Haarsieb
gestrichen wird. Dieses Hirschkalb=Püree wird mit dem Gelben von zehn
Eiern gut verrührt und sodann mit dem festgeschlagenen Schnee von fünf
Eiern genau amalgamirt. Hierauf wird eine glatte Stürzform mit klarer
Butter gut ausgestrichen, am Boden eine Papierscheibe eingelegt, das Wild=
pret=Püree bis fingerdick vom Rande eingefüllt und eine Stunde vor der
Tafelzeit langsam au bain-marie gekocht. Eine halbe Stunde vor dem
Anrichten wird das Pain auf eine Schüssel gestürzt, nach einigen Minuten
die Form abgehoben, die untersten sautirten Escalopes werden im Kranze
darüber gelegt und das Ganze mit einer auf die beste Weise mit Malaga=
Wein kurz gekochten braunen Sauce, die im Geschmacke nichts zu wünschen
übrig läßt, darüber gegossen und das Pain sogleich zu Tisch gegeben.

15. Abschnitt. 3. Abtheilung.

Vom Dammhirsche. Du Daim.

Der Dammhirsch unterliegt in seiner Bereitungsweise ganz der wie
bei dem Edelhirsch. Ebenso weise ich bezüglich der jungen Thiere ganz
auf das Vorhergesagte in der Abtheilung 2 zurück.

846. Dammhirschrücken à la Dénelohe. Cimier de daim à la Dénelohe.

Der Dammhirschrücken wird jenem in Nr. 837 gleich angerichtet und
gedünstet, dann ausgehoben, rein panirt, die beiden Filets ausgelöst, diese
in schräge Stückchen geschnitten, zusammengeschoben und wieder in seiner
natürlichen Form darüber gelegt. Dann wird der ganze Rücken oben mit
Butter und einigen Gelbeiern bestrichen und messerrückendick mit lichtbraun
in klarer Butter geröstetem Brode überstreut. Die Essenz wird geseiht,
sehr rein entfettet, eingekocht, darunter gegossen und mit dieser bis zum
Anrichten warm gestellt. Nachstehende Sauce wird extra nachservirt. Es
werden zwölf Eier hart gesotten, dann das Gelbe herausgenommen, dieses
durchpassirt, mit 280 Gramm Johannisbeergelée und sechs Eßlöffeln voll
gutem, französischen Senf genau verrührt, etwas Salz und abgeriebene
Orangenschalen dazu gethan, zusammen nochmals durch ein feines Haar=
sieb gestrichen und kalt dem Hirschrücken beigegeben. Diese Sauce muß
sich durch eine schöne Farbe auszeichnen, dickfließend sein und einen sehr
piquant süßen Wohlgeschmack haben.

847. Dammhirschrücken nach Karlsbader Art. Filet de daim à la Karlsbad.

Aus einem noch jungen Hirschen werden die beiden Filets aus dem

Rücken gelöst, abgehäutet, eines davon fein gespickt, das andere mit rohen Schinkenfilets durchzogen; beide werden einige Stunden in eine Marinade gelegt. Sodann wird eine lange Casserolle mit Speckbarden belegt, über diese einige in Scheiben geschnittene Zwiebeln, auf diese legt man die beiden gesalzenen Filets, würzt sie noch mit einem Theil ihrer Marinade, gießt eine Bouteille weißen Wein darüber und läßt sie in einem Brat= ofen langsam dünsten. Wenn sie weich, schön braun gefärbt und glacirt sind, werden sie ausgehoben, schräg in schöne Schnitten geschnitten, wieder zusammengeschoben und in eine passende, lange Schüssel gelegt. Die Essenz wird geseiht, sehr rein entfettet und dann mit saurem Rahm, etwas sauce espagnole, einem Glas Rheinwein dickfließend eingekocht, über vier Eßlöffel voll Kapern, blanchirte Orangen= und Citronen= schnitzeln gepreßt und zusammen noch einige Minuten gekocht, dann mit dem Saft einer Citrone angenehm gesäuert und extra dem schön glacirten Filet beigegeben.

16. Abschnitt.

Vom Rehe. Du chevreuil.

Als der edelste Bewohner des Gehölzes nimmt immer der Hirsch in den Wäldern diejenigen Orte ein, welche durch die erhabenen Gipfel der höchsten Berge beschattet werden. Das niedliche Reh jedoch begnügt sich mit Gebüschen und hält sich mehrentheils im Laubwerk auf. Das Reh= wildpret ist bekanntlich vortrefflich zu speisen. Dennoch aber muß es nach einer guten Wahl ausgesucht werden. Der gute Geschmack gründet sich nämlich auf die Beschaffenheit des von ihm bewohnten Landes. Aber auch im besten Lande hat man das gute Rehwildpret noch von dem schlechtern zu unterscheiden. Die braunen Rehe haben ein besseres Wild= pret als die rothen. Alles Rehwild, was mehr als zwei Jahre alt ist, ist hart und von zähem Geschmack. Viel zarter ist das Fleisch vom Rehe als vom Rehbock, das Fleisch von allzu jungen Rehen ist sehr weichlich, bei einjährigen aber vollkommen schmackhaft. Die Rehe von den Ebenen und aus den Thälern gehören zu den mittelmäßigen, die aus feuchten Ländern unter die schlechtern, alle in Thiergärten gezogenen unter die wenig schmackhaften. Die besten findet man in trockenen, erhabenen, mit Hügeln, Gehölzen, Saat= und Brachfeldern durchgrenzten Ländern, wo diese schönen Thiere genugsam Luft, Raum, Ruhe und Einsamkeit haben.

848. Gebratener Rehrücken, Ziemer. Filet de chevreuil à la broche.

Man wähle hiezu ein schönes, fünf bis sechs Tage an einem luftigen, trockenen, kalten Orte aufgehangenes, das heißt in der Luft mürbe geworbenes Rehfilet. Dasselbe wird rein gewaschen, mit einem scharfen Messer die Haut rein und glatt abgelöst, mit feinem Speck schön nach der Regel gespickt, sodann gesalzen, in ein irdenes Bratgeschirr gelegt und reichlich mit feinstem Provencer-Oel und dem Safte einer Citrone vier bis sechs Stunden marinirt. Nach dieser Zeit wird der Rehrücken an dem Bratspieß befestigt, mit zwei mit Butter bestrichenen Bogen weißen Papieres überbunden (eingehüllt) und eine Stunde bei hellem Feuer unter öfterem Begießen mit frischer Butter gebraten; eine viertel Stunde zuvor wird das Papier abgenommen, das Feuer etwas verstärkt, damit sich die Spitzen des Speckes lichtbraun färben; er wird sodann nochmals leicht gesalzen, vom Spieße genommen, schön glacirt und sogleich zu Tisch gegeben. Eine gut bereitete, mit Citronensaft angenehm gesäuerte Wildpret-Essenz wird extra beigegeben.

Dieser Rehbraten wird, auf diese Weise bereitet, nichts zu wünschen übrig lassen; denn es wird beim Tranchiren der nahrhafteste Saft aus demselben quellen, das Fleisch selbst wird kurz, mürb und weich sein und seinen eigenthümlichen Wildgeschmack haben, der, wie schon früher gesagt, durch jede andere Bereitungsweise verloren gehen würde.

849. Gebratener Rehschlegel auf bürgerliche Art. Cuissot de chevreuil rôti à la bourgeoise.

Der Rehschlegel wird rein gewaschen, abgetrocknet, die Haut abgelöst, gut mit Speck gespickt, gesalzen, in ein irdenes Bratgeschirr gelegt und vier Tage mit nachstehender Kräutermarinade gebeizt. Zwei große Zwiebeln, zwei gelbe Rüben, eine Porriwurzel, ein Pastinak, eine halbe Selleriewurzel und einige Petersilienwurzeln werden, nachdem alles zuvor geschält und rein gewaschen wurde, von der Hand, das heißt feinblätterig, geschnitten, in eine Casserolle gethan, nebst einigen Gewürznelken und Pfefferkörnern, etwas Citronenschale und einem Lorbeerblatt mit 1 Liter gutem Essig übergossen und eine halbe Stunde zugedeckt gekocht. Diese Marinade wird, nachdem sie nicht mehr heiß ist, über den Rehschlegel gegossen, zugedeckt und an einen kalten Ort gestellt. Wenn der Rehschlegel gebraten wird, wird er sammt seiner Marinade in die Bratröhre gestellt, gut mit Fett übergossen und bei öfterem Begießen drei viertel Stunden gebraten; nach dieser Zeit wird er ausgehoben, in ein anderes Geschirr gelegt, die Marinade durch ein Sieb darüber geseiht, $^{5}/_{10}$ Liter guter, nicht zu alter saurer Rahm dazu gethan und wiederholt bei fleißigem Begießen vollends weich gebraten und sodann mit seinem Safte zu Tisch gegeben.

Der Rehschlegel, auf diese Weise zubereitet, wird allenthalben in bürgerlichen Häusern gern und mit gutem Appetit gespeist, allein das Fleisch wird all seinen eigenen Wildgeschmack entbehren und ohne allen nahrhaften Saft sein.

850. Reh-Coteletten nach Conti. Côtelettes de chevreuil à la Conti.

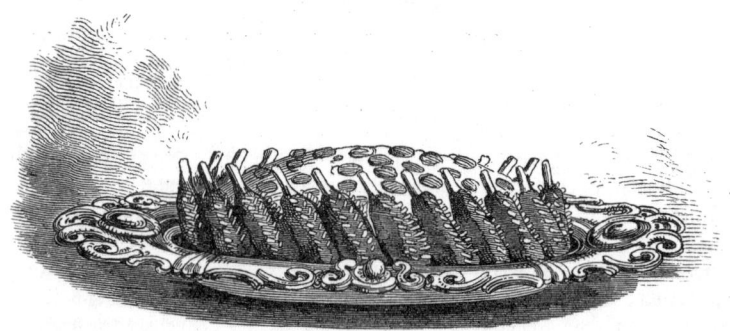

Von einem einjährigen Rehe werden aus dem Rücken die nöthige Anzahl schöner Coteletten, den Lamms=Coteletten gleich, gemacht, diese schön fein auf einer Seite gespickt, gesalzen, mit klarer Butter in einem plat à sauter eingerichtet und zugedeckt bei Seite gestellt. Die Abfälle von dem Filet werden klein zerhackt und aus diesen eine Essenz gezogen. Während dem werden zwölf Krammetsvögel, zwei Wald= oder auch acht Stück Moos= schnepfen (Becassinen) am Spieß gebraten und sodann kalt gestellt. Ebenso läßt man $5/10$ Liter sause espagnole mit der Wildpret=Essenz über dem Windofen dick einrühren, gibt die unterdessen fein gestoßenen Krammets= vögel dazu, läßt sie mit der Sauce nochmals aufkochen und streicht dieses Püree durch ein Haartuch, welches man sodann in eine kleine, passende Casserolle gibt, oben etwas Demi=Glace darüber gießt und au bain-marie warm stellt. Kurz vor dem Anrichten werden die Reh=Coteletten schnell sautirt, die Butter abgegossen, zwei Anrichtlöffel voll Demi=Glace darüber gethan und mit dieser nochmals aufgekocht. Die Coteletten werden rundläufend, die Rippchen nach oben (au miraton) in einer schön bordirten, tiefen Schüssel angerichtet, das recht heiße, gute und kräftige Püree in ihre Mitte gegeben und über diesem im Kranze kleine, rundgeschälte, mit Glace und etwas Madeira= Sec kurz eingedämpfte Trüffeln gelegt. Diese hier angegebenen Reh=Coteletten, mit Geschmack und Sachkenntniß zubereitet, finden bei den Feinschmeckern stets eine freundliche Aufnahme und bezeichnen zugleich den guten Koch.

851. Reh-Coteletten mit Paradies-Aepfeln. Côtelettes de chevreuil à la purée de tomate.

Die Reh=Coteletten werden den vorhergehenden gleich zubereitet, ge= spickt und in klarer Butter eingerichtet bei Seite gestellt. Sodann werden zwanzig bis dreißig Stück ganz reife Paradiesäpfel in der Mitte durchge= schnitten, der Same wie auch der wässerige Saft mit einem Löffel heraus= genommen, die fleischigen Theile aber mit ihrer Haut werden mit einem Stück frischer Butter, etwas rohem Schinken, einigen Schalotten, Lorbeer= blatt, etwas Pfeffer und Salz weich und kurz gedünstet, dann mit der nöthigen weißen Coulis über dem Windofen dickfließend eingekocht, wo das

Fett und der auffsteigende Schaum öfters abgenommen werden muß. Sie werden sodann durch ein Haarsieb gestrichen, in eine Casserolle gethan, oben etwas Glace darüber gegossen und bis zum Gebrauche au bain-marie warm gestellt. Vor dem Anrichten werden die Reh-Coteletten den vorhergehenden gleich sautirt, schön angerichtet und glacirt und das recht heiße, noch mit einem Stück frischer Butter sein gemilderte, schön rothe Tomate=Püree in ihre Mitte gegeben.

852. Reh-Coteletten mit Maccaroninudeln auf italienische Art. Côtelettes de chevreuil aux macaronis à l'Italienne.

Die Coteletten werden den vorhergehenden gleich zubereitet, sautirt, glacirt und angerichtet, in ihre Mitte werden Maccaroni à l'Italienne gegeben, welche auf nachstehende Weise bereitet werden. 280 Gramm federkieldicke, ächt italienische Maccaroni werden in 3 Centimeter lange Stücke gebrochen, diese dann zehn Minuten in gesalzenem kochenden Wasser gekocht, dann abgeseiht, in die Casserolle gethan und sogleich über dem Windofen mit 140 Gramm gebröckelter frischer Butter, 245 Gramm geriebenem Parmesankäse, etwas Concassé und dem noch nöthigen Salze geschwungen, bis die Butter zerflossen und die Nudeln, mit dem Käse genau verbunden, lange Fäden ziehen. Oben werden sie noch mit etwas Demi=Glace übergossen.

853. Reh-Coteletten auf dem Roste. Côtelettes de chevreuil grillées.

Aus einem gut mürbe gelegenen Rehziemer wird die nöthige Anzahl Coteletten gemacht, diese dann gesalzen, in eine irdene Schüssel gelegt, mit 140 Gramm feinstem huile de provence, dem Safte einer Citrone, etwas Pfeffer und einigen Petersilientsträußchen einige Stunden marinirt. Kurz vor dem Anrichten werden sie in vollstem Safte über gutem Kohlenfeuer auf dem Roste gebraten, dann im Kranze angerichtet, schön glacirt und ein Löffel voll Demi=Glace, mit etwas Citronensaft angenehm gesäuert, darunter gegeben. Diese Coteletten sind von sehr feinem Geschmack, leicht verdaulich und finden stets freundliche Aufnahme, jedoch darf der Rehrücken durchaus nicht in Essig gelegen, sondern derselbe muß an einem luftigen, trockenen Orte aufgehangen, mürbe geworden sein.

854. Reh-Coteletten auf Jäger-Art. Côtelettes de chevreuil au chasseur.

Man bereitet von dem Rippenfleische eines jungen Rehrückens vierzehn Stück schöne, gleichgroße Coteletten, ganz so wie Lamms= oder Kalbs=Coteletten, welche man während sechs Stunden in einer guten Kräutermarinade (siehe Nr. 252) mariniren läßt. Kurz vor dem Anrichten werden sie auf ein Tuch zum Abtrocknen gelegt, dann schnell in klarer Butter sautirt, hiernach die Butter rein abgegossen und zwei Anrichtlöffel voll sauce poivrade (siehe Nr. 170), zu welcher man die Essenz von den aus=

gekochten Rehabgängen verwendet hat, darüber gegossen. Die Coteletten werden nun in der Sauce umgekehrt und im Kranze über eine Farce-Bordure, welche man au bain-marie gar gemacht in eine Schüssel gestürzt hat, an= gerichtet. In der Mitte wird nun ein Klein=Ragout, welches aus Klößchen von Rehfarce, geblätterten Trüffeln und Gansleber=Stückchen bereitet ist, mit einer Trüffelsauce (siehe Nr. 178) kochendheiß angerichtet. Zwischen jede Cotelette wird ein eben so wie die Coteletten geschnittenes Zungenstückchen gelegt, um das Ansehen dieses feinen Ragouts noch ungemein zu erhöhen.

855. Reh-Coteletten à la Sévigné.   Côtelettes de chevreuil à la Sévigné.

Man bereitet nach Nr. 280, aber mit Rehfleisch, eine zarte Farce. Dieselbe wird auf einem reinen mit Mehl bestäubten Tisch mit den Händen zu einer langen Wurst ausgemacht, diese wieder in vierzehn gleiche Stückchen getheilt, aus welchem kleine Coteletten geformt werden. In diese Cote= letten werden nun rein geschabte Beinchen von den Rehrippen eingesteckt und dieselben hiernach in einen mit Butter reichlich ausgestrichenen plat à sauter eingerichtet. Hierauf werden aus vierzehn Hühnerbrüstchen die filets mignons genommen, das feine Häutchen wie auch die Nerve heraus= gelöst, und nachdem jedes derselben mit Trüffeln schön bigarrirt ist, wird die untere Seite mit Eiweiß bestrichen, in die Mitte der Coteletten darüber gelegt und leicht angedrückt. Wenn nun alle so beendet sind, werden sie mit zerlassener warmer Butter übergossen, was mittelst eines Pinsels ge= schehen kann, mit einer rundgeschnittenen Papierscheibe überdeckt und kalt gestellt. Unterdessen bereitet man ein Klein=Ragout von feingeblätterten Trüffeln mit einer sauce veloutée. Zehn Minuten vor dem Anrichten stellt man die Coteletten in einen heißen Ofen, damit sie gar werden; die Butter wird dann ganz rein abgegossen, die Coteletten mit Glace schön bestrichen und im Kranze über eine Reisbordüre angerichtet; das Klein=Ragout von Trüffeln wird in die Mitte gegeben. Eine sauce veloutée wird in einer Saucière extra beigegeben.

856. Escalope vom jungen Reh.   Escalope de chevrette.

Um das völlige Gelingen dieser von Kennern sehr geachteten Speise zu bezwecken, ist es nöthig, hiezu den Rücken eines jungen Rehes zu wählen. Es wird aus demselben das Rückenfleisch (die beiden Filets) gelöst und von diesem mit einem scharfen, nassen Messer zwischen der Haut und dem Filet diese der Länge nach der Art abgelöst, daß die Fleischtheile ganz von der Haut geschieden sind und diese papierdünn daliegt. Das Fleisch wird dann über dem Faden auf federkieldicke Scheibchen geschnitten, mit dem Hefte des Messers ein wenig flach geschlagen, rund zugeschnitten und in einen mit geklärter, frischer Butter gut ausgestrichenen plat à sauter eines an das andere geordnet, leicht mit Salz und Concassé bestäubt, mit etwas klarer Butter übergossen, mit einer Papierscheibe gedeckt und an einem kalten Orte bis zum Gebrauche aufbewahrt. Das Gerippe und die

sonstigen Abgänge von dem Rücken werden klein zerhackt und davon eine Essenz gezogen, welche sodann, wenn sie ganz rein entfettet ist, mit $^{5}/_{10}$ Liter kräftiger sauce espagnole über dem Windofen unter beständigem Rühren, bis sie sich vom Löffel spinnt, eingekocht und dann in einer passenden Saucen-Casserolle au bain-marie warm gestellt wird. Eine viertel Stunde vor dem Anrichten wird die Escalope über einen starken, hell= brennenden Windofen gesetzt und zwei Minuten, bis die Schnitten dem Drucke des Fingers leicht widerstehen, das heißt sich etwas fest fühlen lassen, ge= schwungen, die Butter wird dann rein abgenommen, die Wildpret=Sauce darüber gegossen, mit Citronensaft, Glace und dem noch nöthigen Salz bis zum kräftigsten im Geschmack gehoben und noch einmal aufgekocht. Das Anrichten dieses feinen Ragouts (Entrée) geschieht in einer schönen Brod= kruste, in einer Nudelbordure, auch in einer Reiskruste, in einer schön bordirten, tiefen Schüssel, auch in einer Silber=Casserolle, wo dann zwischen jedes Fleischstückchen ein in frischer Butter goldgelb geröstetes Brodschnittchen gelegt wird. Es muß noch bemerkt werden, daß Alles auf das Garmachen der Escalope ankömmt; nämlich das Fleisch zieht, sobald es warm wird, Saft, besonders wenn das Feuer nicht stark genug ist, wenn nun die Escalopes so viel Saft ziehen würden, daß sie in demselben schwimmen und kochen, so wird das Fleisch hart und zähe und dann ist das Gericht schon gänzlich als mißrathen zu betrachten. Es ist daher hauptsächlich darauf zu sehen, daß das Feuer so stark ist, daß die Escalopes sogleich in der Butter braten und in zwei Minuten in ihrem vollsten, nahrhaften Safte gar-geworden sind. Ferner erscheinen diese Escalopes, um ihren Werth noch mehr zu steigern, als:

857. Escalope von jungem Reh mit Trüffeln. Escalope de chevrette aux truffes.

858. Escalope von jungem Reh mit Champignons. Escalope de chevrette aux champignons.

859. Escalope von jungem Reh mit Ragout Financière. Escalope de chevrette à la financière.

Die Escalope wird immer der ersteren gleich bereitet, nur mit dem

Unterschiede, daß beim Anrichten die Brodschnitten wegbleiben. Die schön glacirten Escalopes werden jedesmal im Kranze über das oben bezeichnete Kleinragout, welches im Abschnitt 8 angegeben ist, angerichtet.

860. Gedämpfte Rehschulter, bürgerlich. Epaules de chevreuil à la bourgeoise.

Zwei Rehschultern werden rein gewaschen, das Bein vom zweiten Gelenke an ganz ausgelöst, dann mit feingeschnittener Petersilie, Zwiebeln, Pfeffer und Salz bestreut und mit Bindfaden rund, ballonartig zusammen= gezogen. Die obere Seite wird dann gut gespickt, gehörig gesalzen und zum dämpfen mit etwas Speck, Zwiebeln, gelben Rüben, einigen Gewürz= nelken, Citronenschale und einem Lorbeerblatt eingerichtet, mit einem Glas Essig und fetter Brühe begossen und auf Kohlenfeuer recht weich, kurz und braun gedünstet. Beim Anrichten werden die Schultern ausgehoben, der Bindfaden herausgezogen und auf einer langen Schüssel angerichtet. Der Fond oder der zurückgebliebene Saft wird mit etwas Fleischbrühe aufgekocht, durchgeseiht, rein entfettet und darüber gegossen. Gebratene Kartoffeln oder auch eine Sauerrahm=Sauce mit Kapern oder auch eine Schalotten=Sauce kann extra beigegeben werden.

861. Braun eingemacht. Rehwild, bürgerlich. Fricot de chevreuil.

Hier weise ich auf das im vorhergehenden Abschnitt beim Fricot vom Hirschwild Gesagte zurück.

862. Rehleber auf Jäger-Art. Foie de chevreuil au chasseur.

Die Leber wird rein gewaschen, die feine Haut abgezogen, in dünne Scheibchen geschnitten und mit Butter, fein geschnittener Zwiebel, Pfeffer und Salz abgeröstet, etwas wenig Mehl darüber gestäubt und mit etwas Essig noch= mals aufgekocht. Es ist eine Lieblingsspeise der Jäger; die Leber darf jedoch nicht zu lange geröstet sein, und der Pfeffer muß eine Hauptrolle spielen.

863. Gespickte Rehschnitten mit Wildenten-Emincé. Grenadins de chevreuil au chasseur royal.

Von einem mürbe gehangenen, zarten Rehrücken werden die beiden

Filets ausgelöst und von diesen die nöthigen Grenadins bereitet, welche in einer flachen, gutschließenden Casserolle mit Speck, Zwiebeln, Lorbeerblatt und dem nöthigen Salz eingerichtet und bei Seite gestellt werden. Zwei große oder auch vier kleine Sarcellen (Wildenten) werden flammirt, dressirt, am Spieße im Saft gebraten und sodann zum Auskühlen kalt gestellt. Das Gerippe und die sonstigen Abgänge von dem Rehrücken werden klein zerhackt, mit Speck, Zwiebeln, Lorbeerblatt und sonstigen Kräutern eingerichtet, gut ausgekocht und hievon eine Essenz bereitet. Von den Wildenten werden die Brüste ausgeschnitten, die Haut abgezogen, feinblätterig geschnitten und sodann in eine Casserolle gethan. Die Carcasses von den Wildenten werden klein zerhackt, das nöthige Consommé darüber gegossen, gut ausgekocht, geseiht, rein entfettet und mit $^5/_{10}$ Liter guter sauce espagnole, bis sie dickfließend vom Löffel läuft, über dem Windofen eingerührt, sie wird sodann gehörig gesalzen, mit Citronensaft angenehm gesäuert und durch ein Haartuch über das Emincé gepreßt, mit etwas Glace übergossen und au bain-marie warm gestellt. Die Rehessenz wird nun eine Stunde vor dem Anrichten über die Grenadins gegossen und diese sodann weich und in ihrem Safte kurz gedünstet. Beim Anrichten wird das ganz heiße Emincé in einer bordirten Schüssel angerichtet, die schön glacirten Grenadins sternartig darüber gelegt und außenherum weichgesottene Eier (oeufs mollets) schön geordnet.

864. Gebackene Teigkruste mit Rehschnitten und grünen Bohnen. Croustade aux filets de chevreuil aux haricots verts.

Man bereitet eine schöne Teigkruste. Aus dem ausgelösten Rückenfleisch eines jungen Rehrückens werden fingerlange Schnitten (Filets) quer geschnitten, diese mit dem Messerheft etwas breit geschlagen, schön panirt, gesalzen, in zerlassene, frische Butter, die mit dem Gelben von zwei Eiern genau verrührt ist, getaucht, mit geriebenem Mundbrode bestreut, in einem plat à sauter mit klarer Butter eins neben das andere eingerichtet und zugedeckt kalt gestellt. Das nöthige Quantum junger grüner Bohnen wird nudelartig geschnitten, in gesalzenem kochenden Wasser weich gekocht, abgeseiht, mit kaltem Wasser übergossen (abgekühlt) und auf eine Serviette

zum Abtrocknen gelegt. Vor dem Anrichten wird die Krustade auf einer Schüssel warm gestellt, die Rehschnitten werden auf beiden Seiten licht= braun geröstet, die grünen Bohnen mit 140 Gramm Schalen=Butter, dem nöthigen Salz und feingeschnittener Petersilie über dem Feuer, bis alle Flüssigkeit verdampft ist, geschwungen, die grünen Bohnen erhaben in der Kruste angerichtet und außenherum, im Kranze laufend, inzwischen mit gebackenen Brodschnitten, die Rehschnitten geordnet.

17. Abschnitt.

Von der Gemse. Du chamois.

Die Gemse lebt auf den höchsten Gebirgen und den beschneiten Alpen der Schweiz, in Tirol, Bayern, Savoyen, Kärnthen und Steiermark. Sie gleicht in der Größe und Gestalt dem Ziegenbock. Die Farbe ist braunroth, am Unterleib schmutzigweiß, der Schwanz schwarz; unten an der Kehle befindet sich ein feiner Streifen, vorn unter den Knieen ein Haarbüschel und vor dem Kopfe über den Augen zwei heraufsteigende, rohrförmige, mit runzeligen Ringeln und glatten Haken versehene, nach dem Rücken zu gekrümmte, schwarze Hörner. Was den Wohlgeschmack ihres Fleisches betrifft, so steht dieses dem des Rehes bei weitem nach; besonders hart und trocken ist dasjenige von alten Thieren. Doch da die Gemsen die höchsten, unzugänglichsten Gebirgspitzen erklettern und aus diesem Grunde schwer zu erlegen sind, so sind sie schon der dadurch ver= veranlaßten Seltenheit wegen schätzbar, und der Braten einer jungen, einjährigen Gemse gehört mit vollstem Rechte unter die Zahl der besten Braten, und wird selbst an königlichen Tafeln gegeben.

865. Gebratener Gemsrücken. Filet de chamois rôti.

Was bei dem gebratenen Rehrücken bemerkt wurde, gilt auch für die Gemse, so lange sie zart und jung ist, und ich weise daher auf den vorhergehenden Abschnitt zurück.

866. Gemse auf Tiroler Art. Chamois à la Tirolienne.

Die Tiroler haben eine eigene Manier, Gemswild zuzubereiten, welches von den Fremden, die nach Tirol kommen, mit vieler Vorliebe gespeist und von denselben oft als vorzüglich zubereitet bezeichnet wird. Ob allen Fremden, die dieses Gebirgsland bereisen, auch jedesmal wirklich Gemswild vorgesetzt wird, möchte ich dahin gestellt sein lassen, denn die Bereitungsweise ist von der Art, daß es nur dem Sachkundigen gelingen möchte, hierin nicht getäuscht zu werden. . Diese Bereitungsweise ist folgende: Nachdem die Gemse ausgezogen, zertheilt und rein gewaschen ist, wird sie in ein irdenes Gefäß gelegt, gesalzen, mit einigen Zwiebeln, Lorbeerblättern, Pastinak, Thymian, Gewürznelken, Wachholderbeeren und einer in vier Theile geschnittenen Citrone gewürzt und mit heißem Essig übergossen, zugedeckt, beschwert und an einem kalten Orte aufbewahrt. Nach fünf bis sechs Tagen wird der Rücken oder der Schlegel herausgenommen, wie ein Rehschlegel gespickt, dann wird derselbe in ein Bratgeschirr gelegt, mit einer Zwiebel, Lorbeerblatt, Pfeffer und Salz nochmals gewürzt, mit $^5/_{10}$ Liter rothem Tiroler Wein und $^3/_{10}$ Liter gutem sauern Rahm und etwas Bratenfett übergossen, einige Schwarzbrodrinden beigelegt und in dem Bratofen unter öfterem Begießen weich und kurz in seinem Safte gebraten, wo man öfters etwas sauern Rahm und Wein nachgießen muß. Beim Anrichten wird der Gemsschlegel auf eine Bratenschüssel gelegt, der zurückgebliebene Saft mit etwas Fleischbrühe aufgekocht und als eine gebundene, lichtbraune, wohlschmeckende Sauce darüber geseiht und sogleich zu Tisch gegeben.

867. Gemswild-Sauce feinerer Art, welche dem am Spieß gebratenen jungen Gemswild beigesetzt werden kann.

Von einer Gemse wird der Hals und sonstige Abgänge genommen, diese zerhackt und hiervon eine Essenz bereitet, welche man, nachdem sie rein entfettet ist, mit $^5/_{10}$ Liter brauner Sauce vermischt und an der Seite des Windofens rein aus Schaum und Fett kochen läßt. Während dieser Zeit schneidet man zwölf Schalotten, ein viertel Stück Sellerie, eine Pastinak, Porriwurzel und eine gelbe Rübe fein zu Scheibchen, thut dieses zusammen in eine Saucen-Casserolle, gibt noch den achten Theil einer abgeschälten Orange, ebenso viel Citronenschale, zwei Gewürznelken und einige Pfefferkörner bei, gießt dann eine halbe Bouteille rothen Wein dazu, deckt die Casserolle fest zu und läßt dies auf Kohlenfeuer langsam, bis alles recht weich ist, eindämpfen. Diese Kräuter werden nebst $^3/_{10}$ Liter gutem, sauern Rahm zu der bräunen Sauce gethan und auf einem hellbrennenden Windofen unter beständigem Rühren bis zur Hälfte eingekocht, hierauf durch ein Haartuch in eine Casserolle gepreßt, eine

Messerspitze voll gestoßenem Zucker und das noch fehlende Salz dazu gethan, mit dem Safte einer halben Orange noch bis zum angenehmsten Geschmack gehoben, oben mit etwas Jüs übergossen, damit die Sauce keine Haut ziehen kann, und bis zum Gebrauche warm gestellt. Wenn nun der Gemsbraten vom Spieße genommen wird, wird die Sauce extra in einer Saucière beigegeben. Diese Sauce muß sich durch eine lichtbraune Farbe und kräftigen, lieblichen Geschmack auszeichnen und findet jedesmal zu einem guten, saftigen Gemsbraten großen Beifall.

868. Braun eingemachtes Gemswild. Fricot de chamois à la bourgeoise.

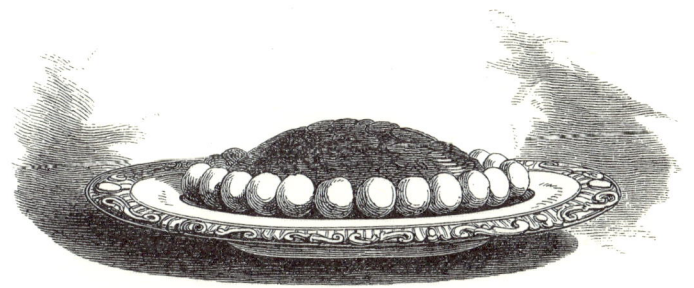

Der Hals, die Brüste und die Schultern werden rein gewaschen, in Stücke zerhauen und mit Essig und allen gewürzhaften Ingredienzen gedünstet. Unterdessen läßt man ein Stück Butter heiß werden, gibt das nöthige Mehl dazu und röstet dieses mit einer feingeschnittenen Zwiebel und einem Stückchen Zucker dunkelbraun. Wenn dies erreicht ist, wird es mit Fleischbrühe und etwas Rindfleischjüs angerührt, in's Kochen gebracht, über das Gemsfleisch gegossen und dasselbe darin vollends weich gekocht. Nach diesem werden die Fleischstücke in ein anderes Geschirr gelegt, die Sauce rein entfettet, etwas saurer Rahm dazu gegossen und über starkem Feuer, bis sie sich dickfließend vom Löffel spinnt, eingekocht, sodann gehörig gesalzen, mit Citronensaft oder gutem Weinessig angenehm gesäuert und warm gestellt. Das Gemswild wird nun erhaben auf einer Ragout=Schüssel angerichtet, unten herum ein Kranz von ganzen, in Butter gebratenen Kartoffeln gelegt und die Sauce darüber gegossen.

18. Abschnitt.

Vom Hasen. Du lièvre.

Dieses an europäischen Tafeln so beliebte Thier wird von den Morgenländern gänzlich verachtet. Das mohamedanische und noch lange vorher das jüdische Gesetz haben zwar wirklich den Genuß des Hasen= wildprets wie des Schweinefleisches untersagt; allein die Griechen und Römer haben es für ebenso schätzbar als wir gehalten.

Ein am Spieße gebratener, junger Hase ist aber auch in der That vortrefflich; sogar sein Blut läßt sich als das schmackhafteste und süßeste unter allen anderen Arten sehr wohl genießen.

Eine sehr gute Gattung von Hasen habe ich bei meinem Aufent= halte in Griechenland gefunden, deren Geschmack wirklich ausgezeichnet zu nennen ist. Im Herbste werden deren viele zu Markt gebracht, sie halten sich mehrentheils in den Gebirgen auf, wo ihre Nahrung der wild auf den Bergen wachsende Majoran und Thymian ist und wovon das Fleisch dieser Thiere so viel Geschmack annimmt.

866. Hase auf englische Art. Levraut à l'Anglaise.

Ein schöner junger Hase wird abgezogen, ebenso auch der Kopf und die Ohren, in den Leib wird eine Oeffnung gemacht, die Gedärme heraus= genommen, sodann die Leber, Herz und Lunge. Der Hase wird rein ge=

waschen, gut von innen ausgetrocknet und zugedeckt bei Seite gestellt. Das Blut von dem Hasen wird gesammelt und in einer Schale aufbewahrt. Die Leber wird fein geschnitten und mit eben so viel Semmelpanade, eben so viel frischer Butter, vier rohen und vier hart gekochten Gelbeiern, einer zu kleinen Würfeln geschnittenen, in Butter gelb gerösteten und mit Fleischbrühe weich und kurz gedünsteten Zwiebel, einer Messerspitze voll Salbei, fein geschnittener Petersilie und Champignons, etwas gestoßenem Pfeffer und dem nöthigen Salze, sowie mit dem Blute in einen Reibstein gethan und fein durcheinander gestoßen. Wenn diese Farce im Geschmacke gehörig assaisonnirt ist, wird sie in den Hasen gefüllt, die Oeffnung zugenäht, der Hase selbst, als wenn er im Lager ruhe, schön dressirt, mit Speckbarden belegt, in ein mit Butter bestrichenes Papier eingehüllt, am Spieße befestigt und nur eine Viertelstunde vor dem Anrichten langsam gebraten. Vom Spieße genommen, wird die Papierhülle entfernt, der Hase auf einer langen Schüssel angerichtet, gezupfte grüne Petersilie darum gelegt, schön glacirt und eine von Johannisbeer- gelée gut bereitete, angenehm süßsäuerliche Sauce extra beigegeben.

870. Gebratener Hase. Lièvre rôti.

Nachdem der Hase einige Tage an einem kalten, trockenen, luftigen Orte gehangen hat, wird er rein gewaschen, die Brüste, die Läufe sammt dem

Kopfe werden abgeschnitten, die obere Haut mit einem scharfen Messer abge=
löst, von allen Seiten schön fein gespickt, gesalzen, und drei bis vier Stunden
mit 140 Gramm feinstem Provencer=Oel und dem Safte einer Citrone
marinirt.   Eine Stunde vor der Tafelzeit wird derselbe an dem Brat=
spieße befestigt und drei Viertelstunden bei hellem Feuer, unter öfterem
Begießen, schön in seinem Safte gebraten.   Eine piquante, mit Citronensaft
angenehm gesäuerte und mit Glace kräftig bereitete, klare Jüs kann, wenn
es der Geschmack des Tischherrn erlaubt, extra beigegeben werden.

871. Civet vom Hasen.   Civet de lièvre.

Der Hase wird rein gewaschen, die Schlegel, der Rücken und die
Läufe werden in gleiche, schöne Stücke geschnitten und in eine Casserolle
eingerichtet.   280 Gramm Speck werden in grobe Würfel geschnitten,
ebenso zwei große Zwiebeln; dieses wird zusammen auf dem Feuer so
lange geröstet, bis die Zwiebeln eine lichtbraune Farbe haben; sodann
wird eine halbe Bouteille rother Wein dazu gegossen und, nachdem dieses
aufgekocht hat, über den Hasen gegossen, dieser dann gesalzen, ein Lorbeer=
blatt, einige Pfefferkörner und eine Gewürznelke dazu gethan und auf
Kohlenfeuer weich gedünstet.   Wenn dies erreicht ist, werden die Hasen=
stücke in eine andere Casserolle gelegt und zugedeckt warm gestellt.   Die
Hasen=Essenz wird rein entfettet, zwei Schöpflöffel voll braune Sauce
dazu gethan, über dem Windofen bis zur Hälfte eingekocht, dann gehörig
gesalzen, mit Citronensaft angenehm gesäuert und durch ein Haarsieb über
die Hasenstücke geseiht.   Kurz vor dem Anrichten läßt man das Civet
nochmals aufkochen, richtet es erhaben auf einer schön bordirten Schüssel
an, gießt die sehr kräftige, dunkelbraune Sauce darüber und garnirt es
noch mit glacirten Zwiebeln und in Butter gerösteten Brodherzchen.

872. Schwarzer Hase, Hasenpfeffer.   Matelote de lièvre.

Der rein ausgewaschene, gut abgetrocknete Hase wird in schöne Stücke
geschnitten, das Blut aber mit etwas Essig verrührt, in einer Obertasse
kalt gestellt.   Die Hasenstücke werden mit Butter, Speck, Zwiebeln, gelben
Rüben, Lorbeerblatt, Pfefferkörnern, einigen Gewürznelken und dem nöthigen
Salz eingerichtet, mit einer halben Bouteille rothem Wein begossen und
halbweich gedünstet.   Währenddem werden 140 Gramm Mehl und 140
Gramm guter Butter und einem Stückchen Zucker auf Kohlenfeuer lang=
sam ganz dunkelbraun geröstet, in welches man eine in Scheiben geschnittene
Zwiebel und etwas grüne Petersilie gibt und noch einige Minuten röstet.
Die Hasenstücke werden herausgenommen, sauber zugeschnitten in eine andere
Casserolle gelegt, die Essenz durchgeseiht, sehr rein entfettet und mit der
nöthigen Fleischbrühe und etwas Rindfleischjüs vermengt, das geröstete
Mehl damit angerührt, über dem Feuer ins Kochen gebracht, sodann über
die Hasenstücke gegossen und diese in der Sauce vollends weich gekocht,
wo man das Ragout von Zeit zu Zeit abschäumet und entfettet.   Wenn
nun die Hasenstücke weich sind, werden sie erhaben angerichtet, die Sauce

nochmals sehr rein entfettet und wenn sie noch zu dünn sein sollte, über dem Windofen dickfließend eingekocht, sodann gehörig gesalzen, mit dem Hasenblute legirt, mit Citronensaft angenehm gesäuert und über die Hasen= stücke gegossen. Glacirte Zwiebeln und Champignons können unter die Sauce gethan werden.

873. Rouladen von Hasen nach Viard. Paupiettes de filets de levrauts à la Viard.

Nachdem man von drei jungen Hasenrücken das Fleisch der Länge nach sorgsam ausgelöst hat, wird von denselben die Haut abgezogen, jedes Stück der Quere in zwei Theile getheilt und mit dem Cotelettemesser etwas breit geschlagen, dann rein zugeschnitten, in eine irdene Schüssel gelegt und dann der Saft von zwei Citronen mit etwas Pfeffer und Salz, nebst zwei Eßlöffeln voll feinem Olivenöl darüber gegossen, und läßt so die Hasenstücke zwei Stunden mariniren. Während dieser Zeit bereitet man aus den Abfällen von dem Hasenfleische nebst den Nierchen mit eben so viel feingeschnittenem Speck, etwas Semmel=Panade, zwei Eiern, dem nöthigen Salz und Muskatnuß eine feine Farce, unter welche man zwei Eßlöffel voll fines herbes (siehe Nr. 259) einrührt. Die Hasen= stücke werden nun über ein Tuch gelegt, leicht abgetrocknet, messerrücken= dick mit der Farce bestrichen, aufgerollt und an den beiden Enden kleine Holzspeilchen durchgestochen. Wenn nun alle fertig sind, wird die Ober= fläche fein gespickt, zusammen in einem mit Speckscheiben belegten plat à sauter eingerichtet, bis zur Hälfte mit einer guten Kräuter=Marinade begossen, mit einer Papierscheibe zugedeckt und so im Bratofen bis zum völligen Weichwerden unter öfterem Begießen gebraten. Eine Viertelstunde vor dem Anrichten wird das Papier abgenommen, die Popietten schön glacirt und wieder in den Ofen gestellt, damit sie von oben eine schöne, glänzende Farbe bekommen. Hiernach werden sie über einer Farce=Bordure sauber angerichtet, in die Mitte ein aus Champignons bestehendes Klein= Ragout, wozu man die nöthige sauce espagnole und die Hasen=Essenz genommen hat, gegeben und heiß zu Tisch befördert.

874. Escalopes von Hasen. Escalopes de levrauts au sang.

Von zwei jungen Hasen wird das Blut mit einem Eßlöffel voll gutem Weinessig verrührt und in einer Tasse kalt gestellt. Die Filets von diesem Hasen werden behutsam ausgelöst, die Haut davon abgezogen, das Fleisch in Scheiben geschnitten, diese mit dem Messerheft etwas breit ge= schlagen, in der Größe eines Thalers rund geschnitten, mit klarer Butter in einem plat à sauter eingerichtet, mit klarer Butter übergossen, mit einer Papierscheibe, damit keine Luft eindringen kann, gedeckt und kalt gestellt. Alle Abgänge von dem Hasen bis auf die Schlegel, welche weiter verwendet werden können, werden klein zerhackt, mit Butter, einem Stückchen rohen Schinken, einem Stück Kalbfleisch, zwei Zwiebeln, wovon eine mit zwei Gewürznelken besteckt ist, zwei gelben Rüben, einem Bouquet Peter=

silie, einem Lorbeerblatt, einer halben Zehe Knoblauch eingerichtet, mit einer halben Bouteille rothen Wein und etwas Rindfleischjüs begossen und eine Stunde langsam auf Kohlenfeuer gedünstet. Hierauf wird das Fett rein abgenommen, die Essenz geseiht, bis zur Hälfte eingekocht, dann mit $^3/_{10}$ Liter guter sauce espagnole bis zu einer Demi-Glace eingekocht und warm gestellt. Kurz vor dem Anrichten werden die Escalopes über dem Windofen geschwungen, die Butter abgegossen, die Sauce darüber gethan, gehörig gesalzen, das Blut mit einem Stückchen frischer Butter dazu gegeben und nochmals über dem Feuer, ohne daß jedoch die Escalope kocht, fleißig bewegt, in einer Silber-Casserolle angerichtet und sogleich zu Tisch gegeben.

875. Escalopes von Hasen mit feinen Kräutern. Escalopes de lièvre aux fines herbes.

Von zwei schönen, jungen Hasen werden die Rücken abgehauen und das Fleisch derselben auf beiden Seiten der Länge nach von den Knochen mit Vorsicht abgelöst, damit man vier schöne Filets erhält. Dieselben werden nun abgehäutet, der Quere in kleine, fingerdicke Stückchen geschnitten, mit dem naßgemachten Messerhefte etwas breit geschlagen, dann wieder in egale runde Form sauber zugeschnitten und mit Pfeffer und Salz bestreut. Hierauf gibt man in einen plat à sauter vier gute Eßlöffel voll fines herbes (siehe Nr. 259), nebst der nöthigen Butter, legt die Escalopes neben einander hinein, deckt dieselben mit einer mit Butter bestrichenen Papierscheibe zu und stellt sie bis zum Gebrauche kalt. Die vier Schlegel können anderweitig verwendet werden; die übrigen Hasenknochen aber werden klein zerhackt und davon eine Hasen-Essenz bereitet, welche, nachdem sie geseiht und rein entfettet ist, mit drei Obertassen voll sauce espagnole zu einer kräftigen Sauce eingekocht wird. Vier bis fünf Minuten vor dem Anrichten werden nun die Hasen-Escalopes über den hellbrennenden Windofen gestellt und zwar bis sie dem Druck des Fingers widerstehen, auf beiden Seiten schnell sautirt, dann gießt man die Butter langsam ab und die Hasen-Sauce darüber, kocht alles zusammen einmal auf und drückt den Saft einer halben Citrone dazu. Hiernach werden die Fleischstücke au miraton in einer mit einer Brodkruste bordirten Schüssel schön angerichtet und in ihre Mitte die fines herbes gegossen.

876. Escalopes von Hasen mit Trüffeln. Escalopes de levrauts aux truffes.

Die Hasen-Filets werden den vorhergehenden gleich zubereitet und mit sechs Stück schönen Perigord-Trüffeln, ebenso rundblätterig wie die Escalopes geschnitten, mit klarer Butter eingerichtet und mit einer Papierscheibe gedeckt, kalt gestellt. Ebenso wird die Sauce bereitet, nur daß statt rothem Wein hier Madeira-Sec genommen wird, das Blut bleibt jedoch weg. Die Escalopes von Hasen mit Trüffeln geben ein Gericht, dessen Wohlgeschmack bis zum köstlichsten gesteigert wird.

877. Provençale von Hasenfilets. Filets de levrauts à la Provençale.

Von zwei jungen Hasen werden die Filets ausgelöst, die Haut ab= gezogen, mit Sardellen und feinem Speck gespickt, gesalzen, mit Pfeffer leicht bestreut und mit feinem Provencer=Oel, Schalotten, etwas Knoblauch und Petersilie eingerichtet und gut zugedeckt auf Kohlenfeuer weich und kurz gedünstet. Wenn dies erreicht ist, werden die Filets auf eine Schüssel gelegt, die zurückgebliebene Essenz mit etwas Consommé aufgekocht, rein entfettet, etwas Estragonessig und Demi=Glace dazu gethan, nochmals einige Minuten gekocht, abgeschäumt, auf eine tiefe Schüssel gegossen und die schön glacirten Hasenfilets darüber gelegt.

878. Hasen-Coteletten mit feinen Kräutern. Côtelettes de levrauts aux fines herbes.

Von zwei Hasen werden die Filets ausgelöst, die Haut abgenommen, schräg kleine, lange Filets daraus geschnitten, diese mit dem Messerhefte etwas breit geschlagen und zu Coteletten formirt. Die Rippen werden rein abgeschabt und in die Filets gesteckt, diese mit Salz und Pfeffer ge= würzt und zugedeckt kalt gestellt. Einige Schalotten, Petersilie, eine Trüffel und Champignons werden zusammen ganz fein gehackt und mit fein ge= schnittenem Speck und etwas Butter auf dem Feuer gedünstet. Die Hasen= Coteletten werden mit den feinen Kräutern in einem plat à sauter ein= gerichtet und während vier Minuten auf dem Feuer sautirt, dann das Fett abgenommen, etwas Demi=Glace und der Saft einer Citrone dazu gepreßt und nochmals zusammen aufgekocht. Die Coteletten werden im Kranze angerichtet und die fines herbes in ihre Mitte gegeben.

879. Grenadin von Hasen mit Kastanien. Grenadins de lièvre à la vigneronne.

Von zwei Hasenrücken werden die beiden Filets nach Nr. 874 aus= gelöst. Diese Filets werden abgehäutet, schräg geschnitten, so daß sie die Form von großen Hühnerbrüstchen bekommen, dann mit gutem Speck der ganzen Länge nach zierlich gespickt, in einem plat à sauter über Speck= scheibchen gelegt, mit Salz und Pfeffer bestreut, mit einem Lorbeerblatt und einer Zwiebel gewürzt, mit etwas guter Jüs und einem Glas Rhein= wein begossen, zugedeckt und so über Kohlenfeuer, wobei man auf den Deckel ebenfalls glühende Kohlen gibt, eine halbe Stunde gar gedämpft. Unterdessen werden 560 bis 840 Gramm schöne, große Kastanien nach Nr. 308 bereitet, welche weich und schön glacirt sein müssen, aber nicht zerfallen dürfen. Kurz vor dem Anrichten werden die Grenaden in die heiße Bratröhre gestellt, damit sich das Gespickte leicht färbt und hervor= tritt, dann glacirt und im Kranze in eine schön geschnittene Brod= oder Reiskruste angerichtet; die Kastanien werden in ihrer Mitte erhaben an= gerichtet. Eine gut bereitete sauce espagnole, wozu man die Hasen=Essenz verwendet hat, wird in einer Saucière extra beigegeben.

Nachstehende Grenadins gehören ferner zu den feineren Entrées und haben stets den besten Erfolg, als:

880. Grenadin von Hasen mit Trüffel-Püree. Grenadins de lièvre à la purée de truffes.

881. Grenadin von Hasen mit Fasanen-Püree. Grenadins de lièvre à la purée de faisans.

882. Grenadin von Hasen mit Feldhühner-Püree. Grenadins de lièvre à la purée de perdrix.

883. Grenadin von Hasen mit Schnepfen-Püree. Grenadins de lièvre à la purée de bécasses.

884. Grenadin von Hasen mit Krammetsvögel-Püree. Grenadins de lièvre à la purée de grives.

885. Grenadin von Hasen mit Kastanien-Püree. Grenadins de lièvre à la purée de marrons.

Die Bereitung der fünf ersten Pürees findet man im 4. Abschnitt, und muß nur noch bemerkt werden, daß zu denselben gewöhnlich die vom Tage vorher in Rest gebliebenen Braten von den bezeichneten Pürees mit dem besten Erfolge verwendet werden.

Das letztere, das Kastanien-Püree zu vorstehenden Grenadins wird auf folgende Weise hergestellt. Die Kastanien werden, nachdem sie nach Nr. 308 bereitet sind, durch ein feines Haarsieb gestrichen, gesalzen, leicht gezuckert, mit einem Stück sehr frischer Butter, vier Eßlöffeln voll zerlassener Glace und etwas Madeira-Sauce auf dem Feuer zu einem nicht allzu dicken Püree abgerührt und zu obigen Grenadins erhaben in der Mitte angerichtet.

886. Chapillotade vom Hasen. Chapillotade de lièvre.

Ein schöner, junger Hase wird gespickt und am Spieß im Safte gebraten. Wenn er vom Spieße kömmt, wird er sogleich verschnitten, in eine Casserolle geordnet, mit Salz und Concassé gewürzt, mit fein geschnittenen Schalotten, Petersilie und Citronenschale bestreut, mit etwas Estragonessig, gutem sauern Rahm und Rindfleischjüs begossen und so auf starkem Feuer schnell zur Hälfte aufgekocht, welches dann eine sehr angenehme Sauce bildet. Der Hase wird sodann erhaben, die besseren Stücke nach Oben angerichtet und, mit dieser Sauce übergossen, sogleich zu Tisch gegeben.

887. Hasen-Coteletten à la Varenne. Côtelettes de lièvre à la Varenne.

Hierzu werden die Rücken von drei jungen, völlig ausgewachsenen Hasen verwendet; von diesen werden auf beiden Seiten die Filets behutsam ausgelöst, alles Häutige davon abgezogen, dann aus jedem Stück drei gleiche, schräge Filets geschnitten. Nachdem dies geschehen, werden die Filets mit dem Cotelettemesser etwas breit geschlagen, dann gleichmäßig in schöne coteletteartige Stücke sauber zugeschnitten und einen Moment in heißer, klarer Butter sautirt, worauf man sie heraus nimmt und übereinander gelegt kalt werden läßt. Von den Abfällen des rohen Hasenfleisches bereitet man eine feine Farce, unter welche man einige Eßlöffel voll dickeingekochte sauce Soubise verrührt. Die Hasenstücke werden nun der Breite nach ganz eingeschnitten, aber nicht durchgeschnitten, dann mit der Farce, unter welche man noch etwas fein hachirte Trüffeln gemengt hat, gefüllt und dünn überstrichen, mit feinem Reibbrod besäet und mit kleinen, aus den Hasengerippen genommenen Beinchen besteckt, so daß dieselben das Ansehen von Coteletten bekommen; nach diesem werden sie in abgeschlagene, gesalzene Eier getaucht, nochmals panirt und zuletzt mit der Messerklinge schön egal geformt. Hierauf werden die Coteletten mit klarer Butter in einen passenden plat à sauter eingerichtet, zugedeckt und kalt gestellt. Unterdessen bereitet man aus den filets mignons, wie auch von den Hasen-Nierchen ein kleines Eminçé, welches mit ebenso geschnittenen Trüffeln und Champignons untermengt, und mit guter Madeira-Sauce zu einem Klein-Ragout bereitet wird. Die Hasen-Coteletten werden nun auf beiden Seiten lichtgelb gebraten, zum Entfetten auf ein Tuch mit Fließpapier gelegt, dann über eine zwei Finger breite und zwei Finger hohe weiße Reis-Bordure im Kranze angerichtet und das ganz heiße Klein-Ragout in die Mitte gegeben.

888. Hasenkuchen mit Madeira-Wein. Pain de lièvre au vin de Madère.

Zwei schöne Hasen werden gut gereinigt, das Fleisch davon rein abgelöst, dieses dann aus Haut und Sehnen geschabt und fein geschnitten. Zwei Theile so viel als das Fleisch beträgt, wird weißer Luftspeck fein geschnitten und dies zusammen mit einem Theile Semmelpanade, feingeschnittenen Schalotten, Petersilie, Champignons, einem Kaffeelöffel voll dürrer, feiner Kräuter und dem nöthigen Salz fein gestoßen und nochmals durch ein Sieb passirt. Diese Hasen-Farce wird in eine Casserolle gethan und klein würfelig geschnittene Trüffeln, gekochte Ochsenzunge und weich gekochter und wieder zuvor ausgekühlter Speck, ebenfalls würfelig geschnitten, von jedem zwei Eßlöffel voll nebst einigen Eßlöffeln voll Madeira=Wein und eben so viel gute braune Sauce darunter gerührt. Eine Sturz=Casserolle wird alsdann mit frischer Butter gut ausgestrichen und mit einem Schweinsnetz ausgelegt, die Farce hineingefüllt und die Form über einem zusammen= gelegten Tuche, damit keine Zwischenräume entstehen, aufgestoßen, das Netz oben darüber geschlagen und in einem nicht heißen Backofen eine und eine halbe bis zwei Stunden langsam gebacken. Unterdessen wird aus den Abgängen von den beiden Hasen eine Essenz gezogen, diese rein ent= fettet, durch ein Haartuch geseiht und mit $^{5}/_{10}$ Liter guter brauner Sauce und einer halben Bouteille Madeira=Sec über einem hellbrennenden Wind= ofen unter beständigem Rühren, bis sich die Sauce dickfließend vom Löffel spinnt, eingerührt. Sie wird sodann in eine Saucen=Casserolle durch ein Haartuch gepreßt, oben mit etwas Demi=Glace übergossen und bis zum Gebrauche au bain-marie warm gestellt. Vor dem Anrichten wird der Hasenkuchen aus dem Backofen genommen, auf einen Plafond um= gestürzt, damit das Fett rein ablaufe und dann auf eine Schüssel über= gehoben, mit etwas von der Sauce übergossen, maskirt und zu Tisch gegeben; der Rest der Sauce wird in einer Saucière beigegeben.

889. Gesulzter Hasenkuchen. Pain de lièvre à la gelée.

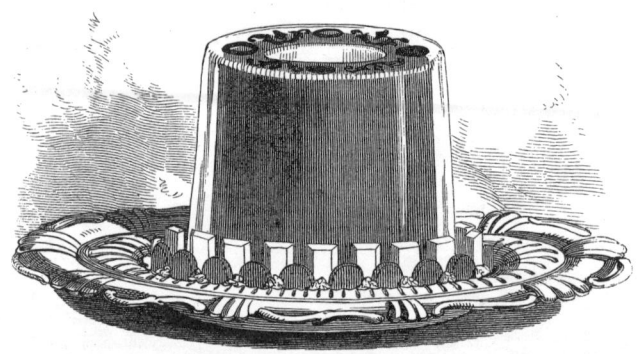

Der Hasenkuchen wird dem vorhergehenden ganz gleich zubereitet, gebacken und sodann umgestürzt, kalt gestellt, welches in der Regel einen Tag vorher geschieht. Derselbe Model, worin der Hasenkuchen gebacken wurde, wird in's Eis gegraben, einige messerrückendick mit Fleischsulz, Aspic, begossen und stocken gelassen. Auf diesem wird eine schöne Zeichnung von gekochten, recht schwarzen Trüffeln, gekochter, recht rother Ochsenzunge und dem Brustfleische von einem gebratenen Kapaune, eingelegt, welches jedoch dem guten Geschmacke und dem Talente des guten Koches überlassen bleibt. Wenn die Form zierlich belegt ist, wird sie wieder mit Fleischsulz, zwei messerrückendick übergossen und stocken gelassen. Der Hasenkuchen wird von allen Seiten rein zugeschnitten, so zwar, daß das Aeußere ganz hinweg= kömmt. Derselbe wird mit Vorsicht hineingestellt und der leere Raum mit kalter, jedoch noch fließender Fleischsulz an= und überfüllt und zugedeckt an einen kalten Ort gestellt. Beim Anrichten wird die Form einen Augen= blick in's heiße Wasser gehalten, abgetrocknet und auf die dazu bestimmte flache Schüssel umgestürzt, deren Rand noch zur größeren Zierde ge= schmackvoll mit Aspic=Schnitten von zweierlei Farbe belegt werden kann.

890. Hasen-Netzchen. Crepinettes de lièvre.

Von derselben Hasenkuchen=Masse werden kleine Häufchen, in Stücke aus Schweinsnetz geschnitten, eingeschlagen und runde, thalergroße Crepi= netten gemacht, diese dann in klare, frische Butter eingerichtet, mit einer mit Butter bestrichenen Papierscheibe bedeckt und kalt gestellt. Eine halbe Stunde vor dem Anrichten werden sie langsam lichtbraun gebraten, zum Entfetten auf ein Tuch gelegt, sodann im Kranze auf einer Schüssel an= gerichtet, etwas Demi=Glace oder eine gute Madeira=Sauce in ihre Mitte gegeben und sogleich servirt.

891. Hasenwürstchen nach Richelieu. Boudins de lièvre à la Richelieu.

Hierzu verwendet man gewöhnlich das in Rest gebliebene Fleisch von vier Hasenschlegeln. Dasselbe wird ausgelöst, von aller Haut und allen Fasern befreit, dann mit 280 Gramm weißem, sehr guten, gesalzenen Speck fein gewiegt und gestoßen; dazu gibt man zwei abgeschälte, in Wasser eingeweichte und wieder fest ausgedrückte Milchbrödchen, das nöthige Salz, etwas Pfeffer und geriebene Muskatnuß, wie auch etwas feingeschnittene Petersilie, Schalotten und Champignons, aber alles in Butter gedünstet. Das Ganze wird alsdann im Reibstein sehr zart gestoßen und zuletzt zwei ganze Eier und drei Eidotter darunter gemengt, worauf man die Farce aus dem Mörser nimmt und durch ein feines Haarsieb streicht. Ist dies geschehen, so werden noch drei Eßlöffel voll fein würfelig geschnit= tene, mit Madeira und Glace kurz gedämpfte Trüffeln darunter melirt. Aus dieser Farce werden nun über einem mit Mehl bestäubten Brett 9 Centimeter lange und 3 Centimeter breite, egale Würstchen geformt, diese in kochendheiße, gesalzene Fleischbrühe eingelegt und an die Seite des Feuers gestellt, aber nicht sieden noch steif werden gelassen. Diese Würstchen werden hiernach mit einem Schaumlöffel auf eine reine Serviette ausgehoben, abgetropft, dann in zerlassene, frische Butter eingetaucht und mit sehr feinem, weißen Reibbrode panirt. Dieselben werden nun noch= mals mit dem Messer schön geformt, in klarer Butter in einem plat à sauter eingerichtet und in eine heiße Bratröhre bis zur Erlangung einer lichtbraunen Farbe gestellt; hierauf werden sie schön angerichtet und in ihre Mitte eine Trüffel=Sauce (siehe Nr. 178) gegossen.

892. Gesulzte Escalopes von jungen Hasen. Chaud-froid de filets de levrauts.

Diese werden wie die Escalopes von Hasen geschnitten, in klarer Butter eingerichtet, auf dem Feuer im Safte gar gemacht, auf einer Serviette ab= getrocknet, entfettet, dann eine Stunde in einer Porzellanschüssel mit Citronen= saft und etwas Concassé nochmals marinirt. Aus den Abgängen der Hasen wird eine Essenz gezogen und diese, nachdem sie sehr rein entfettet und durchgeseiht ist, mit der nöthigen braunen Sauce, einem Glas Bordeaux= Wein und etwas Fleischsulz über dem Windofen unter beständigem festen Rühren dickfließend eingekocht, diese wird sodann gut assaisonnirt, durch ein Haartuch in eine Casserolle gepreßt und unter beständigem Rühren auf dem Eise langsam, bis sie zu stocken anfängt, kalt gerührt. Die Esca= lopes werden dann Stück für Stück an eine Gabel gesteckt, durch die Sauce gezogen, daß sie ganz mit bedeckt sind und ein glänzendes, braunes Ansehen haben. Sie werden recht schön erhaben angerichtet und außen herum auf dem Rand der Schüssel eine Bordüre von Fleischsulz ge= schmackvoll gemacht, welches dem Ganzen ein gutes Ansehen gibt.

893. Gefüllter Hase auf französische Art. Lièvre à la St. Denis.

Hierzu sind zwei schöne, junge Hasen nöthig; der eine wird seiner ganzen Länge nach mit der größten Vorsicht, damit keine Oeffnung in die Haut kömmt, ausgebrochen, ausgebeint, sodann zugedeckt bei Seite gestellt. Von dem anderen Hasen wird das Fleisch rein abgelöst, aus aller Haut und Sehnen geschabt und mit einem Theil weniger als das Hasenfleisch beträgt gutem, weißen Luftspeck fein geschnitten, welches dann mit dem nöthigen Salz, etwas dürren Kräutern und fein geschnittenen Schalotten und Peter= silie, welche zuvor abgekocht wurden, zusammen im Mörser recht zart ge=

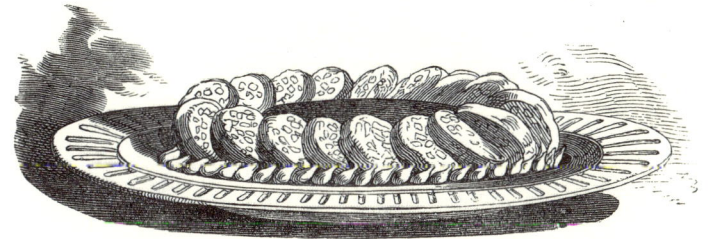

stoßen und durch ein Drahtsieb gestrichen wird. Unterdessen werden finger=
lange, federkieldicke Streifen aus weißem Luftspeck, recht rother Pökelzunge,
wie auch aus zuvor gekochten, recht schwarzen Trüffeln geschnitten. Der
ausgebeinte Hase wird nun auf einer Serviette ausgebreitet, mit Salz und
Concassé bestreut und mit dem dritten Theil der Farce gleichmäßig glatt
überstrichen, auf dieser werden die Streifen Speck, Zunge und Trüffel der
Länge nach eingelegt, der zweite Theil der Farce wird behutsam darüber
gestrichen, wobei man das Messer öfter in's heiße Wasser tauchen muß. Wenn
dies vollendet ist, wird der Hase der Länge nach zusammengerollt, dann
mit Speckscheiben überdeckt, in eine Serviette eingenäht, in eine passende,
lange Casserolle nebst den klein zerhackten Hasenknochen gelegt, eine gute
Kräuter=Marinade und eine Bouteille weißer Wein darüber gegossen und
langsam weich gekocht. Unterdessen werden von zwei frischen Mundbroden
kleine Herzchen geschnitten, diese in klarer frischer Butter auf beiden Seiten
hellgelb geröstet und nachdem man unter den dritten Theil der Hasen=Farce
etwas braune Sauce und etwas Madeira=Sec gerührt hat, wird diese auf
die Brodherzchen schön glatt gestrichen und sodann auf einen Plafond ge=
ordnet. Der weichgekochte Hase wird ausgehoben, leicht gepreßt und kalt
gestellt. Die Hasenessenz wird durchgeseiht, sehr rein entfettet und mit der
nöthigen braunen Sauce über dem Windofen unter beständigem, festen
Rühren zu einer kräftigen, dickfließenden, lichtbraunen Sauce eingekocht,
welche, nachdem sie gehörig gesalzen ist, durch ein Haartuch in eine Saucen=
Casserolle gepreßt, mit etwas Demi=Glace übergossen und au bain-marie
warm gestellt wird. Der Hase wird dann aus der Serviette genommen und
davon klein fingerdicke Stücke geschnitten, welche in einen plat à sauter
mit etwas Rindfleischjüs warm gestellt werden. Beim Anrichten werden sie
schön glacirt, au miraton angerichtet, die zuvor warm gemachten Brod=
herzchen außen herum garnirt, in deren Mitte die recht kräftig wohl=
schmeckende Hasen=Sauce gegossen und sogleich zu Tisch gegeben.

894. Hasenschnitten en couronne. Filets de levrauts en couronne.

Von zwei auch drei jungen Hasen werden die Filets (das Rücken=
fleisch), der ganzen Länge nach schön ausgelöst und davon fingerlange Filets
geschnitten, welche mit recht schwarzen Trüffeln und dem weißen Brustfleische
eines gebratenen Kapauns, halbmondförmig in Blättchen geschnitten, eingelegt,
sodann über ein rundes mit Speckscheiben belegtes Blech gelegt, wieder mit

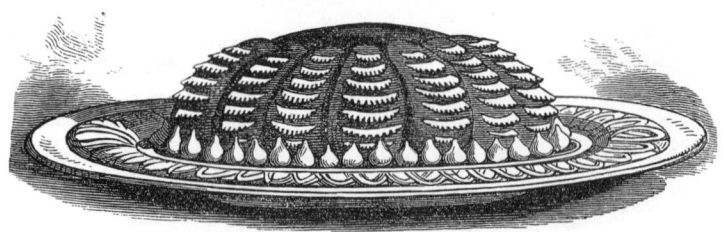

Speckſcheiben gedeckt, mit Bindfaden überbunden, in einer kurzen, nahr=
haften Fett=Braiſe gar gemacht werden.   Von dem am Spieß gebratenen
Haſenſchlegel wird ein recht kräftiges, wohlſchmeckendes Haſenpüree bereitet,
welches mit Demi=Glace übergoſſen und warm geſtellt wird. Beim An=
richten werden die Haſenfilets vom Blech abgenommen, eine Minute in
ein heißes Bratrohr zum Trocknen geſtellt, ſchön mit Glace beſtrichen,
das Haſenpüree wird kochendheiß in die Mitte der Platte gegoſſen, die
Haſenfilets kronenförmig darüber gelegt, außen herum eine ſchöne Ein=
faſſung von glacirten Florentiner Zwiebeln gelegt und das Ganze noch
mit etwas Demi=Glace leicht übergoſſen.   Das Anrichten dieſer eleganten
Schüſſel muß aufmerkſam und talentvoll geſchehen und richtig zubereitet
den geſchickten Koch bezeichnen.

895. Haſenſchnitten mit Orangen.   Filets de levrauts à l'orange.

Aus dem Rückenfleiſche zweier jungen Haſen werden fingerlange,
etwas breit geſchlagene, ovale Filets gemacht, die geſalzen und in klare
Butter eingerichtet werden. Von den am Spieß gebratenen Haſenſchlegeln
wird ein kräftiges Püree gemacht, dieſes mit dem Gelben von acht Eiern
in genaue Verbindung gebracht und ſodann in einen mit klarer Butter
ausgeſtrichenen und am Boden mit einem Papierkranze belegten, 6 Centi=
meter hohen und 6 Centimeter breiten, glatten Reif von weißem Blech
oder Kupfer eingehüllt und au bain-marie gar gemacht. Dieſes Haſen=
pain wird auf eine paſſende Schüſſel geſtürzt, die Haſenſchnitten werden
ſchnell ſautirt, auf ein Tuch gelegt, eingeſchnitten, ſchön glacirt und in
die Einſchnitte Orangen=Schnitzen, die von der Haut und den Kernen
befreit ſind, eingeſteckt, ſie werden ſodann über das Haſenpain gelegt und
in die Mitte eine ſehr kräftig bereitete Orangen=Sauce gegoſſen.

896. Turban von Haſenſchnitten.   Turban de levrauts.

Aus dem Rückenfleiſch von vier jungen Haſen werden ſechzehn gleich
große Filets gemacht, wovon acht fein nach der Regel geſpickt und acht
mit recht ſchwarzen Trüffeln und gekochter, hochrother Ochſenzunge bigar=
rirt werden.   Von dem Fleiſche der Haſenſchlegel wird eine feine, jedoch
haltbare Farce gemacht und von den ſonſtigen Haſenreſten eine Eſſenz
gezogen. Die Farce wird nun im Kranze auf eine Silber=Schüſſel gethan

und davon ein turbanähnlicher Reif von 9 Centimeter Höhe gemacht. Ueber diesen werden die Hasenschnitten abwechselnd, jedesmal ein gespicktes, dann ein mit Trüffeln eingelegtes, schief der Länge nach, wo zuvor der äußere Rand mit geschlagenen Eiern bestrichen sein muß, angelegt, so zwar, daß das schmale Ende der Filets ganz darüber gebogen und an der innern Seite enden muß. In die Mitte wird ein weißes Mundbrod, passend zugeschnitten, eingelegt, welches die Form erhält und zugleich alles Fett beim Backen in sich aufnimmt. Der Turban wird von außen ganz mit dünnen Speckscheiben belegt, mit einer mit Butter bestrichenen Papierscheibe überdeckt und drei viertel Stunden vor dem Anrichten in einen nicht heißen Backofen gestellt.

Beim Anrichten wird Alles rein abgenommen, das Brod herausgenommen und nochmals einige Minuten in eine Bratröhre gestellt, damit die gespickten Filets etwas trocken und das Ganze sodann gut glacirt werden kann. Der Turban wird auf der Schüssel rein entfettet und in die Mitte ein Kleinragout, wozu die Hasenessenz verwendet wurde und welches aus Trüffeln, Champignons, Hahnenkämmen und Hahnennierchen besteht und in seinem kräftigsten Wohlgeschmacke nichts zu wünschen übrig läßt, eingefüllt.

897. Geschwungene Hasenschnitten à la Dubary. Sauté de filets de levrauts à la Dubary.

Von zwei jungen Hasen werden die Rücken abgehauen und die vier Filets der Länge nach ausgelöst. Diese Filets werden nun enthäutet und der Quere in kleinfingerdicke Stückchen getheilt; diese letzteren werden alsdann mit dem naßgemachten Messerhefte etwas breit geklopft und jedem derselben nun die gleichmäßige Größe eines Thalers gegeben, hierauf in klarer Butter in einem plat à sauter nebeneinander eingerichtet, leicht gesalzen und mit einer mit Butter bestrichenen Papierscheibe gedeckt. Von den Abfällen des Fleisches wird eine feine, zarte Farce gemacht, welche man in thalergroße, mit Butter ausgestrichene, blecherne Förmchen füllt und oben glatt streicht; darnach wird in die Mitte eines jeden Förmchens eine egal rundgeschälte, vorher in Madeira=Wein abgekochte Trüffel gelegt. Diese Förmchen werden nun in einer flachen Casserolle bis zur Hälfte in's heiße Wasser gestellt, eine mit Butter bestrichene Papierscheibe darüber gelegt, mit einem Deckel zugedeckt und langsam au bain-marie gar gemacht. Kurz vor dem Anrichten werden die Hasenschnitten über dem Windofen schnell sautirt, was aber nur zwei Minuten dauern darf, dann die Butter abgeseiht, eine Obertasse voll vorher bereitete, kochend= heiße, kräftige Madeira=Sauce darüber gegossen und noch einmal aufgekocht. Unterdessen hat man die kleinen Pains aus den Förmchen genommen, in einer mit einer Bordure versehenen Schüssel im Kranze angerichtet und schön glacirt; alsdann werden die Hasenstückchen hübsch in ihre Mitte erhaben eingelegt, mit der eigenen Sauce begossen und so das Ganze als ein köstliches Gericht sogleich zu Tisch gegeben.

898. Hasenschnitten mit feinen Kräutern in Papier.
Papillottes de levrauts aux fines herbes.

Von zwei jungen Hasen wird das Rückenfleisch der Länge nach abgelöst und aus diesem zwölf Stück gleich große Filets gemacht, welche mit fein geschnittenen Trüffeln, Champignons, Schalotten und Petersilie nebst etwas geschabtem weißen Speck, Salz und Concassé eingerichtet, einige Minuten gedünstet und sodann kalt gestellt werden. Aus weißem, guten Papier werden nach der Größe der Filets Herzchen geschnitten, diese auf beiden Seiten mit Oel bestrichen und jedesmal ein Hasen= schnittchen mit den feinen Kräutern umstrichen und in ganz dünnen Speck= scheibchen eingehüllt, in die Papierherzchen eingeschlagen, das heißt, da= mit kein Saft herauslaufen kann, fest eingehüllt. Eine halbe Stunde vor dem Anrichten werden die Papillotten über schwachem Kohlenfeuer auf dem Roste grillirt und sogleich zu Tisch gegeben.

19. Abschnitt.

Vom Kaninchen. Du lapin.

Das Fleisch ist weiß und von süßlichem Geschmacke, weicher und zarter, aber nicht so nahrhaft als das Hasenwildpret. In Frankreich, Schweden, Holland, Spanien, England wird es sehr häufig und mit gutem Appetit verspeist.

Die wilden Kaninchen werden den zahmen vorgezogen und ebenso das Fleisch von jungen jenem von alten. Alle Bereitungen hat das Kaninchen mit dem Hasen gemein, und ich weise daher auf den vorhergehenden Abschnitt zurück. Ferner unterliegt es jedoch noch Folgendem:

899. Kaninchenschnitten mit Champagner-Wein. Filets de lapereaux au vin de Champagne en croustade.

Aus dem aus der Haut gelösten Rückenfleisch von sechs jungen wilden Kaninchen werden fingerlange Schnitten gemacht, diese leicht etwas flach geschlagen, panirt, in klarer, frischer Butter eingerichtet und mit einer mit Butter bestrichenen Papierscheibe bedeckt bis zum Anrichten kalt gestellt. Die Abgänge von denselben werden klein zerhackt, mit Wurzeln und Butter in einer Casserolle eingerichtet, abgeröstet, mit Consommé überfüllt, gut ausgekocht, die Essenz dann durchgeseiht, sehr rein entfettet, mit $5/10$ Liter

weißer Sauce untermengt und an der Ecke des Windofens rein aus Schaum
und Fett gekocht.   Wenn dies erreicht ist, wird eine halbe Flasche Champagner-Wein dazu gegossen und sodann dieselbe über einem hellbrennenden
Windofen unter beständigem Rühren bis zur Hälfte eingekocht, dann mit
einer Liaison von vier Eiern legirt, gesalzen, der Saft einer halben
Citrone dazu gethan, durch ein Haartuch in eine Sauce-Casserolle gepreßt
und au bain-marie warm gestellt.   Acht Minuten vor dem Anrichten
werden die Lapin-Schnitten nach der bekannten Weise schnell sautirt, die
Butter abgeseiht, die Sauce darüber gegossen, nochmals aufgekocht und in
einer schön gebackenen Brod-, Reis- oder Nudelkruste angerichtet.

900. Gratinirte Kaninchen-Schnitten.   Gratins de lapereaux aux fines herbes.

Schalotten, grüne Petersilie, Champignons und Trüffeln, von jedem
gleiche Theile, werden zusammen fein geschnitten, mit zwei Eßlöffeln voll
geschabtem Speck eine halbe Stunde sehr langsam auf heißer Asche gedünstet, dann mit einem Stück Glace und etwas Geflügel-Farce in genaue
Verbindung gebracht und kalt gestellt.   Unterdessen werden aus dem Rückenfleisch von vier wilden Kaninchen gleich große, halb fingerlange Filets
geschnitten, diese gesalzen, mit klarer Butter über dem Feuer geschwungen,
mit einem Stück Glace und einem Glas Madeira-Sec einige Minuten
schnell eingekocht und nach einigem Auskühlen mit den fines herbes auf
einer Silber-Schüssel im Kranze angerichtet.   In die Mitte wird ein
passendes Mundbrod gethan, das Ganze mit dünnen Speckscheiben belegt,
mit einer Papierscheibe überdeckt und eine halbe Stunde vor dem Anrichten
in einem nicht heißen Ofen langsam gratinirt.   Beim Anrichten wird
das Brod herausgehoben, das Ganze rein entfettet, schön glacirt und in
die Mitte gut assaisonnirte, mit etwas Sardellenbutter und Citronensaft
im Geschmack gehobene Sauce fines herbes gegossen.

901. Kaninchen-Schnitten nach Piemonteser Art.   Filets de lapereaux à la Piémontaise.

Sie werden den vorhergehenden gleich bereitet, nur mit dem Unterschiede, daß in die Mitte kein Brod kömmt, sondern die Schnitten werden

in eine Reis=Bordure mit ihren fines herbes gelegt. Das Ganze wird mit geriebenem Parmesankäse gut bestreut, mit zerlassener Butter beträufelt und im Ofen eine halbe Stunde vor dem Anrichten langsam gebacken. Ehe man diese Speise zu Tisch gibt, wird unten herum eine sauce tomate (s. Abschnitt 2) gegossen.

902. Kaninchen-Schnitten mit Champignons-Püree. Filets de lapereaux à la purée de champignons.

Von vier bis fünf wilden Kaninchen wird das Rückenfleisch abge= löst, die Haut abgenommen, schöne Filets geschnitten, die eine Hälfte da= von schön sein gespickt, die andere mit Trüffeln bigarrirt, in einem plat à sauter mit klarer Butter eingerichtet, mit Butter übergossen, zugedeckt und bis zum Gebrauche kalt gestellt. Unterdessen wird von Champignons ein Püree, wie es in Abschnitt 4 angegeben ist, bereitet und au bain-marie warm gestellt. Kurz vor dem Anrichten werden die Filets schnell sautirt, die Butter abgegossen, schön glacirt, abwechselnd im Kranze an= gerichtet und das Püree in der Mitte erhaben angerichtet. Die Schlegel von den Kaninchen werden weiter verwendet.

903. Braun eingemachte Kaninchen. Gibelotte de lapereaux en bourguignotte.

Zwei wilde Kaninchen werden gereinigt, in schöne Stücke zerschnitten und zugedeckt bei Seite gestellt. 280 Gramm Speck werden großwürfelig geschnitten, in Butter lichtbraun geröstet, auf ein Sieb gethan, damit die Butter abfließt, die Butter wieder in die Casserolle gegossen, darin zwei Eßlöffel voll Mehl lichtgelb geröstet; dieses mit brauner Jüs nebst einer halben Bouteille Burgunder=Wein angerührt, in's Kochen gebracht, die Kaninchen und der Speck dazu gethan, mit Salz, grobem weißen Pfeffer, einem Bouquet Petersilie, einem Lorbeerblatt, einer halben Zehe Knoblauch, Gewürznelke und einer Zwiebel gewürzt und langsam weich gekocht, wo man öfters den Schaum und das Fett abnehmen muß. Die Kaninchen werden sodann ausgehoben, rein panirt, in eine andere Casserolle gethan, die Sauce wird über dem Windofen gehörig eingerührt, mit dem Safte einer Citrone angenehm gesäuert und durch ein Haartuch über die Kaninchen gepreßt. Beim Anrichten werden sie erhaben, die besseren Stücke nach oben, angerichtet, geblätterte Champignons unter die Sauce gethan und diese darüber gegossen.

904. Kaninchen-Schnitten in Papierkasten. Filets de lapereaux en caisse.

Diese werden wie die gratinirten Kaninchen=Schnitten zubereitet. Ein passender Papierkasten wird auf beiden Seiten mit feinem Oel bestrichen und eine viertel Stunde in einen lauwarmen Backofen, daß er trocknet und Festigkeit bekömmt, gestellt. Die Kaninchen=Schnitten werden mit den fines herbes hineingeordnet, oben mit denselben überstrichen, mit Speck= scheiben überdeckt und eine halbe Stunde vor dem Anrichten auf einem

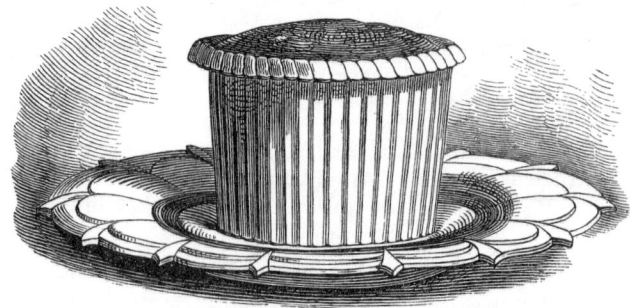

Plafond in einen nicht heißen Backofen gestellt und langsam durchaus
wieder erwärmt. Ehe man sie zu Tische gibt, wird etwas Demi=Glace,
mit Citronensaft angenehm gesäuert, darüber gegossen.

905. Salat von Kaninchen.   Salade de lapereaux.

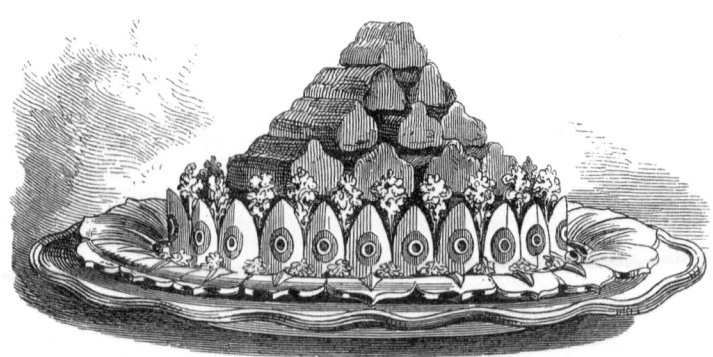

Zwei junge, wilde Kaninchen werden am Spieß gebraten und, nach=
dem sie etwas kalt geworden sind, schön in gleiche Stücke zerschnitten.
Sie werden sodann in einer Porzellan=Schale mit Estragon=Essig, gutem
Provencer=Oel, dem nöthigen Salz, Pfeffer, feingeschnittener Petersilie,
Kerbelkraut, Schalotten und etwas frischen Estragonblättchen, alles zu=
sammen einmal überkocht und mit frischem Wasser abgekühlt, eine Stunde
marinirt, dann erhaben auf einer Porzellan=Schale angerichtet und außen
herum eine Einfassung von hartgekochten Eiern, Sardellenfilets, Oliven
in Oel und Salathäuptchen in schönster Ordnung und mit Geschmack ge=
macht und das Ganze mit Oel und Essig nochmals leicht übergossen.

906. Gebackene Kaninchen.   Horly de lapereaux.

Die jungen, wilden Kaninchen werden den vorhergehenden gleich im
Safte am Spieße gebraten und, nachdem sie ausgekühlt sind, schön zer=
schnitten, mit Citronensaft, Salz und Concassé marinirt. Eine halbe Stunde

vor dem Anrichten werden sie in Weinteig (siehe Abschn. 3) getaucht, lichtbraun gebacken, auf einer zierlich zusammengelegten, feinen Serviette angerichtet, in die Mitte recht grün gebackene Petersilie gegeben und außen
herum gebackene Eier und Zwiebelringeln garnirt.

907. Weiß eingemachte Kaninchen. Laperaux en fricassée.

Zwei junge Kaninchen werden rein gewaschen, in schöne Stücke zerschnitten, diese abblanchirt und in frischem Wasser abgekühlt. Sodann
läßt man 140 Gramm frische Butter heiß werden, gibt die abgetrockneten Kaninchen-Stücke dazu, würzt sie mit Salz, einem Bouquet Petersilie, einer Zwiebel, in die man eine Nelke eingedrückt hat und dünstet
sie so einige Minuten. Nachdem wird die nöthige weiße Sauce und etwas
Geflügelbrühe dazu gethan, langsam gekocht und der aufsteigende Schaum
und das Fett rein abgenommen. Wenn die Fleischstücke gut weich sind,
werden sie in eine andere Casserolle gethan, die Sauce, im Falle sie zu
dünn wäre, noch über dem Windofen eingerührt, sodann mit dem Gelben
von vier Eiern legirt, mit dem Safte einer Citrone angenehm gesäuert,
durch ein Haartuch über einem Anrichtlöffel voll Champignons und eben
so viel vorher gekochten Morcheln gepreßt, mit etwas Fond übergossen
und au bain-marie warm gestellt. Beim Anrichten werden die Fleischstücke erhaben angerichtet, die Sauce sammt der Garnitur darüber angegossen und außen herum mit Fleurons garnirt.

20. Abschnitt.

Vom Auerhahn.   Du coq de bruyère.

Nur der hohe Standpunkt, worauf die Jagdgesetze den Auerhahn gestellt haben, verschaffen dem Fleische desselben einen Ruf, den es in der That nicht verdient. Es ist grobfaserig, hart, zähe, trocken, dazu riecht und schmeckt es meistens von den Tannen- und Fichtennadeln terpentinartig und ist gewöhnlich gebraten, kaum genießbar. Das Fleisch der Jungen dagegen ist von einer ganz anderen Beschaffenheit, es ist viel weißer, zart, weich, saftig und gibt einen seltenen guten Braten.

908. Marinirter Auerhahn.   Coq de bruyère en daube.

Wenn der Auerhahn gerupft, nochmals rein nachgeputzt und über dem Feuer, damit die feinen Haare absengen, flammirt ist, wird derselbe rein ausgenommen, mit einem reinen Tuche ausgetrocknet und sodann einfach dressirt. Ferner werden fingerdicke und ebenso lange Streifen von weißem Speck geschnitten, diese mit Salz, gestoßenem Pfeffer, gestoßenen Lorbeerblättern, Thymian und fein geschnittener Petersilie bestreut, von allen Seiten darin umgekehrt und sodann die Brüste und die Schlegel mit diesem reichlich durchspickt, welches dem ohnehin trockenen Fleische mehr Nahrung gibt. Nachdem wird der Auerhahn in eine irdene Schüssel gethan, gehörig gesalzen, mit dem Safte von einigen Citronen und einer Bouteille

Wein genäßt, mit Zwiebeln, gelben Rüben, Petersilie, Thymian, Schalotten, Lorbeerblättern, etwas Coriander und einigen Gewürznelken gewürzt und so einige Tage an einem kalten Orte, bei öfterem Umkehren aufbewahrt. Beim Dämpfen wird der Auerhahn sammt seiner Marinade in ein gut= schließendes, passendes Geschirr mit Speck eingerichtet, mit einem Schöpf= löffel voll Braisen=Fett begossen und so drei Stunden in einer Brat= röhre unter öfterem Begießen mit etwas Brühe ganz in seinem Safte weich gedünstet. Vor dem Anrichten wird der Auerhahn herausgehoben, schön verschnitten, erhaben, die besseren Bruststücke nach oben, angerichtet, der Fond durchgeseiht, sehr rein entfettet, mit einigen Löffeln voll sauce espagnole untermengt, über dem Feuer zu einer sehr kräftigen Sauce eingekocht und, nachdem diese im Geschmack nichts zu wünschen übrig läßt, wird sie kochendheiß über den Auerhahn gegossen.

909. Gesulzter Auerhahn. Coq de bruyère en gelée.

Der Auerhahn wird dem vorhergehenden gleich zubereitet und eben= so marinirt. Beim Dämpfen wird derselbe noch mit sechs gebrühten Kalbsfüßen, 2 Kilo 240 Gramm Kalbs=Jarret, 1 Kilo 680 Gramm Ochsenfleisch vom Schlegel belegt, mit einer Bouteille weißem Wein und der nöthigen Fleischbrühe übergossen und langsam weich gekocht. Wenn dies erreicht ist, läßt man ihn in seinem Sud erkalten. Den andern Tag wird derselbe ausgehoben, schön nach der Regel verschnitten und in eine passende Porzellan=Terrine eingerichtet. Die zurückgebliebene Essenz wird heiß gemacht, durch ein Sieb geseiht, sehr rein entfettet, mit Citro= nensaft und etwas Estragon=Essig angenehm gesäuert, mit sechs Eierklar geklärt und nachdem sie wieder kalt geworden, über den Auerhahn gegossen, der dann zugedeckt an einem kalten Orte aufbewahrt wird.

910. Gefüllter Auerhahn. Galantine de coq de bruyère.

Nach dem völlig reinen Rupfen und Flammiren wird der Auerhahn am Rücken der Länge nach aufgeschnitten und behutsam, daß die äußere Haut nicht verletzt wird, ausgebrochen, dann zugedeckt bei Seite gestellt. Von 2 Kilo 240 Gramm magerem Schweinfleisch, 1 Kilo 680 Gramm

Speck, fein geschnittenen Schalotten, Petersilie, Champignons, einigen Trüffeln, von jedem zwei Eßlöffel voll, wird mit einem Kaffeelöffel voll dürrer Kräuter und dem nöthigen Salz eine feine Farce bereitet, welche mit grob würfelig geschnittenem Speck, Ochsenzunge und Trüffeln, von jedem eine Obertasse voll, untermengt und in den von Innen zuvor gesalzenen Auerhahn gefüllt und dieser sodann wieder gut zugenäht wird. Der Auerhahn wird auf der Brust mit Speckscheiben überlegt, gehörig von allen Seiten gesalzen und in einer gut ausgewaschenen Serviette netzartig eingebunden. Sodann wird er in der vorhergehenden Marinade, wie sie beim gesulzten Auerhahn angegeben ist, sehr weich gesotten, dann heiß ausgehoben, nochmals, damit keine leeren Zwischenräume entstehen, fest nachgeschnürt und wieder in die Marinade gethan, in der man die Galantine kalt werden läßt. Am andern Tage wird derselbe herausgenommen, aufgebunden, aus der Serviette genommen, der Speck abgeschabt, der Auerhahn glacirt, in ein passendes Geschirr gelegt und die schön geklärte, kalt gewordene Aspic, wie es ebenfalls beim vorhergehenden angegeben ist, darüber gegossen und bis zum Gebrauche kalt gestellt. Wenn man von ihm zur Tafel gibt, wird das Nöthige davon genommen, dieses in dünne Scheiben geschnitten, jede derselben leicht glacirt, au miraton angerichtet und gehackte Fleischsulz in die Mitte gethan.

Die drei hier angegebenen Rezepte sind die besten, nach welchen der alte Auerhahn mit Erfolg zubereitet werden kann. Dagegen werden die jungen Auerhähne ihrer Seltenheit wegen nur als Braten gegeben.

21. Abschnitt.

Vom Birkhahn.   Du coq de bois.

Das Fleisch dieses schönen Waldvogels ist weit zarter, als das vom
Auergeflügel. Das Fleisch der Hennen, besonders aber jenes der jungen,
gibt einen vorzüglichen Braten und bei den alten Männchen hat es das
Besondere, daß es auf der Brust von zweierlei Farbe ist, nämlich die
inneren Parthien der Brust (filets mignons) weißes, die äußeren Lagen
aber braunes Fleisch haben. Im mittleren Europa wird es allgemein
unter die Delicatessen gezählt und im nördlichen ist die Jagd dieses Geflügels ein vorzüglicher Nahrungszweig des Landvolkes, theils zum eigenen
Genuß, theils zum Verkauf in die volkreichen Städte.

911. Marinirter Birkhahn.   Coq de bois mariné.

912. Gesulzter Birkhahn.   Coq de bois à la gelée ou à la daube.

912. Gefüllter Birkhahn.   Galantine de coq de bois.

Die Bereitung der alten Birkhähne ist die nämliche, wie sie im
vorhergehenden Abschnitt angegeben wurde, ebenso gilt das Bemerkte bei
den jungen Birkhühnern.

914. Birkhahn-Knödel à la Windsor. Quenelles de coq de bois à la Windsor.

Von einem oder zwei Birkhähnen wird, nachdem sie gut gereinigt sind, das Brustfleisch ausgelöst und hievon eine zarte, haltbare Farce gemacht (siehe Abschnitt 5, von den Farcen). Von dieser Farce werden gleiche ovale Knödel geformt und ihre Oberfläche geschmackvoll mit recht schwarzen Trüffeln belegt, welche man zuvor in leicht abgeschlagenes Eiweiß getaucht hat. Sie werden in einem plat à sauter mit klarer Butter eingerichtet, dann mit lauwarmer Butter übergossen und zugedeckt kalt gestellt. Aus den Schlegeln und den Gerippen wird eine Essenz bereitet, welche, nachdem sie einige Stunden gekocht, rein entfettet und durchgeseiht wird. Sodann werden $^5/_{10}$ Liter gute braune Sauce untermengt, und diese an der Seite des Windofens rein aus Schaum und Fett gekocht, dann mit einer Bouteille Medoc und einem Stück Glace über dem brennenden Windofen zu einer dicklichfließenden, kräftigen Sauce unter beständigem Rühren eingekocht. Sie wird sodann mit etwas Cayenne gewürzt und über in Scheiben geschnittene Trüffeln, Champignons, geräucherte Zungen, Geflügellebern, von jedem eine Obertasse voll, gegossen und au bain-marie warm gestellt. Eine Viertelstunde vor dem Anrichten werden die Knödel sehr langsam, daß sie nicht aufspringen, gekocht, dann auf ein Tuch ausgehoben, das sehr heiße Ragout in einer Teig-, Reis- oder Brodkruste angerichtet, die Knödel in schöner Ordnung darüber gelegt, schön glacirt und sogleich zu Tisch gegeben. Der Rest der Sauce kann extra nachservirt werden.

22. Abschnitt.

Vom Haselhuhn. De la gelinotte.

Dieser schöne Waldvogel ist fast um die Hälfte größer als das graue Feldhuhn; die Farbe der Federn besteht aus einem Gemisch von aschgrau, schwarz, braun und weiß. Die Schwungfedern sind grau mit schwarzen Punkten und einer schwarzen Binde, die mittleren ausgenommen, besetzt; die Beine bis auf die Zehen sind befiedert. Das Männchen hat an der rostfarbigen Brust einen schwarzen Fleck, welcher dem Weibchen fehlt. Das Fleisch ist das weißeste, zarteste und gesündeste unter allen andern und nimmt daher auch unter dem Wildgeflügel den ersten Rang ein. Ja es ist sogar zarter, saftiger und schmelzender wie jenes vom Fasanen. Was jedoch den Geschmack betrifft, so möchte ich das Fleisch einer Schnepfe, Wachtel oder Bekassine vorziehen. Die Bereitungsweise haben sie mit den Feldhühnern gemein und ich verweise daher auf Abschnitt 25.

915. Coteletten von Haselhühnern nach Bahlen.
Côtelettes de gelinottes à la Bahlen.

Von sechs Haselhühnern werden die Brüstchen ausgeschnitten, das Fleisch aus dem Häutigen und Nervigen geschabt und dieses mit dem nöthigen Salz und ein wenig geriebener Muskatnuß im Mörser zu einem sehr feinen Brei gestoßen, welchem man etwas süßen, guten Rahm (crême double) beifügt. Diese Farce gibt man auf ein reines, mit Mehl bestäubtes Brett, rollt daraus ein langes Stück und theilt dasselbe in zwölf gleiche Theilchen, aus denen man Coteletten in egaler Größe formt. Die Beinchen von den Haselhühner-Flügeln werden rein geschabt und in jedes Cotelette eines derselben gesteckt.   Hierauf werden die Coteletten in feingeriebenem, weißem Mundbrode gewendet, dann in abgeschlagene, leicht gesalzene Eier getaucht und wiederholt panirt. Wenn nun alle Coteletten so weit fertig sind, werden sie nochmals mit dem Messer recht egal ge= formt, dann in einem plat à sauter mit klarer frischer Butter eingerichtet und zugedeckt kalt gestellt.   Sämmtliche Knochen (carcasses) von den Haselhühnern werden klein zerhackt und daraus eine Essenz bereitet, welche, nachdem sie geseiht und rein entfettet ist, mit einer sauce espagnole und einem Glas Madeira zu einer gebundenen, klaren, kräftigen Sauce ein= gekocht wird.   Unterdessen werden dreißig Stück schöne Champignons gewaschen, abgeschält, in dünne Blättchen geschnitten (emincirt) und in Butter gedünstet; dieselben gibt man, nachdem die Butter abgegossen ist, zu der Haselhühner=Sauce, welche man nun nochmals aufkochen läßt. Die Coteletten werden kurz vor dem Gebrauche auf beiden Seiten licht= gelb gebraten, dann zum Entfetten auf ein Tuch gelegt, hiernach im Kranze in einer bordirten Schüssel angerichtet und das Champignons= Ragout in ihre Mitte gegeben.

Auf gleiche Weise können diese Art Coteletten auch von Feldhühnern, Fasanen ꝛc. bereitet werden.

23. Abschnitt.

Vom Schneehuhn. De la poule de neige.

Man findet es besonders zahlreich in Graubündten, Glarus, Appen=
zell, Tessin und Unterwalden, auch auf dem St. Gotthard und der
Grimsel, seltener in Tirol, Steiermark und den bayerischen Hochalpen.
An Größe gleicht es einer Taube; der Schnabel ist schwarz, die Augen=
brauen sind scharlachroth, der Bauch und die mit haarförmigen Federn
besetzten Beine weiß; ebenso die Schwungfedern; die Schwanzfedern
schwärzlich mit weißen Spitzen; die mittleren aber ganz weiß. Im
Sommer hat das Schneehuhn eine graue Farbe. Die Schweizer finden
sein Fleisch schmackhaft, obschon es einen etwas bitteren Beigeschmack hat,
was vom Genusse der Nadel= und Zwergtannen herrühren mag. Die
Bereitung des Schneehuhns ist ebenfalls dieselbe wie beim Feldhuhn
(siehe Abschnitt 25).

24. Abſchnitt.

Vom Faſan.   Du faisan.

Der männliche Edelfaſan iſt ſowohl ſeiner ſchönen Geſtalt, als ſeines prunkenden Farbenſchmuckes wegen ein ſtattliches und prachtvolles Geſchöpf, und er weiß dieſes vortheilhafte Aeußere auch noch durch eine würdevolle Haltung und ſtolzen Anſtand zu erhöhen. Das Weibchen hingegen trägt ein weit beſcheideneres Kleid; man vermißt bei ihm alle Prachtfarben und jenen herrlichen Glanz, die das Männchen eine ſo hohe Stufe unter den Schönheiten in der Vögelwelt einzunehmen berechtigen. Sie ſtammen aus Aſien und die erſten brachten, wie die Geſchichte uns erzählt, die Argo=

nauten auf ihrem Zuge nach Kolchis von dem Flusse Phasis oder Fasa, woher sie ihren Namen haben, nach Griechenland, von wo aus sie sich immer weiter über andere südeuropäische Länder verbreitet und zuletzt nach Deutschland gekommen sind. Der Fasan wird bei uns schon seit Jahrhunderten nicht nur in großen Fasanerien im halbwilden Zustande unterhalten und vermehrt, sondern er kommt auch in vielen Gegenden Deutschlands ohne alle menschliche Pflege fort und hat sich somit das deutsche Bürgerrecht erworben. Das Fleisch der Fasanen wird für das wohlschmeckendste unter allem Federwild gehalten. — Ob dieses unbedingt sei, läßt sich zwar nicht behaupten, da bekanntlich der Geschmack verschieden ist, Mancher daher das Haselhuhn, ein Anderer die Waldschnepfe, wieder Andere die Bekassine und die Wachtel vorziehen. Dem sei jedoch wie ihm wolle, die überall vorherrschende Meinung von seiner Vortrefflichkeit bestimmt den hohen Preis desselben.

916. Gebratener Fasan. Faisan à la broche.

Bei allem Wildgeflügel, das mit Erfolg zubereitet werden soll, ist anzuempfehlen, daß es mürbe gelegen ist; dies gilt aber am allermeisten bei dem Fasan, der als Braten gegeben werden soll, denn nur dadurch gewinnt derselbe an seinem Werth noch mehr, der darin besteht, daß er vom feinsten Geschmacke durchdrungen sein muß. Der wenigstens acht Tage an einem kalten Orte gehangene Fasan wird abgefedert, rein von Stiften befreit, über dem Windofen schnell flammirt, dann vorsichtig ausgenommen, nicht ausgewaschen, sondern mit einem Tuch ausgetrocknet und abgewischt, zu Braten dressirt, mit feinem Salz bestäubt, über der Brust mit einer Speckbarde belegt, diese mit dünnem Bindfaden darüber gebunden, mit einem kleinen Vogelspieß durch den hohlen Leib gestochen, mit einem Bogen weißem Papier, der gut mit frischer Butter bestrichen ist, überbunden, eingehüllt und so an einen größeren Bratspieß festgebunden und eine halbe Stunde am Feuer gebraten. Nach dieser Zeit wird das Papier abgenommen, das Feuer verstärkt, damit der Fasan eine schöne lichtbraune Farbe erhält; wenn dies erreicht ist, wird derselbe vom Spieß genommen, aufdressirt, auf eine Bratenschüssel gelegt, etwas Fasanenjüs darunter gegossen und der Fasan mit etwas Brunnkresse, die mit etwas Salz und Weinessig angefeuchtet ist, bekränzt und zu Tisch gegeben. Der Fasan muß sich durch eine lichtbraune Farbe auszeichnen, dabei voll seines nahrhaften Saftes und nicht zu viel gebraten sein, was oft von einigen Minuten abhängt.

917. Fasanen mit Trüffeln. Faisans aux truffes à la Périgord.

Die Fasanen werden dem vorhergehenden gleich gereinigt, von oben ausgenommen und zugedeckt bei Seite gestellt. 840 Gramm französische Trüffeln werden gewaschen, rein gebürstet, dann nochmals gewaschen, fein geschält und abgerundet, die Abfälle mit Schalotten, Petersilie und Champignons fein geschnitten, mit den Trüffeln, einem Stück frischer Butter,

560 Gramm fein rapirtem Speck, dem nöthigen Salz, eine Messerspitze voll dürrer Kräuter, einem Stück Glace und einem Glas Madeira=Sec in eine gut schließende Casserolle gethan und so zusammen auf Kohlen= feuer, bis alle Flüssigkeit verdampft, gedünstet. Nach dem völligen Er= kalten werden sie in die beiden Fasanen gefüllt, diese gut zugenäht, schön dressirt, mit Speckbarden belegt, diese überbunden, in Papier eingehüllt und wie der vorhergehende am Spieß gebraten. Vom Spieße werden sie sauber angerichtet, schön glacirt und eine Trüffel=Sauce extra mitservirt (siehe Abschnitt 2).

918. Fasanen mit Ragout Godard. Faisans à la Godard.

Die Fasanen werden gut gereinigt, leicht flammirt, für Entrée dressirt, dann die Brüste fein gespickt, sodann mit Speckscheiben und Butter ein= gerichtet, gesalzen, mit einem Glas Madeira und etwas Geflügelbrühe ge= näßt, mit einer mit Butter bestrichenen Papierscheibe bedeckt und so auf Kohlenfeuer oder in einer Bratröhre gehörig weich gedünstet, wo sie währenddem recht oft begossen werden und das Gespickte recht kraus und lichtbraun hervortreten muß. Beim Anrichten werden sie zum Entfetten auf ein Tuch gelegt, aufdressirt und über ein Ragout à la Godard, wozu die Fasanen=Essenz angewendet wurde, in einer schön bordirten tiefen Schüssel aufgetischt.

919. Fasanenbrüste nach Vopallière. Filets de faisans à la Vopallière.

Von vier jungen Fasanen werden die Brüste ausgelöst, die feinen zarten Filets von den großen getrennt, abgelöst, die großen mit dem nassen Messerhefte etwas breit geschlagen und die äußere Haut mittelst geschickter Führung des Messers sehr dünn abgenommen. Das Messer nämlich wird an der Spitze des Filets zwischen dem Fleische und dem Häutchen angesetzt, das Brüstchen selbst mit der Fläche der linken Hand etwas fest auf den naßgemachten Tisch gedrückt und vermöge eines leichten Auf= und Abfahrens unter leichtem Druck mit der Fläche des Messers das feine Häutchen von

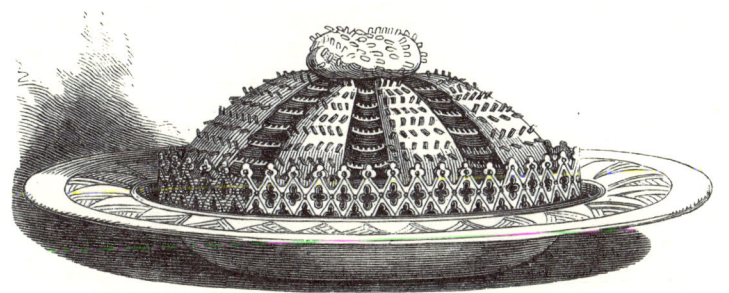

dem Brüstchen getheilt, so zwar, daß das Häutchen papierdünn von dem Brüstchen getrennt erscheint. Diese Operation ist nicht leicht und erfordert Uebung und eine geschickte Hand. Von den feinen Filets wird ebenso die Nerve, welche das ganze Stückchen durchzieht, ohne sie zu spalten, herausgelöst, welche sodann mit recht schwarzen Trüffeln bigarrirt, in einem plat à sauter mit klarer Butter eingerichtet und zugedeckt bei Seite gestellt werden. Die großen Fasanenbrüstchen werden dann mit Trüffeln fein gespickt und ebenso eingerichtet bei Seite gestellt. Die Schlegel von den Fasanen werden mit Butter und Speck abgedünstet und kalt gestellt. Von den Carcasses wird eine Essenz bereitet, welche mit der nöthigen braunen Sauce und einem Glas Madeira-Sec dickfließend eingekocht und au bain-marie gestellt wird. Von den Fasanenschlegeln wird die Haut abgezogen, das Fleisch abgelöst, sehr fein geschnitten und mit der eingekochten Sauce ein Hachis bereitet, welches gehörig assaisonnirt, oben mit Glace begossen und bis zum Gebrauche au bain-marie gestellt wird. Einige Minuten vor dem Anrichten werden die großen Filets sautirt, unterdessen das Hachis heiß und mit einem nußgroßen Stücke frischer Butter verrührt, erhaben auf einer schön bordirten Schüssel angerichtet, die großen Filets, die Spitzen nach Innen, darüber gelegt, diese leicht glacirt, sodann zwischen jedem ein sautirtes filet mignon garnirt, und in deren Mitte ein schön glacirtes, gespicktes Kalbsbrieschen gelegt und das Ganze noch mit etwas Demi-Glace leicht übergossen. Die Bereitung dieser Speise erfordert guten Geschmack und Geschicklichkeit, dagegen erscheinen auch solche feine Gerichte als das Non plus ultra der modernen Küche.

920. Fasanenbrüste à la Morland. Filets de faisans à la Morland.

Von drei jungen Fasanen werden die Brüste, ganz so wie die vorhergehenden, ausgelöst, die feinen Häutchen abgelöst, sauber zugeschnitten, leicht gesalzen, in abgeschlagenes Eierklar getaucht, mit sehr fein geschnittenen, recht schwarzen Trüffeln ganz bestreut und in einem plat à sauter mit klarer Butter eins neben dem andern eingerichtet und bis zum Gebrauche kalt gestellt. Die Schlegel der Fasanen werden abgedünstet, sodann kalt gestellt. Die Essenz wird mit Geflügel-Bouillon aufgekocht, rein entfettet, durchgeseiht und mit $^3/_{10}$ Liter sauce espagnole auf dem Feuer dick eingerührt. Unterdessen hat man das Fleisch der abgedämpften Fasanenschlegel abgelöst, sehr fein geschnitten, gestoßen, sodann mit der Sauce genau verrührt, durch ein Haarsieb gestrichen, in eine passende Casserolle gethan, mit Glace übergossen und sodann wird dieses Fasanen-Püree au bain-marie gestellt. Einige Minuten vor dem Anrichten werden die Fasanenbrüstchen schnell gar gemacht (sautirt), das gehörig gesalzene, ganz heiße Püree erhaben in einer bordirten tiefen Schüssel angerichtet, die Fasanenbrüste im Kranze herumgelegt und das Ganze mit einem Löffel voll Demi-Glace übergossen.

921. Fasanenbrüste au chasseur royal. Filets de faisans au chasseur royal.

Von drei schönen, jungen, abgelegenen Fasanen werden die Brüste behutsam ausgelöst, schön gespickt und mit klarer Butter eingerichtet, zugedeckt an einen kühlen Ort gestellt. Von den gedämpften Fasanenschlegeln wird mit zwölf gebratenen Krammetsvögeln ein Püree, wie es im Abschnitt 4 angegeben ist, bereitet, welches mit Glace übergossen und au bain-marie gestellt wird. Eine Viertelstunde vor dem Anrichten werden die Fasanenfilets schön gedämpft, so zwar, daß der Speck recht kraus hervortritt und eine lichtbraune Farbe hat; sie werden dann glacirt, in einer schön bordirten Schüssel über eine mit Trüffeln zierlich decorirte Farce-Bordure im Kranze angerichtet, in ihre Mitte das Püree von Krammetsvögeln gegeben und darüber einige Trüffeln, Champignons und Hahnenkämme gelegt. Auch dieses Gericht muß mit Sorgfalt und Geschmack bereitet werden.

922. Bigarrure von Fasanen. Filets de faisans à la bigarrure.

Nachdem drei junge Fasanen gerupft, flammirt, nochmals nachgeputzt und ausgenommen sind, wird die Haut über der Brust wie auch am Rücken der Länge nach aufgeschnitten, diese über die Brust gezogen und sodann die Filets mit einem scharfen Messer herausgeschnitten. Die Schlegel werden ebenfalls sammt der Haut abgelöst, ganz ausgebeint und statt des Knochens der halbe Fuß mit der gestutzten Klaue hineingesteckt, so zwar, daß nur die Klaue hervorsteht; die Schlegel werden dann flach auseinandergelegt, etwas

breit geschlagen, von innen leicht gesalzen, mit Geflügel-Farce, unter welche
man einige Eßlöffel voll fein geschnittene Trüffeln gemengt hat, gefüllt,
die Haut wird dann rund zugeschnitten, mit Nadel und Faden rund
herum aufgefaßt, zugezogen und den Schlegeln eine runde, schöne, egale
Form gegeben. Sie werden sodann in eine passende, am Boden mit
Speckscheiben belegte, flache Casserolle einer neben dem andern eingerichtet,
mit Speckscheiben überlegt, mit einer Papierscheibe bedeckt, ein passender
Deckel darüber gethan, mit einem 1 Kilo 680 Gramm schweren Gewicht
beschwert und so auf Kohlenfeuer langsam drei Viertelstunden, wo man
von Zeit zu Zeit ein Glas Madeira-Sec dazu gießt, in ihrem Safte
weich gedünstet. Die Fasanenbrüste wie auch die filets mignons werden
rein zugeschnitten, die Häutchen abgelöst, mit Trüffeln schön bigarrirt,
mit klarer Butter eingerichtet, mit einer Papierscheibe gedeckt und sodann
kalt gestellt. Beim Anrichten werden die Fasanenschlegel auf ein Tuch
zum Entfetten gelegt, schön glacirt, im Kranze mit den sautirten Fasanenfilets angerichtet und in ihrer Mitte eine in bester Eigenschaft bereitete
hachirte Trüffel-Sauce (siehe Abschnitt 2) gegossen.

923. Fasanenbrüste mit Trüffeln. Filets de faisans sautés
aux truffes.

Von drei jungen Fasanen werden die Brüstchen behutsam ausgelöst,
die feinen zarten Filets (filets mignons) davon genommen, fein bigarrirt,
halbrund, einem Hufeisen ähnlich, dressirt, in klare Butter eingerichtet,
leicht gesalzen, mit einer Papierscheibe gedeckt und kalt gestellt. Die großen
Fasanenbrüste bleiben weiß, sie werden sauber und in egaler Form zugeschnitten, gesalzen, ebenfalls in klare Butter eins neben dem andern eingerichtet, mit einer mit Butter bestrichenen Papierscheibe gedeckt und bei
Seite gestellt. Die Schlegel von den Fasanen werden zu einer andern
Speise verwendet, folglich aufbewahrt. Ferner werden 560 Gramm gute,
frische Perigord-Trüffeln gewaschen, gebürstet, nochmals rein gewaschen,
dann mit Vorsicht geschält, etwas rondirt, in messerrückendünne Scheibchen
geschnitten, ebenfalls mit frischer Butter in einem plat à sauter eingerichtet
und mit einer mit Butter bestrichenen Papierscheibe gedeckt, kalt gestellt.
Die Carcasses der Fasanen werden klein zerhackt, mit Butter in eine Casse-

rolle gethan, lichtbraun angebraten, mit Geflügelbrühe übergoffen, gut aus=
gekocht, sodann geseiht, rein entfettet, mit $^3/_{10}$ Liter guter sauce espagnole
untermengt, rein aus Schaum und Fett gekocht und sodann mit einem
Stück Glace und einem Glas Madeira=Sec über dem Windofen zu einer
kräftigen, lichtbraun glänzenden Sauce eingekocht, welche in eine Sauce=
Casserolle paffirt und bis zum Gebrauche au bain-marie gestellt wird.
Fünf Minuten, ehe diese köstliche Speise zur Tafel kommt, werden die
großen Filets zuerst sautirt, auf ein Tuch zum Entfetten gelegt, im Kranze,
zwischen welche jedesmal ein nach der Größe und Form des Filets in
klarer, ganz frischer Butter lichtgelb gebackenes, weißes Brodherzchen ge=
legt wird, in einer sehr schön bordirten Schüssel angerichtet, die Trüffeln
werden über dem Feuer geschwungen, die Butter abgegoffen, die kochend=
heiße Sauce nach dem Volumen der Trüffeln darüber gegoffen, miteinander
nochmals aufgekocht, diese in die Mitte der Filets erhaben angerichtet und
die sautirten filets mignons darüber garnirt.

924. Fasanenbrüste à la Londonderry.   Filets de faisans à la Londonderry.

Von sechs jungen Fasanen werden die Brüste ausgelöst und die filets
mignons herausgenommen.   Die großen Filets werden mit dem nassen
Messerhefte etwas breit geschlagen, enthäutet, recht egal zugeschnitten und
in klarer Butter eingerichtet.   Hierauf wird der breite Theil eines jeden
Filets mit Eierklar bestrichen, auf jedes eine rund ausgestochene Trüffel=
scheibe gelegt, abermals mit klarer Butter übergoffen, mit einer Papier=
scheibe überdeckt und kalt gestellt.   Die filets mignons werden mit rother,
gekochter Ochsenzunge bigarrirt und wie die vorhergehenden ebenfalls in
klarer Butter eingerichtet.   Von den während der Zeit abgedünsteten Fa=
sanenschlegeln wird das Fleisch abgelöst, die Haut davon abgezogen und
in kleine Stückchen wie zu einer Julienne=Suppe geschnitten, hierzu gibt
man noch eben so viel geschnittene Trüffeln und Champignons; dies wird
nun leicht melirt und in eine bain-marie=Casserolle gethan.   Die von den
gedünsteten Fasanenschlegeln und den zurückgebliebenen Gerippen gezogene
Essenz wird nun mit etwas gutem Fond aufgekocht, geseiht und sehr rein
entfettet, hierauf mit vier Obertassen voll sauce espagnole nebst einer
halben Bouteille Champagner über den hellbrennenden Windofen unter
beständigem Rühren zu einer gebundenen Sauce abermals eingekocht, dann
gehörig gesalzen und durch ein Haartuch in eine Saucen=Casserolle paffirt.
Einen Theil dieser Sauce gießt man über die Julienne und stellt sie dann
wie auch die andere Sauce au bain-marie warm.   Kurz vor dem An=
richten werden nun die Fasanenbrüstchen sautirt, zum Entfetten über ein
Tuch gelegt, dann in eine flache Schüssel über einen Farcekranz placirt,
und so zwar, daß zwischen jedes große Filet ein filet mignon zu liegen
kommt, darnach schön glacirt und das Klein=Ragout sehr heiß in ihrer
Mitte erhaben angerichtet.   Der Rest der Sauce wird in einer Saucière
extra beigegeben.

925. Fasanenschlegel mit Linsen-Püree. Cuisses de faisans à la purée de lentilles.

Die in Rest gebliebenen Fasanschlegel werden des andern Tags ganz ausgebrochen, dann auseinandergebreitet, etwas breit geschlagen, gesalzen, gewürzt, mit etwas fines herbes bestreut, zusammengenäht, zwischen Speck= scheiben mit Zwiebeln, gelben Rüben und dem nöthigen Salz eingerichtet, etwas Fleischessenz dazu gegossen und langsam in ihrem eigenen Safte weich gedünstet. Beim Anrichten werden sie zum Entfetten ausgehoben, aufdressirt, schön glacirt und über ein in bester Eigenschaft bereitetes Linsen=Püree (siehe Abschnitt 4 bei den Püreen) angerichtet. Zwischen jeden Schlegel wird ein aus gekochter rother Ochsenzunge geschnittener Hahnenkamm gesteckt.

926. Fasanenbrüste auf königliche Art. Filets de faisans à la royale.

Von den Fasanenbrüsten wird die Haut abgelöst, diese dann fein ge= spickt, mit klarer Butter, das Gespickte nach unten, eingerichtet, gesalzen und zugedeckt bei Seite gestellt. Die filets mignons werden mit Trüffelscheibchen bigarrirt (eingelegt) und ebenso in klare Butter, den vorhergehenden gleich, eingeordnet. Von den Carcasses wird eine Essenz bereitet, die mit $^5/_{10}$ Liter sauce veloutée klar gekocht, dann über dem Windofen zu einer kräftigen weißen Sauce eingekocht, mit dem Gelben von vier Eiern legirt, gehörig gesalzen, mit dem Safte einer halben Citrone angenehm gesäuert und durch ein Haartuch über eine Obertasse voll Hahnennierchen, eben so viel kleine weiße Champignons, eben so viel kleine, rundgeschälte Perigord=Trüffeln, jedes zuvor für sich gar gedünstet, gepreßt, oben mit Glace übergossen, damit es keine Haut zieht und ins heiße Bad gestellt. Eine Viertelstunde vor dem Anrichten werden die Fasanenbrüste sautirt, die Butter ab= gegossen, ein Anrichtlöffel voll Demi=Glace darüber gegossen, schnell ein= gekocht, damit sich die Filets schön glaciren, sodann im Kranze über das kochendheiße Ragout in einer schön bordirten Schüssel angerichtet und die geschwungenen filets mignons der Fasanen darüber gelegt.

927. Fasanenbrüste mit Ragout Financière. Filets de faisans à la financière.

Die Fasanenbrüste werden den vorhergehenden gleich gespickt, dann werden große gelbe Rüben egal rund zugeschnitten, diese mit Speckscheiben belegt, auf diesen eine Fasanenbrust ihrer Breite nach gebogen, mit Speck überdeckt, überbunden und in einer Geflügel=Braise schnell im Safte ge= dämpft. Gleichzeitig werden eben so viel als man Filets hat, von der aus dem Fasanenschlegel=Fleisch bereiteten Farce mit zwei Eßlöffeln Knödel geformt, diese geschmackvoll mit gekochten Trüffeln dekorirt, dann in Bouillon langsam gar gekocht. Beim Anrichten werden die Fasanen= brüste schön glacirt, das in bester Eigenschaft bereitete, kochendheiße ragoût à la financière wird in einer schön bordirten Schüssel erhaben

angerichtet, die Fasanenbrüste darüber gelegt, so zwar, daß die breite
Seite außen herumläuft, zwischen welchen man die Fasanenknödel gibt.
In die Mitte wird ein schön gespicktes, glacirtes Kalbsbries gelegt und
das Ganze mit etwas Demi=Glace beträufelt.

928. Fasanenbrüste à la Richelieu. Filets de faisans à la Richelieu.

Es werden von jungen, nicht verschossenen Fasanen die Brüste
ausgelöst, diese mit dem nassen Messerhefte leicht geklopft, sauber zuge=
schnitten und gesalzen bei Seite gestellt. Von 140 Gramm Trüffeln
wird ein feines Emincé gemacht, dieses mit etwas Geflügel=Glace und
Madeira=Sec über dem Feuer kurz gedünstet und sodann kalt gestellt.
Ferner wird eine kräftige sauce aux atellettes (siehe 2. Abschn., 2. Abth.)
bereitet.

Die Fasanenbrüste werden der Länge und der Breite nach, ohne die
andere Seite zu verletzen, eingeschnitten, leicht mit diesem Trüffel=Emincé
gefüllt, auf beiden Seiten mit der Auflegtunke bestrichen, mit feinem,
weißen geriebenen Brode bestreut, in lauwarme, geklärte, frische Butter
getaucht, nochmals panirt und auf schwachem Kohlenfeuer langsam in
schöner, lichtbrauner Farbe gebraten. Sie werden au miraton angerichtet
und in ihre Mitte eine Demi=Glace, wozu man die Fasanen=Essenz ge=
nommen hat, gegossen.

929. Salmy von Fasanen. Salmis de faisans.

Zwei Fasanen werden am Spieß im Safte gebraten, nachdem sie
ausgekühlt sind, schön nach der Regel verschnitten, die Haut abgezogen,
die vorstehenden Beinchen rein abgeschabt, in eine Casserolle gelegt, mit
etwas rothem Wein genäßt, zugedeckt und bei Seite gestellt. Die Carcasses
der Fasanen werden fein gestoßen, $^{5}/_{10}$ Liter braune Sauce wird mit
einigen Löffeln voll gutem Fond an der Ecke des Windofens rein aus=
gekocht, abgeschäumt, dann über dem Windofen mit einer halben Bouteille
rothem Wein unter beständigem Rühren dickfließend eingekocht, die fein
gestoßenen Knochen der Fasanen darunter gerührt, nochmals aufgekocht
und durch ein Haartuch gestrichen. Die Sauce wird in eine Casserolle
gethan, oben mit etwas Glace übergossen, damit sie keine Haut ziehe und
mit den Fasanen au bain-marie gestellt. Beim Anrichten werden die
Bruststücke der Fasanen nach oben in einer schön bordirten Schüssel an=
gerichtet, die Sauce bis zum Kochen heiß gemacht, darüber gegossen und
mit in klarer, frischer Butter gebackenen Brodherzchen bekränzt. In der
Regel wird dieses Fasanen=Ragout aus dem in Rest gebliebenen, un=
berührten Fasanen=Braten vom Tage vorher bereitet.

930. Salmy von Fasanen mit Trüffeln. Salmis de faisan aux truffes.

Die Fasanen werden den vorhergehenden gleich am Spieß im vollsten

Safte gebraten, nach dem Auskühlen schön verschnitten, die Carcasses werden in kleine Stückchen zerhackt, mit $^5/_{10}$ Liter sauce espagnole, $^3/_{10}$ Liter Geflügel-Essenz und einem Glas Madeira-Sec gut ausgekocht, rein abgeschäumt und entfettet, durch ein Haartuch über 280 Gramm in Scheibchen geschnittene und mit Madeira und einem Stück Glace vorher gekochte Trüffeln gepreßt, mit Glace übergossen, halb zugedeckt und au bain-marie gestellt. Die Fasanenstücke werden mit etwas Madeira-Wein und Glace erwärmt, erhaben in einer schön bordirten Schüssel, die Bruststückchen nach oben, angerichtet und die sehr kräftige, angenehm schmeckende Sauce sammt den Trüffeln darüber gegossen und sogleich zu Tische gegeben.

931. Fasanen-Ragout mit Oliven. Faisan aux olives.

Hierzu können alte Fasanen verwendet werden. Diese werden nach dem Flammiren nochmals rein nachgeputzt, ausgenommen, einfach dressirt und mit Speck, Butter, Salz, Zwiebel, einem Lorbeerblatt, gelben Rüben, einer Gewürznelke und einigen Pfefferkörnern zum Dämpfen eingerichtet und auf Kohlenfeuer mit einem Glas weißen Wein langsam weich gedünstet. Nach diesem werden die Fasanen ausgehoben; der Fond wird, im Falle er zu kurz eingekocht wäre, mit etwas guter Jüs aufgekocht, durchgeseiht, sehr rein entfettet, mit $^5/_{10}$ Liter sauce espagnole vermengt und diese Sauce an der Ecke des Windofens rein aus Schaum und Fett gekocht; wenn dies erreicht ist und die Sauce eine glänzend lichtbraune Farbe hat, wird sie über dem Windofen dickfließend eingekocht. Sie wird gehörig gesalzen, mit dem Safte einer Citrone angenehm gesäuert und durch ein Haartuch über eine Obertasse voll aus den Kernen gedrehten Oliven, welche in Salzwasser conservirt sind, gepreßt. Die Fasanen werden schön verschnitten, die Haut abgezogen, die vorstehenden Beinchen werden rein abgeschabt und zugestutzt, sodann in eine Casserolle gelegt, mit etwas Fond begossen und nebst der Oliven-Sauce au bain-marie gestellt. Beim Anrichten werden die Fasanenstücke schön in einer bordirten Schüssel angerichtet und die Oliven-Sauce darüber gegossen.

932. Fasan mit Sauerkraut. Faisan à la choucroute.

In der Regel verwendet man hiezu die älteren Fasanen, welche sich für Braten und die feineren Entrées nicht eignen. Sie werden nach dem Flammiren nochmals nachgeputzt, ohne sie zu waschen rein ausgenommen, für Braten dressirt, mit Speck überbunden und halb gar am Spieß gebraten. Unterdessen wird die nöthige Portion gutes Sauerkraut (Sauerkohl), im Falle es schon mehrere Monate eingesalzen ist, leicht gewaschen, in eine Casserolle gethan, mit einer halben Obertasse voll in Butter gelb gerösteten Zwiebeln, gutem Fond von Ochsenfleisch und einer Bouteille weißem ordinären Wein genäßt und auf Kohlenfeuer langsam gedünstet. Wenn der Fasan unterdessen halb gebraten ist, wird er vom Spieß genommen, aufdressirt, zu dem Kraut gethan und mit diesem vollends weich gedünstet. Vor dem Anrichten wird der Fasan ausgehoben, vom Sauerkraut, im Falle es zu fett wäre, das Fett abgenommen, das Kraut selbst kurz, ohne alle Flüssigkeit eingeschmort, mit einem Anrichtlöffel voll guter brauner Sauce gebunden und wenn dasselbe im Geschmacke recht kräftig ist, dabei eine glänzend lichtbraune Farbe hat, wird es mit dem verschnittenen, glacirten Fasan schön in einer tiefen Schüssel angerichtet.

933. Sauerkraut mit Fasan auf Flamänder Art. Faisan à la choucroute à la Flamande.

Das Sauerkraut wird dem vorhergehenden gleich mit gerösteten Zwie=beln, gutem Rindfleisch=Fond, weißem Wein und dem nöthigen Braisen=Fett, womöglich von Geflügel=Braise, sehr weich und kurz ohne alle Flüssig=keit, mit Rücksicht, daß es nicht fett ist, eingeschmort. Unterdessen bereitet man von zwei am Spieß gebratenen Fasanen ein recht gutes, kräftiges Fasanen=Salmy, wobei jedoch Rücksicht genommen werden muß, daß die Fasanenstücke kleiner und die Sauce selbst einem dünnen Püree gleich bereitet sein muß. Wenn das Sauerkraut wie auch das Fasanen=Salmy gut und treffend bereitet sind, wird das Sauerkraut im Kranze schön ange=richtet, in die Mitte das Fasanen=Salmy erhaben angefüllt und außen herum noch zierlich ein Kranz von kleingeschnittenem Dürrfleisch von der Brust und eben solchen Stückchen von gebratenen Bratwürstchen geordnet und, nachdem auch dieses schön mit Glace bestrichen wurde, sogleich zu Tisch gegeben.

934. Auflauf von Fasan. Soufflé de faisan.

Der Fasan wird am Spieß gebraten; wenn er kalt geworden, wird das Fleisch sauber abgelöst, die Haut und die Nerven weggethan und das Fleisch sehr fein geschnitten und gestoßen. Die Carcasses werden klein zerhackt, mit Geflügelbrühe gut ausgekocht, dann durchgeseiht, sehr rein entfettet, mit $^5/_{10}$ Liter guter sauce espagnole über dem Windofen dick eingekocht, das gestoßene Fasanenfleisch wird dazu gerührt und zu=sammen durch ein feines Haartuch gestrichen. Dieses Püree wird in eine irdene Schüssel gethan, mit dem nöthigen Salz, geriebener Muskatnuß, einem Stückchen ganz frischer Schalenbutter gewürzt, das Gelbe von sechs Eiern dazu gethan und eine halbe Stunde lang gerührt. Das Weiße von den Eiern wird zum festen Schnee geschlagen, langsam darunter melirt und sodann die Masse in eine Silber=Casserolle gefüllt. Eine gute halbe Stunde vor dem Anrichten wird das Soufflé in einen mittel=heißen Ofen gestellt, schön gebacken und sogleich zu Tisch gegeben. Dieser Auflauf kann sowohl in einer großen Papierkapsel wie auch in dergleichen kleine gefüllt und gebacken werden.

935. Croquetten von Fasan. Croquettes de faisan.

Von dem am Spieß gebratenen Fasan wird, nachdem derselbe kalt geworden ist, das Fleisch abgelöst, die Haut abgezogen, und dieses nebst

140 Gramm zuvor in Madeira-Wein gekochten Trüffeln kleinwürfelig
geschnitten und zusammen in eine Casserolle gethan. Aus den Carcasses
des Fasanes wird eine Essenz gezogen, welche rein entfettet und mit der
Trüffel-Essenz nebst ³/₁₀ Liter sauce espagnole über dem Windofen dickfließend eingekocht wird, dann gehörig gesalzen, mit dem Gelben von drei
Eiern legirt, durch ein Haartuch über den geschnittenen Fasan gepreßt,
genau untermengt und sodann in's Eis gestellt. Nach dem völligen Erkalten werden daraus 6 Centimeter lange, stark fingerdicke Croquetten gemacht, diese mit feinem Reibbrode besäet, in geschlagene ganze Eier getaucht und nochmals panirt.

Kurz vor dem Anrichten werden sie aus dem heißen Schmalz gebacken, auf einer Serviette erhaben angerichtet und in ihrer Mitte grün
gebackene Peterfilie gegeben.

936. Fasanen-Nocken mit Trüffeln. Quenelles de faisans aux Périgueux.

Man bereitet von dem Brustfleische zweier Fasanen eine gute Farce
(s. Geflügel-Farce, Abschn. 5); von dieser werden in einen Eßlöffel gleich
große Nocken gestrichen, diese mit einem andern Eßlöffel, der in's heiße
Wasser getaucht wird, herausgenommen und in einem mit Butter ausgestrichenen plat à sauter eine neben der andern eingelegt. Wenn alle so
vollendet sind, werden sie mit vorher in Madeira-Wein gekochten Trüffelscheibchen zierlich belegt, dann zugedeckt bei Seite gestellt. Von den Schlegeln
und den Carcasses der Fasanen wird eine gute Essenz bereitet, wozu auch
die Trüffel-Essenz kömmt, diese wird dann nochmals durch eine feine Serviette passirt, sehr rein entfettet und mit etwas Geflügel-Glace zu einer
angenehm kräftig schmeckenden Essenz eingekocht. Eine halbe Stunde vor
dem Anrichten wird an die Fasanen-Nocken so viel kochende Fleischbrühe
gegossen, daß sie schwimmen; dann werden dieselben ganz langsam auf
Kohlenfeuer, daß sie ihre Form nicht verlieren oder gar aufspringen, gesotten, auf eine Serviette ausgehoben, schön in einer bordirten Schüssel
angerichtet, leicht glacirt und die Fasanen-Essenz darunter gegossen.

937. Gesulztes Fasanenbrod. Pain de faisans à la gelée.

Das Fleisch von zwei am Spieß gebratenen Fasanen wird aus Haut
und Sehnen gelöst, fein geschnitten und gestoßen und mit der nöthigen aus
den Gerippen bereiteten Fasanen-Sulz gut verrührt und durch ein Haartuch
gestrichen. Eine Form nach der umstehenden Abbildung wird in's Eis
gegraben, einige messerrückendick mit Aspik begossen, diese stocken gelassen,
dann eine schöne Dekorirung von recht schwarzen Trüffeln und dem weißen
Fleische von gebratenen Hühnern hineingelegt, diese dann mit Fleischsulz
leicht besprizt und wenn diese Verzierung angesulzt hat, so wird wieder
etwas Aspik darüber gegossen, so viel zwar, daß die Verzierung gleich dick
von unten und oben angesulzt ist. Auf diesem wird das Fasanen-Püree
angefüllt und man läßt dasselbe auch stocken. Beim Anrichten wird der

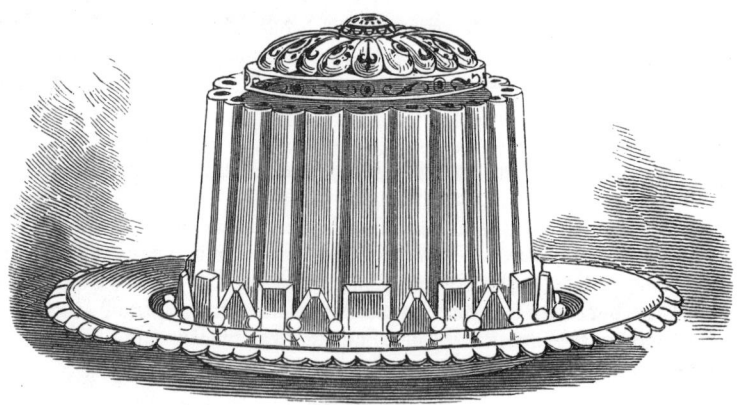

Model einen Augenblick in's heiße Wasser getaucht, abgetrocknet, auf eine flache Schüssel gestürzt, langsam aufgehoben und die Platte selbst auf dem Rand mit einer Verzierung von Aspik=Schnitten geschmackvoll dekorirt.

938. Crepinetten von Fasan. Crepinettes de faisan.

Man bereitet von dem Brustfleische zweier Fasanen eine zarte, jedoch haltbare Farce, diese wird mit fein würfelig geschnittenen Trüffeln, ebenso geschnittener gekochter Pökelzunge und vorher etwas abgekochtem, weißen Luftspeck, von jedem ein Eßlöffel voll, etwas Demi=Glace und Madeira= Wein untermengt und in's Eis gestellt. Ein Schweinsnetz wird in's lau= warme Wasser gelegt, nach diesem auf ein Tuch ausgebreitet und von der Farce kleine Crepinetten gemacht, welche in klare Butter eins neben dem andern eingerichtet und mit einer mit frischer Butter bestrichenen Papierscheibe bedeckt werden. Vor dem Anrichten werden sie auf Kohlen= feuer goldgelb gebraten, wo man sie, damit sie ihre runde Form behalten, während des Bratens etwas beschwert. Sie werden sodann zum Ent= fetten auf ein Tuch gelegt, im Kranze angerichtet und in ihre Mitte die aus den Carcasses bereitete und zu einer Demi=Glace eingekochte Fasanen= Essenz gegossen.

939. Kaltes Fasanen=Salmy. Chaud-froid de faisan.

Zwei Fasanen werden am Spieß gebraten, nach dem Erkalten wie zu einem Salmy verschnitten, sodann zugedeckt kalt gestellt. Die Gerippe von den Fasanen werden klein zerhackt und mit $5/10$ Liter brauner Sauce und $3/10$ Liter Rindfleisch=Fond gut ausgekocht. Nachdem wird diese Sauce durch ein Haartuch gepreßt und über dem Windofen zu einer dickfließenden, lichtbraunen, glänzenden Sauce eingekocht, welche sodann mit etwas Fleisch= sulz untermengt bis zum Sulzen kalt gerührt wird. Eine passende Schüssel wird aufs Eis gestellt, die Fasanenstücke an die Gabel gesteckt, durch die Salmy=Sauce gezogen, damit sie ganz in derselben eingehüllt und ein glänzendes Aeußeres haben. Sie werden sodann erhaben angerichtet und der Rand der Schüssel mit Fleischsulz-Schnitten zierlich belegt.

940. Fasanenbrod mit Malaga-Wein. Pain de faisan au vin de Malaga.

Die Fasanen werden am Spieße gebraten; nach dem Erkalten wird das Fleisch aus der Haut gelöst, fein geschnitten und gestoßen und zugedeckt bei Seite gestellt. Von den Abgängen der Fasane wird eine Essenz bereitet, diese rein entfettet, mit $^5/_{10}$ Liter brauner Sauce vermengt und unter beständigem Rühren zu einer dickfließenden Sauce eingekocht. Das gestoßene Fasanenfleisch wird mit dieser genau verrührt, heiß durch ein feines Haarsieb gestrichen, sodann in eine Casserolle gethan, das Gelbe von zehn Eiern dazu gerührt, das Ganze gehörig gesalzen, mit klein würfelig geschnittenen Trüffeln und gekochter geräucherter Ochsenzunge, von jedem zwei Eßlöffel voll, untermengt und diese Masse in eine mit klarer, frischer Butter sorgfältig ausgestrichene Schleifsteinform, die am Boden geschmackvoll mit Trüffelscheibchen zierlich vorher belegt wurde, bis fingerdick vom Rande angefüllt und eine halbe Stunde vor dem Anrichten au bain-marie sehr langsam gekocht. Beim Anrichten wird das Fasanen-Pain auf eine flache Schüssel gestürzt, oben mit Geflügel-Glace leicht glacirt, etwas Consommé darunter gegossen und eine in bester Eigenschaft mit Malaga-Wein bereitete Sauce in einer Saucière eigens mit servirt.

941. Fasanen-Ragout nach Albufera. Ragout de faisan à la Albufera.

Zwei junge, schöne Fasanen werden rein flammirt, nochmals nachgeputzt, ohne sie zu waschen ausgenommen und im rohen Zustande jeder nach der Regel in sechs Stücke verschnitten. Der Boden einer gut schließenden passenden Casserolle wird mit Butter bestrichen, mit Speckscheiben belegt und die Fasanenstücke mit einigen Tranchen rohem mageren Schinken, dem nöthigen Salz, einer Zwiebel, in die man eine Gewürznelke eingedrückt, eingerichtet, mit einer halben Bouteille Malaga genäßt und so auf Kohlenfeuer, gut gedeckt, langsam weich gedünstet. Hierauf werden die Fasanenstücke in eine andere Casserolle geordnet, der zurückgebliebene Fond wird mit etwas Geflügel-Essenz aufgekocht, durchgeseiht, sehr rein entfettet etwas sauce espagnole dazu gethan, dick fließend eingekocht, dabei sehr rein abgeschäumt und entfettet und mit 280 Gramm blätterig geschnittener Trüffeln über die Fasanen gegossen und zusammen noch einige Minuten gekocht. Beim Anrichten werden die Fasanenstücke, die Bruststückchen nach oben, mit kleinen Herzchen aus gekochter, recht rother Ochsenzunge geschnitten, erhaben angerichtet und die von Malaga-Wein, Fasanen-Essenz und dem höchsten Wohlgeschmack der Perigord-Trüffeln bis zum feinsten Geschmack gehobene Sauce sammt Trüffeln darüber gegeben.

942. Fasanenwürste mit Trüffeln. Boudins de faisans aux truffes.

Von zwei Fasanen, die sich für Braten nicht eignen, wird das Fleisch abgelöst, aus Haut und Nerven geschabt und hievon mit einem Theil Semmelpanade, einem Theil frischer Butter, drei ganzen, drei Gelbeiern, dem nöthigen Salz, etwas wenig geriebener Muskatnuß und fines herbes eine zarte Farce bereitet, welche durch ein Haarsieb gestrichen und kalt gestellt wird. Von den Abgängen der Fasane wird eine Essenz bereitet, welche bis auf drei Anrichtlöffel voll auf dem Feuer eingekocht wird. 280 Gramm Perigord-Trüffeln werden gereinigt, geschält, klein würfelig geschnitten, in die Fasanen-Essenz gethan, darin einige Minuten gekocht und sodann nebst etwas Madeira-Wein und einem Anrichtlöffel voll guter sauce béchamel zu der Farce gerührt. Ferner werden die nöthigen Schweinsdärme gut gereinigt, die Masse durch eine Spritze eingefüllt, daraus fingerlange Würstchen gemacht, diese in frische Butter eingerichtet und zugedeckt bis zum Gebrauche kalt gestellt. Eine halbe Stunde vor dem Anrichten werden sie auf Kohlenfeuer langsam, damit sie nicht platzen, lichtbraun auf beiden Seiten gebraten, sodann angerichtet, glacirt, etwas Jüs darunter gegossen und zu Tisch gegeben.

943. Fasanen-Püree. Purée de faisans à la Talleyrand.

Das Fleisch von zwei gebratenen Fasanen wird abgelöst, sehr fein geschnitten, gestoßen, mit der nöthigen sauce béchamel und der aus den Abgängen der Fasanen gezogenen und zu einer Demi-Glace eingekochten Fasanen-Essenz genau auf dem Feuer abgerührt und ganz heiß durch ein Haartuch gestrichen. Dieses Püree wird in eine passende Casserolle gethan, oben mit Glace übergossen, daß es keine Haut ziehen kann, und au bain-marie gestellt. Unterdessen werden zwölf Eier (oeufs mollets) kernweich gekocht, geschält und in's kalte Wasser gelegt. Ferner werden von sechs jungen Hühnern die filets mignons ausgelöst, mit Trüffeln bigarrirt und in klare Butter eingerichtet.

Beim Anrichten wird nun das Fasanen=Püree kochendheiß auf eine tiefe Schüssel angerichtet, die weichgesottenen Eier herumgelegt und zwischen jedes Ei ein filet mignon geordnet, diese leicht glacirt, das Püree selbst wird mit etwas wenig Fasanen=Essenz begossen und sogleich zu Tisch gegeben.

Dieses Fasanen=Püree kann zur Veränderung auch in einer schönen Reis= oder geschnittenen Brodkruste mit gutem Erfolge angerichtet oder auch in die Mitte einer Bordure von Farce gefüllt, die Eier außen herum garnirt und zwischen jedes Ei ein Hahnenkamm von gekochter, recht rother Ochsenzunge garnirt werden.

25. Abschnitt.

Vom Rebhuhn, Feldhuhn, gewöhnlich graues Feldhuhn.
De la perdrix.

Das gewöhnliche Feldhuhn ist bei uns in Deutschland zu bekannt, als daß es mit irgend einem andern Vogel verwechselt werden könnte und wem wäre wohl unbekannt, welch' ein gutes Wildpret das Rebhuhn für die Küche ist. Sein zartes Fleisch wird nicht nur sehr wohlschmeckend gefunden, sondern es ist auch leicht verdaulich und gesund, weil es sehr saftig und dabei ohne Fett ist. Am besten sind die Feldhühner, wenn sie beinahe ausgewachsen und ausgemausert (geschildert) haben, was Ende Oktober und November der Fall ist.

Eine zweite Gattung ist das rothe Feldhuhn, perdrix rouge. Sein zartes, außerordentlich wohlschmeckendes Fleisch ist weit schmackhafter als von dem gewöhnlichen Feldhuhn, hat daher auch einen höhern Preis und ist nicht allein in seiner Heimath sehr hoch geschätzt, sondern deshalb auch im Auslande berühmt. In manchen Gegenden Frankreichs werden sie jährlich zu vielen Tausenden erlegt und Paris allein verbraucht deren eine so enorme Menge, daß man darüber erstaunen muß, und es gehen sogar selbst noch über die Grenzen jenes Landes Sendungen hinaus. Auch die Eier sind sehr zart und wohlschmeckend und werden daraus mancherlei feine Gerichte bereitet.

Eine dritte Gattung ist das Steinfeldhuhn, Steinhuhn, perdrix saxatile, partavelle. Den Hauptnutzen gewährt dieses Geflügel durch sein vortreff=liches Fleisch. Es wird dem des Rothfeldhuhns noch weit vorgezogen, ja die Feinschmecker in Frankreich und in der Schweiz stellen es noch

über das Haselhuhn, welches doch sonst allgemein für das zarteste und
schmackhafteste unter dem Federwild gehalten wird, weil das zarte, weiße
Fleisch des Steinfeldhuhns noch einen balsamischen, schwach bitteren Beigeschmack und einen aromatischen Geruch hat, der es ihnen so höchst angenehm macht. Alle Gattungen Feldhühner lassen sich im Winter sehr
lange halten und bekommen durch das mürbe Hängen ein sehr angenehmes
Fümet, das sehr hoch geschätzt wird.

944. Gebratenes Feldhuhn.   Perdreau rôti.

Die jungen, halbgewachsenen Feldhühnchen werden abgefedert, flammirt,
nochmals rein nachgeputzt, ohne sie zu waschen rein ausgenommen, gesalzen,
für Braten dressirt, mit Weinlaub und Speck überbunden, an einen Vogelspieß gesteckt und acht bis zehn Minuten vor dem Anrichten bei hellem Feuer
am Spieß gebraten. Sie werden aufdressirt, jedoch sammt ihrem Ueberwurf
zu Tisch gegeben. Etwas Feldhühner-Essenz kann darunter gegossen werden.

945. Gebratenes Feldhuhn.   Perdreau rôti.

Die völlig ausgewachsenen Feldhühner werden auf der Brust fein
gespickt, gesalzen oder blos mit einer Speckscheibe eingebunden und in
achtzehn bis zwanzig Minuten im vollsten Safte am Spieße gebraten.
Beim Anrichten wird etwas Feldhühner-Essenz beigegeben.

946. Gratinirte Feldhühnchen.   Gratin de perdreaux.

Auch hierzu werden, ihrer Zartheit wegen, nur die halbgewachsenen
Feldhühnchen genommen; diese werden gut gereinigt, ohne die Haut zu beschädigen, völlig ausgebeint, sodann gesalzen, mit Concassé bestreut, auf
einen Teller gelegt, mit ganzer Petersilie und den Scheibchen einer Citrone,
wovon die ganze Schale abgeschält wurde, gewürzt und zugedeckt bei Seite
gestellt. Unterdessen bereitet man eine farce cuite von Geflügel (s. Abschn. 5);
die Feldhühner werden auf ein reines Tuch ausgebreitet, mit dieser Farce
belegt und in jedes Feldhuhn eine rund geschälte Trüffel gethan; hierauf
gibt man den Feldhühnchen eine länglich runde Form, bestreicht eine runde
Schüssel zweifingerbreit im Kranze und fingerdick mit derselben Farce, legt
die Feldhühner eines neben das andere darauf, gibt in ihre Mitte ein
abgeriebenes, nach der Größe des inneren Raumes geschnittenes Mundbrod,
bedeckt die Feldhühnchen mit Speckscheiben und das Ganze mit einer Papierscheibe. Eine halbe Stunde vor dem Anrichten wird das Gratin im Ofen
sehr langsam gebraten, nach diesem das Brod aus der Mitte genommen
das Ganze sehr rein entfettet, die Feldhühnchen schön glacirt und in ihre
Mitte etwas Trüffel-Sauce, welche mit Feldhühner-Essenz und Madeira-
See bis zum köstlichsten im Geschmack bereitet wurde, gegossen.

947. Geschwungene Feldhühnerbrüste.   Sauté de filets de perdreaux.

Hierzu wählt man die ziemlich ausgewachsenen noch jungen Feldhühner;
diese werden rein ausgenommen, über der Brust der Länge nach die Haut

durchgeschnitten, diese auf beiden Seiten über die Brüstchen abgestreift und sodann die Brüstchen, ohne sie im Geringsten zu beschädigen, von dem Gerippe gelöst. Man rechnet stets eines auf eine Person. Sie werden hierauf mit dem naßgemachten Messerhefte leicht geschlagen, die Haut durch eine geschickte Führung des Messers von dem Fleische getrennt, sodann leicht gesalzen, in geklärter, sehr frischer Butter eines neben das andere in einen plat à sauter geordnet, mit einer mit Butter bestrichenen Papierscheibe belegt und bei Seite gestellt. Von den Abgängen, nämlich den Gerippen, wird eine Essenz gezogen, diese mit der nöthigen sauce espagnole vermengt und eine halbe Stunde lang langsam gekocht, wo man von Zeit zu Zeit den aufsteigenden Schaum und das Fett rein abnehmen muß. Sie wird sodann, wenn sie die gehörige Dicke erreicht hat, gehörig gesalzen, mit etwas Glace bis zum kräftigsten im Geschmack gehoben, durch ein Haartuch in eine Saucen-Casserolle gepreßt, oben mit etwas Glace begossen, damit keine Haut entstehen kann, halb zugedeckt und au bain-marie gestellt. Einige Minuten vor dem Anrichten werden die Brüstchen über dem Windofen geschwungen, dann auf ein Tuch zum Entfetten gelegt und in einer zierlich bordirten Schüssel abwechselnd mit genau nach der Größe der Brüstchen geschnittenen und in klarer frischer Butter gebackenen Brodherzchen im Kranze angerichtet und die Sauce theils über die Brüstchen, theils in ihre Mitte gegossen.

Ferner erscheinen die Sautés von Feldhühnern, um ihren Werth noch mehr zu steigern, als:

948. Geschwungene Feldhühnerbrüstchen mit Trüffeln. Sauté de filets de perdreaux aux truffes.

949. Geschwungene Feldhühnerbrüste à la Toulouse. Sauté de filets de perdreaux à la Toulouse.

950. Geschwungene Feldhühnerbrüstchen mit einer Financière. Sauté de filets de perdreaux à la financière.

951. Geschwungene Feldhühnerbrüste mit Champignons. Sauté de filets de perdreaux aux champignons.

Die Bereitung der Feldhühnerbrüstchen bleibt immer dieselbe, nur daß bei diesen oben bezeichneten Gerichten die Brodherzchen wegbleiben und in ihre Mitte das jedesmal bezeichnete Kleinragout, welche im Abschnitt 7 dieses Buches angegeben sind, angerichtet wird.

952. Feldhühnerbrüstchen à la Maréchal. Filets de perdreaux à la Maréchal.

Die Feldhühnerbrüstchen werden den vorhergehenden gleich ausgelöst, die filets mignons von den großen getrennt, diese mit Trüffeln bigarrirt, in klare Butter eingerichtet, mit einer mit Butter bestrichenen Papierscheibe gedeckt und kalt gestellt. Die großen Brüstchen werden etwas breit geschlagen, sauber zugeschnitten, gesalzen, durch eine sauce aux attelettes gezogen, mit geriebenem Brode bestreut, dann nochmals in gut abgeschlagene Eier getaucht, nochmals panirt und sodann in klare Butter eines neben das andere in einem plat à sauter eingerichtet. Von den Carcasses der Feld= hühner wird eine Essenz bereitet, diese mit der nöthigen sauce espagnole rein und dickfließend eingekocht, mit einem Stück Glace und etwas Citronen= saft bis zum kräftigsten Geschmack gehoben und durch ein Haartuch über eine Obertasse voll Champignons, eine halbe Tasse voll Trüffeln und zwanzig Stück Hahnenkämmen, Alles vorher schon nach der Regel gar gemacht, in eine Sauce=Casserolle gepreßt und bis zum Gebrauche au bain-marie gestellt. Kurz vor dem Anrichten werden die Brüstchen gelb gebraten, die filets mignons über dem Feuer geschwungen, das heiße Ragout wird in einer schön bordirten Schüssel erhaben angerichtet, die großen Filets darüber gelegt und zwischen jedes ein filet mignon geordnet.

853. Feldhühner nach Descar. Perdreaux à la Descar.

Schöne, nicht verschossene, junge Feldhühner werden gereinigt, flam= mirt, nochmals nachgeputzt, sodann von oben ausgenommen und in ein Tuch eingeschlagen bei Seite gelegt. Gänseleber, Trüffeln, Champignons von jedem gleiche Theile, werden nach der Regel zubereitet, würfelig geschnitten und zusammen in eine Casserolle gethan. Einige Löffel voll gute sauce espagnole wird mit einem Theil gutem Fond über dem Windofen dick eingekocht, gehörig gesalzen und durch ein Haartuch über die würfelig geschnittenen Ingredienzen passirt und nach dem Erkalten in die Feldhühner gefüllt, diese für Entrée dressirt, die Brüste mit Speck fein gespickt, gesalzen, in eine Kräuter=Marinade zum Dämpfen eingerichtet, mit etwas Madeira= Sec genäßt und auf Kohlenfeuer langsam weich gedünstet. Vor dem Anrichten werden die Feldhühner ausgehoben, aufdressirt, in eine bordirte Schüssel gelegt, mit gespickten und glacirten Kalbsbrieschen und mit durch recht schwarze Trüffeln dekorirten Geflügelnocken bekränzt, mit einer recht kräftigen sauce financière leicht übergossen und sogleich zu Tisch gegeben.

954. Feldhühner-Nocken mit Ragout Toulouse. Quenelles de perdreaux à la Toulouse.

Hiezu wird das Brustfleisch von vier alten Feldhühnern genommen und hievon eine zarte, jedoch haltbare Farce bereitet. Von dieser werden mit einem Eßlöffel schöne gleiche Nocken gemacht, diese in einem mit Butter ausgestrichenen plat à sauter eine neben die andere gesetzt und mit vorher abgekochten, recht schwarzen Trüffeln zierlich garnirt. Die Abgänge werden klein zerhackt, mit den nöthigen Kräutern in eine Casserolle gethan, mit guter Bouillon übergossen, gut ausgekocht, durchgeseiht, entfettet, mit $^5/_{10}$ Liter weißer Sauce untermengt und an der Ecke des Windofens langsam gekocht. Unterdessen wird eine schöne Gänseleber, Champignons, einige Trüffeln, Hahnennierchen, jedes besonders, wie es im Abschnitt 6 angegeben, gar gemacht, geschnitten und zusammen in eine Casserolle gethan. Die Sauce wird rein entfettet und abgeschäumt, mit 1 Liter gutem, süßen Doppel=Rahm über dem Windofen, bei beständigem, festen Rühren bis sich die Sauce vom Löffel spinnt und denselben überzieht, eingekocht, sodann gehörig gesalzen, mit einem Stück Geflügel=Glace der Geschmack noch angenehm erhöht, durch ein Haartuch über die Ingredienzen passirt, durcheinander geschwungen, rein zusammengemacht, oben mit etwas Glace übergossen, daß keine Haut entstehen kann, halb zugedeckt und au bain-marie gestellt. Eine Viertelstunde vor dem Anrichten werden die Nocken sehr langsam, damit sie ihre Form nicht verlieren, gar gekocht, dann auf ein Tuch ausgehoben; das heiße Ragout wird in einer schön gezierten, tiefen Schüssel erhaben angerichtet, die Nocken schön glacirt, in schönster Ordnung darüber gelegt und sogleich zur Tafel gegeben.

955. Feldhühnernocken auf Kronprinzen-Art. Quenelles de perdreaux à la Dauphin.

Man bereitet, der vorhergehenden gleich, eine Feldhühner-Farce, von welcher 6 Centimeter lange, 3 Centimeter breite, ovale, fingerdicke Nocken auf einem mit Butter bestrichenen, flachen Casserolle-Deckel gemacht werden. Sie werden einige Minuten in Fleischbrühe sehr langsam gekocht, dann auf ein Tuch gelegt, wenn sie erkaltet sind durch eine sauce aux attelettes gezogen (siehe 2. Abschn. 2. Abth.), mit geriebenem Brode besäet, dann in geschlagene Eier getaucht, nochmals panirt und sodann in klare, frische Butter in einem plat à sauter eingerichtet. Ferner wird von Champignons ein recht weißes, angenehm schmeckendes Püree (s. Abschn. 4) bereitet, unter welches zwei Obertassen voll vorher in gesalzenem Wasser gekochte, recht grüne Spargelspitzen geschwungen, oben mit etwas Glace überdeckt und au bain-marie gestellt wird. Vor dem Anrichten werden die Nocken auf Kohlenfeuer langsam auf beiden Seiten goldgelb gebraten, sodann auf ein Tuch zum Entfetten gelegt, und in einer schön bordirten Schüssel au miraton gelegt und in ihre Mitte das Püree mit den Spargel= spitzen erhaben angerichtet.

956. Feldhühnerwürste nach Richelieu. Boudins de perdreaux à la Richelieu.

Es wird von alten Feldhühnern eine Farce bereitet, die man zum Erkalten auf's Eis stellt. Ferner werden einige Trüffeln gekocht, geschält, klein würfelig geschnitten, mit Glace und etwas Madeira=Wein eingekocht und ebenso kalt gestellt. Es werden von dieser Farce nach der Größe und Form der Feldhühnerbrüstchen Würstchen gemacht, in welche etwas von den Trüffeln eingehüllt wird, welches mit einiger Vorsicht geschehen muß, damit die Trüffeln nicht zu sehen, sondern vollkommen in die Mitte von jedem Würstchen eingehüllt sind. Sie werden sodann in einem plat à sauter, der mit klarer Butter ausgestrichen ist, eine neben der andern eingerichtet, dann oben geschmackvoll mit Trüffeln belegt, mit Speckscheibchen bedeckt und kalt gestellt. Ferner wird von den Abgängen der Feldhühner eine Essenz und mit dieser eine klare kräftige sauce espagnole bereitet, welche bis zum Gebrauche heiß gestellt wird. 280 Gramm gute Perigord-Trüffeln werden gereinigt, fein geschält, jedes Stück rund egal und dann in feine Scheibchen zugeschnitten, welche man mit etwas frischer Butter in einem plat à sauter einrichtet. Eine Viertelstunde vor dem Anrichten werden die Boudins sehr langsam gar gekocht, die Trüffeln über dem Windofen einige Minuten geschwungen, etwas von der Sauce dazu gethan, nochmals aufgekocht, gehörig gesalzen, in einer bordirten Schüssel angerichtet, die Boudins auf ein Tuch ausgehoben, leicht glacirt, au miraton darüber gelegt, mit noch etwas von der Sauce übergossen und sogleich zur Tafel gegeben.

957. Feldhühner-Coteletten nach Pahlen. Côtelettes de perdreaux à la Pahlen.

Den vorhergehenden gleich werden aus der Feldhühner-Farce kleine Coteletten, welche innen mit einem Salpikon von Trüffeln, Champignons und geräucherter Ochsenzunge gefüllt sind, gemacht. Diese werden in einfacher, gesalzener Fleischbrühe einmal überkocht, dann auf ein Tuch zum Auskühlen gelegt, nochmals egal von allen Seiten und in gleicher Größe zugeschnitten, zweimal panirt, wie jene à la Dauphin, die rein geschabten Beinchen von den Schlegeln werden in die Coteletten gesteckt, dann den vorhergehenden gleich in klare Butter eingerichtet und zugedeckt kalt gestellt.

Kurz vor dem Anrichten werden sie goldgelb gebraten, auf ein reines Tuch zum Entfetten gelegt, dann au miraton über eine Farce-Bordure angerichtet, in ihre Mitte ein in bester Eigenschaft bereitetes, recht weißes Champignon-Püree in einer Teigkruste erhaben angerichtet und außen herum die Feldhühner-Essenz, zu einer Demi-Glace eingekocht, gegossen.

958. Crepinetten von Feldhühnern. Crepinettes de perdreaux
à la d'Estaing.

Von einigen alten Feldhühnern wird eine zarte Farce bereitet, unter
diese wird etwas abgekochter, weißer Luftspeck und Trüffeln, kleinwürfelig
geschnitten, wie auch zwei Eßlöffel voll sauce espagnole melirt und, nach=
dem diese gehörig gesalzen ist, werden hiervon mit dem gut ausgewässerten
Schweinsnetz kleine runde oder ovale Crepinetten gemacht, welche in klarer
Butter eingerichtet, eine Viertelstunde vor dem Anrichten lichtgelb ge=
braten und im Kranze angerichtet werden. In ihre Mitte wird etwas
Demi=Glace, wozu die Feldhühner=Essenz mit angewendet wurde und die
mit etwas Citronensaft und Butter noch untermengt ist, gegossen.

959. Hachis von Feldhühnern à la de Lugnes. Hachis
de perdreaux à la de Lugnes.

Vier bis fünf junge, ausgewachsene Feldhühner werden am Spieß ge=
braten, nach dem Erkalten wird das Fleisch abgelöst, die Haut abgezogen
und mit eben so viel gekochter, geräucherter Ochsenzunge, eben so viel Cham=
pignons und Trüffeln, Alles sehr klein würfelig geschnitten, untereinander
melirt, in eine Casserolle gethan und zugedeckt bei Seite gestellt. Während=
dem bereitet man mit Feldhühner=Essenz und sauce espagnole die nöthige,
sehr kräftige, dickfließende Sauce, welche zum richtigen Volumen des Hachis
unter dieselbe melirt, oben mit Glace leicht bedeckt und au bain-marie
gestellt wird. Ferner wird die nöthige Zahl weich gesottener Eier und
eben so viel aus Mundbrod geschnittener und in klarer Butter gelb ge=
backener Hahnenkämme bereitet; nachdem das sehr heiße Hachis in einer
Teigkruste pyramidenartig angerichtet ist, werden die weichgesottenen Eier
herumgelegt und zwischen diese die Hahnenkämme gesteckt.

960. Feldhühnerbrod auf französische Art. Pain de perdreaux
à la Joinville.

Einige Feldhühner werden am Spieß gebraten, nach dem Erkalten
das Fleisch abgelöst, die Haut abgezogen, dann sehr fein geschnitten und
gestoßen. Die Abgänge der Feldhühner werden zerhackt, mit Geflügelbrühe
gut ausgekocht, durchgeseiht, die Essenz rein entfettet und mit $^5/_{10}$ Liter

brauner Sauce über dem Feuer unter beſtändigem Rühren dick eingekocht, mit geſtoßenem Fleiſch gut verrührt und heiß durch ein feines Haarſieb geſtrichen. Dieſes Feldhühner=Püree wird mit dem Gelben von acht bis zehn Eiern und vier Eßlöffeln voll fein hachirter Trüffeln genau ver= rührt, gehörig geſalzen, in eine paſſende, gut mit klarer, friſcher Butter ausgeſtrichene und am Boden mit einem paſſenden Papierkranze belegte, ſchön nach obiger Zeichnung mit Trüffeln ausgarnirte ſchleiffſteinähnliche Form bis auf einen Finger dick vom Rande eingefüllt und drei Viertel= ſtunden vor dem Anrichten au bain-marie ſehr langſam gar gemacht. Beim Anrichten wird die Form ausgehoben, abgetrocknet, auf eine tiefe Schüſſel geſtürzt, ſehr langſam aufgehoben, das Pain ſelbſt oben ſchön glacirt und in die Mitte ein Salpikon von Trüffeln, Champignons und Feldhühnerklößchen, auf's Beſte mit Madeira=Wein bereitet, gefüllt (ſiehe Salpikon, Abſchnitt 7).

961. Feldhühnerbrüſtchen auf Marſchall-Art. Filets de perdreaux à la maréchal.

Von vier bis fünf jungen Feldhühnern werden die Brüſtchen ausge= löſt, die filets mignons von den größeren getrennt, mit Trüffeln bigarrirt, in klarer Butter eingerichtet und zugedeckt bei Seite geſtellt. Von den großen Filets wird die Haut bis zu einem Sauté abgelöſt, geſalzen, mit einer recht gut bereiteten sauce aux attelettes beſtrichen, mit geriebenem, feinen Brod beſtreut, dann nochmals durch gut abgeſchlagene Eier gezogen, zum zweiten Male panirt und ebenfalls in klarer, friſcher Butter eingerichtet. $^5/_{10}$ Liter weiße Sauce werden mit der Feldhühner=Eſſenz dickfließend eingekocht, mit den Gelben von vier Eiern legirt, gehörig geſalzen, mit dem nöthigen Citronenſaft angenehm geſäuert und durch ein Haartuch über klein geſchnittene Trüffeln, Hahnenkämme, Champignons, jedes für ſich vorher gar gemacht (ſiehe Abſchnitt 6 von den Ingredienzen zum Ragout), paſſirt, oben mit etwas Glace übergoſſen und bis zum Gebrauche au bain-marie geſtellt. Kurz vor dem Anrichten werden die Filets lichtbraun ge= braten, auf ein Tuch zum Entfetten gelegt, in einer ſchön bordirten Schüſſel au miraton angerichtet, das Klein=Ragout in ihre Mitte gethan, außen herum die filets mignons gelegt und nachdem dieſe ſchön glacirt und die großen

mit etwas Feldhühner-Demi-Glace übergossen sind, wird dieses vortreff-
liche Entrée sogleich zur Tafel gegeben.

962. Kaltes Feldhühner-Salmy mit Trüffeln. Chaud-froid de perdreaux aux truffes.

Hier weise ich auf den vorhergehenden Abschnitt, Salmy von Fasanen,
zurück, welches ebenso bereitet wird, nur daß hier in Madeira-Wein gekochte, in Scheiben geschnittene Trüffeln mit den Feldhühnern angerichtet
werden, welche den guten Geschmack dieser Speise ungemein erhöhen. Die
Trüffel-Essenz wird zu der Salmy-Sauce genommen.

963. Salmy von Feldhühnern. Salmis de perdreaux.

Da das Feldhühner-Salmy ganz dem Fasanen-Salmy gleich behandelt
wird, so weise ich auf den vorhergehenden Abschnitt zurück.

964. Feldhühnerbrüstchen à la Beauharnais. Filets de perdreaux à la Beauharnais.

Von sechs jungen Feldhühnern werden die Brüstchen ausgeschnitten,
die Haut abgelöst, mit dem naßgemachten Messerhefte etwas wenig breit
geschlagen, sodann gesalzen, von allen Seiten mit einer feinen Trüffel-
Farce bestrichen, diese dann in Schweinsnetzchen eingewickelt, in zerlassene
Butter getaucht, mit geriebenem Brode bestreut und eine Viertelstunde
vor dem Anrichten auf dem Roste gebraten. Sie werden dann im Kranze
angerichtet und in ihre Mitte ein Kleinragout von Spargelspitzen, klein
ausgestochenen Artischockenböden und Champignons, wozu die Feldhühner-
Essenz angewendet wurde, gegeben.

965. Feldhühner n. Lord Pembroke. Perdreaux à la Pembroke.

Schöne junge Feldhühner werden gereinigt, flammirt und ohne sie zu
waschen von oben ausgenommen. Eine Gansleber wird in einer Kräuter-
Marinade (Mirepoix) gedünstet und kalt gestellt. 280 Gramm Perigord-
Trüffeln werden gewaschen, dünn geschält und ebenso in Glace und Ma-
deira gedünstet. Sodann werden die Trüffeln wie die Gänseleber in gleiche
Stückchen geschnitten und in eine Casserolle gethan. Die Abgänge der
Trüffeln werden mit den Abfällen der Gansleber fein gestoßen, durch ein
Haarsieb gestrichen, und unter eine zarte Farce, die mit fein geschnittenen
Champignons, Petersilie und Schalotten bereitete fines herbes gut assaisonnirt ist, gemengt. Diese Farce wird über dem Feuer leicht erwärmt,
ein Stück Glace, die Trüffeln und Gänseleber darunter melirt, dieses in
die Feldhühner gefüllt, sodann diese schön dressirt, auf der Brust fein
gespickt an einen Vogelspieß gesteckt und dieser an einen größeren festgebunden. Eine halbe Stunde vor dem Anrichten werden die Feldhühner
am Spieße gebraten, in einer schön bordirten Schüssel angerichtet und eine
recht kräftige mit Trüffeln, Feldhühner-Essenz und Champagner-Wein bereitete sauce espagnole darunter gegeben.

966. Feldhühnerbrüstchen nach Conti.   Filets de perdreaux à la Conti.

Die Brüstchen von sechs jungen Feldhühnern werden ausgelöst, die filets mignons abgenommen, mit Trüffeln fein bigarrirt und in klarer Butter eingerichtet. Die großen Brüstchen werden, nachdem das Häutchen abgeschnitten ist, mit recht schwarzen, gekochten und in feine Scheibchen geschnittenen Trüffeln, aus denen wieder mit feinen Ausstechern verschiedene Models ausgestochen werden, zierlich belegt und in klarer Butter eingerichtet zugedeckt und kalt gestellt. Ferner wird von einigen gebratenen Feldhühnern mit brauner Sauce und Feldhühner=Essenz ein kräftiges, wohlschmeckendes Püree bereitet, welches mit Glace übergossen, halb zugedeckt und warm gestellt wird. Kurz vor dem Anrichten werden die Feldhühnerbrüstchen sautirt, im Kranze in einer schön bordirten Schüssel oder in einer Reiskruste angerichtet, das Püree ganz heiß in ihre Mitte gegossen, die filets mignons wie ein Stern darüber gelegt und nachdem das Ganze schön glacirt, wird es sogleich zur Tafel gegeben.

967. Am Rost gebratene Feldhühner.   Perdreaux grillés.

Die nöthigen, jungen Feldhühner werden, nachdem sie rein ausgenommen sind, halbirt, am Schenkel ein kleiner Einschnitt gemacht, das Füßchen durchgesteckt, so zwar, daß die abgestutzte Klaue durchsieht. Sie werden leicht etwas breit geschlagen, mit fines herbes bestreut, mit Salz und Concassé gewürzt, in zerlassene, lauwarme, frische Butter getaucht und von allen Seiten mit geriebenem Brode gut bestreut. Eine halbe Stunde vor dem Anrichten werden sie über Kohlenfeuer auf dem Roste im Safte gebraten, im Kranze angerichtet und in ihre Mitte eine mit Citronensaft und einem Stückchen frischer Butter aufgezogene, sehr kräftige Jüs gegossen.

968. Hachis von Feldhühnern mit Eiern.   Hachis de perdreaux aux oeufs.

Vier große Feldhühner werden am Spieß gebraten und nachdem sie kalt geworden sind, wird das Fleisch abgelöst, fein geschnitten und mit guter brauner Sauce, wozu die Feldhühner=Essenz angewendet wurde, zu einem Hachis angerührt, welches, nachdem es gehörig gesalzen und oben mit Glace übergossen ist, warm gestellt wird. Beim Anrichten wird das Hachis erhaben auf eine tiefe Schüssel angefüllt, die poschirten Eier herumgelegt, zwischen jedes ein Hahnenkamm, aus gekochter Ochsenzunge geschnitten, gesteckt und nachdem das Hachis noch mit etwas Demi=Glace beträufelt ist, wird es sogleich zu Tisch gegeben.

969. Feldhühnerbrüstchen nach Montmorenci.   Filets de perdreaux à la Montmorenci.

Von sechs jungen Feldhühnern werden die Brüstchen ausgelöst, die Haut abgezogen, gehörig gesalzen, mit einer feinen Feldhühner=Farce,

unter welche man fein hachirte Trüffeln gemengt hat, von allen Seiten
bestrichen, in lauwarme, frische Butter getaucht und mit geriebenem Brode
besäet. Eine Viertelstunde vor dem Anrichten werden sie auf dem Roste
gebraten, schön angerichtet und in ihre Mitte eine Demi-Glace, mit Feldhühner-Essenz und etwas Citronensaft angenehm gesäuert, darunter gegossen.

970. Feldhühnerbrüstchen nach Prinz Pückler. Filets de perdreaux à la prince Pückler.

Von sieben völlig ausgewachsenen Feldhühnern werden die Brüstchen
ausgeschnitten, von diesen die filets mignons herausgezogen und von
allen die feinen Häutchen und die Nerven abgelöst. Die großen Filets
werden nun mit dem naßgemachten Messerhefte etwas breit geschlagen,
sauber zugeschnitten und in einem plat à sauter in klarer Butter eingerichtet. Die filets mignons werden alsdann rund gebogen, mit Eiweiß
bestrichen und über die größeren Filets gelegt, leicht angedrückt und in
deren Mitte eine passende, rund ausgestochene Trüffelscheibe angebracht.
Wenn alle so beendet sind, werden sie mit klarer Butter übergossen, zugedeckt und kalt gestellt. Die Schlegel von den Feldhühnern werden gedämpft, das Fleisch abgezogen und dann mit zwei Trüffeln, einem Stückchen
Butter und drei Eßlöffeln voll dicker sauce espagnole fein gestoßen, vier
Eidotter dazu gerührt und dann durch ein Haarsieb gestrichen. Dieses
Feldhühner-Püree wird alsdann mit vier Löffeln voll Wildgeflügel-Farce
in einer Schüssel fein abgerührt, hierauf in eine mit Butter ausgestrichene
Cylinderform gefüllt und au bain-marie gar gemacht. Unterdessen werden
280 Gramm Reis mit guter Braise weich und dick eingekocht, dann leicht
gerührt und davon ein 3 Centimeter hoher Sockel, welcher aber zwei
fingerdick breiter sein muß als das Geflügelpain, in eine passende Schüssel
egal dressirt.

Vor dem Anrichten wird der Reissockel ins heiße Bratrohr gestellt,
damit der Reis von außen eine leichte Kruste bildet, das Pain in der
Mitte darüber gestürzt, die schön sautirten Feldhühner-Brüstchen im Kranze
um das Pain gelegt und in die Mitte ein Ragout von Trüffeln gegeben.
Das Ganze wird nun schön glacirt und recht heiß zu Tisch gegeben.
Eine gute Madeira-Sauce wird extra beigegeben.

971. Feldhühner mit Trüffeln gefüllt. Perdrix farcies aux truffes.

Drei Feldhühner werden nach dem Flammiren sorgfältig ausgenommen,
wo man darauf sehen muß, daß die Kopfhaut recht lang gelassen wird.
560 Gramm französische Trüffeln werden rein gebürstet, gewaschen, fein
abgeschält, und sodann nochmals rondirt. Die zweiten Schalen der Trüffeln
werden mit einigen Champignons, Schalotten sehr fein geschnitten, mit
280 Gramm rapirtem Speck und den rund geschälten Trüffeln in eine
gut schließende Casserolle gethan, etwas gesalzen, eine Prise feine Kräuter
dazu gethan und zugedeckt eine halbe Stunde gedünstet. Die Trüffeln
werden sammt ihrem Safte in drei Theile getheilt, die Feldhühner damit

gefüllt, schön dressirt, mit Speck überbunden, in eine Kräutermarinade eingerichtet, mit einem Glas Madeira=Wein genäßt und auf Kohlenfeuer weich gedünstet. Kurz vor dem Anrichten werden die Feldhühner aus= gehoben, aufdressirt und auf einer bordirten Schüssel angerichtet. Die Essenz von den Feldhühnern wird nun mit etwas gutem Fond aufgekocht, durchgeseiht, sehr rein entfettet und darunter gegossen.

972. Feldhühner mit Kohl.   Perdrix aux choux.

Drei alte Feldhühner werden schön dressirt, auf der Brust mit rohem Schinken und Speck durchzogen und zum Dämpfen eingerichtet. Zwei Stück schönes Weißkraut werden gereinigt, jedes Stück in vier Theile ge= schnitten, abblanchirt, im frischen Wasser ausgekühlt, fest abgedrückt, in einer gut schließenden Casserolle eingerichtet, mit Fleischbrühe begossen, mit Speckscheiben und einem Stück rohen Schinken belegt, gesalzen und auf Kohlenfeuer gedünstet. Die Feldhühner werden, nachdem sie halb weich geworden sind, zu dem Weißkraut gethan, der Fond wird losgekocht, durchgeseiht und ebenfalls über die Feldhühner und das Weißkraut ge= gossen, wo man diese vollends weich dämpfen läßt. Vor dem Anrichten werden die Feldhühner herausgenommen, schön nach der Regel verschnitten, das Weißkraut wird rein entfettet, im Kranze in einer tiefen Schüssel angerichtet, die Feldhühner in ihre Mitte gegeben, das Kraut wird sammt den Feldhühnern mit etwas kräftiger brauner Sauce übergossen und nach= dem noch kleine Stücke von gebratenen Bratwürstchen über das Kraut ge= legt worden sind, wird es sogleich zu Tisch gegeben.

973. Feldhühner mit einem Ragout Financière.   Perdrix à la financière.

Drei Stück dressirte Feldhühner werden auf der Brust schön gespickt, an einen Vogelspieß gesteckt, mit zwei Bogen weißem Papier, welches mit Butter bestrichen wurde, überbunden und dieser an einen großen festge= bunden. Ferner wird ein in bester Eigenschaft bereitetes Ragout à la financière angefertigt, welches halb zugedeckt und mit etwas Glace über= gossen au bain-marie gestellt wird. Die Feldhühner werden eine Stunde vor dem Anrichten langsam gebraten, eine Viertelstunde zuvor wird das Papier abgenommen, das Feuer verstärkt, damit sich das Gespickte leicht bräunt und die Feldhühner ein schönes Ansehen erhalten. Beim Anrichten wird das Ragout ganz heiß auf einer schön bordirten Schüssel angerichtet, die Feldhühner vom Spieß genommen, aufdressirt, schön glacirt und darüber gelegt.

974. Feldhühnerbrüstchen in Papilloten.   Filets de perdreaux en papillotes.

Man bereitet von Champignons, Schalotten, grüner Petersilie, Trüffeln eine fines herbes, zusammen ungefähr vier Eßlöffel voll, welche man mit vier Eßlöffeln voll rapirtem Speck eine Viertelstunde auf Kohlenfeuer dünstet. Von vier auch fünf Feldhühnern, je nach der Personenzahl, werden die Brüstchen ausgelöst, die Haut abgezogen, gesalzen und mit dieser fines herbes in einem plat à sauter eingerichtet, einige Minuten geschwungen und sodann kalt gestellt. Wenn dies erreicht ist, werden die Feldhühner= brüstchen mit der fines herbes von allen Seiten genau bestrichen, oben und unten ein Speckscheibchen gelegt und sodann in mit feinem Oel be= strichene und nach der Größe der Feldhühnerbrüstchen geschnittene Papier= herzchen eingehüllt (siehe Abschnitt 10, Kalbs=Coteletten). Eine gute Viertelstunde vor der Tafelzeit werden sie auf einem mit Oel bestrichenen Bogen Papier auf den Rost gelegt und bei schwacher Kohlengluth auf beiden Seiten gebraten und vom Roste sogleich zur Tafel gegeben.

975. Feldhühner mit Oliven. Perdrix aux olives.

Hier weise ich auf den vorhergehenden Abschnitt, Fasanen mit Oliven zurück.

976. Gesulztes Feldhühnerbrod. Pain de perdrix à la gelée.

Wird ebenfalls dem gesulzten Fasanenbrod gleich bereitet.

977. Feldhühnerbrüstchen mit Westphälischem Schinken. Filets de perdreaux à la Westphalienne.

Von sechs jungen Feldhühnern werden die Brüstchen ausgelöst und diese zu einem Sauté in klarer frischer Butter eingerichtet. Ebenso werden aus einem Westphälischen Schinken Filets geschnitten, welche genau die Form der Feldhühnerbrüstchen haben, auch diese werden in frischer Butter eines neben das andere eingerichtet. Von den Abgängen wird eine Essenz bereitet und diese mit zwei Anrichtlöffeln voll brauner Sauce, einem Stück Glace und einem Glas Malaga=Wein zu einer gebundenen, klaren, kräftigen Sauce über dem Feuer eingekocht. Einige Minuten vor dem Anrichten werden die Filets und der Schinken gar gemacht, auf ein Tuch zum Entfetten gelegt, au miraton abwechselnd angerichtet, schön glacirt und die Sauce in ihre Mitte gegossen.

978. Gesulzte Feldhühner über einem Fettsockel. Galantine de perdrix en aspic sur socle.

Drei Stück völlig ausgewachsene, junge Feldhühner werden gereinigt, flammirt, mit Vorsicht, daß die äußere Haut nicht beschädigt wird, aus= gebeint und von diesen, den Fasanen gleich, drei gleich große Galantinen bereitet, welche in einem Haartuch netzartig eingebunden, in einer Marinade mit Madeira=Wein weich gekocht und bis zum andern Tage in derselben kalt gestellt werden. Hierzu hat man drei gleich große egale Förmchen nach umstehender Zeichnung; diese werden in gestoßenes Eis gegraben und am Boden 5 Millimeter dick recht klare Aspic eingegossen; die Feld= hühner werden sodann aufgelöst, aus dem Haartuch genommen, nach der Größe der Formen rein zugeschnitten und wenn diese in federkieldicke

Scheibchen der Breite nach durchschnitten und wieder in ihre frühere Form
zusammengeschoben worden sind, werden sie schön mit blonder Glace be=
strichen und in die Förmchen eingelegt, welches aber in der Weise zu
geschehen hat, daß die Feldhühner den Rand der Form nicht berühren.
Sie werden sodann mit Aspic ganz übergossen und an einen kalten Ort
gestellt.   Unterdessen hat man den nach obiger Zeichnung mit Pastillage
elegant dekorirten Fettsockel in eine runde, flache Schüssel gestellt, über
welchen sodann die drei Galantinen mit Vorsicht, in der Form eines
Dreiecks gestürzt werden.   In den mittleren, leeren Raum wird ein
großes und in die Mitte der drei Förmchen jedesmal ein kleineres Attelette,
wie es die beigedruckte Zeichnung darstellt, gesteckt und nachdem außen
herum noch schön geschnittene Aspic=Croutons in zweierlei Farbe garnirt
sind, kann die schöne Pièce zu Tisch gebracht werden.

26. Abschnitt.

Von der Waldschnepfe. De la bécasse.

Daß das Fleisch der Waldschnepfe in der ganzen civilisirten Welt als hohe Delikatesse im ausgebreitetsten Rufe steht, ist allgemein bekannt. Man hält es für ein so leckerhaftes Gericht, daß bei der Zurichtung sogar die Eingeweide, der Magen ausgenommen, beibehalten werden. Obgleich Niemand leugnen wird, daß dem Fleische dieses Vogels ein ganz eigenthümlicher hoher Wohlgeschmack und daneben eine vorzügliche Zartheit beigegeben sei, die ihm vor allem andern Waldgeflügel unbedingt den Vorzug geben, so darf man doch behaupten, daß es hinter dem der Bekassinen weit zurücksteht. Es ist aber auch ein großer Unterschied zwischen fetten und mageren Schnepfen; jene wie sie am öftesten im Herbste vor= kommen, geben häufig einen unvergleichlich schmackhaften Braten, der kaum etwas zu wünschen übrig läßt, während die Frühlingsschnepfe, durch Nahrungsmangel abgemagert, nicht selten ein zähes, trockenes Fleisch hat und auch das Eigenthümliche ihres feinen Geschmackes entbehrt.

979. Gebratene Waldschnepfen. Bécasses rôties.

Nachdem drei bis vier frisch geschossene Waldschnepfen mehrere Tage an einem trockenen, kalten, luftigen Orte aufgehangen waren, werden sie

sammt dem Kopfe rein entfedert, dann über dem Windofen flammirt, mit
einem Tuche rein abgewischt, nochmals nachgeputzt, ausgenommen, die
Augen ausgestochen, die Füße einwärts gebogen, so zwar, daß die Klauen
unter dem Bügel sich befinden und aufrecht stehen; der lange Schnabel
wird durch die beiden Bügel durchgesteckt, die Schnepfe innen und außen
gehörig gesalzen und über die ganze Brust eine Speckscheibe, welche mit
der Messerspitze mehrmals durchstochen ist, gelegt und mit dünnem Bind=
faden darüber gebunden. Die Schnepfen werden an einen kleinen Vogelspieß
gesteckt, welcher an dem großen befestigt wird. Das ganze Eingeweide der
Schnepfen bis auf die Mägen, die weggethan werden, wird fein gehackt,
mit etwas geschabtem Speck, einem Stückchen Butter, fein geschnittenen
Schalotten und Petersilie auf dem Feuer abgeröstet, etwas rother Wein
dazu gegossen, mit welchem man es sodann einkochen läßt. Nach einigem
Erkalten wird das Gelbe von einem Ei, das nöthige Salz, etwas Muskat=
nuß und Pfeffer dazu gethan und dieser Schnepfenkoth auf kleine, in klarer,
frischer Butter gelb geröstete Brodherzchen glatt gestrichen und ihnen eine
hübsche Form gegeben. Eine gute Viertelstunde vor dem Anrichten läßt
man die Schnepfen bei hellem Feuer braten, wo man sehr darauf sehen
muß, daß sie in ihrem vollsten Safte bleiben, denn einige Minuten reichen
hin, dieses zu versäumen, wo sodann dieser köstliche Braten Vieles von
seinem Werthe verlieren würde. Vom Spieße abgelöst, werden die Schnepfen
aufdressirt, sogleich angerichtet, etwas Demi=Glace darunter gegossen und,
nachdem die zuvor in den heißen Ofen gestellten Schnepfen=Croutons
vollkommen durchwärmt sind, werden sie um die Schnepfen garnirt.

980. Salmy von Schnepfen.   Salmis de bécasses.

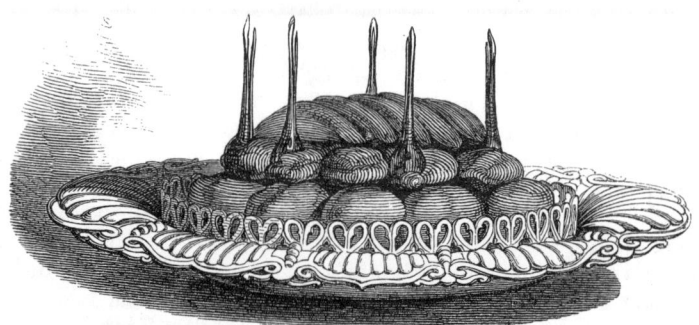

Vier Schnepfen werden nach vorhergehender Angabe am Spieß ge=
braten und, nachdem sie ausgekühlt sind, nach der Regel verschnitten, das
heißt aus der Brust drei Stücke und die Bügel; ebenso wird der Kopf
mit dem Schnabel diesem Ragout beigegeben. Die Haut von den Schnepfen
darf jedoch nicht, wie es bei den Feldhühnern angegeben ist, abgezogen
werden. Alle Abgänge von den Schnepfen werden klein zerstoßen, mit
eingekochter, starker, brauner Sauce gut abgerührt, durch ein Haartuch

gestrichen, in eine Saucen-Casserolle gethan, oben mit etwas Glace begossen, halb zugedeckt und au bain-marie gestellt. Ferner wird aus den Därmen der Schnepfen ein Schnepfenkoth bereitet, wie er bei den gebratenen Schnepfen angegeben ist. Kurz vor dem Anrichten wird etwas rother Wein an die Schnepfen gegossen, diese erwärmt, erhaben auf einer tiefen Schüssel angerichtet, die sehr kräftige, gut affaisonnirte Sauce darüber gegossen und zuletzt mit dem Schnepfenkoth und den Köpfen bekränzt.

981. Escalopes von Schnepfen mit Trüffeln. Escalopes de bécasses aux truffes.

Die sautirten Schnepfenbrüstchen werden, wie sie vom Feuer kommen, jedes dreimal schief durchgeschnitten und in eine Casserolle gethan. In dieselbe Butter werden 280 Gramm in feine Blättchen geschnittene Trüffeln gethan, diese über dem Feuer einige Minuten geschwungen, mit einigen Anrichtlöffeln voll guter, brauner Sauce, wozu die aus den Carcasses der Schnepfen gezogene Essenz mit angewendet wurde, nebst einem Stückchen Glace dazu gegossen, zusammen nochmals aufgekocht und nachdem dieses köstliche Ragout im Geschmacke nichts zu wünschen übrig läßt, wird es sogleich in einer schön gebackenen Brodkruste sehr heiß erhaben angerichtet.

982. Schnepfen-Brod. Pain de bécasses.

Dieses wird ganz dem Feldhühner-Brod gleich, wie es im vorhergehenden Abschnitt genau angegeben ist, bereitet.

983. Püree von Schnepfen. Purée de bécasses à la Polonaise.

Einige Schnepfen werden am Spieß gebraten, nach dem Erkalten wird das Fleisch abgelöst, dieses fein geschnitten, die Knochen werden dann mit guter brauner Sauce ausgekocht, durchgeseiht, das fein geschnittene Fleisch wird nochmals gut verstoßen, mit dieser Sauce heiß verrührt, durch ein Haartuch gestrichen, in eine passende Casserolle gethan, gehörig gesalzen, oben mit etwas Demi-Glace bedeckt und au bain-marie gestellt. Ferner werden zehn bis zwölf Eier poschirt und auch kernweich gekocht und in's

kalte Wasser gelegt. Ebenso werden aus einer gekochten Ochsenzunge die gleiche Zahl Hahnenkämme geschnitten und zugedeckt warm gestellt. Vor dem Anrichten wird das Schnepfen=Püree heiß gerührt, in einer schön geschnittenen und goldgelb gebackenen Brodkruste angerichtet und außen herum die Eier in schöner Ordnung gelegt, zwischen jedes ein Hahnenkamm gesteckt und nachdem das Püree noch mit etwas Demi= Glace beträufelt ist, wird diese Speise sogleich zu Tisch gegeben.

984. Gratin von Schnepfen in einer Reis-Bordure. Gratin de bécasses en bordure de riz.

Einige Schnepfen werden rein gerupft, flammirt, die Köpfe abge= schnitten, die Augen ausgestochen, die Schnäbel etwas abgehauen, mit Butter und Salz abgeröstet und zugedeckt kalt gestellt. Die Schnepfen werden ausgebrochen, die Eingeweide, der Magen ausgenommen, fein ge= schnitten und hiervon ein Schnepfenkoth bereitet, der ebenfalls zugedeckt bei Seite gestellt wird. Aus den Gerippen der Schnepfen wird eine Essenz bereitet und mit dieser nebst guter brauner Sauce eine dickfließende Salmy= Sauce, die in eine passende Casserolle gethan, oben mit etwas Glace über= gossen und warm gestellt wird. Ferner bereitet man aus dem rohen Fleische von zwei anderen Schnepfen mit einer guten fines herbes, die aus Trüf= feln, Champignons, Schalotten und Petersilie besteht und die zusammen ungefähr zwei Eßlöffel voll ausmachen, nebst dem schon bereiteten Schnepfen=

koth eine zarte Farce, mit welcher die von innen gesalzenen Schnepfen gefüllt, dann zusammengerollt, leicht überbunden und gut mit Speck und den nöthigen Kräutern in eine Casserolle eingerichtet, mit etwas Madeira=Sec begossen, in einem Bratofen eine halbe Stunde vor dem Gebrauche gar gemacht werden. Unterdessen hat man 280 Gramm guten Reis rein durchgesucht, gewaschen und mit der nöthigen guten Geflügelbrühe zwei=fingerdick übergossen, gesalzen, mit einer Zwiebel, in die zwei Gewürz=nelken eingedrückt wurden, belegt und auf Kohlenfeuer, ohne darin zu rühren, kurz und weich gedünstet. Eine 9 Centimeter hohe und 4 Centi=meter breite Reifform wird gut mit Krebsbutter ausgestrichen, der Reis ganz heiß mit einem Löffel fest eingedrückt, geebnet und dann auf eine flache, passende Schüssel gestürzt. Die Schnepfen werden herausgenommen, rein entfettet, hievon fingerdicke schräge Stückchen geschnitten, diese in der Mitte der Reisbordure erhaben angerichtet, die Köpfe mit den Schnäbeln in ihre Mitte gesteckt und die kochendheiße, sehr kräftige, dickfließende Salmy=Sauce darüber gegossen.

985. Geblätterte Schnepfenbrüstchen mit Trüffeln in Muscheln. Emincé de bécasses aux truffes en capisantis.

Drei bis vier Schnepfen (man wählt hierzu solche, die etwa zu stark verschossen, folglich für Braten mit gutem Erfolg sich nicht eignen) werden in ihrem Safte am Spieß gebraten und sodann kalt gestellt. Währenddem hat man 140 Gramm gute Perigord=Trüffeln gereinigt, geschält, feinblät=terig geschnitten, mit einem Stückchen Butter und etwas Glace langsam gedünstet und sodann kalt gestellt. Das Fleisch von den Schnepfen wird sauber herausgelöst, die Haut abgezogen, feinblättrig geschnitten und zu den Trüffeln gethan. Die Carcasses der Schnepfen werden klein zerhackt, in eine Casserolle gethan, mit $^5/_{10}$ Liter brauner Sauce und $^3/_{10}$ Liter gutem Fond übergossen, gut ausgekocht, diese Sauce durch ein Haartuch gepreßt, rein entfettet und über dem Windofen zu einer glänzenden, dick=fließenden Sauce eingerührt, gehörig gesalzen, über das Emincé gegossen, dieses durcheinander geschwungen, sodann in Capisantis (Meermuscheln) gefüllt, oben mit etwas fein geriebenem Brode bestreut und dann eine Viertelstunde in einem nicht heißen Backofen wieder erwärmt. Vor dem Anrichten werden diese Muscheln auf eine zierlich gebrochene Serviette ge=stellt und sogleich zu Tisch gegeben.

986. Schnepfen mit Trüffeln gefüllt. Bécasses farcies aux truffes.

Drei schöne Schnepfen werden gut gereinigt und vorsichtig ausge=nommen. 560 Gramm Trüffeln werden geschält, rondirt, die Abfälle mit Schalotten und Petersilie fein geschnitten, die Eingeweide der Schnepfen ohne den Magen werden ebenfalls fein geschnitten, Alles zusammen nebst 280 Gramm fein rapirtem Speck, dem nöthigen Salz und einer Messer=spitze voll feiner Kräuter (fines herbes en poudre) in eine gut schließende Casserolle gethan und eine halbe Stunde auf Kohlenfeuer mit Vorsicht

gedünstet. Mit diesem werden die Schnepfen nach einigem Auskühlen ge=
füllt, zugenäht, schön dressirt mit Speck überbunden und eine halbe Stunde
vor dem Anrichten am Spieß gebraten. Sie werden sodann vom Spieß
genommen, aufdressirt, schön verschnitten, mit den Trüffeln in einer bor=
dirten Schüssel an einer Brod=Croustade erhaben angerichtet und eine recht
kräftige, gut bereitete Trüffel=Sauce darüber gegossen.

987. Fümet von Schnepfen.　Fumet de bécasses.

Drei Schnepfen werden am Spieß gebraten, nachdem sie kalt ge=
worden, wird das Fleisch abgelöst, fein geschnitten, gestoßen und in eine
Casserolle gethan. Die Carcasses der Schnepfen werden klein zerhackt,
mit gutem Fond und etwas brauner Sauce gut ausgekocht, durchgeseiht,
mit dem gestoßenen Fleisch gut verrührt, gehörig gesalzen und durch ein
Haartuch gestrichen. Dieses wird in eine Casserolle gethan, mit dem durch
ein Haartuch gepreßten Gelben von acht bis zehn Eiern in genaue Ver=
bindung gebracht, sodann eine Silber= oder Porzellan=Schale gefüllt und
langsam au bain-marie gekocht. Ehe man dieses Fümet zur Tafel gibt,
werden in klarer, frischer Butter gebackene Brodherzchen herum gelegt und
das Ganze mit etwas Glace beträufelt.

27. Abschnitt.

Von der Sumpfschnepfe. De la bécassine.

Wir kennen drei Gattungen bei uns, die große Sumpfschnepfe, Moosschnepfe, die gemeine Sumpfschnepfe und die kleine Moosschnepfe.

Das Fleisch der Moosschnepfe ist ein überaus zartes, leckerhaft weiches, fettes, oft ganz in leichtflüssiges, gelbweißes Fett eingehülltes, außerordentlich wohlschmeckendes Fleisch und es wird allgemein von den Feinschmeckern für das allerschmackhafteste von sämmtlichem Schnepfen= wildpret oder gar von allem Geflügel gehalten.

Sie werden den Waldschnepfen gleich zubereitet, besonders aber geben sie im Spätherbste, wo sie sehr fett sind, einen ausgezeichneten Braten. Ferner sind die als Gratin zubereiteten Bekassinen ein äußerst liebliches und fein schmeckendes Gericht und ebenso gehören die warmen und kalten Pasteten von diesen Vögeln zu den leckerhaftesten Gerichten der modernen Küche.

28. Abschnitt.

Vom Krammetsvogel (Wachholderdrossel).   De la grive.

Dieser ansehnliche Vogel ist in allen deutschen Ländern unter diesem Namen bekannt; er ist durch seine Farben und Zeichnungen von den übrigen Drosselarten ziemlich auffallend verschieden und wohl nicht mit einer andern Drossel zu verwechseln. Seine Gestalt ist etwas schlank und die Größe zwischen der Sing= und Misteldrossel. Sein Fleisch ist sehr schmackhaft, man schätzt es höher als das der andern Drosseln seines angenehmen, schwach gewürzhaften, etwas bitteren Beigeschmackes wegen, welchen es durch den Genuß der Wachholderbeeren bekommt. Im Früh= jahre, wenn die Beeren mangeln, verliert sich dieser Beigeschmack. Im Spät= herbste, wenn sie recht fett, sind besonders die jungen Vögel äußerst delikat.

988. Gebratene Krammetsvögel.   Grives rôties, ou à la broche.

Die Krammetsvögel werden rein gerupft, die Haut über den Kopf abgezogen, die Augen ausgestochen, der untere Theil des Schnabels abge= schnitten, flammirt, die Gedärme und der Magen bis auf die Leber und das Herzchen herausgenommen, von innen und außen gesalzen, die Füßchen vom Gelenke nach innen eingebogen, das Köpfchen mit dem rechten Füßchen durch die Augenhöhle durchstochen und die Füßchen in einander gesteckt. Sie werden dann mit Speckplatten belegt, diese darüber gebunden, einer neben dem andern an einen Vogelspieß gesteckt, dieser an einen großen fest= gebunden und ungefähr eine Viertelstunde vor dem Anrichten bei hellem Feuer am Spieß gebraten. Sie werden über geröstete Brodschnitten angerichtet.

989. Gratin von Krammetsvögeln. Grives au gratin.

Nachdem zwölf Krammetsvögel gut gereinigt sind, werden sie nach der Regel ausgebrochen, der Magen weggethan, die Gerippe in Butter mit Salz abgeröstet, gestoßen, mit zwei Anrichtlöffeln voll brauner Sauce verrührt, durch ein feines Haarsieb gestrichen und zugedeckt bei Seite gestellt. Sodann bereitet man eine farce cuite, unter welche man das durchgestrichene Püree genau mengt. Die Vögel werden auf ein reines Tuch ausgebreitet, gesalzen, etwas von der Farce darauf gelegt, in die Mitte ein Stück Trüffel gethan und den Vögeln eine oval runde Form gegeben. Der Rest der Farce wird auf eine Schüssel aufgestrichen, die Vögel darüber gelegt, wieder mit Farce überstrichen, mit Speckplatten belegt, mit einer mit Butter bestrichenen Papierscheibe überdeckt und eine halbe Stunde vor dem Anrichten in einem nicht heißen Backofen langsam gebraten. Beim Anrichten wird der Speck abgenommen, das Gratin sehr rein entfettet und mit etwas Trüffel-Sauce übergossen.

990. Krammetsvögel in Papierkästchen. Grives en petites caisses.

Die Krammetsvögel werden den vorhergehenden gleich bereitet, mit ihrer Farce in passende, papierne Kästchen eingefüllt, jedesmal ein Vogel in ein Kästchen. Wenn dies vollendet ist, werden sie auf einen mit Oel bestrichenen Plafond gestellt, jedes oben mit Speckplatten belegt und in einem nicht heißen Backofen langsam gar gebraten. Beim Anrichten werden sie zum Entfetten auf ein Tuch gestellt, jedes in ein reines anderes Kästchen gesteckt, oben mit etwas Demi-Glace übergossen und auf einer flachen Schüssel mit einer gebrochenen Serviette belegt, erhaben angerichtet.

991. Gesulzte Krammetsvögel. Grives en aspic.

Die Krammetsvögel werden wie die vorhergehenden ausgebrochen, gefüllt, im Ofen gar gemacht und sodann kalt gestellt. Unterdessen wird eine runde, glatte Form ins Eis gegraben, federkieldick mit Aspik begossen und nachdem diese gestockt ist, wird eine geschmackvolle Dekoration von Trüffeln, gekochter Ochsenzunge und sautirten Hühnerbrüstchen hineingelegt, mit Aspik wieder ebenso dick übergossen und stocken gelassen. Wenn dies

erreicht ist, werden die unterdessen recht kalt gewordenen, glacirten Krammets=
vögel hineingelegt, dann mit Fleischsulz übergossen und stocken gelassen.
Beim Anrichten wird die Form in warmes Wasser getaucht, auf eine
flache Schüssel gestürzt und die Schüssel selbst auf dem Rande mit Aspik=
Croutons schön garnirt.

992. Pain von Krammetsvögeln. Pain de grives.

Zwölf Krammetsvögel werden am Spieß gebraten und in einem
Mörser zu einem Brei fein gestoßen. $^5/_{10}$ Liter gute braune Sauce wird
mit etwas guter Geflügelbrühe über dem Windofen dick eingekocht, mit
den gestoßenen Krammetsvögeln genau verrührt, heiß durch ein Haartuch
gestrichen, gesalzen, das Gelbe von zwölf Eiern und der festgeschlagene
Schnee von fünf Eiern darunter gerührt und in eine passende, gut mit
klarer, frischer Butter ausgestrichene und am Boden mit gekochten, recht
schwarzen Trüffeln dekorirte Form eingefüllt. Eine halbe Stunde vor
dem Anrichten wird dieses Pain au bain-marie sehr langsam gar gekocht.
Beim Anrichten selbst wird die Form ausgehoben, abgetrocknet, auf eine
tiefe Schüssel gestürzt, sehr langsam aufgehoben, das Pain selbst oben
schön glacirt und eine Demi=Glace darunter gegossen.

993. Warme Krammetsvögel-Pastete. Pâté chaud aux grives.

Fünfzehn bis achtzehn Krammetsvögel werden gerupft, flammirt, rein
geputzt, die Füße bis zum Gelenke abgestutzt, die Haut über den Rücken
der Länge nach eingeschnitten, nach der Regel ausgebrochen, von innen
leicht gesalzen, mit fines herbes en poudre gewürzt und zugedeckt bei Seite
gestellt. Aus dem Gerippe wird der Magen genommen, alles Uebrige
aber klein zerhackt, mit einem Stück frischer Butter in eine Casserolle ein=
gerichtet, gesalzen, über dem Feuer langsam geröstet, fein gestoßen und
dann leicht durch ein feines Haarsieb gestrichen, daß nur die Knochen
zurückbleiben. Dieses Püree wird ebenfalls auch zugedeckt kalt gestellt.
Ferner wird eine farce cuite de veau bereitet (s. Abschnitt 5, von den
Farcen), unter diese wird das Püree der Vögel gethan und im Reibstein
genau verrieben. Die Vögel werden auf einer Serviette ausgebreitet, mit

dieser Farce leicht gefüllt, in die Mitte eines jeden eine kleine Trüffel in die Farce eingedrückt, die Rückhaut zusammengenommen, so daß die Vögel eine runde Form bekommen. Eine passende Pasteten=Form wird mit klarer, frischer Butter gut ausgestrichen, mit Pastetenteig ausgelegt (die Bereitung des Teiges wird im zweiten Theile dieses Buches beschrieben werden), innen ganz mit dünnen Speckplatten ausgelegt, die Pastete halb fingerdick mit der Farce ausgestrichen, die Vögel mit 280 Gramm in Scheibchen geschnittenen Trüffeln, die vorher mit Glace und einem Glas Madeira= See eine Viertelstunde gedünstet haben, schön eingerichtet, oben mit Farce überstrichen, mit Speckplatten überdeckt. Nachdem der vorstehende Rand des Teiges mit Ei bestrichen wurde, wird ein Deckel von Teig darüber gelegt, genau geschlossen, in der Mitte eine Oeffnung in der Größe eines Markstücks ausgestochen, ein zwei Finger hoher Rand darauf gesetzt und nachdem die Pastete oben geschmackvoll mit Teig garnirt und der innere Rand derselben schön gezwickt ist, wird die Pastete mit geschlagenem Ei bestrichen und zwei und eine halbe Stunde in einem mäßig heißen Ofen langsam ge= backen, so zwar, daß sie eine schöne lichtbraune Farbe hat und so mit gutem Erfolg zur Tafel gegeben werden kann. Beim Anrichten wird die Pastete oben innerhalb des Randes aufgeschnitten, der Speck abgenommen, auf eine gebrochene Serviette über einer Schüssel gestellt und mit zwei Anrichtlöffeln voll guter, kräftiger Madeira=Sauce übergossen und so zu Tisch gegeben.

994. Coteletten von Krammetsvögeln. Côtelettes de grives.

Nachdem zwölf Krammetsvögel gerupft, flammirt und ausgenommen sind, werden die Brüstchen ausgelöst, mit dem naßgemachten Messerhefte etwas breit geschlagen, die Haut abgelöst, die rein abgeschabten Beinchen der Füßchen oben eingesteckt, gesalzen, wie die übrigen Coteletten panirt und in klare Butter in einem plat à sauter eingerichtet. Aus den Ge= rippen wird eine Essenz gezogen, welche, nachdem sie gut ausgekocht, ent= fettet und durch eine Serviette geseiht ist, mit einem Stückchen Glace bis zum angenehmsten, kräftigsten Geschmacke eingekocht und au bain-marie warm gestellt wird. Eine Viertelstunde vor dem Anrichten werden die Coteletten goldgelb auf beiden Seiten gebraten, au miraton, die Rippchen nach oben, schön angerichtet und in ihre Mitte die Essenz gegossen.

Ferner erscheinen diese feinen Coteletten als:

995. Coteletten von Krammetsvögeln mit Trüffel-Püree. Côtelettes de grives à la purée de truffes.

996. Coteletten von Krammetsvögeln mit Champignons-Püree. Côtelettes de grives à la purée de champignons.

997. Coteletten von Krammetsvögeln mit Geflügel-Püree. Côtelettes de grives à la purée de volaille.

Die Bereitung der Coteletten bleibt immer die nämliche; die Be= reitung der Pürees ist genau im Abschnitt 4 dieses Buches angegeben.

998. Püree von Krammetsvögeln in einer Brodkruste. Purée
de grives en croustade de pain à la Conti.

Zwölf Krammetsvögel werden am Spieß im Safte gebraten und so=
dann kalt gestellt. Unterdessen werden von drei jungen Hühnern die Filets
ausgelöst, die filets mignons von den größeren getrennt, diese schön mit
recht schwarzen Trüffeln bigarrirt und in klare Butter eingerichtet. Von
den großen Filets wird die Haut abgelöst, sehr fein und schön gespickt
und ebenfalls in einem am Boden mit Speckplatten belegten plat à sauter
eingerichtet und zugedeckt bei Seite gestellt.

⁵/₁₀ Liter gute sauce espagnole werden mit ³/₁₀ Liter guter Fleisch=
Essenz über dem Windofen unter beständigem Rühren dickfließend einge=
kocht, sodann mit den unterdeß recht fein zusammengestoßenen Krammets=
vögeln genau verrührt und kochendheiß durch ein ganz -feines Haarsieb
oder Haartuch gestrichen. Dieses Püree wird gehörig assaisonnirt, in eine
Saucen=Casserolle gethan, oben mit etwas Glace übergossen und au bain-
marie gestellt.

Vor dem Anrichten werden die gespickten Filets schön gar gemacht
und glacirt, die filets mignons werden ebenfalls im letzten Augenblicke
sautirt, das Püree selbst wird bis zum Kochen heiß gemacht, erhaben in
einer schön geschnittenen und goldgelb gebackenen Brodkruste angerichtet, die
gespickten Hühnerbrüstchen in schönster Ordnung darüber und zwischen jedes
ein filet mignon geordnet und nachdem über das Ganze etwas wenig
Demi=Glace gegossen wurde, wird, um demselben ein noch besseres Ansehen

zu geben, ein schönes Attelette (Silberspießchen), woran ein schöner weißer
Hahnenkamm und unter diesem eine große, in Burgunderwein gekochte
Trüffel angesteckt ist, in die Mitte gesteckt, und diese vorzügliche Speise
sogleich zu Tisch gegegeben.

29. Abschnitt.

Von der Wachtel.   De la caille.

Das Fleisch der Wachtel ist sehr zart und saftig, außerordentlich wohlschmeckend und leicht verdaulich und gibt mit Speck und Weintrauben= blättern eingebunden, einen köstlichen Braten.   Sie sind gewöhnlich sehr fett, im Herbste oft so, daß Alles mit dem hellgelben Fett überzogen ist.   Viele Feinschmecker ziehen die gebratene Wachtel der Bekassine vor, wieder andere halten sie für noch wohlschmeckender als das Haselhuhn. Auf jeden Fall ist das Fleisch unbestreitbar unter unsern Federwildarten eines der allerbesten und dem der Rebhühner weit vorzuziehen.   Bei uns kommen sie nicht in größerer Menge auf den Markt, weil die Wachtel nie sehr häufig ist und die Jagdbesitzer die meisten selbst verspeisen. Bei meinem Aufenthalte in Neapel sah ich jeden Tag sie zu Tausenden auf dem Markte; sie werden von der Umgebung Neapels oder auch von der Insel Capri, wo sie besonders häufig sind, gebracht.

999. Gebratene Wachteln.   Cailles à la broche.

Nachdem die nöthige Anzahl Wachteln rein gerupft, flammirt und aus= genommen ist, werden sie mit feinem Salz bestäubt, mit Weinlaub und Speck umwunden, mit Bindfaden überbunden, an dünne Vogelspießchen durch die Lenden angesteckt und dieser an den größeren Bratspieß fest gebunden. Beim Anrichten oder vielmehr wenn die Suppe schon zur Tafel gegeben, werden sie acht bis zehn Minuten bei hellem, starken Feuer gebraten, dann

vom Spieß genommen, der Bindfaden abgenommen, sammt ihrem Ueber=
wurf über geröstete Brodschnitten auf einer Bratenschüssel angerichtet und
etwas Demi=Glace darunter gegossen.

1000. Wachtelbrüstchen nach Lucullus. Filets de cailles
à la Lucullus.

Man bratet fünfzehn schöne Wachteln am Spieß und zwar eine
Viertelstunde vor dem Anrichten. Ebenso schneidet man aus weißem
Mundbrode die gleiche Anzahl herzförmiger Brodkrusten; dieselben werden
ausgehöhlt, in klarer, frischer Butter lichtgelb gebacken, dann mit einem
Trüffel=Püree (siehe Nr. 262) gefüllt und zugedeckt warm gestellt. Beim
Anrichten werden die Wachteln vom Spieß genommen, aufdressirt, mit
einem Schnitt jedes Brüstchen ausgelöst und dann über jede Brodkruste
ein Filet gelegt. In die Mitte der Schüssel wird ein pain de gibier
nach Nr. 888, aber in pyramidenartiger Form bereitet, gestürzt, die
Croutons werden schön herumgelegt, das Pain wie die Brüstchen werden
mit einer guten Madeira=Sauce leicht maskirt und der Rest der Sauce
in einer Saucière extra beigegeben.

1001. Wachteln mit Polenta auf italienische Art. Cailles
à la Polenta à l'Italienne.

Die nöthige Anzahl Wachteln wird den vorhergehenden gleich zum
Braten hergerichtet und an den Spieß gesteckt. 280 Gramm Polenta
wird in $1^5/_{10}$ Liter guter kräftiger Fleischbrühe mit 140 Gramm frischer
Butter, dem nöthigen Salz und etwas Pfeffer eingerührt und auf Kohlen=
feuer zugedeckt gut ausgekocht. Beim Anrichten wird die Polenta mit
280 Gramm geriebenem Parmesankäse untermengt, erhaben auf einer
tiefen Schüssel angerichtet, die gebratenen Wachteln herumgelegt und nach=
dem das Ganze mit etwas Demi=Glace übergossen ist, wird es sogleich
zu Tisch gegeben.

1002. Wachteln à la financière. Cailles à la financière.

Die nöthigen Wachteln werden, nachdem sie entfedert, flammirt, aus=
genommen, gesalzen und schön dressirt sind, zehn Minuten vor dem An=

richten im vollsten Safte am Spieß gebraten und sodann schön glacirt über ein Ragout à la financière (siehe Abschn. 7) angerichtet.

1003. Wachteln auf Jäger-Art.   Cailles au chasseur.

Nachdem die Wachteln entfedert, flammirt und ausgenommen sind, werden sie einfach dressirt, gesalzen und mit Butter, fein geschnittenen Schalotten, Petersilie und Champignons eingerichtet. Eine Viertelstunde vor dem Anrichten werden sie über dem Feuer geschwungen, mit etwas brauner Sauce und einem Glas rothen Wein begossen, ein Stück dunkle Glace dazu gethan, zusammen aufgekocht, rein entfettet, in ihrem besten Wohlgeschmacke erhaben angerichtet und die Sauce darunter gegossen.

1004. Wachteln mit feinen Gemüsen.   Cailles à la jardinière.

Junge gelbe Rüben, weiße Rüben, Blumenkohl und grüne Bohnen, von jedem eine Obertasse voll, werden jedes für sich blanchirt (die gelben und weißen Rüben werden in Form von Oliven ausgebohrt), jedes mit Zucker, einem Stückchen Butter und Fleischbrühe weich und kurz gedünstet. Die grünen Bohnen werden zu Spitzweckchen geschnitten und im gesalzenen, kochenden Wasser recht grün blanchirt, der Blumenkohl wird in kleine Röschen getheilt und diese ebenfalls in gesalzenem Wasser weich gekocht. Unterdessen hat man zwölf auch fünfzehn schöne Wachteln wie die vorher= gehenden sauber zugerichtet, gesalzen und am Spieß gebraten, sodann im Kranze auf einer bordirten Schüssel angerichtet, mit den Gemüsen im schönsten Farbenspiel garnirt und nachdem die Vögel zum besseren Aus= sehen nochmals schön glacirt sind, wird etwas Geflügel=Essenz darunter gegossen und sogleich zu Tisch gegeben. Eine in bester Eigenschaft bereitete sauce suprême (siehe Abschn. 2) wird eigens mitservirt.

1005. Gratin von Wachteln.   Gratin de cailles.

Die Zubereitung dieser sehr beliebten Speise ist ganz dieselbe wie beim Krammetsvogel, und ich weise deshalb auf den vorhergehenden Abschnitt zurück.

1006. Salmy von Wachteln mit Trüffeln und Bordeaux-Wein.   Salmis de cailles aux truffes au vin de Bordeaux.

Diese feine, seltene Speise kann nur bereitet werden, wenn ein großer Vorrath von Vögeln vorhanden und wenn keine Knickerei bei der Küche stattfindet. Dreißig bis vierzig schöne Wachteln werden rein ent= federt, über dem hellbrennenden Windofen leicht flammirt, dann die Brüstchen herausgelöst, die Haut abgezogen und nebst 560 Gramm frischer Perigord= Trüffeln, welche rein gewaschen, geschält und blätterig geschnitten sind, in einem plat à sauter in geklärte, frische Butter eingerichtet, mit einer Papierscheibe bedeckt und kalt gestellt. Einige Schalotten werden geschält und nebst 140 Gramm rohem, klein würfelig geschnittenem Schinken, einigen ganzen Pfefferkörnern, etwas grüner Petersilie in eine tiefe Casserolle gethan, mit einer halben Bouteille Bordeaux=Wein begossen und zugedeckt

auf Kohlenfeuer bis auf einige Eßlöffel voll eingedünstet. Die Gerippe
von den Wachteln werden, nachdem man die Mägen der Vögel weggethan hat, klein zerhackt, dann mit einem Stückchen frischer Butter auf
dem Feuer abgeröstet, sodann $^3/_{10}$ Liter sauce espagnole und eben so
viel gute Geflügel-Essenz dazu gethan, dann eine halbe Stunde zusammen
gekocht, hierauf durch ein Haarsieb über die Schalotten geseiht und an
der Seite des Windofens rein aus Schaum und Fett gekocht. Diese Sauce
wird durch ein reines Haartuch passirt und an bain-marie warm gestellt.
Einige Minuten vor dem Anrichten werden die Wachtelbrüstchen auf dem
Windofen schnell sautirt, alle Butter rein abgegossen, die Sauce dazu gethan, zusammen noch einmal aufgekocht und dann kochendheiß in einer
schönen Brodkruste oder auch auf einer Ragoutschale angerichtet. Das
Volumen der Sauce muß in gutem Verhältniß zu den Filets und Trüffeln
stehen, damit diese erhaben in der Kruste angerichtet werden können.

1007. Wachteln in einer Mirepoix. Cailles à la Mirepoix.

Die Wachteln werden wie zum Braten hergerichtet, jedesmal sechs
Stück an kleine hölzerne Spießchen gesteckt und in nachstehender Kräuter-
Marinade (Mirepoix) in Papier eingehüllt am Spieß gebraten.

Einige Zwiebeln, gelbe Rüben, Petersilienwurzeln, Schalotten, einige
Gewürznelken und Pfefferkörner werden genommen, die Wurzeln werden
rein geputzt, gewaschen, feinblätterig geschnitten und sodann mit 560
Gramm rohem, zu kleinen Würfeln geschnittenen Schinken und eben so
viel geschnittenem, weißen Speck nebst einem Stück frischer Butter auf
dem Feuer so lange geröstet, bis die Wurzeln eine lichtgelbe Farbe erhalten
haben. Mit dieser Mirepoix werden die Wachteln, nachdem sie zuvor
gehörig gesalzen und die Mirepoix kalt geworden ist von allen Seiten belegt,
eingehüllt und sodann in doppelte Bogen weißes Papier, welches gut mit
feinem Provencer-Oel bestrichen wurde, eingewickelt und mit Bindfaden netzartig überbunden. Ein Vogelspieß wird durch das Papier über die hölzernen
Spießchen gesteckt und dieser an einem größeren festgebunden. Eine halbe
Stunde vor dem Anrichten werden sie langsam am Spieß gebraten, sodann
sammt ihrem Ueberwurf zur Tafel gegeben. Eine in bester Eigenschaft
bereitete sauce Italienne (siehe Abschnitt 2) wird extra mitservirt.

Bei fürstlichen Tafeln werden die Wachteln sammt dem Ueberwurf
zum Tranchirtisch gegeben, von dem Haushofmeister das Papier oben
aufgelöst, die Vögel herausgenommen, angerichtet und mit der Sauce
präsentirt. Bei bürgerlichen Tafeln kann diese angenehme Beschäftigung
erst bei Tisch von der Hausfrau vollzogen werden; denn je später diese
so bereiteten Wachteln vor dem Speisen aus ihrer Hülle kommen, desto
mehr gewinnen sie an ihrem eigenthümlichen Geschmacke.

**1008. Wachteln mit feinen Kräutern in Brodkrüstchen. Cailles
aux fines herbes en petites croustades de pain.**

Zwölf bis fünfzehn Wachteln werden, nachdem sie sorgfältig gereinigt

und ganz ausgebeint sind, in der Mitte durchgeschnitten, gesalzen und
in einer fines herbes, die aus fein geschnittener Petersilie, Schalotten,
Champignons und Trüffeln, von jedem ein Eßlöffel voll, besteht, mit
frischer Butter eingerichtet, sodann zugedeckt kalt gestellt. Auß weißem
Mundbrode werden eben so viel kleine, schöne Brodkrusten geschnitten,
in sehr frischer, klarer Butter lichtgelb gebacken und sodann lauwarm
gestellt. Fünf Minuten vor dem Anrichten werden die Wachteln über dem
Feuer schnell gar gemacht, die Butter abgegossen, etwas wenig Demi-
Glace darüber gethan, mit dieser geschwungen, etwas Citronensaft dazu
gedrückt und ganz heiß, jedesmal zwei halbe Vögel in die Brodkrüstchen
gefüllt, diese in schöner Ordnung über eine zierlich zusammengelegte Serviette auf einer Schüssel angerichtet und sogleich zur Tafel gegeben.

30. Abschnitt.

Von der Lerche. De l'alouette.

Wir haben deren in Deutschland fünf Arten, diese sind: die Ringel-lerche, große Lerche, Berglerche, gelbbärtige Lerche, Haubenlerche, Haide-lerche und die Feld=, Korn= oder Saat=Lerche. Unter diesen ist die letztere die nützlichste, denn ihr Fleisch ist sehr wohlschmeckend, zumal im Herbste, wo sie oft so fett sind, daß sie manchem künstlich gemästeten Vogel darin nichts nachgeben. Man verspeist sie zu Tausenden, führt sie deßhalb aus ebenen Gegenden, wo die meisten gefangen werden, in die großen Städte und andere Länder, und sie stehen oft hoch im Preise. Ihrer Größe, Güte und ihres Wohlgeschmacks wegen sind vorzüglich die Leipziger Lerchen berühmt.

1009. Gebratene Lerchen. Alouettes rôties à la broche.

Nachdem die nöthige Anzahl Lerchen rein entfedert, die Köpfchen ab-gezogen, die Augen ausgestochen, der Schnabel und die Füßchen etwas abgestutzt, werden dieselben leicht flammirt, ausgenommen, innen gesalzen, für Braten dressirt und an dünne Vogelspießchen gesteckt, zwischen jeden Vogel kommt jedoch ein viereckiges Stückchen Speck. Fünf Minuten ehe sie zur Tafel kommen, werden sie bei hellem Feuer gebraten, zwei Minuten vor dem Garbraten jedoch werden sie auch von außen gesalzen und mit feingeriebenem Mundbrode bestreut.

Beim Anrichten werden sie, wie sie am Spieße stecken, auf einer Bratenschüssel angerichtet und mit Citronenschnitten bekränzt.

1010. Gratin von Lerchen. Gratin d'alouettes.

Die Lerchen werden, nachdem sie entfedert und flammirt sind, ganz ausgebeint, sodann auf einer Serviette ausgebreitet, mit Salz und Concassé bestreut und mit einer feinen Farce von Gänselebern oder Geflügel, worunter eine Obertasse voll Lerchen-Püree gemischt wurde, gefüllt, den Lerchen wieder eine schöne Form gegeben und im Kranze auf einer mit etwas von derselben Farce bestrichenen Schüssel angerichtet, mit dünnen Speckscheiben bedeckt, in die Mitte ein passendes, abgeriebenes Mundbrod gesteckt und das Gratin eine halbe Stunde vor dem Anrichten in einem mäßig heißen Backofen langsam gebraten. Beim Anrichten wird das Brod aus der Mitte gethan, alles Fett rein abgenommen, das Gratin schön glacirt, und in die Mitte ein Salpikon, aus Trüffeln und Gänselebern bereitet, gefüllt.

(Siehe Abschnitt 7, von den kleinen Ragouts, wo die Salpikons genau angegeben sind.)

1011. Lerchen in Brodkrusten. Alouettes en petites croustades de pain.

Die Lerchen werden den vorhergehenden gleich zubereitet und gefüllt, mit dem Unterschiede jedoch, daß in die Mitte einer jeden Lerche nebst der Farce eine rund geschnittene Trüffel kömmt. Die nöthige Anzahl Brodkrusten werden schön geschnitten, goldgelb gebacken, innen ausgehöhlt, mit Farce ausgestrichen, die Lerchen hineingefüllt, mit Speckscheiben überdeckt und im Ofen langsam gar gemacht. Beim Serviren werden sie schön glacirt, etwas Demi-Glace hineingegossen und auf eine zierlich gebrochene Serviette über eine Schüssel angerichtet.

1012. Lerchen mit Zwiebeln. Alouettes aux gros oignons.

Die Lerchen werden, wie zu einem Gratin, mit einer feinen Farce, wozu die Lebern der Lerchen und noch einige andere Geflügellebern angewendet, jedoch ohne Trüffeln, gefüllt, mit weißem Faden rund zusammengezogen und einige Minuten in Butter steif gedünstet, worauf man sie kalt

stellt. Große, runde, weiße Zwiebeln werden geschält, einige Minuten blan=
chirt, in kaltem Wasser abgekühlt, auf ein Tuch zum Abtropfen gelegt, dann
soweit ausgehöhlt, daß sie die Lerchen mit etwas Farce in sich aufnehmen
können. Die Zwiebeln werden von innen mit etwas erwärmter Farce
ausgestrichen, der Faden aus der Lerche gezogen, diese hineingefüllt, mit
etwas Farce überstrichen, das Köpfchen der Lerche, dem die Augen ausge=
stochen und in die Höhlen etwas Farce gestrichen wurde, oben darüber
gelegt. Die Zwiebeln werden gesalzen, in einer flachen, passenden Casserolle
mit Butter eingerichtet, mit etwas Braise bis zur Hälfte begossen, oben
mit Speckscheiben belegt, mit einer Papierscheibe überdeckt und in einem
mäßig heißen Ofen oder auf Kohlenfeuer langsam gar gedünstet. Beim
Anrichten werden sie behutsam ausgehoben, auf ein Tuch zum Entfetten
gelegt, schön angerichtet, mit blonder Glace bis zum schönsten Ansehen
glacirt und in ihre Mitte eine bündige, kräftige sauce espagnole gegossen.

1013. Geröstete Lerchen. Alouettes passées au lard.

Die Lerchen werden wie zum Braten hergerichtet und zugedeckt kalt
gestellt. 140 Gramm fein geschnittener Speck wird mit zwei Eßlöffeln
voll ebenso geschnittenen Zwiebeln auf dem Feuer, bis die Zwiebeln sich
leicht färben, geröstet, dann werden zwölf Lerchen dazu gethan, mit Salz
und Pfeffer bestreut und bis sie halb gar geworden sind, geröstet, dann
kommen drei Eßlöffel voll geriebenes, weißes Mundbrod dazu und man
röstet sodann die Vögel fort, bis auch das Brod gelb geworden ist. Die
Vögel werden auf eine gut erwärmte Schüssel angerichtet und das Brod
darüber gestreut.

1014. Lerchenbrüstchen mit Trüffeln. Filets d'alouettes aux truffes.

Um für zwölf Personen eine Schüssel anständig serviren zu können,
braucht man 70 bis 80 Lerchen und 560 Gramm frische Trüffeln. Nach=
dem die Lerchen gut gereinigt, flammirt und ausgenommen sind, werden
die Brüstchen ausgeschnitten, von diesen die Haut abgezogen, mit dem naß=
gemachten Messerhefte leicht geklopft und mit den blätterig geschnittenen

Trüffeln in einem plat à sauter mit klarer, frischer Butter eingeschmolzen
und mit einer passenden Papierscheibe gedeckt, bei Seite gestellt. Aus den
Gerippen der Lerchen wird eine Essenz gezogen, welche nachdem sie gut
ausgekocht, rein entfettet, durch eine Serviette geseiht, mit ⁵/₁₀ Liter brauner
Sauce untermengt, mit den Abgängen von Champignons an der Seite
des Windofens langsam gekocht wird, damit der aufsteigende Schaum und
das Fett rein abgenommen werden kann und die Sauce eine glänzende
schöne Farbe bekömmt. Die Sauce wird hierauf in eine flache Casserolle
gegossen und bei immerwährendem Rühren über dem Windofen bis sie sich
vom Löffel spinnt, eingerührt. Sie wird dann gehörig gesalzen, durch ein
Haartuch in eine Saucen-Casserolle gepreßt, oben mit etwas Glace begossen,
damit sie keine Haut ziehen kann, mit einem Deckel halb zugedeckt und au
bain-marie warm gestellt. Einige Minuten ehe die Lerchenbrüstchen zu Tisch
kommen, werden sie über einem hellbrennenden, starken Windofen geschwungen,
die Butter rein abgegossen, die Sauce kochendheiß, in richtigem Verhältniß
zu den Brüstchen und Trüffeln, darüber gegossen, zusammen nochmals aufgekocht und in einer schön geschnittenen und gebackenen Brod- oder Reiskruste erhaben angerichtet. Außen herum werden die Köpfchen der Lerchen,
in deren Augenhöhlen etwas Farce gestrichen und Augen von gelben Rüben
ausgestochen, eingesetzt worden, garnirt. In die Mitte der Brodkruste
kann ein silbernes Attelettchen, woran ein schöner, weißer Hahnenkamm und
unter diesem eine gekochte, große Trüffel angesteckt wurde, eingesteckt
werden, was dem ohnehin feinen Gerichte noch mehr Ansehen verleiht.

　　Es gibt in der modernen, feinen Küche wenig Schüsseln, welche
einem Sauté von Lerchen, Wachteln, Bekassinen, Schnepfen, jungen Feldhühnern mit Trüffeln gleichkommen, denn die Zartheit, der feine Geschmack,
das Saftige dieser Brüstchen, angenehm mit ihrer eigenen Essenz-Sauce
nüancirt und bis zum feinsten Wohlgeschmacke mit Trüffeln gehoben, sind
Gerichte, die für den Kenner nichts zu wünschen übrig lassen, jedoch erfordern sie viel Aufmerksamkeit und Sachkenntniß.

1015. Lerchen in Domino.　Alouettes en domino.

　　Die nöthige Anzahl schöner Lerchen wird ganz ausgebeint, mit einer
feinen Farce gefüllt, gesalzen und in Butter gar gedünstet. Unterdessen
bereitet man aus 280 Gramm Trüffeln, einer in der Braise gekochten
Gansleber, Champignons mit einer kurz gekochten sauce suprême ein
vorzügliches Salpikon (siehe Abschnitt 7), welches kochendheiß in einer
schön bordirten Schüssel angerichtet wird. Die Lerchen, nachdem sie schön
glacirt und mit feingeschnittenen, recht schwarzen Trüffeln gut bestreut
sind, werden darüber gelegt.

1016. Lerchen mit Reis.　Alouettes au riz.

　　Die nöthige Anzahl Lerchen wird ausgebeint, mit einer feinen
Geflügel-Farce gefüllt, wieder zusammengenäht, in eine mit Speckscheiben
belegte Casserolle eingerichtet, gesalzen, mit etwas Geflügel-Braise begossen

und auf Kohlenfeuer weich gedünstet. 280 bis 420 Gramm Reis wird
rein gewaschen, mit der Essenz, die aus den Gerippen der Vögel gezogen
wurde, einem Theil guter Geflügel=Braise und dem nöthigen Salze, dick,
jedoch daß derselbe ganz bleibt, eingekocht, sodann mit 280 Gramm ge=
riebenem Parmesankäse langsam untermengt, erhaben in einer tiefen Schüssel
angerichtet und mit den aus der Braise gehobenen, auf ein Tuch abge=
tropften, von dem Faden befreiten und schön glacirten Lerchen bekränzt.
Etwas gute Demi=Glace wird darunter gegossen.

31. Abschnitt.

Vom Ortolan.   De l'ortolan.

Die Ortolane gehören zu den Zugvögeln und zu dem Geschlechte des Ammers, auch Fettammer genannt. Man trifft sie häufig in Gärten, besäeten Feldern und Weinbergen. Die Ortolane haben dunkle Schwung= und Schwanzfedern, die Brust und der Bauch sind mehrentheils gelbbraun, die Halsfedern aschgrau und der röthliche Schnabel ist fast kegelförmig und stumpf. Als Nahrung liebt er vorzüglich Hirse und Heidekorn und wird hiervon außerordentlich fett. Er ist als Leckerbissen auf feinen Tafeln bekannt und nimmt als Braten einen der ersten Plätze ein; denn sein Fett eignet sich hiezu besonders, indem durch die Einwirkung der Hitze die übermässige Menge desselben schmilzt, das zurückbleibende aber sehr feinschmeckend wird. Sie werden auf dieselbe Weise zubereitet, wie die Lerche und der Krammetsvogel.

32. Abschnitt.

Vom Indian. De la dinde.

Dieses größte unter unserm zahmen Geflügel ist für die Küche von sehr hohem Werthe. Schon wenn es noch jung ist und die Größe eines Huhns hat, dient es uns zu Braten, wie auch zu mehreren feinen Entrées, und so steigt der Werth und die Anwendbarkeit dieser Thiere bis zum Spätherbste, wo sie bei guter Fütterung meistens ausgewachsen sind oder die ihnen eigenthümliche Größe erlangt haben. Daß diese Thiere übrigens, wie alles Geflügel, nicht über ein Jahr alt sein dürfen, wenn sie allgemein anwendbar bleiben sollen, erwähne ich darum, weil ich bemerken muß, daß sie für manche Zubereitungen auch dann noch mit Nutzen zu gebrauchen sind, wenn sie jenes Alter überschritten haben, indem sie zu Galantinen, en Daube, wie auch zur Bereitung der kräftigsten Bouillon zu verwenden sind. Das Hauptzeichen des Alters der Indiane besteht darin, daß bei jungen Thieren die schuppenähnliche Haut der Beine weich, feucht und von grauweißer Farbe ist. Zeigt sich diese dagegen trocken, hornartig und röthlich, so ist dies ein Beweis, daß das Thier über ein Jahr alt sei.

1017. Gebratener Indian.   Dindon rôti.

Der junge, schöne Indian wird, nachdem er einige Tage vorher schon geschlachtet ist, gut gereinigt, flammirt, rein ausgenommen, gesalzen, für Braten dressirt, eine Speckscheibe darüber gebunden, und, je nach seiner Größe, eine Stunde am Spieß im vollsten Safte gebraten. Beim Anrichten wird er vom Spieß genommen, aufdressirt, auf einer langen Schüssel angerichtet und etwas Jüs darunter gegossen.

1018. Indian über einem Ragout Godard.   Dindon à la Godard.

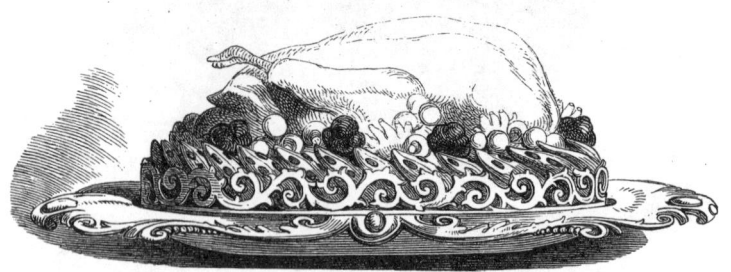

Ein schöner Indian wird gut gereinigt, über der Brust etwas stärker flammirt, rein ausgenommen, das Brustbein herausgethan, schön für Entrée dressirt, die Brust recht schön gespickt und im besten Safte am Spieße gebraten. Beim Anrichten wird derselbe über nachstehendes Ragout Godard angerichtet. Champignons, Trüffeln, Hahnenkämme, gespickte Kalbsbrieschen, Geflügelklößchen und Krebsschweifchen werden, jedes für sich, nach der Regel zubereitet und vor dem Anrichten gar gemacht. Diese Ingredienzen werden jedes einzeln zu kleinen Häufchen, auf einer bordirten Schüssel angerichtet, mit blonder Geflügel-Glace schön glacirt, einige Löffel voll in bester Eigenschaft mit Madeira-Sec bereitete braune Sauce in die Mitte gegossen, der im letzten Augenblick vom Spieß genommene, schön glacirte Indian in die Mitte gelegt und der Rest der Sauce in einer Saucière extra mitgegeben. Ich habe gesehen, daß viele den Indian, nachdem er gespickt ist, dämpfen; allein dieses kann ich, so lange der Indian noch jung ist, nicht gutheißen, denn alles gedämpfte Geflügel verliert Vieles an seinem Werthe, während ein im vollsten Safte am Spieß gebratener, junger Indian über ein solches Ragout zu Tisch gegeben, nichts zu wünschen übrig läßt. Sollte jedoch der Indian schon ein Jahr alt sein, dann ist es besser, ihn zu dämpfen, welches auf nachstehende Weise geschehen muß. Nachdem der Indian schön dressirt und gespickt ist, wird er von allen Seiten gesalzen in eine mit Speckscheiben belegte, gutschließende Casserolle eingerichtet, mit zwei gelben Rüben, zwei großen Zwiebeln, einem Lorbeerblatt, einigen Pfefferkörnern und einer Gewürznelke gewürzt, mit einer halben Bouteille Madeira und etwas Geflügelbrühe genäßt und so auf Kohlenfeuer langsam weich gedünstet. Beim Anrichten wird der Indian ausgehoben, aufdressirt und einige Minuten in einen Bratofen gestellt, damit der Speck Farbe nimmt und glacirt werden kann. Die sehr rein entfettete Essenz wird zur Sauce verwendet.

1019. Galantine von Indian. Galantine de dinde.

Der völlig ausgewachsene Indian wird nach dem Rupfen leicht flammirt, nochmals rein nachgeputzt, mit einem trockenen Tuche abgewischt, die Füße bis ans Knie und die Flügel bis zum ersten Gelenke abgehauen, die Haut am Rücken der Länge nach aufgeschnitten und das ganze Gerippe aus dem Fleisch gelöst, welches mit vieler Vorsicht, damit die Haut nicht durch ein Loch beschädigt wird, geschehen muß. Der Indian wird sodann auf ein reines Tuch ausgebreitet, alle Sehnen aus den Schlegeln herausgenommen, die erhöhten Theile des Fleisches mit einem scharfen Messer flach abgeschnitten und die Vertiefungen wo kein Fleisch ist, damit ausgefüllt, so zwar, daß das Fleisch ganz flach und gleichmäßig vertheilt ist. Ferner werden 1 Kilo 120 Gramm Kalb- und 1 Kilo 120 Gramm Schweinefleisch aus der Haut und Sehnen gelöst und nebst 1 Kilo 400 Gramm weißem Luftspeck sehr fein geschnitten, sodann gehörig gesalzen, mit zwei Kaffeelöffeln voll dürren Kräutern (quatre épices, siehe Abschnitt 3) angenehm gewürzt und im Reibstein zart gerieben und gestoßen. Der Indian wird innen gehörig mit gewürztem Salz bestreut, fingerdick mit der Farce eben überstrichen, über diese der Länge nach halb fingerdicke Streifen von Speck, Trüffeln, gekochter Ochsenzunge und abgezogenen Pistazien gelegt, diese leicht in die Farce eingedrückt, dann wieder stark fingerdick mit der Farce überstrichen, nochmals Streifen von Speck, Trüffeln, Zunge und Pistazien und so wird fortgefahren bis der Indian reichlich gefüllt ist. Die Haut wird zusammengenommen, der Länge nach gut zugenäht, die Brust mit Citronensaft gut eingerieben, der Indian auch von außen gesalzen, mit Speckplatten überlegt, in eine mit Butter bestrichene, reine, geruchlose Serviette fest eingerollt, die beiden Enden hinaufgeschlagen und mit Bindfaden fest netzartig eingeschnürt, wo man darauf sehen muß, daß der Indian eine schöne, gleichmäßig dicke Form erhält. Er wird in ein passendes Geschirr gelegt, das klein zerhackte Gerippe, der Kragen, der gebrühte, gut gereinigte Kopf wie auch die Füße und die Flügel werden nebst einem Stück derben Rindfleisch und einem Kalbs-Jarret beigegeben, gesalzen, mit Zwiebeln, gelben Rüben, Petersilie, Lorbeerblatt, einigen Gewürznelken und Pfefferkörnern gewürzt, 1 Liter ordinärem, weißem Wein und fetter Fleischbrühe übergossen und so auf Kohlenfeuer sehr langsam weich gekocht, was bei einem völlig ausgewachsenen Indian zwei bis drei Stunden dauern kann. Eine Probe des Garseins besteht darin, wenn man mit einer Dressirnadel den Indian durchsticht; wenn sich derselbe mit der Nadel aufheben läßt und diese stecken bleibt, so ist er noch nicht weich, läßt sich aber die durchgestochene Nadel wieder leicht herausziehen, ohne den Indian mit aufzuheben, so ist er gehörig weich. Die Galantine wird sammt ihrem Sude über Nacht an einen kalten Ort gestellt, am andern Tage vorsichtig herausgehoben, aus der Serviette genommen, alles

Fett abgelöst, der Bindfaden herausgezogen, sauber zugeschnitten von allen
Seiten schön mit Glace bestrichen und auf einer langen Schüssel über
gehackte Fleischsulz gelegt; außenherum wird dieselbe mit schön geschnittenen
Aspikschnitten bekränzt, was dem Ganzen ein reiches Ansehen gibt.

Bei großen Tafeln und Bällen, wo Büffets sind, werden solche Ga=
lantinen mit dem schönsten Erfolge über Fettsockel gelegt und mit schönen
Atteletten geschmackvoll besteckt. Zu bemerken ist noch, daß die Essenz, wo=
rin die Galantine gesotten wurde, zu der Fleischsulz verwendet wird.

1020. Junger Indian nach Palatine.   Dindonneau à la Palatine.

Nachdem ein schöner, junger Indian flammirt, rein geputzt und wie
zu einem Galantine ganz ausgebrochen (ausgebeint) ist, werden die Brüste
herausgenommen von diesen die Haut und die Nerven abgelöst, und von
denselben zwölf Stück schöne, gleiche Escalopes geschnitten, welche man in
einem plat à sauter in klarer Butter einrichtet, leicht salzt, mit einer passen=
den, mit Butter bestrichenen Papierscheibe deckt und kalt stellt. Das Fleisch
von den Schlegeln wird ebenfalls herausgeschnitten, über einem Brett rein
aus dem Nervigen geschält, dann mit eben so viel weißem Luftspeck, der
Indianleber, zwei Eßlöffeln voll fines herbes, Salz und geriebener Mus=
katnuß zusammen fein gewiegt. Nachdem nun dieses recht fein gestoßen
ist, gibt man die Farce in eine irdene Schüssel, rührt noch das Gelbe
von drei rohen Eiern darunter, wie auch etwas kleinwürfelig geschnittenen,
gekochten Schinken und ebenso viel gekochte Trüffeln. Der ausgebeinte
Indian wird nun in ein Tuch gelegt, von innen gesalzen und die Farce
hineingegeben, die Haut darüber genommen und zu einem runden Stück
zusammengenäht, welches man dann etwas flach drückt und in eine passende,
am Boden mit Speckscheiben belegte Casserolle einrichtet. Das Ganze
wird nun auch von außen leicht gesalzen, mit Speckscheiben gedeckt, bis
zur Hälfte mit einer guten, gewürzhaften Marinade genäßt, oben leicht
beschwert, damit es eine flache Form behält, und so eine und eine halbe
Stunde im Bratofen gar gedünstet. Beim Anrichten wird der so gefüllte
Indian herausgenommen, auf einen Deckel gelegt, aufdressirt, sauber rund
zugeschnitten und dann in zwölf gleiche Stücke getheilt. Das Ganze
wird hierauf in seine frühere Form wieder zusammengeschoben und in
eine passende Schüssel gelegt. Die Bruchstücke des Indians werden als=
dann schnell sautirt, die Butter davon abgegossen und eine Obertasse voll
sauce allemande darüber gegossen, dann mit eben so viel Escalopes von
gedünsteten Gansleberstückchen abwechselnd um den gefüllten Indian schön
garnirt. Hierauf wird über den Indian ein Bouquet von Consommé
gedünsteten, glacirten Kastanien geordnet, etwas Demi=Glace darüber
gegossen und der Rest der sauce allemande extra beigegeben.

1021. Indian mit Trüffeln gefüllt.   Dindon farci aux truffes.

Der gut gemästete, völlig ausgewachsene, noch nicht ein Jahr alte
Indian wird abgestochen, warm gerupft, über dem hellbrennenden Windofen

flammirt, mit einem Messer von innen das Brustbein gespalten, behut=
sam ausgelöst, oben ausgenommen und nachdem er nochmals von allen
Stoppeln gut gereinigt ist, wird er noch warm mit Trüffeln auf folgende
Weise gefüllt. 1 Kilo 680 Gramm schöne Trüffeln werden gereinigt,
sehr dünn abgeschält, dann nochmals rondirt und diese Abgänge, jedoch
ohne die äußeren Schalen, werden fein geschnitten und sammt den
Trüffeln nebst dem nöthigen Salze, etwas feinen Kräutern (quatre épices)
und 560 Gramm fein rapirtem Speck in einer gutschließenden Casserolle
eine Viertelstunde lang über dem Feuer gedünstet; wenn sie kalt ge=
worden sind, werden diese Trüffeln in den Indian gefüllt, dieser schön
nach der Regel dressirt, die Brust mit Speckplatten bedeckt, mit Bind=
faden überbunden und so in diesem Zustande zehn bis vierzehn Tage an
einem kalten, luftigen Orte aufgehangen. Der frisch abgeschlachtete, noch
im warmen Zustande mit Trüffeln gefüllte Indian wird während dieser
Zeit ganz mit dem Aroma der Trüffeln durchdrungen und dabei sehr
mürbe geworden sein. Den Tag, an welchem er zur Tafel gegeben werden
soll, wird derselbe in doppelt zusammengelegte, mit Butter bestrichene
Bogen weißes Papier eingehüllt, dann der Länge nach mit einem kleinen
Spieß durchstochen, dieser an einem großen befestigt und so zwei Stunden
langsam bei Kohlengluth gebraten. Kurz vor dem Anrichten wird er
vom Spieß gethan, die Papierhülle abgenommen, aufdressirt, auf einer
langen Schüssel angerichtet, etwas Jüs darunter gegossen und zu Tisch
gegeben. Eine in bester Eigenschaft mit Madeira=Wein bereitete Trüffel=
Sauce wird extra beigegeben.

1022. Briosch von Indian. Dindon en brioche.

Nachdem ein Indian am Spieß gebraten und wieder kalt geworden
ist, werden die Brüste ausgelöst, die Haut davon abgezogen, aus den Filets
schöne Stückchen geschnitten und die Abfälle wie auch das Fleisch der
Schlegel sehr fein geschnitten. Unterdessen werden drei Mundbrode ab=
gerieben, in vier Theile getheilt, in Milch geweicht, ausgedrückt, mit
280 Gramm frischer Butter auf dem Feuer abgerührt, sodann mit dem
fein geschnittenen Fleisch und sechs abgezogenen Mandeln im Mörser ge=
stoßen, dann durch ein Haarsieb gestrichen und in einer irdenen Schüssel
mit dem Gelben von zehn Eiern, drei Anrichtlöffeln sauce béchamel,
dem nöthigen Salze und etwas geriebener Muskatnuß eine halbe Stunde
gerührt. Sodann wird von dem Weißen der zehn Eier ein fester Schnee
geschlagen, dieser langsam darunter gerührt und hievon auf einer flachen,
mit Butter bestrichenen Schüssel ein Briosch dressirt, in dessen Mitte die
geschnittenen Indianbrüstchen eingehüllt werden. Das Ganze wird mit
abgeschlagenen Eiern bestrichen, außen ein Papierstreif herumgesetzt, da=
mit es erhaben bleibt und eine Stunde vor dem Anrichten in einem
nicht heißen Ofen langsam in lichtbrauner Farbe gebacken. Beim An=
richten wird etwas gute Geflügel=Essenz extra beigegeben.

1023. Indian auf englische Art.   Dindon à l'Anglaise.

Der gut gereinigte Indian wird schön dressirt, in einer weißen Braise (siehe Abschnitt 3) eingerichtet und auf Kohlenfeuer sehr langsam weich gekocht. Unterdessen werden zwölf abgedrehte gelbe Rüben, eben so viele und in gleicher Form geschnittene, weiße Rüben in gesalzenem Wasser mit einem Stück frischer Butter weich gekocht, ferner werden zehn Stück große, weiße Zwiebeln, acht Stück Blumenkohl, jedes für sich abgekocht und bei Seite gestellt. Beim Anrichten wird der Indian ausgehoben, auf ein Tuch zum Entfetten gelegt, aufdressirt, auf eine passende Schüssel angerichtet, mit den Gemüsen geschmackvoll bekränzt, etwas Geflügelbrühe darunter gegossen und eine Butter-Sauce extra beigegeben.

1024. Indianbrüste mit braunem Ragout.   Filets de dindon à la financière.

Ein schöner, noch junger Indian wird, nachdem er sehr rein geputzt, flammirt und dressirt ist, über der ganzen Brust fein gespickt und eine Stunde vor dem Anrichten im vollsten Safte am Spieße gebraten. Beim Anrichten selbst wird ein Ragout à la financière erhaben in einer schön bordirten Schüssel angerichtet, der Indian vom Spieß genommen, die Brüste in ihrer ganzen Größe behutsam ausgelöst, schön glacirt und über das Ragout gelegt. Ferner erscheinen die auf diese Weise bereiteten Indianbrüste auf folgende Art.

1025. Indianbrüste nach Pompadour.   Filets de dindon à la Pompadour.

Von zwei kleinen Indianen werden die Brüste schön ausgelöst und die filets mignons herausgenommen. Von den großen Brüsten wird die Haut abgezogen, hiernach werden dieselben der Länge nach mit schönem, weißem Speck fein gespickt, in eine passende, am Boden mit Speckscheiben belegte Casserolle geordnet, bis zur Hälfte mit einer guten Braise begossen und nach der Regel weich braisirt. Von den filets mignons wird das feine Häutchen und die Sehne herausgelöst, dann werden dieselben mit dem naßgemachten Messerhefte etwas breit geschlagen, in klare Butter eingerichtet und mit einer schönen Zeichnung aus schwarzen, mit kleinen, blechernen Models ausgestochenen Trüffeln garnirt; das Auflegen geschieht mittelst

Eiweiß, indem man die untere Seite jeder Trüffel in geschlagenes Eiweiß taucht und so über die Filets legt. Diese Filets werden dann mit zerlassener Butter übergossen und bis zum Gebrauche kalt gestellt. Ebenso bereitet man einen Teller voll sogenannter Wassernudeln, welche, wenn sie abgekocht sind, abgegossen und in frischer Butter geschwungen werden. Ferner schneidet man aus weißem Mundbrode eine in die zum Anrichten bestimmte Schüssel genau passende, viereckige Brodkruste von ungefähr 6 Centimeter Höhe, welche, nachdem dieselbe in Schmalz lichtgelb gebacken ist, mit einem Gemisch von Mehl und Eierklar unten bestrichen und in der Schüssel befestigt wird. Um diese Kruste herum wird eine Nudelbordüre aufgesetzt.

Beim Anrichten werden die Nudeln sehr heiß über die Brodkruste erhaben gegeben, dann jedes der großen Filets der Quere in drei gleiche Theile geschnitten, wieder zusammengenommen und, die Spitzen nach oben gekehrt, an den vier Ecken über die Nudeln gelegt; die filets mignons werden sautirt und zwischen die großen Filets geordnet, wodurch das Ganze ein schönes Ansehen bekommt. Zuletzt werden unten herum schöne Geflügelnocken angebracht, das Ganze schön glacirt, etwas Demi-Glace darunter gegossen und mit einer sauce espagnole, welcher man eine Julienne von Trüffeln beigefügt hat, zu Tisch gegeben. Um das Ansehen dieses schönen Entrées noch zu erhöhen, wird in die Mitte ein Attelette mit einer Trüffel und einem Hahnenkamm gesteckt.

1026. Junger Indian nach Montorgeuil. Dindonneau à la Montorgeuil.

Ein schöner, zarter Indian wird rein ausgenommen, dressirt, in eine passende Casserolle gethan und eine und eine halbe Stunde in einer guten Braise, nach Nr. 253 bereitet, weich gesotten. Während dieser Zeit bereitet man aus dem Brustfleische von zwei alten Hühnern eine Farce (siehe Nr. 280), in welche man sechs Stück frische, rein abgeschälte, gestoßene und durch ein feines Haarsieb passirte Perigord-Trüffeln rührt. Diese Farce wird in eine mit Butter ausgestrichene Bordüre-Form (moule à la bordure) gefüllt und, nachdem die Form über einem zusammengelegten Tuch mehrmals aufgestoßen, au bain-marie gar gemacht. Beim Anrichten wird der Indian ausgehoben, aufdressirt, schön tranchirt, in einen plat à sauter gelegt und mit einer sauce suprême (siehe Nr. 174) begossen. Die Bordüre wird dann in eine passende Schüssel gestürzt, glacirt und außen herum mit kleinen, runden Trüffeln, welche in Madeira-Wein mit etwas Glace gedünstet wurden, belegt. Die Indianstücke werden nun, und zwar die Schlegel nach unten, die weißen Bruststücke nach oben, erhaben hineingelegt und mit einem Theil der Sauce begossen. Der Rest der Sauce wird in einer Saucière extra beigegeben.

1027. Junger Indian nach Nothan. Dindonneau à la Nothan.

Ein zarter, schöner, junger Indian wird den vorhergehenden gleich braisirt, ebenso schön tranchirt und pyramidenartig in eine hübsch bordirte Schüssel angerichtet; zwischen den Stücken garnirt oder legt man schöne, weiße Hahnenkämme und übergießt das Ganze mit einer Demi=Glace, unter welche man zuvor zwei Eßlöffel voll beurre à la maître d'hôtel (siehe Nr. 251) und einige Löffel voll sauce suprême gerührt hat. Unten herum garnirt man zwölf schöne, runde Scheiben schwarzer Trüffeln und eben so viel runde Stücke gekochte Ochsenzunge. Der Rest der Sauce wird extra mitservirt.

1028. Indianbrüste mit einem Ragout Montglas. Filets de dindon à la Montglas.

1029. Indianbrüste mit einem Ragout Chipolata. Filets de dindon à la Chipolata.

1030. Indianbrüste mit einem Püree von Krammetsvögeln. Filets de dindon à la purée de grives.

1031. Indianbrüste mit kleinen Gemüsen. Filets de dindon à la jardinière ou à la Macédoine.

Die kleinen Ragout 1028, 1029 und 1031 sind im Abschnitt 7, das Püree von Krammetsvögeln im Abschnitt 4 genau angegeben, die Bereitung der Indianbrüste bleibt stets dieselbe.

1032. Indian-Schlegel auf dem Roste. Cuisses de dindon grillées.

Die von den vorhergehenden Gerichten in Rest gebliebenen Indian= schlegel werden leicht eingeschnitten, mit Pfeffer und Salz bestäubt, in zerlassene Butter getaucht, langsam auf dem Roste gebraten und entweder mit einer mit Citronensaft angenehm gesäuerten, kräftigen Jüs, wie auch mit einer Pfeffer=Sauce oder mit einer Sauce Robert gegeben.

1033. Indianbrüste mit Trüffeln gespickt. Filets de dindon à la Saint-Cloud.

Die Brust eines dressirten, recht schönen jungen Indians wird mit nagelförmig, halb fingerdicken und 3 Centimeter langen Stückchen aus vorher gekochten, recht schwarzen Trüffeln gleichförmig gespickt, so zwar, daß diese etwas vorstehen, der Indian gut mit Speckplatten überbunden und in einer guten, weißen Braise auf Kohlenfeuer sehr langsam weich gesotten. Beim Anrichten wird der Indian ausgehoben, die Brüste sorgfältig, daß sie schön ganz bleiben, ausgelöst, die Haut davon, daß die Trüffeln nicht heraus= fallen, langsam abgezogen, sodann mit Geflügel=Glace schön glacirt und über ein recht gut mit sauce suprême bereitetes Trüffel=Ragout angerichtet.

1034. Indianbrüste mit einem Ragout Toulouse. Filets de dindon à la Toulouse.

Der Indian wird dem vorhergehenden gleich in der Braise gesotten jedoch ohne daß derselbe mit Trüffeln gespickt wurde. Beim Anrichten werden die Brüste aus dem Indian gelöst, sauber zugeschnitten und über ein recht gut bereitetes ragoût à la Toulouse (siehe Abschnitt 7) angerichtet.

1035. Indianbrüste mit Krebs-Ragout. Filet de dindon à la Cardinal.

Die Indianbrüste werden den vorhergehenden gleich aus dem braisirten Indian gelöst und über nachstehendes Krebs-Salpikon angerichtet. Fünfzig Stück Krebse werden abgekocht, die Schweifchen ausgebrochen, zugeputzt und zugedeckt bei Seite gestellt. Aus den Schalen wird eine Krebsbutter recht hochroth bereitet und hiervon mit zwei Kochlöffeln voll Mehl, 1 Liter süßem Rahm und Geflügel-Essenz eine gute, dickfließende Krebs-Sauce bereitet, welche im genauen Volumen zu den Krebsschweifchen gegossen, so daß man hiervon ein gutes Krebs-Ragout erhält, welches als Unterlage zu den oben bezeichneten Indianbrüsten dient.

1036. Pain von Indian mit weißem Ragout. Pain de dindon au ragoût mêlé.

Hierzu kann auch ein Indian verwendet werden, der schon über ein Jahr alt, folglich sich für vorhergehendes Ragout wie auch für Braten nicht mehr eignet. Aus demselben werden, nachdem er in der Braise weich gekocht (welches gewöhnlich einen Tag vorher geschieht) und darin kalt geworden ist, die Brüste ausgelöst, die Haut davon abgezogen und ganz fein auf dem Schneidebrett zu einem Hachis geschnitten, welches sodann mit einigen abgekochten Mandeln zart gestoßen und zugedeckt bei Seite gestellt wird. Die Braise, worin der Indian abgekocht wurde, wird erwärmt, durch ein Haarsieb geseiht, sehr rein entfettet und dann nochmals durch eine Serviette passirt. Hierauf läßt man 140 Gramm frische Butter in einer Casserolle heiß werden, gibt vier Kochlöffel voll Mehl dazu, röstet dies einige Minuten auf schwachem Feuer, rührt dann 2 Liter vorher abgekochten, guten süßen Rahm wie auch die Essenz von dem Indian nach und nach hinzu und rührt dies auf dem Windofen unter anhaltendem festen Rühren zu einer dickfließenden, gut ausgekochten Sauce ab. Das fein geschnittene Indianfleisch wird mit der Sauce in dem Reibstein gut verrieben, das Gelbe von zwölf Eiern dazu geschlagen, die Masse gehörig gesalzen und sodann durch ein Haartuch gestrichen. Eine Cylinder-Form wird mit klarer frischer Butter ausgestrichen, auf den Boden ein Papier eingelegt, dieses wieder mit Butter bestrichen und auf diesem, wie auch an der Seite der Form, eine schöne Garnitur von schwarzen Trüffeln und gekochter Ochsenzunge eingelegt. Die Masse wird, daß sich das Eingelegte nicht verschiebt, behutsam eingefüllt und eine Stunde vor dem Anrichten sehr langsam im Dunste, welches mit Aufmerksamkeit geschehen muß, gekocht. Einige Minuten vor dem Anrichten wird das Pain auf eine flache Schüssel gestürzt und in die Mitte ein Kleinragout von Trüffeln, Hahnenkämmen, Hahnennierchen mit einer sauce suprême zubereitet, gefüllt.

Ferner kann dieses Pain von Indian, nachdem es gestürzt ist, auch mit einer sauce suprême, mit einer schönen, rothen Krebs-Sauce wie auch mit einer Trüffel-Sauce übergossen werden, wo natürlich die Verzierungen und das Klein-Ragout weggelassen werden.

1037. Hachis von Indian mit Eiern. Hachis de dinde aux oeufs.

Von dem am Spieß gebratenen, kalt gewordenen Indian wird das weiße Fleisch abgelöst und ganz fein geschnitten. Ferner werden $^5/_{10}$ Liter weiße Sauce mit $^5/_{10}$ Liter gutem, süßen Rahm und der aus den Ab-gängen gezogenen, rein entfetteten Essenz zu einer dickfließenden Sauce eingekocht, welche mit dem fein geschnittenen Fleisch gut heiß verrührt, gehörig gesalzen, erhaben angerichtet, mit poschirten Eiern bekränzt und heiß zu Tisch gegeben wird.

1038. Blanquette von Indian. Blanquette de dindon.

Alle unter diesem Namen bezeichneten Gerichte bestehen aus am Spieß gebratenem Fleisch oder Geflügel, welches nach dem Erkalten ausgelöst, die Haut davon abgezogen und feinblätterig geschnitten wird. In der Regel werden hierzu nur die unberührten Reste des von der Tafel übrig ge-bliebenen Indian-Bratens verwendet, wovon jedoch nur das weiße Fleisch genommen werden darf. Dieses wird von aller Haut befreit, blätterig geschnitten und nebst einem Theil in Butter eingeschmolzenen ebenso ge-schnittenen Champignons untermengt, mit legirter, kräftiger Sauce begossen, mit etwas Citronensaft und Glace im Geschmack gehoben, durcheinander geschwungen und auf einer tiefen Schüssel mit Butterteigschnitten (Fleurons) bekränzt oder in einem Reisstreif (bordure de riz), auch in einer Butter-teig-Pastete (vol au vent), wie auch in Muscheln erhaben angerichtet.

1039. Silberspießchen von Indianbrüstchen mit Trüffeln. Attelettes de dindon aux truffes.

Von einem am Spieß gebratenen Indian werden die Brüste aus-gelöst und von diesen 3 Centimeter große, viereckige Stückchen geschnitten. Ferner werden sechs bis acht Stück große Trüffeln in Champagner-Wein gekocht, diese blätterig und ebenso viereckig geschnitten. Ferner wird eine sauce aux attelettes, wozu die Trüffel-Essenz verwendet wird, bereitet. Es wird nun an Silberspießchen ein Stückchen Indianfleisch, dann ein Stückchen Trüffel gesteckt und so fortgefahren bis jedes Spießchen 6 Centi-meter lang geworden ist, sie werden dann von allen Seiten mit der Sauce glatt bestrichen, mit fein geriebenem Mundbrode von allen Seiten bestreut und in zerlassene frische Butter getaucht und nochmals mit Brod besät. Wenn die nöthige Anzahl solcher Spießchen vollendet sind, werden sie von allen Seiten leicht glatt gedrückt und eine halbe Stunde vor dem Anrichten bei schwacher Gluth auf einem mit Butter bestrichenen Bogen Papier auf dem Roste auf allen vier Seiten schön lichtbraun gebraten und so vom Roste auf eine schön zusammengelegte Serviette angerichtet.

1040. Indianbrüstchen an Silberspießchen mit Fleischsulz.
Attelettes de dindon en aspic.

Hiezu hat man von weißem Blech 9 Centimeter lange und 4 Centi=
meter tiefe, gezackte, viereckige Förmchen, welche unten und oben bis zur
Hälfte einen Einschnitt haben, in welchen die Silberspießchen gelegt werden
können. Nachdem abwechselnd ein Indianstückchen, dann ein Trüffel=
blättchen, sodann ein ebenso geschnittenes Blättchen von gekochter, recht
rother Pökelzunge bis zu der gehörigen Länge gesteckt sind, werden die
Spießchen in den Einschnitt der Förmchen eingelegt, die Oeffnung mit
Butter bestrichen, dann über gestampftes Eis gestellt und sodann mit
recht klarer kräftiger Aspic gefüllt und stocken gelassen. Beim Anrichten
werden die Förmchen in's lauwarme Wasser getaucht und recht schön auf
einer Schüssel, die vorher mit Aspic bis zum ersten Rande angefüllt und
wieder gestockt ist, angerichtet.

1041. Indianflügel mit gemischtem Ragout. Ailerons de dindon en ragoût mêlé.

Diese Gerichte können nur gegeben werden, wenn mehrere Indiane auf einmal gebraucht und die Flügel abgehauen werden können.

Nachdem fünfzehn solcher Flügel rein geputzt sind, werden die Knochen bis zum ersten Gelenke ausgebrochen, dann blanchirt und in einer Braise weich gekocht. Ferner werden drei Paar Kalbsmilchner schön weiß gewässert, blanchirt, in frischem Wasser abgekühlt, hievon gleich große Stücke geschnitten und in Butter, Citronensaft und Salz weich gedünstet; ebenso werden die Lebern von den Indianen blanchirt, in frischem Wasser abgekühlt und hievon ebensolche Stückchen geschnitten. Champignons werden nach der Regel mit Butter und Citronensaft eingedämpft, wie auch ungefähr zwölf bis fünfzehn Geflügelnocken dressirt und blanchirt. Diese Ingredienzen werden auf ein Tuch zum Entfetten gelegt und dann mit der nöthigen sehr gut bereiteten sauce fricassée in einer Casserolle übergossen und au bain-marie warm gestellt. Beim Anrichten werden die Indianflügel aus der Braise auf ein Tuch zum Entfetten gelegt, das Ragout kochendheiß gemacht, in eine Ragoutschale oder auch in eine Butterteigkruste angerichtet und die Indianflügel dazwischen und darüber angerichtet.

1042. Indian-Knödel auf Toulouser Art. Quenelles de dindon à la Toulouse.

Aus dem weißen Brustfleische eines alten, nicht mehr zum Braten sich eignenden Indians bereitet man eine zarte, aber haltbare Farce (siehe Nr. 280), von welcher eiergroße ovale Knödel geformt werden. Diese Knödel werden in einem mit Butter ausgestrichenen plat à sauter nebeneinander eingesetzt, dann werden sechs davon mit geschnittenen, schwarzen Trüffeln und sechs mit gekochter, rother Ochsenzunge in der Weise zierlich gespickt, als wenn solches mit Speck geschehen wäre, hierauf werden sie mit einer runden, mit Butter bestrichenen Papierscheibe bedeckt und kalt gestellt. Unterdessen bereitet man ein Ragout à la Toulouse (siehe Nr. 312), welches man au bain-marie warm stellt. Ferner schneidet man eine schöne passende Brodkruste, welche im Schmalz lichtgelb gebacken, über eine passende Schüssel befestigt und warm gestellt wird. Kurz vor dem Anrichten wird das Ragout heiß gemacht und erhaben in die Brodkruste gegeben und außen herum werden die zuvor sehr langsam in Bouillon abgekochten und mit Trüffeln und Ochsenzunge gespickten Knödel abwechselnd garnirt.

33. Abschnitt. 1. Abtheilung.

Vom Kapaun. Du chapon.

Obgleich die Consumtion der Kapaunen und Poularden, deren Fleisch durch das Verschneiden veredelt wird, nicht für jede Haushaltung passend sein dürfte, so ist doch vorauszusetzen, daß es jeder ländlichen Wirthschaft vortheilhaft sein müßte, die Zahl derselben zu vermehren. Ein junger Hahn oder Huhn wird meistens für 80 Pfennig verkauft, während ein Kapaun mit einem Thaler bezahlt wird. Zudem ist die Zeit zwischen dem Verkaufe der Hühner und Kapaunen so kurz, daß eine nachtheilige Vergleichung zwischen dem Preise und den Kosten der längeren Fütterung nicht zu fürchten wäre. Zu wünschen wäre demnach, daß nicht eine so beträchtliche Menge junger Hähne und Hühner, welche meistens noch nicht die Hälfte ihrer gewöhnlichen Größe erreicht haben, schon in den ersten Sommermonaten verzehrt würde, oder daß doch mehrere davon verschnitten und für den Winter aufgezogen werden möchten. Dies würde dem Ver= käufer wie dem Käufer Vortheil bringen und die Totalsumme der Lebens= mittel für den Winter unbezweifelt vermehren. Ein Kapaun oder Poularde ist zwar im Allgemeinen im ersten Jahre am anwendbarsten und wohl= schmeckendsten; allein wenn beide gut gemästet sind, gewähren sie auch noch im zweiten Jahre manche nährende gesunde Speise und zur Bereit= ung guter Suppen sind sie eigentlich erst dann recht verwendbar. Von vorzüglicher Güte sind die Kapaunen und die Poularden, die man aus Mans bezieht, wie auch die Kapaunen aus Steyermark.

1043. Gebratener Kapaun. Chapon rôti.

Der gut gemästete, völlig ausgewachsene, noch junge Kapaun wird, nachdem er schon mehrere Tage zuvor geschlachtet wurde, rein flammirt, nochmals rein nachgeputzt, sodann ausgenommen, schnell gewaschen, von innen gut eingesalzen, für Braten dressirt, eine Speckbarde über die ganze Brust gebunden, an den Bratspieß gesteckt und drei Viertelstunden vor dem Anrichten bei hellem Feuer in seinem vollsten Safte lichtbraun gebraten, wo jedoch derselbe fünf Minuten, ehe er vom Spieß genommen, auch von außen gesalzen werden muß. Beim Anrichten wird derselbe über ein Beet Brunnenkresse, mit gutem Essig und wenig Salz angemacht, gelegt. Eine gute Jüs kann extra beigegeben werden. Ich kann nicht unterlassen, nachträglich noch zu bemerken, daß man bei allem zahmen und ganz besonders aber bei dem Wildgeflügel sehr darauf zu achten hat, dieses nicht zu lange im Wasser zu lassen und von der irrigen Meinung in Hinsicht der Auswässerung abzustehen. Denn es ist etwas ganz anderes, ein Stück Fleisch oder ein Geflügel gehörig abwaschen und überhaupt mit vollkommener Reinlichkeit behandeln — was doch eigentlich die Wässerung bezwecken soll, als es stundenlang, wie ich schon gesehen habe, in's Wasser legen und dadurch aller aufgelösten Säfte berauben. Es kann in der That nichts sicherer von der Unbekanntschaft mit der Natur des Fleisches aller Art zeugen, als jene Verfahrungsweise, nach welcher es Viele mehrere Stunden vor der Zubereitung in's Wasser zu legen gewohnt sind.

1044. Kapaun in der Braise. Chapon braisé.

Der gut gereinigte Kapaun erhält die Dampfdressur, wird dann auf der Brust mit Citronensaft eingerieben, mit einer Speckscheibe überbunden, in eine Braise eingerichtet (siehe Abschnitt 3) und auf Kohlenfeuer sehr langsam weich gekocht.

1045. Kapaun mit Ragout Toulouse. Chapon à la Toulouse.

Man bereitet den Kapaun auf die vorhergehende Art und er wird sodann über ein Ragout à la Toulouse (siehe Abschn. 7) sauber angerichtet.

1046. Junger Kapaun auf Normänder Art. Chapon à la Normande.

Ein junger, völlig ausgewachſener Kapaun wird, nachdem er ſehr gut gerupft iſt, ausgebrochen, doch mit Ausnahme der Flügel und Füße, welche daran bleiben müſſen, dann von innen geſalzen und mit einer mit Krebsbutter bereiteten Geflügel=Farce (ſiehe Nr. 290) angefüllt. Hierauf wird der Kapaun rückwärts gut zugenäht, dann als Entrée dreſſirt, die Bruſt mit Citronenſaft eingerieben und eine große Speckſcheibe darüber gebunden. Derſelbe wird nun, gut zugedeckt, in einer guten Braiſe mit einem Glas Rheinwein eine Stunde lang ſehr langſam, um das Aufſpringen zu verhüten, weich gedünſtet. Beim Anrichten wird der Kapaun ausgehoben, aufdreſſirt, in der Mitte der Länge nach durch= geſchnitten und dann wieder der Quere in ſchöne Stücke getheilt; hierauf wieder in ſeiner natürlichen Form über eine Unterlage von in Geflügel= Braiſe dickgekochtem Reis gelegt, mit einer mit Krebsbutter bereiteten sauce suprême übergoſſen und unten herum mit Champignons garnirt. Ein Theil der Krebsſauce wird extra beigegeben.

1047. Kapaun mit Reis auf italieniſche Art. Chapon au riz à l'Italienne.

280 Gramm Karolinen=Reis werden mehrmals lauwarm gewaſchen, dann in eine Caſſerolle gethan, eine Zwiebel, in die man eine Gewürz= nelke eingedrückt hat, nebſt dem nöthigen Salze dazu gethan, mit guter Geflügelbraiſe fingerdick übergoſſen und auf Kohlenfeuer ſehr langſam und gut verſchloſſen gedünſtet, ſo zwar, daß derſelbe weich und die Körn= chen ganz geblieben ſind. Der Kapaun wird dem vorhergehenden gleich in der Braiſe treffend weich gekocht, aufdreſſirt, die Hälfte von dem Reis auf einer Schüſſel angerichtet, der Kapaun darüber gelegt, mit der Hälfte des Reis überdeckt, etwas Geflügelbraiſe, worin der Kapaun geſotten wurde, darüber gegoſſen und mit geriebenem Parmeſankäſe, welchen man auf eine Aſſiette gibt, zuſammen ſervirt. Der Reis muß recht körnig, ſehr weiß und dabei gut aſſaiſonnirt von einem kräftigen Geſchmacke ſein.

1048. Kapaun mit Eſtragon-Sauce. Chapon à l'estragon.

Der Kapaun wird ebenfalls in der Braiſe geſotten, beim Anrichten rein entfettet, auf einer tiefen Schüſſel angerichtet, mit etwas Eſtragon= Jüs übergoſſen und die übrige Sauce in einer Saucière extra beigegeben (ſiehe Eſtragon=Sauce, 2. Abſchnitt, 2. Abtheilung).

Der Kapaun wird auch mit nachſtehender Eſtragon=Sauce gegeben. Der in der Braiſe weich gekochte Kapaun wird in eine andere Caſſerolle gelegt, die Braiſe durch ein Haarſieb geſeiht, ſehr rein entfettet, über den Kapaun gethan und nochmals durch eine Serviette geſeiht. Sodann läßt man ein Stückchen Butter heiß werden, gibt einen Kochlöffel voll Mehl dazu, röſtet dies einige Minuten, füllt es mit der Geflügel=Eſſenz auf, und

rührt dies über dem Feuer zu einer bündigen, weißen Sauce, legirt die=
selbe mit dem Gelben von vier Eiern und passirt sie, nachdem sie gehörig
gesalzen und mit dem Safte einer halben Citrone angenehm gesäuert ist,
durch ein Haartuch in eine Saucen=Casserolle und gibt die blanchirten
Estragon=Blättchen dazu.

1049. Kapaun mit Nudeln auf deutsche bürgerliche Art.
Chapon aux nouilles à l'Allemande.

Der Kapaun wird ebenfalls in der Braise weich gekocht. Ferner
werden von zwei ganzen und dem Gelben von zwei Eiern mit dem nöthigen
Mehl Nudeln gemacht, diese etwas gröber geschnitten, in gesalzenem Wasser
abgekocht, in einen Durchschlag gegossen, mit frischem Wasser abgekühlt
und nachdem sie gut abgetropft sind, in 140 Gramm heiß gemachter, sehr
frischer Butter über dem Feuer bis sie wieder heiß geworden sind, ge=
schwungen. Sie werden gehörig gesalzen, ganz heiß auf einer Schüssel
angerichtet, der Kapaun darüber gelegt und dieser mit einigen Anricht=
löffeln voll sauce fricassée übergossen.

1050. Kapaun mit einem Ragout Chipolata. Chapon
à la Chipolata.

Der gut gefütterte, fette Kapaun wird für Entrée dressirt, die Brust
schön gespickt, an den Spieß gesteckt und lichtbraun eine halbe Stunde im
vollsten Safte gebraten. Ebenso wird ein Ragout à la Chipolata be=
reitet (siehe Abschnitt 7). Dieses wird ganz heiß in einer schön bordirten,
tiefen Schüssel angerichtet, der Kapaun gehörig gesalzen, vom Spieße ge=
nommen, aufdressirt, schön glacirt, über das Ragout gelegt und sogleich
zur Tafel gegeben.

1051. Kapaun über einem Ragout Financier. Chapon
à la financière.

Der Kapaun wird, nachdem er gut gereinigt ist, für Entrée dressirt,
die ganze Brust fein gespickt, in eine passende, mit Speckscheiben belegte

Casserolle gelegt, gesalzen, mit guter Geflügelbraise bis zur Hälfte begossen, und so auf Kohlenfeuer langsam weich gedünstet, wo man von Zeit zu Zeit die Gluth auf dem Deckel gut unterhalten muß, damit das Gespickte eine lichtgelbe und durch öfteres Begießen eine glänzende Farbe erhält. Unter dieser Zeit wird eine tiefe Schüssel zierlich mit einer Teig= oder Brod=Bordure eingefaßt, das Ragout à la financière (siehe Abschnitt 7) heiß angerichtet und der weichgedämpfte schön glacirte Kapaun ganz oder sauber verschnitten, darübergelegt und sogleich zu Tisch gegeben.

1052. Bigarrüre von Kapaun. Chapon en bigarrure.

Nachdem zwei schöne Kapaunen oder Poularden leicht flammirt sind, werden sie rein ausgenommen, die Haut über der ganzen Brust in der Mitte der Länge nach aufgeschnitten, die Brüste mit dem eingebogenen Flügel sauber ausgeschnitten, die filets mignons von den großen abgelöst, nach der Regel mit Trüffeln fein bigarrirt, ganz wenig gesalzen und in klare frische Butter eingerichtet. Die vier großen Brüste werden fein ge= spickt, gesalzen und mit Speckscheiben in eine flache Casserolle eingerichtet bei Seite gestellt. Die Schlegel werden von jeder Seite sammt aller Haut abgelöst, alle Knochen ausgebrochen, die Füße halb abgehauen und mit den abgestutzten Klauen wieder unten eingesteckt, so zwar, daß nur die Klaue hervorsteht; sie werden von innen gesalzen, mit Geflügel=Farce, unter welche man drei fein hachirte Trüffeln gemengt hat, gefüllt, die Haut rund herum mit Nadel und Faden aufgefaßt, zugezogen und so den Schlegeln eine runde flache Form gegeben. Sie werden sodann in einem mit Speckscheiben belegten plat à sauter eingerichtet, so zwar, daß die Klauen in der Mitte sind, die Geflügelkeulen werden nach oben mit Speckscheiben bedeckt, mit einem flachen, passenden Casserolledeckel zuge= deckt, mit einem Gewichtstein beschwert und so eine Viertelstunde auf Kohlenfeuer gedünstet. Nach dieser Zeit werden die Keulen steif geworden sein, sie werden sodann ausgehoben, wiederholt zwischen zwei Deckeln beschwert und kalt gestellt. Wenn sie ganz kalt geworden sind, werden sie mit vorher abgekochten nagelförmig geschnittenen Trüffeln, jede Keule mit ungefähr sechs Stück durchspickt, so zwar, daß die Trüffeln etwas vorstehen. Sie werden wieder in denselben plat à sauter geordnet, mit etwas Braise begossen und gut zugedeckt auf Kohlenfeuer vollends weich gedünstet. Eine halbe Stunde vor dem Anrichten oder auch eine Stunde, je nachdem die Kapaunen jung sind, werden auch die Brüste gar gemacht. Beim Anrichten werden die Keulen zum Entfetten auf ein Tuch gelegt, der Faden ausgezogen, über ein recht kräftig bereitetes Trüffel-Ragout mit den Brüstchen sauber angerichtet, die filets mignons in die Mitte geordnet und nachdem das Ganze mehrmals schön glacirt ist, wird dieses köstliche Kapaunen-Ragout sogleich zur Tafel gegeben.

1053. Kapaun auf Schildkröten-Art. Chapon à la tortue.

Der völlig ausgewachsene noch junge Kapaun wird, nachdem er rein flammirt und geputzt ist, ganz ausgebrochen und auf nachstehende Weise gefüllt. Zwei Paar schöne Kalbsmilchner, fünfzig Krebsschweifchen, dreißig Champignons und 280 Gramm Trüffeln werden jedes für sich zubereitet und hievon mit $5/10$ Liter dickfließender und mit $3/10$ Liter guter Geflügel-Essenz eingekochter sauce suprême ein recht kräftiges, mit etwas Cayenne-Pfeffer gewürztes Klein-Ragout bereitet, welches nach dem völligen Erkalten in der Art in den Kapaun gefüllt wird, daß die fleischigen Theile nach außen kommen. Vier abgestutzte Klauen werden, nachdem derselbe von allen Seiten gut zugenäht ist, als Füße eingesteckt. Die Filets werden über der Oberfläche fein gespickt, sodann wird der Kapaun von allen Seiten gesalzen, in eine passende Casserolle mit Speckscheiben eingerichtet, mit den nöthigen Kräutern belegt, mit etwas Geflügelbraise und einer halben Bouteille weißem Wein genäßt und so auf Kohlenfeuer sehr langsam weich gekocht. Vor dem Anrichten wird der Kapaun ausgehoben, einige Minuten in eine heiße Bratröhre gestellt, damit sich der Speck leicht färbt und die ganze Oberfläche schön glacirt werden kann. Sodann wird der Faden ausgezogen, der Kapaun auf eine bordirte Schüssel gelegt, mit gespickten Kalbsbriesen, Artischockenböden und Trüffeln bekränzt, von Geflügel-Farce ein schildkrötenähnlicher Kopf gebildet, dieser langsam abgekocht, an den Kapaun angesetzt, etwas Demi-Glace darunter gegossen und sogleich zur Tafel gegeben. Eine in bester Eigenschaft bereitete, recht kräftige sauce tortue, welche mit Madeira-Sec, Glace und Cayenne-Pfeffer bis zum kräftigsten im Geschmacke gehoben ist, wird extra in einer Saucière beigegeben.

1054. Galantine von Kapaun. Chapon en galantine.

Hier weise ich auf den vorhergehenden Abschnitt, Galantine von Indian zurück.

1055. Kapaun nach St. Cloud-Art. Chapon à la St. Cloud.

Der schöne, fette Kapaun wird sorgfältig gereinigt, für Entrée dressirt, wo man darauf zu sehen hat, daß die Brust gut hervortritt. Derselbe wird in einer guten Geflügel-Braise halb weich gekocht, dann auf ein Tuch ausgehoben, die schöne weiße Brust mit nagelförmig geschnittenen Trüffeln, daß diese etwas vorstehen, sauber und symmetrisch gespickt, sodann wieder in eine andere passende Casserolle gethan, die Braise darüber geseiht, gut zugedeckt und so auf Kohlenfeuer vollends weich gekocht. Beim Anrichten wird der Kapaun auf ein Tuch zum Entfetten gelegt, aufdressirt, auf eine geschmackvoll bordirte Schüssel angerichtet, mit gespickten und glacirten Kalbsbrieschen, rund geschälten Trüffeln und Geflügelklößchen bekränzt, das Ganze nochmals sehr schön glacirt, etwas Jüs darunter gegossen und zur Tafel gegeben. Eine recht kräftig bereitete Trüffel-Sauce wird extra beigegeben.

1056. Kapaun nach Singarat-Art. Chapon à la Singarat.

Der Kapaun wird wie der vorhergehende dressirt. Sodann werden aus dem schönsten rothen Theile einer gekochten, gepökelten Ochsenzunge 3 Centimeter lange federkieldicke Stückchen geschnitten, wie auch ebenso geschnittener weißer Luftspeck; dieses wird zusammen auf einen Teller gethan, mit etwas feinen Kräutern bestäubt, gut durcheinander gemacht, und der Kapaun über der ganzen Brust wie auch über den Schlegeln gut gespickt, sodann mit Speckscheiben überbunden, in eine passende Casserolle gethan, mit einem Stück rohen Schinken, einigen Kalbfleischschnitten, gelben Rüben, Zwiebeln, zwei Gewürznelken, einem Lorbeerblatt, einem Bouquet Petersilie belegt, mit dem Safte einer Citrone beträufelt, gesalzen, mit einem Papier überdeckt, etwas Geflügel-Braise darüber gegossen, mit dem Deckel gut zugedeckt und so auf Kohlenfeuer sehr langsam weich gedünstet. Währenddem wird der dritte Theil der Ochsenzunge fein geschnitten, sodann mit einem eigroßen Stück frischer Butter und dem Gelben von zwei hartgekochten Eiern fein gestoßen, dann in eine Casserolle gethan, mit etwas sauce veloutée gut verrührt, sodann durch ein Haartuch gestrichen, mit dem nöthigen Salz und etwas Glace über dem Feuer heiß gerührt und au bain-marie warm gestellt. Beim Anrichten wird der Kapaun ausgehoben, auf ein Tuch zum Entfetten gelegt, aufdressirt, auf eine Schüssel gelegt und die heiße Sauce darunter gegossen.

1057. Gefüllter Kapaun mit Trüffeln. Chapon farci aux truffes.

Die Bereitungsart dieser ausgezeichneten Speise findet man im vorhergehenden Abschnitt, Indian mit Trüffeln gefüllt. Nur ist zu bemerken, daß hinsichtlich des Bedarfes nur die Hälfte der Ingredienzen genommen werden darf.

1058. Kapaun nach Chivry. Chapon à la Chivry.

Der gut gereinigte, schön dressirte Kapaun wird in der Braise langsam weich gesotten. Ferner werden aus kleinen weißen Zwiebeln Ringchen geschnitten, in gesalzenem Wasser einmal aufgekocht, mit frischem Wasser abgekühlt, auf ein Tuch ausgebreitet, dann mit gehackter, recht grün abgekochter Petersilie, unter welche etwas Salz und Butter gemengt wurde, gefüllt. Beim Anrichten wird der Kapaun aufdressirt, rein entfettet, auf einer Schüssel angerichtet, mit den Zwiebelringchen überlegt, etwas Consommé darunter gegossen und zu Tisch gegeben.

1059. Kapaun auf römische Art. Chapon à la Romaine.

Ein schöner, fetter Kapaun wird gut gereinigt, ausgenommen, für Entrée dressirt, mit Speckscheiben überbunden und sehr langsam in der Braise weich gekocht. Unterdessen wird nachstehende Sauce bereitet. Es werden ungefähr $^5/_{10}$ Liter weiße Sauce mit $^3/_{10}$ Liter Geflügel-Essenz und $^5/_{10}$ Liter vorher abgekochtem, guten süßen Rahm über dem hellbrennenden Windofen bei beständigem Rühren dickfließend eingekocht; diese béchamel grasse wird mit 70 Gramm mit Milch feingeriebenen Mandeln und einer halben Stange geriebenem und dann ganz fein geschnittenem Meerrettig gut verrührt, zusammen einmal aufgekocht, durch ein Haartuch gestrichen, die Sauce in eine passende Casserolle gethan, mit dem nöthigen Salz und einem Kaffeelöffel voll Zucker angenehm nüancirt, oben mit etwas Glace übergossen und au bain-marie warm gestellt. Beim Anrichten wird der Kapaun ausgehoben, aufdressirt, rein entfettet, auf eine tiefe, runde Schüssel angerichtet und die kochendheiße sauce à la romaine darüber gegossen.

1060. Gefüllter Kapaun à la régence. Chapon à la régence.

Der gut gefütterte, zarte, beinahe völlig ausgewachsene Kapaun wird leicht flammirt, nochmals nachgeputzt, die Klauen von den Füßen zur Hälfte abgehauen, diese abgezogen, sodann die Rückhaut aufgeschnitten und das ganze Brustbein sammt dem Gerippe, ohne die äußere Haut zu verletzen, ausgelöst (die Flügel können daran bleiben), der Kapaun selbst von innen gesalzen und sodann mit einer sehr kräftigen, dick in der Sauce gehaltenen

Geflügel=Blanquette gefüllt. Die Rückhaut wird dann wieder gut zu=
sammengenäht, die Flügel eingebogen und der Kapaun für Entrée dressirt,
so daß derselbe seine Gestalt wieder erhält. Die Brust von dem Kapaun
wird ganz schön gespickt, sodann gesalzen, in eine passende Casserolle mit
Speckscheiben und Butter eingerichtet, mit Zwiebeln, gelben Rüben und
Lorbeerblatt gewürzt, mit etwas Geflügel=Braise begossen und so auf
Kohlenfeuer mit oben angebrachter Gluth langsam weich gedämpft. Beim
Anrichten wird der Kapaun auf ein Tuch zum Entfetten gelegt, auf=
dressirt und über ein recht gut bereitetes Kleinragout, welches aus Kalbs=
milchnern, Champignons, Hahnenkämmen und Hahnennierchen besteht, an=
gerichtet, der Kapaun schön glacirt und so zu Tisch gegeben.

1061. Kapaun mit Austern-Ragout. Chapon aux huîtres.

Der gut gereinigte, für Entrée dressirte Kapaun wird sehr langsam
in der Braise weich gekocht. Währenddem werden fünfzig Stück frische
Austern aus den Schalen genommen, sammt ihrem eigenen Wasser in
eine Casserolle gethan, schnell abgekocht, dann auf ein Sieb gegossen, die
Austern rein geputzt und zugedeckt bei Seite gestellt. Das Austernwasser
wird mit $^5/_{10}$ Liter weißer Coulis, $^3/_{10}$ Liter Geflügel=Essenz über dem
Windofen schnell, bis sich die Sauce dickfließend vom Löffel spinnt, einge=
rührt, dann mit dem Gelben von vier Eiern legirt, mit dem nöthigen
Safte einer Citrone, Salz und einem Stückchen ganz frischer Butter ange=
nehm gewürzt und durch ein Haartuch in eine Saucen=Casserolle gepreßt,
die Austern dazu gethan und au bain-marie warm gestellt. Beim Anrichten
wird der Kapaun ausgehoben, auf ein Tuch zum Entfetten gelegt, auf=
dressirt, auf eine passende Platte angerichtet und die Austern=Sauce darüber
gegossen.

1062. Kapaun auf englische Art. Chapon à l'Anglaise.

Der Kapaun, nachdem er gut gereinigt und für Entré dressirt ist,
wird in Papier eingehüllt und eine halbe Stunde vor dem Gebrauche
in seinem vollsten Safte am Spieß gebraten. Vor dem Anrichten wird
er vom Spieß genommen, aufdressirt, angerichtet und nachstehende englische
Bread=Sauce (Brod=Sauce) extra mitservirt:
Von zwei Mundbroden wird die Rinde abgelöst, diese in eine Casserolle
gethan und mit Milch, Pfeffer und Salz zu einer dickfließenden Sauce
gekocht, vor dem Anrichten wird ein Stück frische Butter dazu gerührt.

1063. Geblättertes Kapaunfleisch. Blanquette de chapon.

Zwei Kapaunen werden nach dem Flammiren rein ausgenommen,
dann dressirt, mit Speck überbunden, in Papier eingehüllt und im Safte
am Spieß gebraten. Nach dem völligen Erkalten werden die Brüste aus=
geschnitten, die Haut abgelöst und diese Stücke über den Faden zu messer=
rückendünnen Blättchen geschnitten, was man eine Blanquette oder geblätter=
tes emincirtes Fleisch nennt. Dieses wird in eine angemessene Casserolle

gethan und zugedeckt zur Seite gestellt. Die Gerippe werden klein zer=
hackt und eine halbe Stunde mit guter Fleischbrühe ausgekocht, hierauf
sehr rein entfettet, durch eine Serviette geseiht und sodann mit ⁵/₁₀ Liter
weißer Coulis, ⁵/₁₀ Liter gutem süßen, vorher abgekochten Rahm über
dem Windofen zu einer dickfließenden Sauce eingekocht, welche sodann
durch ein Haartuch in eine Saucen=Casserolle gepreßt, oben mit etwas
Glace übergossen und nebst der Blanquette au bain-marie warm gestellt
wird. Beim Anrichten wird die kochendheiße Sauce, welche im Geschmacke
nichts zu wünschen übrig läßt, nach dem Volumen des Fleisches darüber
gegossen, geschwungen, erhaben in einer gut erwärmten Schüssel ange=
richtet, mit dem Reste der Sauce maskirt und außen herum mit Butter=
teigschnitten oder kleinen Croquetten bekränzt.

Um den Geschmack dieser feinen Speise noch zu erhöhen, erscheinen
diese Geflügel=Blanquettes noch als:

1064. Geblättertes Kapaunenfleisch mit Champignons.
Blanquette de chapon aux champignons.

1065. Geblättertes Kapaunenfleisch mit Trüffeln. Blanquette
de chapon aux truffes.

1066. Geblättertes Kapaunenfleisch mit Erbsen. Blanquette
de chapon aux petits-pois.

1067. Kapaunen-Knödel nach Sévigné. Quenelles de chapons
à la Sévigné.

Hierzu wählt man einen starken Kapaun, löst von diesem die Brüste
aus und bereitet davon eine zarte Farce. Dann werden zwölf Stück
kleine, ovale Förmchen mit Butter ausgestrichen, mit dieser Farce feder=
kieldick ausgelegt, in die Mitte ein Kaffeelöffel voll dickes Champignons=
Püree gethan, wieder mit Farce etwas erhaben überstrichen und darnach
mit feinhachirten Trüffeln überstreut und in die Farce leicht eingedrückt.
Diese Förmchen werden dann in einem plat à sauter in's Wasser gestellt,
mit einer mit Butter bestrichenen Papierscheibe überdeckt und zehn Minuten
vor dem Anrichten au bain-marie gar gemacht. Unterdessen wird eine
schön geschnittene Brodkruste in eine Schüssel gestellt, mit einem Klein=
Ragout, welches aus Champignons, Trüffeln, Hahnenkämmen und einer
sauce suprême bereitet ist, gefüllt und außenherum mit den Kapaunen=
pains, das Schwarze nach oben gekehrt, zierlich garnirt. Die Carcasses
von dem Kapaun werden zur Sauce verwendet.

1068. Hachis von Kapaunen. Hachis de chapon.

Von dem am Spieß gebratenen und wieder kalt gewordenen Kapaun
werden die Brüste ausgelöst, die Haut davon abgezogen und die Brüste
fein geschnitten. Die Abgänge werden klein zerhackt, mit guter Fleisch=
brühe ausgekocht, diese durchgeseiht, sehr rein entfettet, mit der nöthigen,
weißen Coulis und ⁵/₁₀ Liter gekochtem Rahm zu einer dickfließenden

Sauce eingerührt, gehörig gesalzen, durch ein Haartuch über die Hachis gepreßt, mit diesem in genaue Verbindung gebracht, oben mit etwas Glace übergossen und au bain-marie warm gestellt. Beim Anrichten wird das Hachis ganz heiß gerührt, erhaben auf einer Schüssel angerichtet und nachdem dasselbe mit Butterteigschnitten bekränzt worden ist, sogleich zu Tisch gegeben.

1069. Hachis von Kapaunen à la reine. Hachis de chapon à la reine.

Das Hachis wird dem vorhergehenden gleich zubereitet, zwei Theile davon auf eine erwärmte Schüssel angerichtet, außen herum mit kernweich gekochten Eiern (oeufs mollets) bekränzt und zwischen jedes Ei ein mit recht rother Ochsenzunge bigarrirtes Unterbrüstchen von jungen Hühnern, welche über mit Speckscheiben belegte gelbe Rüben halb rund gebogen, mit Speckscheiben überdeckt, mit Bindfaden überbunden und einige Minuten in die heiße Bratröhre vor dem Anrichten gestellt, damit sie von der Hitze durchdrungen sind, gelegt werden, welches dem Ganzen ein schönes Ansehen gibt. Dieses Hachis wird auch, um das Ansehen noch mehr zu steigern, in schön dressirter Reis-Casserolle oder Butterteigpasteten angerichtet.

1070. Timbale von Kapaunen nach Montmirel. Timbale de chapons à la Montmirel.

Man bereitet eine haltbare Kapaunen-Farce, unter welche aber vier bis sechs Eierdotter mehr eingerührt werden. Dann wird eine passende Stürzform (moule à Timbale) mit Butter gut ausgestrichen und mit schwarzen Trüffeln und dann mit rother Ochsenzunge in schöner Zeichnung ausgarnirt. Zwei Drittheile der Farce werden dann in die ausgelegte Form gethan und selbige damit behutsam, daß die Dekoration sich nicht verschiebt, fingerdick ausgemacht. In den innern Raum wird ein in bester Eigenschaft bereitetes, kaltes, dickes Klein-Ragout, welches aus Hahnen-kämmen, Champignons und Hahnennierchen besteht, eingefüllt, glatt geebnet, dann der Rest der Farce darüber gestrichen und zuletzt mit einer mit Butter bestrichenen Papierscheibe zugedeckt. Dieser Timbale wird dann eine und eine halbe Stunde langsam gekocht, hiernach über eine niedere Reiskruste, welche aber einen Finger dick, in der Rinde breiter und so breit als der Timbale ist, etwas ausgehöhlt sein muß, behutsam gestürzt. Nach fünf Minuten hebt man die Form langsam ab, glacirt den ganzen Timbale mit reiner Geflügel=Glace, legt eine Rosette von acht mit Trüffeln bigarrirten und einen Moment sautirten Hühnerfilets mignons darüber, setzt unten herum einen Kranz von rundgeschnittenen und in Madeira und Glace kurz gedünsteten Trüffeln und gibt dann diese feine, zarte Speise mit einer gut bereiteten, extra in eine Saucière gegossenen sauce suprême zur Tafel.

1071. Auflauf von Kapaunen.   Soufflée de chapons.

Das Brustfleisch von zwei recht blaß am Spieß gebratenen Kapaunen wird nach dem Erkalten ausgelöst, von der Haut befreit, sehr fein geschnitten und gestoßen, und sodann zugedeckt bei Seite gestellt. Die Abgänge werden gut ausgekocht, durchgeseiht, rein entfettet und mit $5/10$ Liter weißer Coulis und $5/10$ Liter abgekochtem, guten süßen Rahm dick eingekocht, welches bei beständigem Rühren über dem hellbrennenden Windofen geschehen muß. Wenn dies erreicht ist, wird das Kapaunenfleisch mit der Sauce im Reibstein genau verarbeitet, dann auf dem Feuer wieder heiß gerührt und durch ein Haartuch gestrichen. Dieses Geflügel=Püree wird in eine Schüssel gethan, mit 70 Gramm frischer Butter gut schaumig abgerührt, gehörig gesalzen, mit dem festgeschlagenen Schnee von sechs Eiern genau verrührt, in eine Auflaufschale gethan und langsam gebacken, welches genau eine halbe Stunde vor der Tafelzeit geschehen muß.

33. Abschnitt. 2. Abtheilung.

Von der Poularde. De la poularde.

Die Poularde oder das völlig ausgewachsene Huhn, auch Kapphuhn genannt, wird auf gleiche Weise von den jungen Hühnern wie der Kapaun von den jungen Hähnen gezogen. Nach sorgfältiger Pflege und Mästung übertrifft die Poularde an Zartheit noch den Kapaun, indem ihr saft-volles Fleisch nichts zu wünschen übrig läßt.

Was ihre Bereitungsart betrifft, so weise ich auf die vorhergehende Abtheilung zurück, indem Alles, was bei dem Kapaun gesagt wurde, auch für die Poularde gilt.

1072. Poularden über einem Reisrand. Poulardes en bordure de riz à la reine.

Man bereitet von Reis eine schöne Reisbordure, welche man nach obiger Zeichnung dekorirt und im heißen Backofen lichtgelb bäckt, so daß die Zeichnung ganz schön hervortritt. Beim Anrichten wird in die Mitte ein Ragout von Champignons, Geflügelklößchen und Kalbsbrieschen ge-füllt und darüber zwei schöne, in der Braise ganz weich gekochte Pou-larden gelegt.

33. Abschnitt.   3. Abtheilung.

Vom Huhn.   Du poulet.

Man bedient sich zwar der Benennung Hühner, wenn man im Allgemeinen von diesem Geschlechte redet; allein der große Unterschied zwischen dem Hahn und dem Huhn ist nicht außer Acht zu lassen, weil man beide nicht zu einem Zwecke aufzuziehen pflegt. Die Zucht dieser Thiere beabsichtigt aber vorzüglich und gewöhnlich Hühner, so lange der Kamm sie noch nicht auszeichnet, junge Hühner genannt. Der Eigen= thümer sucht sich der Hähne sobald als möglich zu entledigen und daher sollten uns diese eigentlich nur früh zur Speise dienen; wogegen das Huhn wegen der Menge und Unentbehrlichkeit der Eier, welche es uns das ganze Jahr hindurch liefert, erst nach Verlauf mehrerer Jahre dazu angewendet werden müßte. Uebrigens wird wohl unter allen Haus= thieren, deren Fleisch uns zur Speise dient, das ganze Jahr hindurch keins in so großer Anzahl geschlachtet, als eben das Huhn und es gewährt uns vom Frühjahr bis zum Spätherbste bei einer gehörigen Fütterung sowohl gute Braten als feine Ragouts. Selbst wenn auf den Tafeln der Reichen Kapaunen und Poularden an ihre Stelle treten, sind sie in großen Haushaltungen wegen angenehmer und allgemein beliebter Bouil= lons und Suppen, die sie uns liefern, sehr nützlich und gleichsam noth= wendig.

1073. Gebratenes Huhn. Poulet rôti.

Man nimmt hierzu drei bis vier Monat alt gewordene junge Hühner, welche ein bis zwei Tage vorher geschlachtet, gut gereinigt, über dem Windofen flammirt, rein ausgenommen, von innen gut eingesalzen und für Braten dressirt sind. Sie werden eine halbe Stunde vor dem Anrichten an den Spieß gesteckt, bei sehr oftem Begießen mit frischer Butter und bei hellem Feuer lichtbraun gebraten, dann einige Minuten zuvor auch von außen gesalzen, sodann vom Spieß genommen, auf eine Bratenschüssel angerichtet, etwas Bratenjüs darunter gegossen und zu Tisch gegeben. Sowie man für zwölf Personen zwei schöne Kapaunen oder drei Poularden rechnet, so werden hier vier bis fünf junge Hühner genommen.

1074. Gebratenes Huhn auf deutsche Art. Poulet rôti à l'Allemande.

Vier schöne junge Hühner werden nach dem Schlachten sammt dem Kopfe in siedendes Wasser getaucht, gut gereinigt, flammirt, sogleich ausgenommen, innen mit Salz und etwas Pfeffer bestreut, mit etwas frischer Petersilie, einer kleinen Zwiebel und einem eigroßen Stücke frischer Butter gefüllt, für Braten dressirt, an die Flügel der gereinigte Magen und die Leber von jedem Huhn gesteckt und so dem vorhergehenden gleich bei hellem Feuer und oftem Begießen eine halbe Stunde gebraten. Fünf bis sechs Minuten vorher werden sie auch von außen gesalzen, dann mit geriebenem Mundbrode bestreut und noch etwas gebraten. Vom Spieße genommen werden sie in ihrem vollsten Safte sogleich aufgetragen. Ein gut bereiteter Kopfsalat mit halb weich gekochten und geschälten Eiern wird gewöhnlich beigegeben.

1075. Gedämpftes Huhn. Poulet poêlé, ou poulet braisé.

Vier schöne junge Hühner werden, nachdem sie gehörig gereinigt, flammirt, ausgenommen, rein gewaschen, von innen gesalzen und mit frischer Butter gefüllt sind, schön für Entrée dressirt, dann über der Brust leicht mit Citronensaft eingerieben, mit einer Speckscheibe überbunden und zusammen in eine passende gutschließende Casserolle geordnet und zugedeckt bei Seite gestellt. Unterdessen schneidet man drei Zwiebeln, zwei gelbe Rüben, eine Porri und etwas Pastinak feinblätterig, gibt 280 Gramm fein geschnittenen Speck dazu, röstet dies zusammen auf dem Feuer leicht ab, gießt 1 Liter gute Fleischbrühe dazu, kocht das ganze eine halbe Stunde gut aus und passirt sodann diese Braise eine halbe Stunde vor dem Anrichten durch ein Haarsieb über die Hühner, welche hierauf zugedeckt auf Kohlenfeuer gedünstet werden. Beim Anrichten werden die Hühner ausgehoben, gut abgetropft, aufdressirt, angerichtet und etwas klare kräftige Jüs darunter gegeben. Die Hühner müssen, wenn sie aus der Braise kommen, aufgelaufen, ganz weiß und ihr Fleisch von angenehm zartem, saftigen Geschmack sein, dagegen die Jüs sich durch eine licht-

braune sehr klare Farbe, kräftigen und mit Citronensaft angenehm ge=
säuerten Geschmack auszeichnen.

1076. Hühnchen mit Bertram. Poulets à l'estragon.

Die Hühnchen werden ganz so wie die vorhergehenden zubereitet
und angerichtet. Unter die klare, sehr kräftige Jüs oder warme Aspic
kommt beim Anrichten ein Eßlöffel voll in Spitzweck=Form geschnittene,
eine Minute in gesalzenem Wasser abgekochte Bertramblättchen.

1077. Junge Hühner mit grüner Kräuter-Sauce. Poulets à la ravigote verte chaude.

Vier Hühner werden gut gereinigt, wie die poulets poêlés einge=
richtet und gar gemacht. Beim Anrichten werden sie zum Entfetten auf
ein Tuch ausgehoben, aufdressirt, angerichtet und mit einer grünen Kräuter=
Sauce (siehe 2. Abschn., 2. Abth.) übergossen.

1078. Junge Hühner mit Austern. Poulets aux huîtres.

Die Hühner werden wie die vorhergehenden zubereitet, gar gemacht,
angerichtet und mit einer Austern=Sauce (s. 2. Abschn., 2. Abth.) übergossen.

1079. Junge Hühner mit Paradies-Aepfel-Sauce. Poulets à la sauce tomate.

Die Hühner werden à la poêle zubereitet, gar gemacht, angerichtet
und mit einer sauce tomate (s. 2. Abschn., 2. Abth.) übergossen.

1080. Junge Hühner mit einer Königin-Sauce. Poulets poêlés, sauce à la reine.

Die Hühner werden wie die à la poêle zubereitet und gar gemacht,
sehr rein entfettet, angerichtet und mit einer sehr gut bereiteten sauce à
la reine (s. 2. Abschn., 2. Abth.) heiß übergossen.

1081. Junge Hühner mit Trüffel-Sauce. Poulets poêlés à la sauce aux truffes.

Die schönen jungen Hühner werden den vorhergehenden gleich ein=
gerichtet, gedünstet, zum Entfetten auf ein Tuch gelegt, angerichtet und
mit einer sehr kräftigen Trüffel=Sauce (s. 2. Abschn., 2. Abth.) maskirt.

1082. Junge Hühner mit Krebs-Sauce. Poulets à la sauce aux écrevisses.

Die jungen, gut gereinigten und für Entrée dressirten Hühner werden
wie die à la poêle zubereitet und eine halbe Stunde vor dem Anrichten
gar gemacht. Beim Anrichten selbst werden sie zum Entfetten auf ein
Tuch gelegt, angerichtet und mit einer gut bereiteten Krebs=Sauce über=
gossen (s. 2. Abschn., 2. Abth.)

1083. Junge Hühner mit Champignons. Poulets poêlés
aux champignons.

Die jungen Hühner werden den vorhergehenden gleich zubereitet, an=
gerichtet und mit einer in bester Eigenschaft bereiteten Champignons=Sauce
(s. 2. Abschn., 2. Abth.) übergossen.

1084. Junge Hühner mit Stachelbeeren. Poulets poêlés
aux grosseilles vertes.

Die jungen Hühner unterliegen derselben Zubereitungs=Methode wie
die vorhergehenden. Das Stachelbeeren=Ragout wird auf folgende Weise
zubereitet.

1 Liter noch unreife Stachelbeeren werden von den Stielen und den
Putzen befreit, jede mit einer Nadel mehrmals durchstochen, gewaschen
und auf ein reines Tuch zum Trocknen gelegt. Eine halbe Stunde vor
dem Anrichten läßt man 140 Gramm Zucker mit einem Weinglas voll
Wasser aufkochen, thut die Stachelbeeren hinein, deckt sie zu und läßt sie
an der Ecke des Windofens, daß sie jedoch nicht kochen, stehen. Sie
werden sodann rein abgeschäumt und mit einer Liaison von fünf Eiern
legirt, etwas sehr frische Butter und das nöthige Salz dazu gegeben und
beim Anrichten über die Hühner gegossen.

1085. Junge Hühner mit kleinen Rübchen. Poulets
à la Nivernaise.

Die jungen Hühner werden ebenso wie jene à la poêle eingerichtet
und gar gemacht. Unterdessen bereitet man folgendes Rüben=Ragout. Sechs
Stück schöne, hochrothe gelbe und sechs gute weiße Rüben werden ge=
reinigt, gewaschen und mit einem Ausstechbohrer, der die Form einer
Olive hat, ausgebohrt. Diese Rübchen werden sodann jede Sorte für
sich, in eine Casserolle gethan, mit Salz, Zucker und Butter gewürzt,
mit etwas weißer Fleischbrühe genäßt und so auf Kohlenfeuer recht lang=
sam weich und kurz gedünstet. Währenddem werden $5/10$ Liter sauce
veloutée mit etwas Geflügel=Essenz und $3/10$ Liter süßem, vorher ab=
gekochten Rahm über dem hellbrennenden Windofen schnell, wobei man
stets fleißig rühren muß, bis sich die Sauce dickfließend vom Löffel spinnt,
eingekocht. Sie wird dann gehörig gesalzen, mit etwas sehr frischer Butter
legirt und durch ein Haartuch über die Rübchen gepreßt, oben mit etwas
Geflügel=Essenz, damit sie keine Haut ziehen kann, übergossen und au bain-
marie warm gestellt. Beim Anrichten werden die Hühnchen ausgehoben,
aufdressirt, schön angerichtet und das kochendheiße Rüben=Ragout à la
Nivernaise darüber gegossen.

1086. Eingemachte Hühner. Poulets en fricassée.

Drei schöne junge Hühner werden gereinigt, ausgenommen, gewaschen,
die Füße eingesteckt, mit kaltem Wasser zum Feuer gestellt, einmal auf=

gekocht, dann in kaltem Wasser abgekühlt. Sodann wird jedes Huhn in fünf Theile getheilt, das heißt die zwei Schlegel, die zwei Flügel und das Bruststückchen, diese werden sodann mit einem Stückchen Butter, Salz, einer kleinen Zwiebel, etwas Petersilie und etwas wenig Citronenschale auf Kohlenfeuer einige Minuten langsam gedünstet, dann die nöthige weiße Sauce dazu gegossen und auf Kohlenfeuer bis die Hühner weich sind, gekocht. Wenn dies erreicht ist, wird die Sauce rein entfettet und abgeschäumt, die Stückchen mit der Gabel ausgehoben, die vorstehenden Knochen rein zugestutzt, in eine andere Casserolle geordnet; die Sauce wird, im Falle sie noch zu dünn sein sollte, über dem Feuer eingekocht, sodann mit dem Gelben von vier Eiern legirt, mit dem nöthigen Salz und etwas Citronensaft im Geschmacke gehoben, durch ein Haartuch über die Hühner gepreßt und au bain-marie warm gestellt. Beim Anrichten werden die Hühner, die Schlegel nach unten erhaben angerichtet, die Sauce darüber gegossen und sogleich zu Tisch gegeben.

1087. Fricassée von Hühnern à la dauphine. Fricassée de poulets à la dauphine.

Drei schöne, junge Hühner werden gut gereinigt, ausgewaschen, dressirt, mit Speckbarden überbunden und in eine passende Casserolle eingerichtet. Drei Viertelstunden vor dem Anrichten werden sie in einer guten Braise weich gesotten, dann ausgehoben, jedes Huhn in fünf Theile zerlegt und zwar in zwei Schlegel, zwei Flügel und ein Bruststück. Hierauf werden die Hühner in einen plat à sauter gelegt, mit einer Obertasse voll Krebsschweifchen und eben so viel in Scheiben geschnittenen Trüffeln überstreut, mit $^{3}/_{10}$ Liter sehr guter sauce suprême (siehe Nr. 174) übergossen und warm gestellt. Unterdessen hat man eine Reisbordure in die zum Anrichten bestimmte flache Schüssel gestürzt; das Fricassée wird nun über dem Feuer ganz heiß gemacht, mit einigen Eßlöffeln voll Doppelrahm übergossen, gut untermengt und dann schön erhaben und zierlich in die Reisbordure angerichtet. Unten herum wird ein Kranz von kleinen, vorher abgekochten, dann panirten und aus dem Schmalz gelb gebackenen Geflügel-Klößchen garnirt.

1088. Eingemachte Hühner à la chevalière. Fricassée de poulets à la chevalière.

Aus drei schönen, fleischigen, jungen Hühnern werden die Brüstchen sammt den Flügeln ausgelöst, die Haut abgezogen und die Filets oder Brüstchen sehr schön und fein gespickt. Sie werden dann in klare Butter eingerichtet, leicht gesalzen und zugedeckt bei Seite gestellt. Die Schlegel werden ebenfalls abgelöst, wie die vorhergehenden Hühner eingemacht und au bain-marie warm gestellt. Unterdessen bereitet man ein weißes gemischtes Ragout (ragoût mêlé, siehe Abschn. 7) und stellt es ebenfalls warm. Eine Viertelstunde vor dem Anrichten werden die gespickten Hühnerbrüstchen gar gemacht und das Gespickte schön glacirt. Die Hühnerschlegel werden in die

Mitte einer bordirten Schüssel angerichtet, das bis zum Kochen erwärmte ragoût mêlé darüber gegeben und zuletzt die gespickten Hühnerbrüstchen, die Spitze nach innen, in schönster Ordnung darüber gelegt.

1089. Eingemachte Hühner auf indische Art. Fricassée de poulets à l'Indienne.

Drei junge Hühner werden, nachdem sie sorgfältig gereinigt, flammirt, ausgenommen und gewaschen sind, gerade wie die vorhergehenden roh verschnitten und in einer Casserolle mit einem Stück frischer Butter und Salz einige Minuten auf Kohlenfeuer gedünstet, dann mit einem Kaffeelöffel voll indischem Safran und etwas wenig spanischem Pfeffer (piment de Cayenne) gewürzt, $^5/_{10}$ Liter weiße Sauce darüber gegossen und zusammen langsam weich gekocht. Die Hühner werden ausgehoben, die Knochen sauber zugestutzt, in eine andere Casserolle geordnet, eine Obertasse voll ganz kleine in Salzwasser weich gekochte Zwiebelchen und eben so viel Champignons dazu gethan, die Sauce, ohne sie abzufetten, durch ein Sieb darüber gegossen und warm gestellt. Gleichzeitig werden 280 Gramm Reis rein gewaschen und mit Salz und leichter Fleischbrühe, daß derselbe ganz bleibt, ungefähr acht bis zehn Minuten gekocht; hierauf wird derselbe abgeseiht, in eine Schüssel gethan, mit indischem Safran und dem noch nöthigen Salz gewürzt, leicht geschwungen, dann in eine stark mit frischer Butter ausgestrichene Sturz-Casserolle gefüllt, im heißen Ofen gebacken, sodann auf eine Schüssel gestürzt und dem unterdessen angerichteten Fricassée beigegeben.

1090. Junge Hühner mit Reis auf italienische Art. Poulets au riz à l'Italienne.

Die jungen Hühner werden wie jene à la poêle zubereitet und weich gedünstet. Unterdessen werden 280 Gramm Karolinen-Reis mehrmals in lauwarmem Wasser gewaschen, abgeseiht, in eine Casserolle gethan, gesalzen, zwei kleine oder eine große Zwiebel, in die man zwei Gewürznelken eingedrückt hat, dazu gethan, mit fetter Geflügelbrühe, daß diese fingerdick darüber geht, begossen und eine halbe Stunde mit oben und unten angebrachter Gluth weich gedünstet, welches mit einiger Vorsicht geschehen muß, damit derselbe weich wird, jedoch ganz bleibt und die Körnchen leicht auseinanderfallen, denn rühren darf man nicht in demselben. Die Hälfte davon wird ganz locker auf eine Schüssel angerichtet, die Hühner aus der Braise gehoben, aufdressirt, darüber gelegt, mit der zweiten Hälfte des Reis gedeckt, etwas gute Geflügel-Essenz darüber gegossen und zu Tisch gegeben. Fein geriebener Parmesankäse wird extra mitservirt.

1091. Hühner mit Reis auf türkische Art. Poulets au Pilau.

Die Brüstchen von sechs jungen, rohen Hühnern werden ausgelöst, die Haut abgezogen und jedes Brüstchen in vier gleiche Theile geschnitten. 420 Gramm Reis werden rein gewaschen, abgeseiht, mit den Hühnerstückchen in eine Casserolle gethan, gehörig gesalzen, mit einem Eßlöffel voll fein geschnittenen und in Butter gelb gerösteten Zwiebeln gewürzt, mit Geflügelbrühe fingerdick übergossen, auf Kohlenfeuer weich gedünstet, dann erhaben in einer tiefen Schüssel angerichtet.

1092. Hühnerbrüstchen nach Vopallière. Filets de poulets à la Vopallière.

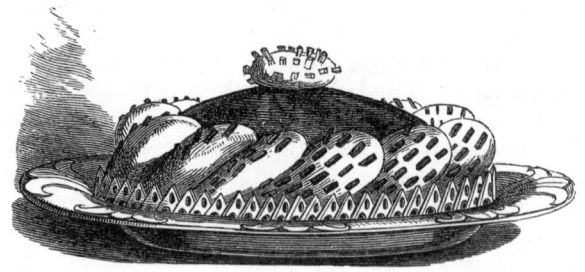

Für eine Tafel von zwölf Couverts werden sechs schöne junge Hühner rein ausgenommen, flammirt, die Brüstchen ausgelöst, die Haut davon abgezogen, diese mit recht schwarzen, vorher abgekochten Trüffeln sauber gespickt, sodann gesalzen und in einem plat à sauter mit klarer, frischer Butter eingerichtet und zugedeckt bei Seite gestellt. Von den Hühnerschlegeln wird mit den Trüffel=Abfällen und einer gut bereiteten sauce suprème ein Hachis bereitet, welches bis zum Gebrauche au bain-marie warm gestellt wird. Beim Anrichten wird dies Hachis heiß in einer bordirten Schüssel erhaben angerichtet, die Hühnerbrüstchen über dem brennenden Windofen schnell sautirt, im Kranze darüber angerichtet und nachdem sie schön glacirt und in ihre Mitte ein schön gespicktes, glacirtes Kalbsbrieschen gelegt wurde, wird diese trefflich schmeckende Speise sogleich zu Tisch gegeben.

1093. Hühnerbrüstchen auf neapolitanische Art. Filets de poulets à la Napolitaine.

Die nöthige Anzahl rein ausgelöster, junger Hühnerbrüstchen wird gesalzen, in klarer Butter schnell sautirt und dann zwischen zwei Deckeln bis zu ihrem völligen Erkalten leicht gepreßt. Unterdessen hat man 280 Gramm italienische Maccaroninudeln abgekocht, wie auch von den Hühner= schlegeln eine feine Farce bereitet, mit welcher die Hühnerbrüstchen messer= rückendick von einer Seite überstrichen und mit 1 Centimeter langen

Maccaroni = Röhrchen symmetrisch besteckt werden. In die Oeffnung der Röhrchen werden nach deren innerer Größe Trüffeln ausgestochen und eingesetzt. Wenn alle auf diese Weise beendet sind, wird in einen passenden plat à sauter gute Geflügelbraise gegossen, die Hühnerfilets eingelegt, oben mit feinen Speckscheibchen belegt, mit einer mit Butter bestrichenen Papierscheibe gedeckt und bis zum Gebrauche kalt gestellt. Die übrigen Maccaroninudeln werden in 3 Centimeter lange Stückchen geschnitten und in eine Casserolle gethan. Eine Viertelstunde vor dem Anrichten werden die Filets in eine Bratröhre gestellt, die Maccaroninudeln mit einigen Löffeln voll gut bereiteter kräftiger sauce tomate über dem Feuer geschwungen, mit geriebenem Parmesankäse untermengt, auf eine bordirte Schüssel recht heiß erhaben angerichtet und nachdem die Brüstchen zum Entfetten auf ein reines Tuch gelegt und schön glacirt wurden, werden sie, die Spitzen nach oben, in schönster Ordnung darüber gelegt und sogleich zu Tisch gegeben.

1094. Junge Hühner als Seekrebse. Poulets en homards.

Drei schöne junge Hühner werden leicht flammirt, ausgenommen und sorgfältig ausgebeint. Ferner wird von dem Brustfleische von drei alten Hühnern mit der nöthigen Krebsbutter eine haltbare zarte Farce bereitet, welche mit den kleinwürfelig geschnittenen Krebsschweifchen untermengt, in die ausgebeinten Hühner gleichmäßig gefüllt und nachdem man an die vordere Seite des Huhns eine Krebsnase, an die hintere Seite einen Krebsschweif sammt der Schale und da, wo die Flügel und Schlegel des Huhns sind, schöne große Krebsscheeren eingesteckt hat, wird die Rückseite des Huhns zugenäht, gehörig gesalzen und der Länge nach in eine gut ausgewaschene, geruchlose Serviette eingebunden. Drei Viertelstunden vor dem Anrichten werden die Hühner in einer guten Geflügelbraise sehr langsam gar gekocht, aus der Serviette genommen, auf eine passende Schüssel angerichtet und darüber eine in bester Eigenschaft bereitete, recht hochrothe Krebs=Sauce in der Art gegossen, daß sie die Hühner maskirt, welches dem Ganzen ein gutes Ansehen gibt. Es ist nöthig zu bemerken, daß aus den Abgängen und den Gerippen der jungen und alten Hühner eine Geflügelessenz gezogen und zu der Krebs=Sauce verwendet werden muß.

1095. Junge Hühner mit Schwämmen. Poulets aux champignons à l'Italienne.

Von drei bis vier jungen Hühnern werden, nachdem sie gut gereinigt, flammirt, ausgenommen und gewaschen sind, die Brüstchen sammt der Haut, wie auch die Schlegel abgelöst, mit Salz und Concassé bestreut, sodann mit Butter und etwas feinstem Oele in eine Casserolle eingerichtet und auf schwachem Feuer weich und lichtgelb gedünstet. Unterdessen wird eine Assiette voll fester weißer Champignons sehr rein gewaschen, die Stiele etwas abgeschnitten, auf ein reines Tuch zum Abtrocknen gelegt, feinblätterig geschnitten und über einem hellbrennenden Windofen mit einem Stück frischer Butter, etwas feingeschnittenen Zwiebeln und Petersilie nebst

dem nöthigen Salz schnell eingedünstet, dann etwas Citronensaft und Demi=
Glace darüber gegossen, leicht geschwungen und erhaben auf einer bordirten
Schüssel angerichtet. Die Hühnerstückchen werden im Kranze herumgelegt,
schön glacirt und die Essenz von den Hühnern, nachdem sie rein entfettet
ist, über das Ganze gegossen.

1096. Eine Provençale von jungen Hühnern. Poulets à la Provençale.

Die Hühner werden den vorhergehenden gleich verschnitten und auf
folgende Weise eingerichtet. Acht große Birnzwiebeln werden geschält, der
Länge nach in vier Theile getheilt und feinblätterig geschnitten. Eine gut
schließende Casserolle wird am Boden gut mit frischer Butter bestrichen,
die Hälfte der Zwiebeln darauf gestreut, über diese die Hälfte der Hühner=
stückchen gelegt, gehörig gesalzen, dann wieder Zwiebeln, über diese der
Rest der Hühner, welche wieder gesalzen, mit Concassé bestreut und über
das Ganze 140 Gramm feinstes Oel gegossen wird. Die Casserolle wird
auf Kohlenfeuer gesetzt, auf den Deckel ebenfalls Gluth gethan und so drei
Viertelstunden langsam gedünstet bis die Hühner mit den Zwiebeln weich,
goldgelb und der Saft davon auf Glace gefallen ist. Beim Anrichten wird
die Provençale rein entfettet, etwas gute Geflügelessenz und der Saft einer
Citrone dazu gepreßt, nochmals aufgekocht, in einer gut erwärmten Ragout=
schüssel erhaben mit den Zwiebeln angerichtet und sogleich zu Tisch gegeben.

1097. Junge Hühner à la Marengo. Poulets à la Marengo.

Einige gut gemästete, junge Hühner oder Hahnen werden gehörig
gereinigt und jedes nach der Regel in sechs Theile geschnitten. Dann
gießt man in eine flache Casserolle 140 Gramm feines Provencer=Oel,
ordnet die Hühnerstückchen hinein, bestreut sie mit dem nöthigen Salze,
würzt sie mit grob gestoßenem Pfeffer und geriebener Muskatnuß, gibt kleine
Zwiebelchen und Champignons, alle rein geschält und von jedem ungefähr
fünfundzwanzig Stück dazu, wie auch einige in Scheiben geschnittene Trüffeln.
Drei Viertelstunden vor dem Anrichten läßt man sie auf starkem Kohlen=
feuer dämpfen, bis sich die Hühnerstückchen lichtgelb gefärbt haben, gießt
alles Fett rein ab, gibt etwas braune Sauce, vier Löffel voll purée
tomate, ein Gläschen Madeira und den Saft einer halben Citrone dazu,
läßt alles zusammen nochmals aufkochen, richtet die Hühnerstückchen im
Kranze in einer tiefen Schüssel an und gibt das Kleinragout in ihre Mitte.

1098. Junges Hühner-Ragout nach Niçarde. Sauté de poulets à la Niçarde.

Drei schöne, gut gereinigte, junge Hühner werden, jedes Huhn in
fünf Theile, roh verschnitten; dann bestreicht man den Boden eines passenden
plat à sauter mit frischer Butter, gibt einige in Scheiben geschnittene
Zwiebeln, ein Bouquet Petersilie und eine halbe Zehe Knoblauch hinein,
legt die Hühnerstückchen darüber, salzt diese leicht und läßt sie über dem

Windofen schnell anbraten; hiernach stellt man sie in demselben plat à sauter über Kohlenfeuer, deckt sie zu und läßt sie langsam dünsten. Sind die Hühner nun ziemlich weich, wird die Butter abgeseiht, zwei Ober=tassen voll gute sauce espagnole, wie auch ein Glas Rheinwein darüber gegossen und zusammen vollends weich gedünstet. Beim Anrichten werden die Hühnerstücke, die schönen nach oben, in einer Bordüre von Maccaronis erhaben eingelegt, zugedeckt und warm gestellt. Die Sauce wird rein ent=fettet und dann durch ein Haartuch über zwölf vorher abgekochte, rund=geschälte Trüffeln, eben so viel weiße Champignons und aus den Kernen gedrehte und abgekochte grüne Oliven passirt; hierauf läßt man dies zu=sammen noch einmal aufkochen, nimmt das etwa noch aufsteigende Fett und den Schaum rein ab und gibt dann diese Sauce über die Hühner.

1099. Horli von jungen Hühnern. Horli de poulets.

Die jungen Hühner werden den vorhergehenden gleich gereinigt, flammirt, verschnitten, in eine irdene Schüssel gelegt, gehörig gesalzen, dann mit grobem Pfeffer, ganzer Petersilie, in Scheiben geschnittenen Schalotten, zwei Lorbeerblättern und dem Safte einer Citrone gewürzt und zugedeckt bei Seite gestellt. Eine halbe Stunde vor dem Anrichten werden die Hühnerstückchen von allen Zuthaten befreit, auf einer Serviette ab=getrocknet, jedes Stückchen in Mehl umgekehrt, dann aus heißem Schmalz lichtbraun im Safte gebacken, erhaben auf einer Schüssel angerichtet, mit ge=backenen Zwiebel=Ringen bekränzt, einige Löffel voll Demi=Glace, angenehm mit Citronensaft gesäuert, darunter gegossen und sogleich zu Tisch gegeben.

1100. Junge Hühner mit Reis gefüllt. Poulets farcis au riz.

Drei bis vier junge Hühner werden behutsam, daß die Haut nicht zerreißt, ausgenommen, rein ausgewaschen, die obere Brusthaut vom Fleische getrennt (untergriffen), welches mit Vorsicht geschehen muß, und zugedeckt kalt gestellt. Ferner werden 280 Gramm guter Mailänder Reis rein in lauwarmem Wasser gewaschen, in eine Casserolle gethan, mit einer Zwiebel, in die man eine Gewürznelke eingedrückt, nebst einem Stückchen Speck be=legt, gehörig gesalzen, mit guter, fetter Geflügel=Bouillon fingerdick über den Reis begossen, gut zugedeckt und so auf Kohlenfeuer weich und trocken gedünstet; es muß aber bemerkt werden, daß der Reis nicht gerührt werden darf, sondern ganz bleiben muß. Nach einigem Auskühlen wird der dritte Theil einer gekochten, geräucherten Ochsenzunge klein würfelig geschnitten, langsam unter den Reis melirt, die Hühner damit gefüllt und schön dressirt. Eine halbe Stunde vor dem Anrichten werden die Hühner am Spieß gebraten, sauber angerichtet, in ihre Mitte eine gute Demi=Glace gegossen und recht heiß zu Tisch gegeben.

1101. Junge Hühner mit Krebsen gefüllt. Poulets farcis aux écrevisses.

Drei bis vier junge Hühner werden wie die vorhergehenden ausge=

nommen, rein gewaschen, untergriffen und zugedeckt kalt gestellt. Von dreißig Krebsen wird eine schöne Krebsbutter bereitet und hievon mit dem Brustfleische von zwei alten Hühnern eine feine Farce gemacht (siehe Abschnitt 5, Geflügel-Farce mit Krebsbutter), unter welche die klein würfelig geschnittenen Krebsschweifchen melirt, die Hühner dann gefüllt, schön dressirt, gesalzen und eine halbe Stunde vor dem Gebrauche am Spieß gebraten werden. Beim Anrichten werden sie vom Spieß genommen, aufdressirt, angerichtet und etwas gute, kräftige Jüs darunter gegossen.

1102. Junge Hühner mit Gänselebern gefüllt. Poulets farcis au foie gras.

Ihre Vorbereitung haben auch diese wie die vorhergehenden. Ferner wird eine schöne oder zwei kleinere Gänselebern, jede in zwei Theile getheilt, alles Gallige rein ausgeschnitten, dann würfelig geschnitten und in eine Casserolle gethan. Ferner werden zwölf Champignons, acht Schalotten, etwas grüne Petersilie und drei Trüffeln rein geputzt, zusammen fein geschnitten, mit 140 Gramm sehr frischer Butter, dem nöthigen Salz und einer Messerspitze voll feiner Kräuter zu den Lebern gethan, zusammen auf Kohlenfeuer eine Viertelstunde gedünstet und nachdem die Lebern wieder kalt geworden sind, werden die Hühner damit gefüllt. Eine halbe Stunde vor dem Gebrauche werden sie bei hellem Feuer am Spieße gebraten, sodann abgenommen, sogleich angerichtet und eine kräftig bereitete Madeira-Sauce (siehe 2. Abschn., 2. Abth.) darüber gegossen.

1103. Junge Hühner mit Ragout Financier. Poulets à la financière.

Die gut gemästeten Hühner werden nach sorgfältiger Reinigung für Entrée dressirt, wie jene à la poêle eingerichtet und bei Seite gestellt. Eine Stunde vor dem Anrichten werden sie gehörig weich gedünstet, auf ein Tuch zum Entfetten gelegt, aufdressirt, schön glacirt und über ein in bester Eigenschaft bereitetes Ragout à la financière angerichtet.

1104. Am Rost gebratene Hühner. Poulets à la Tartare.

Zwei schöne, fette, junge Hühnchen werden gereinigt, sauber flammirt, rein ausgenommen, jedes in vier Theile getheilt, mit dem Haumesser etwas geschlagen, mit Salz und Pfeffer bestreut, jedes Stückchen in zerlassene Butter getaucht, mit geriebenem Mundbrode bestreut und so auf dem Roste über Kohlengluth gebraten. Sie werden im Kranze angerichtet und in die Mitte eine Sauce à la Tartare (siehe 2. Abschn., 3. Abth., bei den kalten Saucen) gegeben.

1105. Geschwungene Hühnerbrüstchen. Sauté de filets de poulets.

Die völlig ausgewachsenen, gut gefütterten, jungen Hühner werden leicht flammirt, ausgenommen, die Haut über der Brust der Länge nach durchgeschnitten, von der Brust abgezogen, die Schlegel der Hühner zurück-

gebogen, so daß die Brüste ganz frei sind. Die Brüstchen werden mit
einem sehr scharfen dünnen Messer von dem Brustbein behutsam, daß sie
nicht im mindesten beschädigt werden, herausgelöst. Ein jedes dieser Brüst=
chen hat an der inneren Seite, wo dasselbe angewachsen ist, noch ein Unter=
brüstchen (filet mignon), welches durch seine Sehnen sich von dem größern
scheidet. Diese werden von den größern abgezogen, die starke Sehne mit
dem Messer sorgfältig herausgelöst, ebenso von den größeren die äußere
Haut abgenommen, welches durch eine geschickte Führung des Messers und
längere Uebung mit Erfolg geschehen kann. Unterdessen wird ein Stück
sehr frische Butter geklärt, in einen plat à sauter gegossen, die Brüstchen
darin eingerichtet, gesalzen, mit klarer Butter übergossen, mit einer mit
Butter bestrichenen Papierscheibe gedeckt und bis zum Gebrauche kalt gestellt.
Einige Minuten vor dem Anrichten werden sie eine Minute lang über dem
hellbrennenden Windofen sautirt, die Butter abgeseiht, statt dieser einige
Löffel voll sauce veloutée, welche mit etwas Geflügel=Glace, Citronen=
saft, Salz und Concassé bis zum angenehmsten Geschmacke gehoben ist,
darüber gegossen, mit dieser nochmals geschwungen und so rundlaufend,
immer eine Brust und eine in gleicher Größe und Dicke geschnittene und
in klarer Butter gebackene Semmelschnitte gelegt, bis das Ganze einen
Kranz bildet. In die Mitte werden die Unterbrüstchen geordnet und
darüber die kochendheiße Sauce gegossen.

1106. Eine Suprême von Hühnerbrüstchen. Sauté de filets de poulets au suprême.

Die Brüstchen werden den vorhergehenden ganz gleich eingerichtet
und auch ebenso angerichtet, nur mit dem Unterschiede, daß in die Mitte
eine sauce suprême gegossen wird.

1107. Hühnerbrüstchen mit Trüffeln. Sauté de poulets aux truffes.

Die Hühnerbrüstchen werden den vorhergehenden gleich sautirt, je=
doch ohne Brodschnitten im Kranze angerichtet; in ihre Mitte kömmt ein
Trüffel=Ragout, über dieses werden die filets mignons gelegt und nach=
dem diese schön glacirt sind, wird es sogleich zu Tisch gegeben.

1108. Hühnerbrüstchen mit Ragout à la Toulouse. Sauté de filets de poulets à la Toulouse.

In den Kranz der vorherbeschriebenen Hühnerbrüstchen wird das
treffliche Ragout à la Toulouse erhaben angerichtet.

Ferner werden die geschwungenen Hühnerbrüstchen bei feinen Diners
mit dem besten Erfolge gegeben als:

1109. Hühnerbrüstchen mit Champignons. Sauté de filets de poulets aux champignons.

1110. Hühnerbrüstchen mit einem Ragout Montglas. Sauté
de filets de poulets à la Montglas.

1111. Hühnerbrüstchen mit gemischten Gemüsen. Sauté de filets
de poulets à la Macédoine.

1112. Hühnerbrüstchen mit Austern-Ragout. Sauté de filets
de poulets aux huîtres.

1113. Hühnerbrüstchen mit Ragout Financier. Sauté de filets
de poulets à la financière.

Die Zubereitung und das Anrichten haben sie mit den vorhergehenden
gemein; die jedesmal bezeichneten Kleinragouts finden sich im 7. Abschnitt.

1114. Hühnerbrüstchen mit gepökelter Junge. Sauté de filets
de poulets à l'écarlate.

Die Hühnerbrüstchen werden in klare Butter eingerichtet, über dem
Windofen eine Minute vorher geschwungen, die Butter abgeseiht, einige
Löffel voll sehr gut bereitete sauce veloutée darüber gegossen, nochmals
geschwungen und im Kranze über, statt der Semmelschnitten, in gleicher
Form aus vorher weich gekochter, hochrother Pökelzunge geschnittene
Blättchen abwechselnd angerichtet.   In ihre Mitte werden die in feine
Blättchen geschnittenen filets mignons und ein gleiches Quantum ebenso
geschnittene Zungenstückchen melirt und erhaben angerichtet und die kochend=
heiße kräftige weiße Sauce darüber gegossen.

1115. Geschwungene Hühnerbrüstchen à la royale.   Sauté
de filets de poulets à la royale.

Sie werden ebenso ausgelöst und die feinen Häutchen abgezogen, aber
die Oberfläche derselben wird zierlich und mit Geschmack mit recht schwarzen
in Madeira=Wein abgekochten Trüffeln dekorirt, welches auf folgende Weise
geschehen muß. Es werden mit feinen Ausstechern, welche aus weißem
Blech gefertigt sind, verschiedene Models ausgestochen, z. B. Blätter,
Sterne, kleine Arabesken 2c. Diese werden an eine Spicknadel angesteckt,
in abgeschlagenes Eierklar leicht eingetaucht und über die breite Seite der
Filets leicht aufgedrückt und sobald eines derselben dekorirt ist, wird es
sehr sorgsam in klare Butter, den vorhergehenden gleich, eingerichtet, und
wenn die nöthige Zahl vollendet ist, wird über die Filets zerlassene, lau=
warme Butter gegossen und zugedeckt bei Seite gestellt. Kurz vor dem An=
richten werden sie auf Kohlenfeuer gestellt, über den Deckel ebenfalls glühende
Kohlen gethan und so gar gemacht. Ein in bester Eigenschaft bereitetes
Ragout à la reine (siehe Abschn. 7) wird in einer, mit einem schönen
Teigrand aufgesetzten Schüssel erhaben recht heiß angerichtet, die Filets be=
hutsam auf ein reines Tuch zum Entfetten gelegt und die Spitzen nach
innen in schöner Ordnung darüber gethan. Die richtige Bereitung dieser

Speise in Betreff des feinen Geschmacks wie auch der Zierlichkeit erfordert Uebung und eine geschickte Hand, denn ein solches Gericht erscheint auf den Tafeln der Reichen als der Typus der modernen Küche und wenige Gerichte gibt es, die diesem gleich gestellt werden können.

1116. Junge Hühnerbrüstchen à l'imperiale. Filets de poulets à l'imperiale.

Von sechs schönen, jungen Hühnern werden die Brüstchen ausgelöst und nach Nr. 1105 zubereitet und ebenso in klarer Butter eingerichtet. Der Abfall von den Filets wie auch das Schlegelfleisch wird fein gestoßen, durch ein Haarsieb gestrichen, dann in eine irdene Schüssel gethan und mit unabgekochtem Doppelrahm ganz fein zu einer püreeartigen Masse verrührt; dieselbe wird leicht gesalzen und mit etwas Muskatnuß gewürzt. Alsdann werden zwölf Stück niedere, blecherne Herzförmchen, welche eben so groß als die Hühnerbrüstchen sein müssen, mit Butter ausgestrichen und am Boden derselben eine schöne Rosette von ausgestochenen Trüffeln eingelegt. Die Förmchen werden alsdann mit der Hühnermasse angefüllt und dieselbe dann au bain-marie langsam gar gemacht. Kurz vor dem Anrichten werden nun die Hühnerbrüstchen sautirt, die Butter rein abgeseiht und etwas sauce suprême, unter welche ein wenig Doppelrahm gerührt wurde, darüber gegossen. Währenddem hat man in eine Schüssel eine niedere Reiskruste (croustade de riz) gethan, in welche man abwechselnd ein Hühnerfilet mit einem Farce-Filet recht zierlich und geschmackvoll im Kranze aufdressirt. In ihre Mitte wird ein Sauté von Champignons mit einer sauce suprême, à la crême bereitet, erhaben angerichtet, und ein Theil der Sauce in einer Saucière extra beigegeben.

Dieses schöne und für den Kenner stets willkommene Gericht muß mit Sorgfalt und feinem Geschmack ausgeführt werden.

1117. Gespickte Hühnerbrüstchen à la Conti. Filets de poulets piqués à la Conti.

Die Hühnerbrüstchen werden wie die vorhergehenden ausgelöst, rein zugeschnitten, schön fein gespickt, gesalzen und in eine Schwung-Casserolle, welche mit Krebsbutter ausgestrichen ist, die Spitzen nach innen etwas eingebogen, eines an das andere eingerichtet, mit etwas Glace und Consommé übergossen und zugedeckt bei Seite gestellt. Eine Viertelstunde vor dem Anrichten werden sie mit oben und unten angebrachter Kohlengluth gedämpft, bis sich der Speck lichtbraun gefärbt und sie in ihrer eigenen Glace schön glänzend erscheinen. Sie werden über ein Püree von Krammetsvögeln, Schnepfen oder Fasan, welches recht kräftig und wohlschmeckend bereitet wurde, angerichtet (siehe Abschn. 4, Bereitung der Pürees).

Ferner erscheinen die gespickten Hühnerbrüste als:

1118. Gespickte Hühnerbrüste mit Trüffel-Püree. Filets de poulets piqués à la purée de truffes.

1119. Gespickte Hühnerbrüste mit Champignons-Püree. Filets de poulets piqués à la purée de champignons.

1120. Gespickte Hühnerbrüste mit feinen Pflückerbsen. Filets de poulets piqués aux petis pois verts.

1121. Gespickte Hühnerbrüste mit Sauerampfer-Püree. Filets de poulets piqués à la purée d'oseille.

1122. Gespickte Hühnerbrüstchen mit Endivien-Püree. Filets de poulets piqués à la purée de chicorée.

Die Bereitung der genannten Pürees findet sich im 4. Abschnitt. Die richtige Bereitung der Filets ist zwar sehr einfach, allein sie erfordert dennoch viel Aufmerksamkeit, um diese schönen und schmackhaften Speisen gelungen zu Tisch zu geben. Schönes Spicken ist die erste Bedingung, an diese reiht sich das Dämpfen derselben; das Feuer muß von oben stark einwirken, daß der Speck in vier Minuten gefärbt, die Glace und das Consommé mit dem aus den Filets entquellenden Safte sich schnell reducirt und die Brüstchen so zu sagen in ihrem Safte schön glacirt erscheinen. Werden die Filets bei dem Garmachen durch Unkenntniß vernachlässigt, so werden sie zähe und trocken und das Ganze würde seinen Werth verlieren und von dem Kenner als verdorben betrachtet werden.

1123. Hühnerbrüstchen mit Trüffeln à la Morland. Filets de poulets à la Morland.

Von den nöthigen schönen, jungen Hühnern werden die Filets ausgelöst, jedoch ohne die Haut davon abzunehmen, gesalzen, in mit etwas Wasser abgeschlagenem Eierklar durchzogen und reichlich mit ganz fein hachirten Trüffeln besäet, mit dem Messer schön geformt, in klare Butter eingerichtet und zugedeckt kalt gestellt. Beim Anrichten werden sie in zwei Minuten auf dem Windofen sautirt, zum Entfetten auf ein Tuch gelegt, im Kranze angerichtet und in deren Mitte ein recht weiß bereitetes Geflügel-Püree gegeben, und nachdem das Ganze noch mit etwas Geflügel-Demi-Glace übergossen wurde, zu Tisch gegeben.

1124. Gespickte Hühnerbrüste à la Cardinal. Filets de poulets piqués à la Cardinal.

Die Brüstchen werden den vorhergehenden gleich gespickt, nur wird nach dem Spicken in jedes Brüstchen an die Spitze eine abgekochte Krebsscheere, welche stets die rechte sein muß, gesteckt. Beim Anrichten werden die Filets stehend im Kranze geordnet, wo eine Scheere die andere berühren muß, um dadurch ein Oberkränzchen zu bilden. Die Filets werden nochmals schön glacirt und in die Mitte ein recht hochrothes Krebsschweifchen-Kleinragout angerichtet.

1125. Turban von Hühnerbrüstchen. Turban de filets de volaille.

Aus sechs Stück völlig ausgewachsenen, gut gefütterten jungen Hühnern werden die Filets ausgelöst, die filets mignons von den großen getrennt, und vier von den großen fein gespickt, vier mit schwarzen Trüffeln und mit gekochter, hochrother, gepökelter Zunge bigarrirt. Die zwölf filets mignons werden ebenso eingetheilt und behandelt und dann in klare Butter eingerichtet. Ferner wird von Geflügel-Farce auf eine flache, runde Schüssel ein Kranz aufgesetzt, welcher von außen glatt gestrichen und in die innere Oeffnung desselben ein Mundbrod eingepaßt wird. Die Filets werden, die Spitzen nach oben, schräglaufend, an diesem Farce=Kranz, der vorher mit einem geschlagenen Ei bestrichen wurde, jedesmal ein gespicktes, ein mit Trüffeln, dann ein mit Zunge eingelegtes Filet herumgesetzt und die Spitzen der Filets nach innen eingebogen. Die filets mignons werden zwischen den großen abwechselnd und in schönster Ordnung angebracht. Das Ganze wird von außen leicht gesalzen, mit dünnen Speckbarden ganz überlegt, mit einer Papierscheibe gedeckt und eine halbe Stunde vor dem Anrichten in einen nicht sehr heißen Backofen gestellt und langsam gebacken. Aus dem Ofen kommend, wird alles Fett rein abgenommen, das Brod aus der Mitte gethan, die Filets von außen schön mit blonder Geflügel=Glace bestrichen und nachdem der innere Raum noch mit einem recht heißen und gut bereiteten Ragout à la Toulouse (siehe Abschn. 7) angefüllt worden ist, wird diese schöne Speise sogleich zu Tisch gegeben.

1126. Hühnerschlegel auf dem Roste. Cuisses de poulets grillées.

Hiezu werden die von den Filets in Rest gebliebenen Hühner= schlegel genommen. Sie werden möglichst groß sammt der Haut von den Gerippen gelöst, der Fuß bis zum ersten Gelenke abgehauen, die Rohr= beine ausgelöst und die abgehauene zugestutzte Klaue hineingesteckt, die Haut rund abgeschnitten, nach innen eingebogen, mit dem Messer etwas darüber gehackt, daß die Schlegel eine runde gefällige Form bekommen. Sie werden sodann mit Salz und Pfeffer bestreut, in zerlassene Butter getaucht, mit geriebenem Brode besäet, dieses gut angedrückt und eine Viertelstunde vor dem Anrichten am Rost gebraten. Vom Roste werden sie rundlaufend, die Beinchen nach oben im Kranze angerichtet und eine kräftige angenehm mit Citronensaft gesäuerte Jüs darunter gegossen.

1127. Hühnerschlegel mit feinen Kräutern. Cuisses de poulets aux fines herbes.

Die Hühnerschlegel werden wie die vorhergehenden abgelöst, aus= gebeint, innen leicht gesalzen, mit feinen Kräutern bestrichen, mit Faden zu= sammengezogen, in eine mit Butter ausgestrichene Casserolle eingerichtet, mit feinen Kräutern bestreut, gehörig gesalzen und zugedeckt über Kohlen= feuer weich gedünstet. Kurz vor dem Anrichten wird alles Fett rein ab= genommen, $^3/_{10}$ Liter braune Coulis (sauce espagnole) darüber gegossen,

zusammen aufgekocht, angenehm mit Citronensaft gesäuert und nachdem
die Schlegel im Kranze angerichtet worden, wird die heiße Sauce in die
Mitte gegossen.

1128. Kaltes Hühner-Fricassé mit Fleischsulz. Chaud-froid
de poulets à la gelée.

Drei schöne, junge Hühner werden, nach reinlicher Vorbereitung à la
poêle gar gemacht, das heißt in der weißen Braise gedämpft und, wenn
sie kalt sind, schön verschnitten, nämlich zwei Schlegel, zwei Flügel und
ein Bruststückchen, wovon überall die Haut abgezogen, und zugedeckt kalt
gestellt. Die Braise, worin die Hühner gedämpft wurden, wird geseiht,
sehr rein entfettet und mit $^5/_{10}$ Liter weißer Coulis und $^3/_{10}$ Liter Fleisch=
sulz über dem hellbrennenden Windofen unter beständigem Rühren bis
die Sauce dickfließend vom Löffel läuft, eingekocht. Sie wird sodann
durch ein Haartuch in eine Porzellan=Schale gepreßt, gehörig gesalzen,
die Schale über gestoßenes Eis gestellt und so lange gerührt, bis sie zu
stocken anfängt. Ein jedes dieser Stückchen wird an die Gabel gesteckt,
durch die Sauce gezogen und auf einen flachen Casserolle=Deckel gelegt.
Unterdessen hat man die Schüssel, worin es angerichtet werden soll, auf's
Eis gestellt und die Vertiefung mit Fleischsulz angefüllt und wenn diese
gut gestockt ist, werden die Schlegel in schöner Ordnung darüber gelegt,
über diese die Flügel und obenauf die Brüstchen. Der Rand der Schüssel
wird zierlich mit Aspicschnitten besetzt, welches dem Ganzen ein schönes
Ansehen gibt.

1129. Mayonnaise von Hühnern. Mayonnaise de poulets.

Die jungen Hühner werden in der weißen Braise abgekocht, wenn sie
darin kalt geworden, herausgenommen, wie die vorhergehenden verschnitten
und in einen Porzellantopf mit Citronensaft, etwas Oel und Salz eine
Stunde marinirt. Unterdessen wird eine Mayonnaise bereitet (siehe 2.
Abschnitt, 3. Abth. bei den kalten Saucen). Die zum Anrichten bestimmte
Schüssel wird mit Aspic fingerdick begossen und nachdem diese darin ge=
stockt ist, werden die Hühnerstückchen wie die vorhergehenden an die Gabel
gesteckt und durch die Mayonnaise gezogen, dann erhaben und in schöner

Ordnung angerichtet. Der Rand der Schüssel wird mit Aspic-Croutons zierlich garnirt.

1130. Hühner-Salat. Salade de poulets.

Vier schöne junge Hühner werden gut gereinigt und im vollen Safte ganz weiß am Spieß gebraten Nachdem sie erkaltet sind, werden sie nach der Regel sehr sauber verschnitten, welches mit vieler Aufmerksamkeit geschehen muß, denn nichts ist weniger ansprechend, als ein schlecht geschnittenes Huhn, besonders aber zu dieser Speise. Die Hühnerstücke werden sodann in eine Porzellanschale gethan, mit sechs Eßlöffeln voll Oel, eben so viel Estragonessig, dem nöthigen Salz und Pfeffer gewürzt und zugedeckt eine Stunde marinirt. Unterdessen werden aus sechs Häuptchen schönem, gelben, festen Kopfsalat die Herzchen ausgeschnitten, die übrigen schönen Blättchen nudelartig in Streifen geschnitten, Alles zusammen rein gewaschen und in einer Serviette geschwungen, daß das Wasser genau davon kömmt. Der geschnittene Salat wird mit Oel, Essig, Pfeffer, Salz und etwas geschnittenen Estragon- und Pimpernell-Blättchen gut angemacht und die Vertiefung der hierzu bestimmten flachen Porzellanschüssel damit belegt. Die Hühnerstückchen werden auf diese Weise darüber gelegt, daß zuerst die Schlegel, über diese die Flügel und zuletzt die Brüstchen erhaben aufgerichtet werden. Als Einfassung werden rund herum in vier Theile geschnittene, unten abgestutzte hart gekochte Eier aufgestellt, zwischen welche jedesmal die je nach ihrer Größe in zwei oder vier Theile geschnittenen Salat-Herzchen gestellt werden, welches dem Ganzen ein gefälliges Ansehen gibt. Zuletzt wird der Salat mit der von den Hühnern übrig gebliebenen Oel-Sauce begossen.

1131. Hühnerbrüstchen mit Mayonnaise und gemischten Gemüsen. Filets de poulets en mayonnaise à la jardinière.

Von sechs jungen Hühnern werden die Brüstchen ausgelöst, in klarer Butter sautirt und bis sie kalt sind zwischen zwei Casserolle-Deckeln etwas breit gepreßt. Unterdessen bereitet man eine sehr weiße Mayonnaise. Die Hühnerbrüstchen werden recht schön und in gleicher Größe zugeschnitten, durch die Mayonnaise gezogen, auf einen Plafond (flaches, rundes Blech mit 3 Centimeter hohem Rande) gelegt, oben mit Trüffeln in schöner Zeichnung und mit Geschmack belegt und wenn alle so beendet sind, wird über dieselben die kalt gewordene, beinahe sulzende, recht heiß gehaltene Aspic gegossen, welche einen glänzenden Spiegel erzeugt und den Filets ein sehr schönes Ansehen gibt. Zu gleicher Zeit hat man die Vertiefung der hierzu bestimmten flachen Porzellan- oder noch besser Krystall-Platte mit Aspic angegossen, über welche, wenn sie fest gestockt ist, die Hühnerfilets im Kranze, die Spitzen nach unten, aufgestellt werden, welches mit einiger Mühe und Geschicklichkeit geschehen muß. In die Mitte wird Salat von gemischten jungen Gemüsen erhaben angerichtet und der Rand der Schüssel mit kleinen runden Caviar-Croutons, zwischen jedes ein

Krebsschweifchen gelegt, bekränzt, welches dieser eleganten Speise noch ein höheres Ansehen gibt. Der Salat à la jardinière wird auf folgende Weise bereitet. Sechs Stück große, gelbe, sechs Stück weiße Rüben werden mit einem kleinen, runden Bohrer erbsengroß ausgebohrt, blanchirt, jedes für sich weich gedünstet und mit einem gleichen Quantum recht grün blanchirter, würfelig geschnittener Bohnen, eben so viel Spargelspitzen, Pflückerbsen und desgleichen in Salzwasser abgekochter kleiner Blumenkohl= Röschen, alles gut abgetropft, zusammen in eine Schale gethan und hievon ein guter Salat angemacht, welcher erhaben in der Mitte der Mayonnaise angerichtet wird.

1132. Hühnerfilets in kalter Ravigote. Filets de poulets à la ravigote froide.

Sie werden den vorhergehenden gleich zubereitet, nur mit dem Unter= schiede, daß sie durch eine grüne Sauce (ravigote) gezogen und in die Mitte eines recht hell bereiteten Aspic=Reifes (bordure d'aspic) erhaben angerichtet werden. Um diese Speise noch zu erhöhen, kann der Aspic= Reif mit Krebsschweifchen, gefüllten Oliven, rollirten Sardellen u. dgl. zierlich ausgelegt werden. Die Bereitung der sauce à la ravigote ist im 2. Abschn., 3. Abth. angegeben.

34. Abschnitt.

Von der Taube. Du pigeon.

Da man die Tauben fast das ganze Jahr hindurch haben kann, so muß ich besonders bemerken, daß nur die jungen eine gute Speise geben und unter diesen nur eigentlich solche, die sich noch nicht gepaart haben. Denn nur so lange als sie noch nicht ausgewachsene Federn haben, sind sie zart und wohlschmeckend. Das Fleisch alter Tauben hat an und für sich wenig Werth und dient nur zu guten Suppen oder Farcen. Nach obigen Erörterungen ist es leicht, die jungen von den alten zu erkennen. Wildtauben gibt es in manchen Gegenden sehr viele, und man hält die Turteltaube für besser, als die Lach- und Ringeltaube und jene nur zur Zeit der Getreideernte. Außer dieser Zeit sind sie sehr mager und ihr Fleisch ist ohne allen Wohlgeschmack.

1133. Gebratene Tauben. Pigeons rôtis.

Man wählt hierzu die jungen, fetten Tauben, welche zur Zeit der grünen Erbsen am besten sind. Sie werden einen Tag vorher gerupft. des andern Tags vollends gut gereinigt, gesalzen, mit Weinlaub und Speck umbunden und im Safte am Spieß gebraten, etwas kräftige Jüs wird beim Anrichten darunter gegossen.

1134. Tauben mit grünen Erbsen. Pigeons aux pois verts, ou pigeons en compôte.

Die jungen Täubchen werden gut gereinigt, die Füße unter der Haut eingesteckt, schnell blanchirt, abgekühlt, dann in einer Braise weich gedämpft, ausgehoben und kalt gestellt. Die Braise wird geseiht, sehr

rein entfettet und mit $^5/_{10}$ Liter weißer Sauce über dem Windofen, bis
sie sich vom Löffel spinnt, eingekocht, dann durch ein Haartuch in eine
Sauce-Casserolle gepreßt und au bain-marie warm gestellt. Unterdessen
hat man $^5/_{10}$ Liter sehr feine und frische Pflückerbsen in gesalzenem Wasser
fünf Minuten abgekocht und auf einem Sieb abtropfen lassen. Die
Täubchen werden sodann halbirt, rein zugestutzt, in eine flache Casserolle
geordnet, die Erbsen mit der nöthigen Sauce dazu gethan, mit etwas
Zucker, Concassé und Glace gewürzt, zusammen nochmals aufgekocht,
gehörig gesalzen und nachdem die Täubchen im Kranze in einer bordirten
Schüssel angerichtet worden sind, gibt man die Erbsen in ihre Mitte.

1135. Tauben mit feinen Kräutern.   Pigeons aux fines herbes.

Sechs schöne, junge Täubchen werden gereinigt, halbirt, mit dem
Cotelette-Messer etwas breit geschlagen, dann in Butter mit feinen Kräutern,
welche aus feingeschnittenen Champignons, Schalotten und Petersilie, von
jedem ein Eßlöffel voll, bestehen, in einem plat à sauter eingerichtet, mit
dem nöthigen Salz bestreut und so auf Kohlenfeuer eine halbe Stunde,
wobei von Zeit zu Zeit etwas gute Jüs zugegossen wird, sehr langsam
gedünstet, wobei man besonders Acht haben muß, daß das feine Kräutchen nicht anbrennt. Wenn die Täubchen weich sind, wird alles Fett
rein abgenommen, $^3/_{10}$ Liter gute braune Sauce darüber gegossen, zusammen nochmals aufgekocht, der Saft einer Citrone dazu gepreßt und
den vorhergehenden gleich angerichtet.

1136. Tauben-Coteletten mit Oliven.   Côtelettes de pigeons aux olives.

Sieben Stück schöne, junge Tauben, die schon Tags zuvor geschlachtet
wurden, werden flammirt, rein ausgenommen, in der Mitte halbirt, alle
Beinchen ausgelöst, bis auf das Schenkelbein, welches man halb abstutzt
und als Cotelette-Beinchen benutzt. Die Tauben werden nun leicht gesalzen, in einem plat à sauter mit Butter eingerichtet und über dem
Windofen bis zum Steifsein sautirt. Hiernach werden sie herausgenommen
und zwischen zwei flachen Casserolledeckeln, bis sie kalt geworden sind, gepreßt. Sodann werden dieselben wie Coteletten egal zugeschnitten und
die Beinchen abgeschabt; darauf werden diese Coteletten in zerlassene,
frische Butter, welche mit drei Eßlöffeln voll Glace und zwei rohen Eidottern gut verrührt wurde, eingetaucht, mit geriebenem, feinem Mundbrode panirt und zugedeckt kalt gestellt. Unterdessen wird das nöthige
Quantum recht grüner Oliven von den Steinen abgedreht, dieselben
herausgenommen, statt deren etwas feine Geflügel-Farce eingefüllt und
dann in einer sehr kräftigen sauce espagnole mit Madeira-Wein aufgekocht und darnach rein abgeschäumt. Die Tauben-Coteletten werden zwölf
Minuten vor dem Gebrauche auf dem Roste lichtbraun gebraten und über
einer Reis- oder Brodkruste au miraton angerichtet; das Oliven-Ragout
wird in deren Mitte sehr heiß gegeben.

**1137. Taubenbrüſtchen à la Pompadour.   Filets de pigeons
à la Pompadour.**

Von acht jungen, völlig ausgewachſenen Tauben werden die Brüſtchen
ausgelöſt und dieſelben mit dem naßgemachten Meſſerheſte etwas breit
geſchlagen, ſauber zugeſchnitten, wenig geſalzen und in klarer Butter leicht
ſautirt. Nachdem ſie kalt geworden ſind, werden ſie mit Geflügel-Farce,
unter welche man zwei fein hachirte Trüffeln gerührt hat, auf beiden
Seiten glatt überſtrichen und wieder in Butter eingerichtet. Kurz vor
dem Gebrauche werden die Filets, bis die Farce gar iſt, auf beiden Seiten
langſam ſautirt, dann zum Entfetten auf ein Tuch gelegt, ſchön glacirt
und im Kranze über eine Reis- oder Brodkruſte zierlich angerichtet. In
die Mitte derſelben wird ein von Gänſelebern, Champignons und guter
Madeira-Sauce bereitetes Klein-Ragout erhaben gegeben.

1138. Matelote von Tauben.   Matelote de pigeons.

Die jungen Täubchen werden, nachdem ſie gut gereinigt und die
Füße eingeſteckt ſind, in einer mit weißem Wein bereiteten Kräuter-Marinade (ſiehe Abſchnitt 3) gedünſtet, halbirt, in einer bordirten Schüſſel im
Kranze angerichtet, ſchön glacirt und ein in beſter Eigenſchaft bereitetes
ragoût à la matelote (ſiehe Abſchnitt 7) in die Mitte gegeben.

**1139. Junge Tauben mit Spargelſpitzen.   Pigeons aux pointes
d'asperges.**

Die jungen, fetten Täubchen, werden gereinigt, in geſalzenem Waſſer
eine Minute gekocht, dann in friſchem Waſſer abgekühlt und abgetrocknet.
Hiernach werden dieſelben mit einem Stückchen friſcher Butter, einer
Zwiebel, einer gelben Rübe, etwas Peterſilie und dem nöthigen Salze
einige Minuten über dem Feuer geröſtet, dann etwas Mehl darüber geſtäubt,
mit guter Fleiſchbrühe angerührt und eine halbe Stunde langſam gekocht,
wo man von Zeit zu Zeit Schaum und Fett rein abnimmt. Wenn ſie
weich ſind, werden ſie in eine andere Caſſerolle gethan, warm geſtellt, die
Sauce zur gehörigen Dicke eingekocht, mit dem Gelben von vier Eiern
legirt, mit etwas Zucker, Citronenſaft, Glace und dem noch fehlenden Salze
bis zum angenehmſten Geſchmacke gehoben und in einer Saucen-Caſſerolle
über zwei Obertaſſen voll vorher in geſalzenem Waſſer recht grün gekochten
Spargelſpitzen durch ein Haartuch gepreßt und bis zum Gebrauche au
bain-marie heiß geſtellt. Die Täubchen werden in einer bordirten Schüſſel
angerichtet und die Spargelſpitzen darüber gelegt.

**1140. Junge Täubchen am Roſt gebraten.   Côtelettes
de pigeons.**

Die Täubchen werden, nachdem ſie reinlich vorbereitet und die Füße
derſelben eingeſteckt, halbirt, mit dem Cotelette-Meſſer etwas breit geſchlagen, rein zugeſchnitten, mit Salz und Pfeffer gewürzt, in zerlaſſene,

frische Butter getaucht und mit geriebenem Brode besäet. Eine halbe Stunde vor dem Gebrauche werden sie über Kohlengluth auf dem Roste lichtbraun gebraten, im Kranze angerichtet und etwas gute, kräftige Coteletten=Jüs darunter gegossen.

Ferner werden die jungen Täubchen noch gegeben als:

1141. Junge Täubchen mit Wurzel-Ragout. Pigeons à la Nivernaise.

1142. Junge Täubchen mit jungen Gemüsen. Pigeons à la jardinière.

Die jungen Täubchen werden wie die jungen Hühner in der Braise weich gedämpft, dann über die bezeichneten Ragouts von Gemüsen angerichtet.

1143. Gefüllte Tauben. Pigeons farcis.

Hier weise ich auf den vorhergehenden Abschnitt zurück, indem Alles, was bei dem gefüllten Huhn gesagt wurde, auch für die Täubchen gilt.

35. Abschnitt.

Von der Wildente.   Du canard sauvage.

Es gibt verschiedene Sorten von Wildenten, die sich theils durch ihre Größe, theils durch ihr Gefieder von einander unterscheiden. Wie z. B. die Stockente, die Spitzente, die graue, auch braune Ente genannt, dann die Kriekente, die Kriechente, Sarcelli, die rothbrüstige Bläßente und die Löffelente oder Breitschnabel genannt. Unter diesen verschiedenen Gattungen von Wildenten sind die Kriechentchen die kleinsten, aber allen übrigen vorzuziehen. Es ist jedoch zu bemerken, daß die Wildenten nicht zu lange geschossen sein dürfen, ehe sie gebraucht werden sollen; dies zeigt sich am besten da, wo die Gedärme liegen: ist nämlich die Fetthaut dieser Stelle fest und weiß, so ist die Ente frisch, ist sie aber an dieser Stelle grün, weich und aufgelöst, so ist schon Fäulniß da, und Geruch und Ansehen zeigen von Verdorbensein. Denn das, was man an verschiedenen Arten Federwildpret mortificirt nennt und was diesem, wie z. B. dem Fasan, Feldhuhn, der Waldschnepfe ꝛc. den eigenthümlichen Wohlgeschmack (haut goût) gibt, das macht die Wildente wie alle Arten Wasservögel unbrauchbar, weil ihr Fleisch viel eher in Fäulniß übergeht. Ihre vollkommene Güte erlangen die Wildenten im Herbste, wo sie sich auf den abgeernteten Feldern sattsam gemästet, wodurch ihr Fleisch ungemein zart und saftreich wird und von gutem Geschmacke ist.

1144. Gebratene Wildente.   Canard sauvage rôti.

Die Wildenten werden rein gerupft, über dem hellbrennenden Wind=
ofen flammirt, rein ausgenommen, schnell gewaschen und für Braten dressirt.
Eine halbe Stunde vor dem Anrichten werden sie an den Spieß gesteckt
und bei hellem Feuer gebraten; sie müssen auflaufen und eine goldgelbe
croquante Haut haben.   Sodann werden sie vom Spieß genommen, auf=
dressirt, auf einer Bratenschüssel angerichtet und eine sehr kräftige, an=
genehm mit Citronensaft gesäuerte Bratenjüs darunter gegossen.

1145. Wildentenbrüste mit Orangen.   Filets de canards sauvages, ou de cercelles à l'orange.

Sie werden wie die vorhergehenden im vollen Safte am Spieße ge=
braten; wenn sie vom Spieß kommen, werden die Brüstchen rein von den
Entchen ausgelöst, über der Haut messerrückentief mehrmals der Länge
nach eingeschnitten, auf einer Schüssel im Kranze angerichtet und folgende
Sauce ganz heiß darüber gegossen.

Von zwei bittern Orangen wird die gelbe Schale recht behutsam und
dünn abgelöst, diese länglich fein geschnitten, dann mit sechs Eßlöffeln
voll guter Jüs, dem Saft der zwei Orangen, eben so viel Citronensaft,
einem Stückchen Glace, Salz und Concassé zusammen aufgekocht und über
die Wildentenbrüstchen gegossen.

1146. Salmy von Wildenten.   Salmis de canards sauvages.

Die Wildentchen werden im Safte am Spieß gebraten und wenn sie
beinahe kalt geworden sind, schön für Ragout verschnitten, nämlich zwei
Schlegel, zwei Flügel und die Brust ebenfalls in zwei Theile. Die sämmt=
lichen Abfälle werden klein zerhackt, in eine Casserolle gethan, mit guter
Jüs begossen, eine halbe Stunde gekocht, dann durch ein Haartuch geseiht,
sehr rein entfettet und über dem hellbrennenden Windofen mit $^5/_{10}$ Liter
guter brauner Coulis und einem Glas Madeira=Sec oder einer halben
Bouteille Bordeaux=Wein unter beständigem Rühren dickfließend eingekocht,
sodann gehörig gesalzen, mit einem Stückchen Glace und dem Safte einer
halben Citrone noch im Geschmack gehoben und durch ein Haartuch über
die Entenstückchen gepreßt und au bain-marie heiß gestellt.   Beim An=
richten wird das Salmy in einer Ragout=Schale schön erhaben angerichtet
und außen herum mit kleinen in klarer Butter gelb gerösteten Brodherzchen
bekränzt und recht heiß zu Tisch gegeben.

1147. Salmy von Wildenten mit Oliven.   Salmis de canards sauvages aux olives.

Die gut gereinigten Wildenten werden über der Brust mit Citronen=
saft eingerieben, dann mit Speckscheiben, Zwiebeln, gelben Rüben, Porri,
Lorbeerblatt, einigen Pfefferkörnern und Salz in eine gut schließende Casse=
rolle eingerichtet, mit einer halben Bouteille rothem Wein begossen und
auf Kohlenfeuer weich gedämpft.   Hierauf werden die Enten ausgehoben

und kalt gestellt, die Essenz wird geseiht, sehr rein entfettet und mit der nöthigen braunen Sauce eingekocht, über ein Glas voll aus den Kernen geschnittenen Oliven in eine Casserolle gepreßt und zusammen noch einige Minuten gekocht, dann wird die Sauce nochmals abgeschäumt und au bain-marie warm gestellt. Beim Anrichten werden die vorher schön verschnittenen und mit rothem Wein erwärmten Enten in einer Ragout-Schale angerichtet und nachdem die Oliven-Sauce im Geschmack nichts zu wünschen übrig läßt, wird sie über die Enten angerichtet.

1148. Kriechentchenbrüstchen mit Trüffel-Sauce. Filets de cercelles à la Périgeux.

Man bereitet eine recht gute, kräftige Trüffel-Sauce (siehe Abschn. 2), welche in einer Saucen-Casserolle au bain-marie warm gestellt wird. Die Kriechenten werden nach gehöriger reinlicher Vorbereitung an einen Vogelspieß gesteckt, dieser an den größern festgebunden, über der Brust mit Citronensaft eingerieben und in zwanzig Minuten bei hellem Feuer gebraten. Die Zeit des Bratens muß so bemessen sein, daß, wenn sie vom Spieß kommen, die Brüstchen sogleich geschickt ausgelöst, messerrückentief eingeschnitten, im Kranze angerichtet, schön glacirt und nachdem die kochendheiße Trüffel-Sauce in ihre Mitte gegossen wurde, sogleich zur Tafel gegeben werden können.

1149. Kriechentchenbrüstchen à la Conti. Sauté de filets de cercelles à la Conti.

Zu dem obigen wie auch zu diesem Gerichte sind mindestens sechs Stück kleine Entchen nöthig; aus diesen werden die Brüstchen ausgelöst, etwas breit geschlagen, die Haut durch eine geschickte Führung des Messers abgelöst, die Filets alle in gleicher Form schön zugeschnitten, dann schräge Einschnitte gemacht, in welche ausgezackte Trüffelscheibchen eingesteckt werden. Wenn alle so beendet sind, werden sie in einem plat à sauter in klarer, frischer Butter eingerichtet, mit einer Papierscheibe zugedeckt und bis zum Gebrauche kalt gestellt. Fünf Minuten vor dem Anrichten werden sie schnell sautirt, auf ein Tuch zum Entfetten gelegt, im Kranze in einer schön bordirten Schüssel (Schüssel mit einem 3 Centimeter hohen, aufgesetzten, zierlich ausgestochenen Teigrand), die Spitzen nach unten, angerichtet und in ihre Mitte ein Püree von Wildenten, Krammetsvögeln, Feldhühnern oder auch ein Champignons-Püree gegeben, je nach dem Geschmacke des Tischherrn, und nachdem diese köstliche Speise nochmals schön glacirt und über das Ganze zwei Eßlöffel voll Demi-Glace gegossen ist, wird sie sogleich zu Tisch gegeben.

1150. Kriechenten à la Providence. Filets de cercelles à la Providence.

Sechs Stück kleine Wildenten (cercelles) werden rein ausgenommen, dressirt, in einer trockenen Braise (Mirepoix, siehe Nr. 256) überlegt, in

Papier eingebunden und ungefähr vierzig Minuten vor dem Anrichten am
Spieß in ihrem vollſten Safte gebraten.   Unterdeſſen bereitet man von
280 Gramm Reis eine Reisbordure; unter den Reis werden aber drei
Stück vorher abgekochte, klein würfelig geſchnittene Trüffeln melirt, und
dann der Reis in die Bordureform gedrückt, welche man ſonach in die
paſſende Schüſſel ſtürzt und zugedeckt warm ſtellt.   Ebenſo bereitet man von
Ochſengaumen, Oliven, Champignons, Krebsſchweifchen, kleinen Knödelchen,
Kapaunen-Lebern und kleinen Hahnenkämmen ein recht kräftiges, mit Ma=
deira-Sauce bereitetes Klein-Ragout, welches man ebenfalls warm ſtellt.
Die Entchen werden nun vom Spieß genommen, aufdreſſirt, die Brüſtchen
herausgelöſt, dieſe in einen plat à ſauter gethan, mit etwas Glace und
ſauce espagnole übergoſſen, mit Citronenſaft angenehm geſäuert und zu=
ſammen noch einmal aufgekocht.   Das ganz heiße Ragout wird nun in
der Mitte der Reisbordure erhaben angerichtet, die Brüſtchen erhaben
darüber angebracht, zwiſchen jedes derſelben eine Trüffelſcheibe gelegt,
nochmals ſchön glacirt und recht heiß zu Tiſch gegeben.

1151. Eine Chaud-froid von Kriechentchen.   Chaud-froid de cercelles.

Hier weiſe ich auf das Chaud-froid von Feldhühnern zurück, indem
die Kriechentchen ganz derſelben Zubereitung unterliegen (ſiehe Abſchnitt
vom Feldhuhn).

36. Abschnitt.

Von der wilden Gans. De l'oie sauvage.

So lange diese Thiere noch ganz jung oder noch nicht ausgewachsen sind, können sie als Braten verwendet werden. Wenn sie sich aber ge= paart, Eier gelegt und gebrütet haben, verliert ihr Fleisch so sehr, daß es nur im Nothfalle gebraucht werden kann. Die alte Wildgans kann nur wie der Auerhahn mehrere Tage vorher durch eine Beize und dann gedämpft genossen werden. Die junge Wildgans gibt einen ziemlich guten Braten, die alte aber steht unter der Mittelmäßigkeit. Die jungen Wildgänse dürfen nur einige Tage mürbe hängen und alles, was in dieser Beziehung bei der Wildente gesagt wurde, gilt auch für die junge Wildgans.

37. Abschnitt.

Von der zahmen Ente. Du canard, caneton.

Den zahmen Enten wird, als Braten zubereitet, in der höheren Küche wenig Aufmerksamkeit geschenkt und sie müssen diese Ehre häufig der Wildente abtreten. Da jedoch durch gute Fütterung ihr Fleisch, so lange sie noch jung sind, sehr saftreich und geschmackvoll wird, so geben sie doch bei Tafeln, welche nicht zu großen Anspruch auf Feinheit machen, viele gute Zwischenspeisen. Von ganz besonderem Werthe sind jedoch ihre Lebern, welche durch eine künstliche Fütterung so an Feinheit gewinnen, daß sie den besten Gänselebern nichts nachgeben und sowohl für kalte Pasteten wie auch für Ragout mit Trüffeln oder für Gratin mit Recht unter die feineren Entrées gezählt werden können.

1152. Gebratene Ente auf bürgerliche Art. Canard, caneton rôti à la bourgeoise.

Die einige Tage vorher geschlachteten Enten werden rein flammirt, ausgenommen, rein gewaschen, innen gut mit Salz eingerieben, für Braten dressirt, auch von außen gesalzen und eine halbe Stunde vor dem Anrichten in der Bratröhre mit Butter gebraten. Sie werden auf eine lange Schüssel angerichtet und mit gebratenen Kartoffeln bekränzt. Jeder beliebige grüne Salat kann extra beigegeben werden.

1153. Junge Enten mit Malaga-Sauce. Canetons à la d'Albuféra.

Zwei bis drei beinahe ausgewachsene junge Enten werden rein flammirt, ausgenommen, gewaschen und jede in fünf Theile nach der Regel verschnitten, nämlich die zwei Keulen, zwei Flügel und ein Mittel=

bruststück. Diese Entenstückchen werden in eine passende, gut schließende
Casserolle mit zerlassener frischer Butter eingerichtet, gesalzen, mit sechs
Trüffeln in messerrückendicke Blätter und ebenso in gleicher Form und
Größe geschnittenen rohen Schinkenstückchen belegt und so auf Kohlenfeuer
langsam lichtbraun gedämpft, wo man nach und nach eine halbe Bouteille Malaga-Wein dazu gießt. Wenn die Entenstückchen weich sind,
werden sie mit der Gabel ausgehoben, die vorstehenden Knochen gleichmäßig abgestutzt, in eine andere Casserolle mit den Trüffeln und Schinkenstückchen gelegt und zugedeckt warm gestellt. Die zurückgebliebene Essenz
wird mit $^5/_{10}$ Liter guter Kalbfleisch-Essenz aufgekocht, durch ein Haartuch geseiht, sehr rein entfettet, mit der nöthigen sauce espagnole untermengt und so auf dem Windofen, bis sich die Sauce dickfließend vom
Löffel spinnt, eingekocht. Wenn dies erreicht ist, wird das allenfalls
noch fehlende Salz dazu gegeben und nochmals durch ein Haartuch über
die Enten gepreßt, mit diesen über dem Feuer heiß gemacht, sodann in
einer Ragout-Schüssel schön angerichtet und sogleich zu Tisch gegeben.

1154. Junge Entchen mit weißen Rübchen. Canetons en haricot vierge.

Die jungen Entchen werden flammirt, ausgenommen, rein gewaschen,
die Füße eingesteckt, gesalzen und zum Dämpfen eingerichtet; nämlich
man belegt den Boden einer passenden Casserolle mit Speckscheiben, gibt
die Enten darauf, würzt sie mit einer Zwiebel, in die man zwei Gewürznelken eindrückt, zwei gelben Rüben, einer Porri und Pastinakwurzel,
einem Lorbeerblatt und einigen Pfefferkörnern, gießt $^5/_{10}$ Liter fette Geflügelbrühe darüber und dämpft sie auf Kohlenfeuer weich. Unterdessen
werden sechs Stück große weiße Rüben geschält, aus diesen mit einem
Bohrer, der die Form einer Olive hat, Oliven ausgebohrt, dann in gesalzenem, kochendem Wasser blanchirt, mit frischem Wasser abgekühlt und
in Butter, weißer Bouillon und etwas Zucker körnig weich und kurz gedünstet. Die Entchen werden ausgehoben, schön verschnitten, in eine Casserolle gelegt und zugedeckt bei Seite gestellt. Die Essenz der Entchen wird
geseiht, sehr rein entfettet und mit der nöthigen sauce veloutée und
$^5/_{10}$ Liter süßem Doppelrahm über dem hellbrennenden Windofen dickfließend
eingekocht, dann gehörig gesalzen, durch ein Haartuch über die weißen Rübchen gepreßt, durcheinander geschwungen, oben mit etwas Glace übergossen
und au bain-marie warm gestellt. Vor dem Anrichten werden die Entchen
heiß gemacht, schön angerichtet und das Rübchen-Ragout darüber gegeben.

1155. Enten mit einem Püree von weißen Rüben. Canards glacés à la purée de navets.

Die flammirten, ausgenommenen, reingewaschenen Enten werden
einfach dressirt, gehörig gesalzen, den vorhergehenden gleich eingerichtet,
mit etwas Geflügelfett begossen, auf Kohlenfeuer weich und lichtbraun
gedämpft, dann ausgehoben und wenn sie beinahe ausgekühlt sind, schön

verschnitten. Der Fond der Enten wird mit etwas Jüs aufgekocht, über die Enten geseiht und mit diesen warm gestellt. Unterdessen hat man ein Püree von weißen Rüben bereitet (siehe bei den Püreen), welches man beim Anrichten recht heiß in die Mitte einer tiefen Schüssel gibt, die Entenstückchen, im Kranze herumgelegt, schön glacirt und nachdem man den Entenfond schnell zu einer Demi-Glace eingekocht, wird er über das Ganze gegossen und die Speise sogleich zur Tafel gegeben.

1156. Enten mit Oliven.   Canards aux olives.

Hier weise ich auf die Wildenten mit Oliven zurück.

Ferner erscheinen die gedämpften Enten als:

1157. Enten mit Kastanien-Püree.   Canards glacés à la purée de marrons.

1158. Enten mit Endivien.   Canards glacés à la purée de chicorée.

Die Enten werden den vorhergehenden gleich gedämpft und über das jedesmal bezeichnete Püree schön glacirt angerichtet.

1159. Eine Provençale von Entchen.   Canetons à la Provençale.

Siehe Abschnitt 33, eine Provençale von jungen Hühnern.

1160. Ragout von Enten auf deutsche Art.   Ragoût de canards à l'Allemande.

Die Entchen werden am Spieß gebraten, halb ausgekühlt schön verschnitten, dann in eine Casserolle gethan, eine Obertasse voll geriebenes Mundbrod in frischer Butter lichtbraun geröstet, dazu gegeben, mit feingeschnittenen Schalotten und Petersilie, wie auch mit zu Filets geschnittenen Citronen- und Orangenschalen gewürzt, gehörig gesalzen, eine Bouteille weißer Wein und $^3/_{10}$ Liter gute Jüs darüber gegossen und so zusammen auf Kohlenfeuer, gut zugedeckt, eine halbe Stunde bis zur Hälfte eingekocht. Beim Anrichten wird das Ragout sehr rein entfettet, mit dem Safte einer halben Citrone und einem Eßlöffel voll Sardellenbutter im Geschmacke noch piquant gemacht und so recht heiß und schön angerichtet.

1161. Enten mit Kartoffeln und Bratwürstchen gefüllt.   Canards farcis aux pommes de terre.

Nach sorgfältigem Flammiren, Ausnehmen und reinem Waschen werden die Enten in ein Tuch eingeschlagen und bei Seite kalt gestellt. Ferner werden gute Kartoffeln roh geschält, klein würfelig geschnitten und in kaltes Wasser gethan. Dann bratet man für zwei junge Enten sechs Stück schweinerne Bratwürstchen, welche, nachdem die Haut abgezogen, zu kleinen Stückchen geschnitten werden. Hierauf läßt man in einer flachen Casserolle ein Stück frische Butter heiß werden, gibt fein geschnittene Schalotten-

zwiebeln und etwas Petersilie dazu, wie auch die gut abgetrockneten Kar=
toffeln, würzt sie mit dem nöthigen Salz, etwas Pfeffer und geriebener
Muskatnuß und dämpft die Kartoffeln auf Kohlenfeuer bei öfterem Um=
schwingen weich, jedoch so, daß sie ganz bleiben. Wenn dies erreicht ist,
werden die Bratwurststückchen darunter melirt und, wenn die Kartoffeln
halb ausgekühlt sind, in die Enten gefüllt, diese schön für Entrée dressirt,
dann gesalzen, in eine Bratpfanne gelegt mit Butter begossen, eine Zwiebel,
ein Lorbeerblatt und eine gelbe Rübe dazu gelegt und so eine Stunde
im Bratofen oder noch besser, wenn es die Umstände erlauben, am Spieß
gebraten. Sie werden sodann aufdressirt, auf eine passende Schüssel ange=
richtet und eine gute kräftige Jüs darunter gegeben.

38. Abschnitt.

Von der Gans. De l'oie.

Schon in den ersten Sommermonaten gewähren uns die jungen Gänse einen appetitlichen Braten und so steigt ihr Werth mit jedem Monate bis zum Herbste, wo sie ihre größte Vollkommenheit erreichen und als soge= nannte Martinsgans noch für bürgerliche Haushaltungen einen schönen und schmackhaften Braten geben.   Ferner gehört die Gans, in ökonomischer Hinsicht betrachtet, zu den nützlichsten Thieren für Haushaltungen, denn nicht allein ihr Fleisch und Fett verschafft den Menschen eine gute Nahrung, sondern auch ihre Federn werden von Jedermann nützlich verwendet.   Be= sonders aber sind die Lebern dieser Thiere ein wahrer Leckerbissen auf den Tafeln der Reichen, denn nichts geht über eine gut bereitete, kalte Pastete von Gänselebern.   Ebenso gesucht und besonders in Norddeutsch= land allgemein beliebt sind die geräucherten Gänsebrüste, welche roh gespeist, dem besten Westphäler und Bayonner Schinken an Feinheit nicht nach= stehen und von Pommern nach allen Gegenden versendet werden.

1162. Gebratene Gans. L'oie rôtie.

Die jungen Gänse werden bei uns schon gereinigt zu Markt gebracht. Sie werden dann nochmals sehr rein gewaschen, gut gesalzen, für Braten dressirt, an den Bratspieß gesteckt und eine halbe Stunde vor dem An= richten bei hellem Feuer gebraten.   Sie müssen eine goldgelbe und croquante Haut haben.

1163. Gebratene Gans auf bürgerliche Art. L'oie rôtie à la bourgeoise.

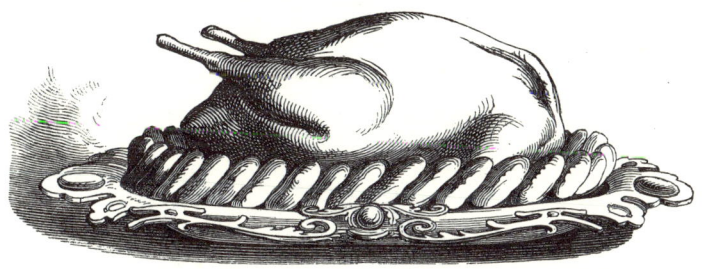

Die völlig ausgewachsene junge Gans wird rein gewaschen, mit Salz und Pfeffer innen gut eingerieben, dann auch von außen gesalzen, in eine Bratpfanne gelegt, mit Butter im Anfange begossen und so eine und eine halbe Stunde langsam gebraten. Eine halbe Stunde vor dem Anrichten werden die nöthigen Kartoffeln roh rund geschält und mit Gans= fett, welches von der Gans abgenommen wird, nebst dem nöthigen Salze lichtbraun gebraten. Beim Anrichten wird die Gans auf eine Braten= schüssel gelegt, mit den gebratenen Kartoffeln bekränzt, etwas gute braune Sauce darunter gethan und zu Tisch gegeben. Ein gut bereiteter Endivien= Salat kann mit beigegeben werden.

1164. Gansleber mit Trüffeln. Foie d'oie à la St. Cloud.

Man wählt hiezu eine schöne große Gänseleber; sie wird in zwei Theile getheilt, da, wo die Galle war und sich noch eine grüne Stelle zeigt, diese behutsam ausgeschnitten, sodann wird die Leber gewaschen, fest abge= trocknet, zwischen dem Tuche etwas breit gedrückt, dann mit 3 Centimeter langen, nagelförmig geschnittenen Trüffeln reichlich durchspickt, so zwar, daß die runden Köpfchen etwas vorstehen. Sie wird dann gesalzen, mit dünnen Speckplatten überlegt, in eine Schluß=Casserolle gelegt, mit etwas guter Geflügel=Braise und einem Glas Madeira=Wein genäßt und so lang= sam auf schwachem Kohlenfeuer eine Stunde gedämpft, wo sie kaum be= merkbar kochen darf. Unterdessen werden 280 Gramm Trüffeln gewaschen, dünn geschält, in runde Blättchen geschnitten, mit etwas frischer Butter, einem Stück Glace und Madeira=Wein über dem Feuer aufgekocht und dann in einer Saucen=Casserolle warm gestellt. Beim Anrichten wird die Leber zum Abtropfen auf ein Tuch gelegt, die Trüffeln recht heiß in eine mit einem Teigrand versehene Schüssel angerichtet, die Leber darüber gelegt, schön glacirt und sogleich zu Tisch gegeben.

1165. Gansleber mit Ragout Financier. Foie d'oie à la financière.

Die schöne Gansleber wird wie die vorhergehende, jedoch ohne sie zu spicken, gedämpft und über ein Ragout à la financière (s. Abschn. 7) in einer bordirten Schüssel recht heiß angerichtet.

Ferner erscheinen die Gänselebern auf die gleiche Art gedämpft, als:

1166. Gansleber mit Ragout Godard.   Foie d'oie à la Godard.

1167. Gansleber mit einem Ragout Toulouse.   Foie d'oie à la Toulouse.

1168. Escalope von Gansleber mit Trüffeln.   Escalope de foie d'oie gras aux truffes.

Zwei Stück schöne Gänselebern werden in runde, fingerdicke, thaler= große Stücke geschnitten, gesalzen und in einem plat à sauter mit klarer, frischer Butter eingerichtet, mit einer Papierscheibe gedeckt und bei Seite gestellt. Ferner werden 280 Gramm Trüffeln gereinigt, zu runden Scheiben geschnitten, in Butter geschwitzt, mit $^3/_{10}$ Liter recht kräftiger Madeira= Sauce in eine Saucen=Casserolle gethan und warm gestellt. Einige Minuten vor dem Anrichten werden die Lebern auf beiden Seiten sautirt, alle Flüssigkeit abgeseiht, die Trüffeln mit der Sauce über die Lebern gethan und zusammen nochmals aufgekocht, sehr rein entfettet und dies feine Gericht in einer bordirten Schüssel angerichtet.

1169. Gansleber-Pain à la Nemour.   Pain de foie gras à la Nemour.

Drei Stück schöne Gänselebern werden halbirt, das Gallige heraus= geschnitten, sauber ausgewaschen und gut abgetrocknet. Dann läßt man 140 Gramm Butter in einem plat à sauter zergehen, gibt dazu etwas geschabten weißen Speck, einige fein geschnittene Schalotten, Petersilie, einige Tranchen Schinken und emincirte Champignons, welches man zu= sammen einige Minuten dünsten läßt; dann gießt man ein Glas Madeira und eben so viel guten Fond dazu und läßt es bis zur Hälfte einkochen. Zu diesem gibt man sodann die Lebern, wendet sie darin um, salzt sie gehörig und würzt sie mit zwei Messerspitzen voll feinen trocknen Kräutern (épices en poudre). Sodann werden die Lebern mit Speckscheiben überlegt, mit einer mit Butter bestrichenen Papierscheibe überdeckt und im

Bratofen eine halbe Stunde gedünstet, worauf man sie in eine flache, irdene Schüssel legt und mit ihrer Marinade übergießt. Sind nun die Lebern völlig kalt geworden, so werden aus denselben zwölf Stück schön egal große Escalopes geschnitten, welche man in einen plat à sauter einrichtet. Die sämmtlichen Abfälle von den Gänslebern werden nun sammt ihrer ganzen Marinade fein im Reibstein zerrieben, dazu gibt man sonach die Hälfte so viel Semmelpanade, den kurz gekochten Fond von den Gänselebern, vier Eßlöffel voll zerlassene Glace, zwei ganze Eier und zehn Eierdotter, wie auch eine Prise Cayenne-Pfeffer. Das Ganze wird nun zusammen fein verrieben, dann durch ein feines Haarsieb passirt. Von dieser Farce wird nun in einem kleinen Becher eine Probe ihrer Haltbarkeit wegen gemacht, und im Falle diese zu fein wäre, etwas Geflügel-Farce darunter gerührt. Hierauf wird eine Schleiffsteinform mit klarer Butter ausge-strichen, geschmackvoll an den Seiten mit schwarzen Trüffeln ausgarnirt, mit der Masse beinahe voll angefüllt, und eine Stunde au bain-marie gekocht. Beim Anrichten wird die Form in eine passende Schüssel ge-stürzt, nach fünf Minuten wird die Form langsam abgehoben und die in Madeira-Sauce heiß gemachten Escalopes im Kranze, jedesmal ein Gans-leberstück, dann eine Trüffelscheibe, zierlich darüber gelegt. Eine in bester Eigenschaft bereitete Madeira-Sauce, mit etwas Cayenne-Pfeffer im Ge-schmack angenehm gehoben, wird in einer Saucière extra beigegeben.

1170. Gratinirte oder Gänseleber im Ofen. Gratin de foie d'oie gras.

Zwei Gänselebern werden den vorhergehenden gleich zugeschnitten, ge-salzen, mit feinen Kräutern gewürzt und zugedeckt kalt gestellt. Ferner wird von einem 1 Kilo 120 Gramm wiegenden Schweinsrippenstück alles Fleisch sammt dem Fett abgelöst, fein geschnitten, dann im Mörser mit den Ab-fällen von den Lebern, mit einem erweichten und ausgedrückten Mund-brode, dem nöthigen Salz und einer Messerspitze voll feinen Kräutern recht zart und fein gestoßen und dann durch ein Haarsieb passirt. Unter-dessen werden fein geschnittene Schalotten, Zwiebeln, Petersilie, Champignons, Trüffeln, von jedem ungefähr ein halber Eßlöffel voll, in Butter auf Kohlenfeuer gedünstet, welche mit der Farce recht genau verrührt werden. Sodann nimmt man eine etwas tiefe Schüssel, streicht die Vertiefung finger-dick mit Farce aus, legt die Hälfte der Leberstücke darauf, deckt diese wieder mit Farce zu, dann kommt der Rest der Lebern, welche nun egal mit der Farce überstrichen werden. Sodann wird das Gratin mit Speckplatten überlegt und eine halbe Stunde vor dem Anrichten in einem nicht sehr heißen Ofen langsam gebraten. Ehe es zur Tafel kömmt, wird alles Fett rein abgegossen und einige Löffel voll Trüffel-Sauce darüber gegeben.

1171. Gänseleber-Würste. Boudins de foie d'oie gras.

1 Kilo 120 Gramm Schweinefleisch und 560 Gramm Kalbfleisch werden aus Haut und Sehnen gelöst und fein gewiegt; ebenso werden

560 Gramm weißer Luftspeck geschnitten und zu dem Fleische gethan. Zwei schöne Gänselebern werden gewaschen, abgetrocknet, von allen Seiten zugeschnitten und die Abfälle derselben zu dem Fleische gethan. Die Lebern selbst werden grob würfelig geschnitten und zugedeckt kalt gestellt. Ferner werden 560 Gramm Trüffeln gewaschen, dünn abgeschält, klein würfelig geschnitten und zu den Lebern gethan. Das geschnittene Fleisch, der Speck und die Abfälle der Lebern werden im Reibsteine fein gestoßen, mit zwei Eßlöffeln voll fines herbes, zwei Messerspitzen fines herbes en poudre (feinen Pasteten-Kräutern) und dem nöthigen Salze gewürzt, nochmals einige Minuten mitgestoßen und dann durch ein Sieb passirt. Die Lebern und Trüffeln werden hierauf mit der Farce untermengt, in gut gereinigte Schweinsdärme gefüllt, fingerlang abgebunden, dann zusammen in einen mit Butter bestrichenen plat à sauter gelegt und in einen beinahe ausgekühlten Backofen oder Bratröhre gestellt. Nach Verlauf einer halben Stunde werden die Würstchen gar sein; sie müssen dann zwischen zwei flachen Casserolle-Deckeln bis zum völligen Erkalten beschwert bleiben. Einige Tage müssen sie an einem kühlen Orte abliegen, ehe sie gespeist werden.

Von den Fischen im Allgemeinen.

Es ist gewiß, daß das Reich der Gewässer eine ungemeine Menge von Wesen aller Gestalten und Größen beherbergt, die sehr verschiedene Lebenseigenschaften besitzen und ganz anderen Lebensbedingungen unterworfen sind, als die warmblütigen Thiere. Auch liefert uns das Wasser überall und zu jeder Zeit eine außerordentliche Menge von Nahrungsmitteln und bereitet uns in dem jetzigen Zustande der Wissenschaft wenigstens die angenehmsten Abwechslungen unserer Tafel.

Der Fisch ist weniger nahrhaft als Fleisch, aber kräftiger als das Gemüse, hat Bestandtheile, die allen Temperamenten zusagen, und selbst den Genesenden ärztlich gestattet werden können.

Obgleich unsere Vorfahren aus den ältesten Zeiten in der Kunst, die Fische zuzubereiten, weniger erfahren waren, als wir, so schätzten sie dieselben doch sehr und bildeten die Feinheit des Geschmackes so weit aus, daß sie selbst den Ort zu unterscheiden wußten, wo der Fisch gefangen worden war.

Ein großer Zwist hat sich über die Frage erhoben, ob Seefische oder Süßwasserfische vorzüglicher seien. Der Zwist wird wahrscheinlich niemals entschieden werden. Jeder urtheilt nach seiner Weise. Diese flüchtigen Eindrücke lassen sich durch keine bekannten Buchstaben ausdrücken; es gibt keinen Maßstab, nach welchem man abschätzen könnte, ob ein Schellfisch, eine Seezunge oder ein Steinbutt vorzüglicher seien, als eine Lachsforelle, ein Grashecht oder selbst eine Schleie von 3 bis 4 Kilo. Ich meines Erachtens glaube aber mit Bestimmtheit sagen zu können, daß der Fisch stets der beste ist, den man gerade unter der Gabel hat.

Man kommt darin überein, daß der Fisch nicht so nahrhaft ist als das Fleisch, theils weil er kein Osmazom enthält, theils auch weil er leichter ist und in demselben Volumen weit weniger Stoff enthält. Die Muscheln und vorzugsweise die Austern enthalten sehr wenig Nahrungsstoff, weßhalb man auch viele essen kann, ohne dem unmittelbar darauf folgenden Mahle zu schaden.

Die Fische bilden unter den Händen eines geschickten Kochs eine unerschöpfliche Quelle und können zu den geschmackvollsten Gerichten umgewandelt werden. Man trägt sie ganz, zerschnitten, zerstückelt, gekocht, gedünstet, gebraten, gebacken, kalt oder warm auf, und stets wird denselben ein guter Empfang.

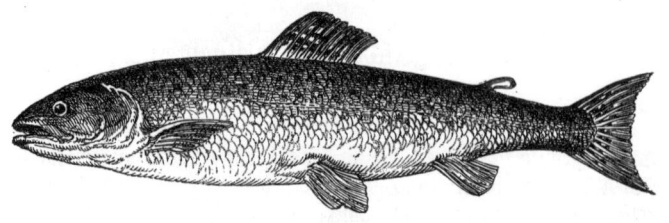

39. Abschnitt.

Von dem Lachse, Salmen.   Du saumon.

Da dieser Fisch einer der vorzüglichsten ist, den Deutschlands Flüsse liefern, theils wegen seiner Zartheit, theils seiner bedeutenden Größe, so ist es sehr zu bedauern, daß dieses köstliche Produkt schon seit mehreren Jahren immer seltener und daher auch immer theurer wird. Der Lachs ist, wie alle Fische, in der Laichzeit am magersten, da er aber vom Raube lebt, so erholt er sich bald wieder und verliert er an Güte wenig. Sein Fleisch ist von einer schön rothen Farbe, mit Fett und Muskeln durchwebt, die sich leicht auflösen. Man consumirt sein Fleisch frisch und geräuchert, was sich vermöge des Fettes länger als bei anderen Fischen erhält. Die im Rhein gefangenen Lachse (Rheinsalm) sind jenen, die in der Elbe gefangen werden, vorzuziehen, ihr Fleisch ist schöner roth, saftreicher und schmackhafter. Auch in der Werra und Fulda fängt man Lachse, allein diese stehen den erstern an Güte weit nach, indem ihr Fleisch gelblich und viel trockner ist.

1172. Abgekochter Lachs in kurzer Brühe. Saumon au court-bouillon.

Der Lachs wird unter dem Kopfe und unter der mittleren Bauchflosse aufgeschnitten, mit der Hand das ganze Eingeweide behutsam herausgezogen, so daß man an der Gestalt des Fisches keine Veränderung bemerkt; er wird dann rein geschuppt, ausgewaschen, gut eingesalzen und, wenigstens einige Stunden, in ein Tuch eingeschlagen, an einen kalten Ort gelegt. Während=dem werden sechs große Zwiebeln, sechs gelbe Rüben, sechs Porriwurzeln und eine Selleriewurzel geschält, rein gewaschen, von der Hand fein=blätterig geschnitten, dann mit einem Stück Butter über Kohlenfeuer ge=röstet. Sodann werden $2\,^{1}/_{10}$ Liter ordinärer weißer Wein, $^{5}/_{10}$ Liter Essig und etwas Wasser dazu gegossen und nebst zwei Lorbeerblättern, einigen Gewürznelken, Pfefferkörnern, grüner Petersilie und etwas Thymian eine Stunde gut zugedeckt gekocht. Der Lachs wird sodann in eine passende poissonnière (langes Fischgeschirr mit einem durchlöcherten Ein=satz) gelegt, das noch nöthige Salz darüber gestreut, die Court=Bouillon durch ein Haarsieb darüber geseiht, so zwar, daß dieselbe gerade den Fisch

überspült und so auf Kohlenfeuer, je nach seiner Größe, ein bis zwei
Stunden, langsam zum Kochen gebracht. Beim Anrichten wird der Fisch
ausgehoben, behutsam auf einer passenden Fischschüssel angerichtet und
außen herum mit grün gezupfter Petersilie garnirt und sogleich recht heiß
aufgetragen. In einer Saucière wird etwas sehr rein entfettete Court-
Bouillon wie auch Essig und Oel mit servirt.

1173. Lachs auf Holländer-Art.   Saumon à la Hollandaise.

Dieser wird blos in Salzwasser gekocht und mit einer sauce hollandaise (siehe Abschn. 2) servirt.

1174. Lachs auf englische Art.   Saumon à l'Anglaise.

Der Lachs wird wie der vorhergehende in Salzwasser abgekocht, nur
beim Anrichten werden egal rund geschnittene, in Salzwasser abgekochte
Kartoffeln herum garnirt. In einer Saucière wird klare Butter mit etwas
Citronensaft und Salz untermengt (beurre fondu) beigegeben, wie auch
eine Mushroom cat-sup, Walnut cat-sup, Essence of anchovy zur Auswahl nachservirt. Die hier genannten englischen Saucen findet man in
jeder besseren Delicatessen-Handlung.

1175. Lachs à la Génoise.   Saumon à la Génoise.

Der Lachs wird in einer Court-Bouillon weich gedünstet, nur daß
statt des weißen Weines hierzu ordinärer rother Wein genommen wird.
Er wird auf eine passende Schüssel angerichtet und nachstehende sauce
à la Génoise dazu gegeben. Man läßt ein Stück frische Butter in einer
Casserolle heiß werden, gibt zwei Kochlöffel voll Mehl dazu, röstet dies
einige Minuten auf Kohlenfeuer, rührt sodann von dem Fisch genommene,
durch ein Haarsieb geseihte Court-Bouillon rein entfettet dazu, läßt diese
Sauce bis zur Hälfte einkochen und passirt sie sodann durch ein Haartuch
in eine Saucen-Casserolle, welche man au bain-marie warm stellt. Beim
Anrichten wird sie kochendheiß gerührt, mit etwas Citronensaft und Sardellenbutter im Geschmacke gehoben und dem Fische beigegeben.

1176. Lachsstück auf dem Roste gebraten.   Darne ou dalle de saumon grillé.

Man wählt hierzu stets ein stark handbreites Stück von der Mitte
des Lachses, dieses wird nach mehrstündigem Einsalzen abgetrocknet, dann
in eine irdene Schüssel gelegt und mit acht Eßlöffeln voll Provencer-Oel,
dem Safte von zwei Citronen, grüner Petersilie, in Scheiben geschnittenen
Zwiebeln gewürzt und so noch eine Stunde marinirt. Eine Stunde vor
dem Anrichten wird das Fischstück von allen Zuthaten befreit, außen herum
zusammengebunden, auf den Rost gelegt und so über schwachem Kohlenfeuer langsam gebraten, wo man es öfters mit der zurückgebliebenen Marinade beträufeln muß. Beim Anrichten wird eine sehr gut bereitete, feine
Kapern-Sauce, Pfeffer-Sauce oder eine sauce tomate beigegeben.

1177. Lachs in kurzer Brühe mit Seekrebs-Sauce. Saumon
du Rhin à la sauce homard.

Der Lachs wird in Court=Bouillon gedämpft, sauber angerichtet, die
Haut davon abgezogen und eine recht rothe, gut bereitete sauce homard
(siehe Abschn. 2) kochendheiß darüber gegossen.

1178. Rheinsalm nach Rothschild. Saumon du Rhin
à la Rothschild.

Der Rheinsalm, 3 Kilo 360 Gramm bis 5 Kilo 920 Gramm schwer,
wird wie jener in Nr. 1172 (Abschn. 39) in der Court=Bouillon ab=
gekocht und in seinem Sude kalt werden gelassen. Hierauf wird er aus=
gehoben, die ganze Haut davon abgelöst, mit einem Tuche leicht abgetrocknet
und über einen schön dekorirten Fettsockel gelegt. Er wird sodann mit
sehr weiß gerührter Mayonnaise glatt und egal bis auf den Kopf über=
zogen, darüber werden die schuppenartigen Schilder mit grüner Ravigote
auf beiden Seiten durch ein Cornet angespritzt, ebenso über dem Rücken
die angegebene Zeichnung mit recht schwarzen Trüffeln geschmackvoll belegt.

Ist der Salm auf die angegebene Weise schön dekorirt, so werden
sieben Atteletten mit Krebsen besteckt und wie es die Zeichnung darstellt,
der Länge nach über dem Fische eingesteckt. Der Rand des Sockels wird
mit schön geschnittenen Aspic=Croutons verziert.

1179. Mit Trüffeln gefüllter Lachs. Saumon farci
à la Bozzo di Borgo.

Der Rheinsalm von ungefähr 3 Kilo 360 Gramm wird rein ge=
schuppt, ausgenommen und der ganze Rückgrat nebst allen Gräten aus=
gelöst, welches aber so geschickt geschehen muß, daß der Fisch nicht an

seiner Gestalt beschädigt wird; derselbe wird von innen eingesalzen und zugedeckt bei Seite kalt gestellt. Währenddem wird das Fleisch von einem 1 Kilo 680 Gramm wiegenden Hechte aus Haut und Gräten gelöst, dies recht fein gewiegt, dann mit dem gleichen Quantum eingeweichter Semmel, eben so viel frischer Butter, drei Eßlöffeln voll feinen Kräutern, welche aus Schalotten, Zwiebeln, Petersilie, Champignons und Trüffeln bestehen, nebst dem Gelben von sechs Eiern, Salz und etwas Muskatnuß im Mörser recht fein und zart gestoßen und sodann durch ein Sieb passirt. Ebenso werden 840 Gramm Trüffeln geschält, grob würfelig geschnitten und unter die Farce melirt. Der Rheinsalm wird auf ein reines Tuch gelegt, vom Salze gut abgetrocknet, mit der Farce angefüllt, der Länge nach unten zugenäht und in eine mit Speckplatten belegte Bratschüssel gelegt. Eine Stunde vor dem Anrichten wird derselbe mit einer Kräutermarinade (s. Abschn. 3) übergossen und mit dieser, bei öfterem sorgfältigen Begießen im Backofen oder Bratröhre, in schöner Farbe gebraten. Er wird sodann sehr behutsam auf eine Fischschüssel angerichtet, schön glacirt und mit einer sehr kräftig bereiteten braunen Sauce mit Madeira-Wein (sauce tortue oder sauce financière, siehe Abschn. 2) begleitet, zur Tafel gegeben.

1180. Popietten von Lachs. Popiettes de saumon.

Aus dem Fleisch eines schönen Rheinlachs werden gleichgroße, finger=lange und halbfingerbreite, den Popietten von Kalbfleisch gleiche Stücke geschnitten, welche gesalzen und mit der vorherbeschriebenen Hechtenfarce bestrichen, fest aufgerollt und unten und oben gebunden werden. Nach diesem werden sie in eine flache Casserolle geordnet, gesalzen, mit einer Kräuter=Marinade (s. Abschn. 3) zur Hälfte begossen, eine mit Butter bestrichene Papierscheibe darüber gethan und so in dem Bratofen langsam gar gebraten, wo man aber darauf zu sehen hat, daß die Popietten nicht zu viel Farbe nehmen. Beim Anrichten werden sie auf ein Tuch zum Entfetten gelegt, der Bindfaden abgenommen und die Popietten im Kranze über ein Austern=Ragout (siehe Abschn. 7) angerichtet.

1181. Lachsschnitten mit feinen Kräutchen. Filets de saumon aux fines herbes.

Aus dem Fleische eines Stückes schönen Rheinsalms wird den Ka=

pannenbrüstchen ganz gleich die nöthige Anzahl Filets geschnitten, mit Salz und Concassé bestreut, in einem plat à sauter mit klarer, frischer Butter eingerichtet, mit vier Eßlöffeln voll feinen Kräutern bestreut, mit einer Papierscheibe gedeckt und bis zum Gebrauche kalt gestellt. Kurz vor dem Anrichten werden die Filets auf Kohlenfeuer gestellt, nach einigen Minuten umgekehrt und dann auch die andere Seite vier Minuten ge= dämpft. Die Butter wird dann abgeseiht, einige Löffel voll weiße Coulis darüber gegossen, mit dem Safte einer Citrone und etwas Sardellenbutter noch im Geschmacke erhöht, zusammen aufgekocht und nachdem man die Filets im Kranze in einer bordirten Schüssel schön angerichtet hat, wird die fines herbes=Sauce in ihre Mitte gegossen.

Ferner werden die Lachsschnitten noch gegeben als:

1182. Lachsschnitten mit Austern-Ragout. Filets de saumon sautés aux huîtres.

1183. Lachsschnitten mit einer Matelote. Filets de saumon sautés à la matelote.

1184. Lachsschnitten mit einer maître d'hôtel. Filets de saumon sautés à la maître d'hôtel.

Das Austern=Ragout und das Ragout Matelote sind im Abschnitt 7 genau angegeben, ebenso die maître d'hôtel im Abschnitt 2.

1185. Lachsschnitten auf deutsche Art. Filets de saumon panés à l'Allemande.

Die Lachsschnitten werden wie die vorhergehenden geschnitten, mit Salz und Concassé bestreut, dann in klare Butter, welche mit einigen Eier= dottern abgerührt wurde, getaucht, in geriebenem Brode umgekehrt, besäet, dann in klarer, frischer Butter eingerichtet und zugedeckt kalt gestellt. Eine Viertelstunde vor dem Anrichten werden sie auf Kohlenfeuer gestellt, auf beiden Seiten lichtbraun geröstet, dann im Kranze angerichtet und in die Mitte eine gute kräftige Jüs, angenehm mit Citronensaft gesäuert, gegossen.

1186. Lachsschnitten mit einer Mayonnaise. Filets de saumon en mayonnaise.

Die nöthige Zahl solcher Lachsschnitten wird in klarer Butter gar gemacht, dann in einer flachen Porzellanschüssel mit einigen Löffeln voll feinstem Oel, Citronensaft, Salz und Concassé marinirt, dann im Kranze in einer flachen Porzellan=Schüssel angerichtet, in die Mitte eine sauce mayonnaise gegeben und außen herum eine Bordure von Aspicschnitten in gefälliger, schöner Form aufgesetzt.

1187. Butterteig-Pastete mit geblättertem Lachs. Vol au vent aux filets de saumon.

Hiezu wird in ökonomischer Hinsicht stets der unberührte Theil eines solchen Fisches verwendet, welcher bei der Tafel in Rest geblieben ist. Der= selbe wird rein aus Haut und Gräten gelöst, in Stückchen zerbrochen, nach dem Volumen des Fisches mit einer béchamel maigre (siehe Abschn. 2) kochendheiß untermengt und in einer Butterteig=Pastete, welche im 78. Ab= schnitt genau beschrieben ist, angerichtet und sogleich zu Tisch gegeben.

1188. Lachsschnitten in einer Papier-Caisse. Caisse d'escalopes de saumon à la marinière.

Man schneidet aus einem Stück zwanzig Stück kleine Escalopes, welche man salzt, in klarer Butter in einem plat à sauter einrichtet, dann mit einer mit Butter bestrichenen Papierscheibe bedeckt. Von den Abfällen wird eine Farce bereitet (siehe Hechten=Farce Nr. 291), in diese werden drei Eßlöffel voll fines herbes (siehe Nr. 259) eingerührt. Sodann werden die Lachsschnitten sautirt, die Butter abgegossen und mit einer sauce veloutée begossen; dazu gibt man fünfzig Stück blanchirte und von ihrem Bart befreite Austern, eben so viel Krebsschweifchen, einige in Scheibchen geschnittene Champignons und ein Stück Krebsbutter; dies alles läßt man zusammen einmal aufkochen. Alsdann wird eine große passende Papierkapsel von innen mit der Farce ausgestrichen und, bis diese gar ist, in den Ofen gestellt, worauf man sonach die Lachsstückchen mit ihren Ingredienzen in zwei Schichten eingerichtet, oben mit der Farce überdeckt, diese leicht mit Krebsbutter überstreicht und mit geriebenem Parmesankäse bestreut. Um diese Papierkapsel wird nun ein Papierstreifen befestigt, über einen mit Oel bestrichenen plat à sauter gestellt und dann im Bratofen nochmals eine Viertelstunde langsam gar gemacht. Beim Anrichten wird dies Papier=Caisse in ein zweites reines gethan und dies, über eine gebrochene Serviette gestellt, sogleich zu Tisch gegeben.

1189. Lachs à la Richelieu. Saumon à la Richelieu.

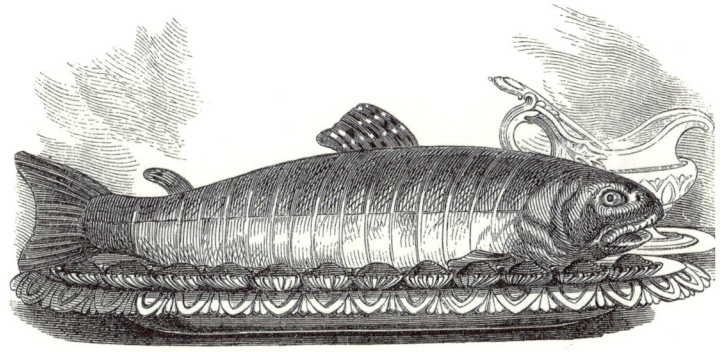

Ein Lachs mittlerer Größe wird gut gereinigt, dann in dreifinger= breite Tranchen durchgeschnitten, diese in eine irdene Schüssel gelegt, ge=

salzen, mit 280 Gramm feinem Oel übergossen, mit Citronenscheiben, Petersilie, in Scheiben geschnittenen Zwiebeln gewürzt und so einige Stunden marinirt. Eine halbe Stunde vor dem Anrichten werden diese Tranchen auf einen sehr heiß gemachten, mit Oel bestrichenen Rost gelegt und auf beiden Seiten grillirt, wo man von Zeit zu Zeit diese Stücke mit ihrer eigenen Marinade mit einem Pinsel bestreichen muß. Der Lachs wird dann wieder in seiner natürlichen Gestalt Stück an Stück in einer passenden Schüssel angerichtet, schön glacirt und außen herum Muscheln (kleine Capisantis), welche mit einem Salpikon von Ruttenlebern, Champignons und Trüffeln gefüllt sind, garnirt. Eine gut bereitete Trüffel-Sauce wird extra mit servirt.

Neuerer Zeit hat man statt der Capisantis in jeder guten Küche silberne Muscheln, welche mit vielem Vortheil hier angewendet werden können.

1190. Lachs à la Victoria.   Saumon à la Victoria.

Ein schöner, gut gereinigter Lachs wird eingesalzen, dann mit einer guten Kräutermarinade mit Madeira-Wein im Ofen gebraten, sodann auf eine passende Schüssel angerichtet, schön glacirt und mit Krebsschweifchen, Fischnocken und blanchirten Austern garnirt. Eine sehr gut bereitete Madeira-Sauce mit Cayenne gewürzt wird extra beigegeben.

1191. Lachs à la régence.   Saumon à la régence.

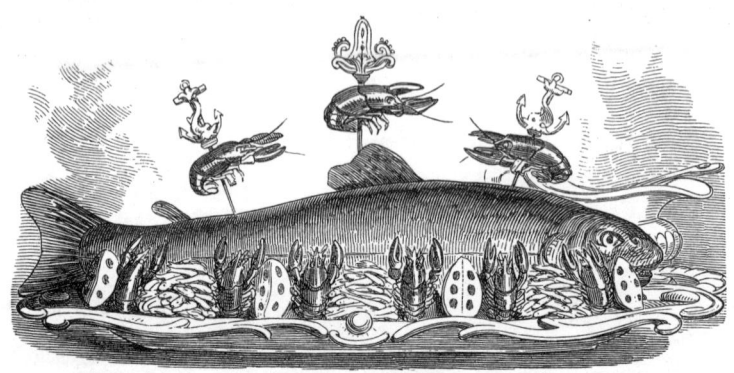

Der gut gereinigte Lachs wird gehörig mit einer Hechten-Farce, mit fines herbes bereitet, gefüllt, dann der Bauch zugenäht, gesalzen, in eine Bratpfanne über Speckscheiben gelegt, mit einer Bouteille Sauterne und eben so viel Kräutermarinade übergossen, mit Papier, welches gut mit Butter bestrichen ist, gedeckt und so bei öfterem Begießen eine Stunde vor dem Anrichten im Backofen oder Bratrohr langsam gebraten. Derselbe wird behutsam angerichtet, der Faden herausgenommen, schön mit

Glace, unter welche etwas Krebsbutter melirt wurde, bestrichen und außen=
herum geschmackvoll mit dekorirten Fischnocken, ganzen Krebsen und ge=
backenen Grundeln garnirt. Eine gut bereitete Austern=Sauce, wozu die
Essenz vom Fisch verwendet wurde, wird extra beigegeben.

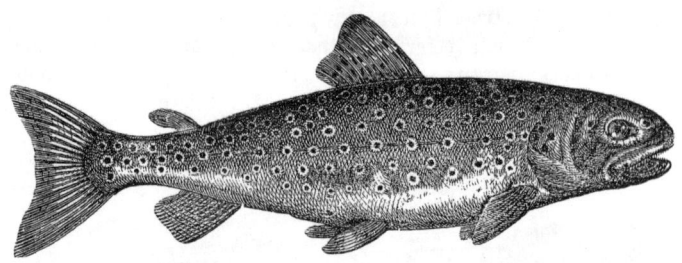

40. Abschnitt. 1. Abtheilung.

Von der Lachsforelle. De la truite saumonée.

Die Lachsforelle, truite saumonée, ist ein Mittelding zwischen dem Salm und der Forelle. Ihr Fleisch hat Aehnlichkeit mit dem des Salmen, es ist gelblich roth, nicht so fett, daher verdaulicher, und Viele ziehen es noch an Feinheit jenem vor. Ihr Bau gleicht der Forelle und sie erreicht eine Größe von 5 Kilo 600 Gramm bis 8 Kilo 400 Gramm. Eine zweite Art ist der Silber=Lachs, das Fleisch ist weiß, sehr fein und schmackhaft. Bayern mit seinen Seen ist besonders reich an solchen Fischen. Ihrer Schönheit wegen werden diese Lachsforellen immer nur blau abge= sotten und mit einer holländischen Sauce gegeben, Essig und Oel darf jedoch hiebei nicht fehlen. Die Lachsforelle eignet sich jedoch wie der Salm zu jeder Veränderung, und ich weise deshalb auf den vorhergehenden Abschnitt zurück.

---

40. Abschnitt. 2. Abtheilung.

Von der Forelle. De la truite.

Es sind deren mehrere Gattungen; die gewöhnlichsten sind die gemeine Forelle und die Steinforelle. Sie gehören eigentlich zu dem Geschlechte der Lachsforellen, indem ihre Bauart jenen ähnlich ist. Die gemeine oder Teichforelle ist ein schöner und lebendiger Fisch, welcher sehr häufig in Teichen eingesetzt, und gut gefüttert, eine Größe bis zu 1 Kilo 680 Gramm erreicht. Die Steinforellen werden selten über 280 Gramm schwer. Ihr Fleisch ist aber noch zarter; sie sind mit sehr feinen Schuppen und einer stärkeren Schleimhaut bedeckt. Sie leben nur in klarem Quellwasser oder Bächen mit Kieselgrund, und der geringste Druck beim Heraus= nehmen tödtet sie schon. Die Forellen werden gewöhnlich nur blau abgekocht und mit holländischer Sauce nebst Essig und Oel servirt; sie eignen sich jedoch auch zu den verschiedensten Gerichten, welche ich später bezeichnen werde. Das Blausieden selbst aber beruht auf zweierlei Weise, über welche manche Vorurtheile herrschen. Viele sagen nämlich, daß die Forellen, nachdem sie getödtet, sogleich gesotten werden müssen, indem ihr Fleisch viel kerniger sei, was allerdings richtig ist. Dagegen sagen wieder viele Andere, daß die Forellen ein paar Tage an einem kalten Orte mürbe liegen sollen, ehe man sie absiedet, indem ihr Fleisch viel zarter und wohlschmeckender würde, was allerdings auch richtig ist; allein ihr schönes Aussehen und blaue Farbe, welche diesen Fischen so eigenthümlich ist, verlieren sie dann gänzlich und daher sehr viel an ihrer Schönheit.

1192. Blau gesottene Forelle. Truite au bleu.

Die Forellen werden im Wasser aufgemacht, rein ausgewaschen, welches mit Vorsicht geschehen muß, damit der Schleim nicht abgewischt wird, und dann ins kalte Wasser gelegt. Unterdessen läßt man in einem Fisch= wandel drei Theile Wasser und einen Theil Essig mit einigen Zwiebel= scheiben, einem Lorbeerblatt, einer Handvoll Salz und einigen Pfeffer= körnern aufkochen, stellt sodann das Geschirr vom Feuer, legt die Forellen ein, welche sich augenblicklich blau färben werden, deckt sie mit Papier zu und läßt sie eine Viertelstunde langsam, ohne zu sieden, am Feuer stehen. Beim Anrichten werden sie über eine schön zusammengelegte Serviette auf eine Schüssel gelegt, mit grüner Petersilie garnirt und sogleich zu Tisch gegeben. Eine sauce hollandaise (siehe Abschn. 2) nebst Essig und Oel wird zur Auswahl nachservirt.

1193. Gebackene Forellen. Truites frites.

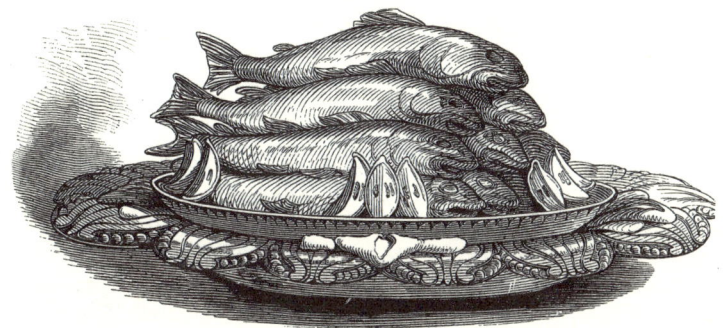

Man wählt hierzu immer die kleinsten Forellen. Diese werden sehr rein geschuppt, aufgemacht, rein ausgenommen, gewaschen, auf beiden Seiten messerrückentief eingeschnitten und eine halbe Stunde, gut einge= salzen, an einen kalten Ort gestellt. Nach dieser Zeit werden die Forellen mit einem Tuch abgetrocknet, in Mehl umgekehrt, dann in abgeschlagenen Eiern umgewendet und mit geriebenem Mundbrode gut bestreut. Eine Viertelstunde vor dem Anrichten werden sie aus heißem Backschmalz hell=

braun gebacken, über eine Serviette auf eine lange Schüssel angerichtet, mit grün gebackener Peterfilie garnirt und sogleich zu Tisch gegeben. In Scheiben geschnittene Citronen können nachservirt werden.

1194. Marinirte Forellen.   Truites marinées.

Die nöthige Anzahl kleiner Forellen wird wie die vorhergehenden gebacken und kalt gestellt. Unterdessen werden zwei Zwiebeln feinblätterig geschnitten, in eine Cafferolle gethan, mit $^5/_{10}$ Liter Essig genäßt, einige Pfefferkörner und ein Lorbeerblatt dazu gethan, zusammen eine Viertel= stunde gekocht und sodann über die gebackenen Forellen gegossen. Wenn sie kalt geworden sind, gibt man noch das nöthige Salz und 140 Gramm feines Oel dazu und läßt die Forellen noch einige Stunden mariniren. Sie werden sodann in eine lange Porzellan=Schale erhaben angerichtet und ihre Marinade darüber gegossen.

1195. Forellenschnitten mit feinen Kräutchen.   Filets de truites aux fines herbes.

Vier schöne Forellen werden rein ausgenommen, gewaschen, aus Haut und Gräten gelöst, dann jede Hälfte in drei gleiche Stückchen geschnitten, zusammen gesalzen und mit drei Eßlöffeln voll feiner Kräutchen und einem Stück frischer Butter in einer Schwung=Cafferolle eingerichtet, mit einer Papierscheibe gedeckt und bis zum Gebrauche kalt gestellt. Kurz vor dem Anrichten werden die Forellenschnitten auf das Feuer gestellt, zwei Minuten auf einer Seite geröstet, dann behutsam umgewendet, dann wiederum zwe. Minuten auf der andern Seite, wo man aber Acht haben muß, daß die feinen Kräutchen nicht braun werden. Die Butter wird dann abgeseiht, sechs Eßlöffel voll weiße Coulis darüber gegossen, mit dem Safte einer halben Citrone und einem halben Eßlöffel voll Sardellenbutter im Ge= schmacke gehoben, zusammen nochmals aufgekocht und sodann zierlich in einer Ragout=Schale angerichtet.

1196. Forellenschnitten mit rothem Wein.   Filets de truites au vin rouge.

Von sechs schönen Forellen werden die beiden Filets aus Haut und Gräten gelöst, jede Hälfte in gleiche Theile geschnitten, diese in klarer Butter eingerichtet, gesalzen und mit einer mit Butter bestrichenen Papier= scheibe gedeckt. Kurz vor dem Anrichten werden die Forellenschnitten auf beiden Seiten einige Minuten geröstet, die Butter abgeseiht, ein Glas guter rother Wein darüber gegossen, ein Stückchen Glace dazu gethan, zusammen bis zur Hälfte eingekocht und dann angerichtet.

1197. Forellenschnitten mit Krebssauce.   Filets de truites au beurre d'écrevisses.

Man löst sechs Stück schöne Forellen aus Haut und Gräten, schneidet jede Hälfte, je nachdem sie groß sind, in zwei, auch drei gleiche Theile, parirt sie mit einem scharfen Messer ovalrund egal zu, salzt und richtet sie in einer Schwung=Casserolle in Krebsbutter ein, deckt sie mit einer mit Krebsbutter bestrichenen Papierscheibe, damit keine Luft eindringen kann, zu und stellt sie bis zum Gebrauche kalt. Einige Minuten vor dem An= richten werden sie auf Kohlenfeuer sautirt, dann in einer bordirten Schüssel im Kranze angerichtet und in ihre Mitte ein Krebs=Ragout gegeben.

1198. Forellenschnitten mit Austern-Ragout. Filets de truites aux huîtres.

Die Forellenschnitten werden wie die vorhergehenden eingerichtet, kurz vor dem Anrichten sautirt, ebenso in einer schön bordirten Schüssel an= gerichtet und in ihre Mitte ein Austern=Ragout gegeben.

1199. Forellenschnitten auf deutsche Art. Filets de truites panés à l'Allemande.

Aus sechs schönen Forellen werden ebenfalls die großen Filets aus Haut und Gräten gelöst, jede in zwei Theile getheilt, ovalrund recht egal zugeschnitten, gesalzen und eine halbe Stunde stehen gelassen. Sodann werden sie auf ein Tuch gelegt, abgetrocknet, in klare, frische Butter, welche mit drei rohen Gelbeiern und etwas fein geschnittener, grüner Petersilie gut abgerührt wurde, getaucht, mit fein geriebenem, recht weißen Mundbrode gut bestreut und dann in einen plat à sauter in klare, frische Butter eingerichtet. Eine Viertelstunde vor dem Anrichten werden sie auf Kohlenfeuer auf beiden Seiten goldgelb geröstet, dann im Kranze angerichtet und in ihre Mitte eine gute, kräftige Jüs, angenehm mit Citronensaft gesäuert, gegossen.

1200. Forellenschnitten nach Gauthier. Filets de truites à la Gauthier.

Aus vier schönen Forellen werden sechzehn Stück gleich große, aus der Haut und den Gräten gelöste Schnitten gemacht, welche man gehörig salzt, in Mehl umkehrt, dann in abgeschlagene Eier taucht und mit feinem Reibbrod panirt. Zehn Minuten vor dem Anrichten werden die Forellenschnitten in einem plat à sauter in klarer, frischer Butter auf beiden Seiten lichtbraun gebacken, darnach zum Entfetten über ein Tuch gelegt, ganz leicht gesalzen und über eine Reisbordure im Kranze erhaben angerichtet; in ihre Mitte wird ein nach Nr. 325 bereitetes Klein=Ragout erhaben gegeben.

1201. Forellenschnitten mit Kapern-Sauce. Filets de truites, sauce aux capres.

1202. Forellenschnitten mit Tomate-Sauce. Filets de truites à la sauce tomate.

1203. Forellenschnitten mit Matrosen-Ragout. Filets de truites à la matelote.

1204. Forellenschnitten mit Spargelspitzen. Filets de truites aux pointes d'asperges.

1205. Forellenschnitten mit Pflückerbsen. Filets de truites aux petits pois.

1206. Forellenschnitten mit gemischten jungen Gemüsen. Filets de truites à la macédoine de légumes.

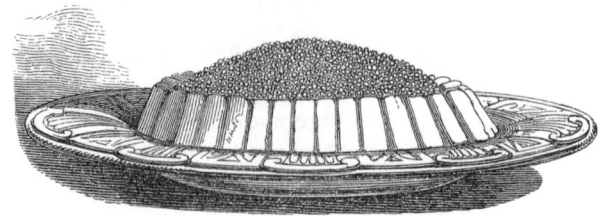

Die Behandlung der Forellenschnitten ist ganz der vorgehenden gleich und in ihre Mitte wird das jedesmal bezeichnete Klein=Ragout oder die bezeichneten Saucen gegeben.

1207. Forellenschnitten mit einer Mayonnaise. Filets de truites en mayonnaise.

Sechs schöne Forellen werden rein ausgenommen, gewaschen, in der Mitte der Länge nach durchgeschnitten, dann jede Hälfte rein aus der Haut und Gräten gelöst, sodann in drei Theile getheilt, gesalzen und in klarer Butter sautirt. So werden hierauf zwischen zwei flache Casserolle=Deckel, bis sie ganz kalt sind, leicht gepreßt, dann egal in ovaler Form zugeschnitten und eine Stunde mit Citronensaft und feinem Oel in einer

Porzellanschale marinirt. Unterdessen wird eine sehr gute Mayonnaise bereitet, die Forellenschnitten werden mit derselben überzogen, im Kranze auf einer flachen Porzellanschüssel angerichtet, außen herum mit Aspic=Croutons schön garnirt und der Rest der Mayonnaise in ihre Mitte gegeben. Statt der Aspicschnitten kann auch eine Bordure von Sardellen=filets, kleinen Caviar=Croutons und Krebsschweifchen angewendet werden, was diese Speise im Geschmacke ungemein erhöht.

1208. Gesulzte Forellen. Truites en aspic.

Hiezu wählt man ganz kleine Forellen; diese werden mit Aufmerk=samkeit, daß sie nicht zu sehr beim Abkochen springen, schön blau gesotten und dann kalt gestellt. Ferner wird eine ovale Form in's Eis gegraben, diese federkieldick mit recht klarer Aspic begossen und, wenn sie gestockt ist, eine schöne Garnitur von Krebsschweifchen, Kapern, Trüffeln, dem Weißen von hartgekochten Eiern mit Geschmack eingelegt, dann wieder mit Aspic übergossen und läßt diese ebenfalls feststocken. Die Forellen werden, wenn sie ganz kalt sind, auf ein reines Tuch gelegt und dann eine neben der andern so zwar, daß sie den Rand der Form nicht be=rühren, eingelegt, dann bis zur Hälfte mit Aspic begossen und wenn auch diese wieder gesulzt ist, die Forellen ganz übergossen. In der Regel wählt man eine Form, welche so tief ist, daß zwei Reihen Forellchen über=einander gelegt werden können und die zweite Reihe auch noch ganz ein=gesulzt, das heißt ganz mit Aspic überfüllt werden kann. Vor dem

Anrichten wird die Form in's lauwarme Wasser getaucht, schnell abge=
trocknet, über einen flachen Deckel gestürzt und sodann über einen schön
dekorirten Sockel von Schweinfett geschoben.

In die Mitte wird ein Figürchen nach obiger Zeichnung, aus
Stearin in eine Form gegossen, gesetzt und außen herum vier Atteletten
gesteckt, so daß das Ganze einen eleganten Aufsatz gibt.

40. Abschnitt. 3. Abtheilung.

Vom Saibling.

Der Saibling hat einen der Forelle ganz ähnlichen Bau, aber ein
schöneres, gelbrothes Fleisch, welches diese Fische besonders auszeichnet.
Sie werden 1 Kilo 420 Gramm, 1 Kilo 680 Gramm, wohl auch 4 Kilo
480 Gramm bis 5 Kilo 600 Gramm schwer. Ausgezeichnet schöne
Wildfangssaiblinge liefert uns der Waller=, Bartholomä=, auch der Chiem=
see. Besonders feinschmeckend und von großer Delikatesse sind die ge=
räucherten Saiblinge aus dem Bartholomä=See (Schwarzreiter genannt),
welche mit Eiern gespeist werden. Ihre Bereitungsart ist wie bei den
Forellen (vergl. die vorige Abtheilung).

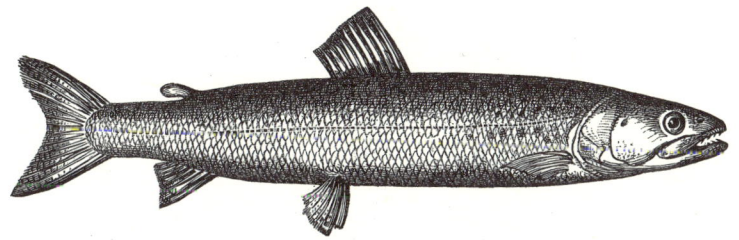

41. Abschnitt.

Vom Huchen. Du houchen.

Der Huchen gehört zu den besseren Fischen; sein Fleisch ist sehr weiß, fein und von gutem Geschmack. In seinem Baue, seiner Größe, wie auch in seiner Farbe hat er Aehnlichkeit mit dem Lachse und nimmt nach diesem und der Forelle den ersten Platz ein. Er wird nur, wo harte Gewässer nämlich starke Gebirgsflüsse fließen, gefangen und erreicht eine Größe von 11 Kilo 200 Gramm bis 14 Kilo. Wegen seiner Schönheit und bedeutenden Größe eignet er sich besonders zu grosses pièces, wie z. B. à la Chambord, oder ganz abgekocht. Da sein Fleisch aber sehr weiß und fein ist, so eignet sich dasselbe auch zu Entrées (Zwischengerichten), wie z. B. zu allen Gattungen Filets, Escalopes für Salat und en papillotes. Frisch gefangen muß derselbe ausgenommen, eingesalzen und an einem kalten Orte mehrere Tage mürbe liegen, wodurch sein Fleisch sehr an Werth gewinnt.

1209. Huchen mit einem Ragout Chambord. Houchen à la Chambord.

Dem mehrere Tage abgelegenen, möglichst großen Huchen wird auf einer Seite, von der Mitte des Rückens der Länge nach, die Haut durchgeschnitten und dann die ganze Haut bis zum Bauche hinab durch eine geschickte Führung des Messers abgelöst. Derselbe wird der ganzen Länge nach recht schön und reichlich gespickt, dann der Kopf mit Bindfaden gebunden, auf ein passendes, flaches Geschirr gelegt, nochmals gesalzen und mit der nöthigen Fischmarinade (siehe 3. Abschn.) bis zur Hälfte begossen, dann mit Butter bestrichenem Papier überdeckt und kalt gestellt. Unterdessen wird ein recht gutes kräftiges Ragout Chambord bereitet (siehe Abschn. 7 bei den Kleinragouts), welches au bain-marie warm gestellt wird. Je nach seiner Größe wird der Huchen zwei, auch zwei und eine halbe Stunde vor dem Anrichten in einem nicht sehr heißen Ofen langsam und bei oftem Begießen in schönster Farbe gebraten, so zwar, daß

das Gespickte schön lichtbraun und glacirt erscheint. Beim Anrichten wird
das ganz heiße Ragout auf eine passende lange Schüssel angerichtet, der
Huchen abgenommen, nachdem er gut abgetropft ist, darüber gelegt, noch=
mals schön glacirt, außen herum mit ganzen Krebsen, gespickten und
schön glacirten Kalbsbrieschen, mit Trüffeln dekorirten Geflügelnocken,
abgeschälten, ganzen, in Bordeaux=Wein abgekochten Trüffeln, auf jeder
Seite ungefähr von jeder Sorte fünf bis sechs Stück, in schönster Ordnung
herum und darüber gelegt und nachdem das Ganze nochmals schön glacirt
ist, wird diese schöne grosse pièce zur Tafel gegeben.

     In allen seinen weiteren Zubereitungen unterliegt der Huchen ganz
der wie bei dem Salmen, und ich weise deshalb auf diesen Abschnitt zurück.

42. Abschnitt.

Vom Karpfen. De la carpe.

Die Karpfen sind in den meisten Provinzen Deutschlands sowohl für die Küche als auch in ökonomischer Hinsicht eine sehr bedeutende Fischart, indem sie nicht nur in vielen Flüssen, sondern auch und zwar vorzüglich in Teichen ein gutes Gedeihen haben, sich sehr vermehren und alle drei Jahre fischbar sind, daher dem Eigenthümer derselben eine reiche Aus= beute gewähren. Es gibt deren verschiedene Arten, wie z. B. der gemeine Karpfen, der Spiegelkarpfen und der Lederkarpfen. Der Lederkarpfen hat gar keine Schuppen, sondern nur eine braune, lederartige Haut. Unter den Karpfen ist der Spiegelkarpfen der beste, sein Fleisch ist am kernigsten und schmackhaftesten. Sie erreichen eine ansehnliche Größe, allein dann verlieren sie ihre eigentliche Güte, indem ihr Fett einen thranartigen Ge= schmack hat. Am besten sind die Karpfen 3 Kilo 360 Gramm bis 3 Kilo 920 Gramm schwer, aus Flüssen gefangen, indem sie einen viel reineren Geschmack als die Teichkarpfen haben, da letztere immer nach Moos riechen.

1210. Eine Matelote von Karpfen. Matelote de carpe.

Ein 2 Kilo 240 Gramm bis 2 Kilo 800 Gramm wiegender Karpfen und 1 Kilo 120 Gramm wiegender Aalfisch werden gut gereinigt, von letzterem die Haut abgezogen, beide sehr rein gewaschen, dann zu schönen Stücken zerschnitten, gut eingesalzen und eine Stunde zugedeckt an einen kalten Ort gestellt. Währenddem läßt man 280 Gramm Butter heiß werden, gibt vier bis fünf Eßlöffel voll Mehl und einen Eßlöffel voll Zucker dazu und röstet dies auf Kohlenfeuer langsam dunkelbraun. Der Karpfen und Aalfisch werden abgetrocknet, in eine passende Casserolle ge= ordnet, mit dreißig Stück kleinen Zwiebelchen, welche aus dem Schmalze gebacken wurden, dem Rogener des Karpfen, zwei Obertassen voll Cham= pignons und zwanzig 3 Centimeter groß in Würfeln aus einer vorher halb weich gekochten, geräucherten Schweinsbrust geschnittenen Stückchen

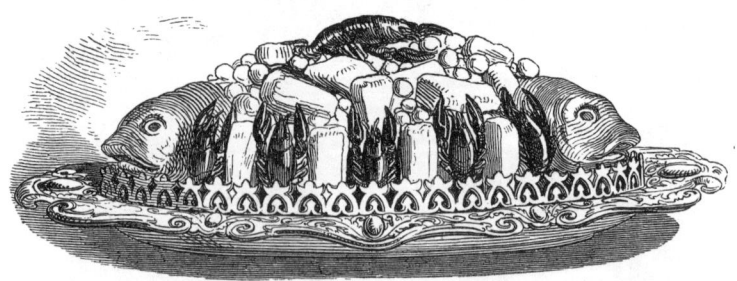

belegt, mit 1 Liter rothem Wein und $^5/_{10}$ Liter brauner Brühe genäßt, mit einem Lorbeerblatt, einem Gliedchen Knoblauch, einigen Gewürznelken und Pfefferkörnern, wie auch mit einem Bouquet Petersilie und zwei gelben Rüben gewürzt und so zugedeckt eine halbe Stunde gekocht. Die Fischessenz wird sodann abgeseiht, das geröstete Mehl damit angerührt und dann die Sauce bei beständigem Rühren zum Kochen gebracht, wo man von Zeit zu Zeit das aufsteigende Fett und den Schaum rein abnimmt, bis dieselbe eine reine, glänzende, dunkelbraune Farbe bekömmt. Die Fischstücke werden erhaben in einer bordirten Schüssel mit den sämmtlichen Ingredienzen schön angerichtet, die eingekochte Sauce durch ein Haartuch gepreßt, gehörig gesalzen, mit dem Saft einer Citrone und etwas Glace noch im Geschmacke gehoben, dann kochendheiß über die Matelote gegossen. Rund herum werden sechs schöne, in Wein abgekochte Krebse und zwischen jedes ein in klarer Butter gelb geröstetes Brodherzchen garnirt, welches dem Ganzen noch ein besseres Ansehen gibt.

1211. Blau gesottener Karpfen.   Carpe au bleu.

Hierzu wählt man nur große, schöne Karpfen. Ein solcher wird nach dem Tödten im Wasser aufgemacht, ausgenommen, von innen rein ausgewaschen, nicht geschuppt und beim Auswaschen hat man sehr darauf zu sehen, daß der äußere Schleim nicht abgewischt wird. Hierauf wird der Karpfen am Kopfe mit Bindfaden überbunden, sodann in ein passendes Fischgeschirr gelegt, mit 1 Liter kochendem Essig übergossen, welcher ihn sogleich blau färbt, dann mit einer Marinade übergossen und so langsam auf Kohlenfeuer eine Stunde gedämpft. Beim Anrichten wird derselbe über eine gebrochene Serviette auf einer passenden Schüssel angerichtet, außen herum mit gezupften, grünen Petersiliensträußchen garnirt und mit einer Butter-Sauce, wozu die Hälfte von der rein entfetteten Fischmarinade verwendet wurde, zur Tafel gegeben. Essig und Oel, wie auch englische Fischsaucen werden nachservirt.

1212. Gefüllter, farcirter Karpfen.   Carpe farcie.

Von zwei schönen gut gereinigten Karpfen wird alles Fleisch abgelöst, die Hälfte davon wird fein geschnitten und mit einem eingeweichten,

fest ausgedrückten Mundbrode, 140 Gramm Butter, drei Eßlöffeln voll
Sardellenbutter, zwei Eßlöffeln voll feinen Kräutern, Salz, geriebener
Muskatnuß und vier ganzen Eiern eine Farce bereitet, welche durch ein
Sieb gestrichen und kalt gestellt wird. Die zweite Hälfte des Karpfen=
fleisches wird mit fines herbes und Butter gedünstet, dann in Stückchen
aus Haut und Gräten gezupft und nebst dreißig Stück würfelig geschnittenen
Krebsschweifchen und vorher abgekochten und ebenso geschnittenen Karpfen=
milchnern langsam unter die Farce melirt. Dann wird eine passende, lange
Schüssel mit Butter bestrichen, über diese an einem Ende derselben ein
Karpfenkopf und unten ein Schweif gelegt und mit der Farce ein Karpfen
in seiner früheren Gestalt geformt, dieser wird dann mit Krebsbutter gut
überstrichen, mit fein gestoßener Brodrinde besäet und mit einem kleinen,
runden Ausstecher schuppenähnliche Eindrücke darüber eingedrückt. Die
Schüssel wird gut gereinigt und der gefüllte Karpfen eine Stunde vor dem
Gebrauche im Backofen oder in Ermangelung dessen in einer Bratröhre
langsam gebacken. Beim Anrichten wird etwas Jüs darunter gegossen.

1213. Gebackener Karpfen. Carpe frite.

Der gut geschuppte, ausgenommene und rein gewaschene 1 Kilo 680
Gramm bis 2 Kilo 240 Gramm wiegende Karpfen wird in dreifinger=
breite Stücke zerschnitten, mit Salz und etwas weißem Pfeffer bestreut
und zugedeckt in einer Schüssel eine Stunde stehen gelassen. Eine halbe
Stunde vor dem Anrichten werden die Karpfenstücke abgetrocknet, in mit
etwas frischem Wasser abgeschlagene Eier getaucht, mit geriebenen mit Mehl
untermengten Semmeln gut bestreut, aus heißem Schmalz langsam in
lichtbrauner Farbe croquant gebacken, dann zum Abtropfen auf ein Tuch
über Löschpapier gelegt und recht heiß auf einer passenden Schüssel über
eine gebrochene Serviette angerichtet, sogleich zu Tisch gegeben.

1214. Karpfen im Ofen gebraten. Carpe au four.

Der Karpfen wird wie zum Backen in Stücke zerschnitten und mit
Salz und weißem Pfeffer bestreut. Dann wird eine flache Casserolle mit
Butter bestrichen, einige Lorbeerblätter hineingelegt, über diese die Karpfen=
stücke, mit feinen Kräutchen bestreut, gelegt, dann mit gutem sauern Rahm
und Citronensaft übergossen, mit geriebenem Mundbrode gut überstreut,
mit zerlassener frischer Butter begossen und so in einer Bratröhre gebraten.
Die in schönster Farbe gebratenen Karpfenstücke werden angerichtet, die
Sauce rein entfettet und extra in einer Saucière beigegeben.

1215. Karpfenmilchner in einer Papierkapsel. Caisse de laitances de carpe.

Von ungefähr zwölf Karpfen werden die Milchner genommen, diese
werden gereinigt, gut gewaschen, eine Minute lang in kochendem, gesalzenem
Wasser abgekocht und dann über eine reine Serviette zum Abtrocknen ge=

legt. Hiernach werden dieselben mit einer fines herbes und zwölf in Scheiben geschnittenen Champignons, nebst 140 Gramm Butter in einem plat à sauter gedünstet. Dann wird eine doppelte Papier-Caisse im Wärmkasten gut getrocknet, mit einer guten Fisch-Farce fingerdick ausgestrichen und die Milchner lagenweise mit einer dickeingekochten sauce allemande hineingelegt, dann oben glatt gestrichen, mit geriebenem Mundbrode und Parmesankäse überstreut, darnach mit etwas zerlassener Krebsbutter beträufelt und zehn Minuten lang über einen Plafond in eine Bratröhre gestellt, bis sich oben eine schöne Kruste gebildet hat. Die Karpfenmilchner werden alsdann in einer passenden Schüssel über eine gebrochene Serviette angerichtet und sogleich zur Tafel gegeben.

43. Abschnitt.

Vom Hechte. Du brochet.

Wie alle Fische, welche vom Raube leben, hat auch der Hecht ein festeres Fleisch als diejenigen, welche sich von Vegetabilien ꝛc. nähren, deßhalb auch der Genuß desselben dem Menschen weit zuträglicher ist, als von andern Fischen. Daß der Hecht eine Schwere von 22 Kilo 400 Gramm erreicht und sie sehr häufig zu 11 Kilo 200 Gramm gefangen werden, spricht noch nicht zu seinem Vortheil, denn ein Hecht von 2 Kilo 800 Gramm bis 3 Kilo 360 Gramm hat bei weitem ein milderes und feineres Fleisch und ist jenem stets vorzuziehen. Ich bemerke nur noch, daß dieser Fisch ohne alle Kunst in Wasser und Salz gekocht, schon eine angenehme Speise liefert, daß aber auch das Fleisch desselben mittelst seines Baues sich leicht von allen Gräten reinigen läßt und daher zu jeder andern Zubereitung passender ist, als alle andern Fischarten, daher auch der Hecht sowohl zu den nützlichsten, als zu den besseren Fischen gehört.

1216. Gebratener Hecht. Brochet à la broche.

Der Hecht von 2 Kilo 800 Gramm bis 3 Kilo 350 Gramm wird abrasirt, das heißt die Schuppen sammt der Haut, daß nur die innere feinere Haut über dem Fleisch bleibt, mit einem sehr scharfen dünnen Messer abgeschnitten. Er wird dann aufgemacht, ausgenommen, rein gewaschen, Seiten- und Schwimmflossen abgestutzt und auf beiden Seiten mit Speck und Sardellenfilets schön gespickt, dann eingesalzen, mit feinen Kräutern bestäubt, an einen dünnen Bratspieß gesteckt, mit doppeltem Papier, das gut mit Butter bestrichen wurde, überbunden und eine Stunde bei hellem Feuer gebraten. Zu bemerken ist, daß das Papier eine Viertelstunde zuvor abgenommen werden muß, damit der Speck Farbe nimmt und der Fisch ein schönes Ansehen bekömmt. Vom Spieß abgenommen, wird er auf einer langen Schüssel angerichtet und eine gut bereitete Sardellen-Sauce beigegeben.

1217. Hecht à la Chambord. Brochet à la Chambord.

Siehe Abschnitt 41, Huchen à la Chambord.

1218. Hecht auf dem Roste gebraten. Brochet à la Tartare.

Der 2 Kilo 240 Gramm schwere rein geputzte und ausgewaschene Hecht wird der Länge nach in zwei Theile geschnitten, dann das Rücken= bein und die Gräten ausgelöst, jede Hälfte in drei fingerbreite Stücke geschnitten, mit Salz und Pfeffer bestäubt, in Mehl umgekehrt, dann in zerlassene, frische Butter getaucht und mit geriebenem Mundbrode gut bestreut. Eine halbe Stunde vor dem Anrichten werden sie auf den Rost gelegt und über mittelstarker Gluth an beiden Seiten lichtgelb gebraten, dann im Kranze auf einer Schüssel angerichtet, etwas Jüs, mit Citronensaft ge= säuert, darunter gegeben und eine sauce à la Tartare wird extra beigegeben.

1219. Gebackener Hecht. Brochet frit.

Dieser wird ebenfalls dem gebackenen Karpfen gleich behandelt.

1220. Gedämpfter Hecht auf bürgerliche Art. Brochet à la bourgeoise.

Der 1 Kilo 120 Gramm bis 1 Kilo 680 Gramm wiegende Hecht wird rein abrasirt, ausgenommen, rein gewaschen, rund zusammengebogen, das heißt, der Schweif in das Maul gesteckt, mit der Dressirnadel befestigt und dann gut eingesalzen. Eine passende Casserolle wird reichlich mit Butter bestrichen, einige Lorbeerblätter, in Scheiben geschnittene Zwiebeln und gezupfte Petersilie darauf gethan, der Hecht hineingelegt, etwas Sardellenbutter, Citronensaft und einige Löffel voll saurer Rahm darüber gegossen, gut zugedeckt und über Kohlenfeuer mit oben angebrachter Kohlen= gluth eine halbe Stunde gedünstet. Der Hecht wird beim Anrichten auf eine Schüssel gelegt, mit gebratenen Kartoffeln bekränzt und die Sauce durch ein Haarsieb darüber geseiht.

1221. Hechtstückchen mit feinen Kräutern. Filets de brochet aux fines herbes.

Der 2 Kilo 240 Gramm wiegende, gut gereinigte Hecht wird der Länge nach in zwei Theile geschnitten, diese halben Seiten aus Haut und Gräten gelöst, dann in zweifingerbreite gleiche Stückchen geschnitten, gesalzen, mit feinem Pfeffer bestäubt und in einer flachen Casserolle mit 280 Gramm frischer Butter und vier Eßlöffeln voll feinen Kräutchen angerichtet und mit unten und oben angebrachter Kohlengluth eine halbe

Stunde gedünstet. Beim Anrichten wird ein Theil der Butter abgeseiht, die Hechtenstückchen schön angerichtet und die feinen Kräutchen sammt der Butter darüber gegossen.

1222. Hecht in einer Butterteigpastete. Filets de brochet en vol au vent.

Ein 2 Kilo 240 Gramm wiegender Hecht wird nach gehöriger, reinlicher Vorbereitung in Salzwasser abgekocht; wenn er ausgekühlt ist, sein Fleisch rein und vorsichtig aus Haut und Gräten in schöne Stückchen gezupft, diese in eine Casserolle gethan und zugedeckt warm gestellt. Ebenso wird eine gute Beschamel bereitet, welche kochendheiß nach dem Volumen des gezupften Hechtes durch ein Haartuch über denselben gepreßt und in einer schön gebackenen, heißen vol au vent angerichtet und sogleich zur Tafel gegeben.

1223. Gezupfter Hecht im Ofen gratinirt. Gratin de filets de brochet.

Dieses Gericht ist eine Wiederholung des vorhergehenden. Dasselbe wird statt in der Butterteigpastete in einer tiefen Porzellanschale, auch in einer Silber=Casserolle erhaben angerichtet, mit fein gestoßenem Mundbrode rund bestreut, mit zerlassener Butter beträufelt und im Ofen langsam gebacken und dann zu Tisch gegeben. In ökonomischer Hinsicht ist zu bemerken, daß beide Gerichte gewöhnlich von den unberührten Tafelresten dieser Fische bereitet werden.

1224. Croquetten von Hecht. Croquettes de brochet.

Der in Salzwasser abgekochte und wieder erkaltete 1 Kilo 680 Gramm wiegende Hecht wird aus Haut und Gräten mit Vorsicht gezupft, dann mit einer Beschamel untermengt, gesalzen und zum Erkalten auf's Eis gestellt. Nach diesem werden davon gleichgroße Croquetten geformt, in geriebenem Brode umgekehrt, dann in mit etwas Salz abgeschlagene ganze Eier getaucht und nochmals mit Brod bestreut. Eine Viertel= stunde vor dem Anrichten werden sie aus heißem Schmalze lichtbraun gebacken, über eine schön zusammengelegte Serviette auf eine passende Schüssel gelegt und grün gebackene Petersilie in ihre Mitte gehäuft.

44. Abschnitt.

Vom Aal. De l'anguille.

Diese Fischart findet man fast in jedem Wasser, in Seen, Teichen und Flüssen; doch hält man den Flußaal mit Recht für den besten. Der Aal liefert der Küche eine nützliche Provision, sein Fleisch ist sehr fein und von gutem, zarten Geschmack, dabei aber sehr fett und schwer zu verdauen und bei oft wiederholtem Genusse sogar widerstehend. Ferner ist das Fleisch der Aale härter als das fast aller übrigen Fische und muß wenigstens zweimal so lange als jeder andere Fisch kochen, bevor die Auflösung erfolgt. Daher kömmt es auch, daß man sie am häufigsten gebraten gibt, weil diese Bereitungsart auf trockenem Wege das meiste Fett ausschwitzt und austreibt.

1225. Gebratener Aal. Anguille à la broche.

Es ist besonders darauf zu sehen, daß der Aalfisch lebend in die Küche kömmt. Er wird todtgeschlagen, unter den Flossen herum die Haut eingeschnitten, diese mit dem Messer einen Finger breit abgelöst, das Abge= löste mit Salz bestreut, mit Bindfaden der Kopf überbunden, der Aal auf= gehängt, mit einem Tuch die abgelöste Haut angefaßt und so die ganze Haut über den Körper gezogen. Der Aalfisch wird sodann in Kohlengluth gelegt, gedreht, bis auch die zweite Haut springt, dann diese mit einem groben Tuch abgestreift, bis der Fisch rein und weiß daliegt. Er wird sodann aufgemacht, ausgenommen, rein gewaschen, in drei fingerbreite egale Stücke geschnitten, gut eingesalzen und quer an einen kleinen Spieß gesteckt, zwischen jedes Stück kömmt eine Citronenscheibe und drei Salbei= blätter. Der kleine Spieß wird an einen größeren festgebunden und eine halbe Stunde vor dem Gebrauche bei hellem Feuer gebraten. Zehn Minuten zuvor, ehe er abgenommen wird, bestreut man den Aalfisch mit fein geriebenem Mundbrode, welches das Fett noch mehr an sich zieht, läßt auch dieses schön Farbe nehmen, richtet sie sodann auf einer langen Schüssel an, und gibt sie, mit Citronenschnitten bekränzt, zur Tafel.

1226. Aal auf dem Roste gebraten. Anguille à la Tartare.

Der Aal wird wie der vorhergehende gereinigt, in Stücke geschnitten in einer Marinade gekocht, wenn er wieder kalt ist, zum Abtropfen auf ein

Tuch gelegt, in geriebenem Mundbrode umgewendet, in zerlassene Butter getaucht, dann nochmals mit Brod bestreut und so auf dem Roste von allen Seiten lichtbraun gebraten. Sie werden sodann angerichtet und in ihre Mitte eine kräftige Jüs, mit Citronensaft angenehm gesäuert, gegossen. Eine kalte Senf=Sauce, sauce à la Tartare, wird eigens beigegeben.

1227. Im Ofen gebratener Aal. Anguille roulée et glacée au four.

Der abgehäutete und rein geputzte 1 Kilo 680 Gramm wiegende Aal wird ganz zusammengerollt, mit Holzspießchen durchstochen, überbunden und gesalzen. Eine flache Casserolle wird mit einem Stück Butter am Boden bestrichen, einige Lorbeerblätter und Zwiebelscheiben hineingelegt, über diese der Aalfisch gelegt, zur Hälfte mit einer gesäuerten Kräuter= marinade begossen und dann in einem Bratofen langsam in schöner Farbe gebraten. Beim Anrichten wird der Aalfisch vorsichtig ausgehoben, auf ein zusammengelegtes Tuch zum Entfetten gelegt, dann in einer passen= den Schüssel angerichtet, schön glacirt, die Holzspießchen ausgezogen und eine gut bereitete Austern=, Tomate= oder Krebs=Sauce mit beigegeben.

1228. Aalfisch in Papier. Anguille en caisse à l'Italienne.

Der gut gereinigte, 1 Kilo 680 Gramm wiegende Aal wird in zwei= fingerbreite Stückchen geschnitten, mit Salz und etwas Pfeffer eingerieben und in einer Marinade weich gedünstet. Unterdessen werden 280 Gramm Reis rein gewaschen und mit guter Fleischbrühe weich und kurz gedünstet. Ebenso werden Champignons, Petersilie, Schalotten und Zwiebeln, von jedem gleiche Theile, zusammen fein geschnitten und ungefähr drei Eß= löffel voll in 140 Gramm frischer Butter weich gedünstet. Eine Papier= kapsel (Caisse) wird von allen Seiten gut mit feinstem Oel bestrichen und in einen lauwarmen Ofen zum Trocknen gestellt. Die Aalstückchen werden auf ein Tuch gelegt, die Papierkapsel fingerdick am Boden mit

Reis belegt, darüber die entgräteten Aalstücke, mit einem Theil der Kräuter bestreut, über diese kömmt wieder Reis, Aalfischstücke und Kräuter. Das Ganze wird mit Reis gedeckt, mit Krebsbutter beträufelt, mit geriebenem Brode übersäet und dann in einen schon abgekühlten Backofen, bis es durch und durch heiß geworden ist, gestellt. Hierauf wird es über eine gebrochene Serviette auf eine flache runde Schüssel gestellt und nachdem etwas Demi=Glace darüber gegossen ist, zur Tafel gegeben.

1229. Gebratener Aal auf bürgerliche Art. Anguille à la bourgeoise.

Der enthäutete, 1 Kilo 680 Gramm wiegende Aal wird, ohne die zweite Haut davon abzuthun, in gleichgroße Stücke geschnitten, diese gut eingesalzen, in Mehl umgekehrt und in Butter mit Salbeiblättern in einer eisernen Pfanne geröstet, das heißt langsam auf Kohlenfeuer ge= braten. Er wird erhaben in einer erwärmten Schüssel angerichtet und mit Citronenscheiben und Senf zu Tisch gegeben.

45. Abschnitt.

Von der Rutte, Aalraupe, auch Quappe genannt.
De la lotte.

Sie gehört zu dem Geschlechte der Weichfische; der Kopf gleicht dem eines Frosches, der Leib aber dem Aale. Die schlüpfrige, schleimige Haut ist abwärts grau mit schwarzen und graugelblichen Fleckchen gezeichnet, der Bauch ist weiß. Ihr Fleisch ist sehr wohlschmeckend und dem Aale noch vorzuziehen; es nimmt deßhalb eine jede Bereitung wie der Aalfisch an. Die Lebern dieser Fische werden besonders hoch geachtet und eine warme Pastete von diesen Lebern ist besonders delikat.

1230. Matelote von Rutten. Matelote de lottes.

Ungefähr vier lebende Rütten werden abgeschlagen, dann einige Minuten in kochendheißes Wasser gethan, ausgehoben, die grünliche Haut mit dem Messer abgeschabt, bis der Fisch ganz weiß erscheint, dann aufgemacht, ausgenommen, gewaschen, die vorstehenden Gräten mit der Scheere abgeschnitten und die Fische in Stücke getheilt. Sodann werden sie in eine Casserolle gelegt, gesalzen, mit Zwiebeln, Lorbeerblättern, Thymian und Pfefferkörnern gewürzt, mit rothem Wein übergossen und so gut zugedeckt, weich gekocht. Hierauf werden die Fischstücke mit der Gabel ausgehoben, in eine andere Casserolle gelegt, die Marinade durch ein Haartuch geseiht, sehr rein entfettet, dann die nöthige braune Sauce dazu gethan, zusammen über dem hellbrennenden Windofen unter beständigem Rühren dicklichfließend eingekocht, dann gehörig gesalzen, mit Citronensaft angenehm gesäuert und durch ein Haartuch in eine Saucen-Casserolle über nachstehende Ingredienzen gepreßt. Vierundzwanzig kleine Zwiebeln werden geschält, in Mehl umgekehrt, aus dem Schmalz hellbraun gebacken, dann mit etwas Zucker und rothem Wein ganz kurz gedünstet. Eben so viel Champignons werden in Butter mit Citronensaft gedämpft und sechs Stück, jedes in vier Theile geschnitten, gedämpfte Artischockenböden, wie auch die gedämpften Lebern der Fische in gleichgroße Stückchen geschnitten und diese Ingredienzen mit der kochendheißen Sauce untermengt und nachdem die Fischstücke wieder ganz heiß erwärmt und erhaben in einer bordirten Schüssel angerichtet sind, wird dieses Ragout darüber angerichtet und dieses delikate Gericht zur Tafel gegeben.

1231. Rutte am Rost gebraten. Lottes grillées.

Zwei bis drei schöne Rutten werden aufgemacht, ausgenommen, rein gewaschen, gut gesalzen und dann eine Stunde zugedeckt so stehen gelassen. Nach dieser Zeit werden sie abgetrocknet, dann in Oel, Citronensaft, grüner Petersilie und in Scheiben geschnittenen Zwiebeln marinirt. Eine halbe Stunde vor dem Anrichten werden sie auf dem Roste über starker Gluth an beiden Seiten gebraten; beim Anrichten über dem Rücken ein Einschnitt gemacht, etwas englische Butter (siehe 2. Abschn., 3. Abth.) hineingethan, etwas Jüs darunter gegossen und sogleich zur Tafel gegeben. Auf diese Art zubereitet haben sie im Geschmack viele Aehnlichkeit mit der Makrele.

1232. Rutte auf Haushofmeister-Art. Lottes à la maître d'hôtel.

Vier Rutten werden wie zu einer Matelote zubereitet, in Stücke geschnitten und in einer weißen Marinade weich gedünstet. Beim Anrichten werden sie ausgehoben, auf ein Tuch gelegt, dann in einer bordirten Schüssel angerichtet und die ganz heiße sauce à la maître d'hôtel (siehe Abschn. 2) darüber gegossen.

Auf diese Art zubereitet erscheinen die Rutten als:

1233. Rutten mit Austern-Ragout. Lottes aux huîtres.

1234. Rutten mit Tomate-Sauce. Lottes à la sauce tomate.

1235. Rutten mit Krebs-Sauce. Lottes à la sauce d'écrevisses.

1236. Rutten mit grüner Kräuter-Sauce. Lottes à la sauce ravigote verte.

Die Rutten werden recht weiß in der Marinade gedünstet und mit der jedesmal bezeichneten Sauce gegeben. Zu bemerken ist, daß die Lebern der Rutten bei den bezeichneten Ragouts nicht fehlen dürfen.

1237. Rutte als Gratin auf französische Art. Gratin de lottes à la Française.

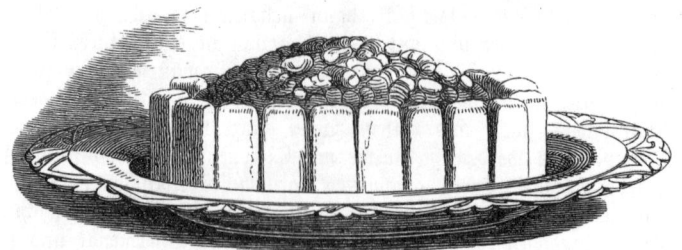

Ungefähr vier Rutten werden sehr rein geputzt, dann in der Marinade gedünstet und mit dieser kalt gestellt. Unterdessen wird eine gute

Fisch-Farce bereitet (siehe Abschn. 5). Die Ruttenstückchen werden nun zum Abtropfen auf ein reines Tuch gelegt, ein Theil der Farce wird im Kranze auf eine runde Schüssel gestrichen, die Fischstückchen erhaben darüber gelegt und ganz mit Farce überstrichen. In die Mitte wird ein passendes Stück Mundbrod eingedrückt, das Ganze mit einer mit Butter bestrichenen Papierscheibe gedeckt, eine halbe Stunde vor dem Anrichten in einen halb ausgekühlten Ofen gestellt und langsam gebacken. Wenn das Gratin aus dem Ofen kömmt, wird das Brod herausgenommen, alles Fett rein weggethan, das Gratin schön glacirt und in die Mitte ein recht gut bereitetes Kleinragout von Austern, Krebsschweifchen und Ruttenlebern gegeben.

1238. Gebackene Rutten. Lottes frites à la Provençale.

Vier Rutten sammt ihren Lebern werden gut gereinigt, in Stücke geschnitten, gesalzen, dann mit Oel, Citronensaft, grüner Petersilie, Zwiebelscheibchen und Concassé eine Stunde marinirt. Hierauf werden sie von all' ihren Zuthaten befreit, in einer Serviette mit Mehl getrocknet, dann in geschlagene Eier getaucht und gut mit fein geriebenem Brode besäet. Eine halbe Stunde vor dem Anrichten werden sie aus heißem Schmalz sammt ihren Lebern lichtbraun gebacken, erhaben angerichtet, mit gebackenen Zwiebelringchen bekränzt und nebst Citronenscheiben zu Tisch gegeben.

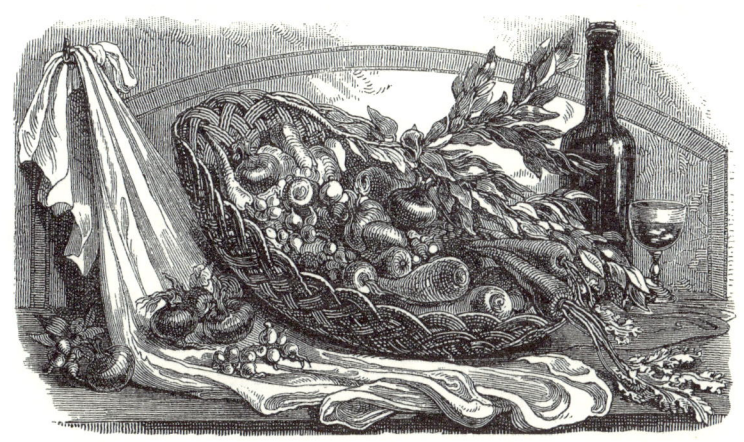

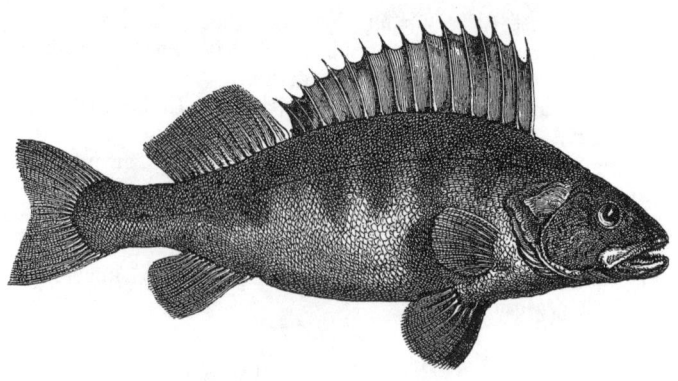

46. Abschnitt.
Vom Bärschling. De la perche.

Auch dieser Fisch lebt vom Raube. Sein Fleisch ist sehr saftreich und consistent, mithin gesünder und nährender als das weichliche Fleisch anderer kleiner Fische. Er wird 30 Centimeter lang und 1 Kilo 680 Gramm schwer, in nördlichen Ländern noch größer. In den Gegenden, wo der Bärschling selten gefangen wird, hält man ihn sehr hoch; zu den gemeinen Fischen gehört er da, wo er eigentlich zu Hause ist. Dies mag abermals zum Beweise dienen, daß viele Produkte nur darum geschätzt werden, weil sie selten sind, nicht aber weil sie wirklichen Werth haben.

1239. Gebackene Bärschlinge. Perches frites.

Die abgeschuppten und gereinigten Bärschlinge werden auf beiden Seiten leicht eingeschnitten, mit feinem Salze bestreut und so eine Stunde zugedeckt stehen gelassen. Vor dem Anrichten werden sie abgetrocknet, in Mehl gewendet, dann in mit etwas Wasser abgeschlagene Eier getaucht, mit geriebenem Brode besäet und in reinem, heißen Schmalze goldgelb croquant gebacken. Sie werden schön angerichtet, mit gebackener Petersilie garnirt und recht heiß zu Tisch gegeben.

**1240. Bärschling auf holländische Art (Suppfisch).
Perches à la Watervisch.**

Die nöthige Anzahl rein geschuppte und ausgewaschene Bärschlinge werden eingesalzen und in eine gutschließende Casserolle gelegt. Dann werden gelbe Rübchen, Petersilienwurzeln, Sellerie und Porriwurzeln rein geputzt, gewaschen, feinnudelig geschnitten, so zwar, daß man von jeder Sorte eine obere Kaffeeschale voll hat; sie werden dann nebst gezupfter grüner Petersilie, 140 Gramm sehr frischer Butter und etwas Pfeffer und Salz einige Zeit geröstet und mit $^5/_{10}$ Liter Wasser noch gekocht. Diese Kräuter werden über die Bärschlinge gegossen, gut zugedeckt und

auf Kohlenfeuer weich gedünstet. Sie werden in eine Porzellanschale sammt den Kräutern angerichtet und recht heiß zu Tisch gegeben.

1241. Bärschlinge mit Petersilien-Sauce. Perches à la peluche.

Die nöthige Anzahl ausgenommener Bärschlinge wird in gesalzenem Wasser einige Minuten gekocht und dann die Schuppen sammt der Haut leicht abgestreift. Sie werden dann auf einer Schüssel angerichtet und eine Petersilien-Sauce (siehe Abschn. 2) recht heiß darüber gegossen.

1242. Gebackene Bärschling-Schnitten. Filets de perches frites.

Hierzu braucht man für zehn bis zwölf Personen wenigstens acht bis zehn Stück 560 Gramm schwere Bärschlinge. Diese werden sehr rein ausgenommen, in der Mitte der Länge nach durchgeschnitten, jede Hälfte wieder aus Haut und Gräten gelöst, welches mit Vorsicht geschehen muß, damit man von jedem Bärschling zwei schöne unbeschädigte Filets erhält. Es wird dann jedes wieder in drei gleiche Theile geschnitten, in eine Schale gelegt, gesalzen, mit dem Safte von zwei Citronen, einem Lorbeerblatt, in Scheiben geschnittener Zwiebel und grüner Petersilie gewürzt und so eine Stunde marinirt. Kurz vor dem Anrichten werden sie mit geriebenem Mundbrode panirt, aus heißem Schmalze schön gebacken, im Kranze angerichtet und in ihre Mitte eine sehr gut und kräftig bereitete Tomate-Sauce gegossen und sogleich zu Tisch gegeben.

1243. Bärschlingschnitten in Papier. Filets de perches en papillotes.

Vier bis fünf schöne große Bärschlinge werden wie die vorhergehenden rein aus Haut und Gräten gelöst, gesalzen und dann ebenso marinirt. Sie werden dann von den Zuthaten befreit, an beiden Seiten mit feinen Kräutchen bestrichen (siehe Abschn. 3) und dann in Papierpapilloten, welche in Herzform geschnitten und auf beiden Seiten mit Oel bestrichen sind, gelegt, und fest, damit kein Saft auslaufen kann, eingebogen. Eine halbe Stunde vor dem Anrichten werden die Papilloten über einen mit Oel bestrichenen Bogen Papier auf den Rost gelegt, über glühender Asche auf beiden Seiten langsam gebraten, sodann angerichtet und sogleich zu Tisch gegeben.

47. Abschnitt.

Vom Schill, Zander oder Hechtbärschling, auch Amaul, Nagmaul genannt. Du sandre.

Der Schill oder Hechtbärschling ist ebenfalls ein Raubfisch und ge=
hört zu dem Geschlecht der Barsch. Sein Fleisch ist sehr saftreich und
mild, dabei sehr weiß und feinfädig und viel schmackhafter als das der
Hechte. Wenn dieser Fisch noch lebend zur Küche gebracht wird, so ist
es nöthig, daß man ihn nach dem Schlachten noch eine halbe Stunde
in starkes Salzwasser mit einem Stück Eis legt, damit sein Fleisch einige
Härte erhalte und beim Kochen nicht in Stücke zerfalle. Am besten aber
geräth die Zubereitung desselben, wenn er ausgenommen und über Nacht
eingesalzen auf Eis liegt.

1244. Abgekochter Schill mit holländischer Sauce. Sandre à l'eau, sauce hollandaise.

Der Schill wird sehr rein geschuppt, ausgenommen, die Flossen ab=
gestutzt, wenigstens einige Stunden gut eingesalzen, dann eine Stunde vor
dem Anrichten in gesalzenem Wasser mit etwas Milch kalt über das Feuer
gestellt und wenn derselbe zu kochen anfangen will, vom Feuer genommen.
Beim Anrichten wird er auf eine passende, lange Schüssel gelegt, mit
rund geschälten und in Salzwasser abgekochten Kartoffeln bekränzt und eine
sehr gut bereitete sauce hollandaise (siehe Abschn. 2) extra beigegeben.

1245. Schill auf englische Art. Sandre à l'Anglaise.

Der Schill wird ebenso abgekocht, mit Kartoffeln angerichtet und
statt der holländischen Sauce wird klare Butter mitservirt.

1246. Schill-Schnitten mit feinen Kräutchen. Sauté de sandre aux fines herbes.

Der 2 Kilo 240 Gramm bis 2 Kilo 800 Gramm schwere Schill
wird rein geputzt, gewaschen, der Länge nach in der Mitte durchgeschnitten
und beide Hälften aus Haut und Gräten gelöst, so zwar, daß man zwei

unbeschädigte große Filets erhält. Diese werden dann in gleich große und dicke Schnitten recht egal zugeschnitten, gesalzen und in einem plat à sauter mit fünf bis sechs Eßlöffeln voll feinen Kräutern in frischer Butter eingerichtet, mit einer mit Butter bestrichenen Papierscheibe gedeckt und bis zum Gebrauche kalt gestellt. Eine Viertelstunde vor dem Anrichten werden sie auf einen mittelstark brennenden Windofen gestellt, zwei bis drei Minuten lang sautirt, dann behutsam umgewendet und eben so lange auf der anderen Seite geschwungen. Sodann wird die Butter abgeseiht, statt dieser werden $^3/_{10}$ Liter gute, piquante, kochendheiße, braune Sauce darüber gegossen, mit etwas Sardellenbutter und Citronensaft im Geschmacke gehoben und zusammen noch einmal aufgekocht. Beim Anrichten werden die Schillschnitten im Kranze in eine bordirte Schüssel gelegt, die Sauce nochmals rein entfettet und sammt den feinen Kräutchen darüber angegossen.

1247. Schill-Schnitten mit Krebs-Sauce. Filets de sandre à la Cardinal.

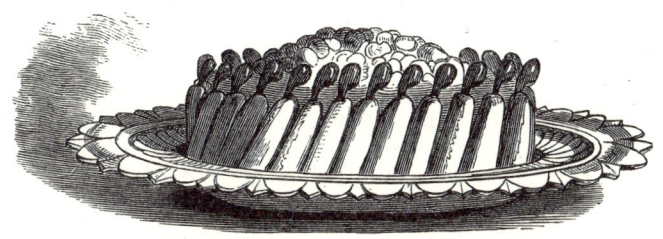

Aus einem 2 Kilo 240 Gramm wiegenden Schill werden ganz dem vorhergehenden gleich, achtzehn gleich große, recht egale Filets geschnitten, an deren Spitzen Krebsscheeren eingesteckt werden, und nachdem sie auf beiden Seiten gesalzen sind, werden sie mit Krebsbutter in einen plat à sauter eingerichtet und zwar so, daß die Krebsscheeren nach innen zu liegen kommen. Ueber diese wird eine Papierscheibe, welche gut mit Krebsbutter bestrichen worden ist, genau, daß keine Luft eindringen kann, gelegt, und so bis zum Gebrauche kalt gestellt. Eine Viertelstunde vor dem Anrichten werden sie auf Kohlenfeuer während sechs Minuten auf beiden Seiten sautirt, sodann im Kranze, die Scheeren nach oben, recht schön angerichtet und in ihre Mitte ein recht gut bereitetes rothes Krebsragout (siehe Abschn. 7) erhaben angerichtet. Zarter feiner Geschmack und gutes Ansehen muß dieser Speise eigen sein.

1248. Schill-Schnitten mit Austern-Ragout. Filets de sandre aux huîtres.

Sie werden den vorhergehenden gleich zubereitet, aber statt mit Krebsbutter werden sie mit klarer Butter eingerichtet. Eine Viertelstunde vor dem Anrichten werden sie auf beiden Seiten sautirt, sodann au miraton angerichtet und in ihre Mitte ein Kleinragout von Austern gegeben.

1249. Schill-Schnitten am Roste gebraten. Filets de sandre à la maréchal.

Von einem 2 Kilo 240 Gramm wiegenden, rein geschuppten und ausgewaschenen Schill werden die beiden Filets den vorhergehenden gleich ausgelöst, in zweifingerbreite und dreifingerlange Stückchen geschnitten, mit Pfeffer und Salz bestreut, dann in klare, lauwarme Butter getaucht, gut mit Brod bestreut und auf beiden Seiten über schwacher Kohlengluth auf dem Roste gebraten. Sie werden dann angerichtet und etwas gute Jüs mit Citronensaft angenehm gesäuert, darunter gegossen.

1250. Blanquette von Schill. Blanquette de sandre.

Von dem rein aus Haut und Gräten gelösten Fleische eines 1 Kilo 680 Gramm wiegenden Schills werden 3 Centimeter große, egale Stück= chen geschnitten, in klare Butter eingerichtet, mit Salz bestreut, mit einer mit Butter bestrichenen Papierscheibe bedeckt und bis zum Gebrauche bei Seite gestellt. Die Abfälle von dem Schill werden mit Fleischbrühe gut ausgekocht, dann die Essenz durch ein Haartuch geseiht und mit $^5/_{10}$ Liter guter weißer Sauce über dem Windofen bei beständigem Rühren bis sich die Sauce dickfließend vom Löffel spinnt, eingekocht, dann mit einer Liaison von fünf Eigelb legirt, mit dem Safte einer Citrone angenehm gesäuert, gesalzen, durch ein Haartuch in eine Saucen=Casserolle gepreßt und au bain-marie warm gestellt. Vor dem Anrichten wird der Schill über dem Windofen sautirt, die Butter rein abgeseiht, die Sauce darüber gegossen, leicht durch einander gemengt und wenn die Blanquette im Geschmacke nichts zu wünschen übrig läßt, wird sie erhaben auf einer tiefen Schüssel angerichtet und außen herum mit Butterteigschnitten garnirt.

1251. Blanquette von Schill in einer Butterteigpastete. Blanquette de sandre en vol au vent.

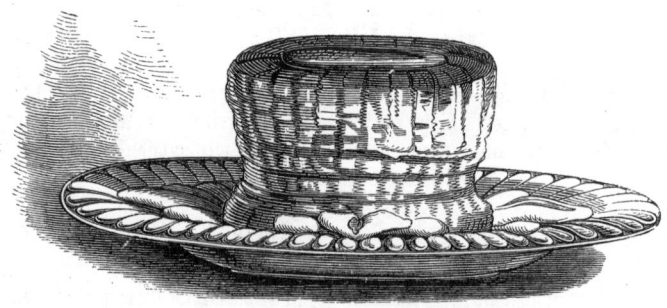

Die vorhergehende Blanquette von Schill wird beim Anrichten recht heiß in einer Butterteigpastete angerichtet.

1252. Blanquette von Schill mit Beschamel. Blanquette de sandre à la béchamel.

Die Schillstückchen werden wie die vorhergehenden in Butter einge=
richtet und sautirt, aber statt der legirten Sance wird hier ein gut be=
reitetes Beschamel (siehe Abschn. 2) genommen und ebenso angerichtet.

1253. Popietten von Schill. Popiettes de sandre gratinées.

Nachdem ein 2 Kilo 240 Gramm wiegender Schill ausgenommen
und rein gewaschen ist, wird er der Länge nach in der Mitte durchge=
schnitten und dann beide Theile rein aus Haut und Gräten, daß sie aber
nicht beschädigt werden, gelöst. Diese beiden Theile werden wieder der
Breite und Länge nach in gleicher Dicke durchgeschnitten und in fingerlange,
zweifingerbreite Stücke getheilt, welche gesalzen, mit Citronensaft be=
träufelt und mit Petersilie und in Scheiben geschnittenen Zwiebeln eine
Stunde marinirt werden. Währenddem wird eine feine Farce von Schill
bereitet (siehe Abschn. 5, Hechtenfarce,) mit welcher die Schillschnitten über=
strichen und aufgerollt werden. Der Rest der Farce wird in die Vertiefung
einer flachen passenden Schüssel im Kranze aufgestrichen, die Popietten in
gleicher Ordnung darüber aufgesetzt, in den mittleren leeren Raum ein
Mundbrod passend eingedrückt, die Popietten dann mit dünnen Speckscheiben
überlegt und nachdem das Ganze noch mit einer mit Butter bestrichenen
Papierscheibe bedeckt ist, wird das Gratin kalt gestellt. Unterdessen be=
reitet man von Austern, Krebsschweifchen und Ruttenlebern ein Klein=Ragout,
welches au bain-marie warm gestellt wird. Eine halbe Stunde vor dem
Gebrauche werden die Popietten in einem mäßig heißen Ofen langsam
gar gemacht, dann alles Fett sehr rein abgenommen, das Brod heraus=
gethan, das Klein=Ragout kochendheiß in die Mitte gegossen und nachdem
die Popietten schön glacirt sind, werden sie sogleich zu Tisch gegeben.

1254. Schill-Coteletten auf Mailänder Art. Cotelettes de sandre à la Milanaise.

Aus einem schönen Schill werden die beiden Filets aus Haut und
Gräten gelöst und dann aus diesen zwölf bis vierzehn gleichgroße Stücke
in der Form von Coteletten geschnitten; diese werden sodann gesalzen, in
Mehl umgekehrt, in Eier getaucht, nochmals panirt und in klare Butter
in einem plat à sauter eingerichtet. Eine Viertelstunde vor dem Anrichten
werden sie schön lichtgelb gebraten, über eine Farce=Bordure, von Hechten=
farce bereitet, im Kranze angerichtet und in ihre Mitte feine, mit Par=
mesankäse bereitete Maccaroninudeln erhaben gegeben.

1255. Gratinirte Schill-Schnitten. Filets de sandre à la St. Vallière.

Man schneidet aus den rein aus Haut und Gräten gelösten Schill=
filets die nöthige Zahl ganz den Kapaunenbrüsten gleiche Stücke, welche

gesalzen, auf einer Seite messerrückendick mit Krebsfisch=Farce glatt und
egal bestrichen und sodann in einen plat à sauter mit klarer Butter ein=
gelegt werden. Die Schillfilets werden sodann geschmackvoll mit Trüffeln,
welche in feine Blättchen geschnitten und zierlich ausgestochen sind, belegt,
dann mit etwas Kräutermarinade und weißem Wein begossen, mit ganz
dünnen Speckscheibchen gedeckt und so in einem mäßig heißen Ofen, gut
zugedeckt, eine halbe Stunde vor dem Gebrauche langsam gar gemacht.
Beim Anrichten werden sie behutsam auf ein reines Tuch zum Entfetten
gelegt, schön glacirt und über ein recht geschmackvoll bereitetes Klein=Ragout,
welches mit Karpfen=Milchnern, Krebsschweifchen und Krebsklößchen nebst
legirter Sauce zusammengesetzt wurde, im Kranze angerichtet.

1256. Schill-Schnitten à la d'Artois.   Filets de sandre à la d'Artois.

Die Schillschnitten werden wie die vorhergehenden zubereitet, nur
mit dem Unterschiede, daß sie mit fein hachirten Trüffeln gut bestreut und
über ein Ragout von Austern, Champignons, Karpfenmilchnern und mit
einer hachirten Trüffel=Sauce zubereitet, im Kranze angerichtet werden.

1257. Schill-Schnitten mit einer Mayonnaise.   Filets de sandre à la Mayonnaise.

Siehe Abschnitt 39, Mayonnaise von Lachs.

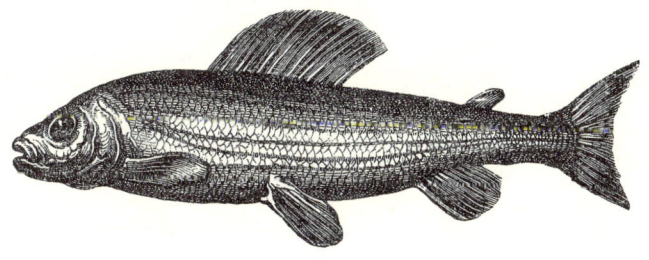

48. Abschnitt.

Von der Renke und der Aesche. De la renke et de l'ombre.

Die Renken, die so reichlich im Starnberger=See während der Sommer=
monate gefangen werden, gehören zu den besten Fischen, die uns Bayern
mit seinen fischreichen Seen liefert; ihr Fleisch ist äußerst zart, weiß,
nicht fett und sehr wohlschmeckend. Vorzüglich eignen sich die kleineren
zum Backen, mit Citronensaft beträufelt; hingegen die größern, welche
oft 1 Kilo 680 Gramm bis 2 Kilo 240 Gramm schwer sind, Boden=
renken, genannt, am Roste gebraten, mit schwarzer Butter, beurre noir,
oder auch mit englischer Butter, beurre à l'Anglaise.

Die Aesche wird bei uns ebenfalls sehr häufig gefangen, jedoch haben
jene, welche in Gebirgsflüssen oder klarem Quellwasser mit Kieselgrund
leben, den Vorzug, denn ihr Fleisch ist dann viel kerniger und saftreicher.

Man bereitet sie frisch als:

1258. Aesche am Rost gebraten. Ombre sur le gril.

1259. Aesche auf holländische Art. Ombre à la Hollandaise.

1260. Aesche gebacken. Ombre frit.

1261. Aesche mit feinen Kräutern. Ombre aux fines herbes.

Die Bereitungsarten finden sich beim Hecht, Abschnitt 43.

49. Abschnitt. 1. Abtheilung.

Vom Kabeljau. Du cabillaud.

Frisch zubereitet gehört der Kabeljau zu den ersten Delikatessen, welche das Meer den Menschen darbietet und der Fang dieses Fisches ist sehr bedeutend. Er gehört zu dem Geschlechte der Schellfische, sein Fleisch ist sehr weiß, blätterig und schmackhaft, deßhalb ist die Zubereitung desselben, blos in Salzwasser gekocht, wie bei dem größten Theile der Seefische, die beste.

1262. Kabeljau nach englischer Art. Cabillaud à l'Anglaise.

Alle Seefische die einem längeren Transporte ausgesetzt sind, werden an Ort und Stelle ausgenommen, eingesalzen und so in diesem Zustande versendet. Deshalb ist es nöthig, daß man sie vor ihrer Zubereitung einige Stunden in's frische Wasser legt, damit sich das Salz wieder aus= zieht, die Schuppen wieder erweichen und der Fisch rein abgeschuppt werden kann. Wenn der Kabeljau gut gereinigt und der Kopf gebunden ist, wird er in ein passendes Fischgeschirr gelegt, mit kaltem Wasser und 1 Liter Milch übergossen, leicht gesalzen und so langsam zum Sieden ge= bracht, dann vom Feuer genommen und an die Seite des Windofens gestellt, damit der Fisch nach und nach gar wird. Er wird auf einer passenden Schüssel angerichtet, mit egal rund geschälten und in Salzwasser abgekochten Kartoffeln bekränzt und mit klarer Butter zur Tafel gegeben. Nachstehende Fisch=Sauce wird in einer zweiten Saucière extra beigegeben. Acht hartgekochte Eierdotter werden klein zerhackt, mit einem halben Eßlöffel voll fein geschnittener, blanchirter Petersilie und einem Eßlöffel voll eng= lischem Senf untermengt, etwas Muskatnuß, Salz und Citronensaft dazu gethan, mit etwas Fischbrühe und 280 Gramm geklärter frischer Butter untermengt und diese Sauce auf dem Feuer kochendheiß gerührt.

1263. Kabeljau nach holländ. Art. Cabillaud à la Hollandaise.

Der Kabeljau wird dem vorhergehenden gleich abgesotten, ebenso an= gerichtet und mit einer holländischen Sauce servirt.

1264. Kabeljau in kurzer Brühe mit Austern-Sauce. Cabillaud au Court-Bouillon, sauce aux huîtres.

Der gut gereinigte Kabeljau wird statt in gesalzenem Wasser in einer Court=Bouillon gar gedämpft und eine Austern=Sauce extra mit=servirt. Die Bereitung der Austern=Sauce ist im 2. Abschnitt, die Court=Bouillon im 3. Abschnitt angegeben.

Ferner erscheint der Kabeljau noch als:

1265. Kabeljau mit Krebs-Sauce. Cabillaud, sauce aux écrevisses.

1266. Kabeljau mit Beschamel-Sauce. Cabillaud à la sauce béchamel.

Die genannten Saucen findet man im 2. Abschnitt.

1267. Kabeljau auf Hamburger Art. Cabillaud à la Hambourg.

Drei kleine Kabeljau werden gereinigt, gewaschen und die Filets der Länge nach aus Haut und Gräten geschnitten, worauf man sie etwas breit schlägt und in sechs gleiche Stücke egal zuschneidet. Von den Ab=fällen wird eine zarte Farce bereitet, unter welche man zwei Eßlöffel voll fines herbes (siehe Nr. 259) einrührt. Die Fischfilets werden nun über ein Tuch ausgebreitet, gesalzen, gleichmäßig dick mit der Farce überstrichen, dann aufgerollt. Diese Fischrouladen werden nun in mit Butter bestrichenes Papier eingebunden, dann in einen plat à sauter gelegt, mit einer Kräuter=Marinade übergossen und so drei Viertelstunden im Ofen langsam unter öfterm Begießen gebraten. Sodann werden sie, wenn sie halb ausgekühlt sind, aus dem Papier genommen, mit einer kalten dicken sauce Soubise überstrichen und über diese fein geriebenes Brod gestreut, dann werden sie nochmals mit abgeschlagenen Eiern übergossen und wiederholt panirt. Sie werden hierauf in einen Plafond gelegt, mit Krebsbutter überträufelt, etwas von der Marinade darunter gegossen, worauf man sie im Brat=rohre gut heiß werden und eine schöne Farbe nehmen läßt. Sie werden dann in schöne Stücke getheilt und über ein Ragout von Austern (siehe Nr. 326) im Kranze angerichtet.

---

49. Abschnitt. 2. Abtheilung.

Vom Stockfisch. De la morue.

Der eingesalzene und an Stangen in der Sonne getrocknete Kabeljau wird Stockfisch genannt, der nur eingesalzene, Laberdan. Er wird in ganzen Schiffsladungen unter den verschiedenen Namen Langfisch, Klippfisch, Stock=

fisch nach Europa gebracht und macht einen großen Handelsartikel aus.
Das Fleisch dieser Fische ist mehr derb als wässerig. Bei der Art und
Weise jedoch, wie dieselben beim Trocknen behandelt werden und bei den
manchen verfaulten Stellen, welche man in den getrockneten Fischen selbst
findet, ist zu bedenken, ob es eine schlechtere Nahrung für den Menschen
geben kann, als diese durch die strengste Sonnenhitze ausgedörrten und durch
die schärfste Lauge wieder aufgelösten Fische, wodurch ihrem Fleische eine
gewisse Elasticität wieder gegeben wird, obgleich der natürlich angenehme
Geschmack, welcher den Kabeljau im frischen Zustande so vorzüglich macht,
gänzlich verloren geht. Daß deßhalb der Genuß dieser ausgedörrten und
in der Lauge wieder aufgelösten Fische der Gesundheit nicht ganz zuträg=
lich sein kann, geht daraus hervor, daß es wenige Menschen gibt, die
nach dem Genusse derselben nicht einiges Unbehagen fühlen.

1268. Stockfisch auf bürgerliche Art. Morue à la bourgeoise.

Einige Stücke Stockfisch werden in's kochende, gesalzene Wasser mit
etwas Milch gethan und wenn dies wieder zu kochen anfangen will,
werden sie weggenommen und zugedeckt eine Stunde so stehen gelassen.
Nach dieser Zeit wird der Fisch mit einem Schaumlöffel auf ein Sieb
zum Abtropfen gelegt, alle Gräten herausgenommen und dann in einem
Stück sehr frischer Butter, worin man einen Eßlöffel voll fein geschnittene
Zwiebeln geröstet hat, über dem Feuer schnell gedünstet, dann angerichtet
und mit in Butter goldgelb geröstetem, geriebenen Brode überstreut. Ge=
röstete Kartoffeln und gut gedünstetes Sauerkraut werden jedes für sich
extra beigegeben.

1269. Stockfisch auf Kapuziner Art. Morue à la capucin.

Der abgekochte und aus den Gräten gelöste Stockfisch wird ganz
heiß mit fein geschnittenen gerösteten Zwiebeln, geschnittener Petersilie,
zwei Gliedchen Knoblauch, Salz und Pfeffer und 140 Gramm gutem
Oel über starkem Feuer geschwungen und dann recht heiß angerichtet.

1270. Stockfisch mit Beschamel in einer Butterteigpastete.
Morue en vol au vent.

Der abgekochte, entgrätete Stockfisch wird mit einer gut bereiteten
kochendheißen Beschamel untermengt, in einer Butterteigpastete im letzten
Augenblicke angerichtet und sogleich zu Tisch gegeben.

1271. Stockfisch auf Küchenmeister-Art. Morue à la maître
d'hôtel.

Ist in seiner Zubereitung wie vorher beschrieben, nur daß statt
einer Beschamel eine sauce maître d'hôtel genommen wird.

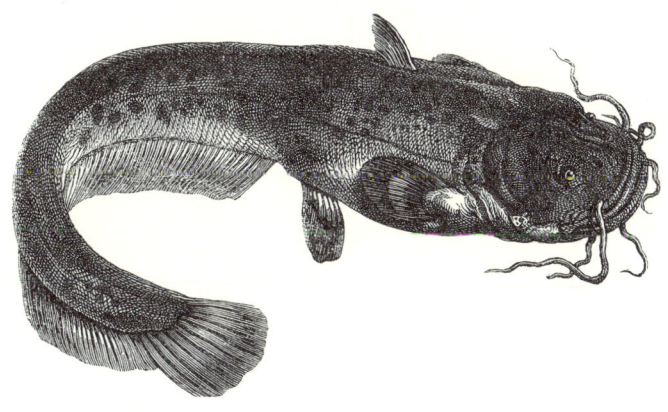

50. Abschnitt.

Vom Waller, Wels. Du glanis.

Unter allen Fischen der süßen Gewässer ist der Waller der größte, welchen Bayerns Seen und Flüsse uns liefern. Er erreicht oft eine Größe von 90 bis 120 Centimeter, hat ein sehr zähes Leben und kann mehrere Tage in einem Wasserbehälter aufbewahrt werden. Das Fleisch der Waller, besonders derjenigen, die nicht so schwer sind, ist sehr weiß, wohlschmeckend und blätterig und eignet sich sowohl zum Blauabsieden als zum Braten.

1272. Waller in kurzer Brühe. Glanis au court-bouillon.

Der rein ausgenommene, gut ausgewaschene Waller wird mehrere Stunden zuvor gut eingesalzen, dann der Kopf geschnürt, in ein passendes Fischgeschirr gelegt und mit einer Court-Bouillon (siehe Abschnitt 3) begossen und langsam gar gesotten, welches jedoch nicht zu schnell geschehen darf, damit der Waller, je nachdem er stark ist, nach und nach gar wird. Beim Anrichten wird er auf eine mit einer Serviette belegte Schüssel gelegt, die ebenfalls abgekochte Leber in seinen Mund gesteckt, außen herum mit kleinen rundgeschälten und in Salzwasser abgekochten Kartoffeln garnirt und mit einer gut bereiteten holländischen Sauce (siehe Abschnitt 2) zu Tisch gegeben.

1273. Waller im Ofen gebraten. Glanis au four.

Der gut gereinigte Waller wird auf beiden Seiten eingeschnitten, sehr gut eingesalzen, dann mehrere Stunden so stehen gelassen. Unterdessen bereitet man eine Kräutermarinade, welche man sehr gut auskochen läßt. Der Waller wird gut abgetrocknet, in eine passende Bratpfanne gelegt, leicht mit Mehl überstäubt, die Marinade durch ein Haarsieb darüber gegossen, $^5/_{10}$ Liter weißer Wein dazu gegeben und so im Backofen oder

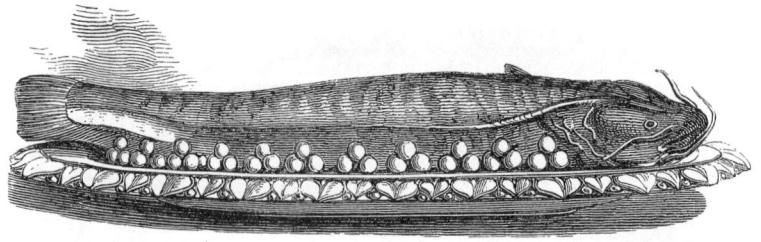

Bratrohr langsam gebraten, wo man von Zeit zu Zeit etwas guten sauern Rahm dazu gießt. Beim Anrichten wird derselbe auf eine passende Schüssel behutsam gelegt, die zurückgebliebene Marinade wird durchgeseiht, sehr rein entfettet, mit zwei Eßlöffeln voll Sardellenbutter und dem Safte einer Citrone piquant im Geschmacke gehoben und, nachdem der Waller noch mit gebratenen Kartoffeln garnirt ist, wird ein Theil der Sauce darüber gegossen, die übrige in eine Saucière gethan und mit zur Tafel gegeben.

---

51. Abschnitt.

Vom Dorsch.   De la merluche.

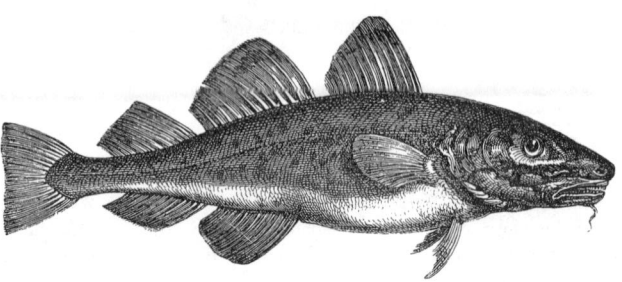

Dieser zarte Fisch, welcher mit dem Kabeljau zu einem Geschlechte ge= hört, wird in den kälteren Jahreszeiten in der Ostsee am häufigsten ge= fangen. Das Fleisch desselben gehört unstreitig zu den zartesten und ver= daulichsten Speisen dieser Art; es schmeckt sehr rein und enthält sehr feine Muskeln, welche sich während des Kochens zu einer zarten Gallerte auflösen, die auf der Zunge sehr angenehm schmeckt. Die einfachste Zubereitung dieses Fisches ist die beste. In einigen Minuten kocht man ihn in gesal= zenem Wasser und servirt ihn mit Butter und Kartoffeln oder auch mit jeder Sauce wie beim Kabeljau. Je größer der Dorsch ist, desto consistenter und schmackhafter ist er; von den kleinen ist das Fleisch zu weichlich, und löst sich zu sehr auf, deßhalb werden die kleinen auch stets gebacken, ge= braten oder grillirt. Ebenso ist die Leber dieser Fische eine Delikatesse.

52. Abschnitt.

Vom Schellfisch. De l'aigrefin.

Der Schellfisch hat viel Aehnlichkeit mit dem Kabeljau; sein Fleisch ist gleichfalls weiß und blätterig, doch ist er bedeutend kleiner als dieser, gewöhnlich nur 30 bis 40 Centimeter lang. Was die Bereitungsart der Schellfische betrifft, so eignen sie sich zu Allem, was beim Kabeljau angeführt wurde.

---

53. Abschnitt.

Vom Häring. Du hareng.

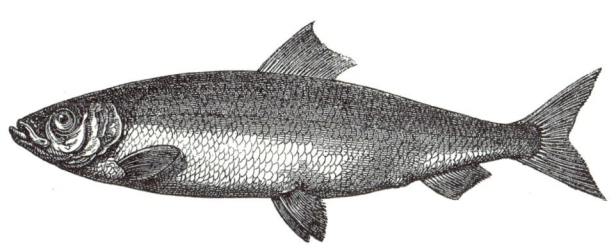

Der Häring, dieser so ungemein nützliche Fisch scheint freilich allgemein bekannt zu sein, aber obgleich jedes Kind denselben im Allgemeinen wohl kennt, so ist darum doch nicht Jeder mit den verschiedenen Arten desselben bekannt. Der gesalzene Häring ist zwar seiner Natur nach immer derselbe, allein der holländische Häring ist dennoch bei weitem der beste und gesuchteste, was nur allein in der üblichen Art beim Einsalzen liegt. Man muß deßhalb nie Häringe kaufen, die einen thranigen Geschmack und gelbliches Ansehen haben, sondern solche, die am Bauche mit glänzend weißen Schuppen belegt sind, und nach dem Rücken zu ins Blaue spielen, dabei keine zähe Härte, aber auch keine faulige Weiche haben.

Die zu Bücklingen bestimmten Häringe werden, nachdem sie nur vier=
undzwanzig Stunden in einer mildern Salzlake als die Häringe selbst
liegen, auf kleine Speile gereiht und zwölf Stunden geräuchert, man nennt
sie alsdann Bücklinge und wieder die fettesten davon werden am Rücken
aufgeschnitten, mit Speilchen ausgespannt, geräuchert und alsdann Speck=
bücklinge genannt.

1274. Frische Häringe mit Butter. Harengs frais au beurre.

Die ersten eingesalzenen, frischen Häringe kommen gewöhnlich im
Juli oder August zu uns, wo deren immer zwölf Stück in ein kleines
Fäßchen gepackt sind. Sie sind sehr zart und schmackhaft, folglich für
den Liebhaber ein Leckerbissen, man nennt sie deßhalb auch Delikatesse=
Häringe. Sie werden fein abgehäutet, in Stückchen geschnitten, wieder
in ihre natürliche Gestalt zusammengelegt und auf einer Assiette über
Weinblättern angerichtet. Ganz frische Butter wird extra mitservirt.

1275. Auf dem Rost gebratene Häringe. Harengs frais sur le gril.

Die frischen Häringe werden eine Stunde in kalte Milch gelegt,
dann gut abgetrocknet, abgehäutet, in gutem Provencer=Oel umgekehrt,
über einen recht heiß gemachten Rost gelegt und über starker Kohlengluth
bei öfterm Begießen mit Oel in sechs bis acht Minuten gebraten. Sie
werden sodann angerichtet und folgende kalte Sauce extra mitservirt.
Sechs bis acht hart gekochte Eidotter werden durch ein feines Haarsieb
gestrichen, fein geschnittene und abgekochte Schalottenzwiebeln und Peter=
silie, von jedem zwei Kaffeelöffel voll, dazu gethan und mit drei Eß=
löffeln voll feinem Oel, einem Eßlöffel voll Zucker, dem Saft von zwei
Citronen, Salz und dem nöthigen weißen Wein zu einer dickfließenden,
piquant süßlichen Sauce angerührt, welche den Häringen beigegeben wird.

1276. Häringe in Papilloten. Harengs en papillotes.

Die Bereitung derselben findet sich bei den warmen hors d'oeuvres.

54. Abschnitt.

Von der Sardelle und von der Sardine.   De l'anchois et de la sardine.

In Italien und im südlichen Frankreich werden diese kleinen, an sich unbedeutenden Fische fast wie die Häringe präparirt und zu einer guten Speise umgeschaffen. So klein dieser Fisch auch ist, so erhält er dennoch durch die Zubereitung einen Werth, den er an sich nicht hat und die Verkäufer desselben haben hierdurch einen ansehnlichen Gewinn. Eine zweite Zubereitung erlangen diese Fischchen dadurch, daß man sie mit Oel leicht bratet, in kleine Blechbüchschen packt, mit Oel übergießt, gut hermetisch verschließt und so unter dem Namen sardines à l'huile, Sardinen in Oel, überallhin versendet. Man genießt sie am häufigsten bei Gabelfrühstücken mit frischer Butter.

---

55. Abschnitt.

Vom Neunauge.   De la lamproie.

Dieser Fisch gleicht in Gestalt und Geschmack dem Aal, hat wie dieser keine Schuppen, sondern ist mit einer Schleimhaut umgeben. Er ist ohne alle Gräten und selbst das Rückgrat besteht nur aus Knorpeln, so daß der ganze Fisch genießbar ist. Wenn man ihn frisch erhält, wird er zu den seltenen und delikaten Fischspeisen gezählt und dann ebenso wie der Aal zubereitet. Jedoch die wenigsten werden frisch verzehrt, indem diese Fische in sehr großen Quantitäten an Ort und Stelle, wo man sie fängt, gebraten, in kleine Fässer gepackt, mit Essig und Citronen versehen und so marinirt weit und breit versendet werden.

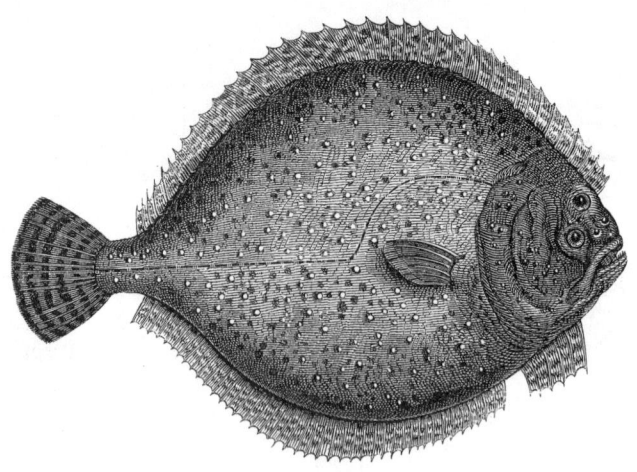

56. Abschnitt.

Von der Steinbutte, Steinbütte, Scholle. Du turbot.

Unter den verschiedenen Arten von Plattfischen ist die Steinbutte eine der größten und es gibt deren, welche mehr als 11 Kilo 200 Gramm wiegen. Das Fleisch der Steinbutte ist mehr hart als zart, aber sehr wohlschmeckend, es enthält viel Leimstoff und ist sättigender als das Fleisch anderer Fische. Bemerkenswerth scheint es mir, daß das Fleisch der untern weißen Seite, welches mit einer weißen Haut belegt ist, feiner ist als das Fleisch der obern Seite. Sie halten sich in den meisten Meeren auf; die in der Nord- und Ostsee sind besonders geschätzt.

1277. Steinbutte auf englische Art. Turbot à l'Anglaise.

Durch die Eisenbahnen sind wir in Stand gesetzt, alle Gattungen Seefische sehr frisch und ungesalzen zu erhalten. Eine solche Steinbutte wird sorgfältig geputzt, die in der obern Haut befindlichen Steine aus-geschnitten, sodann die Flossen abgehauen, sehr rein ausgenommen, ge-waschen und in ein passendes Geschirr (turbotière) die weiße Seite nach oben gelegt, mit kaltem Wasser und Milch übergossen, gehörig gesalzen und auf einen brennenden Windofen gestellt. Sobald der Siedegrad erfolgt und aller Schaum abgenommen ist, wird die Steinbutte abgehoben, mit einer reinen Serviette überdeckt und an die Seite des Windofens gestellt, wo sie niemals kochen, sondern langsam ausziehen soll, damit sie nicht zu stark auf-reißen kann. Beim Anrichten wird sie über eine zusammengelegte Serviette über eine passende Schüssel gelegt, in die aufgerissenen Stellen etwas ge-zupfte, gewaschene, grüne Petersilie gelegt und so gut zugedeckt und in Be-

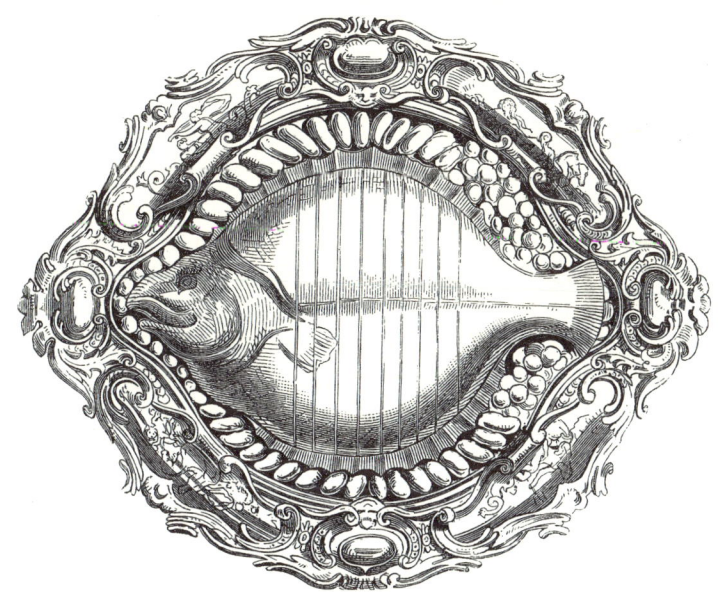

gleitung von klarer Butter (beurre fondu) mit rund geschälten und in Salzwasser abgekochten Kartoffeln zu Tisch gegeben.

1278. Steinbutte in kurzer Brühe gekocht. Turbot au court-bouillon.

Man bereitet eine gute Court=Bouillon. Die Steinbutte wird wie die vorhergehende gereinigt in die Turbotière gelegt, mit der Court=Bouillon übergossen, mit einigen, mit Butter bestrichenen Bögen weißen Papiers überdeckt und so langsam weich gekocht. Sie wird ebenso angerichtet und eine recht gut bereitete sauce hollandaise dazu gegeben.

1279. Steinbutte mit Seekrebs-Sauce. Turbot à la sauce homard.

Man bereitet von einem kleinen Hummer, Seekrebs, eine gute sauce homard, welche bis zum Gebrauch au bain-marie warm gestellt wird. Der Turbot wird wie der vorhergehende zubereitet, ebenso gar gekocht, angerichtet und obige Sauce extra beigegeben.

1280. Gratinirte Steinbutte. Gratin de turbot.

Die unberührten Reste der Steinbutte, welche von der Tafel zurück= gekommen sind, werden in kleine Stückchen getheilt und dann in einer fines herbes, welche aus fein geschnittenen Schalotten, Champignons und Petersilie bestehen und von jedem ein Eßlöffel voll mit einem Stück frischer Butter nebst dem nöthigen Salz und etwas Pfeffer gedünstet, dann auf einer Schüssel erhaben angerichtet, mit etwas piquanter Sauce überträufelt, mit Brod besäet, über dieses noch etwas Butter gethan und in einem mäßig heißen Ofen gratinirt. Ehe es zu Tisch kömmt, wird alles Fett rein ab= genommen und mit klein rund geschälten, gerösteten Kartoffeln garnirt.

1281. Steinbutte nach Grimod de la Reynière.
Turbot à la Grimod de la Reynière.

Der vierte Theil eines großen frischen Turbots wird rein gewaschen und eine Stunde in gesalzenes frisches Wasser gelegt. Eine halbe Stunde zuvor wird derselbe in gesalzenes siedendes Wasser gelegt und langsam gar gekocht. Währenddem hat man $^5/_{10}$ Liter gute dicke sauce béchamel bereitet, welche man mit einem Stück Krebs= oder besser noch Krabben= butter (beurre de crevettes) verrührt und die Schweifchen von Krabben, ungefähr eine kleine Assiette voll, in der Mitte durchschneidet. Der Turbot wird nun aus dem heißen Wasser über ein Tuch gelegt, die Haut davon abgenommen, das Fleisch aus den Gräten gelöst und in kleine Stückchen zertheilt, wovon man die Hälfte in eine mit Butter ausgestrichene tiefe Porzellanschüssel legt, Beschamel darüber gießt, dann einen Theil der Krebsschweifchen darüber streut, dann wieder Turbotstückchen, Krebsbeschamel und Schweifchen. Das Ganze muß schnell ausgeführt werden, damit der Fisch, wie auch das Beschamel recht heiß bleibt. Zuletzt wird fein ge= riebenes Brod mit geriebenem Parmesankäse untermengt, darüber gestreut, zerlassene frische Butter darüber geträufelt und dann eine rothglühende Schaufel darüber gehalten, bis sich eine lichtgelbe Kruste gebildet hat, worauf man es gleich zu Tisch gibt.

1282. Geblätterte Steinbutte mit Butterteigpastete.
Emincée de turbot en vol au vent.

Hierzu werden ebenfalls die Tafelreste einer Steinbutte verwendet; sie werden geblättert, geschnitten, in sehr frischer Butter gedünstet, dann mit der nöthigen, kochendheißen sauce béchamel leicht untermengt, ge= hörig gesalzen und in eine vol au vent kurz vor dem Anrichten recht heiß gethan.

1283. Croquetten von Steinbutte mit Beschamel. Croquettes de turbot à la béchamel.

Die Reste einer Steinbutte werden von der Rippe in größeren Stücken abgenommen, von aller Haut befreit, dann kleinwürfelig geschnitten, mit Butter etwas gedünstet, mit der nöthigen sauce béchamel leicht untermengt, gehörig gesalzen und sodann auf eine flache irdene oder porzellanene Schüssel gethan und auf Eis kalt gestellt. Von dieser Masse werden fingerlange Croquetten geformt, in geriebenem Brode umgekehrt, dann in gut ab= geschlagene Eier getaucht und nochmals mit Brod panirt. Kurz vor dem Gebrauch werden sie aus heißem Schmalz gebacken, über eine zierlich zu= sammengelegte Serviette auf einer Schüssel angerichtet und in ihre Mitte recht grün gebackene, mit etwas Salz bestreute Petersilie erhaben gelegt.

1284. Steinbutte auf italienische Art. Turbot à l'Italienne.

Man wählt hierzu eine kleine Steinbutte; diese wird sehr rein geputzt, gut ausgewaschen, gesalzen und so einige Stunden an einen kalten Ort gestellt. Hierauf wird sie abgetrocknet und in eine irdene flache Schüssel gelegt, mit 140 Gramm gutem Oel, dem Saft von zwei Citronen und einem Glase weißen italienischen Wein noch eine Stunde marinirt. Unterdessen werden sechs Stück Trüffeln geschält, gewaschen, dann mit Schalottenzwiebeln, grüner Petersilie, Champignons, Estragon, Schnittlauch, von jedem gleiche Theile, Alles zusammen fein zu Hachis geschnitten und dies zusammen mit 280 Gramm frischer Butter gedünstet, dann vier Eßlöffel voll geriebene Semmel, Sardellenbutter, etwas Cayenne-Pfeffer und Muskatnuß dazu gethan und mit ³/₁₀ Liter guter brauner Sauce verrührt. Die Steinbutte wird auf ein passendes, flaches Geschirr gelegt, über derselben leichte Einschnitte gemacht, mit der beschriebenen Masse überstrichen, mit einem Bogen Papier, der gut mit Oel bestrichen ist, gedeckt und so während einer Stunde unter öfterm Begießen mit der eigenen Sauce, wo man jedoch von Zeit zu Zeit etwas Wein nachgießen muß, langsam gebraten. Beim Anrichten wird das Fett rein abgenommen, der Fisch mit einem Casserolle-Deckel ausgehoben, auf eine passende Schüssel gelegt und die eigene Sauce sammt den Kräutern darüber gegossen.

---

57. Abschnitt.

Von der Seezunge. De la sole.

Sie gehört ebenfalls zu dem Geschlechte der Plattfische, ist ganz platt ihrer Länge nach keilförmig gestaltet und theils mit einer weißen, theils mit einer schwärzlichen Haut und diese mit ganz feinen Schuppen belegt. Ihr Fleisch ist viel feiner, saftreicher und milder als das anderer Plattfische und ist deshalb sehr geachtet.

1285. Gebackene Seezungen. Soles frites.

Die Seezungen werden rein gewaschen, die Haut davon abgezogen, gesalzen und so eine Stunde stehen gelassen. Nach dieser Zeit werden sie abgetrocknet, in Mehl umgekehrt, dann in Eier, welche mit Salz und etwas Wasser abgeschlagen sind, durchgezogen und mit geriebenem Brode bestreut. Kurz vor dem Anrichten werden sie lichtbraun aus dem Schmalz gebacken, über eine zusammengelegte Serviette auf einer Schüssel angerichtet und Citronen, jede der Länge nach in vier Theile geschnitten, mit beigegeben.

1286. Gebackene Seezungen auf englische Art. Soles frites à l'Anglaise.

Die Seezungen werden wie die vorhergehenden zubereitet und kurz vor der Tafelstunde gebacken, dann auf der untern Seite ein Einschnitt gemacht und die ganze Gräte behutsam herausgenommen und nachstehende Butter eingefüllt. 280 Gramm ganz frische Butter wird schaumig gerührt, dann kömmt der Saft von zwei Citronen, ein Eßlöffel voll Senf, zwei Eßlöffel voll Sardellenbutter, zwei Eßlöffel voll kalte sauce suprême, Salz, Muskatnuß und zwei Kaffeelöffel voll fein geschnittene, blanchirte Peterfilie dazu, welches zusammen genau in Verbindung gebracht und bis zum Gebrauche kalt gestellt wird. Mit dieser Butter werden, wie schon bemerkt, die gebackenen und entgräteten Seezungen, in jede ein Eßlöffel voll, eingestrichen, welches jedoch erst im letzten Augenblicke, ehe sie zur Tafel kommen, geschehen muß. Die Butter wird in dem heißen Fische leicht schmelzen, sich mit dem entquellenden Safte vereinigen und so eine sehr angenehme köstliche Speise geben.

1287. Gebackene Seezungen auf französische Art. Filets de soles à la Horly.

Von vier Seezungen wird die Haut abgelöst, die Filets ausgeschnitten, egal zuparirt und dann mit Oel, Pfeffer, Salz, Peterfilie und in Scheiben geschnittenen Zwiebeln eine Stunde marinirt. Nach dieser Zeit werden die Filets auf ein Tuch gelegt, abgetrocknet, in Mehl umgekehrt, aus heißem Schmalz gebacken, auf einer Platte erhaben angerichtet und eine sauce tomate extra mitservirt.

1288. Seezungenschnitten nach Vernon. Escalopes de soles à la Vernon.

Aus drei Stück Soles werden zwölf egal runde Escalopes geschnitten, diese gesalzen und eine halbe Stunde stehen gelassen. Sodann werden sie abgetrocknet, in Mehl umgekehrt, in Eier getaucht, panirt und dann in einem plat à sauter in klarer Butter eingerichtet. Unterdessen bereitet man ein gutes Austern-Ragout (siehe 7. Abschnitt Nr. 326), unter welches man ebenso Krebsschweifchen gibt und au bain-marie warm stellt. Eine Viertelstunde vor dem Anrichten werden die Escalopes lichtgelb gebraten, dann zum Entfetten über ein Tuch gelegt. Sie werden über eine Reis=Bordure im Kranze angerichtet und in ihre Mitte das Kleinragout gegeben.

1289. Seezungenschnitten à la Dieppoise. Filets de soles à la Dieppoise.

Von fünf schönen Seezungen werden die Filets ausgeschnitten, von diesen die Haut abgelöst, dann rein gewaschen, gut abgetrocknet und daraus zwanzig Stück gleich große Filets wie die Poulardenbrüste geschnitten. In jedes von diesen wird an dem spitzen Theil eine rothe Krebsscheere eingesteckt, dann werden sie gesalzen, in klare Butter eingerichtet und mit einer mit Butter bestrichenen Papierscheibe bedeckt kalt gestellt. Dann bereitet man ein Ragout von Austern mit Champignons, welches mit einer guten rothen Krebssauce nach dem Verhältniß zu den Ingredienzen in richtiger Bindung ist. Kurz vor dem Anrichten werden die Seezungen=stücke, welche leicht beschwert sein müssen, auf beiden Seiten sautirt, dann wird die Butter abgegossen und der Saft einer Citrone darüber gepreßt. Sie werden dann im Kranze, die Scheeren nach oben, angerichtet und das ganz heiße Klein=Ragout in die Mitte gegeben.

1290. Seezungenschnitten à la gourmand. Filets de soles à la gourmand.

Die Seezungenschnitten werden wie die vorhergehenden zubereitet, dann werden sie in eine dickfließende sauce normande (siehe Nr. 226) eingetaucht und über einen mit fein geriebenem Brod bestreuten Deckel gelegt, worauf man sie kalt werden läßt. Sonach werden sie in fein geriebenem, weißen Mundbrode umgekehrt, dann in leicht gesalzene, gut abgeschlagene Eier getaucht und wiederholt panirt. Dann werden sie mit dem Messer in gleiche Stückchen geformt, in zerlassener Krebsbutter in einem plat à sauter über Kohlenfeuer auf beiden Seiten sautirt, zum Entfetten über ein Tuch gelegt, den vorhergehenden gleich angerichtet und das in bester Eigenschaft bereitete Klein=Ragout Salpicon à la normande (siehe Nr. 325) heiß in ihre Mitte gegeben.

1291. Seezungenschnitten à la gastronome. Filets de soles à la gastronome.

Man bereitet aus vier schönen Seezungen ohngefähr vierzehn Stück gleiche Filets, welche die Größe wie Hühnerbrüstchen haben. Diese werden gesalzen, in eine Schüssel gethan, mit Citronensaft beräufelt und so eine Stunde marinirt. Von den Abschnitten (parures) wird mit Krebsbutter eine feine Farce bereitet (siehe Nr. 294). Die Seezungenstückchen werden nun gut abgetrocknet, dann auf einer Seite mit der Farce messerrückendick recht egal und glatt überstrichen, wobei man das Messer in's heiße Wasser tauchen muß, und dann in klare Butter in einen plat à sauter eines neben das andere eingelegt. Wenn nun alle so eingerichtet sind, wird die Oberfläche derselben geschmackvoll mit abgekochten schwarzen durch kleine blecherne Ausstecher geformten Trüffeln garnirt, dann über jedes Filet eine dünne Speckscheibe gelegt und dann das Ganze mit einer mit Butter bestrichenen Papierscheibe bedeckt. Kurz vor dem Anrichten werden dieselben ohngefähr zehn Minuten lang in's Bratrohr gestellt, worin man sie langsam gar werden läßt. Sie werden dann in eine Schüssel über eine Farce=Bordure schön angerichtet und in ihre Mitte ein recht gut bereitetes Püree von Champignons (siehe Nr. 261) gegeben.

1292. Seezungenschnitten in Papilloten. Filets de soles en papillotes.

Von vier Seezungen werden die Filets ausgelöst, diese in finger= lange, zweifingerbreite Stückchen geschnitten, gesalzen und mit einer fines herbes, nebst einem Stück frischer Butter gedämpft; hierauf werden sie auf eine Assiette gelegt, unter die fines herbes etwas Krebs=Farce und Sardellenbutter gerührt und jedes Stückchen damit überstrichen. Sodann werden sie in mit Oel bestrichene Papierherzchen eingelegt, diese recht genau überbogen und eine halbe Stunde vor dem Anrichten auf einen gut mit Oel bestrichenen Bogen Papier gelegt und auf dem Roste bei schwachem Kohlenfeuer gebraten. Die Zeit des Bratens muß so berechnet sein, daß die Papilloten vom Roste gleich zu Tisch kommen.

1293. Mayonnaise von Seezungen. Mayonnaise de filets de soles.

Aus vier Seezungen werden die Filets ausgelöst und hiervon wieder sechzehn Stück gleich große, egale Filets geschnitten, welche gesalzen, in klarer Butter sautirt und sodann zwischen zwei flachen Casserolle=Deckeln leicht gepreßt werden. Unterdessen bereitet man eine gute Sauce Mayonnaise. Die Seezungenstücke werden durch die Mayonnaise gezogen, über einen Deckel gelegt und auf Eis gestellt. In gleicher Zeit hat man einen Aspic=Reif, bordure d'aspic, in gestoßenes Eis gegraben, in welche man halbfingerdick klare Fleischsulz gießt und, wenn sie gestockt ist, darüber Krebsschweifchen, aus den Kernen gedrehte Oliven einlegt, welche man mit Aspic begießt und wieder stocken läßt; wenn dies erreicht ist, wird wieder so viel Aspic eingegossen, daß die Schweifchen und Oliven überdeckt sind. Ueber diese kömmt dann eine zweite Einlage und zwar von rollirten Sardellen und zwischen jede in vier Theile geschnittene Eierdotter, welche dann wieder wie die vorhergehenden mit Aspic übergossen werden. Eine halbe Stunde vor dem Anrichten wird die Aspic=Bordure in's heiße Wasser getaucht, auf eine passende flache Porzellan= oder schöner noch flache Kryftall=Schüssel gestürzt, die Form abgehoben und die Schüssel auf's Eis gestellt. Die Seezungenstückchen werden erhaben im Kranze in die Mitte gelegt und außen herum mit ganz kleinen, rund ausgestochenen Croutons, auf welche Caviar gestrichen ist, garnirt.

1294. Seezungenstückchen als Salat. Filets de soles en salade.

Aus vier schönen Seezungen werden die Filets ausgeschnitten, gesalzen und ganz den vorhergehenden gleich in Butter sautirt und leicht gepreßt. Sie werden dann in eine Porzellanschale gelegt und eine Stunde mit Oel, Citronensaft, fein geschnittenem Estragon und Pimpernelle, Estragon= essig und Pfeffer marinirt. Hierauf werden die Fischstückchen in einer flachen Schüssel über ein Beet von nudelartig geschnittenem Kopfsalat erhaben angerichtet und außen herum eine Bordure von hartgekochten, halbirten Eiern, zwischen die jedesmal ein Salatherzchen kömmt, aufgestellt. Der Salat wird dann überall mit der Marinade begossen und zu Tisch gegeben.

1295. Turban von Seezungen. Turban de filets de soles à la Conti.

Von vier schönen Seezungen werden die Filets ausgelöst, so daß man sechzehn gleich große Stücke bekömmt; diese werden nun recht egal in gleicher Form auf einer Seite etwas zugespitzt zugeschnitten, dann acht davon mit schwarzen Trüffeln und acht mit recht grünen Cornichons schön bigarrirt. Von dem Fleische von drei kleinen Seezungen wie auch von den Abfällen wird eine Farce bereitet, wovon man den vierten Theil zurückläßt und drei Theile in eine mit Butter ausgestrichene, genau zur Schüssel passende, turbanähnliche, blecherne, oben abgerundete Form ein= füllt und diese Farce=Bordure au bain-marie gar werden läßt. Ist dies erreicht, so wird dieselbe in die zum Anrichten bestimmte Schüssel gestürzt, dann werden die bigarrirten Seezungenstücke von innen mit dem Rest der Farce dünn überstrichen und in abwechselnder Farbe, die breite Seite nach unten, darüber gebogen, so daß die Spitzen der Filets nach innen kommen und das Ganze einem Turban ähnlich erscheint. Ist nun das Gericht

mit Fleiß und Geschmack vollendet, so werden über die Filets dünne Speck=
scheiben gelegt, in der Mitte ein passendes Stück Mundbrod leicht ein=
gedrückt und zuletzt mit Papier zugedeckt. Drei Viertelstunden vor dem
Anrichten wird nun der Turban über einen Plafond in das nicht zu
heiße Bratrohr oder in den Backofen gestellt und langsam gar gemacht.
Beim Anrichten selbst wird das Papier wie die Speckscheiben schön ab=
genommen, das Fett mittelst ein Tuches herausgetunkt, die Schüssel gut
gereinigt und in die Mitte ein Ragout von Austern (siehe Nr. 326) ge=
geben, zu welchem man noch die Champignons und Krebsschweifchen gibt.

1296. Seezungenstückchen auf italienische Art.   Soles à l'Italienne.

Vier schöne frische Seezungen werden sehr rein geputzt, die Haut
abgezogen, gesalzen und ganz der Steinbutte gleich behandelt.

1297. Popietten von Seezungen.   Filets de soles en popiettes.

Aus vier Seezungen werden die Filets ausgelöst, so zwar, daß man
sechzehn gleich große Filets hat; sie werden gesalzen, mit Fisch=Farce be=
strichen, aufgerollt, in mit Butter bestrichenes Papier eingehüllt und in
einer Court=Bouillon weich gekocht. Sie werden auf ein Tuch zum Ent=
fetten gelegt, aus dem Papier genommen, schön angerichtet und eine sauce
italienne oder auch eine Krebs=Sauce darüber gegossen.

---

58. Abschnitt.

Von der Makrele.   Du maquereau.

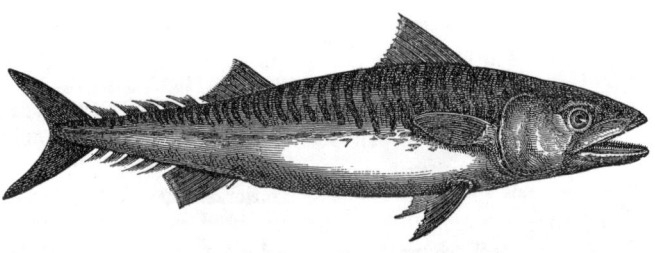

Die Makrele hat einen eingedrückten, glatten Kopf und glatten Körper
und durch die am Schwanz sich befindenden Nebenflossen ein besonderes
Ansehen. Sie ist 24 bis 30 Centimeter lang, zuweilen noch größer.
Im Frühjahr wird sie am meisten an den nördlichen Küsten Frankreichs
gefangen. Ihr Fleisch ist sehr zart, wohlschmeckend und saftig.

1298. Makrelen in Salzwasser gekocht. Maquereaux à l'eau de sel.

Für eine Schüssel sind drei Makrelen hinreichend; sie werden rein geputzt, die Leber behutsam herausgenommen, der Kopf gebunden, und dann gesalzen. Eine Viertelstunde vor dem Anrichten werden sie in gesalzenes, kochendes Wasser gelegt und gar gemacht. Sie werden auf einer langen Schüssel angerichtet, mit grüner Petersilie garnirt und eine sauce maître d'hôtel wie auch klare Butter, beurre fondu, extra beigegeben. Die Lebern der Makrelen werden über dieselben gelegt.

1299. Geröstete Makrelen. Maquereaux à la Picardienne.

Die Makrelen werden gereinigt, ausgenommen, über dem Rücken ein tiefer Einschnitt gemacht, gesalzen und dann mit Oel, Citronensaft, Pfeffer, Lorbeerblatt, Petersilie und in Scheiben geschnittenen Zwiebeln eine Stunde marinirt. Eine halbe Stunde vor dem Anrichten werden sie auf Kohlenfeuer geröstet, dann auf den Bauch angerichtet, die Lebern dazwischen gelegt, und in die Rückenöffnung dieselbe kalte Butter gefüllt, wie sie bei den Seezungen à l'Anglaise im vorhergehenden Abschnitt angegeben ist. Etwas piquante Jüs, mit Citronensaft angenehm gesäuert, wird darunter gegossen.

1300. Makrelen nach Küchenmeister Art. Maquereaux à la maître d'hôtel.

Nachdem drei Makrelen gut gereinigt, gewaschen und das ganze Rückgrat, ohne den Fisch in seiner natürlichen Form zu beschädigen, ausgelöst ist, werden sie gesalzen und mit Oel, Citronensaft, grüner Petersilie, grobem Pfeffer, Lorbeerblatt und Schalottenzwiebeln eine Stunde marinirt. Eine halbe Stunde vor dem Anrichten werden sie bei starkem Kohlenfeuer über einem heiß gemachten Roste gebraten, wo sie öfters mit ihrer Marinade bestrichen werden müssen. Sie werden auf eine lange Schüssel gelegt und eine gut bereitete sauce maître d'hôtel wird extra beigegeben. Auch wird öfters eine kalte beurre maître d'hôtel in den Rücken eingefüllt.

1301. Makrele mit schwarzer Butter. Maquereaux au beurre noir.

Sie werden wie die vorhergehenden, ohne daß jedoch das Rückgrat ausgelöst wird, marinirt und auf dem Rost gebraten, dann angerichtet und eine schwarze Butter darüber gegossen. Man läßt einige Schalotten, Petersilie, ganzen Pfeffer und ein Lorbeerblatt in einem halben Weinglas voll gutem Essig aufkochen, stellt zu gleicher Zeit 280 Gramm frische Butter in einer Casserolle aufs Feuer und läßt sie beinahe schwarz werden, gießt dann den Essig sammt den Kräutern dazu, kocht es zusammen nochmals auf und gießt diese Butter durch ein Sieb über die Fische.

1302. Makrelen mit Austern. Maquereaux à la Boulonaise.

Nachdem man drei gute Makrelen rein geputzt, gewaschen und jede

in drei gleiche Theile geschnitten hat, werden sie in weißem Wein mit
Wasser, Salz und aromatischen Kräutern abgekocht, dann angerichtet und
mit einer sehr guten Austern=Sauce übergossen.

1303. Makrelen auf flamänder Art. Maquereaux à la Flamande.

Nachdem drei Makrelen sehr rein geputzt, gewaschen und wieder ab=
getrocknet sind, wird das ganze Rückgrat derselben behutsam ausgelöst, und
die Fische auf ein Tuch gelegt und gesalzen. Dann bereitet man von
Schalotten, Petersilie, Champignons, Trüffeln, eine fines herbes, welche
in 140 Gramm Butter gedünstet, dann mit den durchpassirten Lebern der
Makrelen, vier Eßlöffeln voll Sardellenbutter und eben so viel Fisch=Farce
in genaue Verbindung gebracht und mit dieser gefüllt werden, so daß die=
selben ihre natürliche Form wieder erhalten. Sie werden dann in gutes
Schreibpapier, welches sehr gut mit Oel bestrichen wurde, eingewickelt,
unten und oben gut überschlagen und mit Bindfaden netzartig umbunden.
Eine halbe Stunde vor dem Anrichten werden sie über einen gut mit Oel
bestrichenen Bogen Papier auf den Rost gelegt und bei stiller Gluth langsam
gebraten, dann aus dem Papier genommen, auf eine lange Schüssel gelegt
und mit einer sauce tomate servirt.

1304. Makrelenschnitten mit Austern. Sauté de filets de maquereaux aux huîtres.

Nachdem vier schöne frische Makrelen gereinigt, gewaschen und die
Lebern hiervon auf einer Assiette kalt gestellt worden sind, werden die
beiden Hälften einer jeden rein aus Haut und Gräten gelöst und hiervon
Filets geschnitten, welche die Form einer Hühnerbrust haben; sie werden
gesalzen und in einen plat à sauter in klare Butter gelegt, mit einer mit
Butter bestrichenen Papierscheibe, damit keine Luft eindringen kann, gedeckt
und bei Seite kalt gestellt. Die Lebern werden in Stücke geschnitten, ge=
salzen und in Mehl umgekehrt. Kurz vor dem Anrichten werden die
Filets auf beiden Seiten sautirt, auf ein Tuch zum Entfetten gelegt, dann
im Kranze in einer Entréeschüssel, wo zwischen jedes ein in gleicher Größe
und Form wie die Makrelenschnitten geschnittenes und aus klarer, frischer
Butter gebackenes Brodherzchen gelegt wird, angerichtet, ein gutes Austern=
Ragout in ihre Mitte gegeben und nachdem die gebackenen Lebern der=
selben außen herum garnirt worden sind, sogleich zu Tisch gegeben.

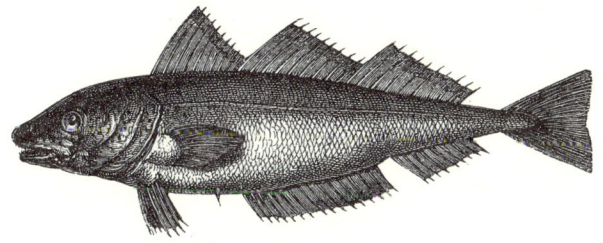

59. Abschnitt.

Vom Weißling. Du merlan.

Diese vorzüglichen delikaten Fische, womit uns das mittelländische Meer reichlich versieht, haben einen länglichen Körper, kleine, runde, silberweiße, glänzende Schuppen, die auf dem Rücken in's Olivengrüne spielen, mit schwarzen Brust= und Schwanzflossen, die obere Kinnlade ist hervorstehend. Sie müssen sehr frisch genossen werden, denn nur ihre Frische ist es, die ihren feinen Geschmack so ungemein erhöht.

1305. Abgesottener Weißling. Merlan à l'eau de sel au persil.

Nachdem der Merlan rein geschuppt, ausgenommen und gut ausge= waschen ist, wird er in ein passendes Geschirr gelegt, gesalzen, mit rein gewaschenen Petersilienwurzeln sammt dem Grünen und einem Lorbeer= blatt belegt, kaltes Wasser darüber gegossen und so langsam auf dem Feuer gar gekocht. Er wird sodann angerichtet und etwas von seinem eigenen Wasser darunter gegossen. Die Leber desselben wird mit abge= kocht und als Delikatesse beigelegt.

1306. Gebackener Weißling. Merlan frit.

Man wählt hierzu die kleinern; diese werden sehr rein geputzt, aus= gewaschen, auf beiden Seiten leichte Einschnitte gemacht, dann gesalzen, die Lebern in den Körpern angelegt, in Mehl umgekehrt und so aus heißem Schmalz gebacken. Sie werden über einer Serviette auf einer langen Schüssel angerichtet und mit gebackener Petersilie garnirt, Citronen= schnitten werden extra beigegeben.

1307. Gratinirte Merlans. Filets de merlans au gratin.

Von vier Merlans werden die beiden Filets rein aus Haut und Gräten gelöst, in kleine Stücke geschnitten, gesalzen und mit einer fines herbes und frischer Butter weich gedünstet. Ebenso wird eine Farce von Merlan bereitet, mit dieser der Boden einer Entrée=Schüssel halbfinger= dick bestrichen, die Hälfte der Merlanschnitten nebst Kräutern darüber ge=

than, wieder mit Farce überstrichen, dann wird der Rest der Schnitten darüber gelegt, erst mit den Kräutern, dann mit Farce glatt überstrichen und mit einer mit Butter bestrichenen Papierscheibe gedeckt. Eine halbe Stunde vor dem Anrichten wird das Gratin in einem mäßig heißen Ofen auf ein Blech gestellt und langsam gebraten, dann sehr rein entfettet, schön glacirt, etwas Demi=Glace darüber gegossen und so zu Tisch gegeben. Die aus den Abgängen der Fische bereitete, mit Citronensaft angenehm gesäuerte Merlan=Essenz kann extra beigegeben werden.

1308. Merlanschnitten in einer Papier-Caisse. Filets de merlans en caisse, gratinés.

Die vorhergehenden Merlanschnitten werden mit Farce gerade so in einem Papier (Caisse) eingerichtet und im Ofen gratinirt.

1309. Gebackene Merlanschnitten à la comtesse. Filets de merlans frits à la comtesse.

Einige Merlans werden gut gereinigt, gewaschen, die beiden Filets aus Haut und Gräten gelöst, dann in fingerlange Stückchen geschnitten, gesalzen, in Mehl umgekehrt und lichtgelb gebacken; dann werden sie in einem Körbchen, welches geschmackvoll aus pâte d'office bereitet ist, erhaben angerichtet, in ihre Mitte ein Bouquett von recht grün gebackenen Petersiliensträußchen gethan und nachdem das Körbchen unten herum noch mit kleinen Caisses von Papier, welche mit einem Salpikon von Krebsen und den Merlanlebern gefüllt, garnirt ist, wird es sogleich zu Tisch gegeben.

1310. Merlanschnitten in einer Brodkruste. Blanquette de merlans en croustade de pain.

Die Merlans werden in Salzwasser mit Petersilie abgekocht und wenn sie kalt sind, ausgehoben, das Fleisch aus Haut und Gräten gelöst, dann mit etwas frischer Butter und Salz, bis alle Flüssigkeit weg ist, gedünstet, dann mit guter sauce béchamel leicht untermengt und so kochend-heiß in einer schön geschnittenen, aus dem Schmalz lichtbraun gebackenen Brodkruste erhaben angerichtet und außen herum, nämlich am Rande der Kruste, ein Band von Krebsschweifchen gelegt. Die Kruste wird zuvor auf eine Entrée-Schüssel gestellt.

1311. Gebackene Merlans nach französischer Art. Filets de merlans à la Horly.

Siehe Abschn. 57, Horly de soles.

1312. Popietten von Merlans. Popiettes de filets de merlans.

Von vier Merlans werden die Filets ausgelöst, sauber panirt, jedes in der Mitte durchgeschnitten, so daß man sechzehn gleich große Filets erhält. Diese werden gesalzen, mit Merlan-Farce, die mit Krebsbutter bereitet wurde, überstrichen, aufgerollt und über in eine Entréeschüssel fingerdick aufgestrichene Farce gestellt, dann wird das Ganze mit dünnen Speckscheibchen überlegt, mit einer mit Butter bestrichenen Papierscheibe gedeckt und kalt gestellt. Eine halbe Stunde vor dem Anrichten wird die Schüssel in einen mäßig heißen Ofen gestellt, die Popietten langsam gar gemacht, dann rein entfettet, schön glacirt und mit einer gut bereiteten sauce fines herbes leicht übergossen.

1313. Merlans nach holländ. Art. Merlans à la Hollandaise.

Diese werden in Salzwasser abgekocht, auf einer langen Schüssel angerichtet, mit rund geschälten und in Salzwasser gekochten Kartoffeln umlegt und eine holländische Butter-Sauce extra beigegeben.

60. Abschnitt.

Vom Stör, Sterlet und Hausen. De l'esturgeon, esterlet, et du grand esturgeon.

Der Stör ist ganz dem Hausen ähnlich; er ist ohne Schuppen und sein Körper ist mit mehreren Reihen großer, beinharter Schilde besetzt. Die Hautfarbe des Körpers ist blaugrünlich, oberhalb mit braunen, unterhalb mit schwärzlichen Punkten besetzt und der Bauch weiß. Sein Kopf ist rüsselförmig, länger und spitzer als beim Hausen; er wird in allen europäischen Meeren gefangen, im Sommer geht er in die großen Flüsse, wie z. B. in die Wolga, Donau, Weichsel. Einen besonderen Handelsartikel macht der Rogen aus, der an Ort und Stelle eingesalzen und unter dem Namen Caviar verkauft wird. Sein Fleisch ist weiß und schmackhaft, besonders von denen, die nicht über 11 Kilo 200 Gramm schwer sind.

Der Sterlet hat in seiner Gestalt viel Aehnlichkeit mit dem Stör, jedoch wird er nur gegen 1½ Meter lang. Seine Gattungskennzeichen sind drei Reihen Schilder, woran er gegen fünfzehn auf dem Rücken hat. Wenn der Sterlet recht frisch ist und durch den Transport nicht gelitten hat, so wird er viel höher geachtet als der Stör. Der aus seinem Rogen bereitete Caviar wird für den besten gehalten.

Der Hausen ist seines Fleisches wegen weniger beliebt, jedoch seine Blase, aus welcher die sogenannte Hausenblase bereitet wird, bei der Kochkunst sehr geachtet. Seine Gestalt ist merkwürdig, der Kopf gleicht einem länglichen Vierecke, dessen Ende in eine stumpfe Schnauze ausgeht, jedoch wie beim Stör und Sterlet mit vier Bartfasern versehen ist. Seine Farbe ist auf dem Rücken schwarz, an den Seiten bläulich und auf dem Bauche weiß und sein Körper ist ebenfalls mit fünf Reihen knöcheriger, beinharter Schilder besetzt. An Größe übertrifft der Hausen bei weitem den Stör, indem er gegen 5 Meter lang und zuweilen über 280 Kilo schwer wird. Der junge Hausen im Gewichte von 9 bis 10 Kilo ist sehr gut und wird sehr geachtet.

1314. Stör und Sterlet gesotten. Esturgeon ou esterlet au court-bouillon.

Wie schon bemerkt wurde, werden für feinere Tafeln nur junge Exemplare solcher Fische genommen; sie werden bei der ersten Bauchflosse

aufgeschnitten, rein ausgenommen, alle knöchernen Schilder rein ausge=
schnitten, gut gewaschen, gehörig gesalzen, der Kopf gebunden, in ein
passendes Fischgeschirr, oder auch theilweise zerschnitten, eingelegt und mit
einer stark gewürzhaften Court=Bouillon kalt übergossen und während
anderthalb bis zwei Stunden langsam vor der Tafelstunde gar gemacht.
Beim Anrichten wird er über eine Serviette auf eine passende Fischplatte
auf den Bauch gelegt und mit einer holländischen Sauce, einer ravigote,
oder auch poivrade nebst klarer Butter zur Tafel gegeben.

1315. Gebratener Stör. Esturgeon au four.

Der gut gereinigte und vorher mehrere Stunden gut eingesalzene
Stör oder Sterlet wird von dem Salzwasser abgetrocknet, in eine Brat=
pfanne gelegt, mit einer sehr gewürzhaften Marinade begossen und im Brat=
oder Backofen langsam und in schönster Farbe gebraten, dann angerichtet,
der Fond sehr rein entfettet, durchgeseiht und über denselben gegossen.
Eine gute Kapern=, Sardellen= oder Senf=Sauce wird extra mitservirt.

1316. Sterlet auf polnische Art. Esterlet à la Polonaise.

Nach sorgfältiger Vorbereitung wird der Stör gut eingesalzen, in ein
passendes Geschirr gethan, mit abgeschälten Citronenscheiben, Lorbeerblättern,
Thymian und Basilikum, in Scheiben geschnittenen Zwiebeln und gelben
Rüben gewürzt, mit einer Bouteille rothem Wein und eben so viel guter
Marinade übergossen und gut zugedeckt, auf Kohlenfeuer langsam gedünstet.
Derselbe wird auf einer langen Schüssel angerichtet, mit glacirten Zwiebeln
und gebratenen Kartoffeln bekränzt und mit nachstehender Sauce übergossen.
Die Essenz, worin der Sterlet gedünstet wurde, wird durch ein Haar=
sieb geseiht, sehr rein entfettet und mit $^5/_{10}$ Liter sauce espagnole über
dem Feuer dicklich fließend eingekocht, dann mit einem Stückchen Glace
und zwei Eßlöffeln voll Sardellenbutter untermengt, durch ein Haartuch
gepreßt und so kochendheiß in einer Saucière extra beigegeben, etwas
hiervon wird über den Sterlet gegossen.
Aus dem Stör werden noch verschiedene Gerichte bereitet, wie z. B.

1317. Grillirte Stör-Coteletten. Côtelettes d'esturgeon grillées.

1318. Grillirte Stör-Coteletten in Papier. Côtelettes d'esturgeon grillées en papillotes.

1319. Escalope von Stör. Escalope d'esturgeon.

1320. Stör auf Kalbsnuß-Art. Esturgeon en noix de veau.

1321. Stör auf Kalbsnuß-Art mit Trüffeln. Esturgeon en noix de veau aux truffes.

1322. Stör auf Kalbsnuß-Art mit Oliven. Esturgeon en noix de veau aux olives.

1323. Stör auf Kalbsnuß-Art mit Champignons. Esturgeon en noix de veau aux champignons.

Da das Fleisch der größeren Störe einige Aehnlichkeit mit dem Kalb=
fleisch hat, so weise ich auf den Abschnitt vom Kalbfleisch zurück, indem
alle hier genannten Gerichte, welche bei demselben vorkommen, in ihrer
Zubereitung genau angegeben sind. Nur ist zu bemerken, daß bei allen
ganz gedämpften Störstücken mehr gewürzhafte Ingredienzen angewendet
und Wein beigegossen werden muß.

---

61. Abschnitt.
Vom Thunfisch. Du thon.

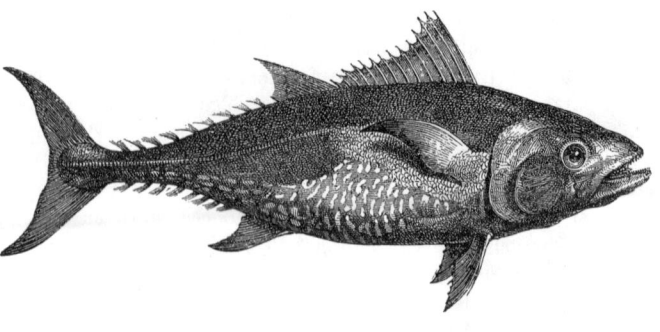

Er ist der größte unter den Fischen, die in Europa genossen werden
und wird sehr häufig im mittelländischen Meere, an den Küsten von Italien
und der Provence gefangen. Frisch gekocht, hat sein Fleisch wegen seines
vielen Fettes einen thranartigen Geschmack und ist schwer zu verdauen;
an einigen Theilen gleicht es dem Kalb=, an andern dem Rindfleische.
Am meisten werden diese Fische bei uns im marinirten Zustande gespeist,
indem man sie in Gläsern gepackt und mit Oel übergossen zu mäßigem
Preise kauft. In seiner Bereitung kömmt er dem Stör gleich.

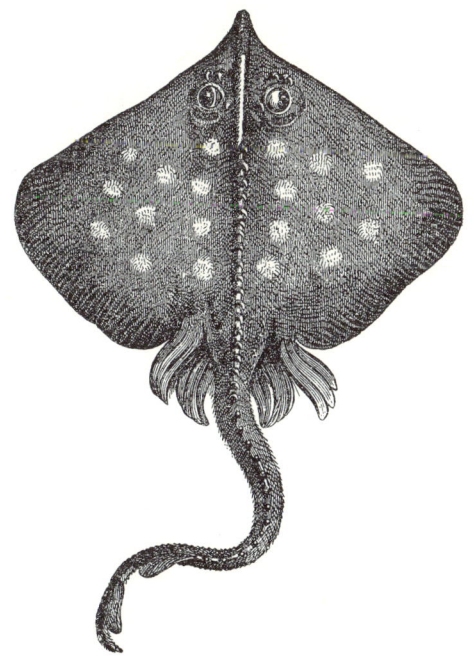

62. Abschnitt.

Vom Rochen, Stachelrochen. De la raie.

Diese in Frankreich, besonders aber in Paris sehr beliebten Fische sind von einer eigenthümlich häßlichen Gestalt. Sie haben einen flachen, gedrückten Körper und das Maul befindet sich unter dem abgesonderten Kopfe. Der Glattroche hat eine glatte Haut, die Grundfarbe ist auf dem Rücken braun und weiß gesprenkelt, der Bauch ist weiß. Der Stachel= roche hingegen ist mit einer Menge Stacheln. auf dem Rücken und anderen Theilen des Körpers versehen, doch sind auch hier wieder mehrere Ab= arten. Sie leben nur in salzigem Wasser und es werden viele an der französischen Küste gefangen; ihr Fleisch ist sehr wohlschmeckend.

1324. Stachelroche mit schwarzer Butter. Raie au beurre noir.

Der Stachelroche muß mit Vorsicht, daß man sich nicht verletzt, gereinigt werden. Er wird sodann behutsam ausgenommen und rein gebürstet, damit alles Unreine zwischen den Stacheln weggeht. Hierauf wird er in ein passendes Geschirr gelegt, mit einer gut ausgekochten, würzhaften Kräutermarinade nebst dem nöthigen Salz, Wein und Essig

begoſſen, dann auf das Feuer geſtellt und wenn er zu kochen anfängt,
abgehoben, rein abgeſchäumt und bei Seite geſtellt. Wenn er halb aus=
gekühlt iſt, wird er ausgehoben, alle Stacheln und die Haut von dem=
ſelben genommen, dann wird er wieder in ſeine Marinade gelegt und
warm geſtellt. Beim Anrichten wird er auf eine paſſende Schüſſel ge=
legt und mit einer ſchwarzen Butter, wozu man etwas von der Fiſch=
marinade angewendet hat, übergoſſen und ſogleich zu Tiſch gegeben.

63. Abſchnitt.

Von der Spigola, Seewolf. Du loup marin.

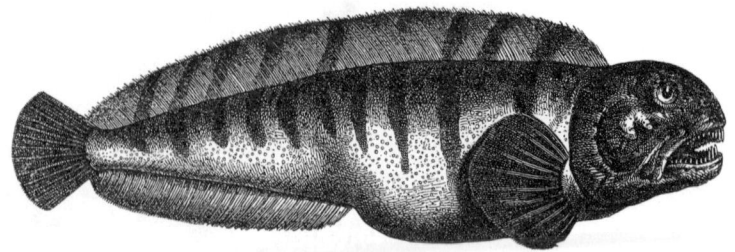

Dieſer ſehr geachtete Fiſch, welcher in dem mittelländiſchen Meere
ſo häufig gefangen wird, gehört mit Recht zu den erſten Delikateſſen.
Sein Fleiſch iſt ſehr fein und von ausgezeichnetem Geſchmack und ich
muß geſtehen, daß unter allen Fiſchen, die ich während meines Aufent=
haltes in Sicilien und Neapel kennen gelernt habe, die Spigola, wie ihn
die Italiener nennen, den Vorzug hat.

1325. Spigola auf neapolitaniſche Art. Spigola à la Napolitaine.

Nachdem die Spigola rein geſchuppt, die Floſſen abgeſtutzt, rein aus=
genommen und gewaſchen iſt, wird ſie auf beiden Seiten eingeſchnitten,
gut eingeſalzen, in ein Geſchirr gelegt, mit einer guten Kräutermarinade
und zwei Bouteillen vin de Sauterne begoſſen, ein mit Butter beſtrichenes
Papier darüber gelegt und ſo gut zugedeckt auf Kohlenfeuer langſam ge=
dünſtet. Wenn dies erreicht iſt, wird der Fond von dem Fiſch abgeſeiht,
dieſer ſehr rein entfettet, mit $5/10$ Liter sauce espagnole untermengt und
dieſe Sauce rein aus Fett und Schaum gekocht; ſie wird ſodann durch ein
Haartuch über aus den Kernen gedrehte Oliven und Kapern gepreßt und

zusammen nochmals aufgekocht. Der Fisch wird hierauf ausgehoben, auf eine lange Schüssel gelegt, mit einem Theile der Sauce übergossen (maskirt) und der Rest in einer Saucière extra beigegeben.

1326. Spigola à la Castellan. Spigola à la Castellan.

Die Spigola wird der vorhergehenden gleich gedünstet und ange= richtet, schön glacirt und mit kleinen gebackenen Crevetten, Schillnocken, kleinen gebackenen Fischen, gefüllten Oliven, Champignons, jedes für sich, in kleinen Häufchen garnirt. Eine Sauce von kleinen Crevetten, eine Homard= oder auch eine Krebs=Sauce wird extra beigegeben.

1327. Spigola nach Rosamel. Spigola à la Rosamel.

Dieselbe wird ebenso gedünstet, angerichtet und glacirt und wie die vorhergehende mit Austern, Krebsnocken, in Scheiben geschnittenen Trüffeln und Champignons, garnirt und nachstehende Sauce dazu gegeben. Die nöthige sauce veloutée wird mit der Austern=Jüs gut verkocht, sodann mit einer Liaison von fünf Gelbeiern legirt, gehörig gesalzen, mit etwas Cayenne=Butter angenehm gewürzt und recht heiß dem Fisch beigegeben. Sämmtliche Garnitur kann auch in die Sauce gethan und damit die Spigola übergossen (maskirt) werden.

1328. Spigola in einer Butterteig-Pastete. Spigola en vol au vent à la Palermitaine.

Die kleine Spigola wird in gesalzenem Wasser gekocht, nach dem Erkalten ausgehoben und rein aus Haut und Gräten in geblätterten Stückchen gelöst. Ebenso wird ein Seekrebs abgekocht, alles Fleisch aus= gelöst, in schöne Stückchen geschnitten und zugedeckt kalt gestellt. Ferner werden sechs Dutzend Austern mit Citronensaft und vin de Sauterne einmal aufgekocht, die Jüs durchgeseiht, die Austern von ihrem Bart ge= reinigt und zu den Homard=Stückchen gethan. Sodann werden $^8/_{10}$ Liter weiße Sauce mit der Austern=Jüs und etwas Fisch=Essenz über dem Wind= ofen unter beständigem Rühren dickfließend eingekocht, gehörig gesalzen, mit Citronensaft im Geschmacke gehoben, durch ein Haartuch über die Fischstückchen gepreßt, geschwungen und au bain-marie warm gestellt. Beim Anrichten wird die Pastete über eine Serviette auf eine Entrée=Schüssel gethan, das sehr heiße Emincée eingefüllt, mit etwas Homard=Sauce über= gossen, maskirt, darüber die erwärmten Homardstückchen, im Kranze schön geordnet, gelegt und nachdem man die Austern in deren Mitte gethan hat, wird der vol au vent recht heiß zur Tafel gegeben.

64. Abschnitt.

Von den Krebsen. Des écrevisses.

Obgleich diese Thiere, deren es viele Gattungen gibt, wie bekannt, zu den Insekten gehören, unter welchen sie die einzigen sind, die den Menschen zur Speise dienen, so ist doch ihr Fleisch fischartig und härter oder weicher, je nach der Größe dieser Thiere. So ist z. B. das Fleisch vom Hummer weit unverdaulicher als von dem gewöhnlichen Krebs und die kleine Krabbe (Crevette) ist weit zarter als alle anderen Thiere ihres Geschlechts. Der Hummer und der Taschenkrebs, als die größten desselben, geben einen geringen Beitrag zur Summe der Nahrungsmittel und nur auf den Tafeln der Reichen findet man sie, weil sie theuer sind. Ein weit bedeutenderes Produkt für die Küche sind dagegen die gemeinen Krebse. Ihre Consumtion in den Sommermonaten ist außerordentlich groß und fast überall sich gleich, weil sie die angenehmste Nahrung und durch eine geschickte Zubereitung die mannigfaltigsten und beliebtesten Speisen geben.

1329. Natürlich gesottene Krebse. Ecrevisses au naturel.

Alle Krebse sind mehr oder weniger mit einem leichten Schleim über=zogen, deßhalb müssen sie mehrmals recht rein gewaschen werden. Sodann werden sie alle genau besehen, ob nichts Unreines an ihren Füßen und Scheeren ist, worauf man sie dann in ein flaches Geschirr legt und zudeckt. Zu gleicher Zeit wird eine Zwiebel in Scheiben geschnitten, mit etwas Kümmel, einer Hand voll Petersilie und einigen Gewürzkörnern in eine Casserolle gethan, mit Wasser und Wein gut ausgekocht, dann über die Krebse durch ein Haarsieb gegossen, gehörig gesalzen, auf starkem Feuer einigemal übersotten und mit einem Stück frischer Butter mehrmals geschwungen. Sie werden sodann, die Scheeren nach oben, über eine zusammengelegte Serviette auf einer runden oder langen Schüssel pyramidenförmig angerichtet, mit grünen Petersiliensträußchen garnirt und recht heiß zu Tisch gegeben.

1330. Krebswürste. Boudins d'écrevisses.

Man kocht sechzig Stück mittelgroße Krebse wie die vorhergehenden ab, schüttet sie in eine Schüssel und passirt die Krebsbrühe durch eine Serviette. Wenn die Krebse halb ausgekühlt sind, werden die Schweifchen und Scheeren ausgebrochen, klein würfelig geschnitten, in ein Schüsselchen gethan und zugedeckt bei Seite gestellt. Die Krebsschalen werden, nach=dem das Innere aus dem Körper genommen ist, mit 560 Gramm frischer Butter fein gestoßen, dann in eine Casserolle gethan und bis die Butter zu schäumen anfängt und dieselbe eine schöne rothe Farbe hat, auf dem Feuer geröstet; sodann wird sie durch eine starke leinene, im warmen Wasser gut ausgewaschene, geruchlose Serviette in's kalte Wasser gepreßt, worin man sie stocken läßt. Die Krebsschalen werden in eine Casserolle gethan, mit $2^{1}/_{10}$ Liter guter Milch begossen, aufgekocht und ebenfalls durch ein Haarsieb geseiht. Sodann bereitet man von 560 Gramm Hechten= oder Schillfleisch mit Semmelpanade und der nöthigen Krebsbutter eine feine Farce, ebenso von einem Stückchen Krebsbutter, zwei Kochlöffeln voll Mehl und der ausgekochten Milch eine Krebs=Beschamel. Beides wird dann zusammen in einen Reibstein gethan und mit dem nöthigen Salz, einem halben Kaffeelöffel voll feiner Kräuter nebst drei ganzen und dem Gelben von acht Eiern, wie auch mit acht Eßlöffeln voll Krebsbrühe (Essenz von abgekochten Krebsen) zu einer feinsalbigen, geschmackvollen

Masse verarbeitet, die man sodann rein aus dem Reibstein nimmt, in eine irdene Schüssel gibt und mit den Krebsschweifchen untermengt. Diese Masse wird, nachdem man zuvor eine Probe davon gemacht, in geruch= lose und rein gewaschene schweinerne Bratwurstdärme durch eine Spritze gefüllt, jede fingerlang abgebunden und, wenn alle fertig sind, eine Viertel= stunde in's kochendheiße Wasser gethan, dann aus diesem auf ein Tuch gelegt und mit Krebsbutter in einem plat à sauter auf beiden Seiten sehr langsam, bis sie eine schöne Farbe haben, geröstet und sodann über einer Serviette gehäuft angerichtet. Feiner, angenehmer Geschmack und appetitliches Ansehen muß sie zu einem willkommenen Gerichte erheben.

1331. Krebswürste nach französischer Art. Boudins d'écrevisses à la Française.

Statt der Fisch=Farce wird hier Geflügel=Farce mit Krebsbutter bereitet angewendet, ferner werden den Krebsschweifchen noch die Brüste von einem ge= bratenen Kapaun, in einer Marinade abgekochte Gänseleber, alles kleinwürfelig geschnitten, beigemischt. Im Uebrigen werden sie ganz wie die vorigen zubereitet.

1332. Gestürzte Krebsspeise à la reine. Timbale aux écrevisses à la reine.

Von dem Brustfleische zweier alter Hühner, der nöthigen Semmel= panade, Krebsbutter, einer Messerspitze voll herbes en poudre, Salz und dem Gelben von sechs Eiern wird eine Farce bereitet, welche durch ein feines Haarsieb gestrichen, sodann in eine Schüssel gethan, mit vier Ober= tassen voll dick eingekochtem Krebs=Beschamel und dem Gelben von noch acht Eiern in genaue Verbindung gebracht und sodann eine halbe Stunde recht zart gerührt wird. Unterdessen wird das weiße Brustfleisch von zwei jungen Hühnern nebst den Schweifchen von vierzig Krebsen kleinwürfelig geschnitten und mit dem festgeschlagenen Schnee von sechs Eiern langsam unter die Krebsmasse gezogen. Eine kupferne oder blecherne Sturzform, die in der Mitte ein Rohr hat (schleifsteinartig) wird mit Krebsbutter ausgestrichen, am Boden ein Papierkranz passend eingelegt, dieser wieder überstrichen und die Masse bis einfingerdick vom Rande eingefüllt. Drei Viertel= stunden vor dem Anrichten wird die Form bis zur Hälfte in einer hohen Casserolle in's heiße Wasser gestellt, zugedeckt, einige glühende Kohlen auf den Deckel gethan und so langsam im Dunste gekocht. Beim An= richten wird die Form ausgehoben, abgetrocknet, in eine Entrée=Schüssel umgestürzt, sodann behutsam abgehoben und der Krebstimbale mit einer recht hochrothen, angenehm schmeckenden Krebssauce maskirt und sogleich zu Tisch gegeben. Die Bereitung der Krebssauce ist folgende: $^5/_{10}$ Liter weiße Coulis werden mit $^3/_{10}$ Liter Geflügelessenz, wozu die Carcasses der alten Hühner verwendet werden müssen, dickfließend über dem Feuer eingerührt, dann mit einem Stück Krebsbutter unter beständigem Rühren und Aufziehen gut untermengt, gehörig gesalzen, durch ein Haartuch gepreßt und wie oben gesagt wurde, angewendet.

1333. Krebs-Crepinetten, Krebsnetzchen. Crépinettes d'écrevisses.

Es werden fünfzig Krebse abgekocht, die Schweifchen ausgelöst und die Schalen zu der Krebsbutter verwendet. Dann bereitet man von dem Brust= fleische zweier alter Hühner, Semmelpanade, Krebsbutter, Salz, Muskatnuß nebst zwei ganzen und vier Gelbeiern eine Farce, unter welche vier Eßlöffel voll würfelig geschnittener Champignons und eben so viel geschnittenes, weißes Brustfleisch von gebratenen Hühnern melirt werden. Sodann werden aus einem gut ausgewässerten Schweinsnetz kleine viereckige Stückchen geschnitten, diese auf einer naßgemachten Serviette auseinandergelegt, in jedes drei Stück Krebsschweifchen in die Mitte gelegt, wo die rothe Seite unten sein muß, und über dies ein guter Eßlöffel voll von der Farce gethan, das Netzchen darüber geschlagen und hievon ovalrunde Crepinetten geformt. Sie werden hierauf in einen mit Krebsbutter ausgestrichenen plat à sauter gelegt, mit etwas Geflügel=Braise begossen, mit einer Papierscheibe bedeckt, mit einem flachen Casserolledeckel leicht gepreßt und so auf Kohlenfeuer langsam gar gemacht. Beim Anrichten werden sie auf ein Tuch zum Entfetten gelegt, schön angerichtet, glacirt, und etwas Demi=Glace darunter gegossen.

1334. Krabben. Crevettes.

Wir erhalten diese schon im abgekochten Zustande; sie werden über eine Serviette auf einer runden Schüssel pyramidenförmig angerichtet und als hors-d'oeuvre mit frischer Butter servirt oder für Garnitur bei großen Fischen angewendet.

1335. Homard mit kalter Sauce. Homard à la Provençale.

Auch dieser wird in einer Marinade abgekocht, verpackt und überall= hin versendet. Er wird, nachdem die großen Scheeren abgebrochen sind, in der Mitte der Länge nach gespalten, alle Fleischstücke aus dem Schweif möglichst groß herausgenommen und dieses nebst den kleinen Eiern, die sich unter dem Schweife befinden, in eine Schüssel gethan. Die kleinern Fleischstückchen werden dann mit den Eiern und acht hartgekochten Gelb= eiern fein gestoßen, durchpassirt, dann in eine Schale gethan und mit feinem Provencer=Oel, einigen Löffeln voll feinem französischen Senf, fein geschnittener, blanchirter Petersilie, dem nöthigen Salz und Pfeffer zu einer zarten, dickfließenden Sauce angerührt. Die Hummerstückchen werden über eine Serviette auf einer Schüssel zierlich angerichtet, mit grüner Petersilie garnirt und die Sauce in einer Saucière extra beige= geben. Der Hummer kann auch, nachdem alles Fleisch aus dem Schweif gelöst, wieder in die Schale geordnet und so servirt werden.

1336. Salat von Hummer. Salade de homard.

Nachdem die rothen Eierchen des Homard abgelöst, fein gestoßen, mit feinem Oel verrührt und durchpassirt sind, werden sie in eine Schale ge= than und zugedeckt kalt gestellt. Ebenso wird das Fleisch des Hummers, in möglichst großen Stücken, ausgelöst, in schöne, gleichmäßige Stückchen ge=

schnitten und mit Salz, Citronensaft und feinem Oel eine Stunde marinirt. Sodann wird eine Mayonnaise bereitet und unter diese die durchpassirten Homard=Eierchen genau verrührt, damit sie eine blaßrothe Farbe erhält. Eine Krystall= oder auch eine schöne Porzellan=Schale wird über gestoßenes Eis gestellt, bis zum inneren Rande mit Aspic angefüllt und wenn diese festgestockt ist, werden die Homardstückchen im Kranze darüber gelegt, mit Mayonnaise überstrichen, dann wieder Homardstückchen und über diese wird der Rest der Mayonnaise recht glatt gestrichen. Außen herum werden hart=gekochte halbirte Eier aufgestellt, geschmackvoll mit fein ausgestochenen rothen Rüben garnirt und zwischen die Eier werden halbirte, gerollte Sardellen, aus den Kernen gedrehte, recht grüne Oliven und Krebsschweifchen, in ge=fälliger Schattirung, gelegt und nachdem der Homard=Salat außen herum noch mit fein gehackter Aspic belegt ist, wird er zur Tafel gegeben.

1337. Busch von Krebsen.   Buisson d'écrevisses.
(Siehe die Vignette zu Anfang dieses Abschnittes.)

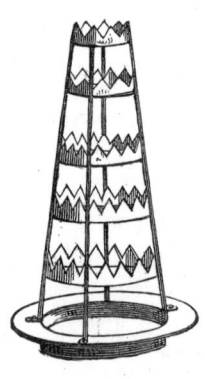

Dieser Aufsatz ist aus Stearin recht weiß ge=gossen, wozu die einzelnen Formen auf die geschick=teste Weise aus Gyps gemacht sein müssen. Die Schale, worüber die Schüssel zu stehen kömmt, muß innen von Holz und diese wieder durch ein hölzer=nes Säulchen in den Sockel, ebenfalls von Holz, befestigt sein. Das Ganze wird dann mit Stearin dünn übergossen. Die Schilfblätter werden einzeln gegossen und mittelst Draht an dem Säulchen be=festigt. Die Krebse werden an einem Aufsatze von Blech nach nebenstehender Zeichnung aufgehängt und dazwischen mit recht grünem Feldsalat, daß man den Aufsatz von Blech nicht sieht, ausgarnirt und über das Ganze wird eine Attelette gesteckt. Diese Art Aufsätze gehören der neueren Küche an und sind, wenn mit Geschicklichkeit und Fleiß bereitet, von großer Eleganz und dem schönsten Effekte.

1338. Busch von Seekrebsen. Buisson de homards.

Vier Seekrebse werden in einer Kräuter-Marinade abgesotten und mit dieser bis zum andern Tage kalt gestellt. Sodann wird in eine passende, lange Schüssel eine säulenartig geschnittene und aus dem Schmalz gebackene Brodkruste mit Eiweiß und Mehl befestigt, an welcher die vier Homard nach obiger Zeichnung aufgesetzt und an dieser mit Holzspeilchen befestigt werden. Die darin entstandenen leeren Räume können mit frischer Brunnkresse oder wenn es die Gelegenheit bietet, mit kleinen Seekrebschen ausgarnirt werden. Ueber die Krebse wird dann eine passende Figur befestigt.

1339. Ein Aufsatz von Schwanen, aus Stearin gegossen, mit Seekrebsen. Pièce montée de cygnes, garnie de homards.

Zu diesem brillanten Aufsatze, welcher vor mehreren Jahren zu einem Buffet bei einem großen Hofballe in München in der Höhe von 1 Meter gefertigt wurde, sind vor allem zwei Schwanen-Formen, aus Gyps gemacht, nöthig, wovon der eine in schwimmender und der andere in aufrechtstehender Stellung ganz nach beigegebener Zeichnung, auf die beste

Weise gemacht sein muß; ebenso verhält es sich mit dem Schilfbaum und dem Sockel. Das Ganze ist aus Fett gegossen und nach neuerer Manier aus Stearin. Zwischen die vier Schwanen sind vier schöne Homard gelegt, welche die Schönheit des Fettsockels noch ungemein erhöhen.

65. Abschnitt.

Von der Fischotter.   De la loutre.

Der größte Werth dieser Thiere, welche in und außer dem Wasser leben, besteht in dem Felle derselben, welches als gutes Pelzwerk bekannt ist. Ihr Fleisch ist jedoch auch genießbar, gleicht an Farbe dem Fleische des Rothwilds und wird zur Zeit strenger Fasten oft sehr theuer bezahlt. Es behält aber immer einen strengen Geschmack und gewährt bei der kostspieligsten Zubereitung doch nur eine sehr mittelmäßige Speise, die nur für lüsterne Menschen sein kann.

66. Abschnitt.

Von den Fröschen.   Des grenouilles.

Diese Thiere bringen der Küche großen Vortheil, indem sie zu vielen Veränderungen anwendbar sind; besonders geben die Keulen des Frosches, als der anwendbarste Theil desselben, eine feine wohlschmeckende und leicht verdauliche Speise. Am besten sind die Frösche im Spät= sommer und Herbste, am schlechtesten im Frühlinge als ihrer Laichzeit.

1340. Gebackene Frösche. Grenouilles frites.

Es wird das nöthige Quantum Froschkeulen abgestutzt, dann mit Zwiebelscheibchen, grüner Petersilie, Citronensaft, etwas Oel und Salz gewürzt und so eine Stunde marinirt; nach dieser Zeit auf einer Serviette abgetrocknet, in Mehl umgekehrt, dann in mit etwas Wasser abgeschlagene Eier getaucht und mit geriebenem Brode besäet. Kurz vor dem Anrichten werden sie aus heißem Schmalz gebacken, erhaben über eine zusammengelegte Serviette auf einer langen Schüssel angerichtet und oben darauf ein Häufchen grün gebackene Petersilie gelegt. In vier Theile geschnittene Citronen werden dazu servirt.

1341. Frösche mit feinen Kräutern. Grenouilles aux fines herbes.

Die nöthige Zahl schöner weißer Froschkeulen wird abgestutzt, dann mit Butter, fein gehackter Petersilie, Schalotten und Champignons, von jedem ein Eßlöffel voll, eingerichtet, gesalzen und gut zugedeckt auf Kohlenfeuer eine Viertelstunde gedünstet. Dann wird die Butter rein abgeseiht, etwas weiße Coulis, ein Gläschen weißer Wein dazu gegossen und noch eine Viertelstunde gekocht. Dann werden die Froschkeulen in eine andere Casserolle gethan, die Sauce sehr rein entfettet, mit einer Liaison von fünf Gelbeiern gebunden, mit etwas Citronensaft und Sardellenbutter im Geschmack gehoben, über die Froschkeulen gegossen, über dem Feuer heiß gemacht, in einer Entrée-Schüssel angerichtet und mit Fleurons garnirt.

1342. Weiß eingemachte Frösche. Grenouilles à la poulette.

Die nöthige Zahl abgestutzter Froschkeulen wird mit Salz und Wasser über dem Feuer einmal aufgekocht, abgeseiht, dann in eine Casserolle gethan und mit Butter und etwas Citronensaft gedünstet. Sodann wird die nöthige weiße Coulis dazu gegossen, gesalzen und vollends weich gekocht, wo man die Butter und den Schaum während des Kochens rein abnimmt. Kurz vor dem Anrichten werden sie mit dem Gelben von vier Eiern legirt, mit etwas Citronensaft angenehm gesäuert und so in einer Ragoutschale angerichtet.

1343. Froschkeulen als Coteletten. Côtelettes de grenouilles.

Hierzu wählt man schöne große Froschkeulen; diese werden abgestutzt, das eine Beinchen rein abgeschabt und von dem andern das Fleisch rein abgelöst, so daß alles an einem Beinchen ist; dieses wird mit dem Messerhefte leicht geklopft und zusammengehackt, so daß man kleine Cotelettes bekömmt, welches mit einiger Mühe verbunden ist. Sie werden dann gesalzen, in zerlassene, mit zwei bis drei Gelbeiern abgerührte, frische Butter getaucht, mit fein geriebenem, weißen Mundbrode bestreut, sodann in klare, frische Butter eingerichtet, gut zugedeckt und kalt gestellt. Kurz vor dem Anrichten werden sie auf Kohlenfeuer auf beiden Seiten lichtgelb gebraten, im Kranze angerichtet und in ihre Mitte etwas Demi-Glace, mit Citronensaft gesäuert, gegossen.

67. Abschnitt.

Von den Austern, Muscheln und Schnecken. Des huitres, des escargots et des moules.

Austern und Muscheln sind eine sehr beliebte Speise. In den Herbst= und Wintermonaten werden sie in den Küchen fast unentbehrlich, wenigstens vermißt man sie doch ungern darin und ihre ungeheuere Menge gibt einen bedeutenden Beitrag zur Summe der Lebensmittel. Die vorzüglichsten Austern erhalten wir von den englischen und holländischen Küsten. Die Hauptsache dabei ist aber, daß sie recht frisch sein müssen, sonst taugen sie so wenig als andere. Man erkennt sie äußerlich an den Schalen. Wenn diese nämlich die Austern so fest umschließt, daß man sie nur mittelst eines Messers und mit Mühe öffnen kann, so ist die Auster frisch, im entgegengesetzten Falle kann man sie leicht öffnen oder wenn sie sich schon selbst geöffnet haben, dann sind sie meistens verdorben, denn statt daß eine frische Auster von einer klaren piquant schmeckenden Feuchtigkeit umgeben ist, wird diese in einen übelriechenden Schleim verwandelt sein. Außer den vier Sommermonaten, wo auch ihre Laichzeit eintritt, werden sie das ganze Jahr hindurch gefangen und als große Delikatesse, besonders roh, wo sie am gesündesten sind, verspeist.

Was die Muscheln (moules) anbetrifft, so finden dieselben, obgleich sie, besonders für Gourmands, eine angenehme beliebte Speise geben, doch weniger Liebhaber wie die Austern. Sie sind ebenfalls eine Conchylie, mit zwei Schalen, welche das innen lebende Thierchen von selbst öffnen und schließen kann. Außer dem Wasser leben sie nicht so lange wie die Austern, auch werden sie nicht roh gespeist, und wir erhalten sie im marinirten Zustande.

Nur die gemeine Gartenschnecke kann in der Küche zubereitet und genossen werden und ist so lange brauchbar, als sie in ihrem Haus verschlossen ist, nämlich vom Spätherbst bis zum Frühling; wenn es wieder anfängt warm zu werden, öffnet sich ihr Haus und sie beginnt ein neues Leben.

In der angegebenen Zeit ist die Schnecke gewöhnlich sehr fett, weil sie sich in den Sommermonaten für den Winter gleichsam zu verproviantiren scheint und ihr dieses Fett alsdann zur Erhaltung während ihres langen Winterschlafes nothwendig sein mag. Als Speise hat die Schnecke einigen Werth, jedoch ist sie schwer verdaulich und nur gesunden Menschen, und dann nur mäßig genossen, anzurathen. Häufig braucht man sie, um eine sehr zuträgliche Bouillon für Kranke davon zu kochen, deßhalb verdient sie auch unsere Aufmerksamkeit.

1344. Muscheln in ihren Schalen im Ofen. Moules au four.

Die nöthige Zahl, ungefähr vierzig Stück, wird rein gewaschen, dann mit Wasser und Salz auf starkem Feuer abgekocht und wenn sie ausgekühlt sind, aus ihren Schalen genommen, von ihrem Bart (bärtigen Fasern) befreit und in's kalte Wasser gelegt. Unterdessen bereitet man aus Champignons, Schalotten, Zwiebelchen und Petersilie eine gute fines herbes, welche mit 140 Gramm Butter und etwas Salz gedünstet wird. Die Muscheln werden auf ein Tuch gelegt und die schöneren Schalen, ungefähr die Hälfte werden gut ausgetrocknet, mit Sardellenbutter ausgestrichen und zwei Muscheln in jede gelegt. Die fines herbes wird dann mit einem Stück Sardellenbutter, dem Saft einer Citrone und zwei Löffeln voll guter brauner Sauce gut verrührt und über die Muscheln gestrichen, dann jede mit geriebenem braunen Brod bestreut und mit Krebsbutter beträufelt. Kurze Zeit vor dem Anrichten werden sie auf Salz in den Ofen gestellt und langsam gebraten, dann über eine zusammengelegte Serviette auf einer flachen Schüssel angerichtet und zu Tisch gegeben.

1345. Ragout von Muscheln. Ragoût aux moules.

Die Muscheln werden wie die vorhergehenden abgekocht, aus den Schalen genommen und gereinigt. Ferner bereitet man von feingeschnittenen Champignons, Schalottenzwiebeln und Petersilie eine fines herbes, welche mit Butter gedünstet, mit der nöthigen braunen Sauce gut verkocht, über die in eine Casserolle gelegten Muscheln gegossen, gesalzen und mit einem Glas Chablis auf Kohlenfeuer langsam geschmort werden. Beim Anrichten werden sie noch mit einem Eßlöffel voll Sardellenbutter und Citronensaft im Geschmack gehoben und in einer Ragout-Schale recht heiß zur Tafel gegeben. Außen herum werden in Butter gebackene Brodherzchen garnirt.

Schnecken in ihren Häuschen. Escargots au four.

Sechzig Stück schöne Gartenschnecken werden rein gewaschen, dann in eine Casserolle gethan, eine Handvoll Salz darüber gestreut, mit Wasser übergossen und so einige Minuten gekocht. Hierauf werden sie mit einem Schaumlöffel ausgehoben und die Schnecken mit einer Dressir- oder Spicknadel, daß sie nicht zerrissen werden, aus ihren Häuschen genommen und in's kalte Wasser gethan. Sie werden dann auf eine Serviette gelegt und mit einem kleinen Messer die kleinen Därme, der Kragen und das kleine weiße Steinchen abgelöst. Dann werden sie nochmals gewaschen, auf ein Tuch abgetropft, sodann in eine Casserolle gethan, gesalzen, mit einer Zwiebel, Thymian, ganzer Petersilie und einem Lorbeerblatt gewürzt, mit einfacher Brühe begossen und einige Stunden langsam auf Kohlenfeuer gedünstet. Unterdessen werden Schalottenzwiebeln, Petersilie und Champignons fein geschnitten, in 140 Gramm Butter gedünstet, dann mit etwas geriebenem Brode, kurz gekochter brauner Sauce, zwei Eßlöffeln voll Sardellenbutter, Salz, Pfeffer und etwas weißem Wein gut verrührt und bei Seite gestellt. Die Schneckenhäuschen werden dann rein ausgewaschen und über eine Serviette, damit das Wasser rein ablaufen kann, umgestürzt. Dann wird in jedes Häuschen etwas von der Farce gethan, eine Schnecke eingedrückt, darüber wieder etwas von der Farce gestrichen mit fein geriebenem braunen Brode bestreut, mit Krebsbutter beträufelt und so wird fortgefahren, bis alle so beendet sind. Dann werden sie über Salz in ein flaches Geschirr gestellt und eine Viertelstunde vor dem Anrichten in einem nicht heißen Backofen langsam wieder heiß gemacht, sodann über eine Serviette auf einer flachen Schüssel angerichtet und recht warm zu Tisch gegeben. Gut gedämpftes Sauerkraut kann für Liebhaber extra mitservirt werden.

68. Abſchnitt. 1. Abtheilung.

Von den warmen Paſteten.   Des pâtés chauds.

Obſchon die warmen und kalten Paſteten eigentlich der Backkammer (Patisserie) angehören, daher erſt ſpäter folgen ſollten, ſo bin ich doch genöthigt, da die erſteren zu den warmen Entrées gezählt und ſervirt und die kalten bei größeren Diners gleich nach dem warmen Braten ſich anſchließen, ſie ſchon hier folgen zu laſſen.

1347. Mürber Paſtetenteig.   Pâté brisé.

1 Kilo 120 Gramm Mehl, 700 Gramm Butter, zwei ganze und ſechs Gelbeier, ein Kaffeelöffel voll Salz und $^3/_{10}$ Liter kaltes Waſſer.

Das Mehl wird durch ein Mehlſieb auf ein Backbrett paſſirt, zu einer Grube auseinander geſtrichen, in dieſe werden die Eier, die gebröckelte Butter, das Salz und das Waſſer gethan.   Dann arbeitet man mit den Fingerſpitzen der rechten Hand Waſſer, Eier und Butter untereinander und bringt nach und nach das Mehl hinein, ſo daß daraus ein feſter, glatter Teig entſteht, der in ein Tuch eingeſchlagen bis zum Gebrauch an einen kalten Ort gelegt wird.   Sollte das Waſſer nicht hinreichen, ſo muß noch etwas nachgegoſſen werden; auch muß dieſer Teig mit einiger Vorſicht während des Zusammenarbeitens behandelt werden, daß derselbe nicht verbrennt, das heißt: die Butter schmilzt durch· zu langes Abarbeiten, der Teig trennt sich, zerfällt in Stücke und ist dann als mißrathen zu betrachten.

1348. Warme Schnepfen-Pastete mit Trüffeln. Pàté chaud de bécasses aux truffes.

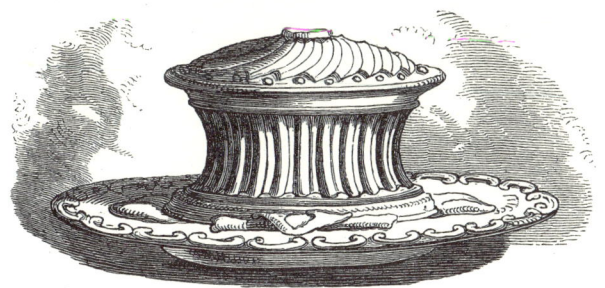

Zu dieser vorzüglichen Pastete werden vier schöne Waldschnepfen rein flammirt, ausgenommen, der Magen von den Därmen gethan und die Ge= därme selbst fein gehackt und zugedeckt bei Seite gestellt. Die Schnepfen werden ganz, ohne sie zu beschädigen, ausgebeint, dann gesalzen, mit feinen Kräutern (quatre épices) gewürzt, in eine Salatschale gelegt, der Saft einer Citrone darüber gepreßt, mit grüner Petersilie und einer in Scheiben geschnittenen Zwiebel belegt und so zugedeckt eine Stunde marinirt. Unter= dessen bereitet man von 560 Gramm rein aus Haut und Sehnen gelöstem, fein geschnittenem Rehwildpret, mit 280 Gramm feinem Speck, Semmel= panade, einigen Eiern, dem nöthigen Salz und einer fines herbes eine zarte Farce, welche durch ein Haarsieb gestrichen und kalt gestellt wird. Ferner werden 560 Gramm Trüffeln rein gewaschen, gebürstet, dünn abgeschält, sodann rondirt und diese Abfälle mit einem gleichen Theil Champignons, Petersilie und Schalotten sehr fein geschnitten, dann mit den gehackten Därmen in eine Casserolle gethan und so nebst einem Glas Madeira=Sec und einem Stück Butter und Salz auf Kohlenfeuer ge= dünstet. Eine Pastetenreifform wird sodann mit klarer Butter gut aus= gestrichen, auf einen mit Butter bestrichenen, vierfach zusammengelegten Bogen Papier gestellt, mit dem oben beschriebenen mürben Teig kleinfinger= dick ausgelegt und innen mit Farce bestrichen. Die Schnepfen werden auf ein Tuch gelegt, die innere Seite mit etwas Farce überstrichen, in jede zwei in Scheiben geschnittene Trüffeln gelegt, die Haut wie eine Galantine zusammengenommen und zwei davon, jede in drei Theile durchschnitten, in die Pastete gelegt, diese dann mit der Hälfte der gedünsteten fines herbes überstreut und mit Farce gedeckt. Ueber diese kommen dann die zwei letzten ebenso gefüllten und geschnittenen Schnepfen, welche mit dem Reste der fines herbes und den in Madeira=Wein und etwas Glace gekochten Trüffeln überlegt, diese mit dem Rest der Farce überstrichen und mit Speckscheiben gedeckt herum. Außen herum wird der Teigrand gut mit Eiern bestrichen, mit dem rund und fingerdick ausgerollten Teig überdeckt, außen herum genau zusammengedrückt, nach der Höhe der Pastete egal abgeschnitten, in die Mitte eine Oeffnung in der Größe eines Zweimarkstückes ausgestochen und darüber, nachdem die Pastete oben mit Ei bestrichen und mit Teig geschmackvoll gar= nirt ist, wird ein kleiner Teigrand (Kamin) aufgesetzt. Die Pastete wird dann nochmals mit Ei bestrichen, auf ein Backblech gestellt und in einem mäßig heißen Ofen zwei Stunden langsam in schöner, lichtbrauner Farbe gebacken. Beim Anrichten wird die Pastete aus der Form genommen, über eine zierlich zusammengelegte Serviette auf eine flache Entrée=Schüssel gestellt, oben zweifingerbreit vom Rande aufgeschnitten, der Deckel abgenommen, die Speckscheiben davon gethan und nachdem die Pastete noch mit einigen Eßlöffeln voll Schnepfen=Essenz, welche aus den Carcasses derselben gezogen wurde, über= gossen ist, wird der Deckel darüber gethan und recht heiß zur Tafel gegeben.

1349. Warme Moosschnepfen-Pastete. Pâté chaud de bécassines.

Schließt sich in ihrer Bereitung ganz der vorhergehenden an, nur daß die ausgebeinten Vögel ganz eingelegt werden.

1350. Warme Pastete von Wachteln. Pâté chaud de cailles.

1351. Warme Pastete von Lerchen. Pâté chaud aux alouettes.

1352. Warme Pastete v. Krammetsvögeln. Pâté chaud de grives.

Achtzehn Krammetsvögel werden rein entfedert, flammirt, behutsam ausgebeint, dann über eine Serviette ausgebreitet, mit Salz und feinen Kräutern bestreut und mit nachstehender Farce gefüllt. 560 Gramm rein aus Haut und Sehnen gelöstes und dann sehr fein geschnittenes Reh= wildpret vom Schlegel, 280 Gramm fein geschnittener Speck, 140 Gramm Semmelpanade, fein geschnittene Trüffeln, Champignons, Petersilie, Scha= lotten, von jedem ein Eßlöffel voll und zuvor in Butter gedünstet, zwei ganze Eier, ein Kaffeelöffel voll feine Kräuter, das nöthige Salz und eine Obertasse voll Krammetsvögel=Püree, welches aus den Carcasses der= selben bereitet worden ist, dies alles wird zusammen im Reibstein recht zart und fein gestoßen. Mit dem dritten Theil derselben werden die Vögel gefüllt und diesen ihre natürliche Form wieder gegeben. Eine Pastetenreifform wird alsdann mit Teig ausgelegt, mit einem Theil der Farce ausgestrichen, die Hälfte der Vögel darüber geordnet, diese leicht gesalzen, mit in Scheiben geschnittenen und in Glace und Madeirawein abgedünsteten Trüffeln bestreut, über diese kommt dann die zweite Hälfte der Vögel, dann wieder Trüffeln und über diese wird der Rest der Farce gestrichen, ein ganzes Lorbeerblatt darauf gelegt und mit in Scheiben ge= schnittenem Speck gedeckt. Der innere Rand wird mit Eiern gut bestrichen, mit Teig gut geschlossen und wie die Schnepfen=Pastete beendet und ge= backen. Die beiden vorhergenannten Pasteten werden ebenso zubereitet, nur daß von Wachteln und Lerchen gegen dreißig Stück genommen werden.

1353. Warme Feldhühner-Pastete. **Pâté chaud de perdreaux.**

Fünf bis sechs Feldhühner werden rein entfedert, flammirt, gut ausgenommen und rein gewaschen, dann in der Mitte durchgeschnitten, der Rücken und die Schlegel ausgebeint, mit gewürztem Salz bestreut und so mit einem Stück frischer Butter und fines herbes, welche aus Trüffeln, Champignons, Petersilie und Schalotten bestehen, auf Kohlen-feuer langsam gedünstet. Unterdessen hat man eine Farce wie zu der Krammetsvögel-Pastete bereitet. Mit dieser Farce werden die halb aus-gekühlten Feldhühner sammt ihren fines herbes und in Scheiben geschnittenen Trüffeln in die Pastete geordnet, mit Speckscheiben überlegt und ebenso zugemacht und gebacken. Beim Anrichten wird der Speck abgenommen und einige Löffel voll Trüffel-Sauce, welche mit Feldhühner-Essenz bereitet wurde, darüber gegossen. Sollten die Feldhühner ganz jung sein, so werden zehn Stück genommen, wie die Schnepfen ausgebeint, gefüllt und ganz in die Pastete eingelegt.

1354. Warme Fasanen-Pastete. **Pâté chaud de faisans.**

1355. Warme Wildenten-Pastete. **Pâté chaud de cannetons sauvages.**

1356. Warme Pastete v. Haselhühnern. **Pâté chaud de gélinottes.**

Werden ganz der Feldhühner-Pastete gleich zubereitet.

1357. Warme Kapaunen-Pastete. **Pâté chaud de chapons.**

Ein großer junger Kapaun wird rein flammirt, ausgenommen, rein ausgewaschen, dann wie zu einer Galantine ganz ausgebeint, auf ein Tuch ausgebreitet, gesalzen, mit feinen Kräutern bestäubt und mit Geflügel-Farce, unter welche einige Trüffeln und eine halbe geräucherte, gekochte Ochsenzunge, in Würfel geschnitten, melirt wurde, gefüllt. Eine Pasteten-reifform wird mit mürbem Pastetenteig gut ausgelegt, innen mit Farce gut ausgestrichen, der Kapaun in zweifingerdicke Stücke durchgeschnitten, die Hälfte davon eingelegt, mit in Scheiben geschnittenen Trüffeln bestreut und mit Farce überstrichen; dann kommen die andern Kapaunenstücke, über diese wieder einige Trüffelscheibchen und zuletzt wird das Ganze mit Farce überstrichen, mit Speckscheiben gedeckt und die Pastete, wie die vorhergehende zugemacht und gebacken. Beim Anrichten wird etwas Demi-Glace, mit Madeira-Wein aufgekocht, darüber gegossen.

1358. Warme Pastete von Kalbsbriesen mit Krebsen. **Pâté chaud de riz de veau aux écrevisses.**

Sechs Paar schöne Kalbsbriesen werden eine Stunde lauwarm ge-wässert, dann blanchirt, abgekühlt, in Scheibchen geschnitten und mit fines herbes, einem Stück frischer Butter und dem nöthigen Salz eine Viertel-stunde gedünstet. Sodann bereitet man mit Krebsbutter eine gute Ge-flügel-Farce, mit welcher die Pastete am Boden bestrichen, ein Theil der

Kalbsbriesen mit ihrer fines herbes eingelegt, mit Krebsschweifchen bestreut, wieder Farce darüber gestrichen, dann der Rest der Kalbsbriesen und Krebs= schweifchen. Das Ganze wird dann wieder mit Farce überstrichen, mit Speckscheiben gedeckt, die Pastete der vorhergehenden gleich zugemacht und gebacken. Beim Anrichten wird etwas Krebs=Sauce darüber gegossen.

1359. Warme Pastete auf russische Art. Pâté chaud à la Russe. (Kulibiaka.)

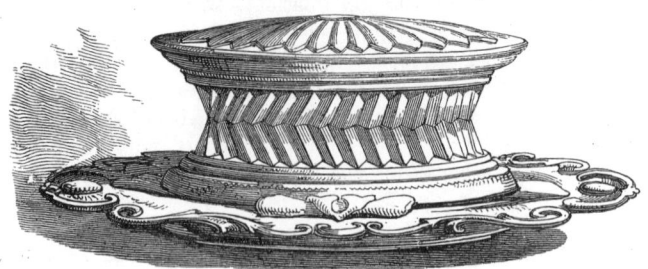

Ein Stück Sterlet, Lachs, oder auch nach Umständen ein Stück Huchen von 1 Kilo 120 Gramm wird zu kleinen Tranchen geschnitten, diese mit Salz, Pfeffer und Muskatnuß gewürzt und mit Butter und fines herbes, welche aus fein geschnittenen Schalotten, Petersilie und Champignons be= stehen, langsam gedünstet. Ebenso wird eine schöne Gänseleber in Scheiben geschnitten, ebenso gewürzt und mit fines herbes gedünstet. Ferner werden 280 Gramm guter Karolinen=Reis mit Geflügel=Bouillon, Salz und Muskatnuß körnig weich gedünstet und kalt gestellt; ebenso werden zwölf Eier hart gesotten, das Gelbe herausgenommen, fein gehackt und zugedeckt kalt gestellt. Eine passende Pastetenreifform wird gut mit klarer, frischer Butter ausgestrichen, mit mürbem Pastetenteig ausgedrückt, am Boden und an der Seite mit Reis belegt, dann wird die Hälfte der Fischstücke eingelegt, über diese etwas hart gesottene Eier gestreut, dazu kommt die Hälfte der Gänseleberstücke und über diese wieder hart gesottene Eier und so wird mit dem Uebrigen fortgefahren, bis Alles eingelegt ist. Ueber das Ganze wird die fines herbes, worin die Gansleber und Fischstücke gedünstet wurden, sammt ihrer Butter gestrichen, mit Reis gedeckt und die Pastete wie die vorhergehenden beendet. Eine Stunde vor dem An= richten wird die Pastete in einem mäßig heißen Ofen gebacken, aufge= schnitten, etwas sauce espagnole, mit Madeira=Wein gut eingekocht, darüber gegossen und so zur Tafel gegeben.

1360. Warme Pastete von Ochsengaumen mit feinen Kräutern. Pâté chaud de palais de boeuf aux fines herbes.

Zwölf Ochsengaumen werden mehrere Stunden lauwarm gewässert, die Haut abgezogen und dann in einer Braise weich gesotten, welches einen Tag zuvor geschehen muß. Ferner wird eine farce cuite bereitet. Die

Ochsengaumen werden lauwarm erwärmt, jeder in zwei Theile getheilt, sauber zugeschnitten, jedes Stückchen mit Farce überstrichen, mit fines herbes bestreut, über diese einige Trüffelstückchen gelegt und so jedes über sich selbst aufgerollt. Wenn diese vierundzwanzig Stück so beendet sind, wird eine passende Pastetenform mit Butter ausgestrichen, mit Teig ausgelegt, mit einem Theil der Farce ausgestrichen, die Ochsengaumenroletten lagenweise eingelegt, zwischen welche in Scheiben geschnittene Trüffeln kommen. Das Ganze wird mit dem Reste der Farce überdeckt, mit Speckscheiben belegt und wie die vorhergehenden beendet. Eine Stunde vorher wird die Pastete in schönster Farbe gebacken, aufgeschnitten, der Speck abgenommen und einige Anrichtlöffel voll gut bereiteter Trüffel-Sauce hineingegossen.

1361. Warme Pastete auf englische Art. Pâté chaud à l'Anglaise.

Hierzu müssen zwei gut abgelegene Hammelsrippenstücke von bester Gattung gewählt werden. Aus diesen Rippenstücken werden die Filets rein ausgelöst, davon kleine Escalopes geschnitten und diese mit Salz, Pfeffer und Muskatnuß gewürzt. Ferner werden Schalottenzwiebeln fein geschnitten und blanchirt, wie auch einige Trüffeln, Petersilie und Champignons, von jedem ein Eßlöffel voll; diese Kräuter werden mit 280 Gramm sehr frischer Butter einige Minuten gedünstet und dann über die Escalopes gethan. Hierauf wird die passende Pastetenform gut mit Butter ausgestrichen, mit Teig ausgelegt, die Hammelstückchen in der fines herbes umgekehrt und mit dieser im Kranze in die Pastete gelegt, in ihre Mitte kommen gedünstete, weiße Champignons und großwürfelig geschnittene, weich gekochte Artischockenböden. Ueber das Ganze wird die fines herbes sammt der Butter gethan, die Pastete mit Speckscheiben gedeckt, gut zugemacht und eine und eine halbe Stunde vor dem Anrichten in schönster Farbe gebacken. Beim Anrichten wird die Pastete aufgeschnitten, das Fett rein abgenommen und eine gut bereitete Trüffel-Sauce, wozu die aus den Abgängen der beiden Hammelsrippenstücke gezogene Essenz verwendet wurde, kochendheiß darüber gegossen und zur Tafel gegeben.

1362. Warme Haſen-Paſtete auf engliſche Art. Pâté chaud de lièvre à l'Anglaise.

Zwei junge Haſen werden gut gereinigt, der Rücken und die Schlegel abgelöſt, dieſe in gleichgroße Stücke geſchnitten, mit Salz, Pfeffer und Mus= katnuß gewürzt und in eine Caſſerolle gethan. Ferner werden Schalotten, Peterſilie, Champignons und Trüffeln fein geſchnitten und mit 280 Gramm rapirtem Speck und einem Stück friſcher Butter über die Haſenſtücke ge= than und ſo auf Kohlenfeuer eine Viertelſtunde gedünſtet. Ebenſo wird von dem Fleiſche zweier Haſenſchlegel, eben ſo viel Kalbfleiſch, 420 Gramm fein geſchnittenem Speck, Salz, Pfeffer und Muskatnuß eine feine Farce gemacht. Unterdeſſen wird eine paſſende Paſtetenform mit Butter aus= geſtrichen, mit Teig ausgarnirt, mit einem Theil der Farce ausgeſtrichen und dann die Haſenſtücke eingelegt, mit dem Reſt der Farce gedeckt, darüber ein Lorbeerblatt gethan und mit Speckſcheiben überlegt. Sie wird mit Teig, wie die vorhergehenden geſchloſſen und eine und eine halbe Stunde vor dem Anrichten langſam in ſchönſter Farbe gebacken. Beim Anrichten wird ſie aufgeſchnitten, der Speck und das Lorbeerblatt abgenommen und etwas sauce espagnole, mit Haſen=Eſſenz und Madeira=Sec eingekocht, darüber gegoſſen. Ein Theil der Sauce wird extra mitſervirt.

1363. Warme Paſtete auf italieniſche Art. Pâté chaud à l'Italienne.

Es wird von mürbem Paſtetenteig in einem Paſtetenreif eine ſchöne Kruſte gebacken, welche von innen meſſerrückendick mit Farce ausgeſtrichen und in einen lauwarmen Ofen eine halbe Stunde vor dem Anrichten ge= ſtellt wird. Ferner werden ſieben bis acht Stück ſchöne Kalbs=Popietten gemacht, wie auch eben ſo viele Krammetsvögel ausgebeint und mit Trüffel= Farce gefüllt. Dieſe werden zuſammen in eine mit Speckſcheiben ausge= legte Caſſerolle eingerichtet, mit Salz, Pfeffer und Muskatnuß gewürzt, mit einem Stück rohen Schinken und einer in Scheiben -geſchnittenen Zwiebel belegt, mit etwas Madeira=Wein genäßt und ſo weich gedünſtet. Unterdeſſen kommen Hahnenkämme, in Scheiben geſchnittene Trüffeln, ganze Champignons, Geflügellebern, Lammsbrieschen in eine Caſſerolle, über welche die nöthige sauce espagnole, welche mit einer halben Bouteille Marſalla=Wein, Trüffel=Eſſenz und einem Stück Glace über dem Feuer dicklich fließend eingerührt wurde, gegoſſen wird. Eine Viertelſtunde vor dem Anrichten läßt man das Ragout auf Kohlenfeuer langſam kochen, richtet es recht heiß in die Paſtete an und legt die Kalbspopietten und gefüllten Krammetsvögel, ſchön zugeſchnitten und glacirt, darüber.

1364. Warme Reh-Paſtete mit Trüffeln. Pâté chaud de chevreuil aux truffes.

Man wählt hierzu ein mehrere Tage mürbe gelegenes, nicht geſäuertes Reh=Filet. Aus dieſem werden die beiden Filets ausgelöſt, über dem Faden zu kleinen Escalopes geſchnitten, mit Salz, Pfeffer und Muskatnuß gewürzt und mit zerlaſſener, friſcher Butter und fines herbes überdeckt. Von den

Abgängen wird mit einem gleichen Quantum fein rapirtem Speck, fines herbes en poudre, dem nöthigen Salz und fein geschnittenen Trüffeln eine zarte Farce bereitet. Ferner werden 280 Gramm Trüffeln gereinigt, geschält, in Scheiben geschnitten und mit einem Glas Madeira-Sec und einem Stückchen Glace gedünstet. Eine Pastenreifform wird dann mit Butter ausgestrichen, mit Teig ausgelegt, mit einem Theil der Farce ausgestrichen, die Rehstückchen sammt den Kräutern im Kranze eingelegt, die Trüffeln in ihre Mitte gethan, das Ganze mit dem Rest der Farce überdeckt, über diese ein Lorbeerblatt gegeben und mit Speckscheiben überlegt. Die Pastete wird mit einem Teigdeckel, wie die vorhergehenden gut geschlossen, beendet und eine und eine halbe Stunde vor dem Anrichten mit Aufmerksamkeit in schönster Farbe gebacken. Beim Anrichten wird sie aus der Form über eine zusammengelegte Serviette auf eine Entrée-Schüssel gestellt, aufgeschnitten, alles Fett und das Lorbeerblatt abgenommen und eine sehr gut bereitete Trüffel-Sauce in die Pastete gegossen.

1365. Warme Ragout-Pastete. Pâté chaud à la financière.

Man bäckt von mürbem Teig eine schöne Pastete in einer Reifform, streicht diese messerrückendick mit Kalbfleisch-Farce aus und stellt sie bis zum Gebrauche warm. Unterdessen bereitet man ein Ragout von Hahnenkämmen, Champignons, Trüffeln und Gänseleber mit einer sehr kräftigen mit Madeira-Sec und einem Stück Glace dickfließend eingekochten Sauce, welche genau nach dem Volumen der Ingredienzen durch ein Haartuch über diese passirt, oben mit etwas Demi-Glace übergossen und au bain-marie warm gestellt wird. Zu gleicher Zeit werden vier schöne weiße Kalbsmilchner mit Trüffeln, nagelförmig geschnitten, gespickt und zwischen Speckscheiben eingerichtet, mit etwas Geflügel-Braise begossen, weich gedünstet. Ebenso werden vier Geflügelknödel (quenelles de volaille), zierlich mit ausgestochener, gekochter, rother Pökelzunge und schwarzen Trüffeln dekorirt und sehr langsam mit

weißer Bouillon gar gemacht. Beim Anrichten wird die Pastete in eine
passende Entréeschüssel gestellt, diese bis zur Hälfte mit Geflügelklößchen
gefüllt, das kochendheiße Ragout bis zum Rand der Pastete darüber angerichtet und darüber vier schöne rothe Krebse, zwischen welche die gespickten
Kalbsmilchner und die dekorirten Knödelchen, in schöner Ordnung gelegt,
alles schön glacirt und sogleich zu Tisch gegeben.

1366. Warme Pastete von Rheinlachs. Pàté chaud de saumon du Rhin.

Aus 1 Kilo 680 Gramm Rheinsalm vom Mittelstück werden gleich
große Filets geschnitten, die mit 280 Gramm frischer Butter und einer
fines herbes, welche aus fein geschnittenen, blanchirten Schalotten, Champignons, etwas Petersilie und doppelt so viel feinen Trüffeln bestehen,
eingerichtet, gesalzen und auf Kohlenfeuer gar gedünstet werden. Von
den Abgängen wird mit der nöthigen Semmelpanade, Krebs- und etwas
Sardellenbutter, einigen Eiern, Salz und Muskatnuß eine zarte Farce
bereitet. Die passende Pastetenform wird den vorhergehenden gleich mit
mürbem Pastetenteig ausgedrückt, mit einem Theil der Farce ausgestrichen,
die Lachsstückchen sammt ihrer fines herbes eingelegt, mit dem Rest der
Farce gedeckt, über diese zwei Lorbeerblätter gethan, mit Speckscheiben
überlegt, mit einem Teigdeckel geschlossen und eine und eine halbe Stunde
vor dem Anrichten in einem mäßig heißen Ofen in schönster Farbe gebacken. Beim Anrichten wird die Pastete aus der Form genommen, in
eine Entrée-Schüssel gestellt, aufgeschnitten, die Lorbeerblätter und der
Speck abgenommen und ein in bester Eigenschaft mit Krebs-Sauce bereitetes
Klein-Ragout mit Austern, Krebsschweifchen, Karpfenmilchnern und Champignons kochendheiß darüber angerichtet.

1367. Warme Fisch-Pastete. Pâté chaud de poissons à la marinière.

Hierzu sind 1 Kilo 120 Gramm Lachs, zwei schöne Seezungen

(soles), ein kleiner Aal, einige Dutzend Austern, einige Karpfen-Milchner, dreißig Champignons und 280 Gramm Trüffeln nöthig. Aus dem Lachs werden kleine Tranchen, aus den Seezungen kleine Filets und aus dem Aal zweifingerbreite Stücke geschnitten. Jede Gattung der Fische wird in ein Schüsselchen gethan und gehörig gesalzen, ebenso die Karpfen-milchner. Die Champignons werden abgeschält und in Butter und Citronensaft gedünstet, ebenso die Austern mit etwas weißem Wein über-kocht, dann abgeseiht und gereinigt. Die Trüffeln werden geschält, in Scheiben geschnitten und mit Glace und Madeira-Sec gedünstet. Sodann wird aus den Abgängen der Fische eine Essenz gezogen, unter welche die der Austern und Champignons kömmt. Ferner werden unter 280 Gramm frische Butter ein Eßlöffel voll fein geschnittene Petersilie, drei Eßlöffel voll feine Trüffeln und ein Eßlöffel voll fein geschnittene und blanchirte Schalotten gethan und mit dieser eine Viertelstunde gedünstet. Eine gehörig große passende Pastetenform wird nach der Regel mit Teig aus-gedrückt, von innen mit Fisch-Farce, unter welche zwei Eßlöffel voll Sardellenbutter melirt wurde, fingerdick ausgestrichen und die Fische ab-wechselnd mit den Austern, Trüffeln, Champignons, den Karpfenmilchnern und der fines herbes eingerichtet, dann mit Farce überstrichen, über diese zwei Lorbeerblätter gethan, mit Speckscheiben überlegt, mit einem Teig-deckel geschlossen und wie die vorhergehenden eine und eine halbe Stunde vor dem Anrichten sorgfältig gebacken. Beim Anrichten wird sie aufge-schnitten, alles Fett rein abgenommen und einige Löffel voll Krebs-Sauce, wozu die Fisch-Essenz verwendet wurde, darüber gegossen. Der Rest der Sauce wird in einer Saucière extra nachservirt.

1368. Warme Häring-Pastete mit Kartoffeln. Pâté chaud de harengs aux pommes de terre.

Sechs Häringe werden einige Stunden in kalte Milch gelegt, dann die Haut abgezogen, in zwei Theile getheilt und von allen Gräten befreit. Es werden Kartoffeln abgesotten, geschält, mit einem runden Ausstecher in der Größe eines Marktstückes ausgestochen und sodann in messerrücken-dicke Scheibchen geschnitten. Sodann wird eine fines herbes von zwei Eßlöffeln voll Petersilie und einem Eßlöffel voll fein geschnittenen Schalotten bereitet und diese mit 140 Gramm frischer Butter abgedünstet. Eine Pastetenform wird mit Teig ausgedrückt, innen mit Fisch-Farce, die mit Sardellenbutter bereitet wurde, messerrückendick ausgestrichen, dann werden Kartoffelscheibchen eingelegt, über diese saurer Rahm gestrichen, dann Häringsstückchen mit fines herbes bestreut, dann wieder Kartoffeln, Häringe und so wird fortgefahren, bis die Pastete bis einenfingerbreit vom Rande voll ist. Oben wird sie mit Farce überstrichen, mit einem Teigdeckel geschlossen und eine Stunde vor dem Anrichten schön lichtbraun gebacken. Beim Anrichten wird der Deckel einenfingerbreit vom Rande aufgeschnitten, die Farce mit einem Messer durchstochen und eine gut bereitete Sardellen-Sauce darüber gegossen.

1369. Englische Tauben-Pastete. Pâté chaud de pigeons à l'Anglaise.

Man wählt hierzu eine der Ofenhitze widerstehende passende Schüssel von Fayence oder englischem Porzellan. Diese wird am Boden mit dünnen Speckscheiben ausgelegt, über diese kommen ganz dünne Tranchen von gutem, mageren, rohen Schinken. Ferner werden sechs fette junge Nesttauben rein flammirt, ausgenommen, jede in vier Theile geschnitten und jedes Stückchen so gut als möglich entbeint; die Schlegel der Täubchen werden über dem Schinken in Ordnung gelegt, gesalzen und mit Cayenne bestreut, über diese kommen vier hart gekochte Eier, jedes in vier Theile geschnitten, welche leicht gesalzen werden; über diese kommen die zwölf Taubenbrüstchen, ebenfalls mit Salz und Cayenne gewürzt. Das Ganze wird mit sechs bis acht Eßlöffeln voll sehr kräftiger, corsirter Jüs übergossen. Der Rand der Schüssel wird mit geschlagenen Eiern bestrichen und von Butterteig ein Deckel darüber gelegt, welcher genau das Ganze schließen muß, dieser wird ebenfalls mit Eiern bestrichen und ein Gitter von Butterteigstreifen darüber gelegt, welches ebenfalls mit Eiern bestrichen wird. Eine Stunde vor dem Anrichten wird die Schüssel über einem runden Blech auf Salz gestellt und langsam gebacken, wo man, sobald der Teig Farbe nimmt, ihn mit Butter bestrichenem Papier decken muß. Aus dem Ofen wird die Schüssel gut gereinigt, in die Mitte eine Oeffnung gemacht und ein Glas Dry-Madeira eingegossen, welches den haut goût derselben noch erhöht. Auf dieselbe Art zubereitet, erscheinen diese Pasteten als:

1370. Englische Hühner-Pastete. Pâté chaud de volaille à l'Anglaise.

1371. Englische Ochsenfilet-Pastete. Pâté chaud de filet de boeuf à l' Anglaise.

1372. Englische Kalbs- oder Hammelschnitten-Pastete. Pâté chaud de filet de veau et de mouton à l'Anglaise.

Zu bemerken ist, daß das Fleisch, welches im rohen Zustande zu den Pasteten genommen wird, sehr gut abgelegen und von bester Gattung sein muß.

68. Abschnitt. 2. Abtheilung.
Von den Casserolle-Pasteten. Des timbales.

Eine Abweichung der vorhergehenden in ihrem äußern Ansehen sind die Casserolle=Pasteten (Timbales), welche sowohl von Teig, als auch von den verschiedensten Farcen, von italienischen Nudeln und von Reis bereitet werden und dazu dienen, die verschiedensten Ragouts in sich aufzunehmen.

1373. Pariser Farce-Pastete von Geflügel. Timbale de volaille à la Parisienne.

Man wählt hiezu eine Timbale=Form oder eine sogenannte Sturz= Casserolle, welche auf jeder Seite eine kleine Lappe statt des Stiels hat. Diese Form wird messerrückendick mit geklärter frischer Butter ausge= strichen und an den Seiten mit einer schönen Garnitur von ausgestochener, geräucherter, gekochter Ochsenzunge und recht schwarzen Trüffeln eingelegt und sofort auf's Eis gestellt. Sodann bereitet man aus dem Brustfleische dreier alter Hühner eine gut haltbare Geflügel=Farce, welche in einer Schüssel mit dem Kochlöffel gut verrührt wird. Die Dekorirung wird innen mit abgeschlagenem Eiweiß bestrichen, dann zwei Theile der Farce in die Timbale gethan und diese mit dem in lauwarmes Wasser getauchten Eßlöffel in gleichmäßiger Dicke auseinandergestrichen, welches mit vieler Vorsicht geschehen muß, damit sich die Dekorirung nicht verschiebt und die Farce die gleiche Dicke eines Fingers hat. Ferner werden sechs sau= tirte kalte Hühnerbrüste, ein gleiches Quantum Champignons, eben so viel vorher abgekochte Trüffeln blätterig geschnitten, welche zusammen in eine Casserolle kommen und mit einer dick eingekochten sauce suprême, wozu die Carcasses der alten und jungen Hühner verwendet werden, in Ver= bindung gebracht, so daß man ein sehr schmackhaftes dickes Ragout er= hält. Dieses wird bis auf einen Finger dick vom Rande in die Timbale gefüllt, der obere Rand wird mit abgeschlagenen Eiern bestrichen, der Rest der Farce auf einem genau nach der Größe der Timbale rund ge= schnittenen und mit Butter bestrichenen Papier aufgestrichen, welches als Deckel darüber gelegt und genau an den Rand geschlossen wird. Eine

und eine halbe Stunde vor dem Anrichten wird die Timbale in eine
Casserolle bis zur Hälfte in kochendes Wasser gestellt, auf einen Dreifuß
über glühende Kohlen gesetzt, zugedeckt, einige glühende Kohlen auf den
Deckel gethan und so im Dunst gar gemacht, wo stets das Kohlenfeuer
unterhalten werden muß. Beim Anrichten wird das Papier abgenommen,
die Timbale in eine Entrée-Schüssel gestürzt, einige Sekunden ruhig
stehen gelassen, damit sich die Timbale lostrennt. Die Form wird dann
gerade abgehoben, die Timbale von oben schön glacirt, etwas sauce
suprême unten herum gegossen und sogleich zu Tisch gegeben.

1374. Gestürzte Farce-Pastete von Gänseleber. Timbale de foie gras à la Demidoff.

Ein halber Bogen weißes Schreibpapier wird mit Butter bestrichen,
in vier gleiche Theile getheilt, jeder derselben zwei messerrückendick mit
Geflügel-Farce egal bestrichen, dann mit leicht abgeschlagenem Eiweiß
überstrichen und mit fein hachirten recht schwarzen Trüffeln bestreut, so
zwar, daß die ganze Oberfläche genau bedeckt ist; sie werden mit der
flachen Messerklinge leicht an die Farce angedrückt, ein mit Butter bestrichenes Papier darüber gelegt, zusammen in einen plat à sauter gethan,
kochendheiße weiße Bouillon darüber gegossen und so einige Minuten bis
zum Sieden zugedeckt stehen gelassen. Nach dieser Zeit werden sie mit
einem flachen Schaumlöffel auf ein reines Tuch gelegt, das obere Papier
abgezogen, worauf man sie erkalten läßt. Unter dieser Zeit wird eine
Timbale gehörig mit geklärter frischer Butter reichlich ausgestrichen, die
mit Trüffeln bestreuten Farce-Streifen in beliebige schöne Stückchen geschnitten oder ausgestochen und der ganze Model, sowohl am Boden als
an der Seite, damit in schöner Zeichnung und mit Geschmack ausgelegt,
so zwar, daß die schwarze Seite nach außen kömmt. Wenn dies auf
die bestmögliche Weise erreicht, und die Timbale-Form einige Minuten
auf dem Eis recht kalt geworden ist, wird sie innen fingerdick mit haltbarer Geflügel-Farce recht egal dick ausgestrichen und mit nachstehendem
Ragout gefüllt. Zwei Gänselebern werden in der Braise weich gedünstet,
nach dem Erkalten ausgehoben, zu Escaloppes geschnitten, in eine Casserolle gethan, mit 280 Gramm in Scheiben geschnittenen, in Glace
und Madeira-Wein abgedünsteten Trüffeln und dreißig Stück kleinen,

weißen, abgekochten Champignons untermengt und mit der nöthigen, mit
Madeira-Sec, Glace und Geflügel-Essenz dick eingekochten sauce espagnole
leicht untermengt und kalt in die Timbale eingerichtet. Es wird
von Farce ein Deckel wie bei den vorhergehenden darauf gethan und eine
Stunde im Dunste langsam gar gemacht. Beim Anrichten wird die
Timbale ausgehoben, abgetrocknet, in eine Entrée-Schüssel gestürzt, die
Form nach einer Minute abgehoben, die abgelaufene Butter mit einem
reinen Tuch ausgetrocknet, die Timbale leicht mit blonder Geflügel-Glace
glacirt, etwas Demi-Glace darunter gegossen und sogleich zur Tafel ge=
geben. Eine Trüffel-Sauce wird extra mitservirt.

1375. Gestürzte Farce-Pastete von Feldhühnern. Timbale de perdreaux à la Nemours.

Von vier alten Feldhühnern werden die Brüste ausgelöst und hiervon
eine haltbare Farce bereitet. Eine Timbale-Form wird reichlich mit klarer
Butter ausgestrichen und von recht schwarzen Trüffeln eine schöne Garnitur
an der Seite eingelegt und diese dann auf's Eis kalt gestellt. Die Feld=
hühner-Farce wird dann gut verrührt und mit zwei Dritttheilen derselben
die Form fingerdick ausgestrichen. Sodann bereitet man von Hahnen=
kämmen, Kalbsmilchnern, Champignons und Hahnennierchen, mit dick ein=
gekochter sauce suprême ein gutes, kräftiges Ragout, mit welchem die Tim=
bale-Form bis auf einen Finger dick vom Rande gefüllt und mit dem Reste
der Feldhühner-Farce genau verschlossen wird. Von den Carcasses der
Feldhühner wird eine Essenz gezogen und nachdem sie rein entfettet und
geseiht ist, wird sie mit sauce espagnole und einem Glas Madeira-Wein
dickfließend eingekocht, dann durch ein Haartuch in eine Saucen-Casserolle
gepreßt und au bain-marie warm gestellt. Eine Stunde vor dem Anrichten
wird die Timbale im Dunste sehr langsam gar gemacht, dann ausgehoben,
abgetrocknet, in eine Entrée-Schüssel gestürzt, die Form nach einer Minute
abgehoben, oben darüber ein Kranz von mit Trüffeln bigarrirten Hühner=
filets mignons gelegt, das Ganze schön glacirt und zur Tafel gegeben.
Die Feldhühner-Sauce wird in einer Saucière extra nachservirt.

1376. Gestürzte Farce-Timbale auf spanische Art. Timbale à l'Espagnole.

Die nöthige Anzahl recht grüner Oliven wird vom Kerne gedreht,
in gesalzenem kochenden Wasser einige Minuten gekocht, dann auf ein Sieb
geschüttet und mit frischem Wasser übergossen. Die Oliven werden sodann
mit Geflügel-Farce mittelst einer Papierspritze gefüllt und denselben ihre
eigentliche Form wieder gegeben. Unterdessen werden drei junge Wildenten
im Safte am Spieß gebraten, nach dem Erkalten die Brüste ausgelöst,
in gleich große schöne Stückchen getheilt und in einer Casserolle zugedeckt
bei Seite gestellt. Die Carcasses der Enten werden fein gestoßen, dann
mit brauner Sauce, die mit einem Glas Madeira-Sec und Geflügel-Essenz
dick eingekocht wurde, gut verrührt und diese dann recht heiß durch ein

Haartuch gestrichen. Eine passende runde Kuppelform wird dann recht egal mit ganz dünnen Speckscheiben unten ausgefüttert und dann drei Reihen Oliven im Kranze eingelegt, welche man mit einem Pinsel, den man in geschlagenes Eierklar getaucht, von innen bestreicht und mit Geflügel-Farce fingerdick überstreicht. Wenn dieses, ohne die Oliven verrückt zu haben, geschehen ist, werden wieder zwei Reihen Oliven über die andern aufgesetzt, bestrichen, mit Farce überdeckt und so wird fortgefahren, bis die Form einige Millimeter vom Rande voll und gleichmäßig mit Farce überstrichen ist. Die Entenstückchen werden an eine Gabel gesteckt, durch die lauwarme Sauce gezogen und rundlaufend in die Timbale bis fingerbreit vom Rande eingelegt, sodann mit Eiern bestrichen und mit einem Farce-Deckel genau geschlossen. Eine Stunde vor dem Anrichten wird die Timbale im Dunste langsam gesotten, dann in eine Entrée-Schüssel gestürzt, nach einer Minute die Form abgehoben, die Speckscheiben davon gethan, das abgelaufene Fett mit einem Tuch rein ausgetunkt, etwas Demi-Glace über die Timbale gegossen und sogleich zur Tafel gegeben. Eine gut bereitete, kräftige Madeira-Sauce wird extra nachservirt.

1377. Gestürzte Krebs-Pastete. Timbale de queues d'écrevisses à la reine.

Zu dieser ausgezeichneten Krebsspeise sind einige Hundert Krebse nöthig; sie werden rein gewaschen, mit Salz, Zwiebel, Petersilie, Wasser und weißem Wein abgekocht, dann nach dem Erkalten ausgebrochen. Die Schweifchen werden rein zugestutzt und von dem vierten Theil der Krebsschalen wird mit 560 Gramm frischer Butter eine schöne Krebsbutter bereitet. Ferner wird von 840 Gramm rein aus Haut und Gräten gelöstem Hechtenfleisch mit der Hälfte der Krebsbutter, eben so viel Semmelpanade, zwei ganzen und vier Gelbeiern nebst dem nöthigen Salz und Muskatnuß eine Farce bereitet, welche durch ein feines Sieb gestrichen und in eine Schüssel gut gerührt wird. Sodann bereitet man von Champignons, Karpfenmilchnern und in Butter sautirten Hechtenfilets mit dick eingekochter Krebs-Sauce ein Kleinragout. Wenn alles dies genau zubereitet ist, wird die Kuppelstürzform reichlich mit Butter ausgestrichen, wie die vorhergehende statt der Oliven mit Krebsschweifchen ausgarnirt und über diese fingerdick recht egal mit der Hechtenfarce überdeckt, welches jedoch, wie bei der vorhergehenden Timbale bemerkt wurde, nur in kleinen Einlagen und dies wieder mit Mühe geschehen kann. Wenn die Timbale genau ausgelegt, wird das kalte Kleinragout in die Mitte bis fingerdick vom Rande eingerichtet, außen herum gut mit Ei bestrichen und mit dem Rest der Farce genau eingeschlossen. Eine Stunde vor dem Anrichten wird die Kuppelform über einen eisernen oder blechernen Ring in eine tiefe Casserolle gestellt, bis zur Hälfte mit heißem Wasser begossen und so langsam im Dunste gesotten. Beim Anrichten wird sie ausgehoben, abgetrocknet, in eine Entrée-Schüssel gestürzt, nach einer Minute die Form abgehoben, die abgelaufene Butter rein ausgetunkt, die ganze Timbale schön mit blonder Glace, unter welcher etwas Krebsbutter ist, glacirt und zur Tafel gegeben. Eine gute Krebs-Sauce wird in einer Saucière extra nachservirt.

1378. Gestürzte Maccaroni-Pastete mit Feldhühnern. Timbale de macaroni au chasseur royal.

560 Gramm ächte italienische federkieldicke, lange Maccaroni werden in einem langen Geschirr in kochendes, gesalzenes Wasser gelegt und einige Minuten blanchirt, sodann auf ein Sieb abgegossen, mit kaltem Wasser abgekühlt und auf ein reines Tuch zum Abtropfen gelegt. Eine kuppelartige Stürzform wird sodann mit Butter ausgestrichen und mit ganz dünnen weißen Speckscheiben ausgefüttert; in die Mitte wird ein in der Größe eines Zweimarkstücks ausgestochenes, schwarzes Trüffel- oder recht rothes Zungenstückchen federkieldick eingelegt und um dieses die Maccaroninudelstücke schneckenartig herum gelegt. Wenn diese ungefähr zweifingerhoch so eingelegt sind, werden sie innen mit einem Pinsel mit Eierklar bestrichen und fingerdick mit gerührter, haltbarer Kalbfleisch-Farce überstrichen, welches, wie bei der ersten beschriebenen Timbale bemerkt wurde, am besten geschieht, wenn man einen Löffel in's heiße Wasser taucht und damit die Farce leicht andrückt und glatt ebnet. Wenn die erste Einlage so beendet ist, werden die Maccaroni wieder am Ende der ersteren angepaßt und schneckenartig die ganze Form damit ausgefüttert, welches aber

nur immer in kleinen Bändern geschehen kann, weil sie jedesmal sogleich mit Farce überstrichen werden müssen. Der Rest der Maccaroni wird in 3 Centimeter lange Stückchen getheilt, in eine Casserolle gethan und zugedeckt bei Seite gestellt. Unterdessen werden von sechs zarten Feld=hühnern die Brüstchen ausgelöst, die filets mignons weggethan, die großen mit rother Ochsenzunge, die kleinen Filets mit schwarzen Trüffeln bigarrirt und in klare frische Butter eingerichtet und zugedeckt kalt gestellt. Die Schlegel der Feldhühner werden abgedämpft und nach dem Erkalten das Fleisch abgelöst, zu kleinen Filets geschnitten und nebst dem gleichen Quantum ebenso geschnittener Champignons und Zungenstückchen zu den Maccaroni=stückchen gethan. Aus den Carcasses der Feldhühner wird eine Essenz gezogen, diese rein entfettet und geseiht, mit der nöthigen sauce espagnole und einem Glas Madeira=Sec über dem Feuer zu einer kurzen, kräftigen Sauce eingerührt, welche sodann nach dem Volumen der Jngredienzen durch ein Haartuch über die Maccaroni= und Fleischstückchen gepreßt und mit dieser vorsichtig untermengt wird, so daß man ein dickes Ragout erhält. Dieses wird in die Mitte der Timbale bis fingerdick vom Rande eingefüllt und mit Farce gut eingeschlossen. Eine Stunde vor dem An=richten wird die Timbale langsam im Dunste gesotten, in eine Entrée=Schüssel gestürzt, der Speck abgenommen, rein entfettet, die sautirten Feldhühnerbrüstchen mit den filets mignons abwechselnd herum garnirt, diese schön glacirt und so zu Tisch gegeben. Eine Trüffel=Sauce wird extra nachservirt.

1379. Neapolitaner Maccaroni-Nudel-Pastete. Timbale de macaroni à la Napolitaine.

Man streicht mit klarer frischer Butter eine Kuppelform gut aus, legt sie mit mürbem Pastetenteig, welchen man mit der Hand maccaroni=nudelartig ausrollt, schneckenartig aus, wobei man aber den Teig, der über sich zu liegen kömmt, mit Eiern bestreichen muß. Sodann werden 280 Gramm Maccaroninudeln in gesalzenem, kochenden Wasser einige Minuten blanchirt, dann abgeseiht, in 3 Centimeter große Stückchen geschnitten, in eine Casserolle gethan und mit 280 Gramm frischer Butter, eben so viel frisch geriebenem Parmesankäse, dem nöthigen Salze und etwas Pfeffer über dem Feuer geschwungen, die Timbale bis fingerbreit vom Rande damit angefüllt, dann mit einem Teigdeckel genau geschlossen, mit Eiern bestrichen, über einen Eisenblechkranz auf ein Pastetenblech ge=stellt und während einer Stunde im mäßig heißen Ofen in schöner licht=brauner Farbe gebacken. Beim Anrichten wird die Timbale in eine Entrée=Schüssel gestürzt, mit einem scharfen Messer eine gehörig große Oeffnung ausgeschnitten, einige Löffel voll Maccaroninudeln herausge=nommen, statt dieser ein Kleinragout von Champignons, Hahnennierchen und emincirten Trüffeln, welches mit einer sauce tomate bereitet ist, heiß eingefüllt, der Deckel darüber gethan und nachdem die Timbale noch mit Krebsbutter überstrichen wurde, sogleich zu Tisch gegeben.

1380. Timbale mit Raviolen und Parmesankäse. Timbale de ravioles à la Parma.

Man bereitet von einer Hand voll Mehl, einem Eßlöffel voll Zucker, nußgroß Butter und fünf Gelbeiern einen Teig, welchen man messerrücken= dick ausrollt und etwas trocknen läßt. Eine ovale glatte Stürzform wird mit klarer frischer Butter ausgestrichen, mit Ausstechern verschiedener Form, wie z. B. Blätter, Arabesken, Ringeln u. dgl. aus dem Teig ausgestochen diese an eine Spicknadel gesteckt, der Boden und die Seite der Form in schöner Zeichnung damit ausgelegt und dann auf's Eis gestellt. Ferner wird ein Stück mürber Pastetenteig nach der Höhe und dem Umfang der Form zu einem federkieldicken Band ausgewalzt, dann über sich selbst auf= gerollt und nachdem mit einem Pinsel die Teiggarnitur mit Eiern bestrichen ist, wird das Band seiner Höhe nach in die Form gestellt, langsam abge= rollt und dabei, ohne die Zeichnung zu verrücken, behutsam angedrückt, dann die beiden Enden des Teiges mit Ei bestrichen und 3 Centimeter breit über sich gut zusammengemacht, so zwar, daß sich die Timbale beim Stürzen nicht trennt. Ebenso wird ein Stück Teig genau als Boden ge= schnitten, eingelegt und von innen mit Ei bestrichen, gut an der Seite an= gedrückt. Unterdessen hat man von feinem Nudelteig mit Geflügel-Farce, unter welche etwas geriebener Parmesankäse melirt wurde, das nöthige Quantum kleiner Ravivlen bereiten lassen, welche in gesalzenem, kochenden Wasser einige Minuten gekocht, dann abgeseiht, in einen plat à sauter ge= than und mit einem Stück frischer Butter, geriebenem Parmesankäse, dem nöthigen Salz und etwas Pfeffer geschwungen, die Timbale, nachdem sie ausgekühlt sind, damit gefüllt, geebnet und mit einem Deckel fest zugemacht. Die Form wird sogleich auf ein Pastetenblech gestellt und bei mäßig heißem Ofen in schönster Farbe gebacken. Aus dem Ofen wird die Tim= bale auf eine passende, ovale Schüssel gestürzt, der Deckel mit einem scharfen Messerchen aufgeschnitten, einige Löffel voll sauce tomate oder espagnole eingefüllt, der Deckel darüber gelegt und sogleich zur Tafel gegeben.

1381. Mailänder Nudel-Pastete. Timbale de nouilles à la Milanaise.

Eine runde Sturz= oder Timbale-Form wird dick mit klarer frischer Butter ausgestrichen, dann mit fein geschnittenen Nudeln ausgestreut, diese

leicht angedrückt und die Form auf's Eis gestellt. Sodann wird diese mit
mürbem Pastetenteig ausgefüttert und zugedeckt bei Seite gestellt. Ferner
werden acht Hühnerbrüstchen sautirt, nach dem Erkalten in 3 Centimeter
lange Stückchen geschnitten und diese nebst dem gleichen Quantum ebenso
geschnittener Trüffeln und geräucherter Zunge in eine Casserolle gethan.
Unterdessen hat man von einem ganzen Ei und sechs Eigelben einen feinen
Nudelteig gemacht, woraus man sechs Centimeter lange halbfingerbreite
Nudeln schneidet; diese werden in gesalzenem, kochenden Wasser einige
Minuten gekocht, dann abgeseiht, abgetropft, in einen plat à sauter gethan und mit einem Stück Butter, einer Hand voll frisch geriebenem
Parmesankäse, dem nöthigen Salz und etwas Muskatnuß über dem Feuer
geschwungen. Nachdem sie ausgekühlt sind, wird eine Lage in die Timbale gefüllt, die Hälfte der melirten Hühnerstückchen darüber gestreut,
dann kommt wieder eine Lage Nudeln, Hühnerstückchen und zuletzt Nudeln.
Die Timbale wird sodann mit einem Teigdeckel gut geschlossen, mit Ei
bestrichen und sogleich in schöner Farbe gebacken. Beim Anrichten wird
der Deckel aufgeschnitten, die Nudeln mit der Messerspitze leicht gelockert,
etwas Demi-Glace darüber gegossen, mit dem Deckel gedeckt und sogleich zur
Tafel gegeben. Eine gut bereitete sauce suprême wird extra nachservirt.

1382. Genueser Fleckelpastete. Timbale de lasagnas à la Génoise.

Man bereitet von zwei ganzen und dem Gelben von acht Eiern einen
feinen Nudelteig, welchen man sehr dünn ausrollt, nachdem er getrocknet ist,
übereinander legt und mit einem Colonne-Ausstecher in der Größe eines
Zehnpfennigstücks Fleckchen aussticht. Unterdessen hat man eine runde Timbale-Form gut mit klarer frischer Butter ausgestrichen, wie jene mit Raviolen
ausgarnirt, mit Teig ausgefüttert, innen mit Papier, welches mit Butter
bestrichen wurde, ausgelegt, mit trockenen Erbsen angefüllt, einen Deckel von
Teig darüber gemacht und so in schöner Farbe gebacken. Aus dem Ofen
genommen, wird der Deckel aufgeschnitten, die Erbsen und das Papier herausgenommen und die Timbale in einer Entrée-Schüssel warm gestellt.
Ferner werden einige hundert Champignons rein gewaschen, fein emincirt
und mit feinem Genueser-Oel, Salz, einer Zehe Knoblauch, einem Lorbeer-

blatt, einem Majoransträußchen, Pfeffer und Muskatnuß gedünstet, dann Knoblauch, Lorbeerblatt und Majoran weg= und etwas sauce tomate dazugenommen, in eine andere Casserolle gethan und warm gestellt. Die Fleckchen werden kurze Zeit vor dem Gebrauch in gesalzenem, kochenden Wasser einige Minuten gekocht, dann abgeseiht, mit einem Stück Butter, frisch geriebenem Parmesankäse, dem noch nöthigen Salz und Muskatnuß geschwungen und mit diesen und den Champignons abwechselnd recht heiß in die Timbale eingefüllt und sogleich zur Tafel gegeben.

1383. Römische Reis-Pastete. Timbale de riz à la Romaine.

Eine runde Stürzform wird sehr stark mit geklärter, frischer Butter ausgestrichen und mit fein geriebenem weißen Brode gut ausgestreut; sodann werden vier Eier mit etwas Salz gut abgeschlagen, mit lauwarmer Butter und geriebenem Parmesankäse untermischt, welche man in die Form gießt und diese gut auslaufen und über eine Schüssel wieder ablaufen läßt; über diese Eier wird dann nochmals geriebenes Brod gestreut. Hierauf werden 560 Gramm Karolinen=Reis rein gewaschen und mit guter Geflügel= Bouillon, einem Stück frischer Butter, dem nöthigen Salz und Muskat= nuß weich und kurz gedünstet, dann mit einer Hand voll frisch geriebenem Parmesankäse, etwas Glace und einem Stück Butter gut verrührt. Mit diesem Reis wird die Timbale=Form fingerdick ausgelegt und ein Theil zum Decken zurückbehalten. Dieser wird mit einem Kleinragout von Champignons, Geflügellebern, Kalbsmilchnern, Hahnenkämmen und Nierchen mit recht kräftiger, dick eingekochter sauce espagnole untermengt, gefüllt, dann mit dem Reis gut gedeckt, welches am besten geschieht, wenn man nach der Größe der Form ein rundes Papier schneidet, dies mit Butter bestreicht und fingerdick mit Reis recht egal überstreicht, sodann das Papier nach oben darüber legt und gut andrückt. Eine Stunde vor dem Anrichten wird die Timbale auf ein Blech gestellt und langsam schön gebacken, dann in eine Entrée=Schüssel gestürzt, leicht mit Sauce übergossen und zur Tafel gegeben. Eine gute sauce espagnole wird extra beigegeben.

1384. Piemonteser Reis-Pastete. Timbale de riz à la Piemontaise.

560 Gramm Mailänder=Reis werden rein belesen, aber nicht ge= waschen, sondern zwischen einem reinen Tuch abgerieben. Sodann läßt man 280 Gramm Butter in einer Casserolle heiß werden, gibt einen halben Eßlöffel voll fein geschnittene Zwiebeln und den Reis dazu und röstet dies zusammen, bis die Zwiebeln gelb sind; sodann wird noch= mal soviel gute Bouillon darüber gegossen, als der Reis in seinem Volumen beträgt, nebst etwas Kalbsfond, dem nöthigen Salz und wenig geriebener Muskatnuß. Man deckt den Reis gut zu und läßt ihn auf Kohlenfeuer weich dünsten. Unterdessen wird eine Stürzform gut mit Butter ausge= strichen, mit rund ausgestochenen Trüffeln zierlich ausgelegt und einige Minuten auf's Eis gestellt. Der kurz eingedünstete Reis wird mit den Abfällen der Trüffeln, welche klein würfelig geschnitten wurden, nebst zwei

Löffeln voll sauce veloutée untermengt und die Timbale fingerdick damit
ausgedrückt, wo man aber zuvor die Trüffeln mit Eiweiß bestreichen
muß. In die Mitte wird ein dickes Ragout von emincirten Feldhühnern,
Champignons, Trüffeln, mit kurzer, kräftiger Sauce eingefüllt, mit Reis
überdeckt, eine Viertelstunde in den Ofen gestellt, dann in eine Entrée-
Schüssel gestürzt, nach einer Minute die Form abgehoben, die Timbale
schön glacirt, etwas Demi-Glace darunter gegossen und zur Tafel gegeben.
Eine Trüffel-Sauce wird extra mitservirt. Zu dieser Reis = Timbale
sollten eigentlich Piemonteser Trüffeln angewendet werden.

1385. Reis-Pastete mit weißem Ragout. Casserolle au riz à la Marigny.

1 Kilo 120 Gramm schöner Karolinen-Reis sind nöthig, um eine
gehörige Reis = Pastete zu bereiten; derselbe wird durchsucht mehrmals
durch lauwarmes Wasser gewaschen, dann in eine gut verzinnte, etwas
breite Casserolle gethan, mit guter weißer Fleischbrühe zweifingerdick übergossen, gesalzen, mit einem Stück ganz frischer Butter belegt und auf dem
Feuer in's Kochen gebracht. Wenn dies erreicht ist, stellt man die Casserolle gut zugedeckt in einen Backofen oder Bratrohr und läßt sie ganz kurz
eindämpfen und weich werden. Hierauf schüttet man den Reis in einen
Mörser und stößt ihn, bis kein ganzer Kern mehr sichtbar ist; er wird
sodann herausgenommen, auf ein Backbrett gethan und mit der Hand zu
einem geschlossenen, zarten Teig abgearbeitet. Derselbe wird in eine passende, mit Butter ausgestrichene Sturz-Casserolle gedrückt, dann auf einen
Plafond gestürzt, und mittelst geschnittenen gelben Rüben schöne Dessins
eingedrückt, welches jedoch mit Geschicklichkeit und Geschmack ausgeführt
werden muß. Dieselbe wird eine halbe Stunde vor dem Anrichten mit
dem Gelben von einigen Eiern, unter welches etwas zerlassene Butter gerührt wurde, angestrichen und in einen sehr heißen Backofen gestellt, bis
die Reis-Casserolle eine schöne Farbe hat, das heißt, die äußern Kanten
müssen lichtbraun sein und die Vertiefung muß weiß bleiben. Hierauf wird
sie aus dem Backofen genommen, oben ein Deckel ausgeschnitten, mit einem
scharfen, einfachen Blechlöffel ausgehöhlt, aber nicht zu viel, sondern daß

ein fingerdicker Rand bleibt. Sie wird sodann mit recht weichem und dick gekochten, warmem Reis ausgestrichen und in eine Entrée-Schüssel warm gestellt. Beim Anrichten wird nachstehendes Ragout eingefüllt: $5/10$ Liter sauce suprême werden mit einer halben Bouteille Champagner-Wein über brennendem Windofen, bis sich die Sauce vom Löffel spinnt, eingekocht, dann gehörig gesalzen, mit dem Safte einer halben Citrone angenehm gesäuert und durch ein Haartuch in eine Saucen-Casserolle über quenelles de pigeons, in Stückchen geschnittene Gänselebern, Trüffeln und Hahnenkämme gepreßt und au bain-marie warm gestellt. Ebenso werden die Filets von sechs jungen Tauben ausgelöst, diese an der Seite leicht eingeschnitten, aber nicht durchgeschnitten, dann mit feinblätterig geschnittenen Trüffeln, welche mit etwas Glace kurz gedünstet sind, gefüllt, gesalzen, in zerlassene frische Butter, mit dem Gelben von einigen Eiern abgerührt, getaucht, mit fein geriebenem Brod besäet und in klare Butter eingerichtet. Kurz vor dem Anrichten werden die Filets auf Kohlenfeuer sautirt, das ganz heiße Ragout in die Reis-Pastete gefüllt, die Filets der Tauben im Kranze oben herum gelegt und sogleich zu Tisch gegeben.

1386. Reis-Pastete à la reine. Casserolle au riz à la reine.

Zwei Kapaunen werden nach sorgfältiger Vorbereitung am Spieß gebraten, dann, wenn sie beinahe kalt sind, wird das Brustfleisch ausgelöst und dieses zu einem feinen Hachis geschnitten, welches man in einer Casserolle zugedeckt zur Seite stellt. Unterdessen werden $8/10$ Liter béchamel grasse mit der aus den Carcasses der Kapaunen gezogenen Essenz über dem Windofen dickfließend eingekocht, welche mit dem Hachis gut verrührt, gesalzen und recht heiß in eine vorhergehend beschriebene Reis-Casserolle erhaben gefüllt werden. Außen herum werden hart gesottene Eier garnirt und zwischen jedes filet mignon, welches mit Trüffeln bigarrirt, rund gebogen und sautirt wurde, gelegt.

Ferner erscheinen die Reis-Pasteten noch als:

1387. Reis-Pastete mit einer Blanquette von Indian.
Blanquette de dinde en casserolle au riz.

1388. Reis-Pastete mit Escalopen von Hasen. Escalopes de
levrauts au sang en casserolle au riz.

1389. Reis-Pastete mit einem Ragout Financier. Casserolle au riz, garni d'un ragoût à la financière.

1390. Reis-Pastete mit Salmy von Feldhühnern. Salmis de perdrix en casserolle au riz.

1391. Reis-Pastete mit Salmy von Fasanen. Salmis de faisans en casserolle au riz.

1392. Reis-Pastete mit Salmy von Schnepfen. Salmis de bécasses en casserolle au riz.

Die Bereitung der hier angeführten Ragouts findet man in dem betreffenden Abschnitte genau angegeben.

1393. Brodkrusten. Croustades de pain.

Einen gleichen Zweck wie die Reis-Casserollen haben die Brodkrusten; sie sind auch dazu bestimmt, alle feinen Ragouts in sich aufzunehmen, um diese mit mehr Eleganz ausstatten zu können und werden deßhalb auch bei Tafeln nie angegriffen. Man läßt von dem Bäcker von weißem, feinen Mehl in einer runden oder ovalen Casserolle, zu welchem Bedarf man es nöthig hat, ein hohes Brod backen, welches eine dichte und ja nicht poröse Schmolle (Krume) hat. Dieses Brod muß einen Tag vorher gebacken sein, wenn man daraus eine schöne Kruste schneiden will. Eine zweite Bedingung sind sehr scharfe Messer, ohne welche man nicht im Stande ist, etwas Gelungenes zu schaffen. Aus solchem Brode werden nun Vasen, Schalen, sowohl in runder, als auch in acht- und sechseckiger Form geschnitten. Daß zu solchen Arbeiten eine geschickte Hand und viel Uebung gehört, braucht nicht erwähnt zu werden, denn nichts belästigt das Auge mehr, als eine schlecht dressirte warme Pastete, eine plump dressirte Reis-Casserolle oder eine schlecht geschnittene Brodkruste, ja ich möchte behaupten, daß der beste Inhalt solcher Speisen damit verloren und unbeachtet bliebe. Ich rathe daher jedem jungen Anfänger, solcher Arbeit vielen Fleiß zuzuwenden und darüber nicht gleichgiltig hinwegzugehen. Ist die Brodkruste schön geschnitten, so wird über der Oberfläche derselben 15 Millimeter dick vom Rande und ebenso tief ein Einschnitt gemacht, dann die Kruste aus frisch ausgelassenem Schweinefett goldgelb gebacken, mit einem flachen Schaumlöffel aufgehoben, abtropfen gelassen, dann auf ein reines Tuch über Löschpapier zum Entfetten gelegt. Der Deckel wird abgeschnitten, die Kruste vorsichtig ausgehöhlt, dann innen mit Kalbfleisch-Farce ausgestrichen, unten mit Eierklar, unter welches man etwas Mehl gemengt hat, bestrichen, in eine Entrée-Schüssel befestigt und eine Viertelstunde in einen warmen Ofen zum Trocknen gestellt.

1394. Tauben-Coteletten in einer Croustade von Brod. Côtelettes de pigeons à la Pompadour en croustade de pain.

Aus zehn jungen Tauben werden die Brüstchen ausgelöst, mit dem

Messerhefte leicht geschlagen, die abgeschabten Flügelknochen an der spitzen
Seite eingesteckt, gesalzen, in zerlassene mit drei Gelbeiern abgerührte Butter
getaucht, mit feinem, weißen Reibbrod panirt und in klare frische Butter in
einen plat à sauter eingerichtet. Aus den Carcasses derselben wird eine
Essenz gezogen, diese dann rein entfettet, geseiht und mit einer sauce suprême zu einer klaren, dickfließenden Sauce eingekocht, welche man durch
ein Haartuch in eine Casserolle preßt und warm stellt. Unterdessen hat
man schöne, kleine Champignons recht weiß abgedünstet, welche man in
die Sauce gibt. Kurz vor dem Anrichten werden die Tauben-Coteletten
schön lichtbraun sautirt, dann in die Tiefe einer Brodkruste ein Ragout
von Kalbsbrieschen und Taubenklößchen gefüllt, an die Tauben-Coteletten
werden kleine Papilloten gesteckt, diese im Kranze über dem Ragout aufrechtstehend und zwischen jedes eine Trüffel-Scheibe gelegt, aufdressirt und
die Champignons mit der nöthigen Sauce erhaben in ihre Mitte gegeben.
Der Rest der Sauce wird extra nachservirt. Auf dieselbe Art können
Lamms-, Hühner- und andere Coteletten bereitet werden.

**1395. Feldhühner-Coteletten in einer Brodkruste. Côtelettes de
perdreaux en croustade de pain.**

Aus acht gut gereinigten, jungen Feldhühnern werden die Brüstchen
ausgelöst und hievon kleine Coteletten zubereitet, welche in klarer Butter
sautirt, dann gesalzen und zwischen zwei flachen Deckeln leicht gepreßt
werden. Sodann werden sie rein parirt und wie die vorhergehenden panirt.
Aus den Abgängen der Feldhühner wird eine Essenz bereitet und diese
mit $5/10$ Liter sauce espagnole, etwas Glace und einem Glas Madeira-
Sec zu einer kräftigen, dickfließenden Sauce eingekocht, welche gehörig gesalzen, mit etwas Cayenne im Geschmack gehoben, durch ein Haartuch gepreßt und au bain-marie warm gestellt wird. Sodann werden die nöthigen
schön grünen Oliven aus den Kernen gedreht, mit Geflügel-Farce gefüllt
und in die Sauce gethan. Die Feldhühner-Coteletten werden kurz vor
dem Anrichten auf dem Rost gebraten, dann ein Kleinragout von Feldhühnerklößchen und in Scheiben geschnittenen Trüffeln in die Vertiefung der
Brodkruste gefüllt, die Coteletten, die Beinchen nach oben aufrechtstehend,
herum aufdressirt und nachdem man die Oliven noch einige Minuten mit
der Sauce hat kochen lassen, werden sie in ihrer Mitte erhaben angerichtet.

**1396. Schillschnitten in einer Brodkruste. Filets de sandre en
croustade de pain à la Villeroy.**

Aus einem 1 Kilo 680 Gramm bis 2 Kilo 240 Gramm wiegenden
Schill werden die großen Filets rein aus Haut und Gräten gelöst und
hievon gleich große Filets, den Hühnerfilets gleich, geschnitten, diese werden
gesalzen, in klarer Butter sautirt, dann leicht gepreßt, schön zugeschnitten,
mit einer Aufleg-Sauce überstrichen, zweimal panirt und kurz vor dem
Anrichten aus dem Schmalz gebacken. Eine Blanquette von Schill wird
recht heiß in die Vertiefung der Brodkruste gefüllt, die gebackenen Schnitten

werden herum aufdressirt und in ihre Mitte ein Kleinragout von Krebs=
schweifchen und Champignons erhaben angerichtet.

1397. Escalopes von Ochsenfilet in einer Brodkruste. Escalopes
de filet de boeuf en croustade de pain.

Aus einem sehr gut abgelegenen Ochsenfilet werden kleine Escalopes,
den Hasen=Escalopes ähnlich, geschnitten, in klare Butter eingerichtet, mit
einer mit Butter bestrichenen Papierscheibe gedeckt und kalt gestellt. Unter=
dessen bereitet man von Trüffeln, Champignons, Peterfilie und Schalotten
mit einer kräftigen braunen Sauce eine sauce fines herbes, welche au bain-
marie warm gestellt wird. Einige Minuten vor dem Anrichten werden die
Escalopes über dem Windofen schnell sautirt, die Butter abgegossen und
mit der sauce fines herbes, einem Stück Glace und etwas beurre de
Cayenne nochmals aufgekocht, dann erhaben in einer Brodkruste angerichtet,
mit einem Theil der Sauce begossen und der Rest extra beigegeben. Zu
bemerken ist, daß die Escalopes in ihrem vollsten Safte und die Sauce
sich durch einen sehr kräftigen, lieblichen Geschmack auszeichnen muß.

---

68. Abschnitt. 3. Abtheilung.
Von den kalten Pasteten. Des pâtés froids.

Die Teighülle der kalten Pasteten, welche die Inhaltsprodukte in
sich aufnehmen, besteht in viererlei Art:

1) aus den aus freier Hand von ungenießbarem, festen Teig aufge=
setzten Pasteten,

2) aus den in kupfernen oder blechernen mit Charnieren versehenen
und mit mürbem Pastetenteig ausgefütterten Reifen, welche die schönste
Pastetenform darstellen (siehe die Abbildungen auf der nächsten Seite),

3) aus den zum Ausschneiden ebenfalls vom mürben Teig bereiteten,
niedern, langen Pasteten und

4) den statt der Teighülle in Fayence oder Steingut, den kalten
aufgesetzten Pasteten ähnlichen Töpfen.

Die letzte Methode bleibt unter jeder Bedingung die beste, denn sie
hat nicht nur allein den Vortheil, daß sie viel Zeit und Mühe spart, son=
dern ihre Inhaltsprodukte bleiben um vieles saftiger, geschmackvoller und,
was die Hauptsache ist, sie erhalten sich, an einem kalten, trockenen Orte
aufbewahrt, viel länger. Die aus freier Hand aufgesetzten kalten Pasteten
gehören der alten Methode an und erscheinen nur noch bei großen Gelegen=
heiten, nämlich bei Bällen, wo sie auf Buffets prangen. Eine weit bessere
Methode neuerer Art sind die in Reifen gebackenen, kalten Pasteten; diese
werden mit genießbarem Teig bereitet und erfordern nicht eine so außer=
ordentliche Mühe und Zeit und sind selbst in ihrer Form und regelmäßigen
Zeichnung schöner als die ersten. Die Pasteten zum Ausschneiden eignen

sich besonders für Gasthöfe und Restaurationen, weil sie sammt ihrem genießbaren Teig in schöne Portionen getheilt werden können.

1398. Kalte Hühner-Pastete mit Trüffeln. Pâté froid de perdreaux aux truffes.

Nach sorgfältiger Reinigung werden zwölf junge Feldhühner ganz ausgebeint, dann innen mit Speck und rohem Schinken, der in dünne Streifen geschnitten und mit gewürztem Salz untermengt ist, gespickt und nachdem sie ebenfalls von innen mit Salz und feinen trockenen Kräutern gewürzt sind, werden sie in einer Terrine kalt gestellt. Sodann bereitet man folgende Farce: es werden vier bis fünf alte Feldhühner gut gereinigt, oder in Ermangelung dieser das Fleisch von einem Hasen rein aus Haut und Sehnen gelöst, sehr fein geschnitten, dann mit dem vierten Theil fein geschnittenem, weißen Speck mehr als das Fleisch wiegt und den Feldhühnerlebern recht fein gestoßen. Dazu kommen einige fein geschnittene Schalotten, ein Eßlöffel voll Petersilie, zwei Eßlöffel voll Champignons, eben so viel Trüffeln, alles sehr fein geschnitten und in Butter gedünstet, das nöthige Salz, zwei Messerspitzen voll fines herbes en poudre und zwei bis drei Eßlöffel voll sauce espagnole. Dies alles wird zusammen sehr gut verarbeitet, aus dem Reibstein in eine Schüssel gethan, unter welche man noch 280 Gramm kleinwürfelig geschnittene, wo möglich frische Perigord-Trüffeln und den

dritten Theil einer geräucherten, gekochten, ebenso würfelig geschnittenen Ochsenzunge melirt. Die Feldhühner werden dann über ein Tuch aus= gebreitet, mit dem dritten Theil der Farce gefüllt, die Haut zusammenge= nommen, ballonartig dressirt und über der Brust mit der Messerspitze durchstochen. Sodann wird eine gehörig große Pastetenreifform gut mit kalter, klarer Butter ausgestrichen, über einen bestrichenen Bogen Papier gestellt, mit mürbem Pastetenteig, wie bei den warmen Pasteten ange= geben ist, ausgefüttert, innen mit dünn geschnittenen Speckscheiben aus= gelegt und mit einem Theil der Farce überstrichen. Sechs von den Feld= hühnern werden in die Pastete eingelegt, leicht gesalzen, mit in Scheiben geschnittenen Trüffeln bestreut, darüber werden die andern sechs Feldhühner gelegt, welche ebenfalls gesalzen, mit Trüffeln überstreut und mit dem Reste der Farce überstrichen werden. Ueber die Farce wird ein Lorbeer= blatt und 140 Gramm sehr frische Butter gelegt und das Ganze mit Speckbarden gedeckt. Dann wird von Teig ein Deckel ausgerollt, der Rand der Pastete mit Ei bestrichen, der Deckel darüber gelegt, genau angedrückt und fest geschlossen. In die Mitte wird eine Oeffnung in der Größe eines Fünfmarkstückes ausgestochen, darüber ein kleiner Kamin von Teig aufgesetzt, die ganze Oberfläche der Pastete wird mit Ei bestrichen und geschmackvoll und in schöner Zeichnung eine Garnitur darüber gelegt, diese wieder mit Ei bestrichen, dann in einem mäßig heißen Ofen zwei bis zwei und eine halbe Stunde in schönster, lichtbrauner Farbe gebacken, wobei bemerkt werden muß, daß die Pastete, gleich nachdem sie im Ofen Farbe nimmt, mit zwei mit Butter bestrichenen Bogen Papier gedeckt werden muß. Während der Zeit, daß die Pastete im Ofen ist, werden die Carcasses der Feldhühner klein zerhackt und hievon eine Essenz ge= zogen, welche dann durchgeseiht und mit einem Glas Madeira=Sec zu einer dünnen Demi=Glace eingekocht wird. Wenn die Pastete gut ausge=

backen ist, wird sie aus dem Ofen genommen, auf eine flache Schüssel ge=
stellt, die Essenz in die Pastete gegossen, diese mit Teig gut zugemacht, an
einen kalten, trockenen Ort gestellt und nach einer Stunde der Reif abge=
nommen. Auf gleiche Art können diese Feldhühner=Pasteten in eine Fayence=
Terrine eingerichtet werden, welche aber bis zur Hälfte in Wasser gestellt
und bei viel geringerer Ofenhitze gebacken werden muß. Dann verändert
sich aber ihre Benennung und sie wird terrine de perdreaux genannt.
Es ist zu bemerken, daß alle kalten Pasteten, ehe davon gespeist wird,
einige Tage zuvor gebacken sein müssen, sie werden dann aufgeschnitten,
der Speck und das Lorbeerblatt abgenommen, mit einem silbernen Löffel
portionenweise ausgestochen, auf eine Assiette gethan und etwas gehackte
Fleischsulz beigelegt.

1399. Kalte Schnepfen-Pastete mit Trüffeln. Pâté froid de bécasses aux truffes.

Zu dieser ausgezeichneten kalten Pastete werden acht frisch geschossene
Waldschnepfen genommen und diese ganz der vorhergehenden Feldhühner=
Pastete gleich zubereitet und beendet, nur mit dem Unterschiede, daß die
Carcasses sammt den Därmen, nachdem zuvor der Magen weggethan
wurde, fein gestoßen werden, dann durch ein feines Haarsieb passirt und
das Durchgestrichene unter die Farce melirt wird, welches derselben den
eigenthümlichen Schnepfengeschmack gibt.

1400. Kalte Krammetsvögel-Pastete mit Trüffeln. Pâte froid de grives aux truffes.

Vierundzwanzig schöne Krammetsvögel werden ausgenommen, gut
gereinigt, ausgebeint, die Carcasses sammt den Därmen, nachdem der
Magen der Vögel weggethan wurde, gestoßen, dann durchpassirt und
dieses unter die Farce melirt. Im Uebrigen wird sie ganz der Feld=
hühner=Pastete gleich bereitet und vollendet.

1401. Kalte Pastete von Bekassinen mit Trüffeln. Pâté froid
de bécassines aux truffes.

1402. Kalte Pastete von Haselhühnern mit Trüffeln. Pâté froid
de gélinottes aux truffes.

1403. Kalte Pastete von jungen Wildenten mit Trüffeln. Pâté
froid de canards sauvages aux truffes.

Werden ganz der Feldhühner-Pastete gleich bereitet, nur macht die
Bekassinen-Pastete insoferne eine Ausnahme, als die Carcasses wie bei der
Schnepfen-Pastete gestoßen, durchgestrichen und das Durchgestrichene unter die
Farce kömmt. Bei den anderen werden die Carcasses zu einer Essenz ver-
wendet, welche mit Madeira-Wein eingekocht und wie bei der Feldhühner-Pa-
stete eingegossen wird, welches derselben einen sehr angenehmen haut-goût gibt.

1404. Kalte Fasanen-Pastete mit Trüffeln. Pâté froid
de faisans aux truffes de Périgord.

Drei schöne frische Fasanen werden gut gereinigt, ausgenommen, rein
flammirt, ausgebeint, von innen mit Speck und rohem, in feine Streifen
geschnittenem Schinken gespickt, gewürzt und gesalzen. Sodann wird von
840 Gramm ausgelöstem, frischen Schweinefleisch, dem aus Haut und
Sehnen geschabten Fasanenschlegelfleische, mit 1 Kilo 120 Gramm weißem,
guten Speck, alles recht fein geschnitten und zart gestoßen, eine Farce gemacht, welche noch mit einem Kaffeelöffel voll feinen Kräutern, einigen
fein geschnittenen Schalotten, einem Eßlöffel voll Peterfilie, zwei Eßlöffeln voll Champignons, eben so viel Trüffeln, alles sehr fein geschnitten
und mit Butter gedünstet, gewürzt und mit dem Gelben von vier Eiern
und vier Eßlöffeln voll sauce espagnole und dem nöthigen Salz gut
verarbeitet wird. Diese Farce wird aus dem Reibstein genommen, eine

Pastetenreißform oder eine Fayence-Terrine, erstere zuvor noch mit klarer, kalter Butter bestrichen, dann mit Speck ausgelegt und mit Farce ausgestrichen. Die Fasanen werden mit Farce und Trüffeln gefüllt, die Haut zusammengenommen und daraus drei Ballons geformt, welche mit der Messerspitze durchstochen, gesalzen und einer davon in die Pastete eingelegt wird, darüber kommt etwas Farce und in Scheiben geschnittene frische Perigord-Trüffeln, darüber kömmt wieder ein Fasan, darüber Farce mit geschnittenen Trüffeln, dann der dritte Fasan mit Trüffeln und fingerdick Farce, über diese kommen zwei Lorbeerblätter und über das Ganze Speckscheiben. Sie wird mit einem Teigdeckel genau geschlossen, oben schön garnirt, ebenso beendet und zwei und eine halbe Stunde langsam gebacken, nach dem Backen die Fasanen-Essenz mit Madeira-Sec eingekocht, eingegossen, genau zugemacht und kalt gestellt. Nach einigen Tagen wird sie wie die Feldhühner-Pastete servirt.

1405. Kalte Kapaunen-Pastete mit Trüffeln. Pâté froid de chapons aux truffes.

Zwei schöne, völlig ausgewachsene, junge Kapaunen werden gut gereinigt, ausgebeint, innen mit Speck und Schinkenstreifen, welche gesalzen und gewürzt sind, gespickt, dann gesalzen und zugedeckt. Sodann werden 840 Gramm Schweinefleisch und 420 Gramm Kalbfleisch sehr fein geschnitten und mit eben so viel fein geschnittenem, weißen Speck fein gestoßen; sodann mit einem Kaffeelöffel voll feinen Kräutern, dem nöthigen Salz, einigen fein geschnittenen Schalotten, einem Eßlöffel voll Petersilie, zwei Eßlöffeln voll Trüffeln und eben so viel Champignons, zuvor alles in Butter gedünstet, gut verarbeitet, einige Löffel voll sauce suprême dazu melirt und mit dem vierten Theil derselben nebst in Scheiben geschnittenen Trüffeln die Kapaunen gefüllt. Dann wird die Haut zusammengenommen, rund ballonartig dressirt und mit der Messerspitze durchstochen. Eine Pastetenreif-Form wird stark mit frischer, klarer Butter ausgestrichen, diese auf ein rundes Tortenblech über bestrichenes Papier gestellt und mit Pastetenteig fingerdick ausgefüttert, dann innen mit Speckscheiben belegt und mit einem Theil der Farce ausgestrichen. Die Kapaunen werden nun gesalzen, einer davon in die Pastete gelegt, mit Farce bestrichen, mit in Stücke geschnittenen, frischen Trüffeln bestreut, dann kömmt der zweite Kapaun, Farce und Trüffeln und zuletzt der Rest Farce; über diese kommen zwei Lorbeerblätter und Speckscheiben. Auch diese Pastete wird wie die vorhergehenden genau geschlossen, bestrichen, schön mit Teig belegt, garnirt und zwei Stunden lichtbraun gebacken; wenn sie aus dem Ofen kömmt, wird eine Obertasse voll Geflügel-Essenz mit Madeira-Sec bereitet, eingegossen und nach zwei Tagen servirt.

1406. Kalte Indian-Pastete mit Trüffeln. Pâté froid de dindon aux truffes.

Hierzu wird ein junger Indian genommen, von welchem aber nur die Brüste in die Pastete gelegt werden; diese müssen ebenfalls mit Speck und

Schinkenstreifen, welche gewürzt und gesalzen sind, durchspickt sein. Die Schlegel des Indians werden zur Farce bereitet, welche ebenso wie die vorhergehende bereitet wird. Die weitere Vollenduug schließt sich ganz der Kapaunen=Pastete an.

1407. Kalte Hühner-Pastete. Pâté froid de poulets.

Auch diese schließt sich in ihrer Bereitung der Kapaunen=Pastete an, nur daß hierzu vier völlig ausgewachsene, schöne junge Hühner genommen werden.

1408. Kalte Gänseleber-Terrine auf Straßburger Art. Une terrine de foie d'oie gras de Strassbourg.

Die Straßburger Gänseleber=Pasteten erscheinen als eine große Deli= katesse, sind in ganz Europa bekannt und gesucht und werden noch immer in großer Anzahl nach allen Orten versendet. Ihre Composition ist jedoch kein Geheimniß mehr, indem sie jetzt an allen Höfen Deutschlands größten= theils selbst bereitet werden. Zu einer Pastete werden zwei schöne Gänse= lebern, 1 Kilo 120 Gramm ausgebeintes Schweinsrippenstück, 1 Kilo 400 Gramm Speck, 840 Gramm Trüffeln, das nöthige Salz und trockene Kräuter genommen. Die Gänselebern werden von einander getheilt, die Stelle wo die Galle war, gut herausgelöst und die halben Lebern außen herum leicht abgeschnitten, dann mit dem vierten Theil nagelförmig ge= schnittener Trüffeln durchspickt, gesalzen, mit Pastetenkräutern gewürzt und in einer Terrine zugedeckt bei Seite gestellt. Das rein aus Haut und Sehnen gelöste Schweinefleisch und der Speck wird jedes für sich sehr fein geschnitten, dann zusammen recht fein gestoßen. Ferner werden zwei Schalotten, sechs Champignons, etwas Petersilie und die Abfälle der rund geschälten Trüffeln sehr fein geschnitten, dann mit etwas rapirtem Speck auf Kohlenfeuer passirt, die Abfälle der Leberabgänge dazu gethan und mit diesem und dem nöthigen Salz nebst einem Kaffeelöffel voll feinen Kräutern nochmals gut gestoßen, dann durch ein Sieb passirt, in eine Schüssel gethan und etwas fein geschnittener, gekochter Schinken und zwei Eßlöffel voll Rum darunter gemengt. Eine gehörig große Pasteten=Terrine wird mit dünnen Speckscheiben ausgelegt, dann am Boden fingerdick mit Farce belegt, über diese kommt eine Leber, das heißt zwei halbe, darüber ein Theil der rundgeschälten Trüffeln und wieder etwas Farce; dann werden die anderen zwei Hälften der Lebern eingelegt, mit Farce über= strichen, dann kommen wieder Trüffeln mit Farce überstrichen. Ueber das Ganze werden Speckscheiben gelegt, der Deckel darüber gethan, die Terrine in ein etwas tiefes Geschirr gestellt und zwei und eine halbe Stunde in einem schwach heißen Ofen sehr langsam gebacken und nach einer Stunde das ausgelaufene Fett der Lebern wieder darüber gegossen. Nach Verlauf dieser Zeit wird sie aus dem Ofen genommen, der Speck abgelöst, etwas mit Glace eingekochter Madeira=Wein eingegossen, der Speck wieder darüber gelegt und zugedeckt kalt gestellt. Das ausgelaufene Fett wird geseiht, dann über die Terrine gegossen und bis zum andern Tage kalt gestellt. Am andern Tage übergießt man sie ganz mit frisch ausgelassenem Schweinefett, über dieses wird, wenn es gestockt ist, ein rund geschnittenes, feines Papier gelegt und zuletzt der Deckel, welcher außenherum, wenn die Terrine gut gereinigt ist, mit Staniol geschlossen wird. Auf diese Weise kann sie an einem kalten trockenen Orte mehrere Monate gut aufbewahrt werden. Beim Serviren wird der Deckel abgenommen, das Fett mit einem einfachen Blechlöffel etwas von der Farce abgelöst, mit einem Löffel in Portionen ausgestochen und recht kalt servirt.

1409. Feldhühner-Terrine mit Gänseleber und Trüffeln.
Terrine de Nérac.

Vier junge schöne Feldhühner werden ganz ausgebeint, dann gesalzen und gewürzt. 560 Gramm frische Trüffeln werden rein geschält, rondirt und diese Parure nebst Schalotten, Petersilie und Champignons sehr fein geschnitten und mit geschabtem Speck geröstet. Eine Gänseleber wird schön parirt, in große Stücke geschnitten und mit Salz und Kräutern bestreut. Dann wird von 840 Gramm Schweinefleisch, eben so viel Speck, den Abfällen der Gänselebern, den fein geschnittenen Kräutern nebst Salz und einem Kaffeelöffel voll fines herbes en poudre eine sehr feine Farce bereitet, welche durchpassirt werden muß. Die Feldhühner werden über ein Tuch gebreitet, mit der Farce fingerdick überstrichen und mit den Gänselebern belegt, dann die Haut zusammengenommen und breit rund dressirt. Sie werden mit der Farce und den Trüffeln wie die Gänseleber-Terrine eingerichtet, mit Speck überdeckt, gebacken und ebenso beendet. Auf gleiche Weise können auch Fasanen und Haselhühner genommen werden.

1410. Kalte Hasen-Pastete. Pâté froid de levrauts aux truffes.

Zwei junge Hasen werden rein gewaschen, der Rücken ganz ausgebeint, innen mit Speck und Schinken, in Streifen geschnitten, gespickt, dann gesalzen und gewürzt. Das rein aus Haut und Sehnen gelöste Fleisch der Schlegel, Läufe und Leber wird sehr fein geschnitten, dann gewogen und auf 560 Gramm desselben 840 Gramm fein geschnittener weißer Speck und 280 Gramm gekochter und fein geschnittener Schinken genommen, welches zusammen mit drei Eßlöffeln voll feinen in Speck passirten Kräutern, einem Kaffeelöffel voll fines herbes en poudre, dem Gelben von drei rohen Eiern und vier Eßlöffeln voll sauce espagnole im Mörser recht fein gestoßen, gehörig gesalzen und durchpassirt wird. Eine Pastetenreifform wird mit klarer, kalter Butter gut ausgestrichen, dann mit mürbem Pastetenteig gut ausgefüttert und mit Farce ausgestrichen. Die Hasenrücken werden über ein Tuch ausgebreitet, dann mit einem Theil der Farce überstrichen, mit in Scheiben geschnittenen Trüffeln überlegt, diese in die Farce gedrückt, die Hasenrücken zusammengerollt und in zweifingerbreite Stücke geschnitten. Sie werden in zwei Lagen mit der Farce und dem Reste der Trüffeln eingerichtet, dann mit Farce überdeckt, zwei Lorbeerblätter darauf gelegt und mit Speckscheiben überdeckt. Man beendet und bäckt diese Pastete den vorhergehenden gleich, gießt, wenn sie aus dem Ofen kömmt, einige Eßlöffel voll Hasen-Essenz, mit Madeira-Sec eingekocht, hinein, macht die Oeffnung gut mit Teig zu und stellt sie an einen kalten trockenen Ort.

1411. Kalte Schinken-Pastete zum Aufschneiden. Pâté froid de jambon de Westphalie.

Ein guter westphälischer Schinken wird einen Tag ins Wasser gelegt, dann den andern Tag in einer Marinade mit rothem Wein gehörig weich gekocht und kalt gestellt. Der untere Theil eines Kalbschlegels, noix de veau, wird enthäutet, mit Speck und Schinkenfaden durchspickt und dann in einer Braise mit Madeira-Wein weich gedünstet. Der kalte Schinken wird rein zuparirt und die Abfälle würfelig geschnitten. Dann werden 1 Kilo 120 Gramm frisches Schweinefleisch, 560 Gramm Kalbfleisch rein aus Haut und Sehnen gelöst und recht fein geschnitten, ebenso werden 1 Kilo 680 Gramm Speck, wozu der abgeschnittene Speck von dem Schinken mit beigenommen wird, recht fein geschnitten und mit dem Fleisch im Mörser fein gestoßen. Ferner werden einige Schalotten fein geschnitten, blanchirt, abgeseiht und in einem Tuche fest ausgedrückt, dann mit einem Eßlöffel voll fein geschnittener Petersilie, zwei Eßlöffeln voll Champignons und eben so viel fein geschnittenen Trüffeln in rapirtem Speck geröstet und nebst dem nöthigen Salz, einem Kaffeelöffel voll dürren Kräutern, zwei ganzen Eiern und einem Ragoutlöffel voll sauce suprême zu dem Fleische gethan und nochmals mit demselben gut verarbeitet, dann wird die Farce herausgenommen und durchpassirt. Unterdessen wird von mürbem Pastetenteig ein zweimesserrückendicker, 50 Centimeter langer und 30 Centi-meter breiter Teigboden ausgewalzt, der über zwei mit Butter bestrichene starke Papierbogen gelegt wird; über diesem wird in die Mitte der Länge nach und dreifingerbreit vom Rande fingerdick von der Farce aufgestrichen, über welche gleich lang geschnittene Stücke von dem Schinken und der Kalbsnuß gelegt werden. Darüber werden die würfelig geschnittenen Schinkenstückchen und eben so viel Trüffeln gestreut und das Fleisch mit dem Rest der Farce gleichmäßig und glatt überstrichen und das Ganze mit Speckscheiben überlegt. Es wird ein zweites, gleich großes Stück von dem Teig ausgewalzt und über das Rollholz aufgerollt. Der vorstehende Teigrand wird aufgeschlagen, an den Speck genau angedrückt und nachdem der Teig von außen gut mit Ei bestrichen wurde, wird der Teig von dem Rollholz darüber abgerollt, von allen Seiten leicht angedrückt und von allen Seiten mit Ei bestrichen. Ueber diesen wird eine messerrückendicke Teigplatte von Butterteig gelegt, diese mit einem kleinen scharfen Messer zierlich eingeschnitten, dann nochmals mit Ei bestrichen und in die Mitte eine Oeffnung ausgestochen, um welche ein Kamin aufgesetzt wird. Diese Pastete wird sodann über ein Backblech gezogen, und bei mittlerer Ofen= hitze zwei Stunden langsam schön gebacken, dann wenn sie aus dem Ofen kömmt, wird sie mit Teig zugemacht und kalt gestellt. Die Essenz von dem Schinken, wie jene von der Kalbsnuß wird aufgekocht, durchgeseiht, sehr rein entfettet, eingekocht, mit fester Fleischsulz untermengt und klari= fizirt, dann des andern Tags dickfließend in die Pastete gegossen. Beim Gebrauche werden von derselben die nöthigen Stücke aufgeschnitten, diese wieder zusammengeschoben und über eine zusammengelegte Serviette auf einer langen Schüssel angerichtet.

Auf dieselbe Weise werden die Hasen= und Reh=Pasteten zubereitet, nur daß zur Farce Hasen= und Rehfleisch genommen werden muß.

1412. Kalte Lachs-Pastete. Pâté froid de saumon maigre.

Ein Stück Lachs von 1 Kilo 680 Gramm bis 2 Kilo 240 Gramm wird gereinigt, gewaschen, das Fleisch schön ganz aus Haut und Gräten gelöst und hiervon schöne Tranchen geschnitten, welche mit Sardellenfilets durch= zogen, mit frischer Butter und fines herbes, die aus Schalotten, Petersilie und Champignons bestehen, über dem Feuer steif gemacht werden. Unterdessen wird von 1 Kilo 120 Gramm Hechtenfleisch, Semmelpanade, 280 Gramm Krebs= und 560 Gramm frischer Butter, drei Eßlöffeln voll Sardellenbutter und vier Eßlöffeln voll fines herbes mit zwei ganzen und dem Gelben von vier Eiern eine Farce bereitet, welche gehörig gesalzen und durch ein Sieb passirt wird. Eine Pastetenreifform wird gut mit geklärter, kalter Butter ausgestrichen, mit mürbem Pastetenteig ausgefüttert, mit Farce ausgestrichen, dann ein Theil der Fischstücke eingelegt, über diese in Scheiben geschnittene Trüffeln gestreut, dann wieder Farce, dann die zweite Hälfte der Fischstücke,

dann Trüffeln und zuletzt Farce, über welche zwei Lorbeerblätter gelegt und
noch ein Stück Butter in kleinen Stücken gegeben wird.   Sie wird ganz
wie die vorhergehenden zugemacht, oben schön geziert, mit Ei angestrichen
und zwei Stunden langsam in schönster lichtbrauner Farbe gebacken. Wenn
sie aus dem Ofen kömmt, wird eine gute Fischmarinade mit Wein gekocht,
eingegossen.   Auf dieselbe Art können alle Pasteten von großen See= oder
Süßwasserfischen bereitet werden.

---

69. Abschnitt.

Von dem Gemüse.   Des légumes.

Viele Gattungen von Erzeugnissen des Pflanzenreichs sind geeignet,
in frischem oder getrocknetem Zustande in der Kochkunst bereitet zu werden
und sind im Allgemeinen mit dem Namen Gemüse bezeichnet.   Sie bilden
einen so wesentlichen Theil der Nahrungsmittel, daß nicht allein der an=
gehende junge Koch, sondern auch jede Hausfrau und sogar die bürgerliche
Köchin die Wichtigkeit und richtige Zubereitung der verschiedenen Gemüse=
arten kennen und auch in ökonomischer Hinsicht zu behandeln verstehen

soll. In der deutschen Küche erscheint das Gemüse als eine selbstständige Schüssel und zwar gleich nach dem Ochsenfleisch. Diese Art zu serviren ist jedoch nach französischer Sitte nicht die richtige, indem dort die Gemüse mehr als eine Garnitur oder als eigentliche Beilage zu den verschiedensten Fleischgerichten erscheinen, daher die deutsche Manier bei jeder Tafel, die nur einigermaßen auf guten Geschmack Anspruch machen will, nicht angenommen werden dürfte. Als selbstständige Schüssel erscheint jedoch das Gemüse sowohl in Frankreich wie bei jeder guten Tafel gleich nach dem Braten als erstes Entremet, wo es aber nur aus den ersten und feinsten Erzeugnissen besteht, gleichsam nur um den Gaumen zu kühlen und ihm für den Nachtisch frischen Reiz zu geben. Ebenso muß bemerkt werden, daß alle dürren Gemüse bei einem soignirten Diner zu keiner Jahreszeit zu Tisch gegeben werden dürfen und der Liebhaber sich solche für andere Gelegenheit aufspare. Alle frischen grünen Gemüse müssen in viel und stark kochendem Wasser mit Salz, nicht zugedeckt, abblanchirt werden, dagegen müssen alle trockenen Gemüse gut zugedeckt langsam sieden.

---

69. Abschnitt. 1. Abtheilung.
Vom Kohl. Des choux.

Von diesem gibt es verschiedene Gattungen, z. B. der Weißkohl oder Weißkraut, der rothe oder blaue Kohl, Blaukraut, der Wirsing-, Mailänder- oder Savoyerkohl, dann der blaue und grüne Winterkohl, der Rosenkohl oder Broccoli auch Brüsseler Kohl genannt, ferner der Blumenkohl, der italienische Broccoli und endlich die knollenartigen Kohlarten, nämlich die Kohlrüben, die unter der Erde und die Kohlraben, die über der Erde wachsen.

1413. Gedämpftes Weißkraut auf französische Art. Choux blancs braisés à la Française.

Man wähle hierzu die beste Gattung, besonders aber sehe man darauf, daß derselbe aus einem guten Boden kommt, wo solcher besser gedeiht und wohlschmeckender wird. Drei bis vier Stück Kohlköpfe werden von ihren äußern groben Blättern befreit, jeder derselben in vier gleiche Theile getheilt, rein gewaschen und in kochendem, leicht gesalzenem Wasser zehn Minuten blanchirt; dann werden sie mit einem Schaumlöffel ins kalte Wasser gelegt und, wenn sie kalt sind, gut ausgedrückt. Die mittleren, starken Rippen werden abgeschnitten und jedes Stück mit dünnem Bindfaden einmal gebunden. Hierauf wird eine flache Casserolle mit Speckscheiben belegt, über diese kommen die Weißkohlstücke, welche leicht gesalzen, mit einem Stück rohen Schinken belegt, wieder mit Speckscheiben überdeckt und mit einem Schöpflöffel voll Rind- oder Kalbfleischjüs übergossen, einer mit Butter bestrichenen runden Papierscheibe überlegt, fest zugedeckt und so auf Kohlenfeuer oder auch in einer Bratröhre langsam gedünstet werden, wobei man aber Acht habe, daß sie nicht anbrennen und man von Zeit zu Zeit, bis sich die Rippen zwischen den Fingern leicht zerdrücken lassen, immer etwas Bouillon nachgieße. Beim Anrichten werden die Weiß=kohlstücke zum Entfetten auf ein Tuch gelegt, der Bindfaden abgenommen und dieselben nach französischer Sitte als Garnitur um ein gedünstetes Ochsenfleisch=Tafelstück oder auch um einen gedünsteten Hammelschlegel ge=ordnet und nachdem sie nochmals schön glacirt sind, zur Tafel gegeben.

1414. Eine Bombe von Weißkraut. Une bombe de choux blancs.

Zwei schöne große Weißkrautköpfe werden halbirt, die rauhen Blätter wie auch der Strunk abgeschnitten, rein gewaschen, zehn Minuten blanchirt, dann mit Wasser abgekühlt, ausgedrückt und mit guter Fleischbrühe, dem nöthigen Salz und einem Stück rohen, fetten Schinken dreiviertel weich gekocht. Dieser Kohl wird auf ein reines Tuch gelegt, eine bombenartige halbrunde, kupferne Form wird mit Speckscheiben ausgelegt, dann mit den von ihren Rippen befreiten Kohlblättern halbfingerdick ausgefüttert, fest aneinander gedrückt, über diese Kalbfleisch=Farce gestrichen, dann kommen nochmals Kohlblätter und über diese wieder Farce. Unterdessen hat man von drei Feldhühnern, einem Fasan oder zwei Wildenten ein recht kräftiges, dickes Salmi bereitet, welches man in den leeren Raum in der Art ein=füllt, daß die Bruststückchen nach unten und über diese die Schlegel kommen. Das Ganze wird mit Kohlblättern überdeckt, mit Farce überstrichen und eine Stunde vor dem Anrichten au bain-marie gekocht. Beim Anrichten wird die Form ausgehoben, abgetrocknet, in eine Entrée=Schüssel gestürzt, eine Minute stehen gelassen, dann abgehoben, der Speck wie alles Fett rein abgenommen, schön mit Glace überstrichen und nachdem sie unten herum noch mit kleinen Speckstücken und kleinen gebratenen Regensburger Bratwürstchen schön garnirt ist, sogleich zu Tisch gegeben.

1415. Gedünstetes Weißkraut auf spanische Art. Choux blancs à l'Espagnole.

Zwei schöne feste Köpfe Weißkraut werden fein geschnitten, rein ge=waschen, dann blanchirt und abgegossen. Nach diesem läßt man ein Stück frische Butter heiß werden, gibt den Kohl dazu und läßt ihn langsam dünsten. Zu gleicher Zeit wird eine gelbe Rübe, eine große Zwiebel, Petersilie, ein wenig Thymian, ein Stückchen Lorbeerblatt und die Hälfte einer Zehe Knoblauch, alles fein geschnitten, in eine Casserolle gethan, mit Consommé und einem Glas Madeira begossen und zusammen eine Stunde gedünstet. Dies wird sodann gut durchgepreßt, zu dem Kohl ge=gossen und zusammen, bis derselbe ganz weich und glacirt ist, langsam gedünstet. Kurz vor dem Anrichten wird die Butter abgeseiht, erhaben angerichtet, mit gedünsteten, schön glacirten Kastanien und kleinen Brat=würstchen garnirt und über den Kohl etwas gute, mit Madeira=Wein bereitete spanische Sauce, sauce espagnole, gegossen.

1416. Gefüllte Weißkraut-Rouletten. Roulettes de choux blancs farcies.

Drei Weißkohlköpfe werden nach Nr. 1414 gekocht und über ein Tuch zum Entfetten gelegt. Sodann bereitet man eine gute Kalbfleisch=Farce, unter welche man kleinwürfelig geschnittene Ochsenzunge melirt. Die Kohlblätter werden dann von den Rippen befreit und über eine ge=nähte Serviette messerrückendick zu einer Platte aufgebreitet, welche mit der Farce überstrichen, dann aufgerollt und zu fingerlangen Stücken ge=schnitten werden. Dann bestreicht man die nöthige Anzahl in vier gleiche Theile geschnittene Papierbogen (weißes Schreibpapier), rollt in jedes eine solche Roulette ein, macht sie unten und oben gut zu und überbindet sie mit Faden kreuzweise. Wenn das nöthige Quantum der Rouletten so beendet ist, werden sie aneinander in eine passende, flache Casserolle ge=ordnet, mit guter, fetter Rindfleisch=Braise übergossen, gesalzen und gut zugedeckt vollends weich gedünstet. Beim Anrichten werden sie ausgehoben, rein entfettet, das Papier abgelöst, die Rouletten erhaben in einer Entrée=Schüssel angerichtet, mit einer recht gut bereiteten sauce espagnole über=gossen und untenherum mit kleinen, gekochten Schinkenstückchen bekränzt.

1417. Gedünstetes Weißkraut auf bürgerliche Art. Choux blancs à la bourgeoise.

Zwei Weißkrautköpfe werden halbirt, die Blätter ab= und aus diesen die Rippen gelöst, dann aufeinandergelegt, zusammengerollt und fein, den Nudeln gleich, geschnitten und rein gewaschen. Sodann wird ein Eßlöffel voll fein geschnittene Zwiebeln mit einem Stück Butter oder gutem Suppen=fett gelb geröstet, das Kraut dazu gethan, gesalzen, etwas Fleischbrühe dar=über gegossen, mit etwas Kümmel gewürzt und so langsam weich und kurz gedünstet. Kurz vor dem Anrichten wird ein Eßlöffel voll Mehl darüber gestäubt, unter das Kraut gerührt, etwas Bouillon dazu gegossen, noch einige Minuten gedünstet, sodann erhaben in eine Gemüseschüssel angerichtet und mit Schweins= oder Kalbs=Coteletten, mit Brat= oder Blutwürsten garnirt.

1418. Weißkraut auf bürgerliche andere Art. Choux blancs à la bourgeoise.

Das von den Rippen befreite, fein geschnittene und gewaschene Weiß=kraut wird mit fein geschnittenem Speck und Zwiebeln, welche zuvor gelb geröstet wurden, nebst einer Obertasse gutem Essig, dem nöthigen Salz und einem Stückchen Zucker recht weich gedünstet, wobei man von Zeit zu Zeit immer etwas Bouillon nachgießt. Kurz vor dem Anrichten wird es leicht mit Mehl bestäubt, etwas gute Bratenjüs dazu gegossen und noch einige Minuten gedünstet. Es wird erhaben angerichtet, mit weich gedünsteten Hammelsrippen oder auch mit dergleichen Schweinsrippen be=kränzt und heiß zu Tisch gegeben. Der Fond von dem bezeichneten Fleische wird rein entfettet, kurz gekocht und über die Rippen gegossen.

1419. Sauerkraut auf deutsche Art. Choucroûte à l'Allemande.

Man schneidet eine große spanische Zwiebel recht fein, röstet sie mit gutem Braten- oder Suppenfett lichtgelb, gibt das nöthige, rein durchge=suchte, gute Sauerkraut wie auch zwei abgeschälte, in Scheibchen geschnittene Aepfel dazu, gießt ein Glas weißen Wein und einen Schöpflöffel voll Rindfleisch=Braise darüber und dünstet dieses mehrere Stunden lang lang=sam auf Kohlenfeuer. Wenn das Kraut weich und kurz ist, wird es leicht mit Mehl überstäubt, noch etwas guter Fond dazu gegossen und eine Viertelstunde gedünstet. Es wird erhaben in einer Gemüseschale angerichtet und mit gebratenen Schweinsrippen, mit Bratwürsten oder auch mit ge=räuchertem, gekochten Schweinfleisch bekränzt, heiß zur Tafel gegeben.

1420. Sauerkraut auf fränkische Art. Choucroûte à la Franconienne.

Zu dem gut bereiteten, recht weich und kurz gedünsteten Sauerkraut wird ein Erbsen=Püree extra beigegeben. Das Sauerkraut selbst wird mit geräucherter, gekochter, in schöne Stücke geschnittener Schweinsbrust und schweinernen Bratwürsten bekränzt.

1421. Sauerkraut auf bayerische Art. Choucroûte à la Bavaroise.

Frisches Schweinfleisch, sei es vom Rippenstück, vom Bug oder Schlegel, wird in dem Sauerkraut, aber nicht zu weich, gedünstet und mit diesem angerichtet. Kartoffelschnitzchen, in gesalzener Fleischbrühe weich gekocht und mit Zwiebeln oder geröstetem Brode aufgeschmalzen, werden diesem, extra angerichtet, beigegeben.

1422. Sauerkraut nach Wrede. Choucroûte à la Wrede.

Das Sauerkraut wird mit gutem weißen Wein und Rindfleisch=Braise recht weich und kurz gedünstet und ein tête de veau en tortue, kurz in Sauce gehalten, extra angerichtet und dem Sauerkraut beigegeben (siehe Abschn. 10, Kalbskopf à la tortue).

1423. Sauerkraut auf Flamänder Art. Choucroûte à la Flamande.

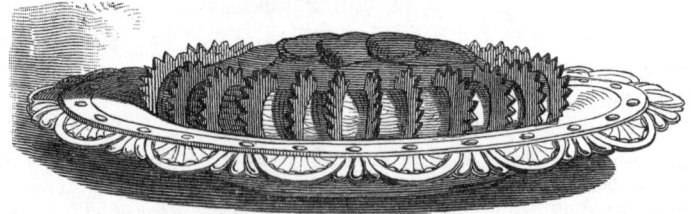

Das mit Madeira=Wein und gutem Fond recht kurz und weich ge=dünstete Sauerkraut wird in einer platten moule en bordure, welche drei Finger hoch ist, fest eingedrückt, in eine Entrée=Schüssel gestürzt, die Form

nach einer Minute abgehoben und in die Mitte ein kurz in Sauce ge=
haltenes Schnepfen=, Fasanen= oder Feldhühner=Salmi erhaben angerichtet.
Außen herum werden aus weißem Mundbrode geschnittene und in Krebs=
butter schwach geröstete Hahnenkämme aufrechtstehend um das Sauerkraut
turbanähnlich aufgestellt.

1424. Sauerkraut im Ofen. Choucroûte à la Dufour.

Man bereitet von gekochtem Kalbskopf, gebratenen Feldhühnern oder
Fasan, Champignons, geräucherter Ochsenzunge mit einer dick mit Madeira=
Wein und Glace eingekochten sauce espagnole ein recht gutes, dickes
Klein=Ragout, welches warm gestellt wird. Das Sauerkraut wird wie
das vorhergehende gedünstet, eine Silber=Casserolle mit dem dritten Theil
eingefüllt, darüber kömmt das Klein=Ragout und über dieses wieder finger=
dick Sauerkraut, so zwar, daß das Ragout gänzlich eingehüllt ist. Darüber
wird die abgeriebene Rinde von frischem Mundbrode gestreut, mit zer=
lassener, frischer Butter beträufelt, auf ein Blech gestellt und im Ofen
langsam gebacken. Beim Anrichten wird die Casserolle rein abgewischt,
über eine zusammengelegte Serviette auf eine Schüssel gestellt und sogleich
zu Tisch gegeben.

1425. Hechtenkraut. Choucroûte au four aux filets de brochet.

Das rein durchsuchte, nicht zu saure Kraut wird mit guter Fleischbrühe,
gerösteten Zwiebeln und etwas guter Braise gut weich und besonders aber
ohne alle Flüssigkeit eingedünstet. Unterdessen werden sechsunddreißig Krebse
abgekocht, die Schweifchen ausgebrochen und zugedeckt und von den Schalen
mit 420 Gramm Butter eine hochrothe Krebsbutter bereitet. Ferner
werden aus einem 1 Kilo 680 Gramm wiegenden Hechte die Filets aus=
gelöst, in Stücke geschnitten, gesalzen, panirt, aus dem Schmalz gebacken,
dann klein aus den Gräten gezupft und ebenso zugedeckt kalt gestellt. Von
zwei Theilen der Krebsbutter wird mit drei Eßlöffeln voll Mehl und
$2^{1}/_{10}$ Liter süßem Rahm ein dickes Krebs=Beschamel angekocht, welches
durch ein Haartuch gepreßt wird. Unterdessen wird das Kraut kurz und
weich gedünstet sein, welches mit der nöthigen Krebs=Beschamel untermengt
und in genaue Verbindung gebracht wird. Von diesem Kraut wird zwei=
fingerhoch in eine silberne Casserolle oder porzellanene Gemüseschüssel ge=
füllt, darüber ein Theil der Hechtenfilets gestreut, dann kömmt wieder
fingerdick Kraut, dann Hechtenfilet und zuletzt Kraut. Ueber das Ganze
wird geriebenes Brod gestreut, dann mit zerlassener Krebsbutter beträu=
felt und eine Viertelstunde im Ofen gratinirt und sogleich angerichtet.

1426. Fasan mit Sauerkraut. Choucroûte au faisan.

Das Sauerkraut wird, jenem à la Wrede gleich, gedünstet. Der
Fasan wird am Spieß in seinem vollsten Safte gebraten, schön nach der
Regel verschnitten oder auch in seinem schönen Ansehen und guten Geruch
ganz über das Sauerkraut gelegt. Ich habe sehr oft gesehen, daß Viele

den Fasan halb am Spieß braten und in dem Kraut vollends weich dünsten. Allein der Fasan verliert dadurch einen großen Theil seines Ansehens und seiner Güte, das Kraut dagegen gewinnt an Aroma.

---

69. Abschnitt. 2. Abtheilung.
Vom Roth- oder Blaukraut, Rothkohl. Des choux rouges.

Die Zeit des Blaukrautes fängt im Herbste an und dauert den ganzen Winter hindurch bis zum Frühjahr, das heißt, wenn dasselbe gut behandelt, gut eingekellert und öfters abgeblättert wird. Es ist ebenso wie der Weiß=kohlkopf geformt, nur unterscheidet es sich durch seine bald hellrothe, dann blaurothe oder violettähnliche Farbe. Viele ziehen es dem Weißkraut vor.

1427. Gedämpftes Blaukraut. Choux rouges étouffés.

Einige Köpfe Blaukraut werden von ihren äußeren rauhen Blättern getrennt, dann halbirt, fein geschnitten oder gehobelt. Dann wird ein Stück weißer Speck sehr fein geschnitten, in eine Casserolle gethan und mit zwei Eßlöffeln voll fein geschnittenen Zwiebeln gelb geröstet, das schnell ge=waschene Kraut hineingethan, dann ein Glas guter Weinessig, das nöthige Salz, ein Stück Zucker und ein Glas Burgunder=Wein beigegeben, mit zwei abgeschälten, blätterig geschnittenen Aepfeln untermengt und so auf Kohlenfeuer bei öfterem Umrühren langsam weich gedünstet. Kurz vor dem Anrichten wird es leicht gestäubt, noch einige Minuten gedünstet, erhaben angerichtet und mit auf dem Rost gebratenen Schweins=Coteletten oder auch mit gebratenen Hasenstückchen, Speckstückchen, mit gebratenen Bratwürsten, mit Hammels= und Kalbs=Coteletten u. dgl. mehr bekränzt, zu Tisch gegeben.

1428. Rothkraut à la Valencienne. Choux rouges à la Valencienne.

Man schneidet 560 Gramm geräuchertes, schweinernes Brustfleisch roh in kleine Würfel, röstet dies mit etwas ganz fein geschnittenem frischen

Schweinefett, bis das Fleisch sich leicht gefärbt hat. Dazu gibt man zwei Köpfe recht fein geschnittenes Rothkraut nebst etwas Salz, Pfeffer und Muskatnuß, näßt dieses mit einem Glas Bouillon und zwei kleinen Gläschen Kirschwasser, belegt es mit sechs Stück geschälten und feinblätterig geschnittenen Reinette-Aepfeln und läßt das Ganze zwei Stunden langsam über Kohlenfeuer dünsten, wobei man öfters nachsehen muß, daß das Kraut nicht anliegt, es darf aber auch nicht umgerührt werden, damit der Speck stets unten bleibt. Beim Anrichten wird dasselbe leicht durch= gerührt, erhaben angerichtet und mit kleinen Bratwürstchen garnirt.

1429. Blaukraut mit Kastanien. Choux rouges aux marrons.

Dasselbe bereitete Kraut wird lagenweise oder auch im Kranze mit gedünsteten Kastanien angerichtet. Die Bereitung der Kastanien ist in Abschnitt 6 angegeben.

---

69. Abschnitt. 3. Abtheilung.

Vom Wirsingkraut, Wirsingkohl oder Mailänder Kohl, auch Savoyer Kohl genannt. Des choux de Milan.

Dieser gleicht in seiner Form dem Weißkohlkopf, nur sind die Köpfe mit gelben und gelblich grünen, gekrausten Blättern versehen, welche nicht so fest geschlossen sind. Im Geschmack ist derselbe dem Weißkohl vorzuziehen und hat sich in der Küche fast unentbehrlich gemacht.

1430. Wirsingkraut auf bürgerliche Art. Choux de Milan à la bourgeoise.

Von vier Stück schönem, gelben Wirsingkohl werden die äußern, rauhen Blätter abgelöst, die Köpfe werden in der Mitte durchgeschnitten, alle Rippen aus den Blättern genommen, diese weggethan und die Blätter in gesalzenem kochenden Wasser blanchirt, dann mit kaltem Wasser abge= kühlt, ausgedrückt und einigemal durchgeschnitten. Sodann wird ein Eß= löffel voll fein geschnittene Zwiebeln in einer Casserolle mit frischer Butter oder Bratenfett geröstet, der Kohl dazu gethan, mit Salz, etwas wenigem Pfeffer und Muskatnuß gewürzt, mit Fleischbrühe begossen und zugedeckt weich gedünstet. Kurz vor dem Anrichten wird derselbe leicht mit Mehl bestäubt, untermengt, noch einige Minuten gedünstet, dann erhaben ange= richtet und mit Bratwürstchen, gekochtem Schinken, Zunge oder grillirten Coteletten u. d. gl. garnirt.

1431. Ganz gedämpftes Wirsingkraut auf französische Art. Choux de Milan, braisés à la Française.

Unterliegt derselben Bereitung wie das gedünstete Weißkraut.

1432. Wirsingkraut mit jungen Feldhühnern. Choux de Milan
aux perdreaux.

Man schneidet vier Stück schönes Wirsingkraut in der Mitte durch,
löst so gut als möglich den Mittelstengel heraus, wäscht sie sehr sorg=
fältig, daß kein Würmchen zwischen den Blättern bleibt und blanchirt sie
sodann in gesalzenem, kochenden Wasser. Sodann werden sie mit frischem
Wasser abgekühlt, ausgedrückt, in eine Casserolle gelegt, gesalzen, mit
fetter Fleischbrühe begossen und zugedeckt gedünstet. Zu gleicher Zeit
werden vier junge Feldhühner gut gereinigt, dressirt, mit Speck über=
bunden und mit rohem Schinken, einer Zwiebel und einer gelben Rübe
in Scheiben geschnitten, und dem nöthigen Salz gedünstet. Wenn sie
weich sind, werden sie ausgehoben, der Fond geseiht, entfettet und zu dem
Wirsingkraut gethan, mit welchem man dieses kurz eindämpfen läßt. Die
Feldhühner werden dann sauber verschnitten und mit dem gedünsteten
Wirsingkraut abwechselnd in eine Stürzform eingerichtet. Beim An=
richten wird diese in eine Entrée=Schüssel gestürzt, nach einigen Minuten
abgehoben, das Wirsingkraut schön glacirt und zur Tafel gegeben. Eine
gute braune Sauce wird extra mitservirt.

---

69. Abschnitt.   4. Abtheilung.
Vom Carviol, Blumenkohl.   Des choux fleurs.

Von ausgezeichneter Schönheit trifft man diese schöne Kohlart be=
sonders in Italien, dem südlichen Frankreich, aber ganz besonders in
Griechenland, wo sie in großer Anzahl gepflanzt und zu sehr billigen
Preisen verkauft wird. Beim Einkaufe hat man besonders darauf zu
sehen, daß die Blumen recht weiß, dichtgeschlossen und nicht mit grünen
Blättchen durchwachsen sind.

1433. Blumenkohl auf englische Art. Choux fleurs à l'Anglaise.

Sechs Rosen schöner Blumenkohl werden von allen ihren Blättern
befreit, der Stengel etwas abgeschnitten, abgeschabt und ins kalte Wasser
gelegt. Kurz vor dem Anrichten wird derselbe in gesalzenem, kochenden
Wasser mit einem Stück frischer Butter so gekocht, daß die Rosen beim
Herausnehmen nicht zerfallen. Sie werden sodann in eine Entremetschale
erhaben, die Stengel nach innen, daß diese zusammen eine ganze Rose
bilden, angerichtet und eine englische Butter=Sauce extra beigegeben.

1434. Blumenkohl im Ofen. Choux fleurs au gratin.

Sechs Stück Blumenkohl werden den vorhergehenden gleich abgekocht,
auf ein Tuch ausgehoben, einige Minuten in Butter sautirt, dann in eine

silberne oder porzellanene Casserolle eingerichtet, mit frischgeriebenem Par=
mesankäse bestreut, mit heißer sauce béchamel maskirt, dann wieder Käse
darüber. Ueber dieses wird wieder sauce béchamel, unter welche zwei
zu Schnee geschlagene Eiweiß melirt worden sind, überstrichen, mit zer=
lassener Butter begossen, mit geriebener Brodrinde bestreut und zwanzig
Minuten im Backofen gratinirt.

1435. Gebackener Blumenkohl. Choux fleurs à la Villeroy.

Vier schöne Blumenkohl werden in kleine Röschen getheilt, gereinigt,
den vorhergehenden gleich abgekocht, auf ein Tuch zum Abtropfen gelegt,
mit Salz und Muskatnuß gewürzt, dann in eine dick eingekochte, legirte
sauce fricassé getaucht und mit Brod panirt, dann nochmals in abge=
schlagene ganze Eier getaucht und nochmals panirt. Vor dem Anrichten
werden diese Rosen aus heißem Schmalz lichtbraun gebacken, auf ein
Tuch zum Entfetten gelegt, über eine zusammengelegte Serviette auf einer
Schüssel angerichtet und zu Tisch gegeben.

1436. Blumenkohl auf holländische Art. Choux fleurs à la Hollandaise.

Der Blumenkohl wird den vorhergehenden gleich abgekocht, ange=
richtet und mit einer holländischen Sauce übergossen.

1437. Blumenkohl oder italienischer Broccoli. Broccoli à l'Italienne.

Der Broccoli oder Blumenkohl wird dem vorhergehenden gleich ab=
gekocht, auf ein Tuch gelegt, in kleine Röschen getheilt und diese mit
frischer Butter, etwas Salz und Muskatnuß sautirt, dann erhaben an=
gerichtet und mit einer kräftigen sauce espagnole, mit Sardellenbutter,
fines herbes und Citronensaft im Geschmacke gehoben, darüber maskirt.

69. Abschnitt. 5. Abtheilung.

Vom Rosenkohl, auch Brüsseler Kohl genannt. Des jetschoux, ou des choux de Bruxelles.

Je fester die Knospen und je fleischiger die Stengel sind, desto mehr empfielt sich dieser Kohl. Im nördlichen Deutschland findet man ihn sehr mittelmäßig, in Holland hingegen, obgleich Italien und die wärmeren Länder seine Heimath sind, findet man ihn vorzüglich schön und dies ist wohl mit Recht als Folge der Kultur und der Kosten, die man in jenem Lande auf Küchengärten verwendet, anzusehen. Die Röschen werden von den Stengeln abgelöst, von diesen die äußern Blättchen abgenommen, die Röschen rein gewaschen und in gesalzenem, kochenden Wasser einige Minuten, bis sie sich weich anfüllen lassen, blanchirt, dann mit frischem Wasser abgekühlt und zum Abtropfen auf ein Tuch gelegt. Kurz vor dem Anrichten werden sie mit einem Stück sehr frischer Butter, etwas Salz und einer Messerspitze Zucker über dem Feuer geschwungen, dann in einer Entrèe-Schüssel erhaben eingerichtet, etwas Jüs darunter gegossen und mit Bratwürsten, geräucherter, gekochter Ochsenzunge, jeder Art Coteletten oder auch Grenadins u. dgl. bekränzt, zu Tisch gegeben.

1438. Rosenkohl auf spanische Art. Choux de Bruxelles à l'Espagnole.

Nachdem man den Rosenkohl gut gereinigt, gewaschen und abblanchirt hat, läßt man 140 Gramm frische Butter in einem plat à sauter heiß werden, gibt den gut abgetropften Rosenkohl dazu, schwingt denselben, bis er ganz heiß ist, über dem Feuer, würzt ihn mit etwas Salz, Zucker und Muskatnuß, gießt etwas gute sauce espagnole darüber, richtet ihn erhaben an und garnirt denselben mit gedünsteten Kastanien und kleinen Bratwürstchen.

69. Abschnitt. 6. Abtheilung.

Von den Kohlraben. Des choux raves.

Dieses Gewächs ist Kohl und Rübe zugleich und kann sehr gut als beides benützt werden. Sie setzen ihre Knollen gleich über der Erde am Stengel an. Am besten sind die Kohlraben Anfang des Sommers, nämlich wenn ihre Blätter noch grün und zart und die Knollen noch fest und nicht faserig sind.

1439. Gefüllte Kohlraben. Choux-raves farcis.

Achtzehn junge, zarte Kohlraben werden in gleicher Größe recht schön abgeschält, dann zehn Minuten in gesalzenem, kochenden Wasser blanchirt, aus diesem in's kalte Wasser gethan und darin abgekühlt. Sie werden auf ein Tuch gelegt, mit einem Apfelbohrer ausgehöhlt, dann in einem plat à sauter über Speckscheiben eingeordnet und mit folgender Farce gefüllt: Zwei Anrichtlöffel voll Champignons werden fein geschnitten, in Butter passirt und mit $^3/_{10}$ Liter sauce veloutée über dem Feuer dick eingerührt, dann mit dem Gelben von vier Eiern legirt in ein Schüsselchen umgeleert und kalt gerührt. Zu diesem werden einige Löffel voll Geflügel-Farce genau gerührt, in eine Papierdüte gethan und damit die Kohlraben gefüllt. Sie werden dann gesalzen, etwas gute Geflügelbraise darüber gegossen, mit einer mit Butter bestrichenen Papierscheibe gedeckt, in den Ofen gestellt und langsam gar gedünstet. Beim Anrichten werden sie zum Entfetten auf ein Tuch gelegt, erhaben angerichtet, schön glacirt und eine dünnfließende, kräftige Sauce darüber gegossen.

1440. Kohlraben auf bürgerliche Art. Choux-raves à la bourgeoise.

Zwölf schöne, zarte Kohlraben werden abgeschält, in Scheibchen geschnitten, mit den ebenfalls nudelartig geschnittenen, grünen zarten Blättern rein gewaschen und blanchirt. Sodann wird ein Eßlöffel voll fein geschnittene Zwiebeln in guter, frischer Butter geröstet, die Kohlraben mit den grünen Blättern dazu gethan, mit dem nöthigen Salz und etwas Muskatnuß gewürzt, einige Löffel voll gute Fleischbrühe darüber gegossen, zugedeckt und langsam weich und kurz gedünstet. Vor dem Anrichten wird eine Obertasse voll weiße Sauce und etwas Fond von Kalbfleisch dazu gethan, nochmals aufgekocht, dann das allenfalls aufsteigende Fett abgenommen, angerichtet und mit gut bereiteten Kalbs-Coteletten, gekochten Zungen- oder Schinkenstücken, Tendrons von Kalb- oder Hammelfleisch oder auch gebackener Kalbsleber im Kranze angerichtet.

69. Abschnitt.   7. Abtheilung.

Vom baumartigen Blattkohl, auch Palmkohl genannt.
Des choux de palmiste.

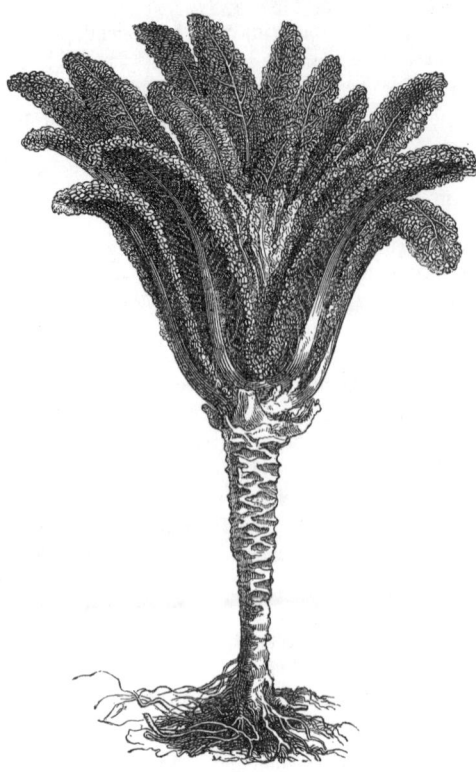

Diese sehr gute Kohl=
art wird gegen 90 Centi=
meter hoch, hat aufrecht=
rechtstehende, dunkle, lauch=
grüne Blätter mit starken
Rippen und die Bauart
der Blätter hat Aehnlich=
keit mit dem Palmbaume.
Bei uns werden sie nur
in Gärten kultivirt, in
Frankreich, besonders aber
in der Umgegend von
Flandern hingegen wird
diese Pflanze auf freiem
Felde gebaut.

Sie wird ganz dem
Kohlkraut gleich bereitet
und ist diesem, so lange
die Blätter noch nicht zu
stark sind, an Zartheit
vorzuziehen.   Hammels=
Coteletten mit gedünsteten
Kastanien können mit gu=
tem Erfolge dazu gegeben
werden.

---

69. Abschnitt.   8. Abtheilung.

Vom Braunkohl oder Kohlkraut.   Des choux frisés.

Unter den verschiedenen Arten dieses Kohls ist der Zwergkohl oder der
niedrig wachsende der feinste, weil sich derselbe am schnellsten weich kocht
und den wenigsten Abfall hat.   Beim Einkauf hat man darauf zu sehen,
daß sein Blatt kraus, klein und dick ist und keine Spur vom Raupenfraße
hat.   Eine zweite Art dieses Kohls, welche der erstern an Güte gleich

kömmt, ist der grüne Kohl; er erträgt keinen strengen Frost und ist über=
haupt sehr empfindlich gegen Kälte.

Die Bereitung des Braunkohls ist folgende: Das Kohlkraut wird
von seinen Rippen abgestreift, mit vielem Wasser mehrmals rein gewaschen,
dann in vielem und gesalzenen Wasser abgekocht und wenn es zwischen den
Fingern sich weich zerdrücken läßt, wird es abgeseiht, mit kaltem Wasser
abgekühlt, ausgedrückt und sehr fein geschnitten. Sodann wird ein Eß=
löffel voll fein geschnittene Zwiebeln mit einem Stück Butter gelb geröstet,
dann kommt das Kohlkraut dazu und wird nebst Salz und wenig ge=
riebener Muskatnuß gut abgeröstet; hierauf wird ein Eßlöffel voll Mehl
darüber gestäubt, gut verrührt und mit kräftiger Fleischbrühe und etwas
Kalbs=Fond angerührt, zugedeckt und auf Kohlenfeuer noch eine halbe
Stunde langsam gekocht. Beim Anrichten wird dasselbe gehörig gesalzen,
erhaben angerichtet und mit Schweins=, Kalbs= oder Hammels=Coteletten
garnirt; in die Mitte werden gedünstete Kastanien schön ganz gelegt.

69. Abschnitt. 9. Abtheilung.

Vom Chinesischen Kohl. Des choux Pit-sai, ou Pe-Tsaie.

Diese noch wenig gekannte, vor=
treffliche Gemüsepflanze, unter obigem
Namen bekannt, kam aus dem mitter=
nächtlichen China, wo dieselbe zwischen
dem 35—40. Grade nördlicher Breite
wild wächst, nach Europa. In ihrem
Vaterlande erreicht dieselbe, wenn sie
völlig ausgewachsen ist, eine Höhe gegen
60 Centimeter und wiegt gegen 7 Kilo;
die schönsten und besten kommen aus
der Provinz Nyan=Sun. Dieselbe wird
jedoch seit vielen Jahren auch in Deutsch=
land gezogen und in den königlichen
Gemüse=Gärten zu München und Nym=
phenburg wird dieselbe auf die beste
Weise cultivirt.

In ihrer Bereitungsart schließt sich
diese zarte Pflanze ganz dem Chikoree
an, nur ist dieselbe noch zarter und
feiner im Geschmacke.

69. Abschnitt. 10. Abtheilung.

Vom Spinat. Des épinards.

Diese Pflanze gehört zu denjenigen, welche man den ganzen Sommer hindurch haben kann; es gibt zwei Arten, die eine mit langen, zugespitzten, und die andere mit länglich eirunden, etwas breiten, dicken Blättern; die zweite Art ist die bessere. So lange der Spinat noch ganz jung ist, kann man ihn füglich als feines Gemüse für Entremets serviren; ebenso gehört er zu den Pflanzen, worauf sich schwächliche Personen, welchen die schwer zu verdauende Winterkost nicht gedeihlich ist, zu freuen pflegen, daher man ihn als eine der Gesundheit zuträgliche, nicht aber als eine nährende, oder allgemein beliebte Speise ansieht.

1441. Spinat auf bürgerliche Art. Epinards à la bourgeoise.

Man wähle beim Einkaufe den Spinat, der schöne, grüne Blätter hat, ohne in Samen geschossen zu sein; denn je mehr der Spinat ge= schossen ist, was man nach dem ausgebrochenen Samenstock leicht beurtheilen kann, desto magerer, schlaffer und blässer sind seine Blätter und haben dadurch Vieles an dem Safte verloren. Derselbe wird genau durchsucht, die groben Stiele abgebrochen, mehrmals und in vielem Wasser gewaschen, dann in hinreichendem, kochenden, gesalzenen Wasser weich blanchirt, ab= geseiht, mit kaltem Wasser übergossen, abgekühlt, dann leicht, damit nicht zuviel von seinem Safte verloren geht, ausgedrückt und fein gewiegt. Hierauf läßt man ein Stück Butter oder in bürgerlichen Haushaltungen ein Stück gutes Suppenfett heiß werden, gibt eine fein geschnittene, kleine Zwiebel dazu, röstet diese blaßgelb, dann wird der Spinat dazu gethan, über dem Feuer abgeröstet, mit dem nöthigen Salz und einer Messerspitze geriebener Muskatnuß gewürzt, mit einem Kochlöffel voll Mehl bestäubt, mit diesem genau verrührt und mit Fleischbrühe zu einem etwas dicken Gemüse angekocht, welches man noch eine Viertelstunde kochen läßt. Er wird sodann angerichtet und nach Verhältniß mit Coteletten, geräucherter Zunge oder Schinken, Bratwürsten u. dgl. bekränzt.

1442. Spinat auf französische Art. Epinards à la Française.

Einige Körbchen voll rein durchsuchten und gewaschenen Spinats werden weich und in vielem und gesalzenen Wasser recht grün blanchirt, dann abgeseiht, abgekühlt, ausgedrückt und sehr fein geschnitten. Kurze Zeit vor dem Anrichten wird derselbe mit sehr frischer Butter leicht ab= geröstet, mit Salz, etwas wenig Muskatnuß und einem Theelöffel voll feinem Zucker gewürzt, mit dickgekochter sauce veloutée angerührt und gekocht, dann mit noch einem Stück sehr frischer Butter verrührt, in eine Entremets=Schale erhaben angerichtet und mit in frischer und klarer Butter gebackenen, weißen Brod=Croutons, welche recht hübsch und egal geschnitten sind, bekränzt und sogleich zur Tafel gegeben.

1443. Spinat auf Piemonteser Art. Epinards à la Piemontaise.

Dieser wird dem vorhergehenden gleich vorbereitet. Kurz vor dem Anrichten läßt man ein Stück frische Butter bis zum Rauchen lichtbraun werden, gibt sodann ein Stück Sardellenbutter und eine Messerspitze voll sein zerdrückten Knoblauch dazu, dann den fein geschnittenen Spinat, röstet dies zusammen einige Minuten, rührt dann die nöthige sauce espagnole und ein Stück Glace dazu, läßt ihn einigemal aufkochen und richtet ihn in eine Entremets-Schale erhaben an. Oefters werden auch kleine gekochte Korinthen beigefügt.

1444. Spinat auf englische Art. Epinards à l'Anglaise.

Hierzu werden die Stiele sorgsam von ganz jungem Spinat abgebrochen, dieser kurz vor dem Gebrauche schnell und grün blanchirt, dann ohne ihn abzukühlen, abgegossen, mit einem Stück sehr frischer Butter über dem Feuer schnell geschwungen, gehörig assaisonnirt, angerichtet und etwas Demi-Glace darunter gegeben.

1445. Spinat auf spanische Art. Epinards à l'Espagnole.

Nachdem der Spinat rein durchsucht, mehrmals rein gewaschen, abblanchirt und sehr fein geschnitten ist, wird derselbe in 140 Gramm heiße Butter gethan, gesalzen, mit etwas Pfeffer, Zucker und Muskatnuß gewürzt und über dem Feuer leicht passirt; zu diesem gibt man sonach drei Löffel voll sauce espagnole, etwas Glace und noch ein Stück sehr frische Butter, welches man zusammen gut verrührt und den Spinat sogleich anrichtet. Derselbe wird mit kleinen, in Butter gelb gerösteten Brodherzchen und ebenso geschnittenen Schinkenstücken abwechselnd bekränzt und sogleich zu Tisch gegeben.

1446. Spinat mit süßem Rahm. Epinards à la crême.

Der recht grün blanchirte, sehr fein geschnittene Spinat wird eine Viertelstunde vor dem Anrichten mit einem Stück frischer Butter abgeröstet, dann wird ein Kochlöffel voll Mehl genau darunter gerührt und mit $^{5}/_{10}$ Liter gutem, süßen Doppelrahm zu einem dicken Gemüse angekocht, dann gehörig gesalzen, mit etwas Zucker und Muskatnuß angenehm gewürzt und erhaben in eine Entremets-Schale angerichtet und mit Croutons garnirt. Dieser Spinat muß sich durch Grüne und angenehmen, zarten Geschmack auszeichnen.

1447. Spinatstrudel. Panequets aux épinards.

Es werden von vier Eßlöffeln voll feinem Mehl, fünf ganzen Eiern etwas Salz und Muskatnuß mit dem nöthigen Rahm ganz dünne Pfannkuchen gebacken, welche auf ein Tuch gelegt, mit dem vorhergehenden Spinat fingerdick überstrichen, zusammengerollt und in einer flachen Casserolle, mit frischer Butter bestrichen, eingelegt werden. Eine halbe Stunde vor dem Anrichten werden sie ins Bratrohr gestellt und wenn sie Farbe nehmen werden ³/₁₀ Liter kochender Rahm darüber gegoffen, die Strudel zugedeckt und langsam eingekocht, sodann in einer tiefen Schale erhaben, in Stücke getheilt, angerichtet, ein wenig heißer Rahm darüber gegoffen und zur Tafel gegeben.

1448. Gestürzter Spinat. Pain d'épinards à la printanière.

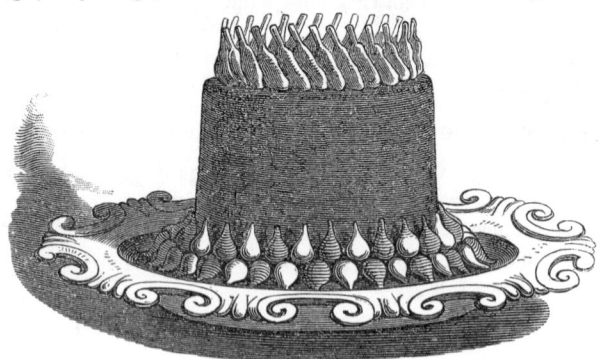

Der Spinat wird, wie jener à la Française, gekocht, aber dicker gehalten, zu diesem wird das Gelbe von zehn und das Weiße von vier Eiern langsam eingerührt. Dann wird eine runde Cylinder=Form mit klarer, frischer Butter ausgestrichen, am Boden ein Papier eingepaßt, darüber Butter gestrichen und der Spinat bis auf fingerdick vom Rande eingefüllt, einigemal die Form über eine Serviette auf den Tisch gestoßen und dann eine Stunde vor dem Anrichten an bain-marie gekocht. Sodann wird die Form in eine Entrée=Schüffel gestürzt, nach einer Minute ab= gehoben, das Papier abgenommen, darüber kleine Lamms= oder Tauben= Coteletten im Kranze angerichtet und unten herum eine schöne Garnitur von jungen, weißen und gelben Rübchen, welche schön ausgebohrt und mit Butter, Zucker und weißer Fleischbrühe weich gedünstet sind, garnirt.

***

69. Abschnitt.   11. Abtheilung.
Vom Portulak.   Du pourpier.

Diese äußerst zarten Pflanzen, deren Blätter ein feines zartes Gemüse geben, wachsen an röthlichen, äftigen, fußhohen Stengeln, die Blätter sind hellgrün, keilförmig und sehr fleischig. Sie werden ganz dem Spinat gleich gekocht und erscheinen daher als:

1449. Portulak auf französische Art. Pourpier à la Française.

1450. Portulak auf englische Art. Pourpier à l'Anglaise.

wobei ich auf den vorhergehenden Abschnitt zurückweise.

***

69. Abschnitt. 12. Abtheilung.

Von der Endivie. De la chicorée.

Auch diese Pflanze gewährt fast den ganzen Winter hindurch ein feines zartes Gemüse und einen augenehmen Salat; sie muß aber im Herbste zugebunden und in luftigen Kellern oder in einem Gewächshause im Sande aufs Neue gepflanzt werden, wenn sie zart und fein werden soll. Diese Pflanze soll durch die Cultur aus der gemeinen Cichorie ent= standen sein, wovon es zwei Arten gibt, nämlich die gekrauste und die breitblätterige Endivie.

1451. Endivie mit Rahm gekocht. Chicorée à la crême.

Von zehn bis zwölf Stück schönen Endivien werden die äußeren grünen Blätter abgelöst, die gelben in Stücke geschnitten, sehr rein ge= waschen, dann wie der Spinat, bis sich die Rippen zwischen den Fingern leicht zerdrücken lassen, blanchirt; hierauf werden sie abgegossen, mit kaltem Wasser abgekühlt, fest ausgedrückt und fein geschnitten. Sodann läßt man ein Stück sehr frische Butter heiß werden, gibt die Endivie nebst dem nöthigen Salz und wenig geriebene Muskatnuß dazu und röstet sie ganz dick ein; wenn dies erreicht ist, wird dieselbe mit dickgekochter heißer Be= schamel angerührt, einige Minuten gekocht, dann etwas Zucker und ein Stück Butter darunter gerührt, in eine Entremets=Schale angerichtet und mit Brodkrusten garnirt.

1452. Endivie auf deutsche Art. Chicorée à l'Allemande.

Dieselbe wird ganz der vorhergehenden gleich gereinigt, blanchirt und fein geschnitten, dann in Butter geröstet, mit etwas Mehl bestäubt, gut verrührt, mit Fleischbrühe angekocht, mit dem nöthigen Salz und Muskat= nuß gewürzt und angerichtet; Coteletten, Kalbsmilchner und Lammscoteletten u. dgl. können herum garnirt werden.

---

69. Abschnitt. 13. Abtheilung.

Vom Kopfsalat. De la laitue pommée.

Diese sehr nützliche Pflanze gehört dennoch zu denjenigen, welche mehr als andere einem Wechsel hinsichtlich ihres Werthes unterworfen sind. Ist nicht im Frühlinge dieser Salat ein Leckerbissen für uns? Und dennoch hat er uns kaum einige Wochen einen angenehmen Genuß gewährt, so wird er auch schon getadelt und noch einige Wochen später findet man ihn gar nicht mehr wohlschmeckend; man sehnt sich nach anderen Gemüsen und nach anderem Salat und da wir im Sommer auch solche bald er= halten, so ist der Kopfsalat bald vergessen und verachtet.

1453. Gefüllter Kopfsalat. Laitue farcie.

Man wählt hierzu die weniger festen Häuptchen, diese werden von den groben Blättchen getrennt, sehr rein gewaschen, in gesalzenem kochen= den Wasser eine Minute abgekocht, ins kalte Wasser ausgehoben, abgekühlt, sodann auf ein Tuch, jedes Häuptchen für sich, die Blättchen ausgebreitet gelegt, etwas Geflügel=Farce eingelegt, die Blättchen darüber geschlagen und die Farce mit diesen ganz eingehüllt. Sodann wird eine flache Casse= rolle am Boden mit Speckscheiben belegt, die gefüllten Salathäuptchen, die Stiele nach innen, genau aneinander gelegt, gesalzen, mit einem Stück rohen Schinken und Speckscheiben überlegt, mit guter Fleischbrühe begossen, mit einem mit Butter bestrichenen Papier überlegt und mit dem Deckel gut zugedeckt. Eine Stunde vor dem Gebrauche wird derselbe weich und kurz gedünstet, sodann zum Entfetten auf ein Tuch gelegt, mit dem Messer schön geformt, im Kranze zwischen jedes ein geröstetes Brodherzchen gelegt, angerichtet, der Salat schön glacirt und in die Mitte etwas Demi=Glace gegossen. Der gefüllte Salat wird auch als Garnitur für Suppen, ge= dämpftes Kalbfleisch, Geflügel, zu gedünstetem Ochsenfleisch u. dgl. gebraucht.

1454. Salat auf bürgerliche Art. Laitue à la bourgeoise.

Die nöthigen Häuptchen schöner Kopfsalat werden von ihren äußeren rauhen Blättern getrennt, die Stiele ab= und der Salat einigemal durch= geschnitten, dann sehr rein gewaschen, dem Spinat gleich blanchirt, ab= gekühlt, ausgedrückt, fein geschnitten und dann dem Spinat gleich gekocht.

---

69. Abschnitt. 14. Abtheilung.

Vom Sauerampfer. De l'oseille.

Außer dem Sauerampfer, der gewöhnlich in unsern Gärten gebaut wird, gibt es unter anderem auch eine Art mit weißgelblichen und eine andere mit rothen Stielen und Rippen. Der letztere ist der strengste. Im Frühlinge, wenn diese Pflanze der Erde entkeimt, ist sie sehr zart und angenehm und ihre angenehme Säure dem menschlichen Körper zuträglich; je größer sie aber wird, je mehr geht diese Säure in Schärfe über, die man ihr aber durch Ueberbrühen nehmen kann. Sie ist sowohl zur Be= reitung guter Suppen, wie auch zu Gemüse=Saucen sehr gut anzuwenden und ein daraus bereitetes Püree mit Kalbs=Fricandeau allgemein sehr geschätzt.

1455. Püree vom Sauerampfer. Purée d'oseille.

Einige Körbchen junger Garten=Sauerampfer werden rein durchsucht, gewaschen, blanchirt, abgekühlt, fest ausgedrückt und durch ein feines Haar= sieb gestrichen; sodann wird er in eine Casserolle gethan, etwas Mehl dar= über gestäubt, mit Fleischbrühe gerührt, gesalzen, mit Muskatnuß gewürzt, etwas Zucker dazu gethan und über dem Feuer, bei beständigem Rühren, zu einem Püree gekocht, welches vor dem Anrichten noch mit einem Stück frischer Butter gerührt wird. Er wird in eine Entrée-Schüssel angerichtet und ein recht schön gespicktes, gut gedämpftes Kalbs-Fricandeau in Tranchen geschnitten, welches, wieder in seine natürliche Form zusammengeschoben, darüber gelegt wird.

69. Abschnitt. 15. Abtheilung.
Von der gelben Rübe. De la carotte.

Unter den mancherlei Arten dieser Wurzel ist diejenige wohl die wohlschmeckendste, welche man mit dem französischen Namen Carotte bezeichnet. Ihre Farbe ist mehr roth als gelb; von außen hat sie ein geringeltes Ansehen und in fast gleicher Dicke wird sie ziemlich groß, rundet sich dann und endigt sich in eine dünne, fadenähnliche Spitze. Sie wird das ganze Jahr hindurch gebraucht, was durch die verschiedenen Aussaaten ermöglicht wird.

1456. Gelbe Rüben auf bürgerliche Art. Carottes à la bourgeoise.

Das nöthige Quantum schöner, rother, gelber Rüben wird abgeschabt, in zweifingerlange und messerrückendicke Blättchen getheilt, diese aufeinander gelegt und in feine Stückchen geschnitten. Sie werden in eine Casserolle gethan, gesalzen, mit einem Stück frischer Butter und einem Stückchen Zucker belegt, ³/₁₀ Liter gute Fleischbrühe darüber gegossen, zugedeckt und weich gedünstet. Sie werden dann mit Mehl wenig bestäubt, geschwungen, noch einige Minuten gedünstet und dann erhaben in eine Gemüse-Schüssel angerichtet.

1457. Gelbe Rüben mit Kernerbsen. Carottes et pois verts.

Schöne, große, rothe, gelbe Rüben werden abgeschabt, mit einem Aepfelbohrer, in der Größe einer großen grünen Erbse, Erbsen ausgebohrt und solche, ungefähr 1 Liter, mit eben so viel grünen Erbsen, in eine Casserolle gethan, gesalzen, gehörig gezuckert und nebst Bouillon und einem Stück frischer Butter weich und kurz gedünstet. Sie werden sodann mit einigen Anrichtlöffeln voll weißer dicker Sauce geschwungen, erhaben angerichtet und mit gebackenen Hühnern, kleinen Coteletten, gebackenen Kalbsmilchnern oder Hirn u. dgl. mehr bekränzt, zur Tafel gegeben.

1458. Gelbe Rüben und Zuckererbsen. Carottes et pois mange-tout.

Die gelben Rüben werden in gleiche Stückchen oder dünne Scheibchen geschnitten, mit einer gleichen Portion feiner Zuckererbsen gewaschen, dann Butter, Zucker, etwas Salz dazu gethan, mit weißer Bouillon begossen und weich und kurz gedünstet; sodann ein wenig mit Mehl bestäubt, noch etwas Bouillon dazugethan, einige Minuten gedünstet und dann angerichtet. Auch hierzu eignen sich vorhergehende Beilagen.

1459. Gelbe Rüben für Hochepot. Carottes glacées.

Aus den gelben Rüben werden die verschiedensten Formen geschnitten, welche theils zur Bekränzung großer Tafelstücke, zu den Chartreusen (gestürzten Speisen von Gemüsen), zu den Macedoines (gemischten Gemüsen) wie auch zu Salaten angewendet werden. Ihre Zubereitung zu den genannten wäre folgende:

Die gelben Rüben werden in leicht gesalzenem Wasser mit einem Stückchen Butter einige Minuten blanchirt, abgeseiht, in eine Casserolle gethan, mit einem Stückchen Zucker und Butter belegt, wenig gesalzen, weiße Fleischbrühe dazu gegossen und so, zugedeckt, weich in ihrem Safte kurz eingedünstet.

1460. Gelbe Rüben auf Flamänder Art. Carottes à la Flamande.

Hierzu werden die langen fingerdicken gelben Rüben gewählt; sie werden abgeschabt, in runde dünne Blättchen geschnitten und den vorhergehenden gleich gedünstet; sodann gibt man zwei Anrichtlöffel voll sauce allemande (legirte weiße Sauce) dazu, schwingt diese wohl durcheinander und richtet sie erhaben und recht heiß an.

1461. Gelbe Rüben mit Spargel. Carottes aux pointes d'asperges.

Die großen gelben Rüben werden mit dem Bohrer erbsengroß ausgebohrt, sodann mit Zucker, Butter, Salz und Fleischbrühe weich gedünstet. Unterdessen werden grüne Suppenspargel gereinigt, in kleine, erbsengroße Stücke geschnitten, blanchirt, mit frischem Wasser abgekühlt, auf ein Tuch gelegt, dann zu den Rübchen gethan, mit zwei Anrichtlöffeln voll weißer, dick eingekochter Sauce geschwungen und erhaben angerichtet.

---

69. Abschnitt. 16. Abtheilung.
Von der weißen Rübe. Du navet.

Fast jede Gegend hat ihre eigene Sorte Rüben, woraus durch die lange Cultur derselben diese Abarten entstanden sein mögen, welche sich durch ihre Größe, Farbe und Form der Wurzeln unterscheiden. Frisch aus der Erde geben sie ein gutes, leicht zu verdauendes Gemüse, welches besonders mit gedünstetem Hammelfleisch für bürgerliche Haushaltungen eine nährende Schüssel gibt. Sie werden auch fein geschnitten und dem Kraut ähnlich für den Winter eingemacht, wodurch sie den Namen Rübenkraut erhalten.

1462. Gedünstetes Rüben-Gemüse. Navets à la bourgeoise.

Zwölf Stück zarte, junge weiße Rüben werden geschält, in halbfinger=
lange, federkieldicke Stückchen geschnitten, schnell gewaschen und in eine
Schüssel gethan. Man läßt dann in einer Casserolle ein Stück Zucker
mit Wasser zergehen und zum Caramel braun werden; sodann kommen
die Rüben, ein Stück Butter, etwas Salz und Fleischbrühe dazu, worin
man sie, gut zugedeckt, weich und kurz dünsten läßt. Kurz vor dem An=
richten werden sie leicht mit Mehl bestäubt, geschwungen, und mit diesem
und noch etwas Fleischbrühe noch einige Minuten gedünstet. Sie werden
in eine Gemüseschale mit sehr weich gedünstetem Hammelfleisch angerichtet.

1463. Glacirte weiße Rüben für Garnituren. Navets glacés
pour garnitures.

Zarte weiße Rüben werden in vier gleiche Theile getheilt, sauber
und in egaler Form zugeschnitten, blanchirt und mit kaltem Wasser abge=
kühlt. Sodann röstet man drei Eßlöffel voll Zucker mit 140 Gramm
Butter auf schwachem Feuer lichtbraun, gießt dann etwas Fleischbrühe
dazu und läßt es zusammen aufkochen. Hierauf werden die Rüben und
etwas Salz dazu gethan, zugedeckt, weich und kurz eingedünstet, so zwar,
daß die Rüben eine schöne lichtbraune, glänzende Farbe und einen ange=
nehmen Geschmack haben. Sie dienen zur Bekränzung der großen ge=
dünsteten Fleischstücke, zu Hammelskeulen u. dgl. mehr.

1464. Weiße Rüben mit Beschamel. Navets en haricots vierges.

Die großen weißen Rüben werden mit einem Bohrer in bohnen=
ähnlicher Form ausgebohrt, blanchirt, mit Zucker, Butter, Fleischbrühe
und wenig Salz eingerichtet, dann weich und kurz gedünstet. Sie werden
sodann mit guter Beschamel übergossen, damit durcheinander geschwungen
und sehr heiß angerichtet; herum werden glacirte Entenstückchen garnirt.

---

69. Abschnitt. 17. Abtheilung.

Von den grünen Bohnen. Des haricots verts.

Dieses Gemüse ist für unsere Küche und Haushaltungen sehr be=
deutend und liefert unter mancherlei Gestalten manche gefällige Schüssel
für unsere Tische. Man speist sie im Sommer nicht allein als Gemüse,
sondern auch als Salat. Für den Winter macht man sie für bürgerliche
Tische in Salz ein und selbst die trockene weiße Bohne gewährt noch
manche beliebte Schüssel, wenn der Vorrath der Wintergemüse zu Ende
geht. Die besten Sorten unter allen sind unstreitig die Schwert=Stangen=
bohnen und Schwert=Zwergbohnen; doch übertrifft an Zartheit letztere
alle und kommt in dieser Hinsicht den in den Mistbeeten gezogenen fast gleich.

1465. Grüne Bohnen auf deutsche Art. Haricots verts à l'Allemande.

Noch junge, zarte Bohnen, wo möglich Schwert=Zwergbohnen, werden von ihren Fäden befreit, in der Mitte durchgebrochen und mit kaltem Wasser gewaschen. Sodann läßt man in einer Casserolle ein Stück Butter heiß werden, gibt einen Eßlöffel voll feingeschnittene Zwiebeln und zwei mit Petersilie dazu, und röstet dies zusammen einige Minuten; dann werden die Bohnen nebst dem nöthigen Salz und einem Stückchen Zucker, wie auch einem Sträußchen Bohnenkraut dazu gethan, mit einem Schöpflöffel voll guter Fleischbrühe genäßt, gut zugedeckt und auf Kohlenfeuer langsam weich und kurz gedünstet. Kurz vor dem Anrichten werden sie leicht mit Mehl bestäubt, noch einige Minuten gedünstet und dann mit gedünstetem Hammelfleisch zu Tisch gegeben.

1466. Grüne Bohnen auf englische Art. Haricots verts à l'Anglaise.

Man wählt hierzu nur ganz junge Bohnen, welche unten und oben abgeschnitten, in genugsam kochendem, gesalzenem Wasser blanchirt, dann abgeseiht und auf ein Tuch, damit das Wasser abtropfe, gelegt werden; dann werden sie gehäuft in eine Silber= oder Porzellanschale angerichtet und darüber ein Stück sehr frische Butter gegeben. Die Butter schmilzt über den Bohnen und sie werden dadurch einen feinen, angenehmen Ge= schmack erhalten.

1467. Grüne Bohnen auf französische Art. Haricots verts à la Française.

Die zarten grünen Bohnen werden en filets geschnitten, sehr grün blanchirt, abgeseiht, auf ein Tuch zum Abtropfen gelegt, mit einem Stück sehr frischer Butter über dem Feuer geschwungen, mit etwas Salz und Muskatnuß gewürzt und mit etwas fein geschnittener, blanchirter Petersilie und Glace im Geschmack gehoben, sodann nochmals geschwungen, in eine Entremets = Schale gehäuft angerichtet und mit Croutons garnirt, zur Tafel gegeben. Sie müssen sich durch einen angenehmen natürlichen Ge= schmack und schöne Grüne auszeichnen.

1468. Grüne Bohnen auf Lyoneser Art. Haricots verts à la Lyonaise.

Die zarten grünen Bohnen werden recht grün in gesalzenem, stark kochenden Wasser blanchirt und auf ein Tuch gelegt; sodann wird ein Eß= löffel voll fein geschnittene Zwiebeln mit Butter gelb geröstet, die Bohnen dazu gethan, auf starkem Feuer schnell sautirt, mit etwas Muskatnuß und dem noch fehlenden Salz gewürzt, mit zwei Anrichtlöffeln voll sauce espagnole, etwas Glace, blanchirter Petersilie, einem Stück Butter und etwas Citronen= saft geschwungen und gehäuft in eine Entremets=Schale angerichtet.

1469. Grüne Bohnen als Pflückerbsen. Haricots verts
en petits pois.

Die grünen Bohnen werden klein gewürfelt geschnitten, schön grün
blanchirt, abgeseiht, in Butter sautirt, mit etwas blanchirter, fein ge=
schnittener Petersilie, etwas weißer Sauce und Zucker untermengt, erhaben
angerichtet und mit mit Glace bestrichenen Croutons garnirt.

69. Abschnitt. 18. Abtheilung.
Vom Spargel. Des asperges.

Die Spargel werden bekanntlich in eigens dazu bereiteten, stark ge=
düngten Beeten gezogen. Gewöhnlich hält man die sehr dicken Spargel
für die besten, aber ich bin überzeugt, daß man damit die Zunge betrügt,
während man das Auge befriedigt; auch ziehen Viele den weißen dem
grünen vor, was jedoch nicht richtig ist, denn die grünen haben einen
weit feineren Geschmack und noch das Angenehme, daß man sie genießen
kann, so weit sie grün sind. Die Speise gehört zunächst für den Gaumen
und die Zunge; obwohl das Auge daran Wohlgefallen finden kann, wenn
eine Speise in möglichster Vollkommenheit dargestellt wird, so hat doch
hier der Geschmack die erste Stimme. — Der starke Spargel ist darum
weniger von gutem Geschmacke, weil man zugleich mit ihm allzuviel von
dem Wasser mit zum Munde bringt, worin er gekocht wird, und welches
diese Stangen, gleichsam wie Röhren, in sich einziehen. Auch haben sie
überdies einen stärkeren Geruch von den Mistbeeten, als der gewöhnliche
Spargel. Vielleicht findet man in dieser Bemerkung etwas Widersprechendes;
dies wird sich aber von selbst widerlegen, wenn man nur guten Mittel=
spargel und recht große Stangen davon zugleich bereiten läßt und beim
Genusse das hier Gesagte einer Prüfung unterwirft.

1470. Spargel mit Butter-Sauce. Asperges en branche.

Unter dem Kopfe angefangen werden alle grünen, schuppenähnlichen
Blättchen abgelöst, die Stengel rein geschabt, gewaschen, auf ein Tuch
ausgehoben, in gleich große Büschel mit Bindfaden gebunden und die
Stiele gleichmäßig abgeschnitten. Eine kleine halbe Stunde vor dem An=
richten werden sie in gesalzenem, kochendem Wasser, bis sich die Köpfe
weich anfühlen lassen, gekocht, dann gehäuft über eine zusammengelegte
Serviette angerichtet und die Butter-Sauce extra mitservirt.

1471. Spargel auf Piemonteser Art. Asperges à la Piemontaise.

Die Spargel werden den vorhergehenden gleich gereinigt und ge=
sotten, dann auseinander, die Köpfe nach innen, in eine runde Schüssel
angerichtet, soweit sie eßbar sind, mit frischgeriebenem Parmesankäse bestreut
und mit heiß gebräunter Butter übergossen.

1472. Spargelerbsen. Pointes d'asperges.

Man wählt hierzu die grünen, nicht dicken Spargel; diese werden entblättert, so weit sie zart sind, zu Erbsen geschnitten, recht grün blanchirt, abgeseiht und auf ein Tuch gelegt; dann werden sie mit einem Stück sehr frischer Butter sautirt, mit dem noch fehlenden Salz und etwas Muskatnuß gewürzt, etwas Zucker und einige Löffel suprême dazu gethan, gut über dem Windofen geschwungen, mit dem Safte einer halben Citrone und etwas Glace im Geschmack gehoben und in eine Entremets-Schale gehäuft angerichtet.

1473. Spargelspitzen mit Beschamel. Pointes d'asperges à la Colbert.

Sie werden ganz den vorhergehenden gleich zubereitet; statt der sauce suprême wird hier Beschamel und kein Citronensaft genommen, jedoch etwas süßer in Zucker bereitet. Sie werden erhaben angerichtet und mit oeufs mollets garnirt.

---

69. Abschnitt. 19. Abtheilung.

Von den Hopfensprossen. Des houblons.

Sie sind für Viele im Frühling eine angenehme Speise und werden theils als Gemüse, theils als Salat zubereitet. Wild wächst der Hopfen bekanntlich an Zäunen, der bessere aber wird in Hopfengärten gezogen. Beim Putzen muß man nicht geizig sein und nichts weiter, als den zarten obern Theil, der sich leicht abbrechen läßt, dazu nehmen; man läßt ihn sodann in vielem Wasser mit Salz weich kochen.

1474. Hopfen-Gemüse. Houblons.

Bei der Kochkunst werden nur die ersten Triebe, welche im Frühjahre, den Spargeln ähnlich aus den Wurzeln hervorsprossen, benützt. Sie werden nach sorgfältigem Reinigen, wie schon bemerkt wurde, in gesalzenem kochenden Wasser weich blanchirt, dann abgeseiht auf ein Tuch zum Trocknen gelegt,

dann mit in Butter geschwitzten fines herbes, welche aus Petersilie und
Zwiebeln bestehen, nebst einem Stückchen Zucker, etwas Salz und Muskat=
nuß gedünstet; dazu kommen noch einige Löffel voll weiße Sauce, etwas
Glace, mit welcher sie geschwungen und gehäuft angerichtet werden.

---

69. Abschnitt. 20. Abtheilung.
Von den Schwarzwurzeln. Des salsifis.

Diese Wurzel hat alle Eigenschaft einer guten Kost für Personen,
welche krank sind oder waren. Es gibt deren zwei Arten, die auf Wiesen
wild wachsende und die cultivirte, in Gärten gezogene, aus Spanien zu
uns gekommene Schwarzwurzel. Sie erscheint als eine daumendicke,
lange, schwarze Wurzel, welche im Herbste kommt und sich gut überwintern
läßt. Beim Einkaufe muß man besonders darauf sehen, daß sie von
innen recht weiß sind und, wenn man sie zerbricht, ein weißer, milch=
ähnlicher Saft daraus hervorquillt.

1475. Schwarzwurzeln als Gemüse. Salsifis.

Man rührt einen Kochlöffel voll Mehl mit kaltem Wasser in einer
Schüssel an, gießt etwas wenig Essig und das noch nöthige Wasser dazu.
Die Schwarzwurzeln werden rein abgeschabt, in 3 Centimeter lange
Stückchen geschnitten und in dieses angerührte Wasser, damit sie recht
weiß bleiben, gelegt. Sodann läßt man ein Stück frische Butter heiß
werden, hebt die Schwarzwurzeln auf ein reines Tuch aus, sucht die
allenfalls noch daran hängenden schwarzen Theile aus und gibt die Wur=
zeln zu der Butter; diese werden dann gesalzen, etwas Zucker und die
nöthige weiße Fleischbrühe dazu gethan und so weich gekocht. Wenn dies
erreicht ist, werden die Wurzeln abgeseiht, in eine andere Casserolle gethan
und zugedeckt warm gestellt. In die zurückgebliebene Essenz wird die
nöthige weiße Sauce gethan, über dem Feuer eingerührt, mit etwas Citronen=
saft und dem noch fehlenden Salz im Geschmack gehoben, durch ein Sieb
über die Wurzeln geseiht, mit diesen noch einmal aufgekocht und angerichtet.

1476. Gebackene Schwarzwurzeln. Salsifis frits.

Die rein geputzten und gewaschenen Schwarzwurzeln werden in halb=
fingerlange Stücke geschnitten, in der Fleischbrühe mit Salz, etwas Zucker,
Butter und etwas Citronensaft weich gekocht, dann abgeseiht, auf ein Tuch
abgetrocknet, in geschlagene ganze Eier getaucht, in Mehl, mit geriebenem
Brod untermischt, gelegt und garnirt. Kurz vor dem Anrichten werden
sie aus heißem Schmalz lichtbraun gebacken und über eine Serviette auf
eine runde Schüssel angerichtet. Statt mit Brod garnirt, werden auch
die Schwarzwurzeln in Backteig getaucht und lichtbraun gebacken.

69. Abschnitt. 21. Abtheilung.

Von den Artischocken. Des artichauts.

In der Küche wird besonders die glatte Kugel-Artischocke gern genommen; sie hat die größten Blumenköpfe, dicke, bläulichbraune Schuppen und einen sehr fleischigen Boden. Dies sehr beliebte, distelartige Küchen-Gewächs wird von Vielen hochgeachtet und wird nicht nur allein als Gemüse aufgetischt, sondern es werden auch selbständige kleine Gerichte daraus bereitet, welche von Kennern gut aufgenommen werden.

1477. Artischocken auf holländische Art. Artichauts à la Hollandaise.

Zwei schöne Artischocken werden am Boden rein zugeschnitten, mit Citronensaft eingerieben, die Blätter halb abgestutzt, dann in frisches Wasser, mit Citronensaft gesäuert, gelegt. Sodann läßt man in einer Casserolle hinreichend Wasser zum Sieden kommen, gibt Salz und Citronensaft dazu, legt die Artischocken ein, deckt sie gut zu und läßt sie auf dem Windofen stark sieden. Ihr schnelles Weichwerden hängt von ihrer Zartheit und Größe ab. Wenn sie nun weich sind, werden sie auf ein Sieb ausgehoben, die inneren Blätter sammt ihrem Barte mit einem kleinen Löffel ausgehoben, so zwar, daß die äußeren Blätter ganz bleiben und die Artischocke nicht beschädigt wird. Sie werden dann wieder warm gestellt, beim Anrichten in eine Casserolle von Silber oder Porzellan, die Blätter nach unten gestellt, eingerichtet, etwas Fond darunter gegossen und in Begleitung einer holländischen Sauce zu Tisch gegeben.

1478. Artischocke mit feinen Kräutern. Artichauts à la Barigoule.

Die Größe der Artischocken bestimmt ihr Quantum; sie werden am Boden sehr rein abgedreht, die äußeren Blätter abgelöst, die mittleren etwas abgestutzt und aus diesen der Bart sammt den Blättern ausgehoben und in Wasser mit Salz und Citronensaft leicht blanchirt aber nur halb weich gekocht, dann in's kalte Wasser gelegt, abgekühlt und auf eine Serviette umgestürzt, damit das Wasser abfließt. Unterdessen werden Champignons und Petersilie fein geschnitten, mit feinen Kräutern und einigen Eßlöffeln voll geriebenem Brod untermengt und damit die Artischocken gefüllt; dar= über werden nun die Blätter zusammengebunden, die Artischocken in eine flache, am Boden mit Speck und Schinkenscheibchen belegte Casserolle dicht aneinander eingerichtet, leicht gesalzen, mit einer in Scheiben geschnittenen Zwiebel und einem Bouquett Petersilie belegt, etwas guter Fond und ein Glas Madeira=Wein darüber gegossen, mit Speckscheiben und über diese eine mit Butter bestrichene Papierscheibe belegt, gut zugedeckt und im Ofen vollends weich gedünstet, wo man sie von Zeit zu Zeit mit ihrem Fond begießt. Beim Anrichten werden sie ausgehoben, der Faden abgelöst und die Artischocken schön angerichtet; der Fond wird passirt, entfettet, mit zwei Anrichtlöffeln voll Espagnole ausgekocht und über die Artischocken angerichtet.

1479. Gefüllte Artischocken. Artichauts à la Bordelaise.

Die nöthige Anzahl schöner Artischocken wird den vorhergehenden gleich hergerichtet. Unterdessen werden zwei Eßlöffel voll fein geschnittene Zwiebeln in Oel passirt, auf ein Sieb abgegossen, die Zwiebeln mit fein geschnittenem gekochten Schinken, geschnittener Petersilie und einigen Eßlöffeln voll dicker, brauner Sauce gut verrührt und damit die Artischocken gefüllt, welche überbunden, den vorhergehenden gleich in eine flache Casserolle ein= gerichtet, gesalzen, mit einem Lorbeerblatt, einer in Scheiben geschnittenen Zwiebel und Petersilie gewürzt, mit einem Glas vin de Sauterne und eben so viel gutem Fond begossen, mit Speck und einer Papierscheibe überlegt, gut zugedeckt, im Backofen langsam gedünstet und öfters mit ihrem Fond begossen werden. Beim Anrichten werden sie auf eine Schüssel dressirt, der Fond passirt, rein entfettet, mit etwas Espagnole unter= mengt, eingekocht und mit diesem die Artischocken begossen.

1480. Artischocken auf italienische Art. Artichauts à l'Italienne.

Die nöthige Zahl Artischocken wird am Stiele abgeschnitten, die äußeren Blätter abgelöst, die obern abgestutzt, der Boden sauber abgedreht, die Artischocke in zwei Theile getheilt, von den inneren Blättern und dem Barte getrennt, in vielem kochendem Wasser mit Salz und Citronensaft halbweich blanchirt, dann in eine Schüssel in's kalte Wasser gethan, abgekühlt und auf ein Tuch zum Abtropfen gelegt. Sodann läßt man in einem plat à sauter ein Stück Butter und etwas Oel heiß werden, gibt zwei Eßlöffel voll fein geschnittene Zwiebeln und eben so viel Peter= silie dazu, röstet dies einige Minuten und richtet sodann die halben Artischocken eine an die andere ein. Sie werden gesalzen, mit etwas gutem Fond und Sardellenbutter begossen, dann zugedeckt und im mittel= heißen Backofen, bei öfterm Begießen, vollends weich gedünstet. Sie werden gehäuft angerichtet, unter die fines herbes etwas Tomat=Sauce gethan, zusammen aufgekocht und über die Artischocken gegossen.

1481. Artischocken auf spanische Art.   Fonds d'artichauts à l'Espagnole.

Hierzu werden nur die Böden genommen, nämlich die von den Blättern und dem Bart gereinigten Artischocken=Böden (fonds d'artichauts), werden sauber zugeschnitten (abgedreht), mit Citronensaft eingerieben, dann mit einem Stück Butter, Salz und Citronensaft im Wasser weich gekocht und ins kalte Wasser gelegt. Sodann wird eine flache Casserolle am Boden mit Speckscheiben belegt, die Artischockenböden darüber gelegt, diese mit guter Fleischbrühe begossen, das nöthige Salz mit Citronensaft dazu ge= geben, gut zugedeckt und vollends weich gedünstet. Beim Anrichten werden die Artischocken, im Kranze über sich liegend, in eine Entremets=Schüssel dressirt, zwischen jede ein Häuptel braisirter Kopfsalat gelegt, und mit einer recht kräftigen klaren spanischen Sauce maskirt.

1482. Gefüllte Artischockenböden.   Fonds d'artichauts farcis.

Die Artischockenböden werden den vorhergehenden gleich weich ge= dünstet und auf ein Tuch gelegt; sodann wird die nöthige Geflügel=Farce mit drei Eßlöffeln voll fines herbes genau verrührt, etwas Glace dazu gegeben, die Böden damit gefüllt, diese glatt und mit Butter bestrichen, mit geriebenem braunen Brode übersäet, in einem plat à sauter mit gutem Fond eingerichtet, mit einer mit Butter bestrichenen Papierscheibe gedeckt, worauf man sie sodann vollends weich dünstet, wodurch sie neben= bei eine schöne Farbe erhalten. Beim Anrichten werden sie gehäuft in eine Entrée=Schüssel aufdressirt, schön glacirt, etwas Demi=Glace darunter gegossen und zur Tafel gegeben.

1483. Gebackene Artischocken.   Artichauts frits.

Hierzu wählt man kleinere Artischocken; sie werden den vorhergehenden gleich zubereitet oder ganz weich gedünstet. Unterdessen bereitet man von gebratenem Geflügel, Ochsenzunge, Champignons, mit guter brauner Sauce ein kräftiges, dickes Salpikon; mit diesem wird ein Arttschockenboden ge= füllt, ein anderer darüber gelegt, und auf diese Weise fortgefahren. Sie werden sodann in abgeschlagene Eier getaucht, mit Brod übersäet, kurz vor dem Anrichten aus heißem Schmalz gebacken, dann gehäuft über eine zu=

sammengelegte Serviette auf eine Schüssel angerichtet und in ihre Mitte ein Bouquett recht grün gebackener Peterſilie gelegt.

---

69. Abſchnitt. 22. Abtheilung.

Von den Cardonen. Des cardons.

Dieſes eßbare Diſtelgewächs ſtammt aus Spanien und wird bei den größten Tafeln ſehr geachtet; es wird aber ſeit vielen Jahren auch bei uns in Gärten gepflanzt und gezogen. Die Rippen müſſen dick, feſt und vollkommen und von gelblich weißer Farbe ſein. Da dieſes Gewächs ſeine Reife erſt im Keller oder Gewächshauſe erhält und ſeine rippenartigen Blätter dieſe weißlich gelbe Farbe erſt erhalten, ſo muß man beim Einkaufe ſehr darauf ſehen, daß dieſe nicht wurm=ſtichig, porös oder gar hohl ſind, weil ſie dann unbrauchbar, und folglich gar nichts taugen.

1484. Cardonen mit Ochſenmark. Cardons à la moëlle de boeuf.

Man wählt nur die von wachsähnlicher Farbe und gelblich=weißen Rippen. Dieſe werden in fingerlange gleiche Stücke geſchnitten, in vielem kochenden Waſſer mit Salz, Eſſig und einigen Brodſcheiben ſo lange ge=kocht, bis ſich eine feine, faſerige Haut abſtreifen läßt. Sie werden dann auf ein Tuch gelegt, mittelſt grobem Salz und einem Tuche dieſe häutigen Faſern abgeſtreift, abgerieben und dann in's friſche Waſſer ge=legt; wenn nun alle ſo beendet ſind, werden ſie auf beiden Enden rein zugeſchnitten und in einer Fett=Braiſe mit Citronenſaft und Salz weich gekocht. Kurz vor dem Anrichten werden ſie auf ein Sieb gelegt, damit das Fett abfließt, dann gehäuft in eine Entremets=Schüssel aufdressirt, mit einer sehr kräftigen sauce espagnole leicht übergossen und mit Mark= stückchen belegt, zur Tafel gegeben.

280 Gramm Ochsenmark werden in gleich große, ovale, runde Stückchen geschnitten, in's kalte Wasser gelegt und so an der Seite des Feuers lauwarm gewässert, damit sie schön weiß werden; dieselben werden nun über geröstete Brodkrüstchen gelegt, diese glacirt und damit die Cardons garnirt.

1485. Cardonen mit Parmesankäse. Cardons au Parmesan.

Die Cardonen werden in der Braise weich und recht weiß gesotten, dann in dreifingerbreite Stückchen geschnitten. Es wird eine Casserolle von Silber oder Porzellan mit Butter ausgestrichen, am Boden mit Cardonstückchen belegt, darüber eine Beschamel=Sauce gestrichen und messer= rückendick mit frischgeriebenem Parmesankäse bestreut; darüber kommen wieder Cardon=Stückchen, Beschamel und Käse. Darüber wird Brod gestreut, über dieses zerlassene frische Butter gegossen und im Backofen langsam gratinirt.

---

69. Abschnitt. 23. Abtheilung.
Von den grünen Erbsen.   Des pois verts.

Ein Gemüse von frischen grünen Erbsen gehört zu dem feinsten, was die Küche liefern kann und keines von den übrigen kömmt diesem an gutem Geschmack und Zartheit gleich, nur müssen hierzu die feinsten Exemplare gewählt und genommen werden. Ferner muß man sehr darauf achten, daß dieselben frisch gepflückt und ebenso aus den Schoten genommen werden, indem jede Stunde nach dem Auslesen durch Eindringen der Luft ihnen schadet und denselben den feinen Wohlgeschmack nimmt.

1486. Grüne Erbsen auf englische Art. Petits pois à l'Anglaise.

2¹⁄₁₀ Liter feine grüne Erbsen werden durchsucht, eine Viertelstunde vor dem Anrichten in gesalzenem kochenden Wasser schnell blanchirt, ab= geseiht, abgetropft, in eine Entremets=Schale gehäuft angerichtet und darüber ein Stück sehr gute frische Butter gegeben.

1487. Grüne Erbsen auf französische Art. Petits pois
à la Française.

2¹⁄₁₀ Liter feine grüne Erbsen werden in eine breite Casserolle gethan, mit 280 Gramm frischer Butter, einem Bouquett Petersilie und einer Zwiebel belegt, nebst dem nöthigen Salz und Zucker ein Glas frisches Wasser dazu gethan und auf schnellem Feuer gedünstet. Wenn sie weich

und kurz eingedünstet sind, wird die Zwiebel und die Peterfilie wegge=
than, einige Löffel voll dicke weiße Sauce dazu gegeben, geschwungen,
gehäuft in eine Entremets=Schale angerichtet und mit gebackenen Croutons
bekränzt.

69. Abschnitt. 24. Abtheilung.

Von den Macedoines, den Chartreusen und Borduren.

Des Macédoines de légumes, des petites Chartreuses et des
Bordures de légumes.

Eine Macédoine de légumes gehört zu den besten Entremets der
Gemüse. Die Zeit des Frühlings ist dafür die geeignetste. Sie werden
in Kruftaden, in Borduren oder in Entremets=Schalen angerichtet.

Eine Macedoine im Frühling besteht aus grünen Bohnen,
Pflückerbsen, Blumenkohl, Carotten und Spargelspitzen.

Eine Macedoine im Sommer ist zusammengesetzt aus gelben
und weißen Rüben, kleinen Zwiebeln, abgeschälten Saubohnen, Blumen=
kohl, Artischockenböden und Kohlraben.

Eine Macedoine im Winter aus gelben und weißen Rüben,
Rosenkohl, Champignons, Schwarzwurzeln, Sellerie und Cardons.

Zu allen Macedoines müssen die grünen Bohnen spitzweckartig
geschnitten, die gelben und weißen Rüben, Kohlraben, Selleriewurzeln
rund oder oval ausgebohrt, die Zwiebeln, der Rosenkohl und die Cham=
pignons klein, rund und fest gewählt, der Blumenkohl in kleine Röschen
getheilt, der Cardon und die Artischockenböden in würfeliger Form ge=
schnitten sein, und die grünen Bohnen, Rosenkohl, Blumenkohl, Pflückerbsen
und Spargelspitzen in gesalzenem Wasser blanchirt werden. Sie werden
sodann abblanchirt, die gelben und weißen Rüben, Kohlraben, Sellerie
und die kleinen Zwiebeln mit Consommé, Butter und Zucker, die Cardons,
Schwarzwurzeln, Champignons und die Artischockenböden allein weiß ge=
dünstet. Ferner muß bemerkt werden, daß der Name Macedoine ein
Gemüse heißt, welches aus mehreren Sorten besteht; Chartreuse eine ge=
stürzte Speise von aufgesetzten Gemüsen ist, eine bordure de légume eben=
falls aufgesetzt und gestürzt ist und dazu dient, andere Sorten Gemüse
und Fleischstückchen in ihren leeren Raum aufzunehmen.

Die kleinen Chartreusen sind von gutem Effekte und eignen sich be=
sonders damit große Fleischstücke zu garniren; sie sind größtentheils mit
Geflügel, Wildpret und anderen kleinen Salpikons zusammengesetzt. Die
jungen Gemüse, womit sie aufgesetzt werden, sind immer mit dem Colonne=
Ausstecher oder mit Aepfelbohrern ausgestochen und werden, wie vorher=
gehend bemerkt wurde, zuvor weich gedünstet oder blanchirt.

1488. Kleine Chartreusen à la royale.   Petites chartreuses à la royale.

Zwölf große, recht rothe gelbe Rüben, eben so viel weiße Rüben werden gereinigt, in zweifingerbreite Stücke geschnitten und diese, jede Sorte für sich, in stark bleistiftdicke Stückchen ausgestochen, welche mit etwas Salz einige Minuten blanchirt und dann weich gedünstet werden. Ferner wird eine Theetasse voll in Spitzweckchenform geschnittene grüne Bohnen, eben so viel Pflückerbsen recht grün blanchirt und auf ein Tuch zum Abtrocknen gelegt. Zwölf bis fünfzehn kleine Croustade-Förmchen werden gut mit geklärter frischer Butter ausgestrichen, am Boden ein rund geschnittenes Scheibchen eingepaßt, dieses mit Butter überstrichen und einige Minuten aufs Eis gestellt. Sodann wird der Boden dieser Förmchen ausgelegt; es werden nämlich von recht schwarzer Trüffel in der Größe eines Fünfpfennigstückes runde Scheibchen ausgestochen, welche an eine Spicknadel gesteckt, in die Mitte gelegt werden; außen herum werden Pflückerbsen und grüne Bohnen geschmackvoll eingelegt. Wenn nun die Böden der Förmchen alle so beendet sind, werden die Gemüse mit Ei bestrichen und messerrückendick mit Geflügel-Farce gedeckt. Sodann werden weiße und gelbe Rübchen abwechselnd an der Seite der Förmchen und bis zur Hälfte derselben schräg aufgestellt, welche ebenfalls wieder mit Eiern bestrichen und mit Farce überstrichen werden; über diese kommen nun wieder Rübchen und zwar in der Art, daß über jedes weiße ein gelbes und über jedes gelbe ein weißes Rübchen zu stehen kömmt, diese aber nach der andern Seite laufend gestellt werden. Wenn nun auch diese wieder genau mit Ei überstrichen und mit Farce recht glatt und in gleicher Dicke ausgestrichen sind, werden sie bis stark messerrückendick vom Rande mit einem Salpikon à la royale (siehe Abschn. 7) kalt gefüllt, der Rand der Farce wird mit Ei bestrichen, mit Farce gedeckt und darüber ein rundes, mit Butter bestrichenes Papierscheibchen gelegt. Eine halbe Stunde vor dem Anrichten werden sie an bain-marie langsam gekocht, ausgehoben, das Papier abgezogen, in eine Entrée-Schüssel gestürzt, oben leicht glacirt und darunter etwas Demi-Glace gegossen. Auf dieselbe Art und Weise werden alle kleinen und großen Chartreusen angefertigt, und es wird dem Geschmacke eines Jeden überlassen, wie er seine Gemüse einlegt; ebenso bemerke ich, um alle Wiederholungen zu vermeiden, daß die Bereitung aller Chartreusen stets dieselbe ist, und nur der Inhalt derselben die Veränderung des Namens oder Benennung bedingt, und ich weise deßhalb auf den Abschnitt 7 der verschiedenen Salpicons zurück.

1489. Große Chartreuse mit Feldhühnern. Chartreuse de légumes aux perdreaux.

Eine Stürzform wird mit klarer, frischer Butter ausgestrichen und ganz mit Papier ausgelegt. Der Boden derselben wird mit gleich großen, recht grünen jets-choux-Röschen im Kranze belegt, an diesen schließt sich ein zweiter von in gleicher Größe ausgestochenen, recht weiß und weich gedünsteten weißen Rüben, zu diesen kömmt ein dritter ebenfalls von jets-choux-Röschen, dann ein vierter von hochrothen gelben Rüben in Form den weißen Rüben gleich; die Mitte schließt dann ein Blumenkohlröschen, die Seiten der Stürzform werden ebenfalls mit weißen und gelben Rüben, säulenartig oder in Carreau-Form geschmackvoll ausgarnirt und recht glatt und kleinfingerdick mit Kalbfleisch-Farce ausgestrichen. Unterdessen hat man vier Feldhühner mit vier Stück Wirsingkraut weich und kurz gedünstet, mit welchen der innere Raum, die Feldhühner schön verschnitten, bis fingerdick vom Rande in zwei Lagen gefüllt wird; darüber kommt eine Decke von Farce, welche genau an den Rand gemacht und ebenso recht glatt gestrichen wird. Darüber wird nun eine mit Butter bestrichene Papierscheibe gelegt und die Chartreuse eine Stunde vor dem Anrichten in Wasser gekocht. Beim Anrichten wird sie ausgehoben, abgetrocknet, in eine Entrée-Schüssel gestürzt, die Form nach einer Minute abgehoben, das Papier abgenommen, die obere Seite der Chartreuse schön glacirt und unten herum mit recht grünen jets-choux-Röschen eine Bordure gelegt. Eine braune Sauce, mit Wurzel-Essenz zubereitet, wird extra beigegeben.

Auf diese Art zubereitet, erscheinen diese Chartreusen als:

1490. Große Chartreuse mit Kalbs- oder Hammels-Filet. Chartreuse de légumes au filets de veau ou de mouton.

1491. Große Chartreuse von jungen Enten. Chartreuse de légumes aux cannetons.

1492. Große Chartreuse von Kalbsbrieschen. Chartreuse de légumes aux riz de veau.

Der Kohl muß jedesmal recht weich, kurz und mit gutem Fond gedünstet und in zwei Lagen mit den bezeichneten, recht weich gedünsteten Tendrons (Bruststückchen) oder den gedämpften riz de veau eingerichtet werden.

1493. Gestürzte Gemüse-Bordure mit Wachteln. Bordure de légumes aux cailles.

Man wählt hierzu eine glatte, fingerhohe Bordure-Form; diese wird mit Butter ausgestrichen, mit Papier ausgelegt und wieder mit Butter über=strichen. Ferner hat man von gelben und weißen Rüben mit dem Colonne= Ausstecher halbfingerlange und wie ein Fünfpfennigstück dicke runde Stückchen ausgestochen, worauf dann jede Sorte für sich in gleich dicke Scheibchen ge= theilt, blanchirt und weich gedünstet wird. Mit diesen weißen und gelben Rübenblättchen wird nun die Form ausgelegt; von den gelben Rübchen wird hart am Rande des Bodens ein Kranz in der Art eingelegt, daß diese über sich selbst zu liegen kommen, an diese reiht sich wieder ein weißer und am innern Rand wieder ein gelber Kranz. Ebenso verhält es sich mit der äußeren Seite, welche ebenso aufgesetzt wird, nämlich jedesmal ein weißer und ein gelber Kranz; innen werden die Rübchen mit Eiklar be= strichen und messerrückendick mit Farce belegt, welches mit Vorsicht ge= schehen muß, daß sich die Rüben nicht verrücken. Der leere Raum wird alsdann mit gekochtem dicken Spinat, unter welchen man fünf rohe Gelbeier gerührt hat, gefüllt und nachdem man die Bordüre mit einem mit Butter bestrichenen Papierkranz gedeckt hat, wird sie eine halbe Stunde vor dem Anrichten im Dunst gesotten. Ebenso hat man eine Macedoine von grünen Bohnen, Spargelspitzen, Erbsen mit einer Beschamel=Sauce bereitet und au bain-marie warm gestellt, wie auch acht Stück Kopfsalat ganz gedünstet. Beim Anrichten wird nun die Bordure in eine Entrée=Schale gestürzt, nach einer Minute ausgehoben, die Macedoine in den leeren Raum gefüllt, darüber acht Stück schön gebratene Wachteln und zwischen jedes ein Salat=häuptchen dressirt und nachdem dieses nochmals schön glacirt ist, mit Be=gleitung einer braunen sauce espagnole zur Tafel gegeben.

1494. Gestürzte Gemüse-Bordure mit Erbsen und Kalbsmilchnern.
Bordure de légumes aux riz de veau et petits pois.

Die Bordure wird der vorhergehenden ganz gleich ausgelegt, gekocht und gestürzt. In ihre Mitte kommen beim Anrichten grüne Erbsen à l'Anglaise, außen herum wird ein Kranz von glacirten Kalbsbrieschen und zwischen jedes ein Hahnenkamm, aus Ochsenzunge geschnitten, garnirt.

1495. Gestürzte Gemüse-Bordure mit Endivien und Escalopes.
Bordure de légumes aux filets de volaille à la chicorée.

Diese Bordure wird wie die vorige bereitet. Beim Anrichten wird sie in eine Entrée=Schüssel gestürzt, in die Mitte ganz dick gekochte Chicoree gegeben, außen herum werden sautirte Hühnerbrüstchen und ebenso ge=schnittene Zungenstückchen abwechselnd im Kranze gelegt und nachdem alles schön glacirt ist, wird eine sauce suprême extra nachservirt.

1496. Gestürzte Gemüse-Bordure mit Tauben-Brüstchen. Bordure
de légumes aux filets de pigeons à la Chantilly.

Diese Bordure wird ebenso bereitet, nur mit dem Unterschiede, daß die innere Seite auch mit Farce belegt werden muß und dadurch in der

Bordure selbst ein leerer Raum entsteht, welcher statt des Spinats mit einem dick bereiteten Salpicon von Gänselebern und Champignons gefüllt wird; darüber kommt ein mit Butter bestrichener Papierkranz. Sie wird eine halbe Stunde vor dem Anrichten au bain-marie gekocht, in eine Entrée= Schüssel gestürzt, der leere Raum mit gedünstetem Wirsingkraut oder jetschoux angefüllt und darüber ein Kranz von sautirten Taubenbrüstchen und in gleicher Form und Größe geschnittenen Schinkenschnitten gelegt, alles nochmals schön glacirt und mit einer sauce espagnole zur Tafel gegeben.

---

69. Abschnitt. 25. Abtheilung.

Von den großen Bohnen, Saubohnen, Sumpfbohnen.
Des fèves de marais.

Von dieser in verschiedenen Varietäten bei der Kochkunst vorkommenden Gemüse=Art werden nicht die großen Schoten, sondern die fast runden zusammengedrückten Samenkörner oder Bohnen zur Speise benützt, von welchen die große Windsor= und die kleine portugiesische Bohne die besten sind; doch sind alle nur in noch jungem Zustande bereitet, wohlschmeckend und zart, daher nicht so lange gewartet werden darf, bis die Bohne ganz ausgebildet und demzufolge der grüne Kern schon von einer dicken Hülse umgeben ist, in welchem Falle die Bohnen gebrüht und die Hülse abgezogen werden muß, aber dadurch sowohl am Geschmacke verlieren als auch ein bedeutendes Bedarfsquantum nöthig machen. Die beste Zeit zum Gebrauche ist Ende Juli oder Anfangs August. In ihrer Bereitungs= art gleichen sie den grünen Erbsen, weßhalb ich darauf hinweise.

---

69. Abschnitt. 26. Abtheilung.

Von den Kartoffeln. Des pommes de terre.

Von allen Gemüsearten sind die Kartoffeln, nächst dem Getreide, wohl das wohlthätigste Geschenk, welches der Schöpfer dem Menschen gegeben hat. Sie sind im 16. Jahrhundert aus Amerika nach England gebracht worden und haben sich über ganz Europa verbreitet. Durch ihre so ausgedehnte Kultur sind eine Menge Abarten entstanden, welche in den Gegenden, wo sie gebaut werden, verschiedene Namen erhalten haben. Sie erscheinen auf den Tafeln der Kaiser und Könige, wie auch in der Hütte des Bettlers, und die Kochkunst hat dafür gesorgt, daß sie zu einer reichen Auswahl von Speisen dem Menschen dienen.

Eine Abweichung hiervon machen die Topinamburs; sie sind gewöhn=
lich von der Größe einer welschen Nuß, bisweilen auch nochmal so groß;
ihr Geschmack ist weichlich und wässerig und sie sind deßhalb nicht besonders
geachtet. Sie sollen im vorigen Jahrhundert aus Brasilien zu uns gebracht
worden, jedoch durch die Kartoffeln nach und nach verdrängt worden sein.
In Frankreich sind sie jedoch noch ein beliebtes Wintergemüse. In ihrer
Bereitung kommen sie mehrentheils den Kartoffeln gleich.

1497. Kartoffeln auf englische Art. Pommes de terre à l'Anglaise.

Kleine runde Kartoffeln werden roh abgeschält, wo möglich im Dampf=
kessel gar gemacht, dann mit heißer Butter geschwungen, mit Salz bestäubt
und angerichtet. Sie dienen besonders zur Garnirung der gebratenen
Fleischstücke, Fische ɔc.

**1498. Kartoffeln auf englische Art. Pommes de terre
à l'Anglaise. Potatoes-soup.**

Die Kartoffeln werden roh geschält, mit Fleischbrühe, Salz und einer
Messerspitze voll Pfeffer dick gekocht, dann gut zu einem Brei verrührt.
Eine runde Stürzform wird stark mit Butter ausgestrichen, mit geriebenem
Brode ausgefüllt, die Kartoffeln eingefüllt, Brod darüber gestreut, dies
mit Butter begossen, im Ofen gebacken, dann in eine Schüssel gestürzt.
Wird den gebratenen Fleischstücken beigegeben.

**1499. Kartoffeln auf Küchenmeister-Art. Pommes de terre
à la maître d'hôtel.**

Die Kartoffeln werden roh geschält, dann in messerrückendicke Scheibchen
geschnitten und mit Salz, etwas Pfeffer und Fleischbrühe gekocht. Beim
Anrichten wird ein Stück beurre maître d'hôtel und etwas Kalbsjüs dazu
gethan, über dem Feuer geschwungen und angerichtet.

1500. Kartoffel-Püree à la Jakson. Pommes de terre à la Jakson.

Die Kartoffeln werden in der Asche gebraten, abgeschält, durch ein
Sieb passirt, mit einem Stück Butter gut verarbeitet, mit Fleischbrühe
und Rindfleischjüs zu einem dicken Püree angerührt, dann gesalzen, mit
etwas Pfeffer gewürzt, mit einem Stück frischer Butter gut verrührt, er=
haben angerichtet und würfelig geschnittene Sardellen darüber gestreut.

**1501. Kartoffel-Püree mit süßem Rahm. Purée de pommes
de terre à la crême.**

Die Kartoffeln werden im Dunste gesotten, abgeschält, sogleich eine
um die andere durch ein feines Haarsieb passirt, mit Butter über dem
Feuer gut verrührt, mit heißem süßen Rahm zu einem dicken Püree an=
gerührt, gesalzen, mit Muskatnuß gewürzt und nachdem man kurz zuvor
noch ein Stück sehr frische Butter untergerührt hat, wird es erhaben an=
gerichtet und zu Tisch gegeben.

1502. Kartoffeln auf Berchtesgadener Art. Pommes de terre à la Berchtesgaden.

Die Kartoffeln, wo möglich lange, werden roh abgeschält, gewaschen, in Scheiben geschnitten, in eine Casserolle gethan, mit süßem Rahm über= gossen, gesalzen und so langsam, daß sie nicht zerfallen, gekocht. Unter= dessen hat man 140 Gramm Butter mit einer ganzen Zwiebel und zwei Eßlöffeln voll Mehl etwas geröstet, dann wird der Rahm abgeseiht, das geröstete Mehl damit angerührt, der noch nöthige Rahm dazu gegossen, dies über dem Feuer zu einer etwas dickfließenden Sauce angekocht, ge= hörig gesalzen, über die Kartoffeln passirt, noch ein Stück sehr frische Butter dazu gethan, zusammen über dem Feuer geschwungen und heiß angerichtet. Diese Kartoffeln erfordern zu ihrer gelungenen Zubereitung vorzüglich frische Butter und sehr guten Rahm, welcher in so vorzüglicher Güte von den Hochalpen Berchtesgadens gebracht wird, daher man ihnen auch diese Benennung gegeben hat.

1503. Kartoffelknödel auf bürgerliche Art. Quenelles de pommes de terre à la bourgeoise.

Zwölf große Kartoffeln werden in der Asche gebraten, heiß abgeschält, durchpassirt, mit einem Stück Butter und sechs ganzen Eiern gut verrührt, gesalzen, mit Muskatnuß gewürzt, zwei in kleine Würfel geschnittene und in Butter gelb geröstete Mundbrode dazu gethan, zusammen genau unter= mengt und hiervon Knödel in beliebiger Größe geformt; sie werden kurz vor dem Gebrauche in gesalzenem Wasser langsam gesotten und zur Suppe in kräftiger Fleischbrühe oder auch zum boeuf à la mode, zu Wildpret= Ragout u. dgl. gegeben.

1504. Kartoffeln mit Häringen. Pommes de terre aux filets de harengs.

Ein Pfund lange Kartoffeln wird abgekocht, geschält und zugedeckt warm gestellt. Ebenso werden drei Häringe gewaschen, jeder der Länge nach in zwei Theile getheilt, rein aus Haut und Gräten gelöst, in finger= breite Stücke geschnitten und in Milch gelegt. Ferner werden drei schöne, weiße Zwiebeln abgeschält, feinblätterig geschnitten, in Butter weiß ge= dünstet, mit zwei Eßlöffeln voll Mehl verrührt, mit diesem noch einige Minuten geröstet, dann mit süßem Rahm, gutem Kalbfleischfond nebst Salz, Pfeffer und etwas Muskatnuß zu einer dicken Sauce über dem Feuer ge= kocht, welche sodann sammt den Zwiebeln durch ein Haarsieb gestrichen und warm gestellt wird. Sodann wird eine silberne oder porzellanene Schale mit Butter ausgestrichen und am Boden mit Kartoffelscheibchen belegt, diese leicht gesalzen, dann wird etwas von der Sauce darüber ge= strichen und darüber Häringsstückchen gelegt, dann wieder Kartoffeln, Sauce und Häringe; zuletzt kommt eine Lage Kartoffeln, welche gesalzen, mit der Sauce gedeckt, mit fein gestoßener Mundbrodrinde besäet, mit Butter beträufelt, eine Viertelstunde gebacken und dann zu Tisch gegeben werden.

1505. Kartoffeln nach Karlsruher Art. Pommes de terre à la Karlsruhe.

Die Kartoffeln werden ganz den vorhergehenden gleich zubereitet, nur daß statt der Häringe hier in Scheiben geschnittene, schweinerne Bratwürste und geräucherte Zungenstückchen gelegt werden.

1506. Kartoffeln mit Sardellen im Ofen. Pommes de terre aux anchois au four.

Ein Pfund lange Kartoffeln wird abgesotten, geschält, in Scheiben geschnitten und zugedeckt warm gestellt. 280 Gramm Sardellen werden gewaschen, halbirt, von den feinen Gräten befreit und jede Hälfte in zwei Theile getheilt. Dann werden sechs Eier hart gesotten, abgeschält und jedes in vier Theile geschnitten. Eine tiefe Schale wird stark mit Butter ausgestrichen, mit Kartoffeln am Boden belegt, diese gesalzen, darüber saurer Rahm gestrichen, über diesen Eier und Sardellen gelegt, dann wieder Kartoffeln, saurer Rahm, Sardellen und Eier, zuletzt Kartoffeln, welche gesalzen und mit saurem Rahm überstrichen werden, sodann wird braunes Brod darüber gesäet. Sie werden noch eine viertel Stunde im Ofen gebraten und sogleich zu Tisch gegeben.

1507. Kartoffeln-Beignets. Beignets de pommes de terre.

Ein Suppenteller voll durchgetriebene Kartoffeln wird mit 140 Gramm frischer Butter, welche schaumig gerührt und mit dem Gelben von sechs Eiern untermengt wurde, nebst Salz und Muskatnuß gut verrührt, daß man eine teigartige Masse hat, welche über dem Backtisch mit Mehl finger= dick ausgerollt und davon runde Stücke in der Größe eines Weinglases ausgestochen werden. Sie werden in einem plat à sauter mit geklärter, frischer Butter eingerichtet, auf beiden Seiten lichtbraun geröstet, dann an= gerichtet und den gebratenen Fleischstücken beigegeben.

1508. Gebratene Kartoffeln. Pommes de terre frites.

Die Kartoffeln werden entweder ausgestochen oder mit dem Messer recht egal und in jeder beliebigen Form geschnitten, dann gewaschen, auf einem Tuch abgetrocknet und in geklärter, heißer, frischer Butter in einem plat à sauter geröstet und zwar so, daß sie eine schöne, lichtbraune Farbe haben, sowie weich und croquant sind; sie werden in der Regel zu ge= bratenen Fleischstücken als Garnitur verwendet.

1509. Aus dem Schmalze gebackene Kartoffeln. Pommes de terre frites à la Française.

Die Kartoffeln werden nach dem Abschälen in kleine Schnitzchen ge= schält, gewaschen, abgetrocknet, kurz vor dem Anrichten aus heißem Schmalz gebacken, dann auf ein Tuch ausgehoben, gesalzen und als Garnitur zu Beefsteaks gegeben.

1510. Kartoffeln auf italienische Art. Pommes de terre à l'Italienne.

Die Kartoffeln werden zu Scheibchen geschnitten, statt in der Butter in heißem Oel gebacken, dann mit einer fines herbes, welche aus Peter= silie und Schalotten, in Oel gedünstet, besteht, untermengt, mit kurzgekochter Jüs begossen, gesalzen, mit Pfeffer gewürzt, über dem Feuer geschwungen und heiß angerichtet.

1511. Kartoffeln auf deutsche Art. Pommes de terre à l'Allemande.

Die roh abgeschälten, in kleine Schnitzchen getheilten Kartoffeln werden in Fleischbrühe mit Salz abgekocht, dann angerichtet und mit in frischer Butter lichtbraun geröstetem, feinen Brod bestreut. Statt des Brodes können auch geröstete Zwiebeln genommen werden.

1512. Kartoffeln mit Häringen im Ofen. Gateau de pommes de terre au four.

Man bereitet von zwölf Stück gebratenen Kartoffeln ein dickes Püree, welches gesalzen, mit Muskatnuß gewürzt, mit dem Gelben von acht Eiern und zwei in kleine Würfel geschnittenen Häringen untermengt, und dieses in eine mit Butter ausgestrichene und mit Brod ausgesäete Sturzform gefüllt wird. Oben wird zerlassene Butter darüber gethan und dies im Ofen gebacken. Beim Anrichten wird es in eine Schüssel gestürzt, die Form nach einigen Minuten abgehoben und nachdem man etwas Jüs darunter gegossen hat, zu Tisch gegeben.

1513. Kartoffeln mit Senf-Sauce auf Frankfurter Art. Pommes de terre à la Francfort.

Ein Pfund lange gute Kartoffeln wird gesotten, abgeschält und zu= gedeckt warm gestellt. Unterdessen werden 140 Gramm roher Schinken und einige Zwiebeln in Würfel geschnitten, mit 140 Gramm frischer Butter gelb gedünstet und mit zwei Eßlöffeln voll Mehl noch etwas ge= röstet. Sodann gießt man die nöthige Bouillon und etwas kräftige Jüs dazu, würzt diese mit einem Lorbeerblatt, einigen Pfefferkörnern, etwas Citronenschale und Thymian, gießt ein halbes Weingläschen voll guten Burgunder=Essig hinzu und kocht hiervon eine kräftige Sauce. Die Kar= toffeln werden in Scheiben geschnitten, die Sauce darüber passirt, das nöthige Salz dazu gethan und zusammen noch einige Minuten mit fünf Eßlöffeln voll französischem Senf gekocht. Beim Anrichten werden sie mit auf dem Roste gebratenen Schweins=Coteletten bekränzt.

1514. Kartoffeln im Ofen auf italienische Art. Pommes de terre au four à l'Italienne.

Zwei Eßlöffel voll fein geschnittene Zwiebeln werden mit 140 Gramm frischer Butter und mit drei Eßlöffeln voll Mehl gelb geröstet, dann gießt man $^5/_{10}$ Liter süßen Rahm nach und nach dazu und kocht hiervon eine dickliche Rahm-Sauce. Unter diese werden 280 Gramm gekochter, magerer und feingeschnittener Schinken, 140 Gramm geriebener Parmesan-käse, 140 Gramm feingeschnittene Sardellenfilets und acht gehackte Ei-dotter gemengt. Eine passende Schale wird stark mit Butter ausge-strichen, mit Kartoffelscheibchen belegt, diese gesalzen, mit der Sauce über-strichen und mit Salamiwurstscheibchen belegt, über diese kommen wieder Kartoffeln, Sauce und Wurstblättchen; die obere Lage müssen Kartoffeln sein, welche genau mit der Sauce überstrichen sein müssen, darüber wird Brod gestreut und über dieses kleine Stückchen Butter gelegt. Eine Stunde vor dem Anrichten werden sie im mittelheißen Ofen langsam gebacken.

Die Bereitung der Kartoffel-Mehlspeisen folgt an der betreffenden Stelle.

---

69. Abschnitt. 27. Abtheilung.

Vom indischen Kürbis, Wasserkürbis. Du giromon, portiron indien.

Wächst in Indien, Egypten und Unteritalien, wird wegen seines saft-reichen, kühlenden Fleisches besonders in Frankreich kultivirt; er kommt in zweierlei Gestalten vor: der keulenförmige Flaschenkürbis und der runde Melonenkürbis. Er wird sowohl als Gemüse bereitet und als Zwischen-speise gegeben, als auch in Essig und Salz, wie die Gurken angemacht.

1515. Indischer Kürbis nach französischer Art. Giromon à la Française.

Seine Vorbereitung schließt sich an die der Gurken an; ein großer oder zwei kleinere Kürbisse werden in ovale, 6 Centimeter große Stücke geschnitten, das Fleisch von der Schale und den wässerigen Theilen geson-dert, in Wasser und Salz blanchirt, dann abgegossen und gut abgetropft, hierauf in einem Stückchen frischer Butter mit gehackter Petersilie, Schnitt-lauch, Estragon und etwas gestoßenem Pfeffer weich gedünstet, mit sechs Eßlöffeln voll weißer Sauce und Citronensaft langsam überschwungen, heiß angerichtet und mit gebackenen Brodschnitten bekränzt, heiß zu Tisch gegeben.

1516. Indischer Kürbis mit Rahm-Sauce. Giromon à la crême.

An die vorher beschriebene Bereitungsart schließt sich die Anfer-tigung einer guten sauce béchamel (siehe Nr. 162), mit welcher der mit etwas fein gehackter Petersilie weich gedünstete indische Kürbis, jedoch ohne Citronensaft, leicht untermengt wird. NB. Das Beschamel kann auch mit einigen Eidottern legirt werden.

69. Abschnitt.   28. Abtheilung.

Vom Pomeranzen-Kürbis.   De l'aubergine, melongène.

Dieser wird besonders im südlichen Frankreich, namentlich in der Provence, kultivirt. Einige sind rund und gleichen so ziemlich den großen Pomeranzen; andere sind länglich und haben mehr oder weniger Aehnlichkeit mit den kleinen Gurken, und wieder andere haben die Gestalt eines Eies. Ebenso verschieden sind sie auch in Farbe, es gibt weiße, violette und rothe. Sie werden in Paris vielseitig als Gemüse bereitet und als Zwischenspeise gegeben und kommen vor als:

1517. Melogenen nach Biard.   Aubergines à la Viard.

Man schneidet sechs bis acht Stück dergleichen Früchte in der Mitte von einander, nimmt einen Theil des inneren Markes heraus und salzt die Melogenen etwas. Indeß wird das herausgenommene Mark gehackt und mit etwas fein geschnittener Petersilie, Champignons, Schnittlauch, Salz und gestoßenem Pfeffer in Butter geschwitzt und hierauf mit etwas geriebener Semmel und Sardellenbutter, etwas Oel und Butter gut durcheinander gemengt. Mit dieser Fülle werden die Früchte gefüllt, glatt und fest geebnet, sonach mit Ei bestrichen, mit geriebenen Semmeln bestreut, mit Butter beträufelt und eine halbe Stunde vor dem Anrichten im Ofen auf einem mit etwas fetter Brühe belegten Plafond gebraten und sonach schön angerichtet.

---

69. Abschnitt.   29. Abtheilung.

Von den Gurken, gemeine Kukumer.   Des concombres.

Durch die Kultur sind mehrere Abarten entstanden, welche sich in Farbe und Größe der Früchte unterscheiden. Einige sind glatt und hellgrün, andere rauh, warzig und von dunklerer Farbe, und wieder andere sehr lang, etwas gebogen und rauh, wie die Schlangengurke. Dieses Gewächs wird nur im unreifen Zustande zur Speise benützt; selten kommen sie als Gemüse bereitet vor, werden dann gewöhnlich bei gemischten Gemüsen und seltener als ein für sich allein bestehendes Gemüse gegeben. Außerdem werden die Gurken auf verschiedene Art eingemacht, wozu besonders die letztgenannte Schlangenart als Azia bereitet wird. Von den in Mistbeeten gezogenen erscheinen die Erstlinge schon sehr zeitig als ein sehr seltener, theurer Salat; der von der Größe der Gurken bedingte in zwölf bis fünfzehn Stücken bestehende Gemüsebedarf wird in ökonomischer Rücksicht natürlich von den späteren oder Landgurken genommen.

1518. Gurken mit Rahm-Sauce. Concombres à la crème.

Nachdem man vier bis fünf schöne frische Gurken abgeschält und in kleine viereckige Stücke geschnitten hat, werden sie abblanchirt, abgegossen, mit frischem Wasser abgekühlt, und dann über ein reines Tuch zum Ab= tropfen gelegt. Ebenso bereitet man die nöthige sauce béchamel nach Nr. 162, mit welcher die Gurkenstückchen in einer Casserolle heiß über= gossen, leicht durchschwungen und ebenso heiß in eine Entremets=Schale angerichtet werden.

1519. Gefüllte Gurken. Concombres farcis.

Drei bis vier Stück gleich große frische Gurken werden abgeschält, oben ein Stück abgeschnitten, dann mit einem Apfelbohrer vorsichtig aus= gehöhlt; es muß aber mit Sorgfalt geschehen, damit sie nirgends be= schädigt werden. Diese so ausgehöhlten Gurken werden nun mit einer nach Nr. 289 bereiteten Farce gefüllt, das abgeschnittene Stück wieder darüber gelegt, und dann in weißes, mit Butter bestrichenes Papier eingewickelt. Sodann wird eine passende Casserolle am Boden mit Speck= scheiben belegt, darüber einige Tranchen Kalbfleisch, einige Carotten und Zwiebeln, ein Lorbeerblatt und ein wenig Thymian gethan; über dieses legt man die Gurken und übergießt sie mit fetter, gesalzener Fleischbrühe. Sie werden nun eine halbe Stunde langsam über Kohlenfeuer gedünstet, sodann ausgehoben, rein entfettet, in eine Schüssel angerichtet und mit einer sehr kräftigen braunen sauce espagnole heiß übergossen, zu Tisch gegeben.

1520. Gurken auf spanische Art. Concombres à l'Espagnole.

Vier bis fünf schöne frische Gurken werden in der Mitte durch= und dann jede Hälfte wieder in vier gleiche Theile geschnitten; diese werden abgeschält, in gleiche ovale Stücke zugeschnitten, abblanchirt, abgegossen und über ein Tuch zum Abtropfen gelegt. Sodann läßt man $^3/_{10}$ Liter gute sauce espagnole (gute braune Sauce) aufkochen, gibt die Gurken= stücke dazu und läßt sie eine halbe Stunde langsam kochen, bis sie sich bei einem leichten Drucke des Fingers weich fühlen lassen. Sie werden sonach mit dem Schaumlöffel ausgehoben und in eine andere Casserolle ge= legt; die Sauce wird dann noch etwas eingekocht, gehörig assaisonnirt, durch ein Haarsieb darüber geseiht und heiß in eine Schale angerichtet.

69. Abschnitt. 30. Abtheilung.

Von den Trüffeln. Des truffes.

Die Trüffel ist für die höhere Küche unentbehrlich geworden; denn jedes Gericht, welches mit Trüffeln bereitet ist, wird stets mit dem besten Erfolge aufgenommen.

Der Ursprung der Trüffel ist unbekannt; man findet sie, aber man weiß nicht, woher sie kommen, noch wie sie wachsen. Die geschicktesten Leute haben sich damit beschäftigt; man glaubte ihre Samen zu kennen und versprach, sie nach Willkür zu säen. Allein es waren unnütze Anstrengungen, der Aussaat folgte niemals eine Ernte, und das ist kein großes Unglück; denn könnte man sie wie die Kartoffeln anbauen, so würden sie wie alles in der Welt, ihren Werth verlieren. Die Trüffeln waren im Jahre 1780 in Paris selten; man fand nur wenige im Hotel der Amerikaner und der Provence und ein Indian mit Trüffeln gefüllt war ein Luxusgegenstand, den man nur auf der Tafel der größten Herrschaften fand.

Die besten französischen Trüffeln kommen aus Perigord und der Provence; die möglichste Vollkommenheit erreichen sie im Monat Januar. Die Trüffeln aus Burgund und der Dauphinée sind von geringer Qualität, es fehlt ihnen das feine Aroma. Man findet auch in Piemont weiße Trüffeln, die sehr geschätzt werden; sie haben einen leichten Geschmack nach Knoblauch, der aber ihrer Vollkommenheit deßwillen keinen Eintrag thut.

Die Trüffeln sind ein leicht kaubares Nahrungsmittel von geringem Gewicht, das an und für sich nichts Ledernes noch Hartes hat, aber sie sind nicht leicht verdaulich: jedoch mit Mäßigkeit genossen schaden sie durchaus nicht.

1521. Trüffeln in Champagner-Wein gekocht. Truffes à la serviette au vin de Champagne.

Hierzu wählt man je nach der Personenzahl die schönsten Exemplare; sie sollen nämlich groß, schön rund, fest und schwarz sein. Diese werden rein abgewaschen, dann rein abgebürstet, die zwischen der Schale sich fest eingedrängte Erde wird mit einem spitzigen Messerchen sorgfältig herausgenommen, so zwar, daß auch nicht das geringste Unreine daran bleibt. Sie werden sonach aus dem reinen Wasser zum Abtropfen auf ein Tuch gelegt und dann in eine mit Speckbarden ausgefütterte gut schließende Dunst=Casserolle eingelegt, wobei zu bemerken ist, daß die größeren unten liegen müssen. Dann werden 560 Gramm magerer roher Schinken, 560 Gramm Kalbfleisch und 280 Gramm weißer Speck würfelig geschnitten und in eine Casserolle gethan; dazu gibt man ferner ein Stück frische Butter, eine in Scheiben geschnittene gelbe Rübe, eine Zwiebel, grüne Petersilie, etwas wenig Thymian, ein Lorbeerblatt, etwas Basilikum, ein wenig Knoblauch, zwei Gewürznelken und ein wenig geriebene Muskatnuß. Dieses wird zusammen leicht geröstet, dann gießt man zwei Bouteillen nicht moussirenden Champagner-Wein dazu und läßt diese Marinade zwei Stunden langsam dünsten. Eine Stunde vor dem Anrichten wird dieselbe über die Trüffeln geseiht, gut ausgepreßt, dann diese gut verschlossen noch eine Stunde gekocht. Beim Anrichten werden sie im letzten Augenblicke herausgenommen, über eine schön gebrochene Serviette auf einer runden Schüssel angerichtet und sogleich zu Tisch gegeben. NB. Statt des Champagners kann man auch Sauterne, vin de Graves oder guten Burgunder- oder Bordeaux-Wein nehmen.

1522. Trüffeln à la maréchal. Truffes sautées à la maréchal.

Nachdem man das nöthige Quantum schöner frischer Trüffeln rein gebürstet und abgeschält hat, werden sie rund geschnitten und dann in messerrückendicke, egale Scheibchen getheilt. Dann läßt man in einer flachen, gut verzinnten Casserolle 140 Gramm sehr frische Butter mit einem eigroßen Stück Geflügel-Glace zergehen, gibt ein Gläschen Madeira wie auch die sehr fein gewiegte Parure von den Trüffeln dazu und läßt es zusammen ein wenig eindünsten. Dann schüttet man die Trüffeln dazu und sautirt dieselben zehn bis zwölf Minuten lang, bis sie sich schön glacirt haben. Kurz vor dem Anrichten werden noch 70 Gramm sehr frische Butter, ein wenig Citronensaft und zwei Eßlöffel voll in Butter gelb geröstetes, feingeriebenes Brod darunter gethan, gut durchmelirt und erhaben in eine passende Assiette angerichtet.

1523. Trüffeln auf italienische Art. Truffes à l'Italienne.

Das nöthige Quantum Trüffeln, ungefähr 1 Kilo 120 Gramm werden rein gebürstet, gewaschen, dünn abgeschält und dann in Blättchen geschnitten. Acht Minuten vor dem Anrichten wird ein Kaffeelöffel voll fein geschnittener Schalotten im feinsten Provencer-Oel in einem plat à sauter gelb geröstet, dann gibt man die Trüffeln dazu, salzt sie leicht und sautirt sie über hellem Feuer, wobei man sie immer umwenden muß. Wenn diese nun gar sind, gießt man ein Gläschen Madeira und eine kleine Obertasse voll dickgekochte gute sauce espagnole darüber, würzt diese mit etwas wenig mit Salz verriebenem Knoblauch nebst etwas Pfeffer, läßt die Flüssigkeit bis zur Hälfte einkochen, gibt dann noch zwei Eßlöffel voll Sardellenbutter und einen Kaffeelöffel voll feingeschnittene, blanchirte Petersilie dazu, melirt diese leicht darunter, richtet sie heiß an und bekränzt sie mit kleinen, in Butter gelb gebackenen Brodherzchen.

1524. Warme Trüffel-Pastete. Timbale de truffes à la Talleyrand.

Nachdem man 1 Kilo 120 Gramm gute Perigord-Trüffeln sehr dünn abgeschält hat, werden sie wie welsche Nüsse zugeschnitten und zugedeckt bei Seite gestellt. Sonach schneidet man 560 Gramm rohen Schinken in kleine Würfel; diese werden mit Trüffel-Parure, etwas Thymian, Lorbeerblatt, grüner Petersilie und einem Stück frischer Butter langsam geröstet, dann gießt man ³/₁₀ Liter guten Fond und etwas Geflügel=Braise dazu und läßt es zusammen eine Stunde dünsten. Während dieser Zeit wird eine passende Pasteten=Form mit mürbem Teig ausgefüttert und ganz mit dünnen Speckbarden ausgelegt. Die Braise wird nun durch ein Sieb über die Trüffeln geseiht, gut ausgepreßt und zugedeckt fünfzehn Minuten gekocht. Dann wird die Essenz von den Trüffeln abgeseiht, sehr rein entfettet, ein Gläschen Madeira und eben so viel gute sauce financière dazu gethan, zusammen dick eingerührt, sonach über die Trüffeln gegossen und gut untermengt. Die so bereiteten Trüffeln werden nun in die Pastete eingefüllt, dann mit einem Teigdeckel gut geschlossen und drei viertel Stunden vor der Tafelstunde langsam gebacken. Beim Anrichten wird die Pastete in eine passende Schüssel gestürzt und, ohne sie aufzuschneiden, zu Tisch gegeben. Das Aufschneiden selbst hat daher erst im Augenblicke des Servirens zu geschehen, damit der feine aromatische Dunst, welcher sich überall verbreitet, nicht zu schnell verfliegt, was dieser köstlichen Pastete sehr schaden würde.

1525. Trüffeln auf piemontesische Art. Truffes blanches à la Piemontaise.

1 Kilo 120 Gramm solcher Trüffeln werden, nachdem sie rein ge= waschen, gebürstet und ebenso rein abgeschält sind, ganz fein in dünne Scheibchen geschnitten, dann wird eine Silber= und Porzellan=Casserolle mit frischer Butter ausgestrichen, in welcher man sonach einige Löffel voll dicke sauce espagnole, mit Sardellenbutter und einem Stück Glace gut verrührt, auseinanderstreicht; über diese werden nun Trüffeln gestreut, über diese wieder Sauce, dann Trüffeln, und so werden diese in mehreren Schichten schön eingerichtet. Oben darüber wird der Rest der Sauce ge= strichen, welche man ganz mit fein geriebenem Parmesankäs überstreut und das Ganze zehn bis zwölf Minuten langsam bäckt und dann sogleich servirt.

---

70. Abschnitt.

Von den Salaten. Des salades.

Unter Salat versteht man alle Pflanzen, welche roh oder vorher ab= gekocht, mit Essig, Oel, Pfeffer und Salz angemacht, kalt genossen werden. Sie erscheinen als einfach zubereitete oder auch unter verschiedenen Formen als aufgesetzte oder gestürzte Salate.

1526. Blumenkohl-Salat. Salade de choux-fleurs.

Von vier Rosen schönem Blumenkohl werden die äußeren grünen Blätter abgelöst, der Stiel zur Hälfte abgeschnitten, alle grünen Blättchen zwischen den Blümchen herausgenommen und in gesalzenem, kochenden Wasser mit einem Stück frischer Butter so weich gekocht, daß die Blumen schön ganz bleiben. Wenn sie kalt geworden sind, legt man sie zum Ab= tropfen auf ein reines Tuch, richtet sie dann in Form einer Blume in eine Salatschale und gießt nachstehende Sauce darüber: Von sechs hart= gesottenen Eiern wird das Gelbe durch ein feines Haarsieb passirt, mit feinem Provencer=Oel abgerührt, mit gutem weißen Essig angenehm ge= säuert, gesalzen, zwei Eßlöffel voll blanchirte grüne Petersilie, ein Eß= löffel voll Pimpernelle und Estragon dazu gethan, der Blumenkohl damit übergossen und dem Braten beigegeben, servirt.

1527. Bohnen-Salat. Salade de haricots verts.

Einige Teller voll grüne zarte Bohnen werden unten und oben ab= geschnitten, der Faden abgezogen, jede der Länge nach in zwei Theile ge= theilt; recht grün blanchirt, mit frischem Wasser abgekühlt und zum Ab= tropfen auf ein reines Tuch gelegt. Sie werden dann mit feinstem Oel, gutem Essig, Salz und etwas Pfeffer angemacht, mit etwas fein geschnittener Petersilie, Schalotten und Estragonblättchen, alles recht fein geschnitten und blanchirt, untermengt gehäuft in einer Salatschale angerichtet und außen herum mit kleinen, abgekochten Blumenkohl=Röschen garnirt.

1528. Spargel-Salat. Salade d'asperges.

Mehrere Hundert recht grüner Suppenspargel werden von den feinen Blättchen befreit, dann, soweit sie weich und grün sind, in 1 Centimeter lange Stückchen geschnitten, in gesalzenem kochenden Wasser recht grün und weich blanchirt, abgeseiht, mit kaltem Wasser abgekühlt und auf ein Tuch zum Abtropfen gelegt. Sie werden mit dem feinsten Oel, gutem Essig, etwas Pfeffer und Salz, nach dem Geschmack des Tischherrn, angemacht, mit fein geschnittener Petersilie, wenig Schalotten, Estragon und Pimper= nelle, alles zusammen fein geschnitten und blanchirt, untermengt und ge= häuft in einer Saladière angerichtet. Kleine Blumenkohlröschen können, mit Essig und Oel angemacht, nach Belieben unten herum garnirt werden.

1529. Schwarzwurzel-Salat. Salade de salsifis.

Nicht zu dicke, gute Schwarzwurzeln werden wie zum Gemüse zu= bereitet, geputzt, in gesalzenem kochenden Wasser, mit etwas Essig unter= mengt, weich gekocht, abgeseiht, und auf ein Tuch zum Entwässern gelegt; dann passirt man das Gelbe von sechs hartgekochten Eiern durch ein feines Haarsieb, gibt das nöthige Salz, einen halben Kaffeelöffel voll feinen Zucker und eben so viel Pfeffer dazu und rührt dies mit dem nöthigen Oel, gutem Essig und einem Eßlöffel voll blanchirter, feingeschnittener Petersilie recht fein ab, daß daraus eine dickfließende Sauce entsteht. In diese werden die Wurzeln gethan, zusammen gut untermengt und gehäuft in einer Saladière angerichtet. Unten herum können ganz kleine, feinste Röschen recht grün blanchirter jets-choux, wie zum Salat angemacht, garnirt werden.

1530. Gurken-Salat.   Salade de concombres.

Die Gurken werden als Salat sehr häufig und allgemein genossen.
In ihrer Zubereitung als Salat aber werden sie gewöhnlich ganz ver=
fehlt und der Gesundheit nachtheilig angemacht. Die meisten salzen sie
nämlich ein und lassen sie in diesem Zustande eine Stunde oder noch
länger stehen, drücken sie dann aus und haben sodann nichts mehr als
lederartige, ganz von ihrem eigenthümlichen Geschmack beraubte Stückchen,
die dann sehr schwer zu verdauen und dadurch, besonders bei häufigem
Genuß, der Gesundheit des Menschen sehr nachtheilig werden. Die Gurken
müssen deßhalb im letzten Augenblicke dünn abgeschält, feinblätterig ge=
schnitten, mit gutem Oel, Essig, Salz und Pfeffer angemacht, gut unter=
mengt und sogleich genossen werden.

1531. Kartoffel-Salat, bürgerlich.   Salade de pommes de terre à la bourgeoise.

Gute, wenn möglich lange Kartoffeln werden rein gewaschen, mit
Salz abgekocht, sogleich abgeschält, feinblätterig geschnitten und auf einen
Suppenteller voll solcher, acht Eßlöffel voll Oel, eben so viel starker
Essig, Pfeffer und Salz wie auch etwas fein geschnittene Zwiebeln ge=
nommen, zusammen untermengt und gehäuft angerichtet.

1532. Grüner Salat.   Salade verte.

Der erste Salat, den uns das Frühjahr bietet, ist der sogenannte
Feldsalat, auch Nissel oder Schafmäulchen genannt, und der gesäete Salat;
diese werden rein durchsucht, besonders sehr rein mehrmals gewaschen und
im letzten Augenblicke vier Eßlöffel voll gutes Oel, zwei Eßlöffel voll starker
guter Essig, und das nöthige Salz auf einen Teller voll genommen, unter=
mengt und sogleich zu Tisch gegeben. Bei allen grünen Salaten ist be=
sonders darauf zu achten, daß man hierzu nur das beste Oel und nicht
sparsam, die Hälfte so viel guten starken Essig und wenig Salz nehme.

1533. Kopfsalat.   Laitue pommée.

Von dem Kopfsalat werden die äußeren grünen Blätter weggethan,
die gelben Blätter in Stückchen von den Rippen gelöst und die Herzchen
in vier Theile getheilt, jedes für sich rein gewaschen, in eine Serviette
gethan, die vier Enden zusammengenommen und gut ausgeschleudert,
damit das Wasser genau davon kömmt. Er wird dem vorhergehenden gleich
angemacht, gehäuft in einer Saladière angerichtet und die Herzchen, eben=
falls gut angemacht, darüber gelegt. Sollte es der Geschmack des Tisch=
herrn erlauben, so kann mit gutem Erfolge rein gewaschener feinge=
schnittener Estragon und Pimpernelle untergemengt werden.

1534. Italienischer Salat.   Salade à l'Italienne.

Derselbe wird auf folgende Weise bereitet: Für zwölf Personen
werden genommen: 280 Gramm Anguilotti, 280 Gramm Bricken, zwei

Häringe, 280 Gramm Sardellen, 70 Gramm Pistazien, 70 Gramm Pignolen, vier Eßlöffel voll Kapern, ein kleines Glas gefüllte Oliven, vier Reinette=Aepfel, sechs Stück Kartoffeln, vier Stück hart gekochte Eier, zwei Stück gekochten Sellerie; sollte man gebratenes Geflügel vom Tage vorher haben, so kann das Brustfleisch davon mit dazu genommen werden. Dieses alles wird rein geputzt und klein würfelig geschnitten, mit Ausnahme der gefüllten Oliven. Sodann wird ein flacher Teller von weißem Blech, der genau in die zum Anrichten bestimmte flache Schüssel paßt, über gestoßenes Eis gestellt und zweimesserrückendick mit ganz weißer guter Fleischsulz (aspic) begossen und diese stocken gelassen; über diese wird dann eine schöne Garnitur von Oliven, Krebsschwänz= chen, dem Gelben von Eiern, aufgerollten Sardellen, Kapern, etwas Pistazien 2c. eingelegt, leicht mit Fleischsulz begossen und wieder stocken gelassen. Alles Uebrige gibt man zusammen in eine Schale und macht es mit gutem feinen Provencer=Oel, gutem Essig, dem nöthigen Salz und Pfeffer angenehm gesäuert, zu einem Salat an, welcher aber nicht brühig, sondern dicklich gehalten sein muß. Dieser wird nun in den Blechteller gefüllt, glatt gestrichen und, mit einem Papier bedeckt, stehen gelassen. Kurz vor dem Anrichten wird das Papier abgenommen, die Platte darüber gelegt und der Blechteller in dieselbe gestürzt. Dann taucht man ein Tuch in's heiße Wasser, legt dies eine Minute über den Blechteller, wodurch sich die Fleischsulz von demselben ablöst, er wird dann behutsam abgenommen und der Salat sonach servirt.

1535. Gemischter Salat. Salade à la Macédoine.

Man nimmt hierzu eine Obertasse voll recht grün blanchirte Pflück= erbsen, eben so viel blanchirte und spitzweckartig geschnittene grüne Bohnen, einen halben Teller voll feinblätterig geschnittene Kartoffeln, eine Obertasse voll weich gekochte, trockene weiße Bohnen, zwölf Salatherzchen, sechs hart=

gekochte Eier, zwei Häringe und eine Untertasse voll rothe Rübenblättchen. Alles hier Genannte wird in kleine Häufchen, jedes für sich in eine Salat= schale geordnet, dazwischen kommen die Häringstückchen und die in vier Theile geschnittenen Eier. Kurz vor dem Anrichten werden acht Eßlöffel voll Oel mit sechs Eßlöffeln voll starkem Essig, etwas Salz und Pfeffer gut abgerührt, mit feingeschnittener Pimpernelle und Estragon, von jedem ein Eßlöffel voll untermengt und mit einem Eßlöffel über den dressirten Salat gegossen.

1536. Gestürzter Kartoffel-Salat. Salade de pommes de terre en chartreuse.

Man siedet zwanzig große runde Kartoffeln ab, doch so, daß sie ganz bleiben, aber gehörig weich sind. Diese werden in 3 Centimeter lange Stückchen geschnitten und mit dem Colonne=Ausstecher in der Größe eines Pfennigstücks ausgestochen. Von den übrig gebliebenen Kartoffeln wird ein Suppenteller voll würfelig geschnitten und beide Sorten zugedeckt bei Seite gestellt. Sodann wird eine runde oder ovale Stürzform in gestoßenes Eis gegraben und federkieldick mit klarer weißer Aspic begossen; wenn diese nun gestockt ist, werden die ausgestochenen Kartoffeln, jede in Aspic getaucht und in aufrechtstehender Ordnung, eine an die andere eingestellt, bis eine Reihe ganz voll ist. Ueber diese werden federkieldick und ebenso dick wie die Kartoffeln ausgestochene rothe Rübenblättchen, ebenfalls in Aspic ge= taucht, eingestellt, dann kömmt wieder eine Reihe Kartoffeln und über diese ebenso geschnittene rothe Rüben. Wenn dies recht schön und egal vollendet ist, wird am Boden eine schöne Garnitur von dem Weißen hart= gekochter Eier, in Scheiben geschnittenen Trüffeln, gekochter Ochsenzunge und Kapern eingelegt und diese wieder mit Aspic übergossen und stocken gelassen. Unterdessen bereitet man eine sauce mayonnaise mit Aspic, unter welche die würfelig geschnittenen Kartoffeln nebst 280 Gramm rein gewaschene, aus den Gräten gelöste und würfelig geschnittene Sardellen kommen, mit diesem wird die Form messerrückendick vom Rande angefüllt und ganz mit Aspic übergossen. Beim Anrichten hält man die Form einen Augen=

blick in nicht zu heißes Wasser, trocknet sie schnell ab, stürzt sie in eine flache Krystall= oder flache Salatschale um, hebt sie langsam ab, hält über die Oberfläche ein glühendes Eisen, damit die Aspic leicht schmilzt und einen glatten Spiegel bekommt und gibt den Salat zur Tafel.

1537. Schwarzwurzel-Salat mit Mayonnaise. Salade de salsifis à la mayonnaise.

Wird ganz dem vorhergehenden gleich zubereitet.

1538. Gestürzter Salat auf Gärtnerin-Art. Salade dressée à la jardinière.

Hierzu wird eine dreifingerhohe, glatte Bordureform genommen, in's Eis gegraben und wie der Kartoffel=Salat mit gelben und weißen Rübchen, welche ebenso geschnitten, weich gekocht und in Essig und Oel marinirt wurden, zierlich ausgelegt. Der Boden derselben wird mit Brüsselerkohl= Röschen, welche recht grün blanchirt sind, belegt und mit Aspic begossen. Sodann wird eine Mayonnaise bereitet, unter diese werden weich gekochte, weiße Bohnen oder Blumenkohl=Röschen gethan und damit angefüllt, dann Aspic darüber gegossen und stocken lassen. Unterdessen werden feine Pflück= erbsen, würfelig geschnittene grüne Bohnen und Spargelspitzen von jedem ein Desserttellerchen voll, zusammen in gesalzenem, kochenden Wasser blanchirt, abgeseiht, mit Wasser abgekühlt und zum Abtropfen auf ein Tuch gelegt, welche dann in eine Porzellanschale gethan und mit sechs Eßlöffeln voll Estragon=Essig, sechs Eßlöffeln voll feinstem Provencer=Oel und dem nöthigen Salze leicht geschwungen werden. Die Bordure wird sodann in's warme Wasser getaucht, abgetrocknet, in eine flache Krystall=Schale gestürzt und der Salat erhaben in der Mitte der Bordure angerichtet.

1539. Gestürzter Salat von weißen trockenen Bohnen. Salade de haricots blancs à la mayonnaise.

1 Kilo 120 Gramm gute weiße Bohnen werden gekocht und in ihrem Sude erkalten lassen, dann auf ein Sieb abgeschüttet. Eine runde

Sturzform wird in's Eis gegraben, mit Aspic federkieldick begossen und stocken gelassen. Wenn dies erreicht ist, wird eine Bohne um die andere an eine Spicknadel gesteckt, in dickfließende, halb gestockte Aspic getaucht und an der Seite des Models in der Art eingelegt, daß eine Bohne zur Hälfte über die andere zu liegen kommt; über diese kommt eine zweite Reihe in entgegenlaufender Richtung über die erstere zu liegen und so muß fortgefahren werden, bis die Form ganz voll und gleichmäßig aus= gelegt ist. Sodann wird eine Mayonnaise=Sauce mit Aspic bereitet, die nöthigen Bohnen untergemengt, etwas blanchirte Petersilie dazu gethan und die Form zweifingerhoch vom Rande angefüllt. Darüber wird Aspic gegossen, welche man auch an der Seite einlaufen läßt. Wenn der Salat recht kalt geworden, wird er in eine flache Salatschale gestürzt, darüber ein glühendes Eisen gehalten und sogleich zur Tafel gegeben.

1540. Artischockenböden als Salat. Fonds d'artichauts en salade.

Zwölf bis fünfzehn schöne gleichgroße Artischockenböden werden sehr rein und in gleicher Größe zugeschnitten, dann mit Citronensaft, einem Stück Butter, Salz und Wasser gehörig weich gedünstet und sodann kalt gestellt. Unterdessen gießt man die Vertiefung einer flachen Schale mit Aspic aus und stellt sie zum Stocken auf's Eis. Die Artischockenböden werden aus dem Sude genommen, rein abgewischt und eine halbe Stunde in Essig und Oel gelegt (marinirt). Ferner wird ein Stück schöner Blumen= kohl abgekocht und in kleine Röschen getheilt; ebenso werden Pflückerbsen, ungefähr 1 Liter, blanchirt, mit Wasser abgekühlt und zum Salat an= gemacht. Die Artischocken werden dann mit den Pflückerbsen erhaben ge= füllt, in der Salatschale über der Aspic aufgerichtet und unten herum mit den Blumenkohl=Röschen garnirt und nachdem man noch etwas Essig und Oel über das Ganze geträufelt hat, wird dieser Salat zu Tisch gegeben.

1541. Warmer Kraut-Salat. Salade de choux blancs chaude.

Die schönen Blätter von zwei Weißkrautköpfen werden aus den Rippen gelöst, sodann fein nudelartig geschnitten und in's kalte Wasser gelegt. Hierauf werden 280 Gramm weißer Speck fein würfelig geschnitten und mit zwei Eßlöffeln voll fein geschnittenen Zwiebeln über dem Feuer gelb geröstet, dann werden $^3/_{10}$ Liter guter Essig dazu gegossen, das Kraut aus dem Wasser genommen, ausgedrückt, dazu gethan, gehörig gesalzen, zugedeckt und über dem hellbrennenden Windofen schnell eingedünstet, was nur eine Viertelstunde dauern darf. Er wird warm in einer Salatschale angerichtet und gewöhnlich einer gebratenen Gans beigegeben.

1542. Cichorien und Endivien-Salat. Salade de chicorée.

Diese Salate kommen häufig vor und werden gerne gespeist, letzterer besonders mit Kartoffeln melirt. Sie werden feinblätterig geschnitten, mit gutem Oele, der Hälfte soviel starkem Essig und Salz angemacht. Auch gibt es Viele, die an diesen Salaten den Knoblauch=Geruch lieben; man zerdrückt in diesem Falle ein kleines Stückchen Knoblauch, zerreibt es mit Salz und verrührt es so mit dem Oel und Essig.

---

71. Abschnitt.

Von den Eierspeisen. Des oeufs.

1543. Gefüllte Eier. Oeufs farcis.

Achtzehn Stück Eier werden hart gekocht, in kaltem Wasser abgekühlt, geschält, jedes in der Mitte der Länge nach durchgeschnitten, das Gelbe herausgenommen, in einen Teller gethan und das Weiße in's kalte Wasser gelegt. Sodann werden zwei Mundbrode abgerieben, diese in kalter Milch eingeweicht, fest ausgedrückt, zu den Gelbeiern gethan und dann mit eben so viel frischer Butter, als die Eier betragen, nebst dem nöthigen Salz, etwas wenig Pfeffer und Muskatnuß fein gestoßen; hierauf werden noch zwei ganze und das Gelbe von drei rohen Eiern dazu gerieben und durch ein feines Haarsieb gestrichen. Die Weißeier werden auf ein Tuch gelegt, hoch mit der Masse gefüllt, diese glatt gestrichen, jedes mit Butter be= strichen und mit fein gestoßener Brodrinde bestreut. Der Rest der Fülle wird mit etwas sauerm Rahm verrührt, in eine flache Porzellanschale ge= gossen, die gefüllten Eier darüber eingesetzt, die Schale über Salz auf ein Tortenblech gestellt und im mittelheißen Ofen langsam gebacken.

1544. Gefüllte Eier mit kalter Senf-Sauce. Oeufs farcis à la rémolade froide.

Zwölf Eier werden hart gesotten, geschält, in der Mitte durchge= schnitten, das Gelbe herausgenommen, auf einen Teller gethan und das Weiße gewaschen auf ein Tuch gelegt. 140 Gramm Sardellen werden gereinigt, die Filets abgezogen, diese von den feinen Gräten befreit, klein= würfelig geschnitten, mit eben so viel feinen Kapern und würfelig geschnittenem, geräucherten Rheinsalm in einen Teller gethan. Die Eidotter werden durch ein feines Haarsieb gestrichen, mit vier Eßlöffeln voll Senf, eben so viel feinem Provencer=Oel, einem Eßlöffel voll feingeschnittener, blanchirter Petersilie, etwas Estragon, Pimpernelle und dem nöthigen Salz gut ver= rührt und mit etwas Citronensaft angenehm gesäuert. Von dieser Sauce kommen einige Eßlöffel voll unter die Sardellen, mit welchen dann die Eier schön gefüllt werden. Der Rest der Sauce wird in eine flache Schale gethan, glatt gestrichen, die Eier darüber geordnet, dazwischen mit fein gehackter Aspic (Fleischsulz) garnirt und zur Tafel gegeben.

1545. Eier mit Krebs und geräuchertem Lachs. Oeufs à la gourmand.

Zwölf Eier werden hart gesotten, abgeschält und ganz in's kalte Wasser gelegt. Ferner wird von 140 Gramm Krebsbutter, zwei Eß= löffeln voll Mehl und $1^5/_{10}$ Liter süßem Rahm eine Krebs=Beschamel dick= fließend gekocht, welche gehörig gesalzen, durch ein Haartuch in eine Casse= rolle gepreßt und au bain-marie warm gestellt wird. Eine halbe Stunde vor dem Anrichten werden die Eier auf ein Tuch gelegt, eine flache Por= zellanschale oder silberne Casserolle mit Krebsbutter ausgestrichen, etwas Krebs=Sauce eingegossen, darüber runde, messerrückendick geschnittene Scheib= chen Eier gelegt, über diese ebenso geschnittene Stückchen von geräuchertem Rheinsalm, dann wieder Sauce, Eier und Lachsstücke; zuletzt Sauce, welche über das Ganze glatt gestrichen und mit fünfzig Krebsschweifchen zierlich überlegt wird. Die Schale wird auf einen Plafond gestellt, zugedeckt und in einem mäßig heißen Ofen durch und durch erwärmt, jedoch muß darauf aufmerksam gemacht werden, daß diese Speise ja nicht kocht. Aus dem Ofen wird sie sogleich zu Tisch gegeben.

1546. Geperlte Eier. Oeufs perlés.

Diese werden den vorhergehenden in der Art gleich zubereitet, daß sie, statt mit einer Krebs=, mit einer guten süßen Rahm=Beschamel eingerichtet und oben mit derselben überstrichen werden. Man nimmt sodann acht hartgekochte Eidotter, zerdrückt diese mit etwas Salz, Muskatnuß und einem Stückchen Butter, gibt dieses auf ein grobes Drahtsieb, stellt die Schale unter dasselbe und streicht die Eidotter durch, daß sie perlenartig und gleich dick darüber fallen. Sie werden in den Ofen gestellt, langsam wieder erwärmt und, wenn die Eier eine lichtbraune Farbe haben, zu Tisch gegeben.

1547. Eier mit Rahm. Oeufs à la crême.

Zwölf bis fünfzehn Stück ganz frische Eier werden in kochendes Wasser, in welches man etwas Essig und Salz gethan hat, geschlagen, nach einer Minute aber, wenn sich das Ei zusammengezogen hat, der Dotter aber in demselben sich noch weich anfühlen läßt, ausgehoben und in's kalte Wasser gelegt. Sodann läßt man 140 Gramm sehr frische Butter heiß werden, rührt drei Eßlöffel voll Mehl dazu, röstet dies eine Minute ganz weiß, gießt sodann 1½ Liter guten süßen Rahm nach und nach dazu und rührt dieses auf dem Feuer mit einer Messerspitze Salz und 70 Gramm Zucker zu einer dickfließenden Rahm-Sauce ein, welche sodann durch ein Haartuch in eine bain-marie-Casserolle gepreßt und warm gestellt wird. Kurz vor dem Anrichten wird die Hälfte der kochendheißen Sauce in eine flache Porzellanschale gegossen, die Eier ausgehoben, rein zugeschnitten, eingelegt, über jedes mit einem Eßlöffel noch etwas Sauce gegossen, dann feingestoßene Mundbrodringe darüber gesäet, noch eine Minute in einen heißen Backofen gestellt und sodann gleich zu Tisch gegeben.

1548. Verlorene Eier mit Jüs. Oeufs pochés au jus.

Es werden die nöthigen ganz frischen Eier in kochendes, mit Salz und Essig gesäuertes Wasser geschlagen, weich pochirt, mit dem Schaum-löffel in's kalte Wasser gelegt, einzeln mit der Hand ausgehoben, der-selben rein zugeschnitten und wieder in ein anderes kaltes Wasser gelegt. Kurz vor dem Anrichten werden sie langsam erwärmt, dann eines neben das andere in eine flache Schale gelegt, über jedes etwas Pfeffer und Salz gestreut, in die Mitte etwas recht kräftige klare Jüs gegossen und sogleich zu Tisch gegeben.

1549. Verlorene Eier mit Sauerampfer-Püree. Oeufs pochés à la purée d'oseille.

Man bereitet ein gutes Sauerampfer-Püree (siehe Abschnitt von dem Püree), welches heiß in eine flache Schüssel angerichtet, mit den vorhergehend pochirten Eiern bekränzt, diese mit Geflügel-Glace glacirt, zwischen jedes ein in Butter geröstetes Brodherzchen gelegt und so zur Tafel gegeben wird.

1550. Eingerührte Eier. Oeufs brouillés.

Zwölf bis vierzehn Stück ganz frische Eier werden mit einer halben Obertasse voll süßem Doppel-Rahm, dem nöthigen Salz, einer Messerspitze weißen Pfeffer und etwas geriebener Muskatnuß gut abgeschlagen, dann 280 Gramm klein gebröckelte, sehr frische Butter dazu gethan und auf dem Feuer so lange gerührt, bis die Eier zusammengegangen sind und daraus sich eine crêmeartige, leichte, lockere Masse gebildet hat, welche man in eine Schale sogleich anrichtet und zu Tisch gibt. Nach Belieben können gebackene Semmelschnitten herum gelegt werden. Alle gerührten Eier dürfen erst einige Minuten vor dem Gebrauch abgerührt und müssen gleich gespeist werden.

1551. Eingerührte Eier mit Schinken. Oeufs brouillés au jambon.

280 Gramm magerer, gekochter Schinken werden ganz klein würfelig geschnitten, mit den vorhergehend beschriebenen Eiern abgerührt und etwas Demi=Glace darüber gegossen.

1552. Eingerührte Eier mit geräuchertem Rheinlachs. Oeufs brouillés au saumon du Rhin fumé.

Statt des Schinkens werden 280 Gramm klein würfelig geschnittener Rheinsalm unter die gut abgeschlagenen Eier gethan und mit diesen ab= gerührt.

1553. Eingerührte Eier mit Trüffeln. Oeufs brouillés aux truffes.

280 Gramm in Madeira=Wein abgekochte, geschälte Trüffeln werden kleinwürfelig oder en filets geschnitten, den abgeschlagenen Eiern beigegeben und mit diesen den vorhergehenden gleich beendet. Darüber kömmt etwas Demi=Glace mit der Trüffel=Essenz. Viele Köche lassen die Trüffeln ganz fein zu Hachis schneiden und geben sie so unter die Eier; allein diese bekommen dadurch ein nicht empfehlendes Ansehen, ja ich möchte sagen, sie sehen sogar unappetitlich aus.

1554. Eingerührte Eier mit Spargelspitzen. Oeufs brouillés aux pointes d'asperges.

Die Eier werden den vorhergehenden gleich zubereitet, nur daß statt der Trüffeln drei Obertassen voll recht grün blanchirte Spargelspitzen kommen.

1555. Eingerührte Eier mit Sardellen. Oeufs brouillés aux anchois.

Statt der Spargelspitzen werden hier 280 Gramm rein gewaschene, entgrätete und in kleine Filets geschnittene Sardellen beigegeben; dabei ist besonders auf das Salzen der Eier zu achten.

1556. Eingerührte Eier auf Schweizer Art. Oeufs brouillés à la Suisse.

Die Eier werden mit 140 Gramm in kleine Würfel geschnittenem, guten Emmenthalerkäse abgerührt, angerichtet und darüber etwas fein ge= riebener Parmesankäse gestreut.

1557. Omelette. Omelette.

Es werden zehn bis zwölf Eier mit dem nöthigen Salz, etwas weißem Pfeffer, Muskatnuß, nebst einem halben Eßlöffel voll feinge=schnittener Petersilie und vier Eßlöffeln voll süßem Rahm gut abgesprudelt. Kurz vor dem Gebrauche läßt man 140 Gramm geklärte, frische Butter in einer Omelette=Pfanne bis zum Rauchen heiß werden, gießt die Eier dazu, rüttelt die Omelette leicht über dem Feuer, bringt die zuerst fest=werdenden oder stockenden Eier mit der Messerklinge unter die andern, gießt, wenn nichts Flüssiges mehr vorhanden ist, noch etwas klare Butter unter die Omelette und läßt sie schöne Farbe nehmen; hierauf stürzt man eine flache Schüssel über die Omelette, wendet die Pfanne schnell um, biegt den Rand der Omelette mit dem Messer etwas ein und gießt etwas wenig Jüs darüber. Die Omelette muß in der Art gebacken sein, daß die Oberfläche eine schöne lichtbraune Farbe hat, das Innere derselben aber muß weich und crêmeartig sein.

1558. Omelette mit Kalbsnieren. Omelette aux rognons de veau.

Vier aus ihrem Fett gelöste frische Kalbsnieren werden rein gewaschen, in feine Scheibchen geschnitten, mit einem Stückchen Butter und etwas fines herbes geröstet, gesalzen, leicht mit Mehl bestäubt, mit etwas Madeira=Wein und aufgelöster Glace begossen, einmal aufgekocht und in eine kleine Casserolle eingeleert. Die Omelette wird den vorhergehenden gleich gebacken, angerichtet, außen herum mit den Nierchen bekränzt und in der Mitte schön glacirt.

Ferner erscheinen die Omeletten noch als:

1559. Omelette mit Trüffeln. Omelette aux truffes.

1560. Omelette mit Schinken. Omelette au jambon.

1561. Omelette mit geräuchertem Lachs. Omelette au saumon fumé.

1562. Omelette mit Spargeln. Omelette aux pointes d'asperges.

1563. Omelette mit Sauerampfer. Omelette à la purée d'oseille.

1564. Omelette mit Spinat. Omelette aux épinards.

1565. Omelette mit feinen Kräutern. Omelette aux fines herbes.

Bei allen diesen wird die Omelette schön gebacken, die fein emincirten gekochten Trüffeln, der fein geschnittene Schinken, der würfelig geschnittene Lachs, die abgekochten Spargelspitzen, das Sauerampfer=Püree, der Spinat, wie auch die fines herbes in die Mitte gethan, die Omelette außen herum übergebogen, in eine flache Schüssel gestürzt und mit einigen Eßlöffeln voll Demi=Glace übergossen zur Tafel gegeben.

1566. Eier in Beschamel. Oeufs à la tripe.

Zehn bis zwölf Eier werden hart gekocht, geschält, jedes in vier Theile der Länge nach durchgeschnitten, in eine Casserolle gethan, mit Salz und etwas Pfeffer gewürzt, mit feingeſchnittener blanchirter Peterſilie beſtreut, mit der nöthigen heißen Beſchamel=Sauce übergoſſen, ein Eßlöffel voll Senf dazu gethan, durcheinander geſchwungen, erhaben in eine flache Schale an= gerichtet und bis zum Gebrauche au bain-marie warm geſtellt. Ehe man ſie zur Tafel gibt, werden ſie mit einem bis zwei Eßlöffeln voll guter Eſſenz begoſſen und mit in klarer Butter gelb geröſteten Brodherzchen umlegt.

1567. Eier in der Pfanne. Oeufs à l'oeil de boeuf.

Man läßt in einer Omelette=Pfanne 105 Gramm friſche Butter heiß werden, ſchlägt zwölf ganz friſche Eier eins neben das andere ein, beſtäubt dieſe mit feinem Salz und weißem Pfeffer und ſetzt die Pfanne auf Kohlenfeuer, bis die Eier halb angezogen haben, ſodann wird eine glühende Kohlenſchaufel darüber gehalten, damit ſie auch von oben an= ziehen. Sie werden ſodann auf eine Schüſſel abgerutſcht, mit Citronen= ſaft beſpritzt und ſogleich zu Tiſch gegeben. Zu dieſen Eiern hat man in jeder beſſern Küche eine Pfanne von Kupfer, in welche Vertiefungen von der Größe eines Eies eingeſchlagen ſind; dieſe werden mit Butter ausgeſtrichen, mit Salz beſtäubt und das Ei eingeſchlagen; darüber ſtreut man wieder etwas feines Salz und Pfeffer und ſetzt die Pfanne, welche vier Füßchen hat, ſo lange über ein Beet glühender Kohlen, bis die Eier von unten gar ſind, dann hält man eine glühende Schaufel darüber und läßt ſie auch von oben anziehen. Sie werden mit einem blechernen Eß= löffel herausgenommen, in eine flache Schüſſel im Kranze angerichtet und in die Mitte etwas gute Jüs gegoſſen.

1568. Eier mit ſchwarzer Butter. Oeufs au beurre noir.

Man läßt ungefähr 105 Gramm friſche Butter in einer Pfanne bis zum Rauchen und bis ſie ihren Schaum verliert, ſchwarz brennen, ſodann ſchlägt man die nöthigen Eier ein, beſtäubt ſie mit feinem Salz und weißem Pfeffer und hält ſie ſo lange über Kohlenfeuer, bis ſie halb gar ſind; man läßt ſie dann aus der Pfanne in eine flache Schüſſel überglitſchen, macht wieder ein Stück friſche Butter bis zu derſelben Hitze heiß, gießt ungefähr zwei Eßlöffel voll ſtarken Eſſig dazu, läßt es auf= kochen und ſchüttet es über die Eier; man ſtellt ſie noch eine Minute in den Bratofen, damit ſie auch von oben anziehen und gibt ſie dann zu Tiſch.

1569. Eier im Becher. Oeufs à la maréchal.

Zwölf Crême=Becher werden mit Sardellenbutter ausgeſtrichen, in jeden ein ganzes und das Gelbe von einem Ei geſchlagen, mit feinem Salz und weißem Pfeffer beſtreut und au bain-marie in der Art gar gemacht, daß die Dotter ganz weich bleiben.

1570. Weichgekochte Eier. Oeufs à la coque.

Die nöthigen ganz friſchen Eier werden in der Hand mit Salz und Waſſer gewaſchen und dann in's kalte Waſſer gelegt. Drei Minuten vor dem Gebrauch legt man sie mit einem Löffel langsam in's kochende Wasser und stellt sie zugedeckt zur Seite; sie werden dann ausgehoben, in eine zierlich zusammengelegte Serviette gethan und nebst fingerlang und ebenso dick geschnittenem, auf dem Rost geröstetem Mundbrode zu Tisch gegeben.

1571. Halbweiche Eier. Oeufs mollets.

Die zu einer Speise als Garnitur bestimmten frischen Eier werden vier Minuten lang in's kochende Wasser langsam eingelegt, zugedeckt, an die Seite des Feuers gestellt und in's kalte Wasser gelegt. Nach einer halben Stunde werden in der Hand, mit dem Messerhefte, die Schalen zerschlagen, abgeschält, wieder in's kalte Wasser gelegt und vor dem Anrichten langsam erwärmt. Diese Eier müssen unbeschädigt und rein abgeschält und die Dotter beinahe noch weich sein.

1572. Eier mit Crême. Oeufs à la crême.

Zwölf bis fünfzehn ganz frische Eier werden weich pochirt und in's kalte Wasser gelegt. Sodann werden 70 Gramm feines Mehl in eine Casserolle gethan und mit kaltem Rahm ganz fein abgerührt, zehn Gelbeier dazu geschlagen und wieder gut verrührt. Ferner setzt man $5/10$ Liter guten süßen Rahm auf's Feuer; wenn derselbe kocht, gibt man $17\frac{1}{2}$ Gramm Zucker, etwas Salz und 70 Gramm frische Butter dazu, gießt den Rahm nach und nach zu dem Mehl und rührt es auf Kohlenfeuer langsam, bis es aufkochen will, ab; sodann wird die Masse in eine andere Schüssel umgeleert, eine Viertelstunde lang gerührt und mit dem Schnee von sieben Eiern untermengt. Eine Compoteschale wird auf ein Tortenblech über Salz gestellt, die Hälfte der Masse hineingethan und in einem abgekühlten Ofen langsam gebacken; sodann werden die Eier gut abgetropft, eins neben das andere darüber gelegt, über jedes etwas Salz gestreut und mit einem Löffel über jedes Ei von der Masse gethan, so daß die Eier genau überdeckt sind. Sie werden dann wieder in den Backofen gestellt und schnell, damit sie nicht hart werden, in schöner Farbe gebacken und aus dem Ofen sogleich zu Tisch gegeben. Es muß bemerkt werden, daß das Backen schnell vor sich gehen muß, so daß das Ganze in einer Viertelstunde beendigt ist.

1573. Croquetten von Eiern. Oeufs en croquettes.

Zwölf Eier werden hart gekocht, abgeschält, auf ein Tuch gelegt, jedes der Länge nach in vier Theile und diese feinblätterig geschnitten. Sie werden dann in eine Schüssel gethan, mit $3/10$ Liter guter, heißer, dick eingekochter Beschamel-Sauce nebst dem nöthigen Salz, einem halben Eßlöffel voll feiner blanchirter, grüner Petersilie und etwas Pfeffer untermengt und dann kalt gestellt. Wenn sie nun ganz kalt und fest geworden sind, werden hiervon Croquetten geformt, diese in geriebenem Brode umgekehrt, dann in abgeschlagene Eier getaucht und nochmals mit Brod besäet. Kurz vor dem Anrichten werden sie aus dem Schmalz goldgelb gebacken, über eine zusammengelegte Serviette auf einer Schüssel erhaben angerichtet und darüber recht grün gebackene Petersilie gethan.

1574. Gebackene Eier. Oeufs frits.

Das Ei wird in einem Löffel aufgeschlagen, etwas Salz und Mehl darüber gestreut und im Schmalz mit einem Schaumlöffel zusammenge=bogen, daß der Dotter in der Mitte bleibt und die Eier eine schöne licht=braune Farbe nehmen. Wenn man nun die nöthige Zahl solcher Eier eins nach dem andern gebacken hat, werden sie nochmals leicht gesalzen, angerichtet und etwas gute Jüs darunter gegossen.

72. Abschnitt.
Von den Aufsätzen von Fett. Des socles.

Unter Aufsätzen von Fett versteht man solche, welche niemals für sich allein erscheinen, sondern nur als Untersätze dienen, um gestürzte, große Aspics, kalte Schinken, Wildschweinsköpfe, Fleischpains, ganze, kalte Fische u. dgl. m. zu tragen und diesen noch größeres Ansehen und Eleganz zu geben. Sie erfordern deßhalb in ihrer Zubereitung längere Uebung und Kenntniß und sollen daher mit dem größten Fleiße, in schöner Zeichnung und besonders in ihrer Ausstattung (Verzierung) im feinsten Geschmacke ausgeführt sein. Die Sockel älterer Manier werden in ihrer Form denen von Stein ähnlich ausgeführt; die neuerer Art sind jedoch bei weitem zierlicher, indem sie in Vasen=Form, in Schalen durch Amors getragen und zwar mit großer Eleganz, ganz dem Alabaster ähnlich, dargestellt werden. Die Anwendung solcher Aufsätze findet jedoch nur bei besonderen Gelegenheiten statt, wie z. B. bei Bällen, wo Buffets üblich sind, und bei großen Diners; bei letzteren aber werden sie in kleinerer Form ge=halten, da sie die kalten Entrées tragen und mit diesen zugleich präsentirt werden können. Die Bereitungsart derselben ist folgende: 3 Kilo 360 Gramm Schaf= und eben so viel Schweinefett werden von der Hand fein geschnitten, rein gewaschen und in ein passendes, mit dickem Boden ver=sehenes Geschirr gethan, mit $4^3/_{10}$ Liter Wasser übergossen, halb zugedeckt auf's Feuer gestellt und bei öfterem Umrühren langsam gekocht. Wenn das Wasser ganz verdampft und das Fett ganz weiß ausgelassen ist, wird es durch eine reine Serviette oder Haartuch in eine irdene starke Schüssel geseiht und an einen kalten, staublosen Ort gestellt. Ist das Fett gänzlich ausgekühlt und fängt zu stocken an, so wird es mit einer großen Holzspachtel wie zu einer Pomade schneeweiß und schaumig gerührt, wo nach und nach der Saft von drei Citronen dazu kömmt. Unterdessen wird auf ein rundes oder ovales ganz nach der Schüsselgröße geschnittenes Brettchen aus einem schwarzen Brodlaib ein Skelett geschnitten, welches über das Brettchen gesetzt und mit Fett befestigt wird. Um dieses Skelett wird das Fett zwei= bis dreifingerdick glatt herum und fingerdick darüber gestrichen und so bis zum gänzlichen Stocken an einen kalten Ort gestellt. Wenn das Fett ganz fest geworden ist, so wird mit einem aus starkem Kupferblech oder auch aus hartem Holz geschnittenen Sockelprofil, welches man in's heiße Wasser taucht, in gleichen und sicheren Zügen herum gefahren, bis das Profil sich nach und nach ganz in das Fett eindrückt und der Sockel in schönster, reiner Form erscheint; dies Verfahren erfordert jedoch längere Uebung und Ge= schicklichkeit. Der Sockel wird dann an seinen vorstehenden Contouren ge= schmackvoll mit gefärbtem Fett, den Torten ähnlich, mit Arabesken, Rosetten, wie auch bordureartig in reiner Zeichnung bespritzt oder auch mit Pastillage, der in Holz geschnittene Models gedrückt wird, oder auch mit lebenden oder gemachten Blümchen garnirt. Wenn derselbe auf irgend eine hier benannte Art geschmackvoll garnirt ist, wird das Brettchen über eine Casserolle, mit kochendem Wasser gefüllt, einige Minuten, damit sich der Sockel ablöst, gestellt, dann abgehoben, der Sockel auf die bestimmte Schüssel gestellt, oben mit ganz feinem, weißem Papier belegt und bis zum Ge= brauche an einen kalten, trockenen Ort, zugedeckt, gestellt.

---

73. Abschnitt.
Von den Schüssel-Einfassungen und Borduren.
Des bordures de plats.

Der größte Theil der feinen Ragouts wird in der Regel in etwas tiefe Schüsseln angerichtet, deßhalb erfordern die Schüsseln am innern Rand, damit die Sauce nicht über den Rand läuft, eine Einfassung, welche man Bordure nennt.

Diese müssen, damit sie auch das Auge befriedigen, zierlich und in schöner Zeichnung erscheinen und erfordern Mühe und Zeit.

Für warme Speisen werden sie sowohl von gebackenen Brodschnitten, sowie auch aus Nudelteig oder Tragantteig aufgesetzt.

Seit neuerer Zeit hat man derartige Borduren in großen Häusern von Silber, welche genau auf die Entrée=Schüssel passen und die man abnehmen und reinigen kann, eingeführt, welche noch die guten Eigen= schaften haben, daß sie viel geschmackvoller und eleganter aussehen und viel Zeit und Mühe ersparen.

Für die kalten Speisen, z. B. für Mayonnaisen von Geflügel und Fischen, hat man Borduren von hartgesottenen Eiern, abwechselnd mit Salatherzchen aufgesetzt und mit Sardellen, Kapern und Homardeiern garnirt. Für kalte Fricassés, chaud-froids, werden gewöhnlich die elegan= testen Borduren aus der krystallreinen Fleischsulz (Aspic) gewählt.

Die Einfassungen von gefärbter kalter Butter bei kalten Speisen sind nicht zu empfehlen, weil sie nicht genossen werden, mehr für das Auge sind und dabei den Nachtheil haben, daß sie beim Herausnehmen geniren.

74. Abschnitt.

Von den Mehlspeisen im Allgemeinen. De la farinage en général. Mets de farine.

Die größte Mehrzahl der Mehlspeisen zerfällt ihrer Bereitung nach in sechserlei Methoden, nämlich:

1) die verschiedensten Aufläufe, im Ofen gebacken;
2) Pfannenmehlspeisen;
3) Mehlspeisen, die aus dem Schmalz gebacken werden;
4) Dunstspeisen;
5) Puddings in der Serviette, im Wasser gekocht;
6) die verschiedensten Milchspeisen.

Ich habe es mir daher zur Aufgabe gemacht, um jede Unordnung und Weitläufigkeit zu vermeiden und das Ganze anschaulicher zu geben, diese in systematischer Ordnung zu beschreiben und jede Gattung derselben in Abtheilungen folgen zu lassen.

Ebenso finde ich mich veranlaßt, besonders bemerken zu müssen, daß zur Bereitung oben gesagter Mehlspeisen nur Materialien erster Qualität, also: das feinste, beste Mehl; sehr frische Butter; zu den gebackenen frisch ausgelassenes Schmalz von guter Butter, gute Milch und Rahm, gute Eier und gute Hefe die ersten Bedingungen sind, wodurch man im Stande ist, etwas Vollkommenes zu Tisch zu geben und selbst die einfachste Mehlspeise zu einer guten Schüssel zuzubereiten. Ferner ist es nöthig, daß bei allen Aufläufen die Ofenhitze, bei denen aus Schmalz gebackenen die Schmalzhitze genau geregelt, das Maß und Gewicht gehörig eingehalten, überhaupt jede derartige Speise mit Fleiß und Sachkenntniß zubereitet werden muß.

----

74. Abschnitt. 1. Abtheilung.

Von den Aufläufen. Des soufflés.

Die Aufläufe gehören, und zwar mit Recht, zu den feinsten Mehl= speisen. Es ist aber nicht so leicht, dieselben gehörig zuzubereiten und in ihrer ganzen Schönheit zu Tisch zu bringen. Aus diesem Grunde finde ich mich veranlaßt, einiges anzudeuten, welches für deren vollstän= diges Gelingen von wesentlichem Einflusse ist.

Die erste Bedingung ist die richtige Bereitung und hauptsächlich ein sehr fest geschlagener, nicht geronnener Eier=Schnee, der mit vieler Vorsicht unter die Masse nur leicht gezogen werden darf.

Zweitens nicht zu tiefe, sondern mehr flache Schalen, damit die Ofenhitze gleichmäßig einwirken kann.

Drittens die genau geregelte Ofenhitze und Kenntniß des Ofens selbst.

Viertens nicht zu weite Entfernung der Küche vom Speisesaal.

Fünftens die genau berechnete Zeit, bis wann der Auflauf servirt werden soll, denn derselbe muß aus dem Ofen sogleich zu Tisch kommen, weßhalb fünf Minuten mehr oder weniger hinreichend sind, denselben zu verderben und all seiner Schönheit zu berauben. Alle nachfolgenden Aufläufe können sowohl in Schalen als in Teigkrusten, sowie auch in kleinen Papierkästchen gebacken werden.

1575. Auflauf von Reismehl. Soufflé de fécule de riz.

Für zwölf Personen werden acht Eßlöffel voll Reismehl mit 140 Gramm gestoßenem Zucker untermengt, mit 1 Liter süßem Rahm fein abgerührt und über Kohlenfeuer bei beständigem Rühren zu einem dicken Mus angekocht, welches sodann in eine irdene Schüssel gethan, mit einem Eßlöffel voll abgeriebenem Citronenzucker, dem Gelben von vierzehn Eiern und 70 Gramm frischer Butter genau untermengt und eine halbe Stunde schaumig gerührt wird. Dreiviertel Stunden vor dem Anrichten wird das Weiße von zehn Eiern zu einem festen Schnee geschlagen, langsam unter die Masse gezogen, diese dann in eine Silber= oder Porzellan= Schale gethan, oben glatt gestrichen, mit feinem Zucker bestäubt, die Schale über ein Tortenblech auf Salz gestellt und in einem mäßig heißen Ofen langsam, bis der Auflauf dreifingerdick über den Rand der Schale gestiegen und dabei von schöner lichtbrauner Farbe ist, gut ausgebacken. Sodann wird derselbe über eine gebrochene Serviette auf eine Schüssel gestellt und sogleich aus dem Ofen zur Tafel gegeben.

1576. Auflauf von Kartoffelmehl. Soufflé de fécule de pommes de terre.

Bleibt in seiner Zubereitung dem Vorhergehenden gleich, nur daß hier Kartoffelmehl genommen wird.

1577. Vanille-Auflauf. Souffle à la vanille.

1 5/10 Liter Rahm läßt man mit zwei Stängchen in kleine Stückchen geschnittener guter Vanille bis zu 1 Liter einkochen, welchen man sodann durch ein reines Haarsieb in eine Casserolle passirt. Hierauf werden 210 Gramm feinstes Mehl mit 210 Gramm gestoßenem Zucker unter= mengt, mit dem unterdessen kalt gewordenen Vanille=Rahm fein abgerührt und bei beständigem Rühren über dem Kohlenfeuer zu einem dicken Mus angekocht, welches sodann in eine irdene Schüssel gethan und mit dem Gelben von sechzehn Eiern und 70 Gramm guter süßer Butter eine halbe Stunde schaumig gerührt wird. Eine halbe Stunde vor dem An= richten wird das Weiße von zehn Eiern zu einem festen Schnee geschlagen, langsam unter die Masse gezogen, diese in eine Auflauf=Schale gefüllt, über ein Tortenblech auf Salz gestellt, oben mit Zucker bestäubt und in einem abgekühlten Ofen langsam lichtbraun gebacken. Beim Anrichten wird die Schale rein abgewischt, über eine gebrochene Serviette auf eine Schüssel gestellt und sogleich zu Tisch gegeben.

1578. Auflauf von frischen Orangenblüthen. Soufflé aux fleurs d'oranges nouvelles.

1³/₁₀ Liter kochender Rahm wird in eine Porzellan=Terrine über 70 Gramm frisch gepflückter Orangenblüthen gegossen, worauf man sie zugedeckt kalt werden läßt. Sodann werden 210 Gramm feinstes Mehl mit 210 Gramm Zucker untermengt, dieses dann mit durchpassirtem Rahm fein abgerührt, dann über Kohlenfeuer zu einem dicken Mus an= gekocht und ganz wie der vorhergehende beendet und gebacken.

1579. Auflauf von gerösteten Orangenblüthen. Soufflé aux fleurs d'oranges pralinées.

Dieser wird ganz dem vorhergehenden gleich zubereitet und beendet, nur mit dem Unterschiede, daß hier 105 Gramm geröstete Orangen= blüthen in den kochenden Rahm gethan werden.

1580. Auflauf von Thee. Soufflé au thé Heyven-Skine.

Ueber 17¹/₂ Gramm Heyven=Skine=Thee werden 1³/₁₀ Liter kochender Rahm in eine Porzellan=Terrine gegossen und diese gut zugedeckt. 210 Gramm feinstes Mehl werden sodann mit eben so viel feinem Zucker und dem unterdeß kalt gewordenen Thee=Rahm fein abgerührt, dann ganz dem vorhergehenden gleich beendet und langsam in schönster Farbe gebacken.

1581. Auflauf von Mandeln. Soufflé aux amandes.

280 Gramm süße und 35 Gramm bittere Mandeln werden gebrüht, abgezogen, mit Milch sehr fein gerieben, mit 1⁵/₁₀ Liter kochendem Rahm in einer Porzellan=Terrine gut verrührt und zugedeckt eine Viertelstunde stehen gelassen. Nach dieser Zeit werden sie durch eine geruchlose, gut ausgewässerte Serviette gepreßt, so daß man eine starke Mandelmilch erhält. Sodann werden 210 Gramm feinstes Mehl, 70 Gramm fein gestoßene, gesiebte Maccaronen, 210 Gramm gesiebter Zucker mit der Mandelmilch fein abgerührt und über Kohlenfeuer zu einem dicken Mus angekocht, welches in eine irdene Schüssel gethan, mit 70 Gramm sehr frischer Butter, dem Gelben von sechzehn Eiern untermengt und eine halbe Stunde gerührt wird. Eine halbe Stunde vor dem Anrichten wird das Weiße von vierzehn Eiern zu einem festen Schnee geschlagen, lang= sam unter die Masse gezogen, diese in eine Auflauf=Schale gefüllt, oben mit feinem Zucker bestäubt, die Schale, wenn diese von Porzellan ist, über Salz auf ein Tortenblech gestellt und eine halbe Stunde sehr lang= sam und in schönster Farbe gebacken. Alle derartigen Aufläufe müssen während des Backens dreifingerdick über den Rand der Schale steigen, gut ausgebacken, von innen locker und luftig und dabei von dem ange= nehmsten Geschmacke sein.

1582. Auflauf von Mokka-Kaffee. Soufflé au café Mocca.

350 Gramm Mokka-Kaffee werden lichtbraun gebrannt, dann aus der Brennmaschine in 1⁵/₁₀ Liter kochenden Rahm gethan, und, damit das Aroma nicht verfliegt, gut zugedeckt. Mit dieser Kaffee-Milch werden 280 Gramm Mehl mit eben so viel gestoßenem Zucker und etwas Vanille fein abgerührt und der Auflauf ganz dem vorhergehenden gleich vollendet und gebacken.

1583. Auflauf von Chokolade. Soufflé au chocolat.

280 Gramm Vanille-Chokolade werden mit einem Stängelchen Vanille und 1⁵/₁₀ Liter Rahm aufgelöst und zusammen eine Viertelstunde gekocht. Mit dieser ausgekühlten, durchgeseihten Chokolade werden 140 Gramm feines Reismehl, 280 Gramm feiner Zucker glatt abgerührt und hiervon über Kohlenfeuer ein dickes Mus gekocht, welches sodann in einer irdenen Schüssel mit 70 Gramm frischer Butter und dem Gelben von achtzehn Eiern eine halbe Stunde gerührt wird. Eine halbe Stunde vor dem Anrichten wird das Weiße von vierzehn Eiern zu einem steifen Schnee geschlagen, sehr langsam unter die schaumig gerührte Masse gezogen und langsam ganz dem vorhergehenden gleich schön gebacken.

1584. Auflauf von gebranntem Zucker mit Orangenblüth-Geruch. Soufflé au caramel aux fleurs d'orange praliné.

140 Gramm gestoßener Zucker werden in einer Casserolle lichtbraun gebrannt, sodann werden 35 Gramm geröstete Orangenblüthen darunter melirt und bei Seite gestellt. Wenn der Zucker kalt geworden, so werden ³/₁₀ Liter kochende Milch darüber gegossen und über Kohlenfeuer langsam aufgelöst; dieser Caramelsyrup wird dann geseiht und hiermit nebst 1 Liter Rahm und 210 Gramm Reismehl mit 210 Gramm Zucker untermengt, fein abgerührt und auch dieser Auflauf ganz dem vorhergehenden gleich beendet und gebacken.

1585. Auflauf von Haselnuß-Makaronen. Soufflé aux macarons d'avelines.

280 Gramm Haselnuß-Makaronen werden mit dem Rollholz über dem Backtisch gut zerdrückt, dann in eine Casserolle gethan, mit 1⁵/₁₀ Liter kochendem Rahm übergossen und zugedeckt kalt gestellt. Nach einer halben Stunde wird dieser Rahm, der Mandelmilch gleich, durch eine sehr reine, gut ausgewässerte, geruchlose Serviette gepreßt. 210 Gramm Reismehl oder auch anderes feines Mehl, mit eben so viel feinem Zucker untermengt, werden mit dem Rahm fein abgerührt, über Kohlenfeuer zu einem dicken Mus angekocht, dieses dann in eine irdene Schüssel eingeleert und mit 35 Gramm frischer Butter und dem Gelben von 18 Eiern eine halbe Stunde gerührt. Das Weiße von 14 Eiern wird unterdeß zu einem festen Schnee geschlagen, sehr langsam unter die Masse gezogen und dann ganz dem vorhergehenden gleich gebacken.

1586. Auflauf von gerösteten Hasel- oder Bartnüssen. Soufflé aux avelines grillées.

1 Kilo 120 Gramm Hasel= oder Bartnüsse werden aus ihrer Schale genommen, in eine Caramel=Pfanne gethan und mit 280 Gramm ge= stoßenem Zucker lichtbraun wie die Mandeln abgeröstet. Diese Nüsse werden dann mit Milch fein gerieben, in eine Porzellan=Terrine gethan, mit 1 5/10 Liter kochendem Rahm übergossen und zugedeckt kalt werden gelassen. Sie werden sodann wie die Mandelmilch durchgepreßt und der Auflauf ganz genau dem von Mandeln gleich beendet und gebacken.

1587. Auflauf von Pistazien. Soufflé aux pistaches.

210 Gramm recht grüne, gute Pistazien werden gebrüht, abgezogen und dann mit 70 Gramm eingemachtem Cedrat (Citronat) und einigen bitteren Mandeln nebst etwas Milch fein gestoßen, sodann in 1 5/10 Liter kochenden Rahm gethan und verrührt kalt werden gelassen. 210 Gramm Reismehl werden mit 280 Gramm Zucker untermengt, mit der durch= gepreßten Pistazienmilch fein abgerührt, dann zu einem dicken Mus an= gekocht, dieses in einer irdenen Schüssel mit 35 Gramm sehr frischer Butter und achtzehn Gelbeiern schaumig gerührt, dann etwas Spinatgrün darunter melirt, damit das Ganze wieder eine schöne, dem Pistaziengrün ähnliche Farbe erhält. Hierauf wird der Schnee von vierzehn Eiern darunter gezogen und der Auflauf dem vorhergehenden gleich im schönsten Ansehen gebacken.

1588. Auflauf von Orangen. Soufflé à l'orange.

Zwei bis drei Orangen werden auf Zucker abgerieben, dieses dann vom Zucker abgeschabt und zusammen in 1 5/10 Liter heißen Rahm gethan und zugedeckt kalt gestellt. Die weitere Behandlung schließt sich ganz dem Mandelauflauf an, wie auch die Vollendung desselben.

1589. Griesauflauf. Soufflé à la semoule.

Man läßt 1 5/10 Liter Rahm oder gute Milch mit 105 Gramm sehr frischer Butter und 210 Gramm Zucker aufkochen und unter beständigem Rühren 280 Gramm feines Griesmehl hineinlaufen, rührt dies so lange, bis es wieder kocht und setzt sodann die Masse, bis sie völlig ausgekocht ist, auf ein schwaches Kohlenfeuer. Hierauf wird dieselbe in eine irdene Schüssel gethan, mit zwei Eßlöffeln voll Citronen=Zucker und einem Körnchen Salz gewürzt, mit einem Stückchen frischer Butter und dem Gelben von achtzehn Eiern genau in Verbindung gebracht und zusammen eine halbe Stunde gerührt. Eine halbe Stunde vor dem Anrichten wird das Weiße von sechzehn Eiern zu einem sehr festen Schnee geschlagen, langsam unter die Masse gerührt, diese in eine Auflauf=Schale gethan, reichlich mit Zucker bestreut und in schönster Farbe gebacken.

1590. Auflauf von Reis auf bürgerliche Art. Soufflé au riz à la bourgeoise.

280 Gramm rein belesener und gewaschener Karolinen = oder guter Mailänder Reis werden in 1⁵/₁₀ Liter guter Milch oder in gewöhnlichem Rahm mit einem Stück Zimmt, Vanille oder auch mit einem Stückchen Citronengelb recht weich und dick gekocht, dann in eine irdene Schüssel gethan, mit 140 Gramm Butter, dem Gelben von achtzehn Eiern und 210 Gramm Zucker genau in Verbindung gebracht und zusammen eine halbe Stunde gerührt. Eine halbe Stunde vor dem Anrichten wird das Weiße von vierzehn Eiern zu einem sehr festen Schnee geschlagen, dieser sehr langsam unter die Masse gezogen, sodann in eine Auflauf-Schale gefüllt, oben mit Zucker bestäubt und so langsam und schön gebacken.

Auf dieselbe Weise werden

1591. Auflauf von Sago. Soufflé au sagoût.

1592. Auflauf von türkischem Gries. Soufflé à la polenta.

bereitet, nur ist zu bemerken, daß hierzu der Geschmack von abgeriebenen Citronen oder Orangen der geeignetste ist.

1593. Auflauf von Kastanien. Soufflé de marrons.

Nachdem 1 Kilo 120 Gramm Kastanien rein geschält, in's kochende Wasser gelegt und nochmals abgezogen sind, werden sie mit 1 Liter kochender Milch übergossen, mit 280 Gramm Zucker und einer in Stücke geschnittenen Schote Vanille belegt und so auf Kohlenfeuer, gut zugedeckt, langsam weich und kurz gekocht. Sodann werden sie verrührt und zu einem Püree durch ein feines Haarsieb gestrichen, welches mit 140 Gramm sehr frischer Butter, einigen Körnchen Salz, dem Gelben von sechzehn Eiern und sechs Eßlöffeln voll Marasquino eine halbe Stunde gerührt wird. Hierauf wird das Weiße der Eier zu einem sehr festen Schnee geschlagen, dieser langsam unter die Masse gezogen, sonach in eine Auflauf-Schale gefüllt, gut mit Zucker bestäubt und eine halbe Stunde vor dem Anrichten langsam in schöner Farbe gebacken, dann aus dem Ofen heraus sogleich zu Tisch gegeben.

1594. Auflauf von Milchbroden auf bürgerliche Art. Soufflé de petits pains au lait à la bourgeoise.

Sechs bis acht Milchbrödchen vom Tage vorher werden, nachdem der Boden abgeschnitten, in sechs Theile getheilt, in kalter Milch eingeweicht, dann ausgedrückt und mit 140 Gramm sehr frischer Butter in einer Casserolle auf Kohlenfeuer leicht abgetrocknet. Die Masse wird sodann in eine irdene Schüssel gethan, mit gestoßenem Zucker gehörig gesüßt, mit einem Kaffeelöffel voll gestoßenem Zimmt gewürzt, mit dem Gelben von zwölf

Eiern gut abgerührt, wobei man immer etwas kalten Rahm dazu gießt, bis man eine crêmeartige leichte Masse erhält. Das Weiße der Eier wird zum festen Schnee geschlagen, langsam unter die Masse gezogen und der Auflauf dem vorhergehenden gleich schön gebacken.

1595. Auflauf von schwarzem Brod. Soufflé de pain bis.

210 Gramm fein geriebenes Schwarzbrod werden mit eben so viel gestoßenem Zucker, 140 Gramm sehr frischer Butter und $^3/_{10}$ Liter süßem Rahm auf Kohlenfeuer zu einem dicken Mus gekocht, welches in eine irdene Schüssel gethan und nach einigem Auskühlen mit dem Gelben von zehn bis zwölf Eiern und einem Eßlöffel voll Vanille=Zucker gut abgerührt wird. Sollte die Masse noch zu dick sein, so wird etwas kalter Rahm dazu gegossen. Das Weiße der zwölf Eier wird zum festen Schnee ge= schlagen, langsam darunter gerührt, die Masse in eine Teigkruste gethan, mit Zucker bestäubt und eine Stunde langsam gebacken.

1596. Auflauf von Kindsmus oder Schmankerl-Auflauf. Soufflé de bouillie.

210 Gramm feinstes Mehl werden mit eben so viel gestoßenem Zucker, einem Körnchen Salz und $1^5/_{10}$ Liter gutem süßen Rahm fein angerührt, auf dem Windofen unter beständigem Rühren zu einem Mus angekocht, welches man sodann auf ein schwaches Kohlenfeuer setzt und langsam, halb zugedeckt, gut auskochen läßt, wobei man von Zeit zu Zeit mit einem Schäufelchen die sich am Boden ansetzende Kruste losſticht, so zwar, daß das Mus ein gelbliches Ansehen erhält, denn je mehr die Muskruste kocht, desto wohlschmeckender wird der Auflauf werden. Dasselbe wird nun in eine Schüssel gethan, mit dem Gelben von zwölf Eiern gut ab= gerührt, der fest geschlagene Schnee darunter gezogen und langsam schön gebacken.

1597. Auflauf von Punsch. Soufflé au ponche.

Man bereitet einen Thee=Auflauf, nur mit dem Unterschiede, daß hierzu 280 Gramm Reismehl genommen und derselbe etwas dicker ge= halten wird. Zu dieser Masse wird der Saft einer Orange und eine Obertasse voll Rum gegossen, zusammen gut verrührt, mit dem sehr fest geschlagenen Schnee genau untermengt und wie die vorhergehenden Auf= läufe in eine Schale oder in Papierkästchen gefüllt, gut mit Zucker bestäubt und schön gebacken.

1598. Auflauf von Marasquino. Soufflé au marasquin.

Man bereitet von 280 Gramm Mehl, $1^5/_{10}$ Liter süßem Rahm und 210 Gramm Zucker ein dickes, gut ausgekochtes, ganz weißes Kindsmus, welches mit 105 Gramm frischer Butter und dem Gelben von sechzehn Eiern eine halbe Stunde gut gerührt wird. · Diese Masse wird sodann mit einer halben Obertasse voll Marasquino di Zara im Geschmack an= genehm gehoben, der fest geschlagene Schnee von zwölf Eiern darunter gezogen, in Papierkästchen oder eine Schale gefüllt, gut mit Zucker be= stäubt und schön gebacken.

Auf dieselbe Weise kann jeder beliebige Liqueur dazu genommen werden, nur daß dann der Auflauf den Namen des dazu gewählten Liqueurs annimmt.

74. Abschnitt. 2. Abtheilung.
Von den Aufläufen mit Früchten.   Des soufflés de fruits.

Eine Abweichung in der Bereitung der vorhergehenden Aufläufe sind die Aufläufe von Früchten; sie werden ohne Mehl und Gelbeier angefertigt und bestehen daher nur aus Früchten, Zucker und geschlagenem Eiweiß.

Im Backen müssen dieselben mit viel Vorsicht behandelt werden, denn sie sollen eine schwache aber gleichmäßige Ofenhitze haben und so schnell als möglich zu Tisch gebracht werden.

Wie alle Aufläufe so gehören auch diese der uralten deutschen Küche an und nur ihre Kostspieligkeit verursacht, daß sie nicht so allgemein bekannt sind.

Sie werden wie die vorhergehenden in flachen Porzellan= oder Silber= Schalen, in Teigkrusten, in großen und kleinen Papierkästchen oder auch auf flachen Schüsseln erhaben aufdressirt gebacken; letztere Methode gibt denselben eine Eigenthümlichkeit, welche die übrigen Aufläufe nicht haben. Ich habe es daher für gut erachtet, deßhalb eine Zeichnung anzugeben.

1599. Auflauf von Aprikosen.   Soufflé aux abricots.

Vierzig Stück ganz schöne reife Aprikosen werden halbirt und da= von mit 280 Gramm Zucker eine sehr dicke Marmelade gekocht, welche durch ein feines Haarsieb gestrichen und in einer Schüssel mit noch 210 Gramm feinem Staubzucker etwas gerührt wird. Eine Stunde vor dem Anrichten wird das Weiße von achtzehn Eiern zu einem sehr steifen Schnee geschlagen, der vierte Theil davon unter die Marmelade gezogen und so nach und nach der Schnee untergemengt, welches mit Vorsicht ge= schehen muß, damit die Masse ganz steif bleibt; sie wird sodann in eine Schale gefüllt, oben glatt gestrichen, mit feinem Zucker bestäubt und eine Stunde sehr langsam gebacken.

1600. Auflauf von Pfirsichen in Papierkästen. Soufflé de pêches en petites caisses.

Von dreißig Stück ganz reifen Pfirsichen werden die Steine heraus= genommen und mit 280 Gramm Zucker eine feste Marmelade bereitet, welche durchgestrichen, in eine Schüssel gethan und mit etwas Cochenille= Farbe blaßroth gefärbt wird.   Sodann wird der festgeschlagene Schnee von sechzehn Eiern mit 350 Gramm Staubzucker untermengt, dieser nach und nach darunter gezogen, die Masse in kleine runde Papierkästchen gefüllt, oben glatt gestrichen, mit Staubzucker bestäubt und langsam acht bis zehn Minuten gebacken.   Sie werden aus dem Ofen pyramidenartig über eine schön zusammengelegte Serviette auf eine Schüssel angerichtet und sogleich zur Tafel gegeben.

1601. Auflauf von Calville-Aepfeln in einer Papierkapsel. Soufflé aux pommes de Calville en caisse.

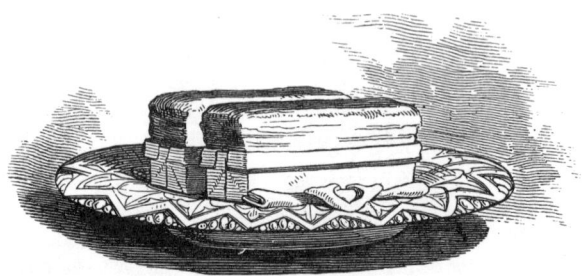

Von zwanzig Stück sehr reifen Calville=Aepfeln wird mit 245 Gramm Zucker eine feste Marmelade gekocht, welche durch ein feines Haarsieb gestrichen und mit fein geschnittenem Citronengelb gewürzt wird. Das Weiße von achtzehn Eiern wird zu einem festen Schnee geschlagen, mit 280 Gramm Staubzucker untermengt und sonach löffelweise unter die Marmelade gezogen.   Die Masse wird in eine große Papier=Caisse ge= füllt, glatt gestrichen, mit feinem Zucker bestäubt und achtundvierzig Minuten lang langsam gebacken.

1602. Auflauf von Erdbeeren in einer Kruste. Soufflé aux fraises en croustade.

4³/₁₀ Liter frische Wald=Erdbeeren werden durch ein Haarsieb ge=
strichen, in eine Schüssel gethan, das Weiße von achtzehn Eiern zu einem
festen Schnee geschlagen und darunter 700 Gramm Staubzucker melirt.
Dieser wird nun nach und nach unter das Erdbeer=Mark gezogen, die
Masse in eine zuvor sehr blaß gebackene Teigkruste gefüllt, oben mit
Zucker bestäubt, die Kruste selbst aber mit Papier umbunden, damit die
Hitze nicht zu sehr einwirken kann, und so eine Stunde sehr langsam
schön gebacken. Beim Anrichten wird die Kruste über eine gebrochene
Serviette auf eine Schüssel gestellt und sogleich zu Tisch gegeben.

1603. Auflauf von Johannisbeeren. Soufflé à la gelée de groseilles.

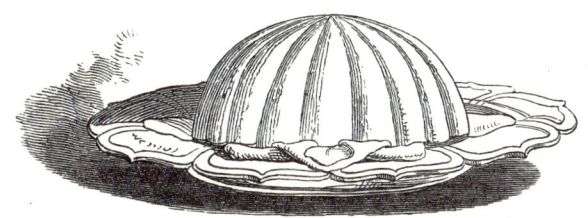

Man bereitet von 2¹/₁₀ Liter frisch gepflückten Johannisbeeren mit
560 Gramm Zucker ein Gelée, unter welches der festgeschlagene mit
560 Gramm Staubzucker untermengte Eierschnee langsam gezogen und
die Masse turbanartig in einer flachen Schüssel aufdressirt wird; das
Ganze muß reichlich mit Zucker bestäubt und fünfzig Minuten sehr lang=
sam gebacken werden, wobei man, sobald der Auflauf nur etwas Farbe
annimmt, ihn mit Papier decken muß. Beim Untermengen des Schnees
muß das Gelée noch fließend sein, damit sich jener genau verbinden kann.
Auf die gleiche Art können alle Früchten=Aufläufe von jeder belie=
bigen Gattung bereitet werden; nur ist zu bemerken, daß die Marmelade
recht trocken und nicht zu süß in Zucker gehalten werde.

74. Abſchnitt. 3. Abtheilung.

Von den Omeletten-Aufläufen. Des omelettes soufflées.

Eine weitere Gattung von Aufläufen, ebenfalls der deutſchen Küche angehörend, ſind die zuerſt in der Omelette-Pfanne gebackenen, überein= ander gelegten und im Backofen wieder aufgezogenen Omeletten=Aufläufe, omelettes soufflées. Sie weichen in ihrer Bereitung von den andern ganz ab und ich will auch dieſe hier folgen laſſen.

1604. Omeletten-Auflauf mit Vanille. Omelettes soufflées à la vanille.

Es werden zwölf Eierdotter mit 315 Gramm Zucker und 140 Gramm fein geſtoßenem Biscuit und dem Samen aus einer Stange Vanille unter= mengt, zuſammen eine Viertelſtunde gut gerührt und ſodann mit dem feſt geſchlagenen Schnee der zwölf Eier leicht untermengt. Nun wird in eine flache Omelette=Pfanne ein Eßlöffel voll klare, friſch ausgelaſſene Butter gegoſſen, der vierte Theil der Maſſe hineingethan und über dem Feuer leicht bewegt, bis die Omelette die gehörige Farbe erhält, welches für beide Seiten zwei Minuten dauern kann. Die Omelette wird ſodann auf eine flache Schüſſel geglitſcht und mit Zucker ſtark beſtäubt. Ueber dieſe kömmt eine zweite ebenſo gebackene Omelette wieder mit Zucker be= ſtäubt und ſo werden vier übereinander gelegt. Das Ganze wird mit Zucker beſtäubt und in einem abgekühlten Ofen fünfzehn bis zwanzig Minuten langſam gebacken. Dieſe Art Omeletten ſteigen zu einer bedeu= tenden Höhe; ehe man ſie zur Tafel gibt, werden ſie nochmals mit Zucker beſtäubt und mit einer glühenden Schaufel glacirt, die ganze Operation muß jedoch im Ofen vor ſich gehen, weil dieſe Art Aufläufe ſo leicht ſind, daß ſie, wie ſie aus dem Ofen kommen, zu ſinken anfangen, weß= halb der Speiſeſaal recht nahe ſein muß.

1605. Omeletten-Auflauf nach Wiener Art. Omelettes soufflées à la Viennaise.

Es wird das Gelbe von ſechzehn Eiern mit 350 Gramm Zucker, achtzehn Stück bittern, fein geſtoßenen Makaronen und 35 Gramm ge= röſteten Orangenblüthen eine halbe Stunde gut abgerührt, dann mit dem ſehr feſt geſchlagenen Schnee von den ſechzehn Eiern untermengt und die Omeletten wie die vorhergehenden gebacken und beendet.

1606. Omeletten-Auflauf mit Chokolade. Omelettes soufflées de chocolat.

Man bereitet hierzu die Maſſe von den Omeletten mit Vanille= Geruch; beim Backen jedoch wird zwiſchen jede Omelette 35 Gramm fein geriebene Chokolade geſtreut. Das Backen haben dieſe ganz mit den vor= hergehenden gemein.

1607. Omeletten-Auflauf auf schwedische Art. Omelettes soufflées à la Suedoise.

Man rührt 140 Gramm sehr frische Butter schaumig; dazu kommt nach und nach das Gelbe von fünfzehn Eiern, sechs Kochlöffel voll Mehl und ein Körnchen Salz; diese Masse wird mit $^5/_{10}$ Liter lauwarmem Doppelrahm nach und nach verdünnt und mit dem Weißen der fünfzehn Eier, welches zu einem festen Schnee geschlagen wurde, langsam unter= mengt. Von dieser Masse werden Omeletten, aber nur auf einer Seite, gebacken, welche mit Vanillezucker jedesmal bestäubt und so sechs Stück überein= ander aufgesetzt werden. Sie werden den vorhergehenden gleich schön gebacken und beim Anrichten etwas heiße Aprikosenmarmelade=Sauce darüber gegossen.

1608. Omeletten-Auflauf mit Hagebutten-Mark. Omelettes soufflées aux Chynhorrondons.

Diese Omeletten werden wie die vorhergehenden zubereitet, nur mit dem Unterschiede, daß sie auf beiden Seiten gebacken, jedesmal mit Hage= buttenmark überstrichen und so sechs Stück Omeletten übereinander gelegt werden, welche zwanzig Minuten vor dem Gebrauche in einen sehr mäßig heißen Ofen gestellt und langsam in die Höhe getrieben werden. Beim Anrichten selbst wird eine heiße Hagebutten=Marmelade als Sauce dick= lichfließend darüber maskirt und sogleich zur Tafel gegeben.

1609. Omeletten-Auflauf mit Marasquino. Omelettes soufflées au marasquin.

Man rührt das Gelbe von sechzehn Eiern mit eben so viel fein gestoßenen Makaronen und 280 Gramm feinem Zucker eine zeitlang schaumig, gießt vier Eßlöffel voll Marasquino dazu, schlägt das Weiße der Eier zu einem festen Schnee, zieht denselben langsam unter die Masse, bäckt hiervon sechs Stück gleich dicke, schöne Omeletten, legt diese, jedesmal mit Zucker be= streut und mit Marasquino beträufelt, übereinander und bäckt dieselben zwanzig Minuten vor dem Anrichten sehr langsam. Ehe man sie zur Tafel gibt, wird eine dicklichfließende Rahm=Crème=Sauce, angenehm mit Marasquino nuancirt, darüber gegossen.

1610. Omeletten-Auflauf mit Orangen-Blüthen. Omelettes soufflées aux fleurs d'orange.

Achtzehn Eidotter werden mit 175 Gramm Zucker, welcher mit 35 Gramm gerösteten Orangenblüthen fein gestoßen wurde, nebst einem Körnchen Salz eine halbe Stunde gerührt und dann mit dem zu einem festen Schnee geschlagenen Weißen der achtzehn Eier genau untermengt. Hievon werden in einer Omelettenpfanne mit klarer, frischer Butter vier Stück Omeletten auf beiden Seiten gebacken, die, sobald eine fertig ist, auf eine flache Schüssel geschoben, reichlich mit Zucker bestäubt und mit etwas Citronensaft beträufelt werden; darüber kommen die übrigen, welche ebenso wie die erste behandelt werden. Zwanzig Minuten vorher werden sie bei sehr mäßiger Ofenhitze gebacken. Es versteht sich von selbst, daß die Zeit des Backens genau nach der Tafelzeit berechnet, die Ofenhitze gehörig geregelt und dieser Auflauf mit einer schönen, gelbbraunen Farbe und hoch aufgelaufen servirt werden muß.

---

74. Abschnitt.   4. Abtheilung.
Von den Pannequets-Aufläufen.   Des pannequets soufflés.

Zu den Aufläufen gehören ebenfalls die pannequets soufflés; sie weichen von den vorhergehenden dadurch ab, daß die ganz dünnen Eier=kuchen in der Omelette=Pfanne gebacken, dann erst mit der Auflauf=Masse gefüllt, zusammengerollt, in eine flache Schale gelegt und dann erst ge=backen werden. Zum Füllen dieser Pannequets kann jede beliebige Masse der 1. Abtheilung angewendet werden.

1611. Pannequets-Auflauf mit Chokolade. Pannequets soufflés au chocolat.

140 Gramm feines Mehl werden mit guter Milch fein abgerührt, dann kommen vier ganze und vier Eidotter, etwas wenig Salz, das ab=geriebene Gelbe einer Citrone und ein Eßlöffel voll Zucker dazu, welches zusammen gut verrührt, mit Milch verdünnt und durchgeseiht wird. Von dieser Masse werden in einer flachen Pfanne mit klarer, frischer Butter ganz dünne Pannequets auf einer Seite gebacken, welche auf einer Ser=viette ausgebreitet werden, jedoch so, daß die blasse Seite nach oben kömmt. Sie werden dann fingerdick mit der Chokolade=Auflauf=Masse bestrichen, zusammengerollt, jedes in drei gleiche Theile geschnitten und so im Kranze über sich laufend erhaben angerichtet. Oben werden sie mit Zucker be=stäubt, die Schale über Salz auf ein Tortenblech gestellt und zwanzig Minuten vor dem Anrichten in einem mäßig heißen Ofen langsam gebacken. Auf diese Art werden alle Pannequets=Aufläufe bereitet und, wie schon erwähnt, können alle Auflauf=Massen, die in der 1. Abtheilung angegeben sind, hierzu angewendet werden.

1612. Pannequets auf Pariser Art. Pannequets à la Parisienne.

140 Gramm feinstes Mehl werden mit 105 Gramm gestoßenem Zucker untermengt, und mit $^3/_{10}$ Liter kaltem süßen Rahm zu einer feinen, glatten Masse angerührt, welche dann mit sechs ganzen Eiern und zwölf Eidottern genau verbunden, mit 210 Gramm fein gestoßenen, gesiebten, bittern Makronen und etwas auf Zucker abgeriebener Orange, oder statt dieser mit vier Eßlöffeln voll Orangen=Essenz vermischt und dann mit $^4/_{10}$ Liter Rahm zu einer dünnflüssigen Masse verrührt wird. Von dieser werden eine halbe Stunde vor dem Anrichten in zwei gut gereinigten Omeletten=Pfannen mit sehr frischer geklärter Butter ganz dünne Panne=

quets auf einer Seite lichtbraun gebacken, welche dann auf eine mit einem umgelegten Teller versehene Schüssel gestürzt und auf der braunen Seite jedesmal mit Zucker bestäubt werden. Die ganze Masse wird auf diese Art verbraucht, so daß von den Pannequets über der Schüssel ein Berg entsteht, über welchen nochmals Zucker gestreut und dieser dann mit einer stark glühenden Schaufel leicht geschmolzen oder glacirt wird.

1613. Französische Pannequets mit Aprikosen-Mark. Bombe de pannequets à la marmelade d'abricots.

Sie werden wie die vorhergehenden zubereitet und gebacken, dann jedes mit Aprikosenmarmelade überstrichen, übereinander gelegt, eingebogen und wie eine Kugel dressirt, dann oben dick mit Zucker bestreut, mit einer glühenden Schaufel glacirt und warm zu Tisch gegeben.

1614. Pannequets mit Vanille-Crême. Pannequets à la crême de vanille.

Man bereitet von der vorhergehenden Masse zwölf Stück auf einer Seite gebackene, recht dünne Pannequets, welche auf einer Serviette auseinander gebreitet werden, so zwar, daß die weiße Seite oben zu liegen kömmt. Ferner werden zwölf Eidotter mit drei bis vier Kaffeelöffeln voll Mehl und 210 Gramm gestoßenem Zucker fein abgerührt, dann mit $^5/_{10}$ Liter mit einer in kleine Stücke geschnittenen Schote Vanille aufgekochtem süßen Rahm nach und nach verdünnt und sodann über Kohlenfeuer zu einem dicklichen Vanille-Crême angekocht, mit welchem die Pannequets überstrichen, aufgerollt, zu halbfingerlangen Stücken geschnitten und in eine Porzellan-Schale über sich laufend im Kranze gelegt werden. Sie werden mit Zucker und gestoßenen süßen Makaronen bestreut und im abgekühlten Ofen langsam erwärmt. Beim Anrichten wird eine Vanille-Sauce extra beigegeben.

1615. Pannequets mit Chokolade-Crême. Pannequets à la crême au chocolat.

Man bereitet von 210 Gramm Vanille-Chokolade, zwei Kaffeelöffeln voll Mehl, 210 Gramm Zucker, zwölf Eidottern und $^5/_{10}$ Liter Rahm eine Crême. Die Chokolade wird mit etwas warmer Milch aufgelöst, glatt gerührt, mit dem Mehl, Zucker, und den Eidottern genau untermengt, mit dem Rahm nach und nach verdünnt und sodann über Kohlenfeuer zu einer dicklichen, feinen Crême angekocht, welche heiß in die Pannequets gestrichen und wie die vorhergehenden beendet wird. Auf dieselbe Art kann jede beliebige Crême zu diesen Pannequets angewendet werden.

1616. Wiener Pannequets. Pannequets à la Viennoise.

140 Gramm feines Mehl werden mit einer Prise Salz, etwas abgeriebenen Orangen und 35 Gramm gestoßenem Zucker nebst dem nöthigen süßen Rahm fein abgerührt, mit vier ganzen und acht Eidottern genau

untermengt, mit dem nöthigen süßen Rahm zu einer dünnflüssigen Masse
verdünnt und hiervon Pannequets auf folgende Weise gebacken. Zwei
gut gereinigte Omeletten-Pfannen werden auf Kohlenfeuer heiß gemacht,
mit dem Pinsel, der in geklärte frische Butter getaucht ist, gut bestrichen,
dann vier Eßlöffel voll von der Masse hineingegossen, so daß sie den
Boden der Pfanne ganz überdeckt. Wenn die Pannequets unten eine schöne
lichtbraune Farbe haben, werden darüber gut gereinigte, kleine Corinthen
gestreut, die Pannequets in der Pfanne sogleich zusammengerollt und dann
auf ein reines Tuch oder weißes Papier gelegt. Wenn die ganze Masse
auf diese Weise verbacken ist, wird eine Cylinder- oder sogenannte schleifsteinartige Form mit sehr frischer Butter ausgestrichen, die Pannequets
rundlaufend hineingelegt und zwischen jede Lage gestoßener Zucker gestreut.
Wenn die Form mit diesen Pannequets gefüllt ist, wird sie in einen ausgekühlten Ofen gestellt, die Pannequets durch und durch wieder erwärmt,
dann in eine flache Mehlspeiseschale gestürzt, oben stark mit Zucker bestäubt und mit der glühenden Schaufel glacirt. Eine Rahm-Sauce mit
Orangen-Geruch wird extra beigegeben.

1617. Pannequets mit Aprikosen-Marmelade. Pannequets à la marmelade d'abricots.

Hierzu wird die zuerst beschriebene Masse auf französische Art bereitet und hiervon sehr dünne Pannequets gebacken, welche messerrückendick mit Aprikosen-Marmelade überstrichen, aufgerollt, in fingerlange
Stückchen geschnitten, in einer Mehlspeisschale im Kranze erhaben aufgerichtet, mit Zucker überstreut, im Ofen wieder erwärmt und ehe man sie
zu Tische gibt, mit der glühenden Schaufel schön glacirt werden. Auf
diese Weise kann jede beliebige Marmelade angewendet werden.

1618. Pannequets auf englische Art. Pannequets à l'Anglaise.

280 Gramm frische Butter werden gut schaumig gerührt, dann
kommen nach und nach sechzehn Eidotter dazu, eben so viel Staubzucker,
210 Gramm Mehl, das abgeriebene Gelbe einer Citrone und eine Prise
Salz; dies Alles wird gut verrührt, mit $3/10$ Liter gutem, süßen Rahm
verdünnt und mit dem fest geschlagenen Schnee von neun Eiern untermengt. Von dieser Masse werden mit geklärter, frischer Butter auf beiden
Seiten dünne Pannequets gebacken, welche mit einer Marasquin-Crème
messerrückendick bestrichen, übereinander gelegt und im Ofen durch und
durch erwärmt werden, wodurch sie dann wieder etwas aufgehen. Kurz
vor dem Anrichten werden sie stark mit Zucker bestäubt, mit der glühenden
Schaufel schön glacirt und sogleich zu Tisch gegeben.

Marasquino-Crème: Zwei Eßlöffel voll Mehl werden mit kaltem
Rahm fein abgerührt, dann kommen zwölf Eidotter und 175 Gramm
gestoßener Zucker dazu, welches zusammen gut verrührt, mit $3/10$ Liter
süßem Rahm verdünnt und sodann über Kohlenfeuer zu einer zarten Crème
abgerührt wird. Wenn dieselbe vom Feuer kömmt, wird sie mit gutem

Marasquino di Zara angenehm im Geschmack gehoben und wie bereits angegeben ist, zu den Pannequets angewendet.

1619. Französische Eierkuchen, Pannequets. Pannequets à la Célestine.

Man bereitet von der zuerst beschriebenen Pannequetsmasse zehn bis zwölf Stück feine Pannequets, welche auf eine reine Serviette gelegt, die Hälfte davon mit Orangen-Crême, die andere mit Aprikosen-Marmelade stark messerrückendick überstrichen, zusammengerollt, abwechselnd in eine flache Porzellanschale gelegt, oben mit Zucker bestäubt und eine halbe Stunde vor dem Anrichten in einen abgekühlten Ofen gestellt werden. Ehe man sie zur Tafel gibt, werden sie mit der glühenden Schaufel glacirt.

Orangen-Crême: Zwölf Eidotter werden mit zwei Eßlöffeln voll Mehl und kaltem Rahm recht fein abgerührt, dann mit dem auf einem Stück Zucker leicht abgeriebenen und abgeschabten Gelben einer oder zweier Orangen nebst 140 Gramm gestoßenem Zucker untermengt, mit $^3/_{10}$ Liter gutem süßen Rahm verdünnt und auf Kohlenfeuer zu einer Crême ab- gerührt, mit welcher die Pannequets bestrichen werden.

1620. Cölestiner-Omeletten auf andere Art. Omelettes à la Célestine.

Sie unterscheiden sich dadurch, daß sie ohne Beigabe von Mehl und dick gebacken werden. Es werden nämlich fünfzehn bis achtzehn sehr frische Eier in einer Casserolle aufgeschlagen, mit zwölf Eßlöffeln voll süßem Rahm nebst einer Prise Salz gut abgeschlagen und durch ein Haarsieb geseiht. Kurz vor dem Anrichten werden hiervon mit klarer frischer Butter vier gleich dicke Omeletten gebacken, welche jedesmal auf einen Bogen weißes Papier geschoben, mit der vorher beschriebenen, aber etwas dicker ge- haltenen Orangen-Crême stark bestrichen, sogleich aufgerollt und so, ohne sie zu zerschneiden, über einander in eine flache Mehlspeiseschale gelegt, gut mit Zucker bestäubt, mit der glühenden Schaufel glacirt und sogleich recht warm zur Tafel gegeben werden. Diese Omeletten müssen im letzten Augenblicke recht fein gebacken, sogleich mit der heißen Crême bestrichen und vollendet werden, denn zu langes Stehen und Warmhalten würde denselben all ihre Güte nehmen.

1621. Omeletten mit eingemachten Weichseln. Omelettes à la neige aux cerises.

Man rührt zwölf Eidotter mit dem abgeriebenen Gelben einer Citrone und 140 Gramm Zucker schaumig, schlägt das Weiße der zwölf Eier zu einem steifen Schnee und zieht diesen langsam unter die Masse. Von dieser werden mit klarer frischer Butter vier gleich dicke Omeletten auf beiden Seiten in schöner Farbe gebacken, mit eingemachten Weichseln ge- füllt, zusammengerollt, über einander auf eine flache Mehlspeiseschale gelegt, mit Zucker bestäubt, mit etwas Citronensaft beträufelt, ungefähr achtzehn bis zwanzig Minuten in einen schwach heißen Ofen gestellt und ehe man sie zur Tafel gibt, mit der glühenden Schaufel glacirt.

1622. Pannequets mit Kirschen auf Flamänder Art. Pannequets aux cerises à la Flamande.

280 Gramm feines Mehl werden mit $3/10$ Liter kaltem süßen Rahm nebst einer Prise Salz fein abgerührt, dann sechs Eier und sechs Eidotter dazu geschlagen, mit dem auf Zucker abgeriebenen Gelben einer Orange gewürzt, mit dem noch fehlenden Rahm zu einer flüssigen Masse verdünnt und sodann durch ein Haarsieb geseiht. Von dieser Masse werden auf beiden Seiten dünne Pannequets gebacken und auf einer flachen Schüssel warm gestellt. Ferner werden 1 Kilo 680 Gramm frische Kirschen von ihren Stielen befreit, ausgekernt und hiervon ein Compote gekocht, von welchem jedoch der Syrup abgeseiht wird. Mit diesen Kirschen werden die Pannequets, jedes einzeln, bestreut, zusammengerollt und in eine tiefe Mehlspeiseschale im Kranze gelegt. Sodann werden 105 Gramm süße Makaronen und 105 Gramm Bisquit mit dem Rollholze zerdrückt, durch ein grobes Sieb passirt, dann in eine Schüssel gethan, mit 140 Gramm Zucker und etwas gestoßenem Zimmt untermengt, mit dem Gelben von zehn Eiern gut abgerührt, und dann wird der abgetropfte Saft der Kirschen und etwas süßer Rahm dazu gegeben und gut verrührt. Die Crème-Masse wird über die Pannequets gegossen, daß dieselbe gut einbringt, und die Schale über Salz auf einem Blech eine halbe Stunde vor dem Anrichten in einen mäßig heißen Ofen gestellt, damit die Crème durch und durch stockt und etwas in die Höhe geht. Ehe man sie zu Tisch gibt, wird die Oberfläche mit Zucker bestäubt und mit der glühenden Schaufel glacirt.

1623. Pannequets mit Marasquin-Crême. Pannequets à la crême au marasquin.

Man bäckt aus der zuerst beschriebenen Masse zehn bis zwölf ganz dünne Pannequets, welche mit Aprikosen-Marmelade überstrichen, zusammengerollt, in 3 Centimeter lange Stückchen geschnitten und in eine mit frischer Butter ausgestrichene flache Schale, ein Stückchen an das andere, aufrechtstehend, gesetzt werden. Die Schale wird dann über Salz auf ein Blech gestellt und die Pannequets mit nachstehender Crême gefüllt: Zehn Eidotter werden mit 140 Gramm gestoßenem Zucker gut verrührt, mit $3/10$ Liter Doppelrahm genau verbunden, mit gutem Marasquino di Zara angenehm im Geschmack gehoben und sodann durch ein Haarsieb über die Pannequets gegossen. Eine halbe Stunde vor dem Gebrauche wird die Schale in einen schwach heißen Backofen gestellt, wo man die Crême fein stocken und etwas aufgehen läßt. Ehe man sie zur Tafel gibt, werden sie mit Zucker bestäubt und mit der glühenden Schaufel glacirt.

1624. Pannequets mit Meringué. Pannequets à la royale.

Es werden von der Masse (Pannequets à la parisienne) zwölf dünne

Pannequets gebacken, welche mit einer feinen Chokolade-Crême überstrichen und so übereinander in eine flache Schüssel gelegt werden; die oberste Seite wird nicht mit Crême überstrichen, sie wird zweimesserrückendick mit Merinqué überstrichen und mit feinem Zucker bestäubt. Sie werden sodann in einen abgekühlten Ofen gestellt, bis sich die Merinqué lichtgelb gefärbt und eine harte Kruste gebildet hat, welche noch warm zur Tafel gegeben wird. — Hierzu kann jeder beliebige, auf dem Feuer abgerührte Crême angewendet werden.

1625. Schweizer Omeletten. Omelettes à la Suisse.

$5/10$ Liter guter, dicker sauerer Rahm wird mit dem Gelben von zwölf Eiern, einer Prise Salz und 105 Gramm gestoßenem Zucker mit dem Schneebesen gut abgeschlagen, dann 140 Gramm Kartoffelmehl darunter gerührt, mit dem festgeschlagenen Schnee der zwölf Eier langsam untermengt und hiervon mit klarer, frischer Butter in einer Omelette-Pfanne dünne Omeletten gebacken, welche jedesmal mit Zucker bestäubt, übereinandergelegt und so eine Viertelstunde vor dem Anrichten in einem mäßig heißen Ofen gebacken werden.

1626. Pfannkuchen, Eierkuchen. Omelettes bourgeoise à l'Allemande.

140 Gramm oder auch vier Kochlöffel voll Mehl werden nebst einer Prise Salz mit kalter, guter Milch fein abgerührt, dann mit acht Eiern genau verrührt, mit der noch nöthigen Milch dickfließend verdünnt und hiervon mit frischer Butter vier Pfannkuchen auf beiden Seiten schön lichtbraun gebacken, übereinandergelegt und mit Zucker bestäubt zu Tisch gegeben.

1627. Aepfelpfannkuchen. Omelettes aux pommes à l'Allemande.

In die vorher beschriebene, aber etwas dicker gehaltene Masse werden fünf bis sechs rein geschälte und zu ganz feinen Scheibchen geschnittene mürbe Aepfel gethan und hiervon drei gleichdicke Pfannkuchen auf Kohlenfeuer in der Art schön lichtbraun gebacken, daß die Pfanne genau zugedeckt und die Apfelscheibchen während des Backens dünsten und dadurch weich werden können. Beim Anrichten werden sie mit Zucker und Zimmt bestäubt, übereinander gelegt und recht warm zu Tisch gegeben.

1628. Mehlschmarrn. Omelettes rissolées.

210 Gramm oder auch sechs Kochlöffel voll feines Mehl und ein halber Kaffeelöffel voll Salz werden mit kalter Milch fein abgerührt, dann zehn Eier dazu geschlagen und mit guter Milch zu einer dickfließenden Masse verdünnt. Sodann läßt man in einer Pfanne 140 Gramm frisch ausgelassenes Schmalz bis zum Rauchen heiß werden, rührt die Masse nochmals gehörig durcheinander, gießt sie in das heiße Schmalz, stellt die Pfanne über Kohlenfeuer, deckt sie zu und läßt den Schmarrn schön lichtbraun Farbe nehmen, dann wird derselbe in Stücke geschnitten, mit einem

eisernen Schäufelchen umgekehrt, noch etwas heißes Schmalz dazu gegossen, wo man denselben ebenfalls wieder schöne Farbe nehmen läßt. Hierauf wird der Schmarrn mit dem Schäufelchen klein zerstochen, noch einige Zeit geröstet, sodann erhaben in einer Mehlspeise-Schale angerichtet und mit Zucker bestäubt zu Tisch gegeben. Ein Compot von frischem oder getrock= netem Obste kann extra angerichtet beigegeben werden.

1629. Pfannkuchen mit Zwiebel-Sauce. Omelettes à la Robert.

Man bereitet einen Pfannkuchen, wie derselbe im vorhergehenden Rezepte angegeben ist und bäckt denselben in schöner lichtbrauner Farbe. Hierzu bereitet man folgende Sauce: man schneidet zwei weiße Zwiebeln und ein Stück mageren Speck, von jedem gleiche Theile, in kleine Würfel, passirt sie mit klarer frischer Butter auf dem Feuer, bis sie zu schäumen anfangen, gibt dann zwei Eßlöffel voll Mehl dazu und röstet es zusammen noch einige Minuten. Sodann wird die Sauce mit kräftiger, entfetteter Rindfleischjüs angerührt, das nöthige Salz, etwas Weinessig und rother Wein dazu gethan, zusammen gut ausgekocht, sodann rein entfettet, mit etwas gutem Senf und einem Kaffeelöffel voll Zucker angenehm im Geschmack gehoben, in eine Saucière gegossen und dem Pfannkuchen beigegeben.

1630. Kartoffel-Pfannkuchen. Omelettes de pommes de terre.

210 Gramm vorher abgekochte erkaltete und auf dem Reibeisen geriebene gute Kartoffeln werden mit 140 Gramm frischer Butter, 70 Gramm fein geriebenen Mandeln, 70 Gramm Zucker, einer Prise Salz und dem Gelben von zwölf Eiern gut abgerührt, dann wird der festge= schlagene Schnee nebst 70 Gramm rein belesenen und gewaschenen kleinen Rosinen darunter gezogen und hiervon auf Kohlenfeuer mit klarer Butter drei Omeletten auf beiden Seiten lichtbraun gebacken, welche mit Zucker bestäubt, aufeinander gelegt und warm servirt werden.

1631. Reisschmarrn. Omelettes au riz rissolées.

280 Gramm rein belesener und gewaschener Karolinen= oder guter Mailänder=Reis werden mit 1 Liter guter Milch, 140 Gramm Zucker, einem Stückchen ganzen Zimmt und einer Prise Salz auf Kohlenfeuer langsam weich und dick gekocht, dann in eine Schüssel umgeleert und wenn derselbe halb ausgekühlt ist, wird ein Stück frische Butter und acht Eidotter dazu gethan und zusammen gut verrührt. Eine halbe Stunde vor dem Anrichten wird das Weiße der acht Eier zu einem festen Schnee geschlagen, dieser langsam darunter gerührt und wie der vorhergehende Mehlschmarrn vollendet. Auf dieselbe Weise wird auch der Griesschmarrn bereitet.

1632. Zucker-Omeletten. Omelettes au four.

Sechs Eßlöffel voll Zucker und eben so viel Mehl werden zusammen in eine Casserolle gethan und mit zwölf Eiern und etwas wenig Salz gut

abgerührt; dann wird 1 Liter sehr guter süßer Rahm dazu gegossen, mit
etwas Vanille gewürzt und zusammengeseiht. Hierauf wird ein flaches
Geschirr gut mit frischer Butter ausgestrichen, am Boden mit Zucker be=
stäubt, die Masse hineingegossen, in einen nicht heißen Ofen gestellt und
langsam lichtbraun gebacken. Beim Anrichten werden sie im Geschirr in
zweifingerbreite Streifen geschnitten und mit einem Schäufelchen zusammen=
gerollt, in eine Mehlspeise=Schale gelegt, mit Vanille=Zucker bestäubt und
warm zu Tisch gegeben.

---

74. Abschnitt. 5. Abtheilung.
Von den aus dem Schmalz gebackenen Mehlspeisen.
Des beignets.

Unter dieser Benennung versteht man alle Arten kalte Crême, Früchte
u. dgl., welche in die weiter unten beschriebene Masse getaucht oder auch
mit geriebenem Brode panirt aus heißem Schmalze gebacken werden.

1633. Backteig. Pâte à frire à la Française.

280 Gramm feines, gesiebtes Mehl werden mit weißem Wein und
5 bis 6 Eßlöffeln voll feinstem Oliven=Oel zu einem zarten, etwas dick=
flüssigen Teige abgerührt, der leicht gesalzen und mit dem festgeschlagenen
Schnee von 4 bis 5 Eiern untermengt wird. Es muß aber bemerkt
werden, daß dieser Teig erst kurz, ehe man denselben braucht, angemacht
werden darf, denn langes Stehen würde ihn verderben. Ebenso ist sehr
darauf zu sehen, daß er die gehörige Dicke hat und die Beimischung des
Oels genau sein muß, denn ein Löffel voll Oel zuviel macht ihn fett,
und zu wenig macht denselben nach dem Backen wieder weich und zähe.

1634. Backteig auf deutsche Art. Pâte à frire à l'Allemande.

280 Gramm feines, gesiebtes Mehl, drei Eidotter, zwei Eßlöffel
voll gute Hefe und sechs Eßlöffel voll klare frische Butter werden mit
lauwarmer Milch nebst einem Eßlöffel voll Zucker und einer Prise Salz
zu einer flüssigen Masse angerührt, fein abgeschlagen und zum Gehen an
einen warmen Ort gestellt.

1635. Backteig auf andere deutsche Art. Pâte à frire à l'Allemande d'une autre manière.

Man läßt $^5/_{10}$ Liter gute Milch mit einer Prise Salz, einem Stück=
chen ganzen Zimmt, etwas Citronenschale, 105 Gramm Butter und 105
Gramm Zucker einige Minuten kochen, nimmt dann den Zimmt und die
Citrone heraus, rührt so viel feines, durchgesiebtes Mehl in die kochende
Milch als sie in sich aufnimmt, und arbeitet den Teig, bis er sich vom
Löffel loslöst, auf dem Feuer ab. Hierauf wird derselbe in eine andere

Casserolle gethan und mit der Hälfte ganzer und der Hälfte Eidotter zu einem dickfließenden Teig verdünnt, welchen man zu den später bezeich= neten Beignets verwendet.

1636. Beignets von Aprikosen oder gebackene Aprikosen. Beignets d'abricots.

Zwölf bis fünfzehn große reife Aprikosen werden von einander ge= schnitten, der Kern herausgenommen, die Haut abgezogen und mit gestoßenem Zucker gut bestreut eine Stunde stehen gelassen. Kurz vor dem Anrichten werden die Aprikosen in den Backteig getaucht, so daß sie ganz eingehüllt sind und aus heißem Schmalz lichtbraun gebacken, dann zum Entfetten auf Löschpapier gelegt, stark mit Zucker bestäubt und mit der glühenden Schaufel glacirt. Sie werden auf einer flachen Schüssel über eine schön zusammengelegte Serviette erhaben angerichtet und warm zu Tisch gegeben.

1637. Gebackene Aprikosen mit Pistazien. Beignets d'abricots glacés aux pistaches.

Die Aprikosen werden den vorhergehenden gleich zubereitet, aus dem= selben Teig lichtbraun gebacken, jedes Stückchen an eine Gabel gesteckt, auf der schönen Seite in zum Bruch gekochten Zucker getaucht und mit fein geschnittenen, recht grünen Pistazien bestreut, welches den Beignets ein sehr liebliches Ansehen und croquanten Geschmack gibt. Sie werden auf einer flachen Schüssel über eine zierlich zusammengelegte Serviette im Kranze erhaben angerichtet und sogleich servirt.

1638. Gebackene Pfirsiche. Beignets de pêches.
1639. Gebackene Reineclauden. Beignets de reineclaudes.
1640. Gebackene Zwetschgen. Beignets de prunes.

Ihre Bereitungsart ist ganz dieselbe wie bei den Aprikosen, nur muß bemerkt werden, daß hierzu die beste Gattung und reife Früchte gewählt werden müssen.

1641. Gebackene Apfelringe, Apfelkücheln. Beignets de pommes.

Aus zehn bis zwölf schönen, mürben Aepfeln werden die Kerne aus= gestochen, dann geschält und in federkieldicke Scheiben geschnitten. Diese

Aepfelscheiben werden in eine Porzellanschale gethan, gut mit Zucker bestäubt, ein Liqueur=Gläschen voll Arac, Kirschenwasser oder Marasquino
dazu gegossen, zugedeckt und eine Stunde marinirt. Kurz vor dem Anrichten
werden sie in Backteig getaucht, aus heißem Schmalz lichtbraun gebacken,
auf einen flachen Deckel gelegt, stark mit Zucker bestäubt, mit der glühenden Schaufel glacirt, im Kranze angerichtet und sogleich zu Tisch gegeben.
Man kann hierzu den Backteig Nr. 1633 oder 1634 anwenden.

**1642. Beignets von Aepfeln à la princesse. Beignets de
pommes à la princesse.**

Hierzu nimmt man acht bis zehn Stück Reinetten=Aepfel; jeder Apfel
wird quer durch in drei Scheiben geschnitten, diese dann mit einem kleinen
Ausstecher in der Mitte ausgestochen und hierauf egal rund geschält. Darnach werden sie in geläutertem Zucker kernig weich gekocht und dann in
ihrem kurzen Safte erkalten gelassen. Eine halbe Stunde vor dem Anrichten werden sie auf beiden Seiten mit dicker Aprikosen=Marmelade, unter
welche man den Apfelsaft mitgerührt hat, bestrichen, dann in fein gestoßenen süßen Makaronen umgekehrt, in Backteig eingetaucht und lichtgelb
croquant gebacken. Wenn alle Beignets fertig sind, werden sie auf einer
Seite in Citronenwasser=Glasur getaucht, über ein Blech gelegt, getrocknet
und dann erhaben über eine gebrochene Serviette angerichtet.

**1643. Gebackene Apfelschnitten mit Weichseln gefüllt. Beignets
de pommes aux cerises.**

Man wählt hierzu die besten Reinetten= oder Borsdorfer Aepfel; aus
diesen werden mit einem langen Ausstecher die Kerne ausgestochen, die
Aepfel in Scheiben getheilt, nochmals egal zugeschnitten, so daß sie gleiche
Größe haben, und wie die vorhergehenden marinirt. Unterdessen werden
die nöthigen Oblaten in der Größe der Aepfel rund geschnitten, so daß
auf eine Apfelscheibe zwei Oblaten kommen. Kurze Zeit vor dem Anrichten
wird auf jedes Stückchen Oblate eine Apfelscheibe gelegt, in der Mitte mit
eingemachten Weichseln gefüllt, wieder mit einem Oblatenstückchen gedeckt
und in den Backteig Nr. 1633 getaucht, und so jedesmal sechs bis acht
Stück auf einmal lichtbraun gebacken. Sie werden auf ein reines Tuch
zum Entfetten gelegt, dann an eine Gabel gesteckt, die schönere Seite in
zum Bruch gekochten Zucker getaucht und mit fein geschnittenen Pistazien
bestreut. Wenn die nöthige Anzahl solcher Aepfelschnitten gebacken und
auf die angegebene Weise glacirt ist, werden sie auf einer flachen Schüssel
über eine gebrochene Serviette im Kranze erhaben angerichtet und sogleich
zu Tisch gegeben.

1644. Erdbeeren-Beignets. Beignets de fraises.

Es wird 1 1/10 Liter reine, gut reife Walderdbeeren mit 210 Gramm
gestoßenem Zucker untermengt und hiervon mit einem Kaffeelöffel kleine
Häufchen in länglicher Form in Oblaten eingehüllt. Diese werden in den

45*

Backteig Nr. 1633 getaucht, schnell lichtbraun gebacken, auf ein Tuch zum Entfetten gelegt, gut mit Zucker bestäubt, gehäuft angerichtet und sogleich frisch gebacken zu Tisch gegeben.

1645. Gebackene Orangenschnitten. Beignets d'oranges.

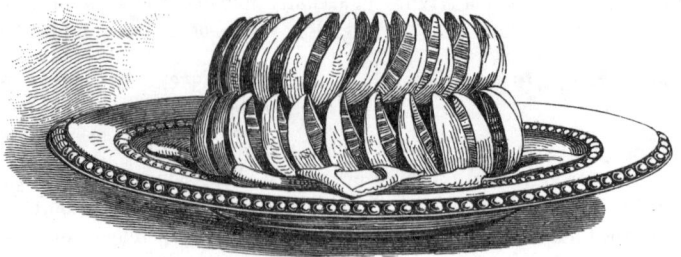

Sechs schöne, saftige Orangen werden rein abgeschält, die innere weiße Haut sorgfältig abgenommen, so daß nichts von dieser daran bleibt; dann wird jede Orange in acht Theile geschnitten, die Kerne herausgenommen und zusammen eine Stunde in heißem, dickem Zucker-Syrup marinirt. Kurz vor dem Anrichten werden sie auf ein Sieb zum Abtropfen gelegt, in den Backteig Nr. 1633 getaucht und wie die Aprikosen-Beignets gebacken und vollendet.

1646. Beignets von Birnen. Beignets de poires à la duchesse.

Dreißig Stück kleine Muskateller-Birnen werden rein abgeschält, die Stiele etwas abgestutzt, die Kerne mittelst eines Apfelbohrers ausgehöhlt und dann mit Zucker-Syrup und etwas Vanille kernig weich gekocht. Diese Birnen läßt man in ihrem Safte, welcher mit den Birnen dick eingekocht sein muß, kalt werden und legt sie darnach zum Abtropfen auf ein reines Tuch; hierauf werden sie mit dicker Aprikosen-Marmelade gefüllt und mit rund ausgestochenen Oblatenblättchen zugemacht. Kurz vor dem Anrichten werden die Birnen in einen nach Nr. 260 bereiteten Backteig getaucht und lichtgelb gebacken, darauf werden dieselben an eine spitzige Gabel gesteckt, stark mit Zucker bestäubt, über der Flamme bis zum Schmelzen des Zuckers glacirt und dann mit fein gewiegten grünen Pistazien geziert. Sie werden entweder pyramidenartig über eine Serviette oder in einem schön dressirten, aus pâte d'office bereiteten Körbchen zierlich angerichtet.

1647. Erdbeeren-Beignets auf deutsche Art. Beignets de fraises à l'Allemande.

Man bereitet auf dem Backbrett von 560 Gramm feinem Mehl, 280 Gramm Butter, vier Eidottern, einer Messerspitze Salz, 35 Gramm Zucker und einer Obertasse voll gutem, sauerm Rahm einen zarten Teig, welchen man eine halbe Stunde zugedeckt ruhen läßt. Dann wird derselbe messerrückendick ausgerollt, zweifingerbreit der Länge nach mit abge-

schlagenen Eiern bestrichen, die untere Seite gerad geschnitten, die Erd=
beeren mit Zucker untermengt und mit einem Eßlöffel kleine Häufchen,
zweifingerbreit auseinander, darüber gesetzt; der Teig darüber geschlagen,
mit dem untern stumpfen Theil eines runden Ausstechers leicht angedrückt
und mit einem Krapfenrädchen in halbrunder Form abgeschnitten. Sie
werden auf eine mit Mehl bestäubte Serviette gelegt, zugedeckt und kalt ge=
stellt. Kurz vor dem Anrichten werden sie aus dem Schmalz gebacken,
stark gezuckert und auf einer flachen Schüssel, über eine zierlich zu=
sammengelegte Serviette aufgethürmt, angerichtet.

1648. Erdbeeren-Beignets auf bürgerliche Art. Beignets de fraises à la·bourgeoise.

Acht frischgebackene Milchbrode werden abgerieben, zu messerrücken=
dicken Scheibchen geschnitten und jedesmal zwei davon fingerdick mit guten
reifen und mit Zucker untermengten Walderdbeeren gefüllt. Wenn die
gehörige Zahl solcher zubereitet ist, werden sie schnell durch kalte Milch
gezogen und auf ein Sieb gelegt. Eine Viertelstunde vor dem An=
richten werden sie in gut abgeschlagene Eier getaucht, aus dem Schmalz
gebacken, mit Zucker bestäubt und warm zu Tisch gegeben.

Auf dieselbe Art werden sie auch von Himbeeren bereitet.

1649. Kirschen-Beignets. Beignets de cerises.

1 Kilo 120 Gramm gute, reife Kirschen werden ausgekernt, zu
kleinen Häufchen in Oblaten gut eingewickelt, dann in den Backteig
Nr. 1633 getaucht und in schöner Farbe gebacken. Gut mit Zucker be=
stäubt und gehäuft angerichtet, werden sie warm zur Tafel gegeben.

---

74. Abschnitt. 6. Abtheilung.
Von den Beignets von Crême. Des beignets à la crême.

An die Beignets von Früchten reihen sich die von Crême an, welche
theils in Backteig getaucht oder mit Brod panirt gebacken werden.

1650. Beignets von Crême mit Vanille. Beignets de crême à la vanille.

5/10 Liter guten süßen Rahm läßt man mit einer Stange der Länge
nach aufgelöster und in kleine Stückchen geschnittener Vanille nebst 140
Gramm Zucker aufkochen und dann erkalten. Unterdessen werden zwei
Eier und sechs Eidotter mit der Schneeruthe gut abgeschlagen, dann mit
dem Vanille=Rahm durch öfteres Hin= und Hergießen genau in Verbindung
gebracht und nochmals durch ein Haarsieb geseiht. Hierauf werden kleine
runde Becher mit geklärter, frischer Butter ausgestrichen, mit der Masse
angefüllt, bis zur Hälfte in kochendes Wasser auf Kohlengluth gestellt,

zugedeckt, etwas wenig Kohlengluth auf den Deckel gethan und so die Crême im Dunste stocken oder steif werden lassen. Wenn dies erreicht ist, wird sie auf eine flache Schüssel gestürzt und nachdem sie kalt geworden ist, in den Backteig Nr. 1633 getaucht oder in abgeschlagenen Eiern umgewendet, mit geriebenem Brode panirt, sodann aus heißem Schmalz gebacken, mit Zucker bestäubt, mit der glühenden Schaufel glacirt und wie die vorhergehenden Beignets erhaben angerichtet.

Auf diese Weise kann jede Crême mit jedem beliebigen Geschmack zubereitet und ebenso vollendet werden.

Eine Abweichung in ihrer Zubereitung machen die abgerührten und in Oblaten oder dünne Pannequets eingehüllten Crême-Beignets, französische Beignets, wie aus nachstehenden Rezepten zu sehen.

1651. Französische Beignets. Beignets à la Française.

Zwei Eßlöffel voll Mehl werden mit kaltem Rahm fein abgerührt, dann werden zwölf Eidotter und 210 Gramm Orangen-Zucker dazu ge-than, mit dem nöthigen süßen Rahm (ungefähr $1/10$ Liter) genau ver-bunden und dann auf Kohlenfeuer zu einem feinen, geschmackvollen, dick-fließenden Crême abgerührt, welchen man unter beständigem Rühren, damit er keine Haut zieht, kalt rührt. Unterdessen werden sechs ganz feine Pannequets recht blaß gebacken, auf einer Serviette ausgebreitet, messerrückendick mit der Crême bestrichen, zusammengerollt, in 5 Centimeter lange Stückchen geschnitten und bis zum Gebrauche auf einem Tortenbleche zugedeckt kalt gestellt. Kurz vor dem Anrichten werden sie in den Back= teig Nr. 1633 getaucht oder in abgeschlagenen Eiern gewendet, mit ge= riebenem Brode panirt, aus heißem Schmalz gebacken, stark mit Zucker bestäubt, glacirt, zierlich angerichtet und warm zur Tafel gegeben.

1652. Französische Beignets von Chokolade. Beignets au chocolat à la Française.

Sechs Tafeln oder 210 Gramm gute Vanille=Chokolade werden mit $3/10$ Liter kochendem Rahm auf dem Feuer fein abgerührt; dann, wenn derselbe ausgekühlt ist, wird das Gelbe von zwölf Eiern und 140 Gramm gestoßener Zucker dazu gethan, mit noch $5/10$ Liter Rahm genau verbunden und diese Masse auf Kohlenfeuer zu einem feinen Köchel abgerührt, welches kalt messerrückendick in feine Pannequets gestrichen und wie die vorher= gehenden gebacken wird.

1653. Französische Beignets mit Mandeln. Beignets aux amandes à la Française.

420 Gramm Mandeln werden gebrüht, abgezogen, mit einem Ei= weiß fein gestoßen, dann mit 280 Gramm feinem Zucker und einem zweiten Eiklar untermengt und auf Kohlenfeuer abgeröstet, bis sich die Masse vom Löffel löst. Nach dem Erkalten wird die Masse in eine mit einem Stern versehene blecherne Spritze gefüllt, zu einem langen Streifen auf ein mit Zucker bestäubtes Blech gedrückt, dieser sodann in fingerlange Stückchen geschnitten, jedes in den Backteig Nr. 1633 getaucht, und aus heißem Schmalz schön gebacken. Wenn alle gebacken sind, werden sie stark mit Zucker bestäubt, mit der glühenden Schaufel glacirt und zier= lich angerichtet.

1654. Beignets von Mandeln auf englische Art. Beignets aux amandes à l'Anglaise.

Von 280 Gramm süßen und 35 Gramm bittern Mandeln wird mit $1^1/10$ Liter Rahm eine Mandelmilch bereitet, welche mit 105 Gramm Reismehl, 210 Gramm Zucker und etwas fleurs d'orange zu einem feinen, zarten Köchel auf dem Feuer abgerührt wird. Dieses Köchel wird sodann auf ein mit Butter bestrichenes Tortenblech fingerdick auf= gestrichen, nach dem Erkalten in kleine Vierecke geschnitten, dann wird das Blech erwärmt, damit sich diese mit dem Messer leicht abnehmen lassen. Sie werden sodann in den Backteig Nr. 1633 getaucht, schön aus heißem Schmalz gebacken, mit Zucker bestäubt, mit der glühenden Schaufel glacirt und zierlich auf einer flachen Schüssel über eine Serviette angerichtet.

1655. Beignets von Kastanien. Beignets de marrons à l'Espagnole.

1 Kilo 120 Gramm große gute Kastanien werden abgeschält, in's kochende Wasser gelegt (gebrüht), damit sich auch die zweite Schale mit

einem Tuch abstreifen läßt; sodann werden sie in einem flachen Geschirre geordnet, mit 280 Gramm gestoßenem Zucker bestreut, mit einer halben Bouteille Malaga=Wein begossen und zugedeckt auf Kohlenfeuer weich und kurz gedünstet. Wenn dieses erreicht ist, werden von diesen achtzehn ganz gebliebene Kastanien ausgesucht und auf einem Teller zugedeckt kalt gestellt; die übrigen werden im Mörser fein gestoßen, mit 210 Gramm frischer Butter, einer Prise Salz und sechs Eßlöffeln voll Doppelrahm untermengt und durch ein feines Haarsieb gestrichen. Mit diesem Kastanien= Püree werden nun die ganzen Kastanien, an die man an jede einige ab= getropfte eingemachte Weichseln angedrückt hat, eingehüllt, welche wieder in feucht gemachte Oblaten gewickelt und etwas plattrund gedrückt werden. Diese Beignets können sowohl in den Backteig Nr. 1633 oder auch panirt aus heißem Schmalz gebacken werden. Sie werden sodann mit Zucker bestäubt, mit der stark glühenden Schaufel glacirt und wie die vorhergehenden zierlich angerichtet.

1656. Beignets auf englische Art. Beignets Anglo-Françaises.

Gewöhnlich werden zu dieser Art Beignets die vom Tage vorher in Rest gebliebenen Puddings, welche in Scheibchen geschnitten und in den Backteig Nr. 1635 getaucht werden, verwendet. Diese hier folgenden Beignets übertreffen an Güte und Wohlgeschmack bei weitem die andern, und können mit Recht an jeder feinen Tafel als eine angenehme Schüssel gegeben werden. Man hat hierzu von weißem Blech zwei 24 Centi= meter lange, 9 Centimeter breite und 6 Centimeter hohe glatte Formen; diese werden mit klarer Butter ausgestrichen, mit weißem Papier ganz ausgefüttert und dies wieder mit Butter überstrichen. In diese werden nun feine Tafel=Bisquits eines an das andere quer eingelegt, mit in Zucker abgekochten Sultan=Rosinen und eingemachten Weichseln überstreut und darüber wieder Bisquits aber der Länge nach gelegt; darüber streut man wieder Rosinen und Weichseln und zuletzt wird das Ganze mit Bisquits gedeckt. Sodann werden zwei ganze Eier und zehn Eidotter

mit $^8/_{10}$ Liter süßem Rahm und 210 Gramm gestoßenem Zucker genau in Verbindung gebracht, zu diesem eine Obertasse voll Marasquino di Zara gegossen und das Ganze durch ein Haarsieb geseiht. Diese Crême wird nun über die Bisquits nach und nach, bis diese denselben ganz eingesogen haben, gegossen, dann wird über jede Form ein mit Butter bestrichenes Papier gelegt, welche man dann au bain-marie stocken läßt. Nach diesen werden sie herausgenommen, das obere Papier abgezogen, auf Tortenbleche gestürzt und an einen kühlen Ort gestellt. Kurz vor dem Anrichten werden sie in gleich große, längliche Stückchen geschnitten, in den Backteig Nr. 1633 getaucht, lichtbraun aus heißem Schmalz ge= backen, in gestoßenem Zucker umgekehrt, jedes an eine Gabel gesteckt und bei heller Flamme glacirt. Zierlich angerichtet werden sie warm zu Tisch gegeben.

1657. Beignets von Reis. Beignets de riz.

280 Gramm Karolinen=Reis werden rein belesen, sorgfältig in lau= warmem Wasser mehrmals gewaschen, mit kochendem Wasser einmal auf= gekocht und sodann auf ein Sieb geschüttet. Dieser blanchirte Reis wird in $1^5/_{10}$ Liter kochendem Rahm mit 210 Gramm Zucker nebst einer Stange Vanille auf Kohlenfeuer sehr weich und dick gekocht, sodann auf ein mit Butter bestrichenes Tortenblech fingerdick egal aufgestrichen und kalt gestellt. Hierauf wird derselbe mit einem Ausstecher in der Runde eines Weinglases ausgestochen, oder auch spitzweckartig geschnitten, das Blech leicht erwärmt, damit sich die Stückchen ablösen lassen, welche sonach in abgeschlagene Eier getaucht und mit fein geriebenem Brode gut panirt werden. Kurz vor dem Anrichten werden sie lichtbraun aus heißem Schmalz langsam gebacken, auf ein Tuch zum Entfetten gelegt, stark mit Zucker bestäubt, glacirt, wie die vorhergehenden angerichtet und recht warm zu Tisch gegeben. — Statt des Vanille=Geruchs kann der Reis auch in guter Mandelmilch weich gekocht werden.

1658. Beignets von Reis mit Kaffeegeruch. Beignets de riz au café.

Unter 280 Gramm mit Zucker und Rahm weich und dick gekochten Reis gießt man zwei Obertassen voll starken, schwarzen Kaffee, mit welchem man den Reis noch einige Minuten dünsten läßt. Im Uebrigen werden sie ganz den vorhergehenden Reis-Beignets gleich vollendet.

1659. Beignets von Reis mit Chokolade. Beignets de riz au chocolat.

Unter den weich und dick gekochten Reis werden 140 Gramm geriebene Chokolade gemengt, aufgestrichen und den vorhergehenden gleich panirt und gebacken. Sie werden in geriebener Chokolade mit Zucker untermengt, gehäuft angerichtet.

1660. Beignets von Gries. Beignets de semoule.

1¹/₁₀ Liter gute Milch läßt man mit 140 Gramm Zucker, einem Stückchen ganzen Zimmt, 70 Gramm Butter und einer Prise Salz aufkochen und bei beständigem Rühren 280 Gramm schönen Gries einlaufen und gut auskochen. Sodann wird derselbe fingerdick aufgestrichen, nach dem Erkalten geschnitten, panirt, lichtbraun gebacken, in mit gestoßenem Zimmt untermengten Zucker umgekehrt, gehäuft angerichtet und warm zu Tisch gegeben.

1661. Beignets von Nudeln. Beignets de nouilles.

Man bereitet von vier Eidottern und einem ganzen Ei, dem nöthigen feinen Mehl und einer Prise Salz feingeschnittene Nudeln. Man kocht sie in 1⁵/₁₀ Liter gutem Rahm mit 210 Gramm Zucker, einem Stück Vanille oder auch einem Stückchen Zimmt auf Kohlenfeuer gut aus, schüttet sie auf ein mit Butter bestrichenes Tortenblech, streicht sie mit dem Messer fingerdick und gleichmäßig auseinander, überdeckt sie mit mit Butter bestrichenem Papier und läßt sie so erkalten. Sodann werden sie in längliche oder eckige Stückchen geschnitten, in abgeschlagene Eier getaucht, panirt, in lichtbrauner Farbe aus dem Schmalz gebacken, mit Zucker bestreut, glacirt und zierlich angerichtet warm zu Tisch gegeben.

1662. Gefüllte Nudel-Beignets. Beignets de nouilles à la marmelade d'abricots.

Die vorhergehend in Rahm und Zucker gut ausgekochten feinen Nudeln werden auf ein mit Butter bestrichenes Blech gethan, halbfingerdick gleichmäßig glatt gestrichen, wie Thalerstücke rund ausgestochen, mit Aprikosen-Marmelade bestrichen und zu zwei zusammengesetzt. Sie werden wie die vorhergehenden panirt, gebacken, mit Zucker bestäubt, schön glacirt und zierlich gehäuft angerichtet.

1663. Sächsische Beignets. Beignets à la Saxonne.

210 Gramm Reismehl werden mit 175 Gramm feinem Zucker, 105 Gramm fein gestoßenen süßen Makaronen, einer Prise Salz nebst

dem nöthigen süßen Rahm fein abgerührt und auf Kohlenfeuer zu einem dicken Brei gut ausgekocht. Diese Masse wird sodann in eine Schüssel gethan, mit 70 Gramm sehr frischer Butter und zwölf Eidottern gut verrührt, sodann in runde, mit Butter ausgestrichene Becher=Förmchen gefüllt, und diese au bain-marie, bis sie gestockt sind, langsam gekocht. Hierauf werden sie gestürzt, mit einem runden Ausstecher eine Oeffnung eingestochen, etwas ausgehöhlt, mit etwas Aprikosen=Marmelade gefüllt und wieder gedeckt. Sie werden in abgeschlagene Eier getaucht, mit ge= stoßenen Makaronen panirt und kurz vor dem Gebrauche aus dem Schmalz in schöner Farbe gebacken. Mit Zucker bestäubt werden sie erhaben zier= lich angerichtet.

1664. Beignets auf bürgerliche Art (Oblaten-Kücheln). Beignets à l'Allemande.

Man schneidet aus großen Stücken Oblaten 5 Centimeter große, viereckige Stückchen, welche in der Mitte in der Größe eines Zehnpfennig= stücks mit Hagebutten=Mark mittelst eines Eßlöffels belegt werden und dann ein anderes Stückchen wieder darauf gelegt wird, so daß von allen Seiten eine kleine Oeffnung zwischen den Oblaten bleibt. Wenn nun jedesmal sechs Stück so vorbereitet sind, werden sie auf allen vier Seiten in den Backteig Nr. 1635 leicht eingetaucht, daß sich die vier Seiten genauer schließen und beim Backen ein lichtbrauner Rand, die Oblaten aber gelblich gefärbt und die Marmelade roth zu sehen ist. Wenn nun wenigstens vier= undzwanzig Stück solcher Beignets gebacken, im Ofen erwärmt und mit Zucker bestäubt sind, werden sie gehäuft angerichtet und warm zu Tisch gegeben.

1665. Beignets von Aepfeln auf spanische Art. Beignets de pommes à l'Espagnole.

Acht Stück schöne Borsdorfer=, Calville= oder Reinette=Aepfel werden rein geschält, jeder in vier Theile getheilt, die Kerne rein heraus= schnitten, sodann ein Stück an das andere in ein flaches Geschirr über 140 Gramm gut gereinigte, getrocknete Malaga=Trauben gelegt, mit 210 Gramm gestoßenem Zucker bestreut, mit einer Obertasse voll Weichselsaft und eben so viel Malaga=Wein genäßt und gut zugedeckt auf Kohlen= feuer sorgfältig, daß die Trauben nicht anbrennen, weich und kurz ge= dünstet. Unterdessen wird von zwölf eben solchen Aepfeln eine Marmelade mit dem nöthigen Zucker und einem Gläschen Malaga=Wein bereitet, welche man in einer Schüssel mit 140 Gramm fein gestoßenen süßen Makaronen, 105 Gramm zerlassener, sehr frischer Butter und dem Gelben von acht Eiern gut abrührt. Sodann werden aus großen Oblaten in der Größe eines Weinglases die nöthigen runden Stücke ausgestochen, wovon jedesmal eines messerrückendick mit der Marmelade überstrichen, mit einem Aepfelstück und zwei Rosinen belegt, diese mit derselben Marmelade genau überstrichen, und dann mit einem Oblat=Blättchen wieder gedeckt wird. Wenn nun alle Aepfelstücke auf diese Weise zwischen Oblaten ein=

gehüllt sind, werden sie in der Runde mit gestoßenen Makaronen bestreut,
dann in abgeschlagene ganze Eier getaucht und gut mit fein geriebenem,
recht weißen Mundbrode panirt, über ein mit Brod bestreutes Tortenblech
gelegt und mit Papier zugedeckt kalt gestellt. Eine Viertelstunde vor dem
Anrichten werden sie aus heißem Schmalz lichtbraun gebacken, gut mit Zucker
bestäubt, auf einer Seite mit der glühenden Schaufel glacirt und wie die
vorhergehenden über eine gebrochene Serviette zierlich angerichtet.

1666. Beignets auf Berliner Art. Beignets à la Berlinoise.

$^5/_{10}$ Liter süßen Rahm läßt man mit 140 Gramm sehr frischer
Butter, einer Prise Salz, 70 Gramm Zucker nebst einem Stückchen Zimmt
aufkochen, nimmt dann den Zimmt heraus, gibt unter beständigem Rühren
so viel gesiebtes, feines Mehl dazu, daß daraus ein zarter, feiner Brand=
teig entsteht, welchen man, bis sich derselbe vom Löffel löst, über Kohlen=
feuer fein abarbeitet. Wenn nun derselbe kalt geworden ist, rührt man
vier ganze Eier und sechs Eidotter dazu. Vor dem Anrichten gibt man
die Hälfte davon auf ein Teigbrett, macht davon mit der Hand, nachdem
man gestoßene Makaronen darunter gestreut, fingerdicke Streifen, schneidet
diese in gleichgroße, 9 Centimeter lange Stückchen und bäckt diese licht=
braun aus heißem Schmalz. Sie werden mit Zucker bestäubt, schön an=
gerichtet und ein guter Wein, chaud d'eau, extra beigegeben.

1667. Wiener Krapfen. Beignets à la Viennoise à la levure.

Diese Krapfen, welche als Faschingkrapfen in Wien bekannt sind,
gehören wie das Backhuhn (Backhähnel) zu jenen Speisen, welche man
in Wien so außerordentlich gut bekömmt, und welche Nationalgerichte der
Wiener geworden sind.

560 Gramm erwärmtes feinstes Mehl wird gesiebt, in eine Schüssel
gethan und in der Mitte eine Grube gemacht; in diese kommen vier Eß=
löffel voll gute Hefe, drei Eßlöffel voll Zucker, 140 Gramm zerlassene
Butter, etwas Salz und acht bis neun Eidotter. Das Ganze wird nun
mit $^5/_{10}$ Liter gutem lauwarm erwärmten süßen Rahm, der nach und
nach dazu gethan wird, untermengt und das Ganze zu einem leichten,

feinen, glänzenden Teig abgeschlagen, mit Mehl bestäubt, mit einer Ser= viette zugedeckt und an einen warmen Ort zum Aufgehen gestellt. Wenn die Hefe gut ist, wird nach Verlauf einer halben Stunde der Teig noch= mal so hoch geworden sein, als sein erstes Volumen war. Man gibt alsdann den dritten Theil davon auf ein erwärmtes Teig= oder Nudel= brett, drückt denselben mit der flachen Hand federkielbick auseinander, jedoch ist sehr darauf zu achten, daß auf die obere Seite kein Mehl gestäubt wird. Es werden dann mit einem Ausstecher, der im Durchmesser 6 Cen= timeter hat, runde Blättchen ausgestochen, wovon die Hälfte in der Mitte mit einem Kaffeelöffel voll Aprikosen=Marmelade belegt, rund herum mit abgeschlagenen Eiern ganz wenig bestrichen, die andere Hälfte der Blättchen aber auf der oberen Seite darüber gelegt, rund herum leicht angedrückt und mit einem etwas kleineren Ausstecher nochmals ausgestochen werden, welches beide Theile genau schließt. Sie werden dann über ein mit Mehl stark bestäubtes Tuch, die obere Seite nach unten gelegt und jedesmal mit einem erwärmten Tuch gedeckt, ebenso wird mit dem andern Teig verfahren, bis aller verarbeitet ist. Wenn nun diese Krapfen an einem warmen Orte gehörig, das heißt noch einmal so hoch aufgegangen sind, werden die zuerst gemachten (jedesmal acht Stück davon) in 1 Kilo 680 Gramm des besten heißen Schmalzes, die obere Seite nach unten eingelegt und zugedeckt. Nach einer Minute muß sich die untere Seite lichtbraun gefärbt haben, und der Krapfen aufgelaufen sein; sie werden dann mit einem hölzernen Spießchen umgewendet, die Pfanne nicht mehr zugedeckt und backen gelassen, bis sie auch von unten dieselbe Farbe haben. Sie werden dann mit einem Schaumlöffel auf ein Tuch gelegt, heiß mit Zucker bestäubt und bis alle so ausgebacken sind, warm gehalten. Wenn nun alle so fertig sind, werden sie auf eine flache Schüssel über eine gebrochene Serviette zierlich angerichtet und warm zu Tisch gegeben.

Als Kennzeichen ihrer Vollkommenheit müssen diese Krapfen, wenn sie gebacken sind, beinahe rund sein und in der Mitte ihrer Höhe ein weißes Ränftchen haben, welches sie besonders charakterisirt.

1668. Aufgelaufene Beignets, Brandnudeln. Beignets soufflés à la vanille.

Man schneidet eine Stange Vanille in kleine Stückchen, kocht diese in $^5/_{10}$ Liter guter Milch aus, passirt diese in eine andere Casserolle, gibt dann 105 Gramm sehr frische Butter dazu und rührt, wenn die Milch wieder kocht, so viel feines gesiebtes Mehl hinein, daß man einen zarten Teig erhält, welchen man noch einige Minuten über dem Feuer abrührt, bis sich derselbe von dem Löffel und der Casserolle loslöst. Dieser Teig wird sodann in eine andere Casserolle gethan, mit 105 Gramm gestoßenem Zucker, ein wenig Salz und acht Eidottern gut verrührt, so= dann mit dem festgeschlagenen Schnee von drei Eiern und einem Löffel voll geschlagenem Rahm genau untermengt und zugedeckt kalt gestellt. Eine halbe Stunde vor dem Anrichten wird der Teig auf den mit Mehl bestäubten Backtisch gethan, mit der Hand lang ausgerollt, in nußgroße Stücke geschnitten, diese in der Hand rund gemacht und dann aus heißem Schmalz langsam, bis sie gut aufgelaufen sind, in schöner lichtbrauner Farbe gebacken. Sie werden sodann mit dem Schaumlöffel ausgehoben, über Löschpapier auf ein Tuch gelegt, mit Zucker bestäubt, gehäuft an= gerichtet und warm servirt.

1669. Brandnudeln auf bürgerliche Art. Beignets soufflés
à la bourgeoise.

⁵/₁₀ Liter Milch läßt man mit 70 Gramm Butter, 35 Gramm Zucker, etwas Salz und einem Stückchen Zimmt aufkochen, nimmt sodann den Zimmt heraus und rührt so viel gesiebtes feines Mehl in die kochende Milch, daß man einen compacten Brandteig erhält, den man einige Mi= nuten über dem Feuer abröstet. Wenn derselbe nun kalt geworden ist, werden drei ganze Eier und vier Eidotter gut darunter gerührt, daß man einen feinen zarten Teig erhält. Eine halbe Stunde vor dem An= richten werden nun 840 Gramm gutes Schmalz heiß gemacht, der Teig mit einem Blechlöffel ausgestochen, mit dem Finger von dem Löffel in runder Form abgestreift, in's heiße Schmalz gelegt und so lange fort= gefahren, bis die gehörigen Nudeln eingelegt sind, welche dann unter leichtem Rütteln der Pfanne über dem Feuer langsam lichtbraun gebacken werden. Sie müssen gut aufgelaufen, sehr leicht und gut ausgebacken sein. Mit Zucker bestäubt, werden sie gehäuft angerichtet und warm zu Tisch gegeben.

1670. Brandstrauben. Grands beignets soufflés et seringués.

Man bereitet hierzu eine der vorhergehend beschriebenen Massen, füllt davon einen Theil in eine unten mit einem Stern eingelegte Spritze, drückt diese in der Runde in heißes, rauchendes Schmalz, zieht die Pfanne vom Feuer an die Ecke des Windofens und bäckt diese Strauben bei immer= während leichtem Schütteln der Pfanne, bis sie eine lichtbraune Farbe haben. Sie werden sodann umgewendet und ebenso gebacken, dann auf Löschpapier über ein Tuch zum Entfetten gelegt, gut mit Zucker bestreut, drei übereinander liegend angerichtet und warm zu Tisch gegeben.

1671. Gefüllte Beignets auf deutsche Art. Beignets farcis
à l'Allemande.

Es werden von gewöhnlichem Hefenteig thalergroße Brödchen auf ein mit Mehl bestäubtes Backblech gesetzt, zum Aufgehen an einen warmen Ort gestellt, dann jedes mit einer Gabel mehrmals durchstochen und licht= gelb aus dem mittelheißen Ofen gebacken. Wenn diese Brödchen kalt ge= worden sind, werden sie überall fein abgerieben, in der Mitte ein Deckel= chen abgeschnitten, dann ausgehöhlt und mit Chokolade, Orangen, Vanille oder crême pâtissière kalt gefüllt, die Deckelchen darüber gelegt, jedes Brödchen in kalten Rahm getaucht, in einen gut mit frischer Butter aus=

gestrichenen plat à sauter gesetzt und zugedeckt kalt gestellt. Eine halbe Stunde vor dem Anrichten werden sie mit lauwarmer Butter bestrichen, gut mit Zucker bestäubt, etwas heißer Rahm darunter gegossen, in einen warmen Backofen oder Backrohr gestellt und bis die Brödchen eine schöne Farbe haben, gebacken. Sie werden erhaben angerichtet, . etwas heißer süßer Rahm darunter gegossen und warm zu Tisch gegeben.

1672. Englische Beignets. Beignets à l'Anglaise.

Man läßt 1 1/10 Liter Rahm mit einer in kleine Stückchen geschnittenen Stange Vanille nebst 210 Gramm Zucker aufkochen und zugedeckt kalt stellen. Unterdessen werden zwölf Eidotter in eine Casserolle gethan, mit dem kalt gewordenen Vanille=Rahm in genaue Verbindung gebracht, durch= geseiht, die Crème in mit Butter ausgestrichene glatte Becherförmchen ge= füllt und sodann im Dunste stocken gelassen. Wenn die Crème nun kalt geworden ist, wird dieselbe gestürzt, in der Mitte durchgeschnitten, jedes Stückchen in abgeschlagene ganze Eier getaucht und mit fein geriebenem weißen Brode panirt. Kurz vor dem Anrichten werden die Beignets aus heißem Schmalz lichtgelb gebacken, stark mit feinem Zucker bestäubt und mit der glühenden Schaufel schön glacirt. Sie werden sodann über eine zierlich zusammengelegte Serviette auf einer flachen Schüssel angerichtet und warm servirt. Auf diese Weise kann der Crème jeder beliebige Ge= schmack gegeben werden.

1673. Deutsche Chokolade-Beignets. Beignets au chocolat à l'Allemande.

140 Gramm feine Vanille=Chokolade werden gerieben und mit 140 Gramm Zucker und 3/10 Liter Rahm einige Minuten gekocht und kalt ge= stellt. Unterdessen werden 35 Gramm Reismehl mit kaltem Rahm fein abgerührt, zehn Eidotter dazu gethan, mit der Chokolade untermengt und auf Kohlenfeuer zu einem Köchel abgerührt, welches in eine Schale durch= passirt wird. Diese kalt gewordene Chokolade=Crème wird in Oblaten= Stückchen in der Art eingewickelt, daß daraus fingerlange und ebenso dicke Beignets entstehen, welche von allen Seiten mit Eiern bestrichen werden und gut eingeschlossen sind, so daß die Crème beim Backen nicht

ausrinnen kann. Wenn alle beendet sind, werden sie in abgeschlagene ganze Eier getaucht, und in geriebenem weißen Brode gut umgekehrt. Kurz vor dem Gebrauche werden sie aus heißem Schmalz gebacken, in fein gestoßenem Zucker umgekehrt, wie die vorhergehenden angerichtet und warm servirt.

1674. Papagei-Brod. Pain à la perroquet.

Sechs Stück weiße Mundbrode werden abgerieben, in federkieldicke Scheiben geschnitten und dieselben wieder in Herzform gebracht. Sie werden dann in einer flachen Schüssel nebeneinander gelegt, mit fünf Eiern, welche mit $^3/_{10}$ Liter Rahm gut verrührt worden, übergossen und so zum Durchweichen zugedeckt bei Seite gestellt. Sie werden aus heißem Schmalz lichtgelb gebacken, zum Entfetten auf ein Tuch gelegt, in einer runden, glatten Form eingerichtet und mit 280 Gramm gut gereinigten Corinthen und 210 Gramm türkischen Rosinen im Kranze abwechselnd bestreut. Eine halbe Stunde vor dem Anrichten läßt man eine Bouteille Burgunder mit einem Stückchen Zimmt, etwas Orangen=Schale, nebst 280 Gramm Zucker aufsieden, gießt denselben über die gebackenen Brod= herzchen, stellt die Form auf ein Tortenblech, deckt sie gut zu und läßt sie in einem mittelheißen Ofen langsam, bis das Brod den Wein ein= gesogen hat, dünsten. Die Form wird sodann in eine Schale gestürzt, abgehoben und das Brod, welches einen Kuchen bilden muß, mit einem in eine Saucière gegossenen Glühwein warm zu Tisch gegeben.

----

74. Abschnitt. 7. Abtheilung.

Von den Cannellons. Des cannellons.

Diese unterscheiden sich von den Beignets dadurch, daß sie in langer Form aus Butterteig gemacht und weder panirt noch in einen Teig ge= taucht, aus dem Schmalz gebacken werden.

1675. Gebackene Cannellons mit Aprikosen-Marmelade.
Cannellons frits à la marmelade d'abricots.

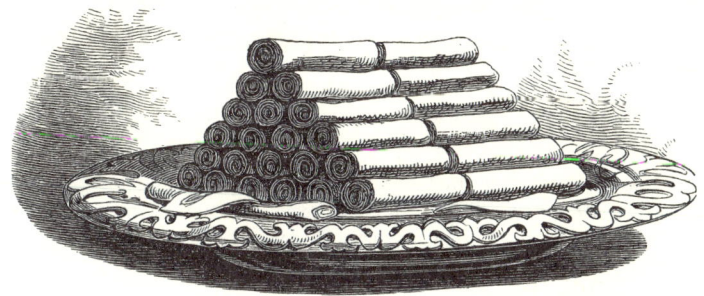

Von 560 Gramm Butter und gut bereitetem, viermal zusammen= gelegten Butterteig werden zwei gleichgroße, langviereckige, messerrücken= dicke Platten ausgewalkt, welche außenherum gerade zugeschnitten und in 9 Centimeter breite Streifen der Länge nach egal geschnitten werden. Diese Streifen werden nun mit abgeschlagenen Eiern bestrichen und mit dicker Aprikosen = Marmelade, welche in eine Papierdüte gefüllt wurde, quer in der Dicke eines starken Federkiels, bespritzt. Der Teig wird jedesmal mit dem Messer über die Marmelade gebogen, einmal umge= schlagen, dann an beiden Enden gut angedrückt, so daß diese in den Teig gut eingeschlossen ist, und man egal dicke und 9 Centimeter lange Stängchen erhält, welche über ein mit Mehl bestäubtes Blech gelegt, mit Papier zugedeckt und kalt gestellt werden. Kurz vor dem Gebrauche werden sie aus heißem Schmalze langsam, damit der Teig durchbäckt, ge= backen, dann auf ein Tuch zum Entfetten gelegt, sodann unten und oben in Bruchzucker getaucht und diese mit feingeschnittenen Pistazien oder fein= geschnittenen, roth gefärbten Mandeln bestreut. Sie werden pyramidenartig über eine gebrochene Serviette angerichtet und warm zu Tisch gegeben.

Um alle Wiederholungen zu vermeiden, bemerke ich, daß jede beliebige Marmelade dazu verwendet werden kann, nur muß sie dick eingekocht sein.

1676. Gebackene Cannellons mit Erdbeeren. Cannellons frits aux fraises.

1¹/₁₀ Liter schöne reife Erdbeeren werden mit 140 Gramm gestoße= nem Zucker untermengt, wie die Marmelade in den Butterteig zu langen Streifen eingewickelt, dann gebacken und ebenso angerichtet.

1677. Gebackene Cannellons mit Himbeeren. Cannellons frits aux framboises.

Werden wie die von Erdbeeren bereitet.

1678. Gebackene Cannellons mit Kirschen. Cannellons frits aux cerises.

1 Kilo 120 Gramm schöne Kirschen werden ausgekernt, mit Zucker

einigemal aufgekocht, dann in ein Sieb geschüttet und gut abgetropft. Diese Kirschen werden mit dick eingekochtem Safte ebenso in den Butterteig gelegt, gut eingewickelt, gebacken, mit Zucker bestäubt und ebenso angerichtet. Der Syrup der Kirschen wird eingekocht, die Kirschen wieder dar= unter melirt und als dicke kalte Substanz in den Teig eingewickelt.

1679. Gebackene Cannellons mit Mandel-Crême. Cannellons frits à la crême de Pithiviers.

140 Gramm süße und acht Stück bittere Mandeln werden abge= zogen und mit etwas Milch sehr fein gerieben, hierauf in eine Schüssel gethan, mit 140 Gramm gestoßenem Zucker, auf dem man eine Citrone abgerieben hat, nebst 70 Gramm Butter, vier Eidottern, drei Löffeln voll Schlagrahm, etwas gestoßener fleurs d'orange und einem Körnchen Salz gut abgerührt. Diese crêmeartige Masse wird nun, wie es bei den vorhergehenden Cannellons angegeben ist, in Butterteig eingeschlagen, lichtgelb aus dem Schmalz gebacken, mit Zucker bestreut, schön angerichtet und warm zu Tisch gegeben.

1680. Gebackene Cannellons mit Haselnuß-Crême. Cannellons frits à la crême d'avelines.

280 Gramm Hasel= oder Bartnüsse werden mit etwas Milch fein gerieben, in eine Casserolle gethan, mit $^5/_{10}$ Liter kochendem Rahm über= gossen, gut durcheinander gerührt und zugedeckt kalt gestellt. Sodann wird dieser Rahm durch eine Serviette gepreßt und hiervon mit 140 Gramm Zucker, dem Gelben von acht Eiern, nebst einem Eßlöffel voll Mehl eine Crême auf Kohlenfeuer abgerührt, die man zum Erkalten auf einen Teller gießt. Mit dieser Crême werden nun die Cannellons wie die vorhergehenden gefüllt, ebenso gebacken, mit Zucker bestreut und über eine gebrochene Serviette erhaben angerichtet.

1681. Gebackene Cannellons mit Chokolade-Crême. Cannellons frits à la crême au chocolat.

210 Gramm gute Vanille=Chokolade löst man mit einer Obertasse voll Rahm auf, rührt denselben recht fein ab, gibt zwei Eßlöffel voll Mehl, vier Eßlöffel voll gestoßenen Zucker und sechs Eidotter dazu, gießt noch den nöthigen kalten Rahm dazu und rührt dieses zu einer dickflüssigen Crême ab, die man zum Erkalten in einen Teller gießt. Wenn dieselbe nun kalt geworden ist, werden diese Cannellons wie die vorhergehenden zu= bereitet, ebenso gebacken, mit Zucker bestreut und warm zu Tisch gegeben.

1682. Gebackene Cannellons mit Pistazien. Cannellons frits à la pâte de pistaches.

140 Gramm gebrühte und abgezogene Pistazien werden mit etwas Eiweiß sehr fein gerieben, in einer Schüssel mit 210 Gramm Staubzucker untermengt und hiervon auf weißem Papier mit Staubzucker gleich lange

kleine Würstchen geformt, welche in Backteig getaucht und aus dem besten Schmalz gebacken werden. Weiß mit Zucker bestäubt, werden sie zierlich über eine Serviette angerichtet und warm zu Tisch gegeben.

Zu bemerken ist noch, daß alle Gattungen dick gekochter Marmelade, alle Gattungen auf dem Feuer abgerührter Crêmes (feine Köchel) statt in Butterteig in ganz dünne abgebackene Pannequets eingehüllt werden können, welchen man dieselbe längliche Form gibt, allein sie müssen dann in ab= geschlagene Eier getaucht und mit fein geriebenem Brode panirt werden.

1683. Croquetten von Aepfeln à la Saint-Simon, Croquettes de pommes à la Saint-Simon.

Man bereitet von guten Aepfeln eine dicke Marmelade, unter welche man zwei Eßlöffel voll Vanille=Zucker und zwei Eßlöffel voll fein gewiegte Pistazien rührt; mit dieser werden dünne Pannequets messerrückendick be= strichen, dieselben zusammengerollt und daraus Croquetten geformt, welche man unten und oben mit kleinen Stückchen von den Abfällen der Panne= quets bedeckt. Sie werden dann in abgeschlagene Eier getaucht, panirt, hiernach lichtgelb gebacken, gut mit Zucker bestäubt und über einer Serviette erhaben angerichtet. Ein dünnes Aepfel=Gelée, mit etwas Vanille=Liqueur im Geschmack angenehm gehoben, wird in einer Saucière extra beigegeben.

---

74. Abschnitt. 8. Abtheilung.
Von verschiedenen andern aus dem Schmalz gebackenen Mehlspeisen. Des beignets divers.

1684. Schneeballen. Balles de neige.

280 Gramm feines, gesiebtes Mehl werden auf den Backtisch gethan, dazu kommen 140 Gramm kleingebröckelte frische Butter, vier Eßlöffel voll guter saurer Rahm, das Gelbe von vier Eiern, ein halber Löffel voll Zucker, eine Messerspitze voll Salz. Dies Alles wird zu einem Teig zusammengemacht und eine Viertelstunde zugedeckt ruhen gelassen; nach Verlauf dieser Zeit gibt man dem Teig, wie beim Butterteig später ge= zeigt werden wird, drei Touren und läßt denselben an einem kalten Orte stehen. Dieser Teig wird sodann zu einer messerrückendicken Platte aus= gewalzt, aus dieser runde, im Durchmesser 9 Centimeter breite Blättchen ausgestochen, welche mit einem Krapfenrädchen federkieldick in der Art von einander durchgerädelt werden, daß der Rand der Blättchen nicht verletzt wird. Diese Blättchen, die nun durch den unverletzten Rand zusammen= halten, werden so durcheinander geflochten und gezogen, daß sie einen zusammengeschobenen Ballen bilden. Sie werden sodann in der Pfanne mit 1 Kilo 120 Gramm heißem Schmalz, jedesmal zu acht Stück ge= legt, schnell, bis sie eine schöne lichtgelbe Farbe haben, gebacken. Aus dem Schmalz werden sie auf Löschpapier über ein reines Tuch gelegt,

jedes einzeln stark mit Staubzucker bestreut, daß sie ganz weiß erscheinen, und gehäuft über eine gebrochene Serviette angerichtet.

1685. Zuckerstrauben. Grappes de pâte filet.

260 Gramm Mehl, das Weiße von zehn Eiern, 140 Gramm ge= stoßener Zucker und etwas wenig Salz werden mit weißem Wein fein abgerührt, sodann in der Art genau verdünnt, daß derselbe wie zu einer Einlaufsuppe dicklich fließend vom Löffel läuft. Dieser Teig wird hierauf in eine Papierdüte gefüllt und durch dieselbe in ein kleines, mit heißem Schmalz gefülltes Pfännchen durcheinander einlaufen gelassen, so zwar, daß die Oberfläche gedeckt ist. Man läßt diese Strauben lichtgelb auf beiden Seiten backen, legt sie dann aus dem Schmalz schnell über ein rundes Holz, hält sie, bis sie kalt geworden sind, darüber, nimmt sie dünn ab und bepudert sie mit feinem Staubzucker. Wenn alle so be= endet sind, werden sie schön angerichtet, warm zu Tisch gegeben und ein Wein=Chaudeau extra mitservirt.

1686. Gebackene Brodschnitten mit Burgunder. Pains frits au vin de Bourgogne.

Sechs Stück frische Mundbrode werden leicht abgerieben, in fingerdicke Scheiben geschnitten und diese in gleiche Stücke oval oder in Herzform zu= geschnitten. Sie werden dann in eine flache Schüssel nebeneinander gelegt, mit Burgunder=Wein übergossen und so, bis sie ganz durchweicht sind, zu= gedeckt, bei Seite gestellt. Eine Viertelstunde vor dem Anrichten wird jedes Stück einzeln in Mehl umgekehrt und so sechs Stück auf einmal in 1 Kilo 120 Gramm heißes, beinahe rauchendes Schmalz gethan und in schöner Farbe auf beiden Seiten gebacken. Diese Schnitten werden dann zum Entfetten über Löschpapier gelegt, an eine dünne, langzackige Gabel gesteckt, stark mit feingestoßenem Zucker bestreut und über dem hell= brennenden Windofen, bis der Zucker zu schmelzen anfängt, in schöner Farbe glacirt. Wenn nun alle auf diese Weise gebacken und glacirt sind, werden sie im abgekühlten Backofen leicht erwärmt, auf eine flache Schüssel über eine gebrochene Serviette im Kranze angerichtet und lauwarm servirt.

1687. Kleine Brodkrusten mit Ananas. Croûtes à l'ananas à la reine.

Man schneidet aus einem mittelgroßen Brioche (dessen Bereitung im Abschn. 78, Abth. 14 angegeben ist), welcher aber Tags zuvor gebacken sein muß, federkieldicke Tranchen, sticht diese mit einem runden Ausstecher in der Größe eines kleinen Weinglases aus, so daß man ungefähr dreißig bis sechsunddreißig solche Stücke erhält. Dieselben werden auf beiden Seiten mit Zucker bestäubt und über ein Blech im heißen Ofen, bis sie eine schöne lichtgelbe Farbe erhalten haben, geröstet. Ferner werden die Scheiben von einem Glas voll eingemachter Ananas zum Abtropfen über ein Sieb ge= schüttet und dann kleinwürfelig geschnitten, in eine Casserolle gethan und mit ihrem abgelaufenen, mit dem Safte einer Orange versetzten Syrup übergossen, zugedeckt und warm gestellt. Vor dem Anrichten wird in eine Porzellan= Schale eine fingerdicke Schicht Aepfel=Marmelade gestrichen und die ebenfalls mit Marmelade bestrichenen Briochestückchen im Kranze darüber gelegt, so daß ein doppelter Kranz solcher Stücke aufgerichtet werden kann. Diese werden nun zehn Minuten in's warme Backrohr gestellt, dann mit dem heißen Ananas=Syrup übergossen und die Ananas selbst in die Mitte gethan.

1688. Kleine Brodkrusten auf spanische Art. Croûtes à l'Espagnole.

Man gibt in eine Casserolle 280 Gramm schöne, rothe, eingemachte abgetropfte Kirschen, 280 Gramm entfernte, trockene Malaga=Rosinen, zwölf Stück würfelig geschnittene, grüne Mandeln und 140 Gramm ab= gezogene grüne Pistazien. Dann löst man 140 Gramm Aepfel=Gelée mit einem Glas Madeira auf, gibt eine aufgeschlitzte Stange Vanille dazu, schüttet dies über die bezeichneten Früchte und läßt das Ganze eine halbe Stunde sehr langsam sieden. Unterdessen hat man die gleiche Anzahl Briochekrusten wie die vorhergehenden bereitet, welche man mit Zucker bestäubt und über der Flamme glacirt. Sie werden au miraton ange= richtet, mit dem Syrup von den Früchten übergossen und nachdem man die Früchte selbst in ihre Mitte gethan hat, sogleich servirt.

1689. Brodkrusten auf italienische Art. Croûtes à l'Italienne.

Man schneidet aus frischem, sehr weißen Mundbrode gleichgroße, ovale Schnitten, welche man in kalten, mit Zucker gesüßten Wein eintaucht und gut durchweichen läßt. Sie werden dann in abgeschlagene Eier getaucht, mit fein gestoßenen, süßen Makaronen garnirt und darauf in geklärter, sehr frischer Butter auf beiden Seiten lichtgelb gebacken. Hiernach werden sie zum Entfetten über ein Tuch gelegt, auf einer Seite mit aufgelöstem Johannis= beer=Gelée leicht überstrichen, au miraton eingerichtet und in der Mitte eine Macedoine von Früchten, welche aus Kirschen, Aepfeln, Birnen, dünner Aprikosen=Marmelade und etwas Malaga=Wein bereitet ist, heiß angerichtet.

1690. Kleine Brodkrusten auf französische Art. Croûtes à la Française.

Man verfertigt aus pâte d'office (siehe Abschn. 78, Abth. 8) eine Vase, welche man schön garnirt und über die zum Anrichten bestimmte Schüssel mit Mehl und Eiweiß befestigt. — Aus einem Savarin oder Brioche werden achtzehn kleine, egale Tranchen geschnitten, diese rund aus= gestochen, mit Zucker bestäubt und über ein Blech im Ofen lichtgelb geröstet. Sodann werden sie in einen plat à sauter gelegt, mit etwas Zucker=Syrup, welcher mit Madeira angenehm im Geschmack gehoben ist, leicht übergossen und jede derselben mit Aprikosen=Marmelade bestrichen. Nachdem dies ge= schehen, stellt man den plat à sauter in den Ofen, um die Schnitten wieder zu erwärmen. Ebenso hat man eine Macedoine von Früchten bereitet, welche aus eingemachten Aprikosen, Reineclauden, Pfirsichen, Mirabellen und Kirschen besteht, untermengt mit einer Aprikosen=Sauce mit Madeira= Wein. Beim Anrichten wird ein Theil dieser Macedoine in die ganz harte Teig=Vase heiß gethan, dann die Brodkrusten aus dem Ofen genommen und im Kranze geschmackvoll darüber angerichtet. Der Rest der Früchte wird in der Mitte erhaben angerichtet und mit dem Syrup leicht übergossen.

1691. Gebackene Brödchen. Pains frits à la Piemontaise.

Man läßt sich vom Bäcker vierundzwanzig Stück runde Milchbrödchen in der Größe eines Thalers backen, reibt diese auf dem Reibeisen leicht ab, macht mit einem kleinen scharfen Messer, ohne die Brödchen ausein= ander zu schneiden, rings um dieselben einen schneckenartigen Einschnitt und füllt in denselben mittelst der Papierdüte Aprikosen=Marmelade. Wenn nun die Brödchen auf diese Weise vorbereitet sind, werden sie in Ma= laga oder in irgend einen südlichen, süßen Wein getaucht und zugedeckt bei Seite gestellt. Unterdessen werden 140 Gramm Mehl mit der nöthigen kalten Milch, zwei Eßlöffel voll Zucker, zwei ganze Eier und vier Ei= dotter nebst etwas Salz zu einem dickflüssigen Teig abgerührt, in welchen die Brödchen kurze Zeit vor dem Gebrauche getaucht, in's heiße Schmalz gelegt und lichtbraun gebacken werden. Aus dem Schmalz werden sie auf ein Tuch zum Entfetten gelegt, an eine lange, dünnzackige Gabel ge= steckt, gut mit Zucker bestäubt und über dem hellbrennenden Windofen glacirt. Sie werden erhaben angerichtet und mit einer heißen Aprikosen= Marmelade=Sauce, die extra nachservirt wird, zu Tisch gegeben.

1692. Gebackene Brodschnitten. Pains frits à la bonne mère.

Aus sechs abgeriebenen, frischen Mundbroden werden federkieldicke Schnitten geschnitten, diese in Rahm mit ganzen Eiern untermengt, ein= geweicht und nach einigen Minuten aus heißem Schmalz lichtgelb gebacken. Diese gebackenen Brodschnitten werden sodann mit Himbeer=Marmelade, jedesmal zwei zusammengesetzt, in den vorhergehend beschriebenen Teig getaucht und aus dem Schmalz gebacken. Mit Zimmt und Zucker gut bestäubt, werden sie im Kranze angerichtet und warm zu Tisch gegeben.

1693. Gebackene Brodschnitten mit Mandeln. Pains frits aux amandes.

280 Gramm abgezogene Mandeln werden mit süßem Rahm fein gerieben, in eine Schüssel gethan und mit 140 Gramm gestoßenem Zucker, etwas fein geschnittener Orangenschale und 70 Gramm zerlassener Butter gut abgerührt. Sodann schneidet man aus frischem Mundbrode Herzchen, setzt jedesmal zwei derselben, mit dieser Masse bestrichen, zusammen, taucht sie in gut abgeschlagene ganze Eier und bäckt sie lichtbraun aus heißem Schmalz. Sie werden hierauf in eine flache Casserolle nebeneinander gelegt, mit Zucker bestreut, mit einer Bouteille rothem Wein, in welchem ein Stückchen Zimmt und etwas Orangenschale aufgekocht, übergossen, zugedeckt und auf Kohlenfeuer langsam, bis die Schnitten den Wein gänzlich in sich eingesogen haben, gekocht. Sie werden sodann im Kranze in eine Mehlspeisschale angerichtet, der zurückgebliebene Saft in ihre Mitte gegossen und warm zur Tafel gegeben.

1694. Gebackene Aepfel mit rothem Wein. Pommes frites au vin rouge.

Es werden mit einem langen Ausstecher aus achtzehn Stück gleichgroßen schönen Borsdorfer Aepfeln die Kerne ausgestochen, rein geschält, in Mehl umgekehrt, in abgeschlagene Eier eingetaucht und mit geriebenem weißen Brode gut bestreut. Diese Aepfel werden auf dreimal lichtbraun aus dem besten frischen Schmalze gebacken, zum Abtropfen auf ein reines Tuch gelegt, mit eingemachten Weichseln gefüllt und einer neben den andern in eine flache Casserolle gesetzt, mit 280 Gramm gestoßenem Zucker bestreut, ein wenig Zimmt und Orangenschale dazu gethan, mit einer Bouteille gutem rothen Wein übergossen und gut zugedeckt auf Kohlenfeuer weich und kurz gedünstet. Sie werden in eine flache Porzellan-Schale angerichtet, der zurückgebliebene Saft darüber gegossen und warm zu Tisch gegeben.

1695. Englische Schnitten. Petites coupes à l'Anglaise.

280 Gramm feines, trockenes Mehl werden mit einer Messerspitze voll Salz, vier Eßlöffeln voll Zucker und etwas kaltem Rahm fein abgerührt; sodann werden sechs ganze Eier und fünf Eidotter dazu geschlagen, mit dem Gelben einer auf Zucker leicht abgeriebenen Orange gewürzt, zusammen gut verrührt, mit dem noch nöthigen kalten Rahm zu einer dickfließenden Eierkuchenmasse verdünnt und durchgeseiht. Diese Masse wird in ein mit Butter ausgestrichenes blechernes Carré gefüllt und au bain-marie gar gemacht. Wenn dies erreicht ist, wird der Kuchen auf ein flaches Blech gestürzt und nach dessen Auskühlen in zweifingerbreite, viereckige Stückchen geschnitten, in deren Mitte mit einem kleinen, runden Ausstecher eine Oeffnung gestochen und in der Mitte der vier Kanten ein leichter Einschnitt gemacht wird. Kurz vor dem Anrichten werden sie langsam aus heißem Schmalz lichtbraun gebacken, zum Entfetten auf ein reines Tuch gelegt, in die runde Oeffnung etwas Marmelade gefüllt, mit

Zucker bestäubt, erhaben angerichtet und warm zu Tisch gegeben.   Diese kleinen Kuchen müssen stark aufgehen, ein schönes Ansehen bekommen und dabei von angenehmem Geschmack sein.

1696. Kirschenbrod auf Mannheimer Art.   Pains frits aux cerises à la Mannheim.

Von 560 Gramm Mehl, 140 Gramm Butter, vier Eidottern, einem Eßlöffel voll Zucker, etwas Salz und vier Eßlöffeln voll Hefe wird ein Teig gemacht, der mit der Hand auf dem Backtisch fein abgearbeitet, mit einem warmen Tuche bedeckt und eine halbe Stunde an einen warmen Ort zum Aufgehen gestellt wird.   Aus diesem Teig werden kleine, runde Bröbchen geformt, welche man auf ein Backblech 3 Centimeter breit auseinandersetzt und zugedeckt nochmals aufgehen läßt.   Sie werden sodann lichtbraun gebacken, wenn sie kalt geworden, auf dem Reibeisen abgerieben und sodann in Milch, mit einigen Eiern untermengt, eingeweicht.   Nachdem sie gut durchweicht sind, werden sie auf ein Sieb zum Abtropfen gelegt und aus heißem, frischen Schmalz langsam lichtbraun gebacken. Ebenso werden 1 Kilo 120 Gramm frische schwarze Kirschen, nachdem sie von ihren Stielen befreit sind, in dem Mörser gestoßen, in eine Casserole gethan, mit einem Stückchen Zimmt und Citronenschale belegt, mit $1^{1}/_{10}$ Liter Wasser übergossen, 140 Gramm Bisquit-Bröbchen darunter gerührt und langsam auf Kohlenfeuer, bis die Kirschen weich sind, gekocht. Diese Kirschen-Sauce wird sodann durch ein feines Haartuch gestrichen, in eine andere Casserolle gethan, mit einer halben Bouteille rothem Wein verdünnt und langsam gekocht.   Hiernach werden die Bröbchen in einer Mehlspeise-Schale erhaben angerichtet, mit zwei Theilen der angenehm gesüßten, wohlschmeckenden Kirschen-Sauce übergossen und mit dem in eine Saucière gegossenen Rest der Sauce zu Tisch gegeben.

1697. Gebackene Igel.   Hérissons frits.

Es werden aus dem vorher beschriebenen Hefenteige ebensolche kleine Bröbchen gebacken, welche abgerieben, in mit ganzen Eiern untermengtem Rahm geweicht und auf ein Sieb gelegt werden; hierauf werden sie in abgeschlagene Eier getaucht und mit feingeriebenem Brode panirt.   Unterdessen werden 280 Gramm Mandeln abgezogen, halbirt und dann wieder en filets geschnitten; mit diesen geschnittenen Mandeln wird nun die ganze obere Seite der Brödchen in der Runde reichlich besteckt, daß sie wie Igel aussehen. Kurz vor dem Gebrauche werden sie aus heißem, sehr frischen Schmalze langsam, bis die Mandeln eine hellgelbe Farbe angenommen haben, gebacken, zum Entfetten auf ein Tuch gelegt, erhaben in Mehlspeise-Schale angerichtet und mit einer warmen Himbeer-Sauce übergossen, zur Tafel gegeben. — Die Bereitungsart der Himbeer-Sauce ist folgende: 1 1/10 Liter frische Wald-Himbeeren werden mit eben so viel abge= pflückten Johannisbeeren zerdrückt, in eine Casserolle gethan, mit 5/10 Liter Wasser übergossen und eine Viertelstunde gekocht; sodann wird dieser Saft filtrirt und mit 420 Gramm Zucker gekocht, wobei man den aufsteigenden Schaum rein abnehmen muß. Wenn dieser Saft nun zu geliren anfangen will, wird er vom Feuer genommen und bis zum Gebrauche kalt gestellt.

1698. Gebackene Zöpfe auf deutsche Art. Tresses frites à l'Allemande.

560 Gramm des besten feinsten Mehls werden in eine irdene Schüssel gesiebt, in die Mitte eine Grube gemacht und mit vier Eßlöffeln voll Hefe, etwas lauwarmer Milch und etwas Mehl ein Dampfel angemacht, welches man mit Mehl bestäubt, zudeckt und an einen warmen Ort zum Aufgehen stellt. Unterdessen läßt man 3/10 Liter süßen Rahm lauwarm werden, gibt dazu 140 Gramm frische Butter, zwei Eßlöffel voll Zucker, einen halben Theelöffel voll Salz und vier Eidotter; dieses wird zusammen gut verrührt, der Teig damit angemacht und recht glatt und feinblasig abge= schlagen. Sollte der Rahm zum Anmachen des Teiges nicht hinreichen, so müßte man noch etwas lauwarmen Rahm nachgießen. Ist nun der= selbe recht gut abgearbeitet, so wird er in der Schüssel zusammen gemacht, zugedeckt und nochmals zum Aufgehen warm gestellt. Aus diesem Teig werden nun über dem erwärmten und mit Mehl bestäubten Nudelbrett kleinfingerdicke Streifen mit der flachen Hand ausgerollt, aus diesen fingerlange, dreifach geflochtene Zöpfe gemacht, welche man auf ein Blech über eine mit Mehl bestäubte Serviette legt und zugedeckt wieder gehen läßt. Sind dieselben nun gehörig aufgegangen, so werden sie, jedesmal sechs bis acht Stück, aus 1 Kilo 120 Gramm heißem Schmalze lichtbraun gebacken, dann zum Entfetten auf Löschpapier gelegt, gut mit Zucker bestäubt und angerichtet. Ein Com= pote von Kirschen, Prünellen, Zwetschgen und Birnen wird extra beigegeben.

1699. Bayerische Kirchweih-Nudeln.

840 Gramm des besten Mehles werden in eine irdene Schüssel ge= siebt, in der Mitte eine Grube gemacht und mit fünf Eßlöffeln voll Hefe und 3/10 Liter lauwarmer Milch ein Dampfel gemacht, welches man zum Aufgehen warm stellt. Unterdessen werden 3/10 Liter süßer und eben so viel guter saurer Rahm zusammen mit 210 Gramm frischer Butter, zwei Eßlöffeln voll Zucker und einem Theelöffel voll Salz über dem Feuer,

bis die Butter zergangen ist, warm gerührt; sodann werden sechs Ei=
dotter dazu geschlagen und mit diesen wie das Vorhergehende zu einem
glatten feinen Teig angemacht und feinblasig abgeschlagen. Ist nun
dieses erreicht, so werden 140 Gramm gut gereinigte Sultan=Rosinen und
eben so viel Corinthen darunter gerührt, der Teig mit einem Tuche be=
deckt und zum Aufgehen warm gestellt. Wenn nun derselbe beinahe noch=
mal so hoch aufgegangen ist, so werden mit einem Blechlöffel in der
Größe eines Eies von demselben Stücke abgestochen, welche man mit den
Fingerspitzen, die in lauwarme Butter getaucht werden, unten eindreht
und zugleich rund formt. Sie werden wie die vorhergehenden auf ein Blech
über eine mit Mehl bestäubte Serviette, die eingedrehte Seite nach unten
gelegt, mit einem warmen Tuch bedeckt und zum Aufgehen warm gestellt.
Das Ausbacken dieser Nudeln geschieht über flammendem Holzfeuer auf
folgende Weise:

Man läßt in einem flachen, mit einem gut schließenden Deckel ver=
sehenen Geschirr 1 Kilo 120 Gramm Schmalz warm werden, gießt in
dasselbe ³/₁₀ Liter Wasser, setzt das Geschirr auf's Feuer und wenn das
Schmalz zu kochen anfängt, werden die gut aufgegangenen Nudeln in der
Art eingelegt, daß die eingedrehte Seite derselben nach unten kömmt,
wobei darauf gesehen werden muß, daß nicht zu viel eingelegt werden,
indem sie beim Backen noch aufgehen und sodann keinen Platz haben
würden; hierauf werden sie schnell zugedeckt, das Holzfeuer verdoppelt
und, so zu sagen, gekocht. Nach Verlauf einiger Zeit, wenn das Wasser
zu verdampfen anfängt, welches man dadurch wahrnimmt, daß es immer
ruhiger wird, dann wird das Geschirr aufgedeckt, die Nudeln mit der
Gabel umgedreht, wieder zugedeckt und noch einige Minuten auf's Feuer
gestellt, bis sie auch von unten eine schöne lichtbraune Farbe haben, worauf
man sie zum Entfetten auf ein Tuch über Löschpapier legt. Das Schmalz
läßt man sodann kalt werden, nimmt mit einem Schaumlöffel die ausge=
fallenen Rosinen heraus, gibt wieder ein Stück frisches Schmalz dazu,
sowie auch ³/₁₀ Liter Wasser, und verfährt dann wie das erste Mal.
Wenn nun alle Nudeln auf diese Weise so gebacken sind, werden sie mit
Zucker bestäubt und warm zu Tisch gegeben. Sie werden auch noch auf
eine andere hier folgende Art bereitet:

Von derselben vorherbeschriebenen Masse werden runde Nudeln ganz
glatt geformt und diese, zum Aufgehen zugedeckt, an einen warmen Ort ge=
stellt. Beim Backen werden sie mit der Gabel einigemal durchstochen, die
obere Seite nach unten in's heiße Schmalz gelegt, lichtbraun aus dem
Schmalz gebacken und mit Zucker bestreut warm zu Tisch gegeben.

1700. Ochsengurgeln.

280 Gramm feines Mehl, 140 Gramm Butter, vier bis fünf Eß=
löffel voll saurer Rahm, vier Eidotter, ein Kaffeelöffel voll Zucker und
eine Messerspitze Salz geben die Masse zu den in Altbayern so beliebten
bürgerlichen Schmalzkrapfen. Das Mehl wird auf das Backbrett gethan,

die Butter darüber gebröckelt und mit den übrigen Ingredienzen zu einem Teig angemacht, welchem man, wie dem Butterteig, drei bis vier Touren gibt. Das Backen geschieht auf folgende Art:

Man hat hierzu 15 Centimeter lange, oben 5 Centimeter, unten 4 Centimeter im Durchmesser haltende blecherne, glatte Röhrchen, welche an einen 30 Centimeter langen, starken, mit einem hölzernen Handgriff versehenen Draht angelöthet sind, an dessen Ende man einen meterlangen Bindfaden anbindet. Der Teig wird nun federkieldick zu einer großen Scheibe ausgewalkt, sodann schneidet man von Papier ein Modell, welches gerade die äußere Seite des Models überdeckt; dieses Papier legt man nun auf die Teigplatte und schneidet daraus ebensolche Stücke. Nun wird ein Stück auf die Form gelegt, mit dem Bindfaden leicht umbunden, so daß es einer Ochsengurgel gleicht, die Form ins heiße Schmalz ge= halten und leicht bewegt; der Teig läuft über dem Bindfaden auf und bildet ein gurgelartiges Ansehen. Wenn sie nun eine lichtbraune Farbe erhalten und gut ausgebacken sind, wird der Bindfaden behutsam abge= nommen, der Krapfen abgezogen, in gestoßenem Zucker, mit Zimmt unter= mengt, umgewendet und lauwarm zu Tisch gegeben. Wenn es die Umstände erlauben, können sie auch innen mit Johannisbeer=Gelée ausgestrichen werden.

1701. Pavesen.

Auch diese Speise gehört der altbayerischen bürgerlichen Küche an und wird stets noch als Lieblingsgericht zu Tisch gebracht. Es werden fünf bis sechs Mundbrode, vom Tage vorher, auf dem Reibeisen abgerieben, in feder= kieldicke Scheiben geschnitten und, jedesmal zwei zusammengelegt, zugedeckt bei Seite gestellt. Ferner werden 1 Kilo 120 Gramm getrocknete Zwetschgen rein gewaschen und mit einem Stückchen Zucker, etwas Citronenschale und einem Stückchen Zimmt weich und kurz eingekocht und auf ein Sieb zum Abtropfen geschüttet. Wenn nun diese kalt sind, werden die Kerne her= ausgenommen und die Zwetschgen fein gewiegt; sodann melirt man etwas fein geschnittene Citronenschale wie auch den zurückgebliebenen Saft und etwas Zucker darunter, füllt damit eine Brodschnitte und legt die andere wieder darauf. Wenn alle so gefüllt sind, werden sie in kalte Milch getaucht und eine halbe Stunde so stehen gelassen. Kurz vor dem Gebrauche werden sie in gut abgeschlagene Eier getaucht und lichtbraun aus heißem Schmalz ge= backen. Mit Zucker und Zimmt bestreut werden sie warm zu Tisch gegeben.

1702. Gebackene Topfen-Nudeln.

560 Gramm schönes Mehl wird in eine irdene Schüssel gesiebt, in der Mitte ein Dampfel mit vier Eßlöffeln voll guter Hefe und etwas lauer Milch angemacht und so zum Aufgehen warm gestellt. Unterdessen werden 280 Gramm süßer Topfen (frischer Käse) durch ein Sieb passirt und nebst einem Kaffeelöffel voll Salz, zwei Eßlöffeln voll Zucker, vier Eidottern und 105 Gramm zerlassener Butter zu dem Mehl gethan und nebst der nöthigen warmen Milch zu einem dicken, feinen Teig abgeschlagen,

in welchen man noch 120 Gramm gut gereinigte Corinthen mengt. Diesen Teig deckt man nun zu und stellt ihn zum Aufgehen warm. Wenn dies erreicht ist, wird er auf ein erwärmtes, mit Mehl bestäubtes Nudel= brett gethan, zu langen, dreifingerbreiten Stücken mit der flachen Hand ausgerollt, in fingerdicke Stücke geschnitten, über ein mit Mehl bestäubtes warmes Blech gelegt und zugedeckt nochmals zum Aufgehen warm gestellt. Wenn sie gehörig gegangen sind, werden sie langsam aus heißem Schmalz gebacken, mit Zucker bestäubt und warm zu Tisch gegeben.

---

74. Abschnitt. 9. Abtheilung.

Von den Dunstmehlspeisen, gestürzten Dunst-Puddings.

Des poudings au bain-marie.

Diese Art Puddings, der deutschen Küche angehörend, unterscheiden sich von den englischen, welche in der Serviette gekocht werden, dadurch, daß ihre Masse nicht so compact zubereitet wird. Sie werden in Stürzformen im Dunste gekocht, wo sie auflaufen und sich stürzen lassen. An zartem, feinen Geschmack übertreffen sie bei Weitem die englischen Puddings und man könnte sie mit Recht auch gestürzte Aufläufe (soufflés moulés) nennen.

Ehe ich jedoch zur Bereitung dieser Gattung von Puddings gehe, finde ich es zweckmäßig, die verschiedenen Saucen, welche zu diesen ge= gegeben werden, nach der Reihenfolge zu beschreiben.

1703. Rahm-Sauce mit Vanille. Sauce à la crème de vanille.

Man läßt $1^1/_{10}$ Liter süßen Rahm mit 210 Gramm Zucker und einer in kleine Stückchen geschnittenen Stange Vanille aufkochen und stellt sie dann zugedeckt bei Seite. Sodann wird ein Eßlöffel voll Mehl mit acht Eidottern und etwas kaltem Rahm fein abgerührt, dann der Vanille-Rahm nach und nach dazu gegossen und über Kohlenfeuer langsam, bis die Sauce beinahe aufkochen will, abgerührt. Hierauf wird sie durch ein Haarsiebchen geseiht und bis zum Gebrauche au bain-marie warm gestellt.

1704. Rahm-Sauce mit Zimmt-Geruch. Sauce à la crème de canelle.

Ein Stückchen feiner Ceylon-Zimmt wird mit 210 Gramm Zucker und $1^1/_{10}$ Liter Rahm eine Minute gekocht und dann wie die vorhergehende Vanille-Sauce beendet.

1705. Rahm-Sauce mit gebranntem Zucker. Sauce à la crème au caramel.

Man gibt 140 Gramm feinen Zucker mit zwei Eßlöffeln voll Wasser in eine Casserolle, stellt diese auf Kohlenfeuer und läßt den Zucker so lange über demselben, bis er eine lichtbraune, dem Zimmt ähnliche Farbe an-genommen hat. Ist dies erreicht, so gießt man eine Obertasse voll vorher abgekochten Rahm dazu und löst den Zucker über schwachem Feuer langsam auf. Sodann wird ein Eßlöffel voll Mehl mit 140 Gramm gestoßenem Zucker, acht Eidottern und etwas kaltem Rahm fein abgerührt, dann der gebrannte Zucker, wie auch $^8/_{10}$ Liter süßer, vorher abgekochter Rahm dazu gegossen und sodann über schwachem Feuer langsam, bis die Sauce zum Kochen kommen will, abgerührt. Sie wird dann geseiht und au bain-marie warm gestellt.

1706. Rahm-Sauce mit gebranntem Zucker und Orangenblüthen. Sauce à la crème au caramel aux fleurs d'orange pralinées.

Sie wird wie die vorhergehenden zubereitet, nur daß beim Abrühren derselben ein Kaffeelöffel voll Orangenblüthen mit beigegeben wird, welche der Sauce einen äußerst angenehmen Geschmack geben.

1707. Rahm-Sauce mit Chokolade. Sauce à la crème au chocolat.

210 Gramm feine Vanille-Chokolade werden mit einer Obertasse voll heißer Milch auf Kohlenfeuer gestellt, zugedeckt und so langsam aufgelöst; hierauf wird dieselbe fein abgerührt, mit zwei Kaffeelöffeln voll Reismehl und 140 Gramm gestoßenem Zucker untermengt, sodann $^8/_{10}$ Liter heißer Rahm nach und nach dazu gegossen und über Kohlenfeuer abgerührt. Man läßt die Sauce einige Minuten kochen, seiht sie durch ein Haarsieb und stellt sie bis zum Gebrauche au bain-marie warm.

1708. Rahm-Sauce mit Kaffee. Sauce à la crème au café.

Man brennt 210 Gramm guten Mokka-Kaffee lichtbraun, schüttet ihn aus der Pfanne sogleich in 1¹/₁₀ Liter kochenden Rahm und deckt ihn zu. Dann werden 210 Gramm gestoßener Zucker mit acht Eidottern und einem Eßlöffel voll Mehl fein abgerührt, dann der durchgeseihte Kaffee=Rahm nach und nach dazu gegossen und über Kohlenfeuer, bis die Sauce zu kochen anfangen will, langsam abgerührt. Sie wird geseiht und ebenso wie die vorhergehenden warm gestellt.

1709. Rahm-Sauce mit Orangen.   Sauce à la crême d'orange.

Man schneidet mit einem sehr scharfen, kleinen Messerchen das Gelbe von einer Orange ab, ohne daß nur das Geringste von der weißen Schale daran bleibt, thut dasselbe in eine Casserolle, gießt ⁸/₁₀ Liter kochenden Rahm darüber und stellt es zugedeckt bei Seite. Unterdessen rührt man einen Eßlöffel voll Mehl mit acht Eidottern und etwas Rahm fein ab, gießt den Orangen=Rahm nach und nach dazu, süßt denselben mit 210 Gramm Zucker und rührt die Sauce auf Kohlenfeuer, bis sie zu kochen anfangen will, ab. Sie werden dann geseiht und au bain-marie warm gestellt.

1910. Rahm-Sauce mit Citronen.   Sauce à la crême au citron.

Wird auf dieselbe Art wie die Orangen=Crême=Sauce zubereitet.

1711. Wein-Sauce.   Sauce au vin blanc.

Es wird in einer Casserolle ein Eßlöffel voll Mehl mit etwas Rhein= wein fein abgerührt, dann gibt man das Gelbe von acht Eiern, ein Stückchen Zimmt, das fein abgeschnittene Gelbe von einer halben Orange, wie auch etwas Citronenschale dazu, gießt eine Bouteille guten Rheinwein daran, süßt die Sauce mit 280 Gramm Zucker und rührt dieselbe auf Kohlenfeuer langsam, bis sie zu kochen anfangen will, ab. Sie wird dann durch ein feines Haarsieb geseiht und bis zum Gebrauche au bain- marie warm gestellt. Sollte die Sauce nicht gehörig süß sein, da dies größtentheils von der Güte des Weins abhängt, so müßte man noch mit etwas Zucker nachhelfen.

1712. Wein-Schaum-Sauce.   Chaudeau.

Man schlägt in eine tiefe Casserolle vier Eier und das Gelbe von acht Eiern, gibt 280 Gramm gestoßenen Zucker, etwas fein abgeschnittene Citronen= und Orangen=Schale und ein Stückchen Zimmt und Vanille dazu, gießt eine Bouteille guten Rheinwein nach und nach daran und schlägt es mit der Schneeruthe auf schwachem Kohlenfeuer, bis der Chaudeau kochendheiß geworden ist, recht schaumig ab. Derselbe wird dann noch= mals durch ein Haarsieb geseiht und sogleich zu Tisch gegeben. Es ist zu bemerken, daß alle Wein=Schaum=Saucen ganz kurz vor ihrem Gebrauche abgeschlagen werden müssen, daher die Zeit ganz genau berechnet sein muß. Auf dieselbe Art werden von allen Weinen Chaudeaux bereitet, nur mit dem Unterschiede, daß bei süßen oder Dessert=Weinen, wie z. B. Malaga, Xeres, Segestano 2c. die Zugabe des Zuckers gemäßigt werden muß.

1713. Rahm-Sauce mit Marasquino. Sauce à la crême au marasquin.

Es wird ein Eßlöffel voll Mehl mit kaltem Rahm fein abgerührt, dann wird das Gelbe von acht Eiern und 210 Gramm gestoßener Zucker dazu gethan, sodann ⁸/₁₀ Liter Rahm beigegossen und auf Kohlenfeuer, bis die Sauce zu kochen anfangen will, langsam abgerührt. Sie wird dann geseiht, mit einigen Eßlöffeln voll Marasquino di Zara bis zum angenehmsten Geschmack gehoben und au bain-marie warm gestellt. Auf dieselbe Art können auch die Liqueurs, wie z. B. eau de noyaux, vanille, parfait d'amour angewendet werden; die Zuthat derselben bleibt dem guten Geschmack des Zubereiters überlassen.

1714. Sago-Sauce mit Burgunder-Wein. Sauce au vin de Bourgogne au sagoût.

Eine halbe Obertasse voll brauner Sago wird lauwarm rein gewaschen und in eine Casserolle gethan; dann wird ein Stückchen Zimmt, etwas Orangen- und Citronen-Schale mit Faden zusammengebunden und dazu gelegt, eine Bouteille Burgunder-Wein hineingegossen, mit 280 Gramm Zucker ge-süßt und so auf schwachem Kohlenfeuer eine Viertelstunde zugedeckt langsam gekocht. Beim Gebrauche wird mit einem Eßlöffel der obere Schaum rein ab-genommen, die Sauce, wenn sie zu dick sein sollte, noch mit etwas heißem, rothen Wein verdünnt und so zu den später bezeichneten Puddings gegeben.

1715. Aprikosen-Sauce. Sauce aux abricots.

560 Gramm Aprikosen-Marmelade wird in einer Casserolle mit einer Bouteille weißem Wein nach und nach verdünnt, dann ein Stückchen Zimmt mit etwas Citronenschale, mit Faden zusammengebunden, dazu gethan und so auf dem Feuer kochendheiß gerührt; sie wird dann geseiht, mit dem noch fehlenden gestoßenen Zucker angenehm gesüßt und dann zugedeckt warm gestellt. — Auf dieselbe Art wird auch die Sauce von Hagebutten- und Pfirsich-Marmelade bereitet.

1716. Weichsel- oder Kirschensauce. Sauce aux griottes ou de cerises.

560 Gramm eingemachte Weichseln werden mit ³/₁₀ Liter von ihrem Safte, einer halben Bouteille rothem Wein, 140 Gramm Zucker und einem Stückchen Zimmt aufgekocht, der obere Schaum rein abgenommen und die Sauce bis zum Gebrauche warm gestellt.

1717. Englische Rum-Sauce. Sauce à l'Anglaise au rum.

Man läßt auf Kohlenfeuer 70 Gramm frische Butter heiß werden, gibt eben so viel feines Mehl dazu und röstet es einige Minuten, gießt sodann nach und nach eine halbe Bouteille weißen Wein und ³/₁₀ Liter Rum dazu, süßt die Sauce mit 280 Gramm Zucker und läßt sie vier Minuten kochen, dann wird der Saft einer Citrone dazu gepreßt, geseiht und au bain-marie warm gestellt.

1718. Spaniſcher Pudding.   Pouding à l'Espagnole.

280 Gramm Butter werden mit eben ſo viel geſtoßenem Zucker und dem Gelben von achtzehn Eiern ſchaumig gerührt, dann werden 140 Gramm Aprikoſen-Marmelade und eben ſo viel fein geſtoßene ſüße Makaronen darunter melirt, zuſammen gut verrührt und der ſehr ſteif geſchlagene Schnee von acht Eiern langſam darunter gezogen. Sodann ſtreicht man eine runde, glatte Cylinder-Form mit geklärter, friſcher Butter aus, beſtreut dieſe mit feingeſtoßenen Makaronen und legt hierauf die ganze Form mit aufrechtſtehenden, langen Bisquits, welche man auf einer Seite in Malaga-Wein getaucht hat, aus. Die Maſſe wird ſodann bis fingerdick vom Rande eingefüllt und der Pudding drei Viertelſtunden vor dem Anrichten langſam au bain-marie gekocht. Beim Anrichten wird die Form rein abgetrocknet, über eine flache Mehlſpeiſe-Schale geſtürzt, nach einer Minute langſam abgehoben und der Pudding mit einer Weinſchaum-Sauce von Malaga gegeben.

1719. Weichſel-Pudding auf deutſche Art.   Pouding aux griottes à l'Allemande.

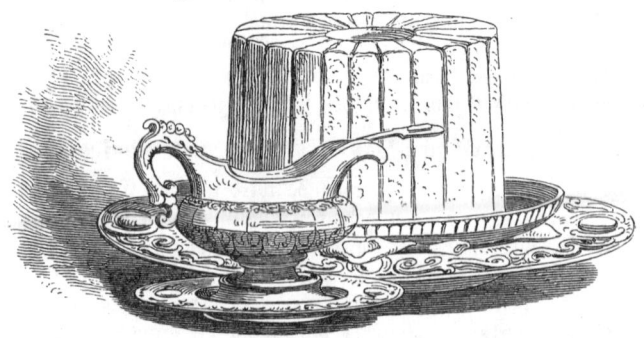

280 Gramm Butter werden mit eben ſo viel geſtoßenem Zucker und fünfzehn Eidottern ſchaumig gerührt; dann werden 210 Gramm fein geriebenes Schwarzbrod, etwas geſtoßener Zimmt und eine Meſſerſpitze voll geſtoßene Nelken, wie auch 280 Gramm gut abgetropfte, eingemachte Weichſeln darunter melirt und hierauf der ſteifgeſchlagene Schnee von zehn Eiern langſam darunter gezogen. Eine ſchleifſteinartige Pudding-Form wird mit klarer, friſcher Butter reichlich ausgeſtrichen, mit geſtoßenen Makaronen ausgeſäet, die Maſſe eingefüllt und drei Viertelſtunden vor dem Anrichten langſam im Dunſte geſotten. Beim Anrichten wird eine Kirſchen-Sauce darüber gegoſſen und ein Theil davon in einer Saucière extra beigegeben.

1720. Bisquit-Pudding mit Rum auf deutſche Art. Pouding de biscuit au rum à l'Allemande.

Es werden 140 Gramm friſche Butter mit 210 Gramm geſtoßenem

Zucker und zwölf Eidottern schaumig gerührt, dann kommen 140 Gramm mit Milch fein geriebene Mandeln und das durchstrichene Gelbe von acht hartgekochten Eiern darunter, was zusammen noch eine halbe Stunde gerührt wird. Sodann wird das Weiße von acht Eiern zu einem festen Schnee geschlagen, der langsam unter die Masse gezogen wird. Hierauf wird eine Pudding-Form mit Butter gut ausgestrichen, mit geriebenem Brode ausgesäet, zweifingerbreit von der Masse eingefüllt und über diese in Stücke geschnittene und in Rum getauchte Bisquits gelegt, über diese wieder etwas von der Masse eingefüllt und über diese wieder Bisquits gelegt; das Ganze wird mit der Masse bedeckt und der Pudding wie die vorhergehenden im Dunste gekocht. Beim Anrichten wird der Pudding in eine Mehlspeise-Schale gestürzt, oben mit eingemachten Weichseln garnirt und eine Weinschaum-Sauce mit Rum extra nachservirt.

1721. Aprikosen-Pudding auf Wiener Art. Pouding aux abricots à la Viennaise.

210 Gramm abgezogene Mandeln werden mit den Dottern von zehn hartgekochten Eiern nebst etwas Milch fein gerieben, dann in einer Schüssel mit 280 Gramm Aprikosen-Marmelade, 175 Gramm frischer Butter, eben so viel feingestoßenen, süßen Makaronen, 175 bis 210 Gramm feinge= stoßenem Zucker und dem Gelben von zwölf frischen Eiern eine halbe Stunde gerührt und dann mit dem festgeschlagenen Schnee von acht Eiern untermengt. Man füllt die Masse in eine mit Butter gut ausgestrichene Pudding-Form und kocht denselben wie die vorhergehenden im Dunste. Beim Anrichten wird eine Aprikosen-Sauce extra beigegeben.

1722. Krebs-Pudding. Pouding d'ecrevisses.

Vier Fünf-Pfennig-Mundbrode werden abgerieben, in Stücke ge= schnitten, eine Viertelstunde in kalter Milch geweicht, dann ausgedrückt, mit einem Stück Butter in einer Casserolle auf Kohlenfeuer abgetrocknet und dann durch ein Haarsieb gestrichen. Dann wird dieser Brodteig in einer irdenen Schüssel mit 210 Gramm lauwarmer Krebsbutter, die nach und nach dazu gegossen wird, nebst 280 Gramm gestoßenem Zucker, vier= zehn Eidottern und sechs Eßlöffeln voll Schlagrahm eine halbe Stunde gut verrührt, dann die kleinwürfelig geschnittenen Schwänzchen von sechs= unddreißig Krebsen, wie auch der festgeschlagene Schnee von zehn Eiern darunter gerührt. Diese Masse wird in eine mit Krebsbutter gut aus= gestrichene Pudding-Form gefüllt und wie die vorhergehenden Puddings drei Viertelstunden vor dem Anrichten im Dunste gekocht. Eine Rahm= Sauce mit Citronengeschmack wird beim Anrichten extra beigegeben.

1723. Mandel-Pudding mit Orangen. Pouding aux amandes à l'orange.

280 Gramm mit Rahm feingeriebene Mandeln werden in einer

irdenen Schüssel mit 280 Gramm gestoßenem Zucker, 175 Gramm lau=
warmer, sehr frischer Butter, 210 Gramm gestoßenen, süßen Makaronen,
140 Gramm gestoßenem Bisquit, dem auf Zucker abgeriebenen Gelben
von zwei Orangen, nebst sechzehn Eidottern eine halbe Stunde gerührt
und diese Masse sodann mit dem festgeschlagenen Schnee von zehn Eiern
langsam untermengt. Hierauf wird eine Pudding=Form mit klarer Butter
gut ausgestrichen, dreiviertelvoll angefüllt und wie die vorhergehenden im
Dunste gekocht. Beim Anrichten wird der Pudding in eine flache Schale
gestürzt, oben mit Orangen=Schnitten garnirt und mit einer Orangen=
Crême=Sauce, welche in eine Saucière gegossen wird, zu Tisch gegeben.

1724. Pudding von gebranntem Zucker. Pouding au caramel.

210 Gramm Zucker werden auf Kohlenfeuer lichtbräunlich gebrannt,
dann mit einer Obertasse voll Wasser aufgekocht und zugedeckt bei Seite
Seite gestellt. Sodann läßt man 210 Gramm Butter heiß werden, gibt
soviel feines Mehl dazu, als die Butter in sich aufnimmt und röstet es
einige Minuten; hierauf gießt man $^5/_{10}$ Liter süßen Rahm, wie auch den
gebrannten Zucker nach und nach dazu und kocht hiervon auf Kohlen=
feuer nebst 140 Gramm gestoßenem Zucker ein dickes Mus. Dieses wird
sodann in eine Schüssel gethan, mit dem Gelben von vierzehn Eiern
eine halbe Stunde gut gerührt, dann mit dem festgeschlagenen Schnee
von zehn Eiern leicht untermengt und die Masse in eine gut ausgestrichene
Pudding=Form dreiviertelvoll gefüllt. Eine halbe Stunde vor dem An=
richten wird der Pudding im Dunste gekocht, dann in eine flache Schale
gestürzt und mit einer Rahm=Sauce von gebranntem Zucker zu Tisch
gegeben.

1725. Chokolade-Pudding. Pouding au chocolat.

210 Gramm frische Butter läßt man in einer Casserolle heiß werden,
rührt 210 Gramm feines Mehl dazu und röstet dies einige Minuten.
Sodann werden 210 Gramm geriebene Chokolade und eben so viel ge=
stoßener Zucker dazu gethan, zusammen gut verrührt und mit $^5/_{10}$ Liter
süßem Rahm zu einem dicken Brei gekocht, der dann durch ein feines
Haarsieb gestrichen wird. Diese Masse wird sodann in eine irdene Schüssel
gethan, mit vierzehn Eidottern eine halbe Stunde gerührt und mit dem
festgeschlagenen Schnee von zehn Eiern leicht untermengt. Diese Masse
wird in eine gut ausgestrichene Pudding=Form gefüllt, wie die übrigen
im Dunste gesotten und mit einer Chokolade=Sauce zu Tisch gegeben.

**1726. Chokolade-Pudding mit Mandeln. Pouding au chocolat
aux amandes.**

210 Gramm geriebene Mandeln, 210 Gramm Zucker, sechzehn Eier,
210 Gramm geriebene Chokolade, 210 Gramm Butter, 140 Gramm
Citronat und 140 Gramm Orangen=Schalen bilden die Masse. Die fein

geriebenen Mandeln werden mit dem gestoßenen Zucker untermengt und mit dem Gelben der Eier verrührt, dann wird die Chokolade aufgelöst, mit der Butter gut verrührt, zu der Masse gethan und zusammen eine halbe Stunde gerührt; hierauf wird der Schnee von zehn Eiern nebst dem kleinwürfelig geschnittenen Citronat und Orangen-Schale langsam darunter gezogen, die Masse in eine gut mit Butter ausgestrichene Pudding-Form gefüllt und im Dunste gesotten. Eine Chokolade-Sauce wird extra beigegeben.

1727. Kabinets-Pudding. Pouding de cabinet.

Eine runde, glatte Stürzform von 15 Centimeter im Durchmesser und 12 Centimeter Höhe wird mit Butter ausgestrichen, mit weißem Papier ausgelegt und dieses nochmals mit Butter überstrichen. Ferner werden 280 Gramm türkische Rosinen und 140 Gramm Korinthen rein ausgesucht, gewaschen und mit einem Stückchen Zucker, einer Obertasse voll Wasser und etwas Marasquino auf Kohlenfeuer zugedeckt langsam kurzgekocht und bei Seite gestellt. Ebenso werden 280 Gramm eingemachte Weichseln mit etwas kaltem Wasser übergossen und zum Abtropfen auf ein Sieb geschüttet. Unterdessen hat man von 210 Gramm Zucker, zwölf Eiern, 210 Gramm Mehl und dem abgeriebenen Gelben einer Citrone eine Bisquit-Masse bereitet, aus welcher man auf Papier vier runde, fingerdicke Blätter lichtgelb und croquant bäckt, welche messerrückendick kleiner, als die innere Runde der Form beträgt, zugeschnitten werden. Ferner werden zwei Eier und acht Eidotter verrührt, dann mit $^5/_{10}$ Liter gutem süßen Rahm, 210 Gramm Zucker und einer Obertasse voll Marasquino di Zara genau untermengt und durch ein Haarsieb geseiht. Wenn Alles so vorbereitet ist, wird von den Rosinen in den Model gestreut, darüber ein Bisquit-Blatt gelegt und über dieses einige Eßlöffel voll von der Crême gegossen, dann werden wieder Rosinen und der dritte Theil der Weichseln gestreut; darüber wird das zweite Blatt gelegt und ebenso verfahren, dann das dritte Blatt mit Crême übergossen und mit dem Rest der Rosinen und Weichseln bestreut, endlich folgt das vierte Blatt, welches mit dem Rest der Crême begossen wird. Hierauf wird ein rundes Papier geschnitten, dieses mit Butter bestrichen und über den Pudding gelegt. Eine Stunde vor dem Anrichten wird derselbe im Dunste gekocht, dann in eine flache Mehlspeiseschale gestürzt, das allenfalls noch anklebende Papier wird sorgfältig abgenommen und der Pudding mit einer Marasquino-Rahm-Sauce zu Tisch gegeben.

1728. Reis-Pudding mit Chokolade. Pouding de riz au chocolat.

280 Gramm Mailänder Reis werden, nachdem derselbe rein ge= waschen ist, mit $1^1/_{10}$ Liter Rahm, einem Stückchen Vanille und 140 Gramm Zucker auf Kohlenfeuer weich und dick gekocht, dann in eine Schüssel gethan und, wenn er halb ausgekühlt ist, mit 140 Gramm Butter und dem Gelben von vierzehn Eiern eine halbe Stunde gerührt. Hier= auf wird das Weiße von sechs Eiern zu einem festen Schnee geschlagen, langsam unter die Masse gerührt und diese bis zweifingerdick vom Rande in eine schleifsteinartige Stürzform gefüllt und der Pudding eine halbe Stunde vor dem Anrichten im Dunste gekocht. Beim Anrichten wird eine Rahm-Sauce mit Chokolade extra beigegeben.

1729. Kartoffel-Pudding.   Pouding de pommes de terre.

Es werden zwölf gute, schöne Kartoffeln in der Asche gebraten oder im Dunste gesotten, sodann heiß abgeschält und jede sogleich durch ein feines Haarsieb gestrichen. Dieses Kartoffelmehl wird sodann mit 140 Gramm Butter in einer Casserolle auf dem Feuer abgetrocknet, sodann mit $^3/_{10}$ Liter Doppelrahm nach und nach verrührt, mit dem abgeriebenen Gelben einer Orange, 210 Gramm Zucker und einer Messerspitze Salz angenehm gewürzt, dann mit vierzehn Eidottern, welche nach und nach dazugeschlagen werden, eine halbe Stunde gerührt. Dann wird der sehr frisch geschlagene Schnee von acht Eiern darunter gezogen, die Masse in eine mit frischer Butter ausgestrichene Pudding-Form gefüllt, eine halbe Stunde vor dem Anrichten im Dunste gesotten und mit einer Rahm= Sauce mit Orangen zu Tisch gegeben.

1730. Schwedischer Pudding.   Pouding à la Suédoise.

280 Gramm geriebenes Schwarzbrod, 140 Gramm Ochsenmark, 210 Gramm Butter, zwölf Eier, 280 Gramm türkische Rosinen, 140 Gramm Korinthen, 140 Gramm Citronat, 105 Gramm Orangenschalen, ein Kaffeelöffel voll Zimmt, eine Messerspitze gestoßene Nelken und ein Wein= gläschen Rum geben die Masse, welche auf folgende Weise zusammen= gesetzt wird. Die Butter wird gut schaumig gerührt, dann werden die Eidotter nach und nach dazu gegeben, dann kömmt der Zucker und das Gewürz, sowie die Rosinen, Citronat und die Orangenschalen, dann das kleinwürfelig geschnittene Mark hinzu, welches alles zusammen mit dem Rum und dem geriebenem Brode leicht untermengt wird. Das Weiße von zehn Eiern wird sodann zu einem festen Schnee geschlagen, dieser

langsam darunter gerührt, die Masse in eine gut ausgestrichene Pudding-
Form gefüllt und eine Stunde langsam im Dunste gekocht. Beim
Anrichten wird eine Sago-Sauce in einer Saucière extra beigegeben.

1731. Vanille-Pudding. Pouding à la vanille.

Man läßt 140 Gramm frische Butter auf Kohlenfeuer heiß werden,
gibt 70 Gramm gestoßenen Zucker und 140 Gramm feines Mehl dazu
und röstet es zusammen einige Minuten, aber langsam, damit das Mehl
keine Farbe annimmt. Hierauf wird eine Stange Vanille in Stückchen
geschnitten, mit $5/10$ Liter süßem Rahm aufgekocht und nach und nach
dazu gegossen und hiervon ein ganz dickes Mus gekocht, welches in eine
irdene Schüssel durchpassirt wird. Zu diesem werden nach und nach
zwölf Eidotter und 140 Gramm gestoßener Zucker gegeben und zusammen
eine halbe Stunde schaumig gerührt. Hierauf wird der Schnee von acht
Eiern langsam darunter gezogen, die Masse in eine mit Butter ausgestrichene Pudding-Form gefüllt, der Pudding eine halbe Stunde vor dem
Anrichten langsam im Dunste gekocht, dann angerichtet, mit einem Theil
einer Vanille-Sauce übergossen und der Rest davon in einer Saucière
extra beigegeben.

1732. Berliner-Pudding. Pouding à la Berlinoise.

Man bäckt fünf ganz dünne Pannequets; dann läßt man $3/10$ Liter
Rahm mit etwas Vanille-Zucker, etwas Salz und 105 Gramm frischer
Butter aufkochen, schüttet dann 210 Gramm feines gesiebtes Mehl dazu
und rührt dieses auf dem Kohlenfeuer so lange ab, bis sich der Teig
ganz loslöst und ein zartes, feines Ansehen hat. Er wird in eine andere
Casserolle gethan, nach und nach mit vier ganzen Eiern und vier Eidottern gut verrührt und dann mit dem festen Schnee von vier Eiern
untermengt. Hierauf wird eine runde Stürzform mit klarer, frischer
Butter ausgestrichen, am Boden mit einer Papierscheibe belegt, diese wieder
mit Butter überstrichen und darüber gut abgetropfte, eingemachte Früchte,
z. B. Aprikosen, Reineclauden, Amarellen u. dgl. in schöner Zeichnung

gelegt; hierüber gibt man den vierten Theil der Masse und streicht diese ganz eben; darüber wird ein Pannequet, nach der Größe rund geschnitten, gelegt, und über dieses Fleckchen wieder Früchte, und so wird fortgefahren, bis die fünf Fleckchen eingelegt sind, wovon jedoch das fünfte den Schluß macht. Dieser Pudding wird eine bis ein und eine halbe Stunde im Dunste gekocht, dann beim Anrichten ausgehoben, die Form abgetrocknet, auf eine Mehlspeise-Schale gestürzt, nach einigen Minuten vorsichtig abgehoben und mit einer Aprikosen-Sauce zu Tisch gegeben.

1733. Diplomaten-Pudding. Pouding à la diplomate.

Hierzu wählt man ebenfalls eine runde, glatte Stürzform, $1\frac{1}{10}$ Liter haltend; diese wird gut mit Butter ausgestrichen, mit Papier ausgelegt und dieses nochmals mit Butter überstrichen. Der Boden wird geschmackvoll mit abgetrockneten, eingemachten Früchten ausgelegt, über diese wird eine fingerdicke Lage von langem Tafel-Bisquit gelegt, darüber wieder eingemachte Früchte, dann Bisquit und so wird fortgefahren, bis die Form angefüllt ist; das Oberste aber müssen Bisquits sein. Hierauf werden drei Eier und acht Eidotter mit $\frac{4}{10}$ Liter gutem süßen Rahm, nebst 210 Gramm Zucker und etwas Marasquino gut verrührt, dann durchgeseiht und sodann über den Pudding nach und nach gegossen, bis die Bisquits alles eingesaugt haben. Der Pudding wird hierauf eine Stunde vor dem Anrichten im Dunste gesotten, sodann in eine Mehlspeise-Schale gestürzt, nach einigen Minuten die Form abgehoben und der Pudding mit einer Rahm-Sauce mit Marasquino zu Tisch gegeben.

1734. Melonen-Pudding. Pouding en forme de melon.

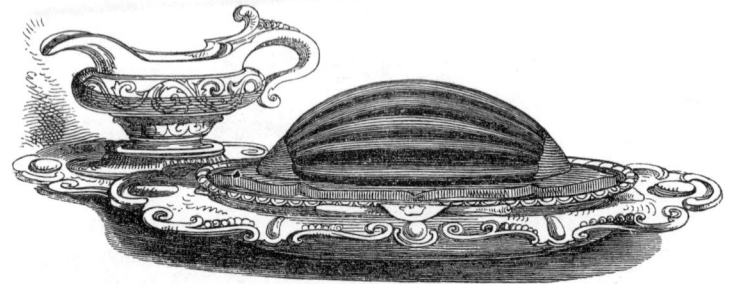

Man wählt hierzu eine melonenartige Form von Kupfer oder von gebrannter Erde, die erste gut verzinnt, die zweite von innen glacirt, welche ungefähr $1\frac{6}{10}$ Liter hält, und bereitet den Pudding auf folgende Weise: Man rührt 280 Gramm gesiebtes Mehl mit $1\frac{1}{10}$ Liter süßem Rahm und 140 Gramm Zucker nach und nach fein ab und kocht hiervon auf Kohlenfeuer ein ganz dickes, ausgekochtes Mus, welches mit 140 Gramm zu Caramel gebranntem und mit Wasser zu einem dicken Syrup aufgelösten Zucker untermengt und hierauf in eine irdene Schüssel gegossen wird. Diese Masse wird sodann mit dem Gelben von vierzehn Eiern und 140 Gramm zerlassener, sehr frischer Butter eine halbe Stunde gut gerührt und sodann mit dem festgeschlagenen Schnee von fünf Eiern untermengt und an einen kalten Ort gestellt. Unterdessen hat man von einem ganzen Ei und zwei Eidottern mit dem nöthigen Mehl einen feinen Nudelfleck ausgewalkt, von dem man Nudeln schneidet und sie lichtgelb aus dem Schmalze bäckt. Hierauf löst man mit etwas heißem Wasser 210 Gramm feine Vanille-Chokolade auf und kocht hiervon eine dickliche Sauce; die Form wird sodann mit klarer, frischer Butter ausgestrichen, mit fein gestoßenen, süßen Makaronen ausgesäet und dann mit der Masse fingerdick ausgestrichen, so daß dieselbe gleich dick überall belegt ist; dann wird die Form halb mit den gebackenen Nudeln angefüllt, welche mit der Hälfte der Chokolade-Sauce übergossen und mit etwas würfelig geschnittenen Orangenschalen und Citronat bestreut werden; dann wird die Form mit gebackenen Nudeln beinahe voll angefüllt, der Rest der Chokolade darüber gegossen, wieder mit Citronat und Orangenschalen bestreut und dann ganz mit der Masse überstrichen, so daß die Nudeln mit der Chokolade ganz eingehüllt sind und die Form oben ganz gleich überstrichen ist. Ein und eine halbe Stunde vor dem Anrichten wird der Pudding im Dunste gekocht, dann auf eine passende, ovale Schüssel gestürzt, nach einigen Minuten die Form abgehoben, der Pudding mit etwas Zucker bestreut und mit einer Chokolade-Sauce sogleich zu Tische gegeben.

1735. Wiener Schmankerl-Pudding. Pouding à la Viennaise.

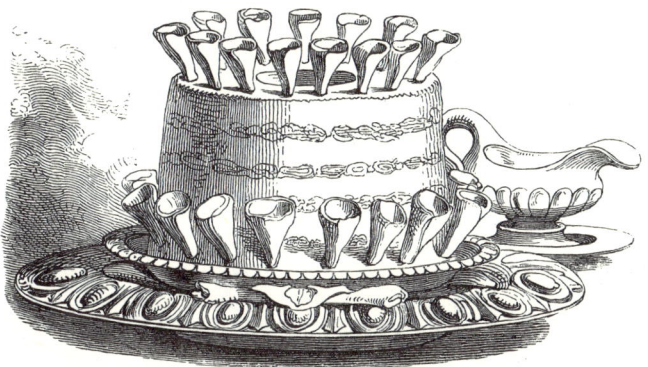

Hierzu bereitet man ganz dieselbe Pudding-Masse, wie sie beim Vanille-Pudding angegeben ist, und bäckt hierzu folgende Schmankerln oder Rameln. Man bereitet von ganz ordinärer Milch ein Kindsmus. Dann läßt man eine ganz flache Omelette-Pfanne oder auch einen Plafond heiß werden, streicht diesen mit Butter aus, schüttet einen Theil des Kindsmus hinein, so daß dasselbe den ganzen Boden bedeckt, stellt den Plafond auf ein gleichmäßiges Kohlenfeuer und röstet dies Mus so lange, bis sich am Boden eine Kruste gebildet hat; das übrige Mus wird dann mit einem

eisernen Schäufelchen abgestreift und der Plafond wieder auf das Kohlen=
feuer gestellt, bis die Kruste unten eine lichtbraune Farbe angenommen hat,
darnach wird zerlassene Butter darüber gestrichen, zu zweifingerbreiten, vier=
eckigen Stückchen geschnitten, eins nach dem andern mit dem Messer abge=
löst und davon Dütchen gedreht; die übrigen Stückchen, die zurückbleiben,
werden ebenfalls abgenommen und klein zerdrückt. Das Backen wird auf
diese Weise drei= bis viermal wiederholt und die Dütchen auf einem Teller
warm gestellt. Die Pudding=Form wird mit Butter gut ausgestrichen,
der dritte Theil davon mit der Masse angefüllt, darüber von den klein
zerdrückten Schmankerln gestreut; dann kömmt wieder von der Masse,
darüber wieder zerdrückte Schmankerln und zuletzt Masse darauf. Der
Pudding wird eine halbe Stunde vor dem Anrichten im Dunste gekocht,
dann in eine flache Mehlspeise=Schale gestürzt, die Form nach einer Minute
abgehoben, der Pudding dann von allen Seiten mit den Dütchen zierlich
besteckt und mit einer Rahm=Sauce mit Vanille sogleich zu Tisch gegeben.

1736. Nudel-Pudding. Pouding aux nouilles à la Palfy.

Man macht von sechs Eidottern und dem nöthigen feinen Mehl mit
einer Messerspitze Salz einen festen, fein abgearbeiteten Nudelteig, welchen
man in zwei Flecken recht dünn ausrollt und hiervon, wenn dieselben trocken
geworden sind, fingerlange, feine Nudeln schneidet. Diese Nudeln werden
in zwei Theile getheilt; die eine Hälfte wird lichtbraun aus heißem
Schmalz gebacken, die andere Hälfte mit Rahm, Zucker und etwas Vanille
dick eingekocht und sodann in eine Schüssel umgeleert. Ferner werden
210 Gramm frische Butter mit dem Gelben von zwölf Eiern und 210
Gramm Zucker schaumig gerührt, dann mit dem festgeschlagenen Schnee
der zwölf Eier leicht untermengt und jedesmal die Hälfte dieser Masse
unter jede Sorte von den Nudeln gerührt. Hierauf wird eine runde
Pudding=Form, welche in der Mitte einen Cylinder hat, mit klarer Butter
gut ausgestrichen, am Boden ein Papier eingeschnitten, dieses wieder mit
Butter überstrichen und die Nudeln schichtenweise, zwischen welche jedesmal
gut gereinigte und blanchirte türkische Rosinen gestreut werden, angefüllt.

Der Pudding wird dem vorhergehenden gleich im Dunste gekocht, ebenso angerichtet und mit einer Wein- oder Aprikosen-Sauce zu Tisch gegeben.

1737. Pudding mit Griesmehl in mehreren Farben.
Pouding de semoule à la harlequin.

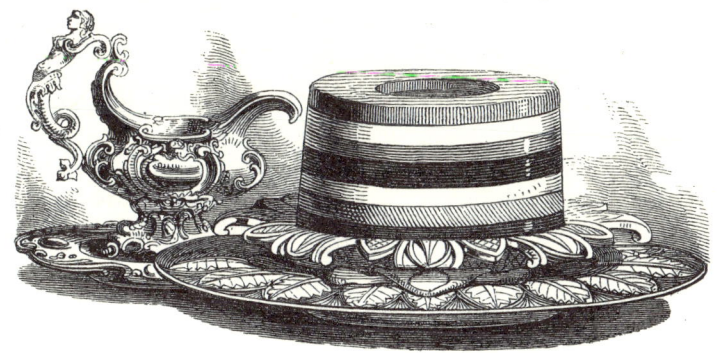

Man läßt in einer Casserolle 1 6/10 Liter süßen Rahm mit 280 Gramm Zucker, 140 Gramm Butter nebst einem Stückchen Zimmt einige Minuten kochen, nimmt sodann den Zimmt heraus und kocht hierauf 280 Gramm feinen Gries unter beständigem Rühren ein, welchen man auf Kohlenfeuer setzt und langsam dick einkochen läßt. Der Gries wird hierauf in eine irdene Schüssel umgeleert und wenn derselbe halb ausgekühlt ist, werden achtzehn Eidotter dazu geschlagen und mit diesen eine halbe Stunde gerührt. Die Masse wird in vier gleiche Theile getheilt, der eine wird mit drei Tafeln weich gemachter Chokolade schwarz, ein Theil mit Spinattopfen grün, der dritte mit Krebsbutter roth gemacht und der vierte Theil bleibt weg. Sodann wird das Weiße von zwölf Eiern zu einem festen Schnee geschlagen und unter jeden Theil das gleiche Quantum von demselben gerührt. Hierauf streicht man eine Cylinder-Form mit klarer Butter gut aus, schneidet am Boden ein passendes Papier ein, überstreicht dieses mit Butter und füllt die viererlei Farben mit einem Eßlöffel harlequinartig, das heißt, eine Farbe neben der andern, ein. Wenn die Form auf diese Art gefüllt ist, wird der Pudding eine Stunde vor dem Anrichten im Dunste gesotten, dann wie die vorhergehenden angerichtet und mit einer Rahm-Sauce mit Marasquino zu Tisch gegeben.

---

74. Abschnitt. 10. Abtheilung.

Von den englischen Puddings. De poudings à l'Anglaise.

Die englischen Puddings weichen in ihrer Behandlungsweise hauptsächlich dadurch ab, daß ihre Zusammensetzung bisweilen viel gemischter ist und auch mehr Fetttheile enthält. Ebenso verhält es sich mit der Art ihres Garmachens, indem sie nicht im Dunste, sondern nur in eine Serviette gebunden in vielem Wasser gekocht oder auch in blechernen oder verzinnten kupfernen mit gut schließendem Deckel versehenen Formen, die ebenfalls in Servietten gebunden sind, in Wasser gesotten werden. Ebenso verhält es sich auch mit den Saucen, welche stets von starken, kräftigen Weinen, Rum 2c. bereitet werden.

1738. Plumpudding. Plumpouding, Plumpudding.

Dieses englische Nationalgericht besteht aus folgenden Ingredienzen: 560 Gramm Kernnierenfett, 280 Gramm Ochsenmark, 560 Gramm türkische Rosinen, 280 Gramm Korinthen, 140 Gramm Citronat und eben so viel eingemachte Orangenschalen, acht Aepfel, 17^1/$_2$ Gramm gestoßener Zimmt, etwas geriebene Muskatnuß, das auf Zucker abgeriebene Gelbe einer Citrone, 280 Gramm gestoßener Zucker, 560 Gramm geriebene Semmeln, 105 Gramm Mehl, ^{1}/$_{10}$ Liter Arak oder Cognac, etwas wenig Salz und zehn Eier.

Das Nierenfett wird aus Haut und Sehnen gelöst und fein gewiegt nebst dem geriebenen Brode in eine irdene Schüssel gethan; sodann gibt man die gut gereinigten Rosinen, die würfelig geschnittenen Aepfel, das ebenso geschnittene Mark, den fein geschnittenen Citronat und die Orangenschalen dazu, dann das Gewürz, Salz, Zucker und das abgeriebene Citronengelb. Alles dies wird durcheinander gemacht, dann mit Arak, den Eiern und dem Mehl gut untermengt und zugedeckt eine Stunde stehen gelassen. Hierauf wird eine Serviette gut mit Butter bestrichen, mit geriebenen Semmeln überstreut, die ganze Masse in die Mitte der Serviette gethan, dieselbe in Falten zusammengenommen und fingerdick über der Masse festgebunden. Dieser Pudding wird in ein großes Gefäß mit vielem kochenden Wasser, daß derselbe schwimmen kann, gelegt und zwei und eine halbe Stunde ununterbrochen zugedeckt gekocht, wobei man öfters siedendes Wasser nachgießen muß. Beim Anrichten wird der Pudding ausgehoben, auf ein Drahtsieb gelegt, der Bindfaden aufgeschnitten, die Serviette von allen Seiten losgemacht und der Pudding aus der Serviette in eine Schüssel gestürzt, dann mit einer Rum-Sauce übergossen und der Rest davon in einer Saucière extra beigegeben.

1739. Pudding Chipolata. Pouding à la chipolata.

Dieses aus so verschiedenen Ingredienzen zusammengesetzte, man kann mit Recht sagen verkünstelte Amalgama, besteht aus 840 Gramm schönen Kastanien, 210 Gramm italienischen Maccaroni, 350 Gramm Kernnierenfett, 245 Gramm geriebenem Mundbrode, 280 Gramm türkischen Rosinen und eben so viel Korinthen, 105 Gramm Citronat und eben so viel Orangenschalen, 280 Gramm gekochtem, mageren Schinken, einem Glase Cognac, eben so viel Madeira und zwölf ganzen Eiern. Die Kastanien werden in der Trommel geröstet und sammt der inneren braunen Schale

abgeschält, sodann mit einem Stückchen Butter fein gestoßen und durch
ein Haarsieb passirt. Dieses Kastanien=Püree wird in eine irdene Schüssel
gethan, dazu kömmt das aus Sehnen und feinen Häutchen gelöste und
sehr fein gewiegte Nierenfett, das geriebene Brod und der fein geschnittene
Schinken, die in Wasser halb weichgekochten und federkieldick geschnittenen
Maccaroni, sodann die kleinwürfelig geschnittenen Orangen und der ebenso
geschnittene Citronat, die Rosinen, die sechs Eier und die sechs Eidotter.
Darüber wird der Rum und der Madeira gegossen, alles genau unter=
mengt und zuletzt der festgeschlagene Schnee darunter melirt. Diese Masse
wird in eine gut ausgestrichene, mit geriebenem Brode ausgesäete, runde
Kugelform gefüllt, genau zugedeckt, diese in eine Serviette gebunden und
der Pudding wie der vorhergehende in vielem Wasser zwei und eine halbe
Stunde ununterbrochen gekocht. Beim Anrichten wird derselbe aus der
Serviette genommen, der Pudding in eine Schale gestürzt, die Form nach
einigen Minuten abgehoben, mit einem Theil eines Madeira=Chaudeau
übergossen und der Rest der Sauce in einer Saucière extra beigegeben.

1740. Englischer Pudding. Pouding à l'Anglaise.

Es werden vier Mundbrode vom Tage vorher abgerieben, in Stücke
geschnitten, in kalter Milch eine Viertelstunde geweicht, dann in einer
Serviette fest ausgedrückt und auf einen Teller gethan. Sodann werden
280 Gramm frische Butter schaumig gerührt, vier Eier und acht Eidotter
nach und nach dazu gethan und mit dem geweichten Brode nebst 280
Gramm türkischen Rosinen, 140 Gramm Korinthen, 70 Gramm Orangen=
schalen und eben so viel Citronat, alles kleinwürfelig geschnitten, nebst
105 Gramm Zucker genau untermengt. Diese Masse wird in eine mit
Butter bestrichene und mit geriebenem Brode besäete Serviette gethan,
fingerdick über der Masse fest zusammengebunden und zwei Stunden in
kochendem Wasser gesotten. Derselbe wird wie die vorhergehenden an=
gerichtet, mit einer Wein=Sauce übergossen und der Rest derselben in eine
Saucière gethan und extra beigegeben.

1741. Englischer Pudding auf deutsche Art.
Pouding à l'Anglaise à la manière Allemande.

Derselbe wird wie der vorhergehende zubereitet, nur mit dem Unter=
schiede, daß von sechs Eierklar der festgeschlagene Schnee und 140 Gramm
feingeschnittene Mandeln darunter gerührt werden. Ferner wird derselbe
beim Anrichten ganz mit in Stifte geschnittenen Mandeln besteckt und
mit einer Weinschaum=Sauce zu Tisch gegeben.

1742. Pudding nach Rodney. Pouding à la Rodney.

Man läßt $^5/_{10}$ Liter süßen Rahm mit 210 Gramm sehr frischer
Butter, 105 Gramm Zucker und ein wenig Salz aufkochen, schüttet so=
gleich 280 Gramm feines, gesiebtes Mehl dazu und rührt die Masse so
lange auf Kohlenfeuer, bis sich der Teig vom Löffel und der Casserolle
löst und ein glattes feines Ansehen hat. Wenn derselbe etwas abgekühlt

ist, wird das auf Zucker leicht abgeriebene Gelbe einer Orange nebst
105 Gramm Zucker dazu gethan und mit dem Gelben von vierzehn Eiern
nach und nach gut verarbeitet; sodann wird das Weiße von acht Eiern
zu einem festen Schnee geschlagen, dieser langsam darunter gerührt, die
Masse in eine mit Butter bestrichene Serviette gethan, dreifingerdick oder
derselben fest zusammengebunden und eine Stunde lang gekocht.

**1743. Englischer Apfel-Pudding. Pouding de pommes
à l'Anglaise.**

Man bereitet von 560 Gramm Mehl, drei Eiern und vier Eidottern,
140 Gramm Zucker, 280 Gramm rein ausgesehntem und recht fein ge=
schnittenem Nierenfett, etwas Salz und $1/10$ Liter süßem Rahm einen
Teig. Dieser wird, nachdem er eine halbe Stunde an einem kühlen Ort
gelegen war, federkieldick ausgerollt und damit eine tiefe irdene oder
porzellanene Schüssel, die mit Butter ausgestrichen ist, ausgelegt; am
Rande der Schüssel wird der Teig gerade abgeschnitten und mit nach=
stehender Apfelmasse eingefüllt. Vierundzwanzig gute Borsdorfer=Aepfel
werden rein geschält, halbirt, die Kerne herausgenommen und die Aepfel
in Scheibchen geschnitten, dann in einer Casserolle mit 140 Gramm Butter,
140 Gramm Korinthen, 140 Gramm türkischen Rosinen, 70 Gramm fein
geschnittenen Orangenschalen und eben so viel Citronat, nebst 210 Gramm
Zucker und einem Gläschen Rum auf starkem Kohlenfeuer einige Minuten
gedünstet. Mit diesen Aepfeln wird die Schüssel sodann eingefüllt, der
Rand mit einem abgeschlagenen Ei bestrichen, von dem übrigen Teig eine
Platte ausgerollt und damit die Aepfel überlegt, der Teig an den andern
gut angedrückt und fest geschlossen. Wenn dies geschehen ist, bindet man
die Schüssel in eine Serviette, stellt sie in eine Casserolle, schüttet so viel
Wasser hinein, daß dasselbe bis zur Hälfte heraufreicht, deckt die Casse=
rolle gut zu und kocht so den Pudding eine Stunde lang. Beim An=
richten wird die Schüssel aus der Serviette genommen, in eine Schale
gestürzt, die Schüssel nach einigen Minuten abgenommen, der Pudding
mit Zucker bestäubt und zu Tisch gegeben.

1744. Brennender Pudding. Pouding en tranches ou à l'enfer.

Der englische Pudding oder Plumpudding wird nach dessen Garkochen
aus der Serviette auf ein reines geruchloses Brettchen gelegt, dann in schöne
Stücke geschnitten und diese im Kranze über sich laufend in eine silberne
oder porzellanene Casserolle gelegt; in der Mitte wird sich dann eine runde
Oeffnung bilden, in die man 140 Gramm gestoßenen Zucker und über
diesen den vierten Theil einer Bouteille Rum gießt, welchen man mit
einem brennenden Papierfidibus anzündet und sogleich zu Tisch gibt. Eine
englische Pudding=Sauce wird extra nachservirt.

1745. Englischer Reis-Pudding. Pouding de riz à l'Anglaise.

420 Gramm rein gewaschener abblanchirter und mit frischem Wasser

wieder abgekühlter Reis werden auf ein Sieb zum Abtropfen geschüttet und sodann in 1¹/₁₀ Liter kochendem Rahm weich und dick gekocht. Der Reis wird hierauf in eine irdene Schüssel gethan, dann mit 140 Gramm Butter, 280 Gramm Zucker, dem auf Zucker abgeriebenen Gelben von zwei Citronen und einer Messerspitze Salz eine Viertelstunde gerührt. Dann werden 140 Gramm Sultaninen, 140 Gramm Korinthen, eben so viel kleinwürfelig geschnittene, eingemachte Orangenschalen, 210 Gramm zerdrückte süße Makaronen, 140 Gramm würfelig geschnittenes Ochsenmark, vier Eßlöffel voll Rum, sechs Eier und sechs Eidotter dazu gerührt und zusammen genau untermengt. Diese Masse wird sodann in eine gut mit Butter bestrichene und soweit der Pudding reicht, mit Brod bestreute Serviette gefüllt, fingerdick über der Masse zusammengebunden und zwei Stunden ununterbrochen langsam gekocht. Eine Weinschaum-Sauce mit ³/₁₀ Liter Rum abgeschlagen, oder auch eine englische Rum-Sauce wird zur Hälfte beim Anrichten darüber und die übrige in eine Saucière gegossen und mit zu Tisch gegeben.

1746. Englischer Kastanien-Pudding. **Pouding aux marrons à l'Anglaise.**

Man röstet in einer Trommel 1 Kilo 120 Gramm schöne Kastanien über leichtem Flammfeuer so lange, bis die äußere Schale, die man zuvor leicht eingeschnitten hat, aufspringt und sich sammt dem innern braunen Häutchen leicht abschälen läßt; die Hälfte davon, nämlich die schönen ganzen, werden auf einen Teller gethan, die übrigen aber werden mit 210 Gramm Butter fein gestoßen und durch ein Sieb getrieben. Dieses Kastanienmehl wird dann in einer irdenen Schüssel mit 420 Gramm sehr fein geschnittenem Kernnierenfett, 280 Gramm Zucker, 210 Gramm ausgekernten Malaga-Rosinen, 210 Gramm gestoßenen Makaronen, den in vier Theile geschnittenen Kastanien, etwas geriebener Muskatnuß, vier Eiern und sechs Eidottern, einer Achtel-Bouteille Rum, eben so viel Rahm und 105 Gramm Mehl gut untermengt. Dieser Pudding wird wie die vorhergehenden zwei Stunden langsam gesotten, dann angerichtet, mit einer englischen Rum-Sauce maskirt und der Rest davon in einer Saucière extra beigegeben.

---

74. Abschnitt. 11. Abtheilung.

Von den kalten Puddings. Des poudings froids.

Diese gehören, obschon sie in ihrer Bereitung gänzlich von den vorhergehenden abweichen, doch zu der Kategorie der Puddings und sie nehmen bei größeren Tafeln, welche mehr Anspruch auf Feinheit machen, deren Stelle ein. Ihre Zusammensetzung gehört der neuesten Methode an, und ihr Geschmack kann so angenehm modifizirt werden, daß sie als solche auf dem höchsten Grade der Lieblichkeit stehen. Doch zerfällt ihre Zubereitung auch wieder in zweierlei Methoden, nämlich in die eine: mit Hausenblase zubereitete, und die zweite als gefrorne kalte Puddings. Man hat zu diesen runde, kuppel= oder puddingartige Formen, welche unten 15 Centi= meter im Durchmesser und eine Tiefe von 13 Centimeter haben. In diese kömmt wieder eine zweite von 12 Centimeter im Durchmesser und 10 Centimeter Tiefe, welche mit drei gleichmäßig vertheilten überbogenen Läppchen über die ersteren eingehängt wird und der Rand derselben halb= fingerdick vorsteht. In diese kann nun eine dritte, von gleicher Ent= fernung der zweiten zu der ersten, eingehängt werden.

1747. Kalter Kastanien-Pudding auf deutsche Art. Pouding froid de marrons à l'Allemande.

Es werden 1 Kilo 120 Gramm schöne Kastanien abgeschält, einige Minuten in kochendes Wasser, damit sich auch die innere Schale mit einem Tuche abstreifen läßt, gelegt, alle an denselben befindlichen Fleckchen ausgeschnitten, die Kastanien gewaschen und auf ein Tuch gelegt. Hierauf werden sie eine nach der andern in ein passendes flaches Geschirr gelegt, mit 280 Gramm gestoßenem Zucker bestreut, mit Wasser begossen und so zugedeckt auf Kohlenfeuer weich gedünstet. Sodann werden die besten, recht weichen, aber ganz gebliebenen davon ausgesucht und zugedeckt kalt gestellt. Die andern werden im Reibstein mit einer Obertasse voll süßem Rahm gestoßen und durch ein feines Haarsieb gestrichen. Dieses Kastanien= Püree wird hierauf in eine Schüssel gethan, mit 280 Gramm zu Syrup gekochtem Zucker, in dem man eine Stange klein zerschnittene Vanille gut ausgekocht hat, nach und nach fein abgerührt, 280 Gramm von dem Syrup abgetropfte eingemachte Weichseln, eben so viel gereinigte und mit Syrup kurz gekochte türkische Rosinen darunter melirt, sodann 35 Gramm gut ausgekochte, dicke Hausenblase heiß darunter gerührt und zuletzt $^8/_{10}$ Liter zum Schnee geschlagener Doppelrahm langsam darunter gezogen. Die oben beschriebene Kuppelform, ohne die andere eingehängte, wird allein in's gestoßene Eis gegraben, die Masse eingefüllt, zugedeckt und darüber Eis gethan. Unterdessen löst man 210 Gramm feine Vanille-Chokolade mit etwas Wasser auf Kohlenfeuer langsam auf, verrührt diese mit 140 Gramm Staubzucker recht gut, gießt noch etwas heißes Wasser dazu und läßt die Chokolade aufkochen; hierauf wird sie kalt gerührt und mit geschlagenem Rahm zu einer dicklich fließenden feinen Sauce verrührt. Beim Anrichten wird der Pudding eine Sekunde in's heiße Wasser gehalten, die Form abgehoben, mit den ganzen Kastanien bekränzt und mit der Chokolade-Sauce zu Tisch gegeben.

1748. Kalter Pudding mit Schnee-Eiern. Pouding froid à la reine Margot.

Das Weiße von sechs frischen Eiern wird zu einem festen Schnee geschlagen und mit 280 Gramm fein gestoßenem Zucker leicht untermengt. Dann läßt man in einer flachen Casserolle 1⁶⁄₁₀ Liter Rahm mit einer halben Stange aufgeschlitzter Vanille und 210 Gramm Zucker aufkochen, stellt die Casserolle an die Ecke des Windofens, macht mittelst zweier Eß= löffel von der Masse kleine Eier, welche man in den siedenden Rahm ein= legt, auf beiden Seiten gar werden und dann auf einem Sieb abtropfen und kalt werden läßt. Unterdessen läßt man eine Pudding=Form mit weißer süßer Gelée messerrückendick auslaufen und stellt sie dann in gestoßenes Eis. Von dem Rahm, worin die Schnee=Eier gesotten worden sind, rührt man mit acht Eidottern auf dem Feuer eine Crême ab, welche man so= dann in eine andere Casserolle passirt und ebenfalls auf dem Eis zu einer dickfließenden Crême, mit etwas Hausenblase versetzt, kalt rührt. Man legt nun eine Lage von den Schnee=Eiern in die Form, streut darüber en filet geschnittene grüne Pistazien, übergießt sie mit der Crême, dann kommen wieder Schnee=Eier, Pistazien und dann Crême, und so wird fort= gefahren, bis die Form voll geworden ist. Zu bemerken ist, daß jedesmal eine Lage, ehe die andere darüber kommt, leicht gestockt sein muß. Kurz vor dem Anrichten wird die Pudding=Form in's heiße Wasser getaucht, schnell abgetrocknet, eine flache Schüssel darüber gelegt, der Pudding in dieselbe gestürzt und die Form langsam abgehoben. Unten herum wird der Pudding mit kleinen Croutons aus roth gefärbter süßer Sulz schön garnirt.

1749. Kalter Pudding à la Pomaré. Pouding froid à la Pomaré.

280 Gramm Aprikosen=Marmelade werden über dem Feuer verrührt, mit 35 Gramm aufgelöster Hausenblase versetzt und dann mit drei Ober= tassen voll gut abgetropftem Schlagrahm leicht untermengt und stocken gelassen. Ebenso bereitet man ³⁄₁₀ Liter starke Mandelmilch; diese wird ebenfalls mit 35 Gramm ausgekochter Hausenblase untermengt, über dem Eis, bis sie sich zu verdicken anfängt, gerührt und dann, mit zwei Ober= tassen voll Schlagrahm untermengt, stocken gelassen. Ferner wird eine Obertasse voll eingemachte rothe Kirschen über ein Sieb geschüttet und

gut abgetropft. Wenn nun dies Alles so vorbereitet ist, läßt man eine runde Pudding=Form mit sehr weißer, wasserklarer Marasquino=Sulz über dem Eis auslaufen, bis sich eine messerrückendicke Decke gebildet hat, worauf man die Form ganz in's Eis eingräbt. Man sticht nun mit einem Eßlöffel kleine Stückchen von der weißen und gelben Crême ab, legt davon eine Lage abwechselnd in die Form und dann an der Seite hie und da eine schöne rothe Kirsche; über die erste Lage gibt man nun mit einem Kaffeelöffel etwas von der klaren Sulz, aber nur so viel, daß diese Stückchen leicht gefeuchtet sind. Dann legt man eine zweite Lage ebenso, dazwischen hinein wieder Kirschen, und so wird fortgefahren bis die ganze Form gestrichen voll ist, worüber man zuletzt etwas Sulz gießt und das Ganze stocken läßt. Beim Anrichten wird der Pudding den vorhergehenden gleich gestürzt und unten herum mit kleinen runden Bis= quits weiß und roth bekränzt und mit Marasquino=Glace glacirt.

1750. Pudding von Kastanien nach Nesselrode. Pouding de marrons à la Nesselrode.

Man bereitet von 840 Gramm Kastanien ein Püree nach Nr. 1747; dieses wird mit 420 Gramm mit einer klein geschnittenen Stange Vanille zu Syrup gekochtem Zucker nach und nach verrührt und mit einer Ober= tasse voll Marasquino di Zara im Geschmack gehoben. Dieses Kastanien= Püree wird nun in die in's Eis gesetzte Gefrierbüchse gethan und zu einem feinen, zarten Gefrorenen abgearbeitet. Unterdessen werden 280 Gramm türkische Rosinen und eben so viel Korinthen gereinigt, gewaschen, diese mit einem Stück Zucker, etwas Wasser und Marasquino auf Kohlenfeuer weich und kurz gedünstet, welche man, wenn sie kalt geworden sind, mit 210 Gramm abgetropften, eingemachten Amarellen und 105 Gramm in Filets geschnittenen Pistazien untermengt. Das unterdessen recht zart ab= gearbeitete feste Gefrorne wird nun mit $^5/_{10}$ Liter zum Schnee abge= schlagenem Doppelrahm untermengt; sodann werden die Früchte darunter melirt, die Masse in die zuvor gut in's gesalzene Eis gegrabene Pudding= Form gefüllt, darüber ein Papier gelegt, mit dem Deckel genau geschlossen, darüber wieder gestoßenes Eis gethan und so drei Stunden stehen ge= lassen. Unterdessen werden zehn Eidotter mit 210 Gramm gestoßenem Zucker gut abgerührt, mit $^3/_{10}$ Liter süßem Rahm auf Kohlenfeuer abge= schlagen, mit einer halben Obertasse voll Marasquino die Zara unter= mengt, geseiht und dann auf dem Eis kalt gerührt. Diese Crême wird sodann mit geschlagenem Rahm zu einer dickfließenden Sauce verrührt und in eine Saucière gegossen, kalt gestellt. Beim Anrichten wird der Pudding aus dem Eis genommen, die Form mit dem Tuch abgewischt, einen Augenblick in's warme Wasser getaucht, der Deckel und das Papier abgenommen, der Pudding in eine Schale gestürzt und die Form abge= hoben. Derselbe wird nun mit einem Theil der Sauce übergossen und jene in der Saucière mit zur Tafel gegeben.

1751. Kalter Pudding mit Früchten. Pouding de fruits à la Bahlen.

280 Gramm gutes Pfirsich=Püree wird mit Vanille=Syrup gut verrührt und kalt gestellt. Ferner bereitet man eine Macedoine von Früchten, welche in gleichem Quantum aus eingemachten Pfirsichen, Apri= kosen und Ananas besteht. Diese Früchte werden würfelig geschnitten, in eine Porzellanschale gethan und mit vier bis sechs Eßlöffeln voll Maras= quino di Zara begossen, zugedeckt, eine Stunde stehen gelassen. Unterdessen hat man vier Stück kleine Mandel=Bisquit=Blätter gebacken, welche man nach dem innern Raum der Pudding=Form egal rund zuschneidet. Eine Stunde vor der Tafelzeit wird diese Form in gestoßenes, gesalzenes Eis gut einge= graben, am Boden eine weiße Papierscheibe eingelegt und darüber ein Bis= quitblatt gethan; über dieses legt man nun den vierten Theil der Früchte und überstreut dieselben mit einem Theil der Pfirsich=Marmelade, dann legt man wieder ein Bisquitblatt ein und fährt so fort, bis die vier Blätter mit den Früchten ganz so eingerichtet sind. Ueber das Ganze gießt man nun eine Obertasse voll Zuckersyrup, mit etwas Marasquino untermischt, deckt den Pudding zuerst mit Papier, dann mit seinem Deckel zu und legt oben darüber ebenfalls gestoßenes Eis. Beim Anrichten wird die Form aus dem Eis genommen, in's heiße Wasser getaucht, abgetrocknet und in die zum Anrichten bestimmte Schüssel gestürzt. Der Pudding wird zuletzt mit einer sehr kalten Pfirsich=Sauce übergossen und sogleich servirt.

1752. Kalter Erdbeer-Pudding. Pouding froid de fraises à la printanière.

Man läßt eine kugelartige Pudding=Form mit sehr heller Orangen= Sulz so lange über Eis auslaufen, bis sich ein messerrückendicker Ueberzug gebildet hat und gräbt dann die Form in's Eis. Ferner bereitet man von frischen Walderdbeeren ein Püree, welches man mit Staubzucker gut versüßt und dann mit 70 Gramm gut ausgekochter Hausenblase versetzt. Dieses so bereitete Püree wird nun über dem Eis gerührt, bis es sich zu ver= dicken anfängt. Auch hat man zehn bis zwölf lange Dessert=Bisquits in Stückchen zu schneiden. Man gibt nun eine Lage von dem Erdbeer=Mus in die Form, über diese legt man die in Marasquino getauchten Bisquits, dann wieder Crême und abermals Bisquits, bis die Form voll ist; hier= nach gießt man etwas Gelée darüber, damit der ganze Pudding sich gut bindet. Kurz vor dem Anrichten wird derselbe in's heiße Wasser getaucht, die Form schnell abgetrocknet, in eine flache Kryßtall= oder Porzellan=Platte gestürzt und langsam abgehoben. Um den Pudding wird unten herum ein Kranz von großen, in dicken Syrup getauchten Ananas=Erdbeeren zierlich geordnet und ein Erdbeer=Syrup in einer Porzellan=Sauciere extra beigegeben.

1753. Kalter Pudding à la Palerme. Pouding froid à la Palerme.

Man bereitet von 280 Gramm feinem Mehl, 140 Gramm frischer Butter, 70 Gramm Zucker, einer Messerspitze gestoßenem Zimmt, einem

Körnchen Salz und vier Eidottern einen Teig. Mit diesem Teig wird eine passende, mit frischer Butter ausgestrichene Croustade=Form messer= rückendick ausgefüttert, dann wird dieselbe mit mit Butter bestrichenen Papierstreifen ausgelegt, mit Mehl voll gefüllt, über ein Blech gestellt und so der Teig langsam lichtgelb gebacken. Wenn dies erreicht ist, wird das Mehl und die Papierstreifen herausgenommen, die Kruste über ein Blech gestellt, von innen mit Zucker bestäubt und leicht getrocknet, so daß man eine mürbe,. croquante Kruste erhält. Zu der weiteren Be= reitung muß man noch eine größere Form haben, in welche man die Teigkruste in der Weise einsetzen kann, daß noch ein kleinfingerdicker Rand frei bleibt. Diese zweite größere Form wird nun in feingestoßenes Eis gegraben und der Boden derselben stark federkieldick mit ganz weißem, sehr klarem Citronen=Gelée (süßer Sulz) begossen und letzteres stocken gelassen. Hiernach wird die Teigkruste von außen mit Aprikosen=Marmelade bestrichen und mit halbirten weißen Mandeln und grünen Pistazien zierlich und geschmackvoll garnirt. Ist diese Croustade nun fertig, so wird sie in die größere Form gestellt, etwas von dem Citronen=Gelée eingegossen und dieses wieder ansulzen gelassen. Der äußere leere Raum der ganzen Form wird alsdann mit Gelée angefüllt und zugedeckt stocken gelassen. Kurz vor dem Anrichten wird der innere leere Raum mit einem festen Vanille=, Orangen= oder weißen Marasquino=Gefrorenen gefüllt und glatt gestrichen, die Form schnell in's heiße Wasser getaucht, abgetrocknet, in die darüber gelegte, zum Anrichten bestimmte Schüssel gestürzt und langsam abgehoben und der Pudding sogleich servirt.

1754. Kalter Reis-Pudding mit Ananas. Pouding de riz froid à l'ananas.

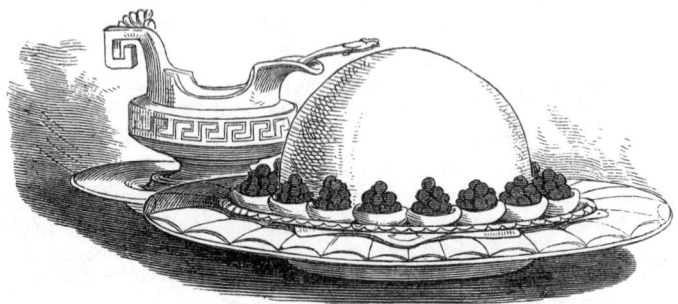

280 Gramm rein gewaschener und blanchirter Reis wird mit 1¹/₁₀ Liter süßem Rahm und 210 Gramm Zucker weich und dick eingekocht, in eine Schüssel geschüttet, mit einer Obertasse voll Ananas=Syrup, 35 Gramm dick gekochter Hausenblase bis zum Stocken kalt gerührt und mit ⁵/₁₀ Liter zum festen Schnee geschlagenen Doppelrahm untermengt. Die Pudding=Form, die man zuvor schon in's gestampfte Eis gegraben hat, wird nun zur Hälfte mit der Masse gefüllt, die zweite Kuppelform in

den Reis gedrückt, so daß derselbe bis an den Rand heraufsteigt; in die Vertiefung der zweiten Form wird nun ebenfalls gestoßenes Eis gefüllt und so zugedeckt kalt gestellt. Der Rest von dem Reis wird dann mit etwas Cochenille rosa gefärbt und mit sechs Scheibchen in kleine Würfel geschnittener Ananas untermengt. Wenn nun der eingedrückte Reis ge= stockt ist, wird das Eis aus der zweiten Form genommen, diese mit heißem Wasser gefüllt und augenblicklich wieder entleert. Die Form wird sich nun durch ein leichtes Drehen herausnehmen lassen, und der dadurch entstandene leere Raum wird nun mit dem mit Ananas untermengten Rosa=Reis angefüllt. Der Pudding wird alsdann genau zugedeckt, ge= stoßenes Eis darüber gethan und kalt gestellt. Unterdessen bereitet man dieselbe Sauce nach Nr. 1750, nur mit dem Unterschiede, daß zu der= selben statt des Maraßquino Ananas=Syrup genommen wird. Beim An= richten wird der Pudding in's lauwarme Wasser getaucht, in eine flache Schüssel gestürzt, unten herum mit kleinen Meringues, mit Amarellen gefüllt, garnirt; die Sauce in eine Saucière gegossen und extra mitservirt.

1755. Kalter Ananas-Pudding auf königliche Art. Pouding d'ananas à la royale.

Von einer großen oder zwei kleinen, frischen, gut zeitigen Ananas werden die äußeren Punkte abgeschnitten, die Ananas sehr dünn geschält, dann in Scheiben geschnitten, die schönsten davon kleinwürfelig, mit einer Obertasse voll Zucker=Syrup auf Kohlenfeuer, zugedeckt, langsam weich ge= dünstet und hierauf kalt gestellt. Alles Uebrige von der Ananas wird ge= stoßen, in $1^1/_{10}$ Liter kochenden Rahm gethan und zugedeckt bei Seite gestellt. Unterdessen werden 420 Gramm gestoßener Zucker mit dem Gelben von sechzehn Eiern gut gerührt, nach und nach mit dem Rahm untermengt und auf dem Kohlenfeuer zu einer Crême abgerührt, welche man durch ein sehr feines Haarsieb streicht und den Ananas=Syrup dazu rührt. Von dieser Crême wird der achte Theil in eine Porzellanschale gethan; die übrige in der Gefrierbüchse gefroren und recht fein und zart abgearbeitet. Ist nun dieses erreicht, so wird ein Suppenteller voll ge= schlagener Rahmschnee darunter gerührt und 280 Gramm gewaschene und auf einer Serviette abgetrocknete Amarellen, 140 Gramm zu Filets geschnittene Pistazien, drei abgeschälte und würfelig geschnittene Birnen der besten Gattung und die geschnittene Ananas darunter gemengt. Das Ganze wird nun in die eine halbe Stunde zuvor in's Eis gegrabene Pudding=Form ohne Einsatz gegossen, oben ganz glatt gestrichen, mit einem Papier überdeckt, mit dem Deckel gut geschlossen und auch ganz mit Eis überdeckt. Nach zwei Stunden wird die Form aus dem Eis genommen, einen Augenblick in's lauwarme Wasser getaucht, schnell abgetrocknet, der Deckel und das Papier abgenommen und der Pudding über eine zierlich zusammengelegte Serviette auf eine Schüssel gestürzt und sogleich zu Tisch gegeben. Die zurückgehaltene Crême wird mit geschlagenem Rahm unter= mengt und als Sauce extra beigegeben.

1756. Kalter Chokolade-Pudding auf Königin-Art. Pouding froid au chocolat à la reine.

Es werden 210 Gramm geriebene feine Vanille-Chokolade mit $^3/_{10}$ Liter süßem Rahm und 140 Gramm Zucker auf Kohlenfeuer aufgekocht und fein abgerührt, sodann werden acht Eidotter nebst $^3/_{10}$ Liter Rahm dazu gethan und auf Kohlenfeuer zu einer Crême abgerührt, welche man durch ein Haartuch preßt und kalt rührt. Hierauf werden 35 Gramm dickgekochte Hausenblase dazu geseiht und die Crême, bis sie zu stocken anfängt, auf dem Eis geschlagen; sodann wird der von $1^1/_{10}$ Liter Doppelrahm geschlagene Schnee unter die Crême gerührt, damit die erste Pudding-Form, welche zuvor in's Eis gegraben wurde, gut halbvoll angefüllt; hiernach wird sogleich die zweite Form in die Crême einge= drückt, daß dieselbe bis zum Rande aufsteigt; sollte diese nicht hinreichen, so müßte man noch etwas Crême nachgießen. In den innern Raum der zweiten Form wird nun gestoßenes Eis gethan und der Pudding zugedeckt. Unterdessen werden sechs Eidotter mit 140 Gramm Zucker und $^3/_{10}$ Liter Vanille-Rahm auf dem Feuer abgerührt, dann geseiht, 26 Gramm dickgekochte Hausenblase durch ein Sieb dazu gegossen, auf dem Eise, bis er zu stocken anfängt, gerührt und sodann mit einem Teller voll Rahm=Schnee untermengt. Ist dies geschehen, so wird das Eis aus der inneren Form gethan, heißes Wasser schnell eingeschüttet, dieses augenblicklich wieder ausgegossen, die Form leicht gedreht und herausgenommen, welches alles schnell vor sich gehen muß. Dieser innere Raum wird nun mit der Vanille=Crême halb gefüllt und dann der zweite Model eingedrückt, so daß die Crême wieder bis zum Rande auf= steigt; in den leeren Raum wird wieder gestoßenes Eis gethan und der Pudding zugedeckt. Hierauf werden 70 Gramm abgezogene Pistazien mit Rahm fein gerieben, mit 105 Gramm gestoßenem Zucker verrührt, $17^1/_2$ Gramm Hausenblase dazu geseiht, mit dem nöthigen Schlagrahm untermengt und sodann mit einer halben Obertasse voll ganz kleinen, in der Größe eines Pfennig=Stückes recht croquant gebackenen Bufferln und eben so viel abgetrockneten Weichseln melirt und der innerste Raum des Puddings, nachdem man, wie schon gezeigt wurde, die Form herausge= nommen hat, gefüllt, recht glatt gestrichen und zugedeckt kalt gestellt.

Beim Anrichten wird die Form aus dem Eis genommen, in's heiße Wasser gestoßen, abgetrocknet, über eine flache Schale gestürzt, abgehoben und der Pudding recht geschmackvoll mit festem Rahm-Schnee bespritzt. Unten herum werden kleine Bisquits, mit Chokolade glacirt, gelegt und der Pudding mit einer kalten Vanille-Sauce zu Tisch gegeben.

1757. Kalter Aepfel-Pudding. Pouding de pommes glacées.

Es werden vierundzwanzig Stück Reinette- oder schöne Calville-Aepfel geschält, in vier Theile geschnitten, mit etwas Wasser und einem Stück Zucker auf Kohlenfeuer gestellt, zugedeckt und weich gedünstet. Hierauf werden sie gut verrührt und zu einer Marmelade durch ein feines Haarsieb gestrichen. Diese wird sodann in eine Schüssel gethan, mit 280 Gramm Aprikosen-Marmelade genau verrührt, mit dem Gelben einer auf Zucker abgeriebenen Orange gewürzt und mit noch 210 Gramm Staubzucker untermengt; sodann wird eine Gefrierbüchse in's Eis gegraben und von der Marmelade ein festes, feines Gefrornes bereitet. Unterdessen werden 280 Gramm eingemachte Amarellen gewaschen und auf einer Serviette abgetrocknet, 140 Gramm türkische Rosinen gereinigt und mit einem Stückchen Zucker aufgekocht, ebenso 105 Gramm Pistazien gebrüht, abgezogen und zu Filets geschnitten; dieses alles wird hierauf mit einem Gläschen Curaçao und eben so viel Marasquino di Zara mit dem Gefrornen untermengt und noch eine Zeit lang, bis dasselbe wieder fester geworden, fortgedreht. Sodann werden zwei Teller voll geschlagener Rahm-Schnee darunter melirt, die Masse in die Pudding-Form gestrichen, voll gefüllt, mit Papier überdeckt, mit dem Deckel genau geschlossen und die Form in gestoßenes, gut gesalzenes Eis zwei und eine halbe Stunde gegraben. Beim Anrichten wird der Pudding über eine zierlich zusammengelegte Serviette auf eine Entremets-Schüssel gestürzt und mit nachstehender kalter Sauce zu Tisch gegeben. Man rührt acht Eidotter mit 140 Gramm Zucker nebst $^3/_{10}$ Liter Rahm auf Kohlenfeuer ab, passirt dieses durch ein Haartuch in eine Porzellan-Schale und schlägt dies auf dem Eis kalt; sodann wird eine halbe Obertasse voll Ananas-Syrup und eben so viel Marasquino di Zara beigegossen und sodann mit etwas geschlagenem Rahm-Schnee nach und nach untermengt, so daß man eine dickfließende, äußerst angenehm schmeckende Sauce erhält, welche in einer Saucière dem Pudding beigegeben wird.

1758. Kalter Kabinets-Pudding. Pouding de cabinet froid.

Es wird von zwölf Eidottern, 210 Gramm Zucker, $^5/_{10}$ Liter Rahm über Kohlenfeuer eine Crême abgerührt, die man durch ein Haartuch in eine Porzellan-Schüssel preßt und zugedeckt kalt stellt. Ebenso werden 280 Gramm türkische Rosinen, eben so viel Korinthen gereinigt, gewaschen und mit einem Stück Zucker, etwas Wasser und Marasquino aufgekocht und ebenfalls kalt gestellt. Ferner wird $1^1/_{10}$ Liter Doppel-

Rahm zum Schnee geschlagen und zum Abtropfen in ein Haarsieb ge=
gossen, sodann 140 Gramm feines Dessert=Bisquit, jedes in drei Stückchen
geschnitten und in einen Teller gelegt. Die Pudding=Form wird hierauf
in's gestoßene Eis gegraben und auf folgende Weise voll angefüllt: Von
der abgerührten Crême wird der vierte Theil zur Sauce, in einer Schale
zugedeckt, kalt gestellt, in die andere aber werden 44 Gramm dick einge=
kochte heiße Hausenblase durch ein Haartuch gepreßt und mit derselben,
bis sie zu stocken anfängt, über dem Eise gerührt; dann werden drei
Theile des geschlagenen Rahmes nebst einer Obertasse voll Marasquino
di Zara untermengt und zweifingerdick davon in die Pudding=Form ge=
gossen; wenn dies gestockt ist, wird eine Lage von den Bisquits, wovon
man jedes Stückchen in dünnen, mit Marasquino untermengten Zucker=
Syrup getaucht hat, im Kranze eingelegt, darüber dann ein Theil der
Rosinen mit einigen eingemachten Weichseln gestreut, über diese wieder
Crême fingerdick gegossen und wenn diese gestockt ist, wird eine zweite
Lage eingelegt und so wird fortgefahren, bis die Form voll ist, welche
man genau deckt und gestoßenes Eis darüber gibt. Beim Anrichten wird
der Pudding in eine flache Schale gestürzt, unter die zurückbehaltene
Crême wird der Rest des geschlagenen Rahmes nebst etwas Marasquino
und Ananas=Syrup gerührt, diese in eine Saucière gegossen und so mit
dem Pudding zu Tisch gegeben.

1759. Kalter Pistazien-Pudding auf deutsche Art. Pouding aux pistaches froid à l'Allemande.

280 Gramm schöne grüne Pistazien werden in's kochende Wasser
gethan, dann abgezogen, in's kalte Wasser gelegt, darnach auf ein Sieb
geschüttet und mit einer Obertasse voll Rahm sehr fein gestoßen und
sodann durch ein feines Haarsieb gestrichen. Dieses Pistazien=Pürée
wird sodann in einer Schale mit 280 Gramm zu dickem Syrup gekochtem
Zucker und 35 Gramm dickeingekochter Hausenblase verrührt und mit
einem Teller voll geschlagenem Rahm=Schnee leicht untermengt. Diese
Crême wird nun zwischen zwei in einander hängende Pudding=Formen
gegossen und in die innere Vertiefung ebenfalls Eis gethan. Wenn nun

die Crême gestockt ist, wird das Eis aus der inneren Form geschüttet, statt dieses heiße Wasser schnell eingegossen und ebenso schnell wieder ausgeschüttet, damit sich die Form leicht herausnehmen läßt. In den innern Raum wird nun eine Vanille-Crême, die mit Hausenblase und Schlagrahm bereitet ist, abwechselnd mit ganz kleinen, recht croquant ge= backenen Meringuen und abgetrockneten, eingemachten Weichseln gefüllt, der Pudding genau zugedeckt und Eis darüber gethan. Beim Anrichten wird der Pudding in eine flache passende Schüssel gestürzt, unten herum mit kleinen, mit Weichseln gefüllten, und diese mit zu Filets geschnittenen, mit Pistazien bestreuten, runden Meringuen bekränzt und der Pudding mit einer kalten Vanille=Rahm=Sauce zu Tisch gegeben.

1760. Kalter Reis-Pudding. Pouding de riz à la Palerme.

280 Gramm guter Reis werden, nachdem derselbe rein gewaschen, blanchirt und mit frischem Wasser abgekühlt ist, mit Zucker, Orangensaft und weißem Wein auf Kohlenfeuer weich gedünstet, so daß sich der Reis leicht zerdrücken läßt. Dieser wird sodann in eine Schale gethan, 35 Gramm dickgekochte Hausenblase dazu gepreßt und bis zum Stocken kalt gerührt. Unterdessen werden vier eingemachte Ananas=Scheiben klein zu Würfeln geschnitten, ebenso 210 Gramm eingemachte abgetrocknete Amarellen und eben so viel gereinigte und in Syrup gekochte türkische Rosinen zubereitet, diese nebst zwei Tellern voll Schlag=Rahm und 140 Gramm dünner Aprikosen=Marmelade unter den Reis genau gerührt und damit die in's Eis gegrabene Pudding=Form angefüllt, genau gedeckt und mit gestoßenem Eis überschüttet. Beim Anrichten wird der Pudding aus

dem Eis genommen, in's heiße Wasser getaucht, abgetrocknet, in eine flache Schüssel gestürzt und außen herum mit eingemachten halben Apri= kosen garnirt und nachstehendes Gefrornes in die Mitte gefüllt. Von zwei Orangen wird das Gelbe sehr fein abgeschnitten und in 420 Gramm zu einem Syrup mit kaltem Wasser aufgelösten Zucker gethan, welcher noch mit dem Safte von vier Orangen, $^3/_{10}$ Liter Himbeersaft und kaltem Wasser untermengt wird. Dieses läßt man eine Stunde stehen, preßt sodann den Saft durch eine reine Serviette und bereitet hiervon ein festes Gefrornes, welches man im letzten Augenblicke erhaben in die Mitte des gestürzten Puddings füllt.

1761. Reis-Pudding nach Trautmannsdorf. Pouding de riz à la Trautmannsdorf.

280 Gramm rein gewaschener und blanchirter Reis werden mit 280 Gramm Zucker, einer Stange Vanille, nebst $1^1/_{10}$ Liter Rahm auf Kohlenfeuer langsam weich und dick gekocht, vom Feuer genommen, in eine Casserolle umgeleert, 35 Gramm gut ausgekochte Hausenblase dazu geseiht und zusammen kalt gerührt. Hierauf werden zwei Teller voll Rahm= Schnee und eine Obertasse voll Marasquino di Zara langsam darunter melirt, die Masse in eine Puddingform gefüllt und diese in's Eis ge= graben. Unterdessen wird $1^1/_{10}$ Liter frische Himbeeren durch ein Sieb passirt, mit 420 Gramm Staubzucker gut abgerührt, mit kaltem Wasser zu einer dicklich fließenden Sauce verdünnt und dann zum Kaltwerden auf's Eis gestellt. Der Reis=Pudding wird beim Anrichten in eine flache Schüssel gestürzt, die Himbeer=Sauce in eine Saucière gegossen und mit demselben zu Tisch gegeben.

1762. Reis-Pudding nach Rochow. Pouding de riz à la Rochow.

Der Reis=Pudding wird ganz wie der vorhergehende bereitet, nur mit dem Unterschied, daß statt des Marasquino hier der Vanille=Geruch allein beigegeben und statt der Himbeer=Sauce eine kalte Erdbeer=Sauce, welche ebenso wie die vorhergehende bereitet, beigegeben wird.

1763. Reis-Pudding auf schwedische Art. Pouding de riz à la Suédoise.

Dieser Reis=Pudding wird wie der vorhergehende zubereitet, nur mit dem Unterschiede, daß bei diesem zwölf Reinette=Aepfel, jeder in vier Theile geschnitten, rein geschält und in Zucker und weißem Wein weich und kurz gedünstet und in drei Lagen, jedesmal eine Schicht Reis, wenn dieser gestockt ist, eine Lage Aepfel, dann wieder Reis und so fort, bis die Form voll ist, eingefüllt werden. Beim Anrichten wird der Reis auf eine flache Schüssel gestürzt, der Rand geschmackvoll mit eingemachten Früchten garnirt, und in den mittleren Raum Schlagrahm, mit Aprikosenmark untermengt, gefüllt.

1764. Reispudding auf Malthefer Art. Pouding de riz à la Malte.

280 Gramm schöner, großkörniger Reis werden rein gewaschen

und in vielem Wasser, doch so, daß die Körnchen ganz bleiben, blanchirt und dann zum Abtropfen auf ein Sieb geschüttet. Unterdessen läßt man 560 Gramm Zucker mit dem Saft von zwei Orangen und einer halben Bouteille weißem Wein zu einem dicken Syrup kochen, gibt sodann den Reis dazu, läßt ihn mit demselben nochmals aufkochen und stellt ihn zum Kaltwerden in's Eis. Beim Anrichten gießt man eine Obertasse voll Marasquino di Zara dazu, mengt ihn langsam darunter und dressirt den Reis puddingartig in eine Porzellanschale. Derselbe wird nun mit Orangenschnitzen und sonstigen eingemachten Früchten im schönsten Farbenspiel überlegt und recht kalt zur Tafel gegeben.

74. Abschnitt. 12. Abtheilung.
Von den Milchspeisen. Des entremets de lait.

Diese größtentheils sehr beliebten Speisen gehören mehr der bürgerlichen Küche an, doch erscheinen sie zuweilen auch auf den Tafeln der Vornehmen. Sie werden sehr häufig bei Soupers als Zwischengerichte gegeben.

1765. Reis in der Milch. Riz au lait.

420 Gramm schöner Mailänder Reis werden mehrmals lauwarm gewaschen, dann mit kaltem Wasser übergossen, einmal aufgekocht, auf ein Sieb gegossen und mit frischem Wasser wieder abgekühlt. Sodann läßt man $1^{6}/_{10}$ Liter gute Milch mit 280 Gramm Zucker, einem Stückchen Zimmt und einer Messerspitze Salz aufkochen und schüttet diese über den in einer flachen Casserolle mit einem Stück Butter einige Minuten gerösteten Reis, welchen man auf einen Dreifuß über ein gleiches Kohlenfeuer setzt und halb zugedeckt langsam kochen läßt. Wenn der Reis weich geworden und sich am Boden eine lichtbraune dünne Kruste (Ramel) an-

gesetzt hat, wird über den Reis, ohne darin zu rühren, etwas heißer Rahm gegossen und derselbe gut zugedeckt bei Seite gestellt. Beim An= richten wird der Reis langsam, ohne ganz an den Boden zu kommen, aufgerührt, mit einem Stückchen sehr frischer Butter und dem noch nöthigen heißen Rahm dickflüssig verdünnt, in einer tiefen Mehlspeiseschale angerichtet, die Rameln mit einem Nudelschäufelchen in kleine Stückchen ausgestochen, schön darüber gelegt, mit Zucker bestäubt und zu Tisch gegeben.

1766. Nudeln in der Milch. Nouilles à la crême.

Es werden von vier Eidottern und einem ganzen Ei feine Nudeln gemacht, welche in 1 6/10 Liter kochende Milch, in welcher 140 Gramm sehr frische Butter, ein Stängelchen Vanille oder Zimmt und 210 Gramm Zucker gekocht, locker eingestreut werden; dann wird die Casserolle über Kohlenfeuer auf einen Dreifuß gestellt und die Nudeln langsam so lange gekocht, bis sich am Boden der Casserolle eine lichtbraune Kruste angesetzt hat. Die Nudeln werden dann mit Milch übergossen, das Feuer unten weggethan, zugedeckt und zehn Minuten so stehen gelassen. Beim An= richten werden sie langsam durcheinander gerührt, mit etwas kochendem Rahm und einem Körnchen Salz locker durcheinander gemacht, in einer Schale angerichtet, die Rameln in kleinen Stückchen ausgestochen, die Nudeln oben damit ganz überlegt, leicht mit Zucker bestäubt und recht warm zu Tisch gegeben.

1767. Geriebene Gerste in der Milch. Orge hachée à la crême.

Von fünf bis sechs Eidottern wird mit dem nöthigen feinen Mehl und etwas Salz ein sehr fester gelber Teig abgeknetet, der die Trockne hat, daß er sich auf dem Reibeisen zu kleinen, gerstenartigen Körnchen reiben läßt, die man auseinander macht und einige Minuten trocknen läßt. Im Uebrigen werden sie in der Milch wie die Nudeln eingekocht und ebenso beendet. Ich verweise deßhalb auf das vorhergehende Rezept.

1768. Cascha. Cascha.

Man läßt in einer flachen Casserolle 140 Gramm frische Butter heiß werden, gibt eben so viel gestoßenen Zucker dazu und läßt diesen mit 1 6/10 Liter guter Milch aufkochen. Hierauf werden unter beständigem Rühren 280 Gramm guter Gries eingekocht, den man über Kohlenfeuer stellt und gratiniren läßt. Unterdessen wird 1 1/10 Liter süßer Rahm in einer Casserolle in einen stark erhitzten Backofen gestellt und sobald sich oben eine braune Haut gebildet hat, wird dieselbe abgenommen, auf einen Teller gethan und so wird fortgefahren, so lange es der Rahm erlaubt und man einen guten Theil solcher Häutchen gewonnen hat. Der Gries wird dann kurz vor dem Anrichten mit dem nöthigen, mit Vanille gut ausgekochten Rahm zu einer crêmeartigen, dicklich fließenden Masse ver= dünnt, die Häutchen langsam darunter gemengt, welche demselben einen feinen, guten Geschmack geben. Dann wird der Gries in einer flachen

Schale angerichtet, stark mit Zucker bestäubt und dieser mit einer glühen=
den Schaufel glacirt.

1769. Reis in der Milch mit Chokolade. Riz à la crême
au chocolat.

280 Gramm rein gewaschener und blanchirter Reis werden in $1^6/_{10}$
Liter kochendem Rahm mit einer aufgeschlitzten Stange Vanille und 210
Gramm Zucker weich und dick gekocht, dann in einer tiefen Schale oder
in einer Teigkruste angerichtet, oben glatt gestrichen und mit 140 Gramm
mit Zucker und Wasser dicklich=fließend gekochter Chokolade übergossen
und zu Tisch gegeben.

Auf dieselbe Weise wird dieser gekochte Reis statt der Chokolade mit
einer Orangen=, Citronen=, Kaffee=, Haselnuß=, Caramel= oder Makaronen=
Crême übergossen.

1770. Einfaches Kindsmus. Bouillie simple.

Es werden 140 Gramm feines gesiebtes Mehl mit $1^1/_{10}$ Liter guter
Milch nach und nach fein abgerührt, mit 140 Gramm gestoßenem Zucker
gewürzt und unter immerwährendem Rühren über dem Windofen auf=
gekocht, dann auf einen Dreifuß über Kohlenfeuer gestellt und eine Viertel=
stunde langsam gekocht. Es wird in einer flachen Schale angerichtet,
mit seinen eigenen Rameln belegt und mit Zucker bestäubt heiß zu Tisch
gegeben.

1771. Schmankerl-Mus. Bouillie à la crême.

Man bereitet einen Teller voll Schmankerln, wie diese bei dem
Schmankerl=Pudding im vorhergehenden Abschnitt genau angegeben sind
und stellt sie an einen warmen Ort. Eine Stunde vor dem Anrichten
werden 210 Gramm feines gesiebtes Mehl mit $1^6/_{10}$ Liter süßem guten
Rahm nach und nach verrührt, nochmals durchgeseiht, mit 280 Gramm
Zucker und etwas wenig Salz auf dem Windofen, bis es kocht, ununter=
brochen gerührt und dann auf glühender Asche eine halbe Stunde sehr
langsam gekocht. Nach dieser Zeit wird der Mehlgeschmack vergangen sein;
dann wird das Mus mit einem halben Teller voll Schlagrahm genau ver=
rührt, in eine tiefe Mehlspeiseschale gegossen, oben ganz mit den Schmankerln
besteckt, leicht mit Zucker bestäubt und sogleich zu Tisch gegeben.

1772. Salep. Salep.

Dieses in einem mehligen Bestandtheil vorkommende Küchenprodukt
ist besonders in Griechenland und der Türkei sehr geachtet und das Volk
genießt es häufig zum Frühstück, meinend, daß dasselbe alle Kräfte wecke
und die Sehkraft schärfe. Dem sei jedoch wie ihm wolle, so ist er doch
besonders kranken, schwächlichen Personen als eine nahrhafte, leicht ver=
dauliche Speise zu empfehlen. Er wächst auf dem Hochgebirge um Brussa,
dem Olympos, Ainegal, Sichau, dem Ararat in Asien und auf den Alpen

der Herzegowina. Vermöge seiner eigenschaftlichen Bestandtheile übersteigt der Salep beim Kochen wohl acht bis zehn Mal sein Volumen im rohen Zustande, weßhalb man beim Einkochen sehr vorsichtig sein muß.

1773. Salepmus. Bouillie de salep.

Man läßt 1¹/₁₀ Liter gute Milch oder nach Umständen Rahm mit etwas Zimmt oder Vanille und 140 Gramm Zucker aufkochen und wieder erkalten. Mit diesem werden 140 Gramm Salep in genaue Verbindung gebracht und dann über dem Feuer, bis sich der Salep verdickt, abgerührt. Ist dies erreicht, so wird nach Geschmack noch der nöthige gestoßene Zucker, etwas wenig frische Butter und ein Körnchen Salz dazu gethan und nach fünf Minuten des Kochens, im Falle er zu dick wäre, mit dem nöthigen kochenden Rahm zu einer breiigen Substanz verdünnt und sofort angerichtet.

1774. Salep auf türkische Art. Chunssoz salep.

Man setzt 1¹/₁₀ Liter Wasser mit 280 Gramm Honig auf's Feuer, schäumt es, wenn es zu kochen anfängt, ab, rührt dann 175 Gramm Salep mit etwas kaltem Wasser fein ab und rührt denselben unter immerwährendem Schlagen zu dem kochenden Honigwasser. Sobald das Mus anfängt aufzuwallen, wird es nochmals abgeschäumt und sogleich angerichtet.

1775. Türkisches Reismus. Bouillie à la Turc.

Es werden 210 Gramm Reismehl mit kalter Milch fein abgerührt, dann 1¹/₁₀ Liter kochende Milch nach und nach darunter gekocht und über Kohlenfeuer zu einem dicklichen Mus gekocht. Dasselbe wird kalt gerührt, mit 210 Gramm Zucker zu Syrup gekocht, nach und nach verdünnt, kalt in eine Schale gegossen und so zu Tisch gegeben.

1776. Nudeln in der Milch mit Krebsbutter. Nouilles au lait au beurre d'ecrevisses.

Man bereitet von zwanzig schönen Krebsen und 280 Gramm Butter eine schöne hochrothe Krebsbutter, welche in kaltes Wasser gepreßt wird. Die Schalen der Krebse werden mit 1¹/₁₀ Liter Milch aufgekocht, diese durchgeseiht, dann noch 1¹/₁₀ Liter kochender Rahm dazu gegossen, mit einem Stück Krebsbutter, 280 Gramm Zucker und einem Körnchen Salz aufgekocht und die Nudeln eingesäet. Im Uebrigen werden sie wie die Nudeln in der Milch vollendet, nur daß die Vanille wegbleibt; auch können sie in einer Teigkruste angerichtet werden.

1777. Reis in der Milch nach norddeutscher Art. Riz au lait à la marmelade de pommes.

Man bereitet von achtzehn Borsdorfer Aepfeln mit 280 Gramm Zucker eine etwas dicke Aepfel-Marmelade, welche man heiß in eine flache Schale gießt, glatt streicht und mit 140 Gramm Reis, den man in

Zucker=Rahm und etwas Vanille weich und dicklich gekocht hat, behutsam überdeckt, glatt streicht und mit 105 Gramm zerdrückten süßen Makaronen bestreut zu Tisch gibt.

1778. Nudeln auf Wiener Art. Nouilles à la Viennaise.

Es werden von fünf Eidottern mit dem nöthigen Mehl mittelfeine lange Nudeln gemacht, diese lichtgelb aus dem Schmalz gebacken und zum Entfetten auf ein Tuch gelegt. Ferner wird von 140 Gramm Mehl, $1^{1}/_{10}$ Liter süßem Rahm, 210 Gramm Zucker und etwas Vanille ein dünnes Kindsmus bereitet, dieses gut ausgekocht, dann der dritte Theil in eine mit Butter bestrichene Silber= oder Porzellan=Schale gefüllt, ein Theil der Nudeln darüber gestreut, diese mit Zucker stark bestäubt, darüber kömmt wieder Mus, dann Nudeln mit Zucker bestäubt und zuletzt wird nochmals Mus darüber gegossen. Ueber das Ganze werden nun einige Eßlöffel voll frische Butter gegossen, die Casserolle in den Ofen gestellt und so lange gebacken, bis das Mus lichtbraune Farbe genommen hat; sodann wird Zucker darüber gestäubt, noch einige Nudeln darüber gestreut und zur Tafel gegeben.

1779. Badener Nocken. Noques à la Bade.

280 Gramm sehr frische, von süßem Rahm ausgerührte Butter wird eine halbe Stunde lang schaumig gerührt, das Gelbe von zwölf Eiern abwechselnd, jedesmal ein Ei mit einem halben Eßlöffel voll feinem ge= siebten Mehl, untergerührt, so daß man eine sehr zarte feine Masse er= hält. Eine halbe Stunde vor dem Anrichten läßt man $1^{1}/_{10}$ Liter gute Milch oder Rahm in einer flachen Casserolle mit 140 Gramm Zucker und 70 Gramm Butter aufkochen, stellt dieselbe auf einem Dreifuß über Kohlenfeuer, legt die Nocken, eine neben die andere, mit einem Eßlöffel ein, gibt den Deckel mit Gluth belegt darauf und läßt so die Nocken unten und oben lichtbraun Farbe nehmen. Beim Anrichten werden sie mit dem Schäufelchen ausgestochen, erhaben in eine Mehlspeischale gelegt, mit etwas Vanille=Zucker bestäubt und mit einer Vanille=Rahm=Sauce, wie sie im Abschnitt bei den warmen Puddings beschrieben ist, zu Tisch gegeben.

1780. Butternocken in der Milch. Noques au beurre à la crême.

Die Masse besteht aus 280 Gramm Butter, zwölf Eiern, 175 Gramm Mehl, einem Körnchen Salz und 70 Gramm Zucker. Die Butter wird flaumig abgetrieben, jedesmal ein Ei und ein Eßlöffel voll Mehl dazu gerührt und so fortgefahren, bis das Mehl und die Eier eingerührt sind; zuletzt kommt das Salz und der Zucker. Sie werden wie die vorher= gehenden vollendet, angerichtet und mit einer dünnen Rahm=Sauce zu Tisch gegeben.

1781. Schmankerl-Crême.

140 Gramm süße Makaronen, 140 Gramm Bisquit und 140 Gramm

Zucker werden, nachdem Alles fein gestoßen, zusammen in einer Casserolle mit 10 Eidottern gerührt, dann mit $^5/_{10}$ Liter süßem Rahm, in dem man ein Stückchen Vanille ausgekocht, gethan und über Kohlenfeuer, bei beständigem Rühren, zu einer Crême abgerührt, welche man durchpassirt und au bain-marie warm stellt.   Beim Anrichten wird eine Lage gerollte Schmankerln eingelegt, darüber Crême gegossen, hierauf wieder Schmankerln gelegt, darüber Crême mit Schmankerln überlegt und mit Zucker bestäubt zu Tisch gegeben.

1782. Käsnocken.   Noques au parmesan.

560 Gramm feines durchgesiebtes Mehl, 35 Gramm Zucker, etwas Citronensaft, acht Eidotter, eine Messerspitze voll Salz und $^8/_{10}$ Liter Rahm werden, nachdem das Mehl mit dem Rahm gut abgerührt, die Eier, Zucker, Citronensaft, Salz und der Rest Rahm dazu gegossen worden, über Kohlenfeuer zu einer dicken Masse gekocht.   Sodann wird ein plat à sauter stark mit Butter ausgestrichen, die Masse hineingegossen, glatt gestrichen und kalt gestellt.   Wenn dieselbe recht kalt geworden ist, wird sie in große Würfel geschnitten und davon eine Lage in eine mit Butter ausgestrichene tiefe Schale gelegt, welche dick mit geriebenem Parmesan= käse überstreut wird.   Darüber kömmt nun eine zweite Lage, welche wieder mit Käs überstreut wird.   Oben darauf wird zerlassene Butter gegossen und die Schale auf Salz in ein Tortenblech gestellt und so langsam licht= gelb gebacken.

1783. Griesnocken in der Milch.   Noques de semoule gratinées.

Man kocht in $1^1/_{10}$ Liter guter Milch 140 Gramm Zucker, ein Stückchen Zimmt und etwas wenig Salz auf, läßt unter beständigem Rühren 350 Gramm guten Gries einlaufen und rührt denselben auf dem Feuer fort, bis er ganz dick geworden und ausgekocht ist.   Derselbe wird nun in eine Schüssel gethan und mit 105 Gramm Butter, vier ganzen und dem Gelben von acht Eiern gut abgerührt.   Hierauf läßt man $1^1/_{10}$ Liter süßen Rahm mit 140 Gramm Zucker und 140 Gramm Butter in einer sehr flachen Casserolle aufkochen, legt mit einem Eßlöffel die Nocken, eine neben die andere, hinein, stellt die Casserolle auf einen Dreifuß über Kohlenfeuer, deckt die Nocken gut zu, gibt etwas Gluth auf den Deckel und läßt sie so lichtbraun gratiniren.   Beim Anrichten werden sie mit einem Schäufelchen ausgestochen, in eine flache Mehlspeisenschale gelegt und mit einer Vanille=Rahm=Sauce oder Zimmt=Sauce (siehe den vorhergehenden Abschnitt) recht warm zu Tisch gegeben.

1784. Griesnocken mit Chokolade.   Noques de semoule au chocolat.

Diese werden ganz wie die vorhergehenden bereitet, nur daß sie, wenn sie angerichtet sind, mit geriebener Chokolade übersäet werden. Eine Rahm=Sauce mit Chokolade wird extra beigegeben.

1785. Salzburger Nocken. Noques de Salzbourg.

Man läßt in einer Casserolle ⁵/₁₀ Liter gute Milch mit 105 Gramm sehr guter Butter, 70 Gramm Zucker und einem Stückchen Vanille einige Minuten kochen, nimmt sodann die Vanille heraus und rührt sogleich 280 Gramm feinstes, gesiebtes Mehl schnell hinein, welches man auf Kohlenfeuer so lange fortrührt, bis sich der Teig vom Löffel und der Casserolle löst und derselbe ein zartes feines Ansehen hat. Dieser wird hierauf in eine andere Casserolle gethan, und wenn er halb ausgekühlt ist, werden drei ganze Eier und sechs Eidotter nach und nach dazu gerührt und zugedeckt kalt gestellt. Unterdessen wird ein Teller voll Schmankerln bereitet (siehe vorhergehenden Abschnitt, Schmankerl-Pudding), welche man an einen warmen Ort stellt, damit sie croquant bleiben. Eine halbe Stunde vor dem Anrichten läßt man 1⁶/₁₀ Liter Rahm mit 210 Gramm Zucker und einem aufgeschlitzten Stängchen Vanille aufkochen, füllt von dem Teige eine blecherne Spritze, an der vorne ein blechernes Röhrchen eingesteckt ist, und schneidet den Teig vom Röhrchen, während des Ein-drückens in die siedende Milch, in fingerdicke Stückchen ab. Wenn nun der Teig auf diese Weise so eingedrückt ist, läßt man die Nocken langsam aufkochen, legirt sie dann mit einer Liaison von fünf Eiern und richtet sie mit den Schmankerln in einer Mehlspeiseschale an.

1786. Rahmnocken in der Milch. Noques à la béchamel.

210 Gramm feines Mehl werden mit 1¹/₁₀ Liter kaltem Rahm, einem Körnchen Salz, 70 Gramm Butter und 140 Gramm gestoßenem Zucker auf dem Feuer abgerührt und über Kohlenfeuer zu einem dicken Mus gut ausgekocht. Dieses wird sodann in eine irdene Schüssel gethan und mit zwölf Eidottern kalt und schaumig gerührt. Hierauf wird eine blecherne Quarrée-Form mit geklärter frischer Butter ausgestrichen, am Boden mit Papier ausgelegt, dieses wieder mit Butter bestrichen, die Masse eingegossen und im Dunste langsam gesotten. Wenn nun dieselbe durch und durch gestockt ist, wird die Form ausgehoben, über einen Bogen Papier auf ein Tortenblech gestürzt und an einen kalten Ort gestellt. Die Masse wird sodann in beliebige eckige oder rund ausgestochene Nocken getheilt, sodann in ein flaches, mit Butter ausgestrichenes Geschirr, mit Zucker bestäubt, gesetzt, etwas kochende Milch darüber gegossen, zugedeckt und so langsam auf Kohlenfeuer, bis die Nocken auf zwei Seiten schöne lichtgelbe Krüstchen haben, geröstet. Sie werden mit dem Schäufelchen ausgehoben, erhaben in eine Schale angerichtet und mit einer Vanille-Rahm-Sauce recht warm zu Tisch gegeben.

1787. Wiener Milchscheberl.

280 Gramm sehr frische Butter werden eine halbe Stunde gerührt, sodann werden sechs ganze Eier, 70 Gramm Zucker und 140 Gramm fein gesiebtes Mehl untermengt, die Masse in eine mit Butter ausge-

strichene Stürz=Form bis zur Hälfte gefüllt und in einem mittelheißen Backofen langsam fertig gebacken. Man nimmt hierauf das Scheberl aus dem Ofen, sticht mit einem kleinen Messer mehrere Oeffnungen hinein und füllt ³/₁₀ Liter kalte Milch darauf. Nach einiger Zeit, wenn die Milch eingedrungen ist, wird das Auffüllen mit eben so viel warmer, mit Vanille und Zucker angenehm gesüßter Milch wiederholt und die=jenige, die nicht mehr eindringt, wird abgeseiht. Beim Anrichten wird das Scheberl in eine Schale gestürzt, etwas heiße Vanille=Milch darunter gegossen und so zu Tisch gegeben.

1788. Berliner Mehlspeise.

Man bereitet hierzu denselben Brandteig, wie zu den Salzburger Nocken, nur mit dem Unterschiede, daß das Gelbe von vier Eiern und ein ganzes Ei mehr dazu kömmt. Dieser Teig wird auch ebenso in die kochende Milch gedrückt und dann auf Kohlenfeuer langsam eingekocht. Unterdessen werden fünf Stück dünne Omeletten gebacken, diese auf eine Serviette ausgebreitet und mit den unterdessen kalt gewordenen Nocken gefüllt, zusammengeschlagen und nebeneinander in eine flache Schale gelegt. Die Omeletten werden sodann mit einem dünnen Kindsmus überstrichen, dann mit gestoßenen süßen Makaronen bestreut, mit Zucker bestäubt und mit einem glühenden Vogelspießchen leicht aufgebrannt. Eine Stunde vor dem Anrichten wird die Schüssel in einen warmen Ofen langsam, bis die Nocken wieder recht warm geworden sind, gestellt, und so recht warm zu Tisch gegeben.

1789. Ausgedünstete oder abgetrocknete Nudeln. Nouilles gratinées.

Man gibt 420 Gramm feines Mehl auf ein Backbrett, macht in der Mitte eine Grube, schlägt vier ganze Eier hinein, thut etwas Salz daran und macht den Teig mit etwas lauwarmer Milch und 70 Gramm Butter zu einem Nudelteig an. Wenn dieser eine Viertelstunde geruht hat, wird er in vier Theile getheilt, diese ausgewalkt, und wenn die Flecken trocken geworden sind, werden daraus Spagat=Nudeln geschnitten und zugedeckt bei Seite gestellt. Eine Stunde vor dem Anrichten läßt man in einer flachen Casserolle 140 Gramm frische Butter heiß werden, gießt 1¹/₁₀ Liter heiße Milch dazu und stellt die Casserolle auf einem Dreifuß über Kohlenfeuer. Wenn nun die Milch siedet, so gibt man ein Stück Zucker dazu und streut sodann die Nudeln bei immerwährendem Umrühren ein. Sie werden dann halb zugedeckt und langsam unter öfterem Umrühren dick eingekocht. Ist dies erreicht und haben die Nudeln am Boden lichtbraune Rameln, so werden sie mit dem Schäufelchen umge=wendet und ganz zugedeckt, fort gedünstet, wobei man sie aber öfters umdrehen muß. Sind nun die Nudeln von allen Seiten gleich gelbbraun geröstet, so werden sie erhaben in eine flache Mehlspeisenschale angerichtet, mit Zucker bestäubt und mit einem Compote von Aepfeln, Zwetschgen, Birnen 2c. zu Tisch gegeben.

1790. Dukatennudeln mit Krebsbutter.

Von vierundzwanzig Krebsen bereitet man mit 280 Gramm frischer Butter eine schöne hochrothe Krebsbutter, die man durch eine Serviette in kaltes Wasser preßt. Die gestoßenen Krebse aber werden wieder in die Casserolle gethan, mit $2^1/_{10}$ Liter Milch übergossen, eine Viertelstunde gekocht, dann geseiht und bei Seite gestellt. Sodann gibt man in eine irdene Schüssel 560 Gramm feines Königsmehl, macht mit dem Löffel in der Mitte eine Vertiefung, gibt vier Eßlöffel voll guter Hefe hinein und rührt mit $^1/_{10}$ Liter lauwarmer Krebsmilch ein leichtes Dampfel an, übersäet dieses mit Mehl, und stellt es zum Aufgehen an einen warmen Ort. Ist dieses nun aufgegangen, so gibt man etwas Salz, 70 Gramm Krebsbutter, 35 Gramm Zucker und das Gelbe von vier Eiern dazu, rührt dies zusammen mit etwas lauer Milch zu einem Teig an, welchen man mit dem Holzlöffel so lange abschlägt, bis sich derselbe vom Löffel löst. Dieser Teig wird sodann wieder mit Mehl bestäubt und zum Auf=gehen warm gestellt. Hierauf wird ein Backbrett mit Mehl bestäubt, der Teig aus der Schüssel darauf gethan und fingerdick ausgerollt; sodann werden mit einem Ausstecher dukatengroße Nudeln ausgestochen, worauf sie, eine neben die andere, in ein am Boden messerrückendick mit Krebs=butter ausgestrichenes und mit Zucker bestreutes Geschirr ganz voll einge=legt werden. Man deckt sie zu und stellt sie zum Gehen an einen warmen Ort. Sind die Nudeln nun gehörig gegangen, so werden $^5/_{10}$ Liter siedende Krebsmilch darüber gegossen, das Geschirr schnell zugedeckt, über den Deckel Kohlen gelegt, und so über einem gleichmäßigen Kohlenfeuer ungefähr zehn bis zwölf Minuten, bis die Milch verdampft und die Nudeln schöne lichtbraune Krüstchen haben, eingekocht, welches man an dem aus dem Geschirr gehenden Dampfe genau riecht, was jedoch einige Uebung verlangt. Aufgedeckt soll keine Dampfnudel werden, so lange sie in der Milch kocht, denn der ausströmende Dampf würde verursachen, daß sie augenblicklich zusammensitzen und dann als gänzlich mißrathen zu betrachten sind. Haben nun diese schöne Krüstchen erhalten, so werden sie einige Minuten vom Feuer auf die Seite gestellt und dann erst der Deckel abgenommen. Sie werden hierauf mit dem eisernen Schäufelchen herausgestochen, erhaben in eine flache Porzellanschale angerichtet, etwas ge=süßte Krebsmilch darüber gegossen und mit einer Krebssauce zu Tisch gegeben. Die Krebsschweifchen können zu einer anderen Speise verwendet werden.

1791. Gewöhnliche Dampfnudeln.

840 Gramm feines trockenes Mehl werden mit 70 Gramm Butter, etwas Salz, zwei Löffeln voll Zucker, fünf Eßlöffeln voll guter Hefe, $^5/_{10}$ Liter lauwarmer Milch nebst vier Eidottern zu einem feinen, etwas festen Teig abgeschlagen, dieser dann mit Mehl bestäubt und zugedeckt an einen warmen Ort gestellt. Wenn nun derselbe nochmals so hoch aufgegangen ist, werden von demselben mit einem Blechlöffel Nudeln in der Größe eines Eies abgestochen, diese rund gedreht, auf ein Brett über

ein mit Mehl bestäubtes Tuch gelegt und mit demselben bedeckt, wieder zum Aufgehen warm gestellt. Sind nun die Nudeln wieder gegangen, so gießt man in ein Dampfnudel-Geschirr ⁵/₁₀ Liter heiße Milch, stellt das Geschirr über Kohlenfeuer, gibt noch 140 Gramm Butter und 70 Gramm Zucker hinein und wenn die Milch zu sieden anfängt, werden die Nudeln eingelegt, gleich zugedeckt, glühende Kohlen auf den Deckel gethan und die Nudeln schnell wieder zum Sieden gebracht. Wenn nun dieselben anfangen, kurz zu werden, das heißt, wenn die Milch eingekocht ist und die Nudeln Farbe zu nehmen anfangen, was man riechen und hören kann, ohne den Deckel wegzunehmen, so wird das untere Kohlen= feuer etwas ausgeschürt, damit die Nudeln langsam Kruste nehmen können. Sie werden wie die vorhergehenden angerichtet und mit einer Vanille= Rahm-Sauce zu Tisch gegeben.

1792. Rahmstrudel auf Wiener-Art.

Der Strudelteig wird auf folgende Weise zubereitet: Man sprudelt ³/₁₀ Liter lauwarmes Wasser mit einem ganzen Ei, etwas Salz und 70 Gramm Butter gut ab, gibt recht trockenes gesiebtes Mehl auf ein Backbrett, gießt das Wasser nach und nach dazu und macht davon einen leichten trockenen Teig, den man so fein abarbeitet, bis er sich ziehen läßt und Blasen macht. Sodann wird er mit einer erwärmten Schüssel zugedeckt und eine halbe Stunde zur Ruhe gestellt, hierauf in zwei Theile geschnitten, messerrückendick ausgerollt, auf einen freistehenden Tisch über ein reines Tuch gelegt und ganz fein ausgezogen, so zwar, daß man Alles genau durchsieht. Dieser Nudelteig wird hierauf mit warmer Butter überstrichen, über diese guter saurer Rahm messerrückendick gestrichen, mit fein geriebenem, geröstetem Brode besäet, mit gut gereinigten kleinen und großen Korinthen überstreut, gezuckert und der Strudel, indem man die eine Seite des Tuches in die Höhe hebt, über sich ablaufend zusammen= gerollt; ebenso wird mit dem zweiten verfahren. Es wird ein flaches Geschirr mit Butter ausgestrichen, der Strudel schneckenartig eingelegt, mit Zucker überstreut, mit siedender Milch übergossen, zugedeckt und auf Kohlenfeuer, oder besser noch in einem mittelheißen Backofen langsam eingekocht, so zwar, daß der Strudel unten eine schöne lichtbraune Farbe hat. Derselbe wird nun in eine Porzellanschale angerichtet und etwas heißer Rahm, mit Zucker untermengt, darunter gegossen.

1793. Orangenstrudel.

Man bäckt auf beiden Seiten sechs bis acht Stück Pannequets und breitet sie über einer Serviette aus. Hierauf werden fünf Kochlöffel voll Mehl mit 140 Gramm Zucker, etwas Salz, nebst dem nöthigen Rahm fein abgerührt, sodann wird das Gelbe von zehn Eiern, das auf Zucker abgeriebene Gelbe von zwei Orangen dazu gethan, mit ⁵/₁₀ Liter Rahm über dem Feuer zu einem dicken Mus abgerührt, welches sodann in eine irdene Schüssel gegossen und mit 140 Gramm frischer Butter nebst noch sechs Eidottern eine Zeit lang gut gerührt wird. Hierauf wird der festgeschlagene Schnee von sechs Eiern, nebst 210 Gramm türkischen Rosinen unter die Masse gerührt und mit derselben die Pannequets ge= füllt, diese einmal zusammengerollt, in eine mit Butter ausgestrichene flache Casserolle eingelegt, mit Zucker bestreut, etwas Rahm darüber ge= gossen und in einem mittelheißen Ofen langsam gebacken. Sie werden beim Anrichten mit dem Schäufelchen in Stücke ausgestochen, erhaben in eine Mehlspeiseschale gelegt und mit einer Rahm=Sauce mit Orangen= geruch zu Tisch gegeben.

1794. Aepfelstrudel.

280 Gramm Butter werden mit dem Gelben von zehn Eiern schaumig gerührt, mit 140 Gramm geriebenem Weißbrod, 140 Gramm Zucker, einem Theelöffel voll Zimmt, ³/₁₀ Liter saurem Rahm nebst acht Stück feinblätterig geschnittenen Borsdorfer=Aepfeln untermengt und damit sechs bis acht Stück feine Pannequets gefüllt, welche zusammengerollt in ein mit Butter ausgestrichenes flaches Geschirr gelegt werden. Eine halbe Stunde vor dem Anrichten werden ⁵/₁₀ Liter kochender Rahm darüber gegossen, das Geschirr zugedeckt und der Strudel über Kohlenfeuer langsam kurz gekocht. Derselbe wird wie der vorhergehende angerichtet, mit Zucker bestäubt und recht warm zu Tisch gegeben.

1795. Reisstrudel.

280 Gramm Reis werden rein gewaschen und mit 1¹/₁₀ Liter süßem Rahm, einem Stück Zucker, einem Stückchen Zimmt, nebst einem Körnchen Salz weich und dick gekocht. Sodann werden 140 Gramm frische Butter mit dem Gelben von acht Eiern schaumig gerührt, diese mit dem unterdeß kalt gewordenen Reis nebst 140 Gramm kleinen und 140 Gramm türki= schen Rosinen untermengt, mit dem auf Zucker abgeriebenen Gelben einer Orange im Geschmacke gehoben und zuletzt der festgeschlagene Schnee von sechs Eiern darunter gerührt. Hierauf werden sechs bis acht Stück Panne= quets auf ein Tuch ausgebreitet, die Masse hineingefüllt, zusammenge= schlagen, wie die vorhergehenden eingerichtet, mit ³/₁₀ Liter Rahm kurz gekocht und ebenso angerichtet.

1796. Chokoladestrudel.

210 Gramm Chokolade werden mit ³/₁₀ Liter süßem Rahm über Kohlenfeuer genau verrührt, 140 Gramm Reismehl dazu gerührt, dieses mit dem nöthigen Rahm, Zucker und einem Stückchen Butter zu einem dicken Chokolade=Mus gekocht, welches durch ein Sieb passirt und in eine irdene Schüssel mit zwölf Eidottern gerührt wird. Unterdessen wird der Schnee von acht Eiern fest geschlagen und mit 210 Gramm türkischen Rosinen langsam unter die Masse gezogen. Dieselbe wird nun wie die andern in Pannequets gefüllt, diese sodann in eine mit Butter ausge= strichene flache Casserolle gelegt, ³/₁₀ Liter siedender Rahm darüber ge=

49*

goffen, langsam auf Kohlenfeuer eingekocht, wie die vorhergehenden ange=
richtet, hierauf mit einer Obertasse voll gesüßtem heißen Rahm über=
goffen und zu Tisch gegeben.

1797. Nudelkuchen im Ofen gebacken. Gateau de nouilles au four.

Es werden von zwei ganzen und vier Eidottern bindfadendicke
Nudeln gemacht, welche in $1\,^6/_{10}$ Liter guter siedender Milch oder Rahm,
mit 140 Gramm Zucker eingestreut und auf Kohlenfeuer langsam dick
eingekocht werden. Diese schüttet man hierauf in eine irdene Schüssel
und rührt dieselben mit 140 Gramm frischer Butter, 140 Gramm ge=
stoßenem Zucker, etwas abgeriebenem Orangen= oder Citronengelb, einem
Körnchen Salz und dem Gelben von sechzehn Eiern eine Viertelstunde
lang. Unterdessen wird das Weiße von acht Eiern zu einem festen Schnee
geschlagen und dieser mit 140 Gramm gut gereinigten Korinthen und
eben so viel türkischen Rosinen langsam unter die Nudelmasse gerührt.
Hierauf wird eine passende Stürz=Casserolle messerrückendick mit klarer
frischer Butter ausgestrichen, mit feingeriebenem Mundbrode ausgesäet
und die Masse bis auf fingerdick vom Rande eingefüllt. Eine Stunde
vor dem Anrichten wird der Kuchen in einem mäßig heißen Ofen ge=
backen, dann in eine flache Mehlspeisenschale gestürzt, nach einigen Minuten
die Form abgehoben, der Kuchen gut mit Zucker bestäubt und mit einer
heißen Himbeer=Sauce zu Tisch gegeben.

1798. Reiskuchen im Ofen gebacken. Gateau de riz au four.

420 Gramm schöner Reis werden mehrmals mit lauwarmem Wasser
gewaschen, in $1\,^6/_{10}$ Liter mit 140 Gramm Zucker gesüßte siedende Milch
oder Rahm geschüttet und so auf Kohlenfeuer halb zugedeckt langsam
weich und sehr dick eingekocht. Derselbe wird sodann in eine irdene
Schüssel geschüttet, mit 140 Gramm frischer Butter, eben so viel ge=
stoßenem Zucker, einem Körnchen Salz, dem auf Zucker fein abgeriebenen
Gelben einer Orange, wie auch mit sechzehn Eidottern eine halbe Stunde
gut gerührt. Sodann schlägt man das Weiße von zehn Eiern zu einem
steifen Schnee und rührt diesen nebst 140 Gramm gut gereinigten Korinthen
und eben so viel türkischen Rosinen langsam unter die Reismasse. Diese
wird wie die vorhergehende in eine mit klarer Butter ausgestrichene und
mit feinem, weißen, geriebenem Brode ausgesäete Stürzform gefüllt und
ein und eine halbe Stunde vor dem Anrichten im Backofen langsam ge=
backen, gestürzt und mit einer heißen Aprikosen=Sauce zu Tisch gegeben.

1799. Aepfel mit Reis. Pommes au riz.

280 Gramm Reis werden rein gewaschen, abblanchirt und dann
mit kochendem süßen Rahm weich und dick gekocht. Hierauf wird der=
selbe mit 140 Gramm sehr frischer Butter, 210 Gramm gestoßenem Zucker
und dem auf Zucker abgeriebenen Gelben einer Citrone gut verrührt und

zuletzt mit vier Eidottern auf dem Feuer nochmals abgerührt. Dieser Reis wird sodann in eine mit Butter ausgestrichene, glatte Bordure= Form eingefüllt und warm gestellt. Zu bemerken ist, daß der Reis gut dick sein und in die Form eingedrückt werden muß. Unterdessen werden zehn Reinette=Aepfel, jeder in vier Theile geschnitten, rein abgeschält und in einen plat à sauter eingerichtet, mit 280 Gramm Aprikosen=Marmelade und einem Gläschen eau de noyau übergossen und weich dünsten ge= lassen. Die Reis=Bordure wird nun in eine passende, flache Schüssel gestürzt und die Aepfel in deren Mitte erhaben angerichtet. Der Saft oder vielmehr die Aprikosen=Marmelade wird noch etwas dickfließend eingekocht und über die Aepfel gegossen. Der obere Rand der Bordure wird zierlich mit ganzen eingemachten Amarellen und mit kleinen, aus Angelique geschnittenen Blättern zierlich garnirt, so daß das Ganze eine schöne Schüssel bildet.

1800. Aepfel mit Reis meringues. Pommes au riz meringues.

Der Reis wird ganz dem vorhergehenden gleich bereitet und die Aepfel ebenso erhaben in der Mitte aufgerichtet, nur mit dem Unterschiede, daß man zwischen die Aepfel eingemachte Kirschen gibt. Dann werden die Aepfel mit einer Meringue=Masse messerrückendick überstrichen und dann über diese mit kleinen Perlen, eine an die andere, besprizt, der obere Rand der Reisbordure wird mit größeren Perlen besetzt, so daß das Ganze ein hübsches Ansehen bekömmt. Dasselbe wird nun mit feinem Staubzucker bestäubt, die Schüssel über Salz auf ein Blech gestellt und sehr langsam, bis die Meringue eine lichtgelbe Farbe hat, gebacken. Ehe man die Speise zu Tisch gibt, werden noch zwischen den Perlen Stiftchen, aus recht grünen Pistazien geschnitten, eingesteckt und unten herum eingemachte Früchte garnirt. Eine warme Aprikosen=Sauce, mit etwas Maraschino im Geschmack gehoben, wird in einer Saucière extra beigegeben.

1801. Timbale von Reis mit Kastanien. Timbale de riz à la Castiglione.

420 Gramm Reis werden mit süßem Rahm und einer halben Stange Vanille weich und dick gekocht, dann mit 210 Gramm sehr frischer Butter und 280 Gramm gestoßenem Zucker gut verrührt, dann auf dem Feuer wieder dick eingetrocknet und zulezt mit sechs Eidottern zu einer compacten Masse abgerührt. Unterdessen wird eine Stürzform=Casserolle gut mit frischer Butter ausgestrichen, dann mit grüner Angelique geschmackvoll ausgelegt und zulezt fingerdick mit dem kalten Reis ausgemacht, wobei man aber Acht haben muß, daß man die Garnitur nicht verschiebt. Wenn nun dies ausgeführt ist, wird der innere Raum mit eingemachten Kastanien, welche mit Aprikosen=Marmelade gebunden und mit etwas Maraschino im Geschmack gehoben sind, kalt eingefüllt, dann mit kaltem Reis gedeckt und zulezt drei Viertelstunden au bain-marie gekocht. Beim Anrichten wird der Timbale aus dem Wasser genommen, abgetrocknet,

die Form in eine flache Schüssel gestürzt, nach zehn Minuten dieselbe
abgehoben und nachdem man den ganzen Reis mit einem dünnen Aepfel=
Gelée übergossen hat, wird derselbe sogleich zu Tisch gegeben.

1802. Gestürzter Reis à la Seville. Pain de riz à la Seville.

Der Reis wird dem vorhergehenden gleich zubereitet, aber ohne Eier
und statt der Vanille mit Orangengeruch. Ebenso werden sechs Reinette=
Aepfel, jeder in vier Theile getheilt, schön geschält, und mit Zucker=Syrup
weich gedünstet. Ferner werden sechs schöne Birnen, jede in vier Theile
getheilt, geschält, in eine Casserolle gethan, mit Zuckersyrup übergossen, mit
etwas Cochenille roth gefärbt und ebenfalls weich und kurz gedünstet. Ferner
werden aus zwölf Stück schönen grünen eingemachten Reineclauden die Kerne
herausgenommen. Kurz vor dem Anrichten wird nun eine hohe schleifstein=
artige Form mit Butter ausgestrichen, eine fingerdicke Lage von dem dicken
heißen Reis recht egal in die Form gethan, über diese wird ein Kranz von
den weißen Aepfeln gelegt, über diese wieder eine fingerdicke Schicht Reis,
dann eine Lage von den grünen Reineclauden, dann wieder Reis, dann die
rothen Birnen und zuletzt nochmals Reis. Man stößt nun die Form einige=
mal über einem vierfach zusammengelegten Tuche leicht auf, damit sich die
Lagen mehr schließen, stürzt die Form in eine flache passende Schüssel,
hebt dieselbe nach fünf Minuten langsam ab und übergießt zuletzt den
Reis mit einem dicklichfließenden heißen Aepfel=Syrup mit Orangengeruch.

Es ist zu bemerken, daß der Reis recht weiß gekocht, weich und weder
zu dick noch zu dünn sein darf, so daß derselbe beim Stürzen nicht ausein=
ander geht, aber auch so sein muß, daß derselbe die Früchte mit sich bindet.

1803. Nudelkruste à la reine. Timbale de nouilles à la reine.

Man bereitet eine schöne Nudelkruste, Nudel=Gateau, ganz nach
Nr. 1810. Unterdessen werden 1 Kilo 680 Gramm schöne frische Kirschen
ausgekernt und daraus mit 420 Gramm Zucker ein etwas dickes Compote
gekocht. Vor dem Anrichten wird nun die Nudelkruste in eine passende
Schüssel gestürzt und in der Weise ausgehöhlt, daß ein fingerdicker Rand
bleibt. Dann werden die Kirschen warm eingefüllt, oben der Deckel
wieder passend darüber gelegt und zuletzt die ganze Kruste mit einer kalten
dicken rothen Erdbeer=Sauce übergossen und sogleich zu Tisch gegeben.

1804. Reiskranz auf Herzogin-Art. Bordure de riz à la duchesse.

350 Gramm Karolinen=Reis werden rein gewaschen, abblanchirt,
mit frischem Wasser abgegossen und zum Abtropfen in ein Sieb geschüttet.
Unterdessen läßt man 1 6/10 Liter Rahm mit etwas Vanille aufkochen,
gibt den Reis dazu und läßt denselben auf Kohlenfeuer weich und dick
kochen. Ist dieß geschehen, so wird derselbe in eine Schüssel umgeleert
und 140 Gramm sehr frische Butter, 280 Gramm gestoßener Zucker,
wie auch zwei frische Eidotter darunter gerührt. Sodann wird eine
runde blecherne Kranzform von 9 Centimeter Höhe, welche oben abge=

rundet getrieben ist, mit frischer Butter gut ausgestrichen, der dicke Reis hineingefüllt, leicht eingedrückt und über ein Blech heiß gestellt. Dann werden zehn Stück Reinette-Aepfel jeder in vier Theile geschnitten, diese schön geschält, mit 280 Gramm dünner Aprikosen-Marmelade und einem Gläschen ean de noyaux weich, aber daß dieselben ganz bleiben, gedünstet. Eine Viertelstunde vor dem Anrichten wird die Reisbordure in eine passende, schöne, flache Schüssel gestürzt, die Aepfel werden dann ge= schmackvoll erhaben in der Mitte eingerichtet, mit der Aprikosen-Marmelade übergossen und der Reiskranz oben mit schönen rothen eingemachten Kirschen und grüner Angelique, in kleine Blättchen geschnitten, schön garnirt und dann zu Tisch gegeben.

1805. Grieskuchen im Ofen gebacken. Gateau de semoule au four.

Man läßt mit 140 Gramm Zucker und ganz wenig Salz $1^6/_{10}$ Liter Rahm aufsieden und säet sodann unter beständigem Rühren 350 Gramm feinen Gries ein, welchen man hierauf auf Kohlenfeuer langsam dick einkochen läßt. Derselbe wird sodann in eine Schüssel geschüttet und mit 210 Gramm frischer Butter, dem auf Zucker abgeriebenen Gelben einer Citrone und 140 Gramm gestoßenem Zucker gut untermengt. So= dann werden noch sechzehn Eidotter nach und nach dazu geschlagen und zusammen eine halbe Stunde schaumig gerührt. Eine und eine halbe Stunde vor dem Anrichten schlägt man das Weiße von zehn Eiern zu einem festen Schnee, rührt denselben langsam unter die Griesmasse, füllt diese, wie es bei den vorhergehenden angegeben ist, in eine Stürzform und bäckt den Kuchen in schöner Farbe lichtbraun aus dem Ofen. Eine gut bereitete Wein-Sauce wird extra beigegeben.

Diese drei hier beschriebenen Massen werden auch in einen mit Butter ausgestrichenen plat à sauter fingerdick gefüllt, glatt gestrichen, gut mit Zucker bestäubt und in lichtbrauner Farbe langsam aus dem Ofen gebacken. Beim Anrichten werden sie in der Runde eines Wein= glases ausgestochen, im Kranze erhaben in eine flache Schale angerichtet und mit der jedesmal bezeichneten Sauce warm zu Tisch gegeben. Ihre Benennung ist dann folgende:

1806. Kleine Nudelkuchen mit Himbeer-Sauce. Petits gateaux de nouilles à la sauce framboise.

1807. Kleine Reiskuchen mit Aprikosen-Sauce. Petits gateaux de riz à la sauce d'abricots.

1808. Kleine Grieskuchen mit Wein-Sauce. Petits gateaux de semoule à la sauce au vin blanc.

1809. Wiener Brodkuchen. Gateau à la Viennaise.

560 Gramm abgeriebenes und feinblätterig geschnittenes Weißbrod werden in eine Schüssel gethan, mit $^3/_{10}$ Liter siedender Milch übergossen

und zugedeckt bei Seite gestellt. Unterdessen werden 210 Gramm frische Butter mit eben so viel mit Milch feingeriebenen Mandeln genau untermengt und mit dem Brode, nebst acht ganzen Eiern, recht gut verrührt; sodann werden 140 Gramm Zucker, worauf eine Citrone fein abgerieben wurde, fein gestoßen und zu der Masse gethan. Hierauf wird eine Sturz-Casse= rolle gut mit Butter ausgestrichen, am Boden derselben ein passendes rund geschnittenes Papier eingelegt, dieses wieder überstrichen und die Masse voll eingefüllt. Dieselbe wird nun eine Stunde in einem mäßig heißen Ofen in schönster Farbe gebacken. Unterdessen bereitet man folgende Sauce: 140 Gramm abgezogene und in feine Stiftchen geschnittene Mandeln, 140 Gramm Korinthen und eben so viel türkische Rosinen, sowie eine ganz fein abgelöste und en filets geschnittene Schale einer Orange werden in einer Casserolle mit 280 Gramm Aprikosen=Marmelade nebst 140 Gramm Zucker und vier Gläschen weißem Wein aufgekocht und zugedeckt warm gestellt. Der Kuchen wird dann beim Anrichten aus dem Ofen genommen, in eine tiefe Mehlspeiseschale gestürzt, die ganze Sauce dar= über gegossen und heiß zu Tisch gegeben.

1810. Reiskuchen auf polnische Art. Gateau de riz à la Polonaise.

420 Gramm guter Reis werden, nachdem derselbe rein gewaschen ist, mit 1 6/10 Liter Rahm, 280 Gramm Zucker, nebst einem Stückchen Zimmt auf Kohlenfeuer weich und sehr dick eingekocht, sodann in eine Schüssel umgeleert, mit 140 Gramm frischer Butter und dem Gelben von zwölf Eiern eine Viertelstunde gut gerührt. Eine Stunde vor dem Anrichten wird das Weiße von vier Eiern zu Schnee geschlagen, lang= sam unter die Masse gezogen, diese dann in eine mit Butter gut ausge= strichene und mit feingeriebenem Brode ausgesäete Sturz=Casserolle gefüllt und in schönster Farbe gebacken. Unterdessen werden sechzehn schöne Borsdorfer=Aepfel rein geschält, zu dünnen Scheibchen geschnitten, in eine Casserolle gethan und mit 280 Gramm eingemachten Weichseln, 210 Gramm gestoßenem Zucker und einem Glas rothen Wein weich gedünstet. Der Reiskuchen wird sodann aus dem Backofen genommen, in eine flache Mehlspeiseschale gestürzt, fingerdick vom Rande rundum eingeschnitten, der Deckel behutsam abgenommen und der Kuchen in gleicher Dicke ausgehöhlt; sodann wird derselbe mit den heißen Aepfeln voll an= gefüllt, der Deckel darüber gelegt, außen ganz mit Zucker überstäubt und mit einer Kirschensaft=Sauce zu Tisch gegeben.

1811. Aprikosen mit Reis nach Condé. Abricots à la Condé.

Vierundzwanzig schöne reife Aprikosen werden halbirt, eine an die andere in einen plat à sauter eingerichtet, die Kerne aufgeschlagen, der innere herausgenommen, dieser in lange Stückchen (Filets) geschnitten, über die Aprikosen gestreut und dann 420 Gramm Zucker, zu einem dicken Syrup eingekocht, heiß darüber gegossen. Man stellt nun die Apri=

kosen in den Ofen und läßt sie weich dünsten. Ebenso werden 420 Gramm Reis in Rahm mit Vanille=Zucker weich und dick gekocht, unter welchen man sonach 105 Gramm ganz frische Butter und vier Eidotter rührt. Mit diesem wird nun eine zweifingerdick hohe blecherne Reif=Form, welche gut mit Butter bestrichen wurde, angefüllt, leicht eingedrückt und heiß gestellt. Dieselbe wird nun vor dem Anrichten in eine flache Schüssel gestürzt, die halben Aprikosen werden nun, die schönen nach oben, erhaben in der Mitte der Reisbordure angerichtet, (aufdressirt), darüber werden zerdrückte, mit Zucker untermengte Makaronen gestreut, über die eine roth= glühende Schaufel gehalten wird, damit sich eine leichte Kruste bildet. Ueber den Reis wird eine dickliche Aprikosen=Sauce gestrichen, und dann fein gewiegte grüne Pistazien darüber gestreut. Auch kann man statt der Aprikosen=Marmelade über die Bordure kleine Croquetten, welche mit eingemachten Weichseln gefüllt sind, garniren.

1812. Bordure von Früchten à la Milanaise. Bordure de fruits à la Milanaise.

Eine glatte, 6 Centimeter hohe blecherne Reif=Form wird mit Butter ausgestrichen, am Boden derselben ein passender weißer Papierkranz ein= gelegt und dann die Form mit schönen eingemachten abgetrockneten Früchten, z. B. Aprikosen, Reineclauden, Amarellen zierlich ausgelegt. Ueber diese wird nun ganz dicke Aepfel=Marmelade, mit etwas Marasquino unter= mengt, gestrichen, dann wird die Form mit dickem Kastanien=Püree, welches mit Vanille=Zucker im Geschmack gehoben ist, angefüllt, oben mit einem mit Butter bestrichenen Papierkranz gedeckt und die Form in's heiße Wasser, ohne sie kochen zu lassen, gestellt. Beim Anrichten wird die Form in eine passende flache Schüssel gestürzt, nach fünf Minuten abge= hoben und in ihrer Mitte pyramidenartig fünfzehn kleine Brodherzchen, wie diese bei der croute à l'Italienne genau angegeben sind, angerichtet und diese nochmals mit einer dünnen Aprikosen=Sauce leicht übergossen.

---

75. Abschnitt. 1. Abtheilung.

Von den Charlotten. Des charlottes.

Die Charlotten werden größtentheils aus frischem Obst bereitet und ihre Zusammensetzung mit Butter, Zucker und croquant gebackenem Brode gibt diesen Gerichten etwas so Angenehmes, daß sie überall sehr wohl= wollend aufgenommen werden. Ebenso verhält es sich mit den kalten Charlotten, welche aus gefaumter Milch und aus verschiedenen Crêmes bereitet und mit dem feinsten Backwerke von außen besetzt werden, so daß sie mit vollem Rechte einen der ersten Plätze in der modernen Küche ein= genommen haben und bei den größten Tafeln viel Aufsehen erregen.

1813. Aepfel-Charlotte. Charlotte de pommes.

Es versteht sich von selbst, daß zu diesen Charlotten nur die besten Obstgattungen gewählt werden dürfen. Es werden daher zu einer Char=
lotte für zwölf Personen sechsunddreißig schöne Calville= oder Borsdorfer=
Aepfel rein geschält, halbirt, die Kerne oder vielmehr das Kerngehäuse
ausgestochen und sodann in messerrückendicke Blättchen geschnitten, welche
in eine Casserolle gethan und mit 140 Gramm sehr frischer Butter, 210
bis 280 Gramm Zucker, 280 Gramm Aprikosen=Marmelade und eben so
viel gut gereinigten türkischen Rosinen auf Kohlenfeuer langsam weich und
kurz gedünstet werden. Ist dies erreicht, so werden sie in eine Schale
umgeleert und kalt gestellt. Unterdessen wird eine passende Stürz=Casse=
rolle gut mit geklärter Butter ausgestrichen und in die Mitte des Bodens
ein messerrückendick geschnittenes, thalergroß ausgestochenes, weißes Brod=
stückchen eingelegt. Ferner werden eben so dick geschnittene Brodherzchen
ausgestochen und der Boden in der Art damit ausgelegt, daß die Spitz=
chen derselben über dem runden Stückchen über sich laufend eingelegt, zu=
vor aber jedes derselben noch in klare Butter eingetaucht werden muß.
Auf gleiche Weise wird auch die ganze Wand des Models mit zweifinger=
breit geschnittenen, in Butter getauchten Brodschnittchen, eins über das
andere aufgestellt, ausgefüttert und genau angedrückt. Wenn dies auf
die bestmöglichste Art ausgeführt ist, so wird die Form mit den Aepfeln
ganz voll angefüllt, oben mit Brodscheibchen gedeckt, die Charlotte auf
ein Backblech gestellt und eine halbe Stunde in einem gut heißen Back=
ofen in schönster rothgelber Farbe gebacken. Beim Anrichten wird sie in
eine flache Mehlspeiseschale gestürzt und zu Tisch gegeben.

1814. Charlotte auf polnische Art. Charlotte à la Polonaise.

Man bäckt in einer Schleifstein=Form einen Bisquitkuchen, welchen
man zum Auskühlen über ein Sieb stürzt. Ferner bereitet man von 140
Gramm Chokolade, einem Eßlöffel voll Mehl, 105 Gramm Zucker und
4/10 Liter gutem Rahm eine etwas dicke Crême, ebenso von einem Eß=
löffel voll Mehl, acht Eidottern, 140 Gramm Zucker und dem nöthigen
Vanille=Rahm eine Vanille=Crême; beide Crêmes werden über dem Feuer
abgerührt, so daß diese einem dicklichen Mus gleichen. Das Bisquit
wird nun der Quere durch in fingerdicke gleiche Kränze geschnitten und
dann der letzte derselben in eine flache Schüssel gelegt. Dieser wird nun
federkieldick mit Chokolade = Crême bestrichen, über diese wird nun der
darauffolgende Kranz gelegt, über diesen streicht man dann Vanille=Crême
und so wird fortgefahren, bis der ganze Kuchen wieder aufgesetzt wird.
Unterdessen hat man von dem festgeschlagenen Schnee von fünf Eiern und
280 Gramm Staubzucker eine Meringue = Schaum = Masse bereitet. Die
ganze Charlotte wird nun außen messerrückendick mit dieser Masse bestrichen
und zum Trocknen in ein Etuve gestellt. Ist dies erreicht, so wird nun
über diese erste Kruste mittelst einer Papierspritze die Charlotte mit der
zweiten Hälfte der Schaum=Masse geschmackvoll und in schöner Zeichnung

bespritzt, dann mit Zucker bestäubt wieder warm gestellt, bis die ganze Charlotte durchaus warm ist und die Merinque eine schöne lichtgelbe Farbe hat. Kurz vor dem Anrichten werden über die Charlotte im Kranze wieder Bisquits, wovon jedesmal eins roth, das andere mit Chokolade schwarz glacirt ist, gelegt, in die Mitte eine Vanille-Crême gegossen und sogleich warm servirt.

1815. Aprikosen-Charlotte. Charlotte d'abricots.

Man wählt hierzu fünfzig Stück schöne, nicht zu reife Aprikosen; sie werden halbirt, die Kerne herausgenommen, sehr fein abgeschält und dann in einer Casserolle mit 350 Gramm gestoßenem Zucker und 105 Gramm Butter über Kohlenfeuer, bis die Butter geschmolzen ist und sich mit dem Zucker an die Aprikosen genau angehängt hat, langsam ge- schwungen. Sie werden, wenn sie wieder kalt geworden sind, in die mit Brodscheibchen zierlich ausgelegte Stürzform gefüllt und in einem heißen Backofen schnell gebacken. Beim Anrichten wird die Charlotte mit recht heller, dünner Aprikosen-Marmelade bestrichen und warm servirt.

1816. Birn-Charlotte. Charlotte de poires.

Diese wird wie die Aepfel-Charlotte bereitet, nur daß die Birnen in leichtem Syrup weich und kurz gedünstet werden.

1817. Pfirsich-Charlotte. Charlotte de pêches.

Die nöthige Zahl guter Pfirsiche werden halbirt, in's heiße Wasser gethan, nach einer Minute herausgenommen und die Haut abgezogen. Dann wird jede Hälfte in zwei Theile geschnitten und zusammen in eine Casserolle mit 280 Gramm gestoßenem Zucker und 105 Gramm sehr frischer Butter über dem Windofen wie die Aprikosen geschwungen und dann in die mit Brodschnittchen zierlich ausgefütterte Stürz-Form voll angefüllt und schnell gebacken. Beim Anrichten wird die Charlotte in eine Schüssel gestürzt und, mit Aprikosen-Marmelade dünn bestrichen, warm zu Tisch gegeben.

1818. Zwetschgen-Charlotte. Charlotte de prunes.

Das nöthige Quantum reifer, süßer Zwetschgen wird in's siedend- heiße Wasser gelegt, nach einigen Minuten die Haut davon abgezogen, die Kerne herausgenommen, zusammen in eine Casserolle gethan und mit 350 Gramm gestoßenem Zucker, $8^{3}/_{4}$ Gramm gestoßenem, feinen Ceylon- Zimmt, und 105 Gramm sehr frischer Butter über dem Feuer, bis sich die Butter mit dem Zucker an die Zwetschgen anhängt, geschwungen. Die dazu bestimmte Stürz-Form wird reichlich mit klarer Butter ausgestrichen; dann recht egal mit den in klare Butter getauchten Brodschnitten ausge- legt und mit den Zwetschgen gehäuft angefüllt, mit Brodschnitten gedeckt und so in einem heißen Backofen in schöner rothgelber Farbe gebacken. Nachdem sie gestürzt ist, wird sie mit Johannisbeeren-Gelée bestrichen und warm gestellt.

1819. Charlotte von Aepfeln auf pommerische Art. Charlotte de pommes à la Poméranie.

Man bereitet von vierundzwanzig Stück Borsdorfer= oder Calville= Aepfeln eine süße, dick eingekochte Apfel=Marmelade. Ferner wird ein Suppenteller voll geriebenes Schwarzbrod mit 210 Gramm gestoßenem Zucker und einem Kaffeelöffel voll feinem Zimmt untermengt, mit der Hand gut durcheinander gemacht und auf einem Tortenblech, bis das Brod lichtgelb geröstet ist, in einen mittelheißen Ofen gestellt, wo man dasselbe aber öfters durcheinander machen muß. Wenn das Brod geröstet ist, wird es in eine Schale gethan, mit 140 Gramm Citronat und eben so viel Orangenschalen, alles fein geschnitten, untermengt und mit $^3/_{10}$ Liter Burgunder=Wein wieder angefeuchtet. Sodann wird eine runde, glatte Form reichlich mit Butter ausgestrichen, mit geriebenem schwarzen Brode ausgesäet und der vierte Theil des Brodes in gleicher Dicke in den Model eingedrückt; darüber wird eben so viel Marmelade gethan, dann wieder Brod, dann Marmelade und zuletzt Brod; über das Ganze werden kleine Stückchen Butter gepflückt und eine halbe Stunde langsam gebacken. Beim Anrichten macht man die Charlotte mit einem dünnen Messer von der Form los, stürzt dieselbe in eine Schale, gießt etwas Weichselsaft darüber und gibt sie warm zu Tisch.

1820. Aepfel mit Butter gedünstet. Pommes au beurre à la comtesse.

Man schneidet fünfzehn Reinette= oder Calville=Aepfel in vier Theile, schält diese rein ab und richtet sie in einen plat à sauter ein. Darüber gibt man 210 Gramm zerlassene frische Butter von der besten Gattung, 350 Gramm gestoßenen Zucker und eine aufgeschlitzte Stange Vanille. Sodann stellt man den plat à sauter zugedeckt in einen heißen Ofen und läßt die Aepfel weich dünsten, aber mit Vorsicht, daß diese schön ganz bleiben. Ebenso bereitet man aus feinem Hefenteig zwölf bis fünfzehn Stück kleine Croustaden, welche man, nachdem sie schön gebacken und halb ausgekühlt sind, aushöhlt. Diese Croustaden werden dann in gestoßenem Zucker, mit Vanille untermengt, umgekehrt, so daß sie ganz weiß werden. Sie werden sodann über ein Blech gestellt, mit eingemachten Amarellen gefüllt und warm gestellt. Die Aepfel werden nun pyramidenartig in eine flache Schüssel aufdressirt; zu dem zurückgebliebenen Safte der Aepfel gibt man ein Gläschen voll Aepfel=Gelée und läßt dies zusammen aufkochen. Dieses wird nun über die Aepfel gestrichen, die kleinen Croustaden werden dann unten herum gesetzt und die Speise sonach gleich servirt.

1821. Timbale von Birnen nach Kaunitz. Timbale de poires à la Kaunitz.

Man füttert mit Zuckerteig federkieldick eine mit Butter gut ausge= strichene Kuppelform aus. Nach diesem wird dieselbe mit weißem Papier, welches mit Butter bestrichen ist, ausgelegt und mit dürren Erbsen angefüllt;

der obere Rand wird dann mit Ei bestrichen und ein Teigdeckel darüber gemacht. Die Form wird dann über zwei Hände voll Salz auf ein Blech gestellt und lichtbraun schön gebacken. Unterdessen werden zwölf schöne Birnen, jede in vier Theile geschnitten, geschält, dann in einen plat à sauter geordnet, mit Zucker überstreut, mit einem Glas Wein begossen und so langsam weich und kurz gedünstet. Ist dies geschehen, so löst man 280 Gramm Pfirsich-Marmelade mit etwas Maraschino auf, gießt diese über die Birnen, streut 70 Gramm abgezogene und en filets geschnittene Pistazien darüber und läßt dies zusammen nochmals aufkochen. Die Kruste selbst wird nun auf der runden Seite aufgeschnitten, der Deckel abgenommen, die Erbsen wie das Papier sorgsam herausgenommen, diese in eine passende Schüssel gestellt, dann mit den Birnen gefüllt, der Deckel genau darüber gelegt, mit einer dicken Aprikosen-Sauce übergossen (maskirt) und zuletzt, mit ebensolchen Pistazien überstreut, sogleich servirt. Den Teig zur Kruste findet man im 78. Abschnitt, 7. Abtheilung, Nr. 1968.

1822. Timbale auf Pariser Art. Timbale à la Parisienne.

Die Teigmasse wird ganz den vorhergehenden gleich bereitet und die Ringe ebenso gebacken und ausgestochen, nur mit dem Unterschiede, daß diese mit Aprikosen-Marmelade zusammengesetzt werden. Derselbe wird nun in die zum Anrichten bestimmte Schüssel geschoben und warm gestellt. Unterdessen werden 280 Gramm Reis in süßem Rahm mit Vanille und 140 Gramm Zucker weich und dick gekocht, unter welchen man kurz vor dem Anrichten einen Teller voll Rahm-Schnee rührt und diesen sogleich in die Mitte der Timbale erhaben einfüllt und den obern Rand mit schönen eingesottenen Früchten zierlich belegt.

1823. Timbale auf Neapolitaner Art. Timbale à la Napolitaine.

Man bereitet eine Teigmasse nach Nr. 1973. Von dieser werden acht bis zehn desserttellergroße und federkieldicke egal runde Platten über reine Backbleche aufgestrichen und diese lichtgelb gebacken. Diese Platten werden aber noch ganz heiß auf dem Blech mit einem dessertellergroßen passenden Ausstecher ausgestochen und dann gleich wieder mit einem kleinern in der Mitte ausgestochen, so daß man runde Kränze erhält, welche 3 Centimeter breit sind. Die Hälfte der Abfälle von diesen werden mit dem Rollholz klein zerdrückt und in eine Casserolle gethan; zu diesen gibt man ferner 140 Gramm mit Milch fein geriebene Mandeln, sechs Eidotter, ein ganzes Ei und verrührt Alles gut mit süßem Rahm, so daß man eine dicke Masse erhält. Ueber diese gibt man alsdann 210 Gramm kleinwürfelig geschnittene eingemachte Früchte, eine Messerspitze fein gestoßenen Ceylon-Zimmt und ein Liqueurgläschen voll Alkermes. Nun wird ein Teigring egal federkieldick mit der Masse bestrichen, ein zweiter gelegt, dieser ebenso bestrichen, und so wird fortgefahren, bis alle so aufgesetzt sind; der obere wird nicht bestrichen. Außen herum wird die Masse rein abgestrichen und ganz mit Meringues zierlich bespritzt, welches aber auf geſchmackvolle Weiſe ausgeführt werden muß. Die Timbale wird nun mit Zucker beſtäubt und langſam, bis die Meringues eine ſchöne Farbe haben, mehr getrocknet als gebacken. Es verſteht ſich von ſelbſt, daß die untere Teigplatte nicht ausgeſtochen ſein darf, damit die Timbale einen Boden hat. Beim Anrichten wird die Timbale in eine flache Schüſſel geſchoben, oben ſchön mit eingemachten Früchten belegt und in die Mitte ein Sam= bayon (dicker Chaudeau), recht ſchaumig geſchlagen, gegoſſen.

1824. Timbale nach Pompadour. Timbale à la Pompadour.

Man bäckt aus der Teigmaſſe Nr. 2112, aber nur aus der Hälfte derſelben, in einer runden Stürzform eine Crouſtade, welche man, nach= dem dieſelbe lichtbraun gebacken iſt, über ein Sieb zum Auskühlen ſtürzt. Ferner werden acht Reinette=Aepfel und acht ſchöne Birnen, alle in vier Theile geſchnitten, rein geſchält, jede Sorte für ſich in eine Caſſerolle gethan, mit Zucker=Syrup übergoſſen, zu den Birnen etwas Cochenille= Farbe gethan und dann treffend weich, aber daß die Schnitze ſchön ganz bleiben, gedünſtet. Unterdeſſen läßt man 280 Gramm Aprikoſen=Marmelade mit einem Gläschen weißen Wein und etwas Kirſchwaſſer aufkochen, gibt dann die Aepfel und Birnen, wie auch eine Obertaſſe voll eingemachte Kirſchen dazu, ſchwingt es leicht durcheinander und ſtellt dies bis zum Gebrauche au bain-marie warm. Kurz vor dem Anrichten wird nun aus dem obern Theile der Kruſte der Deckel abgeſchnitten, dieſe, daß eine fingerdicke Kruſte bleibt, ausgehöhlt, die Kruſte ſelbſt wieder in die vorher rein ausgetrocknete Form gethan, dann mit den Früchten gefüllt, der Deckel wieder genau darüber leicht angedrückt und eine Viertelſtunde in das Backrohr geſtellt. Sodann wird dieſelbe in eine flache paſſende Schüſſel geſtürzt, außen herum mit einer Citronen=Glaſur überſtrichen und dann zu Tiſch gegeben.

---

75. Abſchnitt. 2. Abtheilung.
Von den kalten Charlotten. Des charlottes froides.

1825. Charlotte von Piſtazien auf Königin-Art.
Charlotte aux pistaches à la reine.

210 Gramm ſchöne grüne Piſtazien werden, den Mandeln gleich, gebrüht, abgezogen, mit Rahm ſehr fein gerieben, dann durch ein feines Haarſieb paſſirt. Ferner wird $1^{1}/_{10}$ Liter Doppelrahm zu einem Schnee geſchlagen und dieſer zum Abtropfen auf ein Sieb gethan. Ebenſo werden 50 Gramm Hauſenblaſe in kleine Stückchen geſchnitten, gewaſchen und mit $^{3}/_{10}$ Liter friſchem Waſſer zum Feuer geſtellt, langſam gut ausgekocht und dann durch ein Haartuch in eine Schale geſeiht. Die Piſtazien werden ſodann mit 245 Gramm ganz fein geſtoßenem Zucker, der warmen Hauſenblaſe und einer Obertaſſe voll Rahm in genaue Verbindung ge=

gebracht und über dem Eise, bis die Crême zu sulzen anfängt, gerührt, dann wird der geschlagene Rahm nach und nach darunter gezogen und die Crême sogleich in eine zuvor in Eis gegrabene glatte Stürzform ge= gossen, ganz voll gefüllt, glatt gestrichen und zugedeckt an einen kalten Ort bei Seite gestellt. Unterdessen werden achtzehn bis zwanzig Dessert= Bisquits, je nachdem sie um die Charlotte aufgestellt werden können, fingerbreit und nach der Höhe der Form ganz egal zugeschnitten, mit einer kalten Conserve=Glasur, zu der man etwas Marasquino di Zara gegeben hat, auf der äußeren Seite schön glacirt und mit feingeschnittenen Pistazien bestreut, dann auf Papier gelegt und zum Trockenwerden warm gestellt. Kurz vor dem Anrichten wird die Form in's heiße Wasser getaucht, abgetrocknet, in die dazu bestimmte, ganz flache Schüssel oder besser Kristall= Platte gestürzt und die Form abgehoben. Die glacirten Bisquits werden auf der nicht glacirten Seite mit Aprikosen=Marmelade bestrichen, eins neben das andere um die Crême aufgestellt und leicht angedrückt. Die obere Seite wird geschmackvoll mit eingemachten Früchten belegt und eine schön ge= sponnene Sultane (siehe Abschnitt vom gesponnenen Zucker) darüber gestellt.

1826. Russische Charlotte. Charlotte à la Russe.

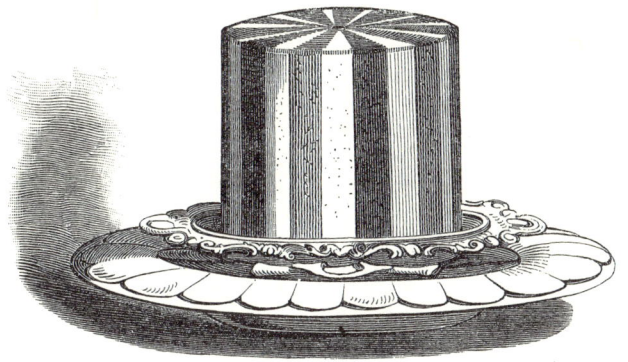

280 Gramm Zucker werden mit vier Eiern und zwölf Eidottern gut gerührt, dann das fein abgeschnittene Gelbe einer Orange und ein Stückchen ganzer Zimmt dazu gethan und mit einer halben Bouteille gutem weißen Wein und einem Glas Rum über Kohlenfeuer so lange abgeschlagen, bis der Chaudeau aufkochen will. Hierauf werden 50 Gramm gut ausgekochte, dicklich fließende Hausenblase dazu gethan und zusammen durch ein Haarsieb in eine Porzellanschale geseiht und kalt gerührt. Wenn derselbe zu sulzen anfängt, so wird der vierte Theil davon in eine zuvor in's Eis gestellte Stürz=Form gegossen und wenn die Crême in der Form gestockt ist, so werden in kalten Punsch eingetauchte Stückchen Bis= quits darüber gelegt und diese wieder mit abgetrockneten, eingemachten Weichseln überstreut. Ueber diese wird sodann wieder ein Theil von der Crême gegossen und wenn dieselbe wieder gestockt ist, eingetauchte Bisquits

und Kirschen darüber gelegt und so wird fortgefahren, bis die Form ganz voll ist, welche man sodann zudeckt und kalt stellt. Unterdessen wird die nöthige Anzahl Dessert-Bisquits genau nach der Höhe der Form in finger= breite, ganz gleiche Stückchen geschnitten, diese in drei Theile getheilt, wovon ein Theil mit Chokolade-Glace schwarz, ein Theil mit Zucker-Glace und Cochenille roth gefärbt wird und einer davon weiß bleibt. Ferner wird ein ganz dünn auf Papier aufgestrichenes und lichtgelb gebackenes Bisquit= Blatt, einen Finger breiter als die Runde der Form ist, schön egal rund geschnitten und dieses Blatt wieder in zwölf gleiche Theile getheilt, wo= von dann vier schwarz, vier roth und vier weiß glacirt werden. Sind diese Bisquit-Stückchen gut trocken geworden, so wird die Form aus dem Eis genommen, in's heiße Wasser getaucht, abgetrocknet und die Crême in eine ganz flache Schüssel gestürzt. Hierauf werden die langen Bisquit= Stückchen mit Aprikosen-Marmelade bestrichen und jedesmal ein schwarzes, ein rothes und ein weißes um die Charlotte recht egal aufgestellt und leicht angedrückt; ist dies beendet, so wird die runde Platte ebenso ab= wechselnd in der Farbe darüber gelegt und so zu Tisch gegeben. Größten= theils werden bei diesen Charlotten die glacirten Bisquits in die Form eingerichtet, die Crême eingegossen und so zum Sulzen in's Eis gestellt; allein längere Praxis überzeugte mich, daß diese ältere Methode nicht die beste sei, indem die Crême zuweilen durch die kleinen Oeffnungen drang und so nicht nur allein die Zucker-Glace auflöste, sondern die Bisquits so erweichte, daß sie all das croquante verloren und dadurch die Charlotte einen großen Theil ihres Werthes einbüßte. Aus diesem Grunde bereitete ich alle meine Charlotten auf die vorher angegebene Weise und das Resultat war auch immer das günstigste, so zwar, daß ich jedem jungen Koche anrathe, sich genau an das Gesagte zu halten.

1817. Palermer Charlotte.   Charlotte à la Palerme.

Es werden zwölf Eidotter mit 210 Gramm Zucker, worauf man eine Orange abgerieben hat, eine Viertelstunde gerührt, dann werden $^4/_{10}$ Liter Rahm nach und nach dazu gegossen und sodann auf Kohlen= feuer zu einer Crême abgerührt, in welche man 50 Gramm gut ausge= kochte Hausenblase gießt und die Masse durch ein feines Haarsiebchen passirt. Ferner wird $1^1/_{10}$ Liter Doppelrahm zu Schnee geschlagen und zum Abtropfen über ein Haarsieb gegossen. Hierauf wird eine runde glatte Form von 12 Centimeter Höhe, welche in der Mitte einen Cylin= der hat (Schleifsteinform), in's gestoßene Eis gegraben, dann wird die Crême auf dem Eis, bis sie zu stocken anfängt, gerührt, alsdann zwei Theile von dem Rahm = Schnee nach und nach untergemengt und der vierte Theil davon in die Form gegossen. Wenn derselbe wieder gestockt ist, so werden kleine in Orangen-Syrup eingetauchte Dessert-Bisquits im Kranze darüber gelegt, diese mit abgetrockneten, eingemachten Weichseln bestreut, dann kömmt wieder Crême, Bisquit und Weichseln und so wird fortgefahren, bis die Form voll geworden ist, welche man zudeckt

und an einen kalten Ort stellt. Unterdessen werden vierundzwanzig bis dreißig thalergroße runde Bisquits von ganz gleicher Größe auf Papier dressirt, langsam lichtgelb gebacken und wenn sie kalt sind, vom Papier gelöst. Diese Bisquits werden sodann mit einem passenden, runden Aus= stecher, damit sie alle gleich groß sind, nochmals ausgestochen, die obere Seite rein zugeschnitten, und außen herum mit kleinen Perlen von Meringue= Masse bespritzt, so zwar, daß diese ein rundes Kränzchen bilden; wenn diese Bisquits so beendet sind, werden die Perlen mit feinem, rothen Hagelzucker ganz wenig bestreut und zum Trocknen an einen warmen Ort gestellt. Sind sodann die Perlen hart und haben sie dabei aber nichts an ihrer Farbe verloren, so wird in deren Mitte etwas aufgelöstes, fließendes Jo= hannisbeer=Gelée gespritzt, welches auseinander fließt und den innern Raum bedeckt. Kurz vor dem Anrichten wird die Form in's heiße Wasser ge= taucht, abgetrocknet, die Crème in eine flache, passende Schüssel gestürzt, die Bisquits innen mit dünner Aprikosen=Marmelade bestrichen, in schönster Ordnung um die Crème bis zum Rande aufgesetzt und leicht angedrückt. Die obere Seite der Charlotte wird zierlich mit eingemachten, abgetrock= neten Früchten belegt und in den innern Raum der Rest des geschlagenen Rahmes, der mit feinem Zucker bestäubt wurde, erhaben gefüllt.

1828. Charlotte mit Makaronen. Charlotte aux macarons.

Es wird 1¹⁄₁₀ Liter Doppelrahm zu Schnee geschlagen, mit 35 Gramm ausgekochter Hausenblase und 210 Gramm Vanille=Zucker leicht untermengt, die Crème in eine Schleifstein=Form gefüllt und in's Eis gegraben. Beim Anrichten wird dieselbe in eine flache Schüssel gestürzt, die äußere Seite ganz mit Makaronen, welche von innen mit Aprikosen=Marmelade bestrichen sind, bis zum Rande ganz belegt und leicht ange=drückt. Oben wird die Charlotte mit eingemachten, abgetrockneten Amarellen belegt und der innere Raum mit Schlagrahm, unter welchen man etwas Erdbeerenmark gerührt hat, gefüllt.

1829. Erdbeer-Charlotte auf römische Art. Charlotte aux fraises à la Romaine.

1⁶/₁₀ Liter frische Walderdbeeren werden durch ein feines Haarsieb in eine Porzellanschale passirt, dann mit 280 Gramm fein gestoßenem Zucker untermengt und mit 50 Gramm gut ausgekochter, geseihter Hausen=blase kalt gerührt. Wenn die Masse zu stocken anfängt, so werden drei Teller voll Rahmschnee langsam darunter gezogen, die Masse in eine Schleifstein=Form gefüllt und diese in's Eis gestellt. Hierauf werden 140 Gramm gestoßener Zucker mit dem Gelben von fünf Eiern, etwas gestoßenem Zimmt und abgeriebener Citrone gut abgeschlagen, dann werden 140 Gramm Mehl mit eben so viel geklärter, lauwarmer Butter nach und nach darunter gerührt und mit dem festgeschlagenen Schnee von vier Eiern untermengt. Die Masse wird hierauf messerrückendick auf ein reines Blech gestrichen und lichtgelb langsam gebacken, daraus werden sodann 3 Centi=meter breite und so hoch als die Form ist, ganz gleiche Schnitten geschnitten, welche warm vom Blech genommen und auf einen Bogen Papier gelegt werden. Zwanzig solcher Schnitten, soviel nämlich um die Charlotte aufgestellt werden können, werden in der Mitte der Länge nach mit Perlen aus Meringue=Masse eine an die andere bespritzt und nachdem sie mit rothem Hagelzucker ganz fein bestreut sind, werden sie zum Trocknen warm gestellt. Sind diese Perlen hart geworden, so werden die Schnitten auf beiden Seiten der Perlen mit recht heller Aprikosen=Marmelade be= strichen und sodann mit in vier Theile geschnittenen, recht grünen Pistazien= filets besteckt, welches der Charlotte, wenn sie mit denselben schön garnirt wird, ein sehr hübsches Ansehen gibt.

Ferner werden von Meringue=Masse zwölf Stück nußgroße Meringues auf Papier von gleicher Größe gespritzt, welche auf ein Brettchen gelegt und sehr langsam gebacken werden. Ist nun dieses erfolgt, so löst man dieselben vom Papier, höhlt sie vorsichtig mit einem Kaffeelöffel aus und stellt sie nochmals, damit sie auch von innen trocknen können, warm. Beim Anrichten wird die Crême aus dem Eis genommen, die Form in's heiße Wasser getaucht, abgetrocknet und die Crême in eine flache, schöne Schüssel gestürzt. Die Schnitten werden dann, eine um die andere mit Aprikosen=Marmelade bestrichen, an der Charlotte aufgestellt und leicht angedrückt. Ist die ganze Charlotte mit diesen Schnitten genau umstellt, so werden die runden, ausgehöhlten Meringues jedes mit einigen Erd= beeren gefüllt und über die Charlotte aufgestellt, welches derselben ein sehr schönes Ansehen gibt. In die Mitte des leeren Raumes wird ge= schlagener Rahm erhaben gefüllt und so die Charlotte zur Tafel gegeben.

1830. Charlotte auf deutsche Art. Charlotte à l'Allemande.

210 Gramm feine Vanille = Chokolade werden mit etwas Wasser auf Kohlenfeuer aufgelöst, dann fein abgerührt, mit 210 Gramm ge= stoßenem Zucker und dem Gelben von acht Eiern untermengt und sodann mit ³/₁₀ Liter Rahm auf Kohlenfeuer abgeschlagen. Wenn diese Chokolade=

Crême halb ausgekühlt ist, werden 5 Gramm gut ausgekochte Hausenblase dazu gethan, zusammen durch ein Haarsieb in eine Porzellanschale
geseiht und kalt gerührt. Wenn sodann die Crême zu stocken anfängt,
werden drei Teller voll geschlagener Rahm mit zwei Obertassen voll ganz
kleinen, recht croquant gebackenen Meringues darunter melirt und die
Masse in eine zuvor in's Eis gegrabene Schleifstein-Form gefüllt und zugedeckt kalt gestellt.

Unterdessen läßt man $^3/_{10}$ Liter Wasser mit 105 Gramm Butter,
70 Gramm Zucker und einer Messerspitze voll Salz aufkochen, schüttet
sodann 210 Gramm gesiebtes, feines Mehl hinein und rührt dieses schnell
auf Kohlenfeuer zu einem zarten, feinen Teig ab, bis er sich vom Löffel
und von der Casserolle loslöst. Derselbe wird sodann in eine Casserolle
gethan, etwas Orangen-Zucker untergemengt und mit zwei ganzen Eiern
und sechs Eidottern gut abgerührt. Dieser Teig wird sodann auf ein
mit Mehl bestäubtes Backbrett gethan und hiervon nach der Höhe des
Models kleinfingerdicke Stängchen ausgerollt und abgeschnitten. Sie werden
dann auf ein Backblech gelegt, mit Ei bestrichen und langsam, bei mittlerer
Ofenhitze, gebacken. Wenn diese Cannellons kalt geworden sind, werden
sie auf einer Seite aufgeschnitten, mit Johannisbeergelée gefüllt, dann
die eine Hälfte davon weiß und die andere roth glacirt, wovon dann wieder
die weißen mit feingeschnittenen, rothgefärbten Mandeln und die rothen
mit fein geschnittenen grünen Pistazien bestreut werden. Die Charlotte
wird vor dem Anrichten gestürzt, die Cannellons rückwärts mit Aprikosen-
Mark bestrichen, dann ein weißes und ein rothes um die Charlotte aufgestellt, oben mit Früchten garnirt und in der Mitte geschlagener Rahm
erhaben angerichtet.

---

76. Abschnitt.   1. Abtheilung.

Von den englischen Crêmes.   (Dunst-Crêmes.)
Des crêmes à l' Anglaise.

Die englischen Crêmes, oder sogenannten Milchbecher, werden größtentheils in Bechertassen aufgetischt und erscheinen nur bei Soupers, weil
sie kühlen und sehr leicht verdaulich sind.

Durch die Idee, gute kräftige Brühe (Consommé) mit Eiern im
Dunste stocken zu machen, entstanden die sogenannten Kaiser-Eier (oeufs à
l'empereur) und eben durch diese Erfindung kam man auch auf den
Versuch, Milch mit Eiern stocken zu lassen und diesem irgend einen angenehmen Geschmack beizubringen und so erhielt man die Dunst-Crêmes.

1831. Milchbecher mit Kaffee. Petits pots de crême au café.

Es werden 210 Gramm Mokka-Kaffee lichtbraun gebrannt, aus der Trommel in $1^1/_{10}$ Liter kochend heißen Rahm gethan und genau bedeckt, kalt gestellt. Wenn nun der Rahm kalt geworden und den Geschmack des Kaffees ganz in sich aufgenommen hat, wird derselbe durchgeseiht, mit zehn bis zwölf Eiergelb und 210 Gramm gestoßenem Zucker gut abgesprudelt und nochmals durch ein feines Haarsieb geseiht. Sodann werden die Crêmebecher mit demselben angefüllt und in einer Casserolle bis zur Hälfte in's kochendheiße Wasser gestellt, die Casserolle über ein Beet von leichtem Kohlenfeuer gestellt, zugedeckt, auf den Deckel etwas Kohlengluth gethan und so eine halbe Stunde sehr langsam, bis die Crême zitternd, einer Sulz ähnlich, gestockt ist, gedämpft. Hierauf werden sie herausgenommen, rein abgewischt, über eine schön gebrochene Serviette auf einer flachen Schüssel angerichtet und bis zum Gebrauche kalt gestellt. Zu bemerken ist noch, daß das Dunstbad niemals den Siedegrad erreichen darf, denn sie würden sonst gerinnen, unten Wasser ziehen und auch oft mit kleinen Bläschen durchlöchert sein, welches sie als mißrathen bezeichnen würde.

1832. Milchbecher mit Chokolade. Petits pots au chocolat.

210 Gramm gute Vanille-Chokolade werden gerieben, in eine Casserolle gethan, mit 210 Gramm Zucker und einer Obertasse voll heißem Wasser auf Kohlenfeuer so lange gerührt, bis die Chokolade ganz fein geworden ist. Hierauf werden zwölf Eidotter mit $1^1/_{10}$ Liter gutem

Rahm unter die Chokolade gegossen, zusammen recht gut gerührt, mehr=
mals durch ein feines Haarsieb hin und her in eine Casserolle passirt,
bis alles sehr genau verbunden ist. Im Uebrigen wird er der Kaffee=
Crême gleich im Dunste behandelt und ebenso angerichtet.

1833. Milchbecher mit Vanille.   Petits pots à la vanille.

1 ^{1}/$_{10}$ Liter Rahm wird einige Minuten mit einem in kleine Stückchen
geschnittenen Stängchen Vanille langsam gekocht und zum Auskühlen zu=
gedeckt bei Seite gestellt. Unterdessen werden zehn Eidotter mit 210
Gramm gestoßenem Zucker abgerührt, der Rahm nach und nach dazu ge=
gossen und öfters durchgeseiht. In Becher gefüllt wird derselbe den vor=
hergehenden gleich behandelt.

1834. Milchbecher mit Thee.   Petits pots de crême au thé.

In 1 ^{1}/$_{10}$ Liter kochenden Rahm werden zwei bis drei Eßlöffel voll
russischer Thee geworfen, sogleich zugedeckt und kalt gestellt. Unterdessen
werden zehn Eidotter mit 210 bis 245 Gramm Zucker abgerührt, mit
dem Thee=Rahm genau untermengt, mehrmals durch ein Haarsieb geseiht,
in Becher gefüllt und wie die übrigen im Dunste behandelt.

1835. Milchbecher mit Cacao.   Petits pots de crême au cacao.

280 Gramm dem Kaffee gleich gebrannter Cacao werden grob ge=
stoßen und sogleich in 1 ^{1}/$_{10}$ Liter kochenden Rahm, worin ein zerschnitte=
nes Stängchen Vanille aufgekocht wurde, geworfen und genau gedeckt,
kalt gestellt. Unterdessen werden zehn bis zwölf Eidotter mit 245 Gramm
Zucker abgerührt, mit dem Rahm genau untermengt, dieser mehrmals
geseiht, wie der vorhergehende im Dunste beendigt und ebenso angerichtet.

1836. Milchbecher mit Vanille und gebranntem Zucker.
Petits pots au caramel à la vanille.

140 Gramm Zucker werden über Kohlenfeuer so lange geschmolzen,
bis derselbe dem Zimmt gleich die Farbe angenommen hat; sodann gießt
man 1 ^{1}/$_{10}$ Liter mit einem Stängchen Vanille aufgekochten Rahm dazu
und läßt es mit noch 105 Gramm Zucker so lange langsam sieden, bis sich
der gebrannte Zucker gänzlich aufgelöst und mit der Vanille einen sehr an=
genehmen Geschmack angenommen hat; er wird sodann zugedeckt und zum
Auskühlen kalt gestellt. Hierauf wird derselbe mit zehn Eidottern gut
untermengt, mehrmals geseiht, in Becher gefüllt und wie die vorher=
gehenden im Dunste behandelt.

1837. Milchbecher mit Pistazien.   Petits pots à la crême
aux pistaches.

140 Gramm schöne Pistazien werden gebrüht, abgezogen, mit Milch
sehr fein gerieben, unter 1 ^{1}/$_{10}$ Liter kochenden Rahm gerührt und zuge=
deckt kalt gestellt. Unterdessen werden 245 Gramm Zucker mit zehn Ei=

dottern abgerührt, die Pistazien-Milch durch eine reine Serviette gepreßt, mit den Eiern genau untermengt, mehrmals geseiht, sodann in Becher gefüllt und im Uebrigen den vorhergehenden gleich behandelt.

1838. Milchbecher mit gerösteten Bartnüssen. Petits pots à la crême aux noisettes pralinées.

560 Gramm Bartnüsse werden aufgeschlagen, die Kerne herausgenommen, langsam mit gestoßenem Zucker auf Kohlenfeuer lichtbraun geröstet und mit Milch sehr fein gerieben. Unterdessen läßt man $1^4/_{10}$ Liter Rahm aufkochen, rührt die geriebenen Nüsse unter denselben und preßt den Rahm, wenn er kalt geworden und den Geschmack der Nüsse hinlänglich in sich aufgenommen hat, durch eine gut ausgewässerte reine Serviette. Hierauf werden 280 Gramm Zucker mit 12 Eiern gehörig abgerührt, der Rahm nach und nach dazu gegossen, mehrmals mit den Eiern durchgeseiht, die Crême in Becher gefüllt und den übrigen gleich im Dunste behandelt.

Auf dieselbe Weise kann der Milch jeder beliebige Geschmack gegeben werden, wie z. B.:

1839. Milchbecher mit Marasquinogeruch. Petits pots à la crême au marasquin.

1840. Milchbecher mit gerösteten Mandeln. Petits pots à la crême aux amandes pralinées.

1841. Milchbecher mit gebranntem Zucker und Anis. Petits pots au caramel anisé.

1842. Milchbecher mit gerösteten Orangenblüthen. Petits pots aux fleurs d'oranges pralinées.

---

76. Abschnitt. 2. Abtheilung.
Von den abgeschlagenen Crêmes nach französischer Art.
Des crêmes à la Française.

Die geschlagenen französischen Crêmes oder gesulzten Milch-Crêmes werden größtentheils in zierlich gearbeitete Formen gefüllt und zum Stocken in's Eis gegraben. Ihre Erfindung kam erst nach den gewöhnlichen Milchbechern, indem man nicht nur darauf bedacht war, diesen Crêmes durch Einfüllen in genannte Formen ein gefälligeres Ansehen zu geben, sondern sie gewannen durch ihre Zubereitung auch einen angenehmen feinen Geschmack.

1843. Französische Crême mit Chokolade. Crême française au chocolat.

Es werden 210 Gramm Vanille-Chokolade fein gerieben, mit einem

Stängchen Vanille und ³/₁₀ Liter Rahm einige Minuten langsam gekocht, dann fein abgerührt. Nach Verlauf einer Viertelstunde werden zwölf Eidotter und 280 Gramm Zucker dazu gethan, mit ⁸/₁₀ Liter Rahm über Kohlenfeuer abgeschlagen, 35 Gramm Hausenblase dazu gegossen und zusammen durch ein Haartuch gepreßt. Diese Crême wird dann kalt geschlagen und in eine mit Mandel=Oel ausgestrichene Form, welche zuvor in's Eis gegraben wurde, gegossen, worauf man sie stocken läßt. Beim Anrichten wird die Crême mit dem Finger etwas losgemacht, leicht hineingeblasen, in einen flachen Porzellan= oder Kristall=Teller gestürzt und zu Tisch gegeben.

1844. Französische Crême von Kaffee. Crême française au café à l'eau.

Nachdem 210 Gramm guter Mokka=Kaffee lichtbraun gebrannt sind, werden sie aus der Pfanne sogleich in ³/₁₀ Liter siedendes Wasser geschüttet und, gut zugedeckt, kalt gestellt. Unterdessen werden 140 Gramm Zucker zu Caramel gekocht, der Kaffee langsam abgeseiht, mit dem Zucker auf Kohlenfeuer gestellt und langsam aufgelöst. Hierauf werden zehn Eidotter mit 140 Gramm Zucker abgerührt, der Kaffee nach und nach dazu gegossen, mit ⁵/₁₀ Liter siedendem Rahm untermengt und auf Kohlenfeuer langsam, bis die Crême beinahe aufkochen will, abgeschlagen. Sodann gießt man 35 Gramm gut ausgekochte Hausenblase dazu, passirt das Ganze durch ein Haartuch in eine Schale, rührt die Crême auf dem Eis so lange, bis sie zu sulzen anfängt und gießt hierauf dieselbe sogleich in eine mit süßem Mandel=Oel ausgestrichene und zuvor in's Eis gegrabene Crême=Form. Dieselbe wird der vorhergehenden gleich beim Anrichten gestürzt und zu Tisch gegeben.

1845. Französische Crême von Thee. Crême française au thé Heysven-Skine.

In 1¹/₁₀ Liter kochenden Rahm werden 50 Gramm vom besten

Thee gethan und schnell zugedeckt kalt gestellt. Unterdessen werden zehn Eidotter mit 280 Gramm feinem Zucker abgerührt, der Thee-Rahm nach und nach dazu gegossen und über Kohlenfeuer langsam abgeschlagen; hierauf werden 35 Gramm gut ausgekochte Hausenblase beigegeben, die Crême durch ein Haartuch gepreßt, auf dem Eis, bis sie zu stocken an= fangen will, kalt gerührt, in die in's Eis gegrabene und mit Mandel=Oel ausgestrichene Form gefüllt und zugedeckt kalt gesetzt. Beim Anrichten wird die Crême auf die angegebene Weise gestürzt.

1846. Französische Crême mit bitteren Makaronen. Crême française aux macarons amers.

140 Gramm Makaronen, von bittern Mandeln gebacken, werden im Ofen getrocknet, wenn sie kalt sind, fein zerdrückt in 1¹/₁₀ Liter kochend= heißen Rahm geschüttet und zugedeckt bei Seite gestellt. Unterdessen werden zehn Eidotter mit 210 Gramm feinem Zucker und einem Körnchen Salz abgerührt, der Rahm nach und nach dazu gegossen und zusammen auf Kohlenfeuer langsam, bis es beinahe kochen will, abgerührt. Mit 35 Gramm gut ausgekochter Hausenblase untermengt, wird dieselbe durch ein Haarsieb passirt, kalt gerührt, in die mit Oel ausgestrichene und in's Eis gegrabene Form gefüllt und bis zum Anrichten an einen kalten Ort gestellt. Ge= stürzt wird sie ganz dem vorhergehenden gleich.

1847. Französische Vanille-Crême. Crême française à la vanille.

Ein Stückchen klein zerschnittene, sehr gute Vanille wird in 1¹/₁₀ Liter kochenden Rahm gethan, vier Minuten langsam gekocht, dann zugedeckt kalt gesetzt. Zehn Eidotter werden mit 210 Gramm Zucker gut abgerührt, der Rahm nach und nach dazu gegossen, zusammen auf Kohlenfeuer lang= sam abgerührt und mit 35 Gramm gut ausgekochter Hausenblase unter= mengt, durch ein Haartuch gepreßt und auf dem Eis kalt geschlagen. Wenn die Crême zu stocken anfangen will, wird sie in die mit Oel ausgestrichene Crême-Form gegossen und bis zum Gebrauche zugedeckt kalt gestellt. Ge= stürzt wird dieselbe wie die vorhergehenden.

1848. Französische Aprikosen-Crême. Crême française aux abricots.

Zwölf Stück schöne, gut reife, rothe Aprikosen werden mit 280 Gramm Zucker zu einer dicklichen Marmelade gekocht, welche durch ein feines Haar= sieb in eine Schale passirt wird. Ferner werden zehn Eidotter mit 175 Gramm Zucker und ⁸/₁₀ Liter Rahm zu einer Crême auf Kohlenfeuer abgerührt, unter welche sodann 52¹/₂ Gramm gut ausgekochte Hausenblase gegossen und zusammen ebenfalls durch ein Haartuch gepreßt werden. Diese Crême wird dann nach und nach unter die Marmelade gerührt und auf dem Eis so lange abgeschlagen, bis sich die Masse verdicken will.

Das Einfüllen und Anrichten hat auch diese Crême mit den vorhergehen=
den gleich.

1849. Französische Himbeer-Crême. Crême française aux framboises.

1¹/₁₀ Liter sehr reife Himbeeren werden mit 210 Gramm ge=
stoßenem Zucker gut verrührt, zusammen durch ein feines Haarsieb gepreßt
und zugedeckt bei Seite gestellt. Sodann werden 10 Eidotter mit 210
Gramm Zucker gut abgerührt, mit ⁸/₁₀ Liter Rahm nach und nach
untermengt und auf dem Kohlenfeuer langsam, bis die Crême beinahe
zu kochen anfängt, abgeschlagen. Hierauf gießt man 50 Gramm gut
ausgekochte Hausenblase dazu, preßt das Ganze durch ein Haartuch und
rührt die Crême auf dem Eise so lange, bis sie sich verdicken will. Ist
dies erreicht, so wird die Himbeer=Marmelade darunter gerührt, die

Masse in die mit süßem Mandel=Oel ausgestrichene und in's Eis ge=
grabene Form gegossen und bis zum Gebrauche zugedeckt kalt gestellt.
Beim Anrichten wird die Crême mit dem Finger von der Seite etwas
los gemacht, in eine flache Schale gestürzt, die Form langsam abgehoben
und zu Tisch gegeben.

Auf gleiche Weise wird auch die französische Erdbeeren=Crême bereitet,
nur mit dem Unterschied, daß unter den Rahm etwas Cochenille gegossen wird.

1850. Französische Crême mit Marasquino. Crême française
au marasquin.

Zwölf Eidotter werden mit 280 Gramm Zucker gut abgerührt,
1¹/₁₀ Liter heißer Rahm nach und nach dazu gegossen und zusammen
langsam auf Kohlenfeuer zu einer Crême abgerührt. Unter diese werden
nun 35 bis 50 Gramm gut ausgekochte Hausenblase gerührt und zu=
sammen durch ein Haartuch gepreßt. Diese Crême wird sodann auf dem
Eis kalt gerührt, mit dem nöthigen Marasquino di Zara bis zum an=
genehmsten im Geschmacke gehoben, in die mit Mandel=Oel ausgestrichene
und in's Eis gegrabene Form gegossen und bis zum Anrichten kalt gestellt.

Auf dieselbe Art erscheinen die französischen Crêmes, als:

1851. Französische Crême mit Nuß-Liqueur. Crême française
à l'eau de noyaux.

1852. Französische Crême mit Vanille-Liqueur. Crême française
à l'eau de vanille.

1853. Französische Crême mit Orange. Crême française
à l'orange.

Eine schöne große Orange wird ganz leicht, damit nichts von der weißen Schale, welche sich unter dem Gelben befindet, dazu kömmt, auf einem Stück Zucker von 280 Gramm abgerieben, in 1¹/₁₀ Liter kochend= heißen Rahm gethan und zugedeckt bei Seite gestellt. Ist nun derselbe beinahe kalt geworden, so wird er nach und nach unter zehn Eidotter gerührt, dies zusammen auf Kohlenfeuer zu einer Crême abgeschlagen, unter welche 50 Gramm gut ausgekochte Hausenblase geschüttet und sodann zusammen durch ein Haartuch gepreßt werden. Diese Crême wird eben= falls bis zum Stocken auf dem Eise kalt gerührt, in die mit Mandel=Oel ausgestrichene und ins Eis gegrabene Form gegossen und zugedeckt an einen kalten Ort gestellt. Gestürzt wird sie den vorhergehenden gleich.

1854. Französische Crême von viererlei Geruch. Crême française aux quatre cestes.

Auf einem Stück Zucker von 280 Gramm wird die gelbe Schale, nämlich der vierte Theil einer Citrone, die Hälfte einer Orange, der vierte Theil einer bitteren Pomeranze (bigarade) und etwas wenig von einem Cedrat sehr fein abgerieben, der Zucker in 1¹/₁₀ Liter kochendheißen Rahm gethan und zugedeckt kalt gestellt. Die fernere Bereitung hat diese Crême mit der Orangen=Crême gemein, und ich weise deßhalb auf die vorher= gehende zurück.

1855. Französische Crême von gebranntem Zucker mit Anis-Geruch. Crême française au caramel anisé.

140 Gramm Zucker werden zu Caramel gekocht, sodann gibt man 17¹/₂ Gramm grünen und eben so viel Sternanis dazu, gießt hierauf ³/₁₀ Liter siedendes Wasser dazu, stellt dieses zugedeckt auf Kohlenfeuer, bis der Zucker ganz aufgelöst und derselbe den Geruch des Anis in sich aufgenommen hat. Hierauf werden zehn Eidotter mit 175 Gramm Zucker gut abgerührt, mit 1¹/₁₀ Liter heißem Rahm nach und nach untermengt, der aufgelöste Aniszucker dazu gegossen und zusammen auf Kohlenfeuer, bis die Crême beinahe zu kochen anfangen will, abgeschlagen. Sodann werden 50 Gramm gut ausgekochte Hausenblase beigegeben, die Crême durch ein Haartuch gepreßt, kalt gerührt und wie die vorhergehenden beendet.

---

76. Abschnitt. 3. Abtheilung.

Vom geschlagenen Rahm-Schnee. Des crêmes fouettées.

Von sehr angenehmem Geschmack und zugleich sehr kühlend ist der geschlagene Rahm=Schnee; derselbe ist geeignet, jeden beliebigen Geschmack, theils durch Früchte, theils durch feinen Geruchzucker in sich aufzunehmen und wird deßhalb in der feinen Küche hoch geachtet. Zu seinem voll= kommenen Gelingen ist die erste und einzige Bedingung sehr guter dicker und süßer Rahm von einem Tage, der so dick abgenommen werden muß, daß sich derselbe mit einer Ruthe, aus dünnen Reisern gebunden, zu einem leichten Schaum schlagen läßt.

1856. Rahmschnee mit Himbeeren. Crême fouettée aux framboises.

1 1/10 Liter dicker süßer Rahm wird eine Stunde vorher in eine tiefe irdene Schüssel in's Eis gestellt, nach dieser Zeit zu einem leichten, schaumigen Schnee geschlagen, der nach einigen Minuten mit einem Schaum= löffel abgenommen und über ein Haarsieb gelegt wird. Der zurückgebliebene Rahm wird nun wieder so geschlagen, nach einigen Minuten abgenommen und gehäuft zu dem andern gelegt und so lange fortgefahren, bis der ganze Rahm zu Schaum geschlagen ist. Unterdessen wird ein Teller voll gute reife Wald=Himbeeren durch ein feines Sieb in eine tiefe Porzellan= Schale passirt, unter welche man sodann 280 Gramm sehr fein gestoßenen Zucker rührt. Kurz vor dem Gebrauche wird nun der Rahm=Schnee durch ein leichtes Rühren nach und nach untermengt, erhaben in eine Schale angerichtet und mit Meringues oder kleinen runden Bisquits bekränzt zu Tisch gegeben.

1857. Rahmschnee mit Erdbeeren. Crême fouettée aux fraises.

Statt der Himbeeren wird ein Teller voll ganz reife frische Wald= Erdbeeren genommen.

1858. Rahmschnee mit Ananas. Crême fouettée à l'ananas.

Eine kleine, völlig reife Ananas wird in Stückchen geschnitten, mit 280 Gramm grobem Zucker im Reibstein fein gerieben, sodann zu einem Püree durch ein feines Haarsieb in eine Schale passirt, unter welches der geschlagene Rahm langsam gerührt wird.

1859. Rahmschnee mit Marasquino. Crême fouettée au marasquin.

Man rührt 280 Gramm fein gestoßenen Zucker in einer Schale mit dem nöthigen Marasquino di Zara zu einer dicklich fließenden Masse ab, amalgamirt sodann den Rahm-Schnee leicht darunter und richtet denselben wie den vorhergehenden erhaben mit kleinen Bisquits bekränzt an.

1860. Rahmschnee mit Kaffee. Crême fouettée à l'essence de café.

Man bereitet von 140 Gramm feinem Mokka-Kaffee einen sehr starken schwarzen Kaffee, so daß man höchstens eine kleine Obertasse voll erhält; mit diesem werden nun 280 Gramm fein gestoßener Zucker gut abgerührt, unter welchen man hierauf $1^6/_{10}$ Liter guten Rahm-Schnee amalgamirt.

1861. Rahmschnee mit Chokolade. Crême fouettée au chocolat.

140 Gramm feine Vanille-Chokolade werden mit einer Obertasse voll Wasser aufgelöst, mit 210 Gramm feinem Zucker zu einer feinen glatten Masse abgerührt, unter welche man den Schnee von $1^6/_{10}$ Liter gut geschlagenem Rahm leicht untermengt.

1862. Rahmschnee mit Vanille. Crême fouettée à la vanille.

280 Gramm Zucker werden mit einer Stange guter Vanille gestoßen, gesiebt und unter den geschlagenen Rahm leicht gerührt.

Diese hier angeführten Arten von Rahm-Schnee können zur Abwechslung in Crême-Becher, mit Zucker glacirten Butterteig-Krusten (vols au vent) oder auch in Bisquit-Krusten gefüllt und mit einer Sultane bedeckt, zu Tisch gegeben werden.

1863. Pain von Himbeeren à la reine. Pain de framboises à la reine.

Hierzu nimmt man die Hälfte weiße und die Hälfte rothe Himbeeren, welche reif, gleich groß und besonders frisch gepflückt sein müssen. Sodann wird eine schleifsteinartige hohe Form in gestoßenes Eis gegraben, jede Himbeere einzeln an eine lange Nadel gesteckt, in Marasquino-Gelée eingetaucht und in die Form gelegt. Das Einlegen muß exakt und mit Fleiß geschehen, und zwar in der Weise, daß jedesmal eine Tour rother und eine Tour weißer Himbeeren kommt. Wenn nun die Form bis zum dritten Theil ihrer Höhe ausgelegt ist, so gießt man eben so viel von dem vorhergehenden Himbeer-Püree hinein. Sodann wird von Neuem das Auslegen auf gleiche Weise fortgesetzt und zwar bis wieder ein Theil der Form eingelegt ist, worauf man von der Masse eingießt, und so wird fortgefahren, bis die Form voll geworden ist. Zu bemerken ist, daß die Masse beim Eingießen nicht dick, sondern leicht fließend sein muß, damit sich dieselbe beim Stürzen des Pain nicht trennt. Sie wird gleich den vorhergehenden gestürzt, in ihrer Mitte mit geschlagenem Rahm=Schnee erhaben und unten herum mit gehackter klarer Marasquino=Gelée bekränzt.

1864. Pain von Himbeeren. Pain de framboises à la gelée.

Dieses wird ganz jenem von Erdbeeren gleich bereitet. Unterdessen läßt man eine Schleifstein=Form mit weißer Citronen=Sulz messerrückendick über dem Eis auslaufen. Diese wird nun am Boden mit eingemachten Früchten in schönem Farbenspiel zierlich belegt, dann etwas von dem Gelée darüber gegossen und stocken gelassen. Die Himbeer=Marmelade wird nun, bis sich diese zu verdicken anfangen will, über dem Eis gerührt, dann sogleich in die Form gegossen und stocken gelassen. Beim Anrichten wird diese in's heiße Wasser getaucht, den vorhergehenden gleich gestürzt, und sogleich servirt.

1865. Pain von Aprikosen à la princesse. Pain d'abricots à la princesse.

Vierundzwanzig Stück völlig reife Aprikosen werden halbirt, die Kerne aufgeschlagen, der innere herausgenommen, abgeschabt, dann halbirt und mit Zucker=Syrup einmal aufgekocht. Die Aprikosen werden durch ein feines, sehr reines Haarsieb passirt, mit Staubzucker gut versüßt, dann mit 70 Gramm gut ausgekochter Hausenblase untermengt und über dem Eis, bis sich das Aprikosen=Mus zu verdicken anfängt, gerührt. Unter= dessen hat man die Form in's Eis gegraben, wo man sogleich, nachdem man zuvor die Aprikosen=Kerne darunter gerührt hat, die Masse in die Form einlaufen und dann stocken läßt. Beim Anrichten wird das Pain in eine passende Schüssel gestürzt, mit einer leicht gesulzten Mandelmilch schnell übergossen und sogleich servirt.

1866. Gestürzte Erdbeeren=Marmelade. Pain de fraises à la printanière.

3 3/10 Liter frisch gepflückte Walderdbeeren werden durch ein feines Haarsieb in eine Porzellan=Schüssel passirt, dann mit Staubzucker gut versüßt, mit 70 Gramm gut ausgekochter Hausenblase und dem Saft einer Citrone untermengt und dann über dem Eis langsam gerührt, bis sich die Masse zu verdicken anfängt. Dieselbe wird nun in eine mit Mandel= Oel ausgestrichene passende Schleifstein=Form, welche zuvor in gestoßenes Eis gegraben ist, schnell eingegossen und stocken gelassen. Kurz vor dem Anrichten wird die Form, ohne sie ins heiße Wasser zu tauchen, in eine flache Schüssel gestürzt und sogleich zu Tisch gegeben.

1867. Pain von Ananas à la Romaine. Pain d'ananas à la Romaine.

Eine kleine reife Ananas wird geschält, in Stücke geschnitten, mit

420 Gramm Zucker gestoßen und dann durch ein feines Haarsieb gestrichen. 70 Gramm Hausenblase werden mit $^3/_{10}$ Liter Wasser gut ausgekocht, passirt (geseiht) und dann nebst dem Saft von drei Orangen zu dem Ananas-Püree gethan. Dann läßt man eine Pain-Form über dem Eis mit Orangen-Gelée messerrückendick von allen Seiten auslaufen, gräbt die Form in fein gestoßenes Eis und besäet sie von innen mit en filets geschnittenen recht grünen Pistazien; hierauf wird das Ananas-Püree über dem Eis gerührt und wenn dasselbe zu stocken anfangen will, wird mit demselben noch fließend die Form voll angegossen. Die Form wird alsdann zugedeckt, Eis darüber gethan und bis zum Anrichten kalt gestellt.

1868. Pain von verschiedenen Früchten. Pain de fruits à la maréchal.

Zu diesem werden eingemachte halbe Aprikosen, grüne Reineclauden, schöne rothe Kirschen, grüne Trauben 2c. genommen. Die Früchte müssen über einem reinen Tuch gut abgetrocknet sein. Dann läßt man eine kuppelartige Form mit sehr heller Citronen-, Marasquino- oder Champagner-Sulz über dem Eis federkieldick auslaufen und gräbt dieselbe sonach gut in's gestoßene Eis. Hierauf steckt man eine halbirte eingemachte schwarze Nuß an eine Nadel, taucht sie in das Gelée und legt sie in die Mitte der Form; um diese herum kommen grüne Traubenbeeren, dann halbe Aprikosen, dann rothe Kirschen, dann halbirte grüne Reineclauden. Wenn nun die ganze Form geschmackvoll und exakt mit Früchten ausgelegt ist, so gießt man den inneren leeren Raum mit einem Pain von Ananas voll an. Es wird nämlich eine Ananas rein abgeschält, in Stücke geschnitten und mit 280 Gramm Zucker im Reibstein zu einem feinen Püree verrieben. Dasselbe wird nun durchpassirt, mit 50 Gramm gut ausgekochter Hausenblase und einem Glas Champagner gut untermengt und dann kalt gerührt. Wenn dieses anfängt, sich verdicken zu wollen, so gießt man dasselbe sogleich ein, deckt die Form zu, gibt etwas Eis über den Deckel und läßt den Pain nun stocken. Kurz vor dem Anrichten wird derselbe den vorhergehenden gleich gestürzt und sogleich zu Tisch gegeben.

Auf diese Art werden alle Pains von den verschiedensten Früchten bereitet, nur ist zu bemerken, daß die Marmelade nur von frischen Früchten bereitet sein soll, was den feinen Geschmack ungemein erhöht und besonders an heißen Sommertagen sehr angenehm ist. Ebenso soll bei der Bereitung derselben nicht zu viel Hausenblase beigegeben werden. Denn sie soll sich durch einen reinen Fruchtgeschmack und ebenso durch Zartheit in Hinsicht ihrer Consistenz auszeichnen.

76. Abschnitt. 4. Abtheilung.

Von den gestürzten Rahmschnee-Crêmes. Des fromages
ou crêmes Bavaroises.

Ihre Zusammensetzung scheint aus den beiden vorhergehenden, nämlich aus der französischen Crême und dem geschlagenen Rahm-Schnee ent=standen zu sein und diese Erfindung ist eine sehr glückliche zu nennen, denn diese Crêmes übertreffen an Lieblichkeit und zartem feinen Geschmack bei Weitem die vorhergehenden und werden deshalb bei jeder guten Tafel wohlwollend aufgenommen.

1869. Bayerische Crême mit Vanille. Fromage Bavarois à la vanille.

Man schlägt $^5/_{10}$ Liter guten Rahm zu Schnee und gibt denselben zum Abtropfen auf ein Haarsieb; sodann werden 35 Gramm Hausen=blase gut ausgekocht und durchgeseiht warm gestellt. Hierauf rührt man 210 Gramm gestoßenen Zucker mit dem Gelben von acht Eiern gut ab, läßt eine in kleine Stückchen geschnittene Stange Vanille mit $^3/_{10}$ Liter Rahm einige Minuten kochen, gießt diesen nach einigem Auskühlen nach und nach zu dem Zucker und rührt es zusammen auf Kohlenfeuer zu einer Crême ab, welche man sodann durchseiht, mit der Hausenblase unter=mengt und über gestoßenem Eis, bis dieselbe zu stocken oder sich zu ver=dicken anfangen will, kalt rührt. Ist dies erreicht so wird sie vom Eis genommen, der geschlagene Rahm leicht untergerührt, daß daraus eine feine luftige Masse entsteht, welche sogleich in einen mit Mandel=Oel ausgestrichenen Crême=Model gefüllt und dieser in's gestoßene Eis zum völligen Sulzen gestellt wird.

Es ist nöthig zu bemerken, daß das Amalgamiren des geschlagenen Rahmes mit der Crême von einiger Schwierigkeit ist, denn gerade davon hängt das völlige Gelingen dieser Art Crême ab; wird der geschlagene Rahm nicht in dem Augenblicke wo die Crême sich zu verdicken anfängt, eingerührt, so bleibt die Crême als schwerer Körper am Boden, der Rahm=Schnee bleibt als leichter Körper oben und die Masse wird sich nicht mehr genau untermengen lassen. Im andern Falle wird, wenn der Rahm=Schnee zu früh in die Crême eingerührt wird und diese noch nicht zu stocken anfängt oder noch lauwarm ist, sich der Rahm zu sehr ver=rühren, fließend werden, und die Crême wird ihr leichtes luftiges Wesen ganz entbehren, folglich den größten Theil ihres Werthes verlieren.

1870. Bayerische Crême mit Orangenblüthe. Fromage Bavarois à la fleur d'orange.

35 Gramm frisch gepflückte Orangenblüthen werden in $^3/_{10}$ Liter siedenden Rahm gethan und zugedeckt bei Seite gestellt, sodann $^5/_{10}$ Liter Rahm zu Schnee geschlagen und zum Abtropfen auf ein Sieb gethan.

Hierauf werden 210 Gramm Zucker mit acht Eidottern gut verrührt, mit dem Orangenblüth-Rahm auf Kohlenfeuer zu einer Crême abgeschlagen, unter welche 35 Gramm gut ausgekochte Hausenblase gegossen und zusammen durch ein Haarsieb geseiht werden. Diese Crême wird nun auf dem Eis bis zum Verdicken kalt gerührt, mit dem geschlagenen Rahm leicht untermengt, sogleich in eine schöne, mit Mandel-Oel ausgestrichene Crême-Form gegossen und in's Eis gegraben. Beim Anrichten wird dieselbe in einen flachen Porzellan- oder Kryſtall-Teller geſtürzt und zu Tiſch gegeben.

1871. Bayeriſche Crême mit Haſelnüſſen. Fromage Bavarois aux avelines.

140 Gramm Haſelnuß-Kerne werden mit Rahm fein gerieben in $^5/_{10}$ Liter kochendheißen Rahm gethan und zugedeckt kalt geſtellt. Sodann werden 210 Gramm Zucker mit acht Eidottern und dem durchgepreßten Haſelnuß-Rahm auf dem Feuer zu einer Crême abgerührt, unter welche 35 Gramm gut ausgekochte Hausenblase gegossen und zusammen durch ein Haarsieb geseiht werden. Diese Crême wird sodann, bis sie zu stocken anfangen will, kalt gerührt, mit $^5/_{10}$ Liter zu Schnee geschlagenem Rahm untermengt, in die mit Mandel-Oel ausgestrichene Crême-Form gegossen und zum Stocken in's Eis gegraben.

1872. Bayeriſche Crême mit Chokolade. Fromage Bavarois au chocolat.

210 Gramm feine Chocolade werden mit $^3/_{10}$ Liter heißem Rahm aufgelöst, mit acht Eidottern und 140 Gramm geſtoßenem Zucker fein abgerührt, $^3/_{10}$ Liter Rahm dazu gethan und zuſammen auf Kohlenfeuer zu einer Crême abgeſchlagen. Zu dieſer werden 35 Gramm gekochte Hausenblase gethan, und zuſammen durch ein Haarsieb geſtrichen. Dieſe Crême wird wie die vorhergehenden kalt gerührt, mit dem geſchlagenen Rahm untermengt, in eine ſchöne, mit Mandel-Oel ausgeſtrichene Crême-Form gefüllt und dieſe in's Eis gegraben.

1873. Bayeriſche Crême mit Maraſquino. Fromage Bavarois au marasquin.

210 Gramm geſtoßener Zucker werden mit acht Eidottern und $^3/_{10}$ Liter Rahm auf Kohlenfeuer zu einer Crême abgerührt, unter welche 35 Gramm gekochte Hausenblase und der nöthige Maraſquino gegoſſen und ſodann durchgeseiht wird. Dieſelbe wird kalt gerührt, mit $^5/_{10}$ Liter zu Schnee geſchlagenem Rahm untermengt und wie die vorhergehenden in eine Crême-Form gefüllt.

1874. Bayeriſche Crême mit Himbeeren. Fromage Bavarois aux framboises.

$1^1/_{10}$ Liter gute reife Wald-Himbeeren werden, nachdem ſie rein

durchsucht sind, durch ein feines Haarsieb gestrichen, dann in einer Porzellanschale mit 280 Gramm fein gestoßenem Zucker und 35 Gramm
gut ausgekochter, dicklichfließender Hausenblase untermengt und auf dem
Eis bis zum leichten Verdicken kalt gerührt. Sodann wird der, aus
⁸/₁₀ Liter zu Schnee geschlagene Rahm leicht darunter melirt, sogleich in
eine leicht mit Mandel-Oel ausgestrichene Crêmeform gefüllt und zum
Stocken ins Eis gegraben.

1875. Bayerische Crême mit Erdbeeren. Fromage Bavarois aux fraises.

Bleibt in ihrer Bereitung ganz der vorhergehenden gleich.

1876. Bayerische Crême mit rothen Johannisbeeren. Fromage Bavarois aux grosseilles rouges.

560 Gramm gutreife, rothe Johannisbeeren werden abgepflückt und
dann mit 140 Gramm reifer Wald-Himbeeren durch ein feines Haarsieb
passirt. Dieser Saft wird dann in einer Porzellanschale mit 280 Gramm
fein gestoßenem Zucker und 35 Gramm Hausenblase bis zum Geliren
kalt gerührt, dann wird der von ⁸/₁₀ Liter zu Schnee geschlagene Rahm
leicht darunter amalgamirt, die Crême sogleich in eine leicht mit Mandel-
Oel ausgestrichene Form gegossen und zum Sulzen in's Eis gegraben.

1877. Bayerische Crême mit viererlei Früchten. Fromage Bavarois aux quatre fruits.

140 Gramm rothe Johannisbeeren, eben so viel Kirschen, Himbeeren

und Erdbeeren werden zusammen durch ein feines Haarsieb in eine Por=
zellan=Schale gepreßt und dieses Püree mit 280 Gramm fein gestoßenem
Zucker nebst 35 Gramm gut ausgekochter Hausenblase auf dem Eise bis
zum Verdicken kalt gerührt.   Die Vollendung hat diese Crême mit der
vorhergehenden gemein.

**1878. Bayerische Crême mit Veilchen-Geruch. Fromage Bavarois
aux violettes.**

Man entblättert vier bis fünf Büschelchen frisch gepflückte Märzen=
Veilchen, welche man in eine Porzellan=Schüssel gibt und mit 280 Gramm
zu Syrup gekochtem, heißen Zucker übergießt und gut zugedeckt bei Seite
stellt.   Unterdessen werden 35 Gramm Hausenblase klein zerschnitten und
mit $3/10$ Liter frischem Wasser auf Kohlenfeuer langsam gut ausgekocht.
Wenn der Veilchen=Syrup kalt geworden, wird die Hausenblase nebst
etwas Cochenille=Farbe, damit derselbe eine schöne violette Farbe erhält,
dazu gethan und durch eine Serviette in eine andere Schale passirt.
Dieser Veilchen=Syrup wird hierauf, bis er sich zu verdicken anfängt,
kalt gerührt, dann wird der von $1^1/10$ Liter zu Schnee geschlagene Rahm
darunter amalgamirt, die Crême sogleich in die leicht mit Mandel=Oel aus=
gestrichene Form eingegossen und diese zum völligen Stocken auf's Eis gestellt.

**1879. Bayerische Crême mit Mokka-Kaffee. Fromage Bavarois
au café Mocca.**

Nachdem 210 Gramm bester Mokka=Kaffee lichtbraun gebrannt
sind, wird derselbe aus der Pfanne sogleich in $5/10$ Liter siedenden Rahm
geschüttet und zugedeckt bei Seite gestellt.   Wenn dieser kalt geworden,
wird er durchgeseiht und mit acht Eidottern und 210 Gramm gestoßenem
Zucker zu einer Crême abgerührt, unter die man 35 Gramm aus=
gekochte Hausenblase gießt und zusammen durch ein feines Haarsieb passirt.
Diese Crême wird auf dem Eise, bis sie sich zu verdicken anfängt, kalt

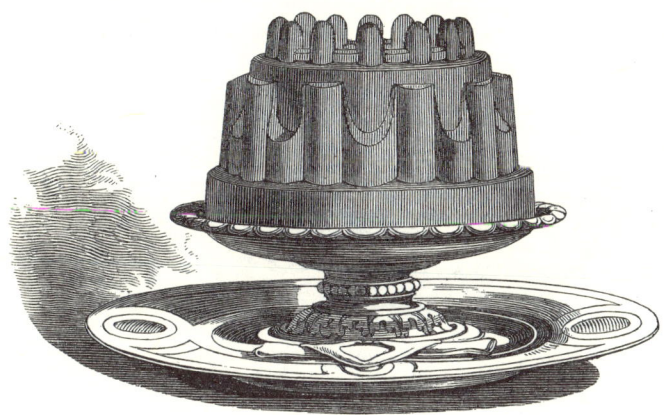

gerührt, dann mit dem geschlagenen Rahm leicht untermengt und wie die vorhergehenden vollendet.

1880. Bayer. Crême von gebranntem Zucker mit Orangenblüthen.
Fromage Bavarois au caramel aux fleurs d'oranges pralinées.

Von 140 Gramm Zucker wird ein Caramel gebrannt, zu welchem man $^3/_{10}$ Liter siedende Milch gibt, diese nebst 35 Gramm gerösteter Orangenblüthe aufkochen läßt und dann zugedeckt bei Seite stellt. Sodann werden acht Eidotter mit 140 Gramm gestoßenem Zucker nebst dem Rahm gut verrührt und auf Kohlenfeuer zu einer Crême abgerührt, unter welche man 35 Gramm ausgekochte Hausenblase gießt und zusammen durch ein feines Haarsieb passirt. Diese Crême wird dann, bis sie sich zu verdicken anfangen will, kalt gerührt. Hierauf wird der von $^5/_{10}$ Liter zu Schnee geschlagene Rahm darunter gerührt, sogleich in die leicht mit Mandel-Oel ausgestrichene Form gegossen und wie die vorhergehenden vollendet.

1881. Gestürzte Crême mit Früchten. Crême renversée
à la prince Pückler.

Hiezu bereitet man von einer kleinen, aber sehr reifen, guten Ananas mit 280 Gramm gestoßenem Zucker ein Püree, welches durch ein feines Haarsieb gestrichen werden muß. Dieses wird in eine tiefe Porzellan-Schale gethan, mit etwas Zucker-Syrup und 35 Gramm gut ausgekochter, durchgeseihter Hausenblase verrührt und sodann mit $^8/_{10}$ Liter zu einem festen Schnee geschlagenem Rahm leicht untermengt. Von dieser Crême wird der vierte Theil in eine leicht mit Mandel-Oel ausgestrichene und in's gestoßene Eis gegrabene, passende Crême-Form gefüllt und diese stocken gelassen; über diese wird eine Lage ausgekernte, gut abgetropfte und jede in vier Theile geschnittene, recht grüne, eingemachte Reineclauden gelegt und wieder mit Crême übergossen. Wenn diese wieder gestockt ist, so

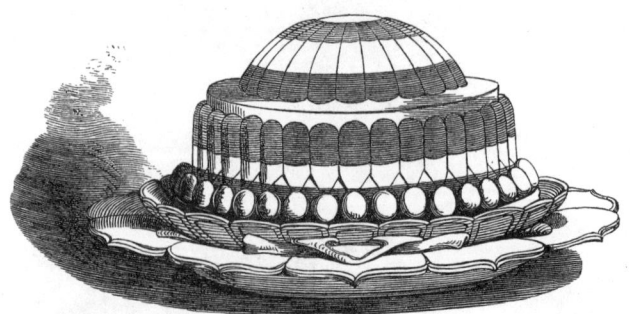

werden gut abgetrocknete, eingemachte Amarellen=Kirschen-gelegt und wieder mit Crême überdeckt.   Wenn auch diese wieder gestockt ist, so wird eine dritte Lage von gut abgetrockneten und in Stücke geschnittenen, eingemachten Aprikosen gelegt und über diese der Rest der Crême gethan, so daß die Form voll ist.   Diese wird überdeckt und an einen kalten Ort gestellt. Beim Anrichten wird die Crême in eine flache Schüssel gestürzt, unten herum mit kleinen, runden Bisquits garnirt und zu Tisch gegeben.

1882. Gestürzte Crême von mehreren Farben.
Crême panachée ou rubanée.

Die gestürzten panachirten Crêmes werden größtentheils aus drei Farben bereitet, nämlich von Vanille=Crême weiß, von Chokolade=Crême schwarz und von Himbeer= oder Erdbeer=Crême roth.   Die Bereitung dieser Crêmes ist ganz der vorhergehenden gleich, jedoch kann man die verschiedenen Geschmacke auch nach Belieben ändern, nur muß denselben die geeignetste Farbe beigefügt werden.   Das Einfüllen dieser Crêmes muß aber mit der Vorsicht behandelt sein, daß jedesmal nur eine Crême auf einmal bereitet und eingefüllt wird.   Ist die erste eingegossene Crême gesulzt, so bereitet man die zweite und gießt dieselbe fließend und in gleicher Dicke über die andere, so daß die Crêmes, nachdem sie gestürzt sind, wie verschiedene farbige Bänder aussehen.

---

76. Abschnitt.   5. Abtheilung.

Von den Mandel- oder Nuß-Sulzen.   Des blanc-mangers.

Unter die Kategorie der verschiedenen Crêmes gehören auch die Mandel= milch= oder Nußmilch=Sulzen.   Zu ihrem Gelingen ist besonders sehr frische Milch, weißer Zucker und große Reinlichkeit nöthig.   Sie unterscheiden sich von den übrigen Crêmes sowohl durch ihr liebliches, schneeweißes Ansehen, als auch durch ihren angenehmen Geschmack und sind besonders an heißen Sommertagen eine sehr kühlende, angenehme Schüssel.

1883. Mandelsulz oder gesulzte Mandelmilch. Blanc-manger.

280 Gramm süße und einige bittere Mandeln werden gebrüht, ab=
gezogen, gut ausgewässert und mit Milch sehr fein gerieben. Diese sehr
fein und weiß geriebenen Mandeln werden in 1¹/₁₀ Liter kochendheißen
Rahm gerührt und zugedeckt eine halbe Stunde warm gestellt. Nach dieser
Zeit wird der Rahm den ganzen Mandelgeruch in sich aufgenommen haben
und derselbe wird durch ein rein ausgewässertes, geruchloses Haartuch oder
Serviette gepreßt, wo man immer noch ³/₁₀ Liter heißen Rahm über die
schon gepreßten Mandeln gießt und vollends auspreßt. Ferner werden
50 Gramm Hausenblase in kleine Stückchen geschnitten, rein gewaschen
und mit ³/₁₀ Liter Wasser langsam gut aus= und bis zur Hälfte einge=
kocht. Die Hausenblase wird dann nebst 280 Gramm feingestoßenem
Raffinade=Zucker und einem Eßlöffel voll Orangenblüthen=Wasser unter
die Mandelmilch gerührt und zu größerer Vorsicht nochmals durch eine
Serviette geseiht. Sodann wird eine schöne Crême=Form sehr rein aus=
gewaschen, gut ausgetrocknet und mit Mandel=Oel leicht ausgestrichen.
Diese wird in fein gestoßenes Eis gegraben, mit dem blanc-manger an=
gefüllt, zugedeckt, etwas Eis auf den Deckel gethan und dann an einen
kalten Ort gestellt. Beim Anrichten wird die Form aus dem Eise ge=
nommen, rein abgetrocknet, mit dem Finger von der Seite etwas losge=
macht und an dieser Stelle hineingeblasen, dann wird die Form in eine
passende Schüssel gestürzt, leicht gerüttelt, langsam abgehoben und das
blanc-manger sogleich in seinem schönen, weißen Ansehen, fein elastisch
zitternd zu Tisch gegeben.

1884. Gestreifte gebänderte Mandelsulz. Blanc-manger en rubans.

Das vorhergehend bereitete blanc-manger wird in vier gleiche Theile
in Porzellanschalen getheilt, wovon der eine weiß, der zweite mit etwas
Cochenille und parfait d'amour rosa, der dritte mit etwas Pistaziengeruch
und Spinat blaßgrün und der vierte mit 140 Gramm fein aufgelöster

Chokolade schwarz gefärbt wird. Sodann wird die mit Mandel=Oel leicht ausgestrichene Form in feingestoßenes Eis gegraben, die Hälfte von dem weißen blanc-manger vorsichtig, damit nichts davon an die Seite der Form spritzt, eingegossen und stocken gelassen. Ist dies erreicht, so wird die Hälfte der Rosa=Farbe mit derselben Vorsicht darüber gegossen und wieder stocken gelassen, dann kommt die Hälfte des grünen blanc-manger und wenn auch dieses wieder gesulzt ist, so wird die Hälfte der Chokolade=Masse mit derselben Vorsicht darauf gegossen, welche man auch wieder stocken läßt. Ist dies erreicht, so wird das Aufgießen auf dieselbe Art und Weise wiederholt und zwar die weiße Farbe zuerst, dann die rosa, die grüne und zuletzt die schwarze; ist die Form ganz voll angefüllt, so deckt man das blanc-manger zu und stellt es an einen kalten Ort. Beim Anrichten wird das blanc-manger mit Vorsicht nach der schon früher angegebenen Weise in eine sehr flache Krystall=Schüssel gestürzt und sogleich zu Tisch gegeben.

1885. Mandelsulz mit Pistazien. Blanc-manger aux pistaches.

Man bereitet von 280 Gramm süßen und acht Stück bittern Mandeln, mit dem nöthigen feingestoßenen Zucker und Rahm nebst 26 Gramm Hausen=blase, $^5/_{10}$ Liter sehr weiße Mandelsulz, die man zugedeckt bei Seite stellt. Ebenso werden 140 Gramm recht grüne Pistazien gebrüht, abgezogen und mit einigen Eßlöffeln voll Milch in einem reinen Marmormörser sehr fein gerieben. Dieselben werden hierauf in $^5/_{10}$ Liter kochendheißen Rahm ein=gerührt und nach einer Viertelstunde mit einem Kaffeelöffel voll Spinat=grün verrührt und die Milch durch ein feines Haartuch gepreßt, so daß man $^5/_{10}$ Liter nach Pistazien feinschmeckende blaßgrüne Milch erhält. Hierauf werden 26 Gramm gut ausgekochte Hausenblase und der nöthige feingestoßene Zucker dazu gerührt und das blanc-manger abwechselnd in fingerbreiten Streifen dem vorhergehenden gleich jedesmal ein weißes und ein grünes, in die mit Mandel=Oel leicht ausgestrichene und in's gestoßene Eis gegrabene Form eingefüllt.

1886. Mandelsulz mit Chokolade. Blanc-manger au chocolat.

210 Gramm feine Vanille=Chokolade werden mit einem Glas kochen=dem Wasser aufgelöst und mit dem nöthigen Zucker fein abgerührt. Ferner wird von 350 Gramm süßen und zehn Stück bittern Mandeln mit dem nöthigen Rahm $1^1/_{10}$ Liter gute Mandelmilch bereitet, die man mit 50 Gramm gut ausgekochter und geseihter Hausenblase untermengt und in zwei gleiche Theile theilt, wovon der eine weiß bleibt, während unter den andern die dicklichfließende, fein abgerührte, lauwarme Chokolade ge=mengt wird. Das Einfüllen dieses blanc-manger geschieht genau so, wie beim vorhergehenden.

1887. Mandelsulz mit Mokkakaffee. Blanc-manger au café Mocca.

210 Gramm Mokka=Kaffee werden lichtbraun gebrannt, gemahlen

und hiervon ³/₁₀ Liter recht klarer, schwarzer Kaffee bereitet. Ferner werden ⁸/₁₀ Liter sehr gute Mandelmilch bereitet, wovon ⁵/₁₀ Liter in eine Schale gegossen und ³/₁₀ Liter unter den Kaffee gemengt werden; beide Theile werden angenehm gesüßt, und unter jeden 26 Gramm gut aus= gekochte, dicklichfließende Hausenblase lauwarm gemengt. Das Einfüllen bleibt wie bei den vorhergehenden.

1888. Mandelsulz mit geschlagenem Rahm. Blanc-manger à la reine.

Unter ⁵/₁₀ Liter recht weiß und angenehm süß bereitete Mandelmilch werden 50 Gramm Hausenblase und zwei Eßlöffel voll Rosenwasser ge= mengt, dann auf dem Eise, bis sie sich verdicken will, kalt gerührt; so= dann wird sie vom Eise genommen und schnell der von ⁵/₁₀ Liter zu Schnee geschlagene Rahm darunter amalgamirt, sogleich ganz weiß in die Form eingegossen und zum Sulzen kalt gestellt.

1889. Mandelsulz mit parfait d'amour. Blanc-manger au parfait d'amour.

1¹/₁₀ Liter gut bereitete Mandelmilch wird mit 50 Gramm Hausen= blase untermengt, mit etwas Cochenille rosa gefärbt und mit dem nöthigen Liqueur parfait d'amour angenehm im Geschmack gehoben und dann in die Form gefüllt.

1890. Mandelsulz mit Marasquino. Blanc-manger au marasquin di Zara.

Die Bereitung ist dieselbe, nur daß das blanc-manger weiß bleibt, und der Liqueur nur fein vorschmecken darf.

1891. Mandelsulz mit Erdbeeren. Blanc-manger aux fraises.

Unter ⁸/₁₀ Liter Mandelmilch werden 50 Gramm gut ausgekochte, lauwarme Hausenblase, ³/₁₀ Liter von frischen Walderdbeeren bereiteter, klarer Erdbeersaft, sowie etwas Cochenille gemengt und nachdem die Masse noch mit dem nöthigen, feingestoßenen Zucker angenehm gesüßt ist, wird sie den vorhergehenden gleich im Eise gesulzt.

1892. Mandelsulz mit Himbeeren. Blanc-manger aux framboises.

Die Bereitung ist dieselbe, nur daß hier ³/₁₀ Liter frischer Himbeer= saft, mit etwas Johannisbeer untermengt, genommen wird.

76. Abschnitt. 6. Abtheilung.
Von den abgerührten Crêmes. Des crêmes pâtissières.

Die abgerührten oder musartigen Crêmes (crêmes pâtissières) eignen sich vorzugsweise zu den Aufläufen, wie auch zum Füllen verschiedener kleiner Backwerke. In der französischen Küche sind sie sehr geachtet, weil sie den kleinen Backwerken einen sehr angenehmen Geschmack geben.

1893. Abgerührte Crême mit Ochsenmark. Crême pâtissière
à la moëlle.

Zwei bis drei Eßlöffel voll Mehl werden mit etwas kaltem Rahm und sechs Eidottern fein abgerührt, dann werden $^5/_{10}$ Liter süßer Rahm mit 105 Gramm gestoßenem Zucker dazu gethan und über Kohlenfeuer zu einem Mus angekocht; dazu kommen 140 Gramm frisch ausgelassenes und bis zum Rauchen stark erhitztes Ochsenmark, 140 Gramm fein ge= stoßene, süße Makaronen und 70 Gramm gut gereinigte und in Syrup aufgekochte, kleine Rosinen, welches alles genau untermengt, zugedeckt und bei Seite gestellt wird.

1894. Abgerührte Crême mit Pistazien. Crême pâtissière
aux pistaches.

140 Gramm schöne Pistazien werden gebrüht, abgezogen, in frischem Wasser gewaschen, dann mit 35 Gramm in Zucker gekochtem Cedrat und sechs Stück bittern Mandeln nebst etwas Rum fein gerieben. Sodann werden zwei Eßlöffel voll Mehl mit Rahm und dem Gelben von sechs Eiern fein abgerührt und mit $^5/_{10}$ Liter Rahm und 105 Gramm Zucker auf Kohlenfeuer zu einer Crême aufgekocht, unter welche die geriebenen Pistazien, 70 Gramm bis zum Rauchen erhitzte, sehr frische Butter und 70 Gramm fein gestoßene, süße Makaronen gemengt werden; zuletzt wird noch etwas Spinatgrün dazu gethan und die Crême durch ein Haarsieb in eine Schale passirt.

1895. Abgerührte Crême mit gerösteten Mandeln.
Crême pâtissière aux amandes pralinées.

140 Gramm schöne Mandeln werden mit eben so viel Zucker ab= geröstet, dann mit einer halben Obertasse voll Rahm fein gerieben. Ferner werden zwei Eßlöffel voll Mehl mit acht Eidottern und $^5/_{10}$ Liter Rahm fein abgerührt und über dem Feuer zu einem feinen Mus aufgekocht, mit welchem die fein geriebenen Mandeln, 140 Gramm Zucker und 70 Gramm bis zum Rauchen erhitzte Butter gemengt werden und das Ganze durch ein Haarsieb gestrichen wird.

1896. Abgerührte Crême mit Marasquino. Crême pâtissière
au marasquin.

Man rührt drei Eßlöffel voll Mehl, acht Eidotter und $^5/_{10}$ Liter süßen Rahm fein ab und läßt dies unter beständigem Rühren aufkochen. Das Ganze wird in eine andere Casserolle umgeleert und mit 140 Gramm fein gestoßenem Zucker, 70 Gramm gelbroth erhitzter Butter, 105 Gramm fein gestoßenen Makaronen genau untermengt und zuletzt mit einer halben Obertasse voll Marasquino di Zara bis zum Angenehmsten im Geschmack gehoben. Die Crême wird dann in eine Schale gethan und zugedeckt kalt gestellt.

1897. Abgerührte Crême mit Vanille. Crême pâtissière à la vanille.

Ein schönes, frisches Stängchen Vanille wird in kleine Stückchen geschnitten, in $^5/_{10}$ Liter kochenden Rahm gethan und zugedeckt an die Seite des Windofens gestellt, damit der Rahm den Vanille-Geruch in sich aufnimmt. Unterdessen werden zwei Eßlöffel voll Mehl mit acht Eidottern und etwas Rahm glatt abgerührt, dann wird der Vanille-Rahm durch eine Serviette dazu gegossen und zusammen unter beständigem Rühren auf Kohlenfeuer zu einer Crême aufgekocht, die sodann in eine Schale umgeleert wird. Unter diese werden 140 Gramm fein gestoßener Zucker, 105 Gramm gestoßene, gesiebte Makaronen und 105 Gramm bis zum Rothwerden erhitzte sehr frische Butter und ein Körnchen Salz gethan. Das Ganze muß, bis die Masse kalt geworden, sehr oft gerührt werden.

1898. Abgerührte Crême mit Chokolade. Crême pâtissière au chocolat.

Unter die vorher beschriebene Masse werden 140 Gramm fein geriebene Chokolade gethan und mit derselben genau verrührt.

1899. Abgerührte Crême mit Orangen-Geruch. Crême pâtissière à l'orange.

Zwei Eßlöffel voll Mehl werden mit acht Eidottern und $^5/_{10}$ Liter süßem Rahm glatt abgerührt und auf Kohlenfeuer unter beständigem Rühren zu einer Crême aufgekocht, unter welche das abgeriebene Gelbe einer Orange, 105 Gramm lichtgelb erhitzte und abgeschäumte frische Butter, 140 Gramm fein gestoßene, süße Makaronen und 175 Gramm gestoßener Zucker gerührt wird.

---

76. Abschnitt. 7. Abtheilung.

Von den gefrorenen Crêmes. Des crêmes glacées à la plombière.

Die gefrorenen Crêmes (crêmes à la plombière) sind nichts anders, als jene nach französischer Art zubereiteten (crêmes à la française) nur mit dem Unterschiede, daß sie in der Büchse gefrieren und mit geschlagenem Rahm untermengt werden. Sie dienen zum Füllen verschiedener Entremets (z. B. zu verschiedenen Krusten, zu Charlotten und zum Füllen mehrerer Torten). Auch werden sie erhaben (felsenartig) in tiefen Schalen aufgerichtet und mit recht klarer Aprikosen-Marmelade besprißt oder mit Pistazien garnirt. Ferner werden sie auch in Crême-Becher gefüllt und so zu Tisch gegeben.

1900. Gefrorne Crême mit Mandeln. Crême à la plombière aux amandes.

Man bereitet von 280 Gramm süßen und zehn bittern Mandeln mit 1¹/₁₀ Liter Rahm eine gute Mandelmilch. Unterdessen werden vierzehn Eidotter mit 280 Gramm fein gestoßenem Zucker gut abgeschlagen, dann wird die Mandelmilch und etwas fleurs d'orange dazu gethan und zusammen auf Kohlenfeuer unter beständigem Rühren, bis die Crême aufstoßen will, abgerührt. Ist dies geschehen, so wird die Crême durch ein Haarsieb in eine irdene Schüssel geseiht und kalt geschlagen. Eine und eine halbe Stunde vor dem Gebrauche wird dieselbe in der Büchse, wie jedes andere Gefrorene, fest gefroren, mit zwei Teller voll geschlagenem Rahm untermengt und fein abgearbeitet. Beim Anrichten wird dieselbe erhaben in eine Gefrornenschale angerichtet, dazwischen mit schöner Aprikosen-Marmelade besprizt und mit fein geschnittenen Pistazien schön bestreut sogleich zu Tisch gegeben.

---

77. Abschnitt.

Von den klaren, süßen Sulzen. Des gelées.

Die süßen Sulzen werden in fünf Abtheilungen eingetheilt, nämlich:
1) in süße Sulzen von verschiedenen frischen Blüthen,
2) in süße Sulzen von frischen Säften,

3) in süße Sulzen von Wein und Liqueurs,
4) in süße Sulzen mit Früchten eingelegt,
5) in geschlagene süße Sulzen.

Die erste und nothwendigste Bedingung ist eine gute geblätterte Hausenblase, welche von der Art sein muß, daß dieselbe, wenn man sie gegen das Licht hält, durchsichtig sei und dabei einen violett bläulichen Schiller, jenem der Perlmutter gleich, habe. Eine weitere Bedingung ist schöner, weißer Zucker, womöglich Raffinade. Und drittens erfordern die= selben sehr große Reinlichkeit, die gehörige Zeit und einen staub= und rauch= losen Ort. Denn jedes Gelée muß eine kristallreine Durchsichtigkeit und feinen Geschmack haben, nicht zu süß und von fein zitterndem Ansehen sein.

1901. Von dem Klären des Zuckers. De la clarification du sucre.

Der vierte Theil von dem Weißen eines Eies wird in einer unver= zinnten Zucker=Casserolle bis er weiß wird, abgeschlagen, dann werden $^5/_{10}$ Liter frisches Brunnenwasser dazu gegossen und 560 Gramm in Stücke geschlagener Raffinadezucker hineingethan. Das Ganze wird dann gut umgerührt und die Casserolle über einen Dreifuß auf den brennenden Windofen gesetzt. Wenn der Zucker anfängt zu kochen und aufzusteigen, gießt man vier Eßlöffel voll kaltes Wasser hinein, und so wird dreimal, bei jedesmaligem Aufsteigen des Zuckers frisches Wasser hineingegossen; hierauf wird die Casserolle vom Feuer genommen und an die Ecke des Windofens gestellt. Das Eiweiß hat während des Kochens alle unreinen Theile des Zuckers in sich aufgenommen, welches mit einem Schaumlöffel rein abgenommen wird. Wenn der Zucker sich krystallrein geklärt hat, wird derselbe durch eine rein ausgewaschene, geruchlose Serviette in eine Porzellan-Terrine geseiht und halb zugedeckt an einen kalten, staublosen Ort gestellt.

1902. Von der Klärung der Hausenblase. De la clarification de la colle de poisson.

Für ein Gelée zu zwölf Personen, wozu die Form $1\,^1/_{10}$ Liter halten darf, werden 70 Gramm im Sommer und 50 Gramm im Winter schöne Blätterhausenblase in kleine Stückchen geschnitten, gewaschen und mit $^5/_{10}$ Liter frischem Brunnenwasser nebst 35 Gramm Zucker in's Kochen gebracht. Wenn dieselbe kocht, wird sie an die Ecke des Windofens gestellt und in der Art langsam gekocht, daß der aufsteigende Schaum auf der Oberfläche nach hinten kömmt und von Zeit zu Zeit abgenommen werden kann. Ist die Hausenblase ganz rein krystallhell und um die Hälfte eingekocht, so wird sie durch die Ecke einer ganz reinen, gut ausgewaschenen, feinen Serviette in eine Porzellan-Schale geseiht und halb zugedeckt kalt gestellt.

---

77. Abschnitt. 1. Abtheilung.

Von den süßen Sulzen von verschiedenen frischen Blüthen.
Des gelées aux fleurs nouvelles.

1903. Süße Sulz von frischen Veilchen. Gelée de violettes printanières.

Zwei bis drei Büschelchen frisch gepflückte Märzen-Veilchen werden entblättert, in eine Porzellan-Terrine gethan und mit 240 Gramm geklärtem Zucker-Syrup heiß übergossen und gut zugedeckt bei Seite gestellt.

Wenn der Syrup kalt geworden ist, wird er durch ein feines Seidensieb in eine Schale geseiht, der leicht ausgedrückte Saft einer Citrone, etwas gutes Kirschenwasser, 50 Gramm schön klargekochte Hausenblase und etwas Cochenille=Farbe dazu gethan, nochmals geseiht und in eine schöne passende Gelée=Form, welche zuvor in's gestoßene Eis eingegraben wurde, gefüllt. Die Form wird mit einem Casserolledeckel zugedeckt, etwas Eis darüber gethan und bis zum völligen Sulzen an einen kalten Ort gestellt. Beim Anrichten wird die Form aus dem Eise genommen, in's lauwarme Wasser gestoßen, schnell abgetrocknet, ein Krystall=Teller darüber gelegt, die Form in denselben gestürzt, leicht gerüttelt und langsam abgehoben.

1904. Süße Sulz von frischen Rosen. Gelée printanière à la rose.

Man klärt auf die angegebene Weise 420 Gramm Raffinade=Zucker, schüttet denselben in eine Terrine über vierundzwanzig Stück schöne, entblätterte Rosen, färbt dies mit etwas Cochenille rosa und deckt den Zucker genau zu. Ist der Zucker beinahe kalt geworden, so seiht man denselben durch ein feines Seidensieb in eine andere Schale, gießt ein halbes Glas destillirtes Rosenwasser und eben so viel Kirschenwasser und den Saft einer Citrone dazu, untermengt das Gelée noch mit 50 Gramm klarifizirter Hausenblase und gießt sie in den zuvor in's Eis gegrabenen Gelée=Model. Im Uebrigen wird sie ganz der vorhergehenden gleich behandelt.

1905. Süße Sulz von frischen Orangenblüthen. Gelée aux fleurs d'oranges nouvelles.

70 Gramm frisch gepflückte Orangenblüthen werden in eine Terrine gethan, mit 420 Gramm geklärtem Raffinade=Zucker übergossen und hermetisch geschlossen zum Erkalten bei Seite gestellt. Wenn der Zucker beinahe kalt geworden ist, wird er durch ein Seidensieb geseiht, dann der

filtrirte Saft von zwei Orangen, 50 Gramm geklärte Hausenblase und
etwas Kirschenwasser dazu gegossen, genau untermengt und das Gelée
in den in's Eis gegrabenen Model gefüllt und im Uebrigen dem vorher=
gehenden gleich beendet.

1906. Süße Sulz von gerösteten Orangenblüthen. Gelée aux fleurs d'oranges pralinées.

Man klärt 420 Gramm Zucker und passirt denselben durch ein
Seidensieb. Die Hälfte davon wird auf Kohlenfeuer langsam, bis er
gelb zu werden anfängt, eingekocht, dann werden 35 Gramm frisch ge=
pflückte Orangenblüthen hinein geworfen, mit einem silbernen Löffel um=
gerührt und zum Kaltwerden zugedeckt bei Seite gestellt. Sodann werden
$^5/_{10}$ Liter siedendes Wasser darüber gegossen und zum Auflösen wieder
auf Kohlenfeuer gestellt. Ist die Auflösung erfolgt, so seiht man den
Syrup durch ein Seidensieb zu dem Rest Zucker nebst 50 Gramm ge=
klärter Hausenblase, dem Saft einer Citrone und acht Eßlöffeln voll
Kirschenwasser und beendet das Gelée wie die vorhergehenden.

1907. Süße Sulz von Orangenblüthen mit Champagner. Gelée de fleurs d'oranges au vin de Champagne.

Man gibt 35 Gramm frisch gepflückte Orangenblüthen in eine
Terrine und übergießt dieselben mit 350 Gramm zu Syrup geklärtem,
kochendheißen Zucker, den man ganz genau zudeckt und kalt werden läßt.
Ist derselbe kalt geworden, so wird er durch ein Seidensieb in eine
andere Schale geseiht, mit einer halben Bouteille rothem Champagner
und 50 Gramm geklärter Hausenblase untermengt und in den in's Eis
gegrabenen Model gefüllt.

77. Abschnitt. 2. Abtheilung.

Von den Saft-Sulzen aus frischen Früchten. Des gelées de fruits.

1908. Erdbeer-Sulz. Gelée de fraises.

560 Gramm frischgepflückte, gewaschene Walderdbeeren werden in einer Terrine leicht zerdrückt, mit 140 Gramm geklärtem Zucker heiß übergossen, genau zugedeckt und über Nacht stehen gelassen. Am andern Morgen wird dieser Saft filtrirt. Unterdessen werden 280 Gramm Raffinade-Zucker geklärt und wenn derselbe beinahe klar ist, wird etwas schöne Cochenille-Farbe dazu gethan, damit der Syrup eine schöne rosa Farbe erhält; er wird durch ein Seidensieb geseiht und wenn er beinahe kalt ist, werden 50 Gramm geklärte Hausenblase, der filtrirte Erdbeersaft und ein Glas Moseler Wein dazu gegossen und durcheinander gerührt. Eine passende schöne Gelée-Form wird in's gestoßene Eis gegraben, mit dem Gelée angefüllt, ein Deckel darüber gethan, dieser mit Eis überlegt und so einige Stunden an einen kalten Ort gestellt.

Auf dieselbe Weise wird das Gelée von frischen Himbeeren bereitet, nur daß die Hälfte soviel weiße Johannisbeeren dazu kömmt.

1909. Kirschen-Sulz. Gelée de cerises.

1 Kilo 120 Gramm ausgekernte, gutreife, rothe Kirschen werden mit 140 Gramm ausgekernten, rothen Johannisbeeren zerdrückt und der Saft durch ungeleimtes Seidenpapier filtrirt. Unterdessen werden 420 Gramm Zucker geklärt und wenn derselbe kalt ist, mit 50 Gramm geklärter Hausenblase, einem Glas weißen Wein, sowie dem Kirschensaft untermengt und dann wie die vorhergehenden eingefüllt und beendet.

1910. Sulz von Sauerbeeren. Gelée d'épine-vinettes.

280 Gramm ganz reife, große Sauerbeeren, werden ausgekernt, mit 210 Gramm geklärtem, heißen Zucker-Syrup übergossen, über dem Feuer einmal aufgekocht und sodann recht hell filtrirt. Ist dies geschehen, so werden $^3/_{10}$ Liter weißer Wein, eben so viel geklärter Zucker und 50 Gramm geklärte Hausenblase dazu gegossen, zusammen gut untermengt und in die in's Eis gegrabene Form gefüllt.

1911. Aprikosen-Sulz. Gelée d'abricots.

Achtzehn bis vierundzwanzig ganz reife, schöne Aprikosen werden halbirt, ausgekernt und in ganz dünnem Syrup von 280 Gramm Zucker langsam einigemale übersotten und der Saft durch ein leichtes Drücken durch eine Serviette gepreßt und dann filtrirt. Ist der Saft ganz klar geworden, so werden unter denselben 50 Gramm geklärte Hausenblase,

ein Glas weißer Wein und eben so viel geläuterter Zucker gerührt und
das Gelée in die in's Eis gegrabene Form gefüllt.

1912. Sulz von Ananas mit Champagner. Gelée d'ananas au
vin de Champagne.

Eine schöne, ganz reife Ananas wird rein abgeschält, der Länge
nach durchgeschnitten und jede Hälfte in messerrückendicke Blättchen ge=
schnitten.   Hierauf werden 350 Gramm Raffinade=Zucker geklärt, über
die Ananas=Scheibchen geseiht und zusammen fünf Minuten langsam auf
Kohlenfeuer gekocht.   Sodann werden sie in ein Seidensieb gegossen, da=
mit der Syrup genau abfließt.   Dazu werden 50 Gramm geklärte Hausen=
blase und eine halbe Bouteille Champagner gegossen, durcheinander gerührt
und der dritte Theil davon in die in's Eis gegrabene Form gefüllt;
wenn dieselbe gesulzt ist, so wird der dritte Theil der Ananas=Scheibchen
im Kranze darüber gelegt und diese wieder mit einem Theil des Gelée
übergossen und so wird fortgefahren, bis die Ananas in drei Schichten
eingelegt und zuletzt mit Gelée übergossen ist.   Das Vollenden dieses
Gelée ist ganz dem vorhergehenden gleich.

1913. Orangen-Sulz von Malteser-Orangen. Gelée d'oranges
de Malte.

Acht schöne, saftige Orangen werden in der Mitte durchgeschnitten,
dann nebst dem Saft von zwei Citronen leicht gepreßt und dieser durch
einen Filzhut zu einer wasserklaren Flüssigkeit filtrirt, welches wohl am
Abend vorher geschehen müßte.   Ferner werden 420 Gramm Zucker auf
die vorher beschriebene Art geläutert und wenn derselbe kalt ist, mit 50
Gramm geklärter Hausenblase und dem filtrirten Saft nebst etwas
Cochenille=Farbe, damit das Gelée einen röthlichen Schimmer erhält, ge=
färbt, genau untermengt und den vorhergehenden gleich in eine schöne
Form gefüllt und gesulzt.

1914. Orangenkörbchen mit Orangen-Sulz gefüllt. Gelée
d'oranges en petits paniers.

Zwölf ganz gleiche, mittelgroße Orangen von ganz reiner Schale wer=
den in Körbchen=Form geschnitten, rein ausgehöhlt und die Kanten wie
auch der Henkel rein ausgezackt, welches mit einiger Mühe und Geschick
geschehen muß.   Das Herausgenommene aus der Orange wird leicht ge=
preßt und der Saft wie der vorhergehende durch einen Filzhut wasserklar
filtrirt; die Orangen selbst aber werden bis zum Gebrauche in's kalte
Wasser gelegt.   Sodann werden 420 Gramm Raffinade=Zucker geklärt,
mit etwas Cochenille rosa gefärbt, dann durch ein Seidensieb geseiht und
wenn derselbe beinahe kalt geworden ist, mit 50 Gramm geklärter
Hausenblase und dem Orangen=Safte untermengt.   Die Orangenkörbchen
werden auf ein reines Tuch umgestürzt, die kleine Oeffnung, welche sich beim
Aushöhlen unten ergeben hat, wird mit Butter überstrichen und sodann in

fein gestoßenes Eis in einem großen Siebe eingegraben. Hierauf werden sie mit dem Gelée angefüllt, Papier darüber gedeckt und zum Sulzen an einen kalten Ort gestellt. Beim Anrichten werden dieselben über eine gebrochene Serviette auf einer runden Schüssel angerichtet, in jedes derselben ein frisches Orangenblatt gesteckt und sogleich zur Tafel gegeben. Als Aufsatz werden die Orangenkörbchen auch um ein weißes blanc-manger über einem Aufsatz von Krystall nach obiger Zeichnung geordnet.

1915. Gestreifte oder bänderartige Orangen-Sulz. Gelée d'oranges en rubans.

Es wird in acht gleichgroße, schöne, hochrothe Orangen mit feiner Schale oben eine Oeffnung in der Größe eines Zehnpfennig=Stückes eingestochen und die ganze Orange mit der größten Vorsicht, damit die äußere Schale nirgends beschädigt wird, mittelst eines kleinen Aepfelbohrers ausgehöhlt und dann bis zum Gebrauche in's frische Wasser gelegt. Der Saft wird dem vorhergehenden gleich wasserklar filtrirt. Unterdessen werden 350 Gramm Raffinade=Zucker klarifizirt und wenn derselbe kalt geworden ist, mit 70 Gramm rein geklärter Hausenblase, dem Orangen= safte und etwas Moselwein untermengt und in zwei gleiche Theile ge= schieden, wovon der eine mit etwas Cochenille schön roth gefärbt wird. Ebenso werden $^4/_{10}$ Liter blanc-manger, aber mit etwas mehr Hausen= blase, bereitet, welches in drei gleiche Theile getheilt wird, wovon der eine weiß, der zweite mit etwas Cochenille rosa und der dritte mit 35 Gramm Chokolade braun oder statt braun mit Spinatgrün blaßgrün gefärbt wird. Die Orangen werden dann über ein reines Tuch umge=

stürzt, wenn unten eine Oeffnung sein sollte, wird sie mit Butter über=
strichen und die Orangen in's feingestoßene Eis in ein großes Sieb ganz
eingegraben. Sodann wird der dritte Theil des innern Raumes mit weißer
dicklichfließender Sulz angefüllt und sulzen gelassen. Ueber diese kömmt ein
halb so dickes Streifchen von rosa blanc-manger, welches man wieder stocken
läßt und dann kömmt ein Streifchen von grünem oder braunem blanc-
manger, dann wenn dieses wieder gestockt ist, ein Streifchen von der weißen
Farbe und auf diesem werden die Orangen mit der rothen Orangensulz
aufgefüllt, bis sie ganz voll geworden sind. Das Einfüllen dieser Orangen
fordert Geduld und Aufmerksamkeit, damit die Orangen=Sulz zwei Theile und
die drei blanc-manger Farben einen Theil des innern Raums der Orange
in schmäleren Streifen einnehmen. Vor dem Anrichten werden die Orangen
abgetrocknet, die Butter abgeschabt und jede derselben in sechs ganz gleiche
Theile mit einem sehr scharfen, dünnen Messer, welches ins heiße Wasser
eingetaucht wird, geschnitten. Diese Orangentheile werden dann über
einem staffelförmigen Aufsatz von hartem Zuckerteig oder in einem schön aus
Tragant geflochtenen, runden oder ovalen Teigkörbchen oder auch in einer
Vase aus weißem Mandelteig zierlich aufgerichtet, mit grünen Orangen=
blättern ausgarnirt und so im schönsten Aussehen zur Tafel gegeben.

1916. Citronen-Sulz.   Gelée de citrons.

Zehn bis zwölf gesunde, saftige Citronen werden rundum einge=
schnitten, abgedreht, der Saft leicht ausgedrückt und durch einen Filzhut
durch mehrmaliges Aufgießen, bis derselbe wasserklar durchläuft, filtrirt.
Unterdessen werden 560 Gramm feiner Raffinade=Zucker mit dem Safte
einer Citrone krystallhell geläutert und wenn derselbe beinahe kalt ist, mit
50 Gramm geklärter Hausenblase und dem wasserklaren Citronensaft unter=
mengt und diese ganz weiße, angenehm schmeckende Sulz in eine in's
gestoßene Eis gestellte Form gefüllt und gesulzt.

1917. Vanillesaft-Sulz. Gelée au suc de vanille.

Eine Stange bester Vanille wird in kleine Stückchen geschnitten, in eine Terrine gethan und mit 350 Gramm geklärtem Zucker, welchen man mit etwas Cochenille rosa gefärbt hat, heiß übergossen und zugedeckt bei Seite gestellt. Wenn derselbe beinahe kalt geworden ist, wird er durch ein Seidensieb geseiht, mit dem Safte von zwei Citronen, 50 Gramm geklärter Hausenblase und etwas Kirschenwasser untermengt und in die dazu bestimmte Gelée=Form, welche zuvor in's Eis gegraben wurde, gefüllt und gesulzt.

1918. Kaffee-Sulz. Gelée au café Mocca.

210 Gramm Mokka=Kaffee werden lichtbraun gebrannt, gemahlen und hiervon mit $^5/_{10}$ Liter siedendem Wasser ein sehr heller, starker Kaffee bereitet, der, nachdem er kalt geworden ist, mit 350 Gramm geklärtem Zucker, 50 Gramm hell und dick gekochter Hausenblase und etwas Kirschen= wasser untermengt und nochmals zusammen durch eine reine, gut ausge= waschene Serviette geseiht wird. Er wird in kleine, in's Eis gegrabene Förmchen oder in Crême=Becher gefüllt und gesulzt; erstere werden ge= stürzt, die Becher aber über eine gebrochene Serviette angerichtet und zur Tafel gegeben.

---

77. Abschnitt. 3. Abtheilung.

Von den verschiedenen Wein- oder Liqueur-Sulzen.
Des gelées de vin et de liqueur.

Es ist nöthig, darauf aufmerksam zu machen, daß alle Wein= und Liqueur=Sulzen in der Weise bereitet werden müssen, daß der Zucker und die Hausenblase mit dem Weine oder Liqueur nicht heiß untermengt werden dürfen, weil dadurch nicht nur allein vieles von dem aromatischen Geruche verloren geht, sondern auch die Sulzen nicht den Glanz erhalten und der krystallhellen Durchsichtigkeit entbehren.

1919. Rothe Champagner-Wein-Sulz. Gelée au vin de Champagne rosé.

Es werden 420 Gramm weißer Raffinade=Zucker geklärt, mit Coche= nille rosa gefärbt und durch ein Seidensieb in eine Terrine geseiht. Wenn dieser Syrup beinahe kalt geworden ist, wird über die Hälfte einer Bou= teille guten Champagner=Weins, 50 Gramm Hausenblase und der Saft einer Citrone dazu gegossen und zusammen nochmals geseiht. Das Ganze wird in die in's Eis gegrabene Form gefüllt und den vorhergehenden gleich gesulzt.

Auf diese Weise wird dieses Gelée, auch ohne es zu färben, ganz weiß gelassen.

1920. Sulz mit Marasquino.   Gelée au marasquin di Zara.

420 Gramm Zucker werden sehr weiß geklärt, in eine Terrine durch ein Seidensieb geseiht, 50 Gramm Hausenblase sehr rein und hell gekocht und nebst ³/₁₀ Liter Marasquino zu dem Zucker gegossen, sodann das Gelée in die in's Eis gegrabene Gelée=Form gegossen und gesulzt.

Auf dieselbe Weise werden alle Liqueur=Sulzen bereitet, wie z. B.:

1921. Sulz von Erdbeer-Crême.   Gelée au crême de fraises.

1922. Sulz von Barbados-Crême.   Gelée au crême de Barbade.

1923. Sulz von Nuß-Liqueur. Gelée au crême à l'eau de noyaux.

1924. Sulz von Vanille-Liqueur. Gelée au crême de vanille de Vespetro.

1925. Sulz von Anis-Liqueur.   Gelée d'anisette de Bordeaux.

1926. Punsch-Sulz.   Gelée au ponche.

In 420 Gramm heißen, geklärten Zucker wird die fein abgelöste Schale von zwei Citronen und ein Kaffeelöffel voll Thee geworfen, sodann zugedeckt bei Seite gestellt. Unterdessen wird der Saft von vier Citronen und jener von vier Orangen leicht ausgepreßt und wasserklar filtrirt, der Zucker durch ein Seidensieb geseiht, mit dem Safte, nebst 50 Gramm geklärter Hausenblase und ³/₁₀ Liter gutem Rum oder Arac untermengt, nochmals zusammengeseiht und den vorhergehenden gleich in die Form gegossen und gesulzt.

1927. Süße Sulz von weißem Wein.   Gelée au vin blanc.

Am besten eignen sich zu diesen Gelées nur gute Rhein= oder Franken= weine von guter Lage und Jahrgang. Wegen ihrer vorzüglichen Güte und ihrem kräftigen gewürzhaften Geschmack (Bouquet) sind von den Rhein= weinen: Johannisberger, Steinberger, Hochheimer ꝛc., von den Franken= weinen besonders Stein und Leisten zu empfehlen. Ihre Bereitung bleibt immer dieselbe. Es werden nämlich 420 Gramm weißer Zucker rein und hell geklärt, geseiht, wenn derselbe noch lauwarm ist, mit 50 Gramm gut geklärter Hausenblase, nebst zwei Dritttheilen einer Bouteille von obengenanntem Weine genau untermengt, in die in's Eis gegrabene Form gefüllt und den vorhergehenden gleich beendet.

Alle diese Wein-Sulzen werden auch sehr häufig mit frischen Wein- traubenbeeren von zweierlei Farbe eingelegt, welches dem Gelée ein sehr schönes Ansehen und guten Geschmack gibt.

1928. Süße Sulz von Danziger Goldwasser. Gelée à l'eau de Danzic.

70 Gramm grüne Pistazien werden gebrüht, abgezogen und in feine Stifte geschnitten. Ferner werden 420 Gramm Raffinade-Zucker ganz weiß und hell geklärt, durch ein Seidensieb geseiht und mit 50 Gramm klarer kurz gekochter Hausenblase, $^3/_{10}$ Liter Danziger Goldwasser und dem Safte einer Citrone untermengt. Zu diesem Gelée werden noch einige Blättchen von gutem Golde, in kleine Stückchen gepflückt, die fein- geschnittenen Pistazien beigegeben und zusammen auf gestoßenem Eis lang- sam, bis sich das Gelée zu verdicken anfängt, gerührt. Es wird sogleich in die in's Eis gegrabene Form gefüllt, worauf man es stocken läßt. Durch das langsame Rühren auf dem Eis vertheilt sich das Gold und die Pistazien gleichmäßig und das Gelée wird dadurch beim Stürzen ein sehr schönes Ansehen erhalten.

77. Abschnitt. 4. Abtheilung.

Von den klaren Sulzen mit ganz eingelegten Früchten.

Des gelées à la Macédoine de fruits.

Zu diesen Gelées hat man runde Kuppelformen, welche ungefähr 1 $^6/_{10}$ Liter halten, in welche eine zweite im Durchmesser um einen klein=fingerdick kleiner, mit drei Charniren versehene, in die erste frei eingehängt werden kann. Diese Form wird nun in's fein gestoßene Eis gegraben und in den inneren leeren Raum der zweiten Form ebenfalls Eis gethan.

1929. Citronen-Sulz mit frischen Erdbeeren. Gelée de citrons aux fraises transparentes.

Man bereitet hierzu eine recht klare, weiße Citronen=Sulz, wie diese vorher genau angegeben wurde. Diese wird nun in die in's Eis ge=grabene Kuppelform gegossen, worin man sie gut sulzen läßt. Unter=dessen werden nun schöne große Gartenerdbeeren sammt den Stielchen rein ausgesucht und auf einen Teller gelegt; hierauf wird das Eis aus der inneren Form herausgenommen, diese schnell mit warmem Wasser angefüllt und sogleich herausgehoben. In den durch Herausnahme der zweiten Form entstandenen leeren Raum werden nun die Erdbeeren sammt ihren etwas kurz abgeschnittenen Stielchen in schönster Form eingelegt und angefüllt. Von der in Rest gebliebenen Citronen=Sulz wird nun das Nöthige über die Erdbeeren gegossen, ganz voll angefüllt und ein Deckel darauf gethan, dieser sodann mit Eis überlegt und so bis zum völligen Sulzen stehen gelassen. Beim Anrichten wird die Form in's warme Wasser getaucht, schnell abgetrocknet, ein Kryftall=Teller darauf gelegt, die Form schnell darüber gestürzt, abgehoben, und so die Sulz in ihrem schönsten Ansehen und vortrefflichen Geschmack zur Tafel gegeben.

1930. Ananas-Sulz mit gemischtem Obst. Gelée d'ananas à la Macédoine de fruits.

In die vorher in's Eis gegrabene Kuppelform wird eine sehr hell bereitete Ananas=Sulz gefüllt und stocken gelassen. Hierauf wird die innere Form, wie es bei den vorhergehenden gezeigt wurde, herausge=nommen, der innere Raum in schönster Schattirung mit geschälten, recht reifen halben Aprikosen oder Pfirsichen, blauen und weißen Weintrauben=beeren und schönen rothen getriebenen Erdbeeren gefüllt, mit Gelée über=gossen und stocken gelassen. Sie wird den vorhergehenden gleich gestürzt.

Zu diesen Sulzen kann auch die weiße Champagner=Sulz, eine Sulz von weißen Johannisbeeren und jede beliebige Sulz von weißem Liqueur genommen werden, auch kann ein Gelée von Sauerbeeren sehr hell bereitet und mit Orangenschnitzen und blauen Weintrauben ausgelegt werden.

1931. Champagner-Sulz mit Früchten in kleinen Bechern. Gelée au vin de Champagne à la Macedoine de fruits en petits pots.

Erdbeeren, Himbeeren und weiße Johannisbeeren werden rein durch= gesehen, mit gestoßenem Zucker stark bestreut, leicht geschwungen, mit etwas Ananas=Syrup übergossen und so die nöthige Zahl schöner Crême= Becher damit drei viertel angefüllt und diese in's gestoßene Eis gegraben. Sodann wird das nöthige Quantum weiße Champagner=Sulz bereitet, mit welcher man die Becher voll füllt und hierauf stocken läßt. Beim Anrichten werden sie über eine gebrochene Serviette auf eine flache Schüssel gestellt und so mit Kaffeelöffeln zu Tisch gegeben.

1932. Gestürzte Aepfel-Sulz. Suédoise de pommes à la gelée.

Hiezu wählt man eine runde canelirte Stürzform, welche in der Mitte ein Rohr hat. Es werden dreißig Stück schöne weiße Borsdorfer= Aepfel geschält und mit einem runden Aepfelbohrer nach der Dicke der Röhrchen ausgebohrt. Die Hälfte davon wird in weißem Zucker=Syrup mit Citronensaft sehr weiß und weich, so daß die Aepfel ganz bleiben, ge= kocht, die andere Hälfte derselben aber wird mit Syrup und Cochenille untermengt und in schönster Farbe schön roth und weich gekocht. Diese Aepfel werden, wenn sie in ihrem Syrup kalt geworden sind, zum Abtropfen auf ein Sieb geschüttet. Die Form wird nun in's Eis gegraben und feder= kieldick mit recht weißer Sulz von Citronen, weißem Rheinwein oder Ma= rasquino begossen, worauf man sie stocken läßt. Die gut abgetropften Aepfel werden nun, einer nach der andern, an eine Gabel oder Spicknadel gesteckt, in die schon etwas verdickte Sulz getaucht und so aufeinander jedesmal ein Röhrchen mit weißen, sodann eines mit rothen Aepfelchen, die ganze Form ausgefüllt. In den inneren leeren Raum wird nun der Rest

der Aepfel, mit eingemachten Amarellen und Gelée untermengt, gefüllt, und so zum Stocken kalt gestellt. In's warme Wasser getaucht, wird sie den vorhergehenden gleich in eine Kryftall=Vase gestürzt.

1933. Bordure von süßer Citronensulz mit Früchten.
Bordure de gelée à la Macédoine.

Man bereitet eine sehr weiße Citronen=Sulz; mit dieser wird eine schöne Bordure=Form, welche man zuvor in gestoßenes Eis gegraben hat, federkieldick begossen, dann, wenn diese gestockt ist, werden schöne rothe Garten=Erdbeeren im Kranze hineingelegt, leicht mit Gelée übergossen und ansulzen gelassen. Ueber diese kommen dann abwechselnd grüne einge= machte, gut abgetrocknete Reineclauden, Pfirsiche, Aprikosen, weiße in Vanille=Syrup gekochte Aepfel, Orangenschnitze 2c., welche in Lagen ein= gerichtet und mit Gelée übergossen werden. Wenn nun die Bordure= Form voll ist, wird dieselbe zugedeckt, Eis darüber gethan und kalt ge= stellt. Beim Anrichten wird die Form in's warme Wasser getaucht, abge= trocknet, in eine flache schöne Schüssel gestürzt, die Form langsam abge= hoben und in der Mitte ein fromage plombière hoch aufdressirt, ange= richtet. Siehe fromage plombière, 76. Abschnitt 4. Abtheilung.

1934. Bordure von Orangensulz auf Malthefer-Art.
Bordure de gelée d'oranges à la Maltaise.

Man gräbt eine schön façonirte Bordure=Form in gestoßenes Eis, gießt etwas sehr helle Orangensulz hinein und läßt diese stocken. Dann werden frische Orangenschnitze im Kranze hineingelegt, etwas Gelée darüber gegossen und stocken gelassen, dann kommen wieder Orangenstücke, und so wird fortgefahren, bis die Form voll ist. Unterdessen bereitet man eine fromage bavarois von Himbeeren und einen von Orangen, wie diese im 76. Abschnitt 4. Abtheilung angegeben sind, und läßt sie, jeden für sich, in einer einfachen Form stocken. Beim Anrichten wird nun die Form in eine flache Schüssel gestürzt, abgehoben und beide Crêmes mit Eßlöffeln aus der Form gestochen, in der Mitte der Orangen-Bordure hoch und in schönem Farbenspiel aufgerichtet.

1935. Bordure von Blanc-manger à la reine. Bordure de blanc-manger à la reine.

Nachdem man eine schöne Bordure=Form (moule à bordure) in fein gestoßenes Eis gegraben hat, wird diese mit ganz weißem blanc-manger, nach Nr. 1883 bereitet, gefüllt und stocken gelassen. Unterdessen bereitet man einen fromage bavarois nach dem Rezepte Nr. 1874, aber von Erdbeeren, den man in eine tiefe blecherne pyramidenartige Form, welche unten genau in den mittleren Raum der Bordure einpaßt, füllt und stocken läßt. Beim Anrichten wird die blanc-manger-Bordure in eine flache passende Schüssel gestürzt, die Form abgehoben und die Crême von Erdbeeren in die Mitte gestürzt.

1936. Bordure von Chokolade-Blanc-manger. Bordure de blanc-manger au chocolat à la duchesse.

Man bereitet einen blanc-manger nach Nr. 1886 und füllt damit eine schöne Bordure=Form voll an und läßt diesen im gestoßenen Eis stocken. Ebenso bereitet man einen bavarois à la vanille nach Nr. 1869, welchen man ebenfalls in eine blecherne Form gießt und wie den vorhergehenden stocken läßt. Beim Anrichten wird der Chokolade=blanc-manger in die passende flache Schüssel gestürzt, jener von Vanille in dessen Mitte gethan und zu=letzt wird derselbe ganz mit kleinen, zuvor lichtgelb gebackenen Merinques (Busserln) überlegt, so daß man von der Vanille=Crême nichts mehr sieht, was dem Ganzen ein schönes Ansehen gibt und den Geschmack sehr erhöht.

---

77. Abschnitt. 5. Abtheilung.

Von den geschlagenen Sulzen. Des gelées fouettées.

Es ist keine große Schwierigkeit, diese Art von Gelées zu bereiten, sie stehen in Hinsicht ihres Ansehens weit hinter den klaren Sulzen, denn es gibt wirklich in der Küche unter den vielen Speisen nichts schöneres, als ein wasserklares, krystallhelles Gelée, dessen Werth durch schöne Formen und kühlenden angenehmen Geschmack noch um vieles erhöht wird.

1937. Geschlagene Sulz von Champagner. Gelée fouettée au vin de Champagne.

Der vierte Theil des weißen Champagner=Gelées, wie dieses vorher genau angegeben ist, wird mit Cochenille rosa gefärbt und in die in's Eis gegrabene Form gefüllt, worauf man ihn stocken läßt. Unterdessen wird der zweite Theil desselben in einem Schneekessel über dem Eis sehr weiß ge=schlagen und so lange dieses noch fließend ist, über das rosa=farbene Gelée

gegossen, wenn nun dieser wieder gesulzt ist, gießt man den dritten Theil
rosa gefärbter heller Sulz darüber, den man wieder stocken läßt. Der vierte
Theil wird nun wieder dem ersten gleich geschlagen und damit die Form
vollends angefüllt. Beim Anrichten dürfen diese Gelées nicht zu warm ge=
taucht werden, damit die geschlagene Sulz nicht über die helle herabrinnt.

Auf diese Art können alle Gelées in dieser Abtheilung behandelt wer=
den, wozu sich am besten die Liqueur=Gelées eignen. Man kann dieselben
ganz weiß oder rosa gefärbt einfüllen, auch kann man die Form fingerdick
mit rosa Gelée begießen und mit weißem geschlagenen Gelée anfüllen,
ebenso kann man weiße helle Sulz in die Form gießen und über diese das
rosa gefärbte, geschlagene Gelée füllen. Eine dritte Manier ist noch:
man läßt die ganze Form mit hellem, weißen Gelée messerrückendick aus=
laufen, das heißt ansulzen und füllt sonach die rosa gefärbte, geschlagene
Sulz, mit würfelig geschnittenen eingemachten Früchten untermengt, in die
Mitte. Noch weiter kann man die Form mit weißem Citronen=Gelée
messerrückendick ansulzen lassen, sodann mit verschiedenen Früchten in
schönster Schattirung auslegen und die Form mit recht weiß geschlagenem
Gelée anfüllen, welch' letztere Manier demselben größeren Werth gibt.

Somit ist dieser Abschnitt in all seinen Abtheilungen genügend er=
läutert und ich gehe nun zu den verschiedenen Backwerken über.

----

78. Abschnitt.

Von dem Backwerke. De la pâtisserie.

Wenn man eine Teigmasse in einen engen, mit concentrirter Hitze
eingeschlossenen Raum stellt und darin gar macht, so wird dies mit dem
technischen Worte backen bezeichnet; die aber von den verschiedenen In=
gredienzen und aus dem künstlich zusammengesetzten Teige hervorgegangenen

Sachen, Backwerke, Bäckereien, Kuchen und das damit beschäftigte In=
dividuum Bäcker (boulanger) genannt.

Diese Arbeiten haben zwar ein und denselben Ursprung, allein durch
ihre Fortschritte entstanden daraus Kunstbackwerke, welche große Geschick=
lichkeit und vorzüglichen Fleiß in Anspruch nehmen, daher der Name
Backmeister (chef pâtissier).

Daß zu solchen Arbeiten, wenn die Sache im Großen betrieben
wird, verschiedene Vorrichtungen nöthig sind, unterliegt keinem Zweifel.

Es ist daher vor Allem ein großes, helles, mit einem Luftzuge und
einem gut construirten Backofen versehenes Zimmer nöthig, in welchem
sich zwei Wärmekästen (étuves), zwei eingemauerte Windöfen unter einem
Rauchmantel, ein tiefer Marmormörser zum Reiben der Mandeln, ein
Mörser zum Zuckerstoßen, mehrere kleine Mörser zum Stoßen der ver=
schiedenen Gewürze, ein großes Trommelsieb mit verschiedenen Einlagen
für Staub=, Back= und Hagelzucker, mehrere andere Siebe zum Sieben
der Gewürze, einige kleine Serpentin=Mörser zum Reiben verschiedener
Farben, mehrere Caramel=Pfännchen, eine Auswahl kupferner, gut ver=
zinnter Backbleche, sowohl in runder wie langer Form, und mehrere Caffe=
rollen verschiedener Größe sich befinden sollen. Zu diesen gehört noch
eine Auswahl verschiedener Model und Formen von schöner Zeichnung,
wie auch die verschiedenartigsten Ausstecher von weißem Blech.

In der Backkammer selbst müssen zwei Tische, unten mit Fächern
und Schubladen versehen, stehen; in einem derselben muß in der Mitte
der Tischplatte eine 1 Meter im Quadrat große Granitplatte, zum Ver=
arbeiten verschiedener Teige eingepaßt, sich befinden.

Ganz in der Nähe der Backstube muß ein Behälter zum Aufbewahren
des Eises angebracht sein, wo im Sommer Teige und verschiedenes Andere
kalt gestellt werden können.

Der Backofen soll wo möglich hell gelegen $1^1/_2$ bis $1^3/_4$ Meter tief
und $1^1/_4$ Meter breit sein; der Boden soll eben, mit gut gebrannten
Steinen belegt, das Gewölbe nur gegen 50 Centimeter hoch und der
Backofen unten und oben gut bekiest sein. Gleich vor dem Ofenthürchen
soll sich eine ebenso breite Oeffnung befinden, wo die glühenden Kohlen,
wenn der Backofen gereinigt wird, gleich durchfallen und zugedeckt ersticken,
wodurch viel Staub und Schmutz vermieden wird.

In vielen Häusern bedient man sich der Backrohre von Eisenblech,
wodurch allerdings Holz erspart wird, allein diese sind in der Regel
schlecht construirt, wodurch die Backwerke nicht zu der vollkommenen
Schönheit gelangen, wie in einem Backofen selbst.

Das Backen in einem Backofen selbst unterliegt aber auch mancher
Schwierigkeit und erfordert längere Uebung, um jedesmal die zu den
verschiedenen Backwerken erforderliche Hitze genau zu treffen, wodurch ihr
Gelingen einerseits bedungen wird.

Der geübte Backmeister hält, nachdem der Backofen rein ausgekehrt
und die dadurch entstandene feuchte Hitze verdampft ist, die Hand einen

Augenblick in denselben, über der er den richtigen Hitzegrad empfindet, allein welche Uebung und Sicherheit gehört hierzu!

Aus diesen hier gesagten Gründen wird daher bei der Backkunst die Bedingung festgestellt, daß, wenn auch die mit dem größten Fleiße zu= sammengesetzte Masse nicht in die völlig richtige Ofenhitze kömmt, es doch ihr unvermeidliches Mißlingen zur Folge hat; im anderen Falle aber, wenn die Teigmasse nicht mit Genauigkeit und Fleiß zusammengesetzt ist, so wird das Backwerk, selbst in der ihr ganz zusagenden gehörigen Ofen= hitze gebacken, doch mißlungen erscheinen. Daraus geht nun hervor, daß man jede Teigmasse mit großem Fleiß zubereite und sich ebenso das Er= kennen der richtigen Ofenhitze aneigne.

Ehe wir also zur Bereitung der verschiedenen Backwerke gehen, ist es nöthig, die in jeder guten Backkammer vorhandenen Farben, den ge= färbten Hagel= oder Streuzucker, den verschiedenen Geruchzucker (sucre odoré) wie auch die verschiedenen Zuckergrade kennen zu lernen.

---

78. Abschnitt. 1. Abtheilung.
Unschädliche Farben, welche größtentheils in der Küche angewendet werden.

1938. Veilchenblau. Veilchensaft.

Hierzu wählt man besonders Garten=Veilchen von dunkler Farbe und starkem Geruch. Die Blättchen von den Veilchen werden abgepflückt, und während des Abpflückens immer zugedeckt, damit der aromatische Geruch nicht zu sehr verflüchtigt. Wenn man also $1\frac{1}{10}$ Liter solcher Blättchen abgepflückt hat, werden diese in eine zinnerne Büchse, welche mit einem doppelten Deckel versehen ist und wovon der innere genau aufgelegt werden kann, gethan. Die Blättchen werden sodann fest eingedrückt, der Saft einer Citrone darüber gepreßt und mit $\frac{3}{10}$ Liter kochendem Wasser über= gossen, genau zugedeckt, worauf man sie einen Tag stehen läßt. Nach dieser Zeit wird der Saft geseiht, die Blättchen fest ausgedrückt und der= selbe mit 280 Gramm Raffinade=Zucker in einer gut verzinnten Casse= rolle einmal aufgekocht. Wenn derselbe kalt ist, wird er in Glasflaschen gefüllt, genau zugemacht und bis zum Gebrauche aufbewahrt. Derselbe wird zum Glaciren feiner Backwerke, welche später bezeichnet werden, angewendet.

1939. Alkermessaft.

Anfang Oktober werden diese Beeren gepflückt, in eine Schüssel ge= than, zerdrückt, und durch ein leinenes Tuch gepreßt. Der Saft wird nun rein filtrirt, in eine gut verzinnte Casserolle gethan, mit 280 Gramm

Raffinade-Zucker bis zur Hälfte eingekocht, sodann in Glasfläschchen gefüllt, gut zugepfropft und aufbewahrt.

1940. Spinatgrün.

Die jungen Blätter von Gartenspinat werden abgepflückt, fein gestoßen und der Saft durch ein starkes leinenes Tuch gepreßt. Diese schöne
hellgrüne Farbe muß frisch verbraucht werden.

1941. Rosensaft.

Auf 1 1/10 Liter frischgepflückte Rosenblätter drückt man den Saft
einer Citrone, gießt 3/10 Liter kochendes Wasser darüber und läßt dies
in einer zinnernen Büchse gut verschlossen zwei Tage stehen. Dieser
Rosensaft wird dann gut ausgepreßt, mit 280 Gramm Raffinade-Zucker
aufgekocht und den vorhergehenden gleich aufbewahrt. Diesen Saft benützt
man zur Glasur für Torten und kleinere Backwerke.

1942. Cochenille mit Zucker.

Diese unschädliche rothe Farbe, die aus der amerikanischen Cochenille
oder dem Scharlachwurm bereitet wird, ist die schönste rothe Farbe, die
uns den Scharlach, nämlich den Purpur ersetzt. Die Cochenillen sind
von der Größe eines Hanfkorns, fast rund, mit einer weißlichen Wolle
bedeckt; sie leben auf dem 2 Meter hohen Cactus opuntia, und werden
jetzt auch in Peru und den französischen Colonien Westindiens gezogen.
Die Bereitung ist folgende:
17 1/2 Gramm Cochenille wird sehr fein gestoßen und auf einen Bogen
Papier geschüttet. Hierauf werden 17 1/2 Gramm Pottasche, 17 1/2 Gramm
gebrannter Alaun ebenso fein gestoßen und mit 35 Gramm cremor tartari
zu der Cochenille gethan und mit derselben in einen Serpentin-Mörser
nochmals fein gerieben. Sodann werden 3/10 Liter frisches Wasser in
eine gut verzinnte Casserolle gethan und auf Kohlenfeuer in's Kochen
gebracht; wenn nun dasselbe kocht, wird alles langsam hineingeschüttet
und mit einem ganz neuen Holzlöffel umgerührt, dann schnell vom Feuer
genommen, weil es sonst übersteigt. Sodann wird dieselbe durch ein
reines Tuch in eine Porzellanschale geseiht, leicht gepreßt, dann wieder
in die unterdeß gereinigte Casserolle gegossen. Hierauf werden 210 Gramm
ganz fein gestoßener Raffinade-Zucker dazu gethan, untereinander gerührt,
zusammen einmal aufgekocht, zurückgestellt, und nachdem die Farbe ausgekühlt ist, wird sie in eine gläserne Flasche gegossen, gut zugemacht und
an einem kühlen Orte aufbewahrt.

1943. Safran-Gelb.

9 Gramm indischer Safran, der sich durch eine rothgelbe glänzende
Farbe und durch einen starken Geruch auszeichnen muß und nicht mit
dem gewöhnlichen Saflor zu verwechseln ist, wird in eine kleine Casserolle
gethan, eine Obertasse voll siedendes Wasser darauf gegossen und auf

Kohlenfeuer bis zur Hälfte eingekocht. Dieses Decoct wird durch ein leinenes Stückchen Tuch gepreßt, sodann mit 70 bis 105 Gramm Raffinade=Zucker auf dem Feuer einmal aufgekocht und dem vorhergehenden gleich eingefüllt und aufbewahrt.

Diese hier angegebenen Farben sind die besten, welche in jeder guten Küche ohne den geringsten Schaden angewendet werden dürfen; es gibt zwar mehrere andere Farben, welche auf chemischem Wege zubereitet werden, allein diese sind allenthalben zum Färben der Crêmes, Gelées nicht gerne gesehen, ja sogar untersagt.

78. Abschnitt. 2. Abtheilung.

Vom Hagel oder Streuzucker. Du gros sucre cristallisé.

Derselbe soll in jeder guten Backkammer in verschiedenen Graden von der Größe eines Hanfkornes bis zum feinen Sande vorräthig sein.

1944. Weißer Hagelzucker. Gros sucre cristallisé blanc.

1 Kilo 120 Gramm bis 1 Kilo 680 Gramm fein krystallisirter Raffinade=Zucker wird in Stücke zerschlagen, jedes derselben mit dem Hammer zerdrückt und in ein Trommelsieb, worin wenigstens vier Einlagen von verschiedener Größe sind, gethan; derselbe wird nun gesiebt und jede Sorte für sich auf einen Bogen Schreibpapier gethan. Die groben Stückchen, welche zurückbleiben, werden nochmals zerdrückt, gesiebt und zu den ersteren gethan; hierauf wird jede Sorte für sich in blechernen Büchsen oder Gläsern aufbewahrt.

1945. Rother Hagelzucker. Gros sucre cristallisé rouge.

Ein jeder Streuzucker kann mit irgend einer beliebigen Farbe, z. B. gelb, roth oder grün gefärbt werden. Der nöthige weiße Streuzucker wird in einen Porzellan=Teller gethan, mit einem feinen Haarpinsel, den man in die Cochenille=Farbe eintaucht, bespritzt und leicht durcheinander gemacht, bis der Zucker eine gleichmäßige Farbe angenommen hat. Derselbe wird nun langsam getrocknet, wobei man ihn öfters durcheinander mengen muß.

Auf diese Weise kann nun der Hagelzucker mit Spinatfarbe grün, mit Safran gelb, mit Rosensaft und etwas Cochenille rosa, mit Veilchensaft blau, mit aufgelöster Chokolade braun und mit Safran und Cochenille orangengelb gefärbt werden.

78. Abschnitt. 3. Abtheilung.

Vom Geruchzucker. Du sucre odoré.

Sowie man bei vielen Backwerken auf die Idee kam, denselben durch Bestreuen von Hagelzucker ein besseres Ansehen zu geben, ebenso nahe liegt es, durch seinen Geruchzucker denselben einen feinen Geschmack zu geben, deshalb ist es nöthig, daß die Geruchzucker, jedoch gut verschlossen, vorräthig sind.

1946. Vanille-Zucker. Sucre à la vanille.

Eine Stange Vanille bester Qualität wird in kleine Stückchen geschnitten, mit 35 Gramm grobem Zucker gestoßen und fein gesiebt; zu dem Zurückgebliebenen werden wiederholt nochmals 35 Gramm Zucker gethan, wieder gestoßen und nochmals gesiebt. Dieser sehr angenehm und fein riechende Zucker wird in einem genau verschlossenen Gläschen aufbewahrt.

1947. Orangen-Zucker. Sucre d'orange.

Das Gelbe von zwei Orangen wird leicht auf Zucker abgerieben, auf einen Teller abgeschabt, lauwarm an einem warmen Ort getrocknet, mit 140 Gramm Grobzucker fein gestoßen und gesiebt und sodann in einem Glase, welches man gut verpfropfen kann, gut aufbewahrt. Auf dieselbe Art wird er von Citronen bereitet.

1948. Orangenblüthen-Zucker. Sucre aux fleurs d'oranges.

Eine Obertasse voll frisch gepflückte Orangenblüthen werden auf einen Bogen Papier in einem Etuve lauwarm mit 105 bis 140 Gramm Zucker gestoßen, gesiebt und genau zugemacht in einem Glasfläschchen aufbewahrt.

1949. Kaffee-Zucker. Sucre au café.

140 Gramm Zucker werden mit vier Eßlöffeln voll starker Kaffee-Essenz genäßt, warm getrocknet, fein gestoßen, gesiebt und den vorhergehenden gleich in einem Glase gut verschlossen aufbewahrt.

1950. Rosen-Zucker. Sucre à la rose.

Man gießt acht Tropfen ächtes türkisches Rosenöl auf ein Stück Zucker zu 70 Gramm und trocknet denselben an einem lauwarmen Orte. Sodann wird er gestoßen, gesiebt und gut zugemacht, aufbewahrt.

---

78. Abschnitt. 4. Abtheilung.
Vom Reinigen oder Läutern des Zuckers. De la clarification du sucre.

Der Zucker ist die Grundlage fast aller Backwerke, deshalb ist es nöthig, hierüber einige Kenntniß zu erlangen. Der beste Zucker wird aus dem Zuckerrohr, welches bekanntlich in Ostindien und Australien wild wächst, gewonnen. Dasselbe ist eine Sumpfpflanze, der Stengel erreicht eine Höhe von 3 bis 3½ Meter, aus der Wurzel treiben mehrere Stäbe mit Knoten besetzt; aus den Knoten gehen lange spitze, schilfartige Blätter von dunkelgrüner Farbe und oben mit einem Büschel weißer wolliger Blumen hervor, welche den Samen enthalten. In dem Stengel zwischen den Knoten ist das Mark, welches ein weißgrau=bläuliches Ansehen hat, kleberig und von sehr süßem Geschmacke ist und den Zucker liefert.

Beim Läutern des Zuckers kömmt es auf die Sorte an, die man läutert, denn der feinste Canaria, der durch dreimaliges Raffiniren ge= wonnen wird, hat fast gar keinen, der Melis mehr und der Lumpen am meisten Schmutz.

Ungefähr 6 Kilo 720 Gramm Zucker, welchen man in Stücke zer= hauen in einen Kessel gibt, übergießt man mit 3⅓ Liter frischem Wasser, in welchem man das Weiße eines Eies gut abgeschlagen hat, und stellt den Kessel über einen hellbrennenden Windofen. Der Zucker wird nun mit dem Schaumlöffel mehrmals, bis er sich gänzlich aufgelöst hat, um= gerührt, und wenn er zu kochen beginnt und aufzusteigen anfängt, gießt man eine Obertasse voll kaltes Wasser hinein; der Zucker wird sich augen= blicklich wieder setzen, aber in einer Minute wieder aufsteigen, worauf man wieder kaltes Wasser hineingießt, und wenn er zum drittenmal auf= steigt, so gießt man wieder kaltes Wasser dazu und stellt den Kessel vom Feuer. Das Eiweiß wird sich als zusammengezogener Schaum auf der Oberfläche des Zuckers zeigen und alle unreinen Theile desselben in sich aufgenommen haben, der Zucker aber, je nach der Feinheit desselben, wird ganz weiß oder gelblich, dabei aber krystallhell sein. Derselbe wird nun durch einen Filtrir=Sack in einen steinernen Topf geseiht und bis zum Gebrauche aufbewahrt.

---

78. Abschnitt.   5. Abtheilung.
Von den Graden beim Zuckerkochen.

Das weitere Kochen des Zuckers, dessen genaue Kenntniß sehr noth= wendig ist, wird in folgende Grade getheilt: 1) Zum Breitlaufen; 2) zur kleinen Perle oder zum kleinen Faden; 3) zur großen Perle oder zum großen Faden; 4) zum kleinen Flug oder zur kleinen Blase; 5) zum großen Flug oder zur großen Blase; 6) zum Bruche; 7) zum Caramel.

1951. Erster Grad. Breitlauf. Sucre à la nappe.

Das nöthige Quantum von dem vorhergehend geläuterten Zucker setzt man in einem Zuckerpfännchen auf den Windofen, läßt ihn kochen, taucht den Schaumlöffel hinein, nimmt denselben wieder heraus und hält ihn in die Höhe; läuft der Zucker in breiten Flocken davon, so hat er den ersten Grad, den Breitlauf.

1952. Zweiter Grad. Kleine Perle oder auch kleiner Faden. Sucre lissé.

Dieser stellt sich nach einigen Minuten längeren Kochens ein, nämlich der Zucker fällt in kleinen Perlen, diese an einem feinen Faden hängend, vom Löffel, oder man taucht den Finger in den Zucker, hält diesen mit dem Daumen zusammen, entfernt diese wieder Centimeter breit; zieht sich dazwischen ein kleiner Faden, der abreißt, so hat er den zweiten Grad.

1953. Dritter Grad. Große Perle oder großer Faden. Sucre perlé.

Dieser stellt sich wieder nach etwas längerem Kochen ein, hängt näm= lich die Perle an einem längeren Faden, oder zieht sich der Faden zwischen den Fingern länger und reißt nicht ab, so hat er den dritten Grad.

1954. Vierter Grad. Kleiner Flug oder kleine Blase. Sucre soufflé.

Gleich hierauf stellt sich der vierte Grad, der Flug oder die Blase ein. Bläst man nämlich gegen den vorher eingetauchten Schaumlöffel, so fliegt der Zucker in kleinen Blasen auf und hat dann den vierten Grad.

1955. Fünfter Grad. Großer Flug oder große Blase.
Sucre à la plume.

Wenn man den Schaumlöffel in den Zucker taucht, diesen in die Höhe hält, durch die Löcher bläst und größere Blasen abfliegen, so hat sich der fünfte Grad, die große Blase oder trockener Flug, eingestellt.

1956. Sechster Grad. Der Bruch. Sucre au cassé.

Beim weiteren Kochen stellt sich sodann der Bruch ein. Taucht man ein naßgemachtes Hölzchen, ohne es wieder abzuwischen, schnell in den heißen Zucker und sogleich darauf in's kalte Wasser, so muß sich derselbe augenblicklich härten und beim Abziehen krachend brechen; noch sicherer ist es, wenn sich derselbe beim Zerbeißen zwischen den Zähnen nicht mehr anhängt.

1957. Siebenter Grad. Caramel. Caramel.

Nach einer Minute längeren Kochens wird sich der Zucker lichtbraun färben und es hat sich der siebente Grad, der Caramel, eingestellt, worauf er anfängt, dunkel zu werden und endlich zu verbrennen.

Aller Zucker muß über Kohlenfeuer gekocht werden, indem derselbe durch den Rauch oder das Spritzen des Holzfeuers verunreinigt wird. Das Kochen muß schnell vor sich gehen, weil sodann der Zucker schön weiß bleibt und nicht so leicht abstirbt. Während des Kochens müssen die Ränder oder die feinen Spritzchen mit dem Schwamm öfters abge= waschen werden, weil sich diese leicht bräunen und so den andern dunkel machen oder gar verderben.

78. Abschnitt. 6. Abtheilung.

Von den Zucker-Glasuren. Des glaces du sucre.

Unter Glasur versteht man eine Zuckermasse, welche zum Ueberziehen der verschiedenen Torten und Backwerke dient, damit diese ein schöneres Ansehen erhalten und zugleich auch an feinerem Geschmack gewinnen. Man hat von denselben dreierlei Arten, nämlich:

1) mit Eiweiß gerührte Zucker-Glasuren;
2) Conserv-Glasuren, mit kaltem Syrup und Staubzucker zubereitet;
3) heiße Conserv-Glasuren.

1958. Weiße, gerührte Glasur. Glace royale blanche.

280 Gramm reiner Staubzucker, aus Raffinade-Zucker bereitet, werden in eine Porzellan-Schale gethan und mit dem Weißen von zwei Eiern eine Viertelstunde gut abgerührt; sollte das Eiweiß nicht hinreichen, so müßte man noch etwas dazu geben. Während des Rührens wird der Saft einer halben Citrone, damit die Glasur recht heiß wird, dazu ge- drückt. Die Glasur muß schneeweiß sein, und zum Ueberziehen (Gla- siren) dicklich vom Löffel fließen.

1959. Rothe Glasur. Glace royale rosée.

Unter die vorherbeschriebene Glasur wird etwas Cochenille-Farbe gerührt, bis dieselbe eine schöne rosenrothe Farbe angenommen hat.

1960. Braune Glasur. Glace royale au chocolat.

Unter die ganz weiß gerührte Glasur werden 140 Gramm voll- ständig erweichte feine Vanille-Chokolade eingerührt.

1961. Grüne Glasur. Glace royale verte.

Unter die weiß gerührte Glasur wird, statt des Citronensaftes mit etwas Zucker, fein geriebenes Spinatgrün gerührt, bis dieselbe eine schöne grüne Farbe angenommen hat.

1962. Gelbe Glasur. Glace royale jauné.

Hier wird etwas Saffrangelb untermengt.

Alle diese bezeichneten Glasuren, die von Chokolade ausgenommen, können mit jedem beliebigen Geruchzucker bis zum angenehmsten im Ge- schmacke bereitet werden.

1963. Kalte Conserv-Glasur mit Marasquino. Glace au marasquin froide.

420 Gramm Staubzucker werden mit einer kleinen Obertasse voll geläutertem Zucker nach und nach angerührt, zwei Eßlöffel voll Marasquino dazu gegossen und so zu einer dicklich fließenden zarten Masse angerührt, mit der die Torten messerrückendick überstrichen, einige Minuten lauwarm

getrocknet und dann kalt gestellt werden. Diese Glasur muß sich durch eine schöne glänzende, mattweiße Farbe und feinen zarten Geschmack auszeichnen.

Auf dieselbe Weise werden alle derartigen Glasuren bereitet; man kann denselben sowohl durch die verschiedenen Liqueurs, wie auch durch jeden beliebigen Geruchzucker den Geschmack beigeben. Nur muß bemerkt werden, daß der Raffinade=Zucker zum feinsten Staube gestoßen und der geläuterte Zucker nicht zu wässerig, sondern kalt und dickfließend untergerührt werden muß.

Die dritte Art Glasuren sind die auf dem Feuer erwärmten Conserve=Glasuren, welche auf folgende Weise bereitet werden.

1964. Orangen-Glasur. Glace à l'orange.

Zu 420 Gramm gestoßenem Raffinade=Zucker wird das abgeriebene Gelbe von zwei Orangen nebst dem Safte gethan und dies zu einer dicken Masse angerührt. Dieselbe wird in einem Zuckerpfännchen auf's Kohlenfeuer gestellt und unter beständigem Rühren so lange darauf stehen gelassen, bis die Masse wieder flüssig geworden ist. Mit dieser wird die dazu bestimmte Torte sogleich überzogen, einige Minuten lauwarm getrocknet und dann kalt gestellt.

In die oben beschriebene Orangen=Glasur wird ein Gläschen Arak gegossen und man hat eine Punsch=Glasur.

Auf dieselbe Weise werden alle diese Glasuren bereitet, wie z. B. mit frischem Erdbeeren=, Himbeeren= und Ananas=Saft. Ebenso kann man unter den Zucker etwas passenden Liqueur gießen, mit diesem den Zucker anrühren und ebenso vollenden.

1965. Chokolade-Glasur. Glace au chocolat.

210 Gramm feine Vanille=Chokolade werden mit etwas Wasser auf Kohlenfeuer aufgelöst, fein abgerührt und eben so viel feiner Staubzucker mit einer kleinen Obertasse voll Wasser untergerührt. Diese Masse wird nun auf Kohlenfeuer unter beständigem Rühren so lange gekocht, bis dieselbe zwischen den Fingern durch Eintauchen derselben einen schwachen Faden zieht. Die Glasur wird dann vom Feuer genommen und so lange kalt gerührt, bis sich oben ein dünnes Häutchen zeigt, worauf sie sogleich ausgegossen, eine Minute lauwarm getrocknet und sodann kalt gestellt wird. Sie muß sich durch eine fein glänzende rothbraune Farbe auszeichnen, dabei trocken und spiegelglatt sein.

---

78. Abschnitt. 7. Abtheilung.
Von der Bereitung verschiedener Teige, woraus der größte Theil der verschiedenen Torten und kleinen Backwerke besteht oder zusammengesetzt wird.

1966. Mürber Teig zu den verschiedenen Obstkuchen. Pâte brisée.

560 Gramm feines Mehl werden durch ein Haarsieb auf den Back=

tisch geseiht, daraus ein Häufchen und in dessen Mitte eine Grube ge=
macht, in diese kommen 350 Gramm kalte, gebröckelte, sehr frische Butter,
sechs Eidotter, eine Obertasse voll kaltes Wasser, ein Eßlöffel voll ge=
stoßener Zucker und eine Messerspitze voll Salz. Der Teig wird nun
leicht zusammengemacht, mit dem Ballen der Hände zweimal durchgerieben,
in ein Tuch eingeschlagen, im Sommer auf's Eis und im Winter eine
halbe Stunde kalt gelegt.

1967. Mürber Teig auf eine andere Art, auch Bröselteig genannt. Pâte brisée d'une autre manière.

Derselbe besteht aus 560 Gramm feinem trockenen Mehl, 420 Gramm
Butter, acht Eidottern, einem Kaffeelöffel gestoßenem Zimmt, 70 Gramm
gestoßenem Zucker und einer Messerspitze voll Salz. Er wird dem vor=
hergehenden gleich zusammengearbeitet, in ein Tuch eingeschlagen, worauf
man ihn bis zum Gebrauche eine Stunde ruhen läßt.

1968. Mürber Zuckerteig, ferner Bröselteig. Pâte brisée au sucre.

Diese Masse besteht aus 560 Gramm Mehl, 280 Gramm Zucker,
vier ganzen Eiern, 315 Gramm frischer Butter, etwas wenig Salz, einem
Kaffeelöffel voll gestoßenem Zimmt und dem abgeriebenen Gelben einer
Citrone. Alles wird zusammen auf den Backtisch gethan, leicht durch=
einander gemacht, mit den Händen einmal durchgerieben, der Teig in ein
Tuch eingeschlagen und bis zum Gebrauche kalt gelegt.

1969. Linzertortenteig. Pâte brisée aux amandes à l'Allemande.

560 Gramm ausgesuchte Mandeln werden fein gestoßen, durch ein
grobes Drahtsieb geseiht und auf den Backtisch gethan mit 500 Gramm
feinem Mehl, 560 Gramm frischer Butter, 560 Gramm gestoßenem Zucker,
sechs ganzen Eiern, einem Eßlöffel voll gestoßenem Zimmt, einer Messer=
spitze voll Nelken, eben so viel Cardamomen oder Muskatblüthe, dem
abgeriebenen Gelben einer Citrone und einem Körnchen Salz. Alles dies
wird zusammen zu einem Teig angewirkt und bis zum Gebrauche auf's
Eis gestellt.

1970. Butterteig, Blätterteig. Feuilletage.

Man wasche 560 Gramm sehr frische, feste Butter in kaltem Wasser
gut aus, forme daraus eine runde, fingerdicke Scheibe und lege diese im
Sommer in kaltes Wasser, mit einem Stücke rein abgewaschenen Eises.
Unterdessen wiegt man 560 Gramm von feinstem Auszug, auch Blumen=
oder Königsmehl genannt, und siebt dieses durch ein Haarsieb auf den
Backtisch oder besser noch über einen Marmorstein, macht in demselben
eine Grube, gibt eine Messerspitze voll Salz, 35 Gramm Butter, ein Ei
und $^{3}/_{10}$ Liter frisches Wasser hinein und wirkt es zusammen zu einem
Teig, den man noch einige Minuten recht zart und fein abknetet. Dieser

Teig darf nicht zu weich, auch nicht zu fest sein, sondern er muß dieselbe Consistenz wie die Butter selbst haben, wonach man sich sowohl im Winter wie im Sommer genau zu richten hat. Hierauf wird derselbe genau mit einem Tuche zugedeckt und eine Viertelstunde stehen gelassen. Nach dieser Zeit wird die Butter herausgenommen und zwischen einer reinen Serviette fest abgetrocknet; der Teig wird zu einer nochmal so großen Scheibe als die Butter ausgerollt, die Butter in deren Mitte gelegt, leicht angedrückt und der Teig von allen Seiten gleichmäßig darüber geschlagen, so daß dieselbe genau eingehüllt ist. Hierauf bestäubt man den Backtisch leicht mit Mehl, rollt den Teig behutsam zu einer 60 Centimeter langen und einer 30 Centimeter breiten Scheibe aus, kehrt auf der Oberfläche mit einem feinen Handbesen das Mehl ab und schlägt denselben gleich= mäßig einmal zusammen, welches man im technischen Ausdruck die erste einfache Tour nennt; derselbe wird nun zwischen zwei Plafonds in Papier eingelegt und auf Eis oder in Ermangelung desselben in den Keller ge= stellt. Nach zehn Minuten des Ruhens wird der Teig wieder über den Backtisch gelegt und der entgegengesetzten Lage nach ebenso ausgerollt, wieder gleichmäßig einfach zusammengelegt und wieder auf's Eis gestellt, welches man die zweite Tour nennt. Nach einem viertelstündigen Ruhen wird derselbe wieder der entgegengelegten Lage nach ebenso lang und breit ausgerollt, einfach bis beide Enden aneinanderstehen, zusammengelegt, genau abgekehrt und nochmals überschlagen, so daß er vierfach zusammen= gelegt ist, welches man die doppelte Tour nennt. Dieses Verfahren wird jedesmal nach einem Zwischenraum von acht Minuten noch zweimal wieder= holt, so daß der Teig zwei einfache und drei doppelte Touren erhält. Der Butterteig muß hierauf noch einige Zeit, damit er wieder anzieht, kalt gestellt und dann erst verbraucht werden.

Es muß nochmals bemerkt werden, daß sowohl das Mehl wie die Butter von bester Qualität gewählt und beim Ausrollen ganz wenig Mehl angestäubt werde, damit er seine Durchsichtigkeit, die den Butterteig so schön macht, nicht verliert. Aller Blätterteig muß bei starker Hitze ge= backen und mit Ei bestrichen sein.

1971. Gerührter Mandelteig, Mandelmasse. Pâte aux amandes.

Man wiegt 560 Gramm ausgesuchte gute Mandeln, brüht dieselben mit kochendem Wasser, zieht sie ab und reibt sie mit acht ganzen Eiern recht fein. Dieselben werden nun in eine Schüssel gethan, 560 Gramm feiner Zucker dazu gewogen und zusammen gut verrührt; hierauf werden zweiunddreißig Eidotter nach und nach dazu geschlagen und zusammen eine halbe Stunde recht schaumig gerührt. Ist dies erfolgt, so wird das Weiße von vierundzwanzig Eiern zu einem sehr festen Schnee geschlagen und dieser mit 105 Gramm feinem, gesiebten Mehl langsam unter die Masse gezogen. Die Anwendung derselben wird später genau bezeichnet werden.

1972. Bisquit-Masse zu Kuchen, Torten.   Pâte à biscuit pour les divers gateaux.

560 Gramm feiner Zucker werden in einer irdenen Schüssel mit zweiunddreißig Eidottern, dem auf Zucker abgeriebenen Gelben einer Citrone, eine halbe Stunde gut gerührt, wobei bemerkt werden muß, daß die Eier nach und nach dazu geschlagen und jedesmal gut verrührt werden müssen, so zwar, daß diese Masse durch das Rühren um das Zweifache zunimmt, dabei schaumig und dickfließend wird und ein weißgelbes Ansehen erhält. Ist dies erreicht, so wird das Eiweiß zu einem sehr steifen Schnee geschlagen und mit 560 Gramm feinstem Mehl langsam unter die Masse gezogen. — Beide Massen können auch von 280 und 140 Gramm Zucker bereitet werden.

1973. Genueser Teig.   Pâte à la Genoise.

Man klärt 560 Gramm sehr frische Butter, seiht diese durch ein Haarsiebchen in eine andere Casserolle und stellt sie lauwarm. Ferner werden 560 Gramm feingestoßener Zucker mit dem abgeriebenen Gelben einer Citrone untermengt, acht ganze und acht Eidotter nach und nach dazu geschlagen und eine halbe Stunde recht schaumig gerührt; ist dies erreicht, so werden 560 Gramm feines gesiebtes Mehl dazu gegeben und mit der geklärten warmen Butter, die nach und nach dazu gegossen wird, genau unter die Masse gerührt, daß daraus ein zarter feiner Teig entsteht, unter welchen noch der festgeschlagene Schnee von zwölf Eierklar langsam gerührt wird.

1974. Portugieser Masse.   Pâte à la Portugaise.

Diese Masse ist zusammengesetzt aus 560 Gramm Butter, 350 Gramm Mehl, 420 Gramm Zucker, sechzehn Eiern, 140 Gramm fein geriebenen Mandeln und einem Eßlöffel voll Citronen-Zucker. Die Bereitung ist folgende: die Butter wird eine halbe Stunde lang sehr schaumig gerührt, sodann kömmt der Citronen-Zucker dazu, die Mandeln werden fein gerieben, mit dem Zucker untermengt und mit den sechzehn Eidottern schaumig gerührt; hierauf werden diese zu der Butter gethan, genau untereinander gerührt und zuletzt der festgeschlagene Schnee von sechzehn Eiern mit dem Mehl langsam untermengt.

1975. Portugieser Masse anderer Art.   Pâte à la Portugaise d'une autre manière.

Diese besteht aus 560 Gramm Zucker, 420 Gramm Mehl, 280 Gramm Butter, vierundzwanzig Eiern, 140 Gramm Korinthen, 140 Gramm Sultaninen, 70 Gramm eingemachten Orangenschalen, 70 Gramm Citronat, einem Kaffeelöffel voll Zimmt, einer Messerspitze voll Nelken, dem abgeriebenen Gelben einer Citrone und einem Weingläschen voll Rum. Dieselbe wird ganz wie die vorhergehenden zusammengesetzt; die Butter wird schaumig gerührt und zwölf Eidotter nach und nach dazu gerührt;

ebenso wird der feingestoßene Zucker mit den andern zwölf Eidottern ge=
rührt und wenn beide Theile recht schaumig gerührt sind, werden sie
zusammengethan und mit den gut gereinigten Rosinen, den kleinwürfelig
geschnittenen Citronat= und Orangenschalen, dem Gewürz untermengt und
zuletzt mit dem Mehl, Rum und dem festgeschlagenen Schnee von dem
Weißen von vierundzwanzig Eiern leicht untermengt.

1976. Englische Masse, Plumcake. Plumcake.

Diese Masse ist zusammengesetzt aus 560 Gramm Butter, 560
Gramm Mehl, 420 Gramm Zucker, vierzehn Eiern, 420 Gramm kleinen
Rosinen, 420 Gramm Sultaninen, 70 Gramm eingemachten Orangen=
schalen, 70 Gramm Citronat, einem Eßlöffel voll Citronen = Zucker und
einem Gläschen Rum. Die fernere Zubereitung hat sie ganz mit der
vorhergehenden Portugieser=Masse gemein.

1977. Sandmasse. Pâte sableuse.

560 Gramm Zucker werden mit achtzehn Eidottern schaumig gerührt,
das Gelbe einer Citrone, eine Messerspitze gestoßener Zimmt und Muskat=
blüthe dazu gethan. Dann werden 280 Gramm geklärte frische Butter
in einer Schüssel gerührt und wenn sie schaumig ist, zu der Masse ge=
geben; das Weiße von vierzehn Eiern wird zu einem festen Schnee ge=
schlagen und dieser mit 140 Gramm Kartoffelmehl, sowie 140 Gramm
feinem Mehl zugleich unter die Masse gemengt.

1978. Haselnußmasse. Pâte aux noisettes.

Man reibt 280 Gramm ausgelöste und geröstete Hasel= oder Bart=
nuß=Kerne mit vier ganzen Eiern sehr fein, gibt dieses in eine Schüssel,
mengt eben so viel fein gestoßenen Zucker darunter und rührt dies mit
achtzehn Eidottern, welche nach und nach dazu geschlagen werden, eine
halbe Stunde recht schaumig; sodann wird das Weiße von zwölf Eiern
zu einem festen Schnee geschlagen und dieser nebst 70 Gramm Mehl
langsam unter die Masse gezogen.

1979. Wiener Chokolademasse. Pâte au chocolat à la Viennaise.

Man rührt 140 Gramm sehr frische Butter mit eben so viel fein
gestoßenem Zucker und zwölf Eidottern recht schaumig, sodann werden
140 Gramm sehr fein geriebene Mandeln mit 140 Gramm aufgelöster
Vanille=Chokolade gut verrührt und nach und nach genau unter die Masse
gerührt, unter die zuletzt der sehr fest geschlagene Schnee von den zwölf
Eiern mit 35 Gramm Mehl langsam gezogen wird.

1980. Pistazienmasse. Pâte aux pistaches.

210 Gramm abgezogene, recht grüne Pistazien werden mit 70 Gramm
abgezogenen Mandeln und vier ganzen Eiern fein gerieben, dann in eine

irdene Schüssel gethan, mit 315 Gramm Zucker untermengt und mit sechzehn Eidottern, die nach und nach dazu geschlagen werden, eine halbe Stunde recht schaumig gerührt. Hierauf wird das Weiße von zehn Eiern zum festen Schnee geschlagen und mit 70 Gramm feinstem Mehl langsam unter die Masse gezogen.

1981. Merinquemasse.   Merinque.

Das Weiße von zehn Eiern wird zu einem sehr festen Schnee ge= schlagen, 560 Gramm Staubzucker nach und nach sehr langsam, daß die Masse steif bleibt, darunter gezogen und, wie späterhin bezeichnet wird, angewendet.

1982. Orangenmasse.   Pâte à l'orange.

280 Gramm Mandeln werden mit drei ganzen Eiern sehr fein ge= rieben. Ebenso wird das Gelbe von vier Orangen mit einem scharfen Messerchen sehr fein abgeschnitten und mit 280 Gramm gestoßenem Zucker fein gewiegt. Die Mandeln und die Orangen werden in eine irdene Schüssel gethan, gut untereinander gemacht und dann mit dem Gelben von achtzehn bis zwanzig Eiern sehr schaumig gerührt (geschlagen.) Das Weiße der Eier wird zu einem steifen Schnee geschlagen und langsam mit 210 Gramm Kartoffelmehl nebst dem vorher ausgepreßten Orangen= safte unter die Masse gezogen.

1983. Harter Zuckerteig.   Pâte d'office.

1 Kilo 120 Gramm Mehl, 700 Gramm gestoßener, durch ein Seidensieb gesiebter Zucker, das Weiße von zehn bis zwölf Eiern nebst 50 Gramm Butter werden zu einem festen Teig geknetet und dann der= selbe, in ein Tuch eingeschlagen, an einen kühlen Ort gelegt. Dieser Teig dient zu den verschiedenen Untersätzen der eßbaren Aufsätze aller Art. Derselbe hat die Eigenschaft, jedwede Gestalt anzunehmen und, sehr langsam gebacken, sich nicht zu verziehen.

1984. Tragant-Kitt.   Colle pâtisserie.

Zwei Eßlöffel voll mit Wasser aufgelöster Tragant wird mit drei Eßlöffeln voll feingestoßenem Zucker und vier Eßlöffeln voll Stärkmehl in dem Reibstein genau verrieben und dann in einem Glas, fest mit Papier zugebunden, aufbewahrt. Derselbe dient statt des Leims zum Be= festigen unserer Aufsätze und erhält nach langsamem Trocknen eine er= staunliche Feste und Härte.

1985. Mandel-Teig.   Pâte d'amandes.

1 Kilo 120 Gramm Mandeln werden über Nacht in frischem Wasser geweicht und des andern Tags durch leichtes Pressen zwischen den Fingern abgezogen, dann nach öfterm Abwaschen, damit sie recht weiß werden, in kleinen Parthien mit etwas kaltem Wasser sehr fein gerieben, wo

man von Zeit zu Zeit immer etwas Citronensaft dazu preßt. Sodann werden sie in einen Trageekessel gethan und mit 560 Gramm ganz fein= gestoßenem Raffinade=Zucker über sehr schwachem Kohlenfeuer, bis sich die Masse von dem Kessel und dem Löffel löst, recht behutsam, damit sie sich ja nicht anlegt, abgeröstet. Hierauf wird derselbe in einen sehr reinen Marmor=Mörser gethan und nach einigem Auskühlen werden während des Stoßens 35 Gramm in frischem Wasser aufgelöster und durchge= preßter Gummi=Tragant und noch 560 Gramm ganz feiner Zucker bei= gemischt, so daß daraus ein sehr weißer, feiner Teig entsteht, der jede Form gern annimmt und elastisch zusammenhält.

---

78. Abschnitt. 8. Abtheilung.
Von den Torten. Des tourtes.

1986. Marasquino-Torte. Tourte au marasquin.

Man bereitet von dem Linzerteig (Nr. 1969) drei messerrückendicke Blätter, welche man auf Backbleche legt, die mit der Messerspitze überall durchstochen und langsam in schöner, lichtbrauner Farbe gebacken, dann jedes derselben auf Papier gelegt und kalt gestellt werden. Unterdessen bereitet man von guten Borsdorfer=Aepfeln 560 Gramm dick eingekochte, süße Aepfel=Marmelade, welche mit einer Obertasse voll Marasquino di Zara genau untermengt wird.

Eins der obigen Blätter wird mit der Hälfte der Marmelade gleich= mäßig überstrichen, ein zweites darübergelegt, dies mit Marasquino etwas bespritzt und dann mit dem Reste der Marmelade überstrichen, über diese wird das dritte Blatt gelegt und dieses wieder mit Marasquino angefeuchtet. Die Torte wird außen schön egal zugeschnitten, die Oberfläche mit Merinque= Masse (Nr. 1981) dünn überstrichen und mit derselben Masse in schöner Zeichnung bespritzt, dann außen herum mit Citronen=Glace bestrichen, oben mit Staubzucker bestäubt und zum Trocknen in einen kühlen Backofen gestellt. Alle Torten werden über ein spitzenartiges Papier auf Torten= bleche gelegt, diese auf eine Schüssel gestellt und so zu Tisch gegeben.

1987. Punsch-Torte. Tourte au ponche.

Von der Masse Nr. 1973 werden auf zwei Bleche vier gleich große messerrückendicke Blätter aufgestrichen welche in einem mittelheißen Ofen lichtbraun gebacken, noch warm mit einem dünnen Messer losge= macht und mit einem flachen Casserolle = Deckel abgenommen werden. Wenn sie kalt geworden sind, werden sie mit guter Aepfel=Marmelade, unter welche etwas Rum und auf Zucker abgeriebenes Orangengelb ge= rührt wurde, zusammengesetzt. Die Torte wird außen herum schön zugeschnitten, mit einer Punsch=Glasur schön überzogen, langsam getrock= net, schön mit eingemachten Früchten garnirt und gespritzt.

1988. Brüsseler Torte. Tourte à la Bruxelles.

Aus dem vierten Theile der Masse Nr. 1968 wird ein Blatt feder= kieldick zu zwölf Personen groß ausgerollt, rund geschnitten, in schönster Farbe lichtbraun gebacken und auf ein Tortenblech gelegt. Von dem vierten Theil der Mandel=Masse Nr. 1971 wird eine zweifingerdicke Scheibe und um einen fingerdick kleiner im Umfange, als die erste, aufgestrichen und ebenfalls langsam lichtbraun ausgebacken, welche man, wenn sie aus dem

Ofen kömmt, auf ein großes Haarsieb umgekehrt gelegt, kalt werden läßt. Das erste Blatt wird gut mit Aprikosen-Marmelade bestrichen und das mit kaltem Punsch angefeuchtete Mandel-Bisquitblatt darüber gelegt, welches fingerdick kleiner sein muß als das untere. Ist dies geschehen, so werden von der Merinque-Masse Nr. 1981 durch eine mit einem blechernen Röhrchen versehene Papierspritze Perlen herum gesetzt, welche über das Mandelblatt heraufreichen, diese werden mit rothem Hagelzucker bestreut und das Merinque langsam im Etuve getrocknet. Ist dies er= reicht, so wird die Torte oben mit einer Himbeer-Glasur spiegelglatt glasirt und mit weißer Spritz-Glasur gespritzt.

1989. Englische Torte. Tourte à la Callinwood.

Man rollt zu zwölf Personen aus dem Teig Nr. 1967 eine feder= kieldicke Platte aus, legt sie auf einen Bogen Papier, schneidet sie egal rund zu und dressirt aus freier Hand einen 25 Millimeter hohen Rand auf. Der Boden der Torte wird mit Aprikosen-Marmelade bestrichen und über diese mit Dessert-Bisquit flach ausgelegt, über diese werden eingemachte Weichseln, in Stückchen geschnittene, eingemachte Aprikosen gestreut und über diese wieder Bisquit gelegt; das Ganze wird mit 70 Gramm ganz fein gehacktem Ochsenmark dünn überstreut; außen um den Rand wird ein Papierstreif fest herumgesetzt, genau mit Mehl-Kleister, damit er beim Backen nicht losgeht, zwischen dem Papier befestigt, der Kuchen auf ein Backblech gezogen und so bei mittlerer Ofenhitze, bis der äußere Teig halb ausgebacken ist, gebacken. Unterdessen werden sechs Eidotter mit 140 Gramm Zucker, $^6/_{10}$ Liter Doppelrahm nebst einer Obertasse voll Kirschwasser genau untermengt, und diese Crème in die Torte, bis sich dieselbe eingesaugt hat, gegossen, worauf man sie wieder in den Backofen stellt und vollends ausbacken läßt. Beim Anrichten wird sie behutsam mit einem flachen Deckel vom Papier gehoben, auf ein Tortenblech geschoben und lauwarm, ja nicht ganz kalt, zu Tisch gegeben.

1990. Herzogin-Torte. Tourte à la duchesse.

Man rollt aus der Teigmasse Nr. 1967 in der Größe für zwölf Personen vier messerrückendicke ganz gleiche Platten aus, welche man auf Backbleche legt, mit der Gabel überall durchsticht und bei schwacher Ofenhitze hellgelb ausbäckt. Diese Platten werden nun, wenn sie erkaltet sind, sorgfäl= tig, damit sie nicht zerbrechen, mit Aprikosen-Marmelade und mit Malaga leicht angefeuchtet, übereinander gelegt und aufgerichtet; sodann wird die Torte rein zugeschnitten und mit einer Chokolade-Glasur spiegelglatt glasirt.

1991. Genueser-Torte. Tourte à la Genoise.

Aus der Genueser-Masse Nr. 1973 werden vier gleichgroße, messer= rückendicke Platten auf sehr warm gemachte Backbleche in gleicher Dicke auf= gestrichen, diese langsam bei mittlerer Ofenhitze in schönster Farbe gebacken, warm mit einem dünnen langen Messer vom Blech gelöst und jedes derselben mit einem flachen Casserolle=Deckel verkehrt auf Papierbogen gelegt. Wenn diese nun kalt geworden sind, wird ein Blatt mit Johannisbeer=Gelée über= strichen, das zweite darüber gelegt und dieses mit Aprikosen bestrichen; sodann kömmt das dritte Blatt, welches mit Himbeer= oder Hagebuttenmark überstrichen wird, und über dieses wird das vierte Blatt gelegt. Die Torte wird nun rein zugeschnitten, mit einer Glace=Royale überzogen und wenn diese getrocknet ist, so wird die Torte geschmackvoll mit Früchten belegt.

1992. Russische Torte. Tourte à la Russe.

Man streicht von der Masse Nr. 1972 auf zwei Bogen weißes Papier für zwölf Personen zwei fingerdicke Platten recht egal auf und bäckt diese bei schwacher Ofenhitze lichtbraun etwas croquant aus; wenn diese aus dem Ofen kommen, werden sie verkehrt auf ein kaltes Blech gelegt. Unterdessen werden 140 Gramm eingemachte Orangenschalen klein= würfelig geschnitten und auf einen Teller gethan. Die beiden Platten werden nun vom Papier gelöst, jedes derselben mit Weichselsaft getränkt, eines davon mit fein geschnittenen, eingemachten Weichseln gut überstrichen, über diese die Orangen gestreut, das zweite Blatt darüber gelegt, leicht angedrückt und die Torte außen herum recht egal rund zugeschnitten. Die Oberfläche derselben wird nun mit der Meringue=Masse Nr. 1981 geschmackvoll bespritzt, sodann wird durch ein Siebchen darüber Staub= zucker gesiebt und die Torte, bis das Meringue croquant und die Spitzen sich lichtgelb gefärbt haben, in einem schwachheißen Backofen langsam ge= backen. Wenn die Torte aus dem Ofen kömmt, wird sie außen herum mit Orangen=Glace bestrichen, oben schön mit Früchten garnirt und so über ein Spitzenpapier auf ein Tortenblech gelegt, zu Tisch gegeben.

1993. Portugiefer Torte. Tourte à la Portugaise.

Man bereitet hierzu die Maſſe Nr. 1974, welche auf nachſtehende
Weiſe gebacken und garnirt wird. Hierzu hat man einen 6 Centimeter
hohen Reif von weißem Blech; dieſer wird innen mit Butter ausgeſtrichen,
über einen mit Butter beſtrichenen Bogen Papier geſetzt und die Maſſe
hineingegeben; hierauf wird die Torte eine Stunde lang in einem ſchwach-
heißen Ofen langſam gebacken und wenn ſie oben nur wenig Farbe nimmt,
ſogleich mit Papier gedeckt. Wenn ſie nun ſchön gebacken iſt, wird ſie
aus dem Ofen genommen und über ein großes Haarſieb, damit ſie gleichmäßig ausdämpfen kann, gelegt. Iſt ſie nun ganz ausgekühlt, ſo wird
ſie auf ein Tortenblech gelegt und überall mit einer Orangen-Glaſur
glacirt und wenn ſie wieder trocken geworden iſt, ſo wird ſie geſchmackvoll
mit Früchten belegt und ſchön geſpritzt.

1994. Orangen-Crême-Torte. Tourte à la crême à l'orange.

Zu dieſer Torte werden drei gleichgroße Blätter (für zwölf Per-
ſonen) von der Genueſer Maſſe Nr. 1973 in ſchönſter Farbe gebacken und
zum Erkalten auf Papier gelegt. Unterdeſſen bereitet man eine crême
pâtissière (ſiehe crême pâtissière 76. Abſchn. 6. Abth.). Ferner werden
ſechs ſchöne Orangen aus ihrer Schale gelöſt, die innere weiße Haut ſorgfältig abgenommen und die Orangen ſelbſt, mit Beſeitigung ihrer Kerne,
in feine Scheibchen geſchnitten, welche man in eine Schale legt und mit
feinem Zucker überſtreut. Sodann wird ein Blatt mit Aprikoſen-Marmelade und über dieſe von der Crême geſtrichen; über dieſes werden nun
die Hälfte der Orangen-Scheibchen gelegt und das Ganze mit dem zweiten
Blatt gedeckt. Ueber dieſes wird nun daſſelbe beſtrichen, mit der Marmelade, der Crême wiederholt und die zweite Hälfte der Orangenſcheibchen
darüber gelegt. Das Ganze ſchließt die dritte Teigplatte. Die Torte
wird nun ſauber zugeſchnitten, ganz mit einer Orangen-Glaſur ſchön überzogen und wenn dieſe trocken geworden iſt, wird ſie ſchön beſpritzt und
geſchmackvoll mit ſchönen eingemachten Früchten belegt.

1995. Maltheſer Orangen-Torte. Tourte à l'orange à la Malte.

Man bäckt ſehr langſam aus der Maſſe Nr. 1982 zwei gleichgroße
fingerdicke Blätter auf rundgeſchnittenen, mit einem Rande aufgebogenen
Papierſcheiben, welche, wenn ſie kalt geworden ſind, mit Aprikoſen-Marmelade überſtrichen, mit den aus vier Orangen dünn geſchnittenen Schnitzchen belegt und dann zuſammengeſetzt werden. Die Torte wird außen
herum egal, rund, ſauber mit einem ſcharfen Meſſer zugeſchnitten, ſodann
mit einer Orangen-Glaſur überzogen. Wenn ſie trocken geworden iſt,
wird ſie über ein Spitzenpapier auf das Tortenblech gelegt und oben
mit Orangen-Schnitzen, in Bruchzucker getaucht, nebſt eingemachten Amarellen und grünen Mandeln ſchön garnirt.

1996. Sächsische Torte.   Tourte à la Saxonne.

Diese Torte ist zusammengesetzt aus zwei Blättern von der Masse
Nr. 1979 und aus einem Blatt Nr. 1982, von welchen das Gelbe in
die Mitte kömmt.   Diese drei Blätter werden mit Aprikosen-Marmelade
und Johannisbeer-Gelée zusammengesetzt, die Torte egal rund zugeschnitten
und ganz weiß mit einer Marasquino-Glasur messerrückendick schön glänzend
überzogen, sodann geschmackvoll mit eingemachten Früchten garnirt.

1997. Sand-Torte.   Tourte sableuse.

Hierzu wird die Masse Nr. 1977 bereitet, welche wie die Portu-
gieser-Torte in einem Reif ein und eine halbe Stunde sehr langsam gebacken, nach dem Erkalten angerichtet und einfach mit Zucker bestäubt zu
Tisch gegeben wird.

1998. Königin-Torte.   Tourte à la reine.

Von 560 Gramm Butter wird ein Butterteig wie Nr. 1970 bereitet,
aus demselben wird für zwölf Personen eine runde Scheibe 6 Millimeter
dick ausgerollt, diese rund zugeschnitten und in der Mitte ein 25 Millimeter kleinerer Deckel gelegt, um welchen man rundum den Teig durchschneidet, so daß man eine kleinere Platte und einen 25 Millimeter breiten
Rand erhält.   Das Butterteig-Blatt wird nun in seiner ersten Größe
nur etwas dünner ausgerollt, und über ein Papier auf ein Blech gelegt.
Dieses wird hierauf rundum mit abgeschlagenem Ei bestrichen, der Butterteigrand am Rande darüber gelegt, leicht angedrückt und oben mit Ei
bestrichen.   Unterdessen hat man 140 Gramm Butter, 140 Gramm feinem

Zucker untermengt, welche mit acht Eidottern eine Viertelstunde gerührt werden. Diese Masse wird sodann in die Butterteig-Torte gegeben, auf dem Boden gleichmäßig dick auseinander gestrichen, die Torte in einen mäßig heißen Backofen gestellt und in schönster Farbe gut ausgebacken. Es ist jedoch zu bemerken, daß die innere Masse halb braun werden wird, welche während des Backens der Torte mit Papier gedeckt werden muß. Ist nun die Torte schön gebacken, der Rand mit Zucker schön glacirt, so wird die innere Mandelmasse mit Aprikosen-Marmelade überstrichen und diese fingerdick ganz mit Meringue Nr. 1981 überdeckt, glatt gestrichen, mit gerösteten Orangenblüthen überstreut, mit Zucker bestäubt, wiederholt in den Ofen gestellt, bis die obere Masse sich gelblich gefärbt hat und croquant geworden ist. Sie wird lauwarm servirt.

1999. Kronprinz-Torte. Tourte au prince royal.

Es werden für zwölf Personen aus der Mandelmasse Nr. 1971 zwei fingerdicke Blätter lichtbraun und etwas croquant gebacken und bis sie kalt sind, umgekehrt auf ein Blech gelegt. Ebenso wird von der Meringue-Masse Nr. 1981 ein ebenso großes rundes Blatt auf ein mit Butter bestrichenes Blech aufgestrichen, welches man mit Zucker bestäubt, in einem sehr schwachheißen Ofen croquant durchbäckt und dies noch warm vom Blech ablöst. Ist nun das vollendet, so wird ein Mandelblatt gut mit Aprikosen-Marmelade überstrichen, das Meringue-Blatt darüber gelegt, dieses mit einer Malaga-Crême (crême pâtissière au vin de Malaga) gut überstrichen und über diese das zweite Mandelblatt gelegt. Die Torte wird in der Runde egal zugeschnitten, schön mit Citronen-Glasur überzogen und wenn diese getrocknet ist, wird die Torte schön gespritzt, ge-

schmackvoll mit eingemachten Früchten belegt und so in ihrem schönsten
Ansehen und in vorzüglicher Güte zur Tafel gegeben.

2000. Alexander-Torte. Tourte à l'Alexandre.

Von einem Theil des beschriebenen Linzer=Tortenteiges Nr. 1969
wird für zwölf Personen ein runder Boden ausgerollt, den man über
Papier auf ein Blech legt und mit freier Hand einen fingerdicken Rand
aufdressirt. Die Torte wird mit eingemachten Amarellen gefüllt, welche
von der Meringue=Masse Nr. 1981 messerrückendick glatt überstrichen
werden und worüber dann mit derselben Masse ein Gitter gespritzt wird.
Das Ganze wird mit fein geschnittenen, recht grünen Pistazien bestreut
und in einem sehr abgekühlten Ofen langsam blaßgelb gebacken.

2001. Kaiser-Torte. Tourte à l'empereur.

Aus der Nußmasse Nr. 1978 werden über zwei Bögen Papier zwei
gleichgroße fingerdicke Blätter in schönster Farbe gebacken und zum Kalt=
werden umgekehrt auf ein kaltes Blech gelegt. Beide Blätter werden nun
von innen dick mit Aprikosen=Marmelade bestrichen, über diese 210 Gramm
eingemachte feingeschnittene Ananas=Scheibchen gestreut, das zweite Blatt
darüber gelegt, in der Runde die Torte sauber zugeschnitten und dann
mit einer Ananas=Conserve=Glasur ganz überzogen. Wenn nun dieselbe
wieder getrocknet ist, wird sie geschmackvoll mit verschiedenen eingemachten
Früchten garnirt, schön gespritzt und zur Tafel gegeben.

2002. Orleans-Torte. Tourte à l'Orleans.

Man streicht ein rundes, mit einem 6 Centimeter hohen Rande ver=
sehenes Tortenblech mit Butter aus und überstreut es mit Mehl.

In diese Form wird nun die Hälfte der Bisquit=Masse Nr. 1972
gefüllt und der Kuchen in schöner lichtbrauner Farbe in einem mäßig heißen
Ofen gebacken und sodann über ein großes Haarsieb zum Erkalten gestürzt.
Dieser Bisquit=Kuchen wird nun federkieldick vom Rande eingeschnitten, ganz
ausgehöhlt und dann zum Trocknen in ein warmes Etuve gestellt. Mit
diesem Kuchen hat man von derselben Masse auf Papier ein fingerdickes
Bisquit=Blatt gebacken, welches man ebenfalls kalt werden läßt. Dasselbe
wird nun, nach der inneren Größe des Kuchens zugeschnitten, in einen
Plafond gelegt und mit kaltem Glühwein (Burgunder=Wein mit Zucker)
getränkt. Die ausgehöhlte Torte selbst aber wird mit Johannisbeer=Gelée
ausgestrichen, am Boden mit eingemachten Weichseln bestreut, das mit Glüh=
wein getränkte Bisquit=Blatt auf einen flachen Deckel umgestürzt, in die
Torte eingeschoben und mit einem croquant gebackenen Meringue=Blatt über=
deckt. Die Torte wird nun rein zugeschnitten, mit Marasquino=Glace über=
zogen, diese getrocknet und ohne irgend eine Verzierung zu Tisch gegeben.

2003. Bisquit-Torte mit Malaga-Crême. Tourte de bisquit à la crême au vin de Malaga.

Von der Hälfte der Bisquit=Masse Nr. 1972 wird in einem Plafond

für zwölf Personen ein zweifingerdicker Bisquitkuchen in schönster Farbe gebacken, der dem vorhergehenden gleich ausgehöhlt und zum Trocknen in ein Etuve gestellt wird. Unterdessen bereitet man folgende Crême: Es werden sechzehn Eidotter mit einem Eßlöffel voll Mehl und 210 Gramm gestoßenem Zucker fein abgerührt, sodann eine halbe Bouteille Malaga dazu gegossen und über Kohlenfeuer zu einer Crême abgerührt, welche durch ein Haartuch gepreßt, kalt gerührt wird. Ferner werden $^5/_{10}$ Liter Schlagrahm zu Schnee geschlagen und dieser zum Abtropfen auf ein Sieb gethan. Die Bisquit=Torte wird ganz mit Aprikosenmark ausgestrichen und mit eingemachten Weichseln bestreut. Der geschlagene Rahm wird nun unter die Crême gerührt, diese in die Torte gethan, ganz glatt gestrichen, oben mit Schlagrahm bespritzt und außen herum kleine Meringue=Baisers gelegt.

2004. Wiener Chokolade-Torte. Tourte au chocolat à la Viennaise.

Aus der Masse Nr. 1979 werden in rund geschnittenen und 3 Centi= meter hoch aufgebogenen Papierscheiben zwei Blätter egal dick aufgestrichen und bei schwacher Ofenhitze sehr langsam gebacken. Wenn sie kalt ge= worden sind, werden sie mit feingeschnittenen eingemachten Weichseln be= strichen, zusammengesetzt und rundum egal zugeschnitten. Diese Torte wird in der Mitte, so daß außen herum ein zweifingerdicker egal breiter Rand bleibt, schön mit Chokolade glacirt, ebenso außen herum mit einer weißen Citronen= oder Marasquino=Glasur, und nachdem beide trocken geworden sind, wird die Torte geschmackvoll mit eingemachten Früchten garnirt.

2005. Mannheimer Citronentorte. Tourte au citron à la Mannheim.

280 Gramm fein gestoßener Zucker, auf dem man drei Citronen

abgerieben hat, werden fein gestoßen und mit dem Gelben von zehn Eiern eine halbe Stunde gut gerührt; sodann wird von zehn Eierklar ein steifer fester Schnee geschlagen, den man mit dem Safte der Citronen nebst 35 Gramm Mehl langsam unter die schaumig gerührte Masse zieht. Unterdessen hat man ein glattes Tortenblech mit einem zweifingerhohen Rande mit Butter ausgestrichen und ganz mit messerrückendick ausgewalktem Butterteig Nr. 1970 ausgelegt; die Masse wird nun hineingefüllt, eben gestrichen, außen herum schön mit ausgestochenem Butterteig garnirt, gut mit Zucker bestäubt und in einem mittelheißen Ofen langsam in schönster Farbe gebacken. Ehe man sie zu Tisch gibt, wird sie mit Zucker bestäubt.

2006. Französische Crème-Torte.   Tourte à la Frangipane.

Man rührt vier Eßlöffel voll Mehl mit etwas kaltem Rahm fein ab, gibt das Gelbe von acht Eiern, 140 Gramm Zucker, 70 Gramm Butter und ein wenig Salz dazu und verdünnt das Ganze mit $^4/_{10}$ Liter gutem süßen Rahm; diese Masse wird hierauf über Kohlenfeuer zu einer dicklichen Crème abgerührt und dann zum Auskühlen kalt gestellt. Hierauf werden 140 Gramm abgezogene Mandeln mit Rahm sehr fein gerieben, wie auch 140 Gramm süße Makaronen getrocknet und fein gestoßen; ferner werden 35 Gramm in Zucker geröstete frische Orangenblüthen fein gestoßen, gesiebt und mit den Mandeln und Makaronen unter die obige Masse genau verrührt. Sodann wird von Butterteig eine Torte, wie jene zur tourte à la reine, aufgesetzt, in der die obige Masse bis messerdick vom Rande glatt aufgestrichen und das Ganze mit Zucker bestreut wird. Dieselbe wird nun während einer halben Stunde, bis der Teig gut aufgegangen, und die Torte eine schöne hochgelbe Farbe hat, gebacken und dann warm zu Tisch gegeben.

2007. Schwarzbrod-Torte.   Tourte au pain bis.

Man schneidet ein Stück schwarzes Brod in dünne Scheibchen, trocknet diese in einer Röhre dunkelbraun, worauf sie gestoßen und gesiebt werden. Sodann werden 420 Gramm abgeschälte und gelb geröstete Mandeln mit fünf ganzen Eiern fein gerieben, in eine irdene Schüssel gethan und mit 560 Gramm gestoßenem Zucker untermengt; hierauf wird das Gelbe von vierundzwanzig Eiern nach und nach dazu geschlagen und die Masse drei Viertelstunden lang schaumig gerührt. Unterdessen werden 140 Gramm eingemachte Orangenschalen, eben so viel eingemachte Nüsse und 140 Gramm Citronat feingewiegt und mit 105 Gramm gestoßenem und mit einem Gläschen Arak angefeuchteten Schwarzbrod, einem halben Eßlöffel voll gestoßenem Zimmt, einer Messerspitze voll Nelken und eben so viel Cardamomen unter die Masse gerührt. Hierauf wird das Weiße von sechzehn Eiern zu einem steifen Schnee geschlagen, welchen man mit 35 Gramm Mehl langsam unter die Masse einrührt. Alsbald wird ein Tortenblech mit

Butter ausgestrichen, mit etwas von dem feingestoßenen Brode ausgestreut, die Masse eingefüllt und drei Viertelstunden in einem sehr mäßig heißen Ofen langsam gebacken. Wenn man die Torte aus dem Ofen nimmt, wird sie über ein großes Haarsieb langsam umgestürzt, worauf man sie kalt werden läßt. Dieselbe kann mit jeder beliebigen Glasur schön über- zogen und nach Belieben auch mit Früchten geziert werden.

2008. Mandelkranz. Tourte aux amandes à l'Allemande.

Von der Linzermasse Nr. 1969 wird ein rundes, federkieldickes Blatt ausgerollt, dieses nach der Größe für zwölf Personen rund ge- schnitten und über einen Bogen Papier gelegt; am äußern Rande des Bodens wird ein 3 Centimeter hoher Rand aufgesetzt, der aus 280 Gramm feinstiftig geschnittenen Mandeln mit 140 Gramm gestoßenem Zucker, zwei Eierklar und 70 Gramm fein geschnittenem Citronat untermengt, besteht; der innere Boden wird mit eingemachten Weichseln bedeckt und der ganze innere Raum mit dem vierten Theile der Mandelmasse Nr. 1971 gefüllt. Außen herum wird ein Papierstreifen befestigt und die Torte eine Stunde lang bei sehr mäßiger Ofenhitze langsam gebacken. Wenn sie kalt ist, wird die Torte mit einer Orangen-Glasur glacirt und nach Belieben mit Früchten garnirt.

2009. Linzertorte. Tourte à la Linzoise.

Von dem Linzerteig Nr. 1969 wird eine federkieldicke Scheibe aus- gerollt, welche auf Papier gelegt und rund geschnitten wird. Dieser Teig- boden wird nun mit eingemachten Weichseln überlegt, außen herum mit Ei bestrichen und von demselben Teig ein Gitter darüber geflochten. Um die Torte wird ein Papierstreifen gemacht, dieser genau befestigt und sodann in einem gelind warmen Ofen drei Viertelstunden langsam gebacken. Ehe man sie zu Tisch gibt, wird die Torte mit Zucker bestäubt. Es ist zu bemerken, daß dieselbe immer einen Tag vorher gebacken werden sollte.

2010. Kärnthner Torte. Tourte à la Kärnthen.

Diese wird auf dieselbe Weise gemacht, nur daß hierzu der Teig Nr. 1968 genommen wird.

2011. Wilhelmsteiner-Torte. Tourte à la Wilhelmstein.

Hierzu wird eine ausgehöhlte Bisquit-Torte wie die zur Torte à l'Orleans gebacken, die man zum Trocknen in eine Etuve stellt. Unter- dessen wird eine Crème von Vanille bereitet, die auf nachstehende Weise gemacht wird. Vier ganze Eier und sechs Eidotter werden mit 140 Gramm Zucker verrührt, $5/10$ Liter kalter süßer Rahm, in welchem man eine Stange Vanille ausgekocht hat, dazu gegossen und sodann durchgeseiht. Hierauf wird ein Plafond, der die innere Größe der Torte hat, mit kalter Butter ausgestrichen, die Crème eingegossen und in einen abge- kühlten Backofen gestellt, bis dieselbe gestockt ist, worauf sie sodann kalt

gesetzt wird.   Die Bisquit=Torte wird nun mit frischen Erd= oder Him=
beeren, welche mit gestoßenem Zucker untermengt sind, halb angefüllt, die
Crême über einen flachen Deckel gestürzt und in die Torte über die Beeren
eingeschoben.   Ueber das Ganze wird eine ganz dünn gebackene Butter=
teigscheibe gelegt, die Torte mit Orangen=Glasur überzogen und ohne sie
weiter zu garniren, zu Tisch gegeben.

2012. Nelson-Torte.   Tourte à la Nelson.

Diese sehr feine, gute Torte ist aus viererlei Blättern zusammenge=
setzt, nämlich aus einem Blatt von einem Theil der Haselnuß=Masse
Nr. 1978, aus einem Blatt der Chokolade=Masse Nr. 1979, aus einem
Blatt von der Pistazien=Masse Nr. 1980 und aus einem Merinque=Blatt
Nr. 1981, welche alle in gleicher Größe und fingerdick auf die schönste
Art gebacken und kalt gestellt werden.   Das Chokolade=Blatt wird über
ein Tortenblech gelegt, mit Aprikosen=Marmelade gut bestrichen, darüber
kömmt das Nußblatt, welches aber so gelegt wird, daß die untere Seite
nach oben kömmt; dieses wird nun mit Marasquino di Zara leicht ange=
feuchtet und sodann mit Aepfel=Gelée überstrichen.   Ueber dieses kommt
das Pistazienblatt ebenso gelegt und mit Ananas=Saft leicht getränkt,
darüber wird Erdbeermark gestrichen und darüber das Merinqueblatt als
Schluß gelegt, welches mit Citronen=Glasur ganz dünn überstrichen und
mit fein geschnittenen Pistazien bestreut wird.   Die Torte wird über
Spitzenpapier auf ein Tortenblech gelegt und zur Tafel gegeben.

2013. Französische Chokolade-Torte.   Tourte au chocolat à la Française.

560 Gramm Mandeln werden mit vier ganzen Eiern sehr fein
gerieben, mit 490 Gramm gestoßenem Zucker genau untermengt und mit
dem Gelben von zwanzig Eiern eine halbe Stunde gut gerührt.   Sodann
wird der Schnee von sechzehn Eiern sehr steif geschlagen und nebst 210
Gramm fein geriebener Chokolade, einem Eßlöffel voll Vanille=Zucker
und 35 Gramm Mehl unter die Masse gezogen.   Hierauf wird ein
rundes, mit einem 6 Centimeter hohen Rande versehenes Tortenblech
mit Butter ausgestrichen, mit Mehl ausgestäubt, die Masse eingefüllt
und eine Stunde in einem schwachheißen Ofen langsam gebacken.   Wenn
die Torte kalt ist, wird sie mit Chokolade=Glasur überzogen und mit
fein geschnittenen Pistazien bestreut.

2014. Kastanien-Torte.   Tourte aux marrons.

Man schält achtzehn Stück schöne, gebratene Kastanien, reibt diese,
wenn sie kalt sind, auf einem Reibeisen und passirt sie durch ein Draht=
sieb.   Sodann werden 210 Gramm frische Butter schaumig gerührt, sechs
ganze Eier und vier Eidotter dazu gethan und mit 140 Gramm gestoßenen
Mandeln, den Kastanien und 140 Gramm Zucker, etwas gestoßenem Zimmt

und dem Gelben einer abgeriebenen Citrone gut untermengt. Hierauf wird die Hälfte der Masse auf ein mit Butter bestrichenes Blech rund aufgestrichen, eingemachte Weichseln darauf gegeben und die übrige Masse darüber gestrichen. Nachdem die Oberfläche mit Eiern bestrichen und gut mit Zucker bestreut wurde, wird die Torte bei mäßiger Ofenhitze gebacken.

---

78. Abschnitt. 9. Abtheilung.
Von den frischen Obstkuchen. Des flans aux fruits.

2015. Einfacher Aepfelkuchen. Flan aux pommes à la bourgeoise.

Vierundzwanzig gute Aepfel werden, jeder in sechs Theile geschnitten, rein geschält und in eine Schüssel gethan. Sodann wird von dem mürben Teig Nr. 1966 eine runde Scheibe ausgerollt, diese auf ein Papier gelegt, rund geschnitten und außen herum ein 3 Centimeter hoher Rand mit freier Hand aufdressirt. Die Aepfel werden nun in den Kuchen dick eingelegt, mit kleinen Stückchen sehr frischer Butter bestreut, und nachdem man außen herum ein Papierband befestigt hat, wird der Kuchen bei guter Hitze in schöner Farbe gebacken. Wenn derselbe aus dem Ofen kömmt, wird er gut mit Zucker und Zimmt bestreut und warm zu Tisch gegeben.

2016. Aepfelkuchen mit Gelée. Flan aux pommes à la gelée.

Man bereitet von dem Bröselteig Nr. 1967 einen Flan, welchen man lichtbraun, ohne ihn mit Aepfeln zu belegen, ausbäckt. Unterdessen werden vierundzwanzig bis dreißig Borsdorfer Aepfel, jeder in sechs Theile geschnitten, rein geschält und in einem flachen Geschirr mit 280 Gramm Zucker und dem Saft einer Citrone langsam weich gekocht, worauf man sie in ihrem Safte kalt werden läßt. Hierauf werden sie auf ein Sieb zum Abtropfen gethan und sodann in den mit Aprikosenmark ausgestrichenen Kuchen in schönster Ordnung eingelegt. Der Aepfelsaft wird nun in eine Casserolle gegossen und mit noch einem Stück Zucker, bis der Saft einen Faden zieht, eingesotten, welcher ganz warm über die Aepfel gegossen und gleich dick darüber gestrichen wird.

2017. Mailänder Aepfelkuchen. Flan aux pommes à la Milanaise.

Der Kuchen wird vom Linzer-Tortenteig Nr. 1969 bereitet und in schönster Farbe den vorhergehenden gleich ausgebacken. Ebenso werden vierundzwanzig Borsdorfer-Aepfel, jeder in sechs gleiche Theile geschnitten, rein geschält und dann mit 280 Gramm Zucker, dem Safte einer Citrone und dem nöthigen Wasser weich, jedoch so, daß sie ganz bleiben, gedünstet. Unterdessen werden 280 Gramm Mailänder Reis rein belesen, gewaschen, abblanchirt, mit frischem Wasser abgekühlt und dann mit 1 6/10 Liter süßem Rahm nebst 140 Gramm Zucker und etwas Vanille-Zucker weich und dick gekocht, welchen man sodann in eine irdene Schüssel schüttet und kalt rührt.   Der Kuchen wird nun auf ein Tortenblech gelegt, innen ganz mit Aprikosen=Marmelade ausgestrichen, unter den Reis ein Gläschen Marasquino gegossen, dieser genau verrührt, in die Torte gethan und gleichmäßig auseinander gestrichen.   Ueber denselben werden nun die Aepfelschnitze in schönster Ordnung gelegt, der unterdeß zur Gelée eingekochte Aepfelsaft darüber gestrichen, über diesen der Flan mit eingemachten Amarellen garnirt und nachdem man über die Oberfläche noch etwas Marasquino geträufelt hat, wird dieser sehr angenehm schmeckende und sehr beliebte Kuchen zu Tisch gegeben.

2018. Portugiesischer Aepfelkuchen.   Flan aux pommes à la Portugaise.

Von dem Bröselteig Nr. 1967 wird ein Kuchen für zwölf Personen mit einem 3 Centimeter hohen Rande über einen Bogen Papier auf= dressirt.   Ferner werden vierundzwanzig Stück Borsdorfer= oder Calville= Aepfel, jeder in vier Theile geschnitten, rein geschält und mit 140 Gramm Zucker, einer halben Bouteille Malaga=Wein und $^3/_{10}$ Liter Weichselsaft weich und in ihrem Safte kurz gedünstet.   Unterdessen werden 210 Gramm Mandeln fein gerieben und mit 140 Gramm gestoßenen Maka= ronen, 140 Gramm Zucker, 70 Gramm Orangenschalen, 70 Gramm Citronat fein geschnitten, Alles untermengt, mit 105 Gramm warmer Butter begossen und mit dem Gelben von zehn Eiern schaumig gerührt. Ist dies geschehen, so wird der Schnee von sechs Eiern darunter gerührt, die Masse in den Kuchen gefüllt, ein Papierstreif herumgemacht und der Kuchen bei mittelheißer Ofenhitze langsam eine halbe Stunde gebacken. Wenn derselbe nun halb ausgekühlt ist, werden die Aepfel in schöner Ordnung darüber gelegt, der Saft davon darüber gestrichen und lauwarm zu Tisch gegeben.

2019. Mannheimer Aepfelkuchen.   Flan aux pommes à la Mannheim

Von dem Bröselteig Nr. 1967 wird für zwölf Personen auf Papier ein Kuchen mit einem 3 Centimeter hohen Rand aufdressirt und um den= selben ein Papierstreifen befestigt.   Sodann werden vierundzwanzig Bors= dorfer=Aepfel, jeder in vier Theile geschnitten, rein geschält, der Kuchen damit ausgefüllt, mit Zucker bestreut und in einem mäßig heißen Ofen zur Hälfte ausgebacken.   Unterdessen werden 140 Gramm Makaronen fein gestoßen und mit 140 Gramm Zucker, dem Gelben von sechs Eiern eine Viertelstunde gerührt, sodann $^1/_{10}$ Liter guter süßer Rahm darunter gerührt und die Crême über die Aepfel gegossen, so daß diese ganz über= deckt sind.   Der Kuchen wird wieder in den Backofen gestellt, vollends gut ausgebacken und mit Zucker bestäubt warm zu Tisch gegeben.

2020. Zwetschgenkuchen.   Flan aux prunes.

Hierzu wird der Teig Nr. 1966 angewendet, von demselben ein flacher Kuchen für zwölf Personen auf Papier aufdressirt, ein Papierstreifen herum gemacht und ganz voll mit halbirten guten Zwetschgen ausgelegt, welche mit Zucker bestäubt werden. Der Kuchen wird sodann bei guter Ofenhitze in schöner Farbe ausgebacken, mit Zucker und Zimmt bestäubt und lauwarm zu Tisch gegeben.

2021. Erdbeerkuchen.　Flan aux fraises.

$2^2/_{10}$ Liter gute Walderdbeeren werden genau durchsucht, in $^3/_{10}$ Liter dicken Zucker=Syrup gethan, einmal geschwungen und wo möglich auf's Eis gestellt. Unterdessen wird ein flacher Kuchen von dem Teig Nr. 1967 bereitet, hellbraun gebacken und auf ein Tortenblech geschoben. Kurz vor dem Anrichten werden die Erdbeeren in den Kuchen gefüllt, gleichmäßig auseinander gestrichen und sogleich zu Tisch gegeben.

2022. Himbeer-Kuchen.　Flan aux framboises.

Dieser wird den vorhergehenden gleich bereitet, nur mit dem Unter= schiede, daß die $2^2/_{10}$ Liter ausgesuchten Himbeeren mit $^3/_{10}$ Liter heißem Zucker=Syrup übergossen, sodann in's Eis gestellt und kurz vor dem Anrichten in den Flan gefüllt werden.

2023. Erdbeerkuchen mit Schaum.　Flan aux fraises meringuées.

Von dem Bröselteig Nr. 1967 wird ein flacher Kuchen mit einem 3 Centimeter hohen Rande bereitet und lichtbraun gut gebacken. Unter= dessen wird das Weiße von fünf Eiern festgeschlagen, 280 Gramm Zucker untergerührt, $2^2/_{10}$ Liter ausgesuchte Walderdbeeren langsam darunter gerührt, die Masse in den Kuchen gefüllt, auseinander gestrichen, stark mit Zucker bestäubt und noch acht Minuten in den Ofen gestellt, bis das Ganze eine leichte Kruste gebildet und etwas Farbe angenommen hat.

2024. Erdbeerkuchen mit geschlagenem Rahm.　Flan aux fraises à la crême fouettée.

Dieser Erdbeerkuchen wird ganz dem vorhergehenden gleich bereitet; die Erdbeeren werden kurz vor dem Anrichten in den Kuchen gefüllt und der von $1^1/_{10}$ Liter Rahm geschlagene und auf einem Sieb abgetropfte Rahm=Schnee wird zur Hälfte über den Kuchen recht glatt gestrichen, von der zweiten Hälfte durch eine Papierspritze ein Gitter darüber ge= spritzt und das Ganze mit Zucker stark bestäubt, zu Tisch gegeben.

2025. Johannisbeerkuchen.　Flan aux groseilles.

Derselbe wird ganz dem vorhergehenden Erdbeerkuchen gleich be= reitet; nur daß hier 140 Gramm gestoßener Zucker mehr unter den Schnee gerührt werden.

2026. Kuchen mit gemischten Früchten.　Flan à la Macédoine de fruits.

Der Kuchen wird ebenfalls aus dem Teig Nr. 1967 aufgesetzt und in schöner Farbe gebacken. Unterdessen wird ein Teller voll Erdbeeren, ein Teller voll Himbeeren, ein Teller voll weiße und ein Teller voll rothe Johannisbeeren rein durchsucht, abgepflückt, zusammen in eine Porzellan=Terrine gethan und mit $^4/_{10}$ Liter heißem Zucker=Syrup über= gossen, durcheinander geschwungen und einige Stunden in's Eis gestellt. Kurz vor dem Anrichten wird die Macedoine in den Kuchen gefüllt, egal auseinander gestrichen und zu Tisch gegeben.

2027. Aprikosenkuchen.   Flan aux abricots.

Aus der Teigmasse Nr. 1966 wird für zwölf Personen ein flacher, mit einem 3 Centimeter hohen Rande versehener Kuchen aufdressirt, ein Papierband um denselben befestigt und ganz mit halbirten, recht reifen Aprikosen ausgelegt und in einem gut heißen Ofen gebacken; wenn der= selbe aus dem Ofen kommt, wird er stark mit Zucker bestreut und dann kalt zu Tisch gegeben.

2028. Pfirsichkuchen.   Flan aux pêches.
2029. Reineclaudenkuchen.   Flan aux reineclaudes.
2030. Mirabellenkuchen.   Flan aux mirabelles.

Diese drei hier bezeichneten Kuchen werden ganz dem Aprikosen= kuchen gleich bereitet, nur ist zu bemerken, daß bei den Pfirsichen die Haut abgezogen werden muß.

2031. Traubenkuchen.   Flan aux raisins.

Von dem Teige Nr. 1967 wird ein flacher Kuchen ausgerollt, dieser egal rund geschnitten und außen herum ein 3 Centimeter hoher Rond aufdressirt, welcher mit einem Papierband umwunden und mit Kleister befestigt wird.   Sodann werden gute Trauben abgepflückt, der Kuchen damit angefüllt, in den heißen Backofen gestellt, halb ausgebacken, mit einem Guß, wie beim Mannheimer Aepfelkuchen übergossen und vollends ausgebacken.   Ehe man denselben zu Tisch gibt, wird er nochmals gut mit Zucker bestäubt und lauwarm servirt.

2032. Kirschenkuchen.   Flan aux cerises.

Es wird von dem Teige Nr. 1967 ein flacher Kuchen für zwölf Per= sonen gemacht, dieser mit ausgekernten Kirschen oder Weichseln angefüllt, diese stark mit Zucker bestreut und in einem gut heißen Ofen in schönster Farbe gebacken.   Ehe man ihn zu Tisch gibt, wird er nochmals mit Zucker bestreut.

2033. Kirschenkuchen auf eine andere Art.   Gateau de cerises.

420 Gramm Zucker werden mit einem Eßlöffel voll Zimmt, einer Messerspitze voll Nelken und zwölf Eidottern eine halbe Stunde gerührt, der Schnee von sechs Eierklar nebst 210 Gramm geriebenem Brode darunter gerührt und zuletzt mit 560 Gramm abgepflückten, guten, saftigen Kirschen und 560 Gramm Weichseln sammt den Steinen darunter melirt, die Masse in eine Kugelhupf=Form, welche mit Butter ausgestrichen und mit

geriebenem Brod gut ausgesäet ist, gefüllt und in einem mäßig heißen Ofen ein und eine halbe Stunde in schöner lichtbrauner Farbe gebacken.

---

78. Abschnitt. 10. Abtheilung.
Von den kleinen Früchtenkuchen. Des tartelettes.

Die kleinen Früchtenkuchen unterliegen genau derselben Bereitung wie die großen Obstkuchen. Dieselben werden wegen ihrer kleinen, zum Speisen mehr zusagenden Form auch bei den großen Tafeln servirt, und den großen vorgezogen. Diese kleinen Tarteletten werden über zierlich zusammengelegte feine Servietten pyramidenförmig zu zwanzig bis vierundzwanzig Stück angerichtet.

2034. Aprikosen-Tarteletten. Tartelettes aux abricots.

Von dem Bröselteig Nr. 1967 wird eine große, messerrückendicke Teigplatte ausgerollt und daraus mit einem runden Ausstecher in der Runde eines gewöhnlichen Wasserglases die nöthige Zahl solcher Scheiben ausgestochen. Diese werden außen herum 1 Centimeter hoch aufgebogen, so daß sie einen gleichhohen Rand erhalten, welches mit Genauigkeit, damit sie eine schöne Form erhalten, ausgeführt werden muß. Um jedes dieser Tarteletten wird ein Papierband von der gleichen Höhe des Randes gethan und dieses mit Kleister befestigt. Hierauf wird die nöthige Zahl gut reifer großer Aprikosen, wo man auf jedes Tartelette ein Stück rechnet, von einander getheilt, in jedem zwei Hälften eingelegt, diese gut mit Zucker bestreut, alle über mit Butter bestrichenem Papier auf ein Backblech gelegt und so in einem ziemlich warmen Ofen eine starke Viertelstunde gebacken. Wenn sie aus dem Ofen kommen, wird das Papier abgelöst, nochmals mit Zucker bestreut, und wenn sie kalt geworden sind, wie oben bemerkt wurde, angerichtet.

Auf dieselbe Art werden

2035. Kleine Obstkuchen von Pfirsichen. Tartelettes aux pêches.

2036. Kleine Obstkuchen von Zwetschgen. Tartelettes aux prunes.

2037. Kleine Obstkuchen mit Mirabellen. Tartelettes aux mirabelles.

2038. Kleine Obstkuchen mit Aepfeln. Tartelettes aux pommes.

2039. Kleine Obstkuchen mit ausgekernten Kirschen. Tartelettes aux cerises égrenées.

bereitet und angerichtet.

2040. Kleine Erdbeerkuchen. Tartelettes aux fraises.

Die nöthige Zahl ebenso bereiteter Tarteletten werden auch von innen mit Papier ausgelegt, dann mit trockenen Erbsen angefüllt und so ausgebacken; wenn sie kalt geworden sind, werden die Erbsen herausgenommen, das Papier abgelöst und mit Erdbeeren gefüllt.

2041. Kleine Erdbeerkuchen auf Königin-Art. Tartelettes aux fraises à la reine.

Sie werden den vorhergehenden gleich gebacken, nur mit dem Unter=schiede, daß hier ein kaltes Erdbeermark, wozu die Erdbeeren durch ein Sieb passirt und mit Staubzucker verrührt werden, halbvoll eingefüllt wird, oben darüber werden schöne, große Gartenerdbeeren, mit Zucker bestäubt, gelegt.

2042. Kleine Erdbeerkuchen mit Meringuen. Tartelettes aux fraises meringuées.

2043. Kleine Erdbeerkuchen mit Rahmschnee. Tartelettes aux fraises à la crême fouettée.

Siehe die Erdbeerkuchen unter gleicher Benennung in der vorigen Abtheilung.

Eine andere Art von Tarteletten sind die nach französischer Methode bereiteten, welche auf folgende Weise gemacht werden. Man streicht die nöthige Zahl kleiner Schüsselchen von weißem Blech, die 6 Centimeter im Durchmesser haben und 3 Centimeter tief getrieben sind, mit Butter aus; sie werden dann mit messerrückendick ausgerolltem Butterteig aus=gefüttert, rundum rein zugeschnitten und die Vertiefung mit irgend einer beliebigen, dickeingekochten Marmelade gefüllt; darüber wird aus ganz dünn ausgerolltem Butterteig, der in feine Streifchen geschnitten ist, ein zierliches Gitter gelegt und über diesem außen herum ein ganz schmales Rändchen von ausgestochenem Butterteig, welches mit Ei bestrichen, über den innern Rand leicht angedrückt wird, gelegt. Das Gitter wird schön mit Ei bestrichen, gut mit Zucker bestreut und diese Tarteletten im heißen Ofen schnell gebacken, welches in der Weise geschehen muß, daß die Marmelade nicht heiß wird, folglich Blasen mache und durch das Gitter dringe, sondern der ohnedies dünngehaltene Butterteig muß sich leicht bräunen, der Zucker schmelzen und so dieselben schön glasiren.

---

78. Abschnitt. 11. Abtheilung.
Von den Crême-Torten.   Des flans à la crême.

Die Crême=Torten zerfallen wieder in zwei verschiedene Arten, näm=lich in auf dem Feuer abgerührte Crêmes, sowohl von Rahm als Wein, und in geschlagene Rahm=Crême=Flans (Crêmes à la Chantilly).

2044. Crême-Torte. Flan à la crême.

Diese Flans werden sowohl vom Bröselteig, von Bisquit=Masse, von Makaronen=Masse, von Meringue=Masse, wie auch von Butterteig gebacken, weßhalb hierüber nur der Geschmack des Tischherrn zu bestimmen hat. Man rollt also von dem Teige Nr. 1967 einen flachen Boden aus, den man in der Größe für zwölf Personen rund zuschneidet, über Papier auf ein Backblech legt und außen herum aus freier Hand einen 3 Centimeter hohen Rand aufdressirt, welcher recht egal und gleichmäßig hoch sein muß.

Dieser wird außen herum mit einem Papierband umbunden, innen mit ganz mit Butter bestrichenem Papier ausgelegt, mit trockenen Erbsen angefüllt und im mäßig heißen Backofen in schönster Farbe gebacken. Wenn derselbe kalt ist, werden die Erbsen wie auch das Papier herausgenommen und der Flan noch einige Minuten in den Backofen gestellt, damit er auch von innen noch schwach braun werden kann.

2045. Flan von Butterteig bereitet. Flan de feuilletage.

Der Butterteig Nr. 1969 wird recht kalt auf den Backtisch gelegt, zu einer runden, $1/2$ Centimeter dicken Platte ausgerollt, ein passendes Tortenblech darüber gelegt und egal rund geschnitten; über diese runde Scheibe wird nun ein um 3 Centimeter kleineres Tortenblech gelegt und um dieses rundum der Teig durchgeschnitten, so daß man eine kleinere runde Scheibe und einen Kranz erhalten hat. Die Scheibe selbst wird wieder in ihrer früheren Größe ausgerollt, über einen Bogen Papier gelegt und nach der Größe des großen Tortenbleches wieder egal rund zugeschnitten, dann außen herum mit abgeschlagenem Ei bestrichen und darüber der Butterteig=Kranz recht egal mit dem Boden darüber gelegt, leicht angedrückt, mit Ei bestrichen, mit Zucker bestäubt und so in schönster Farbe mit luftig=leichtem Ansehen gut ausgebacken.

2046. Flan von Bisquit-Masse bereitet. Flan de biscuit.

Die Bisquit=Masse Nr. 1972 wird in einem mit Butter ausgestrichenen und mit Mehl bestäubten Plafond, der die Größe für zwölf Personen hat, dreiviertelvoll angefüllt, dieser sehr langsam während einer Stunde gebacken, dann über ein großes Haarsieb gestürzt und so kalt werden gelassen, welches, wenn es die Umstände erlauben, immer am Abende vorher geschehen muß. Dieses Bisquit wird $1/2$ Centimeter dick vom Rande in der Runde eingeschnitten, ganz ausgehöhlt und zum leichten Trocknen in den Wärmekasten gestellt.

2047. Flan von Makaronen-Masse. Flan aux amandes.

560 Gramm abgeschälte Mandeln werden mit dem Weißen von vier Eiern sehr fein gerieben, dann in eine Schüssel gethan, mit 840 Gramm feinem Staubzucker und einem Eßlöffel voll Citronenzucker untermengt und dann verdünnt, daß die Masse weich und geschmeidig wird. Sodann werden vier Stück oder mehrere Oblaten, je nach der Größe, mit Wasser befeuchtet, zusammengemacht, diese über zwei zusammengelegte Bögen Papier gelegt und die Hälfte der Masse federkieldick in der Runde darüber gestrichen; von dem dritten Theil derselben wird ein 3 Centimeter breiter Kranz ebenfalls auf Oblaten gebacken, der genau die Runde des Bodens hat und von dem Rest der ganzen Masse werden kleine runde Makaronen auf Papier dressirt und alles dies zusammen in einem sehr mäßig heißen Ofen mit Vorsicht lichtgelb gebacken. Wenn dies erreicht ist, so wird der

Boden in der Runde mit Aprikosen-Marmelade bestrichen, der Kranz darüber gelegt und über diesem nämlich am inneren Rande, werden die Makaronen in aufrechtstehender Ordnung, in Caramel-Zucker leicht eingetaucht, herumgesetzt. Der Rand selbst aber wird mit Citronen-Glace bestrichen, geschmackvoll mit Früchten belegt und die später bezeichnete Crême in die Mitte gefüllt.

2048. Flan von Meringue-Masse.   Flan de merinques.

Von der Meringue-Masse Nr. 1981 wird auf einem sehr flachen runden Backblech, welches mit Butter bestrichen wurde, eine ¹/₂ Centimeter dicke, runde Scheibe aufgestrichen, ebenso von derselben Masse auf einem zweiten mit Butter bestrichenen zwei gleichrunde, ebenso dicke, 3 Centimeter breite Kränze, wovon der eine auf beiden Seiten mit kleinen Perlen bespritzt worden ist. Dies wird in einen sehr schwach warmen Ofen gestellt und in der Weise gebacken, bis das Ganze gut ausgebacken und glaspröde geworden ist. Der Boden wird über ein Tortenblech gelegt, außen herum mit Aprikosenmark bestrichen, der einfache Kranz darüber gelegt, dieser wieder mit Marmelade bestrichen und darüber der zweite Kranz gelegt. Zwischen die Perlen wird Citronen-Glace gestrichen und über diese geschmackvoll kleine eingemachte Früchte gelegt, welches dem Ganzen ein schönes Ansehen gibt. Um weitere Wiederholungen zu vermeiden, bemerke ich, daß aus den hier angegebenen fünferlei zu großen Flans angewendeten Teigmassen ebenso gut alle kleinen Tarteletten bereitet werden können.

2049. Chokolade-Crême-Torte.   Flan à la crême au chocolat.

280 Gramm Vanille-Chokolade werden gerieben, mit 210 Gramm gestoßenem Zucker untermengt, vier ganze Eier und zwölf Eidotter dazu geschlagen, dann mit ⁸/₁₀ Liter süßem Rahm abgerührt und dann über Kohlenfeuer mit dem Schneebesen, bis die Crême aufstoßen will, abgeschlagen. Derselbe wird sogleich durchgeseiht und warm in den Flan gegossen.

2050. Vanille-Crême-Torte.   Flan à la crême de vanille.

Eine Stange Vanille wird in Stückchen geschnitten und mit ⁸/₁₀ Liter süßem Rahm einige Minuten gekocht. Unterdessen werden vier ganze und zwölf Eidotter mit 210 Gramm Zucker gut abgerührt, der unterdeß ausgekühlte Rahm dazu gegossen und über Kohlenfeuer, bis derselbe aufstoßen will, abgeschlagen, dann heiß geseiht und warm in den Flan gefüllt.

2051. Orange-Crême-Torte.   Tourte à la crême d'oranges.

Das Gelbe von zwei Orangen wird auf Zucker leicht abgerieben, abgeschabt, dann mit zwölf Eidottern, vier ganzen Eiern und 210 Gramm Zucker gut abgerührt; dann werden ⁸/₁₀ Liter süßer Rahm dazu gegossen, dem vorhergehenden gleich abgeschlagen, geseiht und in die Torte gefüllt.

2052. Citronen-Crême-Torte. Flan à la crême au citron.

Wird ganz der Orange-Crême gleich zubereitet.

Auf dieselbe Weise erscheinen diese Crême-Torten noch als:

2053. Crême-Torte mit gebranntem Zucker. Flan à la crême de caramel.

2054. Crême-Torte mit Orangenblüthen. Flan à la crême de fleurs d'oranges.

2055. Crême-Torte von Haselnüssen. Flan à la crême de noisettes.

2056. Crême-Torte von gerösteten Mandeln. Flan à la crême aux amandes pralinées.

2057. Crême-Torte mit Parfait d'amour. Flan à la crême au parfait d'amour.

2058. Crême-Torte mit Marasquino. Flan à la crême de marasquin.

2059. Wein-Crême-Torte. Flan à la crême de Malaga.

280 Gramm gestoßener Zucker werden mit fünf ganzen Eiern und zehn Eidottern gut verrührt, mit einer Bouteille Malaga = Wein genäßt und über dem Feuer zu einer Crême abgeschlagen, die geseiht und in einen beliebigen Flan gegossen wird. Auf dieselbe Art kann jeder beliebige weiße Wein genommen werden, bei dem Rheinwein aber muß man etwas Citronengelb und Zimmt mit abschlagen.

2060. Rahm-Schnee-Torte mit Erdbeeren. Flan à la crême Chantilly aux fraises.

Zu dieser Art Crême-Torten ist besonders sehr guter Rahm nöthig, der sich ganz schlagen läßt. Ebenso müssen die Früchte völlig reif und im rohen Zustande durchgestrichen und mit Staubzucker angenehm versüßt zu einem Püree verrührt werden. Ihre Bereitung ist folgende: 2 2/10 Liter reife Walderdbeeren werden durch ein Sieb gestrichen, in eine Porzellanschale gethan und mit 350 Gramm Staubzucker gut verrührt, dann bis zum Gebrauche auf's Eis gestellt. Der unterdeß von 1 1/10 Liter festgeschlagene und auf einem Sieb abgetropfte Schlagrahm wird bis auf den vierten Theil unter das Erdbeer=Mark gerührt, in den dazu bestimmten Flan gegossen, eben gestrichen und von dem Rest des Schlagrahmes ein Gitter darüber gespritzt. Bei dem Erdbeer=Mark kann etwas Cochenille dazu gegeben werden.

2061. Himbeer-Crême-Torte. Flan à la crême Chantilly aux framboises.

2062. Aprikosen-Crême-Torte. Flan à la crême Chantilly aux abricots.

2063. Pfirsich-Crême-Torte. Flan à la crême Chantilly aux pêches.

2064. Ananas-Crême-Torte. Flan à la crême Chantilly à l'ananas.

Dieselben werden den vorhergehenden gleich zubereitet, mit Ausnahme jener von Ananas, wozu eine gut reife Ananas rein geschält, in Scheiben geschnitten, mit grobem Zucker gestoßen und zu einem Püree durchgestrichen wird.

---

78. Abschnitt.   12. Abtheilung.

Vom Brandteig.   De la pâte à choux.

Diese allgemein beliebte Teigmasse verdient besonders unsere Aufmerksamkeit, denn alle daraus hervorgegangenen Backwerke haben ein so liebliches feines Ansehen, daß man einige derselbe mit dem Namen à la reine und à la duchesse beehrte.

2065. Brandteigkrapfen auf französische Art. Petits choux à la d'Artois.

Man läßt in einer Casserolle $^{5}/_{10}$ Liter Milch, 140 Gramm sehr frische Butter, 35 Gramm Zucker und eine Messerspitze voll Salz aufkochen, nimmt die Casserolle vom Feuer und rührt sogleich 280 Gramm feines gesiebtes Mehl darunter, stellt die Casserolle wieder auf Kohlenfeuer und rührt so lange darin, bis sich der Teig von der Casserolle loslöst. Derselbe wird nun in eine andere Casserolle gethan und nach einigem Auskühlen werden vier ganze Eier und fünf Eidotter darunter gerührt und zuletzt mit dem auf einem Stück Zucker abgeriebenen Gelben einer Citrone und einem Löffel voll Schlagrahm untermengt. Von dieser Masse werden mit dem Eßlöffel über ein mit Mehl bestäubtes Backblech kleine Kuchen in gleicher Entfernung gesetzt, mit Ei bestrichen und mit Grobzucker bestreut. Sie werden in einem mittelheißen Ofen während eines Zeitraums von zwanzig Minuten langsam gebacken, wo sie noch einmal so groß aufgegangen sein müssen. Wenn sie kalt sind, werden sie an der Seite aufgeschnitten, mit einem Kaffeelöffel voll Marmelade gefüllt und über eine Serviette auf eine Schüssel pyramidenartig angerichtet.

2066. Brandteigkrapfen. Petits choux à la St. Cloud.

In die vorhergehend beschriebene Masse wird Vanille-Geruch beigegeben, sie werden ebenso dressirt und gebacken und wenn sie aus dem Ofen kommen, sogleich angerichtet und warm zu Tisch gegeben.

2067. Herzoginbrödchen. Petits pains à la duchesse.

Man läßt $^5/_{10}$ Liter Milch, 70 Gramm Butter, 70 Gramm Zucker und etwas Salz aufsieden, schüttet 280 Gramm gesiebtes Mehl hinein und rührt den Teig über Kohlenfeuer gut ab. Wenn derselbe gut ausgekühlt ist, werden drei ganze Eier und fünf Eidotter nebst etwas fein geschnittenem Orangengelb dazu gerührt und hiervon auf einen mit Mehl bestäubten Backtisch fingerlange und ebenso dicke Würstchen gelegt, welche mit Ei bestrichen, mit Grobzucker bestreut und langsam lichtbraun gebacken werden. Sie werden den vorhergehenden gleich aufgeschnitten, etwas Aprikosen-Marmelade eingefüllt und über eine Serviette zierlich angerichtet.

2068. Königinbrod mit Pistazien. Petits pains à la reine.

Diese werden den vorhergehenden gleich zubereitet, nach dem Backen mit Aprikosen-Marmelade, unter welche fein geschnittene Pistazien melirt wurden, etwas gefüllt, sodann mit grüner glace royale oben glasirt, mit rothem Hagelzucker bestreut und schön angerichtet.

2069. Herzoginbrod mit Chokolade. Pain à la duchesse au chocolat.

Von demselben Brandteig werden runde Kugeln auf's Blech dressirt, sehr langsam gebacken und wenn sie kalt sind, werden sie mit einer crême pâtissière, mit Chokolade bereitet, gefüllt und mit Chokolade glasirt.

2070. Herzoginbrod mit Corinthen. Petits pains à la duchesse aux raisins de Corinthe.

Diese werden in langer Form von demselben Teig dressirt und croquant gebacken: wenn sie kalt geworden sind, werden sie an der Seite aufgeschnitten, mit Aepfel-Gelée gefüllt, in Caramel-Zucker getaucht, mit gut gereinigten kleinen, schwarzen Corinthen bestreut und schön erhaben angerichtet.

2071. Brandteig-Ringe. Gimblettes aux amandes grillées.

Von demselben Brandteige werden kleine eigroße Häufchen auf ein Blech, aber etwas weiter auseinander gesetzt, sodann taucht man ein rundes Hölzchen in geschlagene Eier, drückt dieses mitten in die Häufchen und schiebt den Teig zu kleinen egalen Ringchen auseinander. Diese werden mit Ei bestrichen, mit grobem Hagelzucker und grob geschnittenen Mandeln untermengt, bestreut und langsam in schöner Farbe gebacken. Wenn sie kalt sind, werden jedesmal zwei, auf der innern Seite mit Marmelade bestrichen, zusammengesetzt und erhaben zierlich angerichtet.

Die Gimblettes können auch mit weißer glace royale bestrichen, mit Pistazien grün und mit gefärbten Mandeln roth bestreut werden.

2072. Brandteig-Krapfen mit Käse. Ramequins.

$^{5}/_{10}$ Liter Rahm läßt man mit 70 Gramm Butter aufkochen, schüttet sodann 210 Gramm feines, gesiebtes Mehl hinein und rührt dasselbe auf Kohlenfeuer zu einem feinen zarten Teig ab. Derselbe wird nun nochmals mit 70 Gramm Butter und 105 Gramm fein geriebenem Parmesankäs gut verarbeitet und nach und nach mit vier ganzen Eiern, einem Kaffeelöffel Salz, eben so viel Zucker, etwas weißem Pfeffer und 140 Gramm kleinwürfelig geschnittenem Emmenthaler- oder Schweizerkäs unter die Masse gemengt, sodann in kleine Häufchen in der Größe eines kleinen Hühnereies, über ein Blech in gleicher Entfernung gesetzt und in einem mittelheißen Ofen dem vorhergehenden gleich gebacken. Sie müssen, aus dem Ofen genommen, sogleich angerichtet und warm zu Tisch gegeben werden.

2073. Gebrühte Kuchen. Echaudés.

560 Gramm feinstes gesiebtes Mehl wird über die Tafel zu einer Grube auseinander gestrichen, in die Vertiefung derselben 140 Gramm sehr frische Butter gethan, sieben ganze Eier hineingeschlagen, mit einer starken Messerspitze voll Salz und einem halben Eßlöffel voll Zucker gewürzt und sodann zu einem Teige angemacht; dieser wird so lange geknetet, mit dem Ballen der rechten Hand fein gestrichen, wieder stückweise abgerissen und gut über sich selbst geschlagen, bis derselbe fein glänzend sich ziehend und elastisch wird. Sodann wird derselbe an einen andern mit Mehl bestäubten Ort gethan, mit Mehl bestäubt, mit einer Serviette gedeckt und kalt gestellt. Nach einigen Stunden Ruhe setzt man eine große Casserolle voll Wasser auf's Feuer, verarbeitet, während dieses warm wird, den Teig, macht daumenstarke Rollen daraus und theilt ihn in ebenso breite Stückchen, die man mit der geschnittenen Seite über ein mit Mehl bestäubtes Brett stellt, etwas leicht ausdrückt und endlich in's kochendheiße Wasser legt, worin man sie leicht bewegt, bis sie in die Höhe steigen. Sobald dies erreicht ist, werden sie aus dem heißen Wasser in eine große Schüssel, mit kaltem Wasser bis zur Hälfte angefüllt, gelegt und dann gegen vier Stunden liegen gelassen. Nach Verlauf dieser Zeit werden

sie endlich über Blech zweifingerdick auseinandergelegt und in einem ziemlich warmen Ofen gebacken.

Während des Backens soll der Ofen nicht oft geöffnet werden, indem dadurch die Wirkung der Hitze unterbrochen würde. Dieses Gebäck muß außerordentlich leicht und im Verhältniß auf seine erste Größe sehr groß aufgehen.

---

78. Abschnitt. 13. Abtheilung.
Vom Butterteig. Du feuilletage.

Die Bereitung des Butterteiges ist im Anfange dieses Abschnittes und zwar bei den verschiedenen Teigarten Nr. 1970 genau beschrieben und ich weise deßhalb auf diese Nr. zurück.

2074. Butterteig-Pastete. Vol au vent.

Der fünfmal zusammen geschlagene oder mit fünf Touren verfertigte Butterteig wird noch einmal zusammen geschlagen, so daß derselbe in zehnfachen Blättern übereinander liegt. Er wird nun stark fingerdick ausgerollt, auf doppeltes Papier gelegt und ein flacher Speiseteller in der Mitte darauf gethan, um welchen mit einem kleinen scharfen Messer der Teig ringsum durchschnitten wird; der Teller wird hierauf abgenommen und die Oberfläche mit einem Ei, welches mit etwas Salz und Zucker abgeschlagen ist, mittelst eines feinen Haarpinsels in der Art überstrichen, daß auch nicht das Geringste über den Rand abläuft; sodann wird, 3 Centimeter breit vom Rande der Butterteig messerrückentief im Kranze eingeschnitten, welcher Schnitt den Deckel bildet. Der Deckel selbst aber wird mit der Rückseite der Messerspitze sternartig bezeichnet, wie auch am Rande selbst auf eben diese Weise kleine Verzierungen eingezeichnet. Die Butterpastete wird nun über ein dickes rundes Backblech gestellt und in einem mittelheißen Ofen beinahe eine Stunde gebacken, wo man sie, wenn die Oberfläche etwas Farbe annimmt, ohne sie aus dem Backofen zu nehmen, mit Papier decken muß. Wenn diese Pastete eine starke Hand hoch aufgelaufen, gut ausgebacken und eine schöne lichtbraune Farbe hat, so wird sie aus dem Ofen genommen, der Deckel behutsam abgenommen und der innere fette Teig mit einem Eßlöffel vorsichtig, daß kein Loch in dieselbe kömmt, herausgenommen.

Es wäre sehr zu wünschen, daß das Backen dieser Pastete genau nach der Tafelstunde berechnet wäre, damit sie nicht zu lange stehen darf, denn durch das Wiedererwärmen derselben verliert sie sehr an ihrem Geschmack. Da bereits mehrmals, besonders bei den Entrees, von dieser Butterteig-Pastete gesagt und darauf hingewiesen wurde, ist es auch hier nöthig, zu bemerken, daß dieselbe nicht nur allein bestimmt ist, die verschiedensten Ragouts in sich aufzunehmen, sondern sie dient auch dazu, geschlagenen Rahm-Schnee mit einer Sultane (Haube von gesponnenem Zucker) überdeckt, hinein zu geben, wo sie dann aber mit feinem Zucker bestäubt, schön glacirt sein muß

Diese Pastete muß, wenn sie vollkommen gelungen ist, sich durch schöne natürliche Form und feinblätterig durchsichtiges Ansehen empfehlen.

2075. Kleine Butterteig-Pastetchen. Petits vols au vent.

Aus dem fünfmal zusammengeschlagenen Butterteige werden kleine Pastetchen gebacken, welche aber mehr Ofenhitze fordern, indem binnen fünf bis sieben Minuten die dreifingerhoch bestrichene Oberfläche rothgelb und das Pastetchen selbst blaßgelb gebacken sein soll. Sie sind bestimmt, wie im Abschnitt bei den warmen hors d'oeuvres mehrmals bemerkt wurde, alle feinen Ragouts, nämlich die verschiedensten Salpikons, alle Sorten Hachis, alle kleinen Ragouts von geblättertem Fleische, Emincés, Austern, u. dgl. in sich aufzunehmen, ebenso erscheinen sie als:

2076. Kleine Butterteig-Pastetchen mit geschlagenem Rahm. Petits vols au vent à la Chantilly.

2077. Kleine Butterteig-Pastetchen mit Erdbeeren. Petits vols au vent aux fraises.

2078. Kleine Butterteig-Pastetchen mit Aepfel-Sulz. Petits vols au vent à la gelée de pommes.

2079. Kleine Butterteig-Pastetchen mit Johannisbeer-Gelée. Petits vols au vent à la gelée de grosseilles.

2080. Kleine Butterteig-Pastetchen mit Marasquino-Crême. Petits vols au vent à la crême au marasquin.

2081. Kleine Butterteig-Pastetchen mit Crême pâtissière. Petits vols au vent à la crême pâtissière.

Alle diese hier angeführten Pastetchen werden aber nicht mit Zucker im Ofen glacirt, sondern es wird jedes einzeln, nämlich das obere roth= braune Rändchen, in weißen Bruchzucker leicht getaucht und entweder mit gehackten grünen Pistazien oder rothem groben Hagelzucker bestreut. Sie werden alle über zierlich zusammengelegte Damast=Servietten gelegt und auf flachen Schüsseln pyramidenförmig angerichtet.

2082. Butterteigschnitten mit Aprikosenmark. Canapés à la marmelade d'abricots.

Aus dem viermal zusammengeschlagenen, sehr kalten Butterteig werden federkieldicke, zweifingerbreite und zweifingerlange Schnitten auf ein naß= gemachtes Blech 3 Centimeter breit auseinandergelegt, die man, ohne sie zu bestreichen, im heißen Ofen bäckt. Nach vier Minuten müssen sie auf= gelaufen sein, sodann werden sie stark mit Staubzucker bestäubt und wieder in den Ofen geschoben, wo man sie so lange stehen läßt, bis der Zucker geschmolzen und die Schnitten schön glacirt sind. Sie werden sogleich mit einem dünnen Messer vom Blech abgelöst, die untere Seite mit Aprikosen= Marmelade, oder Aepfel= und Johannisbeer=Gelée bestrichen und jedesmal zwei zusammengesetzt, schön über eine gebrochene Damast=Serviette aufgerichtet.

2083. Gestürzte Butterteigkrapfen. Petits gâteaux renversés.

Aus einer federkieldick ausgerollten großen Butterteig=Platte werden mit einem dreifingerbreiten runden Ausstecher Scheiben ausgestochen, diese oben leicht mit kaltem Wasser bestrichen, auf die Hälfte zusammen gebogen, über ein genäßtes reines Backblech 3 Centimeter breit auseinander gelegt, leicht mit Ei bestrichen und im heißen Ofen gebacken. Wenn sie schön aufgelaufen und von der einen Seite umgestürzt sind, werden sie stark mit Staubzucker bestäubt, wieder in den Ofen geschoben und den vorhergehenden gleich, bis der Zucker geschmolzen ist, glacirt. Sie werden vom Blech gelöst, über jedes ein schmaler Streifen von schöner Johannisbeer= oder Aepfel=Gelée gelegt und sodann gehäuft angerichtet.

2084. Butterteigrosen mit Grob-Zucker. Petits rosasses au gros sucre.

Es werden aus fünfmal geschlagenem Butterteig, der zu einer feder= kieldicken Platte ausgerollt ist, 9 Centimeter große runde Blättchen mit einem Ausstecher ausgestochen; der in Rest gebliebene Teig wird über einander gelegt, mit dem Rollholze zusammengeschlagen, sodann ebenfalls zu einer Platte, aber nur messerrückendick ausgerollt, aus welcher man mit einem 4 Centimeter breiten Ausstecher schmale Halbmonde aussticht. Die runden Blättchen werden nun über ein naßgemachtes, reines Back= blech gelegt, leicht genäßt und über jedes Scheibchen fünf Mondscheibchen in der Weise gelegt, daß in der Mitte die Spitzen zusammenstoßen und in gleicher Entfernung vertheilt sind. Die Mondscheibchen werden sodann mit Zucker gut bestäubt, in gut heißem Ofen schnell gebacken, vom Blech gelöst und über ein Tortenblech gelegt. Der übrig gebliebene Teig wird dann nochmals zusammengeschlagen, messerrückendick ausgestochen und daraus kleine Ringchen ausgestochen, welche ebenso gebacken werden. Ist dies geschehen, so werden die Rosen bildenden Mondscheibchen mit rosa ge= färbter glace royale schön glasirt, in die Mitte ein Ringchen gelegt, dieses ebenfalls glasirt, mit grünem Hagelzucker leicht bestreut und zum Trocknen in's Etuve gestellt. Wenn sie nun trocken geworden sind, werden die leeren Stellen zwischen den Mondscheibchen und die Mitte der Ringchen mit einem schönen rothen Aepfel=Gelée reinlich gefüllt und dieses schöne Backwerk gehäuft recht geschmackvoll angerichtet.

2085. Liebes-Grübchen. Petits puits d'amour.

Es wird von viermal geschlagenem Butterteig eine federkieldicke, lang= viereckige Platte ausgerollt, welche in zweifingerbreite und fingerlange Schnitten getheilt und diese über ein genäßtes Blech in gleicher, 3 Centi= meter breiter Entfernung gereiht werden. Der Abfall des Teiges wird nochmals zu einer Platte ausgetrieben und daraus mit einem 3 Centi= meter großen Ausstecher kleine Ringchen ausgestochen; die Ringchen werden nun mit dem Pinsel leicht genäßt und unten und oben eins über die Schnitten gelegt. Wenn nun alle so beendet sind, werden sie mit Zucker bestäubt und im heißen Ofen schnell gebacken. Nachdem sie kalt geworden, wird ein Grübchen mit weißer Aepfel=, das andere mit Johannisbeer=Gelée reinlich gefüllt und den vorhergehenden gleich zierlich angerichtet.

2086. Kleine gratinirte Kuchen. Petits gâteaux pralinés.

Aus einer federkieldicken, von viermal geschlagenem Butterteig ausgerollten Teigplatte werden zweifingerbreite und fingerlange Spitzweckchen geschnitten, welche in gleicher 3 Centimeter breiter Entfernung über ein genäßtes Blech gelegt, stark mit Zucker bestäubt und in vier bis fünf Minuten im heißen Ofen gebacken werden. Sodann werden sie vom Blech gelöst, dünn mit Aprikosen=Marmelade bestrichen, die Hälfte von jedem mit fein gehackten grünen Pistazien und die andere Hälfte mit rosa ge=färbten Mandeln bestreut. Sie werden gehäuft geschmackvoll angerichtet.

2087. Fanchonetten mit Vanille. Fanchonettes à la vanille.

Man läßt in ⁵/₁₀ Liter Rahm eine in kleine Stückchen zerschnittene Stange Vanille gut aufkochen und stellt diese zugedeckt bei Seite. Unter=dessen werden vier Eidotter, 405 Gramm Zucker, 35 Gramm Mehl und ein Körnchen Salz in einer Casserolle mit etwas kaltem Rahm gut ver=rührt, der Vanille=Rahm nach und nach dazu gegossen und die Crême bei immerwährendem Rühren auf Kohlenfeuer bis zum Aufkochen abge=rührt, sodann durch ein Haarsieb gestrichen. Hierauf wird aus viermal geschlagenem Butterteig eine messerrückendicke Platte ausgerollt, aus der=selben mit einem runden Ausstecher dünne Plättchen ausgestochen und mit diesen die mit Butter bestrichenen Tarteletten=Förmchen ausgefüttert. Die Förmchen werden nun mit der Crême vollgefüllt und in einem mittel=heißen Ofen, bis der äußere Teig eine schöne Farbe hat, langsam ge=backen. Sodann wird die Crême mit einer dünnen Meringue=Masse dünn überstrichen und von einer festen Meringue durch eine Papier=Düte ein feines Gitter darüber gespritzt. Wenn nun alle so beendet sind, werden sie mit Zucker bestäubt und in einem ausgekühlten Ofen, bis die Fancho=netten eine lichtgelbe Farbe angenommen haben, gebacken. Sie werden gehäuft angerichtet und warm servirt.

Auf diese Weise werden die nachstehenden Fanchonetten bereitet:

2088. Fanchonetten mit Mandel-Crême. Fanchonettes au lait d'amandes.

2089. Fanchonetten mit Chokoladecrême. Fanchonettes au chocolat.

2090. Fanchonetten m. Pistaziencrême. Fanchonettes aux pistaches.

2091. Fanchonetten m. Haselnußcrême. Fanchonettes aux avelines.

2092. Fanchonetten mit Aprikosen. Fanchonettes aux abricots.

2093. Mirlitons von Haselnüssen. Mirlitons aux avelines.

140 Gramm abgeröstete Haselnußkerne werden mit etwas Eiklar sehr fein gerieben, in ein Schüsselchen gethan, mit 210 Gramm Zucker,

vier ganzen Eiern und einem Körnchen Salz gut verrührt. Sodann werden messerrückendicke Teigböden 6 Centimeter rund aus Butterteig ausgestochen und mit diesen ganz kleine blecherne Tarteletten-Förmchen ausgefüttert; diese werden mit der Masse angefüllt, gut mit Zucker bestreut und im mittelheißen Ofen in schönster Farbe gebacken.

2094. Mirlitons mit Pistazien. Mirlitons aux pistaches.

140 Gramm abgezogene grüne Pistazien werden mit 35 Gramm Zedra gestoßen, mit 175 Gramm Zucker, vier ganzen Eiern, 70 Gramm Butter und etwas Salz gut verrührt und den vorhergehenden gleich beendet.

2095. Mirlitons mit Aprikosen. Mirlitons aux abricots.

Die nöthige Aprikosen-Marmelade wird in die mit Butterteig ausgefütterten Förmchen gefüllt, oben mit feingehackten Mandeln, unter welche grob gestoßener Zucker melirt wurde, bestreut und den vorhergehenden gleich beendet.

2096. Darioloen. Darioles.

Es werden achtzehn Stück kleine blecherne Förmchen (Schüsselchen) mit dünn ausgerolltem Butterteig ausgefüttert und mit folgender Masse gefüllt. 35 Gramm feines Mehl werden mit einem ganzen Ei fein abgerührt, sechs Eidotter, 140 Gramm Zucker, 210 Gramm gestoßene Makaronen und noch ein ganzes Ei dazu gerührt und in genauere Verbindung gebracht. Ist dies geschehen, so werden zehn Förmchen voll guter süßer Rahm und etwas gestoßene Orangenblüthe dazu gegeben, und zusammen nochmals gut verrührt. Hierauf wird in jedes Förmchen ein haselnußgroßes Stückchen sehr frische Butter gelegt, mit der Crême angefüllt, über ein Blech gestellt, in einen mittelmäßig heißen Ofen gethan und langsam in schönster Farbe gebacken. Sie müssen aus dem Ofen über eine Serviette erhaben gelegt und sogleich zu Tisch gegeben werden.

2097. Darioloen mit Kaffee. Darioles au café Mocca.

Man füllt ein kleines Dariole-Förmchen achtzehnmal mit gutem süßem Rahm voll an, gibt denselben in eine Casserolle und läßt ihn aufsieden; in diesen werden 105 Gramm lichtbraun gebrannter heißer Mokka-Kaffee geschüttet, sogleich zugedeckt und kalt gestellt. Unterdessen werden 35 Gramm Mehl mit einem Ei gut gerührt, sechs Eidotter, 140 Gramm Zucker, 210 Gramm gestoßene Makaronen, ein Körnchen Salz und noch ein ganzes Ei darunter gemengt und zuletzt der durchgeseihte Kaffee-Rahm dazu gegossen. Diese Masse wird wie die vorhergehenden eingefüllt, gut mit Zucker bestäubt, ebenso gebacken und warm zu Tisch gegeben. Ebenso erscheinen diese Darioloen als:

2098. Darioloen mit Vanille. Darioles à la vanille.

70 Gramm Reismehl, 70 Gramm sehr frische Butter, 140 Gramm

Zucker und ⁵/₁₀ Liter süßer Rahm, in welchem man eine Stange Vanille
ausgekocht hat, werden zusammen genau verrührt und auf Kohlenfeuer
zu einer Crême abgerührt. Wenn dieselbe halb ausgekühlt ist, werden
sechs Eidotter und vier Eßlöffel voll Schlagrahm untermengt und zuletzt
der steifgeschlagene Schnee von vier Eiern darunter gerührt. Zu diesen
Dariolen werden achtzehn Krustade=Förmchen mit Butterteig ausgefüttert,
die Masse eingefüllt, mit Zucker bestäubt, den vorhergehenden gleich ge=
backen, erhaben angerichtet und warm servirt.

2099. Talmuses.   Talmouses.

³/₁₀ Liter süßen Rahm läßt man mit 70 Gramm Butter aufkochen
und rührt soviel feines gesiebtes Mehl hinein, daß daraus ein zarter
feiner Teig entsteht, den man auf Kohlenfeuer fein abarbeitet. Dieser
wird nun in eine andere Casserolle umgeleert und mit 210 Gramm fein
geriebenem Parmesankäs, 70 Gramm Zucker, vier Eßlöffeln voll ge=
schlagenem Rahm und ein wenig Salz gut verrührt, sodann werden drei
bis vier Eidotter darunter melirt und der Teig zugedeckt kalt gestellt.
Hierauf werden aus messerrückendick ausgerolltem Butterteig runde, 9 Cen=
timeter große Blättchen ausgestochen, welche über ein reines Backblech in
3 Centimeter breiter Entfernung gelegt werden; in die Mitte eines jeden
solchen Blättchens wird nun ein Kaffeelöffel voll von der Masse gelegt,
über welche das Blättchen im Dreieck darüber zusammengedrückt wird, so
daß die Masse ganz in der Mitte ist. Wenn nun alle auf diese Weise
so beendet sind, werden sie mit geschlagenem Ei bestrichen und in mäßiger
Hitze in schönster Farbe gebacken. Beim Anrichten werden sie mit Zucker
bestäubt, gehäuft angerichtet und warm servirt.

2100. Kleine Butterteigkörbchen.   Petits paniers au gros sucre.

Hierzu hat man einen ovalen Rippen=Ausstecher von 9 Centimeter
in der Länge und 6 Centimeter Breite. Mit diesem werden aus vier=
mal geschlagenem und ¹/₂ Centimeter dick ausgerolltem Butterteige ovale
Platten ausgestochen, die man über einen naßgemachten Plafond reiht,
mit Ei bestreicht und mit feinem Zucker bestäubt. Sodann wird mit
einem kleinen spitzen scharfen Messer quer an den beiden Enden von einem
Ende zum andern und zwar halbfingerbreit vom Rande ein leichter Ein=
schnitt gemacht und messerrückenbreit von diesem noch einer, welcher den
Henkel bildet; von diesem Einschnitte des Henkels wird der Schnitt zwei
messerrückendick vom Rande auf beiden Seiten fortgeführt. Sie werden
sodann in einem mäßig heißen Ofen langsam gebacken. Durch den inneren
Schnitt entsteht eine Oeffnung, die man leicht niederdrückt. Der Rand
und der Henkel wird mit weißer glace royale bestrichen, mit Hagel=
zucker bestreut und zum Trocknen warm gestellt. Der innere Raum wird
mit Aepfel=Gelée und mit Pistazien bestreut ausgefüllt und sodann zierlich
angerichtet.

2101. Butterteigringchen mit Mandeln. Gimblettes aux amandes.

280 Gramm Mandeln werden abgezogen, getrocknet, kleinen Hanf=
körnern gleich klein gehackt und mit der Hälfte Hagelzucker untermengt.
Hierauf wird aus viermal geschlagenem Butterteig eine große zweimesser=
rückendicke Platte ausgerollt, aus welcher mit einem 6 Centimeter großen,
runden Ausstecher Blättchen ausgestochen werden, welche in der Mitte
mit einem kleineren nochmals ausgestochen werden, so daß daraus Kränze
entstehen; diese Ringchen werden mit Ei bestrichen, in die Mandeln ge=
taucht und leicht niedergedrückt, damit sie gleichmäßig ankleben. Sodann
werden sie über ein genäßtes Blech gelegt, mit Staubzucker bestäubt und
im abgekühlten Ofen langsam gebacken.

Auf gleiche Weise kann man aus dem Butterteige fingerlange
Schnitten schneiden und ebenso in Mandeln tauchen.

**2102. Butterteigringchen mit Eingesottenem. Couronnes de
feuilletages aux confitures.**

Von fünfmal geschlagenem Butterteige wird eine zweimesserrückendicke
Platte ausgestochen, aus welcher man runde, 6 Centimeter große Blättchen
aussticht. Die Hälfte davon wird über ein genäßtes Blech gelegt, die zweite
Hälfte derselben aber wird zum Ringchen ausgestochen, mit Ei bestrichen
und wie die vorhergehenden in Mandeln und Zucker getaucht und über
die naßgemachten Blättchen recht gleichmäßig gelegt. Sie werden sodann
mit Zucker bestäubt, langsam gebacken, vom Blech genommen, über ein
Tortenblech gelegt und in der Mitte reinlich mit Aepfel=Gelée gefüllt.

Auf dieselbe Art werden auch diese Ringchen, ohne sie in Mandeln
zu tauchen, ganz weiß gebacken. Das Ringchen mit weißer glace royale
bestrichen und mit grünen gehackten Pistazien besäet; man bestreicht sie
auch mit rother glace royale und bestreut sie mit weißem Hagelzucker.
Die Mitte wird immer mit Gelée reinlich gefüllt.

**2103. Butterkuchen mit Mandeln. Gâteau de Pithiviers
aux amandes.**

280 Gramm abgeschälte Mandeln werden mit zwei bitteren Mandeln
und drei Eiern fein gerieben, mit 210 Gramm Zucker, 140 Gramm
Butter und vier Eidottern zu einem ziemlich festen Teig abgearbeitet,
der zwischen zwei Blätter Butterteig auf folgende Weise gefüllt wird:
Man rollt ein Blatt von 24 Centimeter im Durchmesser aus, legt dieses
auf ein Papier, gibt die Fülle hinein und streicht diese flach bis finger=
dick vom Rande aus; außen herum wird der Rand mit Ei bestrichen
und die zweite Platte von 27 Centimeter im Durchmesser darüber gelegt.
Die Oberfläche wird mit Ei bestrichen und mit der Spitze eines scharfen
Messers zierliche Einschnitte gemacht. Das Ganze wird mit feinem Zucker
bestäubt und langsam drei Viertelstunden lang gebacken; hierauf wird der
Kuchen nochmals mit Zucker bestäubt und mit der glühenden Schaufel
schön glasirt.

2104. Aprikosen-Schnitten.   Petits gâteaux fourrés de marmelade d'abricots.

Man rollt von fünfmal geschlagenem Butterteig eine messerrücken= dicke Platte Butterteig aus, überstreicht diese mit Aprikosen=Marmelade, den äußeren Rand mit Ei und legt eine zweite Platte über die Mar= melade, welche mittelst des Rollholzes darüber gerollt wird. Oben wird diese mit Ei bestrichen und gleichmäßige Einschnitte eingemacht, worauf nach dem Backen die Schnitten getheilt werden. Ueber das Ganze wird nun feiner Hagelzucker gestreut und der Kuchen eine halbe Stunde lang= sam und gut ausgebacken; hierauf wird er vom Blech genommen, nach den Einschnitten in Stücke getheilt und diese schön angerichtet.

2105. Geflochtene Aepfelschnitten.   Petits gâteaux de pommes à la d'Artois.

Aus fünfmal geschlagenem Butterteig wird eine zweimesserrückendicke Platte ausgerollt, diese mit Aepfel=Marmelade bestrichen und bindfaden= dünne, sehr gleich gerollte Fäden von demselben Teig darüber gelegt, so daß daraus ein feines Gitter entsteht; dieses wird stark mit Zucker bestäubt und in einem gut heißen Ofen gebacken. Sodann wird der Kuchen vom Blech genommen und wenn er kalt ist, in beliebige Stücke geschnitten.

2106. Prügelkrapfen.   Cannellons.

Man hat zu diesem Gebäck aus hartem Holze gedrehte Hölzchen von 18 Centimeter Länge und 1½ Centimeter Dicke. Diese Hölzchen werden mit Butter bestrichen, von fünfmal geschlagenem Butterteig eine messerrückendicke Platte ausgerollt und diese der Länge nach in finger= breite Streifen (Bändchen) geschnitten. Diese Bändchen werden schnecken= artig über die Hölzchen aufgewunden, mit feinem Zucker bestäubt, etwas auseinander über ein naßgemachtes Blech gelegt und langsam gebacken. Wenn sie gut ausgebacken sind, werden sie von den Hölzchen genommen, innen mit einer Marmelade gefüllt und erhaben über eine Serviette auf eine Schüssel angerichtet.

---

78. Abschnitt.   3. Abtheilung.

Vom Hefenteig.   De la pâte à levure.

2107. Feiner abgetriebener Kugelhupf. Kugelhupf à l'Allemande.

Die Kugelhupfe gehören wie die Baumkuchen den älteren Zeiten an. Der Name Kugelhupf hat zweierlei Bedeutung, indem die erste Silbe auf die kugelartige Form deutet und die zweite Silbe das durch die Hefe in die Höhe getriebene Aufgehen bezeichnet.

Die Zubereitung zerfällt in drei Abtheilungen, nämlich:

Abgetriebene, die feinste Art,

abgeschlagene, die mittelfeine,

abgeknetete, die gewöhnlichste.

Der feinabgetriebene Kugelhupf wird folgendermaßen bereitet: Man läßt in einer irdenen, glasirten Schüssel 560 Gramm etwas erwärmte, sehr frische Butter zergehen und rührt diese mit einem Kochlöffel eine halbe Stunde recht schaumig, bis dieselbe das doppelte Volumen einnimmt; ist dies erreicht, so werden achtzehn Eidotter, 420 Gramm lauwarm getrocknetes und gesiebtes Mehl nach und nach, und zwar jedesmal ein Eidotter und ein Kochlöffel voll Mehl eingerührt, dann mit zwei Eßlöffeln voll Zucker und einem Kaffeelöffel voll Salz gewürzt, mit vier bis fünf Eßlöffeln voll guter Hefe verrührt und zuletzt mit dem Schnee von sechs Eierklar langsam untermengt. Diese Masse wird in den mit geklärter frischer Butter gut ausgestrichenen und mit Mehl ausgestäubten Kugelhupf-Model gefüllt, leicht mit Mehl überstäubt und zugedeckt zum Aufgehen an einen warmen Ort gestellt. Wenn der Teig bis fingerbreit vom Rande aufgegangen, so wird die Form über ein Backblech gestellt und in einem mäßig heißen Ofen eine Stunde langsam in schönster Farbe gebacken. Während des Backens darf die Form nicht hin= und hergeschoben werden, sondern sie muß ruhig stehen bleiben, damit der Kugelhupf keine hohlen Stellen bekommt. Ist derselbe in schönster, lichtbrauner Farbe gebacken, so wird er aus dem Ofen genommen, langsam über ein Sieb gestürzt und so lange er noch heiß ist, stark mit Vanille=Zucker bestäubt, so daß derselbe eine Kruste bildet, welches ihm einen sehr angenehmen Geschmack gibt.

2108. Feines Butterlaibl (Kugelhupf). Kugelhupf à l'Allemande.

280 Gramm sehr frische Butter werden eine halbe Stunde sehr schaumig gerührt, dann werden (im Winter) zwanzig Eier in lauwarmes Wasser gelegt und diese nach und nach mit 350 Gramm Mehl untergerührt, welches jedesmal mit einem Ei und einem Eßlöffel voll Mehl geschieht; sodann wird ein Kaffeelöffel voll Salz, ein Eßlöffel voll Citronen=Zucker, nebst vier Eßlöffeln voll dicke, gute Hefe untergerührt, die Masse in eine mit Butter ausgestrichene und mit Mehl ausgestäubte Kugelhupf=Form gut halbvoll gefüllt, dann an einen warmen Ort zum Aufgehen gestellt und wenn die Form beinahe voll ist, so wird das Butterlaibl im Zeitraume von vierzig Minuten langsam lichtbraun gebacken, dann über ein Sieb gestürzt und gut mit Zucker bestäubt.

2109. Abgeschlagener Kugelhupf. Kugelhupf à l'Allemande.

280 Gramm frische Butter werden schaumig gerührt, dann werden zehn Eier mit einem Kaffeelöffel voll Salz und einem Eßlöffel voll Zucker darunter gerührt und mit 420 Gramm Mehl und einer Obertasse lauwarmer Milch gut, bis der Teig Blasen macht, fein und zart abgeschlagen. Ist dies erreicht, so werden vier Eßlöffel voll Hefe, 140 Gramm kleine

und 140 Gramm große Rosinen noch darunter geschlagen, der Teig in eine gut ausgestrichene mit Mehl ausgestäubte Form halbvoll angefüllt, gehen gelassen und den vorhergehenden gleich in schönster Farbe gebacken.

2110. Abgekneteter Kugelhupf. Kugelhupf à l'Allemande.

560 Gramm feines Mehl werden in eine Schüssel gesiebt, in der Mitte eine Grube gemacht, sodann werden vier Eßlöffel voll gute Hefe mit einer Obertasse voll warmer Milch verrührt, durch ein Sieb in die Grube geseiht und mit Mehl zu einem Dampfel angemacht, dann zugedeckt und gehen gelassen. Hierauf werden zwei Eßlöffel voll Zucker, ein Kaffeelöffel voll Salz nebst vier ganzen Eiern dazu gethan und mit 210 Gramm zerlassener Butter, sowie ³/₁₀ Liter warmer Milch zu einem Teig angemacht, welchen man fein abknetet, eine Hand voll Rosinen darunter gibt, in die ausgestrichene Form halbvoll füllt, dann gut aufgehen läßt und drei Viertelstunden langsam lichtbraun bäckt, dann auf ein Sieb stürzt, mit Zucker bestäubt und auf eine flache Schüssel anrichtet. Dieser Kuchen wird in Bürgershäusern mit gekochtem Obste gegeben.

2111. Kugelhupf auf polnische Art. Baba Polonaise.

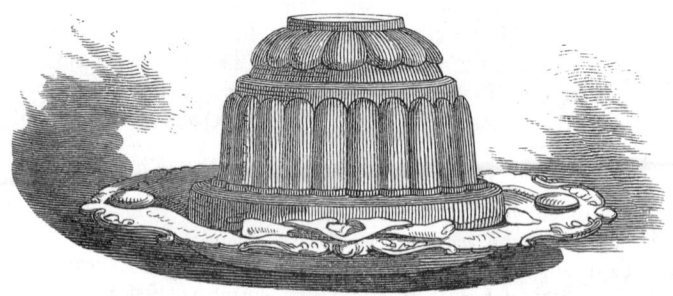

In Frankreich wird dieser Kugelhupf in 36 bis 54 Centimeter hohen Formen, wie obige Zeichnung darstellt, gebacken. Diese Form wird mit geklärter frischer Butter überall gleich und stark ausgestrichen, mit Mehl ausgestäubt und über einen Plafond gestürzt. Die Masse besteht aus 1 Kilo 120 Gramm Mehl, sechs Eßlöffeln dicker, weißer Bierhefe, 17 Gramm Salz, 52 Gramm Zucker, sechzehn Eiern, 700 Gramm Butter, 140 Gramm kleinen Corinthen, 140 Gramm ausgekernten Muskattrauben-Rosinen, 35 Gramm Citronat, einer Messerspitze indischem Safran, einem Weinglase süßem Rahm und einer Obertasse Madeira-Wein. Das Mehl wird eine halbe Stunde warm gestellt, dann durch ein Haarsieb in eine irdene Schüssel geseiht, 280 Gramm davon werden in eine kleine Schüssel gethan, in einer Grube auseinander gemacht, die Hefe mit etwas lauwarmem Wasser verrührt, durch ein Sieb in das Mehl passirt und hiervon ein Dampfel angemacht, welches man zudeckt und gehen läßt.

Der Rest des Mehles wird auf den Backtisch gethan in einer Grube aus=
einander gemacht, dann werden in die Mitte das Salz, der Zucker, der
kalte Rahm und die ganzen Eier gethan. Dieser Teig wird zusammen gut
verarbeitet und abgeschlagen; ist dies erfolgt, so wird er auseinander ge=
macht und in die Mitte gießt man den Wein, den aufgelösten Safran, die
rein gewaschenen und blanchirten Corinthen, die ausgekernten halbirten
Muskattrauben und die zu Filets geschnittene Zebra. Die ganze Masse
wird nochmals durcheinander gemacht, gut abgeschlagen, bis die Rosinen
gleichmäßig vertheilt sind. Dieser Teig wird in die Form gefüllt, so daß
diese bis zur Hälfte voll ist, sie wird dann zugedeckt und an einen warmen
Ort zum Gehen gestellt. Wenn der Teig bis zweifingerbreit vom Rande
gehörig aufgegangen ist, wird die Form über ein Tortenblech gestellt und
der Kuchen in einem mittelheißen Ofen ein und eine halbe Stunde behut=
sam, daß derselbe weder verrückt, noch daß daran gestoßen wird, gebacken.
Nach dem Backen wird der Kuchen auf ein Sieb gestürzt, die Form abge=
hoben und der Kuchen stark mit Staubzucker bestäubt. Auch kann man
denselben mit einer Conserveglasur von Orangen schön glasiren. Es ist
nöthig zu bemerken, daß das Backen stets Abends vorher geschieht.

2112. Französischer Kugelhupf. Baba à la Française.

560 Gramm feinstes Mehl werden lauwarm erwärmt, dann durch
ein Sieb auf den Backtisch gesiebt, zusammengenommen und in der Mitte
eine Grube gemacht. In diese kommen 350 Gramm gebröckelte Butter,
sechs Eidotter und zwei ganze Eier, eine Obertasse voll Rahm, ein Kaffee=
löffel voll Salz, zwei Löffel voll Orangenzucker und drei bis vier Löffel
voll gute Hefe. Diese Masse wird untereinander gemengt, gut abge=
arbeitet und bis der Teig Blasen macht, abgeschlagen. Unter diesen
Teig werden 175 Gramm reingewaschene Rosinen gethan und nebst sechs
Eßlöffeln voll Madeira unter den Teig gemengt. Diese Masse wird
dann in die mit klarer Butter ausgestrichene und mit Mehl ausgestäubte
Form halbvoll gefüllt, zum Gehen an einen warmen Ort gestellt, eine
Stunde langsam gebacken, dann der Kuchen über ein Sieb gestürzt, gut
mit Zucker bestäubt und kalt servirt.

2113. Französischer Kuchen. Gâteau Savarin.

Die Masse besteht aus 560 Gramm Mehl, 420 Gramm Butter,
neun ganzen Eiern, zwei Löffeln voll Zucker, einem Löffel voll Orangen=
zucker, zwei Messerspitzen Salz, vier Eßlöffeln voll Hefe und $3/10$ Liter
geschlagenem Rahm. Von dem dritten Theil des gesiebten Mehls wird
mit der Hefe nebst etwas lauer Milch ein Dampfel gemacht, welches zum
Gehen warm gestellt wird. Sodann kömmt das andere gesiebte Mehl,
die kleingebröckelte Butter, wie Eier, Zucker, Salz und der geschlagene
Rahm hinzu, welches alles zusammen zu einem zarten, feinblasigen Teig
abgearbeitet wird. Derselbe wird in eine flache, vierfingerhohe und 18
Centimeter breite Cylinderform halbvoll gefüllt, zum Gehen warm gestellt

und wenn die Form beinahe voll ist, wird sie über ein Backblech ge=
stellt und drei Viertelstunden lang langsam in schönster Farbe gebacken.
Ist der Kuchen gut ausgebacken, so wird derselbe in der Form gelassen,
nach einigen Minuten zweimesserrückendick die obere Rinde bis diese ganz
weg ist, abgeschnitten; hierauf gießt man ³/₁₀ Liter guten Marasquino
di Zara, der mit etwas Zucker=Syrup und einer Obertasse voll kaltem
Wasser untermengt wurde, nach und nach hinein, so daß der ganze
Kuchen gut angefeuchtet ist. Derselbe wird gestürzt und lauwarm zu
Tisch gegeben.

2114. Französischer Kuchen auf eine andere Art. Gâteau à la Mazarin.

Dieser wird ganz wie der vorhergehende zubereitet, nur daß derselbe
statt mit Marasquino auf folgende Weise gefüllt wird. Nämlich wenn der
Kuchen gebacken und kalt geworden ist, wird derselbe im Durchmesser in
drei gleiche Theile geschnitten und der untere Theil desselben wieder in die
Form gelegt. Darüber werden eingemachte, kleinwürfelig geschnittene Ananas
gestreut, diese mit Ananas=Syrup begossen, darüber kömmt der zweite Theil
des Kuchens, ebenso bestreut und begossen, darüber der dritte Theil, welchen
man ebenfalls mit Syrup tränkt. Beim Anrichten wird der Kuchen ge=
stürzt und zu Tisch gegeben. Beide Kuchen sind von äußerst angenehmem
Geschmacke und gehören unter die Zahl der guten Backwerke.

2115. Leipziger Kuchen.   Gâteau à la Leipzig.

420 Gramm Butter werden eine halbe Stunde schaumig abgerührt
und dann vierzehn Eidotter nach und nach dazu gerührt. Ebenso werden
420 Gramm abgezogene Mandeln fein gerieben und mit 280 Gramm
Zucker und sechs ganzen Eiern abgerührt; beide Massen werden dann
zusammengethan und mit vier Eßlöffeln voll dicker Hefe, etwas Muskat=
blüthe, Salz, einem Glas Madeira und dem abgeriebenen Gelben einer
Orange gut verrührt. Diese Masse wird hierauf in eine passende, gut
mit Butter ausgestrichene und mit Mehl ausgestäubte Form halbvoll
gegossen, zum Gehen warm gestellt, eine Stunde langsam in schönster
Farbe gebacken, dann über ein Sieb gestürzt und gut mit Orangen=Zucker
bestäubt.

2116. Sächsischer Kuchen.   Gâteau à la Saxonne.

560 Gramm frische Butter werden eine halbe Stunde schaumig
gerührt, dann werden sechzehn Eier nach und nach dazu geschlagen und
mit 105 Gramm gestoßenem Zucker, ¹/₁₀ Liter süßem Rahm, ein wenig
Muskatblüthe und Salz untermengt. Hierauf werden 700 Gramm feines
trockenes Mehl, 105 Gramm feingeschnittene Mandeln, eben so viel ge=
schnittener Citronat, vier Eßlöffel voll dicke Hefe darunter gerührt und
zuletzt mit dem festgeschlagenen Schnee von zehn Eiern untermengt. Diese
Masse wird wie die vorhergehende in eine gut mit Butter ausgestrichene,
mit Mehl bestäubte Form halbvoll gefüllt, gehen gelassen und eine

Stunde in schönster Farbe gebacken. Der Kuchen wird nach dem Backen auf ein Sieb gestürzt und wenn er kalt ist, mit einer Citronen-Glasur glacirt.

2117. Kaiserkuchen. Gâteau à l'empereur ou à la Compiègne.

Man rührt in einer glacirten, irdenen Schüssel 560 Gramm sehr frische, süße Butter eine halbe Stunde lang schaumig, dann werden vierzehn Eidotter, 420 Gramm feines, gesiebtes Mehl, nebst 105 Gramm gestoßenem Zucker, 17 Gramm Salz und vier Eßlöffel voll dicke Hefe darunter gerührt und fein abgeschlagen. Sodann wird eine tiefe Form gut mit klarer Butter ausgestrichen, mit Mehl ausgestäubt, die Masse eingefüllt und dann zum Gehen zugedeckt warm gestellt. Ist derselbe nun gehörig aufgegangen, so wird der Kuchen ein und eine halbe Stunde langsam gebacken. Hierauf wird er über ein Sieb gestürzt, die Form abgehoben und der Kuchen mit Zucker bestäubt.

2118. Apostelkuchen. Briosch. Brioche.

Es werden 1 Kilo 120 Gramm feinstes, trockenes Mehl gesiebt und der vierte Theil davon in eine Schüssel gethan, mit fünf bis sechs Eßlöffeln voll dicker wo möglich weißer Bierhefe und eben so viel lauwarmem Wasser zu einem leichten Teig (Dampfel) angemacht, welchen man mit Mehl bestäubt und warm stellt. Dieses Dampfel läßt man nochmals so hoch aufgehen und dann bis zur Hälfte wieder zusammen sinken. Die drei Theile Mehl werden auf den Backtisch gethan und zu einem Kranz auseinander gestrichen, in die Mitte gibt man 700 Gramm sehr frische und über dem Tisch feinabgearbeitete Butter (welches aber nur im Winter nöthig ist), sechzehn Eier, zwei Kaffeelöffel voll Salz, zwei Eßlöffel feinen Zucker und $^1/_{10}$ Liter guten süßen Rahm. Diese Masse wird dann zusammengemacht und zu einem Teig abgearbeitet. Unterdessen wird das Dampfel nochmals so hoch in die Höhe gestiegen und wieder in sich selbst zur Hälfte zusammengefallen sein, welches man hierauf über den Teig gibt, denselben dann abreißt, über das Dampfel wirft und sodann den Teig mit den Ballen der Hände über dem Backtisch fein abarbeitet, bis derselbe seine Blasen macht, sich von den Händen und der Tafel ablöst und ein feines, zartes Ansehen hat. Dieser Teig wird dann zu einem Ballen zusammengenommen, in eine gut mit Mehl ausgestäubte Serviette gethan, diese über demselben zusammengeschlagen, in eine Schüssel gelegt, zugedeckt und über Nacht recht kalt gestellt. Am andern Morgen, wenn die Briosch gebacken werden soll, wird der Teig aus der Serviette über den mit Mehl bestäubten Backtisch gethan, etwas flach gedrückt und dann wieder zu einem runden Ballen abgetrieben, wieder in die Schüssel gelegt, mit Mehl bestäubt und genau bedeckt. Der unterdessen geheizte Ofen wird, nachdem er völlig ausgebrannt ist, rein ausgekehrt und überall gut zugemacht. Der Teig wird hierauf über den Backtisch gethan, nicht ganz der dritte Theil davon abgeschnitten, das große Stück zu einem runden Laib gedreht, dieser auf einen mit Butter bestrichenen Bogen Papier gelegt und in die Mitte eine Vertiefung eingedrückt, welche man mit abgeschlagenem Ei ausstreicht.   Der abgeschnittene Theil des Teiges wird dann in der Hand länglichrund gedreht, in die Vertiefung eingesetzt und angedrückt. Die Briosch wird sodann mit abgeschlagenem Ei überstrichen und rund herum in gleicher, zweifingerbreiter Entfernung schräge, messerrückentiefe Einschnitte gemacht, der Kuchen sogleich in den Backofen gestellt, wo sehr darauf zu achten ist, daß, während die Briosch in die Höhe treibt, der Ofen nicht geöffnet wird, weil dadurch die gleichmäßige Hitze unterbrochen wird. Zum völligen Ausbacken sind fünf Viertelstunden nöthig, während welcher Zeit der Kuchen zweimal sein erstes Volumen vergrößern und dabei eine gleiche, glänzend lichtbraune Farbe und croquante Kruste haben muß. Aus dem Ofen wird dieselbe über ein Haarsieb zum Kaltwerden gelegt. Gemäß ihrer Größe muß die Briosch sich durch eine auffallende Leichtigkeit, von innen feinblätteriges Ansehen und besonders guten Geschmack auszeichnen.

2119. Kleine Apostelkuchen.   Petites Brioches.

Diese werden von derselben Masse bereitet, aber gewöhnlich in kleinen, blechernen Förmchen gebacken.   Bei Gabelfrühstücken und Thee-Parthieen sind sie stets willkommen; es muß jedoch bemerkt werden, daß sie stets lauwarm servirt werden müssen.

2120. Wespennester auf deutsche Art.   Gâteaux à l'Allemande. Nids de guèpes.

840 Gramm feinstes sehr trockenes, gesiebtes Mehl werden in eine irdene Schüssel gethan und in der Mitte eine Grube gemacht, in diese gibt man vier Eßlöffel voll dicke Bierhefe; diese wird mit einer Ober= tasse voll lauwarmer Milch nebst etwas Mehl zu einem feinen Hefestück (Dampfel) angerührt, mit Mehl bestäubt und zum Aufgehen an einen warmen Ort gestellt.   Unterdessen läßt man 210 bis 280 Gramm sehr frische Butter in $^5/_{10}$ Liter lauwarmer Milch zergehen, schlägt dann ein ganzes und vier Eidotter dazu und verrührt es mit einem Kaffeelöffel voll Salz und zwei Eßlöffeln voll Zucker. Ist das Hefenstück aufgegangen, so schüttet man die Milch nach und nach unter das Mehl und bereitet hiervon mittelst guten Abschlagens einen feinen, zarten Teig, bis sich derselbe von der Schüssel und dem Löffel löst und feine Blasen macht. Derselbe wird zusammengemacht, mit Mehl bestäubt, zugedeckt und wieder zum Aufgehen warm gestellt.   Unterdessen streicht man eine runde, vier= fingerhohe, passende Form gut mit geklärter, frischer Butter aus. Der noch= mals so hoch aufgegangene Teig wird dann auf das Backbrett gethan, leicht abgearbeitet und mit dem Rollholz zu einer federkieldicken Platte ausgerollt, die man in zweifingerbreite Streifen schneidet, mit Butter bestreicht und mit gut gereinigten Weinbeeren bestreut. Diese Streifen werden sodann in zweifingerlange Stücke geschnitten und schneckenartig zusammengerollt. Sind alle so aufgerollt, so werden sie aufrechtstehend in der Weise in die Form

gestellt, daß jedesmal eine Schnecke an der Seite mit zerlassener Butter bestrichen werden muß, welches bezweckt, daß sie nach dem Backen leicht auseinanderfallen. Ist die ganze Form so mit diesen Schnecken gefüllt, so werden sie zugedeckt und zum Gehen wieder an einen warmen Ort gestellt. Sind sie hoch aufgegangen, daß die Form beinahe voll geworden ist, so werden sie in schöner lichtbrauner Farbe eine Stunde langsam gebacken, dann über ein Sieb gestürzt, gut mit Zucker bestäubt und lauwarm zu Tisch gegeben. Ein Compote von gedörrten Zwetschgen oder Prünellen wird extra beigegeben.

2121. Schlesischer Kuchen. Gâteau à la Silesie.

560 Gramm feinstes Mehl, 175 Gramm Butter, fünf Eidotter, 35 Gramm gestoßene Mandeln, 70 Gramm Zucker, drei Löffel voll Hefe, etwas Salz und $^4/_{10}$ Liter Rahm geben die Masse. Die Hefe wird mit etwas lauwarmer Milch fein abgerührt, dann kommen 140 Gramm Mehl dazu, welches mit noch etwas lauer Milch zu einem Dampfel angerührt wird, das man mit Mehl bestäubt und gehen läßt. Unter dieser Zeit rührt man die Butter mit den fünf Eidottern, dem Zucker und Salz fein ab, gibt nach und nach das Mehl und den Rahm dazu und rührt hiervon einen Teig an. Ist dies erreicht, so wird das aufgegangene Hefenstück (Dampfel) dazu gethan und zusammen zu einem feinen, zarten Teig abgeschlagen, welchen man zusammen macht, mit Mehl bestäubt und wieder gehen läßt. Ist nun derselbe gehörig aufgegangen, so wird er auf dem Backtisch leicht geknetet, fingerdick rund ausgerollt, über ein mit Mehl bestäubtes Backblech gethan, schön rund zusammengemacht und außen herum ein kleiner Rand eingekniffen, sodann der Kuchen zugedeckt und nochmals zum Gehen warm gestellt. Unterdessen werden 140 Gramm Butter mit 70 Gramm Mehl, 140 Gramm fein geschnittenen Mandeln und eben so viel gestoßenem Zucker zu einer Masse angerührt, welche federkieldick über den unterdeß aufgegangenen Kuchen gestrichen, mit einem Holzspeilchen durchstochen (gestupft) und so in schönster Farbe eine halbe Stunde gebacken wird. Aus dem Ofen wird er über ein Kuchenblech gelegt und gut mit Zucker und Zimmt bestäubt.

2122. Braunschweiger Kuchen. Gâteau à la Brunsvic.

Hierzu wird der vorhergehende Teig bereitet, unter welchen man noch 70 Gramm gut gereinigte Corinthen, eben so viel Sultaninen, etwas auf Zucker abgeriebene Citronenschale und 70 Gramm fein hachirte Mandeln mengt. Dieser so bereitete Teig wird stark fingerdick ausgerollt, zum Aufgehen zugedeckt warm gestellt, gestupft, mit zerlassener Butter bestrichen, gut mit Zucker bestäubt und sodann in schönster Farbe eine halbe Stunde lang gebacken.

2123. Englische Bretzeln. Craquelins à l'Anglaise.

$^3/_{10}$ Liter süßer Rahm werden mit 17 Gramm Ceylon-Zimmt und dem sehr fein abgeschälten Gelben einer halben Citrone bis auf $^1/_{10}$ Liter eingekocht und in eine Casserolle über 175 Gramm sehr frische Butter passirt. Sodann siebt man 420 Gramm feines, trockenes Mehl in eine Schüssel, gibt 105 Gramm gestoßenen Zucker und etwas Salz dazu, verarbeitet dies mit dem durchgeseihten Rahm und 50 Gramm dicker Hefe nebst noch etwas anderem Rahm zu einem zarten, feinen Teig ab, welchen man mit Mehl bestäubt und zugedeckt zum Aufgehen warm stellt. Ist der Teig nun aufgegangen, so wird ein Theil davon auf den Backtisch gethan, zu einem langen Stück mit der Hand ausgerollt, in gleiche Stücke geschnitten und von diesen kleine federkieldicke Bretzeln über ein mit Butter bestrichenes Blech dressirt, die man sodann zum Gehen warm stellt. Sie werden, ohne sie zu bestreichen, langsam croquant gebacken, hierauf, wenn sie kalt sind, mit glace royale bestrichen, getrocknet und schön erhaben angerichtet.

2124. Zimmtstangen.

Von der vorhergehend beschriebenen Teigmasse werden zweifingerlange und fingerdicke Stängchen auf ein mit Mehl bestäubtes Blech gelegt, zum Gehen warm gestellt, leicht mit Ei bestrichen und lichtbraun gebacken.

2125. Wiener Kipfeln.

560 Gramm sehr trockenes, feines Mehl werden in eine irdene Schüssel gesiebt, in der Mitte eine Grube gemacht, in diese vier ganze Eier, 210 Gramm zerlassene Butter und $^4/_{10}$ Liter lauwarme Milch gegossen, genau durcheinander gemengt und zu einem zarten feinen Teig mit drei Eßlöffeln voll dicker Hefe, einen halben Kaffeelöffel voll Salz und vier Eßlöffeln voll gestoßenem Zucker abgeschlagen, sodann der Teig zusammengemacht, mit Mehl bestäubt und zugedeckt warm gestellt. Wenn nun der Teig um die Hälfte seines Volumens höher geworden ist, so wird die Hälfte davon auf den mit Mehl bestäubten Backtisch gethan und zu einer federkieldicken Platte ausgerollt; diese wird sodann auf vierfingerbreite Streifen geschnitten, auf lang verschobene Dreiecke getheilt und diese mit abgeschlagenem Ei bestrichen. In die Mitte dieser Dreiecke wird ein kleines Häufchen Eingesottenes gethan, über dieses der mittlere Spitz übergebogen, leicht zusammengerollt, halbrund gebogen und über ein Blech gelegt; auf diese Art wird fortgefahren, bis der Teig verarbeitet ist. Sind sie nun fertig, so werden sie mit einem feinen Tuch zugedeckt und zum gehörigen Aufgehen warm gestellt. Ist dies erreicht, so werden einige Eier mit einem Eßlöffel voll Zucker abgeschlagen, die Kipfeln damit bestrichen und in einem mäßig heißen Ofen in schöner lichtbrauner Farbe gebacken. Aus dem Ofen werden sie über ein Sieb gelegt und schön angerichtet.

2126. Kolatschen.

Aus dem vorhergehenden Kipfelteig werden eigroße runde Kuchen gedreht, auf ein mit Mehl bestäubtes Backblech gesetzt und zugedeckt zum

Aufgehen warm gestellt. Hierauf werden sie mit Ei bestrichen, mit Grob=
zucker bestreut und in schöner lichtbrauner Farbe gebacken.

2127. Böhmische Kolatschen.

Diese werden den vorhergehenden ganz gleich zubereitet; wenn sie
gegangen sind, wird mit einem Ei in der Mitte eine Vertiefung einge=
drückt, in diese einige abgetropfte eingemachte Weichseln gefüllt, diese mit
abgeschlagenen Eiern, mit Zucker untermengt, gedeckt, mit feinblätterig
geschnittenen Mandeln überstreut, außen herum mit Ei bestrichen und so
in schönster Farbe gebacken.

2128. Hefenteig-Bretzeln.

Man siebt 560 Gramm feines trockenes Mehl in eine irdene Schüssel
und macht in der Mitte eine Vertiefung; in diese gibt man vier Eß=
löffel voll dicke Hefe und $^1/_{10}$ Liter lauwarme Milch, woraus man mit
etwas von dem Mehl ein Hefenstück anrührt; dieses wird sodann mit
Mehl bestäubt und zugedeckt zum Gehen warm gestellt. Ist dies erfolgt,
so wird noch der nöthige kalte Rahm, ein Kaffeelöffel voll Salz, ein
Eßlöffel voll Zucker dazu gethan und daraus ein etwas fester Teig ge=
macht, welchen man über den Backtisch gibt, auseinander drückt und mit
210 Gramm fester, sehr frischer Butter belegt und zusammen zu einem
zarten feinen Teig abknetet, bis sich derselbe von den Händen und dem
Backtisch löst. Dieser wird nun zu einem runden Stück zusammengearbeitet,
mit einem erwärmten Tuche überdeckt und eine Viertelstunde stehen ge=
lassen. Sodann werden aus demselben Bretzeln von beliebiger Größe
geformt, über einem erwärmten und mit Mehl bestäubten Backblech ge=
ordnet und dann zugedeckt warm gestellt. Sind sie gehörig gegangen, so
werden sie mit abgeschlagenem Ei bestrichen und aus einem ziemlich heißen
Ofen in schöner lichtbrauner Farbe gebacken. Diese Art Bretzeln eignen
sich vorzüglich zum Kaffee.

2129. Theestangen.

Aus dem eben beschriebenen Teig werden 18 Centimeter lange, feder=
kieldicke Stängchen mit der Hand gerollt, auf ein Blech gelegt, langsam
gehen gelassen, mit Ei bestrichen und langsam recht croquant gebacken.

2130. Sächsische Stolle. Gâteau à la Saxonne.

Diese Masse besteht aus 560 Gramm Mehl, drei Eßlöffeln voll
Hefe, drei Eidottern, 70 Gramm Zucker, 9 Gramm Muskatblumen, etwas
Zimmt, 17 Gramm fein geriebenen Mandeln, etwas abgeriebenem Citronen=
gelb, ein wenig Salz, 210 Gramm Butter, 140 Gramm Corinthen und
$^5/_{10}$ Liter süßem Rahm. Das Mehl wird in eine Schüssel gesiebt und
mit der Hefe, dem Rahm, Eiern, Gewürz, Salz und Zucker, nebst dem
nöthigen Rahm zu einem feinen Teig abgeschlagen, unter welchen man
auch die zerlassene Butter nach und nach einrührt und feinblasig abschlägt;

zuletzt kommen noch die Rosinen und die feingeschnittenen Mandeln darunter. Dieser Teig wird hierauf zugedeckt und zum Gehen warm gestellt. Sodann wird dieser Teig auf den mit Mehl bestäubten Backtisch gethan und daraus eine lange Stolle in der Art geformt, daß sie an beiden Enden spitzig zuläuft. Diese wird nun über ein mit Mehl bestäubtes Blech gelegt und der ganzen Länge nach in der Mitte mit dem Stiel eines Holzlöffels bis zur Hälfte des Kuchens niedergedrückt und die beiden hohen Enden wieder zusammengeschlagen; dieselbe wird nun zugedeckt und nochmals gehen gelassen. Ist dies erreicht, so wird sie mit geklärter Butter bestrichen und während einer halben Stunde langsam bei mäßiger Ofenhitze in schöner Farbe gebacken und dann sogleich nochmals mit Butter bestrichen.

2131. Englischer Kuchen.   Mince pies.

Diese Masse besteht aus 280 Gramm Corinthen, 280 Gramm Sultaninen, zwölf guten Reinette-Aepfeln kleinwürfelig geschnitten, 280 Gramm aus der Haut gelöstem und fein hachirtem Nierenfett, dem abgeriebenen Gelben von zwei Citronen, 140 Gramm fein geschnittenen Orangenschalen, 210 Gramm fein geschnittenen Mandeln, 350 Gramm gebratenem und nach dem Erkalten fein geschnittenem Ochsenfilet, 210 Gramm fein geschnittener, geräucherter Ochsenzunge, $^{3}/_{10}$ Liter altem Kirschenwasser, $^{3}/_{10}$ Liter Sherry oder Madeira und der Hälfte einer fein geriebenen Muskatnuß. Diese Ingredienzen werden alle zusammen in eine Porzellan-Schüssel gethan, mit dem Kirschwasser und dem Sherry genäßt, genau durcheinander gemengt und mit einer Papierscheibe überlegt, worauf man sie, genau zugedeckt, über Nacht stehen läßt. Eine Stunde vor dem Anrichten wird die nöthige Anzahl großer Tarteletten-Förmchen mit Butter ausgestrichen und mit messerrückendick ausgewaltem Butterteig ausgefüttert, sodann wird ein Eßlöffel voll von der Masse eingefüllt und mit einem Deckel von demselben Teige genau geschlossen und in der Mitte eine Oeffnung in der Größe eines Zehnpfennigstückes ausgestochen. Sie werden nun in einem ziemlich heißen Ofen in schönster Farbe gebacken, über eine gebrochene Serviette auf einer Schüssel erhaben angerichtet und warm zu Tisch gegeben. Ehe sie servirt werden, gießt man in jedes Pastetchen etwas Cognac, zündet diesen an, damit er aus demselben herausbrennt und präsentirt sie. Diese Pastetchen werden in ganz England in den guten Häusern am heiligen Weihnachtstage zu Tisch gegeben.

78. Abschnitt. 15. Abtheilung.
Von der flüssigen Masse.   De la pâte liquide.

Die flüssigen Teigmassen unterscheiden sich von allen vorhergehenden dadurch, daß sie mit Rahm oder Milch flüssig gemacht und sodann in Waffel= oder Hohlhippeneisen in verschiedenen Formen gebacken werden. Diese Eisen bestehen aus drei Gattungen, 1) tiefe, würfelartige Waffeleisen;

2) feine carrirte, sogenannte Portugieser-Eisen, und 3) sogenannte, mit verschiedenen Figuren eingravirte ganz flache Hohlhippeneisen.

Die Eisen werden jedesmal vor dem Gebrauche trocken ausgewischt, sodann auf beiden Seiten über Kohlenfeuer gehörig durchwärmt (erhitzt) und mit einem Stückchen weißen Speck ausgestrichen. Waffeln werden immer über hellbrennendem Feuer gebacken, Hohlhippen aber stets über Kohlenfeuer.

2132. Holländer Rahmwaffeln. Gaufres à la Hollandaise.

280 Gramm sehr frische Butter werden schaumig abgerührt, 280 Gramm feinstes Mehl, das Gelbe von zwölf Eiern nach und nach mit einer Messerspitze voll Salz und einem Eßlöffel voll Zucker dazu gethan und sodann mit $5/10$ Liter süßem Doppelrahm genau verrührt. Hierauf wird das Weiße der zwölf Eier zu einem steifen Schnee geschlagen und dieser langsam unter die Masse gezogen.

2133. Holländer Rahmwaffeln auf eine andere Art. Gaufres à la Hollandaise.

Unter 350 Gramm flaumig abgerührte, frische Butter werden fünfzehn Eidotter nach und nach eingerührt, sodann kommen 490 Gramm feines gesiebtes Mehl, etwas Salz und ein Eßlöffel voll Zucker dazu, welches mit $5/10$ Liter süßem und $5/10$ Liter gutem sauren Rahm genau verrührt und zuletzt nochmals mit dem festgeschlagenen Schnee der fünfzehn Eier verrührt wird.

2134. Bärmwaffeln. Gaufres à la Flamande.

280 Gramm feines gesiebtes Mehl, drei ganze und das Gelbe von vier Eiern, vier Eßlöffel voll dicker Bierhefe, 280 Gramm geklärte frische Butter, 70 Gramm Zucker, $4/10$ Liter Rahm, ein Gläschen Franzbranntwein, das abgeriebene Gelbe einer Citrone und eine Messerspitze voll Salz werden zusammen untermengt und mit dem Rahm und der Hefe zu einer dickflüssigen Masse gerührt, welche sodann fein abgeschlagen wird. Die Masse wird mit Mehl bestäubt und zum Gehen warm gestellt.

2135. Flamänder Waffeln. Gaufres à la Flamande.

280 Gramm zergangene Butter werden mit eben so viel feinstem Mehl, neun Eidottern, sammt $3/10$ Liter süßem und eben so viel saurem Rahm, nebst etwas Salz, drei Eßlöffeln voll gestoßenem Zucker, etwas fein geschnittenem Citronengelb gut verrührt, zuletzt mit dem steif geschlagenen Schnee der neun Eier untermengt und auf die angezeigte Weise gebacken.

2136. Wiener Hippen.

210 Gramm feinstes Mehl, 105 Gramm geschälte und mit einem Ei fein geriebene Mandeln, 105 Gramm gestoßener Zucker, das abgeriebene Gelbe und der Saft einer Citrone werden zusammen mit sechs Eiern und sechs Eßlöffeln voll saurem Rahm gut verrührt, mit etwas

Milch verdünnt und zuletzt 105 Gramm zergangene, sehr frische Butter darunter gerührt. Sie werden in dem Hippeneisen gebacken, warm über ein rundes Holz aufgerollt und mit geschlagenem Rahm zu Tisch gegeben.

2137. Portugieser-Waffeln. Gaufres à la Portugaise.

280 Gramm frische Butter werden mit eben so viel gestoßenem Zucker, dem Gelben von neun Eiern, 17 Gramm fein gestoßenem Ceylon= Zimmt und etwas abgeriebener Citrone eine Viertelstunde gut gerührt; sodann kommen 280 Gramm feines Mehl, sowie der von den neun Eiern steif geschlagene Schnee dazu. Sie werden in einem Portugieser=Eisen gebacken.

2138. Portugieser Waffeln. Gaufres à la Portugaise aux amandes.

Unter die vorher beschriebene Masse werden noch 280 Gramm mit Eiern feingeriebene Mandeln mitgerührt.

2139. Hohlhippen. Oublies. Gaufres d'office.

140 Gramm feinstes gesiebtes Mehl, 9 Gramm gestoßener Zimmt, 70 Gramm zergangene frische Butter, $^3/_{10}$ Liter Milch, 70 Gramm Zucker und ein ganzes Ei werden dazu genommen. Das Mehl wird mit der Hälfte der Milch fein abgerührt, sodann kömmt die Butter, der Zimmt, der Zucker und das Ei nebst einem Körnchen Salz dazu; das Ganze wird zuerst zusammen und sodann mit dem Rest der Milch, bis es die gehörige Dicke hat, verrührt. Sie werden in dem Hohlhippen= Eisen gebacken und sodann über ein rundes Hölzchen aus dem Eisen schnell aufgerollt.

2140. Hohlhippen mit Malaga-Wein. Gaufres d'office au vin de Malaga.

Der Unterschied ist der, daß statt der Milch hier Malaga=Wein ge= nommen wird.

2141. Sächsische Hohlhippen. Gaufres d'office à la Saxonne.

Diese Masse besteht aus 560 Gramm feinstem Mehl, 280 Gramm gestoßenem Zucker, eben so viel geklärter frischer Butter, zwei ganzen Eiern und fünf Eidottern, etwas abgeriebenem Citronenzucker, etwas ge= stoßenem Zimmt und einem Körnchen Salz. Diese Masse wird nicht flüssig gemacht, sondern bleibt teigartig. Es werden davon kleine Häufchen in das gehörig erhitzte Hohlhippen=Eisen gelegt und wie vorhergehend in schöner lichtbrauner Farbe gebacken. Sie werden sowohl aufgerollt, als auch flach mit Zucker und Zimmt bestäubt, über eine gebrochene Serviette angerichtet und mit geschlagenem Rahm zu Tisch gegeben.

2142. Mandelbögen.

280 Gramm abgezogene Mandeln werden mit vier bis fünf Eiweiß

sehr fein gerieben, in einer Schüssel mit eben so viel fein gestoßenem
Zucker genau verrührt und sodann mit etwas Eiweiß, bis sich die Masse
dünn aufstreichen läßt, verdünnt. Diese wird nun über ein sehr reines
Blech messerrückendick ausgestrichen, in einem mäßig heißen Ofen lichtgelb
gebacken, in fingerlange und dreifingerbreite egale Stücke geschnitten, mit
einem dünnen Messer abgelöst und sogleich über ein rundes Holz gebogen.
Sie werden wie die Hohlhippen über eine zierlich zusammengelegte Serviette angerichtet und mit geschlagenem Rahm, mit Vanille-Zucker gesüßt,
zu Tisch gegeben.

2143. Mandelhippen.   Gaufres d'office aux amandes.

280 Gramm abgezogene und en filets geschnittene Mandeln, 280
Gramm Zucker, 70 Gramm Mehl, etwas fein gehacktes Citronengelb
werden untermengt und der von sechs Eiweiß festgeschlagene Schnee langsam
darunter gemengt. Hierauf wird ein Blech erwärmt, mit Wachs bestrichen,
kleine oval runde Plätzchen darauf dressirt, diese mit Zucker bestäubt und
nach einigen Minuten in einem mäßig heißen Ofen lichtbraun gebacken,
dann vom Blech gelöst und schnell über ein Holz gebogen. Sie werden
zierlich über eine Damast-Serviette auf einer Schüssel angerichtet und
zum Thee oder Gouter servirt.

2144. Vanille-Spähne.

245 Gramm mit Eiweiß fein geriebene Mandeln, 490 Gramm
zerstoßener Zucker und 210 Gramm Mehl werden alles zusammen genau
untermengt und mit Eiweiß und Orangenblüth-Wasser verdünnt, sodann
mit etwas Vanille-Zucker gewürzt. Hierauf wird ein Blech erwärmt,
mit Wachs leicht bestrichen, die Masse in einen Trichter gefüllt und
davon zweifingerlange und einfingerbreite Streifen dressirt. Diese werden
lichtgelb gebacken, schnell vom Blech gezogen und über einen Holzlöffel-
Stiel wie Hobelspähne gewunden.

78. Abschnitt. 16. Abtheilung.
Von den großen Stücken der Kunstbäckerei. Des pièces montées.

2145. Baumkuchen.   Gâteau arbreux à la broche.

Dieser ausgezeichnete, merkwürdige Kuchen erfordert in seiner Bereitung vielen Fleiß und Sachkenntniß. Die Masse ist auf folgende Weise
zusammengesetzt: 1 Kilo 120 Gramm Butter, 1 Kilo 120 Gramm Mehl,
980 Gramm feingestoßener Zucker, zweiundvierzig Eier, 9 Gramm gestoßener Zimmt, 9 Gramm Cardamomen, ein Kaffeelöffel voll gestoßene
Nelken, das abgeriebene Gelbe einer Citrone, ganz wenig Salz und
$^3/_{10}$ Liter guter Rahm. Der Zucker wird in einer irdenen Schüssel mit
dem Gelben der zweiundvierzig Eier eine Stunde gerührt, dann mit der
geklärten und wieder abgekühlten Butter unter fortwährendem Schlagen

verrührt, dann kommen die gewürzhaften Ingredienzen dazu, dann das Mehl, mit dem nöthigen Rahm und zuletzt der festgeschlagene Schnee von den zweiundvierzig Eiern, der langsam darunter gezogen wird. An diese hier genau angegebene Bereitung der Teigmasse schließt sich die von allem Backwerke äußerst abweichende, merkwürdige Backmethode des Kuchens. Hierzu gehört nämlich ein 60 bis 72 Centimeter langer, unten 18 Centimeter und oben 12 Centimeter im Durchmesser breiter, ganz runder, gedrechselter Baum von Linden=, Weißbuchen= oder Ahornholz, in dessen Mitte der Länge nach eine Oeffnung gebohrt und durch welche ein starker sich nicht biegender, eiserner Drehspieß gut eingepaßt und befestigt wird. Dieser recht glatt abgedrehte Baum wird mit einigen Bogen weißem Schreibpapier umhüllt und dieses mit gefettetem Bindfaden über dem ganzen Baum netzartig überschnürt und dann nochmals mit Butter über= strichen. Unterdessen hat man unter einem Rauchmantel von gut ge=

trocknetem, feingespaltenem Buchenholz ein Feuer angemacht, wo sodann der Spieß in zwei Feuerböcke eingelegt und in der Entfernung von 45 Centimeter vom Feuer so lange gedreht wird, bis der Baum stark genug erhitzt und das Papier sich etwas gebräunt hat. Hierauf wird der erste Guß aufgetragen und folgender Weise begonnen: Es wird in einen plat à sauter etwas von der Masse gethan, welche mittelst eines langen Anrichtlöffels auf den Baum unter fortwährendem, gleich= langsamen Drehen in der Weise gegossen wird, daß man den Löffel handbreit über den Kuchen hält und, von der untern Seite des Baumes angefangen, denselben nach oben gleich dick übergießt, so daß der Baum gleich= sam bandartig gedeckt wird. Ist dies auf die gehörige Weise ausge= führt, so wird der Kuchen etwas stärker gedreht, das Feuer etwas ver= ringert, bis die erste Teigmasse eine lichtbraune Farbe erhalten hat. Das Feuer wird dann wieder verstärkt und man beginnt von unten nach oben den zweiten Aufguß auf dieselbe Weise und wenn der Baum wieder ganz überdeckt ist, so wird der Spieß etwas stärker gedreht, damit durch das Abtropfen der Masse Erhöhungen entstehen, welche sich durch das weitere Aufgießen zu Zacken oder Spitzen ausbilden und dem Kuchen seine eigen= thümliche Schönheit geben. Auf gleiche Weise geschieht der dritte, vierte und fünfte Aufguß; die bei jedem Aufguß abtropfende Masse wird mit etwas Milch verdünnt und wieder mit aufgegossen. Ist die ganze Teig= masse verwendet und haben sich schöne lange Zacken gebildet, welche nicht mehr abtropfen, so wird der Kuchen nur bei Kohlenfeuer langsam vollends ausgebacken, so daß derselbe eine gleiche, lichtbraune Farbe erhalten hat. Hierauf wird der Spieß vom Feuer genommen, der Kuchen mit einer Citronen= oder Orangen=Glace mittelst eines Pinsels überall gleich glasirt und dann noch einige Minuten am Feuer gedreht, bis die Glasur trocken geworden ist. Der Kuchen wird unten und oben recht egal rund finger= breit vom Rande abgeschnitten und nach einer halben Stunde, wenn er etwas verkühlt ist, durch ein leichtes Anstoßen mit dem Baum an einen Tisch von der Form getrennt, langsam abgezogen, das Papier aus der Mitte gezogen und der Kuchen über eine gebrochene Serviette auf einer flachen, passenden Schüssel aufgestellt. Viele versuchen diesen Kuchen auf irgend eine Weise mit Backwerken zu verzieren, allein ich habe stets gefunden, daß jedwede Garnitur diesen ohnehin eigenthümlich schönen Kuchen nur verunstaltet und in seiner Schönheit beeinträchtigt. Das Einzige, was ich angemessen finde, ist, daß man denselben bei großen Buffets über einen passenden Sockel von Nougat oder pâte d'office aufstellt und sowohl den Kuchen unten herum, wie auch den Sockel selbst mit schönem Backwerk um= stellt. Beigegebene Zeichnung soll dem Ganzen nähere Aufklärung geben.

2146. **Mandelkruste (Nougat).** Nougat.

Es werden 1 Kilo 120 Gramm Mandeln gebrüht, abgeschält, noch= mals rein gewaschen und über ein reines Tuch ausgebreitet, sie werden sodann halbirt und dann wieder en filets geschnitten. Nachdem werden sie in einen großen plat à sauter gethan und in einen schon ausgekühlten

Backofen gestellt, wo man sie bei sehr oft wiederholtem Durcheinander=
mengen recht egal goldgelb röstet. Ist dieses erreicht, so läßt man 700
Gramm feingestoßenen Raffinadezucker in einem flachen, kupfernen Kesselchen
über schwachem Kohlenfeuer langsam schmelzen, wo bemerkt werden muß,
daß derselbe aber nur eine blaßgelbe Farbe annehmen darf. Während
des Schmelzens muß mit einem neuen Kochlöffel immer der zuerst ge=
schmolzene aufgerührt werden, damit auch der übrige nach und nach zer=
fließt; wenn derselbe nun ganz dünnflüssig geworden ist, so schüttet man
die warmen Mandeln sogleich hinein, mengt sie mit dem Kochlöffel leicht
durcheinander und stellt den Kessel über heißer Asche warm. Es wird
dann sogleich ein Theil davon über ein sehr reines, erwärmtes und mit
Mandel=Oel bestrichenes Backblech gethan, mit einem silbernen Löffel
federkieldick recht flach auseinandergedrückt und sogleich in die dazu be=
stimmte mit Mandel=Oel ausgestrichene Form eingedrückt, welches mit
Hilfe einer festen Citrone am leichtesten geschieht; dann wird wieder ein
Theil von der Masse genommen, ebenso verfahren und recht schnell, daß
der erste Theil noch warm ist, an denselben angedrückt und so wird fort=
gefahren, bis die ganze Form recht gleichmäßig ausgefüttert ist. Zu dieser
Arbeit sind stets zwei geübte Personen, wovon die eine die Mandeln auf
dem erwärmten Blech ausbreitet und die andere dieselben in die Form
eindrückt, nöthig; überhaupt muß diese Arbeit sehr schnell und geschickt
vor sich gehen, damit die Platten noch warm in die Form kommen und
man keine leeren Stellen wahrnimmt. Ist die Form sehr geschickt aus=
gelegt, so wird sie, nachdem die Masse ganz kalt geworden ist, behutsam
umgestürzt und über eine aus hartem Zuckerteig gebackene Teigplatte, die
mit grünem Hagelzucker bestreut ist, gestellt und unten herum mit kleinem
Backwerke schön garnirt, auf eine flache passende Schüssel gestellt und so
zu Tisch gegeben. Diese Masse kann in jede beliebige Form eingedrückt
werden und es werden aus derselben Aufsätze von großer Mannigfaltig=
keit und Schönheit angefertigt, wie z. B. Lyren, Vasen, Helme, Körbchen u.
dgl. Diese Formen können alle in zwei Theile gelegt werden und sind
mit Charnieren versehen, so daß die Gegenstände, nachdem sie kalt geworden,
auf die leichteste Art herausgenommen werden können. Nachfolgende
Zeichnungen stellen einige Aufsätze von Nougat bereitet dar.

2147. Vase von gerösteten Mandeln mit verschiedenem Backwerke belegt. Vase en nougat garnie de diverses pâtisseries.

Hierzu wählt man eine schöne Vasen=Form, welche aus weißem, starken
Blech getrieben ist, sich in zwei gleiche Theile theilt und mit Charnieren an
beiden Seiten versehen ist. Diese wird mit Mandelöl ausgestrichen und
über die Tafel gestellt. Je nach der Größe derselben werden 1 Kilo
120 Gramm, 1 Kilo 680 Gramm bis 2 Kilo 240 Gramm Mandeln
genommen und damit eine Nougat=Masse bereitet, wie sie bereits ange=
geben. Mit dieser wird dieselbe auf das schönste in lichtgelber Farbe
ausgedrückt und dann in der Form zum Auskühlen zur Seite gestellt.

An diese Arbeit schließt sich die Bereitung eines Sockels aus hartem Zuckerteig (siehe harter Zuckerteig) an, welcher in genauem Verhältnisse zu obiger Vase steht. Dieser Sockel wird mit einer halbgerührten, dünnen glace royale angestrichen und mit rothem, grünem oder weißem Hagelzucker bestreut und zum Trocknen an einen staublosen Ort gestellt. Ferner wird eine federkieldicke, runde Platte aus demselben Teig ausgerollt und nach der Schüssel, über welche der Aufsatz zu stehen kömmt, rund geschnitten, über ein Blech mit Mehl bestäubt, gelegt, mit einer spitzigen Gabel überall durchstochen, dann sehr langsam blaßgelb gebacken, vom Blech gelöst, auf einen kalten Deckel geschoben und mit einer Casserolle leicht beschwert. Der Sockel wird unten mit Tragant-Kitt bestrichen, in der Mitte der runden Platte aufgestellt, leicht angedrückt und der äußere Raum der

Platte ebenfalls mit Glace bestrichen und mit Hagelzucker bestreut. Ueber dem Sockel wird eine gleiche Platte aus demselben Teige gebacken, welche einige Linien vorsteht, mit Kitt befestigt und über diese die Vase mit Caramel=Zucker befestigt, aufgestellt. Die leere Fläche wird dann ebenfalls wieder mit Hagelzucker bestreut und die vorstehende Kante mit einer kleinen Teiggarnitur, aus weißem Tragantteig ausgestochen, geschmackvoll geziert. Unten um den Sockel herum werden kleine, runde, mit Schlagrahm gefüllte, halb roth und halb mit Chokolade schwarz glasirte Bisquits geordnet und die Vase selbst wird erhaben mit Schlagrahm gefüllt und dieser mit großen, frischgepflückten Garten=Erdbeeren zierlich belegt.

2148. Füllhorn von gerösteten Mandeln mit carmelirten Früchten. Corne d'abondance garnie de fruits glacés.

Die nach beigegebener Zeichnung gewählte Füllhorn=Form wird mit Mandelöl ausgestrichen und mit gerösteten Mandeln, Nougat, federkieldick ausgedrückt und dann zum Auskühlen bei Seite gelegt.

Dann wählt man hierzu eine ovalrunde, passende Schüssel, in deren

Vertiefung ein 6 bis 9 Centimeter hoher Sockel aus hartem Zuckerteig, nach oben etwas ausgeschweift, in einer Blechform gebacken und dann mit grünem Hagelzucker überall gut überstreut wird. Die äußere Kante des Sockels wird mit einer schönen Garnitur nach beigegebener Zeichnung garnirt und in der Mitte das Füllhorn mit Caramel-Zucker befestigt, aufgestellt. Dann werden eingemachte, recht grüne Reineclauden, kleine Aprikosen, Orangenschnitten, Amarellen, Kirschen, Datteln und Mirabellen in einem Trockenschrank gut getrocknet, dann in zum Bruch gekochten Zucker getaucht. Mit diesen Früchten wird das Füllhorn nach vorstehender Zeichnung in der Art geschmackvoll ausgarnirt, daß die glasirten Früchte jedesmal an einer Stelle in Bruchzucker leicht eingetaucht und so eine an die andere befestigt wird, welches mit einiger Sorgfalt zu geschehen hat. Unten herum werden kleine, runde Meringues gebacken, diese ausgehöhlt, mit Schlagrahm gefüllt und mit recht grünen, halbirten Pistazien besteckt.

2149. Antiker Helm von gerösteten Mandeln über einem Sockel.
Casque antique sur socle en pâte d'office.

Hierzu hat man von weißem oder gelbem Blech eine Form von 36 Centimeter Höhe, welche sich in zwei gleiche Theile zerlegen läßt und mit Charnieren versehen ist; die Form zum Kamm des Helmes muß extra sein, weil derselbe auch über dem Helme eigens angesetzt wird. Der Helmbusch ist aus sehr weißem, gesponnenen Zucker bereitet. Der Helm steht über einem antiken Schild nebst Schwert und Gürtel, alles aus Tragantteig schön gearbeitet; der Sockel ist aus hartem Zuckerteig in drei Abtheilungen, jede mit kleinem Backwerk belegt, z. B. kleine Meringue=Becher, mit Schlagrahm gefüllt, runde Chokolade=Bisquits und kleine Herzogbrödchen. Mit Geschmack und Fleiß gearbeitet, gehört diese Piece zu den schönsten der modernen Backwerke.

2150. Lyra von gerösteten Mandeln.   Lyre en nougat.

Die Form der Lyra ist ebenfalls aus weißem Blech getrieben und besteht aus zwei ganz gleichen Theilen. Sie werden ebenfalls mit Mandelöl ausgestrichen und dann mit Nougat ausgedrückt, wenn sie kalt sind, aus den Formen genommen und mit recht blaß gekochtem Bruchzucker zusammengesetzt. Der Sockel, worauf die Lyra zu stehen kömmt, ist ebenfalls aus hartem Zuckerteig von 27 Centimeter Höhe, mit dünn gerührtem Eiweiß=Glace bestrichen und mit weißem Hagelzucker bestreut. Dieser wird in eine passende Schüssel mit Tragantkitt befestigt; über diesem, wenn er recht trocken geworden ist und fest über der Schüssel hält, wird die Lyra mit Caramel=Zucker gerade aufrechtstehend befestigt und die fünf Saiten, wie die über denselben angebrachte Verzierung wird aus recht blaß zu Bruch gekochtem Zucker gemacht und mit eben solchem Zucker an die Lyra befestigt. Die obere Kante des Sockels wird mit einer schönen Verzierung aus rosa gefärbtem Tragantteig geschmackvoll garnirt und unten herum kleine, runde Nougats, in Krustabenbecher geformt, welche noch mit geschlagenem Rahm erhaben gefüllt und mit Erdbeeren belegt sind, garnirt.

2151. Englischer Hochzeitkuchen. A bride cake.

2 Kilo 240 Gramm feinstes trockenes Mehl, 2 Kilo 240 Gramm sehr frische Butter, 1 Kilo 400 Gramm feingestoßener Zucker, sechsunddreißig Eier, ein Kaffeelöffel voll Muskatblüthe, eben so viel Cardamomen, ein halber Kaffeelöffel voll feingestoßene Nelken, ein Kaffeelöffel voll Zimmt, 1 Kilo 680 Gramm gut gereinigte Weinbeeren, 560 Gramm geschälte

und fein en filets geschnittene Mandeln, 420 Gramm abgezogene und ebenso geschnittene Pistazien, 560 Gramm candirte Orangenschalen und eben so viel Citronat, alles feinwürfelig geschnitten, nebst $^3/_{10}$ Liter Rum und etwas Salz geben die Masse. Diese wird nun auf folgende Weise zusammengesetzt. Die Butter wird eine Stunde lang sehr flaumig abgerührt, dann kömmt der Zucker dazu, mit welchem sie noch eine Weile gerührt wird, dann wird das Weiße der Eier zu einem festen Schnee geschlagen und dieser langsam darunter gezogen; unterdessen hat man das Gelbe der Eier eine halbe Stunde lang gut abgerührt, welches sodann mit dem Mehl, den Mandeln und den übrigen Ingredienzen nebst dem Rum genau darunter amalgamirt wird. Das Backen geschieht auf folgende Weise: Es wird eine 48 bis 54 Centimeter hohe starke Kruste von weißem Papier gemacht, welche mit Butter gut ausgestrichen und über ein dickes Blech gestellt wird. In diese Kruste gibt man den dritten Theil der Masse, welche mit einem Eßlöffel glatt gestrichen und dann mit gut abgetropften halben Aprikosen belegt wird. Ueber diese füllt man die zweite Hälfte der Masse, über die ausgekernte, halbe Reineclauden gelegt werden, und dann füllt man den Rest der Masse darüber, welcher ebenfalls glatt gestrichen wird. Das Blech wird noch auf ein zweites gestellt und der Kuchen wenigstens drei Stunden sehr langsam gebacken, welches mit der größten Vorsicht und genauen Kenntniß des Ofens geschehen muß. Wenn der Kuchen in schönster, lichtbrauner Farbe gut ausgebacken und halb abgekühlt ist, wird das Papier abgelöst und der ganze Kuchen .mit einer Punsch=Glasur glasirt, mit Pistazien bestreut, dann über eine gebrochene Serviette auf einer flachen Schüssel angerichtet und so servirt. Dieser Kuchen kann auf die mannigfaltigste Weise dekorirt werden, was lediglich dem guten Geschmacke des geübten Backmeisters anheimfällt. In der Londoner illustrirten Zeitung wurde vor mehreren Jahren eines solchen Hochzeitkuchens erwähnt; derselbe wurde von Herrn Hayward, Backmeister beim Herzog von Norfolk, ausgeführt. Dieser schöne Kuchen war auf nachstehende Weise geziert. Die obere Figur stellt die Göttin der Ernte mit Fahnen umgeben vor, der Kuchen ist mit weißen Rosen und Orangenblüthen, aus Zucker bereitet, umkränzt und die Basis sind sinnbildliche Figuren, welche Füllhörner und Fahnen tragen. Den ganzen Kuchen tragen drei Löwen und drei Talbotsche Hunde von Gold, welche auf einem Brett, mit hochrothem Sammt bedeckt, ruhen. Beigegebene Zeichnung ist ganz getreu aus der Londoner illustrirten Zeitung entnommen.

2152. Vase von hartem Zuckerteig mit Meringuen gefüllt. Vase en pâte d'office garnie de meringues à la Chantilly.

Hierzu wählt man eine kupferne Form ganz nach nachstehender Zeichnung; sie wird mit Butter ausgestrichen und mit hartem Zuckerteig ausgedrückt, dann mit der Gabel überall durchstochen, mit trockenen Erbsen gefüllt, über ein Backblech gestellt und langsam gebacken. Wenn die Vase gut gebacken und kalt geworden ist, werden die Erbsen herausgenommen,

beide Theile mit Tragantkitt verbunden und durch die ganze Vase ein Hölzchen zur Sicherheit gemacht; über diese wird eine runde Platte aus demselben Teige federkieldick ausgerollt, 1 Centimeter größer als der Durchmesser der Vase beträgt, rund geschnitten, blaß gebacken und mit Tragantkitt über die Vase befestigt. Wenn alles gut trocken geworden ist, wird die Vase mit weißer dünner glace royale bestrichen, mit blaßrothem Hagelzucker bestreut und langsam getrocknet; unterdessen bereitet man im Verhältniß zu der Vase einen stufenartigen Sockel aus hartem Zuckerteig, welcher aber weiß glasirt und mit weißem Hagelzucker bestreut wird. Dieser Sockel wird mit Tragantkitt über eine passende, flache Schüssel befestigt und die Vase, unten mit Kitt bestrichen, darüber aufgestellt. Untenherum werden kleine Tarteletten von Haselnuß=Bisquit=Masse mit Aprikosen= Marmelade gefüllt und mit Orangen=Glace glacirt, welche noch mit einge=

machten Früchten schön garnirt sind, gelegt; die zweite Bäckerei sind kleine Nougats, mit Schlagrahm und Erdbeeren gefüllt, die dritte aber besteht aus Herzogbrödchen. Ueber der Vase werden kleine, rund dressirte, mit feingeschnittenen Pistazien bestreute, ganz weiß gebackene, mit Schlagrahm gefüllte Merinquen erhaben aufgerichtet.

2153. Croquant von Genoise. Croquant de Genoise.

Man bereitet aus 560 Gramm Zucker eine Genoise=Masse; diese wird messerrückendick auf ein oder zwei Bleche gestrichen und lichtgelb gebacken; aus dieser werden Ringchen in der Größe eines Zweimark= stückes ausgestochen, welche mit Glace royale halb weiß, halb roth glacirt und dann langsam getrocknet werden. Sodann wird eine glatte Form von 42 Centimeter Höhe und unten 24 und oben 27 Centimeter Breite zur Hand genommen und diese Ringchen leicht in Bruchzucker eingetaucht; jedesmal ein weißes, dann ein rothes in die Form aufgestellt und genau zusammenbefestigt. In dieser Weise wird die ganze Form ausgarnirt, wie es beigegebene Zeichnung darstellt. Dieses Croquant wird behutsam umgestürzt, über eine Vase aufgestellt und in jedes Ringchen eine eingemachte Weichsel gesteckt. Der Sockel der Vase ist mit kleinen, runden, mit Merinques= Perlen besprißten und mit Johannisbeer=Gelée gefüllten Bisquiten garnirt. Die zweite Garnitur sind Punschschnitten mit Glace royale besprißt; oben darüber wird eine Sultane von gesponnenem Zucker aufgestellt.

2154. Croquant von eingemachten grünen Mandeln. Croquembouche d'amandes vertes.

Fünfzig bis sechszig gleich große eingemachte grüne Mandeln werden halbirt, abgetrocknet, innen mit etwas Johannisbeer=Gelée bestrichen; dann eine halbirte trockene weiße Mandel eingelegt und jede Mandel an ein Holz= speilchen angesteckt. Diese Mandeln werden sodann in Bruchzucker (siehe Abschnitt 78, 5. Abtheilung. Nr. 1956) eingetaucht, worauf man sie kalt werden läßt, das heißt man steckt die Hölzchen aufrecht in ein großes Draht= sieb. Sodann wird eine passende runde Stürzform leicht mit Mandelöl ausgestrichen, und ein Kranz in schiefer Lage von diesen Mandeln eingesetzt, wo jede derselben zuvor etwas in Bruchzucker eingetaucht werden muß. Ist nun die erste Lage eingesetzt, so wird die zweite in entgegengesetzter Lage eingesetzt und so wird fortgefahren bis die Form voll ist. Zuletzt wird der Boden ebenso ausgelegt; das Auslegen erfordert Geduld und eine richtige Behandlung, damit das Ganze rein und elegant aussieht. Ist nun dieser Croquembouche völlig kalt geworden, so wird derselbe über einen schön dekorirten Sockel, aus hartem Zuckerteig bereitet, gestürzt, außen herum mit kleinen, mit fein geschnittenen grünen Pistazien bestreuten Merinques garnirt, und darüber eine schöne Sultane aus gesponnenem Zucker gestellt, welches dem Ganzen ein schönes Ansehen gibt.

2155. Croquant von Profiterolen über einem Sockel. Croquem- bouche à la reine sur socle.

Man bereitet aus gebranntem Teige kleine runde Kugeln, welche, nach= dem sie langsam gebacken sind, noch getrocknet werden. Sodann läßt man 560 Gramm feingestoßenen Raffinade=Zucker wie zu einem Nougat auf Kohlenfeuer langsam schmelzen, schüttet in diesen die warmen Kugeln und macht sie leicht durcheinander, damit sie der Zucker von allen Seiten gleich glasirt; sie werden dann in derselben hohen Form in kleinen Parthien

eingelegt (was sehr schnell geschehen muß) und die ganze Form damit ausgelegt. Nach einer halben Stunde wird der Croquembouche gestürzt, über nach obiger Zeichnung angegebenen Sockel gestellt und ebenfalls eine Sultane darüber gesetzt. Beide kleine Backwerke, womit der Sockel unten herum garnirt ist, sind kleine in Krustaden-Förmchen gebackene und mit Punsch glasirte Plumcakes, die zweite Garnitur sind kleine Butterteig= körbchen petits paniers au gros sucre, die dritte sind kleine Mandel= krustaden, mit Schlagrahm gefüllt.

Die Ausführung dieser großen Stücke der Kunstbäckerei erfordert schon längere Uebung und Sachkenntniß, um sie mit der ihnen gehörigen Eleganz richtig zu vollenden. So z. B. kann der geschickte Backmeister immer neue Kunstbackwerke erfinden und sie in schönster Form ausführen. Alle noch aus Caremes Zeiten abstammenden Aufsätze, z. B. seine Tempel, Ruinen,

Eremitagen und mehrere andere sind veraltet und erscheinen weder in Frankreich noch bei uns mehr; deßhalb habe ich sie auch ganz umgangen.

2156. Croquant von Datteln. Croquembouche de dattes.

Hierzu wird das nöthige Quantum gleichgroßer, reifer Datteln von hellgelber Farbe genommen; diese werden auf einer Seite aufgeschnitten, die Kerne herausgenommen, dann an deren Stelle ein Stückchen Mandelteig, welcher die Größe wie die Kerne hat, eingelegt, so daß die Datteln wieder ihre natürliche Form erhalten. Der Mandelteig wird auf folgende Art bereitet: 280 Gramm Mandeln werden abgezogen, dann werden diese mit ein wenig Rosenwasser fein gerieben und durchpassirt, so daß man einen feinen zarten Mandelteig erhält. Diesen gibt man nun in einen Zuckerkessel und röstet denselben mit 175 Gramm Staubzucker über Kohlenfeuer bei immerwährendem Rühren, bis er sich vom Löffel ablöst, ab. Aus diesem Teig werden nun die Kerne geformt, welche in die Datteln eingelegt werden. Das Carmeliren derselben, wie auch das Einsetzen in die Form hat dieser Croquembouche ganz mit dem vorhergehenden gemein, und ich weise deßhalb auf Nr. 2154 zurück. Dieser wird ebenso angerichtet, unten herum mit Orangenschnitten nach Nr. 1915 bereitet bekränzt, und darüber eine schöne Sultane aus gesponnenem Zucker bereitet gesetzt.

2157. Croquant von halben Aprikosen. Croquembouche à la Richelieu.

Hierzu werden eingemachte kleine halbe Aprikosen genommen, welche aber über einem Sieb über Nacht im Wärmekasten gestanden haben. An die Stelle wo der Kern war, wird etwas Aprikosen-Marmelade gethan, und über diesen kleine Kerne, aus dem vorher beschriebenen Mandelteig natürlich geformt, angedrückt. Auch bei diesem Croquembouche gilt alles Vorhergesagte sowohl beim Carmeliren der Aprikosen, wie auch beim Einsetzen der Früchte und das Anrichten selbst. Garnirt wird dieser mit kleinen runden Bisquits, welche weiß glasirt und mit Pistazien bestreut sind.

2158. Croquant von Mandeln. Croquembouche d'amandes à la royale.

Aus einem größeren Quantum Mandeln werden die nöthigen gleichgroßen ausgesucht, gebrüht, abgezogen, dann leicht getrocknet und zuletzt halbirt. Ferner werden 280 Gramm grüne Pistazien mit etwas Maraschino fein gerieben, durch ein feines Haarsieb passirt, und dann mit Staubzucker angenehm versüßt, so daß man ein dickes Pürée erhält. Mit diesem Pistazienteig werden nun die Mandeln gefüllt und zwei zusammengesetzt. Diese werden nun an Holzspieße gesteckt, carmelirt und wie die vorhergehenden Croquembouches aufgesetzt; das Aufsetzen muß wie bei allen exakt und fleißig ausgeführt werden, denn nur dadurch gewinnen diese Entremets ungemein an ihrem brillanten Aussehen. Beim Anrichten selbst aber wird bei diesen eine crème plombière nach Nr. 1900 eingefüllt, glatt gestrichen, sogleich in eine Schüssel gestürzt und zu Tisch gegeben.

2159. Große Bisquit-Torte auf französische Art. Bisquit de Savoie.

Dieser ausgezeichnete Kuchen der Kunstbäckerei erfordert viel Auf=
merksamkeit und ebenso die strengste Genauigkeit in der Behandlung selbst.
Es ist daher nöthig, daß man hierzu den feinsten trockenen Zucker, ebenso
das beste, trockene, feingesiebte Mehl, sehr gute, frische Eier, dann aber
einen guten Backofen, der die Hitze gleich und lange andauernd hält, hat.
Als großes Stück behauptet eine solche Torte immer den ersten Rang,
nur muß dieselbe in ziemlicher Größe bereitet werden. Die Masse hierzu
ist folgende: Es werden 1 Kilo 680 Gramm Zucker mit dem Gelben von
48 Eiern eine Stunde recht schaumig gerührt, dann wird das Weiße von
den Eiern zu einem sehr steifen Schnee geschlagen und dieser mit 945 Gramm
Mehl und sechs Eßlöffeln voll Orangen=Zucker langsam unter die Masse
gezogen.   Unterdessen hat man eine hohe Bisquit=Form mit geklärter,
sehr frischer Butter ausgestrichen, und dann mit Staubzucker überall gleich
ausgepudert.   Die Masse wird bis dreifingerdick vom Rande eingefüllt
und nachdem man noch einen Papierstreif mit Butter bestrichen und vier=
fingerbreit über dem Rande stehend herum befestigt hat, wird die Form
über ein Tortenblech gestellt und zwei, auch zwei und eine halbe Stunde
mit der Vorsicht gebacken, daß der Kuchen beim Umstürzen eine lichtbraune,
glänzende Kruste erhalten hat.   Das Garbacken wird dadurch erprobt, daß,
wenn man mit den Fingern die Torte oben berührt, die Kruste gesprungen,
trocken und fest sein muß.   Sie wird sofort über ein großes Haarsieb
gestürzt und die Form langsam auf= und darüber weggehoben. Nach dem
völligen Erkalten wird sie über einem passenden Sockel aus hartem Zucker=
teig bereitet, aufgestellt und darüber ein Busch aus feingesponnenem Zucker,
mit Caramel befestigt, gesetzt.   Diesen Bisquitkuchen kann man auch mit
Vanille= statt Orangen=Zucker bis zum angenehmsten im Geschmack heben.

2160. Turban von Bisquit mit gesponnenem Zucker. Turban en biscuit orné de sucre filé.

Hierzu muß man eine 18 Centimeter hohe, unten 14 Centimeter
im Durchmesser breite, oben abgerundete starke blecherne Form haben,
ebenso eine viereckige von 18 bis 21 Centimeter im Durchmesser breite.
Beide Formen werden mit Butter ausgestrichen, mit Mehl ausgestäubt
und mit einer Bisquit=Masse, nach Nr. 1972 bereitet, zwei Drittel voll
angefüllt, über ein Blech gestellt und sehr langsam gebacken. Wenn diese
gebacken sind, werden sie über ein großes Haarsieb gestürzt, worauf man
sie gänzlich kalt werden läßt. Sehr gut ist es, wenn man sie Beide den
Abend vorher bäckt.   Dann wird von dem runden Bisquit mit einem
dünnen scharfen Messer oben der runde Kopf abgeschnitten, daß man eine
Oeffnung wie ein kleines Weinglas erhält.   Das Bisquit wird nun aus=
gehöhlt, der abgeschnittene Deckel wieder passend darüber gelegt, dann mit
Aprikosen=Marmelade dünn überstrichen und mit einer rothen Zucker=Glasur
mit Maraschino, welche die gehörige Dicke haben muß, übergossen, so
daß dieselbe langsam abläuft und das Ganze gleichmäßig überzieht, glasirt,

worauf dasselbe langsam getrocknet wird. Das viereckige Bisquit wird nun in schöner Form wie ein natürliches Kissen zugeschnitten, so daß dasselbe im richtigen Verhältniß zu dem obern runden Kopf steht. Dies wird nun mit glace royale (siehe Nr. 1959) rosa gefärbt und ebenfalls getrocknet. Wenn nun Beide so beendet sind, wird der runde Kopf, welcher unten mit etwas Aprikosen-Marmelade bestrichen wurde, darüber gesetzt; dann wird Zucker fein gesponnen, aus welchem man den Turban zierlich formt und um den Kopf natürlich herumsetzt; ebenso bereitet man aus demselben Zucker den Reiherbusch, wie auch die vier Quasten, welche an den vier Ecken des Kissens eingesteckt werden und herabhängen müssen. Der runde Kopf wird nun geschmackvoll mit Perlen aus weißer Glasur bespritzt und ebenso mit weißem Aepfel-Gelée schön ausgarnirt. Der Turban selbst aber wird mit Chokolade-Silberperlen besetzt, welches so ausgeführt werden muß, als wenn diese herumgewunden wären. Wenn nun das Ganze so ausgeführt ist, wird der Turban über eine schön gebrochene Damast-Serviette auf einer passenden Schüssel angerichtet, der Deckel ab= genommen, der Turban mit einer Crême à la Chantilly mit Vanille ge= füllt, der Deckel wieder darüber gelegt und dann servirt. Zu bemerken ist, daß zur Bisquitmasse einige Gramm Mehl mehr und sechs Eiweiß weniger zum Schnee genommen werden müssen, damit beide Theile, wie die Form selbst, nach dem Backen aus derselben kommen.

2161. Croquant von Merinques mit Chokolade. Mousse en mérinques au chocolat.

Von dem Weißen von sechs frischen Eiern wird ein sehr fester Schnee geschlagen und dieser mit 560 Gramm Staubzucker langsam untermengt, so daß man eine sehr steife Masse erhält. Von dieser werden über halbe Bogen mit Butter bestrichenem weißen Papier ein federkieldicker Boden und fünf gleich große Ringe, im Durchmesser wie ein Dessertteller, ge= spritzt, welche, mit weißem Hagelzucker bestreut, über Backbleche gelegt und so langsam hart aber blaßgelb gebacken werden. Wenn nun dieselben schön gebacken sind, werden sie behutsam vom Papier genommen, über ein Blech gelegt und erkalten gelassen. Unterdessen hat man von 420 Gramm Zucker eine Parthie silberweißen Zucker fein gesponnen, aus welchem man ebenso große und gleich dicke Kränze formt. Das Aufsetzen geschieht auf folgende Weise: Der Boden wird mit Aprikosen-Marmelade bestrichen, über diese wird ein Kranz von Merinquen gesetzt, dieser wird wieder mit Marme= lade bestrichen, dann kömmt ein Kranz von gesponnenem Zucker, dann wieder einer von Merinquen und so wird fortgefahren bis das Ganze aufgesetzt ist. Der obere Reif muß Merinquen sein, welcher zierlich mit eingemachten Früchten garnirt wird. Man richtet diese Croquante über eine Serviette auf einer flachen Schüssel an, füllt kurz vor dem Anrichten gut abgetropften, mit Vanille-Zucker und fein geriebener Chokolade unter= mengten Schlagrahm erhaben an und stellt über diesen eine halbrunde Kuppel aus Zucker gesponnen, welche dem Ganzen ein elegantes Ansehen gibt.

2162. Aufgesetzte Merinquen.   Grosse merinque monteé.

Man bereitet von dem Weißen von zwanzig Eiern und 1 Kilo 120 Gramm Staubzucker eine gute Merinque=Masse, aus welcher runde Ringe auf weißem Papier durch eine blecherne Spritze in der Weise dressirt werden, daß immer ein Ring kleiner als der andere ist, so zwar, daß der letzte die Größe eines Wein=Glases hat. Diese Ringe werden mit feinem Staubzucker nochmals bestäubt und in einem ausgekühlten Ofen über Back= bleche in der Art gebacken, daß sie glasspröde sind und eine blaßgelbe Farbe haben. Ist dies erreicht, so werden sie über eine Platte aus hartem Zucker= teig übereinander mit Merinque=Masse bestrichen, pyramidenartig aufgesetzt und dann in den Trockenschrank gestellt. Zu gleicher Zeit hat man aus derselben Masse runde Merinquen über ein mit Butter bestrichenes Blech dressirt, welche nach der Größe der Ringe nach oben zu immer kleiner werden, dieſe werden mit recht grünen Piſtazien beſteckt und beinahe ganz weiß recht ſpröde gebacken. Sie werden ſodann mit Meringue=Maſſe beſtrichen, eins an das andere an die Ringe nach beigegebener Zeichnung angeſetzt und bis ſie wieder feſt angetrocknet ſind, in das Etuve geſtellt. Dieſe Piece wird bei beſonderen Gelegenheiten über eine Schale oder ſonſt paſſenden Sockel nach beigegebener Zeichnung aufgeſtellt, oben darauf mit einer Sultane aus geſponnenem Zucker beſteckt und, nachdem der Sockel noch mit Meringuen, welche mit Vanille=Schlagrahm gefüllt ſind, garnirt iſt, wird dieſe ſchöne Piece aufgeſetzt.

2163. Neapolitaniſches Gateau. Gâteau Napolitain.

Man bereitet von 560 Gramm Zucker eine Genoiſe=Maſſe; aus dieſer werden über reine Backbleche runde, meſſerrückendicke Ringe auf=geſtrichen, welche im Durchmeſſer ſechs Finger breit und zwei Finger ſchmal ſind, ſie werden blaßgelb gebacken, vom Blech gelöſt und wenn ſie kalt ſind, mit Aprikoſen=Marmelade beſtrichen, übereinandergeſetzt und außen herum mit einem scharfen Messer ganz egal und rein zugeschnitten. Dieses Gateau wird nun außen herum ganz dünn mit aufgelöster, recht heller Aprikosen=Marmelade bestrichen und dann mit ganz weiß gebacke= nem Butterteig, zu welchem die Abfälle angewendet werden, garnirt und in die Vertiefung recht helles Johannisbeer=Gelée gespritzt. Dieses Gateau wird dann über einem Sockel, welcher aus hartem Zuckerteig bereitet und mit rosa Hagelzucker bestreut ist, aufgestellt, innen wird Schlagrahm, mit Erdbeeren garnirt, gefüllt, dann eine schön gesponnene Sultane, nach der bemerkten Zeichnung, darüber gesetzt und, nachdem das Gateau noch mit kleinen gestürzten Butterkrapfen und der Sockel mit glasirten Chokolade= Bisquits garnirt ist, wird diese Piece aufgestellt. Die obere Verzierung um das Gateau ist aus Spritz=Glasur ausgeführt.

---

79. Abschnitt. 1. Abtheilung.

Von den Rahm-Gefrornen. De la glace à la crême.

2164. Vanille-Gefrornes. Glace de crême à la Vanille.

Man läßt eine Stange gute Vanille, in kleine Stückchen geschnitten, mit $1^6/_{10}$ Liter gutem, süßem Rahm acht Minuten kochen und dann wieder erkalten. Unterdessen werden achtzehn Eidotter mit 350 Gramm fein= gestoßenem Zucker eine Viertelstunde in einer Casserolle gut verrührt, dann wird der Vanille=Rahm nach und nach dazu gegossen und sodann über Kohlenfeuer, bis sich die Eier verdicken oder die Masse beinahe aufkochen will, sorgfältig abgerührt, vom Feuer genommen, durch ein Seidensieb in eine Schüssel geseiht und sodann ganz kalt gerührt. Diese Masse wird sodann in die Gefrierbüchse gegossen, gut zugedeckt, fest gefroren, feinsalbig, der Butter ähnlich, abgearbeitet und hierauf servirt.

2165. Chokolade-Gefrornes. Glace de crême au chocolat.

280 Gramm gute Vanille=Chokolade löst man mit $^3/_{10}$ Liter heißer Milch auf Kohlenfeuer langsam auf und rührt dieselbe sodann fein ab; dann gießt man noch $1^1/_{10}$ Liter abgekochten, heißen Rahm dazu, läßt es zusammen eine Viertelstunde langsam kochen und stellt sodann die Choko= lade kalt. Unterdessen gibt man 280 Gramm gestoßenen Zucker in eine Casserolle und rührt denselben mit zwölf Eidottern schaumig ab, gießt sodann die unterdeß abgekühlte Chokolade nach und nach dazu und rührt es zusammen auf schwachem Kohlenfeuer, bis es beinahe aufstoßen will, vorsichtig, daß die Chokolade ja nicht kocht, langsam ab. Dieselbe wird sodann durch ein feines Haarsiebchen in eine Porzellanschüssel geseiht und kalt geschlagen. Eine Stunde vor dem Gebrauche wird die ganz erkaltete Chokolade in die vorher in's Eis gegrabene Gefrierbüchse gegossen, gut gefroren, sodann sehr fein abgearbeitet und in Gefrornen=Tassen servirt.

2166. Chokolade-Gefrornes auf italienische Art. Glace de chocolat à l'Italienne.

560 Gramm feine Vanille-Chokolade werden mit $^3/_{10}$ Liter Wasser über Kohlenfeuer langsam aufgelöst, sodann fein abgerührt. Ferner werden achtzehn Eidotter mit 280 Gramm fein gestoßenem Zucker gut abgerührt, die Chokolade dazu gethan, noch $1^1/_{10}$ Liter frisches Wasser dazu gegossen und zusammen mit Vorsicht über Kohlenfeuer, beinahe zum Aufstoßen abgerührt; es wird sodann in eine Schüssel geseiht und kalt geschlagen. Eine Stunde vor dem Gebrauche wird diese Wasser-Chokolade halb gefroren, sodann gut abgearbeitet und in Gefrornen-Gläsern servirt.

2167. Kaffee-Gefrornes. Glace de crême au café Mocca.

420 Gramm feiner Mokka-Kaffee werden langsam lichtbraun gebrannt und sogleich aus der Trommel in $1^4/_{10}$ Liter kochend heißen guten süßen Rahm geschüttet und gut zugedeckt zum Auskühlen bei Seite gestellt. Unterdessen werden 420 Gramm fein gestoßener Zucker mit sechzehn Eidottern gut abgerührt, der durchgeseihte Kaffee-Rahm nach und nach dazu gegossen und sodann über Kohlenfeuer den vorhergehenden gleich abgerührt, geseiht, kalt geschlagen und sodann recht zart butterweich gefroren.

2168. Rahm-Gefrornes mit gebranntem Zucker und Orangen-blüthen. Glace de crême au caramel aux fleurs d'oranges.

140 Gramm gestoßener Zucker werden in einem Zuckerlöffel zu Caramel gebrannt, sodann gießt man ein Weinglas voll Wasser dazu und läßt den Zucker aufkochen, daß er einem dicken Syrup gleich ist. Ferner werden 420 Gramm Zucker mit sechzehn Eidottern, nebst 35 Gramm gerösteten Orangenblüthen gut abgerührt, der Caramel, wie auch $1^4/_{10}$ Liter guter süßer Rahm dazu gegossen, diese Crême mit Vorsicht den vorhergehenden gleich abgerührt, geseiht, kalt geschlagen und ebenso gut gefroren und recht fein abgearbeitet.

2169. Rahm-Gefrornes mit Orangen-Geruch. Glace de crême à l'orange.

Das Gelbe einer Orange wird sehr fein mit einem scharfen Messerchen mit der Vorsicht abgelöst, daß auch nicht das Mindeste von der weißen Schale daran bleibt. Dieses wird nun in $1^4/_{10}$ Liter kochendheißen Rahm geworfen, dieser gut zugedeckt und zum Auskühlen bei Seite gestellt. Unterdessen werden 420 Gramm gestoßener Zucker mit sechzehn Eidottern gut abgerührt, der Rahm sammt den Orangenschalen dazu gegossen, und hierauf den vorhergehenden gleich abgerührt, geseiht, kalt geschlagen, fest gefroren und recht zart und fein abgearbeitet.

2170. Rahm-Gefrornes mit Citronen-Geruch. Glace de crême au citron.

Bleibt in seiner Behandlung dem vorhergehenden gleich.

2171. Schmankerl-Gefrornes auf Wiener Art. Glace de crême à la Viennaise.

Man bereitet ein recht feines Vanille=Gefrornes, sodann werden Schmankerl wie zu einem Schmankerl=Mus bereitet, die sogleich heiß in der Größe ausgestochen werden, wie die Rundung der Crêmebecher ist, in welchen das Gefrorne servirt wird. Die Abfälle der Schmankerl werden klein zerdrückt und nebst den runden ausgestochenen Blättchen in einen Trockenschrank warm gestellt. Kurz vor dem Serviren wird unter das Vanille=Gefrorne ein Suppenteller voll gut abgetropften Schlagrahms gearbeitet, die klein zerdrückten Schmankerl langsam darunter melirt, das Gefrorne in die zuvor in's Eis gestellten Crêmebecher gefüllt, diese mit einem Schmankerl=Blättchen gedeckt und so über eine zierlich gebrochene Serviette auf eine Schüssel gestellt, dazwischen mit derselben Anzahl silberner oder goldener Kaffeelöffel belegt und so präsentirt. Flache Porzellanteller müssen früher schon aufgesetzt sein.

2172. Rahm-Gefrornes mit Zimmt-Geruch. Glace de crême à la cannelle.

35 Gramm feinsten Ceylon=Zimmt läßt man in $1^4/_{10}$ Liter gutem Rahm zwei Minuten kochen und stellt denselben zugedeckt kalt. Unter= dessen werden 420 Gramm gestoßener Zucker mit sechzehn Eidottern gut abgerührt, man gießt dann den Zimmt=Rahm nach und nach dazu und rührt die Crême über schwachem Kohlenfeuer, bis sie aufstoßen will, vor= sichtig ab; sodann wird dieselbe durch ein feines Haarsieb in eine Schüssel geseiht, kalt geschlagen, dem vorhergehenden gleich gefroren, recht fein abgearbeitet und in Gefrornen=Tassen, hoch aufdressirt, servirt.

2173. Rahm-Gefrornes mit Malaga-Wein. Glace de crême au vin de Malaga.

420 Gramm gestoßener Zucker werden mit achtzehn Eidottern gut abgerührt, $1^1/_{10}$ Liter guter süßer Rahm dazu gegossen und sodann diese Crême auf die schon gesagte Weise vorsichtig auf schwachem Kohlenfeuer abgerührt; dieselbe wird nun in eine Schüssel geseiht, mit gutem alten Malaga=Wein bis zum angenehmsten Geschmack versetzt und sodann kalt geschlagen. Das Gefrieren und das feine Abarbeiten hat dieses auch mit den andern Rahm=Gefrornen gemein.

2174. Rahm-Gefrornes mit bittern Makaronen. Glace de crême aux macarons amers.

210 Gramm bittere Makaronen werden mit dem Rollholz über einem reinen Tisch zerdrückt, in $1^4/_{10}$ Liter kochenden Rahm gethan

und noch acht Minuten langsam gekocht. Unterdessen werden 350 Gramm
gestoßener Zucker mit vierzehn Eidottern gut abgerührt, dann wird der
unterdeß kalt gewordene Rahm mit den Makaronen dazu gegossen und
über schwachem Kohlenfeuer vorsichtig, bis die Crème aufstoßen will, ab=
gerührt. Dieselbe wird durch ein sehr reines gut ausgewaschenes neues
Haartuch gestrichen und dann kalt geschlagen. Eine Stunde vor dem
Serviren wird die Crème gut gefroren, fein abgearbeitet und sodann ein
Suppenteller voll gut abgetropfter Schlagrahm darunter gearbeitet. Dies
Gefrorne wird häufig im Crèmebecher hoch aufdressirt und wie das
Schmankerl=Gefrorne angerichtet zu Tisch gegeben.

2175. Haselnuß-Gefrornes. Glace de crême aux noisettes.

210 Gramm Hasel=, Bart= oder welsche Nußkerne werden mit
Milch sehr fein gerieben, in eine Casserolle gethan, mit 1 4/10 Liter gutem
süßen Rahm verrührt, über dem Feuer kochendheiß gerührt und zugedeckt
bei Seite gestellt. Sodann werden sechzehn Eidotter mit 420 Gramm
gestoßenem Zucker gut verrührt, der Rahm fest durch eine geruchlose
feine Serviette gepreßt, zu den Eiern gegossen und über schwachem
Kohlenfeuer, dem übrigen Rahm=Gefrornen gleich, abgerührt. Hierauf
wird die Crème geseiht, kalt geschlagen, wie die Uebrigen gefroren, sehr
fein abgearbeitet und servirt.

2176. Mandel-Gefrornes. Glace de crême aux amandes.

Dieses wird ganz dem vorhergehenden gleich bereitet.

2177. Gefrornes von gerösteten Mandeln. Glace de crême aux amandes pralinées.

280 Gramm abgezogene Mandelkerne werden in einer Caramel=
Pfanne mit 140 Gramm Zucker gelb abgeröstet, mit etwas Milch fein
gerieben und mit 1 4/10 Liter süßem Rahm bis zum Kochen heiß gemacht
und nach dem Erkalten durchgepreßt. Die fernere Bereitung schließt sich
den vorhergehenden an, nur mit dem Unterschiede, daß hier nur 280
Gramm Zucker mit den Eiern abgerührt werden.

2178. Rahm-Gefrornes mit Marasquino di Zara. Glace de crême au marasquin.

Man rührt von 420 Gramm Zucker, sechzehn Eidottern und 1 4/10
Liter Rahm eine Crème, welche man in eine Schüssel passirt und mit
ächtem Marasquino di Zara bis zum angenehmsten Geschmack erhöht.
Die Vollendung dieser Gefrornen bleibt immer dieselbe.

Auf dieselbe Art werden auch die nachstehenden Gefrornen bereitet:

2179. Rahm-Gefrornes mit Parfait d'amour. Glace de crême au parfait d'amour.

2180. Rahm-Gefrornes mit Kirschenwasser. Glace de crême
à l'eau de cerises.

2181. Rahm-Gefrornes mit Eau de noyaux. Glace de crême
à l'eau de noyaux.

2182. Rahm-Gefrornes mit Vanille-Liqueur. Glace de crême
au vanille.

Dieses muß mit etwas Cochenille, nachdem es abgerührt ist, rosa gefärbt und mit etwas Vanille-Crême-Liqueur angenehm versetzt sein.

Diese Liqueur-Gefrornen können auch, nachdem sie fest gefroren und fein gearbeitet sind, mit einem Suppenteller voll abgetropftem guten Schlagrahm untermengt, in Crême-Bechern servirt werden.

2183. Rahm-Gefrornes mit frischen Erdbeeren. Glace de crême
aux fraises.

Es werden 420 Gramm Zucker mit sechzehn Eidottern gut abgerührt, sodann gießt man $1^{1}/_{10}$ Liter süßen Rahm dazu und rührt diese Crême über Kohlenfeuer vorsichtig ab; dieselbe wird nun geseiht, kalt geschlagen, sodann fest gefroren und fein abgearbeitet. Ist dies erreicht, so arbeitet man $^{3}/_{10}$ Liter frisches Walderdbeeren-Püree darunter, welches demselben einen äußerst angenehmen Geschmack gibt.

2184. Rahm-Gefrornes mit frischen Himbeeren. Glace de crême
aux framboises.

Dieses unterliegt derselben Behandlungsweise.

2185. Rahm-Gefrornes mit frischem Aprikosen-Püree. Glace
de crême à la purée d'abricots.

2186. Rahm-Gefrornes mit Pfirsich-Püree. Glace de crême
à la purée de pêches.

2187. Rahm-Gefrornes mit Ananas-Püree. Glace de crême
à la purée d'ananas.

Diese zuletzt angegebenen Rahm-Gefrornen mit frischen Früchten-Pürees versetzt, haben besonders das Angenehme, daß sie nicht so sehr abkühlen; sie werden stets in Gläser gefüllt und mit einem Eßlöffel voll von dem jedesmal bezeichneten Früchten-Püree, welches mit feingestoßenem Zucker verrührt ist, begossen und so servirt.

2188. Rahm-Gefrornes mit Orangenblüthen. Glace de crême
aux fleurs d'oranges.

Man wirft 50 Gramm geröstete Orangenblüthen in $1^{4}/_{10}$ Liter kochenden Rahm und stellt diesen zugedeckt bei Seite. Sodann werden 420 Gramm gestoßener Zucker mit achtzehn Eidottern gut abgerührt, der Rahm nach und nach dazu gegossen und über dem Feuer, daß die Crême nicht gerinnt, vorsichtig abgerührt; sodann wird sie geseiht, kalt

geschlagen, fest gefroren, recht zart abgearbeitet und erhaben in Gefrornen=
Tassen servirt.

2189. Thee-Gefrornes. Glace de crême au thé.

In 1⁴/₁₀ Liter kochendheißen Rahm werden 35 Gramm Thee ge=
worfen, gut zugedeckt und erkalten gelassen. Unterdessen werden 420
Gramm gestoßener Zucker mit dem Gelben von sechzehn Eiern gut ab=
gerührt, der durchgeseihte Rahm nach und nach dazu gegossen und die
Crême über dem Kohlenfeuer langsam, bis dieselbe aufstoßen will, vor=
sichtig abgerührt; hierauf wird dieselbe geseiht, kalt geschlagen und dem
vorhergehenden gleich gefroren.

---

79. Abschnitt. 2. Abtheilung.
Von dem Gefrornen von frischen Früchten. De la glace de fruits frais.

Ehe ich zur Bereitung der Saft=Gefrornen selbst schreite, ist es nöthig,
zu bemerken, daß der Zucker nicht zu einem Syrup gekocht wird, welcher
Gebrauch allenthalben besteht, sondern daß derselbe in kleine Stückchen
zerschlagen, mit frischem Wasser übergossen und so im kalten Zustande
zu einem dicken Syrup aufgelöst werden muß. Dadurch gewinnen alle
Früchte=Gefrornen bei weitem einen reineren Frucht=Geschmack, der durch
Beimischung des gekochten Syrups mehr oder weniger immer verliert.

2190. Erdbeer-Gefrornes. Glace aux fraises.

13 Liter frischgepflückte Walderdbeeren werden durch ein feines Haar=
sieb in eine Schüssel mit einem Holzlöffel passirt; man mengt dann 560
Gramm kalt aufgelösten Zuckersyrup, den Saft von zwei Citronen und
das noch nöthige kalte Wasser darunter und passirt das Ganze nochmals
durch ein Seidensieb oder ein reines Haartuch. Dieser Erdbeersaft wird
nun nach neuerer Manier in der Zucker=Wage bis zu zweiundzwanzig
Grad gewogen; erreicht der Saft diese Grade nicht, so müßte noch etwas
Zucker nachgegossen werden; übersteigt er jedoch diesen Grad, so muß
noch etwas kaltes Wasser beigefügt werden. Auch bemerke ich, daß die
Saft=Gefrornen beim Gefrieren mehr Salz erfordern und die Büchse immer
eine halbe Stunde zuvor eingegraben sein muß.

2191. Himbeer-Gefrornes. Glace aux framboises.

Wird ebenso wie das Erdbeer=Gefrorne bereitet.

2192. Pfirsich-Gefrornes. Glace aux pêches.

Zwanzig bis vierundzwanzig völlig reife Pfirsiche werden halbirt,
die Kerne herausgenommen und die Pfirsiche durch ein Haarsieb in eine
Schüssel gestrichen; zu diesen gießt man den von 560 Gramm Zucker

kalt aufgelösten Zucker=Syrup, den Saft von zwei bis drei Citronen, $^3/_{10}$ Liter kaltes Wasser und etwas wenig Cochenille, damit der Saft ein blaßrothes Ansehen bekömmt. Derselbe wird nun nochmals geseiht, bis zu zweiundzwanzig Grad gewogen, sodann fest gefroren und recht fein und fest abgearbeitet.

2193. Aprikosen-Gefrornes. Glace aux abricots.

Vierundzwanzig bis dreißig völlig reife Aprikosen werden halbirt, durch ein Haarsieb gestrichen und der von 560 Gramm Zucker aufgelöste Zucker=Syrup nebst $^3/_{10}$ Liter frischem Wasser dazu gegossen. Die Kerne der Aprikosen werden leicht zerstoßen, zu dem Safte gethan, genau umgerührt und so eine Stunde stehen gelassen. Hierauf wird dasselbe nochmals rein geseiht, etwas Citronensaft dazu gedrückt, dem vorhergehenden gleich gefroren und recht fein und fest, bis es sich zieht, abgearbeitet.

2194. Orangen-Gefrornes. Glace aux oranges.

Acht Stück schöne Orangen werden halbirt und der Saft in den aus 700 Gramm Zucker kalt aufgelösten Zucker=Syrup gepreßt, mit $^3/_{10}$ Liter frischem Wasser verdünnt und, nachdem man noch das von zwei bis drei Orangen sehr fein abgeschnittene Gelbe dazu gethan hat, wird der Saft zugedeckt und eine Stunde stehen gelassen. Sodann wird derselbe nochmals geseiht, bis zu zweiundzwanzig Grad gewogen und recht fein und fest gefroren.

2195. Citronen-Gefrornes. Glace aux citrons.

Wird ganz dem Orangen=Gefrornen gleich bereitet.

2196. Ananas-Gefrornes. Glace à l'ananas.

Die äußere rauhe Schale einer völlig reifen Ananas wird ringsum abgeschnitten, die Ananas selbst in Scheiben geschnitten und im Reibstein mit 280 Gramm Grobzucker fein gerieben. Dieses Püree wird sodann noch mit dem aus 420 Gramm Zucker kalt aufgelösten Zucker=Syrup verrührt, der Saft von zwei Citronen dazu gepreßt, mit kaltem Wasser verdünnt, bis zu zweiundzwanzig Grad gewogen, nochmals geseiht und den vorhergehenden gleich gefroren.

2197. Ananas-Gefrornes in Gläsern. Glace à l'ananas en verres.

Unter das sehr fest und fein gefrorene Ananas=Gefrorne wird der fest geschlagene und mit etwas Zucker=Syrup untermengte Eiweiß=Schnee von fünf Eiern abgearbeitet, dieses in Crement=Gläser angerichtet und mit ganz aufgerollten Hohlhippen, welche über eine Serviette auf einer flachen Schüssel erhaben angerichtet sind, zu Tisch gegeben.

2198. Heidelbeeren-Gefrornes. Glace aux mirtilles.

1 $^6/_{10}$ Liter frisch gepflückte Heidelbeeren werden durch ein Haarsieb

gepreßt, in eine Schüssel gethan, mit dem aus 560 Gramm Zucker kalt aufgelösten Zucker-Syrup und ³/₁₀ Liter Wasser untermengt und sodann nochmals abgeseiht. Hierauf wird dieser Saft bis zu zweiundzwanzig Grad gewogen, der Saft einer Citrone dazu gepreßt, den vorhergehenden gleich gefroren und recht fein abgearbeitet.

2199. Heidelbeer-Gefrornes mit Bordeaux-Wein. Glace aux mirtilles au vin de Bordeaux.

Das Heidelbeer-Gefrorne wird dem vorhergehenden gleich bereitet, fest gefroren und fein abgearbeitet. Kurz vor dem Gebrauche wird eine halbe Bouteille Bordeaux-Wein darunter gearbeitet, in Gläser gefüllt und mit ganz dünn aufgerollten Hohlhippen zu Tisch gegeben.

2200. Weichsel-Gefrornes. Glace aux griottes.

1¹/₁₀ Liter ausgekernte, gute Weichseln werden mit dem vierten Theil ihrer Kerne gestoßen, in eine Schüssel gethan, mit 560 Gramm kalt aufgelöstem Zucker-Syrup und ³/₁₀ Liter Wasser untermengt und so eine Stunde stehen gelassen. Sodann wird dasselbe durch ein feines Haarsieb gepreßt, bis zu zweiundzwanzig Grad gewogen, sehr fest gefroren und fein abgearbeitet.

2201. Weichsel-Gefrornes mit Bordeaux-Wein. Glace aux griottes au vin de Bordeaux.

Es wird ganz dem vorhergehenden gleich bereitet, nur vor dem Gebrauche mit einer halben Bouteille Bordeaux-Wein untermengt, in Gläsern servirt und Hohlhippen extra beigegeben.

2202. Johannisbeer-Gefrornes. Glace aux grosseilles.

1⁶/₁₀ Liter frischgepflückte weiße oder rothe Johannisbeeren werden von den Stielen befreit, zerdrückt und der Saft in eine Schüssel passirt. Sodann gibt man den von 560 Gramm Zucker kalt aufgelösten Zucker-Syrup und ⁵/₁₀ Liter Wasser dazu und färbt die rothen Johannisbeeren noch mit etwas Cochenille blaßroth. Das Gefrorene wird bis zu zwanzig Grad gewogen, geseiht, sehr fest gefroren und fein und zart abgearbeitet.

2203. Aepfel-Gefrornes. Glace aux pommes.

Hierzu wählt man, wenn es die Umstände erlauben, stets Calville-Aepfel. Ungefähr zwölf Stück werden rein geschält und mit 280 Gramm grobem, gestoßenen Zucker sehr fein gerieben, sodann in eine Schüssel gethan, mit ⁵/₁₀ Liter Wasser, dem von 420 Gramm Zucker kalt aufgelösten Zucker-Syrup, nebst dem Safte von zwei Citronen untermengt und so eine Stunde stehen gelassen. Sodann wird der Aepfelsaft genau geseiht, bis zu zweiundzwanzig Grad gewogen, fest gefroren, gut abgearbeitet und erhaben in Gefrornen-Tassen aufdressirt zu Tisch gegeben.

2204. Birn-Gefrornes. Glace aux poires.

Zwölf bis fünfzehn gute Bergamott=, Citronen= oder Muskateller= Birnen werden rein geschält, mit 280 Gramm Grobzucker und dem Safte einer Citrone fein gerieben, sodann in eine Schüssel gethan, mit $^5/_{10}$ Liter frischem Wasser, dem Safte einer Citrone, und mit dem aus 280 Gramm kalt aufgelösten dicken Zucker=Syrup gut untermengt, und sodann nach einer halben Stunde nochmals rein geseiht. Es wird sodann bis zu zweiundzwanzig Grad gewogen, sehr fest gefroren und recht fein abge= arbeitet.

2205. Vanillesaft-Gefrornes auf Wiener Art. Glace de vanille à la Viennaise.

Zwei Stangen von der besten Vanille werden aufgeschlitzt, in kleine Stückchen geschnitten, in eine kleine Terrine gethan, etwas warmer ge= läuterter Zucker darüber gegossen und so gut zugedeckt über Nacht stehen gelassen. Des andern Tags werden noch $^5/_{10}$ Liter Wasser und der nöthige Zucker=Syrup dazu gegossen, mit Citronensaft angenehm gesäuert, mit etwas Cochenille rosa gefärbt, auf zweiundzwanzig Grad gewogen, fest gefroren und recht fein abgearbeitet.

2206. Gefrornes mit mehreren Früchten. Glace à la tutti frutti.

Hierzu wird ein Citronen=, Orangen= oder Ananas=Gefrornes, wie es bereits angegeben ist, bereitet; dasselbe wird fest gefroren und fein abgearbeitet. Unterdessen schneidet man in kleine Würfel acht Stück recht grün eingemachte Reineclauden, eben so viel eingemachte halbe Aprikosen, sechs Stück eingemachte Nüsse, 140 Gramm abgetrocknete Amarellen; dies alles wird langsam unter das Gefrorne gemengt und dieses erhaben in Gefrornen=Tassen aufdressirt. Dasselbe kann auch in Körbchen, aus frischen Orangen geschnitten, erhaben eingefüllt, mit einem grünen frischen Orangen=Blatt an der Seite besteckt und so die Körbchen über eine ge= brochene Serviette auf eine flache Schüssel gestellt, zur Tafel gegeben werden.

2207. Aprikosen-Gefrornes mit Muskat-Wein. Glace aux abricots au vin de Muscat.

Man bereitet auf die angegebene Weise ein recht feines, gutes Apri= kosen=Gefrornes, welches man, ehe man es servirt, mit $^3/_{10}$ Liter Muskat Lunel untermengt und in Gläsern servirt.

2208. Himbeer-Gefrornes mit Marasquino. Glace aux framboises au marasquin.

Unter ein recht gutes, fein abgearbeitetes, frisches Himbeer=Gefrornes arbeitet man eine Obertasse voll ächten Marasquino di Zara und servirt dasselbe in Gläsern.

2209. Orangen-Gefrornes mit Weichseln. Glace à l'orange aux cerises.

Man bereitet ein recht gutes Gefrornes von Orangen, füllt dasselbe in Crément=Gläser und garnirt oben herum ein Kränzchen von in Dunst eingemachten Belzweichseln.

2210. Himbeer-Gefrornes mit Ananas. Glace aux framboises à l'ananas.

Man bereitet ein gutes Himbeer=Gefrornes, wie es vorher genau angegeben ist. Dieses wird kurz vor dem Gebrauche in Bordeaux=Gläser gefüllt und darüber sehr dünn geschnittene und in Syrup einmal auf= gekochte Ananas=Scheibchen gelegt.

2211. Aepfel-Gefrornes mit Arac. Glace aux pommes à l'arac.

Das vorher beschriebene Aepfel=Gefrorne wird, nachdem es fein ab= gearbeitet ist, mit einem Gläschen Arac im Geschmack gehoben, mit etwas Eierschnee, welcher mit einigen Löffeln voll Syrup untermengt ist, genau verarbeitet, dann in passende Gläser gefüllt und mit in Dunst einge= machten halben Aprikosen belegt.

2212. Gefrorner Punsch. Ponche à la glace.

Man bereitet ein sehr gutes Orangen=Gefrornes, wie dieses im Laufe dieses Abschnittes genau angegeben ist. Dasselbe wird sehr fest gefroren, dann mit $3/10$ Liter Arac und eben so viel Champagner=Wein durchgearbeitet und dickfließend in Crément=Gläsern servirt.

2213. Gefrorner Punsch auf römische Art. Ponche à la Romaine.

Man bereitet, wie bei dem vorhergehenden, ein festes, sehr fein abge= arbeitetes Orangen=Gefrornes. Unterdessen wird das Weiße von sechs frischen Eiern zu einem festen Schnee geschlagen und dieser mit einer Obertasse voll Zucker=Syrup untermengt; dieser Eierschnee wird genau unter das Orangen=Gefrorne gearbeitet, dann werden $3/10$ Liter Arac, eben so viel Champagner und eine Obertasse voll Ananas=Syrup darunter gerührt und dieser kalte Punsch in Gläsern servirt.

2214. Granit von Orangen. Granit à l'orange.

Man bereitet für zwölf Couverts $2^2/10$ Liter Orangen=Gefrornes und wiegt dieses bis zu zweiundzwanzig Grad. Dasselbe wird eine halbe Stunde vor dem Gebrauche halbfest gefroren in Gläsern servirt.

Auf dieselbe Art werden alle Granit=Gefrornen von frischen Früchten bereitet.

2215. Sorbet von Ananas mit Champagner. Sorbet d'ananas au vin de Champagne.

Man bereitet $1^6/10$ Liter Ananas=Gefrornes. Dasselbe wird auf die bekannte Weise fest gefroren und kurz vor dem Serviren mit einer halben Flasche gutem Champagner untermengt und ebenfalls in Gläsern servirt.

Auf dieselbe Weise erscheinen diese Gefrornen als:

2216. Sorbet von Weichseln mit Bordeaux. Sorbet aux cerises au vin de Bordeaux.

2217. Sorbet von Johannisbeeren mit Hochheimer. Sorbet aux grosseilles au vin de Hochheim.

2218. Sorbet von Himbeeren mit Burgunder. Sorbet aux framboises au vin de Bourgogne.

2219. Sorbet von Erdbeeren mit Steinwein. Sorbet aux fraises au vin de Stein.

Diese Arten Gefrornes werden bei größeren Tafeln in der Regel vor dem Braten in Gläsern servirt.

---

79. Abschnitt. 3. Abtheilung.

Von den eingeschlagenen Gefrornen. Des glaces moulées.

Alle vorhergehenden Gefrornen, ausgenommen jene, welche in Gläsern servirt werden, können in irgend einer beliebigen Form, welche genau schließt und in Stücke oder in zwei Theile auseinandergelegt werden kann, gefüllt werden. Doch ist zu bemerken, daß die Saft=Gefrornen nur bis zu zwanzig Grad wiegen, folglich weniger Zucker haben dürfen.

Die gewöhnlichen Formen bestehen in Blumen=, Frucht= und Obst= Gegenständen in natürlicher Größe, in Formen von Vögeln und andern Thieren, z. B. Löwen, Hirsche, Panther, Papageien, Schwanen, Täubchen u. dgl. Alle diese Formen werden genau nach der Natur modellirt, dann hiervon Abgüsse aus Zinn gemacht, welche sehr genau schließen müssen, damit auch nicht die geringste Nässe eindringen kann. Zu Gegen= ständen, welche Früchte vorstellen, wählt man jedesmal das zu der Frucht gehörige Obst, diese werden sehr fest gefroren, in die Formen genau ein= gedrückt, diese dann in naßgemachtes Papier eingewickelt und so zwischen gesalzenes Eis eingegraben, welches bei den kleinen Gegenständen eine und bei den größeren auch drei Stunden andauern muß. Nimmt man die Gefrornen aus den Formen, so wird das Papier abgenommen, die Form in kaltes Wasser getaucht, schnell geöffnet, der Gegenstand mit einer Gabel vorsichtig herausgenommen und in einem in's Eis gegrabenen Conservir=Schaff über Papier gelegt. Alle Gegenstände werden mit un= schädlicher, chemisch bereiteter Farbe ganz leicht bemalt. Von vorzüg= licher Schönheit sind die Fruchtkörbe, welche reichlich mit verschiedenen Früchten aus Gefrornem bereitet gefüllt sind, wie auch die Vasen mit den verschiedensten Blumen belegt. Die hier folgenden Zeichnungen dienen als Muster, wie sie ausgeführt werden sollen.

2220. Korb mit Früchten. Corbeille aux fruits.

Der Korb ist aus Gefrornem von Vanille bereitet, die Früchte, mit denen der Korb erhaben belegt ist, sind Formen aus Zinn, welche ebenfalls mit einem Charnier versehen sind, und sich von der einen Seite öffnen lassen. Sie bestehen aus Orangen, Citronen, Aprikosen, Pfirsichen, Feigen, Aepfeln, Birnen, Zwetschgen, Pflaumen und großen Kirschen. Jede Frucht wird mit dem ihr zusagenden sehr festen Gefrornen gefüllt, dann in naßgemachtes Papier eingewickelt und über ein Beet von gestoßenem Eise, gut mit Salz überstreut, gelegt, dann wird wieder handhoch gestoßenes Eis darüber geschüttet, gut gesalzen und so eine Stunde stehen gelassen. Unterdessen hat man einen kupfernen Kessel von 48 Centimeter Höhe in ein Schaffel mit Eis und Salz eingegraben. Der unterdeß fest gefrorne Korb von Vanille-Gefrornem wird in's kalte Wasser getaucht, schnell abgetrocknet, unten eine Gabel in das Gefrorne gesteckt, so herausgenommen und über eine gebrochene Serviette auf eine passende Platte gestellt. Dann werden die Früchte ebenfalls aus den Formen genommen, leicht nach der Natur gemalt und recht geschmackvoll über dem Korb aufgerichtet und dazwischen mit Orangenblättern besteckt. Hierauf wird das Gefrorne in das Conservirschaff gestellt, zugedeckt, gestoßenes Eis darüber gethan und bis zum Gebrauche stehen gelassen.

2221. Vase mit verschiedenen Blumen aus Gefrornem. Vase garnie de fleurs en glace.

Die nach umstehender Zeichnung mit Vanille- und Chokolade-Gefrornem marmorirt eingefüllte Vase wird genau zugemacht, in naßgemachtes Papier eingehüllt und drei Stunden in feingestoßenes, gut gesalzenes Eis gegraben. Die Blumen, bestehend aus Lilien, weißen und rothen Rosen,

Narzissen, Tulpen u. dgl. werden ebenfalls eingehäuft, eine Stunde in's Eis gegraben und das Gefrorne dem vorhergehenden gleich beendet.

2222. Täubchen über einem Neste von gesponnenem Zucker.
Pigeons sur un nid en sucre filée.

Hierzu gehören zwei Tauben=Formen, die etwa die Größe von Turtel= tauben haben und genau nach der Natur gegossen sind. Diese werden

mit Vanille-Gefrornem gefüllt und sodann zwei Stunden in's Eis ge=
graben. Ferner hat man zwölf Tauben=Eier=Formen; diese werden mit
Ananas=Gefrornem gefüllt und ebenfalls eingegraben. Unterdessen bereitet
man aus 560 Gramm zu Caramel gekochtem Raffinade=Zucker ein ge=
sponnenes Nest, welches etwas kleiner als die Schüssel ist, auf welcher
man das Gefrorne serviren soll. Dieses Nest wird über eine gebrochene
Serviette auf die Schüssel gestellt, die Eier aus den Formen genommen,
in das Nest gelegt und die beiden Täubchen, nachdem die Augen, der
Schnabel und die Füßchen roth bemalt sind, darüber gesetzt.

2223. Schwan von Vanille-Gefrornem. Cygne à la glace de vanille.

Die Form wird ganz der vorhergehenden gleich mit Vanille=Gefror=
nem gefüllt und drei Stunden in's Eis gegraben. Ferner werden zwölf
bis vierzehn kleine Schwanen=Förmchen ebenfalls mit Marasquino= oder
Citronen=Gefrornem gefüllt, welches bis zu sechzehn Grad gewogen ist
und ebenso eine Stunde in's gestoßene Eis gegraben.

Vor dem Gebrauche wird eine ovale, passende, flache Schüssel auf's
Eis gestellt, der große Schwan aus dem Eis genommen, in's kalte Wasser
getaucht, das Papier abgelöst, die Form behutsam, damit nichts an dem
Halse geschieht, geöffnet, der Schwan vorsichtig herausgenommen, in die
erkaltete Platte gestürzt, der Schnabel und die Augen leicht gemalt und
die kleinen Schwänchen herumgesetzt.

2224. Bachantin auf einem Sockel.

Die ganze Sockel=Form muß sich in vier Theile zerlegen lassen, mit

Charnieren und unten wie oben mit zwei flachen Deckeln, welche ganz genau schließen und sich abnehmen lassen, versehen sein. Ebenso verhält es sich mit der Figur, welche mit ihrem Untersatze, worauf sie ruht, aus einer Form, die sich wieder in mehrere Stücke zerlegen läßt, gemacht sein muß. Der Amor ist eine Form für sich allein. Der Fuß der vasenartigen Sockel=Form wird mit festem Chokolade=Gefrornen egal eingefüllt, die Vase oder der obere Theil des Sockels wird mit Vanille=Gefrornem gefüllt. Die beiden Figuren können mit recht blaßroth gehaltenem Johannisbeer=Gefrornen gefüllt werden, jene Stellen aber, worauf sie ruhen, sind Pistazien=Gefrornes. Das Einfüllen muß bei allen diesen Gefrornen drei Stunden vorher geschehen, wobei bemerkt werden muß, daß die Gefrornen nur zwischen achtzehn bis neunzehn Grad wiegen dürfen und sehr fest gefroren sein müssen. Die eingefüllten Formen werden alsdann mit genäßtem Papier eingehüllt, dieses fest an die Formen angedrückt, damit kein Wasser eindringen kann und dann in fein gestoßenes gut gesalzenes Eis eingegraben und so zwei bis drei Stunden, je nach der Größe der Form, an einem kalten Orte stehen gelassen. Eine kleine halbe Stunde vor dem Serviren wird der Sockel aus dem Eise genommen, das Papier abgelöst, die Form schnell in's kalte Wasser getaucht, abgetrocknet, die Charniere aufgelöst, die Form über eine Krystall=Schüssel gestellt und die vier Formenstücke behutsam abgenommen. Die große Figur wird ebenso aus der Form genommen, darüber gesetzt und der kleine Amor nach obiger Zeichnung darüber gelegt. Die einzelnen Blümchen, ein kleines Bäumchen, wie es die Zeichnung darstellt, sind natürliche, frische Blümchen, welche dem Ganzen ein ungemein schönes Ansehen geben. Die Gesichtchen sind leicht gemalt, wie auch das Gewand der großen Figur mit Cochenille-Farbe etwas dunkler bestrichen. Ist das Ganze auf die geschickteste Weise aufgesetzt, so wird die Krystall-Schale auf eine passende silberne Schüssel gestellt und sogleich präsentirt. Beim Einfüllen der Formen muß ich noch bemerken, daß in den freistehenden Aermchen dünne Drähte nach der Form mit eingelegt und an den Körpern eingesteckt werden müssen, welche zuvor, ehe die Form gefüllt wird, in Ordnung sein müssen; ebenso verhält es sich mit dem Fuße an dem Sockel, in welchem ein Draht mit vier 6 Centimeter langen Zacken, welche nach auswärts gebogen sein müssen, eingesteckt werden muß, welcher dem Ganzen mehr Halt gibt. Alle diese aufgesetzten Gefrornen, wenn sie mit der ihnen eigenen Eleganz ausgeführt werden sollen, erfordern viel Geschicklichkeit und lange Uebung in der Bereitung der Gefrornen selbst. Dieses Gefrorne kann auch ohne Sockel in eine Krystall-Schale gesetzt werden.

2225. Gefrornes von Chokolade. Glace au chocolat à l'Orléans.

Hiezu gehört eine Kugelform, welche unten mit einem gutschließenden Deckel von Zinn versehen ist und ungefähr 1 6/10 Liter hält. Diese Form wird fingerdick mit festgefrornem Chokolade-Gefrornen mittelst eines silbernen Löffels ausgedrückt, dann in der Mitte mit einem Vanille-Gefrornen, abwechselnd mit ganz kleinen Vanille-Meringues bestreut, gefüllt, darüber ein genäßtes Papier gelegt, der Deckel fest darauf gethan und gegen zwei Stunden in's Eis gegraben. Unterdessen löst man 210 Gramm gute, feine Chokolade mit etwas Wasser auf und kocht hiervon mit noch 105 Gramm fein gestoßenem Zucker und etwas Wasser einen dickfließenden, guten Chokolade-Guß, welchen man kalt stellt. Beim Anrichten wird die Form aus dem Eise genommen, in's kalte Wasser getaucht, der Deckel abgenommen, unten eine Gabel eingesteckt, das Gefrorne heraus gehoben, in eine Porzellan-Schüssel gesetzt und die Chokolade-Sauce oben darüber gegossen. Dieselbe muß so dick gehalten sein, daß sie ganz langsam läuft und die Kugel gleichsam schwarz überzieht oder maskirt.

2226. Gefrornes in Backstein-Formen.

Hierzu hat man von weißem Blech backsteinartige Formen, welche unten und oben Deckel zum Abnehmen haben. Man stellt nämlich die Form, auf einer Seite geöffnet, über den Tisch und füllt sie mit verschiedenen Gefrornen marmorartig, nämlich Vanille mit Erdbeer, Kaffee mit Chokolade, Ananas mit Himbeer, Aprikosen mit rothen Johannisbeeren u. dgl., streicht sodann das Gefrorene recht glatt, legt ein Papier darüber und gibt den Deckel, genau schließend, darüber; dann wird sie mit Bindfaden

umbunden und zwei bis drei Stunden in's Eis gegraben. Beim Ge=
brauche wird die Form aus dem Eise genommen, in's kalte Wasser ge=
taucht, abgetrocknet, die Form aufrechtstehend gestellt, beide Deckel abge=
nommen und dann über einem Bogen Papier auf ein sehr kaltes Blech
gestürzt. Es wird sodann in fingerdicke Stücke geschnitten, diese über
eine Serviette schön angerichtet und sogleich servirt.

80. Abschnitt.

Von den Compoten. Des compotes.

2227. Compote von Erdbeeren. Compote de fraises.

2²/₁₀ Liter frisch gepflückte Walderdbeeren werden über ein Tuch
gelegt, auseinander gethan und rein durchsucht. Unterdessen läßt man
350 Gramm Zucker mit einer halben Obertasse voll Wasser aufkochen,
sodann werden, wenn derselbe kalt geworden ist, die Erdbeeren dazu
gethan, leicht geschwungen und zugedeckt bei Seite gestellt. Sie werden
in eine Compoteschale erhaben angerichtet und der Saft darüber gegossen.

2228. Compote von Himbeeren.   Compote de framboises.

2²/10 Liter frisch gepflückte Himbeeren werden rein durchsucht, sodann in's kalte Wasser geworfen und einige Minuten stehen gelassen. Hierauf werden sie abgeseiht und über ein reines Tuch zum Abtropfen gelegt. Unterdessen läßt man 350 Gramm Zucker mit ³/10 Liter Wasser aufkochen, schäumt denselben rein ab, gibt die Himbeeren dazu und läßt es zusammen einmal über dem hellbrennenden Windofen aufkochen; sodann werden sie vom Feuer genommen, in eine irdene Schüssel geleert und ein Bogen Löschpapier darüber gelegt. Beim Anrichten wird das Papier abgenommen, die Himbeeren erhaben angerichtet und mit ihrem Syrup übergossen.

2229. Johannisbeer-Compote.   Compote de grosseilles.

2²/10 Liter rein abgepflückte reife Johannisbeeren werden mit kaltem Wasser übergossen und sodann zum Abtropfen über ein Haarsieb geschüttet. Sodann werden sie in eine Casserolle gethan, mit 350 Gramm gestoßenem Zucker bestreut, eine Obertasse voll kaltes Wasser darüber gegossen und so über dem Windofen eine Minute gekocht. Sie werden dann vom Feuer gethan, der aufgestiegene Schaum wird rein abgenommen und so erhaben mit ihrem Safte in eine Compotière angerichtet.

2230. Heidelbeer-Compote.   Compote de mirtilles,

2²/10 Liter rein abgepflückte und durchsuchte Heidelbeeren werden mehrmals rein gewaschen und zum Abtropfen über ein Sieb geschüttet. Unterdessen läßt man 280 Gramm Zucker mit ³/10 Liter kaltem Wasser aufkochen, schüttet die Heidelbeeren hinein, gibt etwas ganzen Zimmt und Citronenschale zusammengebunden dazu und läßt sie so eine Viertelstunde über Kohlenfeuer halb zugedeckt kochen. Nach dem Erkalten werden sie sammt ihrem Safte in eine Compotière erhaben angerichtet und mit aus weißem Mundbrode messerrückendick geschnittenen und mit Zucker im Ofen glasirten Brodherzchen bekränzt zu Tisch gegeben.

2231. Compote von Brombeeren.   Compote de ronces.

Diese werden den Heidelbeeren gleich zubereitet.

2232. Aprikosen-Compote.   Compote d'abricots.

Vierundzwanzig Stück schöne nicht zu reife Aprikosen werden halbirt, die Kerne herausgenommen, nebeneinander in einen plat à sauter gelegt, mit 350 Gramm gestoßenem Zucker überstreut, mit einer Obertasse voll frischem Wasser übergossen und zugedeckt in einen ziemlich heißen Ofen gestellt. Wenn sie weich geworden sind, werden sie zum Auskühlen, mit einem Bogen Löschpapier überdeckt, bei Seite gestellt. Sie werden sodann mit einer Gabel aus ihrem Safte genommen, in eine Compoteschale erhaben angerichtet und mit ihrem durchgeseihten Syrup übergossen.

2233. Pfirsich-Compote.   Compote de pêches.

Achtzehn Stück schöne reife Pfirsiche werden halbirt, die Kerne her=
ausgenommen und eine Minute in siedendheißes Wasser gethan; sodann
wird jede einzeln mit dem Schaumlöffel ausgehoben, die äußere dicke Haut
abgezogen und auf ein Tuch gelegt. Wenn nun alle so abgezogen sind,
werden sie in einen passenden plat à sauter gelegt, mit 280 Gramm
gestoßenem Zucker überstreut, mit etwas Wasser begossen und so den
Aprikosen gleich zugedeckt und bis zum völligen Weichsein in den Back=
ofen gestellt. Sie werden wie die Aprikosen angerichtet.

2234. Compote von frischen Kirschen.   Compote de cerises.

1 Kilo 120 Gramm frisch gepflückte Kirschen werden von den Stielen
befreit, rein gewaschen, in eine Casserolle gethan, mit einem Stückchen
Zimmt und Citronenschale zusammengebunden, gewürzt, mit 280 Gramm
Zucker belegt, mit $^3/_{10}$ Liter kaltem Wasser begossen und eine halbe
Stunde auf Kohlenfeuer zugedeckt gekocht. Sie werden kalt in eine
Compotière angerichtet und mit ihrem Syrup übergossen.

2235. Kirschen-Compote auf Flamänder Art.   Compote de cerises à la Flamande.

1$^6/_{10}$ Liter ausgekernte gute Kirschen werden mit 280 Gramm
Zucker, einer halben Bouteille Burgunder=Wein, etwas Zimmt und Orangen=
schale auf Kohlenfeuer eine halbe Stunde gekocht, erhaben angerichtet
und mit Brodherzchen, wie beim Heidelbeer=Compote, bekränzt; sodann
wird die Schale über Salz auf ein Tortenblech gestellt und in einem
abgekühlten Ofen eine halbe Stunde langsam gratinirt, wobei man die
Brodherzchen öfters mit dem Kirschensafte begießen muß. Dieses Com=
pote wird warm zu Tisch gegeben.

2236. Mirabellen-Compote.   Compote de mirabelles.

Aus einigen Hundert völlig reifen Mirabellen werden die Steine ge=
löst, in einen plat à sauter eine neben die andere geordnet, mit einer
Obertasse voll Wasser begossen und mit 350 Gramm gestoßenem Zucker
überstreut. Sie werden sodann zugedeckt und in einem mäßig heißen
Ofen eine halbe Stunde gedünstet. Wenn sie nun kalt geworden sind,
werden sie zierlich in eine Compote=Schale erhaben angerichtet und mit
ihrem Safte übergossen.

2237. Zwetschgen-Compote.   Compote de prunes.

Hundert Stück völlig reife Zwetschgen werden halbirt, die Steine
herausgenommen und wie die Mirabellen in einen plat à sauter eine
neben die andere aufgestellt, mit 280 Gramm gestoßenem Zucker

bestreut, mit einer Obertasse voll kaltem Wasser genäßt und wie die Mira=
bellen im Ofen gedünstet und ebenso angerichtet.

2238. Zwetschgen-Compote auf eine andere Art. Compote de prunes.

Die gleiche Zahl völlig reife, gute Zwetschgen werden wie die Pfir=
siche in siedendheißes Wasser gelegt; nach einer Minute wird die Haut
aufspringen, sodann werden sie mit dem Schaumlöffel ausgehoben, rein
abgeschält und nochmals in's kalte Wasser gelegt. Wenn nun alle so
beendet sind, werden sie auf ein Tuch gelegt, eine neben die andere in
einen plat à sauter eingelegt, mit 280 Gramm gestoßenem Zucker bestreut,
mit einer Obertasse voll Wasser begossen und so den vorhergehenden gleich
zugedeckt im Ofen weich gedünstet. Das Anrichten haben sie mit den
andern Compotes gleich.

2239. Aepfel-Compote. Compote de pommes au naturel.

Zwölf Stück schöne Borsdorfer Aepfel werden halbirt, schön glatt
abgeschält, mit Citronensaft eingerieben und in 1$\frac{1}{10}$ Liter kaltes Wasser
gelegt. Sodann gibt man 280 Gramm Zucker und den Saft einer Citrone
dazu und kocht die Aepfel auf Kohlenfeuer langsam weich. Wenn diese
nun in ihrem Syrup kalt geworden sind, werden sie in einer Compote=
Schale erhaben angerichtet, der Saft über dem Windofen bis auf $\frac{3}{10}$ Liter
eingekocht und darüber geseiht.

Dieses Aepfel=Compote kann auch mit eingemachten Früchten, wie
z. B. mit Amarellen, Weichseln, halbirten, recht grünen Reineclauden,
halbirten Aprikosen u. dgl. auf das Geschmackvollste garnirt werden.

2240. Aepfel-Compote mit Gelée. Compote de pommes à la gelée.

Zwölf bis vierzehn Stück große Borsdorfer Aepfel werden mit einem
runden Ausstecher in der Größe eines Zehnpfennigstückes durchstochen, so=
dann recht fein und glatt abgeschält (gedreht), mit Citronensaft abge=
rieben und in einen dünnen kalten Zucker=Syrup, mit etwas Citronensaft
untermengt, gelegt. Wenn nun die Aepfel alle rein geschält und neben
einander in den Syrup eingelegt sind, werden dieselben auf schwachem
Feuer, ohne sie zuzudecken, langsam weich gekocht, wo man sie einigemal
behutsam umdrehen muß. Sind sie nun ganz weich, jedoch aber in ihrer
Form ganz geblieben, so werden sie zurückgestellt und zugedeckt. Ferner
werden noch andere zwölf Borsdorfer= oder Calville=Aepfel ohne sie zu
schälen, jeder in acht Theile geschnitten, in eine Casserolle gethan, mit
$\frac{5}{10}$ Liter frischem Wasser übergossen und über dem Windofen weich ge=
kocht; ist dies erreicht, so werden die Aepfel abgeseiht und das Wasser
durch eine feine Serviette geseiht. Die unterdeß kalt gewordenen Aepfel
werden nun auf ein Haarsieb gelegt und mit einem in Syrup eingetauchten
Bogen weißem Papier gedeckt; der zurückgebliebene Syrup wird alsdann

ebenso durch die Serviette zu dem Aepfelwasser geseiht und sodann mit
420 Gramm Zucker in einem kupfernen Zucker=Kesselchen über den hell=
brennenden Windofen gestellt und schnell bis zur Perle unter öfterm Ab=
schäumen eingekocht, hierauf vom Feuer genommen und kalt gestellt. Der
mittlere Raum der Aepfel wird nun mit abgetropften eingemachten Weichseln
gefüllt, diese sodann in einer Compotière von Krystall in schöner Ordnung
erhaben angerichtet und mit dem noch fließenden Aepfel=Gelée maskirt.
Zur größern Zierde können diese Aepfel noch mit grünen, in kleine
Blättchen geschnittenen eingemachten Bohnen, nebst zierlich geschnittenen
eingemachten schwarzen Nüssen geschmackvoll garnirt werden.

2241. Birn-Compote.   Compote de poires.

Hierzu wählt man in der Regel die beste Gattung schöner großer
Birnen; sie werden rein abgeschält, der Stiel bis zur Hälfte abgestutzt
und unten mit einem Aepfelbohrer die Kerne ausgebohrt. Sie werden
sodann in eine Casserolle gethan, 280 Gramm Zucker dazu gethan, mit
Wasser übergossen, mit etwas Zimmt oder Citronenschale zusammenge=
bunden, belegt, und so weich gekocht. Nach dem Erkalten werden sie auf=
rechtstehend in eine Compotière angerichtet, der Syrup, im Falle er noch
zu dünn sein sollte, schnell eingekocht und sodann über die Birnen geseiht.

2242. Gebratene Aepfel.   Compote de pommes glacées.

Zwölf bis sechzehn schöne große Borsdorfer=, Calville= oder Reinette=
Aepfel werden mit einem Aepfelbohrer ausgebohrt und, ohne sie zu schälen,
rein gewaschen; der innere Raum wird mit fein gestoßenem Candiszucker
angefüllt, sodann werden sie, einer neben den andern in eine flache Casse=

rolle gestellt, mit noch 140 Gramm weißem, feingestoßenen Candis be=
streut, mit 70 Gramm zerlassener sehr frischer Schalenbutter übergossen,
mit einem Eßlöffel voll fein en filets geschnittener Orangen=Schale be=
streut, mit ³/₁₀ Liter frischem Wasser genäßt und so halb zugedeckt auf
Kohlenfeuer, jedoch daß die Aepfel schön ganz bleiben und bis sie auf
der untern Seite eine schöne lichtbraune Farbe angenommen haben, weich
gedünstet, welches mit einiger Vorsicht geschehen muß. Ist dies er=
reicht, so gießt man eine halbe Obertasse voll heißes, sehr reines Wasser
darüber und stellt sie, bis sich der Zucker wieder aufgelöst hat, warm.
Sie werden dann, die untere Seite nach oben, in eine Compoteschale an=
gerichtet, mit dem Syrup übergossen und so lauwarm zu Tisch gegeben.

2243. Gebratene Aepfel auf eine andere Art. Pommes au four.

Aus zwölf bis sechzehn Stück großen Borsdorfer Aepfeln werden
die Kerne ausgebohrt, rein geschält und in der Mitte mit Aprikosen=
Marmelade gefüllt; sodann werden sie in eine Compote=Schale, die mit
Butter ausgestrichen ist, gesetzt, stark mit Zucker und etwas Zimmt be=
stäubt und mit einem Glas weißen Wein begossen. Die Schale wird
sodann über Salz auf ein Blech gestellt und die Aepfel im Ofen, bis
sie weich aber ganz geblieben sind, langsam bei öfterm Uebergießen ge=
braten, hierauf lauwarm zu Tisch gegeben.

2244. Aepfel-Compote mit Weichselsaft. Compote de pommes au syrup de griottes.

Zwölf Stück große Borsdorfer Aepfel werden in fingerdicke Scheiben
geschnitten, sodann in der Mitte die Kerne ausgestochen und rein geschält.
Hierauf werden sie in einen plat à sauter gethan, mit ³/₁₀ Liter Weichsel=
saft und einem Glas Burgunder=Wein begossen, mit einem Stückchen
Zimmt und etwas Orangenschale gewürzt und so langsam über Kohlen=
feuer, jedoch daß sie schön ganz bleiben, weich gedünstet. Sie werden,
wenn sie halb ausgekühlt sind, au miraton in eine Compote=Schale an=
gerichtet, der Saft, im Falle er zu dünn sein sollte, noch etwas eingekocht
und dann über die Aepfel gegossen.

2245. Aepfel-Marmelade. Marmelade de pommes.

Zwanzig bis vierundzwanzig Borsdorfer Aepfel werden, jeder in
acht Theile geschnitten, in eine Casserolle gethan, mit einer Obertasse voll
Wasser begossen und so zugedeckt auf Kohlenfeuer weich gedünstet. So=
dann werden sie über ein feines Haarsieb geschüttet und durchpassirt.
Diese Aepfel=Marmelade wird sodann wieder in eine Casserolle gethan,
das auf Zucker abgeriebene Gelbe einer Citrone dazu geschabt und nebst
280 Gramm gestoßenem Zucker unter beständigem Rühren nochmals auf=
gekocht. Hierauf wird diese Marmelade in eine Compote=Schale gethan,

mit dem Messer eben gestrichen, stark mit Zucker gestäubt und mit einem glühenden Kolben aufgebrannt.

2246. Portugieser Aepfel-Compote. Compote de pommes à la Portugaise.

Aus zwölf Stück großen Borsdorfer Aepfeln werden die Kerne ausgebohrt, die Aepfel rein geschält, auf eine flache Schüssel gestellt und in der Mitte mit vorher gekochten Malaga=Trauben=Rosinen gefüllt. Sodann bereitet man eine Aepfel=Marmelade, wie sie oben angegeben ist; unter diese werden nun 140 Gramm gestoßene und gesiebte süße Makaronen gerührt und die Hälfte davon fingerdick in eine Compote=Schale gestrichen. Darüber werden nun die Aepfel aufgestellt, gut mit Zucker bestäubt und sodann mit dem Rest der Marmelade überstrichen, so zwar, daß die Aepfel ganz eingehüllt sind. Oben darauf werden sodann wieder gestoßene Makaronen gestreut, mit Zucker bestäubt, etwas zerlassene frische Butter darüber geträufelt und so die Schale über Salz auf ein Tortenblech in einen mäßig heißen Ofen gestellt und die Aepfel langsam in der Art weich gebraten, daß sie oben eine schöne lichtbraune Kruste haben. Sie werden lauwarm zu Tisch gegeben.

2247. Kastanien-Compote. Compote de marrons.

Vierzig bis fünfzig ganz schöne große Kastanien werden geschält, in's kochendheiße Wasser geworfen, nach einigen Minuten mit dem Schaumlöffel ausgehoben, mit einem Tuch auch die zweite Haut abgestreift und dann wieder in's kalte Wasser gelegt. Sodann läßt man 280 Gramm Zucker mit einer in kleine Stückchen geschnittenen Stange Vanille nebst $^3/_{10}$ Liter Wasser aufkochen; die Kastanien werden auf ein Tuch gelegt, eine neben der andern in einem plat à sauter geordnet, der Syrup darübergeseiht, zugedeckt und so im Back= oder Bratofen langsam weich gedünstet. Hierauf werden sie zurückgestellt, wenn sie kalt sind, schön in eine Compotschale erhaben gelegt und der Syrup darüber geseiht.

2248. Orangen-Compote. Compote à l'orange.

Acht Stück schöne Orangen werden rein abgeschält, in federkieldicke Scheiben geschnitten, die Kerne ausgemacht, und in eine Compote=Schale erhaben zierlich angerichtet. Sodann läßt man 350 Gramm Zucker mit etwas fein abgeschälter Orangenschale und einer Obertasse voll Wasser aufkochen, nimmt den wenigen Schaum rein ab und gießt diesen halb ausgekühlten Syrup durch ein feines Siebchen über die Orangenscheiben.

2249. Orangen-Compote auf Maltheser-Art. Compote d'oranges à la Malte.

Von acht Stück gleich großen, schönen Orangen wird jedesmal ein Deckel eingeschnitten, die Orangen mit Vorsicht ausgehöhlt, die Schalen selbst fein ausgezackt und der Saft von dem Herausgenommenen leicht ausgepreßt.

Ferner wird von acht anderen Orangen die Schale abgezogen, das feine, weiße Häutchen sorgsam abgelöst, die Kerne herausgenommen und die Orangen selbst in kleine Stücke verschnitten; diese werden in eine Schale gethan und eben so viel geschnittene eingemachte Ananasscheiben mit eben so viel gut abgetropften, eingemachten Amarellen untermengt. Der Saft der Orangen wird mit 280 Gramm feingestoßenem Zucker untermengt, über das Ganze gegossen, zugedeckt und in's Eis gestellt. Kurz vor dem Anrichten werden die Orangen gefüllt, die Deckel darüber gelegt und, wie es die Zeichnung gibt, in eine Krystallschale geordnet und dazwischen mit frischen Orangenblättern geschmackvoll garnirt.

81. Abschnitt. 1. Abtheilung.

Von den warmen Getränken.   Des boissons chaudes.

2250. Warmer Punsch.   Ponche chaud.

Es wird das Gelbe von zwei schönen Orangen mit einem scharfen Messerchen in der Art sorgfältig abgelöst, daß auch nicht das Mindeste von der innern weißen Schale daran zu bemerken ist. Dasselbe wird in eine Terrine gethan, mit $3/10$ Liter kochendheißem Syrup übergossen und zugedeckt bei Seite gestellt. Ferner läßt man 840 Gramm Zucker mit $2^7/10$ Liter Wasser aufsieden, schäumt den Syrup rein ab, preßt sodann den Saft von sechs bis acht Orangen und jenen von vier Citronen dazu, gießt dann eine Bouteille echten Rum de Jamaica oder eine Bouteille guten Arac dazu, wie auch den Orangen-Syrup und eine Obertasse voll angebrühtes Thee-Wasser. Dieses alles zusammen wird gut mit einem reinen Löffel über Kohlenfeuer heiß gerührt, durch eine reine, gut ausgewässerte feine Serviette in die Punsch-Bowle geseiht und dann servirt.

2251. Burgunder-Punsch.   Ponche au vin de Bourgogne.

Von zwei Orangen wird das Gelbe dem vorhergehenden gleich abgeschnitten, in ein Terrinchen gethan und mit $3/10$ Liter heißem Syrup übergossen, zugedeckt bei Seite gestellt. Sodann werden 840 Gramm Zucker mit $^8/_{10}$ Liter Wasser geklärt; dann wird eine reine, gut ausgewässerte Serviette über eine Casserolle gethan, der Syrup hineingegossen und dieser nebst dem Safte von sechs Orangen und dem Orangen-Syrup durchgeseiht. Hierauf gießt man zwei Bouteillen Burgunder und eine halbe Bouteille guten Arac dazu und macht diesen Punsch gut warm; derselbe wird in eine Bowle gegossen und sogleich servirt.

2252. Englischer Punsch. Ponche à l'Anglaise.

1 Kilo 120 Gramm Zucker werden mit $1^1/_{10}$ Liter Wasser, dem sehr fein abgeschnittenen Gelben von zwei Citronen und jenem von zwei Orangen zu einem Syrup gekocht und dann mit einer Bouteille Rum, einer Bouteille Rheinwein und einer Bouteille Burgunder untermengt, dann der Saft von vier Citronen und vier Orangen dazu gepreßt und gut zugedeckt eine Stunde auf heiße Asche zum Ziehen gestellt. Sodann wird derselbe in eine Terrine geseiht und heiß servirt.

2253. Champagner-Punsch. Ponche au vin de Champagne.

840 Gramm Zucker läßt man mit $1^1/_{10}$ Liter Wasser aufsieden, gibt dann den Saft von fünf Citronen dazu, gießt eine halbe Bouteille Arac und eine Bouteille Champagner dazu, macht es zusammen heiß, gießt den Punsch durch eine reine Serviette in eine Bowle und servirt ihn sogleich.

2254. Glühwein. Vin brulé.

Man läßt zwei Bouteillen Burgunder mit 560 Gramm Zucker, dem sehr fein abgeschnittenen Gelben einer Orange und Citrone, einem Stückchen Zimmt und acht Nelken auf dem Feuer heiß werden, gießt den Glühwein sodann durch ein feines Haarsiebchen und servirt ihn gut warm.

2255. Bischof. Bischof.

Unter den vorhergehenden Glühwein gießt man noch einen Eßlöffel voll bittere Orangen-Essenz.

2256. Bischof auf russische Art. Bischof à la Russe.

Die Schale von vier bitteren Orangen wird sehr fein abgeschält, in einer Terrine mit 3 Bouteillen Muskat Lunel übergossen, gut zugedeckt und eine Stunde stehen gelassen. Sodann wird der Bischof geseiht, wieder in Bouteillen gefüllt, in's Eis gegraben und kalt servirt.

2257. Weinschaum. Chaudeau.

Derselbe wird von gutem Rhein-, Champagner-, Burgunder- oder Malaga-Wein bereitet. Es werden nämlich sechs ganze Eier und zehn Eidotter in ein kleines Kesselchen geschlagen, dann wird das feinabgeschnittene Gelbe einer Orange, ein Stückchen Zimmt, wie auch 420 Gramm gestoßener Zucker darunter gerührt, mit einer Bouteille von oben gesagten Weinen genäßt, über Kohlenfeuer langsam bis zum Siedegrad schaumig abgeschlagen, durch ein Siebchen in eine andere Casserolle geschlagen und dann noch etwas von demselben Wein nachgegossen, damit daraus eine mehr dünnflüssige Substanz entsteht.

2258. Negus (Nigus). Négus.

Dieser wird ganz dem vorhergehenden Chaudeau gleich bereitet, nur daß hierzu Bordeaux=Wein genommen wird.

2259. Savoyon. Savoyon.

Dieser wird nur allein von altem, guten Malaga=Wein, aber nicht zu süß und etwas dünnflüssig, wie der Chaudeau bereitet.

2260. Grog. Grog.

$1^1/_{10}$ Liter kochendes Wasser, zwei Drittheile einer Bouteille Arac und 420 Gramm Zucker läßt man zusammen heiß werden; wenn er zu stark ist, wird noch etwas Wasser nachgegossen.

2261. Warme Limonade. Limonade chaude.

In $^3/_{10}$ Liter heißes Wasser drückt man den Saft von zwei bis drei Citronen und 280 Gramm Zucker und gießt dieses durch ein reines Tuch.

2262. Polnischer Thee. Thé à la Polonaise.

Auf $1^1/_{10}$ Liter gutes Weißbier nimmt man $^3/_{10}$ Liter weißen Wein, 280 Gramm Zucker, etwas ganzen Zimmt und Citronenschale, eine halbe Obertasse voll Marasquino und sechs Eidotter. Wenn das Bier mit dem Zimmt, der Citronenschale und dem Zucker aufgekocht hat, gießt man den Rheinwein dazu und legirt es mit den Eidottern, welche mit etwas Rahm verrührt wurden, dann preßt man den Saft einer Citrone dazu und zuletzt den Marasquino, welches zusammen über Kohlenfeuer noch etwas schaumig geschlagen wird. Dieses Getränk wird in Tassen servirt.

81. Abschnitt. 2. Abtheilung.

Von den kalten Getränken. Des boissons froides.

2263. Königs-Punsch. Ponche royal.

Hierzu nimmt man eine Bouteille Bordeaux-Lafitte, eine Bouteille Johannisberger, eine Bouteille Champagner, eine halbe Bouteille Arac, ein halbes Flacon Marasquino di Zara, 1 Kilo 680 Gramm Zucker, vier Orangen, vier Citronen, eine reife Ananas und verfährt damit wie folgt: die Schale der Ananas reibt man auf dem Zucker ab, preßt dann sowohl ihren Saft, als den der Citronen und Orangen aus, schlägt den Zucker in Stücke, legt denselben in eine Terrine, übergießt ihn mit $^3/_{10}$ Liter Wasser und gießt, sobald er geschmolzen ist, die übrigen Sachen dazu. Diesen Punsch füllt man sodann in Bouteillen und stellt dieselben in klein geschlagenes Eis, damit er recht kalt servirt werden kann.

2264. Eier-Punsch. Ponche aux oeufs.

Eine halbe Bouteille Rheinwein, eine halbe Bouteille Arac, 840 Gramm Zucker, der Saft von zwei Orangen und jener von zwei Citronen, das fein abgeschnittene Gelbe einer Orange, achtzehn Eier und $^5/_{10}$ Liter Wasser, sechs ganze Eier und von zwölf Eiern das Gelbe wird in ein tiefes Kesselchen gethan und mit dem gestoßenen Zucker zusammen wohl verrührt, alsdann mit dem Wein und dem Wasser genau verbunden und sodann mit der Schlagruthe auf Kohlenfeuer, bis zum Aufstoßen oder Siedegrad abgeschlagen, dann gießt man den Saft der Orangen und Citronen dazu und zuletzt den Arac, mit welchem man das Ganze noch einige Minuten abschlägt; dieser Punsch wird dann durch ein Haarsieb geseiht, wieder heiß geschlagen und kalt servirt.

2265. Cardinal. Cardinal.

Zwei Bouteillen guter Rheinwein, 560 Gramm Zucker, fünf Orangen und eine Bouteille Champagner. Von zwei Orangen wird das Gelbe fein abgeschnitten, in eine Terrine mit in Stückchen geschlagenem Zucker gethan, der Rheinwein darüber gegossen und so in's Eis gegraben. Kurz vor dem Gebrauche wird der Cardinal durch eine Serviette geseiht, der recht kalte Champagner dazu gegossen und servirt.

2266. Cardinal mit Ananas. Cardinal à l'ananas.

Unter den wie vorher bereiteten Cardinal wird noch $^1/_{10}$ Liter Ananas-Syrup gegossen und so dies Getränk bis zum köstlichsten im Geschmack gehoben.

2267. Sillebub. Sillebub.

Zwei Bouteillen Rheinwein werden mit $1\frac{1}{10}$ Liter unabgekochtem guten, süßen Rahm untermischt, mit 560 Gramm fein gestoßenem Zucker untermengt, etwas auf Zucker abgeriebenes Citronengelb dazu gethan und gut zugedeckt in's Eis gestellt; nach einer Stunde wird dieses Getränk mit der Schlagruthe schaumig geschlagen und in Gläsern servirt.

2268. Himbeer-Limonade. Limonade aux framboises.

In das nöthige Quantum frisches Brunnenwasser gießt man den nöthigen Himbeersaft, sowie den Saft von einigen Citronen und süßt diese Limonade nach Geschmack.

2269. Limonade von Orangen. Limonade aux oranges douces.

Zu $1\frac{1}{10}$ Liter frischem Wasser gibt man den Saft von drei Orangen, den nöthigen Zucker und etwas fein auf Zucker abgeriebene Orangenschale.

2270. Gewöhnliche Limonade. Limonade aux citrons.

In $1\frac{1}{10}$ Liter frisches Wasser gibt man den Saft von zwei bis drei Citronen und 210 Gramm Zucker.

2271. Kirsch-Limonade. Limonade aux cerises.

Unter $1\frac{1}{10}$ Liter frisches Wasser gießt man eine Obertasse voll Kirschensaft, den Saft von zwei Citronen und den noch nöthigen Zucker.

Auf gleiche Weise erhalten wir die

2272. Johannisbeer-Limonade. Limonade aux groseilles.

2273. Berberitzbeer-Limonade. Limonade aux épines-vinettes.

2274. Veilchen-Limonade. Limonade aux violettes.

Alle diese hier genannten Säfte findet man im Abschnitt von den eingesottenen Früchten.

2275. Mandelmilch. Lait d'amandes.

280 Gramm abgeschälte süße und 8 Gramm bittere Mandeln werden gebrüht, abgezogen, mehrmals gewaschen, dann mit etwas frischem Wasser feingerieben, in eine Schüssel gethan, mit $1\frac{4}{10}$ Liter Wasser übergossen und einige Zeit ruhig stehen gelassen. Hierauf werden die Mandeln durch ein reines Haartuch oder durch eine starke gut ausgewässerte Serviette gepreßt, die Mandeln nochmals mit etwas wenigem Wasser übergossen und dann nochmals ausgepreßt, so daß man gegen $1\frac{4}{10}$ Liter gute Mandelmilch erhält. Diese wird dann mit dem nöthigen feingestoßenen Zucker angenehm gesüßt, drei bis vier Eßlöffel voll Orangenblüthen=Wasser beigegeben und in weiße Flaschen gefüllt.

2276. Gerstenwasser. Tisane.

560 Gramm Gerste werden mit $2^{2}/_{10}$ Liter Wasser so lange gekocht, bis dieselbe leicht aufspringt, dann wird sie zurückgestellt und das Wasser durch ein Sieb geseiht. Nach einer halben Stunde ruhigen Stehens wird das Dicke der Gerste sich gesetzt haben, wo dann dasselbe nochmals klar durch eine Serviette geseiht und angenehm gesüßt wird. Nach Belieben kann auch etwas Wein mit Citronensaft beigegeben werden.

2277. Orgeade. Orgeat.

210 Gramm Mandeln werden mit Gerstenwasser gerieben, mit demselben verdünnt und ganz wie die Mandelmilch beendet.

2278. Brodwasser. Eau de pain noir.

Drei Scheiben gutes Hausbrod werden auf dem Roste oder in einer Röhre braun geröstet, dann in eine Terrine gethan und mit $1^{1}/_{10}$ Liter kochendem Wasser übergossen, zugedeckt und kalt werden gelassen. Hierauf wird das Wasser geseiht und entweder im natürlichen Zustande oder mit Zucker gesüßt getrunken.

2279. Aepfelwasser. Eau de pommes.

Zwölf Reinette- oder Borsdorfer-Aepfel werden rein gewaschen, jeder in acht Theile geschnitten, die Kerne herausgemacht und ohne sie zu schälen mit $1^{4}/_{10}$ bis $1^{6}/_{10}$ Liter Wasser eine Viertelstunde langsam gekocht; dann wird das Wasser durch ein reines Haartuch geseiht und angenehm gesüßt. Nach Wunsch kann auch etwas Zimmt und Citronenschale mitgekocht werden.

---

82. Abschnitt.

Von den eingemachten Früchten. De fruits confits.

Gleich im Voraus muß bemerkt werden, daß die Güte und Schönheit der eingemachten Früchte größtentheils von der Frucht selbst, wie auch von der Art und Weise abhängt, wie sie beim Einmachen behandelt werden. Daher hat man besonders darauf zu sehen, den richtigen Zeitpunkt der Reise kennen zu lernen und wenn sie zum Einmachen brauchbar sind. Alle unreifen harten Früchte müssen zuvor blanchirt oder erweicht werden, um dem Zucker den Eintritt in's Innere zu erleichtern, was besonders bei großen Früchten der Fall ist. Der Zucker zum Einsieden muß besonders recht weiß sein, was viel zu ihrer Durchsichtigkeit beiträgt und den Früchten ein helles Ansehen gibt. Ebenso darf der Zucker weder zu sparsam noch zu reichlich angewendet werden; im ersten Falle gähren die

Früchte und im zweiten Falle candirt der Zucker; in beiden Fällen ver=
lieren die Früchte.   Sehr schädlich ist es ferner, wenn zum Aufbewahren
der Zucker zu dünn über die Früchte gegossen wird, indem die Früchte
nachlassen, den Zucker noch dünner machen und zu gähren anfangen. Alle
eingemachten Früchte, Gelées, Marmeladen und Säfte müssen an einem
kühlen, trockenen Orte aufbewahrt werden.

2280. Veilchensaft.   Sirop de violettes.

Das erste, was uns das Frühjahr bietet, sind die Veilchen; sie
werden gesammelt, die Blättchen abgezupft, belesen, daß nichts Grünes
darunter kömmt und in eine zinnerne Gefrierbüchse gethan; über diese
wird kochendheißes Wasser gegossen, genau zugemacht und über Nacht
stehen gelassen.   Am andern Tage wird der Saft durch eine feine Ser=
viette gepreßt und auf $^3/_{10}$ Liter 280 Gramm Raffinade=Zucker genommen.
Man thut den Saft mit dem Zucker in einen neuen irdenen Tiegel, drückt
den Saft einer Citrone dazu, läßt den Zucker auf Kohlenfeuer langsam
schmelzen und gut heiß werden.   Die weißliche Haut wird rein abge=
schäumt, der Saft, wenn er kalt geworden ist, in kleine gewärmte Bou=
teillen gefüllt, wenn er kalt ist, gut zugebunden und aufbewahrt.

2281. Erdbeer-Marmelade.   Marmelade de fraises.

Man treibt die Erdbeeren durch ein Haarsieb, gibt zu 560 Gramm
Mark 560 Gramm feingestoßenen Zucker und läßt sie unter beständigem
Rühren einigemal aufkochen, schäumt sie ab und füllt sie in Gläser.

2282. Erdbeer-Marmelade zum Gefrornen aufzubewahren. Marmelade de fraises pour l'hiver.

Hierzu müssen die Erdbeeren recht frisch gepflückt und durch ein feines
Haarsieb passirt werden.   Sie werden gewogen in eine Schüssel gethan
und auf 560 Gramm Mark 1 Kilo 120 Gramm feingestoßener Zucker
gerührt; sie werden dann in weiße Bouteillen gefüllt, etwas Mandelöl
darüber gegossen, gut verpfropft, verpicht und dann an einem kalten,
trockenen Orte aufbewahrt.

2283. Grüne Stachelbeeren.   Groseilles vertes.

Man nimmt schöne, große, ausgelesene Stachelbeeren, ehe sie reif sind,
schneidet den Putzen und den Stiel ab, macht auf einer Seite der Länge
nach mit einem Messerchen ein Ritzchen und nimmt mit einem Hölzchen die
Kerne heraus. Sodann setzt man eine Casserolle mit Wasser auf Kohlen=
feuer und wirft ein Stückchen Alaun dazu.   Wenn das Wasser kocht, so
schüttet man die Stachelbeeren hinein und läßt sie so lange darin, bis sie
weiß werden und in die Höhe gehen.   Das Wasser darf aber ja nicht
mehr kochen, weil sie sonst leicht zergehen. Sie werden sodann mit einem
flachen Schaumlöffel aus dem heißen Wasser in's kalte gelegt und vierund=

zwanzig Stunden stehen gelassen. Am andern Tage werden sie abgeseiht, in eine irdene Schüssel geschüttet, mit dünn geläutertem Zucker übergossen, mit Papier gedeckt und wieder über Nacht stehen gelassen. Dann wird der Zucker abgeseiht, etwas frischer dazu gethan und dicker eingekocht, wobei öfters abgeschäumt wird; dann schüttet man die Stachelbeeren dazu, läßt sie nochmals langsam mit aufkochen und schüttet sie wieder in die irdene Schüssel, überdeckt sie mit Papier und läßt sie wieder über Nacht stehen. Das dritte Mal wird ebenso verfahren. Am vierten Tage wird der Zucker rein abgeseiht, zum Breitlauf gekocht, sehr rein abgeschäumt, mit den Stachel= beeren einigemal aufgekocht und wieder über Nacht stehen gelassen; sodann wird der Zucker wieder rein abgeseiht, etwas frischer dazu gethan und unter öfterm Abschäumen zum Faden gekocht; dann werden die Beeren dazu ge= schüttet, genau durchschwenkt, wenn sie kalt sind in Töpfe gefüllt, mit Papier zugedeckt und mit einer Schweinsblase gut zugebunden, aufbewahrt.

2284. Johannisbeeren. Groseilles rouges confites.

Zu 560 Gramm abgezupfter Johannisbeeren kocht man 560 Gramm Zucker zum Flug, thut die Beeren hinein und läßt sie einmal mit auf= kochen, schäumt sie dann sehr rein ab, schüttet sie in eine Schüssel und legt einen Bogen Papier darüber. Am andern Tage schüttet man sie in einen Durchschlag, läßt den Saft ablaufen und kocht ihn zum Faden, gibt die Beeren dazu, läßt sie einmal mit aufkochen, schäumt sie sehr rein ab, und füllt sie, nachdem sie etwas kalt geworden sind, in Gläser, bindet sie fest zu und bewahrt sie gut auf.

2285. Rothe und weiße Johannisbeeren. Groseilles rouges et blanches confites.

Man zupft die schönsten und größten Johannisbeeren von den Stielen und kernt jede Sorte für sich extra aus, kocht auf 560 Gramm solcher Beeren 560 Gramm Raffinade=Zucker zum großen Flug, schüttet die Beeren hinein und läßt sie bei ganz schwachem Feuer einmal langsam mit aufwallen, füllt sie dann in kleine Gläser, legt runde Papierscheibchen darüber und bindet sie wenn sie kalt sind gut zu.

2286. Johannisbeer-Gelée. Gelée de groseilles.

Gut abgezupfte, weiße oder rothe Johannisbeeren werden zerdrückt, in eine Casserolle gethan, etwas Wasser darüber gegossen und einmal aufgekocht; dann schüttet man sie in ein Sieb und läßt den Saft durch= laufen. Dieser Saft wird sodann nochmals hell filtrirt und auf 560 Gramm solchen Safts kocht man 420 Gramm Zucker zum Flug, gießt den Saft dazu und läßt ihn unter öfterm Abschäumen in der Art ein= kochen, daß er vom Schaumlöffel mehr in kleinen Flocken fällt als fließt, oder auch, wenn eine Perle am Schaumlöffel hängen bleibt. Hat das Gelée diese Probe erreicht, so wird es sogleich in kleine erwärmte Gläser gefüllt und kalt gestellt. Sodann werden kleine runde Blättchen Papier geschnitten, in Arac getaucht, darüber gelegt und nochmals mit Papier gut überbunden.

2287. Johannisbeer-Gelée ohne Feuer. Gelée de groseilles rouges et blanches sans feu.

Ganz reife Johannisbeeren werden abgezupft, ausgepreßt, der Saft in eine Schüssel gethan und auf 560 Gramm solchen Saftes 560 Gramm fein gestoßener Raffinade-Zucker genommen und zusammen drei Stunden lang ohne Aufhören, bis er zu geliren anfängt, gerührt. Dieses Gelée hat einen sehr guten Geschmack und ist dem vorhergehenden vorzuziehen. Es wird ebenso in Gläser gefüllt.

2288. Johannisbeersaft. Sirop de groseilles.

Auf 560 Gramm filtrirten Johannisbeersaft gibt man 420 Gramm feingestoßenen Raffinade-Zucker, gießt es zusammen in eine Bouteille oder Krug und schwenkt ihn gut durcheinander, bis sich der Zucker aufgelöst hat; dann wird er gut zugepfropft, gepicht und aufbewahrt.

2289. Ueberzogene Johannisbeeren. Groseilles glacées.

Hierzu werden die größten und schönsten Trauben genommen, sie werden in eine Schüssel gethan, etwas zum Breitlauf gekochter Zucker darüber gegossen, mit diesem geschwungen, dann jede Traube in feingestoßenem Raffinade-Zucker umgekehrt, bis sie ganz weiß bepudert sind; sie werden dann auf ein Sieb gelegt, langsam getrocknet und zum Dessert gegeben.

2290. Schwarze eingemachte Nüsse. Noix noires.

Wenn die welschen Nüsse ausgewachsen sind, aber noch keine harten Schalen haben und sich leicht durchstechen lassen, werden sie zum Einmachen genommen. Man schneidet unten und oben ein kleines Scheibchen ab, durchsticht sie an verschiedenen Stellen drei- bis viermal mit einer Nadel und legt sie in's kalte Wasser, wo man sie zwölf bis vierzehn Tage liegen läßt, aber jeden Tag das gestandene Wasser abläßt und frisches darauf gießt. Hierauf werden sie weich blanchirt; die Probe ist, daß man eine Nadel durch die Nuß steckt und in die Höhe hebt, von der sie leicht wieder abfallen muß. Sodann gibt man die Nüsse wieder in's kalte Wasser und läßt sie über Nacht stehen. Am andern Morgen werden sie auf ein Tuch ausgehoben, abgetropft, wieder in eine Schüssel gethan und dünn geläuterter Zucker darüber gegossen. Des andern Tages wird derselbe abgegossen, etwas stärker gekocht und kalt wieder darüber gegossen. Auf diese Weise wird sechs Tage hintereinander der Zucker jedesmal abgegossen, etwas frischer dazu gegossen und sehr rein abgeschäumt. Am siebenten Tage wird der Zucker zum Faden gekocht, die Nüsse hineingethan und einigemal darin aufgekocht. Dann werden sie schichtenweise mit kleinen Stückchen Zimmt und einigen Nelken in steinerne Töpfe geordnet, der Zucker darüber gegossen, gut zugemacht und aufbewahrt.

2291. Weiße Nüsse. Noix blanches confites.

Hierzu wählt man die größten Nüsse; von diesen wird die grüne Schale von oben herab bis auf's Weiße abgeschält und dann in frisches Wasser geworfen. Unterdessen macht man Fluß= oder Regenwasser siedend, in welches man einen Eßlöffel voll klein gestoßenen Alaun gibt und dann die Nüsse, den vorhergehenden gleich weich blanchirt. Dann werden sie in's frische Wasser gethan und etwas Citronensaft dazu gedrückt, wobei man sie ganz kalt werden läßt. Dann werden sie in eine andere Schüssel gelegt, ganz dünner Zucker=Syrup darüber gegossen und über Nacht stehen gelassen. Auf diese Weise wird vier bis fünf Tage fortgefahren, wo jedoch zu bemerken ist, daß jeden Tag der Zucker etwas stärker gekocht, rein abgeschäumt, kalt wieder darüber gegossen und dann mit Papier ge= deckt wird. Am sechsten Tage wird der Zucker abgeseiht, etwas frischer Syrup dazu gethan, zum Breitlauf gekocht, die Nüsse einmal mit aufge= kocht und dann nochmals über Nacht stehen gelassen. Am siebenten Tage wird der Zucker zur großen Perle gekocht, die Nüsse einigemal aufgekocht, sehr rein abgeschäumt und den vorhergehenden gleich aufbewahrt.

2292. Grüne Aprikosen. Abricots verts confits.

Grüne, aber fast ausgewachsene Aprikosen, deren Kerne noch weich sind, werden in eine Casserolle gethan und siedendheiße, recht helle Lauge darüber gegossen. Dann werden sie zum Feuer gestellt, aber nicht kochen gelassen, bis sie ganz heiß geworden sind. Hierauf werden sie mit einem Schaum= löffel in's warme Wasser gelegt, nach und nach herausgenommen und mit einem Tuche die wollige Haut abgerieben, worauf man sie in's kalte Wasser legt. Sie werden herausgenommen, einigemal durchstochen, dann, bis sie von der Nadel fallen, weich blanchirt. Hierauf werden sie in eine Schüssel gethan, kaltes Wasser darüber gegossen, und über Nacht stehen gelassen. Am andern Tage werden sie auf ein Tuch ausgelegt, dann in eine Casserolle gethan, dünner Syrup darüber gegossen und langsam einmal mit aufgekocht. Auf diese Weise wird jeden Tag fortgefahren, die Aprikosen einmal damit auf= gekocht und der Zucker jeden Tag etwas stärker gekocht, so daß er am vierten Tag die Probe der kleinen Perle erreicht hat. Am fünften Tage wird der Zucker abgeseiht, zum Flug gekocht und die Früchte nochmals mit aufgekocht, dann sehr rein abgeschäumt und wie die vorhergehenden aufbewahrt.

2293. Orangenblüthen. Fleurs d'oranges.

Die frischen Blüthen von den Orangenbäumen werden abgezupft, rein belesen und kurze Zeit, bis sie zu schwitzen anfangen, in einem Kesselchen mit etwas Wasser gekocht; dann streut man feingestoßenen Raffinade=Zucker darüber, rührt sie um und läßt sie, bis der Zucker Faden zieht, kochen. Dann streut man noch etwas klaren Zucker darüber, rührt sie immer um und fährt so fort, bis sie ganz trocken sind. Hierauf schüttet man sie auf ein Haarsieb, läßt sie im Trockenschrank trocknen und bewahrt sie gut geschlossen an einem trocknen Orte auf.

2294. Amarellen.　Amarelles.

Auf 560 Gramm ausgekernte Amarellen werden 420 Gramm Zucker dazu genommen, zum Flug gekocht, die Amarellen dazu gethan, einmal damit aufgekocht, rein abgeschäumt, in eine irdene Schüssel geschüttet, ein Papier darauf gelegt und über Nacht stehen gelassen. Am andern Tage schüttet man sie in einen Durchschlag, läßt den Saft gut ablaufen, kocht ihn zum Breitlauf, schüttet die Amarellen wieder dazu, läßt sie einmal mit aufkochen, nimmt den Schaum sehr rein ab und schüttet sie wieder in die Schüssel. Am dritten Tage wird ebenso verfahren, nur daß der Zucker wieder etwas stärker gekocht wird. Am vierten Tage werden die Amarellen wieder in den Durchschlag geschüttet, der Syrup wird dann zum Flug gekocht, die Amarellen hineingethan, einigemale überkocht, sehr rein abgeschäumt und dann in steinerne Töpfe gefüllt. Am andern Tage wird ein rundes Papier über die Amarellen gelegt, diese mit einer Schweinsblase und Papier zugebunden und trocken aufbewahrt.

2295. Ausgekernte Kirschen.　Cerises confites.

Auf 560 Gramm ausgekernte Kirschen werden 350 Gramm Zucker genommen und dieselben wie die Amarellen behandelt.

2296. Kirschensaft.　Sirop de cerises.

Man reinigt die Kirschen von den Stielen, stößt sie sammt den Kernen und läßt sie zugedeckt über Nacht stehen. Dann werden sie gut ausgepreßt und auf 560 Gramm 420 Gramm Zucker genommen. Der Zucker wird zum Flug gekocht, der Saft nochmals durch ein Sieb dazu gegossen und zwei Minuten mit dem Zucker gekocht, währenddem man denselben sehr rein abschäumt. Wenn der Saft kalt geworden ist, wird er in Bouteillen gefüllt, diese gut verkorkt, gepicht und an einem kalten Orte aufbewahrt.

2297. Kirschensaft auf eine andere Art.　Sirop de cerises.

Man wiegt den ausgepreßten Kirschensaft und rührt auf 560 Gramm Saft 560 Gramm gestoßenen Zucker darunter, füllt den Saft in gut gereinigte Flaschen und stellt sie acht Tage lang nicht zugebunden, sondern nur überbunden, an einen kalten Ort. Jeden Tag müssen die Bouteillen gut ausgeschwenkt werden, damit der Zucker sich auflöst. Nach dieser Zeit wird der Saft hell filtrirt, dann in Bouteillen gefüllt, diese gut verkorkt, gepicht und an einem trockenen Orte aufbewahrt.

2298. Kirschen in Essig.　Cerises au vinaigre.

Ganz schöne große Kirschen werden hiezu gewählt, die Stiele halb abgeschnitten und in weiße Gläser gefüllt; sodann gibt man zu $\frac{3}{10}$ Liter weißem Essig 140 Gramm Zucker, läßt ihn mit einigen Nelken und einem Stück Zimmt aufkochen und wenn er kalt geworden ist, so gießt man ihn über die Kirschen und bindet sie fest zu. Nach acht Tagen wird derselbe abgegossen, nochmals aufgekocht und wenn er kalt ist, wieder darüber gegossen, dann gut zugebunden und aufbewahrt.

2299. Eingemachte Himbeeren. Framboises confites.

Auf 560 Gramm schöne, rothe Himbeeren werden 560 Gramm Zucker genommen. Derselbe wird zum Flug gekocht, dann werden die ausgesuchten Himbeeren dazu gethan, einmal mit aufgekocht, sehr rein abgeschäumt und dann in eine Schüssel gethan. Am andern Tage schüttet man die Himbeeren in einen Durchschlag, kocht den Saft wieder etwas dicker ein, schäumt ihn rein ab, läßt die Himbeeren nochmals mit aufkochen und schüttet sie wieder in die Schüssel. Am dritten Tage werden sie wieder abgeseiht, der Saft wieder etwas dicker gekocht, die Himbeeren dazu gethan, durcheinander geschwungen und so in steinerne Töpfe gefüllt. Wenn sie kalt sind, wird ein Papier darauf rund geschnitten, mit einer Schweinsblase und Papier überbunden und aufbewahrt.

2300. Himbeer-Saft. Sirop de framboises.

Der Saft von guten, reifen Himbeeren wird gut ausgepreßt und filtrirt, dann kocht man auf 560 Gramm Saft 420 Gramm Zucker zum Flug, schüttet den Saft dazu, läßt ihm mit aufkochen, schäumt ihn sehr rein ab und wenn er kalt ist, füllt man ihn in gut gereinigte Bouteillen, welche man sodann verkorkt und verpicht.

2301. Himbeer-Gelée. Gelée de framboises.

Man zerdrückt die Himbeeren, thut sie in einen Kessel, gießt etwas Wasser dazu (auf 6 5/10 Liter Himbeeren 6/10 Liter Wasser) und läßt sie unter beständigem Rühren aufkochen; dann stellt man ein Haarsieb über eine Schüssel, schüttet die Himbeeren hinein, deckt sie zu und läßt sie über Nacht stehen. Am andern Tage thut man zu diesem Safte den vierten Theil Johannisbeersaft, wiegt ihn, thut dann auf 560 Gramm Saft 350 Gramm Zucker, kocht denselben zum Flug, gießt den Saft dazu und läßt ihn bis zur Perle unter sehr reinem Abschäumen einkochen. Man füllt dieses Gelée in kleine Gläschen, legt rundgeschnittene und in Kirschenwasser eingetauchte Papierscheibchen darüber, bindet sie nochmals zu und stellt die Gläschen an einen trockenen Ort.

2302. Himbeer-Marmelade. Marmelade framboises.

Es werden völlig reife Himbeeren durch ein Sieb getrieben und dann zu 560 Gramm Mark 560 Gramm gestoßener Zucker genommen; dieses wird zusammen in eine Casserolle gethan und unter beständigem Rühren einige Minuten gut gekocht, dann rein abgeschäumt. Man nimmt die Marmelade vom Feuer, läßt sie so lange stehen, bis sich eine feine Haut darüber gezogen hat, die behutsam abgenommen werden muß. Wenn sie halb ausgekühlt ist, wird sie in Gläser gefüllt und gut zugebunden.

2303. Himbeer-Essig.   Sirop de framboises au vinaigre.

3³/₁₀ Liter Himbeeren werden in eine Schüssel gethan, 2²/₁₀ Liter Weinessig darüber gegossen und einige Tage zugedeckt stehen gelassen. Sodann werden sie durchgepreßt und auf 1¹/₁₀ Liter 560 Gramm Zucker genommen; man läßt es zusammen aufkochen, schäumt den Saft rein ab und wenn er kalt ist, filtrirt und füllt man ihn in Bouteillen. Wenn man diesen Essig mit Wasser verdünnt, so gibt er ein sehr wohlschmeckendes, kühlendes und gesundes Getränk.

2304. Geschälte Aprikosen.   Abricots confits.

Man nimmt hierzu Aprikosen, welche fast reif sind, halbirt und schält sie recht glatt. Sodann werden sie in's kalte Wasser gethan und mit diesem heiß gemacht, vom Feuer genommen und zugedeckt stehen gelassen, bis das Wasser lauwarm und die Aprikosen weich geworden sind; dann werden sie in frischem Wasser abgekühlt, auf ein Tuch gelegt, in eine Schüssel geordnet, mit dünn geläutertem Zucker übergossen und mit einem Papier gedeckt stehen gelassen. Am andern Tage wird der Zucker abgeseiht, zum Breitlauf gekocht, die Aprikosen hineingethan, einmal gelinde mit aufkochen und wieder über Nacht zugedeckt stehen gelassen. Am dritten Tage schüttet man den Zucker wieder ab, kocht ihn zum kleinen Flug, thut die Aprikosen dazu, läßt sie wieder mit aufkochen, schäumt sie sehr rein ab und wenn sie kalt sind, ordnet man sie in Gläser; sollte der Syrup zu viel sein, so kocht man ihn ein, schäumt ihn sehr rein ab und gießt ihn warm über die Aprikosen.

2305. Ganz reife Aprikosen.   Abricots confits.

Man drückt mit einem Hölzchen die Kerne aus den reifen Aprikosen, legt sie schichtenweise in eine Schüssel, gießt geläuterten, zum Breitlauf gekochten Zucker warm darüber, bedeckt sie mit Papier und läßt sie über Nacht stehen. Am andern Tage wird der Zucker abgeseiht, noch etwas dazu gethan und zum kleinen Flug gekocht; dann legt man die Aprikosen wieder hinein und läßt sie langsam mit aufwallen, schäumt sie sodann sehr rein ab, schüttet sie wieder in die Schüssel und läßt sie zugedeckt bis zum andern Tag stehen. Dies Verfahren wird noch zwei= bis dreimal wiederholt, bis die Früchte keinen Gährungsstoff mehr enthalten. Das letzte Mal werden die Aprikosen nochmals langsam mit aufgekocht und auf ein Sieb zum Abtropfen gelegt; der Syrup wird dann unter öfterm Abschäumen zum starken Faden gekocht. Die Aprikosen werden in Gläser geordnet, mit dem Syrup warm übergossen und wenn sie kalt sind, wird eine rundgeschnittene Papierscheibe darüber gelegt, mit einer naßgemachten Schweinsblase überbunden und wenn auch diese trocken geworden ist, wird nochmals Papier darüber gebunden.

2306. Aprikosen in Flaschen.   Abricots au bain-marie.

2307. Aprikosen mit Kirschenwasser.   Abricots à l'eau de vie.

Man wählt hiezu reife große Aprikosen; sie werden den vorhergehenden gleich eingemacht, ebenso behandelt und schön in Gläser eingerichtet. Unter den Syrup, der zur Perle gekocht und rein abgeschäumt ist, gießt man eine Obertasse voll Kirschenwasser, rührt es gut durcheinander und gießt den Syrup über die Aprikosen, welche dann genau zugemacht werden.

2308. Püree von Aprikosen in Bouteillen. Purée d'abricots en bouteilles.

Völlig reife Aprikosen werden, nachdem die Steine herausgemacht sind, durch ein Sieb gestrichen, dieses Püree in Bouteillen gefüllt, fest verkorkt und zugebunden, dann zwanzig Minuten im Dunste gekocht und darin erkalten gelassen.

2309. Aprikosen-Marmelade. Marmelade d'abricots.

Recht reife Aprikosen werden von einander geschnitten, die Kerne herausgemacht und die Aprikosen durch ein Sieb gestrichen. Zu 560 Gramm Mark kocht man 560 Gramm Zucker zum Flug, rührt die Marmelade darunter und läßt sie bei beständigem Umrühren und öfterm Abschäumen dick einkochen. Wenn sie halb ausgekocht ist, wird sie in Gläser gefüllt, ein Papier darauf geschnitten und dann fest zugebunden.

2310. Aprikosen-Pasten. Pâtés d'abricots.

Man röstet das durchgetriebene Mark in einem Kessel, bis die Feuchtigkeit weg ist, ab, gibt dann auf 560 Gramm Mark 840 Gramm Staubzucker, rührt ihn nach und nach darunter, läßt Beides zusammen aufkochen, spritzt sie dann auf Kupferplatten, stellt sie bis zum andern Tag in den Trockenschrank, setzt jedesmal zwei zusammen und bewahrt sie an einem trockenen Ort auf.

2311. Eingemachte grüne Bohnen. Haricots verts confits.

Hierzu werden die sogenannten grünen Schwertbohnen genommen, so lange sie nicht hart und holzig sind. Sie werden in gesalzenem, kochenden Wasser mit etwas Alaun blanchirt und dann in kaltes Wasser gelegt. Hierauf werden sie auf ein Sieb zum Abtropfen, dann in eine Schüssel gethan und mit dünn geläutertem Zucker-Syrup übergossen. Den Zucker läßt man drei Tage nacheinander ablaufen, kocht ihn, schäumt ihn rein ab und gießt ihn jedesmal wieder kalt darüber. Am vierten Tage kocht man den Zucker zum Breitlauf und läßt die Bohnen mit aufkochen. Am fünften Tage schüttet man den Zucker ab, kocht ihn zur großen Perle, schäumt ihn rein ab, läßt die Bohnen nochmals mit aufkochen und wenn sie kalt sind, füllt man sie in Gläser und bindet sie gut zu.

2312. Mirabellen. Mirabelles confites.

Man nimmt ganz reife, aber nicht weiche Mirabellen, durchsticht sie mehrmals, legt sie in kochendheißes Wasser und deckt sie zu, bis sie in die

Höhe gehen und sich weich anfühlen lassen; dann legt man sie in's kalte Wasser. Wenn sie kalt geworden sind, schüttet man sie auf ein großes Haarsieb zum Abtropfen, legt sie dann in eine Schüssel, schüttet den nöthigen, dünngeläuterten Zucker darüber und deckt sie mit Papier zu. Am andern Tage wird der Zucker abgeseiht, etwas frischer dazu gethan und unter nochmaligem Abschäumen etwas dicker eingekocht, dann heiß über die Mirabellen gegossen. Am zweiten Tage gießt man den Zucker wieder ab, kocht ihn zum Breitlauf, schüttet die Mirabellen hinein, läßt sie einmal mit aufkochen, schäumt sie sehr rein ab und schüttet sie wieder in die Schüssel, sie werden dann zugedeckt und über Nacht kalt gestellt. Am andern Tage schüttet man sie in einen Durchschlag, daß der Syrup abtropft, kocht ihn zur großen Perle, läßt die Mirabellen nochmals mit aufkochen, schäumt sie rein ab, füllt sie nach dem Erkalten in Gläser und macht sie gut zu.

2313. Melonen.   Melons confits.

Man nimmt reife, doch noch feste Melonen, schneidet sie in fingerdicke Stücke, reinigt sie von den Fasern und schält sie. Sodann läßt man in einem Zucker=Kessel hinlänglich Wasser heiß werden, gibt die Melonen hinein und setzt sie auf's Feuer. Sobald das Wasser den Siedegrad erreicht hat, werden die Melonenstücke mit dem Schaumlöffel in's kalte Wasser, dann wenn sie kalt sind, aus dem Wasser auf ein Tuch gelegt und in eine Schüssel geordnet. Hierauf gießt man geläuterten Zucker darüber, deckt sie zu und stellt sie kalt. Am andern Tage wird der Zucker abgeseiht, zum Breitlauf eingekocht, rein abgeschäumt und heiß über die Melonen gegossen. Auf die Weise wird drei Tage hintereinander verfahren, wobei man aber jedesmal etwas Syrup dazu gießt und beim Aufkochen den Syrup jedesmal rein abschäumt. Am fünften Tage schüttet man die Melonenstücke in einen Durchschlag, kocht den Syrup zum kleinen Flug, gibt die Melonen hinein und läßt sie einmal mit aufkochen, schäumt sie sehr rein ab, füllt sie in Gläser, übergießt sie mit dem Syrup und macht sie gut zu.

2314. Muskatellerbirnen.   Poires confites.

Das nöthige Quantum schöner Muskatellerbirnen wird fein geschält, der Stiel abgeschabt und etwas abgeschnitten, dann werden sie durchstochen, im Wasser weich blanchirt und dann in kaltem Wasser abgekühlt. Wenn sie abgekühlt sind, legt man sie in eine Schüssel und gießt dünn geläuterten Zucker darüber, bedeckt sie mit Papier und läßt sie stehen. Am zweiten Tage gießt man den Syrup ab, kocht ihn unter gutem Abschäumen etwas dicker ein, gibt die Birnen dazu, läßt sie einmal aufkochen, schäumt sie wieder ab, schüttet sie in die Schüssel und deckt sie zu. Auf diese Weise werden sie den dritten und vierten Tag behandelt, wo aber jedesmal etwas Zucker dazu gegossen werden muß. Am fünften Tage schüttet man die Birnen in einen Durchschlag, damit der Syrup rein abläuft, kocht dann den Syrup zum kleinen Flug, läßt die Birnen nochmals mit aufkochen und füllt sie, nachdem sie kalt geworden sind, in Gläser und bindet sie gut zu.

2315. Reineclauden. Reine-claudes confites.

Schöne große Reineclauden, nicht weich und schön grün, werden mehrmals mit der Nadel durchstochen, die Stiele halb abgeschnitten, in's heiße Wasser gelegt und zur Seite gestellt. Wenn die Reineclauden sich weich anfühlen lassen, werden sie in's kalte Wasser gelegt und zugedeckt stehen gelassen. Am andern Tage werden sie in das Wasser vom vorigen Tage gelegt, etwas Alaun beigegeben, damit sie wieder grün werden und langsam, so daß man die Hand darin leiden kann, wieder erwärmt. Sind die Reineclauden alle gleich weich geworden, so werden sie zum Abkühlen wieder in's kalte Wasser gelegt. Dann werden sie zum Abtropfen auf ein Tuch gelegt, sodann in eine Schüssel gethan und ganz dünn geläuterter Syrup darüber gegossen. Am andern Tage läßt man den Zucker ablaufen, kocht ihn etwas dicker, schäumt ihn rein ab und gießt ihn kalt wieder über die Reineclauden. Auf gleiche Weise wird noch zwei Tage verfahren. Am vierten Tage seiht man den Zucker ab, gießt noch etwas frischen dazu, kocht ihn zum Breitlauf, schäumt ihn rein ab, gibt die Reineclauden dazu und läßt sie einmal mit aufkochen. Am fünften Tage gießt man den Syrup wieder ab, gibt noch etwas frischen dazu, kocht ihn zum Flug, schäumt ihn wohl ab, gibt die Reineclauden dazu, läßt sie einmal mit aufkochen, schäumt sie nochmals ab, füllt sie in Töpfe oder Gläser und bindet sie fest zu.

2316. Eingemachte grüne Weintrauben. Vergus confits.

Man nimmt große, ausgewachsene, noch grüne Weintrauben, macht die Kerne heraus und läßt sie mit Wasser einmal aufkochen, dann bedeckt man sie und stellt sie auf heiße Asche. Sobald sie weich sind, läßt man sie auf einem Sieb abtropfen. Zu 560 Gramm solcher Beeren kocht man 560 Gramm Zucker zum Flug, gibt die Beeren dazu und läßt sie langsam mit aufkochen, schäumt sie ab, schüttet sie in eine Schüssel und läßt sie, mit einem Bogen Papier bedeckt, stehen. Am andern Tage schüttet man sie in einen Durchschlag, kocht den Zucker zur großen Perle, gibt die Beeren dazu, läßt sie einigemal aufkochen, schäumt sie gut ab, füllt sie in Gläser und bindet sie, wenn sie kalt geworden sind, mit Papier und Schweinsblase zu.

2317. Grüne Feigen. Figues confites.

Man nimmt schöne grüne Feigen, welche noch nicht ganz reif sind, durchsticht sie von oben einigemal mit einem schmalen Messerchen, thut sie in's heiße Wasser, läßt sie zum Kochen kommen und legt sie dann wieder in's frische Wasser. Am andern Tage setzt man sie nochmals mit heißem Wasser zum Feuer, wirft eine Hand voll Salz und Spinat hinein und läßt sie langsam weich kochen. Dann legt man sie wieder in's kalte Wasser und wenn sie kalt geworden sind, schüttet man sie auf einen Durchschlag, legt sie dann in eine Schüssel und gießt dünn geläuterten Zucker darüber. Das weitere Verfahren haben sie mit den Birnen gemein.

2318. Eingemachte Pfirsiche.   Pêches confites.

Die Pfirsiche müssen fast reif und völlig ausgewachsen sein. Man schneidet sie von einander, nimmt die Kerne heraus, schält und blanchirt sie. Wenn sie zu kochen anfangen, legt man sie mit dem Schaumlöffel in's kalte Wasser und dann läßt man sie, wenn sie völlig abgetropft sind, in geläutertem Zucker einigemal aufkochen, schüttet sie in eine Schüssel und läßt sie, mit Papier zugedeckt, bis zum andern Tage stehen. Am andern Tage schüttet man sie in einen Durchschlag, kocht den Zucker zum Breitlauf, gibt die Früchte hinein und läßt sie einigemal mit aufwallen. Am dritten Tage kocht man den Zucker mit etwas Aepfel=Gelée zum kleinen Flug, gibt die Pfirsiche dazu, läßt sie nochmals mit aufkochen, schäumt sie sehr rein ab, ordnet sie in Gläser, gießt den Syrup darüber, bindet sie, nachdem sie kalt geworden sind, mit Schweinsblase und Papier zu und stellt sie an einen trockenen Ort.

2319. Pfirsich-Marmelade.   Marmelade de pêches.

Aus ganz reifen Pfirsichen nimmt man die Kerne heraus, treibt sie durch ein Haarsieb und wiegt auf 560 Gramm Mark 560 Gramm fein= gestoßenen Zucker, welches man zusammen unter beständigem Rühren dick einkocht, warm in Gläser füllt und, wenn die Marmelade kalt geworden ist, gut zubindet und aufbewahrt.

2320. Pfirsiche im Dunste.   Pêches au bain-marie.

Schöne, nicht ganz reife Pfirsiche werden halbirt, geschält und in weithalsige, weiße Gläser lagenweise mit gestoßenem Zucker ganz voll ein= gerichtet, dann gießt man etwas Syrup darüber, bindet sie mit Schweins= blase, daß keine Luft darin bleibt, fest zu und kocht sie sechs bis acht Minuten au bain-marie. Auf gleiche Weise bereitet man die

2321. Zwetschgen im Dunste.   Prunes au bain-marie.

2322. Aprikosen im Dunste.   Abricots au bain-marie.

2323. Weichseln im Dunste.   Griottes ou cerises au bain-marie.

2324. Mirabellen im Dunste.   Mirabelles au bain-maire.

2325. Abgeschälte Zwetschgen im Dunste.   Prunes au bain-marie.

Schöne reife Zwetschgen werden in's kochendheiße Wasser gelegt, wenn die Haut aufspringt mit dem Schaumlöffel herausgehoben, abgeschält und in's kalte Wasser gelegt. Dann werden sie auf ein Tuch zum Abtropfen gelegt, mit gestoßenem Zucker in Gläser eingerichtet, etwas dünner Syrup darüber gegossen und mit Schweinsblase, damit nicht die mindeste Luft darin bleibt, fest zugebunden. Sie werden dann fünf Minuten au bain-marie gekocht.

2326. Eingemachte Quitten.   Coins confits.

Man nimmt recht reife, schöne, große Quitten, wo möglich Birn=

Quitten, schneidet sie in schöne gleiche Schnitze, macht die Kerne heraus und schält sie sehr rein und glatt. Sie werden dann weich blanchirt und auf ein Sieb gelegt. Wenn sie alle weich und kalt sind, werden sie in eine Schüssel gelegt, mit dünn geläutertem Zucker übergossen und zugedeckt bei Seite gestellt. Am andern Tage schüttet man den Zucker ab, kocht ihn unter öfterm Abschäumen etwas dicker, läßt die Quitten mit aufkochen, schäumt sie nochmals ab, schüttet sie wieder in die Schüssel und deckt sie zu. Auf diese Weise werden sie vier Tage hintereinander bereitet, wobei man aber jeden Tag etwas Zucker nachgießt und ihn sorgfältig abschäumt. Am fünften Tage gießt man die Quitten in einen Durchschlag, kocht den Syrup zur großen Perle, läßt die Quitten nochmals mit aufkochen, füllt sie, nachdem sie rein abgeschäumt und halb ausgekühlt sind, in Gläser und bindet sie, wenn sie kalt sind, gut zu.

2327. Quittenbrod. Pain de coins.

Ganz reife Quitten werden geschält, weich blanchirt und durch ein Sieb getrieben; auf 560 Gramm Mark nimmt man 560 Gramm gestoßenen Zucker, gibt es in einen flachen Kessel und kocht die Marmelade unter beständigem festen Rühren, bis sich die Masse vom Kessel ablöst, ganz dick ein. Eine Minute gibt man etwas gestoßenen Zimmt und ein wenig Nelken dazu, nebst kleinwürfelig geschnittenem Citronat und eingemachten Orangenschalen, rührt Alles gut durcheinander, füllt die Masse in beliebige Formen, streicht sie glatt und stellt sie in den Trockenschrank. Am andern Tage nimmt man das Quittenbrod aus den Formen, legt es auf Bleche und stellt es noch mehrere Stunden warm. Man bewahrt es zwischen weißem Papier in Schachteln auf.

2328. Quitten-Gelée. Gelée de coins.

Die Quitten werden gut von dem Wolligen abgerieben, in Stückchen geschnitten und weich gekocht, dann werden sie gut ausgepreßt und der Saft filtrirt. Auf 560 Gramm Saft nimmt man 560 Gramm kleingeschlagenen Raffinade-Zucker, läßt ihn darin zergehen und kocht es zusammen unter öfterm Abschäumen recht hell, bis der Saft, wenn er vom Löffel läuft, eine Perle hängen läßt, zum Gelée ein. Dieses Gelée wird dann gleich in kleine Gläser gefüllt und wie das Johannisbeer-Gelée zugebunden aufbewahrt.

2329. Hagebutten-Marmelade. Marmelade d'églantines.

Man nimmt recht reife Hagebutten, macht die Kerne heraus, thut sie in eine Schüssel und läßt sie unter öfterem Umrühren mehrere Tage, bis sie völlig weich sind, stehen. Sie werden sodann durch ein Haarsieb gestrichen und zu 560 Gramm Mark 560 Gramm Zucker genommen, welchen man zum Flug kocht, die Marmelade dazu rührt und einigemal mit aufkochen läßt. Diese Marmelade wird gleich in Gläser gefüllt, mit Papier zugedeckt und wenn sie kalt ist, zugebunden aufbewahrt.

2330. Aepfel-Gelée. Gelée de pommes.

Man nimmt schöne Borsdorfer-Aepfel, schneidet sie in Scheiben, gibt sie in eine Casserolle, übergießt sie mit etwas Wasser, kocht sie gut aus und schüttet die Aepfel mit dem Saft in einen Filtrir-Sack. Auf 1 Kilo 120 Gramm Saft nimmt man 560 Gramm Raffinade-Zucker, kocht es zusammen unter öfterm Abschäumen dem Quitten-Gelée gleich zum Gelée und füllt es ebenfalls in kleine Gläschen.

2331. Aepfel-Marmelade. Marmelade de pommes.

Diese wird ganz der Pfirsich-Marmelade gleich bereitet.

2332. Eingemachte Orangenschalen. Cestes d'oranges confits.

Schöne gelbe Orangen werden bis auf die innere weiße Haut eingeschnitten, die gelben Schalen abgezogen, diese im Wasser völlig weich gesotten, in's kalte Wasser gelegt und ausgekühlt. Dann werden sie in einen steinernen Topf eingelegt, mit einem dünnen, kalten Syrup übergossen, ein Brettchen darüber gelegt und leicht beschwert. Am andern Tage wird der Syrup abgeseiht, etwas stärker eingekocht und heiß über die Orangenschalen gegossen; so wird noch weitere drei Tage fortgefahren, der Zucker jeden Tag abgegossen, etwas anderer dazu gethan und immer etwas dicker eingekocht, wobei derselbe immer abgeschäumt und dann heiß darüber gegossen werden muß. Zuletzt werden dann die Orangenschalen in einen Durchschlag geschüttet, der Zucker zur großen Perle eingekocht, die Orangenschalen dazu gethan, einigemal übersotten, sehr rein abgeschäumt, dann in den Topf gepreßt, an einander eingerichtet, der Syrup darüber gegossen, mit einer naßgemachten Schweinsblase gut zugebunden und wenn sie wieder trocken geworden ist, nochmals mit Papier überbunden und so an einem trockenen, kühlen Orte aufbewahrt.

2333. Syrup von Berberitzen-Säuerlingen. Sirop d'épine-vinettes.

Nach dem ersten Reifen werden diese Beeren gesammelt, zerdrückt, mit etwas Wasser einmal überkocht, dann gut gepreßt. Auf 560 Gramm Saft werden 1 Kilo 680 Gramm Zucker geklärt, zur Perle eingekocht, der filtrirte Saft dazu gegossen, einmal aufgekocht, dann sehr rein abgeschäumt, kalt in Flaschen gefüllt, gut zugemacht und aufbewahrt. Dieser Saft ist als Limonade zu gebrauchen, sehr kühlend und von einem angenehmen Geschmacke.

83. Abschnitt.

Von den Essigfrüchten. Des légumes confits au vinaigre.

2334. Essiggurken. Petits concombres au vinaigre.

Hierzu wählt man recht feine, glatte, halbausgewachsene Gurken, welche einigemal kalt gewaschen, dann vier bis fünf Stunden in Wasser mit Salz gelegt werden, nämlich auf dreißig Stück 4³/₁₀ Liter Wasser und 560 Gramm Salz. Hierauf werden sie aus der Salz-Lake genommen, abgetropft und auf ein Tuch gelegt. Unterdessen wird so viel weißer Weinessig, als man für nöthig erachtet, aufgekocht und kalt über die in einen steinernen Hafen gelegten Gurken gegossen, welche noch mit einigen Zweigen Fenchel, einer Schote spanischem Pfeffer, einigen Lorbeerblättern, zwölf bis achtzehn abgeschälten Schalotten, einem Sträußchen Estragon und 35 Gramm Gewürz, das aus einigen Nelken, Muskatblumen, Pfeffer und Coriander besteht, gewürzt werden. Nach einigen Tagen wird der Essig abgegossen, etwas frischer dazu gethan, aufgekocht und kalt wieder über die Gurken gegossen; dies Verfahren wird nach einigen Tagen nochmals wiederholt. Die Gurken werden dann fest zugebunden und aufbewahrt.

2335. Pfeffergurken. Cornichons.

Die ganz kleinen Gurken (halbfingerlang) werden rein gewaschen, mit einem Tuche abgetrocknet und einige Stunden in eine Salzlake gelegt, dann abgegossen und mit nachstehenden gewürzhaften Ingredienzen in einen steinernen Hafen oder passende Gläser eingelegt. Auf einige hundert Gurken werden zwei Schoten spanischer Pfeffer, zwölf Nelken, ein Eßlöffel voll Coriander, ein Kaffeelöffel voll Pfefferkörner, 9 Gramm Muskatblumen, zwölf Schalotten, einige Lorbeerblätter und eine Hand voll Estragonblätter genommen und die Gurken mit diesem Gewürz eingerichtet. Hierauf wird der nöthige Weinessig aufgekocht, abgeschäumt und nachdem er kalt ist, über die Gurken gegossen, daß er zweifingerhoch darüber steht. Nach zwei Tagen wird der Essig abgeseiht, aufgekocht, abgeschäumt und heiß wieder darüber gegossen, dann, wenn er kalt ist, mit einer Schweinsblase überbunden aufbewahrt.

2336. Geschälte Gurken. Azia.

Zu diesen wählt man große feste Gurken; sie werden rein geschält, jede in vier gleiche Theile geschnitten, von den Kernen und wässerigen Theilen geschieden, dann mit einfachem, mit Salz untermischtem Essig einmal aufgekocht und in eine irdene Schüssel geschüttet. Am andern Tage werden

dieselben herausgenommen, auf ein großes Sieb gelegt und dann schichten=
weise mit nachstehenden Ingredienzen in einen steinernen Topf eingerichtet.
Auf dreißig solche Gurken nimmt man 18 Gramm Pfefferkörner, zwölf
Nelken, etwas englisches Gewürz, 18 Gramm Coriander, eine Hand voll
Estragonblätter, etwas geschabten Meerrettig, eine Schote spanischen Pfeffer,
einige Lorbeerblätter, zwölf Schalotten und eine Zehe Rocambole. Nach=
dem die Gurken so geordnet sind, wird der nöthige gute Weinessig mit
etwas Salz aufgekocht und ausgekühlt darüber gegossen. Nach einigen
Tagen wird der Essig abgeseiht, nochmals aufgekocht und kalt wieder über
die Gurken gegossen, dann wenn sie ausgekühlt sind, mit einer naßge=
machten Rindsblase zugebunden.

2337. Grüne Bohnen.   Haricots verts.

Hierzu werden die ganz feinen, grünen Salatbohnen genommen; sie
werden von ihren Seitenfasern·befreit, hierauf mit etwas Alaun, dem
nöthigen Salz und vielem kochenden Wasser acht Minuten recht grün
blanchirt, dann abgeseiht, mit frischem Wasser übergossen und auf ein
großes Tuch zum Abtropfen ausgebreitet. Sie werden sodann in Gläser
eingelegt, mit gutem Weinessig, der mit einer Zehe Rocambole, einigen
Schalotten 18 Gramm gemengtem Gewürz, Nelken, Pfeffer, Muskat=
blumen, Coriander und einigen Lorbeerblättern aufgekocht worden ist, kalt
übergossen und dann gut mit einer Rindsblase zugebunden aufbewahrt.

2338. Blumenkohl.   Chou-fleur.

Derselbe wird in kleine Röschen getheilt, rein geputzt, in gesalzenem,
kochenden Wasser einigemal aufgekocht und dann wie die grünen Bohnen
vollendet.

2339. Champignons.   Champignons.

Die Stielchen der ganz kleinen, weißen, festgeschlossenen Cham=
pignons werden abgestutzt, die Champignons alsdann mit feinem Salz
und Citronensaft gut abgerieben und gewaschen. Ist dies geschehen, so
werden sie mit Salz, Essig und Citronensaft einmal aufgekocht, wenn sie
kalt sind, abgeseiht und in ein weißes passendes Glas eingerichtet. Hierauf
läßt man guten Weinessig mit den öfters bemerkten gewürzhaften Ingredienzen
aufkochen und nachdem derselbe halb ausgekühlt ist, wird er über die
Champignons gegossen. Nach einigen Tagen wird derselbe wieder abge=
gossen, aufgekocht und heiß über dieselben geschüttet; wenn sie ganz aus=
gekühlt sind, so werden sie mit einer nassen Rindsblase überdeckt und
mit Bindfaden zugebunden.

2340. Türkischer Weizen.   Blé de Turquie.

Hierzu wählt man die kleinen fingerlangen Kolben. Sie werden rein
geputzt und in eine Salzlake gelegt. Am andern Tage werden sie aus

dem Salzwasser genommen und auf Sieben abgetropft, hierauf mit den gewürzhaften Ingredienzen in Gläser eingerichtet, dann mit aufgekochtem und ausgekühltem Weinessig übergossen. Bei allen Eingemachten können auch die Ingredienzen mit dem Essig aufgekocht und dieser dann über die Früchte gegossen werden.

2341. Zwiebeln. Oignons.

Hierzu wählt man die kleinen, weißen Florentiner Zwiebelchen. Sie werden rein geschält, in mit Essig und Salz vermischtem Wasser halb= weich gekocht, sodann abgegossen und in weiße Gläser eingerichtet. Zu gleicher Zeit wird weißer guter Essig mit den erwähnten gewürzhaften Ingredienzen aufgekocht, dann, wenn derselbe ausgekühlt ist, wird er darüber geseiht und die Zwiebeln fest zugebunden aufbewahrt.

2342. Melirte Gemüse nach englischer Art. Mixed-Pikles.

Diese bestehen aus spanischen Pfefferschoten, grünen Bohnen, kleinen Gurken, jungen gelben Rübchen, kleinen Zwiebeln, Blumenkohl=Röschen, Schalotten, Rocamboles, Artischokenböden, türkischem Weizen, Champignons und Spargeln. Alle diese genannten Vegetabilien müssen ganz jung sein; jede Gattung wird für sich in mit Essig und Salz vermischtem Wasser gut halbweich gekocht, zusammen auf ein großes Sieb gegossen und in schöner Schattirung in weiße Gläser eingerichtet und voll gefüllt, alsdann mit dem besten Estragonessig übergossen, gut zugebunden und aufbewahrt.

2343. Estragonessig. Vinaigre à l'estragon.

Man zupft einen guten Theil recht frischer Estragonblätter ab, gibt sie mit etwas Salz in die dazu bestimmten Flaschen und füllt sie mit dem besten Weinessig auf. Sie werden mit Papier überbunden, einige Wochen an einen den Sonnenstrahlen stark ausgesetzten oder sonst warmen Ort gestellt und destillirt. Hierauf wird der Essig durch Leinwand ge= seiht, in Flaschen gefüllt und verkorkt und verpicht aufbewahrt.

2344. Himbeeressig. Vinaigre aux framboises.

Zu 1 1/10 Liter bestem Weinessig werden 5/10 Liter gute Himbeeren genommen. Die Himbeeren werden zerdrückt, in Flaschen gefüllt, mit dem Essig übergossen und angefüllt. Im Uebrigen wird er ganz wie der Estragonessig vollendet.

2345. Kräuteressig. Vinaigre aux fines herbes.

Estragon, frischer Basilikum, Thymian, Lorbeerblätter, Melisse, Tripp= madam, Schnittlauch, Pimpernelle, Schalotten, eine Zehe Rocambole, Pfefferkörner, einige Nelken und Muskatblumen. Diese Ingredienzen kommen zusammen in eine Flasche und werden mit gutem Weinessig über=

üllt. Dann wird die Flasche mit Papier überbunden und wie der Estragonessig einige Wochen destillirt. Hierauf wird er geseiht, in Flaschen abgefüllt, verkorkt, verpicht und aufbewahrt.

84. Abschnitt.

Von der Anfertigung der Speisezettel. De la manière pour regler les menus.

Das Zusammenstellen verschiedener Speisen in einem richtigen Ver=
hältnisse zu den Gästen und mit genauer Kenntniß rücksichtlich ihrer
Wirkungen gegen einander, heißt einen Speisezettel entwerfen. Denn wir
wissen, daß das Süße mit dem Saueren und Bittern, das Sauere mit
dem Salzigen Mischungen eingeht, hingegen das Salzige dem Süßen
und dem Bittern widersteht und Ekel erregt. Ebenso ist zu beobachten,
welche Wirkungen diese Stoffe auf unsere Geschmacksnerven hervorbringen.
So z. B. afficirt der Zimmt die Spitze der Zunge, der Pfeffer mehr
die Mitte derselben, die bittern Stoffe die Vertiefung des Mundes, das
Geistige den Obergaumen, einige Gewürze den Schlund und dann erst
den Magen.

Man kann deßhalb, wenn ein Theil der Geschmacksnerven abge=
stumpft ist, denselben durch milde, erfrischende Gerichte wieder nachhelfen
und ihnen ihre Empfänglichkeit wiedergeben. Aus diesen Gründen er=
fordert ein in allen Theilen richtig gehaltener Speisezettel genaue Kenntniß
der Kochkunst und selbst des Tafelservirens.

Die Speisekarten zerfallen in mehrere Abtheilungen, nämlich in
solche zu Festivitäten, zu Bällen, zu großen Tafeln, zu Frühstücken, und
in solche für den Familienkreis und Hausfreunde. Wir wollen zuerst
versuchen, bei einigen häuslichen Mahlen anzufangen und dann zu splen=
diden Tafeln übergehen und dabei bemerken, daß eine Mahlzeit für
Wenige aus wenigen, aber geeigneten, ein Gastmahl aber aus vielen
Speisen, so daß ein Jeder nach seinem Geschmacke wählen kann, bestehen
soll. Ein jeder Tisch soll so mit Speisen versehen sein, daß die Gäste
ihre Eßlust befriedigen können und übergroße Sparsamkeit, wobei sich
der Gast geniren muß, noch etwas von einer Speise zu nehmen, ver=
mieden werden.

Die in den nachfolgenden Speisezetteln genannten Speisen sind
sämmtlich in dem Kochbuche selbst enthalten. Da es Brauch ist, die
Speisezettel gewöhnlich in französischer Sprache auf den Tafeln aufzulegen,
so wurde die französische Bezeichnung der Gerichte überall beigegeben.

Die Nummern an der linken Seite der Speisezettel bedeuten die Anzahl der nöthigen Terrinen
und Schüsseln.

Häusliches Mahl auf 8 Gedecke.

1 Butternocken-Suppe.
1 Ochsenfleisch, gesotten mit Kapern-Sauce.
1 Wirsingkraut mit Hammels-Coteletten.
1 Gebratene Gans mit Endivien-Salat.
1 Wienerkrapfen.

Häusliches Mahl für 12 bis 16 Gedecke.

1 Reißsuppe mit gesottenem Huhn.
1 Fleischpastetchen.
1 Lendenbraten mit gebratenen Kartoffeln.
1 Gedünstetes Sauerkraut mit geräucherter Schweinsbrust.
1 Eingemachte junge Hühner.
1 Gebratener Rehschlegel mit Salat.
1 Bisquit-Torte mit Zuckerguß.

Wir gehen nun weiter und entwerfen ein größeres Mahl, nach deutscher Art servirt.

Mittagsmahl für 18 Gedecke.

2 Kraftbrühe mit Kaisereiern.
2 Kleine Krustaden von Nudeln auf schwedische Art.
1 Silberlachs, blau abgesotten mit holländischer Sauce.
2 Gedämpfter Lendenbraten auf italienische Art.
2 Grüne Bohnen mit Hammels-Coteletten.
2 Escalope von jungem Reh mit Ragout Financier.
2 Hachis von Kapaunen auf Königin-Art.
1 Gänseleber-Terrine.
2 Gebratene Schnepfen mit Brodkrüstchen und gemischtem Salat.
2 Kleiner Auflauf von Pfirsichen in Papierkästen.
2 Gestürzte Crême mit Früchten.
1 Brüsseler Torte.
   Gefrornes von Weichseln mit Bordeaux.
4 Teller verschiedenes Dessert.
4 Teller feines Tafelobst.

Mittagstisch für 18 Gedecke auf russische Art servirt.

1 Kraftbrühe mit Geflügelbrödchen.
2 Austern-Pastetchen.

Französische Bezeichnung der nebenstehenden Speisezettel:

Dîner pour 8 personnes.

Potage noques au beurre.
Boeuf au naturel à la sauce aux capres.
Choux de Milan aux côtelettes de mouton.
Oie rôtie, salade de chicorée.
Beignets à la Viennaise.

Dîner pour 12 ou 16 personnes.

Potage poule au riz.
Petits pâtés au naturel.
Filet de boeuf piqué aux pommes de terre.
Choucroute aux petits salés.
Poulets en fricassée.
Cuissot de chevreuil rôti.
Tourte de biscuit glacée.

Dîner pour 18 personnes servi à l'Allemande.

Consommé aux oeufs à l'empereur.
Petites croustades de nouilles à la Suédoise.
Truite saumonée au bleu sauce Hollandaise.
Filet de boeuf aux macaronis à l'Italienne.
Haricots verts aux côtelettes de mouton.
Escalope de chevrette à la financière.
Hachis de chapon à la reine.
Terrine de foie gras de Strassbourg.
Bécasses rôties aux croutons et salade à la Macédoine.
Soufflé de pêches en petites caisses.
Crême renversée à la prince Pückler.
Tourte à la Bruxellles.
Glace de griottes au vin de Bordeaux.

Dîner pour 18 couverts servi à la Russe.

Consommé aux pains de volaille.
Petits vols au vent aux huitres.

1 Sterlet auf polnische Art.
2 Lendenbraten mit Ragout Godard.
2 Kapaun nach St. Cloud-Art.
2 Fasanenbrüste auf königl. Jäger-Art.
2 Lamms-Coteletten mit Pflückerbsen.
1 Gesulzte Forellen.
1 Indian mit Trüffeln gefüllt.
1 Schnepfen und Wachteln.
2 Grüne Erbsen auf französische Art.
2 Cardonen mit Parmesankäse.
2 Palermer Charlotte.
2 Rahmschnee von Himbeeren.
2 Ananassulz mit gemischtem Obst.

Vor dem Braten wird Punsch auf römische Art in Crement-Gläsern servirt. Nach der Ananassulz werden zwei Gefrorne servirt, nämlich:

1 Rahm-Gefrornes mit Malaga-Wein.
2 Korb mit Früchten.
4 Teller Dessert.
4 Teller feines Tafel-Obst.

Die Speisen werden tranchirt, schön angerichtet und von der Küche aus sogleich servirt. Die drei Sorten Braten werden auf zwei langen Schüsseln melirt angerichtet.

Mittagsmahl für 24 Gedecke auf englische Art servirt.

30 Teller Austern mit 24 Citronen werden vor der Suppe gegeben.

1 Englische Fischsuppe.
1 Echte Schildkrötensuppe.
1 Schill auf englische Art.
2 Hammelsrücken mit Gemüsen.
2 Ochsenfilet mit Trüffel-Sauce.
2 Feldhühner-Coteletten nach Pahlen.
2 Hühnerbrüstchen à la royale.
2 Wachteln à la financière.
3 Salat von Hummer.
2 Englische Tauben-Pasten.
2 Junge Hühner, gebraten mit englischer Eier-Sauce.
2 Wildentchen mit Citronen.
2 Englischer Kastanien-Pudding.
2 Spargeln.
2 Blumenkohl mit Parmesankäse.

Esterlet à la Polonaise.
Filet de boeuf à la Godard.
Chapon à la St. Cloud.
Filets de faisans au chasseur royal.
Côtelettes d'agneau aux petits pois à l'Anglaise.
Truites en aspic.
Dindon farcis en truffes ⎫
Bécasses et cailles ⎭ rôtis.
Petits pois à la Française.
Cardons au Parmesan.
Charlotte à la Palerme.
Crême fouettée aux framboises.
Gelée d'ananas à la Macédoine de fruits.

Glace de crême au vin de Malaga.
Corbeille aux fruits.

Dîner pour 24 couverts, servi à l'Anglaise.

30 assiettes huitres et 12 citrons.

Potage de poissons à la Lady Morgan.
Turtle-soup.
Sandre à l'Anglaise.
Selle de mouton à l'Anglaise.
Filet de boeuf à la Monglas.
Côtelettes de perdreaux à la Pahlen.
Sauté de filets de poulets à la royale.
Cailles à la financière.
Salade de homard.
Pâté chaud de pigeons.
Poulets rôtis, sauce aux oeufs.
Sarcelles garnies de citrons.
Pouding de marrons à l'Anglaise.
Asperges.
Choux-fleurs au parmesan.

2 Ananassulz mit gemischtem Obste.
2 Butterteigringchen mit Mandeln.

Mittagsmahl für 36 bis 40 Gedecke nach französischer Art servirt.

Zwei Suppen:

1 Kraftbrühe mit Monacos.
1 Wildpretsuppe mit Linsen.

Zwei Hors d'oeuvres:

2 Kleine Krustaden mit Geflügel.
2 Krebsschweifchen à la Provençale.

Zwei Auswechselungen:

1 Rheinsalm à la Richelieu.
1 Ochsenfleisch auf Flamänder Art.

Vier Zwischenspeisen doppelt:

2 Glasirte Kalbstendrons mit Sauerampfer-Püree.
2 Hühnerbrüstchen nach Vopaliere.
2 Feldhühner-Nocken mit Ragout Toulose.
2 Gestürzte Farce-Pasteten von Gänseleber.

Zwei Braten:

2 Fasanen mit Trüffeln gefüllt und gespickt.
1 Kapaunen von Mans.

Zwei Auswechselungen:

1 Kaiserkuchen.
1 Croquant von Genoise.

Vier Zwischenspeisen:

1 Spargeln.
1 Grüne Bohnen auf englische Art.
1 Bayerische Crême mit rothen Johannisbeeren.
1 Gestürzte Aepfelsulz.

Mittagsmahl für 60 Personen, reicher als das vorhergehende, nach französischer Art servirt.

Vier Suppen:

1 Frühlingssuppe.
1 Gerstenschleimsuppe nach Beauharnais.
1 Durchgestrichene Schnepfensuppe.
1 Batavia-Suppe.

Vier Auswechselungen:

1 Hammelsrücken auf englische Art.
1 Kabeljau auf holländische Art.

Gelée d'ananas à la Macédoine de fruits.
Gimblettes aux amandes.

Dîner pour 36—40 couverts, servi à la Française.

Deux potages:

Consommé aux monacos.
Purée de gibier à la Condé.

Deux hors d'oeuvres:
Petites croustades de volaille à la béchamel.
Queues d'écrevisses à la Provençale.

Deux relevées:
Saumon du Rhin à la Richelieu.
Côte de boeuf braisé à la Flamande.

Quatre entrées:
Tendrons de veau à la purée d'oseille.
Filets de poulets à la Vopalière.
Quenelles de perdreaux à la Toulouse.
Timbale de foie gras á la Demidoff.

Deux rôts:
Faisans farcis aux truffes.
Chapons de Mans rôtis.

Deux grosses pièces:
Gâteau à la Compiègne.
Croquant de Genoise.

Quatre entremets:
Asperges.
Haricots verts à l'Anglaise.
Fromage Bavarois aux groseilles rouges.
Suédoise de pommes à la gelée.

Dîner pour 60 personnes, servi à la Française.

Quatre potages:

Potage à la printanier.
Crême d'orge à la Beauharnais.
Purée de bécasses.
Potage au nids d'hirondelles.

Quatre relevées:
Selle de mouton à l'Anglaise.
Cabillaud à la Hollandaise.

1 Indian über einem Ragout Godard.
1 Gefüllter Kalbskopf.

Acht Zwischenspeisen doppelt:

2 Gespickte Lamms-Coteletten mit Chikorée.
2 Escalopes von Hasen mit Trüffeln.
2 Hühnerbrüstchen auf Neapolitanische Art.
2 Feldhühnerbrüstchen mit Champignons.
2 Gansleber mit Trüffeln.
2 Poularden über einem Reisrand.
2 Hühnerbrüstchen mit Mayonnaise und gemischten Gemüsen.
2 Salat von Hummer.

Vier Braten:

1 Kapaunen von Mans.
1 Gebratene Fasanen.
1 Krammetsvögel mit Brodkrusten.
1 Rehrücken.

Vier große Stücke der Kunstbäckerei:

1 Füllhorn von gerösteten Mandeln mit Früchten.
1 Baumkuchen.
1 Antiker Helm über einem Sockel.
1 Aufgesetzte Meringuen.

Acht Zwischenspeisen.

2 Spinat mit Brodkrusten.
2 Spargeln.
2 Grüne Bohnen auf Lyoneser Art.
2 Blumenkohl im Ofen.
2 Auflauf von Calville-Aepfeln.
2 Gebackene Aprikosen mit Pistazien.
2 Gestreifte Mandelsulz.
2 Süße Sulzen von Danziger Goldwasser.

Die Art und Weise französischer Tafeln, wobei alle Speisen nach ihrer Reihenfolge, in zwei bis drei Trachten getheilt, über die Tafel aufgestellt werden, kommt von Tag zu Tag mehr in Abnahme, so zwar, daß gegenwärtig nur noch bei einigen Gesandten der Großmächte und zuweilen auch bei besonderen Gelegenheiten in den Häusern einiger vornehmen Leute diese luxuriöse Sitte eingehalten wird. In den meisten Häusern aber und selbst an Höfen Deutschlands ist man längst schon zur Einsicht gekommen, diese französische Art des Servirens abzuschaffen, denn man hat als Nachtheil kennen gelernt, daß die meisten Speisen erkalten und durch das Warmhalten derselben der Einfluß des Sauerstoffs zu sehr hervortritt, wodurch der sogenannte anfgewärmte Geschmack erzeugt wird und selbst die Trennung der einzelnen Theile erfolgt.

Dindon à la Godard.
Tête de veau farcie.

Huit entrées :

Côtelettes d'agneau piquées à chicorée.
Escalopes de levrauts aux truffes.
Filets de poulets à la Napolitaine.
Sauté de filets de perdreaux aux champignons.
Escalopes de foie d'oie gras aux truffes.
Poulardes en bordure de riz à la reine.
Filets de poulets en mayonnaise à la jardinière.
Salade de homard.

Quatre rôts :

Chapons de Mans.
Faisans.
Grives.
Filets de chevreuil.

Quatre grosses pièces :

Corne d'abondance garnie de fruits glacés.
Gâteau arbreux à la broche.
Casque antique sur socle en pâte d'office.
Grosse merinque montée.

Huit entremets :

Epinards aux croutons.
Asperges en branches.
Haricots verts à la Lyonnaise.
Choux-fleurs au four.
Soufflé de pommes de Calville en caisses.
Beignets d'abricots aux pistaches.
Blanc-manger en rubans.
Gelée à l'eau de Danzic.

Von den Gabelfrühstücken.

Die Zwischenmahle werden nur da gegeben, wo die Geschäfte erst am späten Morgen ihren Anfang nehmen und daher erst am späten Abend enden, worunter ich große Geschäftsleute, wie in Paris und London, verstehe, oder wo es Sitte des Herrn vom Hause ist, erst gegen Abend zu speisen. Aus diesen Gründen bestehen die Gabelfrühstücke nur aus solchen Fleischspeisen, welche entweder gebacken, oder auf dem Roste, oder am Spieß gebraten sind. Gesottenes Ochsenfleisch, kräftige Suppen dürfen nicht erscheinen, doch kann, wenn es gewünscht wird, Bouillon in Tassen gegeben werden. Von süßen Speisen können leichte Mehlspeisen, leichtes Backwerk und eingemachte Früchte servirt werden. Weine sollen wenige, aber von der besten Gattung credenzt werden. Ich will daher einige derartige Zwischenmahle folgen lassen.

Gabelfrühstück für 8 Personen.

8 Teller Austern mit Citronen.
1 Caviar mit frischer Butter.
1 Kalbs-Coteletten auf dem Roste gebraten.
1 Hammelsnierchen.
1 Gebackene Seezungen.

Gabelfrühstück für 16 bis 18 Personen.

Geflügel-Bouillon.
2 Kleine Pastetchen.
2 Schill mit Kartoffeln.
2 Beefsteaks auf Haushofmeister-Art.
2 Pflückerbsen auf englische Art.
2 Gebratene Kapaunen.

Extra 4 Teller, welche sogleich aufgesetzt werden:

1 Teller Sardinen in Oel.
1 Teller mit Galantine von Indian mit Aspic.
1 Teller Hamburger Pökelfleisch.
1 Kleine Terrine mit Gänseleber.

Gabelfrühstück für 24 Personen, feiner als das vorhergehende.

Geflügelbrühe in Tassen.
26 Teller Austern mit Citronen.
 2 Teller Forellenschnitten mit einer kalten Senf-Sauce.
 2 Gespicktes Ochsenfilet mit Madeira-Sauce.
 1 Grüne Bohnen auf englische Art.
 1 Kalbsbrieschen mit gemischtem Ragout.
 1 Schnepfen für Braten.

Extra:

1 Teller kleine Geflügel-Croquetten.
1   „   kleine Pastetchen.
1   „   kleine Bratwürstchen.
1   „   mit westphälischem Schinken.

4 Teller Zuckerwerk:

1 Carmelirte Kastanien.
1 Bisquits.
1 Merinquen.
1 Candirte Früchte.

Déjeûner pour 8 personnes.

Huitres aux citrons.
Caviar au beurre frais.
Côtelettes de veau grillés en jus.
Rognons de mouton sautés.
Soles frites.

Déjeûner pour 16 ou 18 personnes.

Consommé de volaille en tasses.
Petits pâtés.
Sandre à l'Anglaise.
Beefsteaks à la maître d'hôtel.
Petits pois.
Chapons rôtis.

Sardines à l'huile.
Galantine de dinde à l'aspic.
Boeuf de Hambourg fumé.
Terrine de foie gras.

Déjeûner pour 24 personnes.

Consomné de volaille.
Huitres aux citrons.
Filets de truites frites à la remolade.
Filet de boeuf piqué à la broche sauce au vin de Madère.
Haricots verts à l'Anglaise.
Ris de veau au ragoût mêlé.
Bécasses rôtis aux croutons.

Croquettes de volaille.
Petits pâtés.
Petites saucisses.
Jambon de Westphalie.

Marrons glacés.
Bisquits.
Merinques.
Fruits candis.

Nachtmahle.

Die Nachtmahle werden stets spät in der Nacht gehalten; aus diesem Grunde werden nur solche Speisen gewählt, welche leicht zu verdauen, folglich nicht zu kräftig sind.

Nachtmahl für 8 Gedecke.

1 Gerstenschleim.
1 Glacirte Kalbs=Coteletten mit Endivien=Gemüse.
1 Gebratene Hühner mit grünem Salat.
1 Vanille=Crême in Bechern.
1 Aepfel=Compote.

Nachtmahl für 16 bis 18 Gedecke.

1 Panade=Suppe.
2 Blauabgesottene Forellen.
2 Hühnerbrüstchen mit Pflückerbsen.
2 Eingemachte Kalbsbrieschen.
2 Krammetsvögel.
2 Hohlhippen mit Schlagrahm.
2 Compote von Aprikosen.

Nachtmahl für 40 Gedecke.

1 Reisschleimsuppe nach französischer Art.
4 Blauabgesottene Saiblinge.
4 Grüne Bohnen mit Lamms=Coteletten.
4 Hühnerbrüstchen mit einem Ragout à la Toulouse.
4 Kaltes Feldhühner=Salmy.
2 Kapaunen gebraten ⎫
2 Rehrücken   „   ⎬ mit Salat.
2 Schwedische Omeletten.
4 Marasquino=Gelée.
4 Meringuen mit Schlagrahm und Erdbeeren.

Von den Büffets.

Unter einem Büffet versteht man eine Bühne, die reich mit Schau= und kalten Eßwaaren besetzt ist, und wo Jeder nach Lust selbst wählen kann. Es werden daher in einem dem großen Saale zunächst liegenden Zimmer Bühnen aufgerichtet, welche geschmackvoll decorirt und mit kalten Speisen, Backwerken, Obstkuchen und guten Weinen besetzt werden. Derartige Schaubühnen zu decoriren, erfordert viele Kenntniß und kann dies daher auch nur von Sachkundigen ausgeführt werden.

Ich will ein solches Büffet für fünfhundert Personen beschreiben.

Soupers.

Souper pour 8 couverts.

Crême d'orge.
Côtelettes de veau glacées à la chicorée.
Poulets rôtis au salade.
Crême à la vanille en petits pots.
Compote de pommes.

Souper pour 16 ou 18 couverts.

Panade.
Truites au bleu.
Filets de poulets aux petits pois.
Ris de veau à la poulet.
Grives rôties.
Gaufres à la crême fouettée.
Compote d'abricots.

Souper pour 40 couverts.

Crême de riz veloutée à la Française.
Saiblings au bleu.
Haricots verts aux côtelettes d'agneau.
Suprême de poulets à la Toulouse.
Chaudfroid de perdreaux.
Chapon
Filet de chevreuil } pour rôts, salade verte.
Omelettes à la Suédoise.
Gelée au marasquin.
Merinques à la crême fouettée aux fraises.

Büffet auf 500 Personen.

2 Kessel mit Suppe jeder zu 21¹/₂ Liter; diese bestehen aus:
1 Kessel Gerstenschleim.
1 Kessel Hühnerbrühe.

32 runde Schüsseln:

4 Kalbsnuß mit kalter Kräuterbutter.
4 Kalbshirn als Salat.
4 Gesulzte Hasenkuchen.
4 Gesulzte Escalopen von jungen Hasen.
4 Gesulzte Feldhühner über einem Fettsockel.
4 Gesulzte Krammetsvögel.
4 Indianbrüstchen an Silberspießchen mit Fleischsulz.
4 Mayonnaisen von Hühnern mit Gemüsen.

32 lange Schüsseln:

4 Mit acht geräucherten Schinken.
4 Westphälischer Schinken.
4 Gefüllte Kapaunen.
4 Hamburger Rauchfleisch.
4 Gebratene kalte Fasanen.
4 Gebratene kalte Kapaunen.
4 Gebratene Kalbsschlegel.
4 Gebratene Rehschlegel.

10 große Stücke der Küche:

2 Abgekochte Rheinsalmen mit Krebsen an Silberspießen garnirt.
2 Dressirte kalte Pasteten von Fasanen.
2 Dressirte kalte Pasteten von Gänselebern.
2 Busch von Krebsen.
1 Wildschweinskopf über einem Sockel.
1 Galantine von Indian über einem Sockel.

1 großes Mittelstück:

1 Aufsatz von Schwanen aus Fett oder Stearin gegossen.

8 Salate:

2 Gemischte Salate.
2 Gestürzte Kartoffel-Salat.
2 Gestürzte Salate auf Gärtnerin-Art.
2 Salat von Artischockenböden.

6 große Stücke der Kunstbäckerei:

1 Baumkuchen.
1 Füllhorn von Mandeln mit caramelirten Früchten.

Buffet pour 500 personnes.

Crême d'orge.
Consommé de volaille.

Entrées:

Noix de veau au beurre de Montpellier.
Cervelles de veau en salade.
Pain de lièvre à la gelée.
Chaud-froid de filets de levrauts.
Galantine de perdreaux sur socle.
Grives en aspic.
Attelettes de dindon en aspic.
Mayonnaise de poulets à la jardinière.

Plats longs:

Langue de boeuf fumée et découpée.
Jambon de Westphalie.
Galantine de chapons.
Boeuf fumé de Hambourg.
Faisans rôtis froids.
Chapons rôtis.
Cuissot de veau rôti.
Cuissot de chevreuil.

Grosses pièces de la cuisine:

Saumon du Rhin au bleu garnis d'attelettes aux écrevisses.
Pâtés dressés de faisans.
Pâtés dressés de foie d'oie gras.
Buisson d'écrevisses.
Hure de sanglier sur socle.
Galantine de dinde sur socle.

Grosse pièce au milieu:

Pièce montée de cygne, garnie de homards.

Salades:

Salade à la Macédoine.
Salade de pommes de terre en chartreuse.
Salade dressée à la jardinière.
Fonds d'artichauds en salade.

Grosses pièces de la pâtisserie moderne:

Gâteau arbreux à la broche.
Corne d'abondance garnie de fruits glacés.

1   Antiker Helm von Mandeln.
1   Lyra von Mandeln.
1   Englischer Hochzeitskuchen.
1   Aufgesetzte Merinquen.

24 runde Schüsseln mit Torten:

4   Kronprinz=Torten.
4   Marasquino=Torten.
4   Brüsseler Torten.
4   Malthefer Orangen=Torten.
2   Kugelhupf auf polnische Art.
2   Kaiserkuchen.
2   Französische Kuchen.
2   Apostelkuchen.

24 Gelées und Crêmes:

4   Orangenkörbchen mit Orangen=Sulz gefüllt.
4   Gestreifte Orangensulz.
4   Süße Sulzen von Marasquino.
4   Crême mit rothen Johannisbeeren.
4   Crême mit Mokka=Kaffee.
4   Gestreifte Mandelsulzen.

16 Compotes:

4   Compote von Aepfeln mit Gelée.
4   Compote von Orangen.
4   Compote von Birnen.
4   Compote von eingemachten Aprikosen.

Olio 25 1/2 Liter

wird vor und nach dem letzten Tanz servirt.

Reveillon

wird nur dann gehalten, wenn die Unterhaltung bis spät zum Morgen dauert, um die erschlafften Körper aufzufrischen und ihnen wieder neue Kraft zu geben. Es werden dabei in der Regel schwarzer Kaffee, kalte Pastete und einige saure Gerichte servirt.

Ich glaube durch diese gegebenen Speisezettel klar gemacht zu haben, wie sowohl ein einfaches Mahl, als auch eine herrschaftliche und fürstliche Tafel bestellt sein soll.

Casque antique sur socle.
Lyra en nougat.
A bride cake.
Grosse merinque montée.

Tourtes :

Tourte au prince royal.
Tourte au marasquin.
Tourte à la Bruxelles.
Tourte à l'orange à la Malte.
Baba Polonais.
Gâteau de Compiègne.
Gâteau Mazarin.
Grosse brioche.

Gelées et crêmes :

Gelée d'oranges en petits paniers.
Gelée d'oranges en rubans.
Gelée de marasquin di Zara.
Fromage Bavarois aux grosseilles rouges.
Fromage Bavarois au café Mokka.
Blanc manger en rubans.

Compotes :

Compote de pommes à la gelée.
Compote d'oranges à la Malte.
Compote de poires.
Compote d'abricots confits.

Anhang.

Silberspießchen.

Silberspießchen für die Zwischenspeisen.

1.   2.   3.   4.

1. Silberspießchen mit einer Decoration aus Rüben geschnitten.
2. Silberspießchen von Fleischsulz mit Trüffeln und Champignons besteckt, für kalte Entrées.
3. Silberspießchen von Fleischsulz mit Trüffeln und Champignons besteckt, für kalte grosses pièces.
4. Silberspießchen für warme grosses pièces.

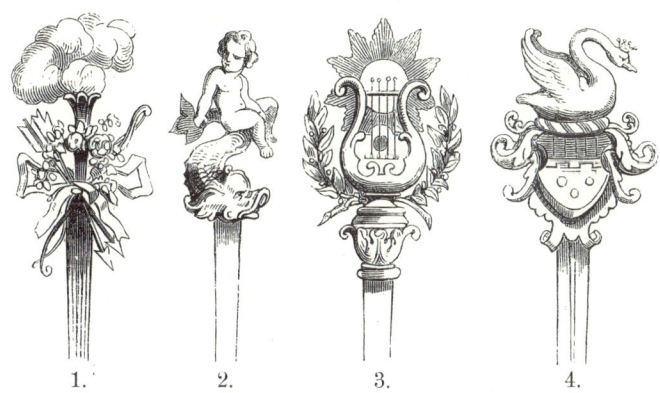

1. 2. 3. 4.

1. und 2. Silberspießchen für warme und kalte Entrées.
3. und 4. Silberspießchen für warme und kalte grosses pièces.

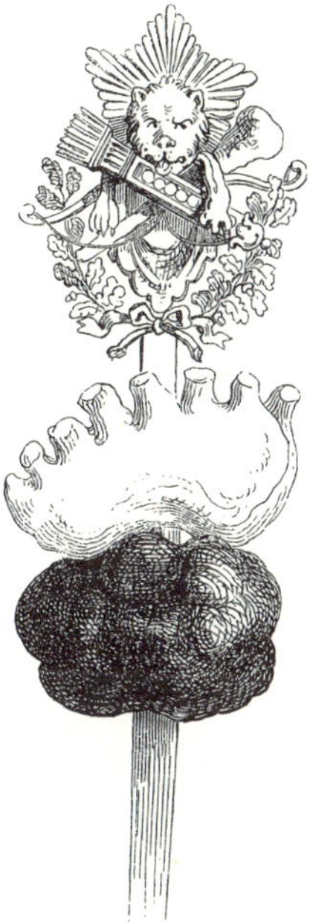

5.  6.  7.

5. Silberspießchen für warme Entrées.
6. Silberspießchen für kalte grosses pièces.
7. Silberspießchen mit einer Vase voll Rosen aus Rüben geschnitten für warme und kalte grosses pièces.

Fettsockel. *)

1.

2.

3.

4.

1. bis 4. Sockel aus Fett für kalte Zwischenspeisen.

*) Man vergleiche Abschnitt 72 des Kochbuches.

Fettſockel für kalte Fiſche.

Fett=Vaſe für kalte grosses pièces.

Fettſockel für kalte Fiſche.

Fett=Vaſe für kalte grosses pièces.

Zwei Fettſockel für einen Wildſchweinskopf oder eine Galantine von Indian.

Aspic-Croutons.

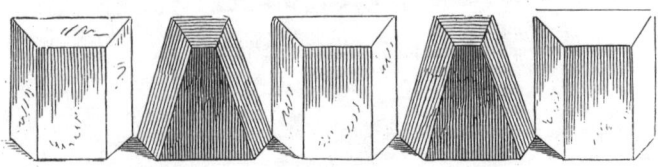

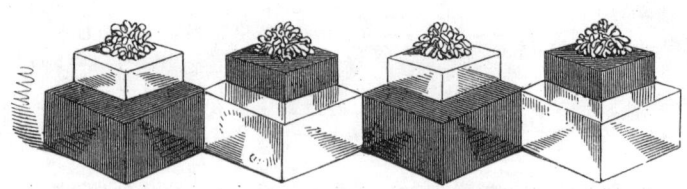

Ausgestochene Borduren aus Nudelteig, der recht fest aus lauter Gelbeiern angemacht ist.

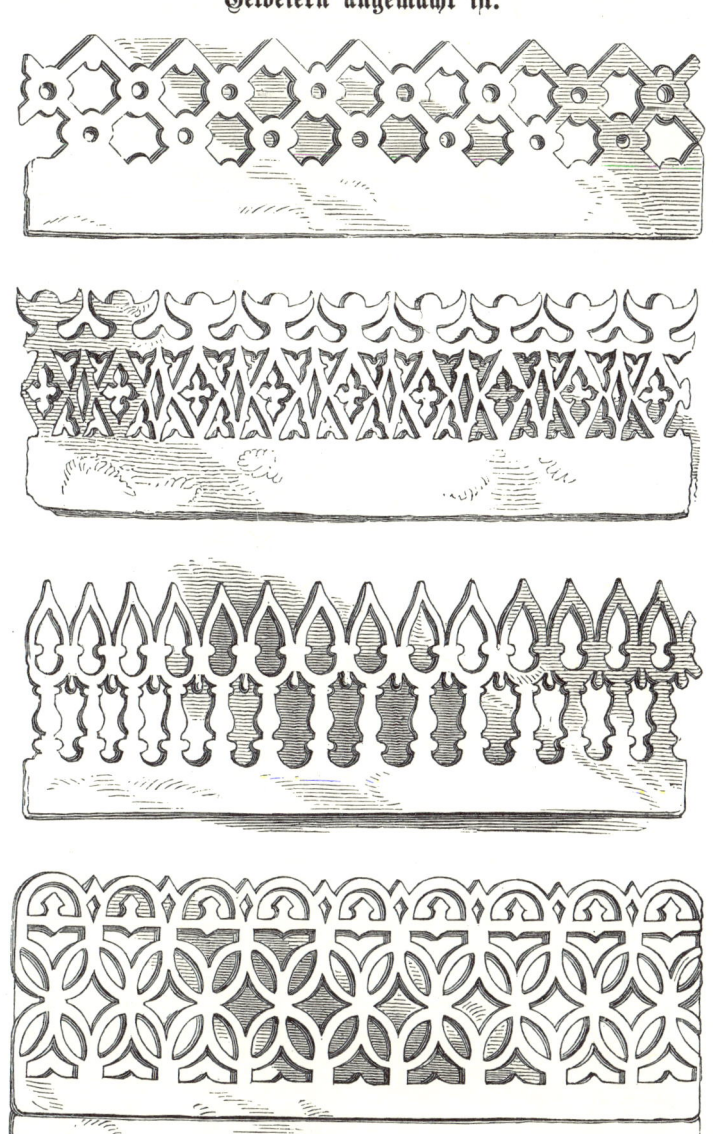

*) Man vergleiche Abschnitt 73 des Kochbuchs.

Borduren von hartgesottenen Eiern mit Sardellenfilets, feinen Kapern, Salatherzchen und kleinen Monat-Rettigen zusammengesetzt.

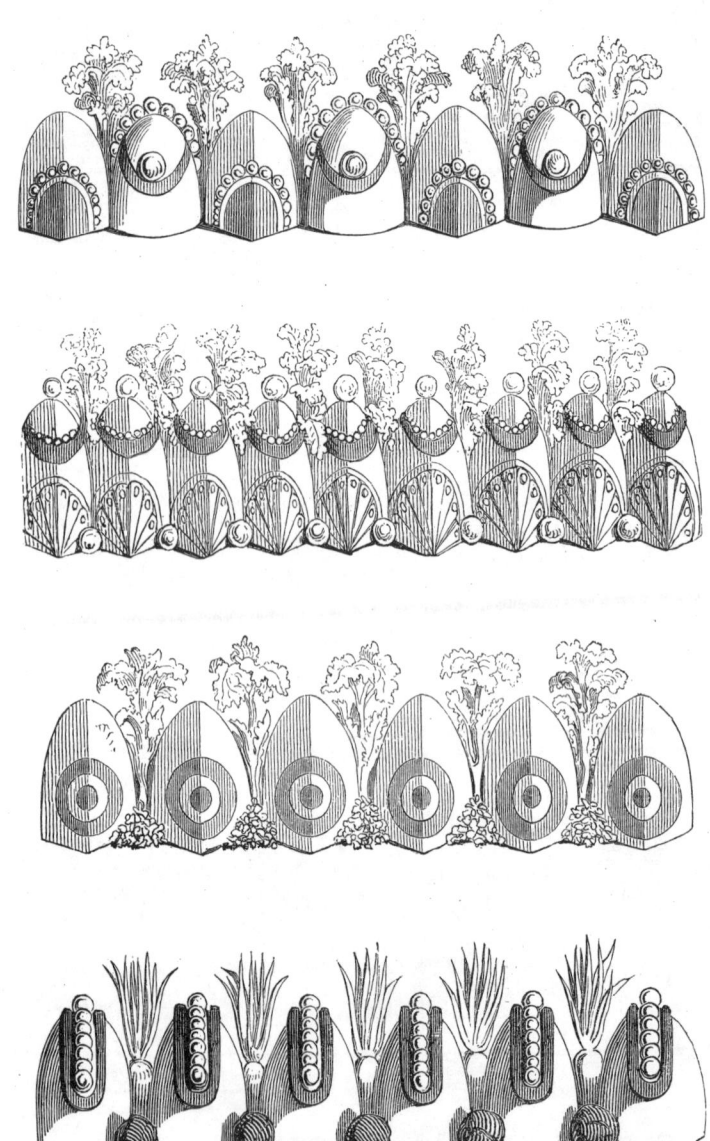

Borduren aus weißem, frischen Mundbrode,

theils geschnitten, theils ausgestochen, welche, wie es die Zeichnung gibt, blaß und
etwas dunkel aus dem Schmalze gebacken und dann über die heißgemachten Schüsseln
mit Eiweiß und Mehl aufgesetzt werden.

Borduren aus weißem Tragantteig ausgestochen.

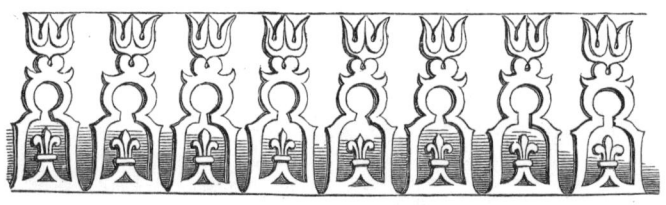

Silber-Borduren.

Formen.

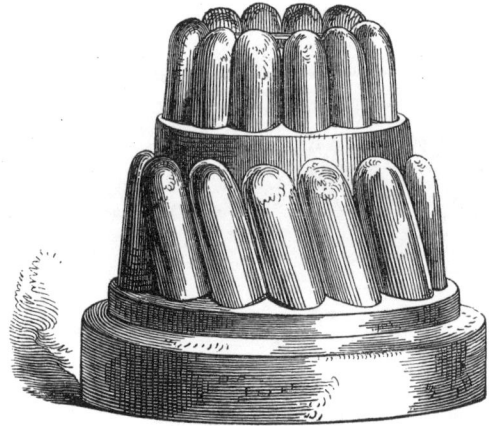

Form für Baba polonais.

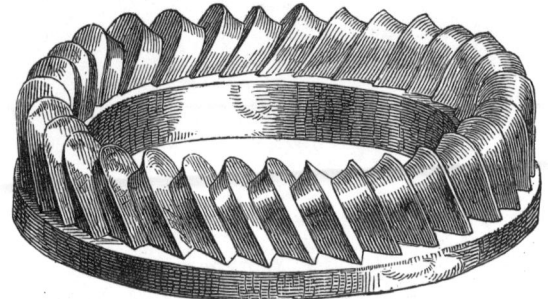

Aspic=Borduren=Form.

Aspic=Borduren=Form.

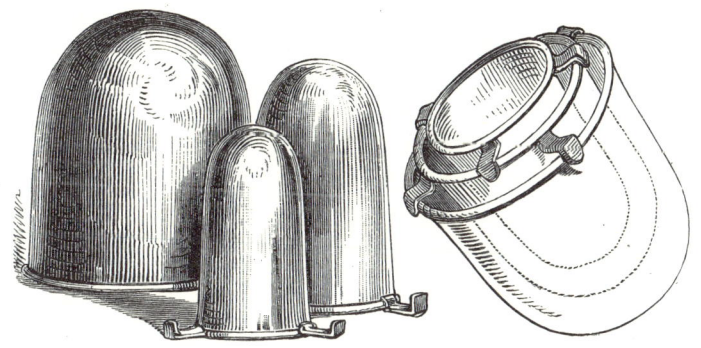

Form zu kalten Puddings (74. Abschnitt, 11. Abtheilung).

Förmchen zur Galantine de perdreaux (Abschnitt 25, Seite 423).

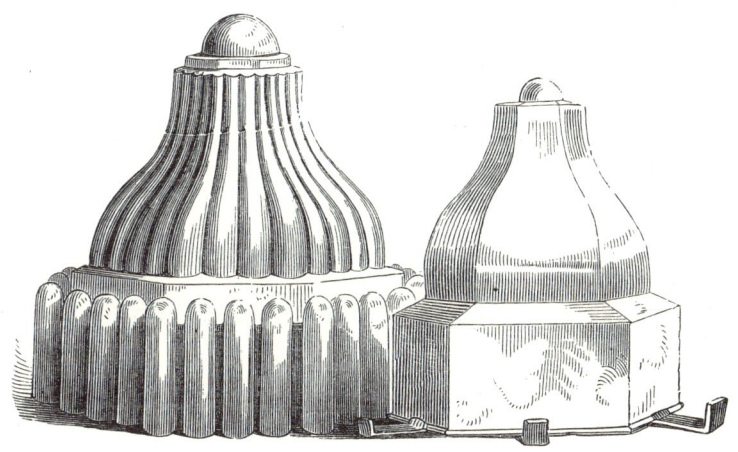

Form zur Macedoine (Abschnitt 77, Seite 824).

Einige Küchen-Geräthe.

Form zu den Atteletten en aspic.

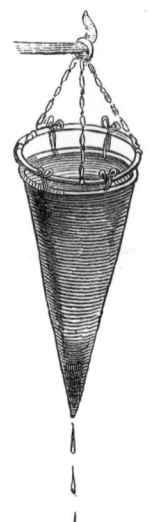

Filtrirsack von Filz
für Zucker und
Früchte-Säfte.

Gefäß zum Früchte-Einmachen.

Chartreuse-Messer.

Gemüse-Bohrer.

Koch- und Windofenherde.

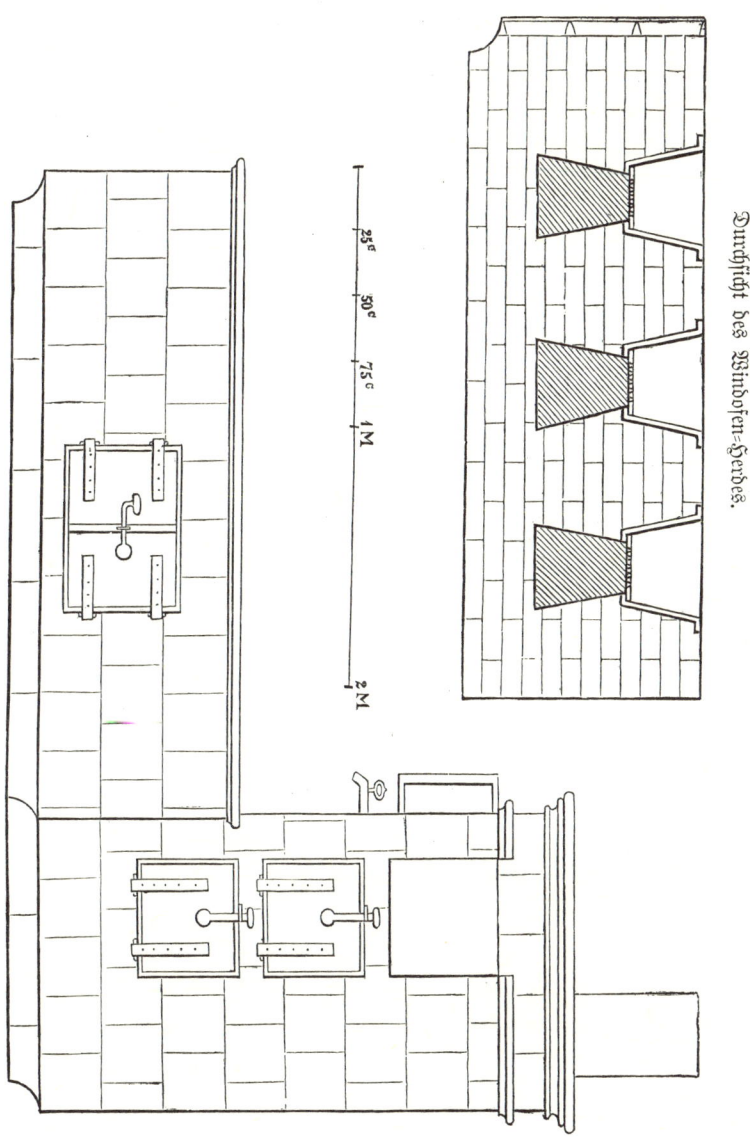

Durchsicht des Windofen=Herdes.

Kochherd. Aeußere Ansicht.

a) Feuerdurchgang.
b) Aschenloch.
c) Wärmkasten, Etuve.
dd) Bratröhren.
e) Wasserbehälter.
f) Etuve mit zwei Abtheilungen.

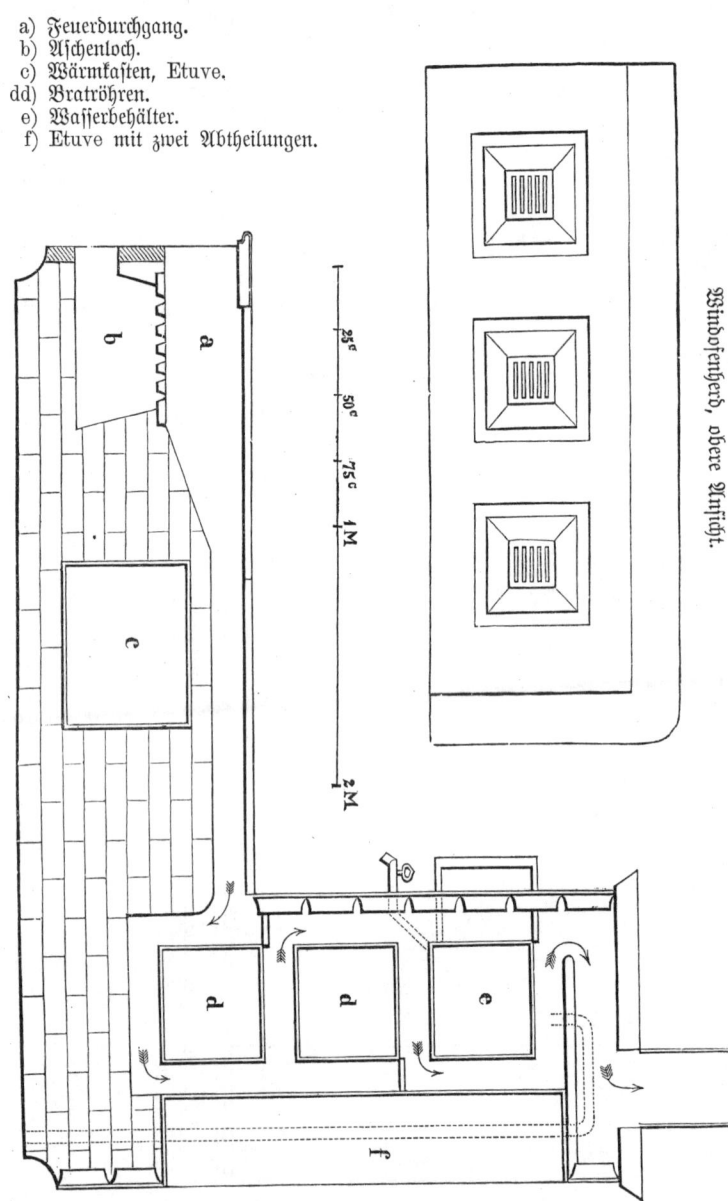

Windofenherd, obere Ansicht.

Kochherd. Querdurchschnitt.

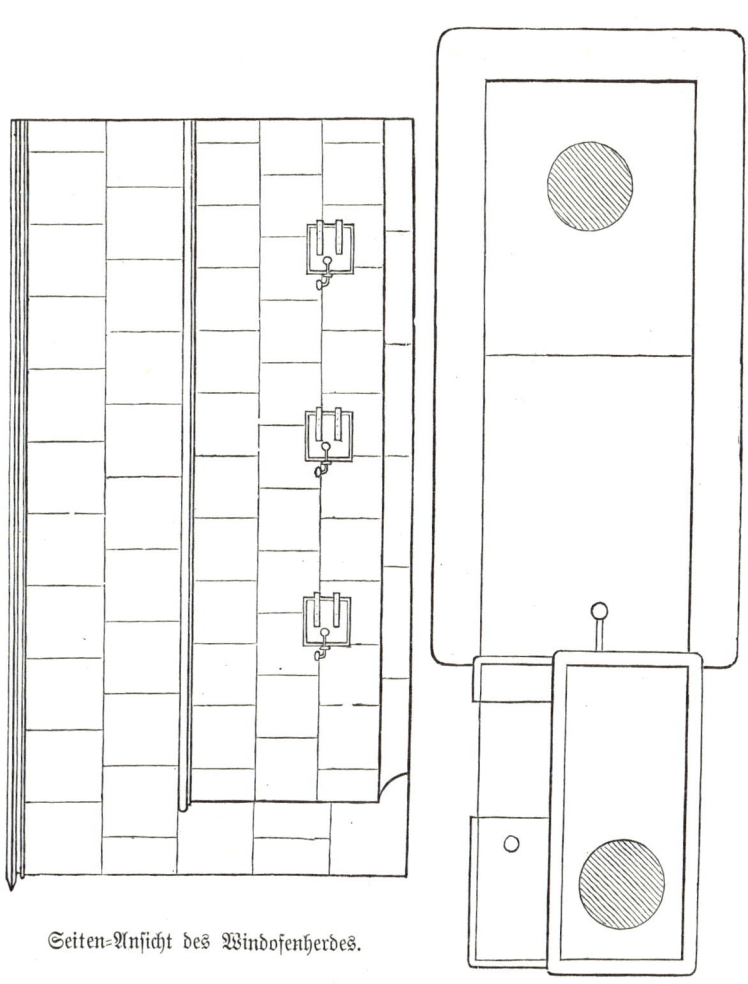

Seiten=Ansicht des Windofenherdes.

Obere Ansicht des Kochherdes.

Inhaltsverzeichniß.

Die Zahlen zur linken Seite geben die Rezeptnummern, die rechts aber die Seitenzahlen des Werkes.

1. Abſchnitt. 3. Abtheilung.

Von den Faſtenſuppen.

8. Abfchnitt 2. Abtheilung.

Von den kalten außergewöhnlichen Ge-
richten.

Rottenhöfers Kochbuch.

11. Abschnitt.

Vom Hammel (Schöps) 289

12. Abschnitt.

Vom Lamme 310

19. Abschnitt.

Vom Kaninchen 381

20. Abschnitt.

Vom Auerhahn 386

21. Abschnitt.

Vom Birkhahn 389

22. Abschnitt.

Vom Haselhuhn 391

23. Abschnitt.

Vom Schneehuhn 393

24. Abschnitt.

Vom Fasan 394

25. Abschnitt.

Vom Rebhuhn, Feldhuhn, gewöhnlich graues Feldhuhn 410

33. Abschnitt. 1. Abtheilung.

Vom Kapaun 461

33. Abschnitt. 2. Abtheilung.

Von der Poularde 473

33. Abschnitt. 3. Abtheilung.

Vom Huhn 474

34. Abschnitt.

Von der Taube 493

35. Abschnitt.

Von der Wildente 497

36. Abschnitt.

Von der wilden Gans 501

37. Abschnitt.

Von der zahmen Ente 502

68. Abschnitt. 3. Abtheilung.

69. Abschnitt.

69. Abschnitt. 1. Abtheilung.

69. Abschnitt. 2. Abtheilung.

69. Abschnitt. 3. Abtheilung.

69. Abschnitt. 4. Abtheilung.

74. Abschnitt. 9. Abtheilung.

Von den Dunstmehlspeisen, gestürzten Dunst-Puddings

74. Abschnitt. 10. Abtheilung.

Von den englischen Puddings

74. Abschnitt. 11. Abtheilung.

Von den kalten Puddings

74. Abschnitt. 12. Abtheilung.

Von den Milchspeisen

Unveränderter Nachdruck der sechsten Auflage München
bei Braun und Schneider durch
Bechtermünz Verlag
im Weltbild Verlag GmbH, Augsburg 1997
Gesamtherstellung: Wiener Verlag, Himberg bei Wien
Printed in Austria
ISBN 3-86047-281-X